Die Arbeiterfrage.

Eine Einführung.

Von

Dr. Heinrich Herkner,

o. ö. Professor der Volkswirtschaftslehre und Statistik an der Universität Zürich.

Vierte, erweiterte und umgearbeitete Auflage.

„Irrtum und Unwissenheit sind überall verderblich, aber wohl bei keinem andren Gegenstande in solchem Grade als bei der Arbeiterfrage; denn hier wird dadurch die Ruhe und das Glück von Millionen Menschen zerstört."
Thünen, Isolierter Staat. II. S. 49.

Berlin 1905.

J. Guttentag, Verlagsbuchhandlung,
G. m. b. H.

Vorwort zur vierten Auflage.

Obwohl die neue Bearbeitung in bezug auf Anordnung und Auswahl des Stoffes sich enger an die dritte Auflage anschmiegt, als es bei dieser im Verhältnis zur zweiten oder bei der zweiten im Verhältnis zur ersten der Fall war, so haben die vorgenommenen Ergänzungen und Veränderungen immerhin eine Steigerung des Umfanges um zirka 8 Bogen zur Folge gehabt. Ganz oder zum größten Teile neu sind die §§ 26, 32, 41, 76, 78—80, 83, 85, 86, 88, 90—93, 95, 100, 101 und 121.

Während ich in der dritten Auflage oft auf die Literaturnachweise der kurz zuvor erschienenen zweiten Auflage des Handwörterbuches der Staatswissenschaften Bezug nehmen konnte, mußte ich jetzt diesem Teile des Inhaltes, da eine neue Auflage des Handwörterbuches seither nicht erschienen ist, erheblich größere Ausdehnung zugestehen. Vollständigkeit konnte und wollte allerdings nicht erzielt werden. Es kam lediglich darauf an, diejenigen Arbeiten zu nennen, welche entweder auf die Abfassung des Textes einen entscheidenden Einfluß ausgeübt haben oder für weitere Studien dem Leser in erster Linie zu empfehlen sind.

Denjenigen Lesern, welche sich mit sozialpolitischen Studien noch gar nicht befaßt haben, möchte ich raten auf die Lektüre des ersten sofort diejenige des dritten Teiles (S. 413 ff.) folgen zu lassen und den schwierigeren zweiten Teil erst zum Schlusse vorzunehmen.

Wenn im Texte vor allem die Verhältnisse des Deutschen Reiches, Österreichs und der Schweiz erörtert worden sind, so entsprach dieses Vorgehen nicht nur der Rücksicht auf die Sprachgemeinschaft, die zwischen diesen Gebieten besteht, sondern auch den persönlichen Bedürfnissen des Verfassers, der durch seine Staatsangehörigkeit mit dem Deutschen Reiche, durch seine Geburt mit Österreich und durch seine gegenwärtige amtliche Stellung mit der Schweiz verknüpft ist.

Zürich V, Mitte Juli 1905.

Heinrich Herkner.

Inhalt.

Erster Teil. Die Grundlagen der Arbeiterfrage.

Erstes Kapitel.

Die Stellung der gewerblichen Lohnarbeiter in der modernen Gesellschaft.

Zweites Kapitel.

Die sozialen Zustände der Arbeiterklasse.

Zweiter Teil. Soziale Theorien und Parteien.

Erster Abschnitt.

Sozialkonservative Richtungen.

Erstes Kapitel.

Industriestaat und Agrarstaat.

Seite

Drittes Kapitel.

Die Bekämpfung der sozialpolitischen Bestrebungen in Deutschland.

Dritter Abschnitt.

Sozialistische Richtungen.

Erstes Kapitel.

Der experimentelle Sozialismus.

Zweites Kapitel.

Die theoretischen Grundlagen der sozialdemokratischen Arbeiterbewegung.

Drittes Kapitel.

Die sozialdemokratische Bewegung im Deutschen Reiche.

Seite

Viertes Kapitel.

Das Arbeitsverhältnis unter dem Einflusse des Staates.

A. Der Staat als Arbeitgeber.

B Die Arbeiterschutzgesetzgebung.

C. Die Arbeiterversicherung.

D. Die Schlichtung von Interessenstreitigkeiten.

Fünftes Kapitel.

Kommunale Sozialpolitik.

Sechstes Kapitel.

Arbeiter-Wohlfahrtseinrichtungen.

Siebentes Kapitel.

Der Arbeiter als Konsument.

Erklärung der Abkürzungen.

A. f. s. G. = Archiv für soziale Gesetzgebung und Statistik, herausgegeben von Dr. Heinrich Braun. I—III Tübingen; IV—XVIII Berlin. Neue Folge (XIX, XX) unter dem Titel: Archiv für Sozialwissenschaft und Sozialpolitik, herausgegeben von W. Sombart, M. Weber und E. Jaffé, Tübingen und Leipzig.

Art. = Art. im Handwörterbuch der Staatswissenschaften, herausgegeben von Conrad, Elster, Lexis und Loening. Jena, Fischer. 2. Auflage. 7 Bde. 1898—1901.

D. S. = Dokumente des Sozialismus, herausgegeben von E. Bernstein. I—V.

J. f. G. V. = Jahrbuch für Gesetzgebung, Verwaltung und Volkswirtschaft im Deutschen Reiche, herausgegeben von G. Schmoller. Leipzig. I—XXIX.

J. f. N. St. = Jahrbücher für Nationalökonomie und Statistik, herausgegeben von Joh. Conrad. Jena. I—LXXXIV. 3 Folgen.

N. Z. = Neue Zeit, herausgegeben von Carl Kautsky. Stuttgart. I—XXIII.

S. d. V. f. S. = Schriften des Vereines für Sozialpolitik. Leipzig. I—CXIII.

S. C. = Sozialpolitisches Centralblatt, herausgegeben von Dr. H. Braun. Berlin. I—IV.

S. P. S. C. = Soziale Praxis, Sozialpolitisches Centralblatt, Berlin, herausgegeben von Dr. Jastrow. IV—VI; von Prof. Dr. E. Francke VII—XIV.

S. M. = Sozialistische Monatshefte, herausgegeben von E. Bernstein. Berlin. I—XI.

Wolf's Zeitschrift = Zeitschrift für Sozialwissenschaft, herausgegeben von Prof. Dr. J. Wolff. I—VIII.

Z. f. St. W. = Zeitschrift für die gesamte Staatswissenschaft, herausgegeben bis 1904 von A. Schäffle, jetzt von K. Bücher. Tübingen. I—LXI.

Berichtigungen und Nachträge.

S. 61, Anmerkung 3 erste Zeile lies „Mortalität“ statt „Mortabilität“.

S. 127, 5. Zeile von unten lies statt adeligen „Possessionsfabriken“ adeligen und „Possessionsfabriken“.

S. 289 zu Anm 1. Die neuesten Erscheinungen auf dem Gebiete der Marx-Literatur sind: Tugan-Baranowsky, Theoretische Grundlagen des Marxismus. Leipzig 1905; Koppel, Für und wider K. Marx, Prolegomena zu einer Biographie. Karlsruhe 1905; Bertheau, Randbemerkungen eines Industriellen zu den Theorien des Karl Marx. Wolfs Zeitschrift. VIII. S. 141—151, 205—212.

Erster Teil.

Die Grundlagen der Arbeiterfrage.

Erstes Kapitel.

Die Stellung der gewerblichen Lohnarbeiter in der modernen Gesellschaft.

1. Ursprung und Bedeutung der gewerblichen Lohnarbeiterklasse.[1])

In der Regel wird die gewerbliche Arbeiterklasse als ein Produkt der Großindustrie angesehen. Das ist insofern nicht ganz zutreffend, als, geschichtlich betrachtet, die Industrie nur dort Wurzeln fassen konnte, wo bereits ein Arbeiterangebot bestand, d. h. wo man Arbeiter fand, welche, außer Stande, sich je wirtschaftlich selbständig zu machen, durch gewerbliche Lohnarbeit ihren Lebensunterhalt erwerben mußten. In erster Linie war für das mehr oder minder große Angebot solcher Arbeitskräfte die Verfassung und der Zustand der Landwirtschaft maßgebend. Wo, wie in England, die Masse der Landbevölkerung zwar frühzeitig persönlich frei geworden war, aber die Besitzrechte auf den Grund und Boden größtenteils an den Grundadel verloren hatte, bildete zunächst die landwirtschaftliche Arbeiterklasse ein unerschöpfliches Reservoir, aus welchem die Industrie ihren Arbeitsbedarf um so leichter decken konnte, je mehr letzterer in der Landwirtschaft durch den Übergang vom Ackerbau zur Viehzucht und Weidewirtschaft abgenommen hatte.[2]) In Bauerngegenden waren es die geschlossenen Hofgüter mit Anerbenrecht, welche einen Teil des Nachwuchses nötigten, außerhalb der Landwirtschaft Beschäftigung zu suchen. Aber auch in Gegenden freier Teilbarkeit

---

[1]) Vgl. hierzu besonders Schmoller II. S. 259—268; Sombart, Mod. Kapitalismus. 1902. I. S. 216.

[2]) Marx, Das Kapital. I. Bd. 24. Kap.

des Grundbesitzes mußte zu gewerblicher Lohnarbeit die Zuflucht genommen werden, wenn aus klimatischen Gründen eine weitere Steigerung der landwirtschaftlichen Erträge nicht mehr erzielt werden konnte. Außer diesem ländlichen Bevölkerungsstrome standen der Industrie noch allerlei andere deklassierte Elemente zur Verfügung: Leute, denen irgend ein Makel anhaftete, sodaß ihnen das zünftige Handwerk keine Stätte bot, uneheliche Kinder, Findelkinder, „unehrliche" Leute und deren Nachwuchs, Bettler, Landstreicher. Mit besonderer Vorliebe wurde von den volkswirtschaftlichen Schriftstellern der letzten Jahrhunderte immer auf den Vorteil aufmerksam gemacht, welchen die Einführung der Manufakturen und Fabriken schon deshalb stiften müßte, weil sie im stande seien, das zahlreiche Bettlervolk, von dem es überall wimmele, und die Insassen der Werk- und Armenhäuser nutzbringend zu beschäftigen.[1]) Die Kinder, mit denen die englischen Baumwollfabriken in den ersten Jahrzehnten ihres Bestehens arbeiteten, stammten in der Tat größtenteils aus den Armenhäusern.[2])

Kann insofern die Existenz eines Proletariates als Vorbedingung für die Entwicklung der Fabrikindustrie gelten, so hat die letztere allerdings in weiterer Folge auch dadurch zahlreiche Arbeitskräfte gewonnen, daß sie durch ihre überlegene Konkurrenz Hausindustrieen und Handwerke ruinierte und so allmählich die in diesen Betriebsformen tätig gewesenen Bevölkerungsschichten oder deren Nachkommen zum Eintritte in die Fabriken zwang.[3])

Da die Klasse der gewerblichen Lohnarbeiter infolge ungünstiger Sterblichkeitsverhältnisse auch heute noch kein sehr starkes natürliches Wachstum aufweist, ist die Ausdehnung der Industrie — und damit auch diejenige der gewerblichen Arbeiterklasse — von dem Zuwanderungsstrome aus landwirtschaftlichen Kreisen abhängig geblieben.

---

[1]) Vgl. z. B. D. Bechers Politischen Diskurses Zweiter Teil, Frankfurt a. Main, Ausgabe von 1759, S. 1220, 1813; Unpartheyische Gedancken über die österreichische Landes-Oeconomie als Zugabe zu Hornekk's Tractat: Österreich über alles, wenn es nur will, gedruckt Frankfurt a. M. 1753, S. 392; J. P. Süßmilch, Göttliche Ordnung. II. Berlin 1765. S. 46, 63; Gothein, Wirtschaftsgeschichte des Schwarzwaldes. Straßburg 1892. S. 699 ff. Über die Schwierigkeiten, mit denen dagegen die russische Fabrikindustrie wegen der ursprünglich fehlenden freien Lohnarbeiterklasse zu kämpfen hatte, vgl. Tugan-Baranowsky, Geschichte der russischen Fabrik, Berlin 1900, und v. Schulze-Gaevernitz, Volkswirtschaftl. Studien aus Rußland. Leipzig 1899. S. 49, 50, 79, 131 ff.

[2]) Robert Owen, Eine neue Auffassung von der Gesellschaft (deutsch von Collmann). Leipzig 1900. S. 23, 24.

[3]) Marx, a. a. O. 13. Kap. 7 u. ff.; Sombart, a. a. O. I. Kap. 21—28; II. 30. Kap.

Die folgende Zusammenstellung[1]) erteilt über die Zahl derjenigen Personen Aufschluß, welche durch die statistischen Erhebungen in letzter Zeit als Lohnarbeiter in gewerblichen Berufen ermittelt worden sind:

Deutsches Reich (1895) . .	5 900 654;	71,92	Proz. der gewerbl. Erwerbstätigen,
einschließl. der Angehörigen	12 887 527;	24,8	„ „ gesamten Bevölkerung,
Österreich (1890)	2 144 606;	74,4	„ „ gewerbl. Erwerbstätigen,
Schweiz (1888)	336 175;	72,6	„ „ „ „
Frankreich (1891)	3 319 217;	73,0	„ „ „ „
Belgien (1890)	867 735;	80,2	„ „ „ „
Niederlande (1889) . . .	372 143;	69,9	„ „ „ „
Großbritannien und Irland (1891) . . . . . etwa	7 500 000;	83,3	„ „ „ „

Diese Ziffern bringen die Bevölkerungsschichte, welche in diesem Buche als gewerbliche Lohnarbeiterklasse angesehen wird, freilich nicht genau zum Ausdrucke. Läßt man als eigentliche Vertreter dieser Klasse nur Arbeiter gelten, welche gar keine oder nur eine äußerst geringe Aussicht besitzen, je zu einer selbständigen Stellung im Erwerbsleben empor zu steigen, die also überhaupt nicht vorwärts kommen, wenn es ihnen nicht gelingt, ihre Stellung als Arbeiter zu verbessern, so sind von den oben mitgeteilten Zahlen Abzüge zu machen. Es wären auszuschalten diejenigen jungen Leute, welche die begründete Erwartung hegen dürfen, sich zu Unternehmern, wenn auch nur zu Inhabern von Betrieben kleineren und kleinsten Umfanges zu entwickeln. Sie fühlen sich auch in der Lohnarbeiterstellung als künftige Unternehmer. Ihre Interessen, all' ihre Wünsche und Hoffnungen werden deshalb nicht von der augenblicklichen Lohnarbeiterstellung bestimmt. Sodann rechnen viele Industriearbeiterinnen mit der Möglichkeit, durch die Verheiratung von der gewerblichen Lohnarbeit befreit zu werden oder gar in eine andere soziale Gruppe überzutreten. Endlich hatten nach den Angaben der deutschen Statistik 1895 12,65 Proz. der Industriearbeiter einen Nebenerwerb, in dem sich 78,16 Proz. der überhaupt nebenberuflich tätigen Arbeiter als selbständig erwiesen; ein Umstand, der immerhin eine Abschwächung ihres Klassenbewußtseins zur Folge haben kann. Man mag also aus diesen Ursachen die vorgeführten Zahlen um 20 oder selbst 25 Proz. vermindern, die gewichtige Stellung, welche heute der gewerblichen Lohnarbeiterklasse im gesamten politischen, sozialen und wirtschaftlichen Leben der Industrienationen zukommt, wird damit noch nicht erschüttert.

[1]) Vgl. für diese und die folgenden statistischen Angaben: Die berufliche und soziale Gliederung des deutschen Volkes. Statistik des Deutschen Reiches. N. F. Bd. III. S. 58 ff. u. 262 ff.

Begreiflicherweise besitzt das Wohl und Wehe der gewerblichen Arbeiter für ein Volk umso größere Bedeutung, je erheblicher der Bruchteil ist, welchen diese Klasse in der Gesamtbevölkerung darstellt. In den Ländern mit entwickelter kapitalistischer Produktionsweise wird nun dieser Bruchteil immer größer. Die landwirtschaftliche Bevölkerung nimmt relativ ab, die gewerbliche zu, und innerhalb der gewerblich tätigen Bevölkerung selbst schwillt wegen der Fortschritte des Großbetriebes die Zahl der Unselbständigen von Jahr zu Jahr an.

Im Deutschen Reiche stieg die gewerbliche Bevölkerung (Erwerbstätige und Angehörige) von 35,51 Proz. im Jahre 1882 auf 39,12 Proz. im Jahre 1895. Innerhalb der gleichen Frist stieg die Zahl der abhängigen Arbeiter unter den gewerblich Erwerbstätigen von 64,04 auf 71,92 Proz. Die nämliche Entwicklung zeigen die anderen Staaten der westeuropäischen Zivilisation, wenn auch wegen der oft weniger ausgebildeten oder nach anderen Methoden veranstalteten Statistik die Erscheinungen nicht überall so deutlich festgestellt werden können wie im Deutschen Reiche.[1])

Persönlich freie Leute, welche ihren Lebensunterhalt durch gewerbliche Lohnarbeit erwarben und geringe Aussichten auf Selbständigkeit besaßen, hat es auch in anderen Zeiten gegeben.[2]) Niemals war diese Volksschichte aber absolut und relativ so stark, niemals in so unaufhaltsamer Zunahme begriffen wie in unserem Zeitalter. Nun würde das Anschwellen der gewerblichen Arbeiterklasse allein nicht ausgereicht haben, um das Problem der Arbeiterfrage aufzuwerfen.

Maßgebend war vielmehr der Umstand, daß diese neue Klasse in dem Baue der überlieferten Staats- und Gesellschaftsordnung keinen Raum fand, um sich eine dem Zeitbewußtsein entsprechende Existenz zu sichern. In dem ersten Stockwerke wohnten, um mit A. Menger zu sprechen, der Adel, die Geistlichkeit, das Heer und das Beamtentum, in dem zweiten die Leiter des Handels, der Industrie und der Landwirtschaft, während die Massen des arbeitenden Volkes in die Dachkammern verwiesen wurden. Diese Zustände entflammten um so mehr

---

[1]) Reiches statistisches Material über die Zunahme der industriellen Tätigkeit in den Kulturstaaten in: British and foreign trade and industry. Second series of memoranda, statistical tables and charts. Prepared in the Board of Trade. London. 1904. S. 431—564.

[2]) Vergl. außer Schmoller a. a. O. noch Levasseur, Histoire des classes ouvrières. 2ième éd. 1901. II. S. 964; Pöhlmann, Geschichte des antiken Kommunismus und Sozialismus, 1901. II. S. 160 ff., führt sogar Beispiele von Arbeitseinstellungen freier Lohnarbeiter an.

den Geist der Empörung, je mehr immer weitere Kreise durch die Verallgemeinerung der Bildungsmittel und die Verbreitung der Tagespresse von den human-demokratischen Idealen der Gleichwertigkeit und Gleichberechtigkeit alles dessen, was Menschenantlitz trägt, bestrickt wurden, je mehr die blinde Ergebenheit der Volksmassen an die kirchlichen und politischen Überlieferungen unter den zersetzenden Einflüssen eines schrankenlosen Kritizismus und Rationalismus schwand und im Gefolge der unerhörten technischen Revolutionen, die sich auf den Gebieten der Produktion und des Verkehrs abspielten, eine unersättliche Erwerbs- und Genußgier die ganze Gesellschaft ergriff.[1]) Auf der einen Seite bildete sich eine bisher unbekannte Steigerung des Reichtumes und der materiellen Lebenserfüllung aus, auf der anderen Seite sank eine Fülle kleinbürgerlicher und kleinbäuerlicher Existenzen in ein hoffnungsloses, von der Hand in den Mund lebendes Proletariat herab. Es entstanden jene „zwei Nationen", zwischen denen, wie Disraeli ausführte,[2]) „kein Verkehr und keine Sympathie bestand, die einander in ihrem Wollen, Denken und Fühlen so wenig wie die Bewohner verschiedener Planeten verstanden, die durch eine verschiedene Erziehung gebildet und eine verschiedene Nahrung genährt wurden, die sich nach verschiedener Sitte richteten, und über die nicht dieselben Gesetze geboten".

Aufgabe der folgenden Darstellung wird es sein, im einzelnen zu zeigen, wie und warum eine soziale Bewegung in Fluß gekommen ist. Es sollen aber auch Wesen und Wirksamkeit derjenigen Reformen geschildert werden, die als unmittelbare oder mittelbare Früchte dieser Bewegung angesehen werden dürfen, all das freilich unter Beschränkung auf die Verhältnisse der gewerblichen Lohnarbeiter in den mittleren und größeren Betrieben. Stellen sie doch denjenigen Teil der Arbeiterklasse dar, welcher der modernen Entwickelung die charakteristische soziale Signatur verleiht. Es wird also die Arbeiterfrage in der Landwirtschaft,[3]) im

---

[1]) Vgl. die glänzende Schilderung des Milieus, aus dem sich die moderne Arbeiterfrage erhoben hat, bei Sombart, Sozialismus und soziale Bewegung im 19. Jahrh. 1. Kap. Im übrigen enthalten auch seine großen Arbeiten über den „Modernen Kapitalismus" und die „Deutsche Volkswirtschaft im 19. Jahrhundert" viele hierher gehörende Aperçus; ferner Lamprecht, Zur jüngsten deutschen Vergangenheit, II. 1. Hälfte, Freiburg 1903, besonders S. 420—465.

[2]) Sybil, or the two nations. 1845.

[3]) Hierüber unterrichten: v. d. Goltz, Die ländliche Arbeiterklasse und der preußische Staat. Jena 1893; Die Verhältnisse der Landarbeiter in Deutschland. S. d. V. f. S. LIII—LV, Verhandlungen LVIII. Vgl. dazu M. Weber, Entwickelungstendenzen in der Lage der ostelbischen Landarbeiter. A. f. s. G. VII. S. 1 bis

Handel[1]) und Verkehrswesen[2]) nicht berührt werden. Ebensowenig soll von den Verhältnissen der Arbeiter des Verlagssystemes[3]) oder denjenigen der häuslichen Dienstboten[4]) hier die Rede sein.

2. Die Stellung des Arbeiters beim Abschlusse des Arbeitsvertrages.[5])

Der Arbeiter ist in der Regel besitzlos. Damit soll nicht gesagt sein, daß er überhaupt gar keinen Besitz aufweist. Er mag allerhand Verbrauchs- und Gebrauchsgüter sein eigen nennen, ja vielleicht gar über ein Sparguthaben verfügen. Nichtsdestoweniger muß er unausgesetzt darauf bedacht sein, einen Unternehmer zu haben, der im Wege des Lohnvertrages die Nutzung seiner Arbeitskraft erwirbt. Denn selbst dann, wenn der Arbeiter ein Vermögen besitzt, reicht es bei dem immer enger werdenden Spielraume, welchen die moderne Entwicklung für gewerbliche Kleinbetriebe übrig läßt, zumeist doch nicht hin, um ein eigenes Geschäft zu begründen oder gar von den Zinserträgnissen zu leben. So hängt die ganze Existenz des Arbeiters von dem Inhalte des Arbeitsvertrages und den Umständen ab, welche ihn begleiten.

Mit der Wichtigkeit, welche dem Arbeitsvertrage für gewaltige und noch stetig wachsende Bevölkerungskreise zukommt, steht dessen zivilrechtliche Durchbildung nicht auf gleicher Stufe. Im Mittelpunkt des bürgerlichen Rechts steht der Schutz des Eigentums an Sachen, während das wichtigste Eigentum des Arbeiters, die Arbeitskraft, der juristischen

41; Die Landarbeiter in den evangelischen Gebieten Norddeutschlands. Einzeldarstellungen herausgegeben von M. Weber. 3 Hefte. Tübingen 1899/02; die englischen Verhältnisse schildern Hasbach, Die englischen Landarbeiter in den letzten hundert Jahren. S. d. V. f. S. LIX und Josef Arch, The story of his life told by himself. 2nd ed. London 1898.

[1]) Adler G. Art. Handelsgehilfe.

[2]) Untersuchungen über die Lage der Angestellten und Arbeiter in den Verkehrsgewerben. S. d. V. f. S. XCIX; Die Lage der in der Seeschiffahrt beschäftigten Arbeiter. S. d. V. f. S. CIII, CIV, Verhandlungen CXIII.

[3]) Hausindustrie und Heimarbeit in Deutschland und Österreich. LXXXIV—VII, Verhandlungen LXXXVIII.

[4]) v. d. Borght, Grundzüge der Sozialpolitik. Leipzig 1904. S. 504—520; Stillich, Die Lage der weiblichen Dienstboten in Berlin 1902.

[5]) Vgl. insbes. Brentano, Art. Gewerkvereine (Allgemeines); Loening, Art. Arbeitsvertrag; Marx, Das Kapital. I. 4. Kap. 3; Schmoller, II. S. 260 ff.; S. u. B. Webb, Theorie und Praxis der englischen Gewerkvereine (deutsch von Hugo), 2. Bd. Stuttgart 1898. S. 183—227.

Durchbildung entbehrt.[1]) Das französische Zivilrecht, das so viele romanische Staaten angenommen haben, sucht den Arbeitsvertrag mit etwa 3 Artikeln unter 2281 zu erledigen. Der erste Entwurf des deutschen bürgerlichen Gesetzbuches widmete ihm acht Paragraphen. Noch immer entsprechen die privatrechtlichen Anschauungen über den Arbeitsvertrag im Wesentlichen der römischen locatio conductio operarum. Da bei den Römern Sklaverei bestand und namentlich die reicheren Haushaltungen alles, was sie brauchten, selbst zu liefern bestrebt waren, so kam es seltener vor, daß ein persönlich freier Mann zur Ausführung bestimmter Arbeiten gemietet wurde. Jedenfalls standen solche Leute tief in der gesellschaftlichen Achtung. Sie begaben sich durch den Arbeitsvertrag in ein sklavenähnliches Verhältnis, in ein ministerium, und verpflichteten sich zu Leistungen (operae illiberales), zu denen sich Freie eigentlich nicht hergeben sollten. Die Ausdrücke für Mieten waren denn auch die gleichen, mochte es sich um freie Menschen, Sklaven oder Sachen handeln.

Nachdem die Satzungen der deutschen Rechtsentwicklung über das Arbeitsverhältnis, nachdem das Zunftwesen, die merkantilistischen Reglements und feudalen Hörigkeitszustände den Grundsätzen der wirtschaftlichen Freiheit im XIX. Jahrhunderte gewichen waren, gab es für den Arbeitsvertrag der gewerblichen Lohnarbeiter zunächst nur die dürftigen Grundlagen, welche das römische Zivilrecht darbot. Damit war nach einer Richtung allerdings ein bedeutsamer Fortschritt erzielt. Das Arbeitsverhältnis wurde zur bloßen Obligation, der Arbeiter ein dem Arbeitgeber rechtlich vollkommen gleichstehender Kontrahent. Von einer anderen als der vertragsmäßig eingegangenen Arbeitsverpflichtung konnte nicht mehr die Rede sein.

Andrerseits erhielt der Arbeiter mit der rechtlichen Gleichheit beim Abschlusse des Arbeitsvertrages noch lange nicht die gleiche faktische Freiheit, deren sich der Arbeitgeber erfreute. Gibt man zu, daß nur dann eine echte Freiheit beim Vertragsabschlusse vorhanden ist, wenn jeder der Kontrahenten die Vorschläge des anderen ablehnen kann, ohne wesentlich empfindlichere Nachteile als der andere zu erfahren, so konnte von einem tatsächlich freien Arbeitsvertrage in der Regel nicht gesprochen werden. Der besitzlose Arbeiter konnte seine Arbeitskraft nur betätigen, wenn er einen Arbeitgeber fand, der ihm die zur Arbeit notwendigen Produktionsmittel zur Verfügung stellte. Kam ein Arbeits-

[1]) Vgl. Anton Menger, Das bürgerl. Recht und die besitzlosen Volksklassen. 3. Aufl. Tübingen 1904; Derselbe, Über die sozialen Aufgaben der Rechtswissenschaft. Wien und Leipzig 1895.

vertrag nicht zustande, so war der Arbeiter im allgemeinen nicht in der Lage, aus eigener Kraft sein Leben zu fristen. Er fiel der Armenpflege mit all ihren entehrenden Folgen anheim. Der Arbeitgeber dagegen konnte, auch wenn es nicht möglich war, einen Arbeitsvertrag abzuschließen, entweder sein Vermögen und dessen Rente zur Lebensführung verwenden, oder selbst, ohne Beiziehung von Hilfskräften, arbeiten. So groß immer die wirtschaftlichen Nachteile sein mochten, die ihn trafen, wenn er keine fremden Arbeitskräfte erhalten konnte, den Vergleich mit dem Zustande, in dem ein besitz- und arbeitsloser Arbeiter sich befand, konnten sie keinenfalls bestehen. Mit Recht hat man daher gesagt, der Arbeiter befände sich ständig in der Lage des Falliten, der um jeden Preis losschlagen müsse und dessen Ausverkauf zu Schleuderpreisen sprichwörtlich geworden sei.

Die Ungunst der Stellung des Arbeiters wurde indes noch durch eine Reihe anderer Momente verstärkt. Während andere Waren von der Persönlichkeit des Verkäufers getrennte Ergebnisse menschlicher Tätigkeit darstellen, ist die Arbeit die Tätigkeit des Menschen selbst und von ihm unzertrennlich. Wer Kapital verleiht, Boden verpachtet, Wohnungen vermietet, Waren verkauft, wird durch die entsprechenden Erträge in seiner wirtschaftlichen Lage berührt. Seine Persönlichkeit aber bleibt vollkommen frei. Anders beim Arbeiter. Der Unternehmer, der durch den Lohnvertrag die Verfügung über eine Arbeitskraft erworben hatte, erwarb immer auch eine gewisse Verfügung über die Persönlichkeit des Arbeiters selbst. Indem der Arbeitgeber eine Arbeitsleistung auftrug, bestimmte er, unter welchen Verhältnissen in Bezug auf Temperatur, Beschaffenheit der Luft, Unfallsgefährdung und Mitarbeiterschaft die Person des Arbeiters sich befand. Je ungünstiger die Stellung des Arbeiters aber beim ganzen Vertragsabschlusse war, desto weniger konnte er auch in all den genannten, oft sehr wesentlichen Momenten sein Interesse sicher stellen. So war in den Arbeitsordnungen der älteren Zeit vorzugsweise nur von den Rechten des Arbeitgebers und den Pflichten des Arbeiters die Rede.

Andere Waren als die Arbeit werden nie um ihrer selbst willen, sondern nur mit Rücksicht auf die Bedarfsverhältnisse produziert. Die Arbeitskraft aber entwickelt sich mit dem Menschen selbst, der ohne Rücksicht auf die Bedarfs- und Marktverhältnisse ins Leben tritt. Fällt nun der Preis anderer Waren unter die Kosten, so kann durch Einschränkung der Produktion vergleichsweise leicht wieder eine entsprechende Preisgestaltung herbeigeführt werden. Was sollte aber der Arbeiter tun, wenn seine Arbeit weniger begehrt wurde und der Lohn fiel? Um sein Einkommen auf das Niveau des Lebensbedarfes zu erheben, arbeitete er nur umsomehr: eine größere Zahl von Stunden hindurch und, wenn es seine physischen Kräfte gestatteten, vielleicht noch fleißiger und intensiver als früher. Eben dadurch wurde das Verhältnis zwischen Arbeitsangebot und Arbeitsnachfrage noch mehr zum Nachteile des Arbeiters verschoben, bis schließlich der Zuwachs der Arbeit auf der einen, die Abnahme der Vergütung auf der anderen Seite den Arbeiter zu grunde richtete und auf diesem grausamen Wege vielleicht eine gewisse Verminderung des Arbeitsangebotes sich endlich vollzog.

Während Recht und Moral unserer Zeit den Arbeiter als Menschen und Selbstzweck anerkannten, machte die geltende Wirtschaftsordnung sein Schicksal davon abhängig, daß es einem Arbeitgeber vorteilhaft erschien, ihn zu beschäftigen. Es bestand aber keinerlei Gewähr dafür, daß die Unternehmer stets soviel Arbeit begehrten, als angeboten wurde, oder daß sie die Arbeit nur unter Bedingungen erhalten konnten, die den Arbeitern eine menschliche Existenz gewährten. Häufig hatten technische Erfindungen, wirtschaftliche Krisen, die Verdrängung der kleineren und mittleren minder produktiven Betriebsformen durch den Großbetrieb Massen von Arbeitern überflüssig gemacht und sie den bittersten Notständen, ja dem Hungertyphus preisgegeben. Denn die Armenpflege, oder was man euphemistisch so nannte, ging im allgemeinen von der in der modernen Wirtschaftsordnung durchaus nicht immer begründeten Voraussetzung aus, der arbeitswillige und arbeitsfähige Arbeiter fände stets eine ihn erhaltende Beschäftigung. So verfiel der Arbeitslose nur zu leicht dem Verbrechen, dem Laster oder schwerem Siechtume. Die Arbeitslosigkeit war indes nicht nur für den unmittelbar von ihr betroffenen Arbeiter ein gräßliches Unglück, eine zahlreiche Armee von Arbeitslosen übte durch ihr dringliches, vorbehaltloses Arbeitsangebot auch auf die Lage derjenigen Arbeiter, die noch eine Beschäftigung hatten, den verhängnisvollsten Druck aus.

Ein Mißverhältnis zwischen Arbeitsangebot und Arbeitsnachfrage zog endlich auch deshalb so schwere Konsequenzen nach sich, weil die Arbeit nicht die leichte Beweglichkeit anderer Waren besaß. Der Arbeiter konnte keineswegs ebenso leicht als andere Warenverkäufer den besten Markt für seine Waren aufsuchen. Ein Familienvater war zumeist nur dann in der Lage, seine Arbeitskraft an einem anderen Platze zu verwerten, wenn er die Mittel besaß, dorthin zu übersiedeln. Das traf selten genug zu. Auch war der Arbeiter nicht in der Lage, Proben seiner Arbeit zu versenden und etwa auf diesem Wege sich anderwärts eine Stellung im voraus zu sichern. Es fehlte jede

Organisation des Arbeitsmarktes. Es gab keinen Kurszettel, der Tag für Tag das Verhältnis zwischen Angebot und Nachfrage nach Arbeit an den maßgebenden Plätzen des Wirtschaftsgebietes zur allgemeinen Kenntnis brachte.

Kein Zweifel, das nackte Prinzip der Vertragsfreiheit, der Versuch, die Verwertung der Arbeitskraft einfach den Gesetzen des Warenmarktes zu unterstellen, die Vernachlässigung aller Besonderheiten, welche den Arbeiter als Vermieter seiner Arbeitskraft von anderen Vermietern unterscheiden, das alles war eine ungeheure Vergewaltigung des wirklichen Arbeitsverhältnisses und zwar eine Vergewaltigung, die ganz vorwiegend zum Nachteile des Arbeiters ausschlug. Für ihn bildete eben das Arbeitsverhältnis eine Lebensfrage, für den Unternehmer nur ein Geschäftsinteresse.[1])

Immerhin lassen sich gegen die eben dargelegten Gedanken manche Einwände vorbringen. Man hat betont, daß auch der Arbeitgeber an der Erhaltung einzelner Arbeiter ein bedeutendes Interesse hat, daß er empfindliche Nachteile erleidet, wenn solche Arbeiter ihn verlassen. Auch ist der Unternehmer bei der Annahme der Arbeiter nicht immer im Stande, deren Leistungsfähigkeit richtig zu beurteilen. Durch schlechte Arbeit, Faulheit und Liederlichkeit des Arbeiters können Schädigungen erzeugt werden, für welche bei der Besitzlosigkeit der Urheber nur selten ausreichender Ersatz zu erzielen ist.

Es ist ohne weiteres zuzugeben, daß für Arbeiter, welche über oder unter dem Durchschnitte stehen, das früher Gesagte nicht zutrifft. Allein die Beurteilung der Klassenlage muß eben nach der Stellung des Durchschnittsarbeiters erfolgen, und die Unternehmer suchten ja auch durch Einführung einer weitgetriebenen Arbeitsteilung und möglichst automatisch arbeitender Maschinen den Betrieb immer mehr auf bloße Durchschnittsarbeit zu gründen, die Arbeit, um mit R. v. Mohl zu sprechen, zur fungiblen Sache im römisch-rechtlichen Sprachgebrauch zu machen.

Ebenso wenig wie die Arbeiter entsprechen die Unternehmer durchaus dem Durchschnittstypus. Gefühle der Ritterlichkeit und des Mitleides haben manchen Arbeitgeber veranlaßt, sich als Schutz- und Schirmherrn seiner Arbeiter zu betrachten, ihnen eine vorteilhaftere Lage zu bereiten, als sie nach Maßgabe ihrer strategischen Stellung beim Abschlusse des Arbeitsvertrages beanspruchen durften. Das Er-

---

[1]) Vgl. die treffenden Ausführungen von Dr. K. Flesch, Die Tragödie des Arbeitsvertrages. Süddeutsche Monatshefte. München 1905. Märznummer.

gebnis solcher edlen Bestrebungen wird aber für die allgemeine Betrachtung wieder dadurch aufgehoben, daß einzelne Unternehmer, von brennender Gewinnsucht erfüllt, ihre ohnehin günstige Position gegenüber ihren Arbeitern noch durch künstliche Maßnahmen verstärkt und unnachsichtig ausgebeutet haben. Die zunehmende Schärfe des Wettbewerbes, die Entwicklung von Unternehmerverbänden, welche ihre Mitglieder zu übereinstimmender Haltung verpflichten, und die Zunahme der Aktiengesellschaften,[1]) welche den Arbeitern einen unpersönlichen, „anonymen" Unternehmer gegenüberstellen, schränken übrigens den Spielraum für freie Betätigung auch auf Seiten der Unternehmer immer mehr ein.

Wichtiger als solche Abweichungen vom durchschnittlichen Typus sind, wie in dem folgenden Paragraphen gezeigt werden soll, die Einflüsse geworden, welche das Arbeitsverhältnis und die ganze Stellung der Arbeiterklasse durch das Herkommen, durch die „öffentliche Meinung", durch die Anschauungen einflußreicher Gesellschaftskreise und ähnliche Imponderabilien erfahren hat.

3. Vorurteile der herrschenden Klassen in bezug auf die Stellung der Lohnarbeiter.

Es ist früher anerkannt worden, daß die Einführung des freien Arbeitsvertrages in gewisser Hinsicht einen Fortschritt darstellt. Es bestehen für die juristische Betrachtung seitdem keine anderen als vertragsmäßig übernommene Arbeitsverpflichtungen. Die Arbeiter bilden nicht mehr einen Stand, dessen Mitglieder als solche durch öffentliches Recht zur Arbeit gezwungen werden. Diese moderne Auffassung des Arbeitsverhältnisses fand aber lange Zeit in dem praktischen Verhalten der herrschenden Gesellschaftsklassen keine Unterstützung.

Die Arbeiterklasse war aus der Entwicklung der Großindustrie hervorgegangen. Die Großindustrie mit allem, was zu ihr gehörte, erschien oft als lästiger Parvenü, mit dessen Dasein, Bedürfnissen und Eigentümlichkeiten sich die älteren Gesellschaftsklassen nur schwer abzufinden vermochten. Nicht nur die Arbeiterklasse, sondern auch die Klasse der großindustriellen Unternehmer selbst hat deshalb einen langen und hartnäckigen Kampf um die rechtliche Anerkennung in Staat und Gesellschaft ausfechten müssen, einen Kampf, der selbst in der Gegenwart in manchen Ländern seinen Abschluß noch nicht gefunden hat.

---

[1]) Nach der Gewerbezählung von 1895 gab es im Deutschen Reiche 4749 Aktiengesellschaften mit 801 143 Arbeitern.

Stieß also schon der vom Glücke begünstigte Teil der industriellen Klasse auf eine Fülle ihm nachteiliger Einrichtungen und Traditionen, so ist es nicht erstaunlich, daß es der Arbeiterklasse noch weit schlimmer erging, daß sie sich in den meisten Staaten noch jetzt gegen Anschauungen wehren muß, die ihre Wurzel in rechtlich und wirtschaftlich längst verflossenen Zuständen besitzen. Das Gesetzesrecht hatte das Arbeitsverhältnis auf den freien Vertrag gestellt. Die herrschenden Klassen verweigerten dieser Neuerung aber die Sanktion in allen Punkten, in denen sie den arbeitenden Klassen Vorteil brachte. Und die Staatsgewalt, auf welche die Arbeiter anfangs keinerlei Einfluß besaßen, streckte nur zu oft vor dem Spruche der Gesellschaft die Waffen.

Der Arbeiter früherer Zeiten war in der Regel, wenn er dem zünftigen Gewerbe angehörte, ein junger Mensch, der im Haushalte des Meisters lebte. Es erschien weder unbillig noch unzweckmäßig, wenn dieser als älterer und erfahrener Mann von seinen Gesellen auch in außergeschäftlichen Angelegenheiten Unterordnung verlangte. Da der Geselle in absehbarer Zeit selbst zur Meisterstellung aufrückte, konnte eine wesentliche Benachteiligung seiner Interessen auf diesem Wege nicht leicht entstehen. Ebensowenig erschien es unter diesen Voraussetzungen geboten, den Gesellen politische Rechte zu gewähren. Wo das Bürgertum solche überhaupt besaß, fielen sie ja auch den Gesellen schließlich mit der Begründung eines eigenen Geschäftes zu. Die Beschränkung der politischen Rechte auf selbständige Gewerbetreibende hatte ungefähr die Bedeutung, welche heute der Altersgrenze für die Ausübung des aktiven oder passiven Wahlrechtes zukommt.

Einen ganz anderen Charakter gewann die Bevormundung, welche die Fabrikanten „ihren" Arbeitern gegenüber ausüben zu dürfen glaubten. Da konnte der Arbeitgeber leicht ein weit jüngerer Mann von geringerer Lebenserfahrung als sein Arbeiter sein.[1]) Da fehlten ferner die innige persönliche Berührung, das gleiche Bildungsniveau und die Interessengemeinschaft, welche den Handwerksgesellen mit der bevormundenden Stellung des Meisters aussöhnten. Schrieb also der Fabrikant seinen Arbeitern vor, wie sie sich in Bezug auf Eheschließung,

---

[1]) „Ein Herr im Alter von 23, Buchdruckereibesitzer, hat einen Tarif ausgearbeitet; der Herr verlangt, daß die Gehilfen erst mit dem Alter von 25 Jahren berechtigt sind, einen Vertreter für die Wahrnehmung ihrer Interessen zu wählen, erkennt es aber als vollständig richtig und korrekt an, daß er mit 23 Jahren imstande ist, den bedeutend älteren Gehilfen einen Tarif vorzulegen." Döblin in S. d. V. f. S. XLVII. S. 175.

Kindererziehung, Wareneinkauf, Wirtshausbesuch, Lektüre, politische Betätigung und Vereinsleben zu verhalten hätten, so konnten solche Eingriffe, wenigstens bei den von modernen Ideen berührten Arbeitern, nur ein Gefühl grimmigen Hasses erwecken. Und dieser Haß vergiftete die Beziehungen um so gründlicher, je mehr ihn der Arbeiter sorgsam verbergen mußte.

Aus dem Ausschlusse der Arbeiter vom Wahlrechte entstand aber eine Entrechtung gefährlichster Art, als mit dem Aufkommen der Großindustrie für immer größere Massen die Aussicht auf wirtschaftliche Selbständigkeit und die damit verknüpften politischen Rechte entschwand. Gar bald konnten die Arbeiter die Erfahrung machen, welche John Stuart Mill vorgeschwebt haben dürfte, als er schrieb: „Herrscher und herrschende Klassen sind genötigt, die Interessen und Wünsche derjenigen zu berücksichtigen, die stimmberechtigt sind; ob sie aber die der Ausgeschlossenen berücksichtigen wollen oder nicht, steht ganz bei ihnen und mögen sie auch noch so wohlmeinend sein, so sind sie doch meistenteils durch das, was sie notwendig beachten müssen, zu sehr in Anspruch genommen, um viel an das zu denken, was sie ungestraft außer Acht lassen können.“ [1])

So kam es, daß die arbeitenden Klassen durch einseitige Anspannung der Verbrauchsabgaben in unverhältnismäßiger Weise zur Tragung der Staatslasten herangezogen wurden, und daß diese Überlastung auch in neuerer Zeit durch die mittlerweile erfolgte Ausbildung progressiver Einkommens- und Vermögenssteuern noch keineswegs ausgeglichen worden ist.[2])

Auf anderen Gebieten wieder führte die ungenügende Berücksichtigung der besonderen Verhältnisse der Arbeiterklasse dazu, daß trotz formeller Rechtsgleichheit dem Arbeiter das Gefühl der Gleichberechtigung fehlte.[3]) Gewiß mochte der Arbeiter so gut wie ein anderer Bürger im Streitfalle das Gericht anrufen. Aber ihm fehlten die Mittel zur erfolgreichen Führung des Prozesses, wenn er überhaupt in der Lage war, die in der Regel erst nach längerer Zeit erfolgende Entscheidung abzuwarten. Wurde in der Strafgerichtsbarkeit auf Geldstrafen erkannt, so war der Besitzlose genötigt, sich die Umwandelung in eine Haftstrafe

[1]) Gesammelte Werke, VIII. S. 122.

[2]) Vgl. insbes. die schlagenden Berechnungen Fr. J. v. Neumann's, Zur Gemeindesteuerreform in Deutschland. Tübingen 1895. S. 256 ff.

[3]) Richard Rösicke, Über die Aufgaben der bürgerl. Klassen in sozialer Beziehung. S. P. S. C. X. S. 1306, XI. S. 1 und Derselbe, Die Gleichberechtigung der Arbeiter. S. P. S. C. XI. S. 689 ff., 713 ff.

gefallen zu lassen. Überhaupt mußten Geldstrafen, die ohne Berücksichtigung der Vermögenslage des Verurteilten erfolgten, für die Besitzenden weniger fühlbar, als für die Arbeiterkreise ausfallen. Da die Richter wegen der hohen Kosten der Ausbildung fast ausschließlich aus den vermögenderen Schichten des Volkes hervorgehen, konnte selbst in der ehrlichsten Absicht, vollkommen unparteiisch zu richten, schon wegen der ungenügenden Vertrautheit mit den Lebensverhältnissen der Arbeiter manches Urteil den Stempel großer Härte oder gar der Klassenjustiz erhalten.[1]) Obwohl die Arbeiter im Deutschen Reiche als Schöffen und Geschworene fungieren können, wurden sie tatsächlich zu diesen Ämtern in der Regel nicht berufen und es hat erst besonderer Erlasse bedurft, um diese Gepflogenheiten einigermaßen einzuschränken.[2])

Der Staat und die herrschenden Gesellschaftsklassen hielten auch immer noch an der Auffassung fest, die Arbeiter seien nach wie vor doch eigentlich zur Arbeit verpflichtet und verletzten diese Pflicht, wenn sie sich weigerten, einfach die Arbeitsbedingungen hinzunehmen, die aus dem freien Wettbewerbe hervorgingen. Die Besitzenden sogen, wie v. Thünen bemerkt, gewissermaßen mit der Muttermilch die Ansicht ein, als sei der Arbeiter von der Natur selbst zum Lastträger bestimmt, als käme ihm für seine Anstrengung nur die Fristung des Daseins zu. Die Unternehmer und Brodherren betrachteten das Ringen und Streben der Arbeiter- und Dienstbotenkreise nach einem besseren Lose als eine ungerechte Anmaßung, die auf jede Weise und aus allen Kräften bekämpft werden müsse. „Niemals aber ist der Mensch entschiedener und beharrlicher im Unrechthandeln, als wenn er durch einen Verstandesirrtum das Unrechte für das Rechte ansieht, und es dann für seine Pflicht hält, dasselbe mit allen Kräften aufrecht zu halten und durchzuführen.“[3]) So wurde den Arbeitern vielfach ein gemeinsames Vorgehen bei der Festsetzung der Arbeitsbedingungen geradezu verboten. Allein, wenn auch keine Verbote bestanden, so konnte immer noch die feindselige Haltung der Regierung, der Unternehmerkreise und der von beiden Mächten beherrschten Presse die Wirksamkeit der Arbeitervereinigungen aufs äußerste erschweren. Brach eine Arbeitseinstellung aus, so erblickte man darin einen Akt der Empörung, hinter welchem die Hydra der Revolution lauerte. Suchten die Arbeiter andere zur Teilnahme zu

---

[1]) Über die Gefahr der Klassenjustiz siehe Jastrow, Sozialpolitik und Verwaltungswissenschaft. Bd. I. Berlin 1902. S. 479 ff.; S. P. S. C. XIII. S. 504, 529, 561.

[2]) S. P. S. C. XI. S. 1298, XIII. S. 936, 1228.

[3]) J. H. v. Thünen, Der isolierte Staat. Berlin 1875. II. S. 48, 49.

bestimmen oder den Rücktritt von der Vereinbarung zu hindern, so erschien ein ganz besonderer Schutz der Arbeitswilligen erforderlich; d. h. die allgemeinen Gesetzesbestimmungen, welche Beleidigungen und Nötigungen unter Strafe stellten, galten im Fall der Arbeitseinstellungen für viel zu mild, eine Auffassung, welche in merkwürdigem Gegensatze zu der geringfügigen Bestrafung der Unternehmer bei Verletzung der Arbeiterschutzgesetze stand. Wie leicht war man in den richterlichen Kreisen geneigt, in den Maßnahmen, welche Arbeiter zur Unterstützung eines Streiks oder einer Berufsorganisation unternahmen, schon strafbare Erpressungen zu erblicken, während der Terrorismus, der von der Unternehmerseite ausging, um die Berufsgenossen zum Eintritt in einen Trust oder ein Syndikat zu veranlassen, das Interesse der Staatsanwälte unberührt zu lassen pflegte. Für alle Störungen, die aus Arbeitskämpfen oft für Staat oder Wirtschaftsleben entstanden, wurden vorzugsweise die Arbeiter verantwortlich gemacht, auch wenn sie sich bereit erklärt hatten, dem Schiedsspruche einer unparteiischen Instanz Folge zu leisten. Selbst von der Kanzel konnten Streikende die Mahnung hören: Wer nicht arbeiten will, soll auch nicht essen. Nur dann, wenn sie notorisch im größten Elende schmachteten, wenn rein menschliches Mitleid für sie rege wurde, stießen sie auf geringeren Widerstand oder fanden gar die Sympathie der öffentlichen Meinung. Gerade dieser Umstand war äußerst bezeichnend. Während für das Vermögen und Einkommen der Unternehmer keinerlei Grenze angenommen wurde, die eigentlich nicht überschritten werden sollte,[1]) hielt man eben an der Auffassung fest, daß Arbeiter, die das zu ihrem Lebensunterhalt unbedingt Nötige bereits bezogen, genug hätten und deshalb nicht berechtigt wären, die übrige Gesellschaft durch ihre Forderungen zu stören.

Das Wohl des Arbeiters schien überhaupt ganz in demjenigen des Unternehmers eingeschlossen. Was der Unternehmer erstrebte, mochten es Schutzzölle oder andere Vorteile[2]) sein, geschah zur Förderung der Industrie, zum Wohle des Landes und der Arbeiter. Nun ist es gewiß richtig, daß auch die Arbeiter zu besseren Zuständen nur in einem

---

[1]) In den Vereinigten Staaten gibt es Männer, welche allein einen Grundbesitz im Werte von 30—40 Millionen Dollars aufweisen; aus beweglichem Vermögen bezieht Carnegie 5 Millionen Dollars, Rockefeller 2 500 000 Dollars Einkommen. Vgl. Wolf's Zeitschrift. VII. S. 727.

[2]) So konnten Kartelle ihre Machtstellung und günstige Konjunkturen aufs äußerste ausnützen und unter Umständen die Preise von Markt zu Markt erhöhen, ohne die öffentliche Meinung sonderlich zu erregen. S. P. S. C. XII. S. 1040.

gedeihenden Wirtschaftszweige gelangen können. Aber auf der anderen Seite war es doch ganz unberechtigt, jegliche Forderung der Arbeiter als eine Benachteiligung und Belastung der Industrie, als eine Verminderung ihrer Konkurrenzfähigkeit hinzustellen. Der Arbeitgeber bedarf ebensowohl einer gesunden, körperlich und geistig leistungsfähigen Arbeiterschaft wie diese eines tüchtigen Unternehmers und Führers.

Stets war vom Risiko des Unternehmers die Rede. Dieses Risiko sollte alle möglichen Privilegien rechtfertigen. Daß der Arbeiter neben dem Risiko, durch eine Krise die Arbeitsgelegenheit zu verlieren, auch noch in sehr vielen Gewerben großen Gefahren durch Betriebsunfälle ausgesetzt war, wurde weniger beachtet.

Und als die Arbeiter gegen diese Zustände sich immer entschiedener zur Wehr setzten, ja sich zu revolutionären Ausschreitungen oder Drohungen verleiten ließen, da galt die Förderung des Arbeiterinteresses in den Augen Vieler geradezu als Förderung des Umsturzes, die Begünstigung der Unternehmer aber als ein Gebot staatserhaltender Klugheit.

Diese Andeutungen lassen es bereits im allgemeinen begreiflich erscheinen, daß die neu entstandene Arbeiterklasse mit den überlieferten Anschauungen und Einrichtungen nicht auszukommen vermochte. Immerhin wird die Notwendigkeit der sozialen Bewegung und sozialen Reform noch besser gewürdigt werden, wenn die allgemeine Analyse durch einige konkrete Schilderungen aus dem Leben der Industriearbeiter ergänzt wird.

Zweites Kapitel.

Die sozialen Zustände der Arbeiterklasse.

4. Vorbemerkung in betreff der Quellen.

Die erste und zweite Auflage dieses Buches enthielten keine eingehendere Schilderung der sozialen Zustände. Es ist in der Tat auch äußerst schwierig, eine derartige Darstellung auf beschränktem Raume zu liefern; doppelt schwierig, wenn nicht die Zustände der Gegenwart, für deren Beleuchtung bereits gediegenes sozial-statistisches Material vorliegt, zum Ausgangspunkte dienen sollen. Da es hier aber gilt, vor allem eine Vorstellung von den Verhältnissen zu gewähren, welche bestanden, ehe soziale Reformen die Lage der Arbeiter beeinflußt haben, muß, soweit es irgend angeht, auf Tatsachen der Vergangenheit zurückgegangen werden. Gibt es heute doch keinen modernen Industriestaat mehr, in dem nicht durch die soziale Bewegung bereits erhebliche Umgestaltungen des Arbeitsverhältnisses gegenüber den Zeiten eines schrankenlosen Kapitalismus eingetreten wären. Die Nachrichten, welche uns über die Vergangenheit vorliegen, reichen nur für Großbritannien einigermaßen aus. Insofern schiene es zweckmäßig zu sein, bei der Schilderung nur englische Verhältnisse zu berücksichtigen und im übrigen sich mit dem Hinweise zu begnügen, daß auch in anderen Ländern die Lage der Arbeiterklasse sich ähnlich gestaltet habe. Die Erfahrung lehrt indes, daß Nicht-Engländer immer zu der Annahme neigen, so schlimm wie in England könne es doch in ihrer Heimat nicht gewesen sein. Es wird deshalb auch einiges Material aus anderen Ländern verwertet werden. Insofern dort soziale Reformen sehr viel später eingesetzt haben, widerspricht es der hier gestellten Aufgabe nicht, für Deutschland, Österreich, Schweiz, Frankreich und Belgien Erhebungen aus den 70er Jahren, ja selbst aus noch späterer Zeit, zu berücksichtigen.

Für die folgenden Skizzen sind vorzugsweise zu Rate gezogen worden: Fr. Engels, Lage der arbeitenden Klassen in England. 2. Aufl. Stuttgart 1892; A. Held, Zwei Bücher zur sozialen Geschichte Englands. Leipzig 1881; Marx, Das Kapital, I. Bd.; H. v. Nostiz, Das Aufsteigen des Arbeiterstandes in England. Jena 1900; Steffen, Studien zur Geschichte der englischen Lohnarbeiter, II. und III. Bd. 1. Hälfte. Stuttgart 1901/4; Villermée, Tableau de l'état physique et moral des ouvriers employés dans les manufactures de coton, de laine et de soie, 2 vols. Paris 1838; E. Buret, De la misère des classes laborieuses en Angleterre et en France, 2 vols. Paris 1840; H. Herkner, Die oberelsässische Baumwollindustrie und ihre Arbeiter. Straßburg 1887; A. Thun, Die Industrie am Niederrhein und ihre Arbeiter, Leipzig 1879; B. Schönlank, Die Fürther Quecksilber-Spiegelbelegen und ihre Arbeiter. Stuttgart 1888; G. Anton, Geschichte der preußischen Fabrikgesetzgebung. Leipzig 1891; Göhre, Drei Monate Fabrikarbeiter. Leipzig 1891; Die Not des vierten Standes, von einem Arzte. Leipzig 1894; A. Bráf, Studien über nordböhmische Arbeiterverhältnisse. Prag 1881; J. Singer, Untersuchungen über die sozialen Zustände in den Fabrikbezirken des nordöstlichen Böhmens. Leipzig 1885; Fr. Schuler, Die glarnerische Baumwolleninduſtrie und ihr Einfluß auf die Gesundheit der Arbeiter, Zeitschrift für Schweizerische Statistik, VIII. Bern 1872; V. Böhmert,

Arbeiterverhältnisse und Fabrikeinrichtungen der Schweiz, 2 Bde. Zürich 1873; Schuler und Burckhardt, Untersuchungen über die Gesundheitsverhältnisse der Fabrikbevölkerung in der Schweiz. Aarau 1889. M. Tugan-Baranowsky, Geschichte der russischen Fabrik. Berlin 1900.

Eine Übersicht über die Arbeiterzustände in neuerer und neuester Zeit enthalten Platter's Grundlehren der Nationalökonomie, Berlin 1903, S. 403—555. Außerdem gewähren die Berichte der deutschen, österreichischen und schweizerischen Fabrikaufsichtsbeamten wertvolle Aufschlüsse.

5. Die gesundheitlichen Gefahren der Fabrikarbeit.

Es wäre gewiß unrichtig, wollte man sich die Werkstätte des alten Zunftmeisters als einen Raum vorstellen, der allen Anforderungen der Gesundheitspflege genügte. Was wir heute noch in Städten wahrnehmen können, die ein mittelalterliches Gepräge bewahrt haben, legt uns das Gegenteil dieser Auffassung nahe. Trotzdem scheinen die Gesellen der Zunftzeit selten über Arbeitsstätte und Art der Arbeit geklagt zu haben. Wie immer jene Werkstätten beschaffen waren, den Maßstab ihres Zeitalters brauchten sie nicht zu scheuen. Da die Meister ja unmittelbar an der Arbeit teilnahmen, befanden sich Arbeitgeber und Arbeiter genau unter denselben Bedingungen. Wenn es Wetter und Art der Tätigkeit irgend gestatteten, wurde im Freien, vor dem Hause oder unter den Laubengängen, gearbeitet. Die Feuergefährlichkeit der alten Holzbauten und die Mängel der künstlichen Beleuchtung sorgten dafür, daß die Arbeitszeit nur selten in die Nacht erstreckt wurde. Soweit es sich um Arbeiter des Verlagssystems handelte, war der auf dem Lande wenigstens meist vorhandene Wechsel zwischen gewerblicher und landwirtschaftlicher Arbeit sehr geeignet, die gesundheitlichen Schädigungen einzudämmen.

Lange Zeit hat sich die Bevölkerung der Fabrikarbeit widersetzt. Ob dabei die Abneigung gegen die straffe Disziplin der Fabrik oder gegen die Arbeit an der Maschine überhaupt, oder die Anhänglichkeit an die Heim- und Werkstattarbeit einen größeren Einfluß geäußert haben, ist schwer zu bestimmen. Jedenfalls vermochten die Fabrikanten oft nur ziemlich verkommene, aus übervölkerten Gebieten stammende und auf der tiefsten Stufe der Lebenshaltung befindliche Leute für ihre Unternehmungen zu gewinnen. Da viele von ihnen die Betriebe mit äußerst bescheidenen Mitteln begründen mußten, wurde an allem gespart, was keinen unmittelbaren Profit in Aussicht stellte. So konnten sich in den Arbeitssälen der Fabriken um so eher abscheuliche Zustände entwickeln, als die Arbeiter, an Unreinlichkeit nur zu sehr gewöhnt, nicht daran dachten, irgend einen Widerstand zu leisten. „Die Luft mancher Baumwollspinnereien war mit dichtem Staube erfüllt, ein weißer Flaum bedeckte die Maschinen, und der Fußboden war mit einer klebrigen Masse, aus Öl, Staub und Unrat aller Art bestehend, überzogen. Aus den Abtritten, welche direkt in die Arbeitssäle mündeten, drangen die ekelhaftesten Dünste ein. In mechanischen Werkstätten konnte man sich kaum zwischen Maschinen, Werkzeugen, Arbeitsstücken, Vorratsmaterial durchwinden. Dunkel herrschte innerhalb der vier schwarzen Wände und zahlreiche Unfälle verdankten diesen Zuständen ihre Entstehung."[1]) Diese Schilderung, welche der eidgenössische Fabrikinspektor Schuler von den ursprünglichen Zuständen in der Schweiz entwirft, darf unbedenklich verallgemeinert werden.

Mancher Übelstand erwuchs auch daraus, daß der Fabrikbetrieb sehr häufig in Gebäuden eingerichtet wurde, die für ganz andere Zwecke erbaut worden waren. „In einer ursprünglich im Wohnzimmer untergebrachten Werkstätte wurden", wie ein österreichischer Gewerbeinspektor mitteilt, „erst Maschinchen, dann Maschinen untergebracht, bis der Raum nicht mehr ausreichte. Dann wurden Mauern demoliert, andere aufgeführt, das Inventar an Maschinen stieg, endlich kam noch eine Dampfmaschine hinzu und das ehemalige Wohnhaus war in eine Fabrik umgewandelt, in welcher die Maschinen in bunter Unordnung durcheinanderstanden."[2]) Aber auch dann, wenn ein Neubau für das Geschäft errichtet wurde, kamen bei der geringen Bekanntschaft mit hygienischen Erfordernissen Rücksichten auf solche nur selten in Frage. Man dachte lediglich daran, den Bau möglichst billig auszuführen und möglichst viel in ihm unterzubringen. Es waren fünf- bis sechsstöckige Häuser mit niedrigen Sälen, kleinen Fenstern, engen und steilen Treppen. Nicht besser als in den Fabriken sah es in den Bergwerken aus. „Bei der Konkurrenz, die unter den Besitzern von Kohlengruben herrschte", führt ein englischer Bericht aus dem Jahre 1829 aus,[3]) „wurden nicht mehr Auslagen gemacht, als nötig waren, um die handgreiflichsten physischen Schwierigkeiten zu überwinden; und bei der Konkurrenz unter den Grubenarbeitern, die gewöhnlich in Überzahl vorhanden waren, setzten sich diese bedeutenden Gefahren und den schädlichsten Einflüssen mit

[1]) Z. f. S. W. I. S. 600.

[2]) Bericht der k. k. Gewerbeinspektoren über ihre Amtstätigkeit im Jahre 1884. Wien 1885. S. 196.

[3]) Marx, Das Kapital. III. Bd., I. Teil. S. 63. Hamburg 1894.

Vergnügen für einen Lohn aus, der nur wenig höher war als derjenige der benachbarten Landtagelöhner, da die Bergwerksarbeit überdies gestattete, die Kinder gewinnbringend zu beschäftigen. Diese doppelte Konkurrenz reichte vollständig hin, um zu bewirken, daß ein großer Teil der Gruben mit der unvollkommensten Trockenlegung und Ventilation betrieben wurde; oft mit schlecht gebauten Schachten, schlechtem Gestänge, unfähigen Maschinisten, mit schlecht angelegten und schlecht ausgebauten Stollen und Fahrbahnen; und dies verursachte eine Zerstörung an Leben, Gliedmaßen und Gesundheit, deren Statistik ein entsetzliches Bild darstellen würde."

Zu den üblen Zuständen der Arbeitsstätten traten die Gefahren der Arbeitsprozesse. Die Feilenhauer, die Arbeiter in Glasstampfwerken und Porzellanfabriken, die Schleifer von Stahlwaren, Messing, Edelsteinen oder Glas, die Kohlenhäuer, die Arbeiterinnen, welche beim Hecheln des Flachses, beim Schlagen der Baumwolle, beim Sortieren der Lumpen in Papier- und Shoddyfabriken oder beim Scheren in der Weberei tätig waren, sie alle hatten unter der Staubentwicklung so zu leiden, daß Katarrhe der Luftwege, Lungenemphysem, Lungenentzündung und Lungenschwindsucht sich zu Berufskrankheiten ausbildeten.[1])

Die gräßlichsten Verwüstungen haben aber Phosphor, Quecksilber, Blei, Zink und Arsenik unter den Arbeitern angerichtet. Die ersten Symptome der Quecksilbervergiftung[2]) bestehen in Entzündungen der Schleimhäute des Mundes, in Magenerkrankungen und Darmkatarrh. Allmählich wird das Nervensystem ergriffen. Die Kranken werden matt, blaß und abgemagert. Kopfweh, oft in hohem Grade, Schwindel, Ohrensausen stellen sich ein. Große seelische Reizbarkeit folgt. Der leiseste Widerspruch kann eine Aufregung herbeiführen, welche von einem Tobsuchtsanfall kaum zu unterscheiden ist. In den Extremitäten hat der Kranke die Empfindung des Ameisenkriechens und andere Gefühlsstörungen, die Gelenke werden schmerzhaft und können deshalb nur mangelhaft benutzt werden. Das eigentliche Zittern be-

[1]) Eine gute Übersicht über die dem Arbeiter aus dem Industriebetriebe im allgemeinen und besonderen erwachsenden Gefahren bietet Dammert, Handbuch der Arbeiterwohlfahrt. I. Bd. Stuttgart 1902. S. 226—265. Über die neuerdings so heftig aufgetretene Wurmkrankheit unter den Bergarbeitern siehe S. P. S. C. XII. S. 566, 1075.

[2]) Schönlank, Die Fürther Quecksilber-Belegen. S. 215—217. Über die Wirkungen von Phosphor und Blei gewährt jetzt genaue Aufschlüsse das Werk „Gesundheitsgefährliche Industrien". Berichte im Auftrage der Internat. Vereinigung für gesetzl. Arbeiterschutz eingeleitet und herausgegeben von Prof. Dr. Bauer. Jena 1903.

ginnt unmerklich. Im Laufe der Krankheit werden die Muskeln dem Willen vollständig entzogen. Schließlich wird selbst das Gesicht zur jammervollen Grimasse verzerrt. „Ein wunderbares Schauspiel der zuchtlosesten Anarchie im weiten Gebiete des willkürlichen Muskelsystems rollt sich vor uns auf", wie Kußmaul darlegt. In höheren Graden des Übels entsteht Blödsinn.[1]) Ebenso schlimm sind die Vergiftungen durch Phosphor, denen namentlich die Arbeiter in Zündholzfabriken ausgesetzt sind. Sie liefern, nach ärztlichen Erfahrungen, „Beiträge zu den allertraurigsten Bildern in der menschlichen Passionsgeschichte".

Und wie oft dienten die Artikel, welche unter so entsetzlichen Folgen für die Arbeiterschaft produziert wurden, nur der Eitelkeit, nur den perversen Modelaunen einer blasierten, von Genüssen übersättigten Gesellschaft!

Vergegenwärtigt man sich noch den Einfluß der feuchten heißen Luft, die zur Unterstützung mancher Arbeitsprozesse für zweckdienlich gehalten wurde, den betäubenden Lärm des Maschinengetriebes, die Schwängerung der Luft mit Kohlensäure durch Gasflammen, die Ausdünstungen der Arbeiter selbst und des Arbeitsmateriales, dann begreift man, daß so manche Fabrik als kapitalistisches Inferno erschien und das Leben in ihr für schlimmer als das im Zuchthause galt. Noch heute pflegt das Volk im badischen Oberlande die Fabriken als „Laborantehüsle" (Zwangsarbeitshäuser) zu bezeichnen.

6. Die Länge der Arbeitszeit.

Die gesundheitsschädlichen Einflüsse der Fabrikarbeit konnten sich umsomehr geltend machen, je länger die Arbeitszeit dauerte und je größer der Bruchteil war, den die kindlichen, jugendlichen und weiblichen Personen in der Arbeiterschaft bildeten.

Mit der Einführung der Maschinen trat in der Regel eine beträchtliche Verlängerung der Arbeitszeit ein. Bildete die Fabrik mit ihren zahlreichen Maschinen doch ein äußerst wertvolles Kapital, dessen hohe Verzinsung umso leichter erreicht wurde, je mehr die effektive Nutzungszeit mit der natürlich verflossenen Zeit übereinstimmte. Auch die Gefahr, daß durch neue Erfindungen die vorhandenen Anlagen entwertet werden könnten, ließ sich am besten durch eine möglichst rasche Amortisation bekämpfen. Manche Fabriken, die auf Wasserkräfte angewiesen waren, trachteten die Perioden günstigen Wasserstandes durch lange Arbeitszeiten nach Möglichkeit auszunützen. Wo die Maschinen

[1]) Siehe Anm. 2 auf S. 20.

scheinbar automatisch arbeiteten, wie in Spinnereien, Webereien, Papierfabriken, Getreidemühlen 2c., rechtfertigte man die Ausdehnung der Arbeitszeit mit dem Hinweise, daß die Arbeit ja gar nicht mehr anstrenge, keinerlei Kräfte erfordere. In England hatte man wirklich das Gefühl dafür ganz verloren, daß die Arbeiter doch immer noch Menschen blieben und nicht, wie die Maschinen, ohne Unterbrechung, Tag und Nacht, tätig sein konnten. Von einem Ausschusse des Oberhauses befragt, ob eine Arbeitsdauer von 16, 17, 18, ja selbst 23 Stunden jugendlichen Personen schädlich sei, sprach sich ein Arzt in verneinendem Sinne aus. Auf die weitere Frage: „Da Sie bezweifeln, daß ein Kind bei 23 stündiger Arbeit zu leiden haben würde, würden Sie es auch bei einer Arbeit von 24 Stunden bezweifeln?" erklärte er: „Ich bin nicht im stande eine Grenze unter 24 Stunden anzugeben. Außerordentliche Tatsachen haben mich veranlaßt, die Gemeinplätze, die über diesen Gegenstand Geltung hatten, nämlich daß eine derartige Arbeitszeit schädlich sei, zu bezweifeln." Und so sprach nicht nur ein Arzt, sondern mehrere.

Die moderne Entwicklung namentlich der chemischen Technologie hat manche Produktionsprozesse entstehen lassen, die ihrer Natur nach eine Unterbrechung ausschließen. So trat in Färbereien, in Ziegelbrennereien, in chemischen Fabriken, Bierbrauereien, Spiritusbrennereien, Essigfabriken, Zuckerfabriken, Glashütten, Hochöfen, Stahlwerken und Gießereien regelmäßige Tag- und Nachtarbeit ein. Da dann zwei Reihen (Schichten) von Arbeitern beschäftigt wurden, welche in der Leistung der Nachtarbeit von Woche zu Woche abwechselten, wurde die tägliche Arbeitszeit nicht über 12 Stunden ausgedehnt. Immerhin traten für jede Schicht einmal innerhalb zwei Wochen, beim sogenannten Schichtwechsel, auch 24 stündige Arbeitszeiten auf. Wenn nämlich eine Schichte, welche diese Woche Tagesarbeit leistete, in der nächsten Woche zur Nachtarbeit übergehen sollte, so schloß sich für sie beim Wechsel die ganze Nachtarbeit unmittelbar an die Tagesarbeit an. Da die Nachtarbeit den Organismus in viel stärkerer Weise in Anspruch nahm als die Tagesarbeit, und da die kontinuierlichen Betriebe nur eine sehr beschränkte Sonntagsruhe zuließen, so konnte in der 12 stündigen Normalarbeitszeit kein ausreichendes Gegengewicht erblickt werden.

Die Nacht- und Sonntagsarbeit blieb übrigens keineswegs auf diejenigen Betriebe beschränkt, in denen kontinuierliche technische Prozesse sie erforderten, sondern sie fand auch in einzelnen Zweigen der Textilindustrie und im Bergbau Eingang, lediglich um die kapitalistische Rentabilität der Anlagen zu erhöhen.

Die geschilderten Zustände erscheinen gewiß abschreckend. Immerhin ist das Entsetzlichste und Schändlichste noch nicht erzählt worden: die Kinder- und Frauenarbeit.

7. Kinder- und Frauenarbeit.[1])

Es ist schon bemerkt worden, daß die Bevölkerung der Fabrikarbeit im Anfange durchaus abgeneigt war. Begreiflicherweise scheuten sich die Eltern auch, ihre Kinder einer Arbeit zuzuführen, von der sie für sich selbst nichts wissen wollten. Und doch wurde gerade die Arbeit der Kinder lebhaft begehrt. Man nahm an, daß viele Verrichtungen an den neuen Maschinen von den kleinen, flinken Fingern der Kinder weit besser ausgeführt werden könnten, als durch die gröberen und ungelenkeren Hände Erwachsener. Da sorgten in England die Armenverwaltungen dafür, daß es den Fabrikanten an kindlichen Arbeitskräften nicht mehr fehlte. Diese Behörden erblickten in dem Kinderbedarf der Fabriken eine vortreffliche Gelegenheit, sich ihrer Aufgabe, die Armenkinder zur Erwerbsfähigkeit zu erziehen, höchst einfach zu entledigen. Es entwickelte sich ein förmlicher Handel mit Kindern. An einem verabredeten Tage versammelte der Armenaufseher die Kinder, und der Fabrikant wählte diejenigen, die ihm tauglich erschienen, aus. Die Kinder galten als „Lehrlinge", erhielten keinen Lohn, sondern nur Kost und Wohnung, diese aber oft in so erbärmlicher Beschaffenheit, daß die Sterblichkeit der Kinder eine ungewöhnliche Höhe erreichte. Die tägliche Arbeitszeit betrug im allgemeinen sechzehn Stunden. Nicht selten wurde aber auch bei Tage und bei Nacht gearbeitet. Man sagte damals in Lancashire, daß die Betten nicht kalt würden. Das Lager, das die Kinder der Tagesschicht verließen, wurde sofort von denjenigen in Anspruch genommen, die während der Nacht gearbeitet hatten. Die Bezahlung der Aufseher richtete sich nach den Arbeitsleistungen der Kinder, die deshalb bis zu völliger Erschöpfung angetrieben wurden. Manche dieser Unglücklichen strebten danach, sich ihrem „Lehrverhältnisse" durch die Flucht zu entziehen. Bestand diese Gefahr, so scheute man sich nicht, die Kinder gleich Verbrechern mit Ketten zu fesseln. Der Tod

---

[1]) Über die Bedeutung der Kinderarbeit vgl. auch Agahd, Kinderarbeit und Gesetz gegen die Ausnutzung kindlicher Arbeitskraft in Deutschland. Jena 1902; ferner Ellen Key, Das Jahrhundert des Kindes. Berlin 1902, bes. S. 353—379; über Frauenarbeit: Lily Braun, Die Frauenfrage, ihre geschichtliche Entwicklung und ihre wirtschaftliche Seite. Leipzig 1901, bes. S. 287—431; Lange und Bäumer, Handbuch der Frauenbewegung. 2. Bd. Berlin 1901.

bildete den einzigen Ausweg, die ersehnte Rettung, und Selbstmorde kamen unter Fabrikkindern in der Tat hier und da vor.

Noch ärger als in der Textilindustrie waren die Leiden der Kinder im Bergbaue. „Es gibt Fälle", meldet ein Bericht aus dem Jahre 1832, „daß Kinder schon mit vier Jahren .... in diesen Bergwerken zu arbeiten anfangen; das gewöhnliche Alter zum Arbeitsanfang ist aber das achte bis neunte Lebensjahr." Die Kinder hatten die Türen in den Strecken zu hüten. Sie mußten deshalb in die Grube kommen, sobald die Arbeit begann und konnten sie erst nach Feierabend verlassen. Da die Kinder dabei im Dunkeln und ganz allein waren, so unterschied sich die Beschäftigung nur insofern von der schlimmsten Einzelhaft, als ab und zu Kohlenkarren hin und her fuhren. Vom sechsten Jahre an mußten die Kinder aber auch schon Kohlenwagen schieben und ziehen. Wie alle Zeugen versicherten, erforderte diese Arbeit eine unausgesetzte Anstrengung aller physischen Kräfte. In manchen Gegenden hatten sie die Kohlenstücke auf dem Rücken die Leitern hinauf zu schleppen. Die unterirdischen Gänge waren zuweilen so niedrig, daß selbst die allerjüngsten Kinder nur vorwärts kamen, indem sie auf Händen und Füßen krochen und in dieser widernatürlichen Stellung die beladenen Karren hinter sich herzogen. In vielen Bergwerken war das Benehmen der erwachsenen Kohlenhäuer gegen die unter ihnen arbeitenden Kinder und jungen Leute voll Härte und Grausamkeit. Die Vorgesetzten, die darum wissen mußten, taten nie das Geringste, um es zu verhindern, ja sie behaupteten ausdrücklich, daß sie kein Recht dazu hätten. Die Personen, welche mit der Erforschung dieser Verhältnisse beauftragt wurden, berichteten, daß die Kinder hungerten und in Lumpen gehüllt waren. Die Kleiderarmut veranlaßte sie auch Sonntags statt in frischer Luft Erholung zu suchen oder in die Kirche zu gehen, ganz zu Hause zu bleiben. In solchen Fällen reichte die furchtbare Arbeit der Kinder nicht einmal hin, um ihnen Wohnung und Kleidung zu verschaffen. In der Regel stammten so traurig gestellte Kinder aber von faulen und liederlichen Eltern ab, welche den sauer erworbenen Verdienst ihrer Sprößlinge in der Schenke durchbrachten.[1])

Die Gerechtigkeit verlangt festzustellen, daß auch in anderen Ländern eine schmachvolle Ausbeutung der Kinder stattfand. In den ersten Jahrzehnten des vorigen Jahrhunderts wurden in den rheinischen Industriebezirken Tausende von Kindern zartesten Alters — selbst vier-

[1]) Vgl Held a. a. O. S 710.

jährige befanden sich unter ihnen — gegen einen Tagelohn von zwei Groschen zu einer Arbeit von 10, 12 ja 14 Stunden, und zwar nicht nur des Tags über, sondern auch zur Nachtzeit herangezogen. „Diese unglücklichen Geschöpfe", wurde an die Regierung berichtet, „entbehren des Genusses frischer Luft, sind schlecht gekleidet, schlecht genährt und verbringen ihre Jugend in Kummer und Elend. Bleiche Gesichter, matte und entzündete Augen, geschwollene Leiber, aufgedunsene Backen, aufgeschwollene Lippen und Nasenflügel, Drüsenanschwellungen am Halse, böse Hautausschläge und asthmatische Zufälle unterscheiden sie in gesundheitlicher Beziehung von anderen Kindern derselben Volksklasse, welche nicht in Fabriken arbeiten. Nicht weniger verwahrlost ist ihre sittliche und geistige Bildung."[1])

„Ehe das Baumwollspinnen überhand nahm," heißt es in einem Schreiben des zürcherischen Erziehungsrates an die Regierung vom Jahre 1813, „ließ man den Kindern Zeit, sich an Leib und Seele zu entwickeln .... Als man aber anfing, Kinder vom 7. und 8. Jahre an's Spinnrad zu setzen, und schon das 9 jährige Kind täglich einen oder zwei Schneller fertigen konnte, da waren leichtsinnige Eltern versucht, die Kinder so früh wie möglich der Schule zu entziehen. In ungleich stärkerem Grade walteten solch üble Zustände in den Fabriken. Allda ließ man die Kinder von Mitternacht bis Mittag, oder vom Abend bis Morgen arbeiten. Kinder von acht, neun, zehn Jahren wurden so dem häuslichen Leben entrissen. Man glaubte, wenn ein Kind in die „Spinnmaschine" (Fabrik) gehe, so habe die Schule keinen Anspruch mehr, oder müsse sich mit Stunden begnügen, wo die Kinder zur Maschinenarbeit abgemattet und schläfrig waren. In den ungefähr 60 größeren und kleineren Spinnereien des Kantons arbeiteten nicht weniger als 1124 minderjährige Personen. Es wurden Kinder von 6 Jahren an beschäftigt. Auch wenn keine Nachtarbeit bestand, so mußte doch schon die lange Arbeitszeit — 5 Uhr morgens bis 8½ Uhr abends — den Unterricht und die physische Entwicklung der Kinder auf's schwerste beeinträchtigen. Schüler von 15 oder 16 Jahren konnten kaum lesen und gar nicht schreiben."[2])

Eine der Behandlung der Kinder in den englischen Bergwerken keineswegs nachstehende Ausbeutung hat ferner bis in die neueste Zeit hinein in den Schwefelgruben Siziliens stattgefunden.[3])

---

[1]) Anton a. a. O.

[2]) C. A. Schmid, Wie schützte früher der Kanton Zürich seine Fabrikkinder? Zürich 1899.

[3]) Vgl. Mosso, Die Ermüdung. Deutsche Ausgabe. Leipzig 1892. S. 159 ff.

Wie die gewerbliche Tätigkeit der Kinder schon vor der technischen Umwälzung, aber in der Familie unter wesentlich günstigeren Bedingungen als in der Fabrik vorgekommen war, so ist auch die Frauenarbeit nicht erst von der modernen Maschine geschaffen worden. Immer hatte die Frau an der gewerblichen Arbeit in beträchtlichem Umfange teilgenommen, namentlich an der Herstellung der Gespinnste und Gewebe. Als die technischen Veränderungen diese Arbeitsprozesse in die Fabriken verlegten, mußten die Frauen und Mütter ihrer Arbeit notgedrungen dahin folgen. Ob Tag- und Nachtarbeit[1]) herrschte, ob der Arbeitstag auf eine unerträgliche Länge ausgedehnt, ob die Gefahr für Gesundheit und Sittlichkeit noch so groß sein mochte, der Kapitalismus unterwarf Kinder, Frauen und Männer der gleichen Herrschaft. Selbst zur unterirdischen Arbeit in Kohlenbergwerken wurden Frauen verwendet. Beide Geschlechter verrichteten dieselbe Arbeit und während derselben Zeitdauer. Knaben und Mädchen, junge Männer und junge Frauenzimmer, sogar verheiratete und schwangere Frauen waren wegen der großen Hitze in der Tiefe fast nackt, während sie arbeiteten; die Männer in vielen Grubeu gänzlich nackt.[2]) Der demoralisierende Einfluß der unterirdischen Arbeit wurde ausnahmslos festgestellt.

„Die Grube ist eine Schule der Unsittlichkeit für die Weiber," erklärten auch die Berichterstatter der belgischen Enquete von 1886, „junge Mädchen von 14—20 Jahren kommen beständig mit Männern und Burschen in Verkehr, was zu empörenden Szenen Veranlassung bietet. Die unsittlichen Gewohnheiten sind bei Weibern, die in Gruben gearbeitet haben, so eingewurzelt, daß es ihnen unmöglich wird, sie wieder los zu werden. Daher die große Zahl unglücklicher Ehen in diesem Lande." „Die armen Mädchen, welche in die Grube steigen, zählen kaum 15 Jahre und schon sind sie verloren".[3]) In den Fabriken war es nicht viel besser. „Lagen die Spinnmühlen und Fabriken," schreibt A. Thun,[4]) „wie z. B. an den Wassergefällen der Wupper bei Lennep oft stundenweit. von menschlichen Wohnorten entfernt — wer wollte dann bei Regen und Wind, bei Schnee und Kälte nach Hause?

[1]) Über die Nachtarbeit der Frauen in der Gegenwart: Die gewerbliche Nachtarbeit der Frauen. Berichte über ihren Umfang und ihre gesetzliche Regelung. Im Auftrage der Internationalen Vereinigung für gesetzl. Arbeiterschutz eingeleitet und herausgegeben von Prof. Dr. Bauer. Jena 1903.

[2]) Held a. a. O.

[3]) Herkner, Die belgische Arbeiterenquete und ihre sozialpolitischen Resultate. A. f. S. G. I. S. 403.

[4]) Industrie am Niederrhein. I. Bd. S. 174.

Es scharrten sich die Arbeiter die Flocken und Abfälle zusammen in die Ecken; dort hatten sie es wärmer und weicher als auf dem harten Lager daheim. Die Lichter wurden ausgelöscht und in den stauberfüllten, verpesteten Sälen begann nicht der Friede des Schlummers, nein, die entsetzlichsten Orgien... Am Tage wurde der Grund zu den nächtlichen Ausschweifungen gelegt. In den Anfängen des Fabriksystemes und zum Teil noch heute arbeitet alles ununterschieden durcheinander: Kinder, halbwüchsige Burschen und Mädchen, Männer und Frauen, in den überhitzten Räumen nur mit einem Hemde und Rock bekleidet. Jede Scham mußte schwinden. Der Ton wurde, der Tracht entsprechend, ein grenzenlos roher, und im Zwielichte, bei aufgeregter Nerventätigkeit, und in der Nacht, wo Rücken an Rücken oder Seite an Seite gearbeitet wurde, gingen rohe Worte zu noch roheren Taten über." Dabei sind die Nachstellungen nicht zu vergessen, zu welchen Arbeitgeber und Werkbeamte die übermächtige Stellung gegenüber den Arbeiterinnen verleitete. „Einzelne Fabrikanten hielten sich hübsche Arbeiterinnen in der Fabrik und traten an viele andere mit ihren Verführungen heran. Manche Werkmeister benutzten ihre Herrschaft, um den Mädchen alle Zugeständnisse zu entreißen. Ja nicht einmal mit erwachsenen Mädchen begnügten sich die Schlimmsten. In einer großen Spinnerei Barmens hatten 13 Mädchen von 10—14 Jahren der Bestialität eines Aufsehers gewaltsam unterliegen müssen, und ihre Familien mit einer schrecklichen Krankheit angesteckt."[1]) Und Göhre erklärt geradezu: Kaum ein junger Mann oder ein junges Mädchen aus der Chemnitzer Arbeiterbevölkerung, das über 17 Jahre alt ist, bleibt keusch und jungfräulich.[2])

8. Die Fabrikarbeit und das Seelenleben des Arbeiters.

„Die Jahre hindurch dauernde, Tag für Tag sich wiederholende, fast ununterbrochene, einförmige Arbeit," berichtet ein schweizerischer Spinnereidirektor,[3]) „wirkt aber auch stets deprimierend auf das Gemüt. Wohl müssen auch Handwerker und Kontoristen in abgeschlossenen Räumen streng arbeiten; aber sie haben eine Arbeit mit mehr Abwechselung und sie gönnen sich hin und wieder einen freien Tag; dies kann und darf der Fabrikarbeiter nicht. Der einzige Sonnenstrahl,

---

[1]) Thun a. a. O.; vgl. auch M. Wettstein-Adelt, 3½ Monate Fabrikarbeiterin. Berlin 1893. S. 27.

[2]) Drei Monate Fabrikarbeiter. S. 205.

[3]) E. Blocher, Zeitschrift f. schweiz. Statistik. 1888. S. 9.

der in sein langweiliges Leben fällt, der Sonntag, wird oder wurde ihm doch früher noch oft genug durch sogen. unaufschiebbare Arbeiten verdunkelt. Bei dieser Lebensweise bleibt dem Arbeiter nicht nur keine Zeit zu irgend einer geistigen Arbeit, die ihn über das gemeine Einerlei der Berufsarbeit hinaushöbe, sondern auch die Lust und die Fähigkeit dazu gehen ihm nach und nach verloren. Das einzige, was seine Gedanken beschäftigt, ist der Zahltag."

Die Schädigungen gesundheitlicher und sittlicher Art, welche aus der Fabrikarbeit erwuchsen, drängten sich dem oberflächlichsten Beobachter auf. Es fanden deshalb frühzeitig Versuche statt, sie einzuschränken und zu bekämpfen. Länger dauerte es, bis man diesen Einfluß der Fabrikarbeit auf das Seelenleben der Arbeiter erforschte, ja noch heute wird dieser Umstand von vielen Seiten vollkommen vernachlässigt.[1])

Pflegt man mit dem Begriffe der Arbeit auch immer die Vorstellung einer größeren Mühe und Anstrengung zu verknüpfen, so können letztere den einzelnen Tätigkeiten doch in äußerst verschiedenem Ausmaße beigemischt sein. Man braucht sich nur die furchtbare Arbeit eines Kohlenziehers oder Kesselheizers in einem modernen Riesendampfer auf der einen Seite, die eines Gärtners oder Kunsthandwerkers auf der anderen zu vergegenwärtigen. Wird nun die Frage aufgeworfen, ob die Annehmlichkeit der Arbeit für Körper und Geist mit der Entwicklung des Fabriksystems zugenommen hat, so muß die Antwort im allgemeinen verneinend ausfallen. Maßgebend für dieses Urteil sind einmal schon die Zustände in den Arbeitsstätten und die schweren Schädigungen der Gesundheit, die viele moderne Arbeitsprozesse verursachen. Allein auch dann, wenn Arbeitsstätte und Arbeitsprozeß vom hygienischen Standpunkte aus nicht getadelt werden dürfen, kann doch

---

[1]) Die größten Verdienste um die gebührende Wertung dieser Beziehungen hat sich John Ruskin (insbesondere in der Schrift „Die Steine von Venedig". 2. Bd. VI. Kap. Das Wesen der Gotik. Deutsche Ausgabe. Jena 1904) erworben. Unter seinem Einflusse haben auch andere englische Schriftsteller der Frage größere Aufmerksamkeit geschenkt. Vgl. z. B. R. Whately, Cooke Taylor, The modern factory system. London 1891. S. 443; Allen Clarke, The effects of the factory system. London 1899. S. 77 und folgende. In der deutschen Literatur enthalten seine Beobachtungen zur Psychologie der Arbeit die Werke Büchers: Die Entstehung der Volkswirtschaft. 2. Aufl. Tübingen 1898. S. 257 ff.; Arbeit u. Rythmus. 2. Aufl. Leipzig 1899; Schuler, Über den Einfluß der Fabrikarbeit auf die geistige Entwicklung der Arbeiterschaft. Wolf's Zeitschrift. VI. S. 15—29; Fried. Naumann, Hilfe. II. Nr. 28; VI. Nr. 27, 31; VIII. Nr. 22, 40; G. Traub, Die Organisation der Arbeit in ihrer Wirkung auf die Persönlichkeit. Verhandlungen des Evang.-soz. Kongresses in Breslau. 1904. S. 57—102. Tarde, Psychologie économique. I. S. 222—281. Paris 1902; Féré, Travail et plaisir. Paris 1904.

schon die unendliche Monotonie der verlangten Arbeitsleistung den Arbeiter zum Märtyrer machen. Gewiß gibt es Menschen, welche sich über das ewige Einerlei ihrer Arbeitsaufgabe verhältnismäßig leicht hinwegsetzen. Namentlich wenn sie infolge des Stücklohnes auf die Höhe des Tagesverdienstes einen Einfluß ausüben, mögen sie jahraus jahrein ohne Widerstreben eine der 93 Manipulationen ausführen, in welche heute etwa die Produktion eines Stiefels durch Arbeitsteilung und Maschinen aufgelöst worden ist. Aber ebenso sicher erleiden viele Arbeiter, und gerade die bestveranlagten am meisten, unter solcher entwürdigender Arbeitsweise Qualen, welche die Aufmerksamkeit des Sozialpolitikers in demselben Maße wie die gesundheitlichen und sittlichen Schäden verdienen. Steht die Erschütterung des Sittengesetzes doch wahrscheinlich in einer engen Beziehung zu dem Charakter der Arbeit. Beschäftigungen, welche den Menschen zum Diener einer Maschine degradieren, ihm jede Möglichkeit individueller Gestaltung rauben, vernichten auch die veredelnde Wirkung der Arbeit. Welchen erziehlichen Einfluß soll man davon erwarten, daß ein Arbeiter Tag für Tag die regelmäßige Funktion einer Maschine überwachen muß? Fordert diese Aufgabe eine stetige Aufmerksamkeit — und wenn der Arbeiter mehrere Maschinen zu gleicher Zeit zu bedienen hat, oder die Maschine einen sehr komplizierten Bau aufweist, ist das wirklich der Fall —, so wird er selbst nach einer anscheinend kurzen Arbeitszeit von 9 bis 10 Stunden derart abgespannt, daß für geistige Betätigung jede Kraft fehlt. So schreibt Professor Shield Nicholson, daß im kräftigsten Lebensalter stehende Leute infolge der immer länger gewordenen Spinnstühle, der rasenden Schnelligkeit und des schlechten Arbeitsmateriales sich beim Schlusse der Arbeit vollständig erschöpft fühlen. Sie sehnen sich nur noch nach Ruhe und Schlaf. „Wenige Leute wollen solchen Angaben Glauben schenken; nichts destoweniger sind sie wahr und können jeden Tag in der großen Mehrzahl der Fabriken in den Spinnereibezirken bewiesen werden.“ [1])

Nimmt die Natur der Beschäftigung aber die geistige Aufmerksamkeit weniger in Anspruch, so darf man doch nicht glauben, die Arbeiter seien nun imstande, in aller Ruhe interessante, erhebende Gedankenreihen zu verfolgen. Die ganze Atmosphäre, in der sie arbeiten, insbesondere der betäubende Lärm des Maschinengetriebes, werden dem Geiste selten gestatten, einen höheren Flug zu nehmen. Wenn überdies die Sinne durch das Zusammenarbeiten mit Personen des anderen

[1]) J. A. Hobson, The evolution of capitalism. London 1894. S. 246.

Geschlechtes und eine hohe Temperatur erregt werden, so können nur zu leicht die sexuellen Triebe die Oberhand gewinnen.

Selbst nach der Arbeit sind es in der Regel nur grobe Nervenreize, auf welche ein erschöpfter Körper noch reagiert. Es wird also dem Alkohol,[1]) dem Geschlechtsgenusse, Spielen und Wetten gehuldigt.

Schließlich muß auch die fortgesetzte Verschlechterung, welche in Bezug auf die Qualität der Produktion unter dem Walten eines zügel- und gewissenlosen Wettbewerbes so leicht eintritt, das sittliche Bewußtsein des Arbeiters vergiften. Glaubt man wirklich, daß es keine üblen Folgen hat, wenn ein Arbeiter gezwungen wird, regelmäßig Dinge herzustellen, die nur zum Betruge des Publikums dienen sollen?

Mag indessen der Charakter der Arbeit auch nicht unmittelbar Gefährdungen sittlicher Art Vorschub leisten, immer bleibt die Verminderung der Arbeitsfreude ein Übel, das kaum ernst genug gewertet werden kann. Herabsetzung der Arbeitszeit, Erhöhung des Lohnes und größerer Anteil an den Gütern der modernen Kultur stellen keine vollwichtige Entschädigung dar. Gerade wenn der Arbeiter als Konsument Fortschritte macht und einen höheren Grad der Lebensweise erreicht, wird infolge der Kontrastwirkung die Verödung des Arbeitslebens nur umso schwerer auf ihm lasten. Dabei ist es noch sehr die Frage, wie viele Menschen nach Maßgabe ihrer ganzen Veranlagung überhaupt imstande sind, von den zugänglich gewordenen Kulturgütern einen nützlichen Gebrauch zu machen. Wahrscheinlich ist die Empfänglichkeit für den Segen einer anregenderen Arbeitsweise weit häufiger anzutreffen, als diejenige für die wirklich wertvollen, höheren und edleren Güter der modernen Kultur.

Von den Lobrednern der Fabrikarbeit wird betont, daß die weitere Entwicklung der Maschinentechnik die rein mechanischen Aufgaben der Arbeiter vermindere und daß auch der immer verwickelter werdende Bau der Maschinen eine nicht zu unterschätzende geistige Anregung darbiete. Die städtische Fabrikarbeiterklasse sei deshalb geistig regsamer und bildungsfähiger als die Landbevölkerung.[2])

Das erste und zweite Moment trifft zweifellos in manchen Fällen zu. Ob aber die städtischen Fabrikarbeiter in der Tat eine größere geistige Entwicklung aufweisen, und ob sie diese, wenn sie vorhanden

---

[1]) Wertvolle Untersuchungen über den Einfluß der Art der Arbeit auf den Alkoholismus bietet A. Stehr, Alkoholgenuß und wirtschaftliche Arbeit. Jena 1904.

[2]) Hobson, a. a. O. S. 251 ff., ähnliche Auffassungen bei M. Kraft, Das System der technischen Arbeit. I. S. 118 ff.; Leipzig 1902.

sein sollte, gerade der Maschinenarbeit verdanken, ist sehr fraglich. Mit dieser Maschinenarbeit treten ja sämtliche Einwirkungen der Stadt überhaupt, ihre besseren Bildungsgelegenheiten, die Fülle verschiedener Eindrücke, welche sie gewährt, u. dergl. mehr in Konkurrenz. Es kann diese größere geistige Entwicklung der städtischen Fabrikarbeiter aber auch einem städtischen Vorurteile entspringen. Der gebildete Städter wird sich mit dem städtischen Fabrikarbeiter vielleicht leichter verständigen können als mit dem Landwirt, dessen Anschauungen, Interessen und Wirkungskreis ihm selbst fremd sind. Es darf in diesem Zusammenhange wohl an eine Analyse der ländlichen und städtischen Arbeit erinnert werden, die Adam Smith[1]) vorgenommen hat: „Nicht nur das Gewerbe des Landwirtes, des obersten Leiters aller landwirtschaftlichen Verrichtungen, sondern selbst viele untergeordnete Zweige ländlicher Arbeit erfordern viel mehr Fertigkeit und Erfahrung, als die meisten städtischen Handwerke. Ein Kupfer- oder Eisenarbeiter hat mit Werkzeugen und Rohstoffen zu tun, deren Beschaffenheit immer dieselbe oder fast dieselbe bleibt; der Mann dagegen, welcher mit einem Gespann Ochsen oder Pferde den Boden pflügt, arbeitet mit Werkzeugen, deren Gesundheit, Kraft und ganze Beschaffenheit bei verschiedenen Gelegenheiten eine sehr verschiedene ist. Der Zustand der Rohstoffe, welche er verarbeitet, ist ebenso veränderlich als der der Werkzeuge, mit denen er zu tun hat, und beide müssen mit viel Einsicht und Verstand behandelt werden. Dem gemeinen Knechte, welcher hinter dem Pfluge einhergeht und gewöhnlich als ein Muster von Dummheit und Unwissenheit betrachtet wird, fehlt es selten an Einsicht und Beurteilungsfähigkeit. Freilich ist er weniger als der in einer Stadt lebende Handwerker mit den gesellschaftlichen Gebräuchen vertraut; seine Stimme ist rauher und seine Sprache denjenigen, die nicht mit ihm umzugehen gewohnt sind, schwerer verständlich; seine Urteilskraft jedoch, die an die Betrachtung vieler verschiedener Gegenstände gewöhnt ist, überragt in der Regel weit die des städtischen Arbeiters, dessen ganze Aufmerksamkeit vom Morgen bis zum Abend gewöhnlich auf eine oder zwei sehr einfache Verrichtungen beschränkt ist." Es sei im übrigen an die Tatsache erinnert, daß zwar der Landbewohner ziemlich bald in einen brauchbaren Industriearbeiter, der Industriearbeiter aber schwer in einen guten Landmann verwandelt werden kann.[2])

---

[1]) Natur und Ursachen des Volkswohlstandes. Deutsch v. Löwenthal. Berlin 1882. I. Bd. S. 138.

[2]) Im Hinblicke auf die Wichtigkeit des Gegenstandes noch einige andere Äußerungen über die Natur der Landarbeit im Vergleiche zur Fabrikarbeit:

Bei der geringen Aufmerksamkeit, die all diesen Problemen von den berufsmäßigen Sozialpolitikern geschenkt worden ist, stehen zuverlässige, die Einzelheiten erfassende Beobachtungen nur in äußerst beschränktem Umfange zur Verfügung. Unter den deutschen Schriftstellern

„So sehr ich mit der Agrikultur vertraut bin," schreibt Thorold Rogers, „so staune ich dennoch immer wieder über die zahlreichen Geschicklichkeiten eines wirklich geschulten Landarbeiters und über die Vielseitigkeit seiner Beschäftigungen .... Er pflügt eine Furche über 100 Acker Land mit der Genauigkeit eines Künstlers und beweist durch die Vollkommenheit, mit der er das Feld bestellt, die Richtigkeit seines Auges. Es ist kein Leichtes, einen Graben mit richtigem Fall zu machen. Einen richtigen Heuschober mit Strohdach zu bauen, einen Zaun gefällig zu stutzen, schnurstracks säen und mähen, das alles erfordert viel Übung und Geschicklichkeit. Die von dem Hirten gehandhabte Schere ist ein rohes Werkzeug, doch verrichtet sie in geschulter Hand höchst gewandt die Arbeit. Ein guter Landarbeiter weiß gewöhnlich so viel vom praktischen Landbau wie sein Herr, und ist so geschickt, mit Vieh umzugehen wie ein Tierarzt usw." (bei Jacob Feis, Wege zur Kunst. Straßburg 1898. S. XXXIII).

„Dieser Umstand, daß er (der Landwirt) überall als Herr und Gebieter über Lebendiges auftritt, gibt ihm ein Selbstgefühl und eine Haltung, deren Formen oft nicht gefällig sind, aber auch den niedrigsten Handarbeiter des Feldes sehr vorteilhaft von dem Fabrikarbeiter unterscheiden. Der Knecht, welcher mit seinem Gespann die Pflugfurche zieht, wie trotzig stemmt er die Last seines Körpers gegen den Pflug, mit welchem Herrengefühl schwingt er in kühnem Bogen die Peitsche gegen seine Rosse; der Schäfer unter seiner Herde stützt sich mit dem Stolze eines Weisen auf seinen eisenbeschlagenen Stab und lenkt in unerschütterlicher Kraft durch kurze Befehle an seinen Hund das gemeinsame Volk seiner wolligen Freunde ... Dieses Selbstgefühl wird dadurch vermehrt, daß der Landmann mit den meisten Tätigkeiten des praktischen Lebens bekannt werden muß und viele derselben als Nebenwerke auszuüben hat .... Dazu kommt endlich das wichtigste von allem, daß jeder, auch der niedrigste Tagelöhner der Feldmark, mit eigenen Augen den Segen erblickt, welchen seine Arbeit auf das Ganze der Wirtschaft ausübt .... Dieser Umstand, daß der Nutzen jeder Arbeit so klar, ihre gute oder schlechte Besorgung von solchem Einfluß auf das Ganze des komplizierten Geschäftes ist, gewährt dem Arbeiter nicht nur das Gefühl der Nützlichkeit in hohem Grade, sondern außerdem noch ein Verständnis des Ganzen, ein Behagen und eine Freude an seiner Arbeit, welche der Fabrikarbeiter selten hat." G. Freytag, Vermischte Aufsätze. I. Bd. 1901. S. 448, 449.

Fürst Bismarck hatte von der Einwirkung der Städte auf die Intelligenz keine gute Meinung: „In London sind Hunderttausende, die niemals was anderes gesehen haben als die Stadt. In solchen großen Städten bilden sich Ansichten, die verästen sich und verhärten und werden dann Vorurteile für die darin Lebenden. In solchen großen Mittelpunkten der Bevölkerung, die von dem, was außer ihnen ist, keine Erfahrung und so keine richtige Vorstellung haben — von manchem keine Ahnung —, entsteht diese Beschränktheit, diese Einfältigkeit .... Die Leute auf dem Lande sind vielmehr darauf angewiesen, das Leben zu nehmen wie es ist und wächst. Sie mögen weniger Bildung haben, aber was sie wissen, das wissen sie

hat vor allen Paul Göhre lehrreiche Schilderungen geliefert.[1]) Nach seiner Erfahrung gibt es selbst in der Maschinenbauindustrie, welche man von vornherein günstiger beurteilen wird als Textil- oder Schuhfabriken, eine große Zahl mit durchaus einförmigen Verrichtungen be-

ordentlich." Tagebuchblätter von Moritz Busch. I. S. 497. Leipzig 1899. Verwandte Äußerungen ferner a. a. O. S. 348.

„So stumpfsinnig einzelne Landarbeiten auch sind, so gibt es doch kaum eine, die nicht von einem intelligenten Arbeiter besser verrichtet würde als von einem Halbtier. Und die Mehrzahl der landwirtschaftlichen Beschäftigungen verlangt eigentlich, im Gegensatz zu einem großen Teil der Fabrikarbeiten, eine ganze Portion Intelligenz." H. v. Gerlach, Zur Landarbeiterfrage. Patria! 1902. S. 76.

Wie sehr auf seiten der Industriearbeiter, die auf dem Lande wohnen und einen kleinen landwirtschaftlichen Betrieb besitzen, das Interesse an letzterem überwiegt, schildert sehr gut Dr. Fuchs (Die Verhältnisse der Industriearbeiter in 17 Landgemeinden bei Karlsruhe, Karlsruhe 1904): „Der Mann arbeitet, wenn er nach Hause kommt, selbst als Landwirt mit. Die Besprechungen mit der Familie drehen sich in der Hauptsache um die land- und hauswirtschaftlichen Arbeiten, um das Gedeihen der Feldfrüchte, des Viehstandes. Da gibt es Veränderung und deshalb immer Neues zu besprechen, während die Arbeit in der Fabrik, ewig einerlei und fast unveränderlich, wenig Interesse bietet. Manche Frauen wissen nicht einmal anzugeben, worin die Fabriktätigkeit ihrer Männer besteht. Der Mann ist froh, am Abend bei seiner Familie zu sein, an sie hat er oft genug bei der Arbeit gedacht. Er will wissen, ob die Kuh gekalbt hat, wie viel Küchlein die Henne ausgebrütet, ob das Heu gut nach Hause gebracht ist. Diese Dinge nehmen das Denken des ländlichen Arbeiters in solchem Grade ein, daß er selbst nach vieljähriger Tätigkeit in der Fabrik noch weit mehr den Eindruck eines Bauern als den eines Industriearbeiters macht." S. 203, 204.

[1]) Drei Monate Fabrikarbeiter. Leipzig 1891. S. 40—88; vgl. ferner die von Göhre herausgegebenen „Denkwürdigkeiten und Erinnerungen eines Arbeiters" (Karl Fischer). Leipzig 1903; und Kolb, Als Arbeiter in Amerika. Berlin 1904. S. 71 ff. — Beachtenswert sind die „Neuen Lieder" des Bergmanns H. Kämpchen (bei Hausmann & Co. in Bochum erschienen), eines Dichters, der von sich singen kann: „Ich hatte geschuftet im Arbeitsjoch, Und mühvoll die Keilhau geschwungen." Ein Beispiel seiner Poesie:

„Schwarz von Kohlendampf die Luft,
Überall Gepoch und Hämmern,
Jede Grube eine Gruft,
Um das Leben zu verdämmern.

Zwischendurch der Hütten Dunst
Und die Glut von tausend Essen,
Eine Riesenfeuerbrunst,
Nicht zu malen, nicht zu messen.

Graue Halden, dürr und kahl,
Schlote, die zum Himmel ragen,
Menschenleiber, welk und fahl,
Die sich hasten, die sich plagen.

Sprecht vom Kohlengräberstand
Oft mit klügelnder Gebärde —
Das ist Kohlengräberland!
Das ist unsre Heimatserde!"

trauter Arbeiter. Während an die Modellschreiner, Gießer, Monteure, Anreißer und Schlosser interessante Aufgaben herantreten, leiden die Hobler, Bohrer, Stoßer, Dreher, Maler, Sattler, Schmiede, Klempner und Zimmerleute unter der ewigen Wiederkehr der gleichen Arbeit. „So viel schwieriger und langwieriger die Arbeit der Schlosser auch war, so viel höher muß eine kritische Würdigung sie über diejenige der Maschinenarbeiter stellen. Dort ist Schablone, hier Freiheit, dort ewige Teilarbeit, hier organisch fortschreitende Tätigkeit, deren Produkt zuletzt ein geschlossenes Ganzes darstellte. Wohl kommt auch hier mancher öde Auftrag zwischen hinein, manche Stunde langweiligen Feilens, Meißelns, Bohrens; aber das ist nicht die Regel, und es dient der anderen gehaltvolleren Arbeit und bringt, vollendet, erfreulichen Fortschritt. Es erregte wirklich Freude und Befriedigung, wenn nach langem, mühsamen Probieren das bearbeitete Stück endlich saß, die Welle gleichmäßig im Lager lief, der Hebel leicht arbeitete, die Flächen fest aufeinanderschlossen. Wie oft habe ich solche Freude an jungen und alten Schlossern beobachtet, wenn sie es mir, sobald ich davon sprach, auch nicht immer eingestehen wollten".[1]) Bei der Stickmaschinenfabrikation aber gibt es Arbeiten zu verrichten, „von denen man mit Recht sagt, daß sie aller sittlich erziehenden Momente, wie sie die evangelische Auffassung der Arbeit fordert, bar sind, bei denen der Mann, selbst wenn er wollte, gar nicht die Möglichkeit hatte, Streben, Sorgfalt, Fleiß zu beweisen, anzuwenden, was er gelernt hatte, oder für gut hielt, wo er vielmehr willenlos, gedankenlos, kraftlos nur immer dasselbe Stahlblättchen an immer derselben Stelle, durch immer dieselbe Handbewegung in immer demselben Tempo durchlochen zu lassen, oder nichts als Maschen, immer Maschen zu zählen hatte, Tag um Tag und 11 Stunden an jedem — Arbeiten, die für einen strebsamen, vorwärts drängenden Mann in der Tat kein Gottesdienst mehr sind, sondern Höllenqual." Und nicht besser ist es z. B. in Nähmaschinen-, Fahrrad-, Armaturen- oder Schuhfabriken.

Der Schwede Gustav F. Steffen, dessen Schriften über England zahlreiche feine Bemerkungen zur Psychologie der Arbeit enthalten, berichtet z. B. über die Schuhfabriken in Leicester:[2])

„Es ist nicht ein Schuhmacher, den wir beobachten, sondern nur ein vierundsechzigstel, ein achtundsiebzigstel oder nur ein dreiundneunzigstel Schuhmacher, um den Ausdruck eines gelehrten englischen National-

---

[1]) Göhre a. a. O. S. 52.

[2]) Streifzüge durch Großbritannien, Stuttgart 1896. S. 188.

ökonomen zu gebrauchen. Ohne Zweifel besteht ein gewaltiger psychologischer Unterschied zwischen einem viertel und einem vierundsechzigstel, oder zwischen einem achtel und einem achtundsiebenzigstel Schuhmacher. Die ersteren kennen wir .... Das sind Schuhmacher im gewöhnlichen Sinne, wenn auch handwerksmäßige Teilarbeiter. Die letzteren aber kannten wir bisher noch nicht. Das sind eine Art „Fabrikhände", „Maschinenhände" oder „Maschinenaufwärter", wie man sie nennen mag. ... Die Arbeit dieser Schuhfabrikhände ist ebenso intensiv, wie — in den meisten Fällen einförmig und einfältig simpel. Sie führen ihre einfachen Handgriffe mit fieberhafter Schnelligkeit aus, und auf dieser Schnelligkeit beruht der Verdienst, denn hier herrscht das Stücklohnsystem. Es überkommt Einen eine schwindelartige drückend schwüle Empfindung, wenn man bedenkt, daß diese jungen und alten Männer tagaus tagein, jahraus jahrein an ihren wie unsinnig schnurrenden Maschinen stehen und in Ewigkeit einen aus zwei oder drei Tempos bestehenden Handgriff wiederholen."

Und angesichts des blöden Luxus, den Steffen unter der Arbeiterklasse Lancashires angetroffen, kommt er zu folgenden Schlüssen: „Man merkt es an Lancashires Arbeiterbevölkerung, daß die höchste, d. h. fast ganz automatische und von seiten der Arbeiter fast nur schnelle Aufmerksamkeit erfordernde Maschinentechnik gewiß von der Plumpheit und Schläfrigkeit des Lasttieres erlöst, die man bei Arbeitern mit allzuschwerer, grobphysischer Anstrengung beobachtet. Die Maschinen machen den Arbeiter behend in seinen Bewegungen und seiner Tätigkeit .... doch das ist auch alles. Sie vermögen ihn nicht dahin zu bringen, daß er seine Persönlichkeit in der Arbeit aufgehen läßt und so auch durch seine Arbeit weiter entwickelt. Das ist ausgeschlossen durch das höchste, großindustrielle Verdienst der Maschinen, durch ihren Automatismus, und wird noch immer mehr ausgeschlossen sein, je vollkommener diese werden, d. h. soweit man sie nur als Hilfsmittel zur Massenerzeugung billiger und gleichförmiger Waren ansieht. Die Maschine setzt Leib und Seele der Arbeiter in Tätigkeit, macht aber seinen Geist flach, unpersönlich, farblos, unfähig, sich tiefer für *sich selbst* zu interessieren. Wer diese einseitige Seelenentwicklung durchmacht, wird gerade soweit erhöht und verfeinert, daß er sein Alltagsleben als recht langweilig empfinden lernt."

„Wohin treibt ihn dieses Gefühl unbefriedigten Strebens nach Lebensbetätigung? Da er im eigenen Innern des Leitsterns entbehrte, dem folgend er sich zu mehr oder weniger selbständiger Persönlichkeit in irgend einem geistigen Arbeitsgebiete aufschwingen könnte, sinkt er zurück auf der Rasse primitivere Methoden, „zu fühlen, daß er lebt," und sucht sich damit aufzufrischen, daß er sich dann und wann als Herr über einen rein materiellen Überfluß — statt eines geistigen — zu fühlen strebt. Das führt aber zu blödem Luxuskonsum, statt zu höherem geistigen Streben."[1])

Diese Umstände sind es, welche auch so viele Künstler und künstlerisch empfindende Menschen — John Ruskin, Morris,[2]) Crane,[3]) Tolstoi[4]) — zu erbitterten Feinden des Fabriksystems gemacht haben.

9. Kinderpflege und Hauswirtschaft.

Da in geldwirtschaftlichen Zuständen die Höhe des Lohneinkommens in erster Linie die Lebenshaltung bestimmt, so würden vielleicht Angaben über die Lohnhöhe manchem Leser willkommen sein. Nichtsdestoweniger muß hier auf solche Mitteilungen verzichtet werden. Abgesehen davon, daß für die älteren, von sozialen Bewegungen noch unbeeinflußten Zeiten nur sehr spärliches lohnstatistisches Material vorliegt, würden Lohnangaben allein keine Aufklärung bieten. Es müßten auch alle für die Arbeiterklasse wichtigen Detailpreise der betreffenden Zeit und Gegend zur Ergänzung angeführt werden. Derartige Daten sind aber noch schwerer zu beschaffen als solche über die Lohnhöhe.

Mag also die Lohn- und Preisstatistik für ältere Zeiten versagen, so liegen uns doch ausreichende Schilderungen in bezug auf die Lebensweise der Arbeiter vor. Durch dasjenige, was früher über Arbeitszeit, Kinder- und Frauenarbeit ausgeführt worden ist, sind uns deren Grundlagen zum Teile bereits bekannt geworden.

Wenn infolge langer Arbeitszeit der Vater die Wohnung verläßt, ehe die Kinder aufwachen, und er sie erst wieder betritt, nachdem die Kleinen bereits zur Ruhe gegangen sind; wenn sogar die Mutter in derselben Weise von der Fabrik in Anspruch genommen wird; wenn wegen der weiten Entfernung der Arbeitsstätte auch die Mahlzeiten der Eltern in der Fabrik, oder einer ihr nahe gelegenen Wirtschaft stattfinden; wenn die unerschwingliche Höhe der Miete dazu verleitet, fremde

[1]) a. a. O. S. 127.

[2]) Kunde von Nirgendwo (News from Nowhere). Herausgegeben in deutscher Sprache von W. Liebknecht. Stuttgart 1900.

[3]) Die Forderungen der dekorativen Kunst; deutsch von Wittich. Berlin 1896.

[4]) Die Sklaverei unserer Zeit; deutsch von Syrkin. Berlin 1901.

Personen als Schlafgänger aufzunehmen; wenn Kinder von 9—12 Jahren bereits ihren Unterhalt verdienen, vielleicht sogar mehr, als sie selbst brauchen, ihren Eltern einbringen; wenn sie sich deshalb — und in vielen Fällen gewiß nicht mit Unrecht — für Ausbeutungsobjekte ihrer Eltern ansehen, diese verlassen und bei Fremden ein ungebundenes Leben führen wollen: dann ist die Grundlage unseres gesamten gesellschaftlichen Daseins, die Familie, von einer Zerrüttung und Zerstörung bedroht, der gegenüber alle anderen Schädigungen des Fabriksystemes in den Schatten gedrängt werden.

Und die genannten Voraussetzungen traten, wenigstens in den größeren Fabrikstädten, fast überall in Kraft. Es hätte Übermenschliches leisten heißen, wenn Frauen, die sich als Mädchen lediglich mit Fabrikarbeit beschäftigt und deshalb in Haushaltungsgeschäften keine Erfahrung gewonnen hatten, später als Gattinnen und Mütter, ungeachtet der eigenen Arbeit in der Fabrik, auch noch im stande gewesen wären, ein leidlich geordnetes Hauswesen aufrecht zu erhalten.

Der Mangel an entsprechender Pflege trat zunächst bei den Neugeborenen zu Tage. Von ihnen starben in den Fabrikbezirken vor Vollendung des ersten Lebensjahres bis zu 40 Proz.; die Kindersterblichkeit stieg also auf eine Höhe, welche normale Verhältnisse um 100 Proz. überragte.[1]) Die Arbeiterinnen, von der Arbeit selbst schon auf's äußerste erschöpft, konnten ihre Kinder nicht genügend ernähren, und wenn sie es selbst in physischer Beziehung vermocht hätten, so ließ ihnen die Fabrikarbeit doch keine Zeit dafür übrig. Unbekannt mit den Forderungen der Säuglingspflege, gaben sie den Kindern Speisen, die deren Magen gar nicht oder nur unter den größten Beschwerden vertragen konnte. Zahlreiche Magen- und Darmerkrankungen, Darmkolik, Brechdurchfälle u. dgl. waren die notwendige Folge. Um die in Schmerzen sich windenden, ewig schreienden Würmchen zu beruhigen, griff man zu Opiaten oder Alkohol. So konnte sich das gräßliche Paradoxon ereignen, daß in einer Zeit allgemeiner Arbeitslosigkeit und Not, nämlich während der Krise, welche die Unterbrechung der Baumwollzufuhren durch den nordamerikanischen Bürgerkrieg heraufbeschworen hatte, doch, nach ärztlicher Aussage, die Kindersterblichkeit abnahm.[2]) Der Stillstand der Produktion hatte, wenigstens für einige Monate, die Mütter ihren Kindern zurückgegeben.

---

[1]) Vgl. Martin, Die Ausschließung der verheirateten Frauen aus der Fabrik. Z. f. St. W. LII. S. 404; Singer a. a. O. S. 210.

[2]) Marx, Kapital. I. Bd. 3. Aufl. S. 401.

Zur besseren Veranschaulichung des eben Gesagten möge noch folgende Beschreibung Dr. Schulers dienen:[1])

„Das neugeborene Kind kommt selten an die Mutterbrust, denn nach zwei bis drei Wochen würde das Säugen doch wieder aufhören müssen, wenn die Mutter ihrer Arbeit nachgeht, wenn sie sogar riskieren muß, eine mit giftigen Farbstoffen besudelte Brust ihrem Sprößling zu reichen .... Der Säugling bekommt Kuh- oder Ziegenmilch .... aber er geht zugleich in die Hände einer Gäumerin über, meist einer alten Frau, die, zu allem anderen untauglich, um kleinen Lohn einige Kinder pflegt. Die Pflege wird so unregelmäßig, ungleichmäßig. Sie liegt vorzugsweise einer alten Person ob, voll alter Vorurteile und Aberglauben. Ist die Pflegerin gutmütig, so sucht sie diese Anteilnahme durch möglichstes Vollstopfen und Mästen recht augenfällig zu machen, sie begnügt sich nicht, nur Milch zu reichen, da Mehlbrei und Milchsuppe „mehr Kraft geben". Die Mutter sucht in eben dieser Weise an ihrem Kleinen das Möglichste zu tun, wenn sie zu Hause ist. Daher die zahllosen Verdauungsstörungen, denen so unendlich viele Kinder erliegen. Aber auch die Unreinlichkeit trägt das Ihrige zum Verderben bei. Die Gäumerin hat keine Kraft, die Mutter keine Zeit, für hinreichende Reinhaltung der Kinder, besonders ihrer Wäsche und ihres Bettzeuges zu sorgen."

Aber auch die Ernährungsverhältnisse der übrigen Familienglieder hatten unter der Fabrikarbeit der Frau schwer zu leiden. „Vor Zeiten war und blieb", nach den Beobachtungen Dr. Schulers, „die Hausfrau im Hause. Sie verließ es nur, um der Feldarbeit nachzugehen, und fand sie deshalb einmal keine Zeit, gehörig zu kochen, vertraten ältere Mädchen ihre Stelle in der Küche. Heute steckt die ganze Haushaltung in der Fabrik. Die Hausfrau kann morgens nicht zeitig genug in der Küche sein — muß doch vielleicht schon um 6 Uhr, auch mitten im Winter, ein Kind den halbstündigen Weg zur Fabrik zurückgelegt haben — es gilt also zu eilen mit dem Kaffee. Eine halbe Stunde vor dem Mittagessen verläßt die Hausmutter ihre Fabrikarbeit und eilt nach Hause, kocht so rasch als möglich, denn bald stehen die Ihrigen bereit zum Essen und jammern über Verspätung, wenn die Schüssel nicht schon auf dem Tische dampft. Eine Stunde später und die ganze Familie steht abermals an ihrem Posten in der Fabrik. Wo also die Zeit hernehmen zu gehörigem Kochen? Und wo soll das

[1]) Die glarnerische Baumwollindustrie und ihr Einfluß auf die Gesundheit der Arbeiter, a. a. O. S. 221.

Mädchen das Kochen lernen, das stets in der Fabrik beschäftigt ist?" [1]) So war es denn mit dem Arbeitertisch übel genug bestellt: morgens in Butter gebackene Kartoffeln und sehr viel Kaffee, d. h. ein Getränk aus viel Cichorien, wenig Kaffeebohnen und Milch. Auch die Kinder bekamen nichts besseres. Mittags wieder Kaffee mit Butterbrot oder Käse; in besseren Fällen Mehl- und Kartoffelsuppen und ein nachlässig gekochtes Gemüse. „Am öftesten erscheinen Mehlspeisen, bei denen sich aber am allermeisten die mangelhafte Kochkunst der Fabrikweiber offenbart. Ein schlecht, weil allzu eilig, gewirkter Teig wird in Butter gebacken, die übermäßig erhitzt worden, um die Speise recht bald fertig zu haben. Innen der rohe Teig, außen eine halb verbrannte Masse, das ist das Backwerk, das der Familie vorgesetzt wird." Je schlechter die Ernährung, desto größer die Versuchung zu schädlichem Alkoholgenusse. Was die elenden Speisen nicht zu leisten vermochten, das sollte der „wärmende" Fusel ersetzen.

So gerät man in einen schrecklichen Zirkel: Schlechte Erwerbsverhältnisse führen zur Erwerbsarbeit der ganzen Familie in der Fabrik, Weiber- und Kinderarbeit drücken die Löhne noch weiter herab. Die Frauenarbeit verschlechtert die Ernährungsbedingungen. Die ungenügende Nahrung verschafft dem Schnapsgenusse zahlreiche Anhänger. Unterernährung und Alkoholismus untergraben die Leistungsfähigkeit und führen also schließlich zu weiterer Verminderung des Lohneinkommens!

Obwohl in England wegen der Verbesserung der Löhne die Fabrikarbeit der verheirateten Frauen bereits abnimmt, hat doch auch heute noch die Arbeiterklasse auf's schwerste unter den Folgen der früheren Zustände zu leiden. Ein deutscher Bergarbeiter,[2]) der jahrelang in England gearbeitet hat und den englischen Verhältnissen äußerst sympatisch gegenübersteht, entwirft von den Fabrikarbeiterfrauen noch eine entsetzliche Schilderung: „Die englischen Arbeiterfrauen sind oft nicht im stande, eine ordentliche Mahlzeit zu bereiten, aber was sie verstehen, das ist das Whisky-Trinken. Ich habe dabei Sachen beobachtet, die man in Deutschland für unmöglich halten würde." „Sicher ist, daß mehr Weiber dem Trunke ergeben sind, als Männer. Die Fabrik-

---

[1]) a. a. O. S. 215, 216. Vgl. ferner: Schuler, Über die Ernährung der Fabrikbevölkerung und ihre Mängel. Zürich 1883; Schuler, Die Ernährungsweise der arbeitenden Klassen in der Schweiz und ihr Einfluß auf die Ausbreitung des Alkoholismus. Bern 1884.

[2]) E. Dückershoff, Wie der englische Arbeiter lebt? Dresden 1898. S. 32, 33, 19.

arbeiterfrauen sind durchschnittlich Säuferinnen. Wie es da mit der Sittlichkeit bestellt ist, kann man sich denken. Verheiratete Frauen bieten sich im betrunkenen Zustande feil. Ein Grund liegt wohl darin, daß es dem weiblichen Geschlechte an Arbeit fehlt." „Zum Nähen sind die meisten Arbeiterfrauen zu faul, obwohl jedes Mädchen es in der Schule lernen muß. Ein Fremder, welcher die Verhältnisse nicht näher kennt und morgens um 9 oder 10 Uhr durch die Straßen der Arbeiterviertel wandert, wird sich wundern, wenn er zwei Drittel der Frauen antrifft, welche ihre Kleider mit Stecknadeln zusammengesteckt haben, anstatt sie zu nähen, und welche nicht gewaschen und gekämmt sind." Dagegen herrscht in den Wohnungen gewöhnlich die größte Reinlichkeit. Steffen[1]) berichtet von den Frauen Oldhams, daß sie mittelmäßige oder ganz unterwertige Hausmütter seien, die lieber unnötig feine und teure Nahrungsmittel von ungeeignetem Nährwerte einkauften, als sich dazu verstünden, sich nur ein wenig rationelle Kochkunst anzueignen. „Wird dann das Geld einmal knapp, so ernähren sie ihre Familie weit schlechter, als das notwendig wäre." Und an anderer Stelle:[2]) „Man verzehrt mit guter Miene Fleisch, Fische, Gemüse, Eingemachtes und sogar Milch, die in großen Fabriken zu „Konserven" verwandelt und in Blechdosen in den Handel gebracht werden. Statt Eier zum Pudding verwendet man „Eierpulver", ebenfalls in Blechbüchsen. Will man eine Suppe haben, so kauft man „Suppenpulver" oder „Suppenextrakt", wiederum in Blechgefäßen."

Die Bekleidung war im allgemeinen ebensowenig rationell als die Ernährung. Bei der Arbeit genügten die elendesten Lumpen, während Sonntags von den Arbeiterinnen hie und da unsinniger Luxus getrieben wurde. Die Arbeitskleider, „mit Farben beschmutzt, mit Öl durchtränkt, mit Baumwollstaub überzogen", schützten den Körper nicht nur nicht mehr vor Unreinlichkeiten, sondern imprägnierten ihn geradezu mit solchen. Da die Haut der Fabrikarbeiter durch die meist hohe Temperatur in den Arbeitsräumen verweichlicht wurde, scheuten sie kalte Bäder; warme standen aber nicht immer zur Verfügung. So kam die Arbeiterbevölkerung selten dazu, ihren Körper einer gründlichen Reinigung zu unterziehen.

---

[1]) Steffen, Streifzüge durch Großbritannien. Stuttgart 1896. S. 125.

[2]) Steffen, England als Weltmacht und Kulturstaat. Stuttgart 1899. S. 223.

10. Arbeiter-Wohnungsverhältnisse in den Städten.

Daß Leute, welche ihre Wohnung im Morgengrauen verließen und erst am Abend wieder betraten, der Verschlechterung der Wohnungsverhältnisse geringen Widerstand entgegensetzten, ist einleuchtend. Sie brauchten ja eigentlich gar keine Wohnzimmer, sondern nur Schlafräume. Von den üblen Folgen, welche eine zu dichte Besetzung in gesundheitlicher Hinsicht hervorrief, hatte man keine Vorstellung. Und wenn man sich des Sachverhaltes auch besser bewußt gewesen wäre, die Mieten erfuhren in den rasch anwachsenden Fabrikstädten ohnehin eine so unsinnige Steigerung, daß selbst erbärmliche Gelasse einen beträchtlichen Bruchteil des Einkommens verschlangen. Nach Hamburger Ermittlungen[1]) betrug die Miete bei den Angehörigen der Einkommensklasse 600 bis 1200 Mk. im Jahre 1868: 18,77 Proz., 1874: 20,90 Proz., 1882: 23,51 und 1892: 24,71 Proz. des Einkommens; in Breslau und Dresden bei der Einkommensstufe bis 600 Mk. sogar (1880) 28,7 bezw. 26,8 Proz.[2]) Noch 1895 zählte man in Berlin 27 471 Wohnungen mit einem Zimmer und 6 und mehr Bewohnern, 471 Wohnungen mit zwei Zimmern und 11 und mehr Bewohnern. In Breslau gab es derartig übervölkerte Wohnungen insgesamt 7279, in Dresden 6708, in Hamburg 5843, Leipzig 5725, Königsberg 5424. Schlafleute, also Leute, welche nur über eine Schlafstelle in einer fremden Haushaltung verfügten, wurden gezählt 1895 in Berlin 79 435, in Dresden 19 836, in Leipzig 19 101.[3]) In Mülhausen i. E. kam es sogar dahin, daß die Hälfte eines Bettes, „eine Stelle in einem Bette", öffentlich in den Inseratenblättern ausgeboten wurde. Bei der Wohnungs- und Grundstückserhebung in der Stadt Zürich 1896 zeigte sich, daß auf 26 770 Personen, welche pro Kopf weniger als 10 m³ Schlafraum besaßen, nur 17 872 Betten, auf 44 832 Personen mit einem Schlafraum von 10—20 m³ 37 075 Betten entfielen.[4])

Ob man das Eindringen fremder Elemente in die Familie vom Standpunkte der ersteren oder der letzteren betrachtet, das Ergebnis fällt gleich übel aus. „Man stelle sich nur", schildert Frau Gnauck-Kühne auf grund eigener Anschauung, „das Nachhausekommen einer solchen Schlafgängerin vor. Nach der anstrengenden Tagesarbeit in

---

[1]) S. P. S. E. V. S. 663.

[2]) S. d. V. f. S. XXX. S. 196.

[3]) Statist. Jahrb. deutscher Städte VIII. Breslau 1898. S. 63, 71, 73.

[4]) Mitteilungen aus den Ergebnissen der Wohnungs- und Grundstückserhebung in der Stadt Zürich. 1896. Nr. 3. Zürich 1900. S. 113.

der Fabrik, wo sie Lärm und Staub zu ertragen hat, sehnt sie sich nach Ruhe, nach Erholung. Vor der festgesetzten Zeit aber hat sie keinen Rechtsanspruch auf einen Platz in der engen Wohnung, sondern wird nur geduldet. Ist die Logiswirtin schlechter Laune, so muß sie Reden anhören, die sie erbittern und aufreizen und auf die Straße treiben. Schlägt endlich die Stunde, was wartet ihrer dann? Ein Sofa in einer engen, von Koch- und Wäschedunst gefüllten Stube, die sie morgens 7 Uhr wieder räumen muß, oder auch gar nur ein Platz in dem Bette der Wirtin. Unter solchen Umständen ist es kein Wunder, wenn das Schlafmädchen die Nächte gern möglichst kürzt, indem sie jede sich bietende Möglichkeit eines Vergnügens außer dem Hause ergreift. Die schlimmste Seite dieser Zustände ist aber die Obdachlosigkeit der Schlafgänger an Sonn- und Feiertagen. Das junge Mädchen muß auf die Straße. Gehen die Logiswirte aus, so schließen sie ab; bleiben sie daheim, so wollen sie im Platze nicht beschränkt sein. Der Besitz eines eigenen kleinen Raumes, und sei er noch so bescheiden, in dem die alleinstehende Arbeiterin zu Hause ist, würde dagegen eine sittlich bewahrende und erziehliche Wirkung üben. Wenn der Arbeiterin, nachdem sie dem Lärm, dem Dunst, der unruhigen Hast der Fabrik entronnen ist, ein kleines Heim wie ein Ruhehafen winkt, wird sie oft lieber daheim bleiben, anstatt im Tingeltangel oder auf der Straße den abstoßenden Eindrücken der Schlafstelle zu entfliehen, welche allen häuslichen Sinn und häusliche Tugenden im Keime ertöten müssen."[1])

Die Wirkung solcher Zustände auf die Vermieter der Schlafstellen bringen dagegen folgende Bemerkungen des badischen Fabrikinspektors zum Ausdrucke: Die Schlafmädchen sind bei der schlechten Bezahlung der weiblichen Arbeit in der Regel nicht im stande, soviel zu bezahlen, um ein besonderes Zimmer eingeräumt zu bekommen. „Sie schlafen dann in der Regel mit einem der Kinder in einem Bette, was bei dem lockeren Leben vieler dieser Mädchen fast mit Notwendigkeit zu einer frühzeitigen Verderbnis der Kinder solcher Arbeiterfamilien führen muß. Die Akten der Staatsanwaltschaft enthalten nach dieser Seite lehrreiches Material und enthüllen Zustände schlimmster Art."[2]) Nicht geringer sind die Gefahren bei Aufnahme männlicher Schlafgänger. Man liest dann in den Zeitungen Notizen wie die folgende: „Leipzig, 11. Juni 1900. Ein Großstadtbild bietet der heutige Polizeibericht: In der Familie eines Arbeiters mietet sich ein Arbeiter ein, macht die Frau seines

[1]) J. f. G. V XX. S. 410.

[2]) Wörishoffer, Die soziale Lage der Fabrikarbeiter in Mannheim. Karlsruhe 1891. S. 208.

Wirtes zu seiner Geliebten und vergreift sich außerdem an der zwölfjährigen Tochter des Hauses. Als das Verbrechen ruchbar wird, flieht die Mutter des Kindes mit ihrem Verführer und stürzt sich mit ihm in Weichau bei Großheringen in die Saale! Zusammengebunden wurden die beiden im Wasser aufgefunden."

Bei der dichten Besetzung der Räume und dem häufigen Wohnungswechsel, der durch Veränderungen der Arbeitsstelle bedingt wird, trägt auch der Hausrat den Stempel größter Dürftigkeit. Von einer Leipziger Arbeiterfamilie mit 1150 Mk. Jahreseinkommen wurde berichtet, daß die Messer, die Teller aus braunem Ton, die Möbel schon bei der Begründung der Wirtschaft gebraucht waren, daß die Leute nicht einmal das so gewöhnliche Sofa aufzuweisen hatten. Dasselbe war so wurmstichig, daß es zerfallen war. „Sie haben jetzt die Truhe an den Tisch gerückt. Auf deren gewölbtem Deckel sitzt die Frau oder hocken die Kinder beim Essen oder bei Arbeiten, die am Tische vorgenommen werden." [1])

Aus Frankfurt a. M. wurde über den Zustand des Mobiliars einer Arbeiterfamilie mit 1145 Mk. Jahreseinkommen berichtet: „Ein nicht großer, grob gearbeiteter, stark abgenützter Tisch, gegenüber, gewissermaßen als Sofa, eine Gartenbank mit Lehne, eine alte Kommode, drei Betten mit zerrissenen Strohsäcken und weichen nicht vollen Federkissen, das Fenster ohne Vorhang, so daß dem Eindringen von Luft und Sonne nur teilweise durch ein altes schmutziges Rouleau gewehrt wird, zwei alte Holzstühle und noch eine im Winkel stehende alte Holzbank vervollkommnen das Mobiliar, wozu noch als Schmuck der Wände eine Schwarzwälderuhr, zwei kleine Spiegelchen und ein eingerahmtes Druckbildchen kommt." [2])

„Man kann Wohnung für Wohnung abschreiten," so faßte Professor v. Philippovich[3]) seine bei der Untersuchung der Wiener Arbeiterwohnungszustände empfangenen Eindrücke zusammen, „ohne mehr zu erblicken, als die notdürftigsten Einrichtungsgegenstände und das geringstmögliche Maß von Kleidungsstücken. Von der Fülle der Produktion auf allen Gebieten des Hausrates dringt nichts in diese Schichten der Bevölkerung. Sie haben nur im Gebrauche, was zum Leben unent-

---

[1]) Mehner, Der Haushalt und die Lebenshaltung einer Leipziger Arbeiterfamilie. J. f. G. B. XI. S. 327.

[2]) Frankfurter Arbeiterbudgets. Schriften des Freien deutschen Hochstiftes. Frankfurt a. M. 1890. S. 37.

[3]) A. f. s. G. VII. S. 238.

behrlich ist, und das nicht immer in ausreichendem Maße. Keine Spur eines Schmuckes, einer Zierde, eines Gegenstandes, der nur der Freude und dem Behagen dienen soll. Die Wohnung ist nur die Schutzdecke vor den Unbilden der Witterung, ein Nachtlager, das bei der Enge, in der sich die Menschen drängen, bei dem Mangel an Ruhe, an Luft, an Reinlichkeit, nur dem erschöpften Körper zur Ruhestätte werden kann. Zwischen ihm und Arbeit und Sorge schwankt das Leben dieser Bevölkerungsklasse hin und her. Es fehlt alles, was wir als Grundlage gesunden bürgerlichen Lebens anzusehen gewohnt sind: die selbständige Existenz der Familie, die besondere Fürsorge für die Grundbedürfnisse des täglichen Lebens, für die Erkrankten und Pflegebedürftigen, die Wahrung der Schamhaftigkeit durch Trennung der Geschlechter, Verhüllung des Geschlechtslebens der Eltern vor den Kindern, die erzieherische Fürsorge der Eltern für die Kinder in Stunden der Ruhe und Erholung. Diese Wohnungen bieten keine Behaglichkeit und keine Erquickung, sie haben keinen Reiz für den von der Arbeit Abgemühten. Wer in sie hinabgesunken oder hineingeboren wurde, muß körperlich und geistig verkümmern und verwelken oder verwildern."

Man vergegenwärtige sich zur Vervollständigung des Bildes den düsteren Charakter, welchen die von Ruß- und Rauchwolken bedeckten Fabrikstädte namentlich in früherer Zeit besaßen.[1]) Selbst Männer, die der industriellen Entwicklung überaus sympathisch gegenüberstanden, wie Léon Faucher[2]) und Nassau Senior, gaben ohne Umschweife zu, daß die Häßlichkeit der neuen Fabrikstädte ihres Gleichen nicht fände; daß bei ihrer Entwicklung nur auf den unmittelbaren Profit der Bauspekulanten Rücksicht genommen würde. Sie enthielten nichts als rauchgeschwärzte Fabriken und verwahrloste Arbeiterquartiere; keine Kirchen, keine Schulen, keine öffentlichen Plätze, keine Anlagen und Brunnen, nicht einmal die allerdringendsten Vorkehrungen hygienischer Art, weder gesundes Trinkwasser noch entsprechende Einrichtungen zur Beseitigung der Fäkalstoffe. Ihre Silhouette — wenn der über ihnen lastende Qualm überhaupt eine Silhouette erkennen ließ — wurde durch einen Wald von Fabrikschloten, durch Gasometer, Bahnhofshallen und Gefängnisse bezeichnet. Die Flußläufe, durch die Abwässer der industriellen Anlagen verpestet, schlichen träge dahin, „ein schmieriges Gerinsel, schwarz wie Ebenholz".

---

[1]) Engels a. a. O. S. 23 ff.

[2]) Études sur l'Angleterre. Paris 1856. I. S. 297, 311, 406.

11. Die Lebensweise der auf dem Lande wohnenden Industriearbeiter.[1]

Angesichts der ungünstigen Existenzbedingungen in den Städten ist es erklärlich, daß die Arbeiter so lange als irgend möglich an ihren ländlichen Wohnorten festzuhalten suchten, mochte selbst der Weg aus dem geliebten Heimatdorfe zur städtischen Fabrik eine Stunde und mehr Zeit erfordern.[2] Es fällt nicht leicht, die Vor- und Nachteile dieser Verhältnisse richtig gegeneinander abzuwägen. Die gesundheitlich woltätige Bewegung in freier Luft darf gewiß nicht unterschätzt werden; ebensowenig der Vorteil, welcher in dem Anbau einiger Stückchen Land mit Kartoffeln oder Gemüse, aus dem Halten einer Ziege u. dgl. mehr entspringt. Für die Kinder besteht auf dem Lande jedenfalls eine größere Wahrscheinlichkeit, eine unverfälschte Milch zu erhalten. Möglicherweise gestattet der Betrieb der kleinen Landwirtschaft der Frau des Arbeiters auf die Fabrikarbeit zu verzichten. Das Familienband bleibt dann erhalten. In sittlicher Beziehung wirkt die allgemeine gegenseitige Kontrolle, unter welcher die Bewohner eines Dorfes stehen, segensreich, während das Untertauchen in den Massen der Stadtbevölkerung ein zügelloses Leben begünstigt. Dazu treten die zahlreichen sittlichen Versuchungen der Städte überhaupt.

Mag die Landwohnung in hygienischer Beziehung und im Hinblicke auf die Besetzung der Räume auch keineswegs vorwurfsfrei dastehen, so findet doch die Zusammendrängung in Mietskasernen und die Aufnahme von Schlafgängern seltener statt.

Diese Vorteile wurden aber mit großen Opfern erkauft. Betrug die Arbeitszeit einschließlich der Pausen 13—14 Stunden, und das war im Beginne des Fabriksystems etwas ganz gewöhnliches, so war der Arbeiter, falls auf den Weg im ganzen zwei Stunden verwendet werden mußten, gerade 16 Stunden von seinem Heim abwesend. Die übrig bleibenden acht Stunden mußten aber größtenteils der Ruhe dienen. Wollte man den immerhin kostspieligeren Mittagstisch in einer städtischen Wirtschaft vermeiden, so galt es, mit der von Hause mitgenommenen „kalten Küche" vorlieb zu nehmen. Herrschte rauhe Witterung, so konnte sich der Arbeiter leicht Erkältungen zuziehen, da er die überheizten Räume der Fabrik häufig in ganz unzureichender Kleidung ver-

---

[1]) Vgl. auch die freilich aus allerneuester Zeit stammende Untersuchung des früheren bad. Fabrikinspektors Baurat Dr. Fuchs: Die Verhältnisse der Industriearbeiter in 17 Landgemeinden bei Karlsruhe. Karlsruhe 1904.

[2]) Thun a. a. O. S. 63; Not des vierten Standes S. 48 ff.; Göhre a. a. O. S. 18.

ließ. Ganz unleidlich mußten die Zustände werden, wenn etwa gar noch die Frau ebenfalls in die städtische Fabrik wanderte. Dann konnte von irgend einer Besorgung des Hauswesens nicht mehr die Rede sein und die Übersiedelung nach der Stadt stellte trotz aller Gefahren in solcher Lage immer noch eine Verbesserung dar. Dagegen bot der Wohnsitz auf dem Lande überwiegende Vorzüge, als die Arbeitszeit abgekürzt und die Möglichkeit eröffnet wurde, den Weg mittelst der Eisenbahn in verhältnismäßig kurzer Zeit und mit geringen Kosten zurückzulegen.

Endlich bleibt noch des Umstandes zu gedenken, daß die Fabriken ja keineswegs auf die Städte beschränkt waren, sondern, namentlich bei Verwertung von Wasserkraft, oft auf dem Lande angelegt wurden. Dann kam der nivellierende Charakter des freien Wettbewerbes weniger zum Ausdrucke. Je nach der Individualität des Arbeitgebers, oder der sonst für solch' ein Fabrikdorf noch maßgebenden Persönlichkeiten, des Geistlichen, des Lehrers, konnten bald Zustände sich entwickeln, die erheblich über dem städtischen Durchschnitte, bald ebensoweit unter demselben einzureihen waren. In dem größeren Einflusse, welchen die ländlichen Verhältnisse den Unternehmern auf ihre Arbeiter einräumten, erblickten manche eine ernste Mahnung, ihnen auch menschlich näher zu treten, sich nicht nur um ihre Arbeitsleistung, sondern auch um ihre gesamte leibliche, sittliche und geistige Wohlfahrt zu bekümmern. Sie bemühten sich, den Bezug guter Waren zu billigen Preisen zu vermitteln, Wohnungen, den Bedürfnissen der Arbeiterfamilien entsprechend, zu erbauen, für guten Schulunterricht, für Gelegenheiten zur Fortbildung und für anständige Vergnügungen zu sorgen. Manchem Arbeitgeber bot die erhöhte Abhängigkeit aber auch eine willkommene Gelegenheit, die Leute weit über das landesübliche Maß hinaus auszubeuten. Nicht allein, daß die Löhne so tief wie irgend möglich herabgedrückt wurden, auch als Konsument sollte der Arbeiter noch seinen „Brotgeber" bereichern. Die Löhne wurden nicht in Geld, sondern in Waren oder in Anweisungen auf Läden und Schenken ausbezahlt, welche der Unternehmer selbst hielt oder an denen er mittelbar interessiert war. Die Arbeiter wurden durch Darlehen zur Erbauung eigener Häuser verleitet und gerieten so, teils durch das Schuldverhältnis, teils durch den Hausbesitz, in eine vollkommene Knechtschaft gegenüber dem Manne, der ihnen allein an dem betreffenden Ort Arbeit bieten konnte. Und wenn sie auch nur in Häusern zur Miete wohnten, die der Arbeitgeber erbaut hatte, so mußte doch schon die mit der Entlassung aus dem Arbeitsverhältnis eintretende Obdachlosigkeit jeden Gedanken selbständiger

Interessenvertretung ersticken. In England kam es dahin, daß streikende Bergleute, aus den ihrem Arbeitgeber gehörigen Wohnungen vertrieben, wochenlang unter freiem Himmel mit ihren Familien kampierten.[1])

12. Die sittlichen Zustände der gewerblichen Lohnarbeiter.

Nachdem schon früher die Gefahren betont wurden, welchen die sittliche und geistige Entwicklung der Arbeiterklasse durch die Fabrikarbeit ausgesetzt worden ist, bedarf es nur noch einiger Striche, um das Bild zu vollenden.

Kam die mangelhafte körperliche Pflege der Neugeborenen in hoher Sterblichkeit zum Ausdrucke, so begründeten ungenügende häusliche Zucht und Unterweisung Roheit, Unwissenheit, sittliches Verderben aller Art. Das Äußerste in der Verwahrlosung der Jugend scheint England aufzuweisen, da dort ein geordnetes Volksschulwesen erst seit einigen Jahrzehnten angestrebt wird. So melden denn noch Berichte aus dem Jahre 1843,[2]) daß ein Mädchen, 11 Jahre alt, das sowohl Tages- als Sonntagsschule besuchte, niemals von einer anderen Welt, noch vom Himmel, noch von einem anderen Leben gehört hatte. Ein junger Mann, 17 Jahre alt, wußte nicht, wieviel zwei mal zwei ist. Einige Knaben hatten nie von einem Orte wie London gehört. Andere haben nie von Wellington, Nelson, Bonaparte gehört. Dagegen waren Kinder, die von St. Paul, Moses oder Salomon nichts vernommen hatten, allgemein mit der Person und dem Lebenslaufe von Dick Turpin, eines Straßenräubers, und noch mehr mit demjenigen des Jack Shepperd, eines Räubers und Ausbrechers, sehr vertraut. Nach dem Berichte[3]) des Mr. Horne über den Zustand und Charakter der jugendlichen Bevölkerung von Wolverhampton befand sich die Mehrzahl der dortigen Kinder auf der denkbar niedrigsten Stufe der Moral im vollsten Sinne des Wortes. Nicht, daß sie besonders lasterhaft und verbrecherisch gewesen wären, aber es fehlte ihnen jedes moralische Gefühl. „Ich schreibe dieses", erklärte der Berichterstatter, „zum großen Teil dem Umstande zu, daß die Kinder in so zartem Alter schon zur Arbeit geschickt werden und daß die Eltern fast allein auf den Verdienst der Kinder bedacht sind. Instinktiv fühlt das Kind, daß es nur als ein Stück Maschine benutzt wird. Bald läßt bei der fortwährenden Arbeit die Liebe zu den Eltern nach und erstirbt ganz. Geschwister werden

[1]) Engels a. a. O. S. 259.

[2]) Held a. a. O. S. 736.

[3]) a. a. O. S. 737.

in früher Jugend getrennt und wissen oft später nur wenig von einander, da sie kaum Zeit hatten, sich kennen zu lernen."

Aber auch dort, wo die Ausbeutung kindlicher Arbeitskräfte nicht mehr bestand, war es mit der Erziehung wegen der Fabrikarbeit der Mütter übel genug bestellt. „Kann das Kind des Fabrikarbeiters gehen", schrieb Dr. Schuler[1]) über die Glarner Verhältnisse im Jahre 1872, „so ist es gewöhnlich bald den Händen seiner Wärterin entwischt. Es treibt sich überall herum, ohne Aufsicht und Pflege, schmutzig; es gewöhnt sich an alle Unsitten und Roheiten und ist oft schon so verwildert, daß es sich zu beengt fühlt, wenn es endlich mit 3 bis 4 Jahren der Kleinkinderschule übergeben wird." Und an anderer Stelle: „Mit den Eltern kommt das Kind gar wenig in Berührung, außer am Sonntage .... Vater und Mutter freuen sich ihres Kindes, aber ganz gewöhnlich ist es dann ihr Abgott. Sie putzen es heraus, sie füttern es mit Süßigkeiten. Nachmittags, wenn der Vater ins Wirtshaus geht, muß das Kind seine Rappen haben, um sich Leckereien zu kaufen. Oft bekommt das Kind zu trinken, „um ja recht stark zu werden" .... Für ihre Sitten und Unsitten sind die Eltern in ihrem Sonntagsvergnügen gewöhnlich blind. Fluchen, freche Äußerungen, Reden über Dinge, von denen das Kind noch gar keine Kenntnis haben sollte, werden als aufgewecktes, ungeniertes Wesen gelobt und beklatscht; man freut sich des „witzigen" Kindes."

Bei der Auflösung der alten Werkstattlehre konnte der Lehrmeister die Versäumnisse der Eltern auch dann nur selten wieder gutmachen, wenn der Fabrikarbeiter seinen Knaben wirklich in eine Lehre gab. In der Regel wurden oder blieben sie aber Fabrikarbeiter. Da sie als solche oft nur wenige Handgriffe zu wiederholen hatten, gelangten sie bald in die Lage, einen Verdienst zu erzielen, der demjenigen erwachsener Arbeiter gleichkam. Ja der jugendkräftige Bursche mochte wohl selbst die erschöpften älteren Kameraden bei Stücklöhnung überholen. Bei der sittlichen Unreife dieser jungen Leute und im Hinblicke auf die gelockerten Familienbande dachten sie weder daran, mit diesem Verdienste ihre Eltern zu unterstützen, noch etwas davon für die eigene Familiengründung zu ersparen. Rohe Genußsucht verschlang den ganzen Verdienst. „Ich habe es erlebt," erwähnt Göhre,[2]) „daß einige, die etwa 30—40 M. Löhnung auf 14 Tage erhielten, an einem solchen Abend (des Lohnzahlungstages) 8—10 M. verfraßen, vertranken, verrauchten, verspielten und sonstwie verschleuderten." Je abschreckender, je monotoner,

[1]) a. a. O. S. 221, 222. [2]) a. a. O. S. 200.

je freud- und interesseloser die Arbeitsprozesse wurden, destomehr strebte man mit dem Erworbenen einen Ersatz durch Vergnügungen und Genüsse an. Steffen[1]) erwähnt, er habe nur in den feineren Zigarrenläden Londons einen solchen Vorrat guter orientalischer Zigaretten gesehen, wie in den kleinen Tabaksläden Oldhams, wo diese nur von den Fabriksjungen gekauft wurden.

Vergeudeten die jungen Fabrikarbeiter ihren Lohn für Alkohol, Dirnen und Tabak, so suchte der besser gelohnte Teil der unverheirateten Arbeiterinnen im Kleiderluxus seine Befriedigung. „Diese Hüte und Kostüme der Fabrikmädchen sind von erschrecklicher Eleganz und Farbenpracht .... und das ist nicht etwa ironisch gesprochen. Zu Rate gezogene Sachkenner haben mir versichert, daß diese pittoresken, weißen, gelben und braunen Strohhüte mit großen Blumen, gefärbten und gekräuselten Schmuckfedern, bunt schillernden Samt- und Seidenbändern und glitzernden Metallspangen, sowie nach allerneuestem Schnitte gearbeiteten, mit Puffärmeln geschmückten Kleider aus grellfarbigen Woll-, Samt- und Seidenstoffen, die meinen verwunderten und staunenden Blicken begegneten, wirklich sehr oft von bester Qualität und hoch im Preise sind, wenn sie auch nicht gerade guten und feinen Geschmack verraten. Manchmal sind diese Trachten so extravagant — z. B. papageiengrüne oder kirschrote Samtkostüme mit großen Baretten von derselben Art — daß man einen Maskenaufzug vor Augen zu haben glaubt."[2])

Die kostspieligen Lebensgewohnheiten haben die Folge, daß es bei der Eheschließung an Mitteln gebricht, um eine ordentliche Einrichtung bar zu bezahlen. Die Gegenstände werden von Abzahlungsgeschäften auf Kredit genommen. Solange noch keine Kinder da sind, mag der Verdienst ausreichen, um die Ratenzahlungen pünktlich zu leisten. Immerhin werden auch so schon die Einschränkungen bitter empfunden, zu denen man sich jetzt bequemen muß. Treten aber noch infolge des Wochenbettes Verdienstausfälle auf seiten der Frau auf, während die Forderungen des Haushaltes wachsen, so geht es bald bergab und für viele Familien für immer.

Je trübseliger infolge der Unwirtschaftlichkeit in früheren Jahren und wegen der Unfähigkeit der Frau, den Anforderungen des Hauswesens zu entsprechen, die Zustände sich gestalten, desto eher sucht der Mann wieder das lockende Kneipenleben auf und gibt die Seinen völliger Verwahrlosung preis. In Stunden der Ernüchterung werden

[1]) a. a. O. S. 125. [2]) Steffen a. a. O. S. 123.

die Gewissensbisse mit dem Gedanken beschwichtigt, daß die eigenen Eltern es ja ebenso getrieben haben.[1])

So beklemmend auch die Eindrücke sein mögen, welche der Forscher aus den Schilderungen der Lebensweise der Fabrikarbeiter gewinnt, so fehlt es doch nicht ganz an erhebenden Momenten. Auch diese dunkle Wolke hat ihren Silberrand. Neben Tatsachen entsetzlicher Verkommenheit werden auch Fälle festgestellt, in denen einzelne Familien, selbst ganze Arbeiterbevölkerungen, den furchtbaren Bedingungen gegenüber sich auf einer erstaunlichen Höhe der Sittlichkeit zu behaupten vermocht haben. Ja es gibt vielleicht für diejenigen, die an der Menschheit verzweifeln wollen, kein besseres Heilmittel, als die sozialen Zustände der Arbeiterbevölkerung in Vergangenheit und Gegenwart zu studieren. Sie weisen nebst den beklagenswerten Erscheinungen, welche die vorangegangenen Blätter enthalten, doch auch eine Fülle von rührenden Zügen, Zügen der Anhänglichkeit, der Hingebung, der Liebe und Treue auf. Nirgends hat der Adel der Menschennatur ganz vernichtet werden können.

Zum Schlusse noch einige Belegstellen für diese Behauptung: „Groß ist die Liebe der Proletarier zu ihren Kindern, nicht bloß zu den blühenden, gesunden, sondern auch zu den verkrüppelten und geistesschwachen . . . . Häufig habe ich es erlebt, daß Leute, die sich in der fürchterlichsten Armut dahinquälten, bei dem Tode, oder bei Krankheiten ihrer Sprößlinge untröstlich waren; sie hatten das nötige tägliche Brot nicht, es blieb ihnen noch eine Schar Kinder übrig, und die Frau war vielleicht schon wieder guter Hoffnung, und doch empfanden sie den Verlust eines Säuglings äußerst schmerzlich. Die gewöhnliche Klage war: „Wo so viele Kinder ihre Nahrung finden, da hätten wir das kleine Wesen auch noch durchgebracht, wo es doch schon soweit gediehen war! Und der Vater spielte so gern mit dem lieben Geschöpf und freute sich so darüber."[2])

„Ein zehnjähriger Knabe hatte sich die Brust arg verbrüht. Nach einiger Zeit weinte er nicht mehr über die vielen Schmerzen, die er bei meiner Besichtigung erdulden mußte, aber jedesmal, wenn ich ihm noch das Ausgehen untersagen mußte, brach er in Tränen aus. Es war sein größtes Vergnügen gewesen, mit dem Vater, einem Arbeiter, spazieren gehen zu dürfen."[3])

---

[1]) Held a. a. O. S. 742.

[2]) Not des vierten Standes S. 24.

[3]) a. a. O. S. 25.

„Der Sohn (ein Fabrikschmied, an Lungenentzündung erkrankt) lag in der heizbaren Stube auf dem Sofa, und die Mutter hatte ihm alles Bettzeug, das sie besaß, hingegeben .... So hatte die alte Frau seit Wochen, jede Nacht auf einem Stuhle hockend, vor dem Krankenlager ihres Sohnes zugebracht, ohne sich entkleiden oder ausstrecken zu können!“ [1])

„Ein Korkschneider war seit vielen Jahren brustkrank und seit zwei Jahren dauernd erwerbsunfähig .... Geradezu heldenmütig erduldete der Mann die peinigenden Beschwerden seines bösen Hustens .... Der Husten zog ihn schließlich ganz krumm, so daß er sich nicht mehr aufrichten konnte. Keine Nacht schlief er ungestört, bei Tage fielen ihm manchmal während des Sprechens die Augen zu. Und doch wie lächelte er, wenn er auf einem Schemel am Zaune in der Sonne saß und seine Pfeife „kalt“ rauchte ... Zwei volle Jahre pflegte die junge Frau in der liebevollsten Weise den Kranken und hielt dabei die Wirtschaft und die reizenden Kinder in der musterhaftesten, anheimelnden Ordnung. Sie fand sogar noch Kraft, durch Handarbeit und an der Nähmaschine einigen Verdienst zu schaffen .... Als später zwei ihrer Kinder an Diphtherie erkrankten, konnte ich ihre Mutterliebe, Aufopferung und weibliche Umsicht von neuem bewundern.“ [2]) Und dabei litt die Arme bereits selbst an deutlichen Zeichen der Tuberkulose.

„Ein Spitzmaurer, der mit Frau und fünf Kindern sehr ordentlich, aber äußerst eingeschränkt lebte, erkrankte an einer fehlerhaften Blutbildung, mit der eine kolossale Anschwellung der Milz einherging. Er litt infolgedessen an so unerträglichen Schmerzen, daß er nachts oft seine Wohnung verlassen mußte und sich stundenlang auf weiten, einsamen Wegen Bewegung verschaffte ... Mehrere Male wollte er durch Selbstmord seine Qualen enden, doch der Gedanke an seine Familie hielt ihn immer wieder zurück. Während seiner langwierigen Krankheit versuchte er immer wieder, trotz seines Schwächezustandes, durch äußerste Anspannung seiner Kräfte Brot für seine Angehörigen zu schaffen. Oft klagte er mir auf seinem Schmerzenslager, daß viel mehr noch als seine körperlichen Leiden ihn die Sorgen um seine Familie peinigten.“ [3])

„Es liegt etwas unaussprechlich Rührendes in der tapferen Geduld, womit die Armen nicht selten ihre Leiden ertragen und in dem zarten Mitgefühl, welches sie einander gegenseitig zeigen. Wo kann unter den Wohlhabenden etwas braveres und zärtlicheres gefunden werden, als

[1]) a. a. O. S. 26. [2]) a. a O. S. 32. [3]) a. a. O. S. 34.

das Folgende? Eine Mutter, deren Kinder die reinsten und nettesten in der Bezirksschule sind, wurde besucht. Sie hatte, trotzdem sie eigene Kinder besaß, ein kleines Mädchen angenommen, dessen Vater davon gegangen war, um Arbeit zu suchen. Sie lehnte in einem Sessel, schrecklich schlecht aussehend, aber gegenüber auf einem anderen Sessel war ein Waschkübel, und das arme Weib machte einen schwachen Versuch, einige von den Sachen des Kindes zu waschen und auszuwinden. Sie war totkrank an der Wassersucht, kaum im stande zu atmen und an unsäglichen Schmerzen leidend, aber bis zu ihrem Ende bemühte sie sich, ihre Kleinen nett und rein zu halten."[1])

„Den Fleiß und die Anspruchslosigkeit meiner Kolleginnen", berichtet Frau Elisabeth Gnauck-Kühne aus der Zeit, in welcher sie als Arbeiterin in einer Kartonfabrik tätig war, „kann ich nicht genug anerkennen. Bei zehn- oder elfstündiger hastiger Arbeit und schlechter Nahrung guten Mutes sein und noch Verlangen nach geistiger Bereicherung haben, das ist in der Tat ein Beweis von moralischer Gesundheit, der der deutschen Volksseele alle Ehre macht."[2])

Wenn im vorstehenden hauptsächlich Züge aus dem Arbeiterleben in kranken Tagen vorgeführt worden sind, so darf nicht angenommen werden, daß nicht auch aus gesunden Tagen manches Erfreuliche zu berichten wäre. Allein in gesunden Zeiten haben die Ärzte, unsere besten Berichterstatter über die intimeren Seiten der Arbeiterzustände, weniger Gelegenheit, Beobachtungen anzustellen, und deshalb mögen sich in der Litteratur die anerkennenden Bemerkungen hauptsächlich auf Kranke und deren Angehörige beziehen.

Beispiele hohen Opfermutes und unbeugsamer Überzeugungstreue bietet ferner die Geschichte der politischen und gewerkschaftlichen Arbeiterbewegung in großer Zahl.

[1]) Der Schmerzensschrei der „Ausgestoßenen" Londons. Eine Untersuchung über die Lebensverhältnisse der elenden Armen. Aus dem Engl. Wien 1884. S. 10.

[2]) Erinnerungen einer freiwilligen Arbeiterin. Die Hilfe. 1895. I. Nr. 7 S. 3.

Zweiter Teil.

Soziale Theorien und Parteien.

Erster Abschnitt.

Sozialkonservative Richtungen.

Erstes Kapitel.

Industriestaat und Agrarstaat.

13. Grundgedanken des Sozialkonservatismus.

Am 20. April 1855 erteilte der preußische Minister v. d. Heydt den Fabrikinspektoren der Bezirke Düsseldorf, Aachen und Arnsberg eine Audienz. Diese Beamten entwarfen von den sozialen Zuständen der Fabrikarbeiter ein so gräßliches Bild, daß der Minister in die Worte ausbrach: „Wenn Ihre Berichte wahr sind, so mag doch lieber die ganze Industrie zu grunde gehen!"[1])

In der Tat, schon mancher wackere Mann, der die Lage der Fabrikarbeiter zum Gegenstande seiner Forschungen auserkoren hatte, ist von der Verzweiflung an der großindustriellen Entwicklung überhaupt gepackt worden. Was immer zur Verbesserung vorgeschlagen werden mochte, es erschien entweder unausführbar, oder doch ganz unzureichend, um dem modernen Fabrikarbeiter auch nur annähernd so wohltätige Existenzbedingungen zu verschaffen, als sie Handwerker und Bauer in der „guten alten Zeit" in der Regel besessen hatten. So galt die sorgsame Erhaltung und Wiederherstellung der Wirtschaftsordnung, welche eben von der Industrie zerstört wurde, als vornehmstes Ziel der ganzen Sozialpolitik. Die einzige Lösung der industriellen Arbeiterfrage, welche Erfolg verhieß, bestand darin, die Entwicklung einer industriellen

---

[1]) Alphons Thun, a. a. O. I. S. 179.

Arbeiterklasse überhaupt mit dem Aufgebote aller wirtschaftspolitischen Machtmittel zu verhindern.

Zu diesem Zwecke befürworteten manche eine möglichst weitgehende Restauration des zünftigen Handwerkes, während andere für die gewerblich-städtische Entfaltung auch dann, wenn sie sich in den Formen des Klein- und Mittelbetriebes vollzieht, nur geringe Sympathien bekundeten. Als die vorzüglichste aller wirtschaftlichen Berufsarten galt ihnen die Ausübung der Landwirtschaft. Sie ist es, welche der Bevölkerung in sittlicher, gesundheitlicher und politischer Hinsicht die weitaus besten Entwicklungsbedingungen gewährt. Die Quintessenz der sozialen Frage lag in dem Probleme, einen möglichst großen Bruchteil der Nation in der landwirtschaftlichen Betätigung zu erhalten.

Die wirkliche Entwicklung der Dinge ließ indes bald erkennen, daß auf dem angedeuteten Wege allein das soziale Problem nicht zu lösen war. Die Fabrikarbeiter waren einmal vorhanden und wurden immer zahlreicher. Aus der Anerkennung ihrer Notlage ergab sich die Konsequenz, diejenigen Reformen zu betreiben, welche einigermaßen Aussicht auf Erfolg boten. Die Sozialkonservativen dachten insbesondere an die Fürsorge durch die Staatsgewalt und korporative Gestaltungen mit autoritärem Charakter. Eine Erhebung der Industriearbeiter aus eigener Kraft erschien ihnen teils unerreichbar, teils gefährlich zu sein.

Obwohl die Erfahrungen der letzten Jahrzehnte bewiesen haben, daß die Großindustrie durchaus im stande ist, ihren Arbeitern eine erhebliche Verbesserung der materiellen Lage zu gewähren, hat sich der sozialökonomische Romantizismus doch bis in die neueste Zeit herein behauptet. Erschienen nur diejenigen Gesellschaftsklassen als Träger dieser Auffassung, deren Existenz bedroht wird, so wäre sie leicht zu verstehen. Jeder wehrt sich seiner Haut, so gut er kann. Nun besitzt die industriefeindliche Stimmung aber auch Anhänger innerhalb der Klassen, die durch die Industrie selbst emporgekommen sind, sie wird ferner von Männern vertreten, welche, persönlich uninteressiert, ausschließlich das Wohl des Volksganzen im Auge behaltend, kein höheres Ziel kennen als die Wahrheit zu erforschen und ihr zu dienen. So ist eine eingehende wissenschaftliche Kritik ihrer Beweisführung nicht zu umgehen.

14. Lebensfähigkeit und Militärtauglichkeit agrarischer und städtischer Bevölkerungen.

Wie eben angedeutet worden ist, beruht die hohe Wertschätzung, die man dem landwirtschaftlichen Berufe zollt, zum Teil darauf, daß er als der weitaus gesündeste angesehen wird. Die landwirtschaftliche

Bevölkerung ist nach Ansicht Vieler der eigentliche Jungbrunnen der gesamten Nation, während die Städte, welche, wie Chronos, ihre Kinder verschlingen, als Gräber des Menschengeschlechtes hingestellt werden. Je mehr die städtische Bevölkerung auf Kosten der ländlichen wächst, desto rascher entwickelt sich zwar die Blüte der Kultur, aber sie gleicht den Todesrosen auf den Wangen des Schwindsüchtigen. Sobald die ländliche Bevölkerung aufgezehrt ist, muß im städtischen Mittelstande ein rasches Sinken des geistigen Niveaus und damit der allgemeine Verfall eintreten.[1])

So fleißig diese unleugbar äußerst wichtigen Fragen in den letzten Jahren erörtert worden sind,[2]) so ist eine bestimmte Beantwortung

[1]) Georg Hansen, Die drei Bevölkerungsstufen. München 1889. S. 323. — Übrigens hat auch Goethe das Landvolk als ein Depot gefeiert, aus dem die Kräfte der sinkenden Menschheit sich immer wieder ergänzen und auffrischen (Äußerungen zu Eckermann 12. März 1828). Ähnliche Aussprüche bei Roscher (Ansichten der Volkswirtschaft I. 3. Aufl. 1878. S. 279): „Der Bauernstand ist die Wurzel des Volksbaumes. Die Blüten, Blätter und Zweige der Krone, ja selbst der Stamm, können absterben und, wenn die Wurzel gesund ist, wieder ersetzt werden. Aber wo die Wurzel nichts taugt, da geht der ganze Baum zu Grunde"; ferner Gustav Freytag (Vermischte Schriften I. Bd. 1901. S. 456): „Der Nationalökonom sollte den schönsten Nutzen (des bäuerlichen Grundbesitzes) darin finden, daß er der großen Mehrzahl von Menschen, welche nur mit kleinem Kapitale arbeiten, eine gesunde, freie und tätige Existenz gewährt, und daß das tüchtige menschliche Leben, welches sich in der Beschränkung seiner Sphäre entwickelt, ein nie versiegender Quell ist, aus dem die Nation die aufsteigende Kraft der Individuen schöpft; alle Kreise, alle Tätigkeiten des Erdenlebens rekrutieren sich aus der unverdorbenen, bildungsfähigen Menschenkraft, welche der Bauernstand unaufhörlich hergibt." Ähnliche Äußerungen bei Marshall, Principles of economics 2. ed. London 1891. S. 257. Schöne Betrachtungen über denselben Gegenstand im Anschlusse an John Ruskin bei Feis, Wege zur Kunst I. Straßburg. S. XVII ff.

[2]) Vgl. insbesondere: Ballod, Die Lebensfähigkeit der städtischen und ländlichen Bevölkerung. Leipzig 1897; Kuczynsky, Der Zug nach der Stadt. Stuttgart 1897; Rübner, Hygienisches von Stadt und Land. Berlin 1898; Ballod, Die mittlere Lebensdauer in Stadt und Land. Leipzig 1899; Brentano und Kuczynsky, Die heutige Grundlage der deutschen Wehrkraft. Stuttgart 1900; Bindewald, Die Wehrfähigkeit der ländlichen und städtischen Bevölkerung. J. f. G. V. XXV. S. 139—198; H. Allendorf, Der Zug in die Städte. Jena 1901; Ballod, Scholle oder Fabrik. Thürmer-Jahrbuch. Stuttgart 1902. S. 151—173; Harald Westergaard, Die Lehre von der Mortalität und Morbilität. 2. Auflage. Jena 1901. S. 569—643; E. Roth, Die Wechselbeziehungen zwischen Stadt und Land in gesundheitlicher Beziehung und die Sanierung des Landes. Braunschweig 1903; A. Grotjahn, Soziale Hygiene und Entartungsproblem (Sonderabdruck aus dem Weylschen Handbuch der Hygiene. Vierter Supplementsband). Jena 1904; H. Herkner, Die Sterblichkeit landwirtschaftlicher und gewerblicher Bevölkerungsgruppen in der Schweiz. J. f. N. St. LXXXII. S. 51—63.

leider noch nicht möglich. Da nicht nur der Beruf, sondern auch Einkommen, Ernährung und hygienische Bedingungen allgemeiner Art maßgebend sind, tritt eine mißliche Konkurrenz von Einflüssen auf. Gut entlohnte Industriearbeiter mögen selbst bei einer gesundheitlich bedenklichen Berufsarbeit größere körperliche Leistungsfähigkeit behaupten als Zwergbauern oder Landproletarier, die am Hungertuche nagen. Die Frage muß also dahin präzisiert werden, welcher Beruf unter annähernd gleichen Wohlstandsverhältnissen die besten Grundlagen physischen Gedeihens gewährt. Nun fehlen statistische Beobachtungen, welche unmittelbar die Sterblichkeit im Zusammenhange mit Beruf und Wohlstand betreffen. Einen gewissen Ersatz können aber die nachstehenden Angaben der englischen Statistik über die Berufssterblichkeit insofern liefern, als hier wenigstens besondere Zahlen für die Arbeiter der Landwirtschaft und der Gewerbe geboten werden.

In den entsprechenden Altersklassen und Berufsarten betrug (1890/92) die Sterblichkeit pro 10 000 Lebende:[1])

Berufsarten	15 bis 20 Jahre	20 bis 25 Jahre	25 bis 35 Jahre	35 bis 45 Jahre	45 bis 55 Jahre	55 bis 65 Jahre	65 bis 100 Jahre
Selbst. Farmer u. deren Söhne	13	24	43	70	112	240	878
Landw. Arbeiter u. Dienstboten	17	39	52	83	128	246	986
Metallarbeiter	27	54	75	137	251	474	1 313
Textilarbeiter	34	59	75	123	223	461	1 389
Bergwerksarbeiter	38	57	64	97	196	443	1 505

Da die ländlichen Arbeiter in England, wie aus anderen Publikationen hervorgeht, im allgemeinen einen weit niedrigeren Lohn empfangen, als die industriellen, so wird die trotzdem beträchtlich größere Sterblichkeit der letztgenannten Arbeitergruppe in der Tat umso schwerer ins Gewicht fallen, als sie im allgemeinen sich auch einer durchaus rationellen Ernährung erfreut.[2]) In dem gleichen Sinne muß die Beobachtung wirken, daß die Bevölkerung von Manchester, also einer Stadt, deren Arbeiter zu den bestgestellten Englands zählen, in Bezug auf die Lebensdauer tief unter dem Durchschnitte der englischen Bevölkerung

[1]) Ballod, Die mittlere Lebensdauer in Stadt und Land. Leipzig 1899. S. 28.

[2]) Grotjahn a. a. O. S. 768 ff.

steht. Die mittlere Lebensdauer betrug beim männlichen Geschlechte 1881—92:[1])

Lebensjahr	England	Manchester Township
0	43,66	28,78
5	52,75	40,53
10	49,00	37,47
15	44,47	33,56
20	40,27	29,61
25	36,28	26,00
30	32,52	22,82 usw.

In Preußen erfreut sich die männliche Bevölkerung auf dem Lande einer längeren mittleren Lebensdauer als in den Städten. Da die Bewohner der Landgemeinden und Gutsbezirke aber nicht ausschließlich Landwirtschaft treiben, muß bei der Bewertung der Ziffern auch auf die Stärke der landwirtschaftlichen Bevölkerung dieser Gebiete Rücksicht genommen werden. Das ist in der nachstehenden Zusammenstellung geschehen. Letztere bringt überdies noch zwei andere einflußreiche Momente, die Ausdehnung des landwirtschaftlichen Großbetriebes und die Bedeutung der ländlichen Lohnarbeiter zum Ausdrucke:[2])

	Auf 100 Einwohner der Landgemeinden u. Gutsbezirke kommen landwirtschaftlich Erwerbstätige	Von 100 ha landwirtsch. benutzbarer Fläche entfallen auf Betriebe über 100 ha	Von 100 landwirtschaftl Erwerbstätigen sind Lohnarbeiter	Mittlere Lebensdauer der männl. Geschlechter im Alter 0 1891—1895
Posen	81,6	55,37 ha	76,22	43,03
Pommern	80,8	57,42 „	74,36	43,95
Westpreußen . . .	79,6	47,11 „	73,74	41,95
Ostpreußen	78,6	38,60 „	74,26	39,63
Hannover	65,6	6,92 „	63,32	46,49
Schleswig-Holstein .	62,3	16,40 „	69,31	48,66
Sachsen	58,7	26,95 „	75,03	42,11
Hessen-Nassau . . .	57,2	6,69 „	60,50	44,54
Brandenburg . . .	56,2	36,32 „	73,18	39,57
Schlesien	53,7	34,41 „	70,50	36,87
Rheinland	45,5	2,67 „	59,86	42,34
Westfalen	40,3	4,77 „	60,50	43,91.

Aus diesen Daten geht hervor, daß die größte mittlere Lebensdauer nicht dort zu finden ist, wo die landwirtschaftliche Bevölkerung ungefähr $^4/_5$ der Gesamtbevölkerung der Landgemeinden bildet. Die

[1]) Ballod, a. a. O. S. 136.

[2]) Vgl. Ballod, a. a. O. S. 37, 133; ferner: Statistik des Deutschen Reiches, N. F. Bd. 112. S. 340; Bd. 111. S 164, 165.

stark industrialisierte Landbevölkerung von Rheinland und Westfalen steht in Bezug auf die Sterblichkeit nicht schlechter da, als die überwiegend agrarische der Provinzen Posen oder Westpreußen. Die Erklärung wird in dem Umstande zu suchen sein, daß die ungünstige soziale Lage der Landarbeiter des Ostens einen Teil der gesundheitlich segensreichen Einflüsse des landwirtschaftlichen Berufes wieder aufhebt. Jedenfalls verdient die Tatsache Beachtung, daß die besten Sterblichkeitsverhältnisse in Schleswig-Holstein, Hannover und Hessen-Nassau angetroffen werden. Hier gehören von der Bevölkerung der Landgemeinden noch ungefähr zwei Drittel der Landwirtschaft an, befinden sich aber in einer sozial höheren Stellung als in den übrigen stark agrarischen Gebieten; d. h. der Großbetrieb und demzufolge auch die Schichte der landwirtschaftlichen Lohnarbeiter ist schwächer vertreten.

Wie aus der folgenden Zusammenstellung entnommen werden kann, unterliegt auch in der Schweiz die gewerbliche Bevölkerung der höchsten Sterblichkeit,[1]) ohne daß man berechtigt wäre, für diese Bevölkerungsgruppe in ihrer Gesamtheit einen geringeren Wohlstand anzunehmen.

Jährliche Durchschnittszahl der Gestorbenen 1881—1890 auf je 1000 Personen einer Altersgruppe

	0	1—14	15—19	20—49	50—69
65 Gewerbliche Bezirke . . .	174,2	8,7	5,1	11,2	38,6
69 Gemischte „ . . .	155,9	7,9	4,9	9,7	35,7
48 Landwirtschaftl. „ . . .	158,7	8,4	4,9	9,1	34,7

Von 1000 Lebendgeborenen traten das Alter von 70 Jahren an in der ersten Gruppe 232, in der II. 267, in der III. 274.

Zum besseren Verständnis sei erwähnt, daß in den gewerblichen Bezirken weniger als 40 Proz., in den gemischten 40—59 Proz., in den landwirtschaftlichen über 60 Proz. der Bevölkerung der Landwirtschaft zugerechnet werden. Leider ist eine besondere Ermittelung der Sterblichkeit des weiblichen Geschlechtes nach Maßgabe des Berufes nicht erfolgt.

Sehr deutlich tritt die geringere Sterblichkeit der landwirtschaftlichen Bevölkerung in Bezug auf die Lungenschwindsucht zu Tage.[2])

[1]) Schweiz. Statistik, 128. Lieferung. Ehe, Geburt und Tod in der schweizerischen Bevölkerung während der zwanzig Jahre 1871—1890. III. Teil, 1. Hälfte. Bern. 1901. S. 26 ff.

[2]) Schweiz. Statistik, 137. Lieferung. S. 29.

Männliche Berufsangehörige der	Wird die Sterblichkeit einer Altersgruppe gleich 100 gesetzt, so beträgt sie für die vorbezeichnete Berufsart 20—29	30—39	40—49	50—59
Land- und Milchwirtschaft	48	51	54	64
Forstwirtschaft	28	54	55	52
Eisenbahnbau und -betrieb	49	55	65	72
Straßen- und Wasserbau	65	76	93	82
Schuhmacher	116	108	112	152
Schneider	154	134	150	161
Schreiner und Glaser	142	140	157	151
Schlosser	194	252	261	354
Küfer und Kübler	146	271	221	173
Flach- und Dekorationsmaler	214	207	249	209
Eisengießerei, Maschinenbau	144	115	130	138
Hammer-, Huf- und Zeugschmiede	108	125	144	150
Uhren- und Uhrwerkzeugfabrikation	206	198	184	168
Handel-, Bank-, Agentur- und Versicherungswesen	220	168	152	130
Wirtschaftswesen	164	199	189	158
Post, Telegraph und Telephon	112	134	125	115
Öffentliche Beamte u. Angestellte, Weibel u dergl.	128	131	148	172

Denselben Tatbestand läßt die nachstehende von Prof. A. Vogt (Bern)[1]) berechnete Tabelle erkennen:

Bezirksgruppen	Wohnbevölkerung dieser Gruppen 1888	Auf 1000 Angehörige der Wohnbevölkerung entfallen agrikale Bewohner	Von 100 000 Lebenden starben pro Jahr an Lungenschwindsucht
Bezirke mit weniger als 19 Proz. agrikoler Bevölkerung	547 160	103	276
Bezirke mit 20—33 Proz. agrik. Bev.	586 806	253	241
„ „ 33—43 „ „ „	593 125	379	221
„ „ 43—53 „ „ „	579 055	490	210
„ „ 56—86 „ „ „	611 608	643	178

Die bei einigermaßen verwandten Wohlstandsverhältnissen anscheinend günstigere Sterblichkeit der Landbevölkerung fällt umso mehr auf, als in allen hygienischen Veranstaltungen (Baupolizei, Wasserversorgung, Beseitigung der Abfallstoffe, Seuchentilgung, Nahrungs- und Genußmittelkontrolle) das Land im allgemeinen hinter den Städten zurücksteht.[2]) Auch die Inanspruchnahme von Arzt

[1]) Zeitschrift für schweiz. Statistik. XXXX. II. Bd. S. 13.

[2]) Diese Rückständigkeit des Landes wird lebhaft betont von Roth, a. a. O. S. 1—29.

und Apotheke begegnet auf dem Lande größeren Schwierigkeiten. Nachdem die landwirtschaftlichen Produkte zufolge der Entwicklung der Verkehrsmittel der Verwertung auf dem Markte in immer wachsender Ausdehnung fähig geworden sind, hat sich überdies der Ernährungszustand der landwirtschaftlichen Bevölkerung eher verschlechtert als verbessert.[1])

Wenn aus diesen Tatsachen der Schluß gezogen werden sollte, man müsse alles aufbieten, um einen möglichst großen Bruchteil des Volkes der Landwirtschaft zu erhalten, so ließe sich zweierlei einwenden:

1. Mag auch zur Zeit die gewerblich-städtische Bevölkerung in minder gesunden Verhältnissen leben als die landwirtschaftliche, so kann doch gerade durch soziale Reformen (Lohnerhöhung, Verbesserung der Ernährung,[2]) Abkürzung der Arbeitszeit, Frauenschutz, Gewerbehygiene, kommunale Hygiene) der physische Zustand der gewerblichen Arbeiter, wie die Erfahrung lehrt, noch erheblich verbessert werden.

2. Zufolge des Gesetzes des abnehmenden Bodenertrages ist es nicht möglich, der landwirtschaftlich tätigen Bevölkerung bei starker Vermehrung Einkommensverhältnisse zu gewährleisten, welche die gesundheitlich vorteilhaften Einflüsse der landwirtschaftlichen Beschäftigung zu voller Wirksamkeit gelangen lassen. Man kommt früher oder später an einen Punkt, bei welchem die Ungunst der Einkommensverhältnisse die Vorteile der landwirtschaftlichen Berufsarbeit übertrifft.

Wer den erstgenannten Einwand erhebt, kann sich auf die Tatsache stützen, daß England, trotz zunehmender Industrialisierung 1841 bis 1890 eine Verminderung der Sterblichkeit erzielt hat. Allerdings gilt diese Abnahme der Sterblichkeit beim männlichen Geschlechte nur für die Altersklassen 0—45. Die höheren Lebensalter zeigen eine Zunahme der Sterberate.[3]) Indessen hat nicht nur in England, sondern auch in den meisten Staaten des Kontinentes eine Abnahme der Sterb-

[1]) Über diesen von Grotjahn zutreffend als „Mercantilisierungsprozeß der Nahrungsmittel" bezeichneten Vorgang vgl. Grotjahn, Über Wandlungen in der Volksernährung. Schmollers Staats- und sozialwissenschaftliche Forschungen. 20. Bd. Heft 2. 1902.

[2]) Die Mängel in der heute stattfindenden Ernährung der deutschen Industriearbeiter charakterisiert Grotjahn treffend in folgender Weise: „Sie essen nicht mehr in genügendem Maße wie ihre bäuerlichen Vorfahren Roggenbrot, Kartoffeln, Leguminosen, Molkereiprodukte, Fett und Mehlspeisen, und essen noch nicht genug Fleisch, Zucker, Butter und Weizenbrot wie die besseren Kreise, deren Ernährung sie unwillkürlich nachahmen." Soz. Hygiene und Entartungsprobleme. S. 771.

[3]) Ballod, a. a. O. S. 136.

lichkeit stattgefunden. Diese Abnahme beruht allerdings zum großen Teil auf den Fortschritten, die in der Bekämpfung der Infektionskrankheiten (Pocken, Scharlach, Diphterie, Cholera, Typhus) erzielt worden sind.[1]) Deshalb wird von anderen Forschern, z. B. von Schallmeyer[2]) in dieser Abnahme der Sterblichkeit kein Beweis für die Steigerung der generativen Tüchtigkeit, sondern lediglich ein solcher für den Fortschritt der Hygiene erblickt. Ja eine Verlängerung der durchschnittlichen Lebensdauer kann, seiner Meinung nach, sogar mit einer Verschlechterung der generativen Durchschnittsqualität sich wohl vertragen, nämlich insofern, als die Fortschritte der ärztlichen und hygienischen Kunst vielen schwächlichen Personen das Leben verlängern und ihnen dadurch eine stärkere Beteiligung an der Erzeugung der Nachkommenschaft ermöglichen.[3])

Allein, wenn man auch nicht geneigt ist, die Fortschritte der Medizin unter Umständen für eine der Rassenhygiene gefährliche Verminderung der Selektion verantwortlich zu machen, kann man doch die Verminderung der allgemeinen Sterblichkeit jetzt noch nicht als vollgiltiges Zeugnis für die Ungefährlichkeit des Industrialismus gelten lassen. In den letzten Jahrzehnten ist die städtische gewerbliche Bevölkerung eben überall noch in erheblichem Umfange durch Zuwanderer ländlicher Herkunft ergänzt worden.

In Zürich waren 1894 von 121 657 Ortsanwesenden 55 832,[4]) also 46,1 Proz. auf dem Lande geboren; in Basel 1888 von 69 809 Ortsanwesenden 33 036 oder 47,3 Proz.[5]) In Leipzig stammten 1885 31 Proz., in Breslau 1895 35,3 Proz. vom Lande.[6]) Trotz der jetzt noch sehr starken ländlichen Einwanderung sind die Geburtsziffern unserer Städte bereits geeignet, Bedenken hervorzurufen. Daß bei der ganz abnormalen Altersgliederung der städtischen Bevölkerungen die

[1]) Vgl. besonders Kruse, Wolfs Zeitschrift. VI. S. 367, 368; A. Vogt, Zeitschrift für schweiz Statistik. XXXX. II. Bd. S 4—8.

[2]) Vererbung und Auslese im Lebenslauf der Völker. Jena 1903. S. 169.

[3]) Eine Ergänzung der beruflichen Mortabilitätsstatistik durch berufliche Morbilitätserhebungen ist gewiß dringend zu wünschen. Wie wenig oft die Ergebnisse beider Untersuchungen miteinander übereinstimmen, zeigt Prinzing, Die Erkrankungshäufigkeit nach Beruf und Alter Z. f. St. W. 58. Jahrg. S. 432—459 und S. 634—668.

[4]) Ergebnisse der Volkszählung in der Stadt Zürich vom 1. Juni 1894. I. Zürich 1897. S. 152.

[5]) Die Bevölkerung des Kantons Basel-Stadt am 1. Dez. 1888, bearbeitet von Prof. Dr. K. Bücher. Basel 1890. Tab. XVII.

[6]) Bindewald, a. a. O. S. 178.

allgemeine Geburtsziffer (das Verhältnis der Geburten eines Jahres zu 1000 der mittleren Bevölkerung) nur irre führen kann, sollte nicht mehr betont zu werden brauchen. Nichtsdestoweniger begnügen sich die meisten statistischen Veröffentlichungen damit, diese unbrauchbaren Daten vorzuführen. Aus den Berechnungen von Ballod [1]) kann indes ersehen werden, daß in den preußischen Landgemeinden auf 1000 in gebärfähigem Alter stehende Ehefrauen 329,2 Lebendgeborene, in den Städten nur 270,16 entfielen. Die uneheliche Fruchtbarkeit in Stadt und Land zeigte unerhebliche Unterschiede: auf dem Lande 25,61, in den Städten 25,03 Lebendgeborene.

In der Schweiz [2]) entfielen im Durchschnitte der Periode 1871 bis 1890 in den gewerblichen Bezirken auf 1000 im Alter der Gebärfähigkeit (15—45 Jahre) stehende verheiratete weibliche Personen 237 Geburten, in den landwirtschaftlichen Bezirken dagegen 266. Die reinen Stadtbezirke Genf, St. Gallen und Basel-Stadt standen mit 70 bez. 88 und 100 Geburten auf 1000 im Alter der Gebärfähigkeit stehende weibliche Personen weit hinter dem Durchschnitte der Schweiz von 120. Der Bezirk Zürich wies eine etwas höhere Ziffer, nämlich 106 auf, enthielt aber 1888 neben 94 129 Stadtbewohnern 16 928 Bewohner von Landgemeinden. Noch stärker ist die Beimischung ländlicher Elemente im Bezirke Bern. Er erreichte noch eine spezielle Geburtenziffer von 123, blieb aber doch hinter der Durchschnittsziffer des Kantons Bern, welche 142 betrug, weit zurück.

Wie immer es um diese Dinge bestellt sein mag, jedenfalls bildet die vom Lande zugewanderte Bevölkerung heute noch so beträchtliche Bruchteile der industriellen Bevölkerung, daß auf Grund der vorliegenden Beobachtungen die Annahme nicht erlaubt ist, die gewerblich-städtische Bevölkerung werde sich in Zukunft auch bei schwächerer ländlicher Zuwanderung — und für so stark industrielle Staaten wie England tritt bereits eine sehr bedeutende Abschwächung der ländlichen Zuwanderung ein — in bezug auf Geburtenhäufigkeit und Sterblichkeit ebenso gut behaupten, als es bis jetzt der Fall gewesen ist.

Den Sorgen, welche die zunehmende Konzentration der Bevölkerung in den Städten auf vielen Seiten hervorruft, kann also eine gewisse Begründung nicht abgesprochen werden.

[1]) Lebensfähigkeit der städtischen und ländlichen Bevölkerung S. 59.

[2]) Schweizerische Statistik, 112. Lieferung. Ehe, Geburt und Tod in der schweiz. Bevölkerung während 1871—1890. II. Teil. Die Geburten. Bern 1897. S 21, S. 45 ff. Vgl. auch die im Soz. Centralblatt III. S. 92 u. 93 mitgeteilten Degenerationserscheinungen auf seiten der wohlhabenden weiblichen Bevölkerung Nord-Amerikas.

Müssen aber die Bestrebungen, für einen beträchtlichen Bruchteil der Bevölkerung die landwirtschaftliche Beschäftigung zu erhalten, nicht an dem Gesetze des abnehmenden Bodenertrages scheitern? Dieses Bedenken ist neuerdings namentlich von Dietzel und Brentano geltend gemacht worden.[1])

Jedenfalls kann die Frage nur für ein bestimmtes Gebiet, unter Berücksichtigung seiner Betriebsgliederung und des Zustandes seiner landwirtschaftlichen Technik, beantwortet werden. Soweit es sich um das Deutsche Reich handelt, unterliegt es keinem Zweifel, daß durch Vermehrung der intensiver wirtschaftenden Mittel- und Kleinbetriebe,[2]) namentlich im Osten, die Landwirtschaft treibende Bevölkerung eine stattliche Zunahme erfahren könnte.

Abgesehen von den Änderungen in der Betriebsgliederung, welche die Bevölkerungskapazität der Landwirtschaft erweitern, sind noch überall sehr erhebliche Verbesserungen der Technik möglich.[3]) Auch ist die Erwartung keineswegs zu kühn, daß, etwa durch Anwendung der Elektrokultur, noch neue technische Fortschritte erzielt werden können, welche die Wirksamkeit des Gesetzes vom abnehmenden Bodenertrage in ziemlich weite Fernen hinausschieben.

Im übrigen kann freilich nicht geleugnet werden, daß es innerhalb der gegebenen Verhältnisse fast unmöglich erscheint, zu gleicher Zeit sowohl die Intensität des Landbaues möglichst zu steigern als auch der Industriebevölkerung eine möglichst gute und billige Ernährung zu verschaffen. Die Steigerung der Intensität verlangt, privatwirtschaftlich gesprochen, hohe Boden- und Produktenpreise, die Verbesserung der Volksernährung aber billige Lebensmittel. Vielleicht kann ein Ausgleich zwischen diesen Forderungen überhaupt nur auf Grundlage einer tief in die überlieferten Zustände eingreifenden agrarischen Bodenreform erfolgen, welche den störenden Faktor des privaten Bezuges der Bodenrente möglichst ausschaltet.

Heute besteht bei einer zu gunsten der Intensivierung der Landwirtschaft veranlaßten Steigerung der Produktenpreise immer die

---

[1]) Dietzel, Weltwirtschaft und Volkswirtschaft. Dresden 1900. S. 7—16; Brentano, Über Landwirtschaft und Industrie. Zeit (Wien) 29. Dez. 1900. Vgl. hierzu auch die m. E. zutreffenden Einwände, welche Schmoller (J. f. G. V. XXV. S. 1607, 1608) gegen Dietzel erhebt; ferner Skalweit, Die ökonomischen Grenzen der Intensivierung in der Landwirtschaft. Berlin 1903.

[2]) Vgl. Herkner, Betriebseinrichtungen und Rentabilität der schweiz. Landwirtschaft. J. f. G. V. XXVIII. S. 860.

[3]) Vgl. Pohle, Deutschland am Scheidewege. 1902. S. 89 ff.

dringende Gefahr, daß diese Preiserhöhungen nur zu bald in Steigerungen der Bodenrente und somit schließlich der Bodenpreise umschlagen, also der Landwirtschaft treibenden Bevölkerung als solcher auf die Dauer keinen Segen bringen, dagegen die gute Ernährung der Industriebevölkerung immer schwieriger gestalten.

Wenn die zunehmende Industrialisierung Bedenken in bezug auf die physische Qualität und das Wachstum der Bevölkerung einflößt, dann wird die industriestaatliche Entwicklung auch einen nachteiligen Einfluß auf die Verteidigungsfähigkeit des Landes ausüben. Schon im Jahre 1828 mußte der Generalleutnant v. Horn den König darauf aufmerksam machen, daß das rheinische Gebiet nicht mehr imstande sei, das entsprechende Truppenkontingent zu stellen.[1]) So stark war die Bevölkerung durch die Fabrikarbeit beeinträchtigt worden. Um die gleiche Zeit erklärte Dupin in der französischen Pairskammer, daß unter den zum Kriegsdienste befohlenen Männern in den Fabrikdistrikten 89 Proz., in den Ackerbaudistrikten dagegen nur 40 Proz. untauglich wären. Nach Engel wurden aus ländlichen Gebieten von 100 Vorgestellten 26,6, aus Städten nur 19,7 für tauglich befunden. Im oberelsässischen Kreise Thann erwiesen sich 1881 von den in Spinnereien arbeitenden jungen Burschen nur 5 Proz., von den in Webereien arbeitenden 12 Proz. tauglich; von den Stellungspflichtigen der ländlichen Berufsarten waren es 52 Proz.[2]) Der Kreisarzt berichtete: „In Fabrikdörfern, wo alles von Jugend auf in den Fabriken arbeitet, waren fast alle Stellungspflichtigen untauglich, und wir glauben, wenn das so weiter geht, braucht man bald keine Aushebungskommissionen in diese Orte mehr zu schicken.“ In den von Singer untersuchten nordböhmischen Industriebezirken erwiesen sich 2,3—5,7 Proz. der Fabrikarbeiter als tauglich.[3]) Nach Untersuchungen von Dr. Böhi und Dr. Schuler[4]) waren in den Kantonen Thurgau, St. Gallen und Appenzell unter sämtlichen Rekruten 25,1 Proz. untauglich; unter den Fabrikarbeitern bei Ausschluß der Sticker 39,4 Proz. Da bei den zur Stellung gelangenden jungen Arbeitern der Einfluß des Berufes noch nicht lange genug sich geltend macht, um allein die Untauglichkeit hervorzurufen, so sind die angeführten Ziffern mehr als

---

[1]) Brentano und Kuczynski, Heutige Grundlage der deutschen Wehrkraft. 1900. S. 30.

[2]) Herkner, Oberelsässische Baumwollindustrie. S. 351.

[3]) Singer, Untersuchungen über die soz. Zustände in Fabrikbezirken des nordöstlichen Böhmens. S. 332.

[4]) Über die Ernährung der Fabrikbevölkerung. Zürich 1883. S. 3.

der erschreckende Ausdruck dafür zu betrachten, wie tief die Arbeiterbevölkerung der Fabrikgegenden überhaupt körperlich herabgekommen war.

Leider ist die Rekrutierungsstatistik noch nicht so sorgfältig ausgebildet worden, daß es möglich wäre, den Stand der Dinge in der Gegenwart, deren Verhältnisse durch die sozialen Reformen doch schon nachhaltige Modifikationen erfahren haben, mit vollkommener Klarheit zu erkennen. Es kommt eben nicht nur auf den von dem Stellungspflichtigen augenblicklich ausgeübten Beruf, sondern auch auf Wohnort und berufliche Abstammung überhaupt an. Der Deutsche Landwirtschaftsrat hat deshalb auf ein Referat des Prof. Sering hin Beschlüsse gefaßt, durch welche die Reichsbehörden zu einer genaueren Erhebung und Verarbeitung der rekrutierungsstatistischen Materialien aufgefordert werden.[1]) Daraufhin fand beim Heeres-Ergänzungsgeschäfte des Jahres 1902 in der Tat eine Untersuchung statt, welche den von landwirtschaftlicher Seite geäußerten Wünschen teilweise[2]) entsprach. Das Gesamtergebnis der Erhebungen war folgendes:

Gruppen		Zahl der Tauglichen	Von je 100 Tauglichen kamen auf jede Gruppe	Von je 100 abgefertigten Militärpflichtigen jeder Gruppe waren tauglich
I. Auf dem Lande geboren	a) in Land- oder Forstwirtschaft beschäftigt .	75 606	25,72	58,64
	b) anderweit „ .	110 389	37,55	58,40
	I zusammen . . .	185 995	63,27	58,50
II. In der Stadt geboren	a) in Land- oder Forstwirtschaft beschäftigt .	10 697	3,64	58,52
	b) anderweit „ .	97 263	33,09	53,52
	II zusammen . . .	107 960	36,73	53,97
	I und II zusammen . . .	293 955	100	56,75

[1]) Sering, Dade, v. Cetto, Die Bedeutung der landwirtschaftlichen Bevölkerung für die Wehrkraft des Deutschen Reiches. Sonderdruck aus dem Archiv des Deutschen Landwirtschaftsrates. 26. Jahrg. 1902.

[2]) Wegen der nur teilweise erfolgten Berücksichtigung wurde in der XXXII. Plenarversammlung des Deutschen Landwirtschaftsrates (9.—12. Februar 1904) das Ersuchen an die Reichsbehörden wiederholt. Vgl. Zeitschrift für Agrarpolitik (Dr. Dade) II. S. 85.

Die relative Tauglichkeit der auf dem Lande geborenen Militärpflichtigen stellt sich also günstiger dar wie diejenige der Städter. Ferner behaupten die in der Land- und Forstwirtschaft beschäftigten Leute in Bezug auf Tauglichkeit noch immer die erste Stelle. Auch in der Schweiz zeigt z. B. der stark industrielle Kanton Appenzell A. Rh. äußerst ungünstige Resultate. Von den während der Jahre 1883 bis 1901 untersuchten 7760 Personen waren 46,44 Proz. untauglich, während die Schweiz im Durchschnitte nur ein Untauglichkeitsprozent von 36,89 aufwies. Die Ursachen waren hauptsächlich Krankheiten des Herzens (Klappenfehler), Brüche, Kropfbildung, Augenleiden, zu geringer Brustumfang, zu geringe Körperlänge und allgemeine Schwächlichkeit.[1])

Die größere militärische Tauglichkeit der Landbevölkerung ist übrigens nur selten bezweifelt worden.[2]) Auf diesen Punkt kommt es aber in der Streitfrage Agrarstaat gegen Industriestaat keineswegs allein an. Die Industrie gestattet eben doch eine weit größere Bevölkerungsdichtigkeit auszubilden. Der Export von Industrieprodukten bietet die Möglichkeit, über die Produktionsfähigkeit der heimischen Landwirtschaft hinaus Lebensmittel durch Einfuhr zu beschaffen, und so Leute, die sonst zur Auswanderung gezwungen wären, der Heimat zu erhalten. So vermag der Industriestaat trotz der relativ geringeren Tauglichkeit seiner industriellen Bevölkerung schließlich pro Quadratkilometer mehr Soldaten in's Feld zu stellen als der Agrarstaat. Und endlich kommt auch der finanziell größeren Leistungsfähigkeit der Industrienationen heute, wo die Fortschritte in der Waffentechnik und in der Konstruktion der Kriegsschiffe sich überstürzen, ebenfalls eine entscheidende Bedeutung zu.

Es ist in der Frage der Wehrfähigkeit landwirtschaftlicher und industrieller Bevölkerungsgruppen schließlich nicht nur die Quantität, sondern auch die Qualität erörtert worden. So erklärt z. B. der General W. v. Blume: „Eine mäßig starke Beigabe städtischer Elemente ist sehr geeignet, eine Truppe geistig zu beleben und dadurch deren Wert wesentlich zu erhöhen. Das ändert aber an der Tatsache nichts, daß, wenn man heute die militärischen Eigenschaften der ländlichen und

---

[1]) Zeitschrift für schweiz. Statistik. XXXX. II. Bd. S. 73–78.

[2]) Vgl. neben den S. 55 genannten Schriften von Ballod, Brentano, Kuczynski und Bindewald noch Oswald Heer, Beiträge zur Kenntnis der Rekrutierungsverhältnisse der landwirtschaftlichen und industriellen Bevölkerung der Schweiz. Schaffhausen 1897. Auch Grotjahn erörtert das Problem. Soz. Hygiene. S. 746–753.

städtischen Bevölkerung gegeneinander abwägt, die Wage sich zu Gunsten der ersteren neigt."[1]) Diese Auffassung scheint in militärischen Kreisen die Regel zu bilden. Vereinzelt wird sie allerdings durch hochgestellte Offiziere bekämpft, so durch General v. Sauer.[2])

Vielleicht ist aber eine Betrachtungsweise, welche lediglich Quantität und Qualität der Truppen ins Auge faßt, überhaupt ungenügend. Für den Erfolg kommt es doch vor allem auf das Verhältnis an, in welchem die Verteidigungskräfte zur Ausdehnung der zu verteidigenden Linien stehen. Daß ein hoch entwickelter Industriestaat mit seiner Fülle wertvoller Kapitalien und seinen über den ganzen Erdball ausgedehnten Handelsbeziehungen zahlreichere und empfindlichere Angriffspunkte bietet als ein Agrarstaat, ist wohl nicht zu bezweifeln. Jedenfalls gewinnt im Deutschen Reiche die Überzeugung immer mehr Boden, daß die Landarmee, mag sie auch die erste der Welt sein, zum Schutze der deutschen Interessen nicht ausreiche, sondern durch eine ebenbürtige Seemacht ergänzt werden müsse. Ob das Deutsche Reich im stande sein wird, zu Wasser und zu Lande die erste Stellung zu erringen, das ist eine Frage, die, trotz der unvergleichlichen ökonomischen Blüte, erst von sehr kleinen Kreisen schon getrosten Mutes bejaht wird. Es ist also denkbar, daß ungeachtet der zahlreicheren Truppen und der Erweiterung der finanziellen Mittel, welche die industriestaatliche Entwicklung zunächst gewährt, die Sicherheit der internationalen Stellung doch abnimmt.

Schließlich ist es auch fraglich, ob die Volksmassen, welche die industrielle Entwicklung ausbildet, in vollem Umfange für den Krieg einberufen werden können. Finanzielle Erwägungen[3]) lassen es vielleicht angezeigt erscheinen, auf möglichst große Leistungsfähigkeit der Truppen mehr Gewicht als auf ihre Zahl zu legen.

Alles in allem genommen können also die Argumente, welche die notwendige Degeneration der industriestaatlichen Bevölkerungen dartun und somit die Erhaltung eines möglichst großen Bruchteiles der Bevölkerung im landwirtschaftlichen Berufe als ein Gebot der nationalen Selbsterhaltung hinstellen wollen, zwar einen großen Grad von Wahrscheinlichkeit, aber doch keine unbedingte Beweiskraft beanspruchen.[4])

---

[1]) W. v. Blume, Die Grundlagen unserer Wehrkraft. Berlin 1899. S. 56.

[2]) Brentano und Kuczynski a. a. O. S. 29.

[3]) v. Renauld, Die finanzielle Mobilmachung der deutschen Wehrkraft. Leipzig 1901.

[4]) Vgl. auch den vermittelnden Standpunkt von G. Schmoller, Grundriß der Allgem. Volkswirtschaftslehre. Leipzig 1900. S. 276, 277.

15. Die ökonomischen Gefahren des überwiegenden Industriestaates.

Die Freunde der Erhaltung des Agrarstaates begnügen sich indes nicht mit dem Hinweise auf die besonderen Eigenschaften der landwirtschaftlichen Bevölkerung, sondern heben auch mit großem Nachdruck die Unentbehrlichkeit der landwirtschaftlichen Produkte hervor. Nur dasjenige Volk soll sich einer gesicherten Zukunft erfreuen, das die wichtigsten Lebensmittel und Rohstoffe von der eigenen Scholle gewinnen kann.

Dieses Thema tritt in zwei Variationen auf: in einer militärischen und einer handelspolitischen. Die erstere schildert die Gefahren, welche einen Industriestaat dann treffen, wenn feindliche Armeen und Flotten die Zufuhr der Lebensmittel und den Export der Fabrikate abschneiden. Um diesen Gefahren wirksam zu begegnen, wird aber unaufhörlich zu Wasser und zu Lande gerüstet. Das Argument würde also nur dann ins Schwarze treffen, wenn dargetan werden könnte, daß diese Rüstungen ihren Zweck nicht erreichen können. Dieser Beweis ist noch nicht geliefert worden und kann auch kaum geliefert werden. Außerdem sind wohl nur wenige geneigt, der deutschen Diplomatie zuzutrauen, sie werde England und alle Nachbarn des Deutschen Reiches zu einem antideutschen Bündnisse sich vereinigen lassen.

Ungleich wichtiger erscheint die handelspolitische Theorie der agrarstaatlichen Partei.[1] Die Lehre besitzt allerdings nicht den Vorzug der Neuheit. Im 18. Jahrhundert haben sie unter andern schon Süßmilch und der Züricher Nationalökonom Joh. Heinr. Waser,[2] im 19. Jahrhundert Robert Malthus[3]) vertreten. Es handelt sich im wesentlichen um folgende Gesichtspunkte: Die Vorteile, welche ein Staat vor anderen durch Kapitalreichtum und Arbeitsgeschicklichkeit in Bezug auf Produktion und Ausfuhr von Industrieprodukten besitzt, sind selten von Dauer. Nicht nur, daß durch die Konkurrenz anderer Industrieländer der auswärtige Absatz verloren gehen kann, auch die meisten Agrarstaaten streben mit aller Kraft danach, eine eigene Industrie zu entwickeln, d. h.

---

[1]) Vgl. insbesondere Oldenberg, Über Deutschland als Industriestaat. Verhandlungen des 8. evang.-soz. Kongresses. Göttingen 1897. S. 64—104. Adolf Wagner, Agrar- und Industriestaat. 2. Aufl. Jena 1902.

[2]) Die göttliche Ordnung. II. Teil. Berlin 1765. S. 65 ff. J. H. Labhart, Mitteilungen aus Pfarrer Waser's handschriftlichem Nachlaß. Zeitschrift für schweiz. Statistik. Jahrg. 1880. S. 122 ff., 130 ff.

[3]) Versuch über das Bevölkerungsgesetz. Deutsch von Stöpel. Berlin 1879. Buch III. Kap. IX. S. 519 ff.

die von ihnen erzeugten Rohstoffe nicht mehr auszuführen, sondern selbst zu verarbeiten und die im Inlande gewonnenen Lebensmittel zur Ernährung der heimischen Gewerbetreibenden zu verwenden. Die wirtschaftliche Blüte eines Landes, das auf die Einfuhr von Lebensmitteln und Rohstoffen angewiesen ist und diese mit Arbeitsleistungen auf dem Gebiete der Industrie und des Transportwesens bezahlt, kann deshalb keinen Bestand haben. Die Geschichte liefert in dem Niedergang von Venedig und Holland warnende Beispiele.

Oldenberg und bis zu einem gewissen Grade auch Adolf Wagner und neuerdings L. Pohle[1]) glauben, daß den westeuropäischen Kulturländern ein gleiches Schicksal droht, wenn der Industrialismus noch weiter vordringt. Schon heute, sagen sie, muß England harte Kämpfe mit Deutschland und Nordamerika bestehen, um seinen Industrieprodukten lohnenden Absatz zu verschaffen. Diese Schwierigkeiten drängen England von der traditionellen Bahn des Freihandels ab und bringen die Staatsmänner empor, welche den Kolonialbesitz in ein privilegiertes Absatzgebiet für das Mutterland umwandeln wollen. Nordamerika arbeitet für eine panamerikanische Konföderation, um den Markt der südamerikanischen Agrarstaaten seiner eigenen Industrie vorzubehalten. Rußland entwickelt unter Anwendung enormer Schutzzölle eine selbständige Industrie und sucht deren Produkten auch die asiatischen Märkte in möglichst großem Umfange zu eröffnen. So gehen die Industriestaaten, denen die Ausdehnung zu Weltreichen nicht geglückt ist, einer traurigen Zukunft entgegen. Das Ausland stellt nicht nur keinen schätzenswerten Markt für die heimischen Industrieprodukte mehr dar, sondern es versagt auch als Lieferant von Rohstoffen und Lebensmitteln. Was soll endlich aus unseren ohnehin schon prekär genug gestellten Arbeitermassen werden, wenn etwa gar noch die ostasiatischen Länder mit ihren billigen, bedürfnislosen Arbeitskräften die Bahn der industriellen Entwicklung betreten?

Heinrich Dietzel[2]) hat gezeigt, daß dem neomerkantilistischen Abschlusse der drei Weltreiche ernste Hindernisse entgegenstehen. Die englischen Kolonien sind noch lange nicht im stande, in der Versorgung

---

[1]) Deutschland am Scheidewege. Leipzig 1902. S. 126 ff. Vgl. auch die im Anschlusse an dieses Werk stattgefundene Polemik zwischen Pohle und Alfred Weber in Z. f. G. V. XXVI. S. 1293 ff., 1700 ff. XXVII. S. 275 ff.

[2]) Weltwirtschaft und Volkswirtschaft. Dresden 1900; „Die Theorie von den drei Weltreichen." Die Nation (Th. Barth). Berlin 1900. Nr. 30—34; Sozialpolitik und Handelspolitik. Berlin 1902; Das Produzenteninteresse der Arbeiter und die Handelsfreiheit. Jena 1903.

des Mutterlandes mit Rohstoffen und Nahrungsmitteln die Vereinigten Staaten zu ersetzen. Überdies haben mehrere Kolonien bereits eine wirtschaftspolitische Selbständigkeit erlangt, auf die sie schwerlich verzichten werden. Südamerika wieder hat ein viel intensiveres Interesse, seinen Rohprodukten die europäischen Märkte offen zu halten, als in engere Beziehungen mit Nordamerika zu treten, das ebenfalls Rohstoffe ausführt. Weniger durchsichtig sind die Bedürfnisse des russischen Reiches. Wahrscheinlich wird indes auch hier eine Einfuhr von Produktionsmitteln schon im eigenen Interesse nicht sobald entbehrt werden können. Da Rußland an das Ausland stark verschuldet ist, wird es auch Westeuropa noch weiter Rohstoffe liefern müssen. Was endlich die vom „gelben Manne" ausgehende Gefahr betrifft, so stimmen neuere Beobachtungen darin überein, daß die Leistungsfähigkeit der Japaner als Fabrikarbeiter überschätzt worden ist.[1]) „Dem niedrigen Lohne entspricht eine geringe Leistungsfähigkeit. Europäische Leiter japanischer Firmen schildern den japanischen Arbeiter als außerordentlich gelehrig und intelligent, am Anfang sehr fleißig, aber bei sich gleichbleibender Arbeit rasch in seinem Eifer und seiner Leistungsfähigkeit erlahmend ... Ein eigentlicher Fabrikarbeiterstand hat sich erst zu bilden. Diese Bildung hat begonnen; aber sie ist ... von einer Lohnsteigerung begleitet. Eine starke Erhöhung der Löhne wurde ferner herbeigeführt durch die Hebung des allgemeinen Niveaus der Lebenshaltung. Die täglichen Bedürfnisse sowie die Luxusbedürfnisse des Durchschnittsjapaners sind seit dem Kriege außerordentlich gewachsen und dementsprechend haben sich die Löhne in diesem Zeitraume in den meisten Industrieen nahezu verdreifacht. Ein sich vielfach geltend machender Mangel an Arbeitskräften unterstützt diese Tendenz."[2]) Dazu kommt eine Menge anderer Verwickelungen: die tiefe Stufe der geschäftlichen Moral, die mangelhafte finanzielle Fundierung der Industrieunternehmungen, die Zerrüttung der Staatsfinanzen und die Schwierigkeiten, die Goldwährung aufrecht zu erhalten. Die pessimistischen Urteile über die voraussichtliche Entwicklung des Industrieexportes enthalten also mancherlei Übertreibungen. Noch weniger hält die Ansicht der Prüfung stand, daß Amerika und Australien an Europa in absehbarer Zeit nicht mehr die notwendigen Lebensmittel und Rohstoffe liefern

[1]) A. Tille, Der Wettbewerb zwischen weißer und gelber Arbeit in der industriellen Produktion. Berlin 1904. K. Rathgen, Die Japaner und ihr Wirtschaftsleben. Leipzig 1905. S. 128 ff.

[2]) Dr. Max Huber, Bericht über die Erweiterung der Handelsbeziehungen der Schweiz mit Ostasien. (Als Manuskript gedruckt.) Zürich 1901. S. 5.

werden. In Nord- und Südamerika ist die landwirtschaftliche Produktion noch einer ungeheuren Ausdehnung fähig.[1]) Und diese Ausdehnung wird gewiß eintreten, sobald steigende Getreidepreise sie rentabel machen.

Wie immer man nun die Möglichkeiten und Wahrscheinlichkeiten der Zukunft beurteilen mag, so viel ist unbedingt sicher, daß die auswärtigen Handelsbeziehungen nicht plötzlich verändert werden können. Selbst wenn man glaubt, daß das britische Weltreich,[2]) daß Panamerika und Rußland ihre Lebensmittel und Rohstoffe vorsorglich der eigenen Industrie und dem eigenen Volke vorbehalten wollen, so kann eine derartige Veränderung im eigensten Interesse dieser Gebiete doch nur schrittweise angebahnt werden. Steigen demzufolge in West- und Mitteleuropa die Rohstoffe und Lebensmittel im Preise, während gleichzeitig der Absatz der Industrieprodukte im Auslande auf wachsende Schwierigkeiten stößt, so wird eine Umbildung der volkswirtschaftlichen Struktur zu Gunsten der Landwirtschaft bei uns erfolgen, ähnlich wie mit dem Auftreten der überseeischen landwirtschaftlichen Konkurrenz die heimische Landwirtschaft hinter die Industrie zurücktrat. Die Möglichkeit, daß in künftigen, heute noch kaum abzusehenden Zeitläuften solche Veränderungen vorzunehmen sein werden, könnte keinen zwingenden Grund liefern, diese Umbildung schon jetzt vorzunehmen, wenn die Einfuhr vieler Rohstoffe und Lebensmittel aus dem Auslande und ihre Bezahlung mit Industrieprodukten heute noch volkswirtschaftlich und sozialpolitisch vorteilhafter wäre.

16. Kritik der industriellen Produktivität.

Damit sind wir an den Kern des Problems gelangt. Die Freunde der industriestaatlichen Entwicklung argumentieren im Sinne der Ricardoschen Freihandels-Doktrin.[3]) Bei uns ist die industrielle Arbeit produktiver, in Rußland und Amerika die landwirtschaftliche. So ist es möglich, daß wir durch Bezahlung der Lebensmittel mit Fabrikaten erstere unter geringeren Kosten erwerben, als wenn wir sie selbst angesichts der progessiv härteren Bedingungen, die uns das Gesetz vom abnehmenden Bodenertrage auferlegt, beschaffen wollten. Wie für uns

---

[1]) J. Wolf, Das deutsche Reich und der Weltmarkt. Jena 1901. S. 58 ff.

[2]) Über die Aussichten des Chamberlainismus: B. Braude, Die Grundlagen und die Grenzen des Chamberlainismus. (Züricher volksw. Studien herausgegeben von H. Herkner. 6. Heft.) Zürich 1905.

[3]) Vgl. Dietzel, Weltwirtschaft und Volkswirtschaft, a. a. O. S. 7 ff.

der Bezug der Lebensmittel von auswärts vorteilhafter ist, so profitieren wieder die Bewohner der mit unerschöpften, reichen Naturfonds ausgestatteten Staaten am meisten, wenn sie die Industrieprodukte gegen ihre so leicht zu gewinnenden landwirtschaftlichen Erzeugnisse eintauschen.

Diese ganze, anscheinend logisch unanfechtbare Beweisführung ruht auf einem schwankenden Fundamente. Sie bedient sich des privat- und geldwirtschaftlichen Kostenbegriffes. Sie frägt nicht danach, welchen objektiven Aufwand ein Produkt verursacht, sondern allein, was der Unternehmer für die Produktion bezahlen, bezw. berechnen muß. Nun stimmt der Betrag dessen, was eine Ware vom volkswirtschaftlichen und sozialen Standpunkte aus kostet, und was ein Unternehmer für die Herstellung dieser Ware bezahlen muß, durchaus nicht immer überein. Der Unternehmer muß sich von dem privatwirtschaftlichen Calcul bei Strafe des Unterganges leiten lassen. Der Volkswirt und Sozialpolitiker verkennt aber seine wahre Mission, wenn er sich nicht von der privat- und geldwirtschaftlichen Brille unabhängig zu machen strebt. Er wird bei der Beurteilung der Produktionskosten einer Ware nach dem gesamten persönlichen und sachlichen Aufwand forschen, der die Bedingung dieser Produktion bildete. Von besonderem Interesse ist der persönliche Aufwand.[1]) Leider ist seine Analyse mit großen Schwierigkeiten verknüpft. Die Nationalökonomen sprechen von der Arbeit, welche ein Gut gekostet hat, unterlassen es aber meistenteils, die Bedeutung dieser Arbeit näher auseinanderzusetzen. Häufig werden Arbeit und nützliche Tätigkeit nicht weiter von einander getrennt. Man wird gut daran tun, als Arbeit nur die mit Beschwerde, Mühe und Last verknüpfte Tätigkeit anzusehen, denjenigen Teil der Wirksamkeit, der lediglich mit Rücksicht auf den Erfolg unternommen wird, keinerlei Momente der Befriedigung und Freude in sich schließt, kurz als notwendiges Übel angesehen werden muß. Arbeit in diesem Sinne ist ein Quantum Leben, aufgeopfert, um herzustellen, was das Leben fristen und fördern soll,[2]) „ein Verzicht auf freies Denken und Tun", sie bedeutet, wie im ersten Teile gezeigt worden, unter Umständen die Aufopferung einer Fülle innerer und äußerer Güter: Körperkraft, Gesundheit, geistige und sitt-

[1]) Vgl. einige Ansätze zu der in der deutschen Nationalökonomie trotz Gossen (Entwickelung der Gesetze des menschl. Verkehrs. Neue Ausgabe. Berlin 1889.) noch immer vernachlässigten Lehre von der subjektiven Arbeit bei Nicholson, Principles of political economy. vol. I. p. 73—78. sec. ed. London 1902.

[2]) Hermann, Staatswissenschaftliche Untersuchungen. 2. Aufl. München 1870. S. 8.

liche Entwicklung, Schönheitssinn, Schaffenslust, Lebensfreude, Kindes-, Gatten- und Elternliebe, Heimatssinn.[1]) Die gleiche Arbeit wird bei verschiedenen Arbeitern, je nach den besonderen Umständen, sehr verschiedene Summen von Opfern bedeuten. Schließt ja selbst in physiologischer Beziehung die mit Lust und Liebe unternommene Tätigkeit einen geringeren Verbrauch von Nervenkraft ein als eine widerwillig ausgeführte.[2]) Aber so groß auch die Schwierigkeit sein mag, in jedem Falle zu einer dem wirklichen Tatbestande adäquaten Erfassung der persönlichen Opfer zu gelangen, so kann sie doch nicht deren Vernachlässigung und die Beschränkung auf den bloßen Geldlohn rechtfertigen. Wir verzichten ja auch nicht auf den subjektiven Wertbegriff zu Gunsten des objektiven Geldpreises. Und daß ein Arbeiter infolge ungünstiger Stellung beim Abschlusse des Arbeitsvertrages gezwungen ist, selbst bei niedriger Bezahlung eine Fülle der höchsten persönlichen Güter in die Schanze zu schlagen, gibt uns nicht das Recht, über diese Opfer einfach hinwegzugleiten. Wenn uns die Statistik der Berufssterblichkeit zeigt, daß Feilenhauer, Schleifer, Steinhauer und ähnlich gestellte Arbeiter eine sehr kurze Lebensdauer besitzen, so liegt übrigens ein ziemlich sicheres Kriterium dafür vor, daß hier ein grobes Mißverhältnis zwischen Arbeit (Lebensaufopferung) und Erfolg (Lebensgewinn) besteht, d. h. eine negative Produktivität.

In der Finanzwissenschaft ist seit Hermann der Begriff des sogenannten „versteckten Staatsbedarfes" geläufig. Es kommen nämlich fast überall bedeutende Geldwerte an Arbeitsleistungen, sowie an Vermögen und deren Nutzungen für die Staats-, Gemeinde- und korporativen Bedürfnisse in Natur zur Verwendung, ohne in irgend einer Rechnung aufgeführt und kontrolliert zu sein. Man denke z. B. an die zahlreichen nicht budgetierten Opfer, welche die allgemeine Wehrpflicht der Bevölkerung auferlegt. Im Wirtschaftsleben könnte man sehr wohl von „versteckten Produktionskosten" sprechen.

Beispiele solcher „versteckten Produktionskosten" sind leicht zu finden. Es mag an Industrien erinnert werden, die entweder so niedrige Löhne

[1]) John Ruskin erklärt: „True labour, or spending of life, is either of the body, in fatigue or pain; of the temper or heart (as in perseverance of search of things; patience in waiting for them, — fortitude or degradation in suffering for them, and the like), or of the intellect." Munera pulveris § 60.

[2]) Marshall, Principles of economics. 2. ed. 1891. S. 255. Mosso, Der Mensch auf den Hochalpen. Leipzig 1900. S. 112 ff. M. de Fleury, Introduction à la medicine de l'esprit. 6 ième ed. Paris 1900. S. 229 ff. Das Wesen der Arbeit besteht auch nach Simmel (Philosophie des Geldes. Leipzig 1900. S. 442—448) in einem psychischen Kraftaufwande.

oder so große Unregelmäßigkeit der Beschäftigung darbieten, daß zahlreiche Arbeiterinnen einem lasterhaften Nebenerwerb anheimfallen oder daß von seiten der privaten und öffentlichen Armenpflege Zuschüsse zum Lebensunterhalt geleistet werden müssen. Es sind ferner die Benachteiligungen zu erwähnen, welche trotz § 16 der deutschen Gewerbeordnung häufig die Nachbarn industrieller Anlagen treffen. Bald handelt es sich um Lärm und Erschütterungen des Grund und Bodens, bald um Infizierung der Flußläufe durch die Abwasser der Fabriken, bald um Schädigungen, die durch Staub, Ruß- oder Gasentwicklung verursacht werden. Nur wenn die Gefahren „erheblich" sind, gibt die Gewerbeordnung die rechtlichen Handhaben, sich ihrer zu erwehren. Nun wird aber tatsächlich von der Exekutive, namentlich bereits bestehenden Anlagen gegenüber, mit großer Schonung vorgegangen.[1]) In Halle a. S. ließ z. B. eine Papierfabrik im Laufe des Sommers 1901 in der Nacht so beträchtliche Mengen von Schwefelwasserstoffgasen entweichen, daß ein Teil der Bewohner am Schlafe verhindert wurde. Nichtsdestoweniger erhielt, nachdem die Ursache dieser Belästigungen endlich ermittelt worden war, das Unternehmen doch eine längere Frist, um eine Veränderung der Anlage durchzuführen. So müssen also im privatwirtschaftlichen Interesse einzelner Industrieunternehmungen andere Personen Benachteiligungen erdulden, für welche sie keine Entschädigung erhalten, d. h. diesen Unternehmungen gelingt es, einen Teil der Produktionskosten, nämlich denjenigen, der z. B. durch eine bessere Klärungsanlage oder Rauchverzehrung gebildet würde, zu umgehen. Auch der rücksichtslosen

---

[1]) So bemerkt z. B. der Bericht der Großh. bad. Fabrikinspektion für das Jahr 1892 (Karlsruhe 1893) S. 113: „Dagegen läßt aber die Durchführung der Bedingungen (unter denen das Publikum leicht belästigenden Anlagen die Genehmigung erteilt worden ist) zu wünschen übrig und es entstehen vielfach Belästigungen, die als solche erst allmählich und später empfunden werden, aus Veränderungen des Umfanges der Produktion, oder der Verfahrungsweisen, wie sie in den technischen Fortschritten begründet sind, und daher nicht wohl aufgehalten werden können, besonders wenn die hieraus entstehenden Nachteile mit den Belästigungen nicht im Verhältnisse stehen, und wenn diese Belästigungen aus der Veränderung der Umgebung der Anlagen erwachsen und sich erst nach und nach geltend machen. . . . Wenn auch das badische Wassergesetz die Erlaubnis zur Einleitung von Abwasser in die öffentlichen Gewässer als eine im öffentlichen Interesse jederzeit widerrufliche erklärt und wenn daher bezüglich aller seit Erlassung des Wassergesetzes neu errichteten oder veränderten Anlagen Mißstände der genannten Art einfach durch das Verbot der Einleitung der Abwasser beseitigt werden könnten, so ist dieses Hilfsmittel nur in wenigen ganz besonders gearteten Fällen verwendbar, weil seine Anwendung in der Regel dem vollständigen Verbote des Betriebes gleichkommt."

Zerstörung landschaftlicher Schönheit durch so manche Industrieanlage mag gedacht werden. Der Gewinn einzelner wird erworben nicht nur auf Kosten derjenigen Personen, welche infolge des dann zurückgehenden Fremdenverkehrs leiden, sondern auch auf Kosten der ungezählten Tausende, die vielleicht den Genuß des betreffenden Landschaftsbildes zu den herrlichsten Genüssen ihres Daseins gezählt haben würden.[1])

Ungleich wichtiger, aber leider noch weniger beachtet, werden die Schädigungen, welche die Gesellschaft durch ungünstige Arbeiterverhältnisse erleidet. Da läßt z. B. ein Unternehmer, um höhere Löhne, also privatwirtschaftlich gesprochen, höhere Produktionskosten zu vermeiden, Arbeitskräfte von auswärts kommen, die auf einer sehr niedrigen Stufe der sittlichen und materiellen Kultur stehen, häufig auch einer anderen Nationalität und Konfession angehören. Dadurch können für die Bewohner der betreffenden Ortschaften erhebliche, wenn auch in Geld nicht darstellbare Schädigungen persönlicher Güter entstehen.[2]) Zuweilen

---

[1]) Es sei in diesem Zusammenhange an die drohende Zerstörung der Stromschnellen von Laufenburg am Rheine gedacht. Erfreulicherweise pflegt man heute derartige Unternehmungen nicht mehr mit der in früheren Zeiten üblichen Indolenz hinzunehmen. Vgl. Fuchs, Heimatschutz und Volkswirtschaft. Mitteilungen des Bundes Heimatschutz. 1904. I. Nr. 2.

[2]) „Weniger zufrieden sind die einheimischen Arbeiter mit dem Bezuge fremder Arbeiter wegen des dadurch bewirkten Lohndruckes. Aber auch die übrigen Gesellschaftsklassen beklagen sich vielfach über sie. Wenn es auch anerkannt wird, daß viele dieser Arbeiter sparsam und zurückgezogen leben, so kommt es für die Beurteilung dieser ganzen Arbeiterklasse doch hauptsächlich in Betracht, daß zahlreiche rohe Verbrechen von Polen und Italienern begangen werden. Auch abgesehen hiervon findet sich die einheimische Bevölkerung von der ganz anderen und niederer stehenden Kulturstufe dieser Arbeiter abgestoßen." Jahresbericht der Großh. bad. Fabrikinspektion f. d. Jahr 1898. (Karlsruhe 1899.) S. 59, 60. Ferner: „In der Unterbringung der immer zahlreicher werdenden fremden Arbeiter zumeist Italiener, zeigen sich fortdauernd schwere Mißstände nicht selten. Am meisten gilt dies von den in Ziegeleien tätigen Arbeitern. Die Unterkunftsräume starren von Schmutz und sind oft nach ihrer ganzen Beschaffenheit zu menschlichen Wohnungen völlig ungeeignet: Bretterhütten, Verschläge unter dem Dach des Brennofens usw. Tische und Stühle fehlen; die Erhellung durch Tageslicht ist oft sehr dürftig; als Betten dienen Bretterkisten mit einem Strohsack und zwei Decken; da Schränke zur Aufbewahrung von Kleidern und Wertsachen meist nicht vorhanden sind, kommen nicht selten Diebstähle vor; Wascheinrichtungen bemerkt man fast nirgends. In einer Glasfabrik standen die Betten Tag und Nacht in Benützung. Dagegen sind die Unterkunftsräume der italienischen Mädchen in einer Spinnerei und Weberei noch verhältnismäßig befriedigende zu nennen, trotzdem auch hier auf je eine Person nur ca. 5—7 cbm Luftraum entfielen, und die Reinlichkeit viel zu wünschen übrig ließ. Leider erschweren die bekannte Bedürfnislosigkeit dieser ausländischen Arbeiter und ihr Mangel an Ordnungssinn die Maßregeln der Aufsichts-

tritt eine Erhöhung der Kriminalität ein, eine Zunahme unsittlicher Attentate gegen Kinder und Frauen, eine Einbürgerung ansteckender Krankheiten u. dgl. In diesen Fällen wird kaum bezweifelt werden können, daß diese „billigen Arbeiter", diese „niedrigen Produktionskosten" der Gesellschaft sehr teuer zu stehen kommen. Das gilt aber von ungünstigen Arbeiterverhältnissen überhaupt.[1])

Mögen die „versteckten Produktionskosten" immerhin bei absolut elender Lage der Arbeiterbevölkerung leichter zu entdecken sein, so sind doch selbst bei den Waren, die von gut bezahlten Industriearbeitern hergestellt werden, in vielen Fällen die wirklichen Kosten weit höher als die auf dem Kontor berechneten. Kann die „gute Bezahlung" wirklich als ein ausreichendes Äquivalent dafür gelten, daß so manche dieser Arbeiter infolge der Arbeitsteilung und Maschinenverwendung als

---

behörde zur Beseitigung der vorgefundenen Mängel, sowie die oft vorhandenen ernsten Bestrebungen der Arbeitgeber, ihren Verpflichtungen nachzukommen. Darin liegt eine nicht zu unterschätzende Gefahr für das kulturelle Aufsteigen unserer einheimischen Arbeiter, die diesen keineswegs verborgen ist, und worauf sie uns von selbst hinweisen." Jahresbericht der Großh. bad. Fabrikinspektion f. d. Jahr 1899. (Karlsruhe 1900.) S. 76. Ähnliche Klagen sind in den Berichten der reichsländischen Fabrikinspektion über die Folgen der Italienereinwanderung in die lothringisch-luxemburgische Eisenindustrie enthalten. Vgl. Bosselmann, Erzbergbau und Eisenindustrie in Lothringen-Luxemburg. S. d. V. f. S. CVI. S. 9 und 10.

[1]) Drastisch, sachlich jedoch durchaus zutreffend, hat im Hinblick auf solche Verhältnisse Robert Blatchford behauptet, daß die Fakturenberechnungen unvollständig seien. Es fehlen Posten wie die folgenden:

„1. Soundsoviel hundert Männer, Frauen und Kinder zu einem frühzeitigen Tode verurteilt.

2. Eine Anzahl Männer, die aus Elend und Verzweiflung sich dem Trunke ergeben.

3. Eine Anzahl Jungens, die aus Mangel an einer liebevollen, sittlichen Anleitung dem Laster anheimfallen und Verbrecher werden.

4. Ein Prozentsatz von Mädchen, die aus ähnlichen Gründen zu einem Leben voll Schmach und Schande getrieben werden.

5. Die Unterhaltungsspesen für eine beträchtliche Anzahl dem Pauperismus zugefallener Leute beiderlei Geschlechter.

6. Armengräber für dieselben.

7. Spesen zum Unterhalte des behäbigen Hausmeisters und zur Bestreitung der Kosten der ganzen Anstaltsverwaltung.

8. Erhöhte Steuern zur Besoldung der Gerichtsbeamten und zur Bestreitung der Unkosten für Polizei und Gefängnisse.

9. Eine große Menge Etceteras, die sich nicht alle aufzählen lassen — z. B. die Dienste des Armenarztes, des Geistlichen, der Innern Mission und der barmherzigen Schwester." Im Reiche der Freiheit. Wien 1895. S. 99.

„bloße Lückenbüßer des menschlichen Erfindungsgeistes" (Nietzsche), eine unendliche Verödung ihres Arbeitsdaseins über sich ergehen lassen müssen, daß sie in den trostlos monotonen Arbeitervierteln der Groß- und Fabrikstädte, in teuren Wohnungen eng zusammengepfercht, dahinleben, daß sie eine von Staub, Kohlen- und Schwefelsäure geschwängerte Luft atmen und den Ausblick auf Wald und Feld entbehren?

Sentimentale, unwissenschaftliche Erwägungen! wird mancher entgegnen. Obwohl nicht nur Poeten, sondern auch Realpolitiker wie Bismarck oder Roseberry Großstädten feindlich gesinnt[1]) sind, will ich den Einwand gelten lassen, aber nur bei denjenigen, welche selbst lieber jahraus jahrein im Gerassel[2]) und Gestanke qualmbedeckter Fabrikstädte

[1]) Schon Shelley erklärte: „Hell is a city very much like London." Ebensowenig war Goethe ein Freund der Städte. „Gehen Sie einmal in unsere großen Städte," äußerte er zu Eckermann (12. März 1828), „und es wird Ihnen anders zu Mute werden. Halten Sie einmal Umgang an der Seite eines zweiten Hinkenden Teufels oder eines Arztes von ausgedehnter Praxis, und er wird Ihnen Geschichten zuflüstern, daß Sie über das Elend und über die Gebrechen erstaunen, von denen die menschliche Natur heimgesucht ist und an denen die Gesellschaft leidet." Und bei anderer Gelegenheit (11. März 1828): „Die frische Luft des freien Feldes ist der eigentliche Ort, wo wir hingehören; es ist, als ob der Geist Gottes dort den Menschen unmittelbar anwehte und eine göttliche Kraft ihren Einfluß ausübte." Wie heftig John Ruskin und Tolstoi die industriell-städtische Kultur angegriffen haben, ist bekannt. — Bismarck äußerte 1853 in einem Briefe: „Ich begreife eigentlich kaum, wie man nicht immer an der See wohnen kann und warum ich mich habe überreden lassen, zwei Tage in diesem geradlinigen Steinhaufen (gemeint ist Brüssel) hier zuzubringen." (Briefe an Braut und Gattin. Stuttgart 1900. S. 356.) Im November 1883 zu M. Busch: „Am wohlsten ist mir doch in Schmierstiefeln, im Walde tief drinnen, wo ich nichts höre als das Hacken und Hämmern des Spechts, weit weg von Ihrer Zivilisation." Und später: „Ich habe mich immer aus den großen Städten und dem Gestanke der Zivilisation weggesehnt, und mit jedemmale, wo ich dort sein mußte, mehr, und ich habe meine Muße verdient." Tagebuchblätter. Leipzig 1899. III. S. 163, 165. Noch härter lauten folgende Worte, welche Lord Roseberry als Vorsitzender des Londoner Grafschaftsrates im März 1891 sprach: „There is no thought of pride associated in my mind with the idea of London. I am always haunted by the awfulness of London: by the great appalling fact of these millions cast down, as it would appear by hazard, on the banks of this noble stream, working each in their own groove and their own cell, without regard or knowledge of each other, without heeding each other, without having the slightest idea how the other lives — the heedless casualty of unnumbered thousands of men. Sixty years ago a great Englishman, Cobbott, called it a wen. If it was a wen then, what is it now? A tumour, an elephantiasis sucking into its gorged system half the life and the blood and the bone of the rural districts." E. Howard. To-Morrow, a peaceful path to real reform. London 1898. S. 3.

[2]) Über „den Lärm in den Städten und seine Verhinderung" schreibt mit

einförmigen Beschäftigungen nachgehen. Wer aber trotz interessanter, geistig anregender Berufsarbeit Wert darauf legt, in einem Villenviertel mit der Aussicht auf reizende Gärten zu wohnen; wer im Sommer der Stadt den Rücken kehrt, um in Höhenluft und Waldesduft die von der städtisch-industriellen Kultur zerrütteten Nerven zu erquicken, der hat das Recht zum überlegenen Spott verwirkt. Die ungeheure Ausdehnung, welche der Erholungszwecken dienende Reiseverkehr annimmt, die Hunderte von Millionen, die eine sehr einträgliche Anlage in der sogenannten „Fremdenindustrie" gefunden haben, die lieblichen Villen- oder Cottage-Viertel, welche man in so vielen Städten sich entwickeln sieht, all diese Tatsachen weisen doch mit großem Nachdrucke darauf hin, daß die Zahl derjenigen, die für sich und ihre eigene Familie solchen „sentimentalen" Regungen sehr zugänglich sind, rasch zunimmt.[1])

Aber die Arbeiter empfinden diese Nachteile des industriellen Lebens nicht so wie der höher gebildete Mensch! Der Einwand kann nur sagen sollen, daß die Nachteile den Arbeitern nicht immer vollkommen bewußt werden. Denn daß die Arbeiterschaft gegen die gesundheitlichen Insulten

---

plastischer Anschaulichkeit der Berliner Stadtbauinspektor Pinkenburg in Weyls Handbuch der Hygiene. III. Supplementband.

[1]) Da in England im allgemeinen die Häßlichkeit der Städte größer ist als auf dem Kontinente, hat dort auch die Sitte, trotz der städtischen Berufstätigkeit auf dem Lande zu wohnen, weitere Kreise erfaßt. „Die Arbeiter wohnen vielfach in der Nähe der Fabriken, die Angestellten des Bureaus einige Meilen davon, der Chef weit draußen in der country. Dieses System hat eine Kehrseite: es führt zur kulturellen Verarmung der Städte. Ein Gang durch die Straßen von Liverpool nach Schluß der Geschäfte ist niederschlagend; geradezu fürchterlich aber ist ein Abend in Sheffield. Diese Stadt, die größer ist als Frankfurt, macht tagsüber den Eindruck eines einzigen qualmenden und stampfenden Pochwerks; und wenn der Lärm zur Ruhe kommt, eilt alles, was einen reinlichen Rock trägt, in die Wohnungen draußen im anmutigen Hügelland des Don und Derwent. Die Straßen füllen sich mit einer zerlumpten Menge, die sich vor den Whiskyhöhlen und Tingeltangeln herumtreibt. Auch das arbeitende Proletariat ist hier nachlässig in seiner Kleidung, denn der englische Arbeiter kümmert sich viel mehr als der deutsche um die besitzenden Klassen. Warum sich also zusammennehmen, wenn doch keine Gentlemen da sind? Niemals habe ich die Wucht des von Björnson in „Über unsere Kraft" gezeichneten Bildes so empfunden wie in Sheffield; hier gibt es wirklich noch die zwei Nationen, die eine unten in der „Hölle", die andern droben auf der Burg. Nun ist Sheffield wahrscheinlich nicht schlechter verwaltet als andere englische Städte. Aber der Lordmayor, die Councillors und Aldermen gehören in der Mehrzahl zu den besitzenden Klassen. Sie wohnen draußen und es ist etwas anderes, ob man bloß die Geschäfte einer Stadt führt, für Beleuchtung, Sanität und Schule redlich sorgt oder ob man mit Frau und Kindern wirklich darin lebt." Reisebriefe aus England von B. Guttmann. Frankfurter Zeitung. 1904. Nr. 230.

nicht immun geworden ist, beweist ihre hohe Sterblichkeit. Nun soll nicht bestritten werden, daß allerdings ein Teil der Arbeiterschaft gegen das Milieu der Fabrikstädte nur schwach reagiert,[1]) daß namentlich

[1]) In der schweizerischen Arbeiterpresse lassen sich übrigens auch andere Auffassungen finden. So schrieb das Zürcher „Volkrecht" am 9. Oktober 1901:

„Die Jugend unserer Industriegegenden hat gar keine Jugendzeit. Denn vom 15. Altersjahre an, also gerade von der Zeit an, wo das Denken anfangen könnte, reißt der Kapitalismus den jungen Knaben aus seinem Bette, lang bevor er ausgeschlafen hat, und sperrt ihn, nachdem er ihn schlaftrunken bei jedem Wind und Wetter, mangelhaft genährt und dürftig bekleidet, den oft stundenlangen Weg von der elterlichen Wohnung in die Fabrik gejagt hat, in eine staub- und rauch- und rußgeschwängerte Werkstätte, wo er inmitten lärmender Maschinen und hastender Menschen irgend einen Handgriff ausüben muß, Tag für Tag, Stunde um Stunde den gleichen. Von irgend welcher Nahrung für den Geist, für die Phantasie des Knaben keine Spur. Desgleichen nicht für seinen Drang nach Selbständigkeit, für seine Freude am eigenen Können!

Wie ganz anders steht der Knabe des selbständigen Bauern da, der nur mit und neben dem Vater und der Mutter und den Geschwistern arbeitet, mit ihnen Sorge und Geschick, Freud und Leid teilt und so ganz allmählich herausreift zum selbständigen Manne, der an des Vaters Stelle treten kann, der sein Ernährer, sein Lehrer, sein Führer, sein erster und ältester Freund gewesen?

Wie ganz anders dann die Jugend des freien Handwerks, die unter dem sittigenden Einfluß des Elternhauses, bewacht und behütet vom freundlichen Vaterauge, jeden Tag etwas neues lernte, Stufe für Stufe emporschritt in Kenntnissen und Fertigkeiten, fröhlich und stolz des mit jedem neuen Morgen sich mehrenden Wissens und Könnens, sicher im Bewußtsein der eigenen Kraft."

Oder am 1. November 1901:

„Fabrikarbeiter zu werden schien einst in unserem Lande allen und scheint heute noch in mancher Gegend desselben einem großen Teil der Leute das schlimmste Los zu sein, das einem Menschen zu teil werden könne. Erst vor wenigen Monden hatte der Schreiber dieser Zeilen Gelegenheit, die Wahrnehmung zu machen, daß diese Auffassung immer noch, selbst in der jüngeren Generation da und dort verbreitet ist.

Ein Fabrikler gilt in diesen Kreisen heute noch, wie vor einigen Jahrzehnten in unserem ganzen Volke als eine Art verlorener Sohn, als der Inbegriff der Armut und Unselbständigkeit, ungefähr das, was ein Indier mit dem Worte Paria bezeichnet, die unterste Kaste der besitz- und rechtlosen Leute im Lande."

Übrigens hat auch in den Sozialistischen Monatsheften bereits eine Polemik über die Vorzüge von Stadt und Land stattgefunden. Vgl. Grottwitz, Freundschaft mit der Natur, und Lisbeth Stern, Einige Worte über städtische Kultur. 1903. S. 519 ff. und 609 ff. — In Belgien hat die Verlegung des Wohnsitzes auf das Land auch auf seiten der Industriearbeiter bereits erhebliche Fortschritte aufzuweisen. Zu enorm billigem Preise und mit großer Schnelligkeit verkehrende Lokalzüge haben diese Entwicklung ermöglicht. Vgl. W. Lotz, Aufgaben der Verkehrspolitik auf dem Gebiete der Handelspolitik und der Wohnungsfrage. Patria 1903. S. 68; ferner E. Vandervelde, L'exode rural et le retour aux champs. Paris 1903. S. 272 ff.

jüngere Leute oft wegen der Ungebundenheit der Lebensweise, der Bierpaläste und Tingeltangel, der Entwicklung der Prostitution u. dgl., oder wegen des regeren Parteilebens, der Fülle von Bildungsgelegenheiten und anständigen edlen Vergnügungen der Stadt unbedingt den Vorrang vor dem Lande zuerkennen. In reiferem Lebensalter tritt leicht ein Umschwung ein. Da wird es klar, unter wie viel günstigeren Verhältnissen die Jugend auf dem Lande emporwächst,[1]) welche Vorteile für den Haushalt ein kleiner Garten- oder Landwirtschaftsbetrieb darbietet. So kommt es, daß die auf dem Lande angesiedelten Industrieunternehmungen, trotzdem sie in der Regel niedrigere Löhne bezahlen, doch keinen Mangel an Arbeitskräften zu beklagen haben, daß ferner ein großer Teil der Industriearbeiter, auch wenn die Fabrik in der Stadt liegt, den Wohnsitz auf dem Lande, oft unter unsäglichen Entbehrungen, zu erhalten trachtet. Bekanntlich empfindet der englische Arbeiter nur geringe Sympathien für den Sozialismus. Soweit aber sozialistische Ideen Beifall gefunden haben, ist er nicht durch sozialdemokratische Schriften, sondern durch die Werke der Bodenreformer Henry George und Alfred Russel Wallace erzielt worden.[2]) Der alte Chartistenruf: Zurück auf das Land! findet eben auch im Herzen der modernen englischen Arbeiter noch immer ein lebhaftes Echo. Die Bodenverstaatlichung soll ja den industriellen Arbeitern die Möglichkeit verschaffen, eine kleine Farm zu erwerben. Trotz der beträchtlichen Fortschritte, welche die industriellen Arbeiter durch Gesetzgebung, Gewerkvereine und

---

[1]) Sehr richtig bemerkt Hansen (Drei Bevölkerungsstufen, S 163): „Es ist klar, daß ein Kind, das in solcher Umgebung aufwächst, vieles vor dem Stadtkind voraus hat. Statt der vier Wände des Kinderzimmers hat es Wald und Feld, ihm brauchen nicht Spielwarenkästen und Bilderbücher eine kümmerliche Vorstellung von den lebendigen Geschöpfen zu geben. Was es hört und sieht, sind Dinge, die gerade zu dem Geiste des Kindes eine laute Sprache reden, die immerfort zum Nachdenken auffordern. Das Landkind schöpft aus dem ewigen Born der Natur, es lernt durch die eigene Anschauung, das Stadtkind muß sich mit elenden Surrogaten begnügen."

„Dazu kommt das Leben im Dorfe. Die Einwohnerzahl ist nicht so groß, daß nicht ein jeder alle Dorfgenossen kennen lernen könnte. Und nicht bloß oberflächlich, sondern durch häufige Berührung in den verschiedensten Beziehungen, in Freude und Trauer, in Liebe und Haß. Wer aber hundert Menschen gründlich kennt, der kennt sie alle, der kennt die Menschen überhaupt. Das Stadtkind dagegen sieht zwar in einer Stunde vielleicht mehr Menschen als das Dorfkind im ganzen Jahre. Aber was sieht es von ihnen? Eilig und gleichgiltig hastet alles an einander vorüber, ohne daß einer sich um den anderen kümmert."

[2]) Baernreither, Englische Arbeiterverbände und ihr Recht. Tübingen 1886. S. 84 ff.

Genossenschaften erzielt haben, ist eine endgiltige Aussöhnung mit dem Industrialismus nicht zu stande gekommen. Industriefeindliche Schriftsteller wie John Ruskin, William Morris oder Robert Blatchford sind in Arbeiterkreisen sogar besonders beliebt. Auch nach der Auffassung von Eduard Bernstein besitzt der Sozialismus nur deshalb eine Zukunft in England, weil und soweit er den Arbeitern, wie einst der Chartismus, Rettung vor dem Industriesystem verspricht.[1])

Mag man den imposanten Errungenschaften der modernen Technik und des industriellen Kapitalismus mit Begeisterung zujauchzen oder diese ganze Entwicklung nur resigniert als etwas unvermeidliches hinnehmen, auf jeden Fall muß anerkannt werden, daß dabei auch bedeutungsvolle ethische und ästhetische Kulturwerte zu grunde gehen.[2]) Die Wertschätzung dieser Imponderabilien wird nach persönlicher Veranlagung und Weltanschauung verschieden ausfallen, aber sie dürfen in der Gewinn- und Verlustrechnung des Kapitalismus nicht fehlen.

---

[1]) Bernstein erwähnt in der „Zeit" (Wien) vom 8. September 1900 den Brief eines Arbeiters, welcher die Chartistenzeit beschreibt und behauptet, der Arbeiter habe damals besser gelebt. Bernstein hält diese Behauptung nicht für unrichtig. „Manches, was der Arbeiter heute billig kauft, trägt wenig dazu bei, den Reiz des Lebens zu erhöhen, und manches, was ihm ehemals sein hartes Los erleichterte, ist den in mächtig angeschwollenen Großstädten oder großen Fabrikstädten beschäftigten Arbeitern heute teils ganz entzogen, teils nur mit dem Aufwand größerer Mittel zugänglich .... Hunderttausende, nein Millionen von Industriearbeitern führen heute in den Großstädten, wo jeder Wohnraum mit Gold aufgewogen werden muß, ein Dasein, das trotz hoher Geldlöhne unendlich reizloser ist, als es das Leben desjenigen Landarbeiters war, der nicht gerade auf der tiefsten Stufe seiner Klasse stand. Die städtischen Arbeiterquartiere, wie sie heute noch überwiegen, wo man oft kilometerweise nur Mauersteine sieht, sind etwas Grauenhaftes, dessen niederdrückender Einfluß durch billige Industriewaren und Eingemachtes nicht aufgewogen wird. In der ersten Hälfte des Jahrhunderts hatte noch ein großer Teil der industriellen Arbeiter in gewissem Sinne Fühlung mit der Mutter Erde. In den folgenden Dezennien haben Millionen sie eingebüßt, und erst in ganz neuer Zeit fängt man an, der damit bewirkten Verödung systematisch entgegenzutreten."

In ähnlichem Sinne spricht sich auch Fr. Naumann aus in seinem Artikel: Großstadt oder Kleinstädte. Patria 1903. S. 43—57. Nicht Verschärfung des Großstadtwesens, sondern industrielle Dezentralisation ist seine Losung. „Das industrielle Programm darf sich aber um keinen Preis darauf beschränken, Großstadtprogramm zu sein. Will der Industrialismus regieren, so muß er dem ganzen Lande etwas zu bieten haben."

[2]) Viele feinsinnige Bemerkungen zur Kritik der modernen industrialistischen Kultur bei Vierkandt, Naturvölker und Kulturvölker. Leipzig 1896, insbes. VI. und VII. Kap.; vgl. ferner H. Muthesius, Kultur und Kunst, 1904, und Simmel, der in seiner „Philosophie des Geldes", 1900, S. 520 ff., sehr schön zeigt, wie leicht in der modernen wirtschaftlichen Kultur die Zwecke über den Mitteln

17. Ursachen der Landflucht.[1])

Wenn das Fabriksystem den Arbeitern so große Opfer zumutet, warum verlassen die Landarbeiter dann scharenweise die Landwirtschaft und suchen die industrielle Arbeit auf? Warum hat sich eine „Flucht vom Lande" und ein „Zug nach der Stadt" ausgebildet? Warum haben die Landwirte so oft über Arbeitermangel zu klagen?

Es wäre sehr gewagt, aus der starken Abwanderung der Landbevölkerung auf eine allgemeine wachsende Abneigung gegen den landwirtschaftlichen Beruf an sich zu schließen. Dieses Moment kommt nur bei einem Teile der Abwanderer weiblichen Geschlechtes in Frage. Wie die ungünstigen Sterblichkeitsverhältnisse der weiblichen Landbewohner zeigen, ist in der Tat die Frau auf dem Lande stärker belastet als in der Stadt. Es werden ihr Arbeiten zugemutet, welche ihre Kräfte übersteigen und nur auf Kosten der Gesundheit geleistet werden können. Bei den männlichen Abwanderern muß unterschieden werden zwischen den selbständigen Landwirten und den Landarbeitern, die wenigstens im Nebenberufe selbständige Landwirte sind, einerseits und den vollkommen landlosen Arbeitern andererseits, beziehungsweise den Leuten, welche, falls sie auf dem Lande verbleiben würden, nur die Möglichkeit besäßen, in die letztgenannte Gruppe einzutreten. Bei den ersteren kann von einer Landflucht nicht gesprochen werden. Im Gegenteile. Es wird hie und da sogar über „Schollenkleberei" geklagt; d. h. es halten die Leute an dem landwirtschaftlichen Erwerbe fest, selbst wenn die ihnen zustehende Betriebsfläche zum Unterhalte einer Familie nicht ausreicht. Ja man bezahlt für Bodenparzellen so hohe Kauf- und Pachtgelder, daß sie nur auf Kosten einer normalen Vergütung der

---

vergessen werden. Treffend bemerkt auch Max Weber in einer lehrreichen Abhandlung über die protestantische Ethik und den „Geist" des Kapitalismus (A. f. s. G. XX. S. 16): „Vor allem ist das „summum bonum" dieser „Ethik" der Erwerb von Geld und immer mehr Geld, unter strengster Vermeidung alles unbefangenen Genießens, so gänzlich aller eudämonistischen oder gar hedonistischen Gesichtspunkte entkleidet, so rein als Selbstzweck gedacht, daß er als etwas gegenüber dem „Glück" oder dem „Nutzen" des einzelnen Individuums jedenfalls gänzlich Transzendentes und schlechthin Irrationales erscheint... Diese für das unbefangene Empfinden schlechthin sinnlose Umkehrung des, wie wir sagen würden, „natürlichen Sachverhalts" ist nun ganz offenbar ebenso unbedingt ein Leitmotiv des Kapitalismus, wie sie dem von seinem Hauch nicht berührten Menschen fremd ist" . . . Bei Sombart, Moderner Kapitalismus, kommt die Bewunderung für die Lichtseiten des Kapitalismus zu stärkerem Ausdrucke als die Kritik.

[1]) Vandervelde, L'exode rural et le retour aux champs. Paris 1903. S. 39—110; Sombart, Mod. Kapitalismus. II. S. 228—238.

Arbeitsmühe entrichtet werden können.[1]) Die Landflucht ist vorzugsweise dort zu finden, wo der herrschende Großgrundbesitz den Landarbeitern keine Aussichten gewährt, zu selbständigen kleinen Landwirten emporzusteigen.[2]) Bedenkt man, daß in diesen Gegenden den Landarbeitern die Anlehnung an eine bäuerliche Dorfgemeinde häufig fehlt, daß die Löhne hinter denjenigen der Industrie zurückstehen und nur eine äußerst niedrig liegende Stufe der Lebenshaltung gestatten, so wird man zögern, die Abwanderung vom Lande ohne weiteres aus einer Abneigung gegen den landwirtschaftlichen Beruf zu erklären. So mancher Abwanderer verläßt ja auch garnicht die Landwirtschaft, sondern zieht über den Ozean, um dort zu erwerben, was ihm die Heimat versagt, nämlich den eigentümlichen Besitz eines Bauerngutes. In diesen Fällen übertrifft die Anhänglichkeit an die Landwirtschaft sogar die Liebe zum Heimatsstaate.

Auch für England läßt sich, wie Hasbach[3]) nachweist, die Behauptung, daß in der landarbeitenden Bevölkerung allgemein eine unüberwindliche Neigung in die Städte zu ziehen lebe, nicht aufrecht erhalten. „Die Arbeiter bleiben, wo gute Feldgärten erlangt werden können, wo gute Häuser zu einem billigen Preise zu haben sind, wo, wie auf den Gütern des Lord Tollemache, mit jedem Hause drei Acres Weide verbunden sind, wo die Hoffnung winkt, selbständig zu werden. Dies zeigt sich wiederum in Cumberland und Lancashire. Dort ist viel

---

[1]) Ergebnisse der Erhebungen über die Lage der Landwirtschaft im Großherzogtum Baden. 1883. S. 7, 33; Herkner, Betriebseinrichtungen und Rentabilität der schweiz. Landwirtschaft. J. f. S. B. XXVIII. S. 869.

[2]) Nach den Berechnungen v. Mayr's (S. V. f. S. LVIII. Leipzig 1893. Tabelle I) trafen die größten Wanderungsverluste innerhalb der Zeit von 1885 und 1890 die Regierungsbezirke Cöslin (17,40 jährlich auf 1000 der mittleren Bevölkerung), Marienwerder (15,56), Posen (13,94), Königsberg (13,48), Bromberg (13,43), Gumbinnen (13,40), Stralsund (12,63), Danzig (11,41), also die klassischen Gebiete der Rittergüter.

[3]) Die englischen Landarbeiter in den letzten hundert Jahren. (S. V. f. S. LIX). 1894. S. 369; H. Levy, Landarbeiterfrage und Landflucht in England. A. f. s. G. XVIII. S. 483—519.

Vgl. dazu die Ergebnisse, zu welchen M. J. Bonn, Der Rückgang der engl. Landbevölkerung, Nation, 16. Nov. 1901, S. 101 gelangt: „Der ländliche Arbeiter in England wandert ab, ob die Löhne hoch oder ob sie zu niedrig sind; ja es scheint, daß gerade in den höher gelohnten Distrikten die Abwanderung am stärksten ist. Er wandert ab, weil ihn kein anderes Band an den Boden fesselt, als die jahrhundertelange Abhängigkeit, weil irgendwelche Aussicht, im Leben emporzusteigen, in der auf aristokratischem Monopolbesitz und kapitalistischem Großbetriebe beruhenden englischen Agrarordnung nicht vorhanden ist. Es ist somit die englische Agrarordnung, die die Verödung des flachen Landes zur Folge gehabt hat."

Ackerland in Grasland verwandelt worden, Bergwerke und große Industriestädte mit ihren Vergnügungen sind in ihrer Nähe, aber trotzdem ist die Abwanderung der Landarbeiter sehr gering. Die Dienstboten erhalten hohe Löhne und sparen, um einmal eine kleine Pachtung übernehmen zu können."

Endlich muß noch bedacht werden, daß die Verhältnisse auf dem Lande noch in hohem Maße durch das Herkommen bestimmt werden, namentlich in denjenigen Punkten, in denen das Herkommen den Arbeitgebern günstig ist. Im deutschen Osten erinnern noch mancherlei Sitten und Gebräuche lebhaft an die Zeiten, in denen das Landvolk persönlich unfrei und fronpflichtig war. Da gibt es für den Arbeiter weder Arbeiterschutz noch Fabrikinspektion, weder Gewerkvereine noch Genossenschaften, weder Koalitionsfreiheit noch Gewerbegerichte,[1]) ja selbst die deutsche Arbeiterversicherung hat nur zögernd und unvollkommen das Gebiet des ländlichen Arbeitsverhältnisses betreten. Ist es da zu verwundern, wenn schließlich doch viele der Industrie den Vorzug vor der gesünderen und abwechslungsreicheren landwirtschaftlichen Tätigkeit einräumen?

18. Die Bedeutung des Mittelstandes und die Bedingungen seiner Erhaltung in der Landwirtschaft.

Der Gegner des überwiegenden Industriestaates kann noch ein Argument zu Gunsten seiner Stellung vorführen: In der Industrie ist wegen der geringen Lebensfähigkeit des kleinen Betriebes für einen

---

[1]) Vgl. die ausgezeichneten, präzisen Darlegungen H. v. Gerlach's in Patria! 1902. S. 85–90.

Bemerkt doch selbst die konservative Monatsschrift für Stadt und Land, herausgegeben von Prof. v. Nathusius, Leipzig, Novemberheft 1901, S. 1260: „Vor allem kommt aber die soziale Stellung in Betracht. Hat der städtische Arbeiter die Fabrik verlassen, so taucht er unter der großen Masse unter, er ist ein Mann wie jeder andere, und von Frau und Kindern gilt das gleiche. Auch kann er ohne besondere Schwierigkeiten die Arbeitsstelle wechseln, wenn sie ihm nicht gefällt, oder wenn er glaubt, sich zu verbessern. Auf dem Dorfe, wo jeder jeden kennt und wo namentlich unter der bäuerlichen Bevölkerung die Standesverhältnisse eine große Rolle spielen, bleibt der Arbeiter auch im sozialen Leben immer nur ein solcher, d. h. ein Mitglied der im Range zu unterst stehenden Berufsklasse und das übt unter den Verhältnissen der Gegenwart einen Druck auf ihn aus, dem er sich zu entziehen strebt."

Nach meinen Beobachtungen ist es ganz besonders die übermäßige Länge der täglichen Arbeitszeit, welche selbst Landarbeiter, die die landwirtschaftliche Arbeit der industriellen entschieden vorziehen, zum Übertritt in gewerbliche Berufe bestimmt.

starken Mittelstand kein Raum mehr; in der Landwirtschaft dagegen besteht eher eine Überlegenheit des mittleren und kleinen Betriebes. Hier darf man sogar auf eine Zunahme des Mittelstandes hoffen.

Dieser Einwurf wird von denjenigen nicht hoch gewertet werden, welche auf die Existenz eines Mittelstandes nur geringes Gewicht legen. Ich pflichte aber dieser Auffassung nicht bei. Die geschichtliche Erfahrung scheint mir darzutun, daß diejenigen Perioden die erfreulichsten Züge aufweisen, in denen ein breiter Mittelstand vorhanden war. Es sind die sogenannten organischen, positiven, aufbauenden Epochen in der Geschichte der Menschheit. Da zeigt sich eine glückliche Vereinigung von Arbeit und Genuß, von Rechten und Pflichten, ein offener Blick für gesunden Fortschritt; da finden wir eine lebhafte und allgemeine Teilnahme an öffentlichen Dingen, da sind wenige so arm, um durch den Umsturz nur gewinnen zu können, wenige so reich, um als gesellschaftliche Macht der Autorität des Staates zu trotzen, kein Bürger so reich, um mit Rousseau zu sprechen, daß er die andern kaufen könnte, und keiner so arm, daß er sich selbst verkaufen müßte. Das ist der Boden für wahre politische Freiheit, für eine tatkräftige Selbstverwaltung. Proletarischen Ausschreitungen kann durch die Verbindung der Mittelklasse mit den oberen Schichten, plutokratischen Anmaßungen durch die Allianz mit der Masse begegnet werden. Da ist eine breite Brücke zwischen Arm und Reich geschlagen. Die oberen Klassen ergänzen sich leicht aus den unteren, und die zahlreichen Zwischenglieder sorgen dafür, daß die Kulturerrungenschaften der Spitzen der Gesellschaft sich auch allmählich auf die breiten Volksmassen erstrecken. Da ist nicht zu besorgen, daß viele von Natur reich ausgestattete Individuen unter dem Drucke des Elends verkommen, oder in üppigem Reichtume erschlaffen. Die Produktion gedeiht und blüht. Produktion und Konsumtion sind leichter im Gleichgewichte zu erhalten. Die Arbeit der Gesellschaft findet einen kaufkräftigen Markt in der Heimat. Der wirtschaftliche Kreislauf vollzieht sich ohne ernstere Reibungen und Störungen. So war es in den guten Tagen Athens[1]) und Roms,[2]) so in den Ruhmeszeiten italienischer, deutscher und niederländischer Städtefreiheit. Auf einem breiten Mittelstande beruht die Machtstellung Frankreichs,[3]) ein breiter Mittelstand verleiht den meisten

[1]) Pöhlmann, Geschichte des antiken Kommunismus und Sozialismus. II. Band München 1901. S. 161.

[2]) Bloch, Die ständischen und sozialen Kämpfe in der römischen Republik. Leipzig 1900. S. 88 ff.

[3]) Wie sehr die ganze französische Wirtschaftspolitik besonders im Zeichen der

schweizerischen Kantonen, sowie dem Süden und Westen Deutschlands die gesunde soziale und politische Physiognomie. Darum sind Priester, Dichter und Denker, Staatsmänner, Historiker und Volkswirte aller Zeiten und Völker einig in dem Lobe eines zahlreichen, in mäßigem Wohlstande lebenden Mittelstandes, sie preisen ihn als das wichtigste Fundament eines gesunden Staatswesens und werden nicht müde, vor greller Vermögensungleichheit mit Nachdruck zu warnen.

Steht somit die Bedeutung des Mittelstandes ganz außer Frage, so kann die folgende Erörterung nur prüfen, ob wirklich der Mittelbetrieb, als das wirtschaftliche Fundament der Mittelklasse, in der Landwirtschaft eine größere Zukunft besitzt als im Gewerbe. Hier können wir uns endlich einmal auf ziemlich einwandsfreie Forschungsergebnisse beziehen. Die monographischen Arbeiten führen zu dem gleichen Resultate, welches die ausgezeichneten betriebsstatistischen Aufnahmen des Deutschen Reiches aus den Jahren 1882 und 1895 zu Tage gefördert haben: der Handwerksmeister verschwindet in großen und wichtigen Gebieten des gewerblichen Lebens, der Bauer bleibt bestehen, ja steht häufig weit gesicherter da als der Rittergutsbesitzer.[1]) Es ist hier nicht möglich, die Gründe dieser Erscheinung ausführlich auseinanderzusetzen. Die Andeutung mag genügen, daß die wesentlichen Vorzüge des gewerb-

---

agrarischen Mittelstandspolitik steht, zeigt Bajkič, Die französische Handelspolitik 1892—1902. Stuttgart 1904. S. 460 ff.

[1]) Die besten Aufschlüsse über die Frage der Lebensfähigkeit des bäuerlichen Betriebes gewähren in der neueren Literatur: Sering, Innere Kolonisation im östlichen Deutschland. Leipzig 1893; M. Hecht, Drei Dörfer der badischen Hardt. Leipzig 1895; Derselbe, Die badische Landwirtschaft am Anfange des 20. Jahrhunderts. Karlsruhe 1903; Spezialarbeiten von Auhagen, Stumpfe und Klawki in Thiel's Landw. Jahrbüchern 1896; Sering, Agrarfrage und Sozialismus. J. f. G. V. XXIII; Stumpfe, Der landwirtschaftliche Groß-, Mittel- und Kleinbetrieb. Berlin 1902. Von sozialistischer Seite haben sich für die Lebensfähigkeit der Kleinbetriebe ausgesprochen: Fr. O. Hertz, Die agrarische Frage im Verhältnis zum Sozialismus. Wien 1899; Derselbe, Agrarfrage und Sozialismus. Wien 1899; Ed. Bernstein, Voraussetzungen des Sozialismus und die Aufgaben der Sozialdemokratie. Stuttgart 1899; das Hauptwerk ist aber Ed. David's Sozialismus und Landwirtschaft. I. Bd. Berlin 1903. Die beste Verteidigung der marxistischen Auffassung, nach welcher auch in der Landwirtschaft dem Großbetriebe die Zukunft gehört, hat K. Kautsky geliefert in seinem 1899 in Stuttgart erschienenen Werke: Die Agrarfrage. Vgl. auch die Rezension dieses Werkes von Bulgakoff. A. f. s. G. XIII. Gegen David richtet sich die Artikelserie Kautsky's in der Neuen Zeit: Sozialismus und Landwirtschaft. XXI. 1. S. 677, 731, 745, 804. Vgl. dazu die Replik David's in den Soz. Monatsheften: 1903, S. 326, 559, 688, 750. Einen in mancher Hinsicht vermittelnden Standpunkt nimmt E. Vandervelde ein in La propriété foncière en Belgique. Paris 1900.

lichen Großbetriebes (Arbeitsteilung, Maschinenverwendung, Interessierung der Lohnarbeiter durch Akkordlöhnung an den Ergebnissen ihrer Arbeitsleistungen, leichte Betriebserweiterung) von den landwirtschaftlichen Großbetrieben entweder garnicht, oder doch nur in sehr beschränktem Umfange erzielt werden können. Wenn Karl Kautsky die Lebensfähigkeit des bäuerlichen Betriebes auf Unterkonsumtion und Überarbeitung der bäuerlichen Bevölkerung zurückführen will, so übersieht er, daß der landwirtschaftliche Großbetrieb des deutschen Ostens seinen Arbeitskräften doch noch weit ungünstigere Lebensbedingungen bietet, als sie vereinzelt bei der bäuerlichen Bevölkerung angetroffen werden. Außerdem ist es nicht gleichzuschätzen, wenn ein Landarbeiter auf fremdem Boden 14 oder 15 Stunden in Erntezeiten arbeitet und wenn der Bauer auf eigener Scholle die gleiche Arbeitszeit aufweist. Die Arbeit für die eigene Wirtschaft wird mit weit größerem Interesse verrichtet, wirkt daher bei weitem nicht so ermüdend und abspannend als die widerwillig geleistete des gemieteten Taglöhners. Der letztere denkt, wie Auhagen sehr gut bemerkt, „wenn es doch erst Feierabend wäre"; der Kleinbauer, wenigstens bei allen dringenden Arbeiten: „wenn der Tag doch noch ein paar Stunden länger dauerte."

Konnte früher den Gründen, aus denen die Erhaltung einer zahlreichen landwirtschaftlichen Bevölkerung befürwortet wurde, keine unbedingte Beweiskraft, sondern nur ein ziemlich hoher Grad von Wahrscheinlichkeit zugesprochen werden, so liegt in der Lebensfähigkeit des bäuerlichen Betriebes allerdings ein Umstand, der wenigstens für alle Freunde einer starken Mittelklasse den Ausschlag zu Gunsten der Landwirtschaft gibt. *Soweit sozialkonservative Strömungen darauf abzielen, einen möglichst großen Bruchteil des Volkes der Landwirtschaft und insbesondere dem bäuerlichen Betriebe zu erhalten, dienen sie in der Tat dem Wohle der Gesamtheit und insofern auch demjenigen der Industriearbeiter.* Welche wirtschaftspolitischen Mittel nun wirklich im stande sind, eine starke Agrarbevölkerung zu erhalten, hat die soziale Agrarpolitik darzulegen.[1]) Hier soll nur mit einem Worte jener resignierte Standpunkt bekämpft werden, der in der Wissenschaft allein

---

[1]) Vgl. insbesondere die Werke von *Buchenberger*, Agrarwesen und Agrarpolitik. 2 Bde. Leipzig 1892 u. 1893; *Derselbe*, Grundzüge der Agrarpolitik. Berlin 1897; ferner die agrarpolitischen Arbeiten von *Brentano*: Agrarpolitik. I. Teil. Stuttgart 1897; Gesammelte Aufsätze (I. Bd. Erbrechtspolitik) Stuttgart 1899; *H. Pudor*, Die Selbsthilfe der Landwirtschaft. Berlin („Hilfe") 1902; *Sohnrey*, Wegweiser für ländliche Wohlfahrts- und Heimatpflege. 2. Aufl. Berlin

Indikative gelten lassen will, die Aufstellung von Zielpunkten verschmäht oder zum mindesten, von der praktischen Wirksamkeit der „dünnen Stimme“ der Theorie eine sehr geringe Meinung hegt. Schließlich ist alle gesellschaftliche Entwickelung doch ein Produkt des menschlichen Willens. Es kann also nur darauf ankommen, ob die Wissenschaft ihre Ideale mit so überzeugenden Beweisgründen ausstatten kann, als notwendig ist, um das Wollen einer genügend großen Zahl von Menschen zu bestimmen. Meiner Erfahrung nach ist die Erhaltung einer starken Agrarbevölkerung ein wirtschaftspolitisches Ideal, für das die weitesten Kreise der Bevölkerung leicht zu gewinnen sind. Auch ein großer Teil der städtischen Bevölkerung wird hier von dem richtigen Gefühle beherrscht: tua res agitur.[1]) Es ist eine sehr unzulängliche Erklärung, wenn die starke politische Position der agrarfreundlichen Parteien ausschließlich auf das traditionelle Übergewicht des östlichen Grundadels zurückgeführt wird. Die agrarischen Sympathien sind ja durchaus nicht auf den deutschen Osten beschränkt. Im Gegenteile, im Süden, im Westen des Reiches, in der Schweiz wurzeln sie weit fester. Hier bekunden konservative sowohl wie politisch

---

1901; M. Weber, Agrarstatistische und sozialpolitische Betrachtungen zur Fideikommißfrage in Preußen. A. f. s. G. XIX. S. 503 - 575.

In parteipolitischer Hinsicht enthält das in Leipzig beschlossene Agrarprogramm der nationalsozialen Partei eine treffliche Zusammenfassung der dringlichen Maßregeln. Vgl. Naumanns „Hilfe“ 1900. Nr. 24 und 41. Die Losung Naumanns „Bauerngut an Bauerngut bis zur russischen Grenze“ und das von Schulze-Gävernitz ausgesprochene Wort „Das Land der Masse“ können mit der Einschränkung angenommen werden, daß auf dem Lande so viele aristokratische Existenzen d. h. Leute von höherer Bildung, wirtschaftlicher Unabhängigkeit und Geneigtheit, dem öffentlichen Wohle sich ohne eigennützige materielle Absichten zu widmen, erhalten bleiben, als im Interesse der fortschreitenden Entwicklung des Landes selbst geboten erscheint. Es ist, wie z. B. die Schweiz zeigt, der ländlichen Bevölkerung keineswegs förderlich, wenn die aristokratischen Elemente ganz überwiegend den Kreisen der Industrie und des Handels angehören. So ist es erst in den letzten Jahren gelungen, eine Interessenvertretung der Landwirtschaft im Bauernverband und Bauernsekretariate zu stande zu bringen, nachdem Industrie, ja selbst Handwerk und Lohnarbeiter schon längst über solche verfügten. Ich stimme ferner mit dem philosophischen Sozialpolitiker Fr. Albert Lange darin überein, daß die Menschheit für das Opfer bevorzugter Existenzen Vorbilder gewonnen hat, nach denen sie ringen und streben kann. Es scheint mir aber nicht im Interesse einer harmonischen Entwicklung zu liegen, wenn solche Vorbilder nur noch in städtischen Verhältnissen zu finden wären. Das bedrohliche Übergewicht der städtisch-industriellen Kultur müßte dadurch eine bedenkliche Verstärkung erfahren.

[1]) Treffende Bemerkungen von W. Lotz, Die agrarische Stimmung unter den Gebildeten Deutschlands. Der Lotse. Hamburg. 25. I. 1902.

links stehende Elemente, ja sogar sozialdemokratische Kreise[1]) das wärmste Interesse an allen Maßregeln, welche geeignet sind, die Landwirtschaft und die Lage der bäuerlichen Bevölkerung zu verbessern.

19. Die Zukunft des gewerblichen Mittelstandes.

Die Arbeiterfrage ist nicht in erster Linie das Ergebnis der städtisch-gewerblichen Entwicklung, sondern die Folge davon, daß im Gewerbe der Großbetrieb immer weitere Ausdehnung gewonnen hat. Es war deshalb keineswegs unvernünftig, wenn ursprünglich von vielen Seiten eine Unterdrückung oder Erschwerung des Fabrikwesens als der relativ einfachste Weg zur Lösung der gewerblichen Arbeiterfrage betrachtet wurde. Langwierige Kämpfe haben sich namentlich auf deutschem Boden abgespielt, ehe das dem Großbetriebe günstige Prinzip der Gewerbefreiheit den vollen Sieg über das Zunftrecht des Handwerkes davongetragen hat. Trotzdem vermochte die uneingeschränkte Herrschaft der Gewerbefreiheit sich in Deutschland nur für kurze Zeit zu behaupten. Eine Innungsbewegung kam in Fluß und errang Erfolg auf Erfolg. Noch weiter als in Deutschland gingen die Versuche zur Wiederherstellung der Zunftverfassung in Österreich. In der Schweiz herrscht zur Zeit das Prinzip voller Gewerbefreiheit. Aber auch hier treten zahlreiche Gewerbetreibende lebhaft für Zwangsorganisation des Handwerkerstandes ein, welche in mehr als einem Punkte an die Zünfte der Vergangenheit erinnern.

Unter den Beweisgründen, welche für die künstliche Erhaltung des handwerksmäßigen Betriebes ins Treffen geführt werden, verdienen die folgenden eine sorgfältige Prüfung.

1. Ohne besonderen Schutz durch die Gesetzgebung geht der gewerbliche Kleinbetrieb dem rettungslosen Verfalle entgegen.

2. Der Untergang des Handwerks und verwandter Betriebsformen ist aber mit allen Erfolg versprechenden Mitteln im allgemeinen Interesse zu verhüten, a) weil es die wirtschaftliche Grundlage des städtischen

---

[1]) Vgl. H. Greulich, Die Notlage der Landwirtschaft. Zürich 1891. Im übrigen hatte der sozialdemokratische Arbeitersekretär Greulich bereits 1886 die Verstaatlichung des Getreidehandels zu dem Zwecke befürwortet, um den heimischen Landwirten höhere Getreidepreise zu verschaffen. Über die Beziehungen der schweizerischen Sozialdemokratie zur agrarischen Frage vgl. Zürcher „Volksrecht“ vom 3. Oktober 1901 und 3. Dezember 1901 und Herkner, Studien zur schweiz. Agrarbewegung. J. f. G. V. XXVII. S. 807, 810, 823.

Mittelstandes bildet; b) weil es die Entwicklung der Arbeiterklasse erschwert; c) weil es günstigere Arbeitsverhältnisse als die Großindustrie aufweist; d) weil es für die gewerbliche Ausbildung unentbehrlich ist; e) weil es im allgemeinen solidere Produkte liefert.

Da die Länder, in denen das Prinzip der Gewerbefreiheit sich siegreich behauptet hat, keine genaue gewerbliche Betriebsstatistik besitzen, so ist der Umfang, in dem dort der handwerksmäßige Betrieb noch heute besteht, leider in exakter Weise nicht anzugeben. Der Augenschein lehrt aber, daß selbst in England, in den Vereinigten Staaten von Nord-Amerika und in Belgien von einer vollständigen Vernichtung der gewerblichen Klein- und Mittelbetriebe nicht gesprochen werden kann.[1]) In der Schweiz kommen auf 100 gewerblich tätige Personen nur 13 Fabrikarbeiter.[2]) Nach Berechnungen des Schweizerischen Gewerbevereins zählte das Gewerbe (ausschließlich Fabrik- und Hausindustrie) 1899 287 000 Erwerbstätige mit einem Gesamtjahresverdienste von 340,75 Mill. Frcs. und einem Produktionswerte von 1133,3 Mill. Frcs.[3]) Selbst, wenn man annimmt, daß die Zahlen zu hoch gegriffen sind, kann von einem Untergange des Kleingewerbes nicht gesprochen werden. Statistisch vollkommenere Aufnahmen stehen für das Gebiet des Deutschen Reiches zu Gebote. Mag auch das lebhafte Interesse, welches Gesetzgebung und Verwaltung dem Handwerke gewidmet haben, hier nicht ohne Einwirkung auf die Betriebsgliederung geblieben sein, so wäre es doch absurd, die Erhaltung der 2 934 723 Kleinbetriebe und Gehilfenbetriebe mit 1—5 Personen, welche 1895 nachgewiesen wurden, allein auf dieses Moment zurückzuführen.

In bedenklicheres Licht treten die Verhältnisse erst dann, wenn nicht der gegenwärtige Zustand, sondern die Entwicklungstendenzen ins Auge gefaßt werden. Da zeigt auch die deutsche Betriebsstatistik einen ausgesprochenen Rückgang in der relativen Bedeutung des Handwerkes:[4])

---

[1]) Vgl. Bernstein, Die Voraussetzungen des Sozialismus und die Aufgaben der Sozialdemokratie. Stuttgart 1899. S. 55 ff.; sodann die Mitteilungen von Andreas Voigt in S. d. V. f. S. LXXVI. S. 112 ff.

[2]) Schweiz. Statistik. 97. Lieferung. S. 29 ff.

[3]) Zwanzigster Jahresbericht des Schweiz. Gewerbevereins. St. Gallen 1899. S. 8 ff.

[4]) Gewerbe und Handel im Deutschen Reich. Statistik des Deutschen Reichs. N. F. 119. Berlin 1899. S. 42.

	Auf die Größenklassen entfallen von 100				Zu- oder Abnahme in % der	
	Betrieben		Personen			
Kleinbetriebe	1882	1895	1882	1895	Betriebe	Personen
Alleinbetriebe ohne Motoren .	62,5	54,5	25,6	16,7	— 8,7	— 8,7
Gehilfenbetriebe mit 1—5 Pers.	33,4	38,8	33,4	29,8	21,4	24,3
darunter mit 1 Person . .	3,6	5,3	14,7	1,6	54,4	54,4
zusammen	95,9	93,3	59,0	46,5	1,8	10,0
Mittelbetriebe						
mit 6—10 Personen . . .	2,3	3,6	6,8	8,1	65,1	66,6
„ 10—50 „ . . .	1,5	2,5	12,2	15,8	76,9	81,8
zusammen	3,8	6,1	19,0	23,9	69,7	76,3
Großbetriebe						
mit 51—200 Personen . .	0,3	0,5	10,1	14,0	93,0	93,9
„ 201—1000 „ . .	0,0	0,1	9,0	11,2	75,6	75,8
über 1000 „ .	0,0	0,0	2,9	4,4	100,8	110,5
zusammen	0,3	0,6	22,9	29,6	90,0	88,7

Die allerkleinsten Betriebe haben eine Abnahme zu verzeichnen. Sie sind nicht nur relativ, sondern sogar absolut zurückgegangen: von 1 877 872 auf 1 714 351. Die größten Betriebe zeigen die stärkste Zunahmetendenz. Es wäre aber falsch, von der Großindustrie anzunehmen, daß sie sich immer auf Kosten der kleineren Betriebe ausbreite. Gibt es doch eine Reihe von fabrikmäßig betriebenen Gewerben (Chemische Industrie, Elektrotechnik, Montanindustrie, Maschinenbau, Walzwerke u. a. m.), die niemals in die Sphäre des Handwerkes gefallen sind. Der wirkliche Sachverhalt ist vielmehr der, daß zwar selbst die handwerksmäßigen Betriebe noch zunehmen, nur bleibt ihre Zunahme hinter dem Wachstum der Großbetriebe weit zurück. Immerhin stehen wir vor der Tatsache, daß der Schwerpunkt des gewerblichen Lebens im Deutschen Reiche im Mittel- und Großbetriebe liegt. Das gilt schon für die Zahl der erwerbstätigen Personen, noch mehr aber für den Wert der Produktion. Es darf ja nicht übersehen werden, daß die Großbetriebe, mit mächtigen Motoren und Arbeitsmaschinen ausgestattet, pro Kopf des Arbeiters einen höheren Wert produzieren, als die kleineren Unternehmungen. Rechnet man 1 HP zu 24 menschlichen Arbeitskräften, so ergibt sich:[1])

[1]) a. a. O. S. 156.

Betriebe mit .... Personen	Auf 1 Betrieb entfallen Arbeitskräfte	Von 100 Arbeitskräften entfallen auf jede Betriebsgrößenklasse
1—5	4,9	15,3
6—20	62,1	11,0
21—100	444,8	18,9
101—1000	4 099,3	36,8
über 1000	55 841,2	18,0
Zusammen	29,9	100

Die Ergebnisse der statistischen Aufnahmen wurden durch die monographischen Untersuchungen bestätigt, welche auf Veranlassung des Vereins für Sozialpolitik über die Lebensfähigkeit des Handwerks im Deutschen Reiche und in Österreich angestellt worden sind.[1]) Prof. Bücher, dem das Zustandekommen dieser wertvollen Enquete vorzugsweise zu danken ist, leugnet nicht, daß das ganze Handwerk einem Verwitterungs- und Umbildungsprozeß unterliegt. Und zwar handelt es sich dabei nach seiner Auffassung insbesondere um folgendes:[2]) „Es findet statt: 1. eine Verdrängung des Handwerkes durch gleichartige Fabrik- und Verlagsproduktion; 2. eine Schmälerung des Produktionsgebietes des Handwerkes durch beide; 3. eine Angliederung des Handwerkes an die großen Unternehmungen; 4. eine Verarmung des Handwerkes durch Bedarfsverschiebung; 5. eine Herabdrückung des Handwerkes zur Heimarbeit durch die Magazine." Trotzdem ist er der festen Überzeugung, daß das Handwerk als Betriebsform nie völlig untergehen kann. Es wird nur immer mehr auf die Position beschränkt, in der es die ihm eigentümlichen Vorzüge am meisten zur Geltung bringt. „Das ist heutzutage auf dem Lande der Fall, wo sich ihm dieselben Existenzbedingungen bieten, die es fand, als es im Mittelalter in den Städten entstand. Auf dem Lande haben wir 675 000 selbständige Handwerksmeister mit etwa einer halben Million Lehrlinge und Gesellen, also über 1 200 000 erwerbstätige Menschen, und der größte Teil des Gebietes, das diese beherrschen, ist dem Handwerke in diesem Jahrhundert gewonnen worden. Wenn das Handwerk auch die Städte jetzt verliert, so hat es dafür das Land erobert."[3])

Diese Äußerungen zeigen, welch' hohe Bedeutung einer starken Landbevölkerung für die Erhaltung des Handwerkerstandes zukommt.

[1]) S. d. V. f. S. LXII—LXXI; vgl. außerdem Verhandlungen des Vereins für Sozialpolitik über die Handwerkerfrage in Cöln. S. d. V. f. S. LXXVI

[2]) Vgl. Büchers Referat in Cöln, a. a. O. S. 24.

[3]) a. a. O. S. 33.

Aus dem Gesagten geht hervor, daß das Handwerk auch ohne besonderen Schutz durch die Gesetzgebung nicht verschwinden wird. Die Freunde des Handwerkes bezweifeln aber, daß der aus eigner Kraft sich behauptende Teil der Handwerkerbevölkerung so zahlreich sein wird, als es im Hinblick auf deren besondere Vorzüge im Interesse der allgemeinen Wohlfahrt liegt. Es ist also zu prüfen, wie es um diese Vorzüge bestellt ist.

Daß die Handwerke die Grundlagen des städtischen Mittelstandes bilden, kann nicht in Abrede gestellt werden. Zu beachten ist nur, daß auch die großindustrielle Entwicklung in dem technischen und kaufmännischen Beamtenpersonal Existenzen schafft, welche die Funktionen einer Mittelklasse vielleicht noch besser erfüllen, als der unterste Teil der Handwerker, als die „Alleinbetriebsinhaber". Ja selbst der fortgeschrittene Teil der industriellen Arbeiterklasse ist bereits im stande, manche der Lücken, welche die Großindustrie in den Mittelstand gerissen hat, einigermaßen auszufüllen. Allerdings fehlt hier, wie bei dem wirtschaftlichen Beamtenpersonal, das Moment der Selbständigkeit. Es ist aber fraglich, ob gerade dieser Umstand den Ausschlag geben darf. Die Sicherheit der Existenz, eine gewisse Stufe der Lebenshaltung, der sittlichen und geistigen Kultur dürfte doch noch größeres Gewicht besitzen. In all' diesen Beziehungen stehen höher qualifizierte Arbeiter und Angestellte der Großindustrie dem Handwerker kaum nach. Endlich hat auch die staatliche und kommunale Entwicklung, die Ausbildung großer Transport-, Bank- und Versicherungsunternehmungen eine Fülle von Stellungen geschaffen, deren Inhaber unbedenklich als Mitglieder, zum Teil sogar, als sehr wertvolle Mitglieder des Mittelstandes angesprochen werden dürfen.

Aber das Handwerk bietet bessere Arbeitsverhältnisse! Es gewährt vielen seiner Arbeitskräfte die Aussicht, selbständig zu werden, seine Arbeitsprozesse sind der Gesundheit weniger schädlich, die geringe Ausbildung der Arbeitsteilung und das Vorwalten der Handarbeit geben der Individualität des Arbeiters Gelegenheit zur Entwicklung, verursachen größere Befriedigung und regen sogar zu künstlerischem Schaffen an. Jedenfalls gewährt es dem Jüngling eine bessere gewerbliche und sittliche Erziehung!

Hier stoßen wir auf äußerst bestrittene Fragen. Während die Einen im Interesse der Arbeiter möglichst viel vom Handwerk erhalten wollen, fordern andere gerade im Interesse der aufsteigenden Klassenbewegung der Arbeiter die Aufopferung der kleingewerblichen Betriebsformen. Ihre geringe Produktivität gestatte keine auskömmlichen Löhne.

Sie erhielten sich heute nur auf Kosten der Arbeiter. Sie seien es, welche die längste Arbeitszeit, die schlechtesten Werkstättenverhältnisse aufwiesen. Die Lehrlinge würden als häusliche Dienstboten verwendet oder als unbezahlte jugendliche Arbeiter ausgebeutet. In jedem Falle träten sie unqualifiziert ins Leben und vermöchten später nur als minderwertige Tagelöhner und Fabrikarbeiter ihr Dasein kümmerlich zu fristen.

Das sind schwere Anklagen, die aber auf solides Beweismaterial gestützt werden können.[1]) Immerhin sind es nicht alle Kleinbetriebe, die von diesen Beschwerden getroffen werden, sondern in erster Linie nur diejenigen handwerksmäßigen und hausindustriellen Betriebe, welche durch den aufreibenden Kampf mit dem technisch oder kaufmännisch überlegenen Großbetrieb bereits vollkommen entkräftet worden sind, wie z. B. Schuhmachereien, Schneidereien, Hauswebereien.

Systematische Massenbeobachtungen über die Lage der Arbeiter des Handwerkes fehlen. Es ist deshalb schwer zu sagen, ob die günstigen Verhältnisse von den ungünstigen aufgewogen werden, oder ob das Gegenteil stattfindet. Eine interessante Untersuchung, welche A. Voigt über die gesundheitlichen Verhältnisse der kleingewerblichen und großgewerblichen Arbeiter in Wien angestellt hat, ist zu Gunsten des Handwerks ausgefallen.[2])

Sowohl für Männer wie für Frauen ist die Zahl der Krankheitstage im Kleingewerbe und zwar fast in allen Altersklassen geringer als in der Fabrikindustrie. Dieselbe Erscheinung zeigt sich in Bezug auf die Sterblichkeit. Selbst die Tuberkulose, welche gewöhnlich als besondere Geißel des Kleingewerbes betrachtet wird, tritt unter den Fabrikarbeitern häufiger auf. Diese Ergebnisse legen die Vermutung nahe, daß die

[1]) Diese pessimistische Auffassung wird namentlich von Sombart, Moderner Kapitalismus, vertreten Bd. I. S. 570—635, Bd. II. S. 561—585. Seine Beurteilung ergibt sich allerdings zum Teil schon aus der Art und Weise, in der er den Begriff des Handwerks faßt. Bringt man in diesen Begriff als wesentliches Merkmal die Abwesenheit des Erwerbsgeistes, so ist damit schon gesagt, daß derartige Betriebe sich in dem kapitalistischen Milieu nicht wohl behaupten können. Ich halte diese Fassung des Begriffs für zu eng, selbst für die Zeiten des Mittelalters. Vgl. Keutgen, Ämter und Zünfte. Jena 1903. S. 243 ff. Ich rechne, dem allgemeinen Sprachgebrauche folgend, auch Betriebe von etwa 10—15 Gehilfen mit ausgeprägter Erwerbstendenz noch dem Handwerke zu, also dasjenige, was Sombart als kleine kapitalistische Unternehmung bezeichnet.

[2]) Gesundheitsverhältnisse im Groß- und Kleinbetriebe. J. f. S. V. XXIII. S. 153—189. Neuerdings ist dieses Problem auch von Prinzing, Die Erkrankungshäufigkeit nach Beruf und Alter, J. f. St. W., LVIII, S. 432—459, 634—668 erörtert worden.

besseren Werkstättenverhältnisse und hygienischen Schutzvorrichtungen der Fabriken bisher doch nicht im stande gewesen sind, die an sich größeren gesundheitlichen Gefahren des Fabrikbetriebes auszugleichen. Auch in bezug auf die Lohnverhältnisse scheint eine Überlegenheit der größeren Betriebe nicht immer vorhanden zu sein. Jedenfalls wird aber im Kleingewerbe weit gemächlicher gearbeitet, als in den vorzugsweise auf Akkordlohn gestellten Fabriken. Es kann deshalb trotz der im Kleingewerbe zuweilen beobachteten längeren Arbeitszeit die Arbeitsleistung geringere Ansprüche an die Kraft der Arbeiter gestellt haben.[1]) Dazu tritt die Erwägung, daß die größere Abwechselung in den Arbeitsverrichtungen, welche manche Handwerksbetriebe zu bieten vermögen, ebenfalls das Moment der wirklichen Arbeitsmühe abschwächt. Die eigentlich kunstgewerbliche Arbeit ist allerdings an den Großbetrieb übergegangen.

Ebenso wenig Klarheit wie in bezug auf die Arbeitsverhältnisse im allgemeinen, besteht in bezug auf die gewerblichen Erziehungsleistungen des Kleingewerbes. Auch hier stehen Fällen offenbarer, gewissenloser Ausbeutung jugendlicher Arbeitskraft andere gegenüber, in denen der Lehrherr seinem Namen volle Ehre macht. Und mag nun die Meisterlehre manche Mängel haben, so bietet sie doch oft eine bessere Gelegenheit zur Ausbildung dar, als die Fabrik. Jedenfalls übernehmen viele Fabriken einen Teil ihres gelernten Personales vom Kleingewerbe.[2]) Auch hinsichtlich der Solidität der Produktion muß es bei einem peccatur intra et extra sein Bewenden haben.

Um zusammenzufassen: Das Handwerk besitzt gewiß eine Reihe von besonderen Vorzügen, welche dessen Lebensfähigkeit auch vom Standpunkt der Arbeiterinteressen[3]) zu einer erfreulichen Tatsache machen.

---

[1]) Nach meiner Kenntnis der Dinge wird Sombart den Verhältnissen nicht vollkommen gerecht, wenn er die These aufstellt, „daß heute das Handwerk, soweit es überhaupt noch Hilfskräfte beschäftigt, seine Existenzfähigkeit großenteils auf der Ausbeutung unreifer Arbeitskräfte aufbaut". Man kann ebensogut, ohne das häufige Vorkommen einer Lehrlingsausbeutung zu leugnen, behaupten, daß die Existenz des Handwerks auch darauf beruht, daß es die Funktion der Heranbildung des gewerblichen Nachwuchses immer noch besser erfüllt als die Großindustrie, und insofern den Vorteil billigerer Arbeitskraft als eine Art Besoldung für die Lehrlingsausbildung bezieht.

[2]) Vgl. Hitze in S. d. V. f. S. LXXVI. S. 45.

[3]) Gelegentlich einer Umfrage, die ich im Sommer 1904 unter Züricher Arbeitern über die Motive der Berufswahl und das Maß der Berufsfreude in einzelnen Gewerben veranstaltete, wurde von den Auskunftspersonen, trotzdem sie auf dem Boden der sozialistischen Gewerkschaftsbewegung standen, sehr oft die Erklärung abgegeben, daß sie am liebsten in den handwerkmäßigen Betrieben (mit

Dagegen ist es in hohem Maße zweifelhaft, ob sich auch Betriebe, die nur durch gesetzgeberische Eingriffe künstlich und notdürftig aufrecht erhalten werden, noch der genannten Vorzüge erfreuen. Kein Zweifel kann aber darüber bestehen, daß die Wahrnehmung der Handwerkerinteressen nicht genügt, um der industriellen Arbeiterfrage die Spitze abzubrechen. Selbst dann, wenn der auf Erhaltung des Handwerks abzielenden Politik in Zukunft weit größere Erfolge beschieden sein sollten als es bisher der Fall gewesen, wird die industrielle Arbeiterklasse in den Ländern westeuropäischer Kultur einen so bedeutungsvollen Bestandteil der Bevölkerung ausmachen, daß über die indirekten Mittel der Agrar- und Handwerkerpolitik hinweg zu einer unmittelbaren Industriearbeiterpolitik geschritten werden muß.

Zweites Kapitel.

Sozialkonservative Theoretiker.

20. Sismondi (1773—1842).

Der Klassiker der konservativen Sozialpolitik ist der Genfer Simonde de Sismondi.[1]) Es läßt sich kaum noch ein Beweisgrund

---

10—20 Gehilfen) arbeiteten. Als Hauptvorzüge wurden genannt: 1. Bessere Gelegenheit zur gewerblichen Ausbildung wegen geringerer Arbeitsteilung und größerer Mannigfaltigkeit der Arbeitsaufgaben. 2. Günstigere Lohnverhältnisse, da größere und verschiedenartigere Ansprüche an das technische Können gestellt werden. Deshalb auch Vorherrschen des Zeitlohnes. 3. Größere Chancen für den tüchtigen Arbeiter, seinen Leistungen entsprechend behandelt zu werden, da der Arbeitgeber täglich selbst die Arbeit seiner Leute kennen lernt, während in größeren Betrieben eine verhängnisvolle Abhängigkeit von Vorarbeitern und Werkmeistern und deren oft parteiischem Urteile eintritt. 4. Bessere Behandlung. Darunter verstehen die Arbeiter vor allem einen Verkehrston, in dem sie als ebenbürtig und gleichberechtigt anerkannt werden.

In manchen Gewerben können diese Vorzüge nicht zur vollen Entfaltung kommen, weil die bessere und lohnendere Arbeit überhaupt nur Großbetrieben anvertraut wird (Möbelfabriken, Tapezier- und Dekorationsateliers), oder die minder entwickelten technischen Einrichtungen der kleineren Betriebe größere Anforderungen an die Arbeitsleistung der Arbeiter stellen oder endlich der den Arbeitern meist unsympathische Kost- und Logiszwang besteht.

[1]) L. Elster, Simonde de Sismondi, J. f. N. St. N. F. XIV 1887; A. Aftalion, L'œuvre économique de Simonde de Sismondi. Paris 1899.

für die Erhaltung des Bauern- und Handwerkerstandes und gegen die Begünstigung der Großindustrie entdecken, der nicht bereits in seinen Schriften, und zwar in stilistisch glänzender Fassung, dargelegt worden wäre. Dabei steht er hoch erhaben über allen Klasseninteressen und Klassenvorurteilen da. Ursprünglich ein Bewunderer des Smithschen Systemes, hat er sich erst ganz allmählich und unter schweren inneren Kämpfen zu einer selbständigen Auffassung durchgerungen. Die trüben Eindrücke, die er in England, dem Vaterlande der liberalen Ökonomie, aber auch des Fabrikwesens, der Handelskrisen und des landwirtschaftlichen Großbetriebes empfangen hatte, zwangen ihn zu einer gründlichen Revision seines volkswirtschaftlichen Gedankenschatzes. „In diesem überraschenden Lande," schreibt er[1]) in der Vorbemerkung zu der zweiten Auflage seiner Neuen Grundsätze der politischen Ökonomie, „das eine große Erfahrung zur Belehrung der übrigen Welt in sich zu bergen scheint, habe ich die Produktion zunehmen und die Genüsse abnehmen sehen. Die Masse der Bevölkerung scheint dort ebenso, wie die Philosophen, zu vergessen, daß das Anwachsen der Reichtümer nicht der Zweck der politischen Ökonomie ist, sondern das Mittel, dessen sie sich bedient, um das Glück aller zu fördern. Ich habe dieses Glück in allen Klassen gesucht, aber nirgends finden können . . . Die englische Nation hat es für sparsamer befunden, auf die Bodenbestellungsarbeiten zu verzichten, die viel Handarbeit erfordern, und hat die Hälfte der Landbebauer, die ihre Felder bewohnten, verabschiedet, ebenso wie die Handwerker in den Städten; die Weber machen Platz den „power-looms" und unterliegen heute dem Hunger; sie hat es für sparsamer befunden, alle Arbeiter auf den niedrigsten Lohn zu setzen, mit dem sie leben können, so daß die Arbeiter, die nur noch Proletarier sind, keine Furcht hegen, sich in ein noch tieferes Elend zu stürzen, wenn sie immer zahlreichere Familien aufziehen; sie hat es für sparsamer befunden, die Irländer nur mit Kartoffeln zu nähren und ihnen nur Lumpen zur Kleidung zu geben, und so bringt jedes Schiff täglich Legionen Irländer, die zu billigeren Preisen arbeiten, als die Engländer, und diese aus allen Gewerben vertreiben. Was sind also die Früchte dieses ungeheuren angehäuften Reichtumes? Haben sie eine andere Wirkung gehabt als die Sorgen, die Entbehrungen, die Gefahr eines vollständigen Unterganges allen Klassen mitzuteilen? Hat England, als es die Menschen über den Dingen vergaß, nicht den Zweck den Mitteln geopfert?"

[1]) Deutsche Übersetzung von Rob. Prager. Berlin 1901. S. XIII und XVI.

Wie kommt es, daß die Regierungen sich trotzdem so eifrig bemühen, das englische Vorbild nachzuahmen und die Großindustrie nach Kräften zu entwickeln? [1])

Zweifelsohne stellt die Industrie eine Reihe von Siegen des Geistes über die Materie dar. Sie hat für den Welthandel die Grundlage abgegeben und dieser schafft eine Fülle neuer moralischer Kräfte; er erweitert die Kenntnisse und knüpft innigere Bande der Brüderlichkeit zwischen den verschiedenen Nationen und Rassen. Der Mensch ist stets geneigt, Größe und Macht mit Enthusiasmus zu feiern, selbst wenn sie ihm schaden. So werden das Elend und die Not, auf welchen die Größe ruht, nur zu leicht übersehen. Diesem Hange unterliegen auch die Volkswirte und streben mehr nach dem Großen, als dem Nützlichen. Sie sind entzückt von der Ausdehnung des Handels, durch welchen die untersten Klassen der Gesellschaft mit den Produkten ferner Zonen versorgt werden. Sie bewundern die kühnen und gefährlichen Expeditionen in Länder mit tötlichem Klima, barbarischen Völkern und sturmgepeitschten Meeren. Sie lassen sich von der Größe der Magazine und Fabriken blenden. Und doch müßte der Volkswirt, dem es nicht auf die Größe und Schönheit der Dinge, sondern der Menschen ankommt, sich die Frage vorlegen, ob es denn zum Wohle der Menschheit zweckdienlicher ist, daß ein reicher Kaufmann alle Schätze einer Provinz vereinigt, oder daß Hunderte bescheidener Läden die Grundlage von ebensovielen unabhängigen Haushaltungen abgeben. Er müßte bedenken, ob all diese Arbeiter, welche den Gedanken eines einzigen Kopfes ausführen, ebensoviel menschliche Intelligenz entwickeln, als wenn sie ihrem eigenen Kopfe zu folgen, wenn sie selbst zu kombinieren und nachzudenken hätten. Ja er müßte sich schließlich auch fragen, ob das stattliche Landgut, das eine Quadratmeile einnimmt, ebensoviel tapfere Vaterlandsverteidiger als vierzig Bauerngüter ins Feld stellt. Gewiß ist der Mensch durch die technischen Fortschritte weit mächtiger geworden. Aber wird diese Macht mehr für oder gegen seine Mitmenschen ausgeübt? Ist durch die Großindustrie das Haus des armen Arbeiters besser ausgestattet worden? Besitzt er bessere Nahrung und Kleidung? Sind seine Arbeitsstunden kürzer geworden, die Anstrengungen seiner Muskeln geringer, seine Arbeiten weniger monoton und langweilig? Man braucht indes die Vergangenheit gar nicht erst zum Vergleiche heranzuziehen. Wir brauchen nur in diejenigen Gebiete Europas zu reisen, welche „weniger fortgeschritten“, d. h. weniger industriell ent-

[1]) Vgl. insbes. Études sur l'économie politique. Tome second. Paris 1838. S. 274 ff.

wickelt sind. Dort finden wir unter dem Dache des Landmannes eine Fülle der herkömmlichen Bedarfsgegenstände, dort beobachten wir Ruhe, Zufriedenheit, Erholungen und Volksfeste. „Mag man das lachende Emmenthal durchstreifen oder in die entlegensten Täler des Kanton Bern vordringen, man kann nicht ohne Bewunderung und Rührung diese Holzhäuser auch des geringsten Bauern betrachten, so geräumig, so wohl eingefriedet, so gut gebaut und mit Schnitzereien ausgestattet stellen sie sich dar. Im Innern gewähren lange Gänge jedem der Zimmer, welche die zahlreiche Familie bewohnt, einen besonderen Ausgang; jedes Zimmer enthält nur ein Bett. Dieses ist mit Vorhängen, Decken und blendend weißem Linnen reichlich versehen. Sorgsam behandelte Einrichtungsgegenstände umgeben es. Die Schränke sind mit Wäsche gefüllt. Die Milchkammer ist geräumig, luftig und von ausgesuchter Sauberkeit. Große Vorratsräume für Korn, Pökelfleisch, Käse und Holz befinden sich unter dem gleichen Dache. In den Ställen trifft man das schönste und bestgehaltene Vieh Europas an. Im Garten werden Blumen gezogen. Männer wie Frauen sind behaglich und reinlich gekleidet. Die letzteren bewahren mit Stolz die alte Volkstracht. Ihr Antlitz trägt den Stempel der Kraft und Gesundheit, sie überraschen durch jene Schönheit der Züge, welche zum Charakter einer Rasse wird, wenn diese durch Generationen weder durch Laster noch durch Not gelitten hat. Mögen andere Länder sich ihres Reichtums rühmen, die Schweiz wird ihnen immer mit Stolz ihre Bauern entgegenstellen können." [1]) All diese Vorzüge gehen verloren, sobald die Industrie vordringt.

Aber man führt sie doch nur ein, um armen Arbeitern Brot zu verschaffen! Diese Behauptung ist mit der Tatsache schwer zu vereinbaren, daß die Fabrik dieselbe Ware doch mit einem geringeren Aufwande menschlicher Arbeit herstellen will. Nichtsdestoweniger wird dieser Widerspruch nicht beachtet, so lange der Umstand, daß eine neue Arbeitsleistung begehrt und ein neuer Lohn in früher geschäftsstillen Gegenden gezahlt wird, die Augen blendet. Es entsteht ein unmittelbarer Vorteil, ein neuer Wohlstand wird geschaffen, eine neue Bevölkerung ins Dasein gerufen. Sie erhöht den Wert der landwirtschaftlichen Erzeugnisse der Nachbarschaft und jedermann ist zufrieden. Dabei wird das Elend, das dieser Aufschwung anderwärts erzeugt, übersehen. In dem Maße, in dem die Baumwollfabriken zunahmen, ging die häusliche Spinn- und Strickarbeit der Frauen unter. Diese

[1]) Études sur l'économie politique Tome premier. Paris 1837. S. 172, 173.

gelegentlich ausgeführte Heimarbeit stellte die Ware freilich bei weitem nicht so schnell her, als es jetzt die Maschinen tun. Dennoch hat die Nation bei diesem Wechsel nichts gewonnen. Nachdem die Fabrik den Hausfrauen die passenden Nebenbeschäftigungen entzogen hat, blieben sie in den Stunden, die sie einst mit Spinnen nützlich ausfüllten, ohne Beschäftigung und ohne Verdienst. Überdies ist nicht zu vergessen, daß die Ausdehnung der Baumwollfabriken sich auch zum Teil auf Kosten der Woll- und Flachsverarbeitung vollzog. Ebensowenig kann die Industrie mit dem Hinweis gerechtfertigt werden, daß man alles im Inlande erzeugen müsse. Kann eine Industrie ihren Arbeitern keine menschenwürdige Existenz bieten, so ist es besser, entweder auf Waren dieser Art überhaupt zu verzichten oder, wenn man dies nicht will oder kann, eine so jammervolle Funktion ganz dem Auslande zu überlassen.[1]) Aber auch zur Ausdehnung der Produktion und des Marktes ist die Industrie nicht notwendig. Sind doch die Absatzkrisen gerade die schlimmste Geißel der Fabriken und ihrer Arbeiter. Was hat es für einen Sinn, möglichst viel zu produzieren, wenn für die Waren keine kaufkräftigen Konsumenten vorhanden sind? Indem die Industrie den Lohn der gewerblichen Arbeiter herabdrückt, beraubt sie sich ja gerade selbst der Möglichkeit, leistungsfähige Käufer auf dem Inlandmarkte anzutreffen.[2])

Aber das industriell entwickelte Land kann mit Vorteil nach dem Auslande ausführen, es kann mit seinen niedrigen Preisen den Gewerbefleiß der Ausländer vernichten und sich so unermeßliche Absatzmärkte verschaffen! Sismondi weist diesen Einwurf aus sittlichen Gründen zurück. „Unsere Pflichten gegen die menschliche Gesellschaft entsprechen denjenigen gegen unsere Landsleute; wir dürfen ebensowenig auf den Untergang des Türken oder Indiers spekulieren, wie auf den Verfall des Franzosen oder Engländers. Die Ungerechtigkeit ist im Grunde auch niemals vorteilhaft. Wenn wir den Gewerbfleiß anderer Völker untergraben, so werden wir bei ihnen unsere eigenen Konsumenten vernichten.[3]) Überdies zeigt die Erfahrung, daß sich ein Land die Vernichtung durch die überlegene Industrie eines anderen nicht ruhig gefallen läßt, sondern sich durch hohe Schutzzölle verteidigt. Mit diesen Darlegungen will Sismondi aber nicht den Ausfuhrhandel überhaupt verwerfen. Er ist Freihändler und von den Vorteilen einer internationalen Arbeitsteilung überzeugt. Was er verdammt, das ist allein

[1]) Études. Tome second. S 311.

[2]) a. a. O. S. 315. [3]) a. a. O. S. 317.

der Versuch, durch künstliche und einseitige Förderung der Fabrikindustrie die natürlichen Handelsbeziehungen zu stören; d. h. diejenigen Handelsbeziehungen, welche auf der ungleichen Ausstattung der verschiedenen Länder mit natürlichen Produktionsvorteilen beruhen.

Die wahre Grundlage des Staates und der Gesellschaft bildet der mit Bodeneigentum ausgestattete Bauernstand. Man braucht nicht bloß die Güter, welche die Bauern produzieren, zum Leben, sondern man braucht die Bauern selbst. Keine Gesellschaftsklasse hat so große Anhänglichkeit an das Land, als die Landwirte, die es bewirtschaften; keine besitzt mehr Kraft zu seiner Verteidigung, weil die Natur der landwirtschaftlichen Arbeiten selbst die Gesundheit kräftigt, Lebenskraft und Mut ausbildet. Man muß deshalb nicht fragen, wie man mit möglichst wenig Menschen die landwirtschaftlichen Produkte erzeugen könnte, sondern, im Gegenteil, unter welchen Bedingungen es möglich wäre, eine viel zahlreichere Bevölkerung auf das Land zu bringen, dort zurückzuhalten und glücklich zu machen. Die Gesellschaftsordnung kann den Bauern mehr Glück in der Gegenwart und mehr Sicherheit in der Zukunft verschaffen, als irgend einer anderen Klasse von Menschen, die von ihrer Handarbeit leben. Es wäre eine enge und falsche Betrachtungsweise, in den Bauern nur ein Mittel der Güterproduktion zu erblicken. Im Gegenteil, sie sind ein Zweck, einer der großen Zwecke der Gesellschaft; eine glückliche Güterverteilung soll nur ein Mittel sein, ihre Zahl, ihre Wohlfahrt und ihre Anhänglichkeit an das Vaterland sicherzustellen." [1])

Um die wirtschaftliche und geistige Kultur der Landbevölkerung zu entwickeln, ist eine gewisse Zahl von Landedelleuten wünschenswert. Sie werden als der nächst den Bauern wichtigste Stand im Staate betrachtet. Erst an dritter Stelle kommen die Stadthandwerker. „Die Zunftsatzungen hatten ihr Ziel, die Unabhängigkeit des Charakters, die Intelligenz, die Sittlichkeit und die Wohlfahrt der Handwerker zu entwickeln, vollkommen erreicht. Der Arbeiter stieg von Stufe zu Stufe empor. Er bildete sich auf der Wanderschaft aus. Ein edler Stolz auf sein Handwerk beseelte ihn, wenn er sein Meisterstück anfertigte. Er verheiratete sich erst, wenn er es vernünftigerweise tun konnte und wußte, was er seiner neuen Würde des Familienvaters und Meisters schuldig war. Kurz, er stellte ein Wesen von höherem Gepräge dar als der Industrielle." [2]) Und mag selbst der große Fabrikant sozial über den Handwerkern stehen, so stehen seine Arbeiter doch in Bezug

---

[1]) a. a. O. S. 240. [2]) a. a. O. S. 342.

auf Kenntnisse, Erziehung, Sittlichkeit, Unabhängigkeit ebensoweit unter den Gesellen des Handwerks. Sismondi vergleicht die Fabrikanten mit jenen großen Grundeigentümern, welche sich durch Bauernlegen das ganze Land angeeignet haben. Mag die Technik dabei gewonnen haben, das Los der Menschen hat sich verschlechtert. Nichtsdestoweniger ist eine Wiederherstellung der Zünfte aussichtslos.[1]) Die Volksmassen selbst sind dagegen. Sie glauben mit der Gewerbefreiheit einen Sieg über die Reichen errungen zu haben, während die Zunfteinrichtungen doch dem Schutze der Armen galten und ihnen zu statten kamen.

Sismondi kennt nur drei Mittel,[2]) die Entwicklung in andere Bahnen zu lenken: 1. Die öffentliche Meinung muß über den wahren Charakter des Industrialismus aufgeklärt werden. 2. Die Regierungen dürfen nicht durch Prämien zu Erfindungen anreizen. 3. Die großen Kapitalien müssen von den Industrie-Unternehmungen abgelenkt werden. Anstatt reich gewordene Leute mit Titeln auszuzeichnen, sollten die Monarchen ihre Orden dazu verwenden, solche Personen zur Aufgabe des Geschäftes zu veranlassen. Gleiche Teilung des Vermögens beim Erbgange, Erschwerung der Aktiengesellschaften, Einschränkungen auf dem Gebiete des Bankkredites, das alles könnte die Anhäufung des industriellen Kapitales in wenigen Händen zurückhalten.

Sismondi glaubt aber nicht, daß auf diese Weise der Industrialismus vollkommen verschwinden wird. Deshalb legt er sich auch die Frage vor, was zur Verbesserung der Fabrikarbeiterverhältnisse in Aussicht genommen werden könnte. Sein Programm umfaßt namentlich Arbeiterschutzgesetze, Koalitionsrecht und Arbeiterversicherung. Der Unternehmer soll für das Wohl des Arbeiters in höherem Maße verantwortlich gemacht werden. Heute braucht der Arbeitgeber dem Arbeiter im Lohne nur einen Teil des Lebensunterhaltes zu vergüten. Erkrankt der Arbeiter, wird er von einem Unfall, von Invalidität oder Arbeitslosigkeit betroffen, so muß die Gesellschaft im Wege der Armenpflege eintreten. Es gelingt also dem Unternehmer, einen Teil der Kosten, welche die Industrie selbst tragen sollte, auf andere Kreise abzuwälzen. Das ist nicht nur ungerecht, sondern vernichtet auch jedes Interesse des Arbeitgebers an dem Schicksale seiner Arbeiter. Müßte er dagegen für den erkrankten Arbeiter aufkommen, so würde er sich wohl hüten, durch ungesunde Arbeitsprozesse und elende Werkstättenverhältnisse die Erkrankungshäufigkeit zu steigern. „Heute läßt der Fabrikant zahlreiche Familien, die er an sich gezogen hat, plötzlich ohne Beschäftigung, wenn

[1]) a. a. O. S. 361. [2]) a. a. O. S. 363.

er entdeckt, daß eine Dampfmaschine im stande ist, ihre ganze Arbeit zu leisten.“ Nach Einführung einer Arbeitslosenversicherung auf seine Kosten würde er erkennen, „daß die Dampfmaschine keine Ersparnis bedeutet, wenn alle seine Arbeiter keine Arbeit mehr finden und er verpflichtet ist, ihnen im Kranken- oder Armenhaus einen Unterhalt zu gewähren, während er seine Dampfkessel heizt.“

„Diese Last, die auf ihn selbst zurückfällt, wäre eine prompte Justiz; heute sucht er seinen Nutzen im Leben der Menschen und läßt alle Schäden, die hieraus entstehen, auf die Schultern der Gesellschaft fallen. Wenn die von ihm gezahlten Löhne ausreichend sind, nicht nur für das Mannesalter seiner Arbeiter, sondern auch für ihre Kinder, für ihr Alter, für ihre Krankheiten; wenn die Arbeit, die er von ihnen verlangt, ihre Gesundheit nicht schädigt; wenn die Maschinen, die er erfindet, wie er versichert, nur Gelegenheit zur Leistung einer größeren Menge Arbeit geben, wird die Verantwortung, die nun auf ihn zurückfällt, keine Last für ihn sein; er wird keinen Grund haben, sich zu beklagen. Ist sie eine Last, so ist seine Industrie eine verderbliche, er tut besser auf sie zu verzichten, als die Verluste, die sie bringt, der Gesellschaft aufzuhalsen.“ [1])

Ähnliche Gedanken hat später Fürst Bismarck zu Gunsten der reichsgesetzlichen Arbeiterversicherung ausgesprochen.[2]) Im übrigen dachte Sismondi ganz wie Bismarck daran, berufsgenossenschaftliche Organisationen der Unternehmer zu Trägern der Versicherung zu machen. Fügen wir noch hinzu, daß er auch Gewinnbeteiligungspläne erwog, so sind seine positiven sozialpolitischen Ideen der Hauptsache nach zur Darstellung gebracht.

In Frankreich sind es vorzugsweise Schriftsteller feudal- oder konservativ-katholischer Richtung gewesen, welche die Kritik Sismondi's in vielen Punkten angenommen haben. Am schärfsten tritt die Absicht, durch Bekämpfung der Industrie dem Grundadel wieder zu seiner alten Vorherrschaft zu verhelfen, bei de Bonald und de Maistre hervor.

---

[1]) Neue Grundsätze, deutsch. 2. Bd. S. 279.

[2]) Eine direkte Beeinflussung Bismarcks durch Sismondi ist kaum anzunehmen. Obwohl die Schriften Sismondi's gerade in den feudalen Kreisen von ganz Europa eifrig studiert wurden, deutet die Äußerung Bismarcks (Poschinger, Neue Tischgespräche. Bd. II. S. 353), Sismondi sei wie Ricardo ein jüdischer Bankier gewesen, auf keine große Vertrautheit mit diesem Abkömmling einer aus Pisa stammenden adligen Hugenottenfamilie. Der Vater Sismondi's war calvinistischer Geistlicher in Genf, Sismondi selbst war nach einer kurzen kaufmännischen Lehre in Lyon einige Jahre in Toskana als praktischer Landwirt tätig. Durch mehr als 40 Jahre widmete er sich ausschließlich seinen gelehrten Arbeiten.

Freier von Parteibestrebungen und Vorurteilen sind die Vertreter der „christlichen Nationalökonomie“, A. de Villeneuve-Bargemont und E. Buret, denen Adolphe Blanqui nahesteht.

21. Le Play (1806—1882).

Den weitaus größten Einfluß hat auf die neueren konservativen Reformbestrebungen in Frankreich Le Play ausgeübt.

Er war ein Mann der deskriptiv-induktiven Forschung und suchte seine Kenntnisse nicht aus Büchern, sondern aus der eigenen unmittelbaren Beobachtung des wirklichen Lebens zu schöpfen. Einen großen Teil seines Lebens hat er Reisen durch ganz Europa gewidmet. So gelangte er auch nach Norddeutschland und lernte dort den niedersächsischen Einzelhof mit Anerbenrecht kennen. Er galt ihm fortan als wirtschaftspolitisches Ideal,[1]) denn er bot für die Entfaltung eines tüchtigen Familienlebens die weitaus besten Bedingungen. Die Wiedergeburt der Familie, das war aber das oberste Ziel aller Le Play'schen Bestrebungen auf dem Gebiete der Sozialpolitik. Da in Frankreich der Code civil mit seiner Zwangsteilung und seinen Pflichtteilrechten der Kinder die ungeteilte Übergabe des Hofes an einen Erben unter wesentlicher Bevorzugung desselben ungemein erschwerte, so kam Le Play schließlich zu der sonderbaren Auffassung, daß nur von der Wiedereinführung der Testierfreiheit alles soziale Heil zu erwarten sei. Im übrigen wertet er alle Organisationen und Erscheinungen des wirtschaftlichen Lebens nach ihrer mehr oder minder großen Verwandtschaft mit den Verhältnissen des Einzelhofes. Am nächsten steht diesem ein patriarchalisch verwalteter größerer Landwirtschaftsbetrieb, der vom Eigentümer selbst geleitet wird.[2]) Le Play wird deshalb nicht müde, gegen den Absentismus der großen Grundeigentümer Klage zu erheben.[3]) Über den Kreis der landwirtschaftlichen Unternehmungen hinausgehend sind es weiter die Forst- und Bergwerksbetriebe, denen seine Sympathie zu Teil wird.[4]) Obwohl selbst ein hervorragender Techniker, stellt er die Gewerbe weit hinter die Urproduktion zurück.[5]) Sie sind weniger stabil und national. Sie begünstigen das Schwinden patriarchalischer Sitten und gewähren den Arbeitern eine weit weniger gesicherte Stellung. Die

---

[1]) Vgl. Brentano, Gesammelte Aufsätze. I. Bd. Stuttgart 1899. S. 117; A. v. Wenckstern, Le Play. J. f. G. V. XVIII. 1894. S. 1—61; Le Play, La réforme sociale en France. Sixième éd. Tours 1878. II. S. 206 ff.

[2]) a. a. O. S. 236 ff.

[3]) S. 244. [4]) S. 269. [5]) S. 289 ff.

Industrieprodukte sind ihres hohen spezifischen Wertes wegen leicht transportabel. So entwickelt sich eine lebhafte Konkurrenz. Die Industriellen können deshalb nur dann bestehen, wenn sie ihre Unternehmungen und sozialen Beziehungen einer unausgesetzten Verfolgung ihrer Profitinteressen unterordnen. Wird diese Geistesverfassung nicht durch die Einflüsse der Religion, der Familie und der Sitte aufgehalten, so fördert sie den Egoismus weit mehr als die Nächstenliebe und die Anhänglichkeit an das Vaterland. Die von edleren Gesinnungen erfüllten Fabrikanten würden aber ihre Betriebe und das Los ihrer Familie gefährden, wenn sie ihren Gefühlsregungen nachgeben würden. Da die Industrie also ihren Vertretern die Betätigung der Humanität so sehr erschwert, steht sie in ihrer Bedeutung für die Volkswohlfahrt tief unter der Urproduktion. Immerhin stehen ihr auch manche Vorzüge zur Seite. Sie befördert eine größere geistige Regsamkeit und die Entwicklung des Volksschulwesens.

Innerhalb der Gewerbe ist es der handwerksmäßige und hausindustrielle Betrieb, dem Le Play die besten Einwirkungen auf Sittlichkeit und Kraft des Volkes nachrühmt.[1]) Die Handwerkerfamilien zeichnen sich im allgemeinen durch Moral, weisen Unabhängigkeitssinn, Arbeitsamkeit und Sparsamkeit aus. Die Großindustrie dagegen entwickelt die Methoden der Technik, sie begünstigt die Ansammlung großer Reichtümer und erhöht zunächst die internationale Geltung eines Landes. Diese Blüte hat aber nur kurzen Bestand. Die Arbeiter verfallen leicht dem Pauperismus, die oberen Klassen der Korruption.[2]) Am wenigsten Anlaß zu Sorgen geben noch die mit Wasserkräften arbeitenden und deshalb an das Land gefesselten Betriebe.[3]) Hier herrscht eine größere Stabilität der Beziehungen zwischen Unternehmer und Arbeiter. Letztere leben mitten unter bäuerlichen Stammfamilien und betreiben oft selbst noch etwas Landwirtschaft.

Wie ersichtlich, gelangt Le Play der Hauptsache nach zu denselben Überzeugungen, die Sismondi vertreten hat, wenn auch in Betreff der politischen Maßnahmen keine Übereinstimmung besteht. Beide wollen für einen möglichst großen Teil des Volkes die Landwirtschaft erhalten. Sismondi befürwortet deshalb Freiteilbarkeit des Bodens und gleiches Erbrecht, Le Play Geschlossenheit der Höfe mit Anerbenrecht. Immerhin soll dieses System nicht durch das Gesetz erzwungen werden. Beide sind Freunde des Handwerkes und der Hausindustrie. Gegenüber der Großindustrie ist Le Play allerdings duldsamer, weil er glaubt, daß

---

[1]) S. 178 ff. [2]) S. 190. [3]) S. 297.

durch patriarchalische Wohlfahrtseinrichtungen (Patronate) manche ihrer Gefahren wirksam bekämpft werden könnten.

Le Play hat unter den französischen und belgischen Katholiken eine beträchtliche Zahl von Anhängern gewonnen. Als hervorragendste gelehrte Vertreter dieser Schule, der „Réforme sociale“, dürfen Claudio Jannet, Ch. Périn, P. Deleage, V. Brants und Du Maroussem[1]) gelten.

22. Malthus (1766—1834), Chalmers (1780—1845) und Sadler (1770—1835).

Minder fruchtbar für die Ausbildung sozialkonservativer Überzeugungen hat sich der Boden Englands erwiesen. Hier fehlte vor allem ein zahlreicher Bauernstand. Der herrschende landwirtschaftliche Großbetrieb verfügte so gut wie die Fabrik nur über besitzlose Lohnarbeiter, war ihr also in sozialer Beziehung wenig überlegen. Die Verteidiger der Landwirtschaft erschienen weit mehr als auf dem Kontinente einfach als Parteigänger des Grundadels, wenn sie nicht etwa für eine radikale Änderung der Grundbesitzverfassung zu Gunsten des bäuerlichen Betriebes eintraten.

Als konservativer Volkswirt darf vor allem Malthus genannt werden. Er wirkt nicht nur in sofern konservativ, als er durch seine Bevölkerungslehre die herrschenden Klassen und Einrichtungen von der Verantwortlichkeit für das bestehende Elend freispricht, sondern tritt auch als Gegner der Entwicklung zum überwiegenden Industriestaat auf. Sein Ideal ist ein gewisses Juste-Milieu, ein Gleichgewicht zwischen Landwirtschaft und Industrie. „Industrie und Handel erfüllen alle Klassen der Bevölkerung mit frischem Leben und Tatkraft, sie geben den unteren Ständen Gelegenheit, durch persönliche Vorzüge und Anstrengungen gesellschaftlich emporzusteigen, und eifern die höheren Stände an, ihren Ruhm nicht bloß in Rang und Reichtum zu suchen. Sie rufen Erfindungen hervor, fördern die Wissenschaft und die nützlichen Künste, verbreiten Verstand und Mut, flößen der Arbeiterklasse Sinn für feinere Bedürfnisse und Behaglichkeit ein, und, was das wichtigste ist, sie gestalten die Gesellschaft um, indem sie die Bedeutung der Mittelklasse verstärken, die hauptsächlich dafür entscheidend ist, ob in einem Lande Freiheit, Gemeinsinn und eine gute Regierung zu finden

[1]) Besonderes Interesse darf wohl wegen seiner Methode wie seines Inhaltes beanspruchen: Du Maroussem, La question ouvrière. Paris. 4 Bde. 1891/94; ferner desselben Autors Werk. Les Enquêtes (pratique et théorie). Paris 1900.

sind." [1]) Da aber „die Lebensweise und die Beschäftigung eines industriellen Arbeiters und seiner Familie, selbst wenn sie am günstigsten sich gestalten, der Gesundheit und Tugend nicht vorteilhaft sind, so kann es nicht wünschenswert erscheinen, daß ein sehr großer Bruchteil der ganzen Gesellschaft aus Fabrikarbeitern besteht. Reichtum, Volkszahl und Macht wird doch schließlich nur wertvoll, wenn sie die Wirkung haben, die Summe menschlicher Tugend und menschlichen Glückes zu mehren und zu sichern".[2]) Jedenfalls soll England im stande bleiben, seinen Getreidebedarf allein zu decken. Die Versorgung des Volkes mit dem wichtigsten Lebensmittel darf den unvermeidlichen Wechselfällen und Störungen des internationalen Handels nicht preisgegeben werden.[3]) Um den Getreidebau Englands auf die Höhe des Bedarfes zu heben, müssen die Kornzölle erhalten werden. Unmittelbare Eingriffe, um die Verhältnisse der Industriearbeiter zu verbessern, werden von Malthus pessimistisch beurteilt. Er billigt zwar Gesetze zum Schutze unmündiger Arbeiter, spricht sich aber gegen deren Ausdehnung auf Erwachsene aus.[4]) Das wäre eine hoffnungslose Durchkreuzung der Grundsätze des freien Wettbewerbes, auf denen nun einmal das Wirtschaftsleben unserer Gesellschaft beruht. Die Hebung der Arbeiter kann der Hauptsache nach nur aus ihrer eigenen Kraft hervorgehen, insbesondere durch vorsichtige Gewohnheiten in Bezug auf die Eheschließung. Lediglich als ergänzende Maßregeln billigt Malthus staatlichen Schulunterricht, die Gewährung ärztlicher Hilfe an Arme und die Unterstützung der Auswanderung.[5])

Dieselbe konservative Grundstimmung wie bei Malthus ist auch in den Schriften von Chalmers[6]) zu finden. Er will einen kräftigen Grundadel erhalten wissen, denn, wo es Edelleute gibt, wird auch das gemeine Volk weniger unedel sein. Trotzdem spricht er sich gegen die Kornzölle aus. Er vertraut auf das natürliche Übergewicht des nationalen Ackerbaues und Grundbesitzes, das auch ohne Korngesetze die Ausbildung

[1]) Rob. Malthus, Drei Schriften über Getreidezölle. Übersetzt und herausgegeben von E. Leser. Leipzig 1896. S. 22. Es sei noch daran erinnert, daß der englische Begriff „Mittelklasse" höhere Gesellschaftsschichten umfaßt als unser „Mittelstand".

[2]) a. a. O. S. 22.

[3]) S. 20; vgl. auch das oben S. 68 Gesagte.

[4]) Bonar, Malthus and his work. London 1885. S. 301.

[5]) a. a. O. S. 343.

[6]) On political economy in connexion with the moral state and moral prospects of society. Glasgow 1832. Vgl. auch Held, Zwei Bücher z. soz. Geschichte Englands. S. 233 ff.

eines überwiegenden Industriestaates verhindern werde. Von den durch Fabrikatexport zu beschaffenden Lebensmitteln würde höchstens ein Zehntel des englischen Volkes ernährt werden können und dieses werde eine unsichere Existenz haben. Er hält es ebenso wie Malthus für ausgeschlossen, daß die Superiorität der englischen Industrie auf die Dauer zu erhalten sei.

In eigentümlichem Gegensatze zu Malthus und Chalmers steht Sadler.[1]) Er ist überzeugter Tory und Anhänger der Kornzölle, aber Gegner der Malthus'schen Bevölkerungsgesetze und der auf ihr beruhenden Reformen der Armenpflege. Die Kornzölle lägen im Interesse der ländlichen Arbeiter und der kleinen grundbesitzenden Bauern, die nur bei Agrarschutz bestehen könnten. Ihm schwebt sogar eine Art innerer Kolonisation vor, indem er die ländlichen Armen durch Überlassung von Häuschen und Gartenland empor bringen will. Sein größtes Verdienst liegt aber in dem rastlosen Kampfe, den er schriftlich und mündlich für die Ausbildung des Arbeiterschutzes führte.

23. Thomas Carlyle (1795—1881).

Kann über die konservative Grundrichtung der genannten Männer trotz mancher Differenzen in Bezug auf Einzelheiten, kein Zweifel aufkommen, so ist es in der Tat fraglich, ob man berechtigt ist, auch Thomas Carlyle[2]) den konservativen Sozialpolitikern zuzurechnen. Ist er doch von den Programmen der Tories ebenso wenig erbaut als von denen der Whigs. Er verfolgt mit derselben ätzenden Schärfe die faulenzende Aristokratie, die rebhühnerschießenden, Entenjagden und Kornzölle liebenden rosigen Barone mit ihren frischen schmucken Gesichtern, wie die in Mammonsdienst versunkenen Baumwollherren, die fürchten in die Hölle zu geraten, wenn sie nicht Gold auf Gold häufen. Ja, es finden sich selbst unter den radikalsten Sozialisten keine Männer, welche das System des laisser-faire und all' die sogenannten Errungenschaften des Kapitalismus unbarmherziger und aufreizender an den Pranger gestellt hätten als Carlyle.

Ein Beispiel: „Vor den Assisen zu Stockport stehen ein Vater und eine Mutter und werden schuldig befunden, drei ihrer Kinder vergiftet

---

[1]) a. a. O. S. 241—245; Alfred, History of the factory movement. 1857.

[2]) v. Schulze-Gävernitz, Zum sozialen Frieden. Leipzig 1890. I. S. 77—291; P. Hensel, Th. Carlyle. Stuttgart. 1901; Fr. Engels, Die Lage Englands, im I. Bd. des literarischen Nachlasses von K. Marx, Fr. Engels und Fr. Lassalle, herausgegeben von Fr. Mehring. Stuttgart 1902. S. 461 ff.

zu haben, um eine Begräbniskasse um 3 Pfd. Sterling und 8 Schilling zu betrügen, die ihnen beim Tode eines jeden Kindes ausbezahlt werden mußten. Sie werden angeklagt, schuldig befunden und die amtlichen Behörden, flüstert man, deuten an, daß der Fall vielleicht nicht der einzige ist, und daß man vielleicht besser tut, wenn man dieser Sache nicht weiter nachforscht. . . . Solche Beispiele gleichen dem höchsten, dem Auge sichtbaren Bergesgipfel, unter welchem aber noch eine ganze, noch nicht sichtbar gewordene Gebirgsregion liegt. Menschliche Ehegatten hatten zu einander gesagt: Was wollen wir tun, um dem Hungertode zu entgehen? Wir sitzen hier tief in unserem finsteren Keller und die Hilfe ist weit. . . . Das Elternpaar von Stockport denkt: Unser armer kleiner Hungerleider Tom, der den ganzen Tag nach Nahrung schreit, der in dieser Welt nur Böses und nichts Gutes sehen wird, wäre gut aufgehoben, wenn er diesem Elende sofort entrissen würde. Er wäre dann tot, und wir andern würden dadurch vielleicht am Leben erhalten. Dies wird gedacht und angedeutet und endlich getan. Und nachdem der kleine Tom umgebracht und aufgezehrt ist, kommt der arme kleine Hungerleider Jack daran und dann der arme kleine Hungerleider Bill. Welch' ein Komitee der Wege und der Mittel!"[1]) Oder: „Was nützen Eure gesponnenen Hemden? Sie hängen hier zu Millionen unverkäuflich und hier sind wieder Millionen fleißige nackte Rücken, die sich vergebens danach sehnen. . . . Nur erst jetzt — in der Geschichte einer Erde, welche bis zu dieser Stunde überall Getreide wachsen läßt, wenn ihr sie pflügen wollt und Hemden liefert, wenn ihr sie spinnt und webt — hat der bloße zweihändige Arbeiter — mochte es mit anderen Arbeitern stehen wie es wollte — vergebens nach solchem Lohn geschrien, wie er unter gerechtem redlichem Lohne versteht, nämlich Nahrung und Kleidung! Das Göttliche konnte und kann nicht bezahlt werden, das Irdische aber konnte es stets. Gurth, ein bloßer Schweinehirt und geborener Leibeigener Cedriks des Sachsen hütete Schweine im Walde und bekam einige Abfälle von dem Fleische. Ja der vierfüßige Arbeiter hat bereits alles, was dieser zweihändige so laut begehrt! . . . Es gibt in ganz England kein zur Arbeit williges und taugliches Pferd, welches nicht seine gehörige Nahrung und Wohnung hätte und glatt gestriegelt und in seinem Herzen zufrieden umherginge. . . . Wäre es mit einer solchen erbärmlichen Welt, in welcher alle arbeitenden Pferde gut gefüttert werden und unzählige arbeitende Menschen fast verhungern müssen, nicht am besten, wenn man mit ihr ein Ende machte und sie ein für alle Mal

[1]) Vergangenheit und Gegenwart. Th. Carlyles Ausgew. Schriften, deutsch von Kretzschmar. VI. Leipzig 1856. S. 4.

den Jötunen, Schlammriesen, Eisriesen und chaotischen Tiergöttern wieder überlieferte? Für die alten anarchischen Tiergötter mag sie ganz gut sein, aber viel zu erbärmlich, als daß die Menschen sie noch länger mit ihrer Gegenwart beehren sollten."[1]) Das alles ist gewiß nicht die Sprache, die konservative Schriftsteller in der Regel führen.

Auch eine besondere Vorliebe für Landwirtschaft und Handwerk läßt sich bei Carlyle nicht nachweisen. Er geht nicht darauf aus, die wirtschaftliche Struktur, welche die Gesellschaft der Vergangenheit besaß, künstlich zu konservieren. Ihm kommt es nur auf die Gesinnung an, mit welcher und aus welcher heraus etwas unternommen wird. Und hier sind es allerdings nicht die Gesinnungen, leitenden Ideen und Abgötter der Gegenwart, die seinen Beifall finden. In seiner sozialpolitisch wertvollsten Schrift (Past and Present 1843) stellt er die tatkräftige, zweckmäßige, von starkem Glauben und tiefer Religiosität erfüllte Arbeit eines Abtes Samson, Beherrschers der Abtei Bury St. Edmonds, in packenden Kontrast zu dem gottlosen, selbstsüchtigen Mammonsdienste des Kapitalismus und seinen „laissez-faire"-Grundsätzen. Die Gesellschaft kann nur in „positiven Perioden" blühen und gedeihen, nur dann, wenn große Männer, Helden, mögen es Priester, Könige, Heerführer oder Dichter sein, all' ihre Kraft in selbstvergessenem Altruismus, „im Jenseits wurzelnd", für eine transcendentale Idee einsetzen. Diesen Heroen müssen die Massen in tiefer Ehrfurcht vertrauensvoll Folge leisten. Individualismus, Utilitarismus, Skepsis und Unglaube bedeuten Verfall und Zerstörung. Die liberalen und demokratischen Freiheiten, der ganze Parlamentarismus sind ihm ein Greuel. „Die Idee, daß die Freiheit eines Menschen darin besteht, daß er an den Wahlschranken seine Stimme abgibt und sagt: „Sehet, jetzt habe auch ich meinen zwanzigtausendstel Anteil an einem Schwätzer in unserem Nationalplapperment; werden nicht alle Götter mir gütig sein?" ist eine der ergötzlichsten.... Ganz besonders die Freiheit, welche sich durch gesellige Isolierung, oder mit anderen Worten, dadurch erkaufen muß, daß jeder Mann getrennt von dem anderen steht und weiter „kein Geschäft mit ihm" hat, als ein Cassakonto — dies ist eine Freiheit, wie die Erde sie nur selten gesehen, wie die Erde sich nicht lange gefallen lassen wird.... Diese Freiheit erweist sich, ehe sie noch lange in Tätigkeit gewesen und während noch alle Menschen jubelnd die Mützen emporwarfen, für die arbeitenden Millionen als die Freiheit, aus Mangel an Nahrung zu sterben, und für die müßigen Tausende

[1]) a. a. O. S. 21, 22.

und Einheiten als eine noch verhängnisvollere Freiheit, trotz des Mangels an Arbeit zu leben und keine ernste Pflicht mehr in dieser Gotteswelt zu erfüllen zu haben. . . . Liebe Brüder, wir wissen nach Jahrhunderten konstitutioneller Regierung immer nur erst sehr unvollkommen, was Freiheit und Sklaverei ist.“[1])

„Die wahre Freiheit eines Menschen, würdest Du sagen, bestehe darin, daß er den rechten Weg finde oder gezwungen werde, ihn zu finden und darauf zu wandeln; zu lernen und gelehrt zu werden, zu welcher Arbeit er wirklich tauge, und dann durch Erlaubnis, Überredung und sogar Zwang an diese Arbeit gestellt zu werden. . . . Du gestattest einem offenbar Wahnsinnigen nicht, über Abgründe hinwegzuspringen. Du verletzest seine Freiheit, Du, der Du klug bist und hältst ihn, wäre es selbst in einer Zwangsjacke, von den Abgründen fern. Jeder dumme, jeder feige und törichte Mensch ist nur ein weniger offenkundiger Wahnsinniger und seine wahre Freiheit wäre, daß jeder weisere und klügere Mensch durch metallene Halsbänder oder auf irgend welche sanftere oder härtere Art ihn, wenn er falsch geht, fassen und zwingen könnte, ein wenig richtiger zu gehen. . . . Die Freiheit verlangt neue Definitionen.“[2]) Also Autorität, nicht Majorität, eine Regierung der Weisesten, eine Aristokratie des Talentes, eine Verehrung der Helden, das ist für Carlyle der einzige Rettungsweg.[3])

Das Autoritätsprinzip soll auch in der Industrie Eingang finden. Die Fabrikanten müssen sich in „Hauptleute der Industrie“ verwandeln. Sie dürfen nicht mehr Leute sein, welche lediglich im Interesse ihres eigenen Gelderwerbs Arbeiter beschäftigen, sondern sie haben als die Offiziere der Arbeiter im Kampfe um bessere Lebensbedingungen aufzutreten. „Eure tapferen Schlachtenheere und Arbeiterheere müssen wie die anderen auf rechtmäßige Weise die Euren, sie müssen durch einen gerechten Anteil an der Eroberung unter Euch systematisch festgehalten und durch ganz andere und festere Bande als die eines zeitweiligen Tagelohnes zu Euren wirklichen Brüdern und Söhnen gemacht werden. Wie würden auch nur rotröckige Regimenter, geschweige denn Ritter, für Dich kämpfen, wenn Du sie am Abend der Schlacht gegen Bezahlung der stipulierten Schillinge ablohnen könntest und es ihnen freistünde, am Morgen mit Dir dasselbe zu tun! Chelsea-Hospitäler, Pensionen, Beförderungen, ein strenger dauernder Vertrag auf der einen Seite, wie auf der anderen, sind selbst für einen gemieteten Fechter unumgänglich notwendig.“[4]) „Schaut um Euch. Eure Weltenheere sind

[1]) a. a. O. S. 207. [2]) a. a. O. S 201. [3]) a. a. O. S. 33.
[4]) a. a. O. S. 260.

der Meuterei, der Verwirrung, der Entblößung verfallen und stehen am Vorabend verzehrenden Unheils und Wahnsinns. Sie wollen nicht weiter für Euch marschieren, für 6 Pence täglich und nach dem Prinzip von Angebot und Nachfrage. . . . Nicht als ein verworrener, verwirrender Haufen, sondern als eine festgegliederte Masse, mit wirklichen Hauptleuten über sich, wollen diese Männer fernerhin marschieren. Alle menschlichen Interessen, vereinten menschlichen Bestrebungen und sozialen Gestaltungen in dieser Welt haben in einem gewissen Stadium ihrer Entwicklung der Organisation bedurft, und jetzt bedarf ihrer die Arbeit, das großartigste aller menschlichen Interessen." Spezielle Reformmaßregeln werden von Carlyle, dessen ganzes Sinnen und Trachten den obersten, allgemeinen Ideen gehört, nur nebenbei gestreift. So spricht er sich z. B. für öffentliche Volksschulen, Fabrikgesetzgebung und Beförderung der Auswanderung durch den Staat aus, für eine „freie Brücke nach Amerika". Von der sonst den konservativen Sozialtheoretikern eigentümlichen Wertschätzung der Landwirtschaft ist bei Carlyle nichts zu finden. Die großen Erfindungen auf dem Gebiete der industriellen Technik betrachtet er mit staunender und bewundernder Ehrfurcht.

Diese Bußpredigten Carlyles haben in England tiefgehende Wirkungen erzielt. Nicht mit Unrecht sind die sog. „christlichen Sozialisten"[1]) von H. v. Nostitz geradezu als Chorführer Carlyles bezeichnet worden. Auch die „Jung-England-Bewegung", welche konservativ gesinnte Geistliche und Aristokraten für soziale Reformen begeisterte, steht zum Teil im Banne Carlylescher Ideen. Endlich hat John Ruskin, ein Schriftsteller, dessen Einfluß noch im Wachsen begriffen ist, von Carlyle entscheidende Anregungen empfangen.

24. John Ruskin (1819—1900).

Ruskin,[2]) der Sohn eines reichen Weinhändlers in London, hatte sich ursprünglich kunstwissenschaftlichen Studien gewidmet. Dabei stand ihm von jeher die Sittlichkeit über der Kunst. Als größtes Kunstwerk

[1]) Vgl. Brentano, Christlich-soziale Bewegung in England. J. f. G. V. VII. S. 737—807.

[2]) Aus den Werken Ruskins mögen hier nur diejenigen erwähnt werden, in denen die sozialreformerischen Gedanken im Vordergrunde stehen: Unto This Last (1860); Munera Pulveris (1862/63); The Crown of Wild Olive (1866); Time and Tide by Weare and Tyne (1867); Fors Clavigera (1871—1884). Eine Würdigung Ruskins als Sozialreformer enthalten Patrick Geddes, John Ruskin Economist (The Round Table Series, edited by H. Bellyse Baildon). Edinburg 1887; ferner das ausgezeichnete Buch John A. Hobsons: J. Ruskin, Social reformer,

galt ihm dasjenige, das dem Geiste des Beschauers auf irgend einem Wege die größte Zahl erhabener Ideen zuführt. Aber die Wirkung auf den Beschauer war ihm nicht allein maßgebend. Er forschte auch — und das war seine geniale Leistung — nach dem Einflusse, welchen die Kunst auf ihre Schöpfer, auf die Künstler und ihre Arbeiter selbst ausübt.[1]) So pries er die Gothik wegen des weiten Spielraumes, den sie in allen dekorativen Einzelheiten, in der Gestaltung der Pfeilerkonsolen und Kapitäle, der Kreuzblumen und Krabben, der Simse und des Maßwerkes der künstlerischen Individualität zugestand. Sie war eine Kunst tatsächlich freier Arbeiter. Nirgends herrschte mechanische Gleichheit. Mit voller Lust und Liebe, mit ganzem Herzen konnte der Arbeiter bei einem Werke verweilen, das seiner Phantasie und Gestaltungsgabe stets neue Aufgaben eröffnete. Solche Kunst, die Beschauer und Schöpfer adelt, wird zum vornehmsten Bildungsmittel der Menschheit.

Die Kunst ist an gewisse äußere Voraussetzungen geknüpft. „Die Kunst kann nur gedeihen bei einem Volke, das ein zufriedenes Leben führt, in reiner Luft, fern vom Anblick häßlicher Dinge und frei vom Zwange bloß mechanischer Arbeit." „Keine Kunst ist möglich, ohne die ursprünglichen Kunstschätze Gottes vor Augen zu haben: Flur, Blumen, See und Himmel." „Niemals gab es eine Kunst in einem Lande, in dem das Volk von blutsaurer Arbeit bleich war und vom Todesschatten welk, wo die Lippen der Jugend, statt rosig, abgezehrt vom Hunger oder angefressen vom Gifte waren." Von all' diesen unerläßlichen Vorbedingungen war im England der fünfziger Jahre für breite Schichten des Volkes nichts, wirklich garnichts vorhanden. Der Industrialismus hatte alles vernichtet. Der einst so wonnige liebliche Charakter der

2. ed, London 1899 und S. Saenger, Ruskin, Sein Leben und Lebenswerk. Straßburg 1901. Vgl. ferner die von Jakob Feis herausgegebenen, übersetzten und mit vortrefflichen Einleitungen versehenen Bruchstücke aus Ruskins Werken bei Heitz, Straßburg, insbesondere: „Was wir lieben und pflegen müssen" und „Wie wir arbeiten und wirtschaften müssen" und Einleitung zu „Wege der Kunst", I.

Von der bei E. Diederichs in Leipzig erscheinenden deutschen Ausgabe der „Gesammelten Werke" John Ruskins liegen zur Zeit vor: Bd. I. Die sieben Leuchter der Baukunst. Bd. II. Sesam und Lilien. Bd. III. Der Kranz von Olivenzweigen. Bd. IV. Vorträge über Kunst. Bd. V. Diesem letzten! Bd. VI/VII. Praeterita. Bd. VIII/IX. Die Steine von Venedig. Ruskin-Biographien lieferten neuerdings noch M. v. Bunsen, Ruskin, Sein Leben und Wirken. 1903; Charlotte Broicher, John Ruskin und sein Werk. I. Bd. 1902.

[1]) Vgl. das berühmte Kapitel „über die Natur der Gothik und das Amt des Handwerkers darin" in den Stones of Venice.

englischen Landschaft war vielerorts verunstaltet, das gesunde blühende Volk old merrie England's zu zerlumpten, schmutzigen, unwissenden, rohen, trunk- und schwindsüchtigen, engbrüstigen und hohläugigen Proletariern herabgedrückt. Hier bestand die erste Aufgabe darin, Land und Luft wieder rein, das Volk wieder gesund und schön zu machen. So wurde Ruskin aus einem Kunstschriftsteller der vielleicht interessanteste und erfolgreichste konservative Sozialtheoretiker des modernen England. Teilt Ruskin auch in wichtigen Beziehungen die Anschauungen, welche Carlyle über den herrschenden Mammonismus und die ihm entsprechenden politischen und sozialen Gebilde ausgesprochen hatte, so entbehrt er doch keineswegs der Originalität. Er dringt tiefer in das ökonomische Detail der Fragen ein und bemüht sich, konkrete Reformen teils literarisch vorzubereiten, teils persönlich durchzuführen.

Vor allem leugnet Ruskin, daß die Nationalökonomie nur wirtschaftliche Güter zu berücksichtigen habe, und daß diese mit der Geldwage richtig bewertet werden können. Es läßt sich zwar alles leicht in Geld verwandeln, Gesundheit, Schönheit, Sittlichkeit, aber die Rückverwandlung des Geldes in solche Güter ist äußerst schwer, oft unmöglich. Der Mensch ist in Wirklichkeit ein Wesen, das einen lebhaften natürlichen Betätigungsdrang besitzt, das gute Arbeit liebt, der Selbstaufopferung fähig ist, nicht nur von Gelderwerbsinteressen, sondern auch von Sympathiegefühlen beherrscht wird, nicht nur auf marktgängige Waren ausgeht, sondern auch auf Güter, die immaterieller Art und auf dem Markt nicht verkäuflich sind. Wie kann nun eine Wissenschaft zu richtigen Ergebnissen gelangen, welche den Menschen als eine von Habgier getriebene Gelderwerbsmaschine ansieht? Nun sagen zwar die Volkswirte: „Die sozialen Sympathiegefühle sind zufällige und störende Elemente der menschlichen Natur, Habsucht und Fortschrittsdrang hingegen wirken stetig. Scheiden wir also die veränderlichen Elemente aus, und betrachten wir den Menschen bloß als ein von dem Streben nach dem größtmöglichen Geldgewinn geleitetes Wesen, um die Gesetze des Ein- und Verkaufes zu entdecken, durch welche die größte Ansammlung von Reichtum erzielt werden kann. Sind diese Gesetze einmal gefunden, so steht es jedem frei, von dem störenden Elemente der Sympathiegefühle, soviel er mag, in die Rechnung einzuführen und die Abweichungen infolge veränderter Bedingungen sich klar zu machen.“ Das wäre ganz richtig, wenn die später einzuführenden Elemente von der gleichen Natur wären wie die zuerst geprüften Triebkräfte. Aber diese „störenden“ Elemente sind nicht von der gleichen Natur wie die konstanten. Sie wirken nicht mechanisch, sondern chemisch. Sie führen Eigenschaften ein, durch welche all' unser früheres Wissen nutzlos wird. Ruskin bestreitet nicht die Richtigkeit der Folgerungen, welche die politische Ökonomie auf Grund ihrer Voraussetzungen ableitet. Er hat für sie aber ebensowenig Interesse wie für eine Wissenschaft der Gymnastik, welche von der Annahme ausginge, daß Menschen keine Skelette hätten. Die Nationalökonomie ruht auf denselben Grundlagen. Sie nimmt nicht an, daß der Mensch kein Skelett habe, wohl aber, daß er nur aus Skelett bestehe und baut eine verknöcherte Fortschrittstheorie auf diese Ableugnung der Seele.[1]) Ruskin unternimmt es, die Fundamente für eine neue Theorie der Volkswirtschaft zu legen.

Vor allem muß sich der Volkswirt klar machen, einmal, welche Güter in der Tat nützlich sind und das Leben fördern, und dann, mit welcher Art und Menge von Arbeit sie hergestellt werden. Die herrschende Schule läßt sich von der Warenmenge blenden und kümmert sich viel zu wenig um die Produktionsmethoden. Sie erforscht nicht, mit welchen Opfern in Bezug auf Arbeitsdauer, Monotonie, Intensität und Gesundheit die Zunahme der Güter erzielt worden ist. Eine Steigerung des Wohlstandes, ein reeller Gewinn für das Leben liegt aber nur dort vor, wo der durch die Güterproduktion geschaffene Nutzen (die durch sie erreichte Lebensförderung) die Lebensaufopferung übertrifft, welche als Bedingung der Produktion auftrat.[2]) Der Geldpreis eines Gutes beweist nichts für dessen Wert. Damit ein Wert zustande kommt, müssen drei Voraussetzungen erfüllt sein: das Gut muß dem Menschen objektiv nützlich sein; der Mensch muß für den Nutzen das richtige Verständnis besitzen; das Gut muß quantitativ in der richtigen Proportion zum Bedarfe des betreffenden Subjektes vorhanden sein.[3]) Hier hat Ruskin Berührungspunkte mit der modernen Grenznutzentheorie. Eine Vermehrung des Wohlstandes kann nicht bloß durch Güterproduktion eintreten, sondern auch dadurch, daß über den Nutzen vorhandener Güter höhere Werturteile Platz greifen, oder daß durch eine veränderte Güterverteilung der Grenznutzen für die einzelnen erhöht wird. Das fände z. B. statt, wenn Güter, die jetzt ausschließlich von wenigen Leuten im Überfluß besessen und deshalb gering geschätzt werden, unter eine größere Zahl im genauen Verhältnisse zum wirklichen Bedarfe verteilt würden. Dieser Aktivseite des Güterwertes entspricht als Passivseite

---

[1]) Unto This Last. §§ 1—4.

[2]) Munera pulveris §§ 59—62; A Joy for ever § 31; The crown of wild olive. §§ 7, 8.

[3]) Munera pulveris §§ 12—20.

der Betrag der Kosten. Zur Ermittelung der wirklichen Kosten muß auch der Einfluß untersucht werden, welchen die betreffende Arbeitsleistung auf den Arbeiter selbst ausübt. Manche Arbeiten entwürdigen den Menschen, weil sie übermäßige Anforderungen an seine Kräfte stellen. Andere wieder schließen erhebliche Gefahren für Leib, Leben oder Sittlichkeit ein. Unter den Kostenbegriff ist nur diejenige Arbeit zu bringen, welche aufreibend und abstumpfend wirkt, welche unter häßlichen und schädlichen Umständen erfolgt und jeglichen erzieherischen, Geist oder Körper fördernden Charakters entbehrt. Solche Arbeit ist allein im wahren Sinne des Wortes Arbeit oder Lebenseinbuße (labour nach Ruskin gleich loss of life). Tätigkeiten, welche geistig oder körperlich heilsame Übungen einschließen, welche von mäßiger Dauer sind, für Geschicklichkeit und individuelle Wirksamkeit Raum gewähren, Charakter und Fähigkeiten entwickeln, sind nicht unter die Kosten zu rechnen. Sie beeinträchtigen ja das Leben nicht nur nicht, sondern sind selbst vornehmstes Lebensbedürfnis. Die Arbeit, welche ein kräftiger und tüchtig ausgebildeter Arbeiter während eines Arbeitstages von mäßiger Länge leistet, kann einen geringen Kostenbestandteil darstellen, während dieselbe Arbeit, wenn sie unentwickelten Kindern oder schwachen Frauen aufgebürdet wird, eine enorme Vergeudung von Lebenskraft zur Folge hat, also sehr hohe Kosten bedeutet. Man darf sich nicht dadurch irre machen lassen, daß der Unternehmer vielleicht für diese Arbeiten nur wenig zu bezahlen hat, daß ihm also die Arbeit billig zu stehen kommt.

Bei einer volkswirtschaftlichen Untersuchung der Produktionskosten ist genau zu ermitteln, in welchem Verhältnisse die Arbeitsleistung zu Rasse, Geschlecht, Alter, natürlichen Fähigkeiten, Ausbildung und Übung des Arbeiters steht. Außerdem ist die Länge der Arbeitszeit zu berücksichtigen. Selbst dem bestqualifizierten Arbeiter kann die an sich anregendste Arbeit zur Qual werden, wenn sie über eine bestimmte Zeitstrecke hinaus geleistet werden muß. Aus dem Gesagten geht hervor, daß es nach Ruskin eine Verminderung der Produktionskosten bedeutet, wenn die Menschen mit Sorgfalt zu Fleiß und technischer Leistungsfähigkeit erzogen werden; wenn die Arbeit so eingerichtet wird, daß sie selbst Interesse erweckt und unter günstigen Bedingungen (am besten in freier Luft oder in geräumigen, hellen, luftigen Werkstätten) auszuführen ist; wenn sie mit den körperlichen und geistigen Fähigkeiten des Arbeiters, mit seinen Anlagen und Neigungen möglichst übereinstimmt, und wenn sie endlich in Bezug auf die Dauer eine volle Erschöpfung ausschließendes Maß nicht überschreitet. Wenn innerhalb des Industrialismus die Einen bis zum Ruine ihrer Gesundheit sich plagen müssen, während Andere müßig gehen und dadurch verkommen, wenn zufolge der Arbeitsteilung und der Maschinen die Einen vorzugsweise rein mechanische, abstumpfende, nur bestimmte Muskeln in Anspruch nehmende Leistungen auszuführen haben, so daß ihre geistigen Anlagen unentwickelt bleiben, während die Anderen immer nur mit dem Gehirn arbeiten und dadurch die körperliche Gesundheit preisgeben, so ist das gewiß keine Ordnung der Dinge, welche sich durch niedrige Kosten auszeichnet. Es ist in vielen Fällen sogar sehr wahrscheinlich, daß durch diese Produktionsmethode mehr Leben vernichtet als entwickelt wird. Am schlimmsten steht es dort, wo auf diese unökonomische Weise Güter produziert werden, welche bei den Konsumenten leiblichen oder sittlichen Schaden stiften. Diese Voraussetzung trifft z. B. bei gewissen Mode- und Luxusartikeln, die ohne künstlerischen Wert nur der Eitelkeit dienen, tatsächlich zu. Auch des Alkohols wäre hier zu gedenken. Aus diesem Ideenkreis heraus ist die Stellung, welche Ruskin gegenüber dem Maschinenwesen einnimmt und die Vielen genügt, um Ruskin überhaupt nicht ernst zu nehmen, leicht verständlich. Er anerkennt nur diejenigen Maschinen, welche die Menschen von beschwerlichen Arbeiten erlösen, nicht aber solche, die Geist und Herz erfreuende Tätigkeiten vernichten. Ruskin hat nichts gegen die Verwendung von Wind und Wasser zu motorischen Zwecken einzuwenden. Verhaßt ist ihm allein die Dampfkraft.[1]) Die Erzeugung des Dampfes hat massenhaften Kohlenbedarf zur Voraussetzung. Die Kohlenförderung verdammt Hunderttausende dazu, tief im Schoße der Erde, wie Schatten der Unterwelt, in engen Stollen, die zu stets gebückter Körperhaltung zwingen und in denen oft eine gräßliche Hitze herrscht, die besten Stunden ihres Daseins zu verleben. Auch ist der ewige Qualm und Ruß der Fabrikstädte mit in erster Linie dafür verantwortlich zu machen, daß heute das Leben großindustrieller Arbeiter wie mit einem Trauerflor verhüllt erscheint. Die durch Dampfkraft und Maschinen geschaffene moderne Arbeitsweise hat einem großen Bruchteil der Arbeiterbevölkerung den wohltätigsten, edelsten und sittlichsten aller Genüsse geraubt: die Freude an der eigenen Arbeit. Nichts hat auf die Entwicklung sozialrevolutionärer Strömungen so mächtig eingewirkt, als dieser Mangel. Materielle Genüsse oder bessere Bildung beseitigen ihn nicht, sondern machen ihn nur noch fühlbarer. „Es ist weit besser, den Leuten höhere Arbeit zu geben, als eine Erziehung, die sie über ihre Arbeit erhebt."

---

[1]) Fors clavigera, letter LXXXV.

Der Zunahme des Industrialismus entspricht eine Abnahme der Landbevölkerung. Auch in dieser Erscheinung erblickt Ruskin ein Zeichen des Verfalles. Er kennt Frankreich und die Schweiz gut genug, um für die Bedeutung eines zahlreichen Bauernstandes volles Verständnis zu besitzen. Ja, die landwirtschaftliche Arbeit ist dem Menschen so heilsam, daß auch die oberen Klassen sich mit ihr befassen sollten,[1]) um die körperliche und geistige Gesundheit, welche durch ausschließlich geistige Funktionen aufs schwerste bedroht wird, dauernd zu behaupten. Zweierlei ist erforderlich, um eine Rückwanderung auf das Land in Fluß zu bringen. Einmal eine einschneidende Reform der Bodenbesitzverhältnisse, welche die Ausbildung eines zahlreichen bäuerlichen Erbpächterstandes ermöglicht. Dann aber auch eine Emanzipation von der geldwirtschaftlichen Wertungsweise. Man drängt sich jetzt in die Städte, weil dort leichter Geld zu verdienen ist und alles nur darauf bedacht ist, „Geld zu machen". Man kümmert sich nicht um die Luft, die dort geatmet werden muß, nicht um die Menschen, mit denen man verkehrt, nicht um die Wohnung, in der man haust, noch um die Bedingungen, unter denen die Kinder heranwachsen. Angesichts dieser Verirrungen muß der Mensch erst wieder den Segen des Sonnenscheins, die landschaftliche Schönheit, die Weite des Raumes und die Nachbarschaft, die Anhänglichkeit an Scholle und Heim, erquickende Arbeit und Muße zur Selbstbesinnung in ihrer wahren Wirksamkeit schätzen lernen.

Wie die ländliche Arbeit der Entwicklung des Körpers, so hat die gewerbliche Tätigkeit der Entfaltung der geistigen Kräfte zu dienen. Sie kann aus einer drückenden Last, die sie heute unter der Herrschaft des Fabrikwesens so oft darstellt, in Genuß verwandelt werden, wenn Kunst[2]) und Handwerk wieder mit einander wie in alter Zeit verknüpft werden. Selbst der einfachste Gebrauchsgegenstand, den Menschenhand hervorbringt, kann vom Zauberstab der Kunst berührt werden. Im Wesen eines jeden Menschen, auch des schlichtesten und ungeschliffensten, schlummern gewisse Anlagen. Auch bei dem Geringsten regt sich eine gewisse Phantasie, Empfindung und Geisteskraft, wenn auch schwach, zaghaft und schwankend. Den Beweis liefern die anmutigen Zierkunstarbeiten, die uns in den Erzeugnissen des gewerblichen Hausfleißes

[1]) Munera pulveris, § 109.

[2]) Zu beachten ist, daß Ruskin zur Kunst jegliche menschliche Arbeit rechnet, „welche mithilft, Sinn und Geist zu veredeln, sittliche Energie zu wecken, Begeisterung anzuregen und die Welt, worin wir leben, schöner zu gestalten". Vgl. Feis, Wie wir arbeiten und wirtschaften müssen. S. 20.

früherer Zeiten entgegentreten. Durch die Zerreißung von Kunst und Handwerk ist nicht nur das Arbeitsleben der großen Masse verödet, sondern auch die Kunst selbst in ihren Wurzeln bedroht worden. Die beste Nahrung am Haupte eines Baumes vermag nichts, wenn er an den Wurzeln stirbt. Die wahre Wurzel und Grundlage aller Kunst ruht im Handwerk. „Gibt es keine Möglichkeit, wirklich künstlerische Kraft und echtes künstlerisches Gefühl in zeichnerischen oder gewerblichen Betätigungen zu erkennen, wird die Kunst nicht im bescheidensten Gegenstand und Material anerkannt und als an sich ebenso wertvoll empfunden, wie die um soviel höher belohnte Kunst des Malers, — so kann die Verfassung der Künste keine gesunde sein; und wenn keine Künstler mehr im Handwerk zu finden sind, dann besteht die große Gefahr, daß sie auch aus den Künsten verschwinden, und statt dessen Fabrikanten und Händler werden."[1]) Die gewerbliche Praxis im Handwerk stellt für den Künstler eine tüchtige Übung der Fähigkeiten und ein sehr wertvolles Gegengewicht gegen die Überanstrengung der bloßen Gehirntätigkeit dar. Durch die Vereinigung von Kunst und Gewerbe wird den Arbeitern ihre Beschäftigung die größte Freude bereiten, die Freude, schöne Dinge zu schaffen. Um der Reform die Wege zu bahnen, muß das kaufende Publikum sich der unendlichen Häßlichkeit seines Lebens erst wieder bewußt werden und Sehnsucht nach guter Handarbeit empfinden. Die Herstellung wird am besten in Handwerkergenossenschaften erfolgen, durch eine Wiedergeburt der hohen Ideale, von denen das Zunftwesen in der Zeit seiner Blüte getragen war. Es kommt Ruskin nicht auf die Erhaltung oder Wiederbelebung des selbständigen Kleinbetriebes an, sondern nur auf die Verdrängung der geistlosen, schablonenhaften Maschinenarbeit durch eine künstlerisch veredelte Handarbeit. Ob diese in genossenschaftlichen oder anderen Großbetrieben erfolgt, ist von sekundärer Bedeutung.

Diese Gedanken Ruskins sind auf fruchtbares Erdreich gefallen. Eine mächtige, zu kühnen Hoffnungen berechtigende Bewegung leitet von ihnen ihren Ursprung ab. William Morris, Walter Crane, Cobden-Sanderson, Voysey u. a. haben Ruskins Theorien mit glänzendem Erfolge in die Tat umgesetzt und ihr Vaterland an die Spitze des kunstgewerblichen Aufschwunges gestellt.[2]) Aber auch auf dem Kontinente hat

---

[1]) W. Crane, Über das Wiederaufleben von Zeichnung und Handwerk. S. 2 in „Kunst und Handwerk, Arts and Crafts Essays. I. Die dekorativen Künste". Leipzig 1901.

[2]) Aber auch zur Verbesserung der Volksbildung haben Ruskins Anregungen geführt. Es ist eine Ruskin-Hall-Bewegung entstanden. Vgl. darüber Schayer,

die frohe Botschaft von der kunsterfüllten Arbeit begeisterte Jünger in dem Belgier Henri van de Velde, in den Deutschen O. Eckmann, Peter Behrens u. a. gefunden. Allerdings ist bis jetzt erst ein Satz des Programmes erfüllt: Der Künstler widmet sich wieder dem Gewerbe. Der zweite, sozial bedeutungsvollere, dem gewerblichen Arbeiter wieder künstlerische Betätigung zu erschließen, harrt noch der Verwirklichung.[1]) Ob aus diesen Strömungen eine dem herrschenden Industrialismus überlegene und ihn gründlich umgestaltende Kraft erblühen wird, das mag dahingestellt bleiben. Jedenfalls hat Ruskin die weitaus wirksamsten und scharfsinnigsten Beweisgründe auseinandergesetzt, welche zu Gunsten einer Wiedergeburt vergangener Produktionsmethoden in die Wagschale geworfen werden können.

Noch deutlicher als in den Bestrebungen zur Erneuerung der Handarbeit tritt seine konservativ-aristokratische Weltanschauung dadurch zu Tage, daß er überall den Massenkultus der Gegenwart bekämpft. Nicht Quantität, sondern Qualität lautet seine Losung. Es ist eine der hauptsächlichsten Schädigungen, denen wir durch die freie Konkurrenz ausgesetzt werden, daß sie die Verschlechterung der Qualität befördert. Der eine sucht da den anderen im Preise zu unterbieten und daraus entsteht dort, wo der Käufer die Eigenschaften der Ware nicht sofort richtig beurteilen kann, scheinbar eine fortschreitende „Verbilligung", in Wirklichkeit eine unausgesetzte Herabminderung der Qualität. Ruskin tritt für hohe Preis- und Lohntaxen ein. Kann die Konkurrenz nicht mehr auf den Preis drücken, wird sie sich notgedrungen auf die Verbesserung der Qualität werfen. Heute kann der schlechte Arbeiter seine Arbeit zum halben Lohnsatz anbieten und dadurch entweder die Stelle des guten Arbeiters einnehmen, oder diesen durch seine Konkurrenz zwingen, gegen unzulängliche Bezahlung zu arbeiten.

Auch jeder Bevölkerungszunahme, die nur auf Kosten der Gesundheit und Tüchtigkeit des Volkes erreicht wird, steht Ruskin feindlich gegenüber. Nicht möglichst viele Menschen, sondern eine möglichst große Zahl „breitbrüstige, helläugige und glückselige Menschen" aufzuziehen ist sein Ideal. Er tritt für Beschränkung der Verehelichungsfreiheit ein. Nur wer körperliche und geistige Tüchtigkeit erworben, soll als Belohnung die Erlaubnis zur Ehe erhalten. Je entschlossener man auf

---

Eine Arbeitshochschule in England. S. P. S. C. XI. S. 297; Brodnitz, Ruskin Hall in Oxford. J. f. N. St. LXXIX. S. 241; über das Ruskin-Museum in Sheffield und das Manchester Art-Museum: Die Museen als Volksbildungsstätten. Schriften der Zentralstelle für Arbeiter-Wohlfahrtseinrichtungen. Nr. 25. S. 71—93.

[1]) Vgl. Sombart, Mod. Kapitalismus. II. S. 457 ff.

die Verbesserung des menschlichen Typus ausgeht, desto eher werden die Bedingungen erzielt werden, welche eine Zunahme der Bevölkerung gestatten. „Ein Stück Land, welches nur zehn träge, unwissende und sorglose Menschen erhält, wird dreißig oder vierzig intelligente oder fleißige Menschen ernähren."

Ruskin ist ein Freund der Aristokratie. „Ein Vollblut-Adliger ... mehr noch eine Edeldame, ist eine große Schöpfung — eine bessere als die meisten Standbilder; denn zur Schönheit der Form gesellt sich die Schönheit der Farbe und dazu noch die Macht des Denkens; herrlicher Anblick und wunderbar im Verkehr; und wir können eine solche Schöpfung nicht haben, ebensowenig wie eine Kirche, oder Pyramide, wenn nicht viele Menschen opferbereit von ihrem Leben dazu beitragen. Und besser ist es vielleicht, einen edlen Menschen, als eine schöne Kuppel, oder einen schönen Turm zu bilden — und erfreulicher, den Blick ehrfurchtsvoll auf ein hoch über uns stehendes Wesen, als auf eine Mauer zu richten; nur hat ein solches schönes menschliches Wesen wiederum seine Pflichten — die eines lebendigen Turmes und Walls." „Ihr könnt niemals zu edel, Eure Gefolge niemals zu groß sein, seht aber zu, daß Euer Gefolge aus Vasallen besteht, die von Euch versorgt werden, nicht aus Sklaven, die Euch versorgen und Euch ernähren; daß die Menge, die Euch gehorcht, aus Menschen besteht, die von Euch getröstet, nicht unterdrückt, die von Euch erlöst, nicht unterjocht werden."

25. Die sozial-konservativen Theoretiker Deutschlands.

Verfolgt man die Entwicklung sozial-konservativer Ideen auf deutschem Boden, so ist zweierlei zu beachten. Einmal haben die Grundsätze des laisser-faire, die Unterordnung aller menschheitlichen Interessen unter das Prinzip des größtmöglichen Geldreinertrages in Deutschland niemals, weder in der Literatur, noch in der Praxis, diejenige Verbreitung gefunden, die ihnen in den Weststaaten zu teil geworden ist. Dem widersprachen die Humanitätsideale der klassischen Dichtung und Philosophie, die besten Traditionen des deutschen Beamtentumes und die Tiefe der geschichtlichen Bildung. Hier stand von Anfang an ein reiches Arsenal von Waffen gegen den Mammonismus zur Verfügung, das Carlyle mit scharfem Blick erkannt hatte, als er es unternahm, seine Landsleute zur Besinnung zu rufen. Sodann ist die Großindustrie erst in der zweiten Hälfte des neunzehnten Jahrhunderts zu nennenswerter Bedeutung gediehen. Wenn deutsche Volkswirte schon früher von Fabriken und Fabrikarbeitern sprechen, so waren es mehr Zustände des Auslandes (Englands, Belgiens oder Frankreichs), als heimatliche Erlebnisse, die ihnen zur Richtschnur dienten. Was die Konservativen Englands oder Frankreichs anstrebten, das besaß man noch in Deutschland. Während man dort agressiv werden mußte, um dem Siegeslaufe des Industrialismus und seiner Weltanschauung Einhalt zu gebieten, durften sich die Deutschen noch lange auf die Erhaltung und Verteidigung des Bestehenden gegen die eindringenden fremden Anschauungen beschränken. Es fehlte der Widerstand, der erst den großen Mann entstehen läßt. So zeigt uns die deutsche Wissenschaft eine Fülle vortrefflicher, konservativ gerichteter Volkswirte, aber keine literarische Erscheinung, welche an Sismondi, Carlyle oder Ruskin heranreicht.

Adam Müller, der Freiherr vom Stein, Niebuhr, Rau wenigstens in seinen jüngeren Jahren, J. G. Hoffmann, Th. Bernhardi, die Philosophen Fichte und Hegel, der Staatsrechtslehrer Stahl, sie alle[1]) verwarfen die Forderung schrankenlosen Wettbewerbes und die ganze atomistische Gesellschaftsauffassung, sie alle waren Freunde des städtischen und ländlichen Mittelstandes und betrachteten die Großindustrie mit unverhohlenem Mißtrauen. Adam Müller, von romantischer[2]) Begeisterung für das Mittelalter erfüllt, legte dar, „wie an Stelle der herzlichen Verbindung des Meisters mit dem Stande der arbeitenden Gesellen und der handreichenden Lehrlinge in der alten Werkstätte in der neuen Manufaktur kalt, kalkulatorisch und auf das reine Einkommen gerichtet ein Entrepreneur an der Spitze stehe". Rau hoffte noch 1821, es werde Deutschland gelingen, durch zeitgemäße Reformen des Zunftwesens den Eintritt in die Großfabrikation zu vermeiden. Bei Fichte führte die Abneigung gegen das englische Wirtschaftssystem und seinen Welthandel bereits zur Utopie des „Geschlossenen Handelsstaates". Hoffmann[3]) und Stahl[4]) pflichteten in der Beurteilung der Fabrikindustrie im wesentlichen Sismondi bei. „Vor allem ist da," erklärt Stahl, „wo noch ein blühender Gewerbestand besteht, derselbe keineswegs der glänzenden Fabrikindustrie (dem jetzigen Idole der Staaten und der öffentlichen Meinung) zum Opfer zu bringen, sondern vielmehr durch jedes (nicht naturwidrige) Mittel gegen sie in Schutz zu nehmen." Er

[1]) Vgl. Roscher, Geschichte der Nationalökonomie in Deutschland. 1874 S. 639 ff.; 28. und 29. Kap.

[2]) Charakteristisch für die Romantik ist es, daß viele ihrer litterarischen Vertreter praktische Landwirte zu werden strebten.

[3]) Nachlaß kl. Schriften. 1847. S. 170—211.

[4]) Rechts- und Staatslehre. 1846. II. 2. Abt. S. 30—87.

befürwortet die Erbpacht als rein privatrechtliches Verhältnis, damit in den Gebieten des vorherrschenden Großgrundbesitzes die Zeitpächter und Tagelöhner durch Erbpacht-Bauern verdrängt werden könnten. Es schwebt ihm also bereits eine Art innerer Kolonisation zur Verstärkung des ländlichen Mittelstandes vor, wie sie durch die neuere preußische Rentenguts-Gesetzgebung eingeführt wird. So lebhaft die meisten sozial-konservativen Schriftsteller Deutschlands für den Gedanken eintreten, einen möglichst zahlreichen Teil des Volkes der Landwirtschaft zu erhalten, so verwerfen sie doch die Grundsätze der freien Teilbarkeit und preisen, wie es später Le Play nach deutschen Vorbildern in Frankreich tat, als vornehmsten Hort eines gesunden Bauernstandes das Anerbenrecht. Die Begründung ist fast überall die gleiche. Die fortgesetzte Teilung müsse den Bauernstand proletarisieren, also den ländlichen Mittelstand zu grunde richten und die Konzentration des Bodeneigentums in wenigen Händen begünstigen. An Stelle der alten Hörigkeit gegenüber den Gutsherren werde eine weit schlimmere gegenüber den Wucherern treten. Eine Ausnahme von dieser in Norddeutschland herrschenden Ansicht machen der Rheinländer P. Fr. Reichensperger und der Süddeutsche Rau. Sie verteidigen, den Spuren Sismondis folgend, die freie Teilung gerade deshalb, weil sie das wirksamste Mittel darstelle, einen möglichst zahlreichen Bauernstand zu begründen. Auch ihrer Meinung nach ist die ländliche Bevölkerung die nützlichste im Staate. „Das unbewegliche Eigentum, von dem man lebt, gibt dem Gemüte eine einfache, sittliche, gesetzmäßige Stimmung, dem Geiste ein beharrliches Festhalten am Bestehenden, dem Charakter leidenschaftslose Ruhe und nüchterne Besonnenheit. Dieser entschiedene Hang der Besitzer von unbeweglichem Eigentume gibt ein herrliches Erhaltungsprinzip für die gesellschaftliche Ordnung, einen festen Stützpunkt ab, der den Staat in seinen Angeln erhält."[1])

Die Entwickelung der Eisenbahnen, die Wirkungen des Zollvereines und die erfolglosen Versuche zur Reform des Zunftwesens verschaffen in der zweiten Hälfte des Jahrhunderts dem Grundsatze des wirtschaftlichen Liberalismus größeren Beifall, und die Vertreter der Wissenschaft neigen zu optimistischen Beurteilungen der Industrie. In der Regel wird nur ein gewisses Gleichgewicht zwischen Ackerbau und Gewerbe-

---

[1]) Rau bei Bernhardi, Versuch einer Kritik der Gründe, die für großes und kleines Grundeigentum angeführt werden. St. Petersburg 1849. S. 442; P. Fr. Reichensperger, Die Agrarfrage aus dem Gesichtspunkte der Nationalökonomie, der Politik und des Rechts. Trier 1847. S. 308 ff.

fleiß erstrebt, so von W. H. Riehl,[1]) W. Kiesselbach[2]) und Wilhelm Roscher.[3]) Letzterer, vielleicht der angesehenste deutsche Volkswirt seiner Zeit, führt aus: „Der Ackerbau ist doch bei jedem kultivierten Volke die Grundlage der ganzen übrigen Wirtschaft. Seine Produkte haben im Durchschnitt eine viel größere Unentbehrlichkeit, als die des Gewerbefleißes, so daß sein Absatz von der Mode weniger zu fürchten braucht, vielmehr auf die Dauer vom Angebote selbst erzeugt wird. Ein Hinauswachsen des Gewerbefleißes kann deshalb nur in Staaten erfolgen, die bloß einen Teil ihrer Nation umfassen; oder es ist ein Element zwar vorübergehenden Glanzes, aber nachhaltiger äußerer und innerer Gefahr."

Noch bestand in der deutschen Volkswirtschaft ein solches Gleichgewicht in der Tat. Aber auch unter diesen Voraussetzungen konnte die Notwendigkeit nicht verkannt werden, den Industriearbeitern in unmittelbarer Weise zu Hilfe zu kommen. Konservative Schriftsteller wie Victor Aimé Huber und Hermann Wagener[4]) beteiligten sich an diesen Bestrebungen mit großem Eifer; der eine durch Förderung der genossenschaftlichen Gedanken im Sinne der „christlichen Sozialisten" Englands, der andere durch Eintreten für Arbeiterschutz und Arbeiterversicherung.

Als in den achtziger Jahren der Bauernstand durch die Agrarkrise schwer bedroht erschien und die Industrie allmählich das Übergewicht gewann, kam ein neuer, frischer Zug in die sozialkonservative Literatur. Unter dem Einflusse der Arbeiten von Miaskowski[5]) wurde das Problem des bäuerlichen Erbrechts wieder eifrig erörtert. Daran schlossen sich die Untersuchungen M. Serings und seiner Schüler über die Mittel und Wege einer „inneren Kolonisation"[6]) zur Verstärkung des ländlichen Mittelstandes im deutschen Osten. Großen Eindruck, namentlich in Laienkreisen, erregte das originelle und geist-

---

[1]) Die bürgerliche Gesellschaft. 2. Aufl. 1854.

[2]) Sozialpolitische Studien. Stuttgart 1862. S. 301—355.

[3]) System der Volkswirtschaft. II. Bd. 10. Aufl. 1882. S 61.

[4]) Vgl. dessen Memoiren „Erlebtes", Berlin 1884, und das von ihm herausgegebene Staats- und Gesellschaftslexikon. Berlin 1859/67. 23 Bde. Das unter dem Pseudonym O. Stein erschienene Buch: „Vergangenheit, Gegenwart und Zukunft der nationalen Wirtschaftspolitik", Bern u. Leipzig 1882, das von manchem Wagener zugeschrieben wird, rührt nach einer freundlichen Mitteilung des Herrn Dr. K. Walcker von Dr. A. Memminger, Redakteur der Neuen Bayr. Landeszeitung, in Würzburg her.

[5]) Erbrecht und Grundeigentumsverteilung im Deutschen Reiche. S. d. V. f. S. XX, XXV.

[6]) S. d. V. f. S. LVI.

reiche Buch von G. Hansen[1]) über die drei Bevölkerungsstufen, dessen Grundgedanken (vgl. oben S. 55) O. Ammon[2]) mit anthropologischen Methoden, Ballod mittelst der Bevölkerungsstatistik als richtig zu erweisen strebten. Adolf Wagner und Oldenberg wieder nahmen die Gedanken von Malthus auf und bekämpften aus sozial- und handelspolitischen Motiven den Übergang zum Industrieexport-Staate. Verwandten Bestrebungen dient die schriftstellerische Tätigkeit von Carl Jentsch[3]) und C. v. Massow,[4]) auf die Paul de Lagarde[5]) einen erheblichen Einfluß ausgeübt zu haben scheint.

Auch für die hervorragendsten Schriftsteller katholischer Richtung[6]) liegt der Schwerpunkt der sozialen Reform in der Erhaltung der Mittelstände. Als geeignetes Mittel dazu gilt ihnen eine korporative Organisation, welche, soweit es sich um gewerbliche Betriebe handelt, Arbeiter und Arbeitgeber zu vereinigen hat. Im einzelnen finden sich erhebliche Unterschiede, namentlich in bezug auf die mehr oder minder weitgehende Inanspruchnahme staatlichen Zwanges.

In der Beurteilung der politischen Fragen herrscht unter den Sozialkonservativen Deutschlands keine Übereinstimmung. Stahl, Hermann Wagener und Adolf Wagner zählen zu den politisch und kirchlich Konservativen strengster Observanz; andere huldigen einem gemäßigten Liberalismus.

---

1) Vgl. darüber und in betreff der folgenden Autoren die auf S. 55 genannte Literatur.

2) Die Bedeutung des Bauernstandes. 1894; Die Gesellschaftsordnung und ihre natürlichen Grundlagen. 1895.

3) Weder Kommunismus noch Kapitalismus. Leipzig 1893. Die Agrarkrisis. Leipzig 1899.

4) Reform oder Revolution. Berlin 1894.

5) Deutsche Schriften. Göttingen 1890.

6) Vgl. im allgemeinen: Wermert, Neuere sozialpolitische Anschauungen im Katholizismus innerhalb Deutschlands. Jena 1885; Turmann, Le developpement du catholicisme social. Paris 1900; v. Zwiedineck-Südenhorst, Lohnpolitik und Lohntheorie. Leipzig 1900, S. 112—142 (Die Lohnfrage im Lichte der katholisch-sozialen Literatur). Im einzelnen: Hitze, Kapital und Arbeit und die Reorganisation der Gesellschaft. Paderborn 1881; Ratzinger, Die Volkswirtschaft und ihre sittlichen Grundlagen. Freiburg i. B. 1881; Derselbe, Die Erhaltung des Bauernstandes. Freiburg 1883; v. Hertling, Aufsätze und Reden sozialpolitischen Inhaltes. Freiburg i. B. 1884; Derselbe, Kleine Schriften zur Zeitgeschichte und Politik. Freiburg i. B. 1897; Kempel, Göttliches Sittengesetz und neuzeitliches Erwerbsleben. Mainz 1901; Klopp, Die sozialen Lehren des Freiherrn v. Vogelsang. St. Pölten 1894; H. Pesch, S. J., Lehrbuch der Nationalökonomie. 1. Bd. Freiburg 1905; Die soziale Frage, beleuchtet durch die „Stimmen aus Maria-Laach". 17 Hefte; Staatslexikon, im Auftrage der Görres-Gesellschaft herausgegeben von J. Bachem. 2. Aufl. Freiburg.

26. Die antiindustrialistischen Strömungen in der russischen Literatur.[1])

Nachdem im 18. Jahrhunderte in Rußland teils von seiten des Adels, teils, im Interesse der Versorgung von Armee und Flotte, von seiten der Regierung Fabriken errichtet worden waren, wurde auch die Frage, ob man durch Schutzzölle die industrielle Entwicklung nach Kräften fördern und das englische System der Maschinenarbeit annehmen solle, schon in den ersten Jahrzehnten des 19. Jahrhunderts eifrig besprochen. Für Industrieschutz und Maschinensystem trat namentlich Mordvinow (1815) mit Argumenten ein, welche den von Friedrich List in Deutschland vorgetragenen vielfach entsprachen. Da es aber dem tonangebenden Adel in seiner überwiegenden Majorität doch mehr auf billigen Bezug ausländischer Industrieartikel ankam, so wurden die Zeitschriften der feudalen Intelligenz nicht müde, unter Hinweis auf die traurigen Zustände der Fabrikarbeiter in England und gestützt auf die Autorität des in Rußland hochgeschätzten Sismondi, die Verderblichkeit des Industriesystems und die Segnungen der Natural- und Agrarwirtschaft in den lebhaftesten Farben auszumalen. „Der Hauptvorzug des Ackerbauers vor dem Handwerker", hieß es im „Geist der Journale" 1819,[2]) „besteht darin, daß der erstere hinsichtlich des Lebensunterhaltes unverhältnismäßig gesicherter ist, als der letztere. Jener hat seine eigenen, von ihm selbst erzeugten Räder, Schuhe, Tuch; dieser muß alles kaufen.... Jener arbeitet nicht in geschlossenen Räumen, wie dieser, sondern stets in der frischen Luft.... Das gesundeste und heiterste Volk sind die Landleute.... Fabrikarbeiter sind meistenteils kränklich, schwindsüchtig, Krüppel, wassersüchtig und segnen frühzeitig das Zeitliche.... Die Arbeiten des Ackerbauers sind sehr mannigfaltig und erfordern viel Aufmerksamkeit, Vorsicht und Verstand.... Kein Volk ist raffinierter als ein ackerbautreibendes. Hierdurch erklärt sich der Umstand, daß sich die Ausländer über den natürlichen Sinn des russischen Volkes nicht genug verwundern können.... Und sollte der russische Bauer ein Arbeiter wie der ausländische werden, was wird

[1]) Vgl. für die folgenden Darlegungen hauptsächlich: v. Schulze-Gaevernitz, Volkswirtschaftliche Studien aus Rußland. Leipzig 1899. S. 173—243; Tugan-Baranowsky, Geschichte der russischen Fabrik. Berlin 1900. S. 319 bis 371, 589—626. Wl. Simkhowitsch, Die sozialökonomischen Ideen der russischen Narodniki. J. f. N. St. LXIX. S. 641—678; Issaieff, Sozialpolitische Essais. Stuttgart 1902.

[2]) bei Tugan-Baranowsky a. a. O. S. 336.

dann aus seinem natürlichen Sinn werden! Der Arbeiter hingegen befaßt sich mit irgend einem unbedeutenden Teil der Fabrikproduktion.... Durch die Arbeitsteilung wird die Vervollkommnung der Erzeugnisse begünstigt, — — aber durch sie wird auch der Arbeiter zur Maschine. Bei der Fabrikarbeit braucht er nichts zu überlegen, nichts zu kombinieren. Sein Verstand wird stumpf, seine menschliche Natur erniedrigt.... Hat der Landmann einen Kern vergraben, so erwartet er dessen Keimen und Befruchtung von oben.... Ein ackerbautreibendes Volk ist das andächtigste und zu gleicher Zeit friedfertigste, mächtigste und gesittetste Volk. Es ist auch in höchstem Grade dem Kaiser gehorsam.... Der Arbeiter erwartet nichts von Gott, sondern alles von der Maschine; und würde Gott über ihn keine Krankheiten verhängen, so möchte sich dieser schwerlich an den Allmächtigen erinnern. Das Zusammenleben einiger hundert oder tausend Arbeiter, die stets beisammen sind und gemeinschaftlich arbeiten, ohne Eigentum zu besitzen, nährt in ihnen den Geist der Empörung und des Aufruhrs."

Etwas freundlicher standen die sogenannten Slavophilen der gewerblichen Entwicklung gegenüber. Aber auch sie waren der Fabrik nicht hold und bevorzugten das bäuerliche Kleingewerbe (Kustari). „Das Gedeihen der Gewerbe", schrieb Kirčevsky im „Moskoviter" 1845,[1]) „wird nicht durch das Stadtleben bedingt, welches hinsichtlich der geschichtlichen Entwicklung sowie des Charakters des Volkes und des Landes, dem russischen Volkswesen nicht eigen ist. Das Stadtleben ist schwerlich für die Entwicklung des Volkes eine Notwendigkeit.... Das Volk soll sein landwirtschaftliches Leben weiter führen, sein Wohlstand muß aber gehoben werden. Es soll auch weiter, in seiner Familie verbleibend, sich mit Handwerk, Gewerbe, Handel, Manufaktur befassen, ohne daß dabei diese Gewerbezweige, wie es im Auslande geschieht, in dem gewöhnlich demoralisierenden städtischen Milieu konzentriert werden." Diese Anschauungen fanden in dem berühmten Werke des preußischen Barons von Haxthausen unbedingte Zustimmung. Ja er ging in der Glorifikation russischer Zustände sogar noch weiter als die russischen Schriftsteller selbst und erblickte in den auf der Zwangsarbeit der Leibeigenen beruhenden adeligen „Possessionsfabriken" und in dem Kollektiveigentum der leibeigenen Dorfgemeinde (Mir) die Verwirklichung der erhabendsten Ideen des St. Simonismus.

Obwohl auch Kankrin, der Finanzminister des Kaisers Nikolaus I., theoretisch durchaus auf dem Boden dieser Ideen stand, befolgte er

---

[1]) a. a. O. S. 345.

tatsächlich, unter dem Drucke der realen Staatsnotwendigkeiten stehend, eine Politik der industriellen Protektion.

Im Zeitalter der liberalen Reformen Alexanders II. fingen zahlreiche Volkswirte Rußlands an, den Lehren des Manchestertums zu huldigen. Bastiat galt als der maßgebende Schriftsteller. Umso schärfer fiel bald die literarische Reaktion gegen die Einführung des westeuropäischen Wirtschaftssystems aus. Herzen[1]) und Tschernischewsky,[2]) auf politischem Gebiete Männer des radikalsten Fortschrittes, begannen, auf literarisch faszinierende Weise, in ökonomischer Hinsicht wieder die Gedanken des russischen Adels aus der nikolaitischen Periode zu verteidigen. Zukunft und Heil des russischen Volkes liegt nicht in der Nachahmung des Westens, sondern in der Pflege der dem russischen Volksgeiste eigentümlichen Organisationen des Mir und der Artelj (Assoziationen).

Als Fortsetzung dieser Ideen entstand schließlich unter der Führung von Woronzoff, Michajlowski und Lawroff[3]) die Lehre der Volkstümler (Narodniki). Dieser „Narodnitschestwo" zufolge ist die kapitalistische Entwicklung für Rußland nicht nur unheilvoll, sondern wie sich namentlich Nikolai-on darzutun bemühte, auch unmöglich. Der russischen Volkswirtschaft liegen aber Kräfte zu Grunde, die es ihr ermöglichen werden, ohne den kapitalistischen Entwicklungsweg Europas durchzumachen, sofort die sozialistische Gesellschaftsordnung zu erreichen. Diese Kräfte sind die bäuerliche Gemeinde, die Artelj, das Fehlen der Bourgeoisie als Klasse. So gelangte der politische Radikalismus schließlich auch auf ökonomischem Gebiete zu seinem Rechte, zu einem nationalromantischen Sozialismus. Mit dem ökonomischen Materialismus von Marx vertrug sich diese Lehre allerdings schlecht genug. So sah man sich genötigt, gegenüber der „kausalen" oder „objektiven" Methode eine „subjektive" Methode der Soziologie zu entwickeln, nach welcher der Fortschritt als das Werk der kritischen Intelligenz, der großen Ziele setzenden Persönlichkeiten und Individualitäten erscheint. Insofern haben die Narodniki manchen schätzenswerten Beitrag zur Kritik des Marxismus geliefert. Im übrigen aber liefert gerade die ökonomische Entwicklung Rußlands einen gewichtigen Beweis für den Marxismus gegen die Narodnitschestwo. Alle Macht der „kritisch denkenden Per-

[1]) Gr. Jollos, A. Herzens sozialpolitische Ideen. J. f. S. V. XVII. S. 119 bis 141.

[2]) Plechanow, N. G. Tschernischewsky. Stuttgart 1894; Tschernyschewsky, L' économie politique jugée pas la science. Bruxelles 1874.

[3]) Historische Briefe, deutsch. Berlin 1901.

sönlichkeiten" hat nicht zu hindern vermocht, daß Rußland immer mehr dem industriellen Kapitalismus anheimgefallen ist.[1]) Den Neo-Marxisten P. v. Struve und Tugan-Baranowsky fiel es deshalb nicht allzu schwer, die Narodniki um allen wissenschaftlichen Kredit zu bringen.[2])

Drittes Kapitel.

Sozialkonservative Politik.

27. Der Bonapartismus.

Wie erinnerlich, war es Sismondi, also ein französischer Schweizer, gewesen, der sich um die wissenschaftliche Grundlegung der sozialkonservativen Politik die größten Verdienste erworben hatte. Die damals in Frankreich maßgebenden Ultra's haben aber nur einen Teil seiner Gedanken angenommen: seine Kritik der Fabrikindustrie. Sie bot ihnen den willkommenen Deckmantel für Bestrebungen, welche lediglich die Wiedergeburt des aristokratischen Einflusses im alten Umfange bezweckten. Während Sismondi für die Grundsätze der freien Teilung und Gleichberechtigung der Erben eintrat, um einen möglichst zahlreichen Bauernstand zu gewinnen, legte Graf Peyronnet als Justizminister des reaktionären Kabinettes Villèle der Pairskammer 1826 einen Gesetzentwurf vor, welcher durch Begünstigung des Anerbenrechtes weitere Teilungen aufhalten sollte.[3]) Es gelang indes nicht einmal in der Pairskammer dem Entwurfe eine Mehrheit zu verschaffen. Ebenso geringer Erfolg war den Versuchen beschieden, welche namentlich unter Führung der Pariser Baugewerbe zur Wiedereinführung des Zunftwesens stattfanden. Unter Louis Philippe, dessen Regierung die Großindustrie ebenso sehr begünstigte, wie die Restauration den Grund-

[1]) Wittschewsky, Rußlands Handels-, Zoll- und Industriepolitik von Peter dem Großen bis auf die Gegenwart. Berlin 1905.

[2]) Einige Verwandschaft mit den Lehren der Narodniki, allerdings ohne den spezifisch russisch national-romantischen Zug, zeigen die Werke von P. Kropotkin, insbesondere „Landwirtschaft, Industrie und Handwerk". Berlin 1904.

[3]) Vgl. die ausgezeichnete Darstellung dieser Vorgänge bei Brentano, Gesammelte Aufsätze. I. Bd. Stuttgart 1899. S. 51—109.

adel, machte die kapitalistische Entwicklung gewaltige Fortschritte. So begann die industrielle Arbeiterklasse namentlich in den großen Städten bereits einen wichtigen Faktor des öffentlichen Lebens darzustellen; ja, in Paris bemächtigte sie sich infolge der Februarrevolution sogar der Herrschaft.[1]) Diese mußte freilich sofort zusammenbrechen, nachdem Wahlen auf Grund des allgemeinen Stimmrechtes vorgenommen worden waren. Bauern und Handwerker bildeten die große Mehrheit der Bevölkerung. Ihren Interessen entsprach aber nicht ein sozialdemokratisches, sondern ein sozialkonservatives Regiment. Da Louis Napoleon in verständnisvoller Weise diesem Bedürfnisse zu gerecht zu werden wußte, gelang es ihm, die Kaiserkrone zu erwerben. Oft nannte er sich einen „Bauernkaiser".[2]) Seine Regierung wollte der vernachlässigten Landwirtschaft wieder den gebührenden Rang unter den großen Interessen des Landes anweisen. Der treueste Freund des Kaisers, der Herzog von Persigny, nahm häufig an landwirtschaftlichen Festlichkeiten teil und pries die Unschuld, Treue und Genügsamkeit der Bauern im Gegensatze zu der Unruhe und dem Ständehasse der Städte. Zahlreiche landwirtschaftliche Vereine wurden begründet, Ausstellungen veranstaltet, tüchtige Landwirte mit Orden dekoriert. Die Volksschule hatte für Pflege der landwirtschaftlichen Bildung zu sorgen. Kredit- und Versicherungsanstalten für das flache Land traten ins Leben. In der Gascogne wurden ungefähr 275 000 ha öden Bodens urbar gemacht und an kleine Landwirte ausgeteilt. Der Kaiser legte Mustergüter an und veranstaltete 1866 eine große Agrar-Enquete. Im englisch-französischen Handelsvertrage wurde zu Gunsten der Weinbauern eine Reduktion des englischen Zolles von 159 Frcs. auf 27,53 Frcs. erzielt.

Noch größer waren die Anstrengungen, welche unternommen wurden, den Beschwerden der Arbeiter abzuhelfen und sie mit der bestehenden Ordnung zu befreunden.[3])

---

[1]) K. Marx, Die Klassenkämpfe in Frankreich 1848 bis 1850. Mit Einleitung von Fr. Engels. Abdruck aus der Neuen Rheinischen Zeitung. Berlin 1895; Derselbe, Der achtzehnte Brumaire des Louis Bonaparte. 3. Aufl. Hamburg 1885. S. 97 ff.

[2]) Treitschke, Historische und politische Aufsätze. N. F. Erster Teil. Leipzig. 1870. S. 285 ff.; G. Adler, Die imperialistische Sozialpolitik. Tübingen 1897.

[3]) Des idées Napoléoniennes par le Prince Napoléon Louis Bonaparte. Bruxelles 1839. S. 20, 25; Lexis, Gewerkvereine und Unternehmerverbände in Frankreich. 1879 (S. d. V. f. S. XVII). S. 140; Treitschke a. a. O. S. 163—169, 273 ff.; Herkner, Die Baumwollindustrie des Ober-Elsaß. Straßburg 1887. S. 241—260.

Napoleon hatte in seinen Prätendentenschriften ausgeführt, daß die napoleonische Idee in die Hütten gehe, nicht um den Armen die Erklärung der Menschenrechte zu bringen, sondern um ihren Hunger zu stillen, ihre Schmerzen zu lindern. „Die arbeitende Klasse“, schrieb er damals, „besitzt nichts, es handelt sich darum, ihr Eigentum zu verschaffen. Sie hat nur ihre Arme und diesen muß eine für alle nützliche Beschäftigung gewährt werden. Sie steht wie ein Volk von Heloten inmitten eines Volkes von Sybariten. Man muß ihr einen Platz in der Gesellschaft schaffen und ihre Interessen mit dem Boden verknüpfen. Sie ist ohne Organisation, ohne Band, ohne Recht, ohne Zukunft; man muß ihr Recht und Zukunft verschaffen und sie in ihren eigenen Augen erheben durch Assoziation, Erziehung und Disziplin. Um aber das Volk der Erfüllung seiner Wünsche entgegenzuführen, sei ein Mann notwendig, in dem die Demokratie sich personifiziere, der das Gute aus den sozialistischen Ideen nehme, um es der Revolution zu entziehen und in die regelmäßige Ordnung der Gesellschaft einzufügen.“ Als Präsident erklärte er in einer Rede zu St. Quentin den Arbeitern: „Ich bin glücklich, unter euch zu sein, und mit Vergnügen suche ich immer die Gelegenheit, mit diesem großen und edlen Volke in Berührung zu kommen, das mich erwählt hat; denn — jeder Tag beweist mir das — meine aufrichtigsten und ergebensten Freunde sind nicht in den Palästen, sie sind in der Strohhütte, sie wohnen nicht in goldgeschmückten Räumen, sie wohnen in den Werkstätten und auf dem Felde.“ Man darf Napoleon das Zeugnis nicht vorenthalten, daß er als Kaiser die St. Simonistischen Ideale seiner Sturm- und Drangperiode in gewissem Sinne zu verwirklichen gestrebt hat. Das Hilfskassenwesen der Arbeiter wurde überall gefördert, die Verwaltung der zahlreichen alten Wohltätigkeitsanstalten erfuhr vom Staate eine zweckmäßige Neuordnung, eine Unzahl neuer Stiftungen wurden ins Leben gerufen, darunter Krippen für Arbeiterkinder und Asyle für verstümmelte und genesende Arbeiter, „damit die Invaliden der Werkstatt mit den Invaliden des Schlachtfeldes gleichgestellt würden“. Die Freigebung des Bäcker- und Schlächtergewerbes sollte die Lebensmittel verbilligen. Besondere Aufmerksamkeit wurde der Wohnungsfrage geschenkt. Arbeiterquartiere mit öffentlichen Bädern wurden mittels starker Zuschüsse aus Staatsmitteln erbaut. Um den arbeitenden Klassen lohnende Beschäftigung zu sichern, wurde in Paris sowohl wie in den größeren Provinzialstädten eine großartige Bautätigkeit hervorgerufen und begünstigt. Arbeiter erhielten aus öffentlichen Mitteln und aus der kaiserlichen Privatschatulle Unterstützungen zum Besuche von Industrieausstellungen. Im Laufe der 60er Jahre begünstigte der Kaiser auch die Fachvereine und Genossenschaften. Das Koalitionsverbot fiel. In Zeiten wirtschaftlicher Krisen, wie während des nordamerikanischen Bürgerkrieges, schenkte die Regierung den Arbeitslosen ihren Beistand. Man bemühte sich, die Fabrikanten von umfangreichen Entlassungen abzuhalten; man beschäftigte die brotlos Gewordenen an öffentlichen Bauten und gewährte beträchtliche Unterstützung. Der Kaiser ließ aus Privatmitteln Gelder an die Hilfskassen verteilen, „damit diese nützlichen Vereine nicht etwa dadurch zu Grunde gingen, weil ihre feiernden Mitglieder keine Beiträge mehr zu entrichten vermöchten".

Ob dieses System zu einem gewissen Erfolge geführt haben würde, wenn die physische und geistige Kraft seines Trägers länger erhalten geblieben, und der deutsch-französische Krieg nicht ausgebrochen wäre, das sind Fragen, deren Natur eine bestimmte Antwort ausschließt.[1])

Jedenfalls stellt das zweite Kaiserreich einen erheblichen Versuch dar, Frankreich auf Grund sozialkonservativer Prinzipien zu regieren.

In der dritten Republik hat die Zersplitterung der konservativ gerichteten Parteien in Legitimisten und Bonapartisten, neuerdings in Nationalisten, in republikanische und monarchistische Katholiken keine

---

[1]) Vgl. zur Beurteilung Napoleons noch K. Hillebrand, Frankreich und die Franzosen. Berlin 1873. S. 203, 204; L. Bamberger, Charakteristiken. Berlin 1894. Zu beachten ist ferner die Kennzeichnung Napoleons durch Bismarck: Ich habe den Eindruck, daß der Kaiser Napoleon ein gescheidter und liebenswürdiger Mann, aber so klug nicht ist, wie die Welt ihn schätzt. . . . Ich glaube, daß er froh ist, wenn er etwas Gutes in Ruhe genießen kann; sein Verstand wird auf Kosten seines Herzens überschätzt; er ist im Grunde gutmütig und es ist ihm ein ungewöhnliches Maß von Dankbarkeit für jeden geleisteten Dienst eigen." Gedanken und Erinnerungen. I. S. 155.

„Für den Kaiser", schrieb H. v. Kretschmann in seinen Kriegsbriefen aus den Jahren 1870—71, Berlin 1903, S 191, 192, „tritt nirgends die geringste Sympathie, nicht einmal Mitleid hervor. Und doch, was hat dieser Mann getan. Jedes Dorf, und wäre es noch so klein, hat seine Chaussee, kann also seine Produkte bequem absetzen. Fragt man, so ist es immer der Kaiser, der es machte .. In den kleinsten Städten findet man öffentliche Waschanstalten, öffentliche Badehäuser: vom Kaiser eingerichtet; umfangreiche Institute, um dem verarmten und kranken Arbeiter zu helfen: vom Kaiser. Genug, wo man eine Einrichtung findet, von der man meint, sie müsse nachgeahmt werden, so kann man schon im voraus behaupten, sie stammt vom Kaiser. Und das vergißt dies Volk so, daß es heute schon nicht mehr gewußt wird. Ich glaube, der Kaiser hatte den Fehler der Dankbarkeit Die Kreaturen, die ihm beim Staatsstreich halfen, hätte er, nachdem er Kaiser war, einfach beseitigen müssen . . . sie mußten verhindert werden, dem Kaisertume den Boden unter den Füßen wegzuziehen."

konservative Politik höheren Stiles, sondern lediglich ein industriell-agrarisches Hochschutzzollsystem Méline aufkommen lassen.

Immerhin hat sich auf dem Gebiete des Arbeiterschutzes der legitimistisch-katholische Graf de Mun erhebliche Verdienste erworben.[1]) Größern Einfluß als Regierungs- und Parteipolitik hat aber die Tatsache der langsamen Volksvermehrung ausgeübt. Sie ist vor allem in Betracht zu ziehen, wenn man den konservativen Charakter der französischen Volkswirtschaft erklären will. Da der spärlich fließende ländliche Bevölkerungsstrom auf dem Lande selbst relativ leicht Verwendung findet, so erhält die Industrie nicht diejenige Menge von Arbeitskräften, welche notwendig wäre, um ihr eine die übrigen Wirtschaftszweige überragende Stellung zu verschaffen. So hat sich jenes Gleichgewicht zwischen industrieller und agrarischer Bevölkerung erhalten, welches so vielen deutschen Theoretikern als Ideal gilt. Die starke Vertretung des ländlichen Mittelstandes unterstützt die Erhaltung mittlerer Betriebe auch im Gewerbe.

28. Die ökonomischen Forderungen der englischen Chartisten.

Bei der schwachen Vertretung des Bauernstandes in England mußten die sozialkonservativen Bestrebungen entweder zu einer einseitigen Begünstigung des großen Grundadels, oder zu radikalen Angriffen auf die überlieferte Grundeigentumsverteilung führen. Bis zur Wahlreform im Jahre 1832 beherrschte die Grundaristokratie das Parlament. Die Folge war, daß durch Getreidezölle die Preise der landwirtschaftlichen Produkte hoch genug erhalten wurden, um auch noch den Anbau des schlechtesten Bodens rentabel zu machen. Diese Zustände haben aber den ohnehin spärlichen Bauernstand nicht nur nicht erhalten, sondern geradezu vernichtet.[2]) Seit 1760 ging die Zahl der Bauernstellen unaufhaltsam zurück. Maßgebend waren einmal die „Einhegungen der Gemeindeländereien". Die im Parlamente allmächtigen Grundeigentümer eigneten sich durch besondere Akte der Gesetzgebung diese ursprünglich im Kollektivbesitz der Gemeinden befindlichen Ländereien an, zwischen 1710 und 1843 nicht weniger als 7 353 000 Acres.[3]) Dadurch wurde die Wirtschaftsführung namentlich

---

[1]) Turmann, Le Développement du catholicisme social. Paris 1900. S. 242—261.

[2]) Vgl. Brentano, Gesammelte Aufsätze. I. Bd. 1893. S. 210—222.

[3]) Shaw-Lefevre, Essays on English and Irish Land questions S. 199.

der kleinen Bauern, deren Viehhaltung auf der Inanspruchnahme der Gemeindeweiden beruhte, schwer gefährdet. Sodann vernichtete die aufstrebende Fabrikindustrie die Möglichkeit, eine gewinnbringende gewerbliche Nebenbeschäftigung zu betreiben. Da die Preise des Bodens gewaltig stiegen, so war die Versuchung groß, den Besitz zu verkaufen und mit dem Erlös entweder eine Pachtung zu übernehmen, oder in die Stadt zu ziehen und Handel oder Gewerbe zu betreiben. Schließlich wurden auch viele Bauern und Pächter, welche während der Kontinentalsperre zu abnorm hohen Preisen gekauft oder gepachtet hatten, durch den Preisfall, der nach dem Friedensschlusse eintrat, ruiniert. Angesichts dieser Erscheinungen kann kaum angenommen werden, daß die Kornzölle den Übergang Englands zum überwiegenden Industriestaate in nennenswerter Weise verzögert hätten. Im Gegenteil. Die Auflösung der Bande, welche vordem noch einen Teil der Landbevölkerung mit dem Boden verknüpfte, hatte der Industrie zahlreiche Arbeitskräfte in die Arme getrieben. Diese Verhältnisse wurden von Sismondi richtig erfaßt. Er sprach deshalb, ganz im Gegensatze zu der kritiklosen Bewunderung der Landwirtschaft Englands, die damals noch bei den meisten Volkswirten im Schwunge war, eine schneidende Verurteilung der britischen Grundeigentumsverfassung und Agrarpolitik aus.[1])

Als durch die Wahlreform der Einfluß der industriellen Gesellschaftsklassen gesteigert worden war, wurde das System der Kornzölle allmählich auch politisch unhaltbar. Eine gewaltige Bewegung kam unter der Führung von Cobden und Bright in Fluß, welche 1847 den Führer der Konservativen, Robert Peel selbst, veranlaßte, den Übergang zum Freihandel zu vollziehen.

Obwohl die Kornzölle einen Druck auf die Lohnarbeiter ausübten und die bürgerlichen Führer der Antikornzoll-Liga mit Vorliebe im Namen der Arbeiter die künstliche Brotverteuerung bekämpften, hat sich die Arbeiterschaft diesen Bestrebungen gegenüber doch merkwürdig zurückgehalten. Ja, es kam sogar vor, daß Versammlungen der Liga durch Arbeiter gestört wurden. Die Führer im Kampfe um Abschaffung der Kornzölle waren eben Männer, welche sonst den Bestrebungen der Arbeiter auf dem Gebiete des Arbeiterschutzes und der Gewerkvereine erbitterten Widerstand leisteten. Sodann wurden die Kornzölle angegriffen, weil sie die Ausdehnung des englischen Industrieexportes aufhielten. Nun

---

[1]) Nouveaux principes, livre III, chap. VIII. Vgl. jetzt auch H. Levy, Die Not der englischen Landwirtschaft zur Zeit der hohen Getreidezölle. Stuttgart 1902.

war aber die große Mehrheit der Arbeiter von glühendem Hasse gegen die Großindustrie beseelt. Sie wünschten nichts weniger als eine Ausbreitung der Industrie. Und so verderblich die Kornzölle in vielen Beziehungen sich erwiesen hatten, die Besorgnis erschien nicht unbegründet, daß der Übergang zum Freihandel die großen Weidewirtschaften und die Freisetzung zahlreicher Landarbeiter für die Industrie noch beschleunigen würde.

Die zu selbständiger Politik vorgedrungenen Arbeiter, die sogenannten Chartisten, steckten sich andere Ziele. Sie strebten in erster Linie danach, durch demokratische Verfassungsänderungen einen maßgebenden Einfluß auf die Staatsgewalt zu erlangen. Insofern sind ihre Bemühungen gewiß nicht konservativ, sondern radikal-demokratischer Natur. Man hat sie deshalb zu einer sozialdemokratischen Arbeiterpartei stempeln wollen. Untersucht man aber, welchen Gebrauch diese Arbeiter von der Staatsgewalt zu machen beabsichtigten, so tritt der sozialkonservative Kern ihres Programmes klar zu Tage. Die Regierung sollte 100 Millionen Pfd. Sterling aufnehmen, dafür Land ankaufen und es in kleinen Losen von 2 Acres verkaufen. So befremdlich es klingen mag, die Chartistenbewegung war die gewaltigste Volksbewegung sozialkonservativer Art, die England im neunzehnten Jahrhundert erlebt hat.

Gegen Ende des achtzehnten und zu Anfang des neunzehnten Jahrhunderts hatten die vom Fabrikwesen bedrohten Hausindustriellen und Arbeiter um Aufrechterhaltung der alten Lehrlingsgesetze, Lohnregulierungen und anderer Bestimmungen der zünftigen Ordnung, welche ihre Spitze gegen das Aufkommen der Fabriken richteten, beim Parlamente petitioniert. Nachdem 1814 das Prinzip der Gewerbefreiheit zum Siege gelangt war, wurden Fabriken und Maschinen zerstört und verbrannt. Trotz alledem war die Großindustrie auf der ganzen Linie vorgedrungen. Die Arbeiter begreifen, daß sie dieser Entwicklung gegenüber ohnmächtig sind. Sie können die Fabriken nicht vernichten, aber sie wollen den gewerblichen Beruf verlassen, sie wollen aus den Fabrikstädten hinaus, zurück auf das Land! Die Chartisten und ihre Führer, insbesondere Feargus O'Connor, erblicken in jeder Fabrik, welche die Arbeitermassen vom Lande nach der Stadt zieht, ein Unheil für die allgemeine Wohlfahrt.[1]) Die wahre Grundlage zum Gedeihen und Glück

---

[1]) Vgl. Tildsley, Entstehung und ökonomische Grundsätze der Chartistenbewegung. Jena 1898. S. 98; a. a. O. S. 71, 72, 95, 97; vgl. ferner Tugan-Baranowsky, Studien zur Theorie und Geschichte der Handelskrisen in England. Jena 1901. S. 292—353; mancherlei interessante Schriftstücke zur Beurteilung

des Volkes sei der Ackerbau, wenn er von kleinen Bauern betrieben werde. Das Elend der Arbeiter Englands beruhe darauf, daß der Arbeiter von der Arbeit in der Natur zu der im Gewerbe verleitet worden sei. Keine Arbeit sei so wohltätig als die, welche auf dem Lande verrichtet werden könne. Nachdem die Arbeiter vom Lande losgerissen worden, fehle es an einem richtigen Wertmaßstab für die Löhne. Die ganze Welt würde mit den billigen Waren der billigen Arbeit überschwemmt. Das Fabriksystem trenne die Engländer immer mehr vom Lande, welches sie liebten, und dränge sie massenweise in schmutzige Städte, die sie haßten. Alles nur, damit einige Bürger Reichtümer gewännen und der Handel vermehrt würde. England sei als ackerbautreibender Staat ein glückliches Land, die Heimat eines zufriedenen Volkes gewesen, das für sich selbst arbeitete und von den Erzeugnissen des eigenen Klima gut leben konnte. Jetzt spinne und webe England für die ganze Welt, während sein eigenes Volk nackt und hungrig bleibe. Der beste Handel sei der Binnenhandel, die wichtigste Grundlage für diesen der Ackerbau. In den Maschinen wüchsen produktive Mächte heran, welche keine entsprechende Konsumkraft besäßen. Es müsse also ein Konsumentenstand geschaffen werden, der eine unbegrenzte Nachfrage im Innern ermögliche. Das sei erreichbar, wenn man eine große Zahl von Produzenten wieder auf dem Lande ansiedle, wo sie weit mehr Lebensmittel, als sie selbst brauchten, erzeugen könnten. Der Überschuß über den eigenen Verbrauch werde eine stetige, wachsende Nachfrage nach Gewerbeprodukten schaffen, einen weit besseren Markt, als der von Cobden und Bright gepriesene Exporthandel. Man wolle von dem Plane, eine Insel hungernder Bettler zur Herrin des Erdballes zu machen, nichts wissen, nichts von einem Übergewichte der Industrie über den Ackerbau, damit schließlich alle Vorteile einem Emporkömmling, der Geldaristokratie, zufielen. Diese habe die Arbeiter vom Lande weggezogen und zu niedrigen Sklaven ihrer Begehrlichkeit gemacht, wie es die Vorfahren im Mittelalter für die Barone gewesen seien.

Die Begeisterung für die Rückkehr zur Landwirtschaft war so groß, daß man nicht warten wollte, bis die Volksverfassung erkämpft

des Chartismus in D. S. I. 15 ff., 167, 221, 486. Daß auch der politische Radikalismus von Cobbett in ökonomischer Hinsicht durchaus konservative Ziele anstrebte, zeigt Foxwell, Geschichte der sozialen Ideen in England, in der deutschen Ausgabe von Thomson's Verteilung des Reichtums. Berlin 1903. S. LXXXVI bis LXXXVIII. „Bier, Brot, Schinken und Käse, soweit als möglich von dem großen Wasserkopfe (London) entfernt, in den gesunden Verhältnissen eines Landlebens genossen — das wäre eine Auffassung von dem Rechte des Arbeiters."

sein würde. Man schritt zur Gründung einer Landankaufsgenossenschaft, welche die erworbenen Güter in kleinen Parzellen verpachten sollte. Rasch wurden 80000 Pfd. Sterling für diesen Zweck aufgebracht. Durch möglichst weitgehende Belastung des Genossenschaftseigentumes mit Hypotheken hoffte man zu weiteren Ankäufen die Mittel zu beschaffen. Dieser Plan „innerer Kolonisation" scheiterte daran, daß die Regierung eine Reihe von Formfehlern zum Vorwande nahm, um das innerhalb des englischen Grundeigentumsrechtes ohnehin sehr schwierige Unternehmen lahm zu legen. Ebensowenig Glück hatten die Chartisten mit ihren vereinzelten Putschen, ihren Generalstreikversuchen und Monstre-Petitionen. Im Jahre 1848 mußte die Bewegung als gescheitert betrachtet werden. Die Korngesetze waren gefallen und damit das letzte Hindernis beseitigt, das, wie angenommen wurde, die Verwandlung Englands in die Werkstätte der Welt noch aufgehalten hatte. Die Landbevölkerung nahm immer mehr ab. Viele suchten ihr Ideal, den selbständigen Besitz eines Bauerngutes, in den Kolonien oder in den Vereinigten Staaten zu erreichen. Andere wandten sich den Fabrikstädten zu, die mit unheimlicher, elementarer Wucht immer weiter und weiter sich erstreckten. In dumpfer Resignation ließen die Fabrikarbeiter ihre ländlichen Bestrebungen fallen und wandten wieder ihre ganze Aufmerksamkeit den Maßregeln zu, welche, wie Arbeiterschutzgesetze, Gewerkvereine und Genossenschaften, ihnen in ihrer Fabrikarbeiterstellung einige Besserung verschaffen konnten.

In den sechziger und siebziger Jahren ist namentlich von liberaler Seite der Gedanke wieder aufgenommen worden, einen englischen Bauernstand zu begründen.[1]) Der small-holdings act von 1892 stellt einen, allerdings noch recht schwächlichen Versuch dar, in dieser Richtung vorzugehen. Diesen Bestrebungen hat die konservative Partei eine sehr mäßige Sympathie entgegengebracht. Der Schwerpunkt ihrer sozialen Politik ist vielmehr in der Förderung des gesetzlichen Schulunterrichtes und Arbeiterschutzes zu finden.

29. Lord Shaftesbury, B. Disraeli und die Jung-England-Partei.

In der großartigen Bewegung zum gesetzlichen Schutze der kindlichen, jugendlichen und weiblichen Arbeitskräfte in den Fabriken, zur

[1]) Roscher, Ansichten der Volkswirtschaft. I. Bd. 3. Aufl. Leipzig und Heidelberg 1878. S. 239—281; Hasbach, Die englischen Landarbeiter. Leipzig 1898. (S. d. V. f. S. LIV.) S. 330—349; H. Levy, Entstehung und Rückgang des landw. Großbetriebes in England. Berlin 1904. S. 151 ff.

Abkürzung der Arbeitszeit und zur Einführung der Fabrikaufsicht haben neben einigen Radikalen wie Fielden und Stephens vor allem politisch konservativ gerichtete Männer wie Robert Owen, Thomas Sadler, Richard Oastler und am längsten, ausdauernsten und erfolgreichsten Lord Ashley (später Graf Shaftesbury) die führende Stellung eingenommen.[1] Er machte es sich zur unverrückbaren Regel, alles mit eigenen Augen zu sehen und nichts auf Glauben oder Hörensagen hin anzunehmen. Er besichtigte die Fabriken, fuhr in die Kohlengruben hinunter, untersuchte die Maschinen und die Wohnungen der Arbeiter und lernte diese selbst wie ihre Arbeiten in allen Einzelheiten kennen. So gewann er eine Macht, die er auf keinem anderen Wege hätte erzielen können. Über alles vermochte er aus eigener Erfahrung zu sprechen. Indem er eifrigen Verkehr mit den Arbeitern unterhielt und hundertemale mit ihnen den Tee nahm, drang er in das Verständnis ihrer Denk- und Lebensgewohnheiten ebenso wie ihrer dringendsten Bedürfnisse ein. So kam es, daß ein Mann, der jeder Erweiterung der politischen Rechte hartnäckigen Widerstand leistete und in kirchlicher Beziehung den Standpunkt starrer Orthodoxie vertrat, in der Geschichte der sozialen Reformbestrebungen dennoch einen Ehrenplatz einnimmt.

Die Reinheit der Motive, welche die genannten Tories zu dem Feldzug gegen die Greuel des Fabriksystemes bestimmten, kann in keiner Weise angezweifelt werden. Allein es ist klar, daß ihrer Wirksamkeit kein großer politischer Erfolg zu teil geworden wäre, wenn nicht die große Masse der aristokratischen Partei, in den emporkommenden Fabrikanten gefährliche Rivalen erblickend, von vornherein bereitwilligst alles unterstützt hätte, was, wie man annahm, die Industrie schädigen sollte. Sodann war es natürlich verlockend, den liberalen Fabrikanten, welche von Sympathie für den armen Mann überflossen, sobald sie die Kornzölle angriffen, die schauderhaften Verhältnisse in den Industriebezirken vorzuhalten.

Über die begrenzten Aufgaben der Fabrikgesetzgebung noch hinausgehend hat B. Disraeli[2] (später Graf Beaconsfield), von Carlyle mächtig beeinflußt, den Versuch unternommen, die Konservativen für eine Sozialpolitik in großem Maßstabe zu gewinnen. Welches Urteil immer über seinen Charakter gefällt werden mag, er besaß eine faszinierende Persönlichkeit, eine ganz ungewöhnliche Begabung und den schärfsten Blick für die Bedeutung, welche den Problemen der Arbeiterfrage und der auswärtigen Politik zukam. Nach vergeblichen Versuchen,

[1]) Alfred, History of the Factory-Movement. 1857.

[2]) Georg Brandes, Lord Beaconsfield, Ein Charakterbild. Berlin 1879.

innerhalb der radikalen Richtung emporzukommen, wandte sich Disraeli den Tories zu, um diese, wie er später erklärte, für die großen Reformprojekte zu erziehen. Zunächst aber ging er auf ihre agrarischen Anschauungen und Interessen ein, um ihr Vertrauen zu erwerben. Schon 1835 verkündigte er, es sei immer seine Meinung gewesen, daß in gewissen Ständen des Landes eine Verschwörung gegen das bestehe, was man mit einem Worte als die Ackerbauinteressen bezeichnen könnte. Kein Volk vermöge ohne Ackerbauer auszukommen. Diese seien, als an das Land gebunden, die eigentlichen und geborenen Patrioten. Die Fabrikanten in Birmingham oder Manchester könnten dagegen, wenn sie Lust dazu hätten, auch nach Belgien, Frankreich oder Egypten auswandern. So verteidigte er die Kornzölle und bekämpfte die Freihändler, denen es gleichgiltig sei, ob es einen einzigen Morgen bebauten Landes in England gäbe; welche nur daran dächten, den Exporthandel zu befördern und England zur Werkstätte der Welt zu machen.

Nachdem die Kornzölle gefallen waren, trat er für anderweitige Unterstützungen der notleidenden Landwirtschaft ein.

Disraeli war aber durchaus kein agrarischer Konservativer gewöhnlichen Schlages. Immer und immer wieder betonte er, auf das Prinzip: „Widerstand gegen Veränderung" lasse sich kein Parteileben gründen. In den großen Romanen „Coningsby" und „Sybil" zeigte er sich mit den Zuständen und Bestrebungen der Arbeiterklasse innig vertraut. Immer deutlicher trat sein Programm hervor, das Königtum nach dem Rate Bolingbrokes[1]) wieder zu einem Volkskönigtum zu machen. Es sollte die Grundaristokratie um sich scharen, das Whig-Regiment stürzen und die Massen durch soziale Reformen aus dem herrschenden Elende erheben. Die Chartisten seien weder dem Grundadel noch den Kornzöllen feindlich gesinnt. So wenig er die extreme Demokratie der „Volksverfassung" gutheißen könne, so lebhaft sympathisiere er im übrigen mit ihnen.

Es gelang Disraeli, eine Gruppe junger, romantisch veranlagter Leute aus hochadligen Kreisen für seine Ideen zu begeistern. Dieses „Junge England", von katholisierenden Tendenzen im Sinne Dr. Puseys erfüllt, sehnte sich nach den mystischen Symbolen und feierlichen Formen der Vergangenheit zurück. „Sie trauerten über das kalte und gleichgiltige Verhältnis, das sich zwischen dem Landedelmann und seinen Bauern entwickelt hatte, über das Verschwinden der Volkstrachten und der alten naiv-ländlichen Sitten; sie zürnten, wenn sie die alten

---

[1]) Idea of a patriot king. 1738.

gothischen Abteien als Ruinen daliegen sahen, von welchen man einen Stein nach dem anderen für den Bau kasernenartiger Fabriken wegschleppte; sie erinnerten sich der Zeit, da es anstatt der kümmerlichen Rasse der Landarbeiter, die sie um sich sahen, noch eine Yeomanry, einen freien Bauernstand gab, der ein ebenso alter und gesetzlich ebenso gesicherter Stand wie der Adel selbst war; und da sie auf alten Burgen geboren und Erben großer Landgüter und großer Vermögen waren, beschlossen sie, soweit sie vermöchten, alles dieses zu ändern und sowohl der Kirche wie dem Volke das, was ihnen zukam, zu geben; beider Sache sei ja im Grunde nur eine; es habe eine Zeit gegeben, wo der Priester Gottes der geborene Tribun des Volkes war, wie es eine gegeben habe, in welcher der Edelmann zum Beschützer und Vater seiner Bauern geboren wurde.“ [1])

Im Sinne dieser Anschauungen konnte es nicht darauf ankommen, den Arbeiter aus seiner Abhängigkeit vom Arbeitgeber zu befreien. Sie sollte bestehen bleiben, aber nicht zur Ausbeutung, sondern zur Veredelung der Arbeiter verwertet werden. Der Fabrikant hatte durch musterhafte Wohlfahrtseinrichtungen (Wohnungen, Bäder, Parks, Versorgungskassen, Gewinnbeteiligungen, Bibliotheken, Theater u. dgl.) in ähnlicher Weise für seine Leute zu sorgen, wie der Feudalherr im Mittelalter für diejenigen einstand, die sich in seinen Schutz und Schirm begeben hatten. Feudalisierung der Industrie, entsprechend den romantischen Vorstellungen, die sich das „Junge England“ von der Blütezeit des Feudalwesens gebildet hatte, das war der Kern des Programmes.

Der Kampf, den die Konservativen mit den Liberalen um die politische Gewalt zu führen hatten, sorgte dafür, daß diese Bevormundungsideale nur geringe Bedeutung im praktischen Leben erlangten. Gerade Disraeli war es, der schließlich im Wettbewerbe mit Gladstone die zweite große Wahlreform, die Einführung des Haushalter-Stimmrechtes, 1867 durchsetzte. Damit waren die Würfel gefallen. Die Entscheidung, welche der beiden großen Parteien ans Ruder kommen sollte, lag nun bei den Arbeitern. So begann jener Wettlauf der konservativen und liberalen Staatsmänner um die Arbeiterstimmen, welcher so weitgehende Reformen zustande gebracht hat, daß die Arbeiter es kaum nötig erachteten, eine eigene Partei zu begründen. Allerdings hat Disraeli in Arbeiterkreisen nie diejenige Popularität gewonnen, welche Gladstone, sein großer liberaler Gegner, genoß.

---

[1]) Brandes, a. a. O. S. 183.

Aber stets hat es hervorragende Führer der Arbeiter gegeben, welche den Tories näher standen, als den Whigs. Und wenn man die Entwicklung des Arbeiterschutzes und der Arbeiterversicherung, der Genossenschaften, der Gewerkvereine und der Kommunalverwaltung[1]) überblickt, so ist der Anteil konservativer Kabinette kaum geringer als derjenige liberaler. Nachdem nun auch noch die von Disraeli zuerst verbreiteten Ideen des Imperialismus weit in die liberalen Kreise eingedrungen sind, steht heute die konservative Macht fester denn je begründet da. Dieses Ergebnis ist aber freilich nur dadurch erzielt worden, daß die Tories einen guten Teil des liberalen Programmes sich angeeignet haben. Sie haben, wie Disraeli einmal sagte, den Liberalen, während diese badeten, die Kleider gestohlen. Ebenso ist der Kampf gegen die Industrialisierung des Landes schon längst aufgegeben worden, d. h. sie haben aufgehört, eine sozialkonservative Partei zu sein.

30. Bismarck.[2])

Ungleich vorteilhafter als in den Weststaaten lagen die wirtschaftlichen Voraussetzungen für eine sozialkonservative Politik noch in Deutschland. Abgesehen von den östlich der Elbe gelegenen Landstrichen, herrschte in der Landwirtschaft der bäuerliche Betrieb vor. Und auch in den Städten konnten die Handwerker in der Regel als die zahlreichste Bevölkerungsklasse gelten. Das Fabrikwesen hatte nur in einzelnen, weit auseinander gelegenen Bezirken Wurzel gefaßt.[3]) Nachdem einige Staaten den Mittelständen konstitutionelle Rechte verliehen hatten, fand die Abneigung der meisten Regierungen gegen unbeschränkte Gewerbefreiheit auch in den Kammern eine sichere Unterstützung. So waren eigentlich alle maßgebenden Kreise in dem Wunsche einig, von den geschichtlich überkommenen Einrichtungen des Gewerbewesens soviel als irgend möglich zu erhalten.

---

[1]) Vgl. die interessanten Ausführungen Sinzheimers über den Anteil, welcher Konservativen und Liberalen an der Reform der Grafschaftsverwaltung zukommt: Der Londoner Grafschaftsrat. I. Bd. Stuttgart 1900. S. 459 ff.

[2]) Dietzel, Art. Bismarck; Schmoller, Briefe über Bismarcks volksw. und sozialpolitische Stellung und Bedeutung. S. P. S. C. VII. S 1241—1249; 1271—1279; 1297—1306; G. Brodnitz, Bismarcks nationalökonomische Anschauungen. Jena 1902; Zeitlin, Fürst Bismarcks sozialpolitische Anschauungen. Leipzig 1902; Lamprecht, Zur jüngsten deutschen Vergangenheit II. 2. Hälfte. S. 334 ff.; Rosin, Grundzüge der allg. Staatslehre nach Fürst Bismarck. 1898 (Hirths Annalen).

[3]) K. Marx, Revolution und Contre-Revolution Stuttgart 1896. S. 1—13.

Wie tief die sozialkonservativen Vorstellungen im Volke wurzelten, das trat noch während des Jahres 1848 offen zu Tage. Zwar sprach sich die Mehrheit des Frankfurter Parlamentes für die Gewerbefreiheit aus, aber diese Haltung hatte eine äußerst temperamentvolle Gegenbewegung der Handwerker zur Folge. Zahlreiche Handwerkertage fanden statt. Schließlich kam selbst ein besonderes Handwerkerparlament in Frankfurt zu stande. Nichts geringeres als die Beseitigung des Fabrikwesens wurde immer unverhohlener angestrebt. Der spiritus rector der ganzen Aktion war Prof. Winkelblech,[1]) der trotz seiner technischen Bildung der industriellen Entwicklung feindlich gegenüberstand. Sein Plan zielte darauf ab, aus einer Regeneration des Zunftwesens heraus, unter Vermeidung der kapitalistischen Entwicklungsphase, unmittelbar zu einer höheren sozialen Ordnung, einer Art Mittelstandssozialismus, welchen er Föderalismus taufte, vorzudringen. Er hatte insofern manches mit den Bestrebungen der neueren russischen Narodniki gemein.

Das merkwürdigste war, daß diese Bewegung nicht mit der Revolutionszeit wieder verrauschte, sondern gerade in demjenigen Staate, der bis dahin das Prinzip der Gewerbefreiheit noch am nachdrücklichsten verteidigt hatte, nämlich in Preußen, zu gesetzlicher Anerkennung gelangte. Hier hatten die Bestrebungen der Handwerker nicht nur in den Stimmungen des romantisch veranlagten Königs, sondern auch bei der in Ausbildung begriffenen „kleinen, aber mächtigen Partei“ der altpreußischen Konservativen eine freudige Unterstützung gefunden. Das weitaus wirksamste Argument, mit dem man gegen die Fabriken zu Felde zog, bildete der Hinweis auf die elende Lage ihrer Arbeiter. Und man war gerade damals umso weniger geneigt, dieses Moment leicht zu nehmen, als die Industriearbeiter im Rheinland und in Berlin eben eine so große Empfänglichkeit für sozialrevolutionäre Bestrebungen bewiesen hatten. Dazu traten die Sorgen, welche die proletarischen Bewegungen in Frankreich und in England hervorriefen. Das Wohl und die Sicherheit der Gesellschaft schien also in der Tat unbedingten Schutz der kleinbürgerlichen Produktionsweise zu gebieten.

Es wurden indessen nicht nur die Fabrikarbeiter gefürchtet. In den konservativen Kreisen waren die Fabrikherren gewiß ebenso unwillkommen. In den konstitutionellen Kämpfen waren sie bereits als eine Gesellschaftsklasse aufgetreten, der man die Fähigkeit zutrauen

[1]) Er hat später unter dem Pseudonym Marlo ein System der Weltökonomie veröffentlicht (2. Aufl. Tübingen 1885, 4 Bde.).

konnte, das traditionelle Übergewicht des Grundadels respektlos zu erschüttern. Als daher die auf Wiederbelebung des Zunftwesens abzielenden Verordnungen der preußischen Regierung der Kammer vorgelegt wurden, erhob sich Herr von Bismarck (18. Okt. 1849) und warf das Gewicht seiner unvergleichlichen geistigen Energie und Überlegenheit zu Gunsten der Zünfte in die Wagschale. Er setzte den Zunftzwang in Parallele zu den Schutzzöllen und Eisenbahngarantien, für welche die liberalen Fabrikanten so wacker stritten. Nur sei der Schutz der Handwerker in ungleich höherem Grade gerechtfertigt. Die Fabriken bereicherten nur einzelne, denn er habe noch nie gesehen, daß die Fabrikarbeiter, so glücklich und glänzend ihm das Los derselben geschildert würde, große Kapitalien zurückgelegt oder sich bereichert hätten. Im Gegenteil, sie erzögen eine Masse von Proletariern, von schlecht genährten, durch die Unsicherheit ihrer Existenz dem Staate gefährlichen Arbeitern. Die Handwerker aber bildeten den Kern des Mittelstandes, eines Gliedes, dessen Bestehen im Staatsorganismus ganz unentbehrlich sei. Die geforderten Opfer könnten dagegen gar nicht in Betracht kommen. Wenn man sich nicht gescheut habe, tief in die bestehende Rechtsordnung einzuschneiden, um mittels der Stein-Hardenbergschen Gesetzgebung einen ländlichen Mittelstand zu schaffen, so sei die staatliche Hilfe für den Handwerker sicher ebenfalls begründet. Für das Konsumenten-Publikum möge die Gewerbefreiheit ja bequemer sein, da sie wohlfeilere Waren liefere. „Aber an dieser Wohlfeilheit klebt vergiftend das Elend und der Jammer des Handwerkers, der seinem Ruin entgegengeht, und ich glaube, es möchten uns unsere wohlfeileren Röcke aus dem Kleiderladen zuletzt unbehaglich auf dem Leibe sitzen, wenn ihre Verfertiger daran verzweifeln müssen, sich auf ehrliche Weise zu ernähren." Auch bei anderen Gelegenheiten verlieh Bismarck seiner Abneigung gegen das Fabrikantentum drastischen Ausdruck. Wenn der Adel die meisten Stellen in der Armee bekleide, so liegt die Ursache darin, daß dieser Beruf zwar ehrenvoll, aber nicht so lukrativ sei, als Fabriken anzulegen und mit königlicher Unterstützung fortzuführen und den Dank dafür durch Angriffe auf die Regierung zu zahlen. Er mißtraue der Bevölkerung der großen Städte und finde dort nicht das wahre preußische Volk. Letzteres werde vielmehr, wenn die großen Städte sich wieder einmal erheben sollten, sie zum Gehorsam zu bringen wissen, und sollte es sie vom Erdboden vertilgen.

Die Verordnungen zur Wiedereinführung der Innungen wurden von der Kammer genehmigt, erzielten aber nur geringe Erfolge. Die Bureaukratie, der von Bismarck so bitter gehaßte Geheimratsliberalismus, ließ sie der Hauptsache nach unausgeführt. Im übrigen ist freilich auch Bismarck selbst bald von dem günstigen Urteil über das Zunftwesen abgekommen. Als Bundestagsgesandter in Frankfurt fand er Gelegenheit, den Segen der Zunftordnung unmittelbar zu erproben.

„Die korporativen Verbände," schrieb er an Hermann Wagener,[1]) den Redakteur der Kreuzzeitung, „sind hier weit entfernt, eine Grundlage christlicher Zucht und Sitte zu bilden, sie dienen vielmehr nur zum Tummelplatz untergeordneter politischer und persönlicher Zänkereien und als Mittel, die Ausbeutung des Publikums und den Ausschluß der Konkurrenz mit Erfolg zu betreiben. Ich entnehme aus diesen Erscheinungen noch kein Motiv, meine bisherige Überzeugung in diesen Fragen zu desavouieren, und gebe gern zu, daß die Resultate eines Systemes in der hiesigen Kleinstaaterei andere sind als in einem großen Lande, aber leugnen kann ich nicht, daß mich diese Erscheinungen stutzig gemacht haben." Und an anderer Stelle,[2]) ebenfalls an H. Wagener: „Ich habe mir bisher viel von der Wiedereinführung der Gewerbefreiheit versprochen; daß es aber damit allein nicht getan ist, beweisen die hiesigen Zustände. Das Zunftwesen ist hier bisher intakt und man vermißt keinen der Nachteile, die es mit sich führt: übermäßige Teuerung des Fabrikates, Gleichgiltigkeit gegen Kundschaft und deshalb nachlässige Arbeit, langes Warten auf Bestellung, spätes Anfangen — frühes Aufhören, lange Mittagszeit bei Arbeiten im Hause, Mangel an Auswahl fertiger Gegenstände, Zurückbleiben in technischer Ausbildung und viele andere von den Mängeln, die ich stets zu tragen entschlossen gewesen bin, wenn ich dafür einen konservativen befriedigten Handwerkerstand haben kann. Diese Entschädigung für jene Übel fehlt aber hier in noch höherem Maße als in Berlin."

Obwohl später unter der Amtsführung Bismarcks vom Jahre 1881 ab eine immer weiter gehende Beförderung des Innungswesens in die Reichsgewerbeordnung, die ursprünglich auf dem Grundsatze der Gewerbefreiheit beruhte, hineingetragen worden ist, so scheint er persönlich diesen Galvanisierungsversuchen ziemlich skeptisch gegenüber gestanden zu haben. Niemals hat er zur Verteidigung der Innungsnovellen im Reichstage das Wort ergriffen und die Antworten, die er auf Huldigungs- und Begrüßungsdepeschen der Handwerkerpartei erteilte, sind sehr zurückhaltend und unbestimmt abgefaßt.

---

[1]) Vgl. dessen „Die kleine aber mächtige Partei". Nachtrag zu ‚Erlebtes'. Berlin 1885. S. 45.

[2]) a. a. O. S. 49.

In der Tat, nicht mehr die Handwerker, sondern die Fabrikarbeiter waren es, die das sozialpolitische Interesse Bismarcks im Gegensatze zu dem Gros der konservativen Partei[1]) in immer wachsendem Maße erregten. Schon während des Verfassungskonfliktes trat er der Arbeiterfrage wieder näher. Er knüpfte mit Lassalle Verbindungen an, er riet dem König, die Klagen schlesischer Weber anzuhören und ihnen Mittel zur Gründung einer Produktivgenossenschaft anzuweisen, er befahl den staatlichen Organen, strenge Neutralität bei Konflikten zwischen Fabrikherren und Arbeitern einzuhalten und erörterte den Gedanken einer Arbeiterversicherung. Um den manchesterlichen Auffassungen seines Kollegen Itzenplitz und dessen Geheimräten besser begegnen zu können, zog er hervorragende sozialpolitische Kräfte wie H. Wagener, Lothar Bucher, Rodbertus und Dühring in seine Kreise.

Der weitaus wichtigste und folgenschwerste Schritt war aber die Erteilung des allgemeinen Wahlrechtes, also die Erfüllung des vornehmsten Programmpunktes der Lassalleschen Arbeiterpartei. Es unterliegt keinem Zweifel, daß Bismarck sich von dieser Maßregel eine konservative Wirkung versprach. „Ich darf es wohl als eine auf langer Erfahrung gegründete Überzeugung aussprechen," hatte er am 15. April 1866 an den Grafen Bernstorff in London geschrieben, „daß das künstliche System indirekter und Klassenwahlen ein viel gefährlicheres ist, indem es die Berührung der höchsten Gewalt mit gesunden Elementen, welche den Kern und die Masse des Volkes bilden, verhindert. In einem Lande mit monarchischen Traditionen und loyaler Gesinnung wird das allgemeine Stimmrecht, indem es die Einflüsse der liberalen Bourgeoisieklassen beseitigt, auch zu monarchischen Wahlen führen. In Preußen sind neun Zehntel des Volkes dem Könige treu und nur durch den künstlichen Mechanismus der Wahl von dem Ausdrucke ihrer Meinung gebracht."

Die konservative Wirkung ist ja auch eingetreten, wenn auch zum Teil in anderem Sinne, als es Bismarck vorgeschwebt haben mag. „Die Einflüsse der liberalen Bourgeoisieklassen" sind je länger, je mehr zurückgetreten. Arbeiter-, Handwerker- und Bauerninteressen gewannen im Reichstage zunehmenden Einfluß. Ja, die bürgerlichen Parteien haben sich nur in dem Maße zu behaupten vermocht, in dem sie agrarischen und zünftlerischen Bestrebungen entgegenkamen. Soweit es sich

[1]) Thun (Industrie am Niederrhein. I. S. 181) hebt mit Recht hervor, daß die Periode konservativer Herrschaft in den 1850 und 1860er Jahren sich durch eine absolute Stagnation in der Gesetzgebung und Verwaltung auf dem Gebiete der Arbeiterfürsorge gekennzeichnet habe.

um die Massen des Volkes handelt, bildet allerdings die Sozialdemokratie ein erhebliches Gegengewicht. Schon konnte in einem kritischen Zeitpunkte (1894), beim Abschlusse des Handelsvertrages mit Rußland, das industrielle Interesse allein mit Hilfe der sozialdemokratischen Stimmen gerettet werden. Natürlich vertritt die Sozialdemokrate den Industrialismus nur soweit, als er den tragfähigen Untergrund für weitgehende soziale Reformen abzugeben verspricht.

So entrüstet sich lange Zeit die Führer gegen den Charakter einer „Reformpartei" wehren mochten, und nur revolutionär sein wollten, tatsächlich hat die Bewegung der Reform und dadurch auch der Konservierung der Grundlage der bestehenden Ordnung gedient. „Die Sozialdemokratie ist so, wie sie ist," erklärte Bismarck selbst am 26. November 1884 im Reichstage, „doch immer ein erhebliches Zeichen, ein Menetekel für die besitzenden Klassen dafür, daß nicht alles so ist, wie es sein sollte, daß die Hand zum Bessern angelegt werden kann. . . . Wenn es keine Sozialdemokratie gäbe, und wenn nicht eine Menge Leute sich vor ihr fürchteten, würden die mäßigen Fortschritte, die wir überhaupt in der Sozialreform bisher gemacht haben, auch noch nicht existieren, und insofern ist die Furcht vor der Sozialdemokratie in Bezug auf denjenigen, der sonst kein Herz für seine armen Mitbürger hat, ein ganz nützliches Element."

Nun beruht aber der politische Einfluß der Arbeiterpartei vornehmlich auf dem allgemeinen Stimmrechte. Es ist also nicht unbegründet, wenn die ganze sozialkonservative Arbeiterpolitik des Fürsten Bismarck in letzter Linie als eine Folge dieses Schrittes aufgefaßt wird.

In überaus feierlicher Form wurde die geplante Sozialreform durch die kaiserliche Botschaft vom 17. November 1881 eingeleitet.

„Schon im Februar dieses Jahres haben Wir Unsere Überzeugung aussprechen lassen, daß die Heilung der sozialen Schäden nicht ausschließlich im Wege der Repression sozialdemokratischer Ausschreitungen, sondern gleichmäßig auf dem der positiven Förderung des Wohles der Arbeiter zu suchen sein werde. Wir halten es für Unsere kaiserliche Pflicht, dem Reichstag diese Aufgabe von neuem ans Herz zu legen, und würden Wir mit umso größerer Befriedigung auf alle Erfolge, mit denen Gott Unsere Regierung sichtlich gesegnet hat, zurückblicken, wenn es Uns gelänge, dereinst das Bewußtsein mitzunehmen, dem Vaterlande neue und dauernde Bürgschaften seines inneren Friedens und den Hülfsbedürftigen größere Sicherheit und Ergiebigkeit des Beistandes, auf den sie Anspruch haben, zu hinterlassen. In Unseren darauf gerichteten Bestrebungen sind Wir der Zustimmung aller verbündeten Regierungen gewiß und vertrauen auf die Unterstützung des Reichstages ohne Unterschied der Parteistellung."

„In diesem Sinne wird zunächst der von den verbündeten Regierungen in der vorigen Session vorgelegte Entwurf eines Gesetzes über die Versicherung der Arbeiter gegen Betriebsunfälle mit Rücksicht auf die im Reichstage stattgehabten Verhandlungen über denselben einer Umarbeitung unterzogen, um die erneute Beratung desselben vorzubereiten. Ergänzend wird ihm eine Vorlage zur Seite treten, welche sich eine gleichmäßige Organisation des gewerblichen Krankenkassenwesens zur Aufgabe stellt. Aber auch diejenigen, welche durch Alter oder durch Invalidität erwerbsunfähig werden, haben der Gesamtheit gegenüber einen begründeten Anspruch auf ein höheres Maß staatlicher Fürsorge, als ihnen bisher hat zu Teil werden können."

„Für diese Fürsorge die rechten Mittel und Wege zu finden, ist eine schwierige, aber auch eine der höchsten Aufgaben jedes Gemeinwesens, welches auf den sittlichen Fundamenten des christlichen Volkslebens steht. Der engere Anschluß an die realen Kräfte dieses Volkslebens und das Zusammenfassen der letzteren in die Form korporativer Genossenschaften unter staatlichem Schutze und staatlicher Förderung werden, wie Wir hoffen, die Lösung auch von Aufgaben möglich machen, denen die Staatsgewalt allein in gleichem Umfange nicht gewachsen sein dürfte."

Von Einzelheiten wird an anderer Stelle zu sprechen sein. Hier gilt es nur festzustellen, daß die von 1881—1889 unter schweren parlamentarischen Kämpfen durchgeführte Arbeiterversicherungsgesetzgebung das grandioseste Werk sozialkonservativer Reform darstellt, das die Geschichte des 19. Jahrhunderts kennt. Es schloß zwei Bedingungen ein, die sich bis jetzt noch nirgends vereint vorgefunden haben: eine trotz demokratischen Wahlrechtes alles überragende Regierungsautorität und den zähen Willen, diese Macht dem Dienst einer sozialen Aufgabe zu weihen.[1])

Wie sehr aber bei der ganzen Gesetzgebung für Bismarck das Ziel maßgebend war, der Arbeiterklasse ein Interesse an der Erhaltung des Reiches einzuflößen, lassen die Worte erkennen, mit denen er am 18. Mai 1889 den weitaus schwierigsten Teil seines Werkes, die Invaliditäts- und Altersversicherung, im Reichstage begründete:

„Ich habe lange genug in Frankreich gelebt, um zu wissen, daß die Anhänglichkeit der meisten Franzosen an die Regierung, die gerade

[1]) Über die Beteiligung Schäffles an dem Werke vgl. dessen Memoiren: Aus meinem Leben. Berlin 1905. II. S. 143–185.

da ist, und die jedesmal den Vorsprung hat, auch wenn sie schlecht regiert, aber doch schließlich auch die an das Land, wesentlich damit in Verbindung steht, daß die meisten Franzosen Rentenempfänger vom Staate sind, in kleinen, oft sehr kleinen Beträgen; von Portiers will ich nicht sprechen, das sind schon reiche Leute gegenüber den armen, die kleine Renten vom Staate haben. Die Leute sagen: wenn der Staat zu Schaden geht, dann verliere ich meine Rente; und wenn es 40 Franken im Jahre sind, so mag er sie nicht verlieren, und er hat Interesse für den Staat. Es ist ja menschlich natürlich . . . Wenn wir 700 000 kleine Rentner, die vom Reiche ihre Renten beziehen, haben, gerade in diesen Klassen, die sonst nicht viel zu verlieren haben, und bei einer Veränderung irrtümlich glauben, daß sie viel gewinnen können, so halte ich das für einen außerordentlichen Vorteil; wenn sie auch nur 115 bis 200 Mark zu verlieren haben, so erhält sie doch das Metall in ihrer Schwimmkraft, es mag noch so gering sein, es hält sie aufrecht. Sie werden das nicht leugnen und ich glaube, daß, wenn Sie uns diese Wohltat von mehr als einer halben Million kleiner Rentner im Reiche schaffen können, Sie sowohl die Regierung — da ist es nicht nötig — aber auch den gemeinen Mann das Reich als eine wohltätige Institution anzusehen lehren werden."

Außer durch Rentenberechtigungen hoffte Bismarck auch durch die Verbindung der Arbeiter mit Grundeigentum deren Interessen am Bestande der Staatsordnung zu kräftigen. „Die Tatsache, daß das Eigentum an Grund und Boden die Besitzer fester als jedes andere Band mit dem Staate und seinem Bestande verknüpft," schrieb er Februar 1882 an das preußische Staatsministerium,[1]) „hat für alle Klassen der Beteiligten gleichmäßige Geltung; der Eigentümer des kleinsten Hauses ist durch dieselben Interessen mit der Staatsordnung verbunden, wie der Besitzer ausgedehnter Landgüter. Der Staat hat deshalb alle Veranlassung, die Vermehrung der Grundbesitzer zu befördern. Er steigert dadurch den Wohlstand der Bevölkerung, indem er eine sorgfältigere und deshalb ergiebigere Bearbeitung des Bodens herbeiführt, weil jeder Arbeiter im eigenen Besitz und Interesse emsiger und erfolgreicher arbeitet, als für Lohn auf fremdem Besitz. Er vergrößert zugleich die Zahl derjenigen, in welchen das Bewußtsein des untrennbaren Zusammenhanges mit ihm und seinen Schicksalen am lebendigsten ist. Der Besitz einer Parzelle bietet, auch wenn sie allein den Eigentümer nicht zu ernähren vermag, ihm doch immer eine Gelegenheit

[1]) Abgedruckt bei Buchenberger, Agrarpolitik. I. S. 437.

zur Verwertung unbeschäftigter Stunden und einen Teil dessen, was er notwendig zu seiner Existenz braucht, und die Sicherheit eigener unkündbarer Wohnung gibt seiner ganzen Tätigkeit einen festen Rückhalt. Deshalb halte ich die Besorgnis für grundlos, daß die Beförderung der Grundstücksteilungen zur Vermehrung des Proletariates beitragen könne. Der Besitzer eines noch so kleinen Grundstückes ist immer besser und unabhängiger gestellt, als der besitzlose Proletarier, der mit Wohnung und Unterhalt lediglich auf den Ertrag seiner Handarbeit angewiesen ist."

Hier wird der kleine Grundeigentümerstand weit günstiger beurteilt, als es auf konservativer Seite die Regel bildet. Es ergibt sich also sowohl in Bezug auf die Bauernpolitik als auch in Bezug auf die Arbeiterversicherung, eine vollkommene Übereinstimmung mit den Sismondischen Ideen. Leider ist Bismarck nicht dazu gekommen, in der angedeuteten Richtung eine größere Wirksamkeit zu entfalten. Immerhin fällt die Gesetzgebung, welche die Errichtung deutscher Bauergüter in den polnischen Teilen Preußens zum Zwecke hat, noch in seine Amtszeit.

Im übrigen hat die Politik des Fürsten Bismarck, die Gründung des Reiches und alles, was aus ihr folgte (die einheitliche Gesetzgebung im Gewerbe, Maß- und Gewichtswesen, Geld und Banken, Post und Telegraphie, Straf- und Prozeßrecht, die Entwicklung der Flotte, die Eisenbahnverstaatlichung in Preußen usw.) die kapitalistische Entwicklung des Deutschen Reiches in ungeahntem Maße gefördert. Es ist während seiner Amtsführung aus einem Lande, in dem ein gewisses Gleichgewicht zwischen landwirtschaftlicher und gewerblicher Tätigkeit bestand, in einen überwiegenden Industriestaat, und zwar in den nach England bedeutendsten des Erdballes umgewandelt worden.

Dieser Umschwung hat freilich nicht in den Absichten des Fürsten gelegen. Er wollte der Landwirtschaft die erste Stelle erhalten und sie in den Stand setzen, den Brotbedarf des Reiches allein zu decken. Er klagte darüber, daß sie seit fünfzig Jahren den Amboß habe abgeben müssen. Rittergüter und Bauern erschienen ihm immer als die wichtigsten Stützen eines geordneten Regimentes im Lande. Seinem agrarpolitischen Ziele sollte die Zollpolitik dienen. So wurde 1877/78 unter seiner Führung ein Bündnis zwischen Großindustrie und Großgrundbesitz zum Zwecke des gegenseitigen Zollschutzes abgeschlossen. „Der Schutz von Eisen und Roggen ist gleich unentbehrlich für das Wohl des Vaterlandes", erklärte der Konservative v. Wedell-Malchow.[1]) Es

[1]) Vgl. Nitzsche, Die Anfänge der agrarischen Bewegung in Deutschland. Patria 1905. S. 186–212.

ist aber in hohem Grade fraglich, ob diese Politik die industriestaatliche Entwicklung auch nur verlangsamt hat. Da wir nicht wissen können, welchen Weg die Entwicklung unter freihändlerischem Regimente eingeschlagen hätte, lassen sich zuverlässige Urteile nicht aufstellen. Allein angesichts des glänzenden Aufschwunges der deutschen Industrie und der großen Vorteile, welche aus der durch die Schutzzölle wesentlich begünstigten Kartellbildung gezogen worden sind, ist es nicht unbegreiflich, wenn neuerdings im konservativen Lager Stimmen laut werden, welche behaupten, daß die Landwirtschaft bei dem Bündnis mit der Großindustrie mehr verloren als gewonnen habe. Immerhin muß beachtet werden, daß selbst dann, wenn die Industrie bei freihändlerischer Politik weniger Kapital und Arbeitskräfte angezogen hätte, diese noch nicht unbedingt der heimischen Landwirtschaft verblieben sein würden. An Stelle der Abwanderung in die Industrieprovinzen hätte auch die in überseeische Gebiete eintreten können. Wahrscheinlich befindet man sich überhaupt im Irrtume, wenn man den Maßregeln der Zollpolitik einen entscheidenden Einfluß zuschreibt. Im Vergleich zu der Gewalt der allgemeinen weltwirtschaftlichen Konjunkturen kommt ihnen nur eine sekundäre Rolle zu. Jedenfalls wird die Wiedergeburt der Landwirtschaft, wenn überhaupt, nicht mit dem rohen Mittel des Zolles bewirkt werden.

Die Politik Bismarcks hat den arbeitenden Klassen nicht nur Wohltaten beschert. Ihre revolutionären oder demokratischen Bestrebungen — Bismarck machte in dieser Beziehung keinen Unterschied — wurden mit der äußersten Härte unterdrückt. Ja er hat sich sogar Reformen, die durchaus im Rahmen der konservativen Weltanschauung lagen, wie der Ausbildung des Arbeiterschutzes und der Fabrikinspektion widersetzt.

So beklagenswert diese Haltung gewesen sein mag, so hat die Folgezeit bewiesen, daß diese Lücken in der deutschen Sozialreform auch von anderen Staatsmännern ausgefüllt werden konnten. Dagegen ist es äußerst unwahrscheinlich, daß das Werk der Arbeiterversicherung ohne die titanischen Kräfte des Fürsten vollendet worden wäre.

31. Die evangelisch-soziale Bewegung in Deutschland.

Die Darstellung der sozialkonservativen Richtung ist zu einer Übersicht über die Sozialpolitik des Fürsten Bismarck geworden. Und in der Tat, so lange er das Steuer des Reiches führte, konnte von einer selbständigen Stellung der konservativen Parteien nicht gesprochen werden.

Sie besaßen nur soweit politische Geltung, als sie sich in den Dienst Bismarcks stellten.

Immerhin muß einer Bewegung gedacht werden, welche gewiß viel dazu beigetragen hat, die Bismarck'schen Reformen den konservativen Kreisen annehmbar zu machen. Es handelt sich um die evangelisch-sozialen Strömungen, also um diejenigen Strömungen, welche den sittlichen Gehalt und die religiöse Kraft des evangelischen Christentumes einsetzen, um den, entweder durch eigene Schuld oder durch Schuld unserer sozialen Zustände, ins Elend Geratenen Beistand zu leisten. Als erster Vertreter dieser Richtung in Deutschland gilt Wichern (1808 bis 1881), der Schöpfer der „Inneren Mission".

Diese stellt eine imposante Organisation der christlich-pietistischen Wohltätigkeitsbestrebungen dar. „Senfkornartig anfangend, hat sie doch ihre Kreise immer weiter und weiter gezogen und in geschicktester Weise geistige und leibliche Einwirkung mit einander zu verbinden gewußt. Ihre Anstalten umspannen das ganze Leben und suchen überall korporative Gestalt zu gewinnen. Ihre Krippen, Kleinkinderbewahranstalten, Kleinkinderschulen, Kinderkirchlein, Sonntagsschulen, Jünglingsvereine und Jungfernbünde, Gesellen- und Mägdeherbergen, Magdalenenstifte, Rettungsanstalten für verwahrloste Kinder, Schutzaufsichtsvereine für entlassene Sträflinge, Lesesäle für Arbeiter, mit einer Art Fortbildungsschule verbunden, Gesangvereine, Lesegesellschaften, Leihbibliotheken, ihre Kolportage von Volkskalendern und Traktaten, ihre Straßenpredigten und die Pastorisierung der untersten Stände in den großen Städten, ihre Armenvereine, Krankenasyle, Diakonissenanstalten, Altersasyle, Privatschulen, wo sie die Leitung der Staatsschulen nicht in ihre Hand zu bekommen wußten, ihre spezifisch christlichen Schullehrer-Seminarien, ihre Privatgymnasien, Konvikte für Theologie-Studierende, Stipendienvereine, Mäßigkeitsvereine, Arbeiterkolonien, Anstalten für Taubstumme, für Blinde, für Schwachsinnige, für Epileptische, ihre Damenstifte usw. bilden ein Netz, das sich über alle Verhältnisse erstreckt." [1]) Wichern's Ziele gingen aber noch weiter. „Was Sozialismus und Kommunismus im tiefsten Grunde seines Strebens und Bewegens verbirgt", erklärte er, „sind die entstellten, doch wahrheittragenden Züge des Angesichtes einer tiefgebeugten, schmerzerfüllten Menschheit, die sich in sozialer Beziehung nach Erlösung und Wiedergeburt sehnt." „Alle Verbrüderungen und Verschwisterungen der inneren Mission sind aber bis jetzt nur Verbindungen für Hilfs-

---

[1]) Kambli, Die sozialen Parteien. St. Gallen 1887. S. 95, 96.

bedürftige; die Personen der unteren Klassen, die der Hilfe bedürfen, stehen jenen Verbindungen, die ihnen Dienst und Hilfe bringen, doch immerhin vereinzelt gegenüber. Ein neuer Schritt, der noch getan und verfolgt werden muß, ist: christliche Assoziationen der Hilfsbedürftigen selbst, für deren soziale (Familie, Besitz und Arbeit betreffende) Zwecke zu veranlassen ... Das Bestreben, Assoziation der Hilfsbedürftigen zu veranlassen, ist ein freilich karikiertes, aber unleugbares Moment der Wahrheit in der sozialen Bewegung unserer Zeit. Gerade dadurch hat dieselbe mit einer solchen Bedeutung und Macht unter den handarbeitenden Klassen Eingang gefunden; sie hat ihnen damit die Möglichkeit einer Zukunft gezeigt, welche in gewissem Sinne den Elenden und Leidenden selbst anvertraut wird. Es ist einer der wesentlichsten Mängel der alten, nun gewichenen Zeit, daß in ihr diejenigen, die von ganzem Herzen ihre Liebe dem Volke zugewendet hatten, gegenüber den auf dies Ziel hinarbeitenden Richtungen wie mit gebundenen Augen standen ... Jetzt steht die Idee der „„Verbrüderung der Arbeiter"" mit ihrer Macht dem Christentume bereits gegenüber, — nicht bloß den politisch Konservativen, sondern auch den Freunden des Evangeliums und den Trägern der Kirche meist nur als ein dunkles Schreckbild bekannt ... Der Geist, der sich der Angelegenheit bemächtigt hat, ist aus dem Fleische, von unten her, aber eine Überwindung dieses Geistes und eine Aussöhnung der Klassen der Gesellschaft wird nur möglich sein durch das von Liebe und Weisheit erfüllte Eingehen der Christenleute auf das Wahre, das in dieser von Gottes Liebe entkleideten Bewegung sich dennoch findet; das Wahre ist aber die innere Berechtigung der Sehnsucht nach sozialer Wiedergeburt."[1])

Die „christliche Assoziation der Hilfsbedürftigen selbst", das war die Aufgabe, der sich Victor Aimé Huber, ein Freund Wichern's, mit besonderem Eifer widmete.[2]) Auf Reisen in Belgien, Frankreich und England war seine Einsicht in die moderne Arbeiterfrage gewachsen. Nicht allein Mildtätigkeit innerhalb der bestehenden Ordnung der Dinge, sondern eine prinzipielle Veränderung der Grundlagen unseres Wirtschaftslebens mußte erstrebt werden. Unter der Führung der besitzenden Klassen sollten Genossenschaften ins Leben treten, wie sie die sog. christlichen Sozialisten in England befördert hatten. Von Staatshilfe wollte

[1]) a. a. O. S. 127, 128

[2]) Vgl. Paul Göhre, Die evangelisch-soziale Bewegung. Leipzig 1896; Martin Wenck, Die Entwicklung der jüngeren Christlichsozialen Patria. Jahrbuch der Hilfe. Berlin 1901. S. 34—67; Kambli, a. a O. S. 350—385.

Huber, ein Gegner der Demokratie und Verteidiger des Absolutismus nichts wissen.

Mittlerweile hatte die deutsche Arbeiterbewegung sich entwickelt. Die spärlichen Erfolge der Wichern-Huber'schen Richtung auf dem Gebiete der eigentlichen Arbeiterfrage gaben zu denken. Pfarrer Todt vertiefte sich in das Studium der Sozialdemokratie und ihrer Literatur. Das Ergebnis, zu dem er gelangte, bestand in folgendem: Drei Momente bilden das Wesen der Sozialdemokratie: Kommunismus, Republikanismus und Atheismus.

Kommunismus und Republikanismus widersprechen an sich nicht dem evangelischen Christentume. Nur den Atheismus und die auf gewaltsamen Umsturz ausgehenden Bestrebungen hat der evangelische Christ zu bekämpfen. Der Sozialismus ist ist dem Christentum nicht nur nicht zuwider, sondern er harmoniert mit ihm. Die christliche Überzeugung verlange den Sozialismus. Ist der Republikanismus auch nicht unevangelisch, so muß nach Maßgabe der historischen Überlieferungen in Deutschland doch alles Heil von der Monarchie erwartet werden. Die Geistlichen sollen nicht unmittelbar Partei ergreifen, aber mit geistlich-kirchlichen Mitteln auf eine Umbildung der Gesinnungen in sozialer Richtung einwirken. Im Jahre 1877 erfolgte die Gründung eines Zentralvereins für soziale Reform auf religiöser und konstitutionell monarchischer Grundlage. Adolf Wagner und Rudolf Meyer nahmen an der Gründung teil. Die so zu stande gekommene christlich-soziale Partei löste sich nach der kaiserlichen Botschaft von 1881 wieder auf, da sie ihr Ziel nun erreicht hätte.

Adolf Stöcker ergriff das Banner, welches diese Richtung sinken lassen wollte. Ursprünglich vertrat er nicht ein anderes Programm, sondern nur eine andere Taktik. Er ging wirklich unter das Volk, in die Volksversammlungen und lieferte den Führern der Sozialdemokratie auf ihrer eigenen Domäne hitzige Gefechte. Trotzdem hat Stöcker, ein außerordentlich gewandter Redner und schlagfertiger Debatter, sein Ziel nicht erreicht. Zwar gelang es ihm, zahlreiche evangelische Arbeitervereine ins Leben zu rufen, aber eine christlich-soziale Arbeiterpartei von Bedeutung kam nicht zu stande. Um so mehr Zustimmung fand er in den kleinbürgerlichen Kreisen, namentlich in dem Maße, als er sich dem Antisemitismus zuwandte. Es ist hier nicht am Platze, den vielfach verschlungenen Pfaden der Stöcker'schen Politik nachzuspüren. Es genügt hier, auf den „Evangelisch-sozialen Kongreß“ (1890), als die letzte erfolgreiche Schöpfung Stöcker's hinzuweisen.

In der Zeit der Aufhebung des Sozialistengesetzes und der kaiserlichen Februarerlasse hatte der Oberkirchenrat den Geistlichen empfohlen, sozialpolitischen Bestrebungen ihre Aufmerksamkeit zuzuwenden. Insofern erschien es durchaus zeitgemäß, allen sozial interessierten Elementen der evangelischen Kirchen einen Sammelplatz zu eröffnen. Darin bestand die Aufgabe des „Evangelisch-sozialen Kongresses", der jedes Jahr eine Zusammenkunft abhielt. Zuerst standen die Theologen im Vordergrunde. Allmählich nahmen aber auch Hochschullehrer anderer Fakultäten in wachsender Zahl teil. Es fanden sehr bedeutsame und geistig hochstehende Diskussionen über soziale Tagesfragen statt. Schließlich gewannen die sozial- und politisch fortschrittlich gesinnten Persönlichkeiten einen so beträchtlichen Einfluß, daß Stöcker 1896 seine eigene Schöpfung verließ. Die Führung ging an die Naumann'sche Richtung über. Letztere nahm ein Programm an, das sie den Parteien des reformatorischen Liberalismus angliederte.[1]) Es wird deshalb besser an anderer Stelle erörtert. Diese Differenzen zwischen der älteren und jüngeren Richtung der Evangelisch-Sozialen übertrugen sich auch auf die Leitung der evangelischen Arbeitervereine.[2]) Der erste dieser Vereine war 1882 zu Gelsenkirchen in Westfalen begründet worden. Überhaupt blieb lange Zeit dieses hervorragende Industriegebiet an der Spitze der Bewegung. Hier gab es einen zahlreichen Arbeiterstand, dessen evangelische

[1]) Vgl über die weitere Entwicklung dieser Gruppe die dem reformatorischen Liberalismus gewidmeten Darlegungen. Die Gründung der national-sozialen Partei hat aber die Entwicklung des Evangelisch-sozialen Kongresses in keiner Weise gestört. Nach wie vor wird er Jahr für Jahr abgehalten. Die stenographischen Protokolle der Verhandlungen erscheinen bei Vandenhoeck und Ruprecht in Göttingen. Ihre Lektüre darf wärmstens empfohlen werden. Aus den Verhandlungsgegenständen mögen besonders hervorgehoben werden: Die sozialen Aufgaben des Staates als Arbeitgeber: v. Massow; Die soz. Lage der Frauen: Elisabeth Gnauck-Kühne 1895; Arbeitslosigkeit und Recht auf Arbeit: Prof. Delbrück 1896; Deutschland als Industriestaat: Dr. Oldenberg; Was verstehen wir unter Mittelstand: Prof. Schmoller 1897; Die religiös-sittliche Gedankenwelt der Industriearbeiter: D. Rade 1898; Das konstitutionelle System im Fabrikbetriebe: Fabrikbesitzer Freese 1899; Welche sittl. und soz. Aufgaben stellt die Entwicklung Deutschlands zur Weltmacht?: Prof. Rathgen 1900; Soz. Entwickelungen im ersten Jahrzehnt nach Aufhebung des Sozialistengesetzes: Staatsminister v. Berlepsch 1901; Einfluß der Künste auf das Volksleben: Dr. Schubring u Dr. Erdberg 1902; Das soz. und ethische Moment in Finanzen und Steuern: Prof. A. Wagner 1903; Organisation der Arbeit in ihrer Wirkung auf die Persönlichkeit: Lic. Traub 1904.

[2]) Vgl. bes. Göhre a a O. S. 108—135; Wenck a a O. S. 42 ff.; J Weitbrecht, Die evangelischen Arbeitervereine. Patria. 1902. S 147—166; ferner die fortlaufende Berichterstattung über diese Verhältnisse in Naumann's „Hilfe" und der „Sozialen Praxis".

und reichstreu gesinnten Mitglieder gegenüber der regen katholischen und sozialistischen Propaganda einer besonderen Organisation bedurften. Lic. Weber in M. Gladbach, ein Gesinnungsgenosse Stöckers, war es, der sich diesen Aufgaben mit Umsicht, Eifer und Erfolg widmete. Bald breiteten sich die Vereine auch am Mittelrhein, in Hessen, Baden und Württemberg aus. Die jüngeren evangelischen Geistlichen dieser Gebiete hatten aber das Auftreten Naumanns mit Begeisterung verfolgt und leiteten ihre Vereine auch diesen neueren politisch unabhängigeren und fortschrittlicheren Auffassungen gemäß. So kam es zwischen dem konservativen rheinisch-westfälischen Verbande und den anderen westdeutschen Gruppen zu allerlei Reibungen. Immerhin brachte man 1893 in Berlin noch ein gemeinsames Kompromißprogramm zu stande: „Grundlinien für ein evangelisch-soziales Programm als Anhalt für Vorträge und Diskussionen in den Evangelischen Arbeitervereinen." Da die evangelischen Arbeitervereine aber höchstens zu 60% Arbeiter als Mitglieder besaßen und jede berufliche Gliederung vermissen ließen, so plaidierte die Naumann-Göhre'sche Richtung für die Beteiligung an den gewerkschaftlichen Bestrebungen und zwar in dem Sinne, daß der Beitritt zu interkonfessionellen christlichen, aus dem katholischen Lager hervorgegangenen, oder kirchlich und politisch neutralen Gewerkschaften empfohlen wurde. Trotz der zähen Bekämpfung, welche diesen Zielen durch den konservativen rheinisch-westfälischen Verband widerfuhr, hat sich die tatsächliche Entwicklung, gefördert durch die national-soziale Propaganda und das Entgegenkommen der fortgeschritteneren Kreise innerhalb der Katholisch-Sozialen, doch mehr und mehr in dieser Richtung vollzogen. Nachdem schon am 25. Oktober 1903 der erste deutsche alle nicht sozialdemokratischen Richtungen umfassende, von 200 Delegierten, die 600 000 organisierte Arbeiter vertraten, besuchte Arbeiterkongreß in Frankfurt a. M. einberufen worden war, faßte im Mai 1904 der Delegiertentag des Gesamtverbandes der Evangelischen Arbeitervereine auf Antrag des Mittelrheinischen Verbandes den Beschluß, sämtlichen Mitgliedern evangelischer Arbeitervereine den Beitritt zu den christlichen interkonfessionellen Gewerkschaften zu empfehlen.

32. Die katholisch-soziale Bewegung in Deutschland.

Der protestantische Abt Uhlhorn hat einmal erklärt, die Maschine habe in ihrem Wesen etwas Protestantisches. Jedenfalls hat sich der moderne industrielle Kapitalismus zuerst unter protestantischen Völkern, namentlich solchen kalvinistischen Bekenntnisses, ausgebildet. Im Kalvinismus liegt aber auch die Heimat des politischen Liberalismus. So trat die katholische Kirche von vornherein in einen Gegensatz zur modernen wirtschaftlich-politischen Entwicklung. Diese gegnerische und kritische Stellung brachte es mit sich, „daß sie ein offeneres Auge für die mit ihr verbundenen Schäden hatte, sie tiefer mitfühlte und empfand, während man auf protestantischer Seite, eben weil man die wirtschaftliche Entwicklung an sich als einen Fortschritt und insofern als etwas Gutes würdigte, leicht geneigt war, diese Schäden, wenn auch nicht ganz zu übersehen, so doch leichter zu nehmen." [1]) Die katholische Kirche hatte in Deutschland zur Kritik um so mehr Veranlassung, als der Industrialismus nicht auf die evangelischen Teile des Reiches beschränkt blieb, sondern gerade im katholischen Rheinlande, unterstützt durch natürliche Vorteile und größtenteils durch protestantische Unternehmer geleitet, seine höchste Ausbildung erlangte. So konnte der deutsche Katholizismus mit der Pflege der agrarischen Interessen durch Bauernvereine und der Gründung von Gesellenvereinen, um die sich namentlich „Vater Kolping" verdient machte, sein Auskommen nicht finden. Es galt auch, gegenüber der modernen Arbeiterfrage Farbe zu bekennen. Diese Notwendigkeit drängte sich dem Freiherrn von Ketteler schon im Jahre 1848 auf, aber erst später als Bischof von Mainz versuchte er ein sozialpolitisches Programm zu entwickeln.[2]) Hatte doch die von Ferd. Lassalle getragene Agitation gerade im Rheinlande große Erfolge geerntet. Ja, der Mainzer Bischof selbst war derart von Lassalle gefesselt worden, daß er sich anonym an ihn mit der Bitte um sozialpolitische Ratschläge wandte und katholischen Arbeitern den Beitritt zu den Lassalleschen Vereinen nicht verwehren wollte.

Obwohl sich Ketteler für die Lassallesche Produktivassoziation begeisterte, so wollte er doch von Staatshilfe nichts wissen. Soweit die Selbsthilfe der Arbeiter bei der Kapitalbeschaffung nicht ausreichen würde, sollte sie durch die Wirksamkeit der christlichen Charitas ergänzt werden. Wichtiger ist, daß Ketteler, wie die in seinem Nachlasse vor-

[1]) Uhlhorn, Katholizismus und Protestantismus gegenüber der sozialen Frage. Göttingen 1887; M. Weber, Die protestantische Ethik und der „Geist" des Kapitalismus. A. f. s. G. XX. S. 1—54; interessant ist auch ein Vergleich zwischen G. Traubs Ethik und Kapitalismus (Heilbronn 1905) einerseits und Fr. Kempel, Göttliches Sittengesetz und Neuzeitliches Erwerbsleben (Mainz 1901) andererseits. Die Verträglichkeit der protestantischen Ethik mit dem modernen Industrialismus tritt dabei ebenso klar an den Tag als der unversöhnliche Gegensatz, in dem der strenge Katholizismus sich zum Wirtschaftsleben der Gegenwart befindet.

[2]) Vgl. Art. Sozial-konservative Bestrebungen (katholisch-soziale).

gefundenen Studien zu seinem nicht vollendeten Werke „Kann ein katholischer Arbeiter Mitglied der sozialistischen Partei sein?“ beweisen, auch eine berufliche Organisation der Arbeiter erwog.

Unter dem Einflusse der Kettelerschen Ideen kam es 1868 in Krefeld zur Gründung einer christlich-sozialen Partei, als deren Organ die „Christlich-sozialen Blätter“ herausgegeben wurden. Einen politischen Charakter wollte diese Parteigründung indes nicht erlangen. Bald befaßte sich auch die Generalversammlung der katholischen Vereine Deutschlands mit der Arbeiterfrage, und eine Bischofskonferenz in Fulda beschloß, diese Probleme bei der Ausbildung des Klerus zu berücksichtigen.

Über Wesen und Aufgaben der christlich-sozialen Vereine sprachen sich die Christl.-soz. Blätter folgendermaßen aus: „Kein Mitglied eines christlich-sozialen Vereins darf einem sozialdemokratischen Vereine angehören. Jeder christlich-soziale Verein muß sich eng an die Kirche anschließen; es ist unpraktisch, daß Geistliche unmittelbar an der Spitze stehen, aber angemessen, daß durchaus erprobte Leute diese Stellung einnehmen; hervorragende begüterte Männer, besonders Meister, sind als Ehrenmitglieder zuzuziehen, dürfen aber nicht Vorstandsmitglieder werden, um nicht das Mißtrauen der Arbeiter zu erregen. Strikes sind nicht absolut verwerflich, es darf nicht der Verdacht aufkommen, als schwimme man im Schlepptau des Kapitales. Politik ist fern zu halten, wenn nicht Fragen von kirchlicher Bedeutung auftauchen, dann ist entschiedene Parteinahme geboten. Zur Besprechung sozialer Fragen muß Sonntag abends eine Versammlung abgehalten werden. Krankenkassen, Kreditvereine sind zu gründen. Gesellenvereine, Fabrikarbeitervereine, Bauernvereine sind drei große Zweige des sozialen Bundes. Darum ist engste Alliierung geboten.“[1])

Eine bestimmtere Fassung erhielt das katholisch-soziale Programm durch den Mainzer Domkapitular Moufang, der, als er 1871 für den Reichstag kandidierte, nicht nur für freie Arbeiterassoziationen, sondern auch für gesetzlichen Arbeiterschutz, für Fabrikinspektion und ein gesetzliches Lohnminimum eintrat.

Obwohl die politische Vertretung der deutschen Katholiken im Reichstage, die Zentrumspartei, unter der Führung des manchesterlich angehauchten Windthorst den sozialpolitischen Fragen gegenüber eine große Reserve beobachtete, gewann der christlich-soziale Gedanke doch

---

[1]) Erdmann, Ein Beitrag zur ultramontanen Arbeiterpolitik. N. Z. XIX. 1. S. 749.

unter dem niederen Klerus, der ja selbst in der Regel aus den sozial bedrängten Volksschichten hervorgeht, begeisterte Apostel. Vor allem kam es in dem durchaus katholischen Mittelpunkte der rheinischen Tuchindustrie in Aachen, unter der Führung der Kapläne Cronenberg, Laaf und Litzinger, zu einer lebhaften Bewegung, die allmählich in immer schärfere Opposition zum Zentrum geriet. Nachdem 1873 ein Kongreß der christlichen Arbeiter West-Deutschlands getagt und weitgehenden Arbeiterschutz und Verstärkung der politischen Rechte verlangt hatte, wurde bei einer zweiten 1875 erfolgten Zusammenkunft die Aufstellung eigener Arbeiterkandidaturen beschlossen. Man wollte den Arbeitern, unter Wahrung der religiös-konfessionellen Interessen, die gleichen Vorteile bieten, die ihnen die Sozialdemokraten versprachen. Ähnliche Strömungen kamen auch in Essen zum Durchbruch. Im Jahre 1877 siegte dort der ehemalige Metalldreher Stötzel mit liberaler Hilfe gegen den offiziellen Zentrumskandidaten. Obwohl es der Zentrumspartei gelungen war, die Aachener Bewegung durch Diskreditierung ihrer Führer zu unterdrücken, glaubte man doch die Aufstellung eines sozialpolitischen Programmes durch die Partei selbst nicht länger aufschieben zu dürfen. Es geschah durch den Antrag, welchen Graf Galen 1877 namens seiner Fraktion im Reichstage stellte. Gefordert wurden: Wirksamer Schutz des religiös-sittlichen Lebens, insbesondere Sonntagsruhe, Schutz und Hebung des Handwerkerstandes durch Einschränkung der Gewerbefreiheit, Regelung des Verhältnisses der Lehrlinge und Gesellen zu den Meistern, Förderung der korporativen Verbände, erweiterter Schutz der Fabrikarbeiter, Normativbestimmungen über Fabrikordnungen, Verbot der Beschäftigung jugendlicher Arbeiter unter 14 Jahren und Beschränkung der Frauenarbeit in den Fabriken, Einführung paritätischer Schiedsgerichte, Revision der Freizügigkeit und der Haftpflicht.

Da während der 80er Jahre der gefährliche Wettbewerb der sozialdemokratischen Arbeitervereinigungen durch das Sozialistengesetz wesentlich abgeschwächt worden war, konnte sich das Zentrum damit begnügen, im Reichstage vorzugsweise für die Ausbildung des Arbeiterschutzes tätig zu sein und im übrigen die ganz unter geistlicher Führung stehenden katholischen Arbeitervereine auszubauen.[1])

Die Aufhebung des Sozialistengesetzes im Jahre 1890 und die päpstliche Encyklika über die Arbeiterfrage vom Jahre 1891 stellten

[1]) Vgl. E. Giesberts, Die christliche Arbeiterbewegung in Deutschland. Monatsschrift für Christl. Sozialreform. Basel 1904. S. 5—14, 84—98.

neue Aufgaben. Nicht als ob diese päpstliche Kundgebung selbst schon ein bestimmtes Programm aufgestellt hätte. Ihr Wert bestand vielmehr gerade in der Unbestimmtheit und Vieldeutigkeit der gebrauchten Wendungen. Es konnte so ziemlich jede katholische Partei das für ihre Verhältnisse Notwendige herausdeuten. Da erwiesen sich nun in den industriell entwickelten Gebieten Deutschlands die katholischen Arbeitervereine, deren Mitglieder nicht nur die verschiedensten Berufsinteressen aufwiesen und zum Teil gar nicht einmal der Arbeiterklasse angehörten, als ein zur Wahrnehmung der spezifischen Arbeiterinteressen durchaus untaugliches Instrument. Man versuchte es, zunächst durch Errichtung von beruflichen Fachabteilungen in den allgemeinen Vereinen einen Boden für gewerkschaftliche Betätigung zu schaffen. Da diese Experimente fehlschlugen, mußte man dem Gedanken selbständiger Berufsvereine nähertreten. Namentlich die vom Justizrat Bachem geleitete „Kölnische Volkszeitung" und die in M. Gladbach und Essen tätigen katholischen Sozialpolitiker Prof. Hitze, Dr. Pieper, Giesberts und Brust huldigten diesen fortgeschrittneren Auffassungen.[1])

Sobald aber von den katholischen Arbeitern eine Verbesserung der Arbeitsbedingungen auf gewerkschaftlichem Wege unternommen wurde, wurden sie von den Unternehmern in derselben Weise wie die sozialistischen Gewerkschaften bekämpft. So sah man sich im Interesse des Erfolges genötigt, mit verwandten Organisationen zusammenzuarbeiten. Zunächst wurde der Anschluß an die evangelisch-sozialen Organisationen erstrebt, da deren Mitglieder doch auch auf dem Boden der christlichen Weltanschauung standen. Wie aber früher dargelegt worden ist, war auf evangelischer Seite der Gedanke einer interkonfessionellen christlichen Gewerkschaftsbewegung ebenfalls bereits mit Erfolg vertreten worden. Im Jahre 1894 kam als erste Frucht dieser Bestrebungen der christliche Bergarbeiterverein zu stande; bald folgten die Textil- und Metallarbeiter. Schon gaben sich einzelne Führer der Erwartung hin, es werde durch politische und religiöse Neutralisierung der sozialistischen Gewerkschaften in absehbarer Zeit möglich sein, die Arbeiter der verschiedenen Konfessionen und politischen Parteien in einer einzigen wirtschaftlichen Organisation zu vereinigen.

Diese Wendung hat aber die schärfste Gegnerschaft innerhalb der konservativen Kreise des deutschen Katholizismus gefunden.

Die preußischen Bischöfe griffen in einem besonderen Hirtenbriefe diese Pläne an und forderten wieder zur Einrichtung bloßer Fach-

[1]) Über die Entwicklung der christlichen Gewerkschaften: O. Müller, Die christliche Gewerkschaftsbewegung Deutschlands. Karlsruhe 1905.

abteilungen in den katholischen Arbeitervereinen auf. Einen überaus eifrigen literarischen Vertreter fanden sie in Dr. Fr. Kempel.[1]) Da ein gewerkschaftlicher Verein beständig ethisch relevante Handlungen vorzunehmen hat, die katholische Ethik aber von der protestantischen gerade in den Fragen der Erwerbsordnung wesentlich verschieden ist, so können interkonfessionelle Verbindungen, seiner Ansicht nach, nur unheilvoll wirken. „Indem wir so einer streng konfessionellen Ausgestaltung der Gewerkvereine das Wort reden, glauben wir zuversichtlich beiden, dem katholischen wie dem protestantischen Bekenntnis, zu dienen. Kann doch aus einer unzeitigen Verbindung, einer Vermengung beider Konfessionen nur religiöse Verflachung, der Indifferentismus erfolgen, der schließlich zur völligen Neutralität übergehen muß, dessen Erbe niemand anders als das vollendete Antichristentum, der Sozialismus, sein kann." Auch die Behauptung, in wirtschaftlichen Dingen könne der Arbeiter volle Selbständigkeit verlangen, brauche also den bischöflichen Weisungen keine Folge zu geben, sei grundfalsch. Er unterstehe vielmehr auch in dieser Beziehung durchaus der kirchlichen Lehr- und Hirtengewalt der Bischöfe. Grundsätzlich verwirft übrigens Kempel selbst rein katholische Gewerkschaften, denn der Katholizismus muß die ganze individualistisch-kapitalistische Ausgestaltung des Erwerbslebens, von der die Gewerkvereine nur ein Teil sind, als Todfeind bekämpfen.[2])

So zeigt sich auch auf katholischem Boden, daß diejenigen, welche den unabweisbaren Bedürfnissen der industriellen Arbeiter genügen wollen, in einen unüberbrückbaren Gegensatz zu der konservativen Richtung geraten und ihren Anschluß an den sozialreformatorischen Liberalismus vollziehen müssen.

[1]) Die „christliche" und „neutrale" Gewerkvereinsbewegung. Mainz 1900 und Anhang: „Über die wirtschaftsliberale Richtung im Katholizismus und über die Frage der „interkonfessionell-christlichen" Gewerkschaften" in Kempels Göttliches Sittengesetz und neuzeitliche Erwerbsordnung. Mainz 1901.

[2]) Von zweien das eine: entweder: man hieße das Gewerkvereinswesen gut, grundsätzlich gut; dann hieße man gut den ganzen neuzeitlichen geldmächtigen Industrialismus, von dem das Gewerkvereinswesen ja nur eine Begleiterscheinung sei; dann hieße man aber auch gut den ungezügelten freien Wettbewerb, also auch das maßlose Rennen und Jagen unserer Zeit nach Geld und Gewinn; — oder aber: man trete auf den Boden der christlichen Auffassung; dann müsse man verurteilen dieses Haschen und Erraffen irdischer Güter ohne Maß und Ende; dann müsse man verurteilen den uneingeschränkt freien Wettbewerb, also auch den neuzeitlichen Kapitalismus und Industrialismus, der ja aus dem freien Wettbewerb geboren sei, also auch das Gewerkvereinswesen, diese seine naturnotwendige Begleiterscheinung. Kempel a. a. O. S. 256.

33. Konservative Agrar- und Mittelstandspolitik der neuesten Zeit.

Seit dem Rücktritte des Fürsten Bismarck hat sich die politisch konservative Partei von den Unternehmungen zur Verbesserung der industriellen Arbeiterverhältnisse immer mehr zurückgezogen. Den temperamentvollen sozialpolitischen Aktionen ihrer Parteigenossen, des Hofpredigers Stöcker und Universitätsprofessors Ad. Wagner, stand die überwiegende Mehrheit der Konservativen übrigens stets kühl gegenüber. Ob für diese Haltung, wie neuerdings von der Kreuzzeitung behauptet worden ist, in erster Linie die zarte Rücksicht auf die in zollpolitischer Hinsicht verbündeten Großindustriellen maßgebend war, mag dahingestellt bleiben. Jedenfalls hat auch die Besorgnis, durch weitere Verbesserungen in der Lage der Fabrikarbeiter die „Leutenot", die Abwanderung der Landarbeiter in die Industriebezirke, zu verstärken, einen nicht unerheblichen Einfluß ausgeübt. Gegen die dringende Reform der Arbeiterschutzgesetzgebung, welche 1891 auf die Initiative Kaiser Wilhelms II. und unter Führung des Freiherrn von Berlepsch, also eines aus konservativen Kreisen stammenden Politikers, durchgeführt wurde, haben sogar einige Mitglieder der äußersten Rechten im Vereine mit Sozialdemokraten und Don Quixotes des Manchestertums gestimmt.

Der Kampf für die Interessen der Landwirtschaft im allgemeinen und der Rittergüter im besonderen ist allmählich, zum Teil noch unter der Führung des aus dem Amte geschiedenen Bismarck, zum wichtigsten Teil der konservativen Parteibetätigung geworden.[1]) Da aber auch Centrum, Nationalliberale, Antisemiten und selbst einige Volksparteiler in der Verteidigung landwirtschaftlicher Interessen mit den Konservativen konkurrieren, so ist im Reichstage eine kompakte, agrarisch gesinnte Majorität entstanden. Ob sich diese auch dann noch behaupten könnte, wenn eine den seit 1867 bezw. 1871 erfolgten Bevölkerungsverschiebungen Rechnung tragende Neueinteilung der Wahlkreise erfolgen würde, ist allerdings zweifelhaft. Jetzt kommt es vor, daß städtisch-industrielle Wahlkreise Hunderttausende von Einwohnern enthalten, während ländliche Wahlkreise nur 50 000 und 60 000 Einwohner aufweisen. Ein Wähler im schlesischen Kreise Löwenberg z. B. verfügt

[1]) Vgl. die eingehende Darstellung, welche Lotz (Die Handelspolitik des Deutschen Reiches 1890—1900. Leipzig 1901) von dem Verlaufe der agrarischen Bewegung gibt; ferner Naumann, Demokratie und Kaisertum. 3. Aufl. 1904. S. 88—110.

über einen zehnmal größeren politischen Einfluß, als derjenige in Berlin VI.[1])

So günstig also die herrschenden politischen Zustände den agrarischen Interessen sein mögen, so ist es doch in hohem Grade fraglich, ob gerade die Mittel, welche der in agrarischen Fragen tonangebende Bund der Landwirte vorschlägt, dazu führen werden, die relative Abnahme der landwirtschaftlichen Bevölkerung aufzuhalten; im übrigen haben sich die Konservativen nicht nur auf dem Gebiete der industriellen Arbeiterverhältnisse und der Agrarpolitik betätigt; im Vereine mit dem Centrum und den Antisemiten haben sie auch die ganze Innungsgesetzgebung auf das eifrigste unterstützt. So ist es dahin gekommen, daß die geltende Gewerbeordnung sich wieder den preußischen Innungsverordnungen von 1849 stark genähert hat. Die Abneigung gegen die Industrie würde wahrscheinlich noch energischer betont werden, wenn nicht in den sogenannten Freikonservativen eine Partei entstanden wäre, in welcher die Vereinigung von Grundbesitz und Industriekapital ihre politische Vertretung sucht. Da die Konservativen darauf angewiesen sind, mit dieser Gruppe in vielen anderen Beziehungen, z. B. in der Schutzzollpolitik, zusammenzuarbeiten, so muß die industriefeindliche Stimmung etwas gedämpft werden.

Diese Skizze der konservativen Sozialpolitik kann nicht abgeschlossen werden, ohne des größten deutschen Staatsmannes der nachbismarckschen Aera zu gedenken. Johannes von Miquel,[2]) als Student Anhänger der Kommunistenpartei und Bewunderer von Karl Marx, hat den sozialen Fragen unausgesetzt die volle Aufmerksamkeit seines ungewöhnlich reichen Geistes gewahrt. Allerdings hat er später die Erfüllung seiner humanen Ideale vorwiegend innerhalb der Erhaltung, bezw. Reform der bestehenden Wirtschaftsformen erstrebt. Als Oberbürgermeister von Osnabrück entwarf er 1876 ein Innungsstatut, das als mustergiltig anerkannt wurde und für die Wiedergeburt des Innungswesens viele Anhänger geworben hat. Ungleich bedeutungsvoller sind indessen seine Pläne zur Verstärkung des Bauernstandes geworden. Schon 1867 hat er die „innere Kolonisation" vertreten, 1886 im preußischen Herrenhause das Gesetz zur Beförderung deutscher Bauerngüter in Posen und Westpreußen verteidigt, seit 1890 als Minister die Rentengutsbildung für Preußen überhaupt als das geeignetste Mittel zur Verstärkung des

---

[1]) Vgl. Naumann, Demokratie und Kaisertum. 3. Aufl. 1904. S. 55 ff.

[2]) Vgl. Schmoller, S. d. V. f. S. XCVIII. S. 10—13; eine feine Skizze der Persönlichkeit Miquels bietet Otto Hörth in der Ethischen Kultur. IX. Nr. 40. (5. X. 1901.)

Bauernstandes im Osten mit besonderer Vorliebe unterstützt. Ob Miquel von der Unterstützung, welche er der agrarischen Bewegung namentlich auch im Hinblick auf erhöhten Zollschutz angedeihen ließ, in der Tat eine Förderung der Landwirtschaft erwartete, oder ob diese Haltung mehr taktischen Rücksichten zur Befestigung und Erhöhung seiner politischen Machtstellung entsprang, das ist eine Frage, über welche heute ein gesichertes Urteil wohl noch nicht gewonnen werden kann.

Miquel hatte, trotz seiner Abwendung vom radikalen Kommunismus, aber auch den Industriearbeitern sein Interesse erhalten. Mit großem Nachdruck ist von ihm für die Reform der Wohnungsverhältnisse und für die praktische Anerkennung der Koalitionsfreiheit gewirkt worden. Die genannten Unternehmungen werden allerdings weit überstrahlt von Miquels größter Tat, von seiner Reform der direkten Besteuerung in Preußen. Hier hat er die Ideen der Gerechtigkeit, die bis dahin erst in dem Finanzwesen einiger kleineren deutschen Staaten Ausdruck gefunden hatten, mit unvergleichlichem Geschick in dem größten deutschen Staat und in einem auf dem Dreiklassenwahlsystem beruhenden Parlamente zum Siege geführt. Indem er auch die Finanzverfassung der Gemeinden reformierte, hat er Fundamente errichtet, auf welchen sie größere soziale Aufgaben lösen können.

Überblickt man die Leistungen der ganzen sozialkonservativen Politik im Deutschen Reiche, so kann ihnen der Zoll der Bewunderung nicht vorenthalten werden. Sie haben zwar die industrialistische Entwicklung nicht aufhalten können, aber sie haben einen für die unteren und mittleren Klassen weit schonenderen Verlauf zustande gebracht. Deutschland hat einen relativ starken Mittelstand konserviert, der durch die „innere Kolonisation" noch verstärkt wird. Über diesen großen Errungenschaften ist aber die Förderung der arbeitenden Klassen durch Arbeiterschutz und Arbeiterversicherung keineswegs vernachlässigt worden. Und beide Aufgaben konnten bewältigt werden, ohne daß die wirtschaftliche Aufwärtsbewegung eine Einbuße erlitten hat.

Wie sich die Verhältnisse in der Zukunft gestalten werden, bleibt freilich abzuwarten. Der deutsche Zolltarif vom 25. Dez. 1902 und die im Anschlusse an ihn abgeschlossenen Handelsverträge von 1905 haben eine so bedeutende Verschärfung der agrarischen Schutzzölle[1])

[1]) Die Zollbelastung stieg per dz. bei

Roggen	von M.	3,50	auf M.	5,—
Weizen	„ „	3,50	„ „	5,50
Rindvieh	„ „	9,—	„ „	14,40,

gebracht, daß eine Verteuerung der ganzen Lebenshaltung eintreten muß.[1]) Ob es den arbeitenden Klassen gelingen wird, angesichts der ungünstigen Verhältnisse, mit denen die Exportgewerbe zu rechnen haben, durch Lohnerhöhungen einen genügenden Ausgleich herbeizuführen, das ist eben so schwer zu beantworten, wie die Frage, ob die Verschärfung des agrarischen Schutzes die relative Abnahme der Landbevölkerung aufzuhalten im Stande sein wird. Der Gelehrte darf mit großer Spannung das Ergebnis dieses neuesten Kurses verfolgen. Die Politiker, die ihn herbeigeführt haben, sind um ihre Verantwortlichkeit nicht zu beneiden.

34. Sozialkonservative Strömungen in Österreich und der Schweiz.

Auch in Österreich ist der Ausbau der sozialpolitischen Gesetzgebung der Hauptsache nach unter dem Einflusse der konservativ-klerikalen Parteien erfolgt. Die Rolle der preußischen Kreuz-Zeitung übernahm das Wiener „Vaterland", in dessen Redaktion aus Norddeutschland stammende Konservative, wie der Freiher von Vogelsang und Dr. Rudolf Meyer, der Freund von Hermann Wagener und Rodbertus, eine eifrige Tätigkeit entfalteten. Nachdem schon Albert Schäffle seinen Ministerkollegen, den Grafen Hohenwart, für soziale Fragen zu interessieren verstanden hatte, bildete sich allmählich eine politisch überaus einflußreiche, in ihrem Kerne aus Angehörigen des Adels (Graf Egbert Belcredi, Prinz Alois Lichtenstein) bestehende Gruppe aus, die zwar über keinen Bismarck verfügte, aber doch die Mehrheit des österreichischen Abgeordnetenhauses und die Regierung des Grafen Taaffe unter ihre Führung zu bringen verstand.[2]) So arbeitete sie, unbeirrt durch den innerhalb der „Vereinigten Linken" organisierten Widerstand der deutschen Industriellen, in planvoller Weise, unterstützt von den Abgeordneten deutschklerikaler und slavischer Bauern und Handwerker, an der Verwirklichung ihres

Schweine	von M. 5,—	auf M 14,40
Geschlachtetes Fleisch	„ „ 15—17	„ „ 27—30
frische, gefrorene oder gekühlte Butter .	„ „ 16,—	„ „ 20,—

[1]) Über die großen Gefahren einer Verteuerung der Lebensmittel der großen Volksmassen vgl. Mombert, Das Nahrungswesen; Weyls Handbuch der Hygiene, 4. Supplementband. 1904.

[2]) Über die in Österreich sehr einflußreichen katholisch-sozialen Bestrebungen vgl. Art. Sozial-konservative Bestrebungen (katholisch-soziale) II. 3. von Brüll. über die Ära Taaffe überhaupt: Kolmer, Parlament und Verfassung in Österreich; Bd. III. Wien und Leipzig 1905.

sozialkonservativen Programmes. Der erste Schritt (1883) bestand in der Einführung der Fabrikinspektion und der Zwangsgenossenschaften (Innungen) mit Verwendungsnachweis für 47 als handwerksmäßig erklärte Gewerbe. Das Jahr 1885 brachte eine dem vortrefflichen eidgenössischen Fabrikgesetze nahe kommende Arbeiterschutzgesetzgebung. In die Jahre 1888 bezw. 1889 fiel die Annahme der Unfall- und Krankenversicherung nach reichsdeutschem Muster. Dagegen hat ein ebenfalls 1889 beschlossenes Gesetz zur Einführung des Höferechtes (Unteilbarkeit mit Einzelerbfolge für Bauerngüter), das zur Befestigung des Bauernstandes dienen sollte, keine praktischen Ergebnisse erzielt, da die nähere Ausführung, welche den Landtagen der Kronländer überlassen wurde, nicht eingetreten ist. Eine wesentliche Verstärkung erfuhren die sozialkonservativen Tendenzen des Kabinettes Taaffe durch den Eintritt Steinbachs in dasselbe. Kühn konzipierte Entwürfe[1]) planten die korporative Organisation der Großindustrie, des Bergbaues und der Landwirtschaft. Sodann wurde für die Städte und Landgemeinden die Einführung eines Wahlrechts in Aussicht genommen, das dem allgemeinen Stimmrechte ziemlich nahe kam. Dieser Plan wurde aber von den konservativen Großgrundbesitzern der Regierungspartei verworfen. Sie verbündeten sich (Oktober 1893) mit der so lange befehdeten Großindustrie und Finanz zum Sturze des Grafen Taaffe. Da dieser infolge der harten Ausnahmegesetze, welche seine Regierung gegenüber den sozialistischen und anarchistischen Arbeiterparteien zur Anwendung gebracht hatte, in den Volksmassen keinen Rückhalt fand, sah er sich in der Tat zum Rücktritt gezwungen. Seitdem hat sich keine Regierung mehr eine gesicherte Stellung erringen können. Der Nationalitätenstreit, die allgemeine Verwirrung und parlamentarische Verwilderung sind soweit gediehen, daß die tatsächliche Suspension des konstitutionellen Zustandes mehrere Male (durch Anwendung des Notverordnungsrechtes der Regierung) geboten erschien. Wichtigere sozialpolitische Aufgaben konnten unter diesen Umständen natürlich nicht gelöst werden. Erst dem seit Taaffe's Rücktritt erfolgreichsten Ministerium, demjenigen des Herrn von Koerber, ist es geglückt, für die Arbeiter der Kohlenbergwerke die gesetzliche Neunstundenschicht[2]) durchzusetzen. Eine großgedachte Reform der Arbeiterversicherung unter Einfügung der Invaliditäts-, Alters- und Hinterbliebenen-Versicherung

[1]) Vgl. F. Schmid, Die neuen sozialpolitischen Vorlagen der österreichischen Regierung. A. f. d. S. V. S. 154—182; M. Hainisch, Die geplante Agrarreform in Österreich. A. f. d. S. VII. S. 430—460.

[2]) Gesetz vom 1. Juli 1901. RGBl. Nr. 81.

ist zwar von dieser Regierung ausgearbeitet, aber nicht mehr im Parlamente vertreten worden.[1])

Die größte sozialpolitische Tat der Eidgenossenschaft,[2]) das Fabrikgesetz von 1877, ist von den Radikalen bei der Volksabstimmung nur mit Hilfe der ultramontanen und bäuerlichen (beides fällt in einigen Kantonen zusammen) Bevölkerung durchgesetzt worden.[3]) Daß aber für diese Unterstützung nicht nur das Mitgefühl dieser Gesellschaftsklassen mit der Lage der Fabrikarbeiter maßgebend gewesen ist, sondern auch eine gewisse instinktive Abneigung gegen die Großindustrie, das zeigt das Schicksal des eidgenössischen Kranken- und Unfallversicherungsentwurfes. Hier hätten alle Arbeitgeber, auch die Bauern- und Handwerker, Lasten zu Gunsten der Arbeiter zu übernehmen gehabt und so kam es, daß das Gesetz mit großer Mehrheit verworfen wurde. Da in vielen Kantonen das bäuerliche und kleinbürgerliche Element vorherrscht, kann der in der Wirtschaftspolitik dieser Gebiete erstrebte Schutz der Mittelstände nur als der natürliche Ausdruck der Volksregierung betrachtet werden. Mit größerem Nachdrucke machen sich die industriellen Arbeiterinteressen in der Gesetzgebung bezw. Verwaltung der größeren Städte geltend (Zürich,[4]) Winterthur, Basel,[5]) Genf).

Im übrigen haben die evangelisch-sozialen Bestrebungen[6]) bis jetzt in der Schweiz eine erhebliche Bedeutung nicht zu erlangen vermocht, trotzdem die von A. Stöcker und Fr. Naumann ausgehenden Impulse

---

[1]) Einen ausgezeichneten Überblick über den Stand der sozialpolitischen Gesetzgebung Österreichs bietet das Werk: Soziale Verwaltung in Österreich am Ende des 19. Jahrhunderts. 1. Bd. Sozialökonomie. Wien u. Leipzig 1900; im übrigen vgl. auch das von Ulbrich und Mischler herausgegebene österreichische Staatswörterbuch, Wien, 2. Aufl. im Erscheinen begriffen.

[2]) Über die wirtschafts- und sozialpolitischen Verhältnisse orientieren: Furrer's Volkswirtschaftslexikon der Schweiz. 4 Bde. Bern 1887—1891; Reichesberg's Handwörterbuch der Schweizerischen Volkswirtschaft, Sozialpolitik und Verwaltung. Bern seit 1902; zur Zeit ist der 2. Bd. im Erscheinen begriffen; Hilty (sozialkonservativ), Politisches Jahrbuch der schweizerischen Eidgenossenschaft. Bern seit 1886; Zeitschrift für schweiz. Statistik. Bern seit 1865; Schweizerische Blätter für Wirtschafts- und Sozialpolitik, jetzt von Reichesberg herausgegeben. Bern seit 1893.

[3]) Vgl. Landmann, Die Arbeiterschutzgesetzgebung der Schweiz. Basel 1904. S. XXX—LVII.

[4]) Moderne Demokratie. Acht Vorträge gehalten in der Demokratischen Vereinigung der Stadt Zürich in den Wintern 1902/3 und 1903/4. Zürich 1904.

[5]) Adler, G., Basel's Sozialpolitik in neuester Zeit. Tübingen 1896.

[6]) Christlich-soziale Bewegung: a) Evangelisch-soziale Bewegung von C. H. Mann in Reichesberg's Handwörterbuch der Schweizerischen Volkswirtschaft. I. S. 732 bis 738.

bei einzelnen Persönlichkeiten begeisterte Aufnahme gefunden hatten. Es wurden auch einige evangelische Arbeitervereine begründet, die sich 1900 zu einem schweizerischen Verbande zusammenschlossen, ein Programm annahmen und dem Schweizerischen Arbeiterbunde beitraten, aber über eine Eingabe an die Bundesversammlung zur Freigabe des Sonntag-Nachmittags nicht weit hinausgekommen zu sein scheinen. Da sich die evangelisch-sozialen Vereine unabhängig von den politischen und religiösen Parteien behaupten wollen, sind die Aussichten auf praktische Wirksamkeit wohl auch für die Zukunft nicht sehr günstig zu beurteilen.

Im Gegensatze dazu stehen die schon weit älteren katholisch-sozialen Vereine,[1]) die geradezu von den führenden Politikern der schweizerischen Katholiken geleitet werden. Bemerkenswert ist, daß die Katholisch-Sozialen der Schweiz schon seit dem Jahre 1887 unbefangen mit der sozialistischen Partei in sozialpolitischen Angelegenheiten zusammengehen. „Was kann uns daran hindern?“ erklärte ihr bedeutendster Führer Dr. Decurtius, „Etwa die Nichtübereinstimmung in konfessionellen Dingen? Keineswegs. Ich bin ultramontan durch und durch, doch in sozialen Dingen, in allen Brotfragen, da stehe ich zu Euch. Und mit mir die katholischen Arbeiter; sie werden mittun, wo es sich um die Besserung der wirtschaftlichen Lage des Arbeiterstandes handelt; denn der Hunger ist weder katholisch noch protestantisch. Darum, wer mithilft in solchen Fragen, der sei willkommen. Die katholischen Arbeiter bieten Euch ehrlich die Hand, weist sie nicht zurück.“ So wurde auch der internationale Arbeiterschutzkongreß in Zürich 1897 gemeinsam von dem sozialistischen Arbeitersekretär H. Greulich und Dr. Decurtius organisiert. Im Jahre 1899 erklärten sich die katholischen Arbeitervereine zum Eintritte in die Gewerkschaften sozialistischen Ursprungs bereit, sofern politische und religiöse Neutralität gewahrt würde. Da diese Voraussetzung aber nicht überall in einer den katholischen Ansprüchen genügenden Weise verwirklicht wurde, sind doch auch wieder christliche Fachvereine gegründet worden.

---

[1]) Christlich-soziale Bewegung: b) Katholisch-soziale Bewegung von Prof. Dr. J. Beck. a. a. O. S. 735–749.

Zweiter Abschnitt.

Liberale Richtungen.

Erstes Kapitel.

Der kapitalistische Liberalismus.

35. Die ursprünglichen Grundgedanken des Liberalismus.[1])

Die aufgeklärten Geister des achtzehnten Jahrhunderts waren von der Überzeugung erfüllt, daß ein höchstes Wesen die Welt zu dem Zwecke der irdischen Beglückung der Menschheit erschaffen habe. Die Menschen und ihre Triebe sind von Natur aus gut, da Gott, der nur Gutes wollen kann, sie ins Leben gerufen hat. Wenn die Betrachtung der tatsächlichen Zustände soviel Unglück, Bosheit, Verkehrtheit und Unkultur aufweist, so kommt das nur daher, daß die Menschen ihre Verhältnisse nicht nach den von Gott gegebenen natürlichen Gesetzen sich entwickeln lassen. Die ganze künstliche Ordnung, die im Laufe der Zeiten im Widerspruche mit jenen Gesetzen aufgerichtet worden ist, muß deshalb beseitigt werden. An Stelle der besonderen Standesrechte und -pflichten hat unter den gleichberechtigten Mitgliedern der Gesellschaft eine rein vertragsmäßige Regelung der wirtschaftlichen Beziehungen zu erfolgen. Bei solchem Zustande natürlicher Freiheit wird auch die von Gott gewollte Ordnung, Harmonie und Schönheit des Daseins überall und in reichstem Maße erblühen. Sobald jedermann sein Interesse, das er selbst ja am besten versteht, soweit frei verfolgen kann, als es das gleiche Recht des Mitmenschen gestattet, wird auch das höchste Glück des Ganzen, das doch immer nur das größte Glück der größten Zahl bedeutet, von selbst erwachsen. Der Staat braucht allein dafür zu sorgen, daß das Eigentum geschützt und der frei geschlossene Vertrag geachtet werde. Jeder ist dann auf sich selbst gestellt, Herr seiner Geschicke, Schmied seines Glückes. Frei von jeder künstlich gestalteten Ungleichheit werden im Wettbewerbe die Anlagen der Menschen die vollste Aus-

---

[1]) Vgl. Hasbach, Die allgemeinen philosophischen Grundlagen der von Quesnay und Smith begründeten politischen Ökonomie. Leipzig 1890; Dietzel, Art. Individualismus; Biermann, Staat und Wirtschaft. Bd. I. Die Anschauungen des ökonomischen Individualismus. Berlin 1905.

bildung erfahren. Darf jeder frei seine Tätigkeit und den Ort derselben wählen, so werden sich die vorhandenen Arbeitskräfte am zweckmäßigsten auf die einzelnen Produktionszweige verteilen. Wo Arbeitskräfte fehlen, steigt durch die ungenügende Befriedigung der Nachfrage der Lohn und sorgt dafür, daß Arbeiter zuwandern. Ebenso wird der sinkende Lohn die Abwanderung aus überfüllten Arbeitszweigen und Gebieten herbeiführen. Die hohen Warenpreise und Gewinne derjenigen Unternehmungen, deren Produktenmenge dem Bedarfe noch nicht genügt, werden zur Erweiterung der Produktion bis auf die Höhe der Nachfrage veranlassen. Geringerer Gewinn bei zurückgehender Nachfrage wird dazu nötigen, andere, dem gesellschaftlichen Bedarfe besser entsprechende Verwendungsweisen der Produktionsmittel aufzusuchen. Der Arbeiter, dessen Lohn nach Maßgabe seiner Arbeitsleistungen ausfällt, und dem der Genuß des erarbeiteten Einkommens gesichert ist, wird schon im eigensten Interesse auf gute Arbeitsleistungen bedacht sein. Im freien Wettbewerbe wird nur derjenige Unternehmer, der die Ansprüche des Publikums am besten befriedigt, sich behaupten. Die Freiheit des Verkehrs bedingt eine natürliche und somit gerechte Entwicklung der Preise und der Vergütungen für Arbeitsleistungen, für Boden- und Kapitalnutzungen. So wird im freien Spiel der wirtschaftlichen Kräfte jeder im eigenen Interesse dasjenige tun, was dem Wohle des Ganzen am zuträglichsten ist. Überall wird mit dem kleinsten Aufwande das größtmögliche Ergebnis, der höchste Reinertrag erzielt werden. Eine stetige Verbesserung der materiellen Lage der Menschheit ist die notwendige Frucht der natürlichen Freiheit.

Wenn die Vorkämpfer des Liberalismus von der Aufhebung der Gebundenheit des ländlichen Grundeigentumes; von der Beseitigung der gutsherrlichen Lasten, unter denen der Bauer mancherorts fast erlag; von der Durchbrechung der zünftigen Schranken, die im städtischen Gewerbe Fortschritt und Initiative unterdrückten; wenn sie von der persönlichen Freiheit, der Freiheit der Wissenschaft, von der Aufklärung und Bildung des Volkes und von der Teilnahme des Bürgertums an der Staatsgewalt ein bisher unbekanntes Aufblühen der Produktion erwarteten: so haben sie sich, wie der Gang der Dinge in unserem Jahrhunderte zeigt, durchaus nicht getäuscht. Die moderne Produktions- und Verkehrstechnik hat einen Aufschwung genommen, der ohne Beispiel dasteht. Diesem Glanze gegenüber fiel es den Klassen, welche durch die industrielle Entwicklung emporgetragen worden waren, überaus schwer, die tiefen Schatten und schweren Gebrechen unserer sozialökonomischen Kultur unbefangen anzuerkennen.

Und doch sind, wie das erste Buch gezeigt hat, gerade diejenigen Ideen des Liberalismus, von denen seine edelsten und hochherzigsten Anhänger am tiefsten durchdrungen waren, erst in sehr bescheidenem Umfange verwirklicht worden, nämlich die allgemeine Wohlfahrt, die Freiheit, die Gerechtigkeit, die größtmögliche Entwicklung aller persönlichen Anlagen, der Grundsatz, jeden Menschen als Selbstzweck zu achten und nicht als bloßes Mittel zu gebrauchen.

36. Die „sogenannte Arbeiterfrage" der Manchesterschule.

In welcher Weise haben sich die unbedingten Bewunderer und Verehrer der wirtschaftlichen Freiheit, die Ure,[1] Brougham,[2] Bright und ihre Nachfolger in anderen Ländern mit dem Elend der Fabrikarbeiter abgefunden?

Zuerst wurde versucht, die Massenarmut zu leugnen. Es sollte sich um Übertreibungen, um Generalisierungen einzelner Fälle handeln. Diese Einwände hatten das Gute, daß die Lage der vom Kapitalismus ruinierten Klassen immer gründlicher erforscht wurde. Je gründlicher aber die Untersuchung betrieben wurde, umso trauriger und zwingender fielen die Resultate aus.

Ließ sich die Existenz des Elendes nicht in Abrede stellen, so wurde es bald als rasch vorübergehendes Leid einer Übergangsperiode, bald als von den Beteiligten durch geringes Arbeiten und Sparen selbst verschuldet, bald als Fortschritt gegenüber früheren Zuständen, bald als Folge ungenügender kapitalistischer Entwicklung, bald als eine unvermeidliche, durch naturgesetzliches Walten bedingte Erscheinung hingestellt. Jedenfalls würden die von den sozialen Reformern erstrebten Maßregeln nicht nur ihren Zweck nicht erreichen, sondern vielmehr eine Verbesserung der Lage verhindern oder gar erhöhten Schaden anrichten. An den Grundsätzen des laisser faire dürfe keinesfalls gerüttelt werden. Eine eigentliche Arbeiterfrage wurde nicht anerkannt. Es gab höchstens eine „sogenannte" Arbeiterfrage. Unter diesem Titel hat ein Anhänger der deutschen Manchesterpartei, John Prince-Smith,[3] eine Abhandlung veröffentlicht, der heute noch eine gewissermaßen klassische

[1]) Philosophy of manufactures 1835.

[2]) Results of machinery.

[3]) Volkswirtschaftliche Vierteljahrsschrift. 1864. S. 192—207. Von einigen Mitgliedern der deutschen Freihandelspartei, insbesondere von V. Böhmert, wurden indes auch vernünftigere Anschauungen vertreten. Vgl. L. Grambow, Die deutsche Freihandelspartei zur Zeit ihrer Blüte. Jena 1903. S. 72—126.

Bedeutung innewohnt. Sie enthält eben die Quintessenz der Anschauungen, welche vom kapitalistischen Liberalismus über das Wesen der Arbeiterfrage gehegt wurden:

Wenn über mangelnde Bedürfnisbefriedigung auf Seiten der Arbeiter geklagt wird, so kennt der gewissenhafte Volkswirt kein anderes Hilfsmittel als vermehrtes Schaffen. Es müssen deshalb die Kenntnisse, die Geschicklichkeit, der Fleiß und vor allem das Kapital vermehrt werden. „Arbeitet und sparet! Lasset die eigene Not den Sporn, und den Genuß der Bessergestellten den Trieb Euch geben, Eure Willenskraft zu steigern, daß Ihr wenigstens die ersten Schritte auf dem Wege zur Erlösung aus der wirtschaftlichen Not machet — daß Ihr endlich dasjenige ermöglicht, was Ihr bisher in tausendjähriger Familienfolge nicht fertig brachtet, nämlich etwas über die tägliche Notdurft hinaus zu erübrigen .... Nur derjenige kommt wirtschaftlich vorwärts, der etwas vor sich bringt.“[1]) Unter Arbeiterfrage verstehe man die Frage: „Wie läßt sich die wirtschaftliche Lage der Lohnarbeiter plötzlich verbessern, unabhängig von der allgemeinen Hebung des Volkshaushaltes, auf die man nicht warten will?“[2]) Der Volkswirt erkennt auf den ersten Blick die Unlösbarkeit eines solchen Problemes, denn „die wirtschaftliche Lage der Lohnarbeiter oder die durchschnittliche Lohnhöhe ist ganz einfach der Quotient aus dem durch die Arbeiterzahl dividierten Lohnfonds. Dieser Quotient läßt sich, abgesehen von einer Dezimierung der Arbeiter, nur dadurch vergrößern, daß man den Lohnfonds vermehrt; also vermehrt er sich nur mit der Vergrößerung oder zweckmäßigeren Benutzung des Kapitals, d. h. mit der allgemeinen Hebung des Volkshaushaltes — auf die man einmal warten muß, so allmählich sie auch vor sich geht.“[3]) Wenn nämlich große Entdeckungen, die Anwendung der Dampfkraft, die Vervollkommnung der Spinn- und Webemaschinen, der Bau der Eisenbahnen, die größere politische Freiheit die Kapitalvermehrung so beschleunigen, daß die Arbeitervermehrung nicht folgen kann, tritt Verbesserung der Lage und bald auch Gewöhnung an diesen Fortschritt auf Seiten der Arbeiter ein. Sie können aber auch durch Konsumvereine eine Verwohlfeilerung der Lebensbedürfnisse und insofern eine reichlichere Befriedigung erzielen. Allerdings ist es fraglich, ob diese Vereine überall wirklich den Konsum verwohlfeilern. „Denn die Vorstellung, welche viele an dieselben knüpfen, daß nämlich der Konsum durch Umgehung des Kleinhandels verwohlfeilert werde, ist darum eine ganz falsche, weil im allgemeinen der Kleinhandel, so

[1]) a. a. O. S. 193. [2]) S. 195. [3]) S. 196.

wie jede andere wirtschaftliche Tätigkeit nur da entstehen und bestehen kann, wo seine Dienste mehr wert sind, als was sie kosten, wo er also den Konsum verwohlfeiert. Nur an kleinen Orten, wo eben der Kleinhandel nicht hinlänglich durch Kapital und Konkurrenz entwickelt ist, dürften Vereine am Platze sein, welche die fehlende Tätigkeit des Kleinhandels selbst übernehmen.[1])

Übrigens hat sich die Lage der Arbeiter schon sehr verbessert. „Vergleicht man die jetzigen und früheren Preise der Kleiderstoffe und vielerlei Gerätschaften, so erkennt man, daß sehr viele zur Behaglichkeit des Lebens beitragende Dinge, auf die der Unbemitteltere früher verzichten mußte, jetzt für die Arbeiterklasse erreichbar geworden sind."[2]) Unter den Arbeitern, welche bereits in den kapitalistischen Betrieb eingereiht worden sind, herrscht nur ausnahmsweise Not. Es liegt auch gar nicht im Interesse der Kapitalisten, den Lohn herabzudrücken. Sie haben nur ein Interesse an möglichst wohlfeiler Arbeitsleistung. „Aber die Leistung eines durch Elend entkräfteten und abgestumpften Menschen ist gar nicht wohlfeil. Gut genährte Arbeiter leisten im Verhältnisse zu ihren Unterhaltskosten stets viel mehr als schlecht genährte. Schlechter Lohn gibt schwache Arbeit, und diese ist allemal teure Arbeit. Und je mehr sich die Industrie kapitalistisch entwickelt, um so wichtiger wird es dem Kapitalismus, bei seinen kostspieligen Anlagen und seinen großen kunstvoll ineinandergreifenden Einrichtungen, Arbeiter zu haben von einer zuverlässigen Sorgsamkeit, die nur bei zufriedenen Menschen möglich ist, welche ein Interesse fühlen an dem Gedeihen eines ihnen wohltätigen Unternehmens. Wo es in größeren Industrien wenig gut bezahlte Arbeiter gibt, ist dies nur, weil es an zuverlässig sorgsamen Leuten fehlt, denn diese würde sich jeder industrielle Unternehmer gern durch guten Lohn sichern."[3])

Elend herrscht vorzugsweise nur bei den noch nicht in kapitalistische Betriebe eingereihten Arbeitern, deren Leistungen, „wenig durch kapitalistische Hilfsmittel unterstützt", noch wenig produktiv sind. Sie verrichten meist Arbeiten, welche geringe Ausbildung voraussetzen. Bei solchen Beschäftigungen wird es immer einen übergroßen Andrang und einen bloßen Hungerlohn geben, so lange es so viele Verwahrloste und ganz Mittellose gibt, und wo es diese gibt, da ist es sehr schwierig, deren Vermehrung zu beschränken. Von Vorsorge und Selbstbeherrschung ist bei ihnen keine Rede. „Daß die Nachkommen solcher Geschöpfe nicht anders sein können, als ihre Erzeuger, ist selbst-

[1]) S. 199. [2]) S. 199. [3]) S. 200, 201.

verständlich. Und so erbt sich die Verwahrlosung fort und fort. Und forscht man näher nach der Geschichte der völlig Verwahrlosten (für deren Konservierung unsere Armenpflege Kapital millionenweise dem Lohnfonds der produktiven Arbeiter entzieht), so erfährt man fast immer, daß sie dem Stande eines alten und befestigten Erbstrolchtums angehören."[1])

Die reiche Bedürfnisbefriedigung eines Industrievolkes kommt von dem angesammelten Kapitale her. „Also ist es ebenso natürlich als gerecht, daß im Industrievolke diejenigen, welche das Kapital gesammelt haben und es verwalten und erhalten, einen Hauptanteil an diesem Mehr, welches ihr Kapitalisieren bewirkt hat, empfangen. Und es ist ebenso unbillig als unstatthaft, zu verlangen, daß die Kapitallosen, welche in tausendjähriger Geschlechterfolge nichts vor sich gebracht haben, es niemals möglich machten, über den täglichen Bedarf hinaus etwas zu erübrigen, ... daß diese die Vorteile genießen sollen, welche nur aus dem Besitze eines Vorrates fließen können. Dennoch haben die Kapitallosen einen großen Vorteil von dem durch andere gesammelten Kapitale; denn als Lohn für ihre Arbeit empfangen sie, wenn auch nicht viel, doch viel mehr Befriedigungsmittel, als sie allein, ohne Hilfe von Kapital herstellen könnten."[2]) Diejenigen, welche vorratslos den täglichen Forderungen des Magens gegenüberstehen und nicht die wirtschaftliche Verwertung ihrer Arbeitskraft unternehmen oder abwarten können, müssen ihre Kraft gegen augenblickliche Bezahlung an Kapitalisten verkaufen. Sie erhalten für ihre Arbeitskraft einen Preis, welcher im Markte ebenso wie der Preis jeder Marktware bestimmt wird. „Natürlich will der Käufer nicht mehr dafür geben, als was andere Arbeitsuchende für gleich gute Leistung zu nehmen bereit sind. Reichen also die für Arbeit zu erlangenden Preise nicht zur behaglichen Existenz aus, so sind es nicht die Käufer, sondern die Arbeitsuchenden, welche die Preise gedrückt haben ... Die Vorstellung, daß der Kapitalist willkürlich den Arbeitspreis diktieren könne, weil er nicht wie der Vorratslose vom täglichen Hunger gedrängt wird, ist grundfalsch. Der Kapitalist für seine Person kann wohl warten, aber sein Kapital nicht; es muß immer durch Arbeit in Bewegung gesetzt werden, sobald es nur einen Augenblick ruht, fängt es an, sich selber zu fressen."[3]) Der Zwang zum Abschlusse des Lohngeschäftes ist auf beiden Seiten gleich groß: hier der hungernde Magen, dort das fressende Kapital.

Da für den Arbeiter alles von der Nachfrage nach Arbeit abhängt, diese aber von der Erhaltung und Vermehrung des Kapitales bestimmt

[1]) S. 202. [2]) S. 203. [3]) S. 204.

wird, so ist die sichere Erhaltung des Kapitales die erste und größte Frage für das Wohl des Lohnarbeiters. Die zuverlässigsten Erhalter des Kapitales sind die Kapitalisten. Staatsbeamte werden in dieser Beziehung nie mit ihnen den Vergleich bestehen. Es liegt aber im Interesse des Arbeiters, daß die privatkapitalistische Unternehmung erhalten bleibt. Aber fast noch schlimmer als die Einschränkung dieser Produktionsweise durch öffentliche Betriebe wäre eine Kürzung des Gewinnes aus dem Kapitale. „Ist bei dem jetzt angeblich so hohen Unternehmergewinn das Kapitalisieren zu langsam für das Wohl der Arbeiter vor sich gegangen, wie würde es bei vermindertem Geschäftsgewinne damit stehen? Ein hoher Unternehmergewinn kommt sehr rasch den Arbeitern zu gute, denn je größer der Geschäftsüberschuß, um so rascher kann daraus ein neues Kapital gebildet werden; und in je näherer Aussicht der vermehrte Kapitalbesitz steht, um so größer ist der Trieb zur gegenwärtigen Enthaltsamkeit, zur Erübrigung, zur Kapitalisierung; und Kapitalisierung ist Lohnsteigerung."[1]) Indem die Kapitalisten nach Kräften das Kapital vermehren, steigern sie tatsächlich, wenn auch nicht absichtlich, den Lohn; sie sind keine Feinde des Arbeiters. Den Lohn drücken die Arbeitsuchenden. Indem die Arbeiter die Zahl der Arbeitsuchenden vergrößern, verschulden sie selbst das Elend. Das wollen sie freilich nicht einsehen. Sie ahnen, daß eine Besserung, die bei ihnen selber und ihren Gewohnheiten zu beginnen hätte, eine moralische Kraft erfordert, die sie nicht in sich verspüren, und daß eine Umgestaltung allgemeiner Verhältnisse eine sehr weitaussehende Kulturarbeit wäre. Deshalb denken sie nur daran, durch den Zwang der Koalitionen den Willen zu bemeistern und durch ein so leichtes Mittel die ganze „Arbeiterfrage" zu lösen. „Daß der grelle Abstand zwischen der Lebensstellung des mit tausend Händen und großartig angesammelten Hilfsmitteln schaffenden Kapitalisten und des nur mit zwei Händen arbeitenden mittellosen Menschen bei diesem reizbaren Neid erregen sollte, ist erklärlich. Und daß der Arbeiter, wenn sein Lohn zu karg ausfällt, die Schuld auf die Hand schieben sollte, aus der er ihn empfängt, ist ebenso naheliegend. Die Reizbarkeit ist bei dem Notleidenden, die Kurzsichtigkeit bei dem Niedrigstehenden entschuldbar. Aber nicht zu entschuldigen ist es, wenn Männer von wissenschaftlicher Bildung, um von sich reden zu machen, die Reizbarkeit aufstacheln, den Eingebungen dieser Kurzsichtigen eine scheinbar logische Grundlage geben, und Hoffnungen erregen, welche um so bitterer getäuscht werden müssen, als die ganze angeschürte Bewegung eine Richtung hat, welche, wenn sie überhaupt

[1]) S. 205.

eine Bedeutung gewinnt, nur zur Verschlechterung der Lage der Lohnarbeiter führen kann.“ [1])

Man würde einer gefährlichen Täuschung zum Opfer fallen, wollte man die Kraft, welche die vorgetragenen Gedankenreihen auch heute noch in einflußreichen Kreisen der Gesellschaft besitzen, irgendwie unterschätzen. Ganz abgesehen von Frankreich, Italien, Belgien und Holland, auch in Deutschland selbst bestreiten der mächtige Zentralverband Deutscher Industrieller und die von ihm abhängige Presse einen erheblichen Teil ihres theoretischen Bedarfs aus dem Arsenale der alten Manchestermänner, wenn es gilt, sozialpolitische Bestrebungen zu bekämpfen. Ja selbst ein Geist wie der des Fürsten Bismarck hat gegen die Fortbildung der Fabrikgesetzgebung ähnliche Argumente ins Treffen geführt. Allerdings sind heute in Deutschland die Grundanschauungen des kapitalistischen Liberalismus gerade bei den politisch liberalen Parteien verhältnismäßig selten anzutreffen. Die führenden Männer der Nationalliberalen und die Freisinnige Vereinigung sind ins Lager des sozialreformerischen Liberalismus übergetreten, in welchem sich die süddeutsche Volkspartei stets befunden hat. Abgesehen von einigen Veteranen der alten Fortschrittspartei um Eugen Richter, findet man heute die Vertreter der „sogenannten Arbeiterfrage“ vorzugsweise in der kleinen, aber überaus einflußreichen freikonservativen Gruppe der westdeutschen Großindustriellen.[2]) Unter diesen Umständen wird eine eingehende Prüfung der Beweisgründe, welche gegen die sozialreformatorische Betätigung vorgebracht werden, durchaus am Platze sein. Hierbei müssen natürlich auch einige neuere Gesichtspunkte, welche den alten Kämpen der laisser-faire Grundsätze noch nicht bekannt waren, mit berücksichtigt werden.

---

[1]) S. 206, 207.

[2]) Vgl. die Bekämpfung des Gewerkvereinswesens durch Dr. A. Tille, Sekretär des Zentralverbandes Deutscher Industrieller, in dessen Werke „Aus Englands Flegeljahren“ 1901 S. 304—400; H. A. Bueck, Soziale Reform. Berlin 1903; mit wahrhaft erquickender Offenheit werden die Grundsätze des kapitalistischen Liberalismus, in vollkommener Anlehnung an das alte Manchestertum, von Dr. E. Böninger gepredigt: Leitende Gedanken gesunder Volkswirtschaft. Leipzig 1899. Über die deutsche Volkswirtschaftslehre der Gegenwart fällt der Verfasser (S. 36) nachstehendes Urteil: „Überhaupt läßt sich nicht verkennen, daß zu der Zeit, wo die deutsche Wissenschaft auf anderen Gebieten beispiellose Triumphe feierte, die Volkswirtschaftslehre bei uns auf einem Tiefstande angelangt ist, der späteren Geschlechtern unfaßlich erscheinen wird. Nicht das Streben jeder Wissenschaft, die Erforschung der Wahrheit, ist ihr Ziel geworden, sondern der Beifall einer urteilslosen, abseits stehenden Menge; nach der Art roher unwissender Bettelmönche des Mittelalters suchen ihre Vertreter durch Erregung der niedrigsten Triebe in des

37. Die angeblich freie Konkurrenz.

Zunächst wird man erstaunt die Frage aufwerfen, mit welchem Rechte denn die Konkurrenz, welche nach Aufhebung der Zunftverfassung eingetreten ist, als eine „freie" bezeichnet werden darf. Privateigentum und Erbrecht[1]) sind bestehen geblieben. So gibt die wirtschaftliche Macht, welche von den Vorfahren in früheren Zeiten erworben, oder verloren worden ist, nur zu oft auch in den Entscheidungskämpfen der Gegenwart den Ausschlag. Da die Ordnungen der Vergangenheit von der Manchesterpartei als ungerecht und gewalttätig gebrandmarkt werden, so ist es schwer zu begreifen, wieso der Vermögensbesitz als Lohn der Arbeitsamkeit und Sparsamkeit, die Besitzlosigkeit aber als die gerechte Strafe für diejenigen erklärt werden kann, die es „bisher in tausendjähriger Familienfolge nicht fertig brachten, etwas über die tägliche Notdurft hinaus zu erübrigen." Diese Auffassung wird erst einigermaßen verständlich, wenn man bedenkt, daß nach Prince-Smith auch Arbeiter und Arbeitgeber beim Abschlusse des Arbeitsvertrages nicht nur als rechtlich, sondern auch als tatsächlich gleich freie Kontrahenten einander gegenüberstehen sollen. „Hier der hungernde Magen, dort das fressende Kapital." Nun ist es wohl richtig, daß der Kapitalist den Arbeiter ebensowenig entbehren kann, als die Arbeiter den Kapitalisten. Aber dieser Sachverhalt hilft, wie S. 8 ff. gezeigt wurde, dem Arbeiter, der vereinzelt dem Arbeitgeber gegenübersteht, herzlich wenig. Die Gleichheit wird erst dann bis zu einem gewissen Grade hergestellt, wenn die Arbeiter den Unternehmern geschlossen als Körperschaft entgegentreten. Aber gerade diese Koalitionen der Arbeiter werden vom kapitalistischen Liberalismus auf das heftigste bekämpft. Im übrigen sind auch bei organisiertem Vorgehen der Arbeiter die Kapitalisten immer noch insofern im Vorteile, als sie wegen ihres Besitzes für ihre Personen länger warten können, als die Arbeiter, deren Mittel selten über einige Wochen hinaus ausreichen. Ebensowenig wie die Kon-

Menschen Brust, durch Neid und Mißgunst, die Begehrlichkeit der Massen gegen die im ruhigen Besitze lebenden Volksschichten zu erregen." Kein Mann von der Bedeutung Leroy-Beaulieus ist leider an deutschen Hochschulen zu finden (S. 35). Das alles sind Anschauungen, welche einen großen und einflußreichen Teil der Tagespresse (Die Deutsche Arbeitgeber-Zeitung (Berlin), Rheinisch-Westfälische Zeitung, Hamburger Nachrichten, Schlesische Zeitung, Post, Berliner Neueste Nachrichten, Deutsche Industrie-Zeitung, Deutsche Volkswirtschaftliche Correspondenz) beherrschen.

[1]) Daß das Erbrecht einen Erbkapitalismus schafft und insofern eine wirklich freie Konkurrenz nicht zu stande kommen läßt, gibt selbst A. Tille zu. Vgl. Von Darwin bis Nietzsche. Leipzig 1895. S. 203.

kurrenz zwischen Arbeiter und Kapitalisten kann auch die zwischen kleineren und größeren Kapitalisten, zwischen Handwerkmeister und Fabrikanten als eine wirklich freie angesehen werden.

Gestattet also schon die außerordentliche Verschiedenheit der ökonomischen Ausrüstung, welche die einzelnen zufolge ihrer Abstammung erhalten haben, nicht, jeden als den Schmied seines Glückes anzusehen, so wird das Resultat des Wettbewerbes auch zwischen solchen, welche unter gleichen Bedingungen den Kampfplatz des Lebens betreten, noch durch Zufall und Glück,[1]) durch die Macht der allgemeinen Konjunkturen, in erheblichem Umfange mitbestimmt. Ganz richtig führte Ferdinand Lassalle aus: „Wenn z. B. heute die Rosinenernte in Korinth und Smyrna, oder die Getreideernte im Mississippital, in den Donauländern und der Krim sehr reichlich ausgefallen ist, so verlieren die Korinthenhändler in Berlin oder Cöln, sowie die Getreidehändler, welche große Vorräte zu den früheren Preisen auf Lager haben, durch den Preisabschlag vielleicht die Hälfte ihres Vermögens. . . . Ist gar die Baumwollenernte im Süden der Vereinigten Staaten mißraten oder stockt die Zufuhr aus einem anderen Grunde, so kommen in England, Frankreich, Deutschland die Arbeiter in den Baumwollengarnspinnereien und Kattunfabriken in Massen außer Brot und Tätigkeit. . . . Neu entdeckte sehr ergiebige Gold- und Silberminen in fremden Weltteilen verändern durch den sinkenden Wert der edlen Metalle alle Kontrakte, machen alle europäischen Gläubiger ärmer, alle Schuldner reicher, während gesteigerte fortdauernde Silbernachfrage in China und Japan die umgekehrte Wirkung haben kann. . . . Jede neue mechanische Erfindung, welche die Produktion einer Ware billiger stellt, entwertet Massen fertiger Warenvorräte derselben Art mehr oder weniger oder gänzlich und bricht Reihen von Unternehmrn und Händlern die Existenz. Ja, keine neue Eisenbahn kann angelegt werden, ohne Grundstücke, Häuser und Geschäfte an diesem Orte und an dem Tor des Ortes, wo sie angelegt wird, auf das Soundsovielfache ihres Preises zu steigern und Grundstücke, Häuser und Geschäfte an einem anderen Orte, oder am entgegengesetzten Tore desselben Ortes auf lange zu entwerten. . . . Konjunktur und Spekulation . . beherrschen jede individuelle Existenz umso intensiver, je mehr die Arbeit derselben darin besteht: gesellschaftlichen Tauschwert zu produzieren, und sie beherrschen jede Existenz umso weniger intensiv, je mehr die Arbeit derselben auf Produktion von Nutzwerten zum eigenen Gebrauch gerichtet ist.“[2])

[1]) Vgl. Lange, Die Arbeiterfrage. 4. Aufl. Winterthur 1879. S. 82—147.

[2]) Lassalles Reden und Schriften. Bernsteinsche Ausgabe. III. S. 39 ff.

Und selbst dann, wenn sich der einzelne ohne die Hilfe ererbten Besitzes und günstiger Konjunkturen emporzuarbeiten versteht, hat er seinen Erfolg immer Eigenschaften zu verdanken, deren Prämiierung und Ausbreitung im Interesse der sittlichen Empfindungen gewünscht werden kann? Der Wettbewerb erstreckt sich ja nicht unmittelbar auf die Lieferung guter Ware, sondern auf die Erzielung eines möglichst großen Geldreinertrages. Nun zeigt die Erfahrung, daß es Mittel genug gibt, auch mit schlechter Produktion dieses Ziel zu erreichen. Marktschreierische, schwindelhafte Reklame, die Verwendung billiger Surrogate, die Anmaßung von Auszeichnungen, Marken oder Firmen, die Herabsetzung der Konkurrenten, der Verrat von Geschäfts- und Betriebsgeheimnissen, das alles sind Mittel, deren Anwendung im Wettbewerbe so große Verbreitung gewonnen hat, daß eine besondere Gesetzgebung gegen „unlauteren Wettbewerb" eintreten mußte. In anderem Zusammenhange (S. 73 ff.) ist auch dargetan worden, wie eifrig von mancher Seite darnach gestrebt wird, im Gewinninteresse einen Teil der Produktionskosten auf die Gesellschaft abzuwälzen.

Schließlich wohnt dem Konkurrenzsystem noch ein mächtiger Trieb inne, die Konkurrenz überhaupt aufzuheben. Indem jeweils derjenige, der sich nun auf geraden oder krummen Wegen als der wirtschaftlich Überlegene ausweist, die schwächeren aus dem Felde schlägt, bleibt allmählich nur noch der Allerstärkste übrig. Er steht dann hors concours da und mag sich durch rücksichtslose Ausbeutung seiner Monopolstellung reichlich für die Kosten des Kampfes entschädigen. Ob es ein einzelner Kapitalist, oder ob es eine Vereinigung von Kapitalisten ist, die zu dieser Stellung vordringt, hat wenig zu bedeuten. Jedenfalls sind viele der modernen Riesenvermögen gerade auf solche Entwicklungen zurückzuführen.

38. Laissez-faire und Darwinismus.[1])

Aus den oben vorgeführten Gründen hat die Lehre von der allein seligmachenden Wirksamkeit der freien Konkurrenz in der wissenschaftlichen Nationalökonomie ihren Kredit eingebüßt. Nicht Vertreter der Sozialwissenschaften, sondern solche der Naturwissenschaften sind es, welche, zum Teil im Anschlusse an Herbert Spencer, geblendet von den Lehren über Kampf ums Dasein und natürliche Auslese, das Defizit des kapitalistischen Liberalismus mittels einer Anleihe beim Darwinismus zu decken versuchen. Hierbei werden sie von zwei äußerst einfluß-

[1]) Vgl. Knapp, Darwin und die Sozialwissenschaften. J. f. N. St. XVIII.

reichen Mächten unterstützt: einmal von dem großkapitalistischen Interesse selbst und dann von dem Vorurteile, das zu Gunsten der Naturwissenschaften in weiten Kreisen der Gesellschaft besteht. Segelt irgend eine Theorie unter naturwissenschaftlicher Flagge, so wird sie von vielen schon als exaktes Gesetz betrachtet.

Dieser Auffassung gegenüber muß zunächst betont werden, daß über die Grundlehren des Darwinismus unter den maßgebenden Naturforschern selbst noch keine vollkommene Übereinstimmung besteht. So wird z. B. die Vererbung erworbener Eigenschaften von Weismann ebenso entschieden bestritten, wie von anderer Seite behauptet. Sodann ist Darwin[1]) selbst zu keiner bestimmten, konsequenten Ansicht über das Verhältnis gelangt, in dem seine Theorie zu den Grundsätzen des laisser-faire steht. Da erklärt er einmal: „Wie jedes andere Tier ist auch der Mensch ohne Zweifel auf seinen gegenwärtigen hohen Zustand durch einen Kampf um die Existenz als Folge einer rapiden Vermehrung gelangt, und wenn er noch höher fortschreiten soll, so ist zu fürchten, daß er einem heftigen Kampfe ausgesetzt bleiben muß. Im anderen Falle würde er in Indolenz versinken, und die höher begabten Menschen würden im Kampfe um das Leben nicht erfolgreicher sein als die weniger begabten. Es darf daher unser natürliches Zunahmeverhältnis, obschon es zu vielen und offenbaren Übeln führt, nicht durch irgend welche Mittel bedeutend verringert werden." Aus diesen Äußerungen kann eine Zustimmung zu dem kapitalistischen Liberalismus nicht gefolgert werden. Darwin hat hier nicht die relativ sehr kurze Periode, seit welcher in England die Grundsätze der freien Konkurrenz angenommen worden waren, im Auge, sondern betont ganz allgemein, daß der beständige Kampf, welchen die Menschheit infolge ihrer raschen Vermehrung um die Erweiterung des Nahrungsspielraumes führen mußte, ihre Aufwärtsentwicklung gefördert habe. Von diesem Standpunkte aus nimmt er gerade gegen den Rat Stellung, welchen viele Anhänger des Manchestertums den Arbeitern erteilten, nämlich durch Beschränkung ihrer Fortpflanzung ein geringeres Arbeitsangebot und damit eine Lohnerhöhung herbeizuführen.

Mit größerem Rechte kann eine Verurteilung der Gewerkvereine und Genossenschaften, welche sich in einem Briefe Darwin's an Prof. H. Fick in Zürich vom 26. Juli 1872 findet, zu Gunsten des Konkurrenzsystems gedeutet werden. Hier beklagt es Darwin, daß die

[1]) Vgl. L. Woltmann, Die Darwin'sche Theorie und der Sozialismus. Düsseldorf 1893. S. 11—19.

Gewerkvereine für alle Arbeiter gleichen Arbeitslohn und gleiche Arbeitszeit verlangten, daß sie den Stücklohn bekämpften und somit gegen allen Wettbewerb aufträten. Ebenso schlössen die Genossenschaften die freie Konkurrenz aus. „Dies scheint mir für den künftigen Fortschritt der Menschheit ein großer Übelstand zu sein.“ [1]) Auf der anderen Seite führt Darwin aber auch aus: „Der Mensch häuft Besitztum an und hinterläßt es seinen Kindern, so daß die Kinder der Reichen in dem Wettlauf nach Erfolg vor denen der Armen einen Vorteil voraus haben, unabhängig von körperlicher oder geistiger Überlegenheit.“ Immerhin störe die mäßige Anhäufung von Wohlstand den Prozeß der Zuchtwahl durchaus nicht. „Wenn ein armer Mensch reich wird, so beginnen seine Kinder den Handel, oder ein Gewerbe, in welchem es des Kampfes genug gibt, so daß der an Körper und Geist Fähigere am besten fortkommt. Das Vorhandensein einer Menge gut unterrichteter Leute, welche nicht um ihr tägliches Brot zu arbeiten haben, ist in einem Grade bedeutungsvoll, welcher nicht überschätzt werden kann; denn alle intellektuelle Arbeit wird von ihnen verrichtet und von solcher Arbeit hängt der materielle Fortschritt jeglicher Art ab, um andere und höhere Vorteile garnicht zu erwähnen. Wird der Wohlstand sehr groß, so verwandelt er ohne Zweifel leicht die Menschen in unnütze Drohnen, aber ihre Zahl ist niemals groß; auch tritt ein Eliminationsprozeß in einem gewissen Grade hier ein, da wir täglich sehen, wie viele Leute närrisch oder verschwenderisch werden und allen ihren Wohlstand vergeuden.“

Hier wird also von Darwin die Tatsache, daß die verschiedene Vermögensverteilung die Resultate des Wettbewerbes fälscht, offen zugegeben. Aber er legt diesem Umstande kein großes Gewicht bei. Der Nachteil wird mehr als ausgeglichen dadurch, daß Privateigentum und Erbrecht auch wieder gut unterrichtete Leute ermöglichen, welche nicht um das tägliche Brot ringen müssen und deshalb intellektuelle Arbeit verrichten können. Die für die Menschheit wertvollsten Leistungen kommen also erst dann zu stande, wenn Menschen der Notwendigkeit, sich im ökonomischen Konkurrenzkampfe zu betätigen, entrückt werden. Wirklich gefährlich ist nur der „sehr große Wohlstand“, welcher die Menschen sowohl in wirtschaftlicher wie in geistiger Beziehung zum Müßiggange verleiten kann. Diese Anschauungen können jedenfalls

[1]) Der Brief ist abgedruckt bei G. H. Schmidt, Volkswirtschaftliche Grundfragen. Hilty's Jahrbuch der schweiz. Eidgenossenschaft. XIII. S. 292. Das dem Gewerkvereinswesen gewidmete Kapitel wird übrigens zeigen, daß sich Darwin mit dieser Annahme irrt.

eher zu Gunsten sozialreformatorischer Bestrebungen verwendet werden; denn letztere wollen ja gerade den „mäßigen Wohlstand" möglichst ausbreiten, während der freie Wettbewerb die gefährliche Anhäufung „sehr großen Wohlstandes" tatsächlich begünstigt. Schließlich soll sich Darwin am Ende seiner Tage noch sehr wenig hoffnungsvoll über die Zukunft der Menschheit ausgesprochen haben, und zwar auf Grund der Beobachtung, daß in unserer Zivilisation eine natürliche Auslese nicht zu stande komme, und die Tüchtigsten nicht überlebten. Die Sieger im Kampfe um das Geld seien keineswegs die Besten oder Klügsten.

Weniger schwankend verhalten sich die Nachfolger Darwin's. Die einen verteidigen nämlich auf Grund ihrer darwinistischen Überzeugungen das herrschende Wirtschaftssystem mit demselben Nachdrucke, mit welchem es die anderen auf Grund derselben naturwissenschaftlichen Doktrinen bekämpfen. Haeckel, Spencer, Huxley, O. Ammon,[1]) Ziegler gehören zur ersten, Sir Alfred Russel Wallace, der sich mit Darwin in den Ruhm teilt, die Selektionstheorie begründet zu haben, Dodel, Grant Allen, W. Bölsche zur zweiten Gruppe. Aus diesem Zwiespalte der Meinungen unter den Darwinisten selbst geht jedenfalls Eines mit Gewißheit hervor: der Darwinismus darf in seiner gegenwärtigen Gestalt noch keine Herrscherrolle im Reiche der Sozialwissenschaft beanspruchen.[2]) Will man trotzdem auf die Verwertung darwinistischer

---

[1]) Über O. Ammon, der in seinen Schriften: „Die natürliche Auslese beim Menschen" 1893 und „Die Gesellschaftsordnung und ihre natürlichen Grundlagen" 1. Aufl. 1895 (3. Aufl. 1900), mittelst antropologischer Messungen den Beweis zu führen versuchte, daß die oberen Gesellschaftsklassen im allgemeinen ein Produkt der natürlichen Auslese darstellten, vgl. die eingehende Kritik in der 2. Auflage meiner „Arbeiterfrage", S. 448—462; ferner C. Jentsch, Sozialauslese. 1898; Tönnies, Ammon's Gesellschaftstheorie. A. f. s. G. XIX. S. 88—112. Zur Kritik Ammon's sind ferner von Bedeutung die Untersuchungen, welche Nyström (Die Formveränderungen des menschlichen Schädels und deren Ursachen. Braunschweig 1902. Abdruck aus dem Archiv für Anthropologie. Bd. 27) angestellt hat. Danach wären in Schweden gerade die gelehrten Kreise und die oberen Gesellschaftsklassen reicher an Rundköpfen, während Ammon in der Langköpfigkeit das anthropologische Merkmal größerer Begabung erblickt.

[2]) Zu diesem Ergebnisse führen auch die zahlreichen Arbeiten, welche durch das Kruppsche Preisausschreiben „Was lernen wir aus den Prinzipien der Deszendenztheorie in Beziehung auf die innerpolitische Entwicklung und Gesetzgebung der Staaten?" veranlaßt worden sind. Unter den 45 Arbeiten, welche zur genaueren Berücksichtigung kamen, haben nur zwei aus dem Darwinismus eine Verwerfung der staatlichen Sozialpolitik abgeleitet und zwar die eine aus anarchistischen, die andere aus manchesterlichen Anschauungen heraus. Weitaus die meisten Arbeiten haben sich für eine fortschreitende Sozialpolitik erklärt, ja von vielen wird sogar ein weitgehender Staatssozialismus verteidigt. Daraus geht, wie Prof. H. E. Ziegler

Ideen im Gebiete der sozialen Forschung nicht verzichten, so muß folgendes berücksichtigt werden:

Im Tier- und Pflanzenleben besteht, wenn man von einigen ganz vereinzelten Erscheinungen absieht, kein Staat, keine Klassenbildung, kein Eigentum, kein Erbrecht, keine bewußte geschichtliche Entwicklung. Der Daseinskampf wird mit den Organen, welche den Individuen angeboren worden sind, ausgekämpft. Sie müssen diese Organe im Kampfe selbst entwickeln und üben, um sich zu erhalten. Der Mensch dagegen ist

---

mit Recht betont, hervor, daß keine der bestehenden politischen Parteien das Recht hat, ihre Prinzipien als die Konsequenzen der Deszendenztheorie hinzustellen. Sehr energisch macht die mit dem ersten Preise ausgestattete Arbeit von Schallmayer, Vererbung und Auslese im Lebenslauf der Völker, Jena 1903, gegen die bestehende Wirtschaftsordnung Front. „Nach unserer Auffassung", erklärt er S. 324, „wäre die beste Einkommensverteilung die, welche sowohl für jeden den größten Sporn zu sozialen Leistungen als auch für die generativ Tüchtigsten den größten Vermehrungsantrieb bilden würde. Von einer solchen Wirkungsweise ist auch die heutige Wirtschaftsordnung weit entfernt. Einerseits stehen soziale Leistungen und Einkommen vielfach in einem schreienden Mißverhältnisse und ebenso das Ansehen, das großenteils eine Folge des Besitzes ist, weil dieser Macht verleiht; andererseits wird der generativ Tüchtige auf keine Weise ermutigt, viele Kinder aufzuziehen. Gegenüber den „häufig laut werdenden entgegengesetzten Ansichten" betont Schallmayer, „daß unsere heutige Wirtschaftsordnung nicht im Sinne der natürlichen Auslese wirkt, sondern eher umgekehrt" (S. 324). Vgl. im übrigen: Natur und Staat. Beiträge zur naturwissenschaftlichen Gesellschaftslehre. Eine Sammlung von Preisschriften. Herausgegeben von H. E. Ziegler in Verbindung mit J. Conrad und E. Haeckel, Fischer, Jena 1903. Zu dieser Sammlung sind außer der bereits genannten Arbeit von Schallmayer erschienen: Matzat, Philosophie der Anpassung. Mit der Einleitung zu dem Sammelwerke von H. E. Ziegler; Ruppin, Darwinismus und Sozialwissenschaft; Hesse, Natur und Gesellschaft; Michaelis, Die Prinzipien der natürl. und sozialen Entwicklung; Eleutheropulos, Soziologie; ferner Arbeiten von Friedmann, Schalk, Methner und Häcker. Separat erschien Woltmann, Politische Anthropologie. Eisenach und Leipzig 1903. Vgl. dazu Tönnies, Zur naturwissenschaftl. Gesellschaftslehre. J. f. G. V. XXIX. S. 27—103).

In den letzten Jahren haben namentlich unter dem Einflusse Gobineau's und Houston Stewart Chamberlain's (Grundlagen des XIX. Jahrhunderts, München, 5. Aufl. 1904, 2 Bde.) die Gedanken der Rassetheorien großen Anklang gefunden. Eine kritische Auseinandersetzung mit ihnen versucht Fr. Hertz, Moderne Rassetheorien. Wien 1904. Zur Erörterung dieser Probleme bestehen ferner zwei Zeitschriften: Politisch-Anthropologische Revue. Herausgegeben von L. Woltmann und H. Buhmann. Eisenach und Leipzig seit April 1902; Archiv für Rassen- und Gesellschafts-Biologie. Herausgegeben von Plötz. Berlin seit 1904. — Leider hat auch der Dilettantismus sich dieser Fragen in großem Umfange bemächtigt, so daß streng wissenschaftlich verfahrende Anthropologen mit einem gewissen Unbehagen auf dieses ganze Treiben blicken.

nicht allein auf seine persönlichen Kräfte angewiesen.[1]) Für ihn kommen auch Arbeits- und Produktionsinstrumente und Waffen in Betracht, deren Verteilung in hohem Maße durch die staatlich-rechtlichen Einrichtungen bestimmt wird. Im Daseinskampfe der Tiere und Pflanzen wird der Unterliegende meist vollkommen vernichtet und von der Fortpflanzung ausgeschlossen. Im menschlichen Konkurrenzkampfe handelt es sich nicht um sofort eintretende Vernichtung, sondern um eine Herabdrückung auf der sozialen Stufenleiter, unter Umständen um eine Abkürzung des Lebens. Weder im einen, noch im anderen Falle tritt mit Notwendigkeit ein Ausschluß von der Fortpflanzung ein.

So kann höchstens innerhalb der einzelnen Gesellschaftsklassen von wirklicher Auslese durch den Wettbewerb gesprochen werden. Immerhin bleibt auch hier zu beachten, daß die Zahl bevorzugter Stellungen in einer Gruppe nicht notwendig mit der Zahl ihrer höheren Begabungen übereinzustimmen braucht. Das alles hängt von Entwicklungen ab, auf welche der einzelne Mensch keinen oder geringen Einfluß hat. In einzelnen Industriezweigen nimmt vielleicht die Zahl der Betriebe stark ab, während ihr Umfang wächst. Das bedeutet also eine Abnahme der bevorzugten Unternehmerstellungen. Oder durch das rasche Aufblühen einer Stadt, durch zollpolitische Veränderungen können sich für einzelne Gewerbe sehr vorteilhafte Konjunkturen ergeben. Die Möglichkeit zur Begründung bevorzugter Stellungen wird dadurch beträchtlich erweitert. Mindere Begabungen rücken zu günstigen Stellen vor, während anderwärts Begabtere sich mit geringeren Positionen begnügen müssen.

Man wird aber noch aus einem anderen Grunde Bedenken tragen, den einzelnen, selbst innerhalb seiner Klasse, lediglich nach dem äußeren Erfolge zu beurteilen. Man kann ja nur sagen, daß er sich den gegebenen Bedingungen am besten angepaßt hat. Die Anpassungsfähigkeit kann sittlich indifferent, selbst unsittlich sein.[2]) In der Textilindustrie

[1]) Woltmann, Darwinsche Theorie. S. 328, 329.

[2]) So schreibt Ruskin: „In einer Gesellschaft, wo sich das Leben nur nach den Gesetzen des Angebots und der Nachfrage regelt, und der Staat im übrigen nur seine Bürger hindert, physische Gewalt gegen einander zu brauchen, sind die Individuen, denen es glückt, allgemein gesprochen, reich zu werden, die Fleißigen, die Entschlossenen, die Hochmütigen, die Knauserigen, die Behenden, die Ordentlichen, die Schlauen, die Phantasielosen, die Gefühllosen und die Ungebildeten. Die, die arm bleiben, sind die vollkommen Törichten und die vollkommen Weisen, die Trägen, die Unwürdigen, die Unterwürfigen, die Grübler, die Dummen, die Phantasievollen, die Feinfühligen, die Gelehrten, die Verschwenderischen, die Bösen aus Laune oder Trieb, die plump Schurkischen, die offen Diebischen und die im Grunde Herzensguten, Gerechten und Heiligen.

kamen z. B. einige Männer deshalb ganz besonders empor, weil sie in bezug auf die Verwendung minderwertiger Kunstwolle geringere Skrupel besaßen, als ihre Konkurrenten. Ebensowenig wird man in der künstlerischen, militärischen, politischen und gelehrten Laufbahn die größte Anpassungsfähigkeit unter allen Umständen als rühmenswerten Vorzug hinstellen wollen. Der „Streber" müßte ja sonst den idealen Typus der Menschheit bilden.

Nicht um Beseitigung des freien Wettbewerbes handelt es sich bei sozialen Reformen, wie die Naturforscher oft irrigerweise annehmen. Der Wettbewerb soll bestehen bleiben, aber die äußeren Bedingungen und Formen, in denen er heute erfolgt, sind so umzugestalten, daß sich mehr und mehr allen die gleiche soziale Gelegenheit eröffnet, und daß im allgemeinen diejenigen als Sieger im Kampfe hervorgehen, in denen die nach unseren sittlichen Vorstellungen wertvollsten Eigenschaften am vollkommensten verkörpert sind.

Der Wettbewerb wird dadurch eher verschärft als gemildert werden. Die Klassenbildung wirkt heute oft als Fessel des Wettbewerbes. Es gibt soziale Schichten, denen ungleich mehr bevorzugte Positionen offen stehen, als der Zahl ihrer höheren Begabungen entspricht. Die Talente dieser Kreise werden eine ganz andere Tätigkeit zu entfalten haben, sobald sie auch mit den ähnlichen Begabungen anderer Schichten in wirklichen Wettbewerb treten müssen, nicht mehr „unter sich" bleiben und auf dem Lotterbette großer Vermögen oder politischer und sozialer Vorrechte ausruhen können. Und selbstverständlich wird sich auch in den unteren Schichten der Begabte weit mehr bemühen, wenn er weiß, daß seinem Emporkommen keine starren äußeren Schranken, keine unbekehrbaren, hochmütigen Vorurteile entgegenstehen.

Inwiefern gerade Gewerkvereine und Arbeiterschutzgesetze auch die Auslese begünstigen können, wird später im einzelnen zu zeigen sein.

39. Die soziale Kompetenz des Staates.

Ist somit durch die Proklamierung der Gewerbefreiheit keine „natürliche Freiheit" geschaffen worden, so kann eine Regulierung der Konkurrenz durch die sozialpolitische Gesetzgebung oder durch Organisationen der Beteiligten auch nicht als eine Störung der natürlichen Freiheit und Entwicklung, als eine unberechtigte Einmischung hingestellt werden. Es ist hier lediglich die Zweckmäßigkeitsfrage zu entscheiden, ob zur Erzielung eines bestimmten Zieles das Eingreifen eines bestimmten Staates oder einer bestimmten, freier Initiative entsprossenen Organisation den besten Erfolg verspricht. Alles Gerede darüber, was oder was nicht zu den Aufgaben des Staates im allgemeinen, des Staates an sich, zu rechnen ist, führt auf Abwege. Die reine Demokratie im Kanton Zürich und die russische Autokratie, die konstitutionelle Regierung eines mittleren deutschen Beamtenstaates und das Kabinett einer parlamentarischen zentralistischen Republik, wie Frankreich, das alles sind so durchaus verschiedene politische Kapazitäten und historische Individualitäten, daß den einen sehr wohl sozialpolitischen Aufgaben gestellt werden können, für welche die anderen durchaus ungeeignet erscheinen. Und ebenso verschieden, wie der Charakter der Staatsgewalt, ist der Charakter und die wirtschaftliche Struktur der Bevölkerung selbst. In dem einen Falle mag ein weit verbreiteter mäßiger Wohlstand und eine hohe Stufe der Volksbildung die Initiative freier Vereinigungen ausreichend erscheinen lassen, während anderwärts die Arbeiterklasse zur Selbsthilfe noch unfähig ist. In den meisten Ländern hat eben die Staatsgewalt wirtschaftliche und rechtliche Einrichtungen geschaffen, welche eine eingehende soziale Differenzierung zur Folge gehabt haben. Breite Schichten des Volks sind auf eine so tiefe Stufe der moralischen, geistigen und wirtschaftlichen Entwicklung herabgedrückt worden, daß sie die zur Selbsthilfe notwendige Kraft und Einsicht in absehbarer Zeit nicht erwerben können. Hier darf der Staat sich nicht damit begnügen, die verhängnisvollen Gesetze (Leibeigenschaft, Koalitionsverbote, Lohntaxen, Zunftprivilegien u. dgl.) abzuschaffen. Er muß den Geschädigten auch Ersatz bieten. Es ist ein einfaches Gebot der justice réparative, um einen Ausdruck Fouillées zu gebrauchen, wenn solch ein Staat den früher von ihm selbst oder wenigstens mit seiner Duldung von anderen geradezu unterdrückten oder beraubten Volksmassen nicht bloß eine abstrakte Freiheit gewährt, sondern auch durch positive Maßnahmen seine Schuld, soweit es irgend angeht, zu sühnen versucht.

Die Beschränkung des Staates auf die Sicherheitsproduktion, diese von Lassalle durchaus mit Recht verspottete Nachtwächteridee, ist nichts anderes als die Philosophie eines gesättigten Bürgertumes; sie entspricht dem Klasseninteresse derjenigen Kreise, welche wohlhabend und intelligent genug sind, um ihren Vorteil beim Abschlusse des Arbeitsvertrages oder im Konkurrenzkampfe mit den Handwerkern am besten dann zu wahren, wenn sich der Staat vollkommen passiv verhält. Übrigens ist ein Teil der Manchesterpartei nicht einmal konsequent geblieben, wie schon Bismarck 1849 so treffend hervorgehoben hat. Während man den Segen des laisser-faire pries, um die Zunftordnung zu stürzen, verlangte man Schutz gegen den ausländischen Wettbewerb und staatliche Subventionen für Eisenbahnen.

Es kann deshalb unmöglich das Recht des Staates zur Regulierung in Frage gestellt werden. Es kommt lediglich darauf an, ob der Staat, um den es sich handelt, auch die Fähigkeit besitzt, die fragliche Aufgabe seinem Wollen entsprechend zu lösen.

Diese Fähigkeit wird allerdings vom Manchestertum ganz allgemein bestritten und zwar vorzugsweise unter Berufung auf die sogenannte Lohnfondstheorie.

40. Die Theorie vom Lohnfonds.

Nach dieser Anschauung, welche nicht nur von Prince-Smith, sondern auch von Mc Culloch, John Stuart Mill, Fawcett u. a. m. vertreten wurde, wird die mögliche Höhe des Lohnes gewissermaßen naturgesetzlich bestimmt. Sie hängt einerseits ab von der Größe des für Lohnzahlungen bestimmten Fonds, andererseits von der Zahl der Arbeiter, welche in diesen Fonds sich zu teilen haben. Gelänge es einer Gruppe von Arbeitern, mit Hilfe künstlicher Veranstaltungen (durch staatlichen Eingriff oder durch eigene Berufsorganisationen) einen größeren Anteil, als ihr naturgemäß zufalle, zu erzwingen, so müsse um eben diesen Betrag der Lohn anderer Arbeiter herabgehen. Der Güterbetrag, der als Lohn auf die Arbeiter als Klasse entfalle, lasse sich also nicht willkürlich verändern.

Wachse die Zahl der Arbeiter im Vergleiche zum Lohnfonds, so ergebe sich notwendig eine Lohnverminderung, im entgegengesetzten Falle eine Lohnerhöhung. Die Veränderungen setzten sich aber aus eigener Kraft durch. Irgend welche Eingriffe zur Beeinflussung der Lohnhöhe und Arbeitsbedingungen seien durchaus unlogisch und unvereinbar mit den von der politischen Ökonomie entdeckten Wahrheiten.

Diese Theorie ist ein Irrtum,[1]) und zwar ist er in der Annahme zu suchen, daß der wahre Gegenwert, den die Arbeiter empfangen, in dem Kapitale des Unternehmers zu erblicken sei. Nun gibt der Unternehmer aus seinem Kapitale dem Arbeiter allerdings schrittweise einen Lohn zu dessen Unterhalte. Allein in demselben Maße erhält er auch

[1]) Vgl. Brentano, Die Lehre von den Lohnsteigerungen. J. f. N. u. St. 16. Bd. S. 251—281; Marx, Das Kapital 1. Bd. 3. Aufl. 1883. S. 624 f., 2. Bd. 1885. S. 445, 446; Lemcke, Über einige Bestimmungsgründe des Arbeitslohnes. Jena 1899 S. und B. Webb, Theorie und Praxis der englischen Gewerkvereine. Deutsch von C. Hugo. Stuttgart 1898. 2. Bd. S. 137—183; Litmann, Die Möglichkeit der Lohnsteigerungen und die Lohnfondstheorien. (Zürcher Dissertation). München 1902; Salz, Beiträge zur Geschichte und Kritik der Lohnfondstheorie. Stuttgart und Berlin 1905 (70 Stück der Münchener Volksw. Studien).

als Entgelt die Arbeitsleistung des Arbeiters. Er wird ja Eigentümer des Arbeitsproduktes. Der Unternehmer gibt im Lohne sein Kapital nur scheinbar weg. Sein Kapital ändert nur die Form. Erst besteht es aus Geld, das der Arbeiter im Lohne empfängt; dann besteht es aus Arbeitsleistungen, die an bestimmten Stoffen sich fixiert haben. Schließlich bietet der Unternehmer die Arbeitsprodukte zum Verkauf aus. Dadurch kehrt das Kapital wieder in die Geldform zurück. Der eigentliche Gegenwert für die Arbeit liegt somit in dem, was die Konsumenten für die Arbeitsprodukte hingeben. Nun ist weder das, was die Konsumenten bezahlen, noch der Gewinn der Unternehmer etwas so Starres und Bestimmtes, wie die ältere Nationalökonomie annahm. Die Anteile der Arbeiter und Unternehmer am Gesamtprodukte hängen bis zu einem gewissen Grade von ökonomischen Machtverhältnissen ab. Und gerade diese können durch staatliche Maßregeln und Organisationen der Arbeiter sehr wirksam verändert werden.

Neuerdings ist die Lehre in etwas veränderter Form von Taussig zu retten versucht worden. Man sagte, daß der Arbeitslohn eine Anweisung auf den vorhandenen Konsumtionsmittelvorrat der Gesellschaft darstelle. Die Größe dieses Vorrates wird durch die Produktionsverhältnisse der Vergangenheit bestimmt und ist deshalb innerhalb kürzerer Fristen nicht wesentlich zu verändern. Gelänge es den Arbeitern, auf irgend eine Weise eine bedeutende Lohnerhöhung durchzusetzen, so würde zwar eine starke Nachfrage nach Bedarfsgegenständen der Arbeiterklasse eintreten. Dieser Nachfrage stünde aber noch kein entsprechendes Angebot gegenüber. Die Preise müßten also eine Erhöhung erfahren, und die Arbeiter würden trotz des höheren Lohnes keine erheblich größeren Beträge von Bedarfsgegenständen erhalten.

Man kann diese Möglicheit zugeben. Sie beweist aber nichts gegen Lohnerhöhungen. Im Laufe der Zeit wird eben doch die durch höhere Löhne bewirkte Preissteigerung auch eine vermehrte Produktion und somit ein die Preise wieder senkendes Warenangebot zur Folge haben. Diese Theorie besagt also nur, daß bei starker Lohnerhöhung erst eine gewisse Zeit verfließen muß, ehe die Produktionsrichtung sich den veränderten Verhältnissen der kauffähigen Nachfrage angepaßt hat.

41. Die Arbeiterfrage eine Folge der Volksvermehrung?[1])

Während die oben besprochenen Lehren der Manchesterschule heutzumeist nur noch in bestimmten, den sozialen Reformen aus materiellen

[1]) Man vgl. hierzu die Literatur über das Bevölkerungswesen überhaupt, besonders aber Art. Bevölkerungslehre von Ludwig Elster.

Gründen feindlich gegenüberstehenden Kreisen beifällige Aufnahme finden, wird dagegen auch von anderen Seiten oft die Ansicht vertreten, Malthus habe im wesentlichen doch Recht gehabt, als er die rasche Volksvermehrung für die Notlage der Volksmassen verantwortlich machte. Der Laie fühlt sich in dieser Meinung vor allem durch die Erfahrung bestärkt, daß besonders kinderreiche Arbeiterfamilien meist die Armenpflege in Anspruch nehmen müssen. In diesen Fällen gibt aber eigentlich nicht der Kinderreichtum an sich, sondern der Umstand, daß diese Familien von der herkömmlichen Familiengröße abweichen, den Ausschlag. Sind innerhalb eines Volkes Familien mit 3—4 Kindern die Regel, so passen sich die ganzen Einkommensverhältnisse der Arbeiterklasse diesem Bedarfe an. Familien mit weniger Kindern stehen dann natürlich besser, solche mit mehr Kindern schlechter da als der Durchschnitt. Diese Verhältnisse haben aber mit der Frage, ob eine allgemein erfolgende starke Zunahme des Volkes die Lebensbedingungen der Volksmasse empfindlich erschwert, nichts zu tun. Zunächst wird man geneigt sein, diese Frage zu bejahen. Eine starke Volkszunahme hat zur Folge, daß die kindlichen und jugendlichen Altersklassen, deren Angehörige sich noch nicht wirtschaftlich produktiv betätigen, eine größere relative Bedeutung erlangen. So bildet z. B. in Großbritannien und Irland die Altersgruppe 0—15 Jahre 34,8 %, in Frankreich mit fast stillstehender Bevölkerungsgröße aber nur 26,2 % der Gesamtbevölkerung. Wenn nun auch die obersten Altersklassen in Ländern mit bedeutender Volksvermehrung wieder eine kleinere Quote bilden als dort, wo langsame Zunahme besteht, so bleibt doch die Tatsache bestehen, daß bei rascher Volkszunahme die in wirtschaftlich produktivem Lebensalter stehenden Personen für eine größere Anzahl unproduktiver Personen aufzukommen haben. Diese Fürsorgepflicht kann nun aber die wirtschaftliche Energie so günstig beeinflussen, daß eine wirtschaftliche Organisation höherer Produktivität sich entwickelt und die Gesamtlage trotz der starken Volksvermehrung günstiger ausfällt als bei einer stagnierenden Bevölkerung. Völker mit geringer Zunahme leben allerdings zunächst bequemer. Sie finden in den überlieferten Formen des wirtschaftlichen Lebens ihr Genüge und verfallen damit leicht einer gewissen Rückständigkeit.

Nun führt eine starke Volksvermehrung zu der Konsequenz, daß immer mehr Menschen von einem gegebenen Ausmaße des Bodens ihren Unterhalt gewinnen müssen. Da der Boden fortgesetzte Verwendungen von Arbeit und Kapital unter sonst gleich bleibenden Umständen immer schwächer vergütet (Gesetz des abnehmenden Bodenertrages), so scheint mit Notwendigkeit eine allmähliche Verschlechterung im wirtschaftlichen Dasein eines rasch wachsenden Volkes einzutreten. Aber die Umstände bleiben eben nicht gleich! Mit der dichter werdenden Bevölkerung gewinnen auch Arbeitsteilung und Arbeitsvereinigung eine größere Ausbildung und erhöhen die Produktivität der Arbeit. Landwirtschaftliche Fortschritte begegnen immer größerem Interesse. Vor allem aber ist bei den heutigen Verkehrsverhältnissen eine Nation gar nicht gezwungen, ihren Nahrungsbedarf ausschließlich der eigenen Scholle abzuringen. Die Pflege des auswärtigen Handels bietet die Möglichkeit, aus dünn besiedelten Ländern Nahrungsmittel und Rohstoffe zu beziehen und mit Produkten des heimischen Gewerbefleißes oder Diensten der heimischen Transportmittel zu bezahlen. So schließt der Übergang zum Industriestaat eine ungeheure Erweiterung der Bevölkerungskapazität ein. In der gleichen Richtung können auch Reformen auf dem Gebiete der inneren Wirtschaftspolitik wirken. Es kann unter Umständen an Stelle des extensiveren Betriebes der großen Gutswirtschaften die intensivere Bodennutzung durch kleinere und mittlere Betriebe treten. Es kann gerade durch soziale Reformen die Ergiebigkeit der menschlichen Arbeit auch im Industriebetriebe außerordentlich gesteigert werden. Die kapitalistische Betriebsweise arbeitet mit großen Verlusten und Friktionen, die aus dem Gegensatz der Interessen zwischen Unternehmern und Arbeitern entstehen. Im Interesse einer tauschwirtschaftlich günstigeren Verwertung der Ware Arbeit sucht der Arbeiter das Arbeitsangebot möglichst einzuschränken, gerade so wie der Unternehmer etwa in einem Kartell durch Produktionseinschränkung sich höhere Preise zu verschaffen trachtet. Wenn es aber im Wege besonderer Reformen gelingt, dem Arbeiter die Früchte der intensiveren Arbeitsleistung in vollem Umfange zu sichern, so wird die Produktion nicht nur von lästigen Störungen befreit, sondern gewinnt auch durch die steigende Kaufkraft der Arbeiterklasse selbst wertvolle Impulse.

Diese Betrachtungen zeigen, daß zwischen der Volksgröße, zwischen dem Tempo der Volkszunahme und den sozialen Zuständen weit verwickeltere Beziehungen und Wechselwirkungen bestehen, als die Manchesterschule ahnt.[1]) Der Druck, den die Volkszunahme ausübt, kann an sich ebenso gut zum Segen gereichen und den sozialen Fortschritt befördern als eine Verschlechterung der sozialen Verhältnisse herbeiführen. Es kommt ganz darauf an, wie ein Volk auf diese mächtigen

[1]) Es muß übrigens bemerkt werden, daß es auch unter den Manchestermännern Gegner der Malthusschen Lehre gab. Vor allem wäre Bastiat als solcher zu nennen.

Antriebe, welche von der Volkszunahme ausgehen, reagiert. Bei den germanischen Völkern darf man wohl annehmen, daß die vorteilhaften Wirkungen bis jetzt weitaus das Übergewicht gehabt haben.

Nun kommt selbstverständlich der Frage der Volksvermehrung auch eine entscheidende Bedeutung für die Stellung zu, welche ein Volk im Verhältnis zu anderen Völkern erwirbt. Daß die wirtschaftliche Weltherrschaft der angelsächsischen Rasse und damit auch wieder all' die großen sozialen Vorteile, welche aus dieser Herrscherrolle fließen, ohne starke Volksvermehrung nicht möglich gewesen wären, liegt so klar am Tage, daß es weiterer Erläuterungen nicht bedarf.

Zweites Kapitel.

Der reformatorische Liberalismus.

42. Die klassische Ökonomie und die Arbeiterfrage.

Es ist früher gezeigt worden, daß die Begründer des Liberalismus von Tendenzen erfüllt waren, die durchaus nicht als kapitalistische bezeichnet werden können. Ganz im Gegenteil. Gerade weil die Wirtschaftsordnung ihrer Zeit die Interessen des Besitzes vor denjenigen der Arbeit begünstigte, weil die Staatsgewalt in der Regel nur zu Gunsten der Mächtigen gegenüber den wirtschaftlich Schwachen eingriff, waren sie Feinde der Staatsintervention. Diese Abneigung gegen staatliche Regulierungen ist aber bei den wissenschaftlich hervorragenden Vertretern der liberalen Ökonomie, bei einem Adam Smith, J. B. Say oder Mc Culloch, niemals zu jenem Zerrbilde ausgeartet, welches erst Epigonen zweiten und dritten Ranges entwickelt haben. Der kapitalistische Liberalismus war weit weniger eine Lehre der unabhängigen Wissenschaft, als ein System, das sich die Sophisten und Soldschreiber des Kapitals für den täglichen Hausgebrauch zurechtgestutzt hatten. Es wäre daher ganz verkehrt, wenn man den reformatorischen Liberalismus, wie es zuweilen geschieht, erst mit John Stuart Mill beginnen lassen wollte. Das Werk von Adam Smith[1]) enthält vielmehr schon

[1]) Das neueste, allerdings nur popularisierenden Zwecken dienende Werk über Adam Smith ist dasjenige von K. Jentsch, Adam Smith, Leben und Lehre. Berlin 1905.

ein System sozialreformatorischer Gedanken, die leider selbst heute noch keineswegs allgemein verwirklicht sind.[1]) Wer hat schärfer als er eine Rechtsordnung gebrandmarkt, welche die Koalitionen der Arbeitgeber gestattete und beförderte, diejenigen der Arbeiter aber unterdrückte, obwohl, seiner Ansicht nach, selbst die koalierten Arbeiter gegenüber den Arbeitgebern immer noch den schwächeren Teil darstellen würden! „Die gewöhnliche Höhe des Arbeitslohnes", führt er aus,[2]) „hängt überall ab von einem zwischen diesen beiden Personen, deren Interessen ganz und gar nicht dieselben sind, getroffenen Übereinkommen. Der Arbeiter wünscht so viel als möglich zu erhalten, der Brotherr so wenig als möglich zu geben; erstere verbinden sich gern miteinander, um den Arbeitslohn zu erhöhen, und letztere tun dasselbe, um ihn zu erniedrigen. Es ist jedoch nicht schwer vorauszusehen, welcher der beiden Teile gewöhnlich das Übergewicht dabei behält und den anderen zur Erfüllung seiner Bedingungen zwingt. Die Arbeitgeber können sich ihrer geringeren Anzahl wegen viel leichter vereinigen, und außerdem erlaubt das Gesetz, oder verbietet wenigstens nicht ihre Vereinigung, während es den Arbeitern gegenüber letzteres tut. Wir haben keine Parlamentsakte gegen Vereinigungen, welche das Herabdrücken des Arbeitslohnes bezwecken, aber viele gegen die das Erhöhen desselben anstrebenden. Ferner können die Arbeitgeber solche Streitigkeiten viel länger aushalten . . . Auf die Länge der Zeit mag der Arbeiter seinem Arbeitgeber ebenso notwendig sein, wie dieser ihm, aber diese Notwendigkeit macht sich für letzteren nicht so unmittelbar geltend, wie für ersteren . . . Die Arbeitgeber haben immer und überall eine Art von stillschweigender, aber dauernder und gleichartiger Übereinkunft, den Arbeitslohn nicht über seinen jeweiligen Stand zu erhöhen. Diese Übereinkunft zu verletzen, ist überall eine äußerst unpopuläre Handlung und eine Art Schande für den Arbeitgeber seinesgleichen gegenüber."[3]) Vereinigen sich die Arbeiter zu dem Zwecke, eine Lohnherabsetzung abzuwehren oder eine Erhöhung zu erzwingen, so wird viel Aufhebens davon gemacht. „Sie sind verzweifelt und handeln mit dem Wahnsinn verzweifelter Menschen, welche entweder verhungern oder ihre Arbeitgeber durch Schreck zu einer sofortigen Erfüllung ihrer Forderungen zwingen müssen. Die Arbeitgeber erheben bei diesen Gelegenheiten

[1]) Zur Würdigung Ad. Smiths vgl. Feilbogen, Smith und Turgot. Wien 1892. S. 145—163.

[2]) Natur und Ursachen des Volkswohlstandes. Deutsch von Löwenthal. Berlin 1882. I. S. 70.

[3]) a. a. O. S. 71.

ihrerseits ein ebenso großes Geschrei und unterlassen es nie, laut nach der Hilfe der Behörden zu rufen und die unnachsichtige Anwendung jener Gesetze zu fordern, welche mit so großer Strenge gegen die Vereinigungen von Dienern, Arbeitern und Tagelöhnern erlassen worden sind."[1]) Wegen des Eintretens der Behörden, der besseren Organisation der Arbeitgeber und ihrer von vornherein günstigeren Stellung erzielen die streikenden Arbeiter selten Erfolge. „Immer wenn das Gesetz", klagt A. Smith an anderer Stelle,[2]) „die Mißhelligkeiten zwischen Brotherren und deren Arbeitern auszugleichen versucht, sind seine Ratgeber die Brotherren." Wollte das Gesetz unparteiisch sein, so müßte es die Koalitionen der Brotherren ebenso behandeln wie die der Arbeiter. Ein solches Verbot würde allerdings unausführbar sein.[3]) So ergibt sich die Forderung, alle gesetzlichen Benachteiligungen der Arbeiter zu beseitigen, um einen einigermaßen gerechten Zustand herbeizuführen. Wenn unter diesen Umständen die Löhne steigen sollten, so wäre das selbst im volkswirtschaftlichen Interesse durchaus nicht zu beklagen. Kein moderner Sozialreformer kann eifriger als Adam Smith bemüht sein, die vorteilhaften Wirkungen der Lohnsteigerungen auseinanderzusetzen.[4]) Die Erhöhung der Löhne verteuere den Preis der Waren gerade so, wie einfache Zinsen eine Schuld wachsen ließen, während die Steigerung des Gewinnes der Wirkung von Zinseszinsen gleichkomme. „Unsere Kaufleute und Fabrikanten beklagen sich sehr darüber, daß die hohen Arbeitslöhne den Preis der Waren verteuern und somit den Absatz derselben im In- und Auslande erschweren, aber sie sagen nichts von den schlechten Folgen der hohen Kapitalgewinne; sie schweigen von den schädlichen Einflüssen ihres eigenen Gewinnes, und beklagen sich nur über den anderer."[5]) Noch schärfer wird Smith, wo es sich darum handelt, die durch die Zollpolitik geschaffene Monopolstellung gewisser Industrieller anzugreifen. „Dieses Monopol hat einzelne Klassen der letzteren so sehr vermehrt, daß sie gleich einem übermäßig angewachsenen stehenden Heere selbst der Regierung furchtbar geworden sind und bei vielen Gelegenheiten die Gesetzgebung eingeschüchtert haben. Das Parlamentsmitglied, welches irgend einen die Kräftigung dieses Monopoles anstrebenden Gesetzesvorschlag unterstützt, erlangt nicht nur sicher den Ruf, daß er den Handel verstehe, sondern auch viel Popularität und Einfluß bei einem Stande, dessen Anzahl und Reichtum ihm eine große Wichtigkeit verleiht. Widersetzt er sich aber einem solchen Vorschlage, und hat er vielleicht gar Ansehen genug, um denselben möglicherweise

[1]) a. a. O. S. 72. [2]) a. a. O. S. 154. [3]) a. a. O. S. 139.
[4]) a. a. O. S. 87 ff. [5]) a. a. O. S. 105.

wirksam zu durchkreuzen, so können ihn weder die anerkannteste Rechtschaffenheit, noch der höchste Rang, noch die größten der Öffentlichkeit geleisteten Dienste vor den ehrenrührigsten Schmähungen und Verleumdungen, vor persönlichen Beleidigungen, vor wirklicher Gefahr selbst seitens wutentbrannter und in ihren Hoffnungen getäuschter Monopolisten schützen."[1]) Smith bekämpft indes nicht nur die staatliche Privilegierung kapitalistischer Interessen, sondern befürwortet auch positive Maßregeln des Staates zum Schutze der wirtschaftlich Schwächeren. Er verteidigt die Gesetze, welche die Auszahlung des Lohnes in Waren untersagen.[2]) Er hält staatliche Preistaxen für angezeigt dort, wo durch Zünfte eine Monopolstellung der Unternehmer besteht. Er tritt für die Regulierung der Banknotenausgabe ein und stellt dabei den Satz auf: „In gewisser Hinsicht können derartige Gesetze zweifellos als ein Eingriff in die natürliche Freiheit betrachtet werden; solche Äußerungen der natürlichen Freiheit einiger Individuen aber, welche die Sicherheit der ganzen Gesellschaft gefährden können, werden durch die Gesetze aller Staaten, der freiesten wie der despotischesten, verhindert und sollen es werden. Die Verpflichtung, Brandmauern zu errichten, um das Übergreifen des Feuers zu verhindern, ist auch ein Eingriff in die natürliche Freiheit, genau so wie die hier vorgeschlagenen, das Bankgeschäft betreffenden Bestimmungen."[3])

Mit ergreifenden Worten schildert er den traurigen, freudeleeren Zustand, in welchen die arbeitenden Klassen durch die Ausbildung der Arbeitsteilung versetzt worden sind. „Derjenige, der sein ganzes Leben mit der Verrichtung einiger weniger Hantierungen verbringt . . . hat keine Gelegenheit, seinen Verstand zu üben, oder seine Erfindungskraft zur Überwindung von Schwierigkeiten anzustrengen, die ihm eben niemals begegnen. . . . Sein einförmiges Leben untergräbt seinen Mut, und läßt ihn das ungeregelte, ungewisse und abenteuerliche Leben eines Kriegers mit Abscheu betrachten. Sogar seine körperlichen Fähigkeiten werden dadurch beeinträchtigt, so daß er keiner anderen Beschäftigung als der ihm gewöhnten mit Kraft und Ausdauer obliegen kann. So scheint er seine Geschicklichkeit in seinem eigentlichen Gewerbe auf Kosten seiner geistigen, körperlichen und militärischen Fähigkeiten zu erwerben. Dies ist aber der Zustand, in welchen die ärmeren arbeitenden Klassen, die große Volksmasse also, in jeder zivilisierten Gesellschaft notwendig verfallen müssen, wenn die Regierung nichts dagegen tut."[4]) Zwei

---

[1]) a. a. O. S. 483. [2]) a. a. O. S. 154. [3]) a. a. O. S. 335.
[4]) a. a. O. II. S. 292. 293.

Mittel sind es, die Ad. Smith in Vorschlag bringt: die Organisation einer allgemeinen obligatorischen Volksschule und die Pflege des kriegerischen, wehrhaften Geistes. „Die Sicherheit eines jeden Staates hängt stets mehr oder minder von dem kriegerischen Geiste der großen Volksmasse ab.“[1]) Aber „selbst wenn auch der kriegerische Geist im Volke zum Schutze der Gesellschaft gar nichts beitrüge, verdiente es doch die ernsteste Aufmerksamkeit seitens der Regierung, das Eindringen dieser von Feigheit unzertrennlichen Art der geistigen Verstümmelung in die große Volksmasse zu verhindern, ebenso wie sie dasselbe dem Aussatze oder einer anderen ekelhaften, wenn auch weder tötlichen noch gefährlichen Krankheit gegenüber tun müßte, selbst wenn kein anderer öffentlicher Nutzen daraus entstände, als die Vermeidung eines so großen öffentlichen Übels.“[2]) Diese Zitate zeigen deutlich genug, daß die Manchestermänner kein Recht besitzen, Ad. Smith zu den Ihren zu rechnen, jene Leute, welche, wie Lassalle sagte, „am liebsten allen Staat abschaffen, Justiz und Polizei an den Mindestfordernden vergeben und den Krieg durch Aktiengesellschaften betreiben lassen möchten, damit nirgends ein Akt oder ein sittlicher Punkt sei, von welchem aus ihrer kapitalistischen Ausbeutungssucht ein Widerstand geleistet werden könnte.“

Bedenkt man, daß das Werk 1776, also noch vor der eigentlichen Entwicklung des Fabriksystemes erschienen ist, so kann wohl kein Zweifel bestehen, auf wessen Seite sich sein Verfasser heute stellen würde. Er würde ganz gewiß nicht diejenigen verteidigen, welche für sich selbst Schutzzölle und Kartelle, in ihrem Verhältnis zu den Arbeitern aber teils laisser-faire, teils Zuchthausgesetze fordern.

Nicht einmal Ricardo kann ohne weiteres für den kapitalistischen Liberalismus in Anspruch genommen werden.[3]) Eine Verschiebung der Einkommensverhältnisse, welche den Arbeitern einen größeren Teil des Einkommens zuwenden würde, hielt er für eine erstrebenswerte Verbesserung des Zustandes der Gesellschaft, weil dadurch die bei weitem wichtigste Klasse der Gesellschaft, die arbeitende, gewinnen würde. „Die Freunde der menschlichen Gesittung“ müßten die Arbeiterklasse „durch alle gesetzlichen Mittel“ antreiben, sich die Gegenstände körperlichen und gemütlichen Wohlbehagens zu verschaffen. Er gab auch offen zu, daß

---

[1]) a. a. O. II. S. 297. [2]) a. a. O. II. S. 298.

[3]) Vgl. Rae, Contemporary Socialism. London 1901. S. 360; Schüller, Die klassische Nationalökonomie. Berlin 1895. S. 67, 68; neuerdings auch Diehl, D. Ricardos Grundgesetze der Volkswirtschaft und Besteuerung. III. Bd. Sozialwissenschaftliche Erläuterungen. Leipzig 1905. S. 21 ff., 427, 472.

die Einführung der Maschinen zwar den Interessen der Besitzenden förderlich sei, aber oft äußerst nachteilig auf die Lage der Arbeiter einwirke. Im Parlamente brachte er die staatliche Fürsorge für Arbeiterwohnungen in Vorschlag. Er stimmte für die Aufhebung der Koalitionsverbote und für die Einsetzung einer parlamentarischen Kommission, um die sozialpolitischen Pläne Robert Owens zu untersuchen. Wenn Ricardo die Truckverbote verwarf, so geschah es gerade im Hinblicke auf die Einrichtungen, welche Owen im Interesse seiner Arbeiter getroffen hatte und die durch solche Gesetze verhindert werden konnten. Im allgemeinen hat indes Ricardo selbst in erster Linie rein theoretische Zwecke verfolgt und sich darüber beklagt, daß man seine Ausführungen nicht so hypothetisch auffasse, wie sie gemeint gewesen seien. Er kommt deshalb für die vorliegenden Fragen weit weniger in Betracht, als sein Schüler Mc Culloch. Bei ihm aber finden sich so pessimistische Äußerungen[1]) über die sozialen Zustände, welche die Entwicklung der Großindustrie bekleidet haben, daß man an die sozialkonservativen Anschauungen von Sismondi und Malthus erinnert wird. Der wohltätige Einfluß der Fabriken hänge in hohem Maße davon ab, daß sie hinter der Landwirtschaft und anderen, gesichertere Arbeitsgelegenheit bietenden Wirtschaftszweigen zurückständen. Wo sie indes das vorherrschende Interesse ausmachten, liege Grund zu ernsten Besorgnissen vor. „Wir haben davon Notiz genommen, daß in der Entwicklung der Fabriken eine Tendenz sich äußert, die Großbetriebe, in denen einige wenige Personen große Arbeitermassen leiten, zunehmen zu lassen. Wir bezweifeln aber, daß ein Land, mag es noch so reich sein, in einem wirklich heilsamen und gesunden Zustande sich befindet, wo das maßgebende Interesse dargestellt wird von einer kleinen Zahl großer Kapitalisten und einer großen Zahl Arbeiter, die zwar von ihnen beschäftigt, aber durch keinerlei Bande der Dankbarkeit, des Mitgefühls oder der Zuneigung mit ihnen verbunden werden. Diese Entfremdung wird durch den großen Betriebsumfang, welchen jetzt die meisten Geschäfte aufweisen, veranlaßt. Dieser macht es den Arbeitgebern, selbst wenn sie es wünschen würden, unmöglich, mit der Masse ihrer Leute bekannt zu werden. Im allgemeinen kennen sie kaum deren Namen; sie achten bloß auf ihre Aufführung in der Fabrik; sie wissen nichts von ihrer Lebensweise außerhalb derselben, nichts von der Lage ihrer Familien. Freundlichere Gefühle finden keinen Raum bei einem Verkehr dieser Art; im allgemeinen wird alles auf beiden Seiten durch die eng-

[1]) The principles of political economy, 5th ed. Edinburgh 1864. S. 131—140.

herzigsten und selbstsüchtigsten Erwägungen bestimmt. Ein Arbeiter und seine Maschine werden ungefähr mit dem gleichen Mitgefühl und der gleichen Rücksicht behandelt. Eine Bevölkerung dieser Art muß äußerst unzufrieden sein." [1]) „Vielleicht kommt man schließlich zu dem Ergebnisse, daß es unweise war, das Fabriksystem einen so großen Aufschwung in diesem Lande nehmen zu lassen, und daß frühzeitig Maßregeln hätten ergriffen werden sollen, sein Wachstum zu verhindern und einzuschränken. Gegenwärtig kann an nichts dergleichen mehr gedacht werden. Ob zum Guten oder Bösen, wir sind viel zu weit vorgedrungen, um noch zurück zu können. Wir haben keine andere Hoffnung mehr, als es zu voller Entwicklung zu bringen, aber auch durch eine umsichtige Gesetzgebung alles, was möglich ist, zu versuchen, um Rückschläge abzuwenden und zu mildern." [2]) Mac Culloch denkt hier an den Freihandel, die Verbesserung des Geldwesens, die Beseitigung drückender Abgaben, aber auch an eine Reform der Armenpflege, welche weder die Gefühle der Arbeiter verletzt noch deren Arbeitseifer vermindert; d. h. die staatliche Armenpflege soll in Notständen so viel leisten, daß die Arbeiter von der bereits erreichten Stufe der Lebensführung nicht wieder herabgeschleudert werden.[3]) Mac Culloch sieht die Lebenshaltung als Regulator des Lohnes an. Da er aber, wie Ad. Smith, hohe Löhne auch für einen volkswirtschaftlichen Vorteil erachtet,[4]) ist ihm sehr daran gelegen, daß durch die Einwirkungen der Krisen die Lebensgewohnheiten und damit auch die Löhne nicht herabgedrückt werden.

In der gleichen Absicht befürwortete Mac Culloch ein staatliches Verbot gegen die Einwanderung von Arbeitern, die wie die irischen auf einer niedrigeren Stufe der Lebenshaltung als die heimischen stehen.[5]) Er hat ferner alle Bemühungen Lord Shaftesburys um die Ausbildung der Fabrikgesetzgebung im Parlamente unterstützt, soweit sie den Schutz der Frauen und Kinder bezweckten,[6]) und in entschiedenster Weise staatliche Eingriffe zur Verbesserung der Arbeiterwohnungsverhältnisse gefordert. Elende Wohnungen finden, da sie billig sind, immer Bewohner. „Nichts kann aber klarer sein, als die Pflicht der Regierung, gegen Mißbräuche dieser Art Vorbeuge- und Abhilfsmaßregeln zu ergreifen. Der schädliche Einfluß solcher Behausungen beschränkt sich nicht auf die Bewohner. Wenn es aber auch der Fall

[1]) a. a. O. S. 139. [2]) a. a. O. S. 136.
[3]) a. a. O. S. 372. [4]) a. a. O. S. 346 ff.
[5]) Rae, Contemporary socialism. S. 364.
[6]) a. a. O. S. 366.

wäre, so wäre das noch kein triftiger Grund, die Einführung eines besseren Systemes abzulehnen . . . Wie wir Schutzmaßregeln gegen die Pest ergreifen, so sollten wir uns auch gegen den Typhus zu sichern trachten und dagegen, daß eine Wohnung inmitten von Schmutz und Ungemach über einen irgendwie beträchtlichen Bruchteil der Bevölkerung ihren verrohenden Einfluß ausübt." [1]) „Freiheit ist nicht, wie manche anzunehmen scheinen, der Zweck der Regierung. Den Zweck bildet die Beförderung der öffentlichen Kultur und Wohlfahrt. Die Freiheit ist nur insofern wertvoll, als sie zu diesem Zweck beiträgt." Mit der fortschreitenden Entwicklung des Industrialismus könnten aber sehr wohl neue Grundsätze notwendig werden und neue Forderungen an die Regierung herantreten.[2])

Ja sogar Richard Cobden hat einen Liberalismus vertreten, in dem sozialreformerische Züge keineswegs fehlen. Er war im Gegensatze zu Bright ein Anhänger der Fabrikgesetzgebung für Kinder und Frauen und der allgemeinen Volksschule.[3]) Trotz aller Freiheitsliebe schätzte er doch den Fortschritt noch höher als die Freiheit und hielt diejenige Regierung für die beste, welche den Fortschritt der Gesellschaft am wirksamsten förderte. Gelegentlich seiner Reise nach Preußen im Jahre 1838 gelangte er zu einer enthusiastischen Bewunderung der Regierung dieses Landes, welche trotz der absolutistischen Formen doch dem Fortschritte diente. „Ich vermute," erklärte er,[4]) „daß gegenwärtig, soweit die große Volksmasse in Betracht kommt, Preußen die beste Regierung Europas besitzt. Hätte unser Volk solch eine einfache und wirtschaftliche Regierung, welche so tief von der Gerechtigkeit gegen alle erfüllt ist und so unausgesetzt danach strebt, ihre Untertanen geistig und sittlich zu erheben, um wie viel besser würde es um 12 oder 15 Millionen in Großbritannien stehen, welche, obwohl sie kein Wahlrecht besitzen, doch überzeugt sind, freie Männer zu sein."

43. Der sozialreformatorische Liberalismus in der wissenschaftlichen Literatur Englands und Frankreichs.[5])

Unter diesen Umständen kann John Stuart Mill zunächst nur als ein Schriftsteller angesehen werden, welcher die arbeiterfreundlichen Tendenzen Smiths und Mac Cullochs fortsetzt. Wodurch er sich von

---

[1]) a. a. O. S. 367. [2]) a. a. O. S. 362.

[3]) a. a. O. S. 372. [4]) a. a. O. S. 393.

[5]) Vgl. G. Cohn, Die heutige Nationalökonomie in England und Amerika. J. f. G. V. XIII. S. 1—46.

seinen Vorgängern unterscheidet, das ist insbesondere das tiefere Studium, welches er Robert Owen und den sozialistischen Denkern Frankreichs widmet. Die gelehrte Welt hatte ihnen bis dahin nur geringe Aufmerksamkeit geschenkt, ja sie kaum einer Widerlegung für wert erachtet. Von dieser hochmütigen Haltung ist Mill weit entfernt.

„Bliebe uns nur die Alternative: entweder der bisherige Zustand, wobei das Ergebnis der Arbeit sich fast im umgekehrten Verhältnisse zur Arbeit verteilt, so daß die größten Anteile denjenigen zufallen, die überhaupt nie gearbeitet haben, die nächstgrößten denen, deren Arbeit beinahe nur nominell ist, und so weiter hinunter, indem die Vergütung in gleichem Verhältnisse zusammenschrumpft, wie die Arbeit schwerer und unangenehmer wird, bis endlich die ermüdendste und aufreibendste körperliche Arbeit nicht mit Gewißheit darauf rechnen kann, selbst nur den notwendigsten Lebensbedarf zu erwerben; wenn, sagen wir, die Alternative wäre: Dies oder Kommunismus, so würden alle Bedenklichkeiten gegen den Kommunismus, große wie kleine, nur wie Spreu in der Wagschale sein.“ Aber so liegen die Dinge in Wirklichkeit nicht. „Die sozialen Einrichtungen Europas nehmen ihren Anfang von einer Eigentumsverteilung, die nicht das Ergebnis einer gerechten Teilung oder der Aneignung durch Erwerbstätigkeit, sondern der Eroberung und Gewalttätigkeit war ... Die Gesetze haben die Wagschale zwischen den verschiedenen Klassen nicht nach Recht und Billigkeit gehalten, sondern haben einigen Hindernisse in den Weg gelegt, um anderen Vorteile zu gewähren; sie haben absichtlich Ungleichheiten begünstigt und verhindert, daß alle beim Wettlaufe gleichmäßig gestellt sind. Wenn die Gesetze nur ebensoviel täten, um die sozialen Ungleichheiten zu mildern und eine bessere Verteilung des Vermögens zu begünstigen, als sie jetzt tun, um die Ungleichheit zu vergrößern und den Besitz zu konzentrieren, so würde sich schon zeigen, daß das Prinzip des Privateigentums in keinem notwendigen Zusammenhange steht mit den physischen und sozialen Leiden, welche fast sämtliche sozialistischen Systeme als davon untrennbar voraussetzen.“ [1]) So erblickte Mill die Aufgabe der Volkswirtschaft weniger in einer absoluten Vermehrung des Nationalvermögens, als in einer besseren Verteilung. Zu diesem Zwecke seien die Reformen der Grundeigentumsverhältnisse, des Erbrechtes, eine große nationale Kolonisationsmaßregel, Gewinnbeteiligungssysteme, Arbeiterschutzgesetze, Genossenschaften und allgemeine Erziehung und Bildung

[1]) Grundsätze der politischen Ökonomie, deutsch von Soetbeer. 4. Ausgabe. Leipzig 1881. S. 210—229; Selbstbiographie, deutsch von Kolb. Stuttgart 1894. S. 192—193; Althaus, Englische Charakterbilder. I. Berlin 1869. S. 165—235.

ins Auge zu fassen. Das sozialpolitische Programm Mills trug im wesentlichen dasselbe Gepräge wie dasjenige Carlyles; nur daß sich Mill in politischer Beziehung durchaus auf dem Boden liberal-demokratischer Grundsätze bewegte. Die Neigung, auch die Staatsgewalt in den Dienst sozialreformatorischer Aufgaben zu stellen, ist bei dem Verfasser der berühmten Abhandlung „Über die Freiheit" allerdings erst im späteren Lebensalter schärfer hervorgetreten.

„Während wir mit allem Nachdrucke", bemerkt Mill in seiner Selbstbiographie, „die Tyrannei der Gesellschaft über das Individuum verwarfen, die man den meisten sozialistischen Systemen unterstellt, nahmen wir doch eine Zeit in Aussicht, in welcher die Gesellschaft nicht mehr nach Arbeitern und Müßiggängern sich gliedern würde — in welcher die Regel, „wer nicht arbeitet, soll auch nicht essen" nicht bloß auf die Armen, sondern unparteiisch auf alle Anwendung findet — in welcher die Verteilung des Arbeitserzeugnisses, statt, wie in so hohem Grade jetzt geschieht, vom Zufall der Geburt abzuhängen, durch einstimmige Beschlüsse oder nach anerkannten gerechten Grundsätzen vor sich geht — in welcher es nicht länger unmöglich sein oder für unmöglich gehalten werden wird, daß menschliche Wesen sich eifrig anstrengen in Schaffung von Wohltaten, die nicht ausschließlich ihnen, sondern auch der Gesellschaft, der sie angehören, zugute kommen. Der Zukunft schien uns die soziale Aufgabe obzuliegen, die größte individuelle Freiheit des Handelns mit einem gemeinschaftlichen Eigentumsrecht an dem Rohmaterial des Erdballes und der gleichen Teilnahme aller an den Wohltaten der vereinigten Arbeitstätigkeit in Verbindung zu bringen."

Wie ersichtlich, ist es weniger die Frage der Staatshilfe, welche die ältere von der neueren Nationalökonomie trennt. Der wesentliche Unterschied liegt in der Beurteilung, welche die Koalitionen und die Berufsvereinigungen der Arbeiter finden. Adam Smith und seine Nachfolger haben die Koalitionsverbote verworfen, aber sie glaubten nicht, daß die Arbeiter selbst nach Beseitigung der Verbote auf diesem Wege zu wesentlichen Verbesserungen durchdringen würden. Mac Culloch hatte sich die richtige Einsicht in diese Verhältnisse durch die Lohnfondstheorie (vgl. oben S. 186 ff.) versperrt. Diese Theorie wurde auch von Mill lange Zeit vertreten. Erst durch das Buch Thorntons „On labour; its wrongful claims and rightful dues" London 1869[1]) wurde eine bessere Würdigung der Gewerkvereine angebahnt,

[1]) Das Werk ist ins Deutsche übersetzt worden von Dr. M. Schramm: Die Arbeit, ihre unberechtigten Ansprüche und ihre berechtigten Forderungen. Leipzig 1870.

der sich Mill sofort mit Freude anschloß.[1]) Die fortschreitende Entwicklung des Gewerkvereinswesens hat die Lohnfondslehre bald zu einer literar-historischen Kuriosität herabgedrückt. Die maßgebenden englischen Nationalökonomen[2]) der Gegenwart haben sie aufgegeben und erblicken in der Gewerkvereinsorganisation eines der wirkungsvollsten Mittel zur Hebung der Arbeiterklasse. Insofern dürfen sie in noch höherem Maße, wie ihre Vorgänger, als Vertreter des reformatorischen Liberalismus bezeichnet werden. Manchesterliche Anschauungen, wie sie von Herbert Spencer in der Schrift „The man versus the state" verfochten werden, bilden heute die Ausnahme, nicht die Regel.

Was für Mc Culloch gilt, trifft im wesentlichen auch für J. B. Say, den bedeutendsten Vertreter der klassischen Ökonomie in Frankreich,[3]) zu. Er billigt ausdrücklich gewisse Ausführungen Sismondis, welche den gesetzlichen Schutz der Arbeiter begründen. „Sismondi, im Prinzipe die mit der Intervention des Staates in die Privatverträge verbundenen Unzukömmlichkeiten zugebend, glaubt dessenungeachtet, daß das Gesetz denjenigen unterstützen müsse, der notwendig in einer so prekären und hilflosen Lage ist, daß er oft ungünstige Bedingungen annehmen muß. Es ist unmöglich, in diesem Punkte die Meinung Sismondis nicht zu teilen." Ähnlich, wie Adam Smith, tadelt es auch Say, daß der Staat die Koalitionen der Unternehmer, die ohnehin schon der stärkere Teil seien, befördert oder duldet, während die Koalitionen der Arbeiter unterdrückt werden. Im übrigen aber soll nicht bestritten werden, daß in Frankreich dank der Wirksamkeit Bastiats die Nationalökonomen, welche dem vulgären Typus des Manchestertumes entsprechen, auch heute noch (M. Block, Molinari, Leroy-Beaulieu, Baudrillart usw.) ungleich häufiger anzutreffen sind als anderwärts. Im übrigen haben die Franzosen in der sozialkonservativen und sozialistischen Literatur

---

[1]) Mill, Fortnightly Review, Mai 1869, in der Gomperzschen Ausgabe der ges. Werke. 12 Bd. Die Arbeiterfrage. Über die Stellung der englischen Nationalökonomen gegenüber der Gewerkvereinsfrage vgl. S. u. B. Webb, Theorie und Praxis der engl. Gewerkvereine (Industrial Democracy). Deutsch von C. Hugo. 2. Bd. 1898. S. 137—183.

[2]) Vgl. insb. Marshall, Principles of economics. 1. Bd. 2. Aufl. London 1891 und Elements of economics of industry. 2. Aufl London 1898. S. 390—427; Nicholson, Principles of political economy. 1. Bd. 2. Aufl. London 1902. 2. Bd. 1897; 3. Bd. 1901.

[3]) Vgl. Gide, Die neuere volkswirtschaftliche Literatur Frankreichs. Übersetzt von G. K. Anton. J. f. G. V. XIX. S. 699—745; Béchaux, Die französische Nationalökonomie der Gegenwart. Übersetzt von Wampach. Berlin 1903; v. Waha, Die politische Ökonomie in Frankreich. A. f. s. G. XX. S. 139—203

Größeres geleistet, als auf sozialliberalem Gebiete. Immerhin können die deskriptiven Arbeiten von Villermé (Tableau de l'état physique et moral des ouvriers employés dans les manufactures de coton, de laine et de la soie 1840) und Boyers De l'état des ouvriers et de son amelioration par l'organisation du travail (2. Aufl. 1841) einen hohen Rang beanspruchen. In neuerer Zeit hat sich teils unter deutscher, teils unter englischer Einwirkung eine sozial-liberale, durch die Revue d'économie politique vertretene Richtung herausgebildet, deren bedeutendste Vertreter Cauwès,[1]) Gide,[2]) R. Jay,[3]) St. Marc, P. Pic[4]) sind. Neben ihnen sind die französisch schreibenden Belgier de Laveleye,[5]) Mahaim,[6]) Ansiaux[7]) und Waxweiler[8]) zu nennen.

44. Der sozialreformatorische Liberalismus in der deutschen Wissenschaft.

Auch in Deutschland haben die Anhänger der Adam Smithschen Schule, Kraus und Lotz, ihre arbeiterfreundliche Gesinnung offen bekannt.[9]) Bei der ganzen Struktur des deutschen Wirtschaftslebens in den ersten Jahrzehnten des 19. Jahrhunderts waren es naturgemäß nicht großindustrielle, sondern ländliche und kleingewerbliche Verhältnisse, die sie zum Ausgangspunkte ihrer Kritik nehmen mußten. Hier schien die Aufhebung der Feudal- und Zunftverfassung die Bedingung jedes sozialen Fortschrittes zu sein. Nichts berechtigt aber zu der Annahme, daß diese Männer zur Heilung der Schäden des Fabriksystemes lediglich ein laisser-faire-Rezept verschrieben haben würden. Von Lotz liegen aus den letzten Jahren seines Lebens Äußerungen vor, welche beweisen, wie tief ihn die Fabrikarbeiterfrage zu bewegen begann.[10]) „Durch das Verhältnis der Fabrikherren zu ihren Arbeitern hat sich eine Institution

---

[1]) Cours d'économie politique. Paris. 3. Aufl. 1893, insbesondere III. Bd.

[2]) Principes d'économie politique. 6. Aufl. Paris 1898.

[3]) Études sur la question ouvrière en Suisse. Paris 1893.

[4]) Les lois ouvrières. 2 Aufl. Paris 1903.

[5]) Le socialisme contemporain. 6 Aufl. Paris 1891; Eléments d'économie politique. Paris 1884.

[6]) Études sur l'association professionelle. Liège 1891.

[7]) La théorie de l'individualisme. Paris 1896; Travail de nuit. Bruxelles 1898; L'industrie armurière Liègeoise. Bruxelles 1899; L'industrie du tressage de la paille. Bruxelles 1900.

[8]) La participation aux bénéfices. Paris 1898

[9]) Vgl. Schüller, Die Wirtschaftspolitik der historischen Schule. Berlin 1899. S. 16—44.

[10]) a. a. O. S. 33.

geschaffen, welche das in unseren Tagen zu Grabe getragene Lehenswesen mit all seinen verderblichen Folgen und Auswüchsen wieder ins Leben zu rufen strebt." „Die Verhältnisse der Arbeiter sind meistens äußerst drückende." „Dem Drucke der Fabrikherren läßt sich nicht mit Erfolg begegnen."

Ausreichende Gelegenheit zu einem umfassenden Studium der Arbeiterfrage bot in der ersten Hälfte des 19. Jahrhunderts nur das kapitalistisch entwickeltere Westeuropa. In Paris war es, wo Lorenz Stein, von der Macht des sozialen Problems ergriffen, die rechtshistorischen Studien, um derentwillen er sich dahin begeben hatte, verließ, sich in die gesamte soziale Literatur Frankreichs vertiefte und die Gedanken der liberalen Ökonomie in sozialreformatorischem Sinne weiterzubilden beschloß.

Vermag er auch in Bezug auf die positive Sozialpolitik keine ausreichenden Aufschlüsse zu gewähren, so hatte er doch durch das Studium der sozialen Bewegung in Frankreich die Überzeugung gewonnen, daß die im Gefolge der Großindustrie auftretende Arbeiterklasse — das Proletariat — eine weltgeschichtliche Tatsache ersten Ranges darstelle. Alle Ministerkämpfe, alle Aufstände, alle Intriguen, alle politischen Erschütterungen seien nichts neben dieser Entwicklung, die allein die wahre Tatsache der Zeit bilde. „Von allem, was in ihr geschieht, hat nichts eine dauernde Bedeutung, als das, was mit dieser zusammenhängt, sie überragt Königtum, innere und äußere Politik mit solcher entscheidender Gewalt, daß das ganze Gebäude der klügsten und bestorganisierten Staatsordnung wie ein Nichts zertrümmert daliegt, sobald sie auftritt. Hätte ich in Wort und Gedanken die Macht, die ganze Kraft des Geistes aller Staatsmänner, ja aller, die an öffentlichen Dingen teilnehmen in Anschauung oder Tat, auf diesen einzigen Punkt zu lenken, ich würde es tun, und müßte darüber jeder andere Teil der Geschichte vergessen werden. Denn hier und nirgends anders liegt der Schwerpunkt der wahren Geschichte, das Lebendige der nächsten Zukunft." [1]) Daß diese neue Klasse bei den Grundsätzen der liberalen Ökonomie nicht bestehen kann, daß sie mit dem Siegeslaufe der Industrie einen immer größer werdenden Bruchteil der Gesellschaft darstellt, darüber herrscht bei Stein dieselbe Klarheit wie darüber, daß die sozialistischen und kommunistischen Systeme zur unmittelbaren Lösung der Konflikte nicht geeignet sind.

---

[1]) L. Stein, Die industrielle Gesellschaft. 2. Ausgabe. Leipzig 1855. S. 15, 16.

Eine ähnliche Stellung wie Stein nahm Bruno Hildebrand[1]) ein. Dagegen vermochte Eugen Dühring bereits 1865, also noch vor Thornton und Mill, durch die Erfolge der englischen Arbeiter belehrt, die Koalition als wichtigstes Instrument für die materielle Hebung der Arbeiterklasse zu bezeichnen. „Gegenwärtig aber ist es an der Zeit, die Wahrheit, daß es außer dem gewöhnlichen juristischen Rechtsschutz noch Bürgschaften der wirtschaftlichen Gerechtigkeit geben müsse, in das Leben einzuführen. Bis jetzt sind die auf Lohnerhöhung gerichteten Koalitionen ganz allein im stande gewesen, etwas von dem wirtschaftlichen Rechte zur Geltung zu bringen."[2]) Der Inhalt des Eigentumes weise zwei verschiedenartige Bestandteile auf. „Die ausschließliche und vollständige Herrschaft über die Sache ist in hohem Maße bedingt durch die Herrschaft über den Menschen, der in irgend einer Form zur Hilfeleistung bei der Ausnutzung direkt oder indirekt gezwungen oder genötigt werden muß. Das Eigentum wird seine sozial verhängnisvollen Wirkungen verlieren, wenn es gelingt, die Herrschaft des Eigentümers über den Menschen zu brechen. Das ist aber durch die Koalitionen möglich. Sie setzen den Menschen als Menschen in den Stand, „die Belohnung seiner Arbeit zu bestimmen, d. h. an Stelle der einseitigen Auferlegungen wirklich freie Verträge zu schließen".[3]) Lohnerhöhungen können die wirtschaftliche Entwicklung nicht schädigen, denn sie haben eine Erweiterung der Nachfrage von seiten der nun besser gestellten Arbeiter und deshalb eine Vergrößerung des Marktes zur Folge. Die Besorgnis, daß in der Lohnsteigerung zu weit gegangen werden könnte, ist grundlos. Immer stehen ja den Arbeitern als mächtige Gegenpartei die Arbeitgeber gegenüber, deren nächste Interessen die Niederhaltung der Löhne empfehlen. „Durchschnittlich wird aber auch dann auf Lohnerhöhung zu dringen sein, wenn nur der einseitige Antrieb des Mangels und Elends vorliegt und sich für die Beteiligten nicht übersehen läßt, was von seiten der Arbeitgeber wirklich geleistet werden könnte. Sehr oft müssen letztere erst durch die Forderungen der Arbeit angespornt werden, auf einen besseren und lohnenderen Geschäftsbetrieb zu denken."[4])

So bedeutungsvoll die Ausführungen Dührings für die Zeit, in welcher sie niedergeschrieben wurden, erscheinen, so konnten sie doch von dem Wesen und der Wirksamkeit der Arbeiterkoalitionen noch keine konkreten Vorstellungen verschaffen. Dazu war ein eindringendes Studium der Tatsachen selbst an Ort und Stelle geboten.

---

[1]) Die Nationalökonomie der Gegenwart und Zukunft. Frankfurt a. M. 1848.

[2]) E. Dühring, Kapital und Arbeit. Berlin 1865. S. VIII.

[3]) a. a. O. S. IX. [4]) a. a. O. S. XI.

Lujo Brentano ist es gewesen, der diese Aufgabe mit glänzendem Erfolge gelöst und dadurch dem reformatorischen Liberalismus gesicherte theoretische Grundlagen geliefert hat. Brentano lehrt, daß die Analyse, der Marx die Arbeiterzustände unterworfen hat, richtig ist, so lange die Arbeiter der Organisation entbehren und vereinzelt ihre Ware Arbeit anbieten. Ganz anders aber, wenn sie in nationalen Berufsverbänden organisiert sind. Dann braucht der Arbeiter nicht mehr bedingungslos seine Arbeit anzubieten, er hat vielmehr die Möglichkeit, entsprechend den Marktverhältnissen, auf den Lohn einzuwirken und seine Lebensweise zu erhöhen. In England hat diese Entwicklung seit den fünfziger Jahren sich wirklich vollzogen und weit mehr zur Hebung der Arbeiterklasse beigetragen, als die von Marx einseitig in den Vordergrund gestellte Fabrikgesetzgebung. Mit der aufsteigenden Klassenbewegung der Arbeiter aber spitzen sich die Gegensätze nicht in der von Marx gelehrten Weise immer weiter zu, sondern die wachsende Macht und Reife der Arbeiter bewirkt, daß sie von den Unternehmern als tatsächlich gleichberechtigte Kontrahenten beim Abschlusse des Arbeitsvertrages anerkannt werden. An Stelle der Klassenkämpfe, der Arbeitseinstellungen und Aussperrungen, treten allmählich rein geschäftliche Verhandlungen in Schiedsgerichten und Einigungsämtern. Mag die Entwicklung vorerst auch nur in wenigen Industrien diese Höhe bereits erreicht haben, so werden doch immer weitere Kreise der Arbeiterbevölkerung von ihr ergriffen. Der Selbsthilfe der Arbeiterverbände kommt also eine viel größere Tragweite zu, als die Fortschrittler im Sinne von Schulze-Delitzsch, als Marx oder gar Lassalle angenommen haben. Die liberale Wirtschaftsordnung, weit entfernt, ihrem Untergange zuzueilen, beginnt sich im Gegenteile mit der Herstellung der faktischen Freiheit des Arbeitsvertrages erst recht zu entfalten.

Brentano hat diese Anschauungen zunächst in den „Arbeitergilden der Gegenwart" (2 Bände, Leipzig 1871 und 72), sodann im „Arbeitsverhältnis gemäß dem heutigen Recht" (Leipzig 1877), in der „Gewerblichen Arbeiterfrage" (Schönberg's Handbuch der polit. Ökonomie, erste Auflage, Tübingen 1882), in dem im Auftrage des Vereins für Sozialpolitik herausgegebenen Bande „Über Arbeitseinstellungen und Fortbildung des Arbeitsvertrages" (Leipzig 1890), im Handwörterbuch der Staatswissenschaften in den Artikeln „Gewerkvereine", „Gewerkvereine in England" und in der Artikelserie „Negative und positive Gewerkvereinspolitik" (S. P. S. C. VIII. Nr. 45—52) niedergelegt.

Er hat sich aber nicht damit begnügt, die Sache der Arbeiterberufsvereine gegen jeden Angriff, ob er von rechts oder von links her kommen mochte, mit dem ganzen Aufgebote seiner schlagfertigen Dialektik, seines feurigen Temperamentes, seines espritvollen Stiles und enormen Wissens unermüdlich zu verteidigen, sondern er hat auch auf den Gebieten der Agrar- und Handelspolitik die Ideen des reformatorischen Liberalismus mit der gleichen Hingebung vertreten (vgl. insbesondere Agrarpolitik I. Stuttgart 1897; Gesammelte Aufsätze, I. Bd. Erbrechtspolitik. Alte und neue Feudalität. Stuttgart 1899; Brentano-Kuczynski, Die heutige Grundlage der deutschen Wehrkraft. Stuttgart 1900; Das Freihandelsargument. Berlin 1901; Adolf Wagner und die Getreidezölle. Hilfe 1901. Nr. 11, 12; Die Schrecken des überwiegenden Industriestaates. Berlin 1901).[1])

Die Arbeiten Brentano's haben auf Friedrich Albert Lange einen so tiefen Einfluß ausgeübt, so daß des letzteren „Arbeiterfrage"[2]) in den späteren Auflagen jedenfalls dem reformatorischen Liberalismus näher steht, als dem Sozialismus von Lassalle oder Marx. Charakteristisch für seine Auffassung sind die allgemeinen Prinzipien, die er für die Lösung der Arbeiterfrage aufstellt:[3])

1. Die Arbeiterfrage ist in der großen und umfassenden Bedeutung anzuerkennen, die ihr durch die Entwicklung des Industrialismus, die Entstehung einer Sozialwissenschaft und die Idee der Humanität verliehen worden ist.

2. Jede einzelne Maßregel muß auf den Zweck einer wirklichen und vollständigen Emanzipation der Arbeiter aus ihrer unwürdigen Abhängigkeit von den Unternehmern gerichtet sein.

3. Die materielle Hebung der Arbeiter darf nicht von der intellektuellen und moralischen getrennt werden.

4. Die Arbeiterfrage muß stets im Zusammenhange mit der allgemeinen sozialen Frage erfaßt werden. Es handelt sich darum, die ganze Periode fortschreitender Differenzierung in der Vermögenslage der Individuen durch den stillen, aber stetigen Einfluß der Gesetze in eine Periode zunehmender Ausgleichung zu verwandeln.

5. Gewährung möglichster Bewegungsfreiheit für alle diejenigen Schritte, durch welche sich die Arbeiter selbst aus ihrer bisherigen Ohnmacht und Erniedrigung zu erheben suchen.

---

[1]) Eine Würdigung der Leistungen Brentano's enthält auch das 1896 in russischer Sprache erschienene Buch W. v. Svjatlowsky's: „Brentano und seine Schule."

[2]) Fr. A. Lange, Die Arbeiterfrage. Ihre Bedeutung für Gegenwart und Zukunft. 4. Aufl. Winterthur 1879.

[3]) a. a. O. S. 378—386.

„Wir glauben aber nicht, daß die soziale Frage durch irgend ein denkbares Mittel am Morgen nach einer Revolution gelöst werden kann, weil sie im wesentlichen eine Frage der geistigen Beschaffenheit der Generation und einer Reform aller Anschauungen und Grundsätze ist. Daher handelt es sich darum, eine ganze Periode herbeizuführen, in welcher sich der treibende Keim eines neuen sozialen Lebens ungehemmt entfalten, der Drang der arbeitenden Klassen nach Vervollkommnung ihrer selbst und Erringung eines würdigen Daseins frei ausleben kann, ohne daß die Staatsgewalt sofort wieder mißbraucht werde, um Unreifes zu fixieren, Subjektives über Gebühr zu verallgemeinern und gleichsam das Faß zu schließen, bevor die Gährung zu Ende ist."[1])

Abgesehen von den genannten Persönlichkeiten war noch eine große Zahl deutscher Vertreter der Nationalökonomie, Conrad, Held, Hildebrand, Knapp, Mithoff, Nasse, Roscher, Schönberg, Wagner,[2]) anfangs der siebziger Jahre von der Notwendigkeit durchdrungen, in dem herrschenden wirtschaftlichen Liberalismus den Ideen der sozialen Reform höhere Geltung auf dem literarischen und journalistischen Gebiete zu verschaffen. Manche von ihnen, wie Gustav Schmoller[3]) und Albert Schäffle,[4]) hatten bereits in dem vorangegangenen Jahrzehnt in diesem Sinne gewirkt. Aus diesen Bestrebungen heraus entstand 1872 der Verein für Sozialpolitik.. Über die Aufgaben des Vereins bestanden anfänglich erhebliche Meinungsdifferenzen. Brentano und J. v. Eckardt, damals Redakteur des angesehenen Hamburger Korrespondenten, wünschten die Organisation nur näheren Gesinnungsgenossen zugänglich zu machen. Schmoller dagegen empfahl den Verein allen offen zu halten, die nur einigermaßen positiven sozialpolitischen Ideen zugänglich waren, also

---

[1]) a. a. O. S 388.

[2]) Arbeitsämter, eine Aufgabe des Deutschen Reiches. 1876; Die gewerbliche Arbeiterfrage in seinem Handbuch der politischen Ökonomie. 4. Aufl. 1896—1898.

[3]) Preußische Jahrbücher Bd. XIV u. XV. Die Arbeiterfrage.

[4]) Das gesellschaftliche System der menschlichen Wirtschaft. 2. Aufl. Tübingen 1867; Kapitalismus und Sozialismus. Tübingen 1870.

Unter den späteren sozialpolitischen Arbeiten dieses ausgezeichneten Gelehrten verdienen besondere Erwähnung: Die Quintessenz des Sozialismus. 13. Aufl. Gotha 1891; Bau und Leben des sozialen Körpers. 4 Bde. Tübingen 1875—78. (2. Aufl. 1896); Der korporative Hilfskassenzwang. Tübingen 1882; Die Aussichtslosigkeit der Sozialdemokratie. 4. Aufl. Tübingen 1891; Bekämpfung der Sozialdemokratie ohne Ausnahmegesetz. Tübingen 1890; Kern- und Zeitfragen. Berlin 1894; Neue Folge der „Kern- und Zeitfragen". Berlin 1895; Ein Votum gegen den Zolltarifentwurf. Tübingen 1901.

auch Männern wie R. Gneist und E. Engel. Tatsächlich hat der Schmollersche Standpunkt gesiegt.

An und für sich ist der Verein weder eine Partei, noch eine Interessentenvertretung. Er besteht aus Gelehrten, Beamten, Industriellen und Landwirten. Einzelne der Mitglieder, wie Adolf Wagner und K. Oldenberg, sind ausgesprochene Vertreter der sozialkonservativen Richtung. Die Mehrheit bekennt sich indes zum reformatorischen Liberalismus. Am markantesten vertritt dessen Grundsätze der von Brentano geführte linke Flügel des Vereines,[1]) während die Schmollersche[2]) Gruppe in manchen Beziehungen bereits den Übergang zu sozialkonservativen Anschauungen vermittelt. Daneben gibt es eine Reihe älterer Männer (Freiherr von Berlepsch, K. Bücher,[3]) G. Cohn,[4]) J. Conrad,[5]) G. F. Knapp,[6]) W. Lexis,[7]) G. v. Mayr, Fr. J. v. Neumann,[8])

[1]) Hierzu gehören jetzt etwa E. Francke, C. Dietzel, W. Lotz, G. v. Schulze-Gaevernitz, W. Sombart, M. Weber. Im allgemeinen können auch die meisten österreichischen Mitglieder unter der Führung E. v. Philippovichs dieser Richtung zugezählt werden. Über die sozialpolitischen Ansichten v. Philippovichs vgl. dessen Grundriß der politischen Ökonomie. 2. Bd. Volkswirtschaftspolitik. Freiburg i. B. 1889.

[2]) Über die sozialpolitische Stellung G. Schmollers gewährt jetzt dessen „Grundriß der allgemeinen Volkswirtschaftslehre", 2 Teile, Leipzig 1900 u. 1904, ein Werk von unvergleichlicher Universalität, den besten Aufschluß, insbesondere der 2. Teil: S. 259—418, 496—558. Zur Schmollerschen Gruppe dürfen im Vereine wohl die meisten der dem höheren Beamtenstande, der Industrie und Landwirtschaft angehörenden Mitglieder gezählt werden. Unter den akademischen Vertretern der Nationalökonomie stehen ihm nahe: C. J. Fuchs, K. Rathgen, M. Sering, W. Stieda.

[3]) Die Entstehung der Volkswirtschaft 3. Aufl. 1900; Arbeit und Rythmus. 3. Aufl. 1901. Beide Werke enthalten wertvolle Beiträge zur Lehre von der Arbeit.

[4]) Unter seinen sozialpolitischen Schriften sind hervorzuheben: Arbeit und Armut. J. f. G. V. V. S. 993—1042; Ideen und Tatsachen im Genossenschaftswesen, ibid. VII. S. 1—52; Über Internationale Fabrikgesetzgebung. J. f. N. St. XXXVII. S. 313—426; Grundlegung der Nationalökonomie. Stuttgart 1885.

[5]) Grundriß zum Studium der pol. Ökonomie. II Teil. Volkswirtschaftspolitik. 4. Aufl. Jena 1904. S. 199—333.

[6]) Knapp hat bahnbrechend auf dem Gebiet der Landarbeiterforschung gewirkt durch sein Werk „Die Bauernbefreiung und der Ursprung der Landarbeiter in den älteren Teilen Preußens". 1887; „Die Landarbeiter in Knechtschaft und Freiheit". 1891.

[7]) Gewerkvereine und Unternehmerverbände in Frankreich. 1879.

[8]) Unsere Kenntnis von den soz. Zuständen um uns. J. f. N. St. 1872. Die deutsche Fabrikgesetzgebung, ibid. 1873; ferner Arbeiten über die Fabrikgesetzgebung in S. d. V. f. S. II, IV. Progressive Einkommensteuer, ibid. VIII; Zur Gemeindesteuerreform. 1895.

v. Rottenburg), deren Stellung eine zu selbständige ist, als daß sie einer der beiden Hauptgruppen zugerechnet werden könnten. Unter diesen Umständen kann auch die Haltung der Vereinsmitglieder in den Fragen der aktuellen Politik keine einheitliche sein. Differenzen sind namentlich in bezug auf die handels- und agrarpolitischen Probleme, ferner in bezug auf die reichsgesetzliche Arbeiterversicherung, die Koalitionsfreiheit und Entwicklung der Berufsvereine aufgetreten.

Allen gemeinsam aber ist das Bestreben, sich gegenseitig und andere durch die Debatten und die vom Verein veranlaßten Arbeiten über die wichtigsten sozialpolitischen Zeitfragen zu belehren und aufzuklären. Es handelt sich also um einen wissenschaftlichen Verein, der allerdings auch einen Einfluß auf die öffentliche Meinung ausüben will. Er will, nach den Worten seines gegenwärtigen Vorsitzenden Schmoller, „wie der Chor der antiken Tragödie die leidenschaftlichen Handlungen der Bühne begleitet, ruhig und leidenschaftslos zur Seite stehend, für das Wahre und Gute, für das Billige und Gerechte eintreten und versuchen, diesen höchsten Mächten des Menschenlebens ein größeres Gewicht zu verschaffen." Die stattliche Reihe sozialpolitischer Arbeiten (1905 113 Bände), die auf Veranlassung des Vereins entstanden sind, hat in der Tat auf die Entwicklung der Reichsgesetzgebung einen nicht unerheblichen Einfluß ausgeübt.

Ungeachtet ihrer ruhigen, maßvollen und durchaus wissenschaftlichen Haltung haben die Gründer und Leiter des Vereins mancherlei Angriffen und Verdächtigungen von rechts und links zur Zielscheibe dienen müssen. Von manchesterlicher Seite, wo noch immer selbst von hervorragenden Männern angenommen wurde, die Sozialdemokraten wollten mit 6—8stündiger Arbeit so viel verdienen, daß sie täglich Rehbraten essen und Champagner trinken könnten, wurden sie als Kathedersozialisten verspottet, von sozialistischer Seite als Streber bekämpft. Jedenfalls kamen gewisse Angriffe den Vorurteilen der gebildeten und besitzenden Kreise so sehr entgegen, daß sie nicht ohne Erwiderung gelassen werden durften. Gustav Schmoller war es, der in seinem offenen Sendschreiben an Herrn Professor Dr. H. v. Treitschke „Über einige Grundfragen des Rechtes und der Volkswirtschaft" (Jena 1875) eine glänzende Verteidigung lieferte. Im übrigen standen den Sozialpolitikern der von J. v. Eckardt geleitete Hamburgische Korrespondent und die von Nagel redigierte Konkordia zur Seite.

Außer den erwähnten sozialreformatorischen Strömungen gibt es noch eine Richtung des ökonomischen Liberalismus, welche ihr Vertreter, Julius Wolf, als „ethischen Individualismus" bezeichnet und die gewissermaßen als ein Zwischengebilde zwischen kapitalistischem und reformatorischem Liberalismus angesehen werden kann.[1]) Wolf lehnt es ab, Manchestermann zu sein. Er hält soziale Reformen, wie die Arbeiterschutz- und Arbeiterversicherungsgesetzgebung, ferner Maßregeln zur Bekämpfung der Wohnungsnot[2]) und der Arbeitslosigkeit[3]) für geboten; auch die Koalitionsfreiheit und die Gewerkvereine will er nicht verwerfen.[4]) Aber „was die auf sich gestellte Sozialreform vermag im Vergleiche zu dem, was die in der bürgerlichen Wirtschaftsordnung wirksamen Kräfte des technischen Fortschrittes durch das Mittel des freien Marktes leisten, auf dem sozialen Gebiete leisten, ist gering und unbedeutend.“[5]) Die herrschende Meinung (d. h. hier der reformatorische Liberalismus) irre insofern, als sie die Leistungsfähigkeit der sozialen Reform über-, diejenige der bürgerlichen Wirtschaftsordnung unterschätze. Schließlich werde auch der Umstand verkannt, daß alle soziale Ergiebigkeit einer Zeit die ökonomische voraussetzt. „Eine Sozialreform ist ein Unding, wenn nicht eine Hebung der Produktivität der Arbeit vorangegangen ist; denn nicht der Unternehmergewinn ist der Fonds, aus dem die „Sozialreform“ ihre Mittel schöpft; jene Fonds sind vielmehr im wesentlichen die im Wachsen der Produktivität gewonnenen Überschüsse.“[6])

Die lebhafte Betätigung der deutschen Gelehrten auf dem Gebiete der sozialpolitischen Forschung hat namentlich auch auf die Vertreter der Nationalökonomie in Belgien, Italien und Nordamerika einen erheblichen Einfluß ausgeübt.[7])

45. Der sozialreformatorische Liberalismus und die politischen Parteien.

Am stärksten ist in der praktischen Politik die sozialliberale Richtung in England durchgedrungen. Indem beide der großen historischen Parteien des Landes den Interessen der Arbeiterklasse frühzeitig ent-

[1]) Wolf's Zeitschrift für Sozialwissenschaft. II. S. 1 u. 2; es scheint, daß auch Ehrenberg (Sozialreformer und Unternehmer, Jena 1904) ähnliche Ziele verfolgt.

[2]) Die Wohnungsfrage als Gegenstand der Sozialpolitik. Jena 1896.

[3]) Die Arbeitslosigkeit und ihre Bekämpfung. Dresden 1895.

[4]) Zeitschrift II. S. 780. [5]) a. a. O. I. S. I. S. 89.

[6]) a. a. O. S. 91. Im übrigen ist für Wolf's Stellungnahme die von ihm in seinem „System der Sozialpolitik“, I. Bd., Stuttgart 1892, an den sozialdemokratischen Lehren geübte Kritik von Interesse.

[7]) Vgl. oben S. 201; ferner v. Schullern-Schrattenhofen, Die theoretische Nationalökonomie Italiens in neuerer Zeit. 1891; A. Loria, Die Entwicklung der

gegenkamen, ist eine besondere Arbeiterpartei von nennenswerter Bedeutung nicht entstanden. Beide Parteien können auf Arbeiterstimmen rechnen; ja von dem mehr oder minder großen Entgegenkommen gegen die Wünsche der Arbeiterklasse hängt es oft ab, welche Partei die Majorität im Parlamente und damit die Regierung erhält. Unter diesen Umständen ist es ein ganz aussichtsloses Beginnen, feststellen zu wollen, ob tatsächlich die konservative, oder die liberal-radikale Partei mehr zur Verwirklichung des sozialliberalen Programmes (Fabrikgesetzgebung, Anerkennung der Gewerkvereine und Genossenschaften, Wohnungsgesetzgebung, soziale Steuerpolitik) beigetragen hat. Tatsächlich liegen die Verhältnisse so, daß sowohl auf Seiten der Konservativen wie der Liberalen Vertreter des kapitalistischen und solche des reformatorischen Liberalismus zu finden sind. Welcher Gruppe es jeweils gelingt, ihre Anschauungen innerhalb der Partei zur Geltung zu bringen, das hängt von dem viel verschlungenen Getriebe des politischen Lebens ab. Sind die Konservativen im Amte und schlagen sozialreformatorische Maßregeln vor, so bekämpft sie vielleicht der rechte Flügel der Liberalen mit manchesterlichen, der linke Flügel mit sozialistischen Argumenten. Und andrerseits hat selbst ein Disraeli es nicht verschmäht, sozialpolitischen Unternehmungen einer liberalen Regierung mit den plattesten laisser-faire-Redensarten zu opponieren.

Eine gewisse Verwandtschaft mit den englischen Verhältnissen besitzen diejenigen der Schweiz.[1]) Auch hier ist der sozialreformatorische Liberalismus im wesentlichen die Politik der regierenden freisinnig-demokratischen Parteien. Immerhin sind die sozialkonservativen Einflüsse in ihnen wegen der zahlreichen Bauern, Handwerker und Hausindustriellen praktisch viel wichtiger als in England. Kommt es zu eidgenössischen Volksabstimmungen, so haben nur diejenigen Maßregeln Aussicht auf Erfolg, denen auch die Zustimmung eines erheblichen Bruchteiles des Mittelstandes zu teil geworden ist. Da die Arbeiterschaft der großen Städte viele Ausländer enthält, so erscheint im politischen Leben der Einfluß der Industriearbeiter schwächer, als man ihrer Zahl nach vermuten möchte. Am entschiedensten werden die sozialliberalen Forderungen von den demokratischen Gruppen der industriellen Ostschweiz (Zürich, St. Gallen, Glarus) verfochten. Die

ital. Nationalökonomie in jüngster Zeit. A. f. S. G. XIX. S. 689 ff.; Cohn, Die heutige Nationalökonomie in England und Amerika. J. f. S. V. XIII. S. 947 bis 982.

[1]) Vgl. die oben S. 166 angegebene Literatur; ferner Berghoff-Ising, Die sozialistische Arbeiterbewegung in der Schweiz. S. 895.

Arbeiterschaft hat deshalb lange Zeit auf die Begründung einer eigenen Partei verzichtet. Seitdem dies geschehen ist, können die demokratischen Richtungen in geringerem Umfange als früher auf Arbeiterstimmen zählen. Die notwendige Folge ist eine gewisse Verstärkung ihrer sozialkonservativen Tendenzen. Die Freisinnigen der Westschweiz stehen, ebenso wie die industriellen Konservativen, manchesterlichen Auffassungen noch ziemlich nahe.

Größere Erfolge als in der Literatur hat der Sozialliberalismus in der französischen Politik der dritten Republik errungen. Zwar besteht in Frankreich eine besondere politische Organisation der Arbeiterklasse. Bei dem Zwiespalte, der aber zwischen den sozialkonservativ-monarchisch-klerikalen und den kapitalistisch-republikanischen Strömungen der bürgerlichen Gesellschaft besteht, hat die sozialistische Arbeiterpartei manche Erfolge erringen können. Nicht selten hing es von ihr ab, welche der beiden feindlichen Parteien ans Ruder kam, oder am Ruder erhalten blieb. Diese Machtstellung hat zu Konzessionen geführt, die tatsächlich in sozialliberalem Sinne wirkten.

Anders geartet sind die Verhältnisse Deutschlands. Hier stehen dem Getriebe der Parteien feste monarchische Regierungen als besondere Mächte gegenüber. Im Reiche wie in den meisten Einzelstaaten verfolgen sie, von einer kurzen Periode in den 60er und 70er Jahren abgesehen, der Hauptsache nach sozialkonservative Tendenzen. Da für eine eigentliche Parteiregierung kein Boden vorhanden ist, so besteht auch für Parteibündnisse zur gemeinsamen Übernahme der Regierung keine Veranlassung. Die Arbeiterpartei braucht zu diesem Zwecke keine Kompromisse mit den ihr nahestehenden Richtungen abzuschließen und diese könnten auch durch Paktieren mit Arbeiterprogrammen ihre Regierungsfähigkeit kaum verbessern. Da die Arbeiterpartei in den meisten Industriestädten bereits die Mehrheit der Wähler gewonnen hat, sehen sich die liberalen Parteien im allgemeinen mehr genötigt, auf die Interessen der Mittelstände Rücksicht zu nehmen. Verführen sie anders, so würden sie ihre Wähler aus diesen Kreisen zwar verlieren, aber kaum viele aus der Arbeiterklasse gewinnen. In bezug auf eigentliche Arbeiterforderungen wird die Sozialdemokratie als reine Industriearbeiterpartei bei der Konkurrenz um die Arbeiterstimmen leicht den Vorsprung behaupten. Von den großen Parteien besitzt nur die katholische Zentrumspartei aus konfessionellen Gründen zahlreiche Anhänger unter der industriellen Arbeiterschaft. Die Rücksicht auf diese nötigt die Zentrumspartei, in sozialpolitischen Angelegenheiten öfters mit den sozialreformatorischen Elementen der

14*

liberalen Partei Hand in Hand zu gehen. Solche sind in allen liberalen Parteien vorhanden. Innerhalb der nationalliberalen Gruppe aber werden sie durch industriekapitalistisch-agrarisch-zünftlerische, innerhalb der freisinnigen Vereinigung und Volkspartei durch finanzkapitalistisch-manchesterliche Strömungen oft in Schach gehalten. Am entschiedensten hat die kleine süddeutsche Volkspartei wenigstens in ihrem Programme die Gedanken des Sozialliberalismus zum Ausdruck gebracht. Allein dieser Sozialliberalismus ist weniger der naturgemäße Ausdruck für die Interessen der volksparteilichen Wählerschaften[1]) als die Folge der persönlichen Stellung, welche das einflußreichste Mitglied dieser Richtung, L. Sonnemann, von jeher eingenommen hat. Als Herausgeber der vorzüglich redigierten „Frankfurter Zeitung" hat er eines der größten Tageblätter Deutschlands in den Dienst der sozialliberalen Sache gestellt und diese insofern nicht nur in der eigenen kleinen Partei, sondern in der öffentlichen Meinung überhaupt mächtig gefördert.

Zu den Vereinigungen, deren tatsächliche Wirksamkeit heute, der Hauptsache nach, den reformatorischen Liberalismus fördert, gehört auch die nationalsoziale Gruppe. Die leitende Persönlichkeit ist der ehemalige evangelische Pfarrer Friedrich Naumann.[2])

Im Jahre 1860 als Sohn eines sächsischen Geistlichen geboren, übernahm er, nachdem er in Leipzig und Erlangen Theologie studiert hatte, eine Stellung bei der Inneren Mission im Rauhen Hause zu Horn bei Hamburg. Den Wichern-Stöcker'schen Gedankenkreisen blieb er auch noch als Pfarrer einer armen Landgemeinde im sächsischen Erzgebirge sowie als Vereinsgeistlicher für Innere Mission in Frankfurt a. M. im wesentlichen treu. Allmählich wurden aber die Differenzen, namentlich in Bezug auf die Beurteilung der Sozialdemokratie, zu groß, als daß ein weiteres Zusammenarbeiten zwischen den Stöcker folgenden älteren Christlichsozialen und den jüngeren, die sich um Naumann scharten, möglich gewesen wäre. Die Letzteren gründeten zur Vertretung ihrer Anschauungen eine besondere Wochenschrift: „Die Hilfe." Mutig wurde hier der energische Kampf gegen die kapitalistische Politik aufgenommen, mochte sie in konservativen, freikonservativen, oder nationalliberalen Kreisen vertreten werden. Nicht durch Ausnahmegesetze, sondern durch größere Bewegungsfreiheit auf politischem und

---

[1]) Vgl. die Darlegungen von Esenwein, Zeit. (Berlin.) Nr. 16. 1902.

[2]) Martin Wenck, Die Entwicklung der jüngeren Christlichsozialen. Patria. Jahrbuch der „Hilfe". 1901. S. 34—68; Derselbe, Die Geschichte der Nationalsozialen. Patria 1905. S. 36—136.

gewerkschaftlichem Gebiete werde die Sozialdemokratie in eine radikale Reformpartei verwandelt werden. Reste sozialkonservativer Anschauungen, die sich noch in der Beurteilung der Handwerkerfrage und der Getreidezölle erhalten hatten, wurden unter dem Einflusse von Max Weber und G. v. Schulze-Gaevernitz überwunden. Eine Partei, welche eine Zukunft haben wolle, dürfe sich nicht, wie Max Weber in der Erfurter Delegiertenversammlung 1896 ausführte,[1] auf die durch die Großindustrie zum Untergange verurteilten Gesellschaftsschichten stützen wollen. Miserabilismus und Gefühlsweichheit gehörten nicht in die Politik, die ein hartes Handwerk sei. Man müsse rücksichtslos für die Macht und Größe des deutschen Vaterlandes eintreten. Das bedeute Förderung der Großindustrie, der Armee- und Flottenverstärkung. „Wir müssen begreifen," hatte Weber in seiner Freiburger Antrittsvorlesung ein Jahr zuvor erklärt,[2] „daß die Einigung Deutschlands ein Jugendstreich war, den die Nation auf ihre alten Tage beging und seiner Kostspieligkeit halber besser unterlassen hätte, wenn sie der Abschluß und nicht der Ausgangspunkt einer deutschen Weltmachtspolitik sein sollte." „Nicht in erster Linie für die Art der volkswirtschaftlichen Organisation, die wir ihnen überliefern, werden unsere Nachfahren uns vor der Geschichte verantwortlich machen, sondern für das Maß des Ellenbogenraumes, den wir ihnen in der Welt erringen oder hinterlassen." [3])

So ging man mehr und mehr darauf aus, die Arbeiter der Großindustrie für ein Programm zu gewinnen, in welchem auf Grund des Industrialismus eine vom Kaisertume geführte nationale Machtpolitik mit der Hebung der Industriearbeiter Hand in Hand gehen sollte.[4] War früher die Stellung der Sozialdemokratie zur Religion als der

---

[1]) Die Hilfe, 1896. Nr. 49. S. 5.

[2]) Der Nationalstaat und die Volkswirtschaftspolitik. Freiburg i. B. und Leipzig 1895. S. 32.

[3]) a. a. O. S. 19.

[4]) Im November 1896 wurden in Erfurt die nachstehenden Grundlinien für die Tätigkeit des national-sozialen Vereins beschlossen:

§ 1. Wir stehen auf nationalem Boden, indem wir die wirtschaftliche und politische Machtentfaltung der deutschen Nation nach außen für die Voraussetzung aller größeren sozialen Reformen im Innern halten, zugleich aber der Überzeugung sind, daß die äußere Macht auf die Dauer ohne Nationalsinn einer politisch interessierten Volksmasse nicht erhalten werden kann. Wir wünschen darum eine Politik der Macht nach außen und der Reform nach innen.

§ 2. Wir wünschen eine feste und stetige auswärtige Politik, die der Ausdehnung deutscher Wirtschaftskraft und deutschen Geistes dient. Um sie zu ermöglichen, treten wir für die ungeschmälerte Durchführung der allgemeinen Wehrpflicht,

schwächste Punkt ihres Programmes bezeichnet worden, so hieß es jetzt, ihre Achillesferse sei die Haltung in den Fragen der nationalen Machtpolitik. „Wir brauchen einen Sozialismus, der sich dadurch regierungsfähig erweist, daß er dem Vaterlande ein starkes Heer und eine große Schlachtflotte gewährt." Diese Wendung hat den Nationalsozialen allerdings einen ihrer begabtesten Anhänger, P. Göhre,[1]) gekostet, der zur Sozialdemokratie übergetreten ist.

Nachdem es aber, ungeachtet großer Opfer der Partei, bei den Reichstagswahlen von 1903 nur gelungen war, einen einzigen Kandidaten wenigstens in eine erfolgreiche Stichwahl zu bringen (von Gerlach in

---

für eine angemessene Vermehrung der deutschen Kriegsflotte, sowie für Erhaltung und Ausbau unserer Kolonien ein. Im Interesse der vaterländischen Macht und Ehre werden wir Mißstände in unseren militärischen und kolonialen Einrichtungen stets offen bekämpfen.

§ 3. Wir stehen fest auf dem Boden der deutschen Reichsverfassung und wünschen ein kräftiges Zusammenwirken der Monarchie und der Volksvertretung. Wir sind für Unantastbarkeit des allgemeinen Wahlrechts zum Reichstage und für Ausdehnung desselben auf Landtage und Kommunalvertretungen. Wir fordern Verwirklichung der politischen und wirtschaftlichen Vereinsfreiheit und ungeschmälerte Erhaltung der staatsbürgerlichen Rechte aller Staatsbürger.

§ 4. Wir wollen eine Vergrößerung des Anteils, den die Arbeit in ihren verschiedenen Arten und Formen, in Stadt und Land, unter Männern und Frauen an dem Gesamtertrag der deutschen Volkswirtschaft hat, und erwarten dieselbe nicht von den Utopien und Dogmen eines revolutionären, marxistischen Kommunismus, sondern von fortgesetzter politischer, gewerkschaftlicher und genossenschaftlicher Arbeit auf Grund der vorhandenen Verhältnisse, deren geschichtliche Umgestaltung wir zu Gunsten der Arbeit beeinflussen wollen.

§ 5. Wir erwarten, daß die Vertreter deutscher Bildung im Dienst des Gemeinwohls den politischen Kampf der deutschen Arbeit gegen die Übermacht vorhandener Besitzrechte unterstützen werden, wie wir andererseits erwarten, daß die Vertreter der deutschen Arbeit sich zur Förderung vaterländischer Erziehung, Bildung und Kunst bereit finden werden.

§ 6. Wir sind für Regelung der Frauenfrage im Sinne einer größeren Sicherung der persönlichen und wirtschaftlichen Stellung der Frau und ihre Zulassung zu solchen Berufen und öffentlichen Stellungen, in denen sie die fürsorgende und erziehende Tätigkeit für ihr eigenes Geschlecht wirksam entfalten kann.

§ 7. Im Mittelpunkte des geistigen und sittlichen Lebens unseres Volkes steht uns das Christentum, das nicht zur Parteisache gemacht werden darf, sich aber auch im öffentlichen Leben als Macht des Friedens und der Gemeinschaftlichkeit bewähren soll.

Eine Ergänzung fanden diese Grundlinien durch das in Göttingen 1899 beschlossene Gemeindeprogramm und das Agrarprogramm, das 1900 in Leipzig zur Beratung gelangte.

[1]) Vgl. dessen Artikel: Wandlungen der Nationalsozialen. S. M. Berlin 1901. S. 917—936.

Marburg), beschloß Naumann die Auflösung der eigenen Partei und den Anschluß an die „Freisinnige Vereinigung“ zu beantragen. Nicht ohne scharfe Opposition wurde dieser Antrag schließlich auf dem Vertretertage in Göttingen angenommen. Dr. Maurenbrecher, der Sekretär der national-sozialen Partei, dagegen schloß sich der Sozialdemokratie an.[1])

Naumann ist, nachdem ein Erlaß des Oberkirchenrates vom 16. Dezember 1895 die Beteiligung der Geistlichen an jeglicher sozialpolitischen Agitation untersagt hatte, trotz starker religiöser Empfindungen mit seinen Gesinnungsgenossen Wenck und Kötzschke aus dem Pfarramte geschieden und widmet sich mit bewunderungswürdiger Selbstlosigkeit der nationalsozialen Propaganda. Trotz einer ganz ungewöhnlichen rednerischen und schriftstellerischen Begabung verläßt er sich keineswegs auf diese glänzenden Eigenschaften allein, sondern ist unausgesetzt bemüht, durch gründliches Studium von Leben und Wissenschaft seine Leistungsfähigkeit für die patriotische Aufgabe, die er sich gestellt hat, zu erhöhen.[2])

Angesichts der Zersplitterung, welche der deutsche Sozialliberalismus in parteipolitischer Hinsicht aufweist, schien es geboten, für seine Anhänger einen besonderen Sammelpunkt zu begründen. Der „Verein für Sozialpolitik“ konnte wegen seiner mangelhaften Organisation und seines mehr akademisch-wissenschaftlichen Charakters nicht ausreichen. So ist eine „Gesellschaft für soziale Reform“ mit dem Sitze in Berlin am 6. Januar 1901 ins Leben getreten. Auch ihr gehören keineswegs bloß liberale Reformer, sondern auch Anhänger der katholischen Zentrumspartei und sogar der Stöckerschen Richtung an. Der Vorsitzende des Vorstandes ist der Staatsminister a. D. Dr. Freiherr von Berlepsch.[3]) Nach § 1 der Satzungen hat die Gesellschaft den Zweck: „I. Durch Aufklärung in Wort und Schrift die soziale Reform

---

[1]) Vgl. Wenck, Die Geschichte der National-Sozialen. S. 124 ff.

[2]) Aus der Reihe der Naumannschen Schriften verdienen besondere Erwähnung: Das soziale Programm der evangelischen Kirche. Leipzig 1890; Was heißt Christlichsozial? Bd. I. Leipzig 1894; Asia. Berlin 1900; Neudeutsche Wirtschaftspolitik. Berlin 1902; Demokratie und Kaisertum. 3. Aufl. Berlin 1904. Die beste Vorstellung von seiner Wirksamkeit verschafft das Studium der von ihm herausgegebenen Wochenschriften: Die Hilfe (seit 2. Dezember 1894); Die Zeit (Oktober 1901—1903); Naumann gibt ferner das Jahrbuch der Hilfe Patria! heraus seit 1901; über die Wirksamkeit Naumanns ist noch zu vergleichen: Meyer-Benfey, Fr. Naumann. Göttingen 1904.

[3]) Vgl. dessen programmatische Schrift: Warum betreiben wir die soziale Reform? (Heft 11 der Vereinsschriften.)

auf dem Gebiete der Lohnarbeiterfrage in Deutschland zu fördern. Als wesentliche Bestandteile dieser Reform erachtet sie: a) den weiteren Ausbau der Gesetzgebung im Interesse der Arbeiterklasse; b) die Förderung der Bestrebungen der Arbeiter, in Berufsvereinen und Genossenschaften ihre Lage zu verbessern. II. Als deutsche „Sektion der Internationalen Vereinigung für gesetzlichen Arbeiterschutz" deren Bestrebungen mit allen Kräften zu unterstützen." Die Gesellschaft besitzt eine große Zahl rühriger Ortsgruppen und hat bereits zwei Generalversammlungen (1902 in Köln, 1904 in Mainz) abgehalten. Publizistisch wird das Programm der Gesellschaft in ausgezeichneter Weise durch die jetzt von Prof. Dr. E. Francke in Berlin herausgegebene Wochenschrift „Soziale Praxis" und die „Schriften der Gesellschaft für soziale Reform" (Jena, Fischer) vertreten. Bis jetzt (1905) sind 17 Hefte herausgegeben worden.

46. Abschließende Betrachtungen über das Wesen des sozialreformatorischen Liberalismus.

Wird schließlich die Frage aufgeworfen, worin denn eigentlich das Wesen des reformatorischen Liberalismus bestehe, so fällt die Antwort nicht ganz leicht. Weder gegenüber dem Sozialkonservatismus und kapitalistischen Liberalismus, noch gegenüber dem opportunistischen Sozialismus ist die Grenze mit voller Schärfe zu ziehen. Im allgemeinen wird man aber immerhin in der Stellung zum Industriestaatsproblem einen erheblichen Unterschied zwischen Sozialkonservatismus und Sozialliberalismus feststellen können. Was selbst den Reformer, der sozialkonservativen Anschauungen weit entgegenkommt, wenigstens von den Konservativen strengster Observanz trennt, das ist das Mc Cullochsche: Wir können nicht mehr zurück! Es bleibt uns nichts anderes übrig, als den Industrialismus voll zu entwickeln, ihm aber soviel als irgend möglich zur Hebung der Arbeiterklasse abzunötigen. Im Gegensatze dazu behauptet der Konservative: Wir können, wir müssen zurück; ja besser selbst ein Stillstand, als ein Fortschreiten auf industrialistischem Wege.

Warum nehmen die Sozialliberalen an, daß wir nicht mehr zurück können? „Alle Einwirkung auf das Gesellschaftsleben", erklärt Brentano, „kann nur insoweit sowohl erfolgreich als auch gerecht sein, als sie der Natur der Dinge, von der die natürliche Entwicklung ein Teil ist, nicht widerstrebt."[1]) Die Natur der Dinge begründet aber einen gewaltigen

[1]) L. Brentano, Ethik und Volkswirtschaft in der Geschichte. München 1901. S. 41.

Unterschied zwischen landwirtschaftlicher und industrieller Produktion. „Das hauptsächliche landwirtschaftliche Produktionsmittel ist der Boden; dieser ist nur in beschränkter Menge vorhanden, wird immer teuerer und gibt, von Ausnahmefällen, deren Bestimmung nicht in die Macht der Menschen gegeben ist, abgesehen, steigende Erträgnisse nur zu immer steigenden Kosten (Gesetz des abnehmenden Bodenertrages). Das hauptsächliche industrielle Produktionsmittel dagegen sind vermehrbare Kapitalien. Sie können nicht nur zu gleichen, sondern zu immer geringeren Kosten beschafft werden, und jede Mehrverwendung von Arbeit und Kapital führt hier also zu steigenden Erträgen. Daher denn ein Land um so weniger Menschen ernähren kann, je agrarischer sein Charakter ist, und daher umgekehrt die größere Bevölkerungsdichtigkeit industrieller Länder. Daher ferner die Anhäufung von Überschüssen über die aufgewendeten Kosten, d. h. die Anhäufung von Reichtum, in agrarischen Gegenden viel langsamer vor sich geht, als in überwiegend industriellen Gegenden. Und daher die Länder, sobald ihre Bevölkerung so stark wächst, daß sie ihren Nahrungsbedarf nur mehr zu exorbitanten Kosten im Inlande erzeugen könnten, mehr und mehr Industrieländer werden. Dadurch wird die Möglichkeit geboten, die steigende Ungunst der heimischen natürlichen Produktionsmittel durch Herbeiführung der Produkte ergiebigerer Naturgaben auszugleichen. Die Wirkungen der beschränkten Ertragsfähigkeit ihrer heimischen Fluren werden aufgehoben, indem die unbeschränkte Ertragsfähigkeit der in der Industrie verwendeten vermehrbaren Kapitalien ihnen das Mittel bietet, die Erträgnisse der ergiebigsten Böden ferner Länder einzutauschen.“[1]) „Trotz aller romantischen Begeisterung für Land und Landwirtschaft werden die Menschen daher zur Stadt und Industrie getrieben. Und so wird es bleiben, so lange die dira necessitas des Menschen Schicksal bestimmt.“[2]) Eine rasch wachsende Nation muß schließlich Menschen oder Waren exportieren!

In bezug auf die Mittel und Wege, welche der industriellen Arbeiterklasse einen höheren Anteil an den materiellen Früchten der industriellen Entwicklung vermitteln sollen, unterscheiden sich sozialkonservative und sozialliberale Richtungen in geringerem Maße. Beide treten für gesetzlichen Arbeiterschutz ein. Die meisten Vertreter des Liberalismus nehmen auch die obligatorische Arbeiterversicherung an.

---

[1]) Brentano, Schrecken des überwiegenden Industriestaates. Berlin 1901. S. 20.

[2]) Brentano, Über Landwirtschaft und Industrie. Zeit. (Wien.) 29. XII. 1900. S. 197.

L. Brentano hat ihr ursprünglich allerdings opponiert, weil er von ihr ungünstige Einwirkungen auf die gewerkschaftliche Entwicklung befürchtet hat. Auch die Koalitionsfreiheit wird nicht nur von den Liberalen, sondern auch von einzelnen Konservativen gefordert. Allerdings steht ihr die Masse der Konservativen teils mit erheblichen Bedenken, teils mit geringer Zuversicht gegenüber. Wichtiger als die Wirksamkeit freier Organisationen erscheint ihnen die Staatshilfe und sie beabsichtigen wohl auch die gewerkschaftlichen Verbände staatlich zu reglementieren. Während die Liberalen zur Unterstützung des Mittelstandes bereit sind, soweit die Mittelstandspolitik nicht auf Kosten der industriellen Entwicklung und der Lohnarbeiter betrieben zu werden braucht, ziehen die Konservativen im Zweifel die Förderung des Mittelstandes derjenigen der Arbeiterklasse vor. Konflikte treten namentlich in bezug auf die Konsumgenossenschaften auf.

Da den Konservativen eine Wirtschaftsverfassung als Ideal vorschwebt, welche den Inlandsbedarf durch die Produktion des Inlandes in möglichst großem Umfange befriedigt, müssen sie die Weltpolitik innerlich kühler aufnehmen, als die Liberalen. Wenn sie trotzdem für Flottenvermehrung eintreten, so sind es mehr Erwägungen taktisch-politischer als wirtschaftlich-sozialer Natur, die sie bestimmen.

In politischen Fragen neigen die Konservativen naturgemäß mehr zu autoritiven, die Liberalen zu demokratischen Lösungen.

Gegenüber dem kapitalistischen Liberalismus unterscheidet sich der reformatorische vor allem durch die praktische Anerkennung der Koalitionsfreiheit und der Arbeiterberufsvereine. Dazu tritt eine tatkräftigere Propaganda für gesetzlichen Arbeiterschutz.

Trotz aller Konzessionen, welche der reformatorische Liberalismus in bezug auf die gesellschaftliche Kontrolle der Arbeitsbedingungen dem Sozialismus macht, hält er doch an dem Privateigentum, an der kapitalistischen Unternehmung, an der Selbstbestimmung und Selbstverantwortlichkeit grundsätzlich fest.

Drittes Kapitel.

Die Bekämpfung der sozialpolitischen Bestrebungen in Deutschland.

47. Die Bekämpfung des „Umsturzes".

Die ökonomischen Theorien, mit denen das Manchestertum gegen sozialpolitische Bestrebungen ankämpfte und noch ankämpft, sind bereits auseinandergesetzt worden. Diesem Kampfe mit geistigen Waffen wird aber in neuerer Zeit immerhin geringere Bedeutung zuerkannt. Vor allem suchen die Gegner sozialer Reformen politischen Einfluß zu gewinnen und diesen in ihrem Sinne zu verwerten. Insofern sind sie geborene Gegner des allgemeinen Wahlrechts und demokratischer Formen des politischen Lebens überhaupt.[1]) Wo die Arbeiter das gleiche Maß politischer Rechte besitzen wie die Arbeitgeber, fällt die Entscheidung, wenigstens in den Industriestädten, sobald irgend eine selbständige Arbeiterbewegung in Fluß geraten ist, den ersteren kraft ihres zahlenmäßigen Übergewichtes zu. Ob in der Tat besondere Arbeiterkandidaten gewählt werden, oder ob die Arbeiter derjenigen bürgerlichen Partei zum Siege verhelfen, welche ihren Interessen am weitesten entgegenkommt, hat wenig zu bedeuten. Auf dem Lande liegen die Verhältnisse allerdings auch bei allgemeinem Wahlrechte etwas günstiger für die Arbeitgeber. Dort ist ihr und der größeren Grundbesitzer soziales Übergewicht in der Regel viel zu fest begründet, als daß die Arbeiterbewegung leicht Eingang finden und selbst bei geheimer Stimmabgabe andere als ihnen genehme Männer aus der Urne hervorgehen könnten.

[1]) So riet z. B. Alfred Krupp seinen Arbeitern von der Beschäftigung mit politischen Angelegenheiten ab: „Die Angelegenheiten des ganzen Vaterlandes sollen jedem wichtig und teuer sein, aber dazu hilft gar nichts das Kannegießern, das Schwatzen über politische Angelegenheiten, das ist nur Aufwieglern willkommen und stört die Pflichterfüllung. Eine ernste Beschäftigung mit der Landespolitik erfordert mehr Zeit und tiefere Einsicht in schwierige Verhältnisse, als Euch zu Gebote steht. Das Politisieren in der Kneipe ist nebenbei sehr teuer, dafür kann man im Hause Besseres haben. Nach getaner Arbeit verbleibt im Hause bei den Eurigen, bei den Eltern, bei der Frau und den Kindern. Da sucht Eure Erholung, sinnt über den Haushalt und die Erziehung. Das und Eure Arbeit sei zunächst und vor allem Eure Politik." Kley, Bei Krupp. 1899. S. 45. Die letzte große Debatte über die Bekämpfung des Umsturzes fand im preuß. Herrenhause am 13. Mai 1904 statt. Prof. Schmoller vertrat in glänzender Weise den Standpunkt der Sozialreformer.

Trotzdem werden die Vertreter des kapitalistischen Liberalismus im allgemeinen öffentliche Wahl und ein nach der direkten Steuerleistung abgestuftes Wahlrecht unter allen Umständen vorziehen. Erst dann fällt ihnen im Parlamente eine so starke Position zu, daß sie Minister, die etwa sozialpolitische Ziele verkörpern, bald „klein bekommen" können.[1]) Meistenteils hat es der kapitalistische Liberalismus heute freilich mit Wahlrechtsverhältnissen zu tun, welche ihm nur noch bei weitgehenden Konzessionen an agrarische oder zünftlerische Bestrebungen, also bei teilweisem Verzichte auf sein naturgemäßes großindustrielles Programm, parlamentarischen Einfluß sichern. Im deutschen Reichstage ist die Zahl der Großindustriellen auch auffällig gering geworden. So bleiben eigentlich nur zwei Wege übrig, auf denen Erfolge erzielt werden können: 1. Ausnahmegesetze gegen die unbequemen sozialen Bestrebungen und Parteien; 2. rücksichtslose Ausnutzung aller zu Gebote stehenden rein gesellschaftlichen Machtmittel.

In denjenigen Ländern, in denen die Sozialdemokratie mit großem Nachdrucke revolutionäre, auf den gewaltsamen Umsturz der bestehenden Staats- und Gesellschaftsordnung gerichtete Ziele vertrat,[2]) verhieß die in erster Linie angedeutete Taktik raschen Sieg. Eine Partei, welche die Gewaltherrschaft des revolutionären Proletariates, die Vernichtung von Familie und Eigentum proklamierte, welche in einzelnen Vertretern sogar Reformen zur Verbesserung der Arbeiterverhältnisse als gleichgültig [3]) bezeichnete oder gar ablehnte, um die revolutionäre Energie nicht abschwächen zu lassen, schien in der Tat den Anspruch auf das gemeine

---

[1]) So schreibt Bueck, der Generalsekretär des Zentralverbandes deutscher Industrieller unter dem 7. Juli 1896 an den Reichsrat von Haßler in Augsburg: „Daß wir endlich doch Herrn von Berlepsch klein bekommen haben, hat mich mit Befriedigung erfüllt."

[2]) „Die Kommunisten verschmähen es, ihre Ansichten und Absichten zu verheimlichen. Sie erklären es offen, daß ihre Zwecke nur erreicht werden können durch den gewaltsamen Umsturz aller bisherigen Gesellschaftsordnung. Mögen die herrschenden Klassen vor einer kommunistischen Revolution zittern. Die Proletarier haben nichts in ihr zu verlieren als ihre Ketten. Sie haben eine Welt zu gewinnen. Proletarier aller Länder, vereinigt Euch!" Komm. Manifest 1848.

„Der Sozialismus ist keine Frage der Theorie mehr, sondern einfach eine Machtfrage, die in keinem Parlamente, die nur auf der Straße, auf dem Schlachtfelde zu lösen ist, gleich jeder anderen Machtfrage." (Liebknecht, Politische Stellung der Sozialdemokratie. Leipzig 1874. S. 7.)

[3]) „Das Ziel in seiner Gesamtheit ist die Hauptsache, und das andere Nebensache. Wie weit wir in bezug auf einzelne Konzessiönchen gekommen sind in dem Augenblicke, wo wir das Ganze glauben erreichen zu können, das ist nebensächlich für uns." Bebel, Protokoll des Erfurter Parteitages. Berlin 1891. S. 274.

Recht verwirkt zu haben. Die Losung, die Todfeinde von Staat und Gesellschaft ebenso konsequent als Feinde zu behandeln, wie man von ihnen als Feind behandelt wurde, fand auch in Kreisen begeisterten Beifall, welche, wie z. B. die Sozialkonservativen, für die sonstigen Ziele des kapitalistischen Liberalismus nicht die geringste Sympathie empfanden.

Insofern ist es nicht der Ruf nach Ausnahmegesetzen gegen die sozialistische Arbeiterbewegung allein, was den kapitalistischen Liberalismus in politischer Hinsicht von anderen konservativen und autoritären Strömungen unterscheidet. Seine Besonderheit besteht vielmehr in der Gleichstellung der revolutionär-sozialdemokratischen mit den sozialreformatorischen Aktionen. Da innerhalb der Sozialdemokratie beide Richtungen vorhanden sind, so werden auch die außerhalb der Sozialdemokratie stehenden Sozialpolitiker als Affiliierte der Sozialdemokratie, ja als Leute hingestellt, die in mancher Beziehung noch gefährlicher seien und deren Bestrebungen in gleicher Weise wie die sozialdemokratischen bekämpft werden müßten. So können konservativ gerichtete hohe Beamte, welche, wie v. Berlepsch, Bödiker, Lohmann und v. Rottenburg, einen hervorragenden Anteil an der sozialpolitischen Gesetzgebung genommen haben, als Sozialisten hingestellt werden.[1]) Und diejenigen, welche für Beschränkung der Arbeitszeit männlicher erwachsener Personen eintreten, machen sich nach Bueck und Brütt[2]) einer Begünstigung sozialdemokratischer Bestrebungen schuldig. Ja die von den Vertretern des kapitalistischen Liberalismus betriebene Vermengung sozialdemokratischer, sozialistischer, sozialpolitischer und sozialreformatorischer Unternehmungen ist so erfolgreich gewesen, daß eine Entscheidung des Kammergerichts[3]) die Vereinigung aller in der Schneiderei beschäftigten Personen dem politischen Vereinsgesetze unterstellte, weil sie „Einwirkungen auf ausbrechende Arbeitseinstellungen und etwaige Aussperrungen durch Unterstützungen und die Beseitigung der Abhängigkeit der Gesellen vom Arbeitgeber, mithin sozialdemokratische Tendenzen verfolge."

Am leichtesten konnte diese Taktik gegenüber der deutschen Gewerkschaftsbewegung zur Anwendung gelangen. Wenn die Gewerkschaften auch äußerlich und formell in keiner Beziehung zur Sozialdemokratie standen, so waren die leitenden Organe hier wie dort die gleichen.

[1]) „Dabei unterließ ich nicht, Lohmann als den zu bezeichnen, der von weitgehenden sozialistischen Ideen befangen, wohl das treibende Element in der bisherigen Richtung war." Bueck an v. Haßler.

[2]) Vgl. v. Rottenburg, J. f. G. V. 1896, S. 992.

[3]) S. P. S. C. VI. S. 851.

Es galt für durchaus selbstverständlich, daß beide Organisationen der Arbeiterklasse, die politische und wirtschaftliche, sich in jeder Weise gegenseitig zu unterstützen hätten. Der sozialdemokratische Parteitag galt schließlich auch in Angelegenheiten der gewerkschaftlichen Bewegung als die oberste Instanz. Erst in neuerer Zeit hat die Neutralisierungspartei Fortschritte gemacht. Indem aber über die Frage, ob die Gewerkschaften auch den Mitgliedern anderer Parteirichtungen geöffnet werden sollten, erst langwierige hitzige Diskussionen stattfanden, wurde zugleich der beste Beweis dafür geliefert, daß vorher die Gewerkschaften tatsächlich sozialdemokratische Vereinigungen bildeten. So hatten diejenigen Unternehmer und Unternehmerverbände leichtes Spiel, welche jede Beziehung zu Gewerkschaften ablehnten und ihren Arbeitern die Teilnahme bei Strafe des Verrufes verboten.[1]) So wurden ja, wie es hieß, nicht Bestrebungen zur Hebung der materiellen Lage der Arbeiter unterdrückt, sondern es lag nur ein patriotischer Kampf gegen die Umsturzpartei vor.

In Wahrheit liegt dem kapitalistischen Liberalismus die Bekämpfung gewerkschaftlicher Bestrebungen überhaupt mindestens ebenso sehr am Herzen als die Unterdrückung des politischen Radikalismus. Das geht überzeugend aus der Tatsache hervor, daß die gewerkschaftlichen Bestrebungen auch dort, wo sie sich nicht an die Sozialdemokratie

---

[1]) „Der Bund der Maurer- und Zimmermeister sowie der Verband Deutscher Metallindustrieller waren die ersten größeren Arbeitgeberverbände, die 1. nach ihren Satzungen nur Arbeiter beschäftigen wollen, die keiner sozialdemokratischen Vereinigung angehören; und ferner die auf Grund ihrer Satzungen a) Arbeitsnachweise errichteten, welche ausschließlich von Arbeitgebern geleitet wurden und ihre Mitglieder verpflichteten, nur aus diesen Nachweisen Arbeiter zu nehmen. Sie nahmen außerdem das Recht in Anspruch, Arbeiter zeitweise oder für immer aus allen Verbandsbetrieben auszusperren, wenn dieselben sich gegen die Arbeitsordnung vergangen hatten. Solche Aussperrungen erfolgten stets ohne Hinzuziehung von Arbeitern und sind seit einer Reihe von Jahren aufrecht erhalten worden. Der Verband Deutscher Metallindustrieller ist seit Jahren bemüht, sich über ganz Deutschland auszubreiten, um solchergestalt die mißliebigen Arbeiter zu expatriieren." Die Ächtung ist bei einer Zentralisation des Arbeitsnachweises in den Händen der Arbeitgeber auf das einfachste durchzuführen. Der Name des Arbeiters, der wegen Teilnahme an sozialdemokratischen, und dazu gehören immer auch die gewerkschaftlichen Bestrebungen, entlassen worden ist, wird dem Bureau mitgeteilt. Dieses verschafft dem Betreffenden nicht eher Arbeit, als dessen früherer Arbeitgeber die Verrufserklärung zurückgenommen hat. Um dieses Resultat zu erreichen, muß der Arbeiter eine schriftliche Erklärung ausstellen, sich nicht mehr an sozialdemokratischen Bestrebungen zu beteiligen. Vgl. O. Weigert, Arbeitsnachweise und Schutz der Arbeitswilligen, Berlin 1899, eine Schrift, welche eine Fülle authentischen Materiales über diese Verhältnisse beibringt.

anlehren, mit der gleichen Erbitterung bekämpft werden. Als die evangelischen Arbeitervereine infolge der Propaganda Naumann's begannen, gewerkschaftliche Fragen in das Bereich ihrer Wirksamkeit zu ziehen und in Westfalen christliche Bergarbeitervereine entstanden waren, traten die auf dem Boden des kapitalistischen Liberalismus stehenden Unternehmer ihnen mit der gleichen Energie entgegen, wie den sozialdemokratischen Vereinen.[1])

[1]) So erklärte das Saarbrücker Gewerbeblatt, das Organ der Firma Gebr. Stumm: „Als selbstverständlich sehen wir an, daß die Gesetzgebung sich auch derjenigen Koalitionen fürsorglich annimmt, die sich nicht genieren, mit der Sozialdemokratie gelegentlich gemeinsame Sache zu machen. Die Gewerkvereine der Herren Weber und Oberdörffer würden wohl dazu gehören ... In der Bekämpfung der Sozialdemokratie wird in Zukunft von allen daran beteiligten Parteien der Grundsatz in Anspruch genommen werden müssen: wer nicht in allen Stücken für uns ist, der ist gegen uns." Als das Evangelische Wochenblatt in Neunkirchen einen Aufsatz über die Bildung christlicher Gewerkvereine an der Ruhr gebracht, ohne der Bewegung eigentlich zuzustimmen und die Nachahmung für das Saargebiet zu empfehlen, ersuchte Freiherr v. Stumm, dafür zu sorgen, daß derartige Artikel nicht wieder erscheinen, sonst würde er mit allen ihm zu Gebote stehenden Mitteln gegen das Blatt und seinen Schriftleiter arbeiten. Am 6. Januar 1895 berichtete das Saarbrücker Gewerbeblatt: „Die Vorstände des Vereines zur Wahrung der gemeinsamen wirtschaftlichen Interessen der Saarindustrie, der südwestlichen Gruppe des Vereines deutscher Eisen- und Stahlindustrieller und der südwestdeutschen Eisen-Berufsgenossenschaften hielten am 4. Januar unter dem Vorsitze des Freiherrn von Stumm-Halberg eine Sitzung ab, in welcher sozialpolitische Angelegenheiten, insbes. die Frage der evangelischen Arbeitervereine, des christlichen Gewerkvereines und dgl. zur Beratung standen. Die Versammlung hat einstimmig Stellung zu diesen Fragen genommen, sich aber vorbehalten, die definitiven Beschlüsse erst nach einiger Zeit zu veröffentlichen und zur Ausführung zu bringen, falls das Bedürfnis sich herausstellen sollte." Dieses Vorgehen hatte zur Folge, daß die bedrohten Arbeitervereine erklärten: 1. daß sie nicht gesonnen seien, einen Gewerkverein ins Leben zu rufen; 2. daß sie den beabsichtigten Rechtsschutz nicht als Einrichtung ihrer Vereine, sondern, wenn überhaupt, als eine selbständige Einrichtung, deren Wohltaten auch Dritten zugänglich sind, gestalten wollen; 3. daß sie sich jeder Verbreitung oder Empfehlung der Naumann'schen „Hilfe" enthalten würden. Als der konservative Prof. Ad. Wagener aus Berlin auf dem I. Delegiertentag christlicher Bergarbeitervereine Deutschlands zu Bochum in einer Rede über „Unternehmergewinn und Arbeitslohn" gewerkschaftliche Organisationen empfohlen hatte, „durchbebte eine tiefe Entrüstung die rheinische Industrie", wie Generalsekretär Ditges auf der Generalversammlung des Vereines für Sozialpolitik in Cöln 1897 (Verhandlungen S. 407) versicherte. Im übrigen gaben auch mehrere Industrielle ihrem Mißmut beredten Ausdruck bei dem Festmahl des Vereines, nachdem Freiherr von Stumm schon im preußischen Herrenhause das Auftreten Wagners auf das heftigste angegriffen hatte: „Ein königlicher Beamter, selbst wenn er weder politischer noch Verwaltungsbeamter ist, darf nicht in Arbeiterversammlungen gegen das Kapital, gegen den Besitz und gegen die Arbeitgeber hetzen, und wenn die bestehenden gesetz-

48. Der „Hausherrn"-Standpunkt.

So hat man eingesehen, daß das Schlagwort „Bekämpfung des Umsturzes" allein nicht ausreiche. Nun hieß es mehr und mehr, der Unternehmer trage die ganze Verantwortlichkeit, er müsse unbedingter Herr im Hause bleiben. Der Glanz der deutschen Industrie beruhe vor allem auf der Werkstättendisziplin. Diese aber werde durch selbständige Organisationen der Arbeiter untergraben. Schon 1890 war im Hinblicke auf die Februarerlasse Wilhelms II., welche einen „Anspruch auf gesetzliche Gleichberechtigung" anerkannten, von dem Vertreter der Industriellen, Generalsekretär Bueck, die Erklärung abgegeben worden, die deutschen Arbeitgeber würden sich niemals bereit finden lassen, mit Vertretern der Arbeiterorganisationen oder anderen außerhalb stehenden Leuten auf dem Fuße der Gleichberechtigung zu verhandeln.[1]) „Gleichberechtigt ist der Arbeiter mit dem Arbeitgeber in unserer Politik," führte Herr Bueck bei anderer Gelegenheit aus, „vor Gesetz und Recht ist der Arbeiter mit dem Arbeitgeber vollständig gleichbedeutend; gleichberechtigt auf dem Gebiete des sozialen und wirtschaftlichen Lebens ist der Arbeiter nicht und kann es niemals sein."[2]) In diesem Sinne

---

lichen oder Disziplinar-Vorschriften nicht genügen, um das zu verhindern, so müssen sie eben ergänzt werden." Diese Stellungnahme ist umso charakteristischer, als es sich hier um Männer handelt, deren nationale und monarchische Gesinnung bessere Proben bestanden hat, als diejenige, welche auf seiten des kapitalistischen Liberalismus vertreten wird. Während Organe dieser Richtung gelegentlich der kaiserlichen Arbeiterschutzerlasse und der Steuerreform in Preußen von der Notwendigkeit, die monarchische Gesinnung einer Revision zu unterziehen, sprachen, haben die sozialkonservativen und nationalsozialen Politiker weder nach der ihren Bestrebungen durchaus entgegengesetzten Depesche Kaiser Wilhelms II. an Geheimrat Hinzpeter über die Christlichsozialen, noch nach dessen Bielefelder (1897) und Oeynhauser Programm (1898) im entferntesten daran gedacht, ihre monarchische Treue zu kündigen. Mit welcher Begeisterung diese Kreise stets die Verstärkung der Flotte vertreten haben, ist hinreichend bekannt. Vgl. im übrigen: H. Kötzschke, Offener Brief an Freiherrn von Stumm und Genossen. Leipzig 1895; Bericht über den ersten Delegiertentag christlicher Bergarbeitervereine Deutschlands zu Bochum. Altenessen 1897; Delbrück, Schmoller und Wagener, Über die Stumm'sche Herrenhausrede. Berlin 1897; Verhandlungen der Generalversammlung des Vereines für Sozialpolitik in Cöln. Leipzig 1897. (S. d. V. f. S. LXXVI.) S. 433, 438, 441—443.

[1]) Vgl. S. d. V. f. S. XLVII. S. 151.

[2]) Weigert a. a. O. S. 50. Tatsächlich ist aber von einer Anerkennung der Gleichberechtigung auch in politischer Hinsicht gar keine Rede. Entweder sollen die Arbeiter garnicht wählen, oder, wenn sie wählen, die vom Arbeitgeber bezeichneten Kandidaten. Gehören sie der sozialdemokratischen Partei, also einer politischen

kündigte Alfred Krupp in einem Aufrufe an die Arbeiter der Gußstahlfabrik an: „Nichts, keine Folge der Ereignisse wird mich veranlassen, mir etwas abtrotzen zu lassen. Die Verwaltung wird mit dem bisherigen als Gesetz bestandenen Wohlwollen fortfahren, die Fabrik zu führen im Geiste meiner Grundsätze und so lange für meine Rechnung, als ich die Arbeiter nach wie vor in bewährter Treue als die Angehörigen des Etablissements betrachten werde. Daß ich täglich meine Stellung an andere übertragen kann, und daß irgend welche Gesellschaft von Kapitalisten an Wohlwollen und Opferwilligkeit mich nicht übertreffen würde, unterliegt wohl keinem Zweifel. . . . Ich erwarte und verlange volles Vertrauen, lehne jedes Eingehen auf ungerechtfertigte Forderungen ab, werde wie bisher jedem gerechten Verlangen zuvorkommen, fordere daher alle diejenigen, welche sich nicht damit begnügen wollen, hiermit auf, je eher desto lieber zu kündigen, um meiner Kündigung zuvor zu kommen und so in gesetzlicher Weise das Etablissement zu verlassen, um anderen Platz zu machen, mit der Versicherung, daß ich in meinem Hause, wie auf meinem Boden Herr sein und bleiben will.“ [1])

Die „Deutsche Volkswirtschaftliche Korrespondenz“ hat in gänzlicher Unkenntnis der historischen Entwicklung sogar von einem Jahrtausende alten Rechte der Unternehmer, über die Arbeitsbedingungen mit ihren Arbeitern allein zu verhandeln, gesprochen.

Freiherr von Stumm hat dann in der Herrenhausrede vom 28. Mai 1897 die Behauptung aufgestellt, daß der Aufschwung der deutschen Industrie gegenüber der englischen im wesentlichen auf der Disziplin beruhe, welche namentlich in der Eisen- und Kohlenindustrie

---

Partei an, so sucht man sie, wenn es irgend angeht, brotlos zu machen. Dieser Kampf beschränkt sich nicht auf die sozialdemokratische Betätigung, sondern die Beteiligung am nationalsozialen oder fortschrittlichen Parteileben kann dieselben Folgen haben. Wenn man den Arbeitern, welche der Zentrumspartei angehören, neutraler gegenübersteht, so ist es nur die Furcht vor der großen politischen Macht des Zentrums, welche eine Zurückhaltung rätlich erscheinen läßt. Es mag in diesem Zusammenhange daran erinnert werden, daß bereits 1880 Freiherr von Stumm seinen Arbeitern die Lektüre des fortschrittlichen „Neunkirchener Tageblattes“ bei Strafe der Entlassung verbot. Selbst auf Arbeiter, die Wirtschaften besuchten, in welchen das Blatt gehalten wurde, oder deren Frauen das Blatt austrügen, soll die Drohung erstreckt worden sein. Ja er veranlaßte sogar die königliche Bergwerksdirektion Saarbrücken, das gleiche Verbot auszusprechen. Letztere mußte es auf Geheiß des Ministers freilich wieder zurücknehmen. Vgl. Brentano, Der Arbeiterversicherungszwang. Berlin 1881. S. 56. Rösicke, Die Gleichberechtigung der Arbeiter. S. P. S. C. XI. S. 690—694; 714—718.

[1]) Kley, Bei Krupp. Leipzig 1899. S. 38.

noch herrsche. In England sei sie hingegen durch die Arbeiterorganisationen vollständig abhanden gekommen. Auch die von England nach Deutschland gesandten Industriellen seien alle zu derselben Auffassung gekommen.

Diesem „Herren"standpunkte gegenüber ist vor allem hervorzuheben, daß die neuere Entwicklung der Rechtsbildung einen aller sozialen Verpflichtungen entkleideten Eigentumsbegriff nicht mehr anerkennt, daß es ferner ein unzulässiges Spiel mit Worten ist, Riesenanlagen, welche Tausende von Arbeitern und Beamten beschäftigen, als „mein Haus" zu bezeichnen. Sie sind ebensowenig ein „Haus" wie ihr Inhaber ein „Hammerschmied". Gerade der Chef so gewaltiger Unternehmungen hat am allerwenigsten die Muße, sich mit den persönlichen Verhältnissen aller Angestellten so eingehend zu befassen, um von sich aus in jeder Beziehung die richtigen Entscheidungen zu treffen. Ebenso wenig wie es im modernen Staatsleben erträglich erscheint, das Wohl und Wehe eines ganzen Volkes von der persönlichen Willkür eines Fürsten abhängen zu lassen, wie bis in die kleinste Gemeinde herab für eine angemessene Vertretung und Selbstverwaltung der Regierten gesorgt wird, so kann sich auch die Arbeiterschaft mit dem bloßen Vertrauen in das Wohlwollen ihres Arbeitgebers nicht beruhigen. Sie muß auf gesichertere, von den Zufällen, welche eine Persönlichkeit treffen können, möglichst befreite Grundlagen ihrer Existenz dringen. Und welcher schneidende Kontrast! Zur Entscheidung über die schwierigsten Fragen des nationalen Gemeinschaftslebens wird der Arbeiter durch die Erteilung des Wahlrechtes herangezogen, in Bezug auf seine nächstliegenden, verständlichsten materiellen Angelegenheiten soll er sich aber in stummer Unterwürfigkeit und blindem Vertrauen dem Gebote eines Privatmannes fügen, der mit Recht erklärt, er könne seine Fabriken jeden Tag verkaufen. Dabei ist noch zu beachten, daß dieser stolze Herrenstandpunkt nur den Arbeitern, eventuell auch den Regierungsbeamten gegenüber herausgekehrt wird, während man sich dem Hineinregieren der Banken, der Kartelle und Arbeitgeberverbände bescheiden fügt.[1])

Daß die praktische Anerkennung des vertragsmäßigen Verhältnisses keineswegs zur Untergrabung der Disziplin und damit schließlich auch der Konkurrenzfähigkeit zu führen braucht, wird von der Erfahrung bewiesen. Es ist durchaus unrichtig, wenn Freiherr von Stumm behauptete, die Engländer gäben selbst zu, daß ihre Industrie wegen der durch die Gewerkvereine gelockerten Disziplin nicht mehr konkurrieren könnte.

[1]) Vgl. Heymann, Die gemischten Werke im deutschen Großeisengewerbe, Stuttgart 1904.

Der intensivere Wettbewerb, welcher der englischen Eisenindustrie in den 90er Jahren durch die deutsche und belgische erwuchs, gab in der Tat dem Vereine der englischen Eisenindustriellen Veranlassung, den Ursachen nachzugehen. Es wurde beschlossen, eine Informationsreise nach Deutschland und Belgien auszuführen. Da aber die Angelegenheit Unternehmer und Arbeiter in gleicher Weise berühre, hielt man es für zweckmäßig, die entsprechenden Arbeitervereine zur Teilnahme einzuladen. Die Einladung wurde einmütig angenommen, und so begab sich eine Delegation, aus sieben Unternehmern und sieben Arbeitern bestehend, auf die Reise. Präsident war ein Unternehmer, Vizepräsident der bekannte Gewerkvereinsführer Edward Trow. Der Bericht der Delegation rühmt allerdings die Disziplin, die Pünktlichkeit und Präzision des Ineinanderarbeitens der verschiedenen Arbeiter in den deutschen Werken. Und gerade Herr Trow, der Gewerkvereinler, ist es, der hierfür fast enthusiastische Ausdrücke wählt. Die Engländer glauben, daß diese Erscheinungen hauptsächlich auf die von den Leuten während der militärischen Dienstzeit erworbenen Eigenschaften zurückzuführen seien. Davon aber, daß in England die Disziplin durch die Gewerkvereine untergraben worden sei, oder daß die gefährlicher gewordene Konkurrenz Deutschlands hauptsächlich auf dem Fehlen der Gewerkvereine beruhe, findet sich kein Wort in dem Berichte.[1]) Die Hauptsache ist für die Engländer der deutsche Schutzzoll und die Billigkeit der Transporte zu Wasser und zu Land.

49. Der Schutz der „Arbeitswilligen".[2])

Den großindustriellen Gegnern der Arbeiterorganisationen ist es nichtsdestoweniger gelungen, an den maßgebendsten Stellen des Staatslebens so großen Einfluß zu erzielen, daß die Reichsregierung am 26. Mai 1899 einen Gesetzentwurf „zum Schutze des gewerblichen Arbeitsverhältnisses" dem Reichstage vorlegte. Die Grundgedanken des Entwurfes waren durch kaiserliche Kundgebungen bereits signalisiert

[1]) Vgl. The Iron and Steel Industries of Belgium and Germany, Report of the Delegation organised by the British Iron Trade Association. London 1896.

Es ist bezeichnend für die Kampfweise, welche einigen Organen des kapitalistischen Liberalismus eigentümlich ist, daß das einstündige Referat des Verfassers über Vereins- und Koalitionsrecht der Arbeiter im Deutschen Reiche auf der Generalversammlung des Vereines für Sozialpolitik in Cöln 1897, in dem die Irrigkeit der Stumm'schen Behauptungen festgestellt wurde, in dem Berichte der Kölnischen Zeitung fehlte.

[2]) Vgl. Bueck, Die Organisation der Arbeitgeber. Berlin 1904.

worden. So hatte Wilhelm II. beim Besuch der Pastor von Bodelschwingh'schen Anstalten in Bethel bei Bielefeld am 17. Juni 1897 erklärt: „Schutz der nationalen Arbeit aller produktiven Stände, Kräftigung eines gesunden Mittelstandes, rücksichtslose Niederwerfung jeden Umsturzes und die schwerste Strafe dem, der sich untersteht, einen Nebenmenschen, der arbeiten will, an freiwilliger Arbeit zu hindern." Ferner am 6. September 1898 in Oeynhausen: „Der Schutz der nationalen Arbeit, der Schutz desjenigen, der arbeiten will, ist von mir im vorigen Jahre in der Stadt Bielefeld feierlich versprochen worden. Das Gesetz naht sich seiner Vollendung und wird den Volksvertretern in diesem Jahre zugehen, worin jeder, er möge sein, was er will und heißen, wie er will, der einen deutschen Arbeiter, der willig wäre, seine Arbeit zu vollführen, daran zu hindern versucht oder gar zu einem Streik anreizt, mit Zuchthaus bestraft werden soll." Die Vorlage der Reichsregierung, in der Regel kurzerhand als „Zuchthausvorlage"[1]) bezeichnet, enthielt eine beträchtliche Verschärfung aller Strafbestimmungen, welche die zur Unterstützung einer Koalition ausgeübten Nötigungen ohnehin schon nach der geltenden Gesetzgebung treffen. So sollte auf Zuchthaus bis zu drei Jahren, gegen die Rädelsführer auf Zuchthaus bis zu fünf Jahren erkannt werden, wenn infolge des Arbeiterausstandes oder der Arbeiteraussperrung eine Gefährdung der Sicherheit des Reiches, oder eines Bundesstaates eingetreten, oder eine gemeine Gefahr für Menschenleben oder das Eigentum herbeigeführt worden sei.

Der Reichstag hat diese Vorlage am 20. November 1899 in zweiter Lesung abgelehnt, ohne ihr auch nur die Ehre einer Kommissionsberatung zu teil werden zu lassen. Für den Entwurf, von welchem Freiherr v. Stumm behauptete, „daß noch niemals eine so wohl begründete Vorlage wie diese von der Regierung eingebracht worden sei, und daß jeder vorurteilslose Arbeiter, den man in objektiver Weise aufklären könne, auf den Boden dieses Entwurfes sich stellen werde", trat lediglich die freikonservative Gruppe mit einigen wahlverwandten Politikern aus nationalliberalen Kreisen, unterstützt von der konservativen Partei und den Antisemiten, ein. Das Gros der Nationalliberalen, das Zentrum und die gesamte Linke wiesen diesen Vorstoß des kapitalistischen Liberalismus mit seltener Einmütigkeit zurück. „Wir sind angesichts der haarsträubenden Urteile," führte der Führer des Zentrums, Dr. E. Lieber, gelegentlich der ersten Lesung (19.—22. Juni

[1]) Vgl. die treffende Kennzeichnung des Entwurfes durch L. Brentano: „Reaktion oder Reform? Gegen die Zuchthausvorlage!" Berlin 1899; und „Der Schutz der Arbeitswilligen." Berlin 1899.

1899) aus, „die bereits auf Grund der bestehenden Strafbestimmungen gefällt worden sind, der himmelschreienden Parteilichkeit, mit der auf der einen Seite gegen die Arbeiter die allerhöchsten und auf der anderen Seite gegen Arbeitgeber himmelschreiend milde Strafen verhängt werden . . . sind wir am allerwenigsten geneigt, leichten Mutes in eine Verschärfung der Strafbestimmungen zu willigen."

Wie sehr auch die Reichsregierung die Vorlage als ein gegen die Arbeiterbewegung gerichtetes Ausnahmegesetz zu Gunsten der Großindustrie betrachtete, ließ die später enthüllte Tatsache erkennen, daß Graf Posadowsky vom Zentralverband Deutscher Industrieller eine Beitragsleistung von 12 000 Mark zu den Kosten der Agitation für die Vorlage begehrt und erhalten hatte.[1])

Nach dieser eklatanten Niederlage erlitt der kapitalistische Liberalismus bald eine zweite. Die Reichsregierung stimmte am 6. Dezember 1899 dem Antrage Bassermann, das Verbindungsverbot für inländische Vereine aufzuheben, zu. Damit wurde ein vom Reichskanzler Fürst zu Hohenlohe am 27. Juni 1896 erteiltes Versprechen eingelöst, aber auch eine vereinspolizeiliche Handhabe, die namentlich gegen die Entwicklung der Arbeitervereine angewendet und als Surrogat eines speziellen Ausnahmegesetzes durch den Freiherrn v. Stumm verteidigt worden war, endgiltig beseitigt.

50. Der „Professorensozialismus" und die „Sozialmoralisten".

Da die wissenschaftlichen Nationalökonomen fast ohne Ausnahme soziale Reformen befürworten, welche der kapitalistische Liberalismus bekämpft, so wird dessen Presse auch nicht müde, immer wieder vor dem verderblichen Einflusse des „Professorensozialismus" zu warnen.[2])

[1]) Diese Sorge der Unternehmerkreise für den Schutz der Arbeitswilligen erfährt erst die richtige Beleuchtung, wenn man sich den rücksichtslosen Terrorismus vergegenwärtigt, der von gewissen Unternehmerkartellen selbst sowohl gegen die außerhalb der Vereinigungen stehenden Firmen, wie gegenüber Handel und Konsumenten ausgeübt wird. Vgl. die von Calwer, Handel und Wandel, Berlin-Bern 1901, S. 37 ff., angeführten Fälle, ferner Heymann a. a. O. und überhaupt die „Kontradiktorische Verhandlungen über deutsche Kartelle". 8 Hefte. Berlin 1903/04. Wie politisch mißliebige Arbeitswillige von den Arbeitsnachweisbureaus der Arbeitgeberverbände behandelt werden, ist bereits S. 222 erwähnt worden.

[2]) Welche Beurteilung die neuere deutsche Nationalökonomie von kapitalistischer Seite erfährt, wurde schon S. 175 angedeutet. Zur Bekämpfung des „Sozialmoralismus" werden jetzt von Dr. A. Tille „Sozialwirtschaftliche Zeitfragen" herausgegeben, von denen bis jetzt 3 Hefte erschienen sind. Berlin. Verlag von Otto Elsner. Eine interessante Charakteristik der literarischen Anwälte des kapita-

Im Interesse von Staat und Gesellschaft sei es, um mit den „Hamburger Nachrichten“ zu sprechen, dringend geboten, der zunehmenden Vergiftung der akademischen Jugend wie der gelehrten Kreise durch die sozialdemokratischen Ideen einiger doktrinärer Professoren, die vom wirklichen Leben nichts verstehen, in zweckmäßiger Weise vorzubeugen.

Hierbei wird in sehr erfolgreicher Weise auf die irrigen Vorstellungen spekuliert, welche sich dasjenige Publikum, das dem wissenschaftlichen Leben ferner steht, über das Verhältnis von Theorie und Praxis gebildet hat. Nur zu oft wird da die Theorie als etwas angesehen, was willkürlich, a priori, aus irgendwelchen vorgefaßten politischen, ethischen oder philanthropischen Lieblingsideen heraus entwickelt worden ist. Diese aprioristische Denkweise wird heute aber weit öfter bei den sog. Praktikern, als bei den Männern der Wissenschaft angetroffen. Jene sind es, die mit Vorliebe aus bestimmten, durch die Erfahrung längst widerlegten allgemeinen Schlagworten des Manchestertums heraus ihr Urteil zu begründen suchen, während in der Wissenschaft mit verschwindenden Ausnahmen die empirische, deskriptiv-statistische Forschung herrscht. Das Tatsachenmaterial, auf Grund dessen die „Theoretiker“ ihre Sätze formulieren, ist deshalb in der Regel aus einem unverhältnismäßig reicheren Schatze von Erfahrungen gewonnen, als dasjenige, welches die unsystematische, individuelle Einzelbeobachtung den „Praktikern“ liefert. Ganz mit Recht entgegnete deshalb der bekannte Mitarbeiter Bismarcks, Wirkl. Geheimrat Dr. v. Rottenburg, dem Generaldirektor Hegener, der sich in der üblichen Weise über die „Theoretiker“ ausgesprochen hatte: „Ich glaube, Herrn Hegener und allen denjenigen, welche sich gegen die Koalitionsfreiheit ausgesprochen haben, wird der Vorwurf, welchen ich gegen sie zu erheben habe, etwas wunderbar erscheinen; doch trifft derselbe vollkommen zu. Sie sind zu spekulative Köpfe, Sie bewegen sich nicht genug auf positivem Boden. Diesen Boden aber, meine Herren, würden Sie gerade in den Schriften der Professoren finden. Da finden Sie die Tatsachen, aus welchen Sie sichere Schlüsse ziehen können; statt dessen grasen Sie auf der dürren Heide der Spekulation in einer mir unverständlichen Weise.“[1])

Daß die Theoretiker, die Professoren, Pastoren und andere „Sozialmoralisten“ im allgemeinen den Gang der Entwicklung richtiger aufgefaßt haben als die Praktiker, das beweist übrigens auch die ganze Geschichte der letzten fünfzig Jahre. Wie oft haben die Arbeitgeber

---

listischen Liberalismus liefert v. Rottenburg, Die Kartellfrage. Ein offener Brief an Kommerzienrat von J. Vorster. Leipzig 1903.

[1]) S. d. V. f. S. LXXVI. S. 360.

den Untergang ihrer Industrie und die Schädigung der Arbeiter selbst prophezeit![1]) Bald sollte sie die Arbeit der Kinder zartesten Alters, bald die Nachtarbeit der Frauen, bald eine 12—14stündige Arbeitszeit unmöglich entbehren können. Dann waren es wieder Arbeiterversicherungslasten oder Lohnerhöhungen, die sie zu Grunde richten mußten.

[1]) So erklärte z. B. 1854 die Handelskammer von Aachen: „Von dem Schulzwange und der Beschränkung der Arbeitszeit für jugendliche Arbeiter befürchten wir am meisten eine schädliche Einwirkung auf die Zustände der arbeitenden Klassen“ Thun, Industrie am Niederrhein. I. S. 183. Ein Fabrikant äußerte mit überlegenem Lächeln zu einem Fabrikinspektor: „Sie werden sich doch nicht dazu hergeben, solch einen Unsinn durchzuführen.“ Thun a. a. O. S. 179. In betreff der Opposition, welche von deutschen Industriellen gegenüber der Einführung der Fabrikinspektion erhoben wurde, vgl. die Schrift des Fabrikdirektors A. Lohren, Entwurf eines Fabrik- und Werkstättengesetzes. 1877.

Vor der Einführung des eidgenössischen Fabrikgesetzes hatten die Arbeitgeber ebenfalls erklärt, es werde ihnen in Zukunft die Konkurrenz unmöglich gemacht sein. Die italienische Industrie werde die schweizerische ruinieren. Eine Arbeitszeit von 11 Stunden sei unbedingt zu wenig. Der Arbeiter könne ganz gut 12 Stunden arbeiten, erst bei 13 Stunden trete eine Erschlaffung ein Ein Spinner hatte ganz genau berechnet, daß der Verlust der 12. Arbeitsstunde pro Spindel auf 1 Fr. im Jahre zu stehen kommen werde, also daß eine Spinnerei mit 20000 Spindeln allein wegen des Maximalarbeitstages 20000 Fr. Verluste erleiden werde. Bereits im Jahre 1888 konnte ein schweizerischer Spinnereidirektor nachweisen (Blocher in der Zeitschrift für Schweizerische Statistik 1888. S. 1—11), daß diese Befürchtungen grundlos waren und die Gesetzgebung günstig gewirkt habe.

Nichtsdestoweniger brachten um dieselbe Zeit die österreichischen Spinner mit der diesen Praktikern eigentümlichen Miene der Unfehlbarkeit all die Argumente gegen den österreichischen Arbeiterschutz vor, mit denen die Schweizer vor 10 Jahren operiert hatten und welche von der Erfahrung bereits als irrig erwiesen worden waren. Vgl. Die Neubelastung der österreichischen Industrie durch den eilfstündigen Arbeitstag an dem Beispiel der Baumwollspinnerei dargestellt und Sr. Exzellenz dem Herrn Handelsminister Olivier Marquis de Bacquehm ehrfurchtsvoll unterbreitet vom Verein der österreichischen Baumwollspinner Wien 1888. In den letzten Jahren waren es die italienischen Seidenindustriellen, welche für die Erhaltung der Kinderarbeit kämpften. In den Fabriken der Mitglieder der Mailänder Seidenindustrie-Gesellschaft wurden 21247 Kinder im Alter von 9—10, 8176 im Alter von 10—12 Jahren beschäftigt. Eine Erhöhung der zulässigen Altersgrenze für Kinder hätte nach Ansicht der Seidenindustriellen folgende Konsequenzen: 1. eine Herabdrückung der Lebenshaltung breiter bäuerlicher Schichten, denen der Verdienst ihrer Kinder entzogen würde; 2. den Zerfall der Seidenindustrie, der es an Arbeitskräften gebrechen würde; 3 eine Vermehrung der Auswanderung. Vgl. Neue Zürcher Zeitung. Nr. 337. 1901. Morgenblatt. Mit welcher Vorsicht derartige Behauptungen der Praktiker in sozialen Diskussionen aufgenommen werden müssen, dafür noch ein Beispiel aus der neueren englischen Geschichte: Als es sich um die Verbesserung der Unfallversicherung durch den Workman's Compensation act handelte, da wurde sie von den großen Arbeitgebern lebhaft bekämpft. Mindestens um 3 d würde die

Wie oft wurde in Deutschland die rote Revolution als unmittelbar bevorstehend erklärt, wenn nicht schleunigst die härtesten Unterdrückungsmaßregeln gegen die Sozialdemokratie ergriffen würden!

Und wie ist alles ganz anders gekommen! Ungeachtet des Arbeiterschutzes und der Arbeiterversicherung hat der industrielle Aufschwung Dimensionen gerade in den neunziger Jahren gewonnen, welche die kühnsten Hoffnungen überflügelt haben. In der Sozialdemokratie aber ist seit der Beseitigung der Ausnahmegesetze von Jahr zu Jahr die entschieden reformatorisch gesinnte Richtung zu größerem Einflusse gelangt. Noch um die Mitte der neunziger Jahre erklärten die Organe der Praktiker, die taktischen Streitigkeiten in der Sozialdemokratie seien nur ein abgekartetes Spiel, um die Bourgeoisie zu täuschen. Wer wird heute diese Behauptung, ohne sich unsterblich zu blamieren, wiederholen mögen? Wenn also wirklich der Gegensatz zwischen kapitalistischem Liberalismus und sozialen Reformbestrebungen ein solcher zwischen Praxis und Theorie wäre, so hätten diese Vertreter der Praxis nach so vielen Irrungen gewiß alle Ursache, etwas bescheidener aufzutreten.

Tatsächlich ist diese Behauptung aber durchaus falsch. Auf seiten des kapitalistischen Liberalismus gibt es ebenso gut Theoretiker und Praktiker, wie auf seiten der sozialreformatorischen Richtungen. Selbst der Zentralverband deutscher Industrieller besitzt eine so geringe Abneigung gegen Theoretiker, daß er einen ehemaligen Universitätsdozenten, der niemals in der industriellen Praxis gestanden hat, zum Sekretär erwählte. Und treten nicht in der kapitalistischen Presse oder als Beamte der Unternehmerkorporationen gegen die „Theoretiker" nur zu oft Leute auf, welche sich ebensowenig als die angegriffenen Gelehrten je als Arbeitgeber oder Unternehmer betätigt haben? Vertritt der Theoretiker nur die Interessen des Kapitalismus, so ist er den Praktikern hochwillkommen.

Ebenso wenig wie unter den Gegnern sozialer Reformen nur Praktiker zu finden sind, begegnet man unter den Sozialpolitikern nur Theoretikern. Zu wiederholten Malen haben hervorragende Groß-

Kohlenproduktion per Tonne verteuert werden. Die Regierung behauptete auf Grund sorgfältiger Berechnungen nicht einmal um 1 d. Als das Gesetz angenommen worden war, da bot die Organisation der Bergleute von Northumberland und Durham den Arbeitgebern ihres Distriktes, und zu diesen gehörten die eifrigsten Gegner der Maßregel, die Übernahme aller erwachsenden Haftpflichtverbindlichkeiten für $^7/_{10}$ d per Tonne an. Das Angebot wurde aber abgelehnt, weil die Unternehmer glaubten, so noch zuviel bezahlen zu müssen! Vgl. S. P. C. P. VIII S. 209.

industrielle dagegen protestiert, daß die den Reformen abgeneigten Unternehmer sich als Mandatare des gesamten Unternehmerstandes aufspielen.[1]) Es wird im Gegenteile kaum eine soziale Reform entdeckt werden können, an deren Zustandekommen nicht auch Arbeitgeber, oft geradezu in führender Stellung, beteiligt gewesen wären. Es sei an die Baumwollspinner Robert Owen und John Fielden erinnert, welchen der Gedanke der Fabrikgesetzgebung verdankt wird. Im Elsaß hat im gleichen Sinne ein Fabrikant gewirkt, Johann Jakob Burkhardt. Für die reichsgesetzliche Arbeiterversicherung ist sogar der Vorkämpfer des kapitalistischen Liberalismus in Deutschland, Freiherr von Stumm, selbst eingetreten. Männer wie die Industriellen Wilhelm v. Oechelhäuser und Freiherr v. Heyl haben sich wenigstens in einzelnen wichtigen Punkten des Arbeitsschutzes den Vertretern der Sozialreform angeschlossen. Noch weiter sind Roesicke,[2]) Freese, Abbe,[3]) Brandts, Weigert, Roesler gegangen. Desgleichen könnte aus dem England der Gegenwart eine stattliche Liste großer Arbeitgeber angefertigt werden, deren Wirksamkeit durchaus mit dem Gedanken des sogenannten „Professorensozialismus“ harmoniert. Allein solche Zeugnisse werden von unseren „Praktikern“ nicht als vollgiltig anerkannt. Wie ein hervorragender Anwalt des kapitalistischen Liberalismus, Dr. Beumer, ausgeführt hat, handele es sich da nur um Arbeitgeber, welche als radikale Politiker auf die Stimmen der Arbeiter angewiesen seien. Außerdem müsse man „in eine Prüfung darüber eintreten, ob denn nicht manches von englischen Fabrikanten über die Trade Unions gesungene Lob vielleicht lediglich auf das Bestreben zurückzuführen sei, auch Deutschland mit dieser Institution zu beglücken und dadurch in seiner Wettbewerbsfähigkeit auf dem Weltmarkte zu schwächen“.[4])

Das Ausgeführte wird zu dem Nachweise genügen, daß die Gegensätze zwischen einem Teile der Arbeitgeber und der wissenschaftlichen Nationalökonomie nicht auf dem Gegensatze von Praxis und Theorie, sondern weit mehr auf der Differenz der sozialen und politischen Weltanschauung beruht. Dazu kommt auf Seite vieler Arbeitgeber eine

---

[1]) Es widerspricht deshalb offenkundigen Tatsachen, wenn Julius Vorster (Die Großindustrie. Jena 1896. S. III) behauptet, „daß die Industriellen, denen die wirtschaftliche Entwicklung Deutschlands wesentlich zu verdanken ist, in bezug auf soziale Fragen durchweg gleicher Meinung sind“.

[2]) H. S. Artl, Richard Roesicke. Sein Leben und Wirken dem Volke dargestellt. Berlin 1904.

[3]) F. Auerbach, Ernst Abbe, Plutus vom 21. I. 1905.

[4]) S. P. S. C. VIII S. 490.

sehr unvollkommene Kenntnis[1]) dessen, was tatsächlich von den Gelehrten vorgetragen wird. Man begnügt sich mit den Zerrbildern, welche die kapitalistische Presse von ihren Arbeiten entwirft. Übrigens wird auch nicht selten von einem Gegensatze zwischen Theorie und Praxis gesprochen, wo tatsächlich nur ein Widerstreit zwischen dem volkswirtschaftlichen Gesamtinteresse und dem privatwirtschaftlichen Sonderinteresse vorliegt. Mag auch das wohlverstandene privatwirtschaftliche Interesse des Unternehmers mit viel weitergehenden Reformen vereinbar sein, als die Interessenvertretungen der Unternehmer in der Regel zugeben, so soll die Möglichkeit eines wirklichen Konfliktes zwischen Gesamt- und Einzelinteresse durchaus nicht geleugnet werden. Es stellt

[1]) Vgl. Wirminghaus, Syndikus der Kölner Handelskammer, Die nationalökonomische Wissenschaft und der deutsche Kaufmannsstand. Jena 1898. S. 22. Diese äußerst mangelhaften Kenntnisse auf dem Gebiete der Sozialwissenschaft beklagt auch Ehrenberg (Sozialreformer und Unternehmer. 1904. S. 46), so sehr er sich sonst bemüht, den Standpunkt der Unternehmer zu erklären. Er sagt: „Was aber die Wissenschaft betrifft, so habe ich selbst einige Erfahrungen gesammelt und erkläre hiermit feierlichst, daß das durchschnittliche Verständnis unseres Bürgerstandes für wissenschaftliche Leistungen bisher noch recht gering ist . . . Es gibt überhaupt wenige Volksklassen in Deutschland, welche ein so geringes Verständnis für alle außerhalb der eigenen Berufssphäre liegenden Leistungen haben, wie der deutsche Bürgerstand . . . Und kann es denn anders sein? Nirgends sonst ist in den letzten Generationen so maßlos gearbeitet, so jede Nervenfaser für den eigenen Berufszweck angespannt worden, wie in den Kontoren unserer Fabriken und Handelshäuser." Tatsächlich gehen die Unternehmer aber sehr in die Irre, wenn sie glauben, eine Bekanntschaft mit den modernen sozialpolitischen Bestrebungen liege außerhalb ihrer Berufsinteressen. Ein Unternehmer kann die für seinen ganzen Betrieb so überaus wichtige Arbeiterfrage heute gar nicht mehr befriedigend erledigen ohne eine gewisse Vertrautheit mit der Arbeiterbewegung. Wie oft glaubt ein Unternehmer Forderungen der Arbeiter entgegentreten zu müssen, weil er sie für unausführbar oder seinem Interesse zuwiderlaufend ansieht, während es sich doch nur um Dinge handelt, die anderwärts längst zur Zufriedenheit beider Teile in Kraft stehen. So wird mancher erbitterte, geschäftlich nachteilige Kampf lediglich durch eine unzureichende sozialwissenschaftliche Orientierung der Unternehmer heraufbeschworen. Charakteristisch für die Lage ist auch der Umstand, daß es nur sehr wenige Unternehmer gibt, welche die einschlägigen Fragen so weit beherrschen, um selbst vor dem Forum der Öffentlichkeit ihren Standpunkt vertreten zu können. In sehr eindrucksvoller Weise plädiert, zum Teil im Anschlusse an Kraft's, Ethische Grundlagen der technischen Arbeit, Leipzig 1902, Fr. W. Foerster in seiner Schrift: Technik und Ethik, Leipzig 1905, für eine bessere sozialwissenschaftliche Schulung der Techniker. Vgl. ferner H. Beck, Soziale Aufgaben und Pflichten der Techniker. Dresden 1902, S. 29 ff. Daß unter diesen Umständen gerade auf den Technischen Hochschulen die sozialpolitische Einsicht besonders gepflegt werden sollte, hat Kaiser Wilhelm II. bei der Verleihung des Promotionsrechtes an die preußischen Techn. Hochschulen mit Nachdruck betont. S. P. S. C. IX S. 393.

z. B. ein Fabrikinspektor einem ergrauten Fabrikanten vor, daß es ihm doch Nutzen bringen könnte, wenn die Kinder durch entsprechenden Schutz sittlicher und ehrlicher würden. Da wird ihm entgegnet: „Ach, mir schafft das doch keinen Vorteil mehr; ich gebe mein Geschäft nach drei bis vier Jahren auf!“[1]) An anderer Stelle (S. 75 ff.) ist auch gezeigt worden, wie sehr das Einzelinteresse danach strebt, einen Teil der Produktionskosten auf die ganze Gesellschaft abzuwälzen, während es natürlich im allgemeinen Interesse liegt, diese Absichten möglichst wirksam zu durchkreuzen. In solchen Konfliktsfällen das höhere Interesse des Ganzen zu vertreten, ist nicht nur ein Recht, sondern geradezu eine Pflicht des Universitätslehrers. Er würde die immer noch relativ unabhängige Stellung nicht verdienen, wenn er in ihr nicht die Verpflichtung erkennen wollte, unbekümmert um der Parteien Haß und Gunst seiner wissenschaftlichen Überzeugung Ausdruck zu verleihen. Wer anders handelte, der hätte seine Standesehre verwirkt, und würde ebenso wie der als Feigling erkannte Offizier verdienen, aus dem Kreise seiner Standesgenossen verstoßen zu werden.

Nun wird vielleicht der Einwurf erhoben werden, daß viele gelehrte Sozialpolitiker gerade dadurch fehlten, daß sie nicht das Gesamtinteresse, sondern das Sonderinteresse der Arbeiter in den Vordergrund stellten. Darauf wäre zu erwidern, daß das Gesamtinteresse unter Umständen die Förderung eines Sonderinteresses verlangt, nämlich dann, wenn aus politischen oder anderen Gründen dieses Sonderinteresse nicht diejenige Berücksichtigung finden kann, welche es im Hinblicke auf die allgemeine Wohlfahrt verdient; wenn die entgegenstehenden Interessen, übermächtig geworden, sich nicht nur in der Konkurrenz mit anderen behaupten wollen, sondern die Alleinherrschaft anstreben. So hat die Wissenschaft bald die agrarischen und kleingewerblichen Interessen in Schutz genommen gegenüber den industriell-kapitalistischen, bald wieder die letzteren z. B. in bezug auf Kartelle und Handelsverträge gegenüber den ersteren verteidigt, wenn diese in die Gefahr ungenügender Berücksichtigung gerieten. Aus denselben Erwägungen heraus erfolgt auch das Eintreten für gewisse Forderungen der Arbeiterbewegung. „Da es in der Natur der Dinge liegt,“ führte L. Brentano[2]) gelegentlich seiner Bekämpfung der „Zuchthausvorlage“ aus, „daß diejenigen Beteiligten, welche reich und angesehen sind, dem Ohre der Mächtigen näher stehen, als diejenigen Interessenten, deren ärmliche Lage jedweden gesellschaftlichen Umgang mit diesen ausschließt, ist es unsere, der in der neutralen Mitte Stehenden Aufgabe, das, was die niedriger Stehenden bedrängt,

[1]) Thun, I. S. 182. [2]) Vgl. Frankfurter Ztg., 4. Oktober 1899. Nr. 275.

für sie auch nach oben geltend zu machen." In Ländern, wie z. B. in England, Frankreich oder der Schweiz, wo alle sozialen Parteien ungefähr denjenigen Einfluß besitzen, der ihrer Bedeutung für das allgemeine Wohl entspricht, liegt auch für die Vertreter der nationalökonomischen Wissenschaft nur selten eine Veranlassung zur politischen Stellungnahme vor.

51. Die „enorme Bezahlung" der Arbeiter.

Nicht selten wird neuerdings dem Sozialpolitiker auch erwidert, daß es den Arbeitern bereits gut geht, fast zu gut. Der industrielle Arbeiter wird, wie der Geh. Kommerzienrat Vorster [1]) darlegte, „im Verhältnis zum Landarbeiter, zum Tagelöhner, zum Lehrer, zum Beamten, zum Militär, kurz zu allen übrigen Ständen, namentlich in betracht seiner doch vorwiegend mechanischen Arbeit enorm bezahlt. Man hat ausgerechnet, daß ein Bergarbeiter des Gelsenkirchener Reviers mit 55 Jahren gerade soviel eingenommen hat, wie ein höherer Regierungsbeamter in demselben Alter." „Wenn Professor Wagner in Bochum", erklärte Freiherr von Stumm,[2]) „den Leuten wirklich objektive Belehrungen hätte zu teil werden lassen wollen, so hätte er ihnen sagen müssen: dankt eurem Schöpfer, daß ihr hier weit höhere Löhne habt, wie in irgend einem anderen Distrikte Deutschlands. Euer Durchschnittslohn beträgt mindestens 1100 Mark,[3]) während das Durchschnittseinkommen des selbständigen deutschen Staatsbürgers überhaupt nur etwa 800 Mark[4]) beträgt, auch erfreut ihr euch der kürzesten Arbeitszeit in Deutschland." Oder: „So kann man getrost sagen, daß die Lage der arbeitenden Bevölkerung in Deutschland eine glänzende ist, in Berücksichtigung ihrer Lebensverhältnisse eine bessere, wie die aller übrigen Stände des Volkes, ein Hinaufschrauben der unseres Erachtens schon jetzt übertriebenen hohen Löhne würde nur die Industrie einengen,

---

[1]) Die Großindustrie, eine der Grundlagen nationaler Sozialpolitik. Jena 1896. S. 9.

[2]) Herrenhausrede vom 28. Mai 1897.

[3]) Nach den von der badischen Fabrikinspektion 1888 angestellten Berechnungen waren auf dem Lande für eine gerade noch ausreichende und durchaus einfache Existenz einer Arbeiterfamilie wöchentlich 4 Mark, in der Stadt 5 Mark erforderlich; für die Familie zu 5 Köpfen gerechnet 1040, bezw. 1300 Mark Jahreseinkommen notwendig. Vgl. Die soziale Lage der Fabrikarbeiter in Mannheim. Karlsruhe 1891. S. 185.

[4]) Für solche Berechnungen stehen einwandsfreie Grundlagen nicht zur Verfügung.

das Kapital vertreiben und damit den Arbeitern selbst den größten Schaden zufügen.“[1])

Wenn hervorgehoben wird, daß der Arbeiter „in betracht seiner doch vorwiegend mechanischen Arbeit“ enorm bezahlt werde, so wird leider verkannt, daß die Lage der großindustriellen Arbeiter gerade deshalb tüchtigeren Naturen so unerträglich erscheint, weil oft nur mechanische Arbeit, eine sich ewig gleichende Wiederkehr bestimmter Handgriffe gefordert wird; weil durch diese Arbeitsweise die Freude an der Arbeit selbst, die Möglichkeit, durch die Arbeitsaufgaben sich geistig auszubilden, verloren gegangen ist. An Stelle des Satzes: „weil die Arbeit mechanisch ist, erscheint die Bezahlung hoch“, könnte man umgekehrt die Losung setzen: „die Bezahlung muß hoch sein, weil sonst der unbefriedigende Charakter der mechanischen Arbeit gar kein genügendes Arbeitsangebot eintreten lassen würde“. Der ganze Zudrang zum öffentlichen Dienst, zum Handel, zu den gelehrten Berufsarten beruht ja doch, abgesehen von dem Reiz ihrer höheren sozialen Rangklasse, mit darauf, daß jeder, wenn seine Mittel es nur irgendwie erlauben, seine Kinder vor dem eintönigen Dasein eines Fabrikarbeiters bewahren will.

Berücksichtigt man den freudlosen Charakter vieler Arbeitsaufgaben in der modernen Industrie, so ist die Frage, wie weit gegenüber früheren Verhältnissen die Lage der Arbeiter sich verbessert hat, nicht so leicht zu beantworten. Mit einiger Zuverlässigkeit kann nur behauptet werden, daß innerhalb der Fabrikarbeiterverhältnisse selbst eine Besserung eingetreten ist. Dank dem Eingreifen der Gesetzgebung sind die gesundheitlichen Zustände der Arbeitsstätten gehoben worden. Die tägliche Arbeitszeit mag um 2—3 Stunden verkürzt worden sein. Allerdings werden jetzt auch intensivere Arbeitsleistungen verlangt. Die Kinderarbeit ist in den Fabriken beseitigt, die Frauenarbeit wesentlich eingeschränkt. Für Kranke, für von Unfällen betroffene, für invalid und altersschwach gewordene Arbeiter tritt wenigstens in Deutschland eine reichsgesetzliche Fürsorge ein. Dagegen ist die Unsicherheit der Existenz infolge fehlender Versicherung gegen die Folgen der Arbeitslosigkeit noch nicht beseitigt und den höheren Löhnen stehen erheblich höhere Preise der Lebensmittel und der Wohnungen gegenüber. Im übrigen darf bei der Beurteilung der Lage, in der sich die Arbeiter befinden, nicht allein deren frühere Lebensstellung zum Vergleiche herangezogen werden. Der Arbeiter wird sich vor allem auch nach den Veränderungen, die

---

[1]) Böniger, Leitende Gedanken gesunder Volkswirtschaft. Leipzig 1899. S. 13.

in der Lebensweise der anderen sozialen Klassen aufgetreten sind, in seinem Urteile richten. Dann kann er aber leicht finden, daß die heutige Lebensstellung seiner Arbeitgeber, mit derjenigen ihrer Vorfahren verglichen, weit erheblichere Fortschritte erkennen läßt, als sie ihm erkennbar werden, wenn er die eigene Lage mit der seiner Eltern vergleicht.

Allein auch dann, wenn die Verbesserungen in der Lage der Arbeiter viel beträchtlicher wären, als sie es in Wirklichkeit sind, woher kann die Berechtigung zu der Mahnung abgeleitet werden: Bis hierher und nicht weiter!? Es mutet sonderbar an, wenn in einer Schrift, welche den Arbeitern die Berechtigung nach weiteren Fortschritten zu streben, rundweg abspricht, mit einem Aufgebote unendlicher Entrüstung der Gedanke der progressiven Steuer bekämpft wird, da diese das Anwachsen großer Vermögen zu verlangsamen suche.[1]) Man steht heute doch im allgemeinen nicht auf dem Standpunkte, die ganze industrielle Entwicklung nur als einen Umweg zu betrachten, um einige Tausend Millionäre zu züchten. Wenn sie schließlich nicht auch dazu führt, den großen Massen der Bevölkerung eine höhere Anteilnahme an der sittlichen, geistigen und materiellen Kultur zu verschaffen, so wäre sie nichts als eine tief zu beklagende Entartung, das Vorspiel des tiefsten Verfalles.

Mögen auch, wie eben gezeigt wurde, manche Anhänger des kapitalistischen Liberalismus zu einer überaus optimistischen Beurteilung der Arbeiterverhältnisse gelangt sein, so trifft das doch nicht für alle zu. Selbst Herr Bueck, der Geschäftsführer des Zentralverbandes deutscher Industrieller, hat einmal im preußischen Abgeordnetenhause die Notlage des Arbeiterstandes in offenster Weise anerkannt: „Ich will die Not und den Jammer, der in unseren sozialen Verhältnissen steckt, durchaus nicht leugnen, auch nicht leugnen, daß unsere weiblichen Arbeiter vielfach unter einem schweren Druck stehen; kaum daß sie verdienen können, was zu ihres Leibes Notdurft notwendig ist.“[2])

Wie ist nun, ihrer Ansicht nach, eine Besserung zu erzielen? „Fleiß, Ordnung und Sparsamkeit“, erklärte A. Krupp,[3]) „ist der erste und sicherste Schutz gegen die beklagte Not, und wo sie fehlen, helfen auch die beste Regierung und die besten Gesetze nichts.“ Wenn Fleiß und Sparsamkeit empfohlen werden, wenn vor leichtsinniger Eheschließung gewarnt, wenn die Auswahl einer tüchtigen Frau an's Herz gelegt

[1]) Böniger, a. a. O. S. 38.
[2]) Vgl. Kötzschke, Offener Brief an Freiherrn v. Stumm. Leipzig 1895 S. 76.
[3]) Kley, Bei Krupp. S. 45.

wird, wenn Anweisungen zusammengestellt werden, wie auf billige Weise eine ausreichende Ernährung ermöglicht werden kann, so sind das insgesamt vortreffliche, schätzenswerte Ratschläge. Nur ist der Arbeiter nicht imstande, allein durch die Befolgung derselben seine Klassenlage zu verbessern. Er mag noch so fleißig sein, dadurch werden die allgemeinen Arbeitsbedingungen nicht verändert. Nach dem „Naturgesetze" von Nachfrage und Angebot muß die Vergütung für die Arbeit unter sonst gleichbleibenden Umständen umso geringer ausfallen, je größer die Arbeitsmengen sind, welche infolge des Fleißes geleistet werden. Deshalb begnügen sich ja auch die Unternehmer nicht damit, durch Fleiß und reichliche Produktion ihre Erfolge zu erringen, sondern sie gründen Kartelle, um die Produktion sorgfältig innerhalb oder unterhalb des Bedarfes zu erhalten und so lohnendere Preise durchzusetzen. Sodann werden Schutzzölle gefordert, welche den ausländischen Wettbewerb erschweren und insofern ebenfalls die Stellung der Produzenten gegenüber den heimischen Konsumenten befestigen.

Außer mit den genannten Mahnungen, zu denen zuweilen noch die, auf Alkohol und Tabak zu verzichten, tritt,[1]) streben manche Arbeitgeber die Arbeiterverhältnisse vermittels sogenannter Wohlfahrtseinrichtungen zu verbessern. Von ihnen wird in anderem Zusammenhange zu sprechen sein.

52. Die Sorgen und Gefahren der Unternehmerstellung.

Die glänzende Situation, in welcher sich die Arbeiter befinden, pflegt in Gegensatz zu den erdrückenden Lasten und Sorgen der Unternehmerkreise gestellt zu werden. Die durch die sozialpolitische Gesetzgebung und die Steuern aufgebürdeten Lasten seien unerschwinglich geworden. „Man hat unserer aufblühenden Industrie einen Stoß versetzt, von dem sie sich schwerlich erholen wird!"[2]) Zu diesen Ausgaben treten die aufreibenden Bemühungen, sich vor unlauterem Wettbewerbe zu schützen, alle technischen Errungenschaften sich anzueignen, neue lohnende Absatzgebiete zu erschließen, bei der Kreditierung der Waren keine Verluste zu erleiden, sich der Macht der Konjunkturen mit Geschick anzupassen, das geordnete Zusammenarbeiten der zahlreichen und oft widerstrebenden Arbeitskräfte zu gewährleisten. So wird in einer Broschüre, von welcher 5000 Exemplare von den Industriellen Dort-

---

[1]) Vorster, a. a. O. S. 27.

[2]) Böntger, a. a. O. S. 10. Und diese Behauptung wurde in der Zeit eines unvergleichlichen Aufschwunges aufgestellt!

munds zur Verteilung an ihre Arbeiter gekauft wurden, ausgeführt: „Gar mancher Arbeiter hat wohl schon gedacht: Ja, unser Fabrikherr, der hat ein beneidenswertes Los, könnte ich auch mal so leben, wie würde ich glücklich sein. Derweil saß der also beneidete Fabrikherr seufzend vor seinem Hauptbuch, zerbrach sich wohl den Kopf und legte sich die Frage vor, wo bekomme ich Geld, um meine Arbeiter auszulöhnen? Wäre ich ein Arbeiter und hätte die Riesenlast der Sorgen vom Herzen, wie würde ich glücklich sein! . . . . Zeitlebens arm zu bleiben ist gewiß traurig, aber aus Wohlstand in Armut und Nahrungssorgen verfallen, ist die Hölle auf Erden."[1])

Wenn auf die Schwierigkeiten und Gefahren des Unternehmerberufes hingewiesen wird, so ist man insofern vollkommen im Recht, als die Arbeiter in der Tat oft in den Geschäftserfolgen etwas erblicken, was dem Unternehmer, wenn er nur das entsprechende Kapital besitzt, von selbst in den Schoß fällt. Daß aber der Kapitalbesitz keineswegs allein den Ausschlag gibt, zeigt das sehr verschiedene Schicksal derjenigen Unternehmungen, die in bezug auf Kapital gleich gut ausgerüstet sind. Und wie viele Betriebe sind nicht aus sehr bescheidenen Anfängen erst durch die persönliche Tüchtigkeit ihrer Inhaber allmählich zu imposanten Anlagen ausgestaltet worden! Die Aktiengesellschaften brauchten ihren Direktoren nicht Gehälter zu bezahlen, welche diejenigen der höchsten Staatsbeamten oft übertreffen, wenn die Fähigkeit, große Betriebe erfolgreich zu leiten, jedem durchschnittlich begabten Menschen eigentümlich wäre. Findet somit die Unterschätzung der Unternehmerfunktion in der Wissenschaft keine Stätte, so läßt sich doch nicht verkennen, daß die Fehler, welche die Arbeiter in der Beurteilung der Unternehmer begehen, oft nur die Gegenwirkung einer ebenso unzutreffenden Einschätzung der Arbeiterleistungen durch die Arbeitgeber darstellen. Nun geht es aber in der Industrie ähnlich wie im Kriege. So gewiß gute Soldaten mit einem schlechten Feldherrn an der Spitze wenig ausrichten werden, so gewiß vermag auch ein genialer Heerführer mit schlechten Truppen nicht den Sieg an seine Fahnen zu fesseln.

---

[1]) Die Ausbeutung der Arbeiter und die Ursachen ihrer Verarmung. 2. Aufl. Kiel und Leipzig 1891. S. 36.

Gelegentlich der Beratung der Bergarbeiternovelle im preußischen Abgeordnetenhause (28. März 1905) beging der Kommerzienrat Vorster sogar die Geschmacklosigkeit, zu erklären: „Das Wort der rheinischen Arbeitgeber wird sicherlich bald in Erfüllung gehen: „Wir werden von Berlin noch soviel bekommen, daß wir bald nichts mehr zu essen haben"".

Wie schon oben angedeutet wurde, finden die Vertreter des kapitalistischen Liberalismus, daß die Arbeiter in Anbetracht ihrer doch vorzugsweise rein mechanischen Tätigkeit enorm bezahlt werden. Nun stellt aber dieser rein mechanische Charakter gerade etwas dar, was die Arbeitsleistung vielen sehr erschwert. Es ist bereits ein ungewöhnliches Maß von Selbstbeherrschung auf seiten des Arbeiters erforderlich, um trotz der Einförmigkeit der Aufgabe pünktliche, andauernde, gewissenhafte Leistungen zu stande zu bringen. Was die Einführung des Fabriksystemes in Rußland, in Japan und ähnlichen Ländern so schwierig gestaltet, ist ja gerade der Umstand, daß die Anpassung der heimischen Arbeiter an diese Arbeitsweise, die Verwandlung des Arbeiters in ein dem Gesamtmechanismus sich unbedingt unterordnendes Glied, nur sehr langsam erfolgen kann. „Die Intelligenz der Leitung", schreibt Dr. Wörishoffer, der Vorstand der Großherzoglich Badischen Fabrikaufsicht, „reicht allein nicht dazu aus, Fortschritte in die Industrie einzuführen. Dasselbe Geschick würde in weniger kultivierten Ländern, oder in früheren Zeiten mit einem weniger unterrichteten, oder weniger aufgeweckten Arbeiterstand die Benutzung einer fortgeschrittenen Technik gar nicht ermöglicht und nicht entfernt den gleichen Erfolg gehabt haben, weil die notwendige, aber so wenig beachtete Voraussetzung dieser Fortschritte die ist, daß ihrer Durchführung auch intelligente Organe bis zum letzten Arbeiter herab zur Verfügung stehen. Man wende nicht ein, daß die vervollkommnete Maschine die Intelligenz der unteren Organe ersetzt. Das ist nur in sehr beschränkter Weise richtig, denn die Ansprüche an die Zuverlässigkeit der Leistungen und an das richtige Urteil in der Leitung des Arbeitsprozesses durch die Maschine sind größer geworden. Man denke sich nur die intelligente Leitung samt der vervollkommneten Maschine in eine frühere Zeit versetzt, um das Unrichtige der Behauptung, daß die Arbeiter mit der fortschreitenden Vervollkommnung der Technik in immer geringerem Maße an den industriellen Erfolgen teil hätten, einzusehen."[1]) Der Arbeiter mag davon träumen, daß in einer künftigen besseren Welt die Funktion des kapitalistischen Unternehmers überflüssig sein werde, der Arbeitgeber, daß die Verbesserung der Maschinen ihn vom Arbeiter völlig emanzipieren werde,[2]) heute liegt die Sache so, daß die Erfolge

[1]) Jahresbericht für 1891. S. 8.

[2]) „Die Insubordination unserer Arbeiter", äußerte sich ein englischer Fabrikant, „hat es dahin gebracht, daß wir uns derselben ganz entledigen wollen. Wir haben alle denkbaren Kräfte der Intelligenz aufgeboten, um den Dienst der Menschen durch folgsamere Instrumente zu ersetzen, und wir sind zu unserem Zwecke gelangt. Die

des einen die Voraussetzung für das Gedeihen des andern bilden. Das harmonische Zusammenwirken muß aber zum Schaden beider Parteien eine empfindliche Störung erleiden, wenn man es liebt, sich möglichst herabzusetzen.

Während die selbstbewußte Betonung der Leistungen, welche der Unternehmer im nationalen Wirtschaftsleben aufzuweisen hat, unter Umständen als berechtigter Akt der Abwehr gelten kann, müssen die übrigen rührseligen und larmoyanten Schilderungen, welche den Arbeiter bestimmen sollen, sein Los für glücklicher als dasjenige des Unternehmers zu halten, durch ihre innere Unwahrhaftigkeit nur den lebhaftesten Widerspruch der Arbeiter, ja deren Empörung erwecken. Der Arbeiter sagt einfach: Dem äußersten Falle, der vollständigen Verarmung, stehe ich bei der ganzen Unsicherheit meiner Existenz immer sehr nahe, dagegen habe ich außerordentlich geringe Aussichten, mich je über das Niveau meiner Klasse hinauf zu arbeiten. Der Unternehmer dagegen kann unter günstigen Umständen zu den höchsten Staffeln materieller Erfolge emporsteigen, während ihm bei widrigen Verhältnissen nichts Schlimmeres als dem Arbeiter widerfährt. Auch den Satz, aus Wohlstand in Armut zu verfallen sei viel schlimmer als immer arm gewesen zu sein, wird er nicht gelten lassen. Mancher wird erwidern, er würde gern seine Armut ertragen, wenn ihm nur einige Jahre seines Lebens hindurch das Glück gelächelt hätte. Und wenn immer wieder betont wird, daß Reichtum allein nicht glücklich mache, daß Krankheit, Tod und anderes Mißgeschick auch den Reichen treffen könne, so weiß der Arbeiter nur zu gut, daß die Gefahr vorzeitigen Todes, schwerer Erkrankung und früher Invalidität auf seiner Seite weit größer ist, daß er bei seinen beschränkten Mitteln aber weit weniger als der Vermögende im stande ist, diese Schicksalsschläge ab-

Mechanik hat das Kapital von der Unterdrückung durch die Arbeit befreit, und wo wir überhaupt noch Menschen verwenden, geschieht es nur provisorisch in der Hoffnung, uns später ihrer zu entledigen." Marlo, System der Weltökonomie. I. S. 61. Oder: „Es handelt sich nunmehr darum, ob sich die Unternehmer durch die noch immer zunehmenden Ansprüche der Arbeiter einschüchtern lassen, ... oder ob der Unternehmer nicht besser tue, ohne Rücksicht auf die Arbeiter und deren Ansprüche auf die Sicherung ihrer Existenz, die nötigen Arbeitsleistungen soviel nur immer möglich Maschinen und Apparaten zu übertragen und die Arbeiter aus den Betrieben auszuschalten Den Frauen, Kindern und Greisen steht das Los der Ausschaltung zuerst bevor, dann werden aber auch die Männer im kräftigsten Alter daran kommen, auf der beständigen Flucht vor den Maschinen und automatischen Verfahrungsweisen ruhelos von Industriezweig zu Industriezweig zu wandern." E. Herrmann, Wirtschaftliche Fragen und Probleme der Gegenwart. Leipzig 1893. S. 365.

zuschwächen. Auch erscheint es ihm äußerst inkonsequent, wenn auf der einen Seite behauptet wird, der Reichtum besitze nur geringe Bedeutung, auf der anderen Seite aber alle Maßregeln, welche die Ansammlung des Reichtumes verlangsamen könnten, so erbittert bekämpft werden.

Wenn schließlich von manchen Seiten betont wird, die großen Einkommen würden nicht einfach verpraßt, sondern dienten „vorwiegend allgemeinen humanitären, künstlerischen und wissenschaftlichen Zwecken", so verdient die in solchem Hinweis enthaltene Auffassung, daß der Reichtum damit erst seine Rechtfertigung im höheren Sinne finde, zweifelsohne uneingeschränkte Anerkennung. Inwieweit aber diese ideale Forderung bereits im Leben verwirklicht wird, das ist eine Frage, die jeder Leser sich nach seinen eigenen Beobachtungen beantworten mag.[1])

Dritter Abschnitt.

Sozialistische Richtungen.

Erstes Kapitel.

Der experimentelle Sozialismus.

53. Robert Owen und der ältere englische Sozialismus.[2])

Es gibt kaum ein Zeitalter, in dem nicht einzelne Personen oder Gruppen von der Überzeugung erfüllt waren, daß die vorhandenen wirtschaftlichen und gesellschaftlichen Übel allein durch Aufhebung des Privateigentumes an den Produktionsmitteln, oder gar nur durch

[1]) Ehrenberg äußert sich auch in dieser Hinsicht sehr pessimistisch. Sozialreformer und Unternehmer. S. 46.

[2]) Vgl. insbes. The life of R. Owen written by himself, with selection from his writings and correspondance, vol. I and Ia. London 1857/58; Lloyd Jones, The life, times, and labours of R. Owen. London 1890; Herkner, Art. Owen; Helene Simon, R. Owen, Sein Leben und seine Bedeutung für die Gegenwart. 1905.

völlige Gemeinschaftlichkeit der Lebensweise gründlich ausgerottet werden könnten. Das Nachstehende soll nicht eine Übersicht über die Geschichte der sozialistischen Gedanken überhaupt bieten. Diese kommen hier, ebenso wie früher die sozialkonservativen und liberalen, nur insofern zur Besprechung, als sie in unmittelbare Beziehungen zur Lösung der modernen Arbeiterfrage gesetzt worden sind. Von diesem Standpunkte aus verdient unter den älteren Sozialisten Robert Owen das intensivste Interesse.

Owen (geboren 14. Mai 1771 zu Newton in Northwales) gehörte seiner Weltanschauung nach, die er sich größtenteils durch autodidaktische Studien erworben hatte, durchaus der materialistischen Aufklärungs- und Humanitätsphilosophie des XVIII. Jahrhunderts an. Das ganze Weltall erschien ihm als ein großes Laboratorium. Alle Dinge seien chemische Verbindungen, und der Mensch nur eine besonders komplizierte Verbindung. Es galt ihm als Axiom, daß vernünftige Erziehung und wirtschaftlich günstige Lage mit derselben Sicherheit vortreffliche Menschen hervorbringen müßten, als bestimmte Mengenverhältnisse gegebener Elemente bestimmte neue Verbindungen eingehen.

Als er mit dem 1. Januar 1800 die Leitung der großen Baumwollspinnereien in New-Lanark übernommen hatte und der Arbeitgeber einer Arbeiterbevölkerung von 2000—2500 Personen geworden war, beschloß er alsbald die Richtigkeit seiner Überzeugungen durch praktische Versuche zu erweisen. Obwohl er es mit einer in jeder Beziehung tief herabgekommenen Arbeiterschaft zu tun hatte, die ihm voll sozialer, nationaler und kirchlicher Vorurteile äußerst mißtrauisch gegenüberstand, gelang es ihm durch eine zwölfjährige Arbeit doch, das ersehnte Ziel zu erreichen und diese Arbeiter zu einer menschenwürdigen Existenz emporzuheben. Die Mittel, die er anwandte, bestanden in einer durch Anschauungsunterricht und körperliche Übungen belebten Jugenderziehung, in Einschränkung der Kinderarbeit, Verkürzung der Arbeitszeit, höheren Löhnen, Beschaffung billiger Nahrungsmittel durch Einkauf im Großen, Erbauung guter Wohnungen, Fürsorge für Kranke und Invalide, Unterdrückung der Wirtshäuser und Schenken und einer eigentümlichen Fabrikdisziplin, welche Säumige nicht nur zu strafen, sondern Fleißige auch mit besonderen Auszeichnungen zu belohnen verstand.

Durch vier Abhandlungen, die in den Jahren 1812 und 1813 erschienen, erhielt die Welt von Owens Wirken in New-Lanark Kunde. Sie führten den Titel: A new view of society; or essays on the principle of the formation of the human character and the application of the principle to practice. Die Grundsätze, die Owen in diesen Schriften aufstellte und die überhaupt für sein ganzes späteres Denken und Handeln maßgebend geblieben sind, hat er selbst einmal in folgender Weise zusammengefaßt:

1. Der Charakter wird im allgemeinen durch die Umstände, die das Individuum umgeben, nicht durch letzteres selbst ausgebildet. Owen leugnet ererbte und angeborene Eigenschaften zwar nicht ganz, mißt ihnen aber nur untergeordnete Bedeutung bei. 2. Alle Gewohnheiten und Gefühle lassen sich der Menschheit anerziehen. 3. Die Neigungen unterliegen nicht der Kontrolle des Individuums. 4. Jedes Individuum kann dahin gebracht werden, mehr zu erzeugen, als es zu konsumieren im stande ist, wenn ihm nur ein ausreichender Grund und Boden überlassen wird. 5. Die Kultur hat die Mittel geschaffen, mit deren Hilfe die Bevölkerung jederzeit in einer angemessenen Lage erhalten und jedem Individuum die größte Glückseligkeit gewährt werden kann, ohne daß es der Laster oder des Elendes als Hindernisse der Volksvermehrung bedürfen würde. 6. Jedes Gemeinwesen kann durch eine entsprechende Kombination dieser Grundsätze in einen Zustand versetzt werden, in dem nicht nur Laster, Armut und Elend verschwinden, sondern auch jeder einzelne mehr ständiges Glück genießt, als irgend jemandem unter den bisher herrschenden Verhältnissen zu teil werden konnte. 7. Alle Grundsätze, auf welche bisher die Gesellschaft gegründet gewesen ist, sind irrig. 8. Der Umschwung, der durch die Annahme der neuen und richtigen Grundsätze bewirkt werden würde, läßt sich durchführen, ohne daß einem Menschen auch nur die geringste Unbill geschähe.

Diese Schriften und seine großen praktischen Erfolge machten Owen rasch in allen Kreisen der Gesellschaft bekannt. Tausende pilgerten Jahr für Jahr nach New-Lanark, dieser Oase des sozialen Friedens in der Zeit der tiefsten Erniedrigung des englischen Arbeiterstandes. Minister, Gesandte, Prinzen, insbesondere der Herzog von Kent, Könige und Kaiser interessierten sich für Owen, seine Werke und seine Pläne. So glaubte er in der Tat, die Zeit nahe bereits, in der alle Kabinette Europas nach seinen Grundsätzen regieren würden. Da ernüchterte ihn einigermaßen die Bemerkung von Gentz: „Wir wünschen garnicht, daß die Massen wohlhabend und unabhängig werden. Wie könnten wir sie sonst beherrschen?"

Die guten Erfolge, die Owen in New-Lanark mit der Einschränkung der Kinderarbeit und Abkürzung der Arbeitszeit erzielt hatte, bewogen ihn, bei einer Fabrikantenzusammenkunft eine diesbezügliche Gesetzgebung in Vorschlag zu bringen. So geschickt auch Owen seine Vorschläge vertreten mochte, er fand bei den Cotton-Lords wenig Gehör. Auch der ältere Sir Robert Peel, der die Sache, da Owen nicht Mitglied des Parlaments war, hier vertrat, ließ sich von den Fabrikanteninteressen nur zu sehr beeinflussen. Wenn trotzdem einige Erfolge erzielt wurden und die 1802 nur zum Schutze der Kirchspiellehrlinge erlassene Gesetzgebung eine Erweiterung erfuhr, so war das ausschließlich der rastlosen Energie Owens zu danken, der sich jahrelang zu diesem Zwecke vorzugsweise in London aufhielt. Allerdings blieb das Erreichte weit hinter Owens Wünschen zurück. Owen hatte einen Gesetzentwurf empfohlen, der die Arbeitszeit in allen Fabriken auf 10½ Stunden herabsetzte, die Beschäftigung von Kindern unter 10 Jahren verbot und für Kinder unter 12 Jahren den halbtägigen Schichtwechsel anordnete. Zur Durchführung schlug Owen besondere Fabrikinspektoren vor.

Eine schwere Wirtschaftskrise, welche 1815 ausbrach, gab Owen Veranlassung, den tieferen ökonomischen Ursachen des Notstandes nachzuspüren. Er gelangte dabei zu der Auffassung, daß die Überproduktion aus der schlechten Lebenshaltung der Arbeitermassen, aus deren Unterkonsumtion folge. In ungeheurem Maße habe das Fabriksystem die produktiven Kräfte Englands gesteigert. In der Kriegszeit habe der gestiegenen Produktionsfähigkeit auch eine starke öffentliche Konsumtion entsprochen. Letztere sei durch den Frieden beseitigt worden.

Die Einführung der Maschinen habe aber die menschliche Arbeit entwertet und somit die Kauf- und Konsumkraft der arbeitenden Klassen niedergehalten. So habe ein Mißverhältnis zwischen Produktion und Konsumtion entstehen müssen. Vor allem komme es also darauf an, Einrichtungen zu treffen, die eine der Steigerung der Produktivkraft entsprechende Ausdehnung der Kaufkraft gewährleisteten. Man solle die Arbeitslosen von Staats wegen beschäftigen und dadurch den Wert der Arbeit wieder heben, der jetzt durch den Wettbewerb der Arbeitslosen falle. Die Arbeitslosen seien in Kolonien von etwa 1500 Personen zu vereinigen und hätten zunächst durch ihre Arbeit die Befriedigung ihres Bedarfes zu bewirken. Überschüsse seien zur Verzinsung und Zurückzahlung aufgenommener Kapitalien zu verwenden. Nur diese Maßnahmen stellten eine den Fortschritten der Zeit gemäße Reform der Armenpflege dar, nicht das Aushungerungssystem der Malthusianer. Nicht nur Erziehung, auch Beschäftigung schulde der Staat seinen Angehörigen.

Im übrigen war Owen weit entfernt, die Krisen ausschließlich auf die Unterkonsumtion der arbeitenden Klassen zurückzuführen. Auch in den Willkürlichkeiten des Luxus und der Mode erblickte er erhebliche Ursachen wirtschaftlicher Störungen und wollte deshalb, um die Anpassung der Produktion an den Bedarf zu erleichtern, beide möglichst einschränken.

Mit derartigen Vorschlägen fand Owen in der Blütezeit des Manchestertumes freilich nur wenig Anklang. Gleichwohl unternahm es Owen, als bald eine zweite Krise hereinbrach, speziell für den Grafschaftsrat von Lanarkshire, neuerdings eine Denkschrift über diese Frage auszuarbeiten (Report to the county of Lanark 1820). Dieselbe enthält insofern einen neuen Zug, als Owen nun an Stelle der „künstlichen" Metallwährung eine Arbeitswährung eingeführt wissen will, da die Arbeit ja das natürliche Maß des Wertes bilde. Durch die Arbeitswährung würde mit wachsender Produktivität auch die Kaufkraft der Arbeiter entsprechend zunehmen. Diese Gedankenreihen Owens sind übrigens nicht sonderlich klar. Während die Arbeitswährung die Aufgaben, die ihr Owen stellte, doch nur dann hätte erfüllen können, wenn durch sie das Renteneinkommen weggefallen wäre, versprach Owen den Rentenbeziehern von der Änderung wegen der durch sie bedingten Erhöhung der Produktion noch ein sehr viel größeres Einkommen. Während früher die kommunistischen Kolonien nur für Arbeitslose gedacht waren, vertrat Owen nun immer entschiedener den Gedanken, daß die ganze Gesellschaft in derartige Gemeinwesen aufzulösen sei. So pedantisch Owen die ganze technische Einrichtung derselben auseinandersetzte, so wenig wurden die sozialökonomischen Probleme erörtert. Er betonte nur immer wieder, die Wurzeln des herrschenden Elendes beständen darin, daß unter der geltenden Wirtschaftsordnung Produktion und Konsumtion lediglich im Wege der Profitmacherei, des Gewinnes über den Kostenpreis hinaus entwickelt werden könnten. Profite kämen zu stande, wenn das Angebot der Nachfrage entspräche, oder hinter ihr zurückbliebe. Das Interesse der Gesellschaft erheische aber das Gegenteil.

Die Frage, wie die gemeinsam hergestellten Produkte zu verteilen seien, kam für ihn beispielsweise kaum in Betracht. Infolge der planmäßig organisierten Produktion könnten so viele Güter hergestellt werden, daß man ebensowenig daran denken würde, Güter als Privateigentum anzusammeln, als jetzt Wasser auf Flaschen gefüllt und aufgespeichert würde, wo es im Überflusse vorhanden. Diese Ideen, die Owen namentlich noch in dem Book of the New Moral World

1820 auseinandersetzte, beherrschten ihn schließlich mit solchem Nachdrucke, daß er deren Richtigkeit durch Experimente nachzuweisen versuchte.

Der theoretisch interessanteste Versuch war die Einrichtung einer Arbeits-Tauschbank (Labour-Exchange) 1830—1832 in London. Auch hier handelte es sich für Owen wieder darum, den Arbeitslosen Beschäftigung zu gewähren. Der Arbeiter, der ein Produkt hergestellt, konnte dasselbe in dem Magazine abliefern und erhielt dagegen eine Bescheinigung über die Zahl der Arbeitsstunden, die zur Herstellung für nötig erachtet wurden. Mit der Bescheinigung konnte er dann dem Magazine eine entsprechende Menge von anderen Waren, deren er bedurfte, entnehmen. Bei der Abschätzung hielt man sich so ziemlich an die hergebrachten Preise und setzte dann für je 6 d eine Arbeitsstunde. Wenn überhaupt, so konnte diese Einrichtung nur für Handwerker, die noch genußreife Produkte erzeugten, nicht aber für kapitallose Teilarbeiter der modernen Produktionsweise eine Bedeutung erlangen. Dazu kam noch der Umstand, daß die Leitung keineswegs alle Produkte anzunehmen brauchte. Die Annahme wurde von den jeweiligen Nachfrageverhältnissen abhängig gemacht und mußte natürlich auch davon abhängig gemacht werden, wenn die Einrichtung nicht sofort zusammenbrechen sollte.

Hier wie bei den anderen fehlgeschlagenen Experimenten tröstete man sich damit, daß der Versuch wohl geglückt wäre, wenn man nur genug Kapital besessen und nicht mit der Gegnerschaft des Grundeigentümers zu kämpfen gehabt hätte, auf dessen Boden der Betrieb der Anstalt eröffnet worden war.

Von einem Kreise hingebungsvoller Schüler unterstützt, predigte Owen deshalb unentwegt im ganzen Lande sein Evangelium von der kooperativen Organisation der Gesellschaft. Außerdem beteiligte er sich als eifriger Mitarbeiter an den zur Förderung der Bewegung herausgegebenen Zeitschriften (Economist, Crisis, Orbiston Register, Cooperative Magazine, Cooperator). Überall sollten Konsumvereine gegründet und das durch diese gewonnene Kapital schließlich zur Selbstbeschäftigung der Arbeiter verwendet werden. Bekanntlich ist bis jetzt nur der erste Teil des Programms durch die englischen Genossenschaften, die sich seit 1848 allerdings mehr unter dem Einflusse der christlichen Sozialisten entwickelten, in die Wirklichkeit umgesetzt worden. Immerhin verbleibt Owen das Verdienst, die Bewegung in Fluß gebracht und das ökonomische Bekenntnis der Genossenschafter festgestellt zu haben.

Die zweite Hälfte von Owens Leben war weniger glücklich und erfolggekrönt als die erste. An Stelle der allgemeinen Bewunderung traten allmählich die heftigsten Angriffe. Die Hauptgegner Owens stellte die Geistlichkeit, da er selbst alle Religion für falsch erklärt hatte und einige feurige Anhänger seines Freidenkertums selbst zu einer atheistischen Propaganda sich verstiegen. Unter den Geistlichen war es insbesondere der Bischof von Exeter (Moore's Rev. Pamphleteer), der vor keinem Mittel zurückschreckte, um Owen zu verdächtigen, zu verleumden und herabzusetzen. Mit dem kirchlichen Interesse verband sich dasjenige der Fabrikanten, denen Owens Kreuzzug wider die Profitmacherei bei der allgemeinen Gärung in den Arbeiterkreisen nicht mehr so harmlos wie im Anfange erschien. So kam es, daß betörte Volksmassen bei Versammlungen in Burslem und Bristol sich an der Person des bereits im Greisenalter stehenden Owen vergriffen.

Als Owen den Tod nahen fühlte, begab er sich in seine Geburtsstadt. Er starb daselbst 1858 und wurde im Grabe seiner Eltern zur Ruhe gebettet.

Schon diese knappe Skizze wird die hervorragende sozialpolitische Bedeutung des Mannes erkennen lassen. Owen war der erste der modernen Großindustriellen, der Arbeiterwohlfahrtseinrichtungen und zwar in selbstlosester Weise, ohne jede gewinnsüchtige Nebenabsicht, einführte; er vertrat zuerst den Gedanken, die Kinderarbeit gesetzlich einzuschränken und die Arbeitszeit überhaupt zu regeln; mit Lancaster und Bell teilt er den Ruhm, am frühesten für die Einführung eines obligatorischen staatlichen Volksschulwesens in England agitiert zu haben; er gehört ferner zu den Urhebern derjenigen Krisentheorien, welche den geringen Anteil der arbeitenden Klassen am Volkseinkommen als die vornehmste Störungsursache erklären. Von sozialkonservativen Theoretikern (Sismondi, Malthus) wie von sozialistischen Denkern (Proudhon, Rodbertus, teilweise auch Marx) ist diesem Gedanken bis in die neuesten Zeiten herein stets eine ganz besondere Bedeutung eingeräumt worden. Owen gebührt ferner das Verdienst, die staatliche Arbeitsstatistik und das Problem der Bekämpfung der Arbeitslosigkeit zuerst vollauf gewürdigt zu haben. Und endlich ist Owen ohne Zweifel der geistige Urheber der Genossenschaftsbewegung. In sittlicher Beziehung ist seine reine Menschenliebe, seine Selbstlosigkeit und Aufopferungsfähigkeit, seine Überzeugungstreue und Toleranz zu rühmen. Als Agitator und Politiker hat er es stets verschmäht, den Leidenschaften der Menge zu schmeicheln, Haß und Neid zu erregen und das Panier des Klassenkampfes zu entrollen. Durch friedliches Überreden und Überzeugen allein wollte er alles erreichen. Mag diese Haltung auch vom ethischen Standpunkte im allgemeinen günstiger zu beurteilen sein, als vom politischen, so war es für eine Zeit, die von den Kämpfen um Reformbill, Armengesetz, Freihandel und Volkscharte durchwühlt wurde, sicher ein Glück, daß Owen die ökonomisch-sozialistischen Bestrebungen von denjenigen der politischen Parteien gesondert erhielt. Gegen diese hohen persönlichen Vorzüge fallen seine Selbstgefälligkeit, sein Prunken mit vornehmen Beziehungen, seine autokratischen Neigungen kaum ins Gewicht.

Als Schriftsteller war Owen nicht bedeutend. Am besten sind noch seine kürzeren Ansprachen und Denkschriften. Sonst wirken die vielen Wiederholungen, das ständige Abschweifen von konkreten, praktischen Aufgaben in das Reich ökonomischer Phantastik ungemein ermüdend. Von seinen Ideen war er viel zu fest überzeugt, als daß er vermocht hätte, sich in entgegenstehende Auffassungen hineinzudenken und dieselben zu widerlegen. Nur zu oft setzt er den Widersachern einfach seine Behauptungen, die für ihn eine axiomatische Bedeutung hatten, noch einmal entgegen, eine Eigentümlichkeit, die Holyoake auf den wallisischen Ursprung Owens zurückführt. Der Hauptsache nach hat Owen seine Grundsätze vollständig aus seinen eigenen Erfahrungen abstrahiert. Erst später fand er, daß John Bellers bereits 1696 (Proposals for raising a colledge of industry) ähnliche Gedanken ausgesprochen hatte, diesem also objektiv die Priorität gebühre. Bemerkenswert erscheint, daß Owen trotz seiner politisch konservativen Gesinnung den Gedanken, die alte Wirtschaftsordnung wieder aufzubauen, im allgemeinen abgelehnt hat. Immerhin hat er die früheren Verhältnisse gegenüber dem herrschenden Zustande als das Bessere erklärt. Er werde sich der Abschaffung des Baumwollzolles widersetzen, drohte er auf einer Versammlung der Fabrikbesitzer im Jahre 1815, wenn diese nicht in die Forderung der Fabrikgesetzgebung einwilligten. Ohne solche Reformen sei das Fabriksystem ein Fluch, dessen Ausbreitung man bekämpfen müsse. Das geschehe aber durch die Aufrechterhaltung eines Zolles, welcher der Baumwollindustrie das Rohmaterial verteuere. Im übrigen läßt er aber keine Zweifel darüber aufkommen, daß die technischen Errungenschaften der Menschheit den größten Segen spenden würden, sobald man zur gemeinwirtschaftlichen Organisation übergegangen sein werde.

Insofern unterscheidet sich Owen scharf von den sozialen Reformern konservativer oder liberaler Richtung, mögen ihm auch, wie den meisten Sozialisten, einzelne Forderungen (Arbeiterschutz, Wohlfahrtseinrichtungen, Genossenschaftswesen, Volkserziehung) mit jenen gemeinsam sein.

Die Stellung, welche hier Owen in der Geschichte des Sozialismus eingeräumt worden ist, wird von einzelnen Gelehrten, insbesondere von A. Menger bestritten.[1]) Während der Nationalökonom das Wesen des Sozialismus darin sucht, daß die gesellschaftliche Produktionsweise der Großbetriebe nicht mehr durch das Profitinteresse des Privatkapitals, sondern unmittelbar für und durch die Gesellschaft geleitet wird, hat Menger das Recht auf den vollen Arbeitsertrag, auf Existenz und auf Arbeit zum Merkmal des Sozialismus gestempelt. Bei Anwendung dieses Maßstabes erscheint ihm Godwin als der erste wissenschaftliche Sozialist der neueren Zeit. Und dabei führt Menger selbst aus, daß Godwin den ganzen Apparat des kommunistischen Staates verwirft, daß er Individualwirtschaft und Privateigentum in möglichst gleicher Verteilung aufrecht erhalten will und in wesentlichen Beziehungen schon auf dem Standpunkt des heutigen Anarchismus steht.[2]) Ebensowenig kann Charles Hall als hervorragender Sozialist gelten. Mag er auch das Einkommen der besitzenden Klassen als Abzug vom Arbeitsertrage der Arbeiter ansehen, so ist das eine Vorstellung, die sich auch bei liberalen Ökonomen findet. (A. Smith, Ricardo.) Dagegen fehlt ihm der für den modernen Sozialismus maßgebende Gedanke der höheren Produktivität der Kollektivwirtschaft. Er plaidiert für Kollektiveigentum am Grund und Boden, will ihn aber in möglichst gleich großen Anteilen zur Sondernutzung austeilen. Größeres Interesse flößt seiner werttheoretischen Gedankengänge wegen W. Thompson[3]) ein. In praktischer Hinsicht hat er aber ganz nach dem Vorbilde von Owen die sozialistische Gemeinde empfohlen. Dasselbe gilt für John Gray. Der durch feine theoretische Analysen hervorragende Hodgskin[4]) will die individualistische Form der Gesellschaft beibehalten, hofft aber durch die Koalition der Arbeiter die Gewinne der müßigen Kapitalisten (er unterscheidet zwischen Unternehmer und Kapitalist) einschränken oder beseitigen. Weniger zuversichtlich denkt John Francis Bray von der Wirksamkeit der Arbeitervereinigungen. Er tritt deshalb für eine kollektivistische Produktionsweise ein und schlägt zu diesem Zwecke

[1]) Das Recht auf den vollen Arbeitsertrag. 3. Aufl. 1904.

[2]) S. 44.

[3]) Eine deutsche Übersetzung seines Hauptwerkes „Untersuchung über die Grundsätze der für das menschliche Glück dienlichsten Verteilung des Reichtumes" ist durch O. Collmann erfolgt und in zwei Bänden in Berlin 1903/04 erschienen.

[4]) Vgl. E. Halévy, Thomas Hodgskin. Paris 1903.

die Gründung großer nationaler Kooperativgesellschaften für die einzelnen Gewerbe vor.

Im allgemeinen sind die oben genannten Zeitgenossen Owens neuerdings etwas überschätzt worden. Einmal geschah dies von englischer Seite,[1]) um die Rolle Englands bei der Ausbildung der sozialistischen Ideen im Vergleiche zu Deutschland und Frankreich erheblicher erscheinen zu lassen, dann aber auch von anderen Autoren, um Marx und Engels als Leute hinzustellen, die ihre wertvollsten Ideen anderen Schriftstellern entnommen hätten.

54. St. Simon und die St. Simonisten.[2])

In Frankreich war es nicht die Entwicklung der Großindustrie, sondern das politische Ereignis der großen Revolution, welches sozialistische Ideen zur Entfaltung brachte. Zu den Ersten, welche die Unzulänglichkeit der 1789 zur Herrschaft gelangten wirtschaftlich liberalen Grundsätze klar erkannten, gehörte der Graf St. Simon.

Um die Sozialwissenschaft vorwärts zu bringen, müsse man im kräftigsten Lebensalter ein möglichst originelles und tätiges Leben führen, sodann alle Theorien und praktischen Erfahrungen kennen lernen, selbst alle Klassen der Gesellschaft durchlaufen und sich in die verschiedensten sozialen Positionen bringen. Im Alter seien die Beobachtungen zu resumieren, die man über die Wirkungen seiner Handlungen angestellt habe, und Lehrsätze daraus abzuleiten. Dieses Rezept St. Simons spiegelt seinen eigenen Entwicklungsgang ziemlich deutlich wieder. Er wurde im Jahre 1760 geboren und gehörte dem ältesten Adel Frankreichs an. Als Offizier kämpfte er unter Washington im Unabhängigkeitskriege der Nordamerikaner. In die Heimat zurückgekehrt, glückte es ihm, während der Revolutionszeit durch Spekulationen in Nationalgütern ein Vermögen zu erwerben. In der Nähe der

[1]) H. S. Foxwell, Geschichte der sozialistischen Ideen in England. Diese Abhandlung ist in deutscher Übersetzung der deutschen Ausgabe des Werkes von Thompson beigegeben; sie wurde zur englischen Übersetzung des Mengerschen Werkes als Einleitung geschrieben. Die um Owen sich gruppierenden Sozialisten werden auch in dem Nachtragbande zu Quarck's De Sozialisten. Personen en Steleels. Amsterdam 1904 behandelt.

[2]) Vgl. insbesondere L. Stein, Der Sozialismus und Kommunismus des heutigen Frankreich. I. Bd. 2. Aufl. Leipzig 1878. S. 232—299; O. Warschauer, Geschichte des Sozialismus und Kommunismus im 19. Jahrhundert. I. St. Simon und der St. Simonismus. Berlin 1892; Georges Weill, L'école Saint-Simonienne. Paris 1896.

polytechnischen Schule wohnend, machte er ein großes Haus und suchte namentlich durch den Verkehr mit den Gelehrten dieser Anstalt sich über die neueste Entwicklung der Naturwissenschaften zu unterrichten. Bei seiner verschwenderischen Lebensweise war sein Vermögen bald aufgezehrt. Er versank in tiefe Armut und wurde einige Zeit von einem seiner damaligen Angestellten unterhalten. Dann suchte er als Abschreiber für eine Pfandleihanstalt 1000 Fr. im Jahre zu verdienen. In dieser Not legte er selbst Hand an sich, wurde aber gerettet.

Als Schriftsteller lenkte er 1819 durch eine Parabel die Aufmerksamkeit weiterer Kreise auf sich. Hier warf er die Frage auf, ob der plötzliche Verlust von 3000 der größten Gelehrten, Künstler, Techniker und Industrieunternehmer, oder derjenige der Prinzen von Geblüt, der Hofchargen, der obersten Staatsbeamten und der größten Grundbesitzer, zusammen 30 000, für Frankreich eine größere Schädigung bedeuten würde. Der Verlust so vieler Landsleute würde die Franzosen auf alle Fälle betrüben, aber die 30 000 Höflinge, Beamte und Grundeigentümer wären leicht zu ersetzen. Für das wirkliche Leben Frankreichs seien nur die geistigen Arbeiter maßgebend. Die Gesellschaftsordnung trage dieser Tatsache aber nicht Rechnung. Deshalb müßten die Industriels, d. h. alle wirklich Arbeitenden, die Herrschaft erlangen. Im „Neuen Christentum" führte er aus, daß sich die Religion nicht ausrotten lasse. Man könne sie nur reformieren. Mit dem Gebote der christlichen Liebe solle nun dadurch Ernst gemacht werden, daß die Lage der zahlreichsten und ärmsten Klasse schon in diesem Leben verbessert werde. Der Glaube an die Verbesserungsfähigkeit der Menschheit und an die religiöse Pflicht, diese Verbesserung zu realisieren, bildet einen Grundzug der St. Simonistischen Religion. Dazu bedürfe es aber eines positiven hierarchischen Aufbaues im Gegensatze zu der bloßen Negation des Liberalismus. Auch müsse man begeistert sein, um so Großes zu vollbringen.

Auf dem Totenbette erklärte er, sein ganzes Leben lasse sich in dem Gedanken zusammenfassen, allen Menschen die freieste Entwicklung ihrer Fähigkeiten zu verschaffen.

Eine strengere Systematisierung haben seine in zahlreichen Schriften zerstreuten Ideen erst durch seine Schüler, insbesondere durch Bazard, erfahren.[1]) Dieser Paulus der St. Simonisten war es auch, der nach der Julirevolution im Verein mit Enfantin das Volk aufforderte, in

[1]) Doctrine de St. Simon, Exposition. Première année 1828—1829. Deuxième année 1830.

eine große industrielle und theokratische Gemeinschaft der Güter und des Lebens einzutreten. Von der Tribüne der Deputiertenkammer aber wurde Klage geführt gegen eine Sekte, welche die Gemeinschaft der Güter und der Frauen predige. Zur Entgegnung und Rechtfertigung richteten am 1. Oktober 1830 Bazard und Enfantin, die Häupter dieser Sekte der St. Simonisten,[1]) eine Schrift an den Präsidenten der Kammer.

„Das System der Gütergemeinschaft", heißt es da, „wird allgemein verstanden als die gleiche Teilung unter allen Mitgliedern der Gesellschaft, sei es die des Stoffes der Produktion, sei es die der Früchte der Arbeit aller. Die St. Simonisten verwerfen diese gleiche Teilung des Eigentums, die in ihren Augen eine größere Gewalttätigkeit, eine empörendere Ungerechtigkeit sein würde, als die ungleiche Teilung, die ursprünglich durch die Gewalt der Waffen, durch die Eroberung vor sich gegangen ist. Denn sie glauben an die natürliche Ungleichheit der Menschen, und sehen eben diese Ungleichheit als die Grundlage der Gesellschaftung, als die unentbehrliche Bedingung der gesellschaftlichen Ordnung an. Sie verwerfen das System der Gütergemeinschaft; denn diese Gemeinschaft wäre eine offenkundige Verletzung des ersten aller sittlichen Gesetze, die sie zu verbreiten gesandt sind, und welches will, daß in Zukunft jeder nach seinen Fähigkeiten gestellt und nach seinen Werken belohnt werde. Aber in Gemäßheit dieses Gesetzes fordern sie die Aufhebung aller Privilegien der Geburt ohne Ausnahme und infolge die Vernichtung des Erbwesens, des größten aller Privilegien, desjenigen, das sie gegenwärtig alle umfaßt, und das zur Folge hat, daß es die Verteilung der gesellschaftlichen Vorzüge dem Zufalle überläßt, unter der kleinen Zahl derer, die darauf Anspruch machen können, und daß es die zahlreiche Klasse zur Entsittlichung, zur Unwissenheit, zum Elende verurteilt. Sie fordern, daß alle Werkzeuge der Arbeit, die Grundstücke und die Kapitalien, welche gegenwärtig die zerstückelte Grundlage der Einzelbesitzungen bilden, in eine gesellschaftliche Grundlage vereint werden, und daß diese Grundlage ausgebeutet werde durch Gesellschaftung und in hierarchischer Ordnung in der Weise, daß die Aufgabe eines jeden der Ausdruck seiner Fähigkeit, und sein Reichtum der seiner Werke sei. Die St. Simonisten greifen die Einrichtung des Eigentums nur insoweit an, als sie für einige das gottlose Privilegium des Müßigganges heiligt, daß heißt das Vorrecht, von der Arbeit anderer zu leben, nur insoweit es dem Zufalle der Geburt die soziale Klassen-

[1]) Neuerdings auch abgedruckt in Bernsteins Dokumente des Sozialismus. Bd. I. 1. Heft. S. 34, 35.

stellung des einzelnen überläßt. Das Christentum hat die Frauen aus der Sklaverei befreit; aber es hat sie trotzdem zu einer untergeordneten Stellung verdammt, und überall im christlichen Europa sehen wir die Frauen noch mit dem religiösen, politischen und bürgerlichen Bann belegt. Die St. Simonisten haben die endgiltige Befreiung verkündet, aber ohne deshalb das heilige, durch das Christentum verkündete Gesetz der Ehe anzugreifen. Sie treten im Gegenteil dafür ein, daß dieses Gesetz verwirklicht werde, daß es eine neue Weihe erhalte, daß die Kraft und Unverletzlichkeit des Bundes, den die Ehe heiligt, noch gesteigert werde. Sie fordern wie die Christen, daß ein einziger Mann nur mit einer einzigen Frau verbunden werde. Aber sie lehren, daß die Gattin dem Gatten gleichberechtigt sein soll und daß sie gemäß der besonderen Gnade, die Gott ihrem Geschlechte verliehen hat, seine Genossin sei in dem dreifachen Amte des Tempel, des Staates und der Familie, so daß die soziale Persönlichkeit, die bis jetzt nur der Mann gewesen ist, fortan der Mann und die Frau sei. Die Religion St. Simons kommt nur zu dem Zwecke, jenem schändlichen Schacher, jener gesetzlichen Prostitution ein Ende zu machen, die heute unter dem Namen der Ehe so häufig die ungeheuerliche Verbindung der Hingebung mit der Selbstsucht, der Erleuchtung mit der Unwissenheit, der Jugend mit der Hinfälligkeit heiligt."

Diese hier in enger Verbindung mit sozialistischen Bestrebungen auftretende Lehre von der Emanzipation der Frau ist von besonderem Interesse. Übrigens ist aber gerade diese Lehre dem St. Simonismus verhängnisvoll geworden. Enfantin gab ihr eine so anstößige Auslegung, daß unter den St. Simonisten ein Schisma entstand. Dem Schisma folgte die vollständige Auflösung der St. Simonisten-Gemeinschaften bald nach. Es verdient aber hervorgehoben zu werden, daß zu ihnen eine große Zahl hervorragender Männer gehört hat, wie A. Thierry, A. Comte, B. Buchez, Leroux, A. Blanqui, M. Chevalier, de Lesseps, Carnot, Pereire.

55. Karl Fourier (1772—1837).[1])

Die Eindrücke, welche Owen von der Lage seiner eigenen Arbeiter erhielt, hatten ihn zu sozialistischen Überzeugungen gedrängt. Auch Fourier hat aus der eigenen geschäftlichen Tätigkeit die maßgebenden

[1]) Seine Hauptwerke sind: Théorie de quatre mouvements 1808; Traité de l'association domestique-agricole 1822; Le nouveau monde industriel et sociétaire 1829. Eine gute Würdigung Fourier's enthält H. Greulichs Abhandlung: Karl

Anregungen empfangen. Freilich bildeten nicht die Mißstände des Fabrikwesens, sondern diejenigen des Handels den Ausgangspunkt. Man erzählt, daß Fourier als fünfjähriger Knabe in dem Tuchladen seines Vaters einem Kunden, der sich nach der Beschaffenheit der vorgelegten Ware erkundigte, offenherzig die Mängel mitteilte und deshalb gezüchtigt wurde. Dieser Vorgang habe auf ihn einen tiefen Eindruck gemacht. Und so habe er schon von Kindheit an über die Mittel nachgedacht, welche den Handel auf die Grundlage der Wahrheit und Gerechtigkeit zu stellen vermöchten. Mancherlei Erfahrungen in späterem Lebensalter wirkten in gleichem Sinne. Als Kommis in Marseille erhielt er z. B. im Jahre 1799, während einer Hungersnot, den Auftrag, eine Schiffsladung Reis heimlich ins Meer versenken zu lassen, um die Hausse-Spekulation seines Hauses zu fördern. Ein anderes Mal machte ihn wieder die enorme Differenz stutzig, welche er in bezug auf die Äpfelpreise an zwei nur 30 km von einander entfernten Orten wahrnahm. Er fand, daß die Vermittlerrolle zwischen Produzenten und Konsumenten eine unverhältnismäßig große Anzahl von Personen beschäftige und nutzbringender produktiver Tätigkeit entzöge. Nun begnügten sich die Kaufleute aber nicht einmal mit der Funktion der Vermittlung, sondern trachteten nach einer selbständigen sozialen Machtstellung nach einer Handelsfeudalität. Sie wollten nicht als dienende Organe tätig sein, sondern sich zur Herrschaft über Produzenten und Konsumenten erheben. Wucherische Ausbeutung und Verfälschung der Waren würden auf die schamloseste Weise betrieben. Der Grundsatz der freien Konkurrenz vermöchte in keiner Weise dem Übel zu steuern. Erst führe die Konkurrenz zu einer kostspieligen Zersplitterung der Kräfte, später zur Beseitigung der Konkurrenz im Wege der Handelskoalitionen und Privatmonopole. Deshalb sei die Güterzirkulation der privatkapitalistischen Unternehmung zu entziehen und in Funktion verantwortlicher und absetzbarer Beamten umzuwandeln. So gelangte Fourier zu dem Gedanken des Gemeindekontors.

Das Gemeindekontor gewährt Kredit gegen Verpfändung von Liegenschaften und Waren. Zur Aufbewahrung der letzteren werden Lagerhäuser errichtet. Im übrigen kann das Kontor auch Verkaufs- und Speditionsagenturen übernehmen. Die Tätigkeit des Gemeinde-

---

Fourier (Ein Vielverkannter) in Richters Jahrbuch für Sozialwissenschaft und Sozialpolitik II. Zürich 1881. Vergl. ferner O. Warschauers Geschichte des Sozialismus und Kommunismus im 19. Jahrhundert. Zweite Abteilung. Fourier, Seine Theorie und Schule. Leipzig 1893.

kontors würde also ungefähr den modernen Kornhausgenossenschaften entsprechen. Fourier will auf diese Weise aber nicht nur das Getreide, sondern sämtliche innerhalb der Gemeinde gewonnenen Produkte verkaufen lassen. Von der kommunalen Absatzorganisation gelangt er zur kommunalen Hauswirtschaft. Es ist zweckmäßiger, von Gemeindewegen ein großes Waschhaus zu errichten, als daß 300—400 Familien jede für sich ihre Wäsche besorgen. Die gleichen Vorteile würde eine große Gemeindebäckerei und eine Gemeindekochanstalt gewähren. Wird aber ein beträchtlicher Teil der Erwerbs- und Hauswirtschaft in kommunale Anstalten verlegt, so verliert schließlich auch die Einzelwohnung immer mehr ihren Sinn. Auch in dieser Beziehung wird ein großes Gebäude mit Theater- und Versammlungssälen, mit Bibliotheken und Lesezimmern, mit Gesellschaftszimmern und Wandelgängen große Vorzüge aufweisen. Leicht kann dann auch eine Person eine größere Anzahl von Kindern warten und pflegen. Übrigens ist die beste Gesellschaft für Kinder diejenige von Kindern selbst. Die Vereinigung einer größeren Zahl von Kindern verschiedenen Lebensalters bietet auch die Möglichkeit, die weitaus erfolgreichste Unterrichtsmethode zur Anwendung zu bringen, nämlich die kleinen Kinder durch die größeren unterweisen zu lassen. Nur wenige Erwachsene werden zur Oberaufsicht erforderlich sein.

Ist aber erst Absatz und Hauswirtschaft kommunalisiert, so wird die Produktion bald folgen. Niemand kann sich mehr der Einsicht verschließen, welch große Zeit- und Kraftvergeudung die kleinbäuerliche Parzellenwirtschaft darstellt. Im Anschlusse an das Gemeindekontor können einige Manufakturen eingerichtet werden, in denen während der Zeit, welche die Landwirtschaft freiläßt, gewerbliche Arbeiten auszuführen wären.

Es ist bemerkenswert, daß bei Fourier, im Gegensatze zu anderen sozialistischen Denkern, die gemeinschaftliche Organisation der Produktion nicht das Anfangs-, sondern das Schlußglied der Entwicklungsreihe darstellt.

Die gemeinschaftliche Produktionsweise wirft eine neue, schwierige Frage auf. Wird dann noch mit ausreichendem Fleiße gearbeitet werden? Wird man ohne Zwang auskommen? Würde ein durch Behörden ausgeübter Zwang nicht schwerer ertragen werden, als derjenige, den jetzt Hunger und Not ausüben?

Die Lösung des Problems schien Fourier das von ihm entdeckte Gesetz der Attraktion zu bieten.

Der Mensch scheut, wie die Erfahrung lehrt, im allgemeinen nicht die Tätigkeit an sich. Wenn die Arbeit trotzdem in der Regel als notwendiges Übel angesehen wird, so geschieht es nur deshalb, weil sie den besonderen Neigungen des Arbeiters so oft nicht entspricht, weil sie zu lange dauert, weil sie bald in trostloser Einsamkeit oder unter schmutzigen, ekelhaften, ungesunden Begleitumständen geleistet werden muß. Auch wird der Handarbeiter nicht geehrt. Er steht auf der tiefsten Stufe der gesellschaftlichen Anerkennung. Es kommt deshalb alles darauf an, die Arbeit so einzurichten, daß sie dem natürlichen Tätigkeitsdrange des Menschen, seinem Geselligkeitsbedürfnisse, seinem Ehrgeiz, seinem Familiensinn, seinem Abwechselungsbedürfnisse, seinen Schönheitsempfindungen usw. gerecht wird. Dann wird es keines äußeren Druckes mehr bedürfen. Aus Freude an der Sache selbst wird der Mensch seine Arbeit verrichten.

Derartige Einrichtungen sind möglich. Fourier analysiert die menschlichen Triebe und findet, daß aus dem freien Ausleben aller Individuen vollkommene Harmonie erwächst. Der allgütige Schöpfer kann nicht sich widerstreitende Triebe erschaffen haben. Nicht die Triebe sind schlecht und unvernünftig. Das ist nur die privatwirtschaftliche Atmosphäre, innerhalb welcher sie sich bis jetzt betätigen mußten. Erfüllen wir unsere gemeinwirtschaftliche Bestimmung, so werden sie nur Glück und Segen stiften: „Les attractions sont proportionnelles aux destinées!“

Schon die Interessen der Arbeitsteilung fordern die Organisation einer großen Zahl von Arbeitergruppen. Es ist aber nicht notwendig, daß jedes Individuum ausschließlich einer einzigen Gruppe angehört. Man kann ihm die Freiheit gewähren, sich jeweils gerade derjenigen Gruppe anzuschließen, deren Arbeiten seinen Neigungen am besten entsprechen. Im allgemeinen wird keine Arbeit länger als durch zwei Stunden gern ausgeführt. Wie der Schmetterling von Blütenkelch zu Blütenkelch flattert, so kann auch der Arbeiter sich bald dieser, bald jener Arbeitsgruppe zugesellen. So wird alle Arbeit mit dem größten Eifer getan und das Maximum der Produktivität und Glückseligkeit erzielt werden.

Leider dehnt Fourier die unbeschränkte Herrschaft der Triebe auch auf das sexuelle Leben aus. So gelangt er zu Konsequenzen, die ihm mit Recht die schärfste Kritik zugezogen haben.

Wie soll die Verteilung des gemeinwirtschaftlichen Arbeitsertrages erfolgen? Fourier antwortet: Nach Maßgabe des Kapitales, der Arbeit und des Talentes. Dieser Verteilungsschlüssel frappiert und ist in der Tat nicht ganz konsequent. Die Beteiligung des Kapitales erfolgt aus praktischen Gründen. Fourier will den Übergang zur Gemeinschaft nicht durch Gewalt erzwingen. Der Klassenkampf, die Eroberung der Staatsgewalt und die Verwertung der letzteren zur Sozialisierung des Wirtschaftslebens, das sind Gedanken, denen Fourier fremd und abgeneigt gegenübersteht. Lediglich die seinen Organisationsplänen innewohnende Zweckmäßigkeit und Überlegenheit soll die allgemeine Verbreitung zu stande bringen. In dieser Beziehung denkt er ganz wie Owen. Es kommt, wie in den Naturwissenschaften, alles auf das Experiment an. Alle sozialen Umgestaltungspläne müssen erst im kleinen auf ihren Wert hin ausprobiert werden. Denjenigen, welche sich am besten bewähren, gehört dann von selbst die Zukunft. Natürlich ist Fourier davon durchdrungen, daß seinen Ideen der Sieg zufallen wird. Er bezeichnet auch charakteristischerweise die gemeinschaftliche Einheit als Phalange. Wie einst die Phalangen Philipps von Macedonien alle Schlachtordnungen siegreich durchbrachen, so werden auch Fouriers Phalangen die privatkapitalistische Wirtschaftsordnung vernichten. Aber trotz dieses felsenfesten Glaubens an sein System, hält sich Fourier nicht für berechtigt, es unter Anrufung der Arbeiterklasse mit Gewalt durchzusetzen, sondern wartet geduldig Jahre hindurch mittags 12 Uhr in seiner ärmlichen Mansarde auf den Menschenfreund, der ihm eine Million zur Begründung der ersten Phalange zur Verfügung stellen werde. Um das Kapital für seine Pläne zu interessieren, erhält es deshalb auch einen Anteil am Reinertrage der Wirtschaft.

Sodann sollen auch hervorragende Leistungen, welche ein besonderes Talent bedingen, reichlicher ausgestattet werden. Es finden also doch nicht alle Arbeiten schon den Lohn in sich selbst, sondern Fourier sucht zu ausgezeichnetem Wirken noch durch eine höhere Vergeltung anzuspornen. Diese Verteilungsweise hat übrigens nur für das Übergangszeitalter Bedeutung, später soll alles derart in Hülle und Fülle zu Gebote stehen, daß die Frage nach der Verteilung unpraktisch wird.

Obwohl Fourier wie Owen in der Hauptsache experimenteller Sozialist ist, d. h. obwohl er glaubt, man müsse die bessere Organisation erfinden, und im Wege des unmittelbaren praktischen Versuches ihre Leistungsfähigkeit erweisen, hat er doch auch eine Art ökonomischer Entwicklungslehre aufgestellt. Die Menschheit befindet sich zuerst in einem Zustande unbewußter, naiver Glückseligkeit, welchen er als Edenismus bezeichnet. Die Gaben der Natur stehen ohne eigene Anstrengung dem Menschen im Überflusse zu Gebote. Allmählich wird durch die Bevölkerungszunahme eine gewisse Arbeit notwendig, zu welcher vom Manne die schwächere Frau gezwungen wird. Diese Stufe der „Wildheit“ wird abgelöst vom „Patriarchat“, einem Zeitalter der Familienwirtschaft mit väterlicher Autorität. Ehe, Familieneigentum am Grund und Boden und Sklaverei treten auf. Mit der Verwandlung der patriarchalischen Autorität in eine militärisch-staatliche Zwangsgewalt entsteht die „Barbarei“, welche in Bezug auf die Glückseligkeit das tiefste Niveau darstellt. Aus der Barbarei arbeitet sich die Menschheit zur „Zivilisation“ empor, d. h. zur privatkapitalistischen Wirtschaftsordnung, die aber eigentlich eine wirtschaftliche Anarchie bedeutet. Mit der Begründung der ersten Gemeinwirtschaften beginnt der „Garantismus“, der erst noch das Gepräge einer Übergangszeit trägt. Mit der vollen Überwindung der kapitalistischen Reste bricht der Soziantismus an, d. h. die Menschheit kehrt durch bewußte Tätigkeit zum vollen Glücke des Edenismus zurück und verlebt in diesem Zustande Zehntausende von Jahren. Von den äußerst phantastischen und nicht sehr geschmackvollen Schilderungen, welche von dieser Periode entworfen werden, braucht man keine Notiz zu nehmen.

Es könnte vielleicht in Frage gezogen werden, ob es gerechtfertigt sei, von dem Systeme Fourier's so ausführlich zu sprechen, da nähere Beziehungen zwischen ihm und der Entwicklung der Arbeiterfrage nicht vorhanden zu sein scheinen. Fourier geht ja vornehmlich von der zu seiner Zeit in Frankreich noch vorherrschenden kleinbäuerlichen Produktionsweise aus. Er kennt den modernen Kapitalismus nur in der Form des Handels. Immerhin ist der bewußte Gegensatz bemerkenswert, in dem Fourier sich zum wirtschaftlichen und politischen Liberalismus befindet. In seiner Analyse der freien Konkurrenz tritt auch schon der Gedanke auf, daß die Konkurrenz Monopole ausbilde und sich somit selbst vernichte. Überhaupt besitzt Fourier eine lebhafte Empfindung für die Bedeutung des ökonomischen Faktors in der Geschichte und für die Macht des Großbetriebes. Insofern sind die Kerngedanken des neueren Sozialismus doch schon bei ihm zu finden. Dazu kommt, daß auch seine Organisationsprojekte selbst auf das Denken der Anhänger von K. Marx großen Einfluß gewonnen haben. Man könnte z. B. Aug. Bebel[1]) in dieser Beziehung eher einen Fourieristen, als einen Marxisten nennen. Sein Buch über die Frau ist aus Fourier'schem

---

[1]) Bebel hat Fourier auch eine eingehende Studie: Charles Fourier, sein Leben und seine Theorien, Stuttgart 1898, gewidmet.

Geiste geboren. Auch der Nestor der schweizerischen Sozialdemokratie, Karl Bürkli, stand unter dem Einflusse Fouriers.

Lange Zeit hindurch blieb Fourier völlig unbeachtet. Gleich St. Simon litt er nicht selten bittere Not. H. Heine erzählt, daß er ihn oft in seinem grauen, abgeschabten Rocke längs den Pfeilern des Palais-Royal habe hastig dahin schreiten sehen, die beiden Rocktaschen schwer belastet, so daß aus der einen der Hals einer Flasche und aus der anderen ein langes Brot hervorguckten. Schließlich schaarte sich auch um ihn ein Kreis hingebender und geistvoller Schüler. Ihre Zeitschriften, Jahrbücher und anderen Werke, namentlich diejenigen Victor Considérants, trugen die Lehren sogar über die Grenzen der Heimat hinaus nach England und Amerika.

56. **P. J. B. Buchez**[1] (1796—1865) **und L. Blanc** (1811—1882).

Buchez, ein intimer Freund Bazard's ging aus der Schule der St. Simonisten hervor. Auch bei ihm bot der Mißerfolg der politischen Revolutionen die Veranlassung, sich eingehender mit den sozialen und wirtschaftlichen Fragen zu beschäftigen. Vergebens hatten die Jakobiner sich bemüht, den christlichen Grundsätzen der Brüderlichkeit und Gleichheit im öffentlichen Leben zur Verwirklichung zu verhelfen. So galt es, die Erhebung der arbeitenden Klassen auf anderen Bahnen zu versuchen: durch ökonomische Selbsthilfe und Assoziation. Schon 1831 organisierte Buchez eine Tischler-Produktiv-Genossenschaft; 1834 folgte eine solche der Goldarbeiter; 1840 gab er ein populär geschriebenes, von Arbeitern redigiertes Blatt „L'Atelier" heraus, welches die Propaganda für freie Arbeiter-Produktivgenossenschaften betrieb. Im übrigen war Buchez kein Gegner der freien Konkurrenz. Nicht diese trage an den gesellschaftlichen Übeln die Schuld, sondern der Niedergang der Moral. In einer Gesellschaft, die das Sittengesetz achte, werde der freie Wettbewerb wohltätig wirken. Um aber die moralischen Zustände zu verbessern, bedürfe man der Kirche. Buchez trat deshalb in freundlichere Beziehungen zum Katholizismus. Der liberalen Ökonomie, insbesondere der malthusischen Lehre, war Buchez abgeneigt: „elle a justifié le mal et découragé le bien".

Das zum Betriebe der Produktivgenossenschaft erforderliche Kapital sollten die Arbeiter entweder im Wege des Kredites, oder durch per-

[1] N. Wassilieff, P. J. B. Buchez, der Begründer der modernen Assoziationsbewegung Frankreichs. Bern 1898.

sönliche Beiträge beschaffen. Ursprünglich dachte Buchez an staatliche Einrichtungen zur Förderung des Genossenschaftskredites; später an gemeinnützige, aus philantropischen Bestrebungen hervorgehende Banken. Hat die Genossenschaft die aufgenommenen Kapitalien zurückgezahlt, so bildet das Genossenschaftskapital einen Fonds, welcher der Genossenschaft als solcher gehört, der von den Mitgliedern ihr nicht entfremdet werden darf und im Falle der Liquidation anderen Genossenschaften zufällt. Vom Reingewinne sollten 20 Proz. dem Genossenschaftskapital, 40 Proz. den Mitgliedern nach Maßgabe der verdienten Arbeitslöhne, 40 Proz. dem Reservefonds zugewiesen werden.

Auf diesem Wege werde die privatkapitalistische Produktionsweise allmählich in eine genossenschaftlich organisierte Wirtschaftsordnung übergehen. Eine andere Entwicklung wäre weder gerecht noch möglich. Das Eigentum ist eine geschichtliche Kategorie und ein moralisches, wenn auch nicht absolut gerechtes Recht, so daß es die Arbeiterklasse, wenigstens im Interesse ihrer Erziehung und Disziplin, durch eigene Anstrengungen erwerben müsse.

Im Gegensatze zu den freien, mit einander im Wettbewerbe stehenden Produktivgenossenschaften von Buchez befürwortet Louis Blanc[1]) staatlich organisierte und zentralisierte Genossenschaftsverbände, welche lediglich mit den privatkapitalistischen Betrieben in Konkurrenz treten sollen. Als Historiker[2]) hat er das allgemeine Aperçu der St. Simonisten, daß die Geschichte eine Kette von Klassenkämpfen, von Kämpfen zwischen ausbeutenden und ausgebeuteten Gesellschaftsschichten darstelle, durch die Entwicklungsgeschichte der „Bourgeoisie“, d. h. der Inhaber der Produktionsmittel, und des „Peuple“ oder Proletariats, d. h. der lediglich von ihrer Hände Arbeit lebenden Klasse, unter sorgsamer Berücksichtigung der materiellen Produktionsweise zu erhärten versucht. Er schilderte, wie die Bourgeoisie als Trägerin des kapitalistisch-individualistischen Prinzipes vordrang, wie ihr ökonomischer Individualismus auf dem Gebiete der theoretischen Nationalökonomie in der Schule der Physiokraten, auf dem der Politik in Montesquieu's konstitutioneller Doktrin, auf dem der Philosophie in Voltaire's Skeptizismus zum Ausdrucke kam. Dagegen fanden die Interessen des Volkes, die Grundsätze der Gleichheit und Brüderlichkeit, ihren Herold in Rousseau. Die große Revolution war nur ein Kampf zwischen den

[1]) O. Warschauer, Geschichte des Sozialismus und Kommunismus im 19. Jahrhundert. III. L. Blanc. Berlin 1896.

[2]) Histoire des dix ans 1830—1840, 1841/1844; Histoire de la révolution française, 1847/62.

Girondisten, den Vertretern der Bourgeoisie, mit den Montagnards, den Repräsentanten des Volkes. Die volle Herrschaft habe die Bourgeoisie unter der Regierung des „Bürgerkönigs“ Louis Philippe erlangt. Die Darstellung dieses Zeitraumes bot Blanc die Gelegenheit, an den Zuständen der kapitalistischen Gesellschaft eine ätzende Kritik zu üben. Wie Fourier, dem er viel verdankte, richtete er seine Angriffe vorzüglich gegen den freien Wettbewerb, der die ganze Gesellschaft ruinierte und schließlich durch die Schaffung von Riesenmonopolen sich selbst aufhöbe.[1]) Insofern darf L. Blanc bereits als ein Vertreter der sogenannten materialistischen Geschichtsauffassung gelten.

Da Blanc in der staatlich unterstützten Produktivgenossenschaft das Allheilmittel erblickte, mußte das Volk in erster Linie maßgebenden Einfluß auf die Staatsgewalt zu gewinnen suchen. Indem er die Volksherrschaft zum Zwecke sozialer Reformen forderte, erscheint er als Begründer der Sozialdemokratie. Das zur Macht gelangte Proletariat müsse ein Fortschrittsministerium einsetzen, dessen Aufgabe in der Lösung der sozialen Frage, d. h. in der Aufhebung des Proletariates, bestehe. Dieses Ziel sei durch folgende Maßregeln zu erreichen: I. Verstaatlichung der Eisenbahnen, der Bergwerke, der Bank von Frankreich und des gesamten Versicherungswesens. II. Eröffnung staatlicher Lagerhäuser, in denen die Produzenten die Waren gegen Empfangsscheine abgeben. Diese Empfangscheine stellen ein durch die Waren vollkommen gedecktes Papiergeld dar. III. Die Errichtung staatlicher Verkaufshallen für den Detailverkehr. Die Ergebnisse dieser Staatsbetriebe bilden die Einnahmen des Fortschrittsministeriums, des „Budgets der Arbeiter“. Was von diesen Einnahmen nach Amortisation und Verzinsung der Schulden übrig bleibt, dient zur Beförderung gewerblicher und landwirtschaftlicher Produktivgenossenschaften.

Um der Unterstützung des Staates teilhaftig zu werden, müssen die Genossenschaften bestimmten Normativbedingungen genügen. Nachdem die Arbeiter ihren Lohn (ursprünglich dachte Blanc an gleiche, später an proportionale Löhne) empfangen haben, die geliehenen Kapitalien verzinst und die übrigen Kosten gedeckt erscheinen, sind vom Reingewinne 25 Proz. zur Tilgung der geliehenen Kapitalien, 25 Proz. zu einem Unterstützungsfonds für Kranke und Invalide, 25 Proz. zur Verteilung unter die Arbeiter und 25 Proz. für einen allgemeinen Genossenschafts-Reservefonds zu verwenden. Die Genossenschaften eines und desselben Berufes dürfen nicht mit einander konkurrieren, sondern

[1]) Organisation du travail, 1840.

bilden eine Art Kartell, welches Löhne und Verkaufspreise reguliert. Die Kartelle der verschiedenen Berufe bilden einen Zentralverband, in dessen Kasse eben jede Genossenschaft den vierten Teil ihres Reingewinnes einzahlt. Dadurch wird eine Art Krisenversicherung geschaffen. Anfangs erfolgt die Einrichtung und Leitung der Produktivgenossenschaften durch die Staatsbehörden. Später, nachdem über die Qualifikationen der Mitglieder ausreichende Erfahrungen vorliegen, tritt das Prinzip freier Wahl in Kraft. Durch diese Einrichtungen wird zugleich das „Recht auf Arbeit" verwirklicht. Im Wettbewerbe mit dieser staatlich organisierten Genossenschaftswelt wird die private Unternehmung bald die Waffen strecken müssen.

Durch die Februar-Revolution gelangte L. Blanc in die provisorische Regierung. Er durfte indes nicht an der Spitze eines Arbeitsministeriums die Durchführbarkeit seiner Pläne erproben, sondern erhielt den Auftrag, erst im Luxemburg-Palaste eine Art Enquete über die Mittel zur Lösung der sozialen Frage zu veranstalten. An den Notstandsarbeiten, welche unter der Bezeichnung Nationalwerkstätten unternommen wurden, hat er keinen Anteil gehabt. Dagegen gelang es ihm, in Clichy einige Produktivgenossenschaften ins Leben zu rufen, welche mit der Lieferung von Ausrüstungsgegenständen für die Nationalgarde betraut wurden. Trotzdem sie sich bewährt hatten, wurden sie später von der Regierung zerstört, da sie als Herd revolutionär-sozialistischer Bestrebungen angesehen wurden.

L. Blanc wurde beschuldigt, am 15. Mai 1848 die Volksmassen zu einem Attentate gegen die Nationalversammlung veranlaßt zu haben. Er entzog sich dem Prozesse durch die Flucht nach England. Nach dem Sturze des zweiten Kaiserreiches kehrte er zurück, übte aber keinen politischen Einfluß mehr aus.

57. **P. J. Proudhon** (1809—1865).[1]

Es gibt kaum einen anderen sozialökonomischen Denker, dessen Ideen so schwer in wenige Worte zu fassen sind, als diejenigen Proudhon's. Er läßt nichts absolutes gelten. Alles ist wandelbar

[1] Die Hauptwerke über Proudhon in deutscher Sprache sind: K. Diehl, P. J. Proudhon, Seine Lehre und sein Leben. 3 Abteilungen. Jena 1888, 1890 u. 1896; A. Mülberger, P. J. Proudhon, Leben und Werke. Stuttgart 1899. Vgl. ferner die beißende Kritik, welche K. Marx im „Elend der Philosophie" (deutsch von Bernstein und Kautzky, mit Vorwort von Fr. Engels, Stuttgart 1885) gegen die Contradictions économiques Proudhon's richtete.

und nur, was die Veränderung zuläßt, erscheint ihm richtig. Diesem allgemeinen Gesetze der Bewegung und des Fortschrittes sind auch seine eigenen Anschauungen unterworfen. Was heute als gewaltige Offenbarung von ihm verkündet wird, hat schon morgen seine Bedeutung für ihn wieder verloren. Um eine adäquate Vorstellung vom Wesen und der Entwicklung dieses merkwürdigen Autodidakten zu gewähren, der bald als Schriftsetzer, bald als Kommis oder Journalist kümmerlich sein Brot erwarb, müßte man wie bei einem Kinematographen eine Fülle von Momentaufnahmen aneinanderreihen. Immerhin hat seinem ganzen Sinnen und Trachten doch ein höherer Leitstern vorgeschwebt: die Idee der Gerechtigkeit. Wie kann sie im ökonomischen, wie im politischen Dasein verkörpert werden? Im Wirtschaftsleben nur dann, wenn das arbeitslose Einkommen, die Rente, aufgehoben wird. Im Staate dagegen gilt es, die Grundsätze der Anarchie, bezw. des Föderalismus zu verwirklichen. Ehe und Familienleben, überhaupt das individualistische Prinzip unserer Wirtschaftsordnung soll erhalten bleiben, aber dem Eigentum muß die Macht der Ausbeutung entzogen werden. Es muß aufhören, den Diebstahl möglich zu machen. Dieses Motiv beherrscht das 1840 erschienene Buch: Qu'est-ce que la propriété? Seine Antwort lautete: La propriété c'est le vol, ein Satz, den Lassalle im Deutschen mit „Das Eigentum ist Fremdtum geworden", ausgedrückt hat. Proudhon suchte zu zeigen, daß beim Austausche der Güter nicht gleiche Werte gegeben würden. Die Macht, welche das Eigentum dem Kapitalisten verleihe, gestatte es diesem, beim Erwerbe der Arbeit dem Arbeiter im Lohne weniger Wert zu zahlen, als die Arbeitsleistung darstelle. So ernte der Eigentümer, wiewohl er nicht säe; verzehre, wiewohl er nicht produziere; genieße, wiewol er nicht arbeite. Das Eigentum mache also den Diebstahl möglich, werde zum Diebstahl. Trotz dieser Auffassung trat Proudhon schon damals nicht für kommunistische Bestrebungen ein. In einer kommunistischen Gesellschaft würden die Starken ebenso von den Schwachen ausgebeutet werden, wie heute die Schwachen von den Starken.

Sechs Jahre später erschien das bekannteste Werk Proudhon's: „Das System der wirtschaftlichen Widersprüche oder die Philosophie der Not." Hier wird die Wertlehre,[1]) welche in der Erstlingsschrift bereits angedeutet war, weiter ausgeführt. Nutz- und Tauschwert der Güter geraten im Systeme der freien Konkurrenz miteinander beständig in Widerstreit. Je größer die Menge der Nutzwerte, desto geringer

[1]) V. v. Stockhausen, Die Wertlehre Proudhon's in neuer Darstellung. Bern 1898.

ihr Tauschwert. Nun liegt ein hoher Tauschwert im privatwirtschaftlichen Interesse und dieses bestimmt tatsächlich den Gang der Produktion. Die möglichst reichliche Produktion von Nutzwerten, welche im Interesse der Gesamtheit liegt, kommt deshalb nicht zum Durchbruche. Der Widerspruch, den die freie Konkurrenz im Werte erzeugt, überträgt sich auf alle Betriebe der Volkswirtschaft, da ja der Wert das ganze Leben durchdringt. In ähnlicher Weise werden auch in Bezug auf andere Kategorien des Wirtschaftslebens (Arbeitsteilung, Maschinen, Konkurrenz, Monopol, Steuer, Handel, Kredit, Eigentum, Gemeinschaft) die ihnen innewohnenden Widersprüche auseinandergesetzt. Proudhon war durch K. Marx und K. Grün mit der Philosophie Hegels bekannt gemacht worden. Die dialektische Methode, die Entwicklung der Antithese aus der These und die Aufhebung des Widerspruches in der Synthese, das war eine Denkweise, welche mit den eigenen Anlagen trefflich harmonierte und die er nun mit Vorliebe zur Anwendung brachte. Im Anschlusse an die klassische Ökonomie werden erst die vorteilhaften Seiten einer Einrichtung mit Hilfe der sozialistischen Kritik, sodann die üblen Folgen dargetan. Aber der Sozialismus ist für Proudhon nur Antithese, nicht höhere Synthese. In dem Kapitel, das der Gemeinschaft gewidmet ist, kritisiert er auch die sozialistischen Projekte, insbesondere diejenigen Fouriers, in unbarmherziger Weise. Und es läßt sich garnicht leugnen, daß er die Schwächen dieser Systeme mit großem Scharfblick erfaßt hat. „Der Sozialismus will den Haushalt abschaffen, weil er zu viel kostet; die Familie, weil sie dem Vaterlande Unrecht tut; das Eigentum, weil es den Staat beeinträchtigt. Der Sozialismus will die Rolle der Frau vertauschen; aus der Königin, wozu die Gesellschaft sie berufen, will er eine Priesterin der Kotytto machen."[1]) Weil heute für das Proletariat Ehe, Familie, Eigentum und Erbschaft fehlen, will man diese Einrichtungen für einen überwundenen Standpunkt erklären und für alle beseitigen. Es kommt aber darauf an, Ehe, Familie, Eigentum und Erbe für alle zu verwirklichen.[2]) Die Gemeinschaft ist eine Religion der Not. Zur Gemeinschaft muß sich der Arme bequemen, der sein Dasein nach dem Prinzipe der äußersten Kostenverminderung einzurichten gedrängt wird. Die Aufgabe besteht darin, die ökonomische Lage für alle so zu verbessern, daß sie auf die Gemeinschaft verzichten können.[3]) „Niemand ist mit dem Nachteile der Bodenzerstückelung, dem Aufwande der Haushaltungen, der Unvoll-

[1]) Die Widersprüche der Nationalökonomie oder die Philosophie der Not von P. J. Proudhon, deutsch von W. Jordan. 2. Ausg. Leipzig. II. Bd. S. 234

[2]) a. a. O. S. 235. [3]) S. 360.

kommenheit der kleinen Industrie und den Gefahren der Vereinzelung unbekannt. Die Persönlichkeit ist stärker als alle Vorstellungen; der Egoismus zieht die Chancen der Lotterie der Unterwerfung unter die Gemeinschaft vor."[1] „Hebt die Freiheit auf und der Mensch ist nur ein elender Galeerensklave, der die Kette seiner getäuschten Hoffnungen bis zum Grabe schleppt; hebt den Individualismus der Existenzen auf, und ihr macht aus der Menschheit einen großen Polypenstamm."[2] „Mit der Gemeinschaft geht also die Familie zu Grunde; und mit der Familie verschwinden die Namen Gatte und Gattin, Vater und Mutter, Sohn und Tochter, Bruder und Schwester; die Ideen der Verwandtschaft und der Verschwägerung, der Gesellschaft und der Häuslichkeit, des öffentlichen und Privatlebens erlöschen; ein ganzes Reich von Beziehungen und Tatsachen hört auf. Der Sozialismus, auf welche Weise er sich auch ausdrücken mag, läuft notwendig auf diese Albernheiten hinaus."[3] „Die Gemeinschaft führt auf allen ihren Wegen zum Selbstmord. Nach dem Vorbilde der Familie errichtet, löst sie sich mit der Familie auf; der Verteilung bedürfend, geht sie durch die Verteilung zu Grunde; zur Organisation gezwungen, stirbt sie durch die Organisation. Endlich setzt die Gemeinschaft das Opfer voraus; und zugleich die Materie und die Form des Opfers aufhebend, kann sie, weit davon entfernt, die zu ihrer Existenz notwendige Reihe herzustellen, nicht einmal das erste Glied ihrer Entwicklung setzen."[4] Fourier gegenüber leugnet Proudhon, daß die Arbeit in dem Maße heute eine Last sei, wie dieser behauptet. „Die Arbeit trägt ebenso wie die Liebe, von der sie eine Form ist, ihren Reiz in sich; sie bedarf weder der Abwechselung, noch der kurzen Dauer, noch der Musik, noch der Plaudereien, noch der Prozessionen, noch zärtlicher Gespräche, noch der Rivalitäten, noch der Polizeidiener, sondern allein der Freiheit und der Intelligenz; sie interessiert, sie gefällt, sie begeistert uns durch die Ausströmung des Lebens und des Geistes, das sie verlangt und ihre mächtigste Bundesgenossin ist die Sammlung, so wie die Zerstreuung ihre größte Feindin ist."[5]

Fourier hatte ausgeführt, daß die Gefahr der Übervölkerung bei seinem System ausgeschlossen sein werde, einmal durch die gute Ernährung, welche die Unfruchtbarkeit begünstige, dann aber auch dadurch, daß die Frau mit mehreren Männern in geschlechtlichen Verkehr treten dürfe, ein Umstand, der in der gleichen Richtung wirken würde.

---

[1] S. 313. [2] S. 329. [3] S. 330.
[4] S. 344. [5] S. 349.

Diese Gedanken flößen der sittlich vornehmen Natur Proudhon's tiefen Ekel ein. Woher solle denn bei den durch zu reichliche Mahlzeiten gemästeten Insassen der Phalanstère's noch eine Neigung zur Arbeit übrig bleiben, da sie alle Kraft der Verdauung widmen würden! Im übrigen sei der Fourierismus nichts als ein System der allgemeinen Prostitution. „Das ist das ganze Geheimnis der Fourieristischen Lösung des Problems der Bevölkerung. Es ist bewiesen, daß die öffentlichen Mädchen in Millionen Fällen nicht einmal Mutter werden; dagegen das Leben im Hause, die häusliche Pflege, die eheliche Keuschheit begünstigen die Fortpflanzung ausnehmend. Also ist das Gleichgewicht der Bevölkerung gefunden, wenn wir, statt uns in abgeschlossenen Paaren, welche die Fruchtbarkeit begünstigen, zu vereinzeln, alle Prostituierte werden. Freie Liebe, unfruchtbare Liebe, das ist ganz eins." [1])

Frägt man, auf welchem Wege nun die höhere Einheit der von Proudhon gleich heftig bekämpften liberalen und sozialistischen Gedankenreihen gewonnen werden soll, so wird in den Contradictions auf ein später erscheinendes Werk hingewiesen, die Solution du problème social. Es erschien in der Tat im Jahre 1848.

Da alle Produzenten auch Konsumenten sind, so können sie durch Vermittlung einer Tauschbank [2]) gleichzeitig eine Organisation des Konsums verwirklichen. Die Produzenten erhalten nach Maßgabe der an die Tauschbank abgelieferten Produkte das Recht, denselben Wert in solchen Produkten der Tauschbank zu entnehmen, die ihren Bedürfnissen entsprechen. Die Konstituierung des Wertes besorgt die Tauschbank. Sie befreit überdies den Arbeiter aus der Abhängigkeit des Kapitals dadurch, daß sie ihm einen unentgeltlichen Kredit in Tauschbons eröffnet oder, wie Proudhon später vorschlug, aus den bei ihr lagernden Vorräten Rohstoffe und Produktionsmittel den Produzenten gegen Überlassung des Wertes in fertigen Produkten zur Verfügung stellt. Ist auf diesem Wege Joch und Monopol des Kapitals gebrochen, so stellt die rein vertragsmäßige Ordnung der wirtschaftlichen Beziehungen die denkbar beste Wirtschaftsverfassung dar, eine Organisation, die alle Vorteile des wirtschaftlichen Liberalismus und Kommunismus ohne deren Nachteile in sich schließt.

Insbesondere werden durch diese mutualistischen Einrichtungen auch die Handelskrisen unmöglich werden. Diese entstehen jetzt dadurch, daß

---

[1]) S. 414.

[2]) Vgl. über Proudhon's und verwandte Tauschbankprojekte die eingehende Darstellung von Diehl. II. S. 35—79; 176—269.

der Arbeiter die mit den Rentenaufschlägen belasteten Waren mit seinem Lohne nicht in entsprechendem Umfange zurückkaufen kann. Fällt der Zins infolge der Unentgeltlichkeit des Kredites weg, so erhält der Arbeiter die Waren billiger und kann eine der Produktivkraft entsprechende Konsumkraft äußern. Die praktische Ausführung des Volksbankplanes, die Proudhon eifrig betrieb, mußte aufgegeben werden, da er in dem kritischen Zeitpunkte eben eine längere Freiheitsstrafe zu verbüßen hatte. Es kann übrigens nicht bezweifelt werden, daß das Proudhon'sche Projekt an denselben Ursachen zusammengebrochen sein würde, welche der Owen'schen Labour Exchange den Untergang brachten (vgl. oben S. 248 f.). Auch bei Proudhon gab es keine Garantie, daß die bei der Bank eingelieferten Waren gerade dem Bedarfe der Konsumenten entsprächen. In politischer Beziehung ist Proudhon ebenfalls Individualist und seine Gedanken stellen in mancher Hinsicht nur die äußerste Fortbildung der Vorstellungen dar, welche seit der Entwicklung des Independententumes aus den Strömungen der Reformation einen so mächtigen Einfluß auf das politische und wirtschaftliche Denken der westeuropäischen Gesellschaft gewonnen haben.

Das Individuum ist souverän,[1]) aber diese Souveränität wird durch die politischen und wirtschaftlichen Einrichtungen vollkommen unterdrückt. Daran können Konstitutionalismus, Parlamentarismus, Demokratie und allgemeines Wahlrecht nichts ändern. Der Despot bleibt, mag er Fürst, mag er, wie Ibsen gesagt hat, kompakte Majorität heißen. Wenn auch der einzelne alle paar Jahre einmal seine Stimme abgeben darf, so kann ihn das nicht dafür entschädigen, daß der Staat die wichtigsten Seiten seines Daseins beherrscht, daß dieser wenigstens formell die Alleinherrschaft an sich gerissen hat, daß der einzelne kein Recht gegen den Staatswillen besitzt und sein ganzer Rechtskreis nur auf Anerkennung und Selbstbeschränkung des Staates beruht.

Die sichere Rettung kann nur darin gefunden werden, daß der Grundsatz eines wirklich freien Vertrages auf die ganze Ordnung des menschlichen Zusammenlebens angewendet wird.

Die souveränen Individuen, welche dieselbe Örtlichkeit bewohnen, treten zu einer Gruppe, der Gemeinde zusammen. Sie übertragen im Wege des Vertrages dieser Gruppe einen Teil ihrer Souveränität. Sie bilden die Gemeinde, um gewisse Aufgaben, denen der einzelne isoliert nicht gewachsen wäre, durch Vereinigung besser zu bewältigen. Die Gemeinde hat aber keine anderen Befugnisse als diejenigen, die ihr von

[1]) Proudhon, Du principe fédératif. Paris 1863.

den Mitgliedern eingeräumt worden sind. Zu diesen Befugnissen gehört insbesondere das Recht, behufs Wahrnehmung derjenigen Interessen, welche die Leistungsfähigkeit der Gemeinde übersteigen, größere Verbände ins Leben zu rufen. Diese höheren Verbände mögen dann wieder für die allgemeinsten Zwecke (Vertretung nach außen, Heerwesen) Föderationen eingehen. Die Organe, welche an der Spitze eines solchen Verbandes freier Körperschaften stehen, haben aber immer eine streng begrenzte Aufgabe. Sie besitzen kein Atom mehr Recht, als ihnen durch die Körperschaften übertragen worden ist, von denen sie ihre Existenz ableiten. Nie können die Vereinigungen mehr Recht besitzen, als sie von ihren Angehörigen empfangen haben, und immer sollen letztere mehr Recht behalten, als sie abgeben. Die letzte und oberste Quelle alles Rechtes bleibt das souveräne Individuum.

Von dem tiefgehenden Einflusse, welchen die ökonomischen und politischen Ideen Proudhond's auf die soziale Bewegung bei den romanischen und slavischen Völkern ausgeübt haben, wird noch an anderer Stelle zu sprechen sein.

58. Karl Rodbertus (1805—1875).[1]

Die Keime sozialistischer Gedanken, welche in Frankreich den Theorien J. J. Rousseau's und der revolutionären Praxis der Jakobiner entsprossen waren, hatten Fichte,[2]) den Bewunderer der französischen Revolution, zu einer sozialistischen Utopie, den geschlossenen Handelsstaat (1800), angeregt. Mag seine Sozialphilosophie auch auf spätere Denker, insbesondere auf Rodbertus und Lassalle, nicht ohne Einfluß geblieben sein, so wurzelt sie in ökonomischer Hinsicht doch so stark in den Zuständen der Vergangenheit und steht demzufolge den Empfindungen des modernen Arbeitersozialismus so fern, daß es nicht gerechtfertigt ist, hier ausführlicher von ihr zu sprechen. Praktisch wichtiger war das Interesse, welches verschiedene Deutsche, die in den 30er und 40er Jahren in Paris lebten, für die sozialistischen Bestrebungen gewannen. Neben Börne und Heine sind namentlich der

---

[1]) Dietzel, K. Rodbertus, I. Darstellung seines Lebens. Jena 1886. II. Darstellung seiner Sozialphilosophie. Jena 1887. Jentsch, K. Rodbertus. Stuttgart 1899; Th. Kozak, Rodbertus-Jagetzow's sozialökonomische Ansichten. Jena 1882.

[2]) Marianne Weber, Fichte's Sozialismus und sein Verhältnis zur Marx'schen Doktrin. Tübingen 1900.

damalige Göttinger Privatdozent Schuster[1]) und der Schneidergeselle Weitling[2]) zu nennen. Ernstes wissenschaftliches Interesse bietet aber erst K. Rodbertus, der bereits im Jahre 1839 einen herrlichen Aufsatz über die Forderungen der arbeitenden Klassen verfaßt hat.[3]) Diese Abhandlung enthielt alle Grundgedanken seiner späteren Wirksamkeit.

Proudhon und Rodbertus werden nicht selten in einem Zuge genannt. Und sie stimmen in der Tat in wichtigen Punkten mit einander überein: sie verwerfen den sich selbst überlassenen Verkehr, führen den Wert auf die Arbeitskosten zurück und leiten die Handelsstockungen aus den ungenügenden Lohnverhältnissen der Arbeiter ab. Nicht das Eigentum an sich soll beseitigt werden, sondern nur seine Fähigkeit, Renten vom Arbeiter zu erheben. Ihr Ideal ist ein Zustand, in dem es nur Arbeitseinkommen gibt. Das aus Arbeitseinkommen fließende Eigentum ist aber sakrosant und vererblich. Von einer gemeinwirtschaftlichen Lebensweise will auch Rodbertus nichts wissen. Von Arbeiterschutz und Arbeitseinstellungen verspricht er sich ebensowenig wie Proudhon. Für beide besteht das nächste Ziel in einer Feststellung der Werte.

Im übrigen aber welch gewaltiger Unterschied zwischen dem Denker von Jagetzow, der nach gründlichen akademischen Studien in behaglicher Muße, welche er als wohlhabender Rittergutsbesitzer genoß, seine Forschungen unternehmen und dem von Nahrungssorgen und politischen Kämpfen abgehetzten, unter dem Drucke journalistischer Tagespflichten schreibenden Proudhon, zwischen dem Bewunderer des festgefügten preußischen Staatswesens und dem anarchistischen Verächter jeder bureaukratischen Einmischung!

Die Enfaltung der Kultur konnte sich nach Rodbertus, der insbesondere als Wirtschaftshistoriker Bedeutendes geleistet hat, nur auf Grundlage der Arbeitsteilung vollziehen, diese aber nur mit Hilfe der Sklaverei. Letztere hat der Liberalismus, in dem er im Arbeiter Menschenrecht und Menschenwürde anerkannte, zwar der Form nach,

---

[1]) H. Schmidt, Ein Beitrag zur Geschichte des „Bundes der Geächteten". N. Z. XVI. I. S. 150.

[2]) W. Weitling, Das Evangelium eines armen Sünders (neu herausgegeben von E. Fuchs. Sammlung gesellschaftswissenschaftlicher Aufsätze. 4. und 5. Heft, München 1895); Die Menschheit, wie sie ist und wie sie sein sollte. 9. Heft der genannten Sammlung. München 1895. Vgl. im übrigen G. Adler, Die Geschichte der ersten sozialpolitischen Arbeiterbewegung in Deutschland. Breslau 1885. S. 17 ff.

[3]) Kozak-Wagner, Aus dem literarischen Nachlaß von Rodbertus-Jagetzow. III. Berlin 1885. S. 195 ff.

nicht aber in bezug auf ihren wirtschaftlichen Kern überwunden. Er überläßt das Lohnverhältnis dem freien Vertragsabschlusse der Beteiligten. „Es ist klar, daß der Besitz seine ganze Überlegenheit benutzen wird, für sich einen möglichst günstigen Abschluß zu erzielen, einen Abschluß, der ihm selbst einen möglichst großen, der Arbeit einen möglichst kleinen Teil vom Produkt zuwendet. Dahin zu streben, legt der Freihandel dem Besitz sogar als Pflicht auf. Nicht allein, weil er den Eigennutz als die vorzüglichste wirtschaftliche Tugend proklamiert, sondern auch weil im Freihandel das allgemeinste Gebot ist, so wohlfeil wie möglich zu produzieren. Es ist aber klar, daß der die Produktion unternehmende und leitende Besitz, dem die Arbeitslöhne als Kosten des Produktes erscheinen, unter sonst gleichen Verhältnissen, dies in dem Maße mehr vermag, als der Lohn niedrig ist. Deshalb drückt im Freihandel der Besitz unausgesetzt auf den Lohn, und dieser Druck gelingt ihm, unter gewissen die freihändlerische Produktion regelmäßig begleitenden Umständen, auch nur zu gut, denn im Durchschnitt wird im Freihandelssystem der Lohn stets auf demjenigen Betrage festgehalten werden, den die Nationalökonomie als den notwendigen Unterhalt des Arbeiters bezeichnet."[1]) In wirtschaftlicher Hinsicht hat sich die Lage des freigewordenen Arbeiters eher verschlechtert als verbessert. Es fehlt eben das Interesse, das der Herr an dem Arbeitssklaven nahm, so lange er noch einen Bestandteil seines Vermögens ausmachte. Für die meisten Arbeiter ist die sogenannte Freiheit heute nichts als eine fortwährende Abhängigkeit von fremdem individuellen Willen und fremder individueller Moral, die Abhängigkeit von dem Willen und der Moral der Grund- und Kapitalbesitzer. Wie stark auch die Produktivität der Arbeit zugenommen haben mag, die Fortschritte sind, da der Arbeiter auf der tiefsten Stufe der Lebensweise festgehalten blieb, nur den besitzenden Klassen zugeflossen, der Anteil der Arbeiter am Nationalprodukt ist gefallen. Kaufkraft und Produktivkraft stehen nicht mehr im geraden Verhältnis. „Die Kaufkraft des größten Teils der Gesellschaft vermindert sich vielmehr im Verhältnis der steigenden Produktivität, und die Gesellschaft kommt in den Fall, Gebrauchswert zu produzieren, der nicht mehr Marktwert und Kaufkraft ist, während doch noch bei den meisten die Bedürfnisse danach nicht befriedigt sind."[2]) „Es muß mit einem Worte zu jener unglaublichen Unvernunft kommen, daß, während noch die Mehrzahl der Gesellschaft in Armut schmachtet, die-

[1]) Kozak a. a. O. S. 152.

[2]) Rodbertus-Jagetzow, Zur Beleuchtung der sozialen Frage I. Berlin 1875. S. 50.

selbe ihre Produktivkräfte doch bei weitem nicht mit voller Kraft wirksam werden lassen darf, weil dann auch noch der kleinere Teil in Armut gestürzt werden würde."[1]) So kommt es der Gesellschaft teuer zu stehen, daß die Arbeit so billig ist.

Da die Arbeiter nach der Auffassung von Rodbertus für die ökonomische Betrachtung noch in einer Art Sklaverei sich bewegen, erscheint ihm die Erteilung politischer Rechte an sie vollkommen unkonsequent. „Welch ein törichter unbeschreiblicher Widerspruch in der Auffassung derjenigen Nationalökonomen, welche die Arbeiter in ihrer rechtlichen Stellung über die Geschicke der Gesellschaft mitentscheiden und zugleich sie nationalökonomisch nur immer als Ware behandeln lassen wollen! — denn die Arbeit sind in dieser Beziehung die Arbeiter."[2])

Diese Zustände sind in keiner Weise das Ergebnis natürlicher Gesetze, deren Geltung der Mensch nicht aufheben kann. „Wie soll Natur sein, was, klar wie die Sonne, nur das Produkt jahrtausendlanger menschlicher Gesetzgebung ist? Sind denn unsere Staaten, als sie Leibeigenschaft und Zünfte aufhoben, als sie das Grundeigentum von seinen Fesseln befreiten, der Arbeit und dem Kapital die freie Wahl der Beschäftigung überließen und damit die Nationalproduktion unter die treibende Kraft des Wetteifers und der Konkurrenz stellten, sind, frage ich, unsere Staaten damals mit ihren Bürgern neu auf die Welt gekommen? War dem Einen so von Natur der Grundbesitz, waren dem Anderen so von Natur die Rohstoffe und Maschinen angewachsen, wie den Dritten ihre bloßen Arme und Beine? .... Aber, wenn der Staat so lange nicht aus Naturgesetzen bestanden hatte, warum denn plötzlich jetzt, wo die Einen mit sehr künstlichen, durch nichts weniger als Naturgesetze zu Tage geförderten Werkzeugen, die Anderen in der Tat nur mit ihren natürlichen Organen in jenen Kampf eintreten, den man Konkurrenz nennt?"[3]) „Nur in der Natur tragen die Dinge und Verhältnisse ihr vernünftiges Gesetz in sich, in der Gesellschaft verlangen sie es von den Menschen."[4]) „Die Atome des Staates sind nicht tote physikalische Einheiten, sondern lebendige Individuen, selbstbewußte Menschenseelen. Darum sind die Staaten, nicht wie physische Organismen, nur in ihren Handlungen nach außen frei, sondern, abweichend von diesen, durch und durch freie Organismen. Sie sind nicht so glücklich oder unglücklich, daß sich ihre Lebensfunktionen von

[1]) a. a. O. S. 51. [2]) a. a. O. S. 47.

[3]) Kleine Schriften von Rodbertus-Jagetzow. Berlin 1890. S. 324.

[4]) Zur Beleuchtung I. S. 53.

selbst, mit Naturnotwendigkeit, vollziehen. Wie sie als geschichtliche Organismen sich selbst organisierende Organismen sind, sich ihre Gesetze und Organe selbst zu geben haben, so gehen auch die Funktionen ihrer Organe nicht mit Notwendigkeit vor sich, sondern sie, die Staaten selbst, haben sie in Freiheit zu regeln, zu unterhalten und zu fördern. Sich im Staatsleben Naturgesetzen zu unterwerfen, heißt, sich des „Göttlichen" im Menschen begeben, heißt, von sozialen Organismen, mutwillig in Krankheit und Tod gehen."[1])

So entschieden Rodbertus den Staat zur Lösung der sozialen Frage in Anspruch nimmt, so wenig kann er sich für die bloße Feststellung der Maximalarbeitszeit durch die Gesetzgebung erwärmen. „Ob ein Gaul vor dem Karren niederstürzt, weil er zu lange arbeitet, oder weil er bei kürzerer Arbeit zu schlecht gefüttert wird, das scheint mir ganz auf eins herauszukommen."[2]) Solche Gesetze sind ihm nur eine „Nachäfferei Englands, wo diese human sozialen Kapriolen jetzt 50 Jahre lang spielen und doch die soziale Frage schwieriger und schwäriger geworden ist als überall, wo solche Antitierquälerei nicht stattgefunden."[3]) Legt Rodbertus somit das Schwergewicht in eine Lohnerhöhung, so verspricht er sich doch auch von den eigenen Bemühungen der Arbeiter, durch Organisationen und Arbeitseinstellungen eine Verbesserung des Einkommens zu erkämpfen, keinerlei Erfolge. Er mißbilligt den „Strike-Unsinn" und begrüßt aufs freudigste „jede energische Unterdrückung, die das unglückliche Koalitionsgesetz dem Staate gegen Ausschreitungen noch übrig läßt". „Dies Gesetz beruht auf einer so vollständigen Verkennung der sozialen Pflichten der einzelnen Klassen der Gesellschaft, daß man nach hundert Jahren die Gesetzgebung für verrückt halten wird, welche die Einstellung von Dienstleistungen gestattete, die zum Leben des sozialen Körpers notwendig sind. Dies Gesetz ist in der Tat die höchste Ausgeburt des Individualismus."[4])

Die Lohnregulierung soll durch den Staat erfolgen. Zunächst müßte entsprechend den verschiedenen Ansprüchen, welche die Arbeiten in verschiedenen Gewerben an Hirn- und Muskelkraft stellen, eine Normalarbeitszeit festgestellt werden.[5]) Die Arbeitsquantität, welche von einem mit Durchschnittseigenschaften begabten Arbeiter innerhalb der Normalarbeitszeit fertig gestellt wird, gilt als Normalwerk. Der

---

[1]) Briefe und sozialpolitische Aufsätze von Rodbertus-Jagetzow, herausgegeben von Dr. R. Meyer. II. Bd. S. 519.

[2]) a. a. O. I. S. 234. [3]) a. a. O. S. 292.

[4]) a. a. O. S. 90.

[5]) Kleine Schriften S. 337—359.

auf das Normalwerk entfallende Lohn ist unter der Autorität des Staates zwischen Arbeitern und Arbeitgebern zu vereinbaren. In weiterer Folge könnte an stelle des Geldlohnes eine Bescheinigung über die geleistete Arbeit treten. Jedes Normalwerk zerfiele in 10 Werkstunden. Hätte ein besonders fleißiger Arbeiter in einem Gewerbe, dessen Normalarbeitszeit auf 6 Stunden angesetzt worden ist, im Tage zwei Normalwerke geleistet, so erhielte er 20 Werkstunden bescheinigt und könnte mit diesen Anweisungen den Magazinen Waren entnehmen, die 20 Werkstunden gekostet haben. Da aber auch für die Funktionäre der Gesellschaft, welche andere als materielle Arbeiten verrichten, gesorgt werden muß; so sind von den tatsächlich geleisteten Werkstunden Abzüge zu machen.

Rodbertus glaubt nicht, und dadurch unterscheidet er sich von anderen Vertretern des experimentellen Sozialismus, daß diese Veränderungen innerhalb kurzer Zeit ausgeführt werden können. Es wird mehrere hundert Jahre brauchen, ehe die Entwicklung soweit fortgeschritten sein wird. Der Staat kann eben selbst nur sehr langsam die Funktionen, welche heute noch die Grund- und Kapitalbesitzer ausführen, selbst übernehmen. „Das Grund- und Kapitaleigentum übt eine erziehende Gewalt in der Gesellschaft aus, die nicht zu entbehren ist, eine Art häuslicher Gewalt, die nur durch ein völlig verändertes nationales Unterrichtssystem, zu dem aber selbst noch wieder alle Vorbedingungen fehlen, ersetzt werden könnte — denn das jeden Augenblick und auf jedem Fleck der Gesellschaft, immerhin auch nur zunächst in seinem eigenen Interesse, tätige Grund- und Kapitaleigentum trägt heute noch weit mehr zur Aufrechterhaltung der sozialen Ordnung bei, als die ganze Staatsgewalt in allen ihren Zweigen, die immer, und auch heute, nur ausnahmsweise einschreiten kann."[1]) Es ist noch zu bezweifeln, „ob die sittliche Kraft des Volkes schon groß genug wäre, um aus freiem Willen auf dem Wege der nationalen Arbeit, das ist des nationalen Fortschrittes, zu beharren, ohne daß, wie heute, der Zwang des Grund- und Kapitaleigentums es darauf festhält, und, selbst mit der Geißel der Not, darauf vorwärts treibt."[2]) Es genügte zunächst, wenn die staatliche Lohnregulierung die Löhne in dem Verhältnisse, in welchem die Produktivität der Arbeit in Zukunft wachsen würde, zunehmen ließe. Damit wäre immerhin schon die Wurzel des bestehenden Übels, die im Verhältnisse zur Produktivität fallende Lohnquote, beseitigt.

---

[1]) Kozak a. a. O. S. 193. [2]) Zur Beleuchtung I. S. 28.

Die soziale Frage kann nicht „auf der Straße mittelst Strikes, Pflastersteinen oder gar Petroleum“ gelöst werden. Solche Mittel mochten genügen, als es nur abzuschaffen, zu zerstören galt. „Heute heißt es organisieren.“ Die soziale Frage ist „von eigentümlicher Konstitution, wie eine Sinnpflanze: vor rauhen, gewalttätigen Händen fährt sie erschrocken zurück. Dauernder sozialer Friede, einheitliche politische Regierungsgewalt, fester, vertrauensvoller Anschluß der arbeitenden Klassen an diese Gewalt, große Aufnahmen, Vorarbeiten und Anstalten, die eine Reihe tiefer Kombinationen bilden und nur in Ruhe, mit Ordnung und Energie zu treffen sind, — das sind die Vorbedingungen der Lösung der sozialen Frage. Sie schließen gleichermaßen eine zerfahrene Staatsgewalt, eine turbulente Arbeiterbevölkerung und „Carlsbader Beschlüsse“ aus.“ [1])

Die Arbeiterbewegung kann deshalb nur dann segensreich wirken, wenn sie sich monarchisch, national und sozial betätigt. In nationaler Beziehung vertrat Rodbertus den Gedanken einer Expansion nach dem Balkan und dem Oriente hin. [2])

Überblickt man die positiven Vorschläge von Rodbertus, so wird man nicht geneigt sein, ihm eine große Bedeutung für die Entwicklung der sozialen Reform zuzugestehen. Abgesehen von seinen agrarpolitischen Ideen, auf die hier nicht eingegangen werden kann, ist es ja allein das Prinzip der Lohnregulierung, auf das bei ihm alles ankommt. Die Art seiner Lohnregulierung ist aber ziemlich unpraktisch. Für diejenigen Mächte, welche bis jetzt wirklich Erfolge auf diesem Felde erzielt haben, für die Arbeiterberufsvereine, fehlt ihm jedes Verständnis.

Dennoch hat Rodbertus für die Verbreitung sozialpolitischen Interesses, wenigstens in Deutschland, Großes geleistet. Seine einschneidende Kritik des wirtschaftlichen Liberalismus, seine konservative Fassung des sozialistischen Gedankens, sind in Kreise gedrungen, welche der sozialdemokratischen Agitation nicht zugänglich gewesen wären. Erst das Studium von Rodbertus hat viele zwischen dem Sozialismus an sich und seiner augenblicklichen Vertretung durch die Sozialdemokratie unterscheiden gelehrt. Er hat das Vertrauen des Staates zu seiner sozialen Befähigung ungemein gehoben. Insofern gehören seine Ideen jedenfalls zu den Imponderabilien, welche die Ausbildung der sozialen Gesetze im Deutschen Reiche wesentlich unterstützt haben. In der nationalsozialen Partei besteht heute auch eine politische Gruppe, deren Hauptaufgabe n der Vereinigung des monarchischen, nationalen und sozialen Gedankens besteht.

[1]) Kleine Schriften S. 359. [2]) a. a. O. S. 269—288.

59. Die Bodenreformer.[1])

Die Bodenreformbewegung im engeren Sinne des Wortes geht von der Annahme aus, daß die Übertragung des Bodeneigentumes an die Gesellschaft schon allein im Stande sei, das vorhandene Elend aus der Welt zu schaffen. Einzig und allein das private Bodeneigentum trage die Schuld, wenn heute Privatkapital und Verkehrsfreiheit zu so traurigen Ergebnissen führten. An und für sich seien diese Einrichtungen ganz vortrefflich und müßten zu allgemeiner Wohlfahrt ausschlagen, sobald das private Bodeneigentum aufhören würde, ihnen eine sozial verderbliche Wirksamkeit aufzudrängen.

Die Bodenreformer besitzen deshalb sowohl mit dem Sozialismus als auch mit dem wirtschaftlichen Liberalismus viele Berührungspunkte. Sie unterschrieben die scharfe Kritik, welche die sozialistischen Schriftsteller an den sozialen Zuständen unserer Zeit üben, ohne Widerrede und in voller Ausdehnung, sie wollen aber das kollektivistische Programm der Sozialisten nur für das private Bodeneigentum gelten lassen. In allen anderen Punkten sind sie Liberale, sogar begeisterte Verehrer der wirtschaftlichen Freiheit.

Die Bodenreformbewegung schöpft ihre werbende Kraft sowohl aus der starken Empfindung für die vorhandenen sozialen Mißstände überhaupt, die immer weitere Kreise erfaßt, als auch aus bestimmten wirtschaftlichen Theorien. Dazu gesellen sich fördernd die ernsten Gefahren, die aus der schlechten Grundeigentumsverfassung gewisser Länder fließen, und die individualistische Abneigung gegen eine Bureaukratisierung und Verstaatlichung des ganzen Wirtschaftslebens, wie sie als Konsequenz des Sozialismus erscheint.

In theoretischer Hinsicht haben die meisten Bodenreformer Ricardo's Lehre von der Grundrente zum Angelpunkte ihres Systemes gemacht.

Infolge des industriellen Aufschwunges war die Bevölkerung Englands während der ersten Jahrzehnte des vergangenen Jahrhunderts überaus stark angewachsen. Die heimische Landwirtschaft konnte den steigenden Ansprüchen nur dadurch gerecht werden, daß immer geringerer Boden noch in Anbau genommen wurde. Da überdies Kornzölle die Zufuhren aus dem Auslande erschwerten, so stieg allmählich, wegen ungenügender Versorgung des Marktes, der Preis des Kornes höher und höher. Ohne eigenes Verdienst vermochten die Eigentümer des Bodens der ganzen übrigen Bevölkerung einen drückenden Tribut auf-

---

[1]) Vgl. auch Diehl, Art. Bodenbesitzreform.

zuerlegen. Und noch greller trat die furchtbare soziale Macht, die dem privaten Bodeneigentume innewohnt, in dem Monopolcharakter des städtischen Grundbesitzes vor Augen. Innerhalb kurzer Zeiträume erfolgten Verdoppelungen, Vervielfachungen des ursprünglichen Wertes, ohne daß an den Grundstücken und den auf ihnen erbauten Häusern von den Besitzern eine Veränderung vorgenommen worden wäre. So erschien schon vielen Anhängern der klassischen Nationalökonomie der Grundeigentümer als ein Parasit der modernen Gesellschaft, der ernte, ohne gesät zu haben. Neben dem Wunsche, der Industrie zu entfliehen, haben derartige Gesichtspunkte, die übrigens schon von Schriftstellern des 18. Jahrhunderts entwickelt worden waren (Thomas Spence 1750 bis 1814; William Ogilvie), in der Chartistenbewegung eine Rolle gespielt.

Zu einer weitere Kreise erfassenden Bodenreformbewegung hat sich die Kritik der Grundrente aber erst unter dem Einflusse des Amerikaners Henry George[1]) verdichtet. Letzterer ist ein Schriftsteller von vielseitiger Lebenserfahrung, scharfer Beobachtung, reicher Phantasie, glänzendem Geiste und hinreißender Darstellungsgabe.

Er betrachtet es als eine notorische, keines weiteren Nachweises bedürftige Tatsache, daß ungeachtet aller staunenswerten Fortschritte der Produktionstechnik die großen Massen des Volkes immer mehr verarmen. Worin ist die Ursache dieses Elends zu suchen? Es kann nicht auf den Mangel an Kapital zurückgeführt werden, wie die Anhänger der Lohnfondstheorie wollen, denn der Arbeiter erzeugt selbst die Werte, aus denen sein Lohn fließt. Es entspringt nicht der Übervölkerung, denn das Wachstum der Bevölkerung bedeutet nicht eine Abnahme, sondern eine Zunahme der produktiven Kräfte. „Denn selbst wenn die Zunahme der Bevölkerung die Kraft des Naturfaktors der Produktion dadurch schwächt, daß sie ärmeren Boden in Angriff zu

[1]) Henry George wurde 1839 in Philadelphia geboren und begann seine Laufbahn als Setzerlehrling, vertauschte diesen Beruf aber bald mit dem eines Schiffsjungen, um an Bord eines ostindischen Kauffahrers Ostindien persönlich kennen zu lernen. Später kehrte er auf kurze Zeit zur Druckerpresse zurück, wurde aber nochmals Matrose. Nach der Entdeckung der Goldlager am Frazers River auf der Vancouvers-Insel begab er sich dorthin als Goldgräber, ohne indes besondere Erfolge zu erzielen. So wurde er neuerdings Setzer, begann aber auch eine journalistische Tätigkeit, die ihm bald die Stelle eines Chefredakteurs bei den San Franzisco Times verschaffte. Ein von ihm selbst gegründetes Blatt ging in der Krise der siebziger Jahre zu grunde, und George fand nur durch eine kleine amtliche Stellung schließlich die Muße, um sein Hauptwerk „Progress and Poverty“ zu verfassen.

nehmen zwingt, so vergrößert sie doch die Kraft des menschlichen Faktors so sehr, um dies mehr als auszugleichen. Zwanzig vereint arbeitende Leute werden auch da, wo die Natur geizt, mehr als zwanzigmal so viel Güter produzieren, als ein einziger an einem Orte produzieren kann, wo die Natur überaus freigebig ist. Je dichter die Bevölkerung, desto größer wird die Teilung der Arbeit, desto bedeutender die Ersparungen bei der Produktion und bei der Verteilung.[1])

Das Übel wird auch nicht durch den Kapitalzins begründet. Dieser entspringt aus der Vermehrungsfähigkeit, „welche die reproduktiven Kräfte der Natur und die in der Wirkung analoge Fähigkeit zum Austausche dem Kapitale verleihen. Er ist nichts Willkürliches, sondern etwas Natürliches; er ist nicht das Ergebnis einer besonderen sozialen Einrichtung, sondern der allgemeinen Gesetze, denen die Gesellschaft unterliegt. Er ist daher gerecht.“[2])

Die Ursache der Verarmung kann auch nicht in den Regierungsformen oder in der Handelspolitik liegen. Ob Demokratie oder Monarchie, ob Schutzzoll oder Freihandel, das Elend findet sich gleichmäßig in allen zivilisierten Ländern vor.

So kann der Grund, aus dem trotz der Zunahme der produktiven Kraft der Lohn beständig einem Minimum zustrebt, das nur eben zum Leben dürftig ausreicht, einzig und allein in der Tatsache erblickt werden, daß die Grundrente noch rascher als die produktive Kraft nach aufwärts strebt und dadurch eine beständige Tendenz zur Niederhaltung des Lohnes hervorbringt. „Die Arbeit kann die Vorteile, welche die fortschreitende Zivilisation bringt, nicht einheimsen, weil sie ihr unterschlagen werden. Da das Land zur Arbeit notwendig, aber in Privatbesitz übergegangen ist, so erhöht jede Steigerung der produktiven Kraft der Arbeit nur die Grundrente — den Preis, welchen die Arbeit für die Gelegenheit, ihre Kräfte auszuüben, zahlen muß; und so gehen alle die durch den Fortschritt gewonnenen Vorteile an die Grundbesitzer, und der Lohn steigt nicht. Der Lohn kann sich gar nicht bessern, denn je größer der Verdienst der Arbeit, desto größer der Preis, welchen sie von ihm für die Gelegenheit, überhaupt Verdienst machen zu dürfen, hergeben muß. Der bloße Arbeiter hat somit nicht mehr Interesse an dem Aufschwunge produktiver Kraft, als der kubanische Sklave an der Preiserhöhung des Zuckers. Und gerade wie eine solche Erhöhung die Lage des letzteren dadurch verschlimmern kann, daß sie seinen Herrn veranlaßt,

[1]) Fortschritt und Armut, deutsch von Gütschow. Berlin 1881. S. 132.
[2]) a. a. O. S. 166, 167.

Die Herstellung der betreffenden Güter würde den Kreislauf zwischen Produktion und Konsumtion in Gang erhalten und die Kultur fördern.[1])

Der Sitz des Übels ist darin zu finden, daß die Kapitalisierungen großenteils keine Steigerung der Nachfrage nach Produktionsmitteln herbeiführen, sondern nur die Konsumtionskraft der Massen einschnüren. Der größte Teil des Weltkapitales kann heute nicht als wirkliches, der Gütererzeugung dienendes Kapital angesehen werden, sondern er ist nichts als eine Fiktion, etwas gar nicht Vorhandenes, Wertloses; denn er besteht einfach aus dem Preise, für den das gesetzliche Recht, aus irgend einem Grunde den Nebenmenschen tributpflichtig zu machen, auf dem Markte sich verkaufen läßt. Kann jemand durch die Macht des Staates in Form der Steuer einen Mitmenschen zwingen, ihm einen Tribut im Werte von 4 M. zu zahlen, so hat das Dokument, welches ihm dieses Recht verleiht, verzinsliches Staatspapier genannt, heute einen Wert von etwa 105 M. an der Börse. Dem größten Teile der modernen Staatsschulden steht nur in geringem Maße wirkliches Eigentum gegenüber.[2])

Eine Hauptquelle solchen imaginären Kapitales bildet nun auch der Grund und Boden. Er ist kein Erzeugnis der Arbeit, bietet aber infolge seiner Unentbehrlichkeit ein unfehlbares Mittel der Tributerhebung für diejenigen, welche ihn mit Beschlag belegen können. Der Wert dieses Rechtes bildet einen Hauptteil des Nationalkapitales und entspricht dem Betrage, welchen die zu dem üblichen Zinsfuße kapitalisierte Grundrente ergibt. Da der Zins die wesentliche Grundlage für das Zustandekommen des imaginären Kapitales bildet, so gilt es, seinen Ursprung zu ermitteln.

Die Mutter des Kapitalzinses ist die private Aneignung der Grundrente. Die Unzerstörbarkeit, Unbeweglichkeit des Bodens enthebt den Besitzer der Notwendigkeit, Erhaltungsarbeit leisten zu müssen. Die Unvermehrbarkeit und Unentbehrlichkeit des Bodens zur Existenz, sowie seine selbsttätige Hervorbringung wertvoller Rohstoffe gibt seinem Eigentümer die Macht, eine Miete für seine Herleihung zu beanspruchen. Seine Verkäuflichkeit gibt jedem, der Güter besitzt, mit denen er Land kaufen kann, die Macht, eine entsprechende Miete, also Zins für die Herleihung der betreffenden Güter zu beanspruchen, weil er solche Miete erlangen könnte, wenn er die betreffenden Güter in Landbesitz verwandeln würde.[3])

---

[1]) S. 562. [2]) S. 566. [3]) S. 569.

Die Aufhebung des privaten Bodeneigentumes genügt also, um Grund- und Kapitalrente zu beseitigen und alles Einkommen zu einem Arbeitseinkommen zu machen. Der Zins wird sich höchstens noch in der Form einer Gefahr- oder Verlustprämie behaupten können.

So erscheint die Bodenbesitzreform als ein versöhnendes Mittelglied zwischen Individualismus und Sozialismus.

Im Gegensatze zu H. George und Flürscheim hat der Nationalsoziale A. Damaschke, der gegenwärtige Leiter der Bodenreformbewegung in Deutschland, seine Tätigkeit auf konkrete Gegenwartsprobleme konzentriert. Eine gedeihliche Entwicklung der Bodenfrage innerhalb der kommunalen Sozial- und Finanzpolitik ist es, der er seine bedeutenden schriftstellerischen, rednerischen und organisatorischen Kräfte weiht, nach dem Motto: „Stets habe ich mir ein nahes Ziel gewählt, doch hat ein fernes mich dazu beseelt!"[1])

60. Zur Kritik der Bodenreformbewegung.

Eine Kritik, welche vorzugsweise die theoretischen Ideen der Bodenreformer zum Ausgangspunkte wählen würde, müßte vor allem die These, welche sowohl George wie Flürscheim keines Beweises für bedürftig erachten, nämlich den Satz von der zunehmenden Verarmung der großen Massen des Volkes, ganz entschieden bestreiten. Sodann wäre zu betonen, daß H. George die Einsicht in die wahre Bedeutung des Kapitalbesitzes und der Kapitalrente vollständig abgeht. In diesem Punkte wird er von Flürscheim unleugbar übertroffen, wenn auch dieser wieder in die schwersten Irrtümer verfällt, insofern er den ganzen Kapitalrentenbezug aus der Einrichtung des privaten Bodeneigentumes ableitet. Vieles hat Flürscheim von Rodbertus und Proudhon übernommen. Von Rodbertus die Unterkonsumtionstheorie zur Erklärung der Krisen; von Proudhon außerdem noch die Ansicht, daß nach Beseitigung des Renteneinkommens eine vollständige Verkehrsfreiheit die weitaus beste Ordnung des Wirtschaftslebens darstelle. Originell und verdienstlich ist es aber, wenn Flürscheim die sogenannten „falschen oder imaginären" Kapitalisierungen in den Vordergrund des Interesses rückt. Mag er auch über das Verhältnis der imaginären Kapitalbildung zur echten (bezw. über den Umfang desjenigen Kapitales, das nur Erwerbs-

[1]) Damaschke, Aufgaben der Gemeindepolitik. 4. Aufl. 1901; Derselbe, Die Bodenreform. 3. Aufl. Berlin 1904. Das publizistische Organ der deutschen Bodenreformer ist die Deutsche Volksstimme. Frei Land. Berlin 1905, im 16. Jahrgange stehend.

kapital, subjektives, privates Kapital und nicht auch Produktivkapital, objektives, nationales Kapital ist) allzu ungünstige Vorstellungen hegen, so war es bei der geringen Aufmerksamkeit, welche diesen imaginären Kapitalisierungen von der Theorie geschenkt worden ist, ganz angemessen, diese Vernachlässigung scharf zu betonen.

Es liegt hier nicht die Absicht vor, auf die theoretische Seite des Bodenreformprogammes einzugehen. Selbst wenn diese ganz falsch wäre, so bestände doch immer noch die Möglichkeit, daß die Bodenreform, vom praktisch-politischen Standpunkte aus beurteilt, einen wichtigen sozialen Fortschritt bedeutete.

Um in dieser Hinsicht zu besserer Einsicht zu gelangen, ist es notwendig, die Zustände der Bodenbesitzverfassung, welche tatsächlich in den verschiedenen Ländern westeuropäischer Zivilisation anzutreffen sind, kurz vorzuführen und hierbei genau zwischen ländlichem und städtischem Grundeigentum zu unterscheiden.

Da stehen wir nun in Westeuropa keineswegs immer einer steigenden, sondern oft einer stationären, ja selbst sinkenden landwirtschaftlichen Grundrente gegenüber. So ist z. B. das aus der Verpachtung des Grundeigentumes im Vereinigten Königreiche fließende Einkommen von 1880—1894 von 69 383 066 Lstr. auf 52 463 477 Lstr. gesunken.[1]) Und obwohl in Deutschland durch den Agrarschutzzoll die Minderung der ländlichen Grundrente künstlich aufgehalten worden ist, haben sich doch bei den zur Neuverpachtung kommenden preußischen Staatsdomänen gegenüber den bisher erzielten Pachten Ausfälle ergeben. Setzt man die vor der Neuverpachtung erzielte Summe gleich 100, so betrug die neue Pacht in den 7 östlichen Provinzen:[2])

Pachtbeginn	Zahl der Güter	Verhältnis zu 100
1870—74	106	163,4
1875—79	128	172,5
1880—84	158	124,2
1885—89	152	93,8
1890—94	133	89,9
1895—99	156	85,4.

Niemand kann mit Sicherheit sagen, wie sich in Zukunft die Entwicklung des Getreidebaues gestalten wird, ob wir bereits den Zenith der Agrarkrisis und auswärtigen Konkurrenz überschritten haben, oder ob nicht vielleicht durch neue Fortschritte im Verkehrswesen (sibirische

[1]) Statistical Abstract for the United kingdom. 1895 S. 35; 1903 S. 41.
[2]) Conrad in S. d. V. f. S. LXXXX. S. 137.

Bahn!), weitere Besiedelungen und Kolonisationen sogar noch eine beträchtliche Vergrößerung der Zerealienproduktion und eine Verschärfung des Preisdruckes zu erwarten sind.

Indes es soll angenommen werden, daß die landwirtschaftliche Grundrente wieder steigt, wie das in einzelnen Gegenden und Landstrichen schon jetzt beobachtet werden kann. Ob diese Entwicklung gegenüber die Bodenverstaatlichung einen erstrebenswerten Fortschritt bildet oder nicht, das hängt durchaus von der bestehenden ländlichen Besitzverteilung ab. Wo der Grund und Boden sich im Eigentume einer relativ kleinen Anzahl von Personen befindet, wie in Großbritannien, in gewissen Gebieten Nordostdeutschlands, Böhmens, Mährens, Galiziens, Ungarns, Süditaliens und Siziliens, dort kann in der Tat eine Beschränkung des Latifundienwesens durch Bodenverstaatlichungsmaßregeln als durchaus zweckmäßig gelten. Den Pächtern wäre eine Art Pachtrecht nach dem Muster der neuesten irischen Landgesetzgebung zu erteilen.[1]) Auch die Verwandlung in Erbpächter nach mecklenburgischem Muster könnte in Frage kommen.

Abgesehen von dem Vorteile, der darin läge, daß die Steigerung der Grundrente mehr der Allgemeinheit zu statten käme, würden überdies die Beziehungen der Landarbeiter zum Grund und Boden verbessert und die Zahl der kleineren und mittleren Betriebe wesentlich verstärkt werden.

Nun begegnet eine solche Reform natürlich den größten politischen Schwierigkeiten. Selbst in Zeiten zurückgehender Grundrente wollen vermögliche Grundeigentümer vom Auskaufe durch den Staat nichts wissen. Der Verzicht auf das Bodeneigentum bedeutet eine empfindliche Einbuße an politischer und sozialer Macht. Dazu tritt die wirtschaftliche Erwägung, daß eine Kapitalabfindung, mag sie auch reichlich bemessen sein, doch im Laufe der Zeit wegen der sinkenden Tendenz des Zinsfußes an Wert verliert.

Wo indes das Grundeigentum gut verteilt ist, wie etwa im Süden und Westen Deutschlands, in der Schweiz und in Frankreich, da wird selbst bei steigender Grundrente eine Bodenverstaatlichung nicht befürwortet werden können, ganz abgesehen davon, daß sie der herrschenden Volksstimmung auf's äußerste zuwiderlaufen würde. Da kommt der „unverdiente Zuwachs“ durch Steigerung der Grundrente auch ohne Bodenverstaatlichung tatsächlich, mittelbar und unmittelbar, einem sehr großen Bruchteile der Bevölkerung zu statten.

---

[1]) Herkner, Die irische Agrarfrage. J. f. N. St. 55. Bd. S. 484 f.

Und wenn das Vorhandensein von einzelnen Mißständen auch nicht geleugnet werden kann, so hat andererseits die feste Beziehung, die das Grundeigentum der bäuerlichen Bevölkerung zum Grund und Boden verschafft, doch auch manche wirtschaftlich und sozial segensreiche Folgen als Gegengewicht aufzuweisen. Der große Fleiß, die sorgsame Behandlung, welche hier dem Boden gewidmet werden, entspringen dem Bewußtsein, daß alle Früchte dieser Opfer und Mühen der eigenen Wirtschaft und den Nachkommen unverkürzt zufallen müssen. Sie entspringen weiter jener Liebe und Anhänglichkeit an die heimatliche Scholle, die nur das sichere Eigentum erwachsen läßt.

Mag auch bei der Ordnung des Pachtwesens die theoretische Möglichkeit vorliegen, Meliorationen ihrem Urheber zuzurechnen, so sind die Schwierigkeiten, die in der Natur der Sache liegen, doch zu groß, als daß je eine beide Teile durchaus befriedigende Lösung erzielt werden kann.

Schließlich ist der Gedanke nicht abzuweisen, daß der Staat als Bodeneigentümer seine Machtstellung zu fiskalischen oder politischen Zwecken mißbrauchen kann. Aus diesen und den eben angeführten Gründen würde wahrscheinlich selbst dort, wo seit alters her eine Pächterbevölkerung besteht, wie in England und Italien, die Verwandlung der Pächter in Eigentümer noch der Übertragung des Bodeneigentumes von den großen Grundherren an den Staat vorzuziehen sein. Tatsächlich sucht man ja auch in Irland tunlichst vielen Pächtern das Aufsteigen zu Eigentumsbauern zu ermöglichen. Die Blüte der Landwirtschaft erfordert eine äußerst individualistische Gestaltung der Agrarverfassung. Das Ziel der Bodenreform kann deshalb nicht darin bestehen, daß der ganzen Nation als solcher, sondern daß einer möglichst großen Zahl einzelner Volksgenossen der Bodenbesitz erschlossen wird.

Für diese Forderung hat neuerdings auch Oppenheimer eine Reihe sehr beachtenswerter Argumente ins Treffen geführt.[1])

Am weitesten ist in dieser Beziehung die Gesetzgebung einiger australischer Staaten (Neuseeland, Süd-Australien) vorgeschritten.[2]) Es sind dort Flächenmaxima aufgestellt worden, über welche hinaus niemand Boden erwerben oder pachten darf. Dazu treten progressive Besteuerungen des Grundeigentumes, Besteuerungen des unverdienten

[1]) Vgl. Fr. Oppenheimer, Die Siedlungs-Genossenschaft. Leipzig 1896; Großgrundeigentum und soziale Frage. Berlin 1898; Das Bevölkerungsgesetz des T. R. Malthus. Berlin—Bern 1901.

[2]) Vgl. Métin, Le socialisme sans doctrines. Paris 1901. S. 36—58.

Wertzuwachses, ja in Neuseeland sogar Expropriationsbefugnisse gegenüber dem Großgrundbesitze. Während so auf verschiedenen Wegen die Ausbildung des großen Grundeigentumes verhindert wird, erfahren die mittleren und kleineren Grundeigentümer mannigfache Unterstützungen. Eine Besteuerung des unverdienten Wertzuwachses im Betrage von 33⅓ Proz. ist auch in der deutschen Kolonie Kiautschou eingeführt.

Anders freilich sind die Verhältnisse dort zu beurteilen, wo besondere zollpolitische Maßnahmen eine vorteilhafte Rentabilität der heimischen Landwirtschaft sichern und dadurch die Tendenzen der industriestaatlichen Entwicklung abschwächen wollen (vgl. oben S. 63). Diese Politik hat immer mit der Gefahr zu kämpfen, daß die Preiserhöhungen der Produkte nicht zu einer besseren Entlohnung der aktiven Landwirte, sondern zu einer Erhöhung der Bodenwerte führen. Sollte diese Eventualität größere praktische Bedeutung erhalten, so ließen sich einschneidende Maßnahmen im bodenreformerischen Sinne wohl begründen. Der Grundeigentümer, der seinen politischen Einfluß dazu verwendet, sich ungünstigen Konjunkturen der Bodenbewertung auf Kosten der Gesamtheit nicht nur zu entziehen, sondern sogar künstlich einen Wertzuwachs herbeizuführen, bringt der Gesellschaft mehr Schaden als Nutzen und nötigt zur Erörterung der Frage, ob nicht eine Modifikation der privaten Herrschaftsrechte über den ländlichen Grund und Boden im nationalen Interesse anzustreben ist.[1])

Einfacher als für das ländliche Grundeigentum liegt die Frage für das städtische. Da liegen so grelle und empörende Mißstände vor, da fällt die oft rapid anschwellende Bodenrente einer so kleinen Zahl Bevorzugter zu, daß eine einschneidende Reform zu den dringlichsten sozialen Aufgaben unserer Zeit zu rechnen ist.[2])

---

[1]) Über die prinzipielle Berechtigung zu derartigen Veränderungen vgl. insbesondere A. Wagner, Grundlegung der politischen Ökonomie. 3. Aufl. II. Teil. 1894. S. 347—564.

[2]) In Berlin ergab sich selbst bei Häusern, an denen keine baulichen Veränderungen stattgefunden hatten, innerhalb der Periode 1868—1877 eine Mietssteigerung, die 50—100 Proz. und selbst noch mehr betrug. Das Gelände am Kurfürstendamm, das in den 30er Jahren des vorigen Jahrhunderts etwa 50000 M. wert war, repräsentierte Ende der 90er Jahre zirka 50 Millionen M. (P. Voigt, Grundrente und Wohnungsfrage in Berlin. Jena 1901. S. 218 bis 237). Der Grund und Boden Berlins wurde auf 2—3 Milliarden berechnet, während das Baukapital 4 Milliarden betrug (A. W. Wagner, Wohnungsnot und städtische Bodenfrage. Berlin. Soz. Streitfragen. Heft XI). In Frankfurt a. M. wurden für die Zeit von 1842—1894 bei 110 Probehäusern Steigerungen festgestellt, die in einem Falle 581,3 Proz., in einem anderen 507,6 Proz., in 4 Fällen 400—500 Proz., in 16 300—400 Proz., in 18 200—300 Proz., in 36 100—200 Proz., in 22 50—100 Proz. und in 12 weniger als 50 Proz. aus-

Da es sich um Werterhöhungen handelt, welche aus der gesamten Entwicklung der Gemeinde fließen, wird weniger an eine Verstaatlichung als an eine Kommunalisierung oder Munizipalisierung der städtischen Grundrente zu denken sein. Jedenfalls ist es schon jetzt nicht ganz unmöglich, der Gemeinde wenigstens einen erheblichen Anteil an diesen Werterhöhungen zu sichern, die keineswegs individueller Tüchtigkeit, sondern gesellschaftlichen Zusammenhängen entspringen. Fast überall bestehen Abgaben, die beim Besitzwechsel von Immobilien erhoben werden. Man hat zur Begründung dieser Verkehrssteuern auch den Gesichtspunkt ins Treffen geführt, daß sie wenigstens teilweise den Zuwachs durch Konjunkturen treffen. Das ist richtig, allein es geschieht doch nur in höchst unvollkommener Weise. Der Fehler liegt darin, daß der gesamte Wert der Liegenschaft das Steuerobjekt bildet, und nicht der unverdiente Zuwachs, auf den es hauptsächlich ankommen sollte. Hier hat vor allem die kommunale Finanzpolitik einzusetzen. Resolutionen zu Gunsten einer derartigen Steuer sind bereits im bayrischen und badischen Landtage gefaßt worden. Außerdem verdient die Erwerbung ausgebreiteten Grundeigentumes durch die Stadtgemeinden selbst und die Überlassung desselben im Wege des Erbbaurechtes an Genossenschaften und Private volle Beachtung.[1])

---

machten (Adickes, Über die weitere Entwicklung des Gemeindesteuerwesens. Z. f. St. W. 50 Bd. S. 633 ff.). Nach den Erhebungen von Prof. Th. Kozak war der Wert überbauter Parzellen im Spalenquartier und am Marktplatz in Basel während des Zeitraumes 1868—1893 gestiegen in den Zonen I um 210,6 Proz., II 385,1 Proz., III 183,1 Proz., IV 548,4 Proz., V 331,9 Proz., VI 428,1 Proz., VII 1147,6 Proz., VIII 1114,7 Proz. (Bericht über die Erhebungen betr. Liegenschaftsverkehr in Kt. Basel-Stadt. Basel 1899. S. 16). In Chicago stieg der Wert eines Grundstückes in der Größe eines Viertel Acre von 20 Dollars im Jahre 1830 auf 1 250 000 Dollars im Jahre 1894 (A. Weber, Über Bodenrente und Bodenspekulation. Leipzig 1904. S. 126). In München sind in einzelnen Stadtteilen die Bodenwerte innerhalb der Zeit von 1860—1904 um das Sechzigfache gestiegen (Brentano, Wohnungszustände und Wohnungsreform in München. München 1904. S. 5). In Freiburg i. B. betrug der Durchschnitt der Bauplatzpreise pro qm 1862—1870: 5,40 M., 1894—1902: 19,37 M.; in den Hauptgeschäftsstraßen betrug der Wert für überbauten Boden pro qm 1864—1868 im Mittel 92,54 M., 1898—1902 499,12 M. (Mewes, Bodenwerte, Bau- und Bodenpolitik in Freiburg i. Br. Karlsruhe 1905. S. 66, 75).

[1]) Vgl. die Ausführungen von A. Damaschke in dessen Aufgaben der Gemeindepolitik. 4. Aufl. Jena 1901. S. 87—132; ferner R. Hallgarten, Die kommunale Besteuerung des unverdienten Wertzuwachses in England. (Münchener Volkswirtschaftliche Studien, XXXII); F. Pabst, Die Besteuerung des unverdienten Wertzuwachses von Grund und Boden. Z. f. N. St. LXXX. S. 350—371; A. Wagner, Die finanzielle Mitbeteiligung der Gemeinden an kulturellen Staats-

Zweites Kapitel.

Die theoretischen Grundlagen der sozialdemokratischen Arbeiterbewegung.[1])

61. Der ökonomische Materialismus.

So verschieden die Ideen gewesen sein mögen, als deren Herolde die bis jetzt besprochenen Sozialisten aufgetreten sind, so lassen sich doch gewisse gemeinsame Züge nachweisen. Alle halten eine prinzipielle Veränderung der Wirtschaftsordnung im Interesse der allgemeinen Wohlfahrt für geboten. Alle verwerfen den Gedanken einer determinierten, durch menschliche Willkür nur in geringem Maße zu beeinflussenden ökonomischen Entwicklung. Die Verbesserung unserer sozialen Zustände ist in erster Linie nicht an ökonomische, sondern an intellektuelle und sittliche Voraussetzungen geknüpft. Es ist Sache des Intellektes, das richtige Heilmittel zu entdecken, Sache des Intellektes, zu begreifen, daß das richtige Heilmittel nunmehr gefunden worden ist. Zur Einsicht muß der sittliche Wille treten, das Heilmittel in der Praxis zu erproben und, wenn es sich bewährt, zur allgemeinen Anwendung zu bringen. Mit verschwindenden Ausnahmen, zu denen namentlich Louis

---

einrichtungen und die Entwicklung der Gemeindeeinnahmen. Jena 1904. S. 50 ff. Obwohl A. Weber (Über Bodenrente und Bodenspekulation, 1904) vielfach eine scharfe Kritik an den Lehren der Bodenreformer übt, gesteht doch auch er zu (S. 144): „Es bleibt Tatsache, daß in vielen Fällen der Wertzuwachs infolge Steigens der städtischen Grundrente so gewaltige Höhen erreicht hat und zwar ohne Tätigkeit, ohne Spekulation und daher auch ohne volkswirtschaftlich relevantes Risiko, daß man zum Vergleiche nur hinweisen kann auf hohe zufällige Erbschaften Nicht- oder Entferntverwandter. Und wie hier die Gesellschaft — sei es als Staat oder Gemeinde — Anteil nimmt, so wäre das auch bei diesem wirklich unverdienten Wertzuwachse an und für sich berechtigt und in hohem Maße wünschenswert." Im übrigen ist Weber zuzustimmen, daß es auch noch andere Mittel im Kampfe gegen die Steigerung der Grundrente gibt (vgl. das VI. Kap. seiner interessanten Studie) und daß die Steigerungstendenz durch die industrielle Dezentralisationsbewegung, welche durch den Ausbau der Binnenwasserstraßen begünstigt wird, eine fühlbare Abschwächung erfährt. Vgl. auch Naumann, Neudeutsche Wirtschaftspolitik. 1902. S. 64 ff.

[1]) Angesichts des Umfanges, zu dem allmählich die Marx-Literatur angeschwollen ist, sei hier im allgemeinen lediglich auf die von W. Sombart (A. f. s. G. XX. S. 413—430) in chronologischer Ordnung vorgeführte Bibliographie des Marxismus hingewiesen.

Blanc zu zählen ist, glauben die Anhänger des experimentellen Sozialismus, daß es eine genügend große Zahl verständiger und guter Menschen gibt, um die Neuordnung des Wirtschaftslebens auszuführen. Politische und soziale Kämpfe, Kämpfe der Arbeiterklasse gegenüber den übrigen Klassen der Gesellschaft, Demokratie und Eroberung der Staatsgewalt durch das Proletariat, das sind Gedanken, die diesen Männern fern liegen, ja zum Teil unmittelbar von ihnen verworfen werden. Owen, St. Simon, Fourier, Rodbertus sympathisierten in politischer Beziehung eher mit konservativ-autoritären Anschauungen.

Man hat diese Sozialisten als Vertreter des „utopischen Sozialismus" bezeichnet. Der Ausdruck scheint mir nicht gerecht zu sein. Als utopisch werden in der Regel phantastische, nicht realisierbare, wissenschaftlich wertlose Gedanken hingestellt. Nun ist aber garnicht zu leugnen, daß diese utopischen Sozialisten namentlich als Kritiker wissenschaftlich sehr Bedeutendes geleistet haben, daß so manches ihrer Projekte einen wertvollen Kern enthält, daß die werbende Kraft des sozialistischen Gedankens zum guten Teil gerade ihrer Wirksamkeit zuzuschreiben ist.

Der Ausdruck utopisch ist aber auch insofern unzweckmäßig, als, wie sich zeigen wird, der sog. wissenschaftliche Sozialismus von Marx und Engels selbst und in noch höherem Maße die unter dem Einflusse ihrer Ideen stehende Arbeiterbewegung utopische Elemente enthält.

Worin sich der Marx-Engel'sche Sozialismus[1]) von den bisher besprochenen Richtungen unterscheidet, das ist sein ökonomischer Determinismus.[2]) Die sozialistische Ordnung hängt nicht vom Verstand

---

[1]) Marx, geb. 1818 in Trier, seit 1843 mit der kurzen Unterbrechung der 48er Revolutionszeit im Auslande (seit 1849 in London) als Schriftsteller lebend, starb 1883; Fr. Engels, geb. 1820, seit 1843 bis 1870 mit Unterbrechung in Manchester geschäftlich tätig, starb 1895 in London. Interessante Notizen über die Persönlichkeiten beider enthalten Stefan Borns Erinnerungen eines Achtundvierzigers. 2. Aufl. Leipzig 1898; ferner W. Liebknecht, K. Marx, Nürnberg 1896, und Frz. Mehring's Ausgabe der Gesammelten Schriften von K. Marx und Fr. Engels. (Aus dem literarischen Nachlasse von Marx, Engels und Lassalle. I. Bd Stuttgart 1902.)

[2]) Den ersten glänzenden Ausdruck fand dieser Standpunkt in dem „Kommunistischen Manifeste" vom Jahre 1847. Ch. Andler (Le Manifeste communiste II. Intervention historique et commentaire, Paris 1901) hat der Entwicklung seiner leitenden Ideen namentlich aus dem französischen Sozialismus heraus eine sehr interessante Untersuchung gewidmet. Im übrigen vgl. über den historischen Materialismus insbesondere Stammler, Wirtschaft und Recht nach der materialistischen Geschichtsauffassung. Leipzig 1896 und desselben Autors Art. Materialistische Geschichtsauffassung.

und guten Willen des Menschen ab. Sie ist vielmehr das absolut notwendige Ergebnis der Entwicklungstendenzen, von welchen die kapitalistische Produktionsweise beherrscht wird. Die Aufgabe besteht nicht darin, zu erfinden, was sein soll, es gilt nur zu zeigen, was wird, was sich gestaltet. Trotz dieser Auffassung, welche eine politisch quietistische Haltung vorzuschreiben scheint, hat sich niemand mehr als gerade Marx und Engels um die Organisation einer politisch-demokratischen Arbeiterpartei mit sozialistischem Programm bemüht.

Die von Marx und Engels entwickelte Lehre stellt einen Gedankenbau dar, zu welchem die Philosophie Hegels, der Materialismus von Feuerbach,[1]) die sozialistische Ökonomie der Engländer und Franzosen nicht weniger als die Revolutionspraxis der Babouvisten und ihres Nachfolgers, des Verschwörers Auguste Blanqui, verwendet worden sind.

Die Philosophie Hegel enthielt gleichzeitig konservative und revolutionäre, zum Fortschritte treibende Bestandteile. Wurde mit dem Satze Hegels „Alles, was ist, ist vernünftig" die Berechtigung bestimmter Erkenntnis- und Gesellschaftsstufen für deren Zeit und Umstände anerkannt, so lehrte Hegel aber auch, daß das Attribut der Wirklichkeit nur demjenigen zukomme, was notwendig sei. Im Laufe der Entwicklung verliert nun alles früher Wirkliche seine Notwendigkeit, sein Existenzrecht, seine Vernünftigkeit. Die Endgiltigkeit aller Ergebnisse des menschlichen Denkens und Handelns wird also verworfen. Die dialektische Methode weist von allem und an allem die Vergänglichkeit auf, und sie läßt nichts gelten als den ununterbrochenen Prozeß des Werdens und Vergehens, des Aufsteigens vom Niederen zum Höheren. Sie schließt in dem positiven Verständnis des Bestehenden zugleich auch das Verständnis seiner Negation, seines notwendigen Unterganges in sich und faßt jede gewordene Form im Flusse der Bewegung, also auch nach ihrer vergänglichen Seite auf. Insofern wird die dialektische Methode kritisch und revolutionär.

Marx und Engels wandten der weiteren Ausbildung gerade dieser Gedanken des Hegelianismus ihre volle Aufmerksamkeit zu. Sie blieben dabei aber nicht stehen, sondern verließen unter der Einwirkung Ludwig Feuerbachs auch den philosophischen Idealismus des Meisters. Für Hegel war der Denkprozeß, den er, wie Marx erklärt, unter dem

[1]) Engels, Fr. Ludwig Feuerbach und der Ausgang der klassischen deutschen Philosophie. 2. Aufl. Stuttgart 1895. S. 1—25; ferner L. Woltmann, Der historische Materialismus. Düsseldorf 1900. 125—177.

Namen Idee in ein selbständiges Subjekt verwandelte, der Demiurg des Wirklichen, das nur seine äußere Erscheinung bildet. Bei Marx und Engels wird das Ideelle nichts anderes als das im Menschenkopfe umgesetzte und übersetzte Materielle. Die stofflich, sinnlich wahrnehmbare Welt, zu der wir selbst gehören, gilt ihnen als das einzig Wirkliche und unser Bewußtsein und Denken wird als das Erzeugnis eines stofflichen, körperlichen Organes, des Gehirnes, aufgefaßt. „Die Einwirkungen der Außenwelt auf den Menschen drücken sich in seinem Kopfe aus, spiegeln sich darin ab, als Gefühle, Gedanken, Triebe, Willensbestimmungen, kurz als „ideale Strömungen" und werden in dieser Gestalt zu „idealen Mächten".[1]) Der soziale Materialismus der kommunistischen Dioskuren leugnet also nicht das Vorhandensein ideeller Triebkräfte. Aber sie nehmen die ideellen Triebkräfte nicht als letzte Ursachen hin, sondern untersuchen, was hinter ihnen steht, welches die Triebkräfte dieser Triebkräfte sind. Diese letzten treibenden Ursachen glauben sie auf dem Gebiete des wirtschaftlichen Lebens, der Produktionsweise, zu finden und entwickeln die sogenannte materialistische Geschichtsauffassung.[2]) Diese geht nach Engels von dem Satze aus, „daß die Produktion und nächst der Produktion, der Austausch ihrer Produkte, die Grundlage aller Gesellschaftsordnung ist; daß in jeder geschichtlich auftretenden Gesellschaft die Verteilung der Produkte und mit ihr die soziale Gliederung in Klassen und Stände, sich danach richtet, was und wie produziert, und wie das Produzierte ausgetauscht wird. Hiernach sind die letzten Ursachen aller gesellschaftlichen Veränderungen und politischen Umwälzungen zu suchen, nicht in den Köpfen der Menschen, in ihrer zunehmenden Einsicht in die ewige Wahrheit und Gerechtigkeit, sondern in Veränderungen der Produktions- und Austauschweise; sie sind zu suchen nicht in der Philosophie, sondern in der Ökonomie der betreffenden Epoche. Die erwachende Einsicht, daß die bestehenden gesellschaftlichen Einrichtungen unvernünftig und ungerecht sind, daß Vernunft Unsinn, Wohltat Plage geworden, ist nur ein Anzeichen davon, daß in den Produktionsmethoden und Austauschformen in aller Stille Veränderungen vor sich gegangen sind, zu denen die auf frühere ökonomische Bedingungen zugeschnittene gesellschaftliche Ordnung nicht mehr stimmt. Damit ist zugleich gesagt, daß die Mittel zur Beseitigung der entdeckten Mißstände ebenfalls in den veränderten Produktionsverhältnissen selbst — mehr oder minder entwickelt — vorhanden sein

[1]) Engels a. a. O. S. 23. [2]) a. a. O. S. 45, 46.

müssen. Die Mittel sind nicht etwa aus dem Kopfe zu erfinden, sondern vermittelst des Kopfes in den vorliegenden materiellen Tatsachen der Produktion zu entdecken."[1])

Nach Marx „bildet die Gesamtheit der Produktionsverhältnisse (die einer bestimmten Entwicklungsstufe der materiellen Produktivkräfte entsprechen) die ökonomische Struktur der Gesellschaft, die reale Basis, worauf sich ein juristischer und politischer Überbau erhebt, und welcher bestimmte gesellschaftliche Bewußtseinsformen entsprechen. Die Produktionsweise des materiellen Lebens bedingt den sozialen, politischen und geistigen Lebensprozeß überhaupt, es ist nicht das Bewußtsein der Menschen, das ihr Sein, sondern umgekehrt ihr gesellschaftliches Sein, das ihr Bewußtsein bestimmt. Auf einer gewissen Stufe ihrer Entwicklung geraten die materiellen Produktivkräfte der Gesellschaft in Widerspruch mit den vorhandenen Produktionsverhältnissen, oder, was nur ein juristischer Ausdruck dafür ist, mit den Eigentumsverhältnissen, innerhalb deren sie sich bisher bewegt hatten. Aus Entwicklungsformen der Produktivkräfte schlagen diese Verhältnisse in Fesseln derselben um. Es tritt dann eine Epoche sozialer Revolution ein. Mit der Veränderung der ökonomischen Grundlage wälzt sich der ganze ungeheure Überbau langsamer oder rascher um. In der Betrachtung solcher Umwälzungen muß man stets unterscheiden zwischen der materiellen, naturwissenschaftlich treu zu konstatierenden Umwälzung in den ökonomischen Produktionsbedingungen und den juristischen, politischen, religiösen, künstlerischen und philosophischen, kurz ideologischen Formen, worin sich die Menschen dieses Konfliktes bewußt werden und ihn ausfechten."[2])

Nach rein philosophischen Grundanschauungen muß der Übergang der kapitalistischen Produktionsweise in eine sozialistische Ordnung als notwendig gelten, wenn es gelingt, in jener Kräfte und Entwicklungstendenzen nachzuweisen, die in diesem Sinne wirken.

Unterwerfen wir zunächst die materialistische Geschichtsauffassung einer Prüfung, so unterliegt es keinem Zweifel, daß durch sie die wertvollste Anregung zu einem tieferen Eindringen und einem besseren Verständnisse der sozialen Erscheinungen gegeben worden ist. Die Geschichtsschreibung, die Rechtswissenschaft, die Politik, die Nationalökonomie, sie alle haben durch jene geistvollen Aphorismen eine außerordentliche Förde-

---

[1]) Engels, Herrn Dührings Umwälzung der Wissenschaft. 2. Aufl. Zürich 1886. S. 237.

[2]) Marx, Zur Kritik der politischen Ökonomie. Herausgegeben von K. Kautsky. Stuttgart 1897. S. XI, XII.

rung erfahren. Leider haben Marx und Engels ebenso wie ihre Nachfolger es bisher unterlassen, eine systematische Geschichtsbearbeitung von diesem Standpunkt aus zu unternehmen. Man ist über vereinzelte, bald mehr, bald minder gelungene Anwendungen der neuen Methode noch nicht hinausgekommen. So ist es z. B. trotz der Versuche von Bauer-Engels und Kalthoff noch nicht geglückt, die welthistorische Erscheinung des Christentums und seiner verschiedenen Kirchen vom Standpunkte des sozialen Materialismus befriedigend zu erklären.[1]) Von einer wirtschaftlich ausreichenden Fundamentierung der aufgestellten Behauptungen kann also nicht die Rede sein.

Die Lehre ist auch noch in anderer Beziehung, wie Stammler trefflich dargetan hat,[2]) unfertig und nicht ausgedacht. Die Produktionsweise des materiellen Lebens, die gesellschaftliche Wirtschaft soll das gesamte soziale Dasein bestimmen. Dabei wird unter Produktionsweise bald die natürliche Technik bei der Naturbeherrschung, bald ein bestimmt geregeltes Zusammenwirken verstanden, ohne daß die Frage „Was ist überhaupt dieses soziale Dasein?" aufgeworfen würde. Die soziale Wirtschaft bringt aber z. B. das Recht tatsächlich gar nicht hervor, sondern man muß schon ein geregeltes Zusammenwirken, eine Rechtsordnung, logisch voraussetzen, wenn von sozialer Wirtschaft gesprochen wird. Die soziale Wirtschaft entsteht erst als Gestaltung eines technischen Materiales in bestimmten Rechtsformen. Wirtschaft und Recht verhalten sich nicht wie Ursache und Folge, sondern wie Inhalt und Form zu einander. Wenn Marx sagt: „Die Technologie enthüllt das aktive Verhalten des Menschen zur Natur, den unmittelbaren Produktionsprozeß seines Lebens, damit auch seiner gesellschaftlichen Lebensverhältnisse und der ihnen entquellenden geistigen Vorstellungen," so kommt der notwendige Umweg, den alle fortschreitende Technik machen muß, um auf die Rechtsordnung einzuwirken, zu keinem entsprechenden Ausdrucke. Wenn man z. B. die Benutzung der Dampfkraft als die Ursache der sozialen Umwälzung unseres Jahrhunderts hingestellt, so wird übersehen, daß diese sich, wie jeder technische Fortschritt, zunächst nur in die bestehende Rechtsordnung einordnet. „Die Maschine gewährt

---

1) Vgl. D. S. I. S. 249—256; Kautsky, Geschichte des Sozialismus. 1. 1. Teil. 1895. S. 16—40; Kalthoff, Das Christus-Problem. 1902; Derselbe, Die Entstehung des Christentums. 1904; Jentsch, Die materialistische Geschichtskonstruktion und das Christentum. Zeit (Wien) IV. Nr. 48, 49; Göhre, Materialismus und Religion. S. M. 1902, T. 501—518; Derselbe, Christentum und materialistische Geschichtsauffassung. a. a. O. S. 598—608.

2) Stammler, a. a. O. S. 440 ff.

nur eine bestimmte Möglichkeit zur Verwertung innerhalb der überkommenen sozialen Ordnung, von welcher Gestaltung alsdann ein reicher Gebrauch gemacht wird. In diesem vollzieht sich derjenige sozial-wirtschaftliche Vorgang, den man als Zersetzung des Handwerkes zu bezeichnen pflegt, und der sich wiederum in lauter Massenerscheinungen gleichartiger Rechtsverhältnisse als seine, ihn komponierenden Elemente zerlegen läßt. Die kapitalkräftigen Unternehmer, welche die teueren Maschinen in Privateigentum nehmen und durch Lohnarbeiter bedienen lassen, werfen eine größere Masse billiger Waren auf den Markt, schließen leichter Kaufverträge über sie ab, als der Handwerker, dessen Produktionskosten höher sind, und ziehen dabei stetig größere Absatzgebiete und immer steigende Massen von Lohnarbeitern in ihre Vertragsverhältnisse hinein."[1]) Es ist klar, daß unter einer anderen Rechtsordnung, etwa einer kommunistischen oder anarchistischen, die Wirkung der Dampfmaschine auch eine völlig verschiedene gewesen sein würde. Die materialistische Geschichtsauffassung begeht also den Irrtum, „daß sie bei Veränderung eines Elementes (und zwar des technischen) aus dem komplexen Systeme (der sozialen Ordnung) das nächste Entwicklungsstadium des Ganzen ausschließlich als Folge jenes einzelnen Elementes hinstellt, während es in Wirklichkeit aus denjenigen Kombinationen besteht, welche das relativ unveränderte Weiterwirken der übrigen Elemente mit den Veränderungen jenes einen eingeht."[2])

Diese Einwände sind logisch gewiß unanfechtbar; aber sie werden der richtigen Erfassung der treibenden Kräfte nicht gerecht. Den entscheidenden Anstoß gibt doch ein technisches Ereignis. Ihm wird daher mit Recht die größere Wichtigkeit zuerkannt werden. Betrachtet man das Getriebe einer Fabrik, so schreibt man die ganze Bewegung dem Motor zu. Logisch ist dieses Urteil auch nicht korrekt. Die Bewegung kommt nicht allein durch die Dampfkraft zu stande. Sie ist vielmehr das Ergebnis eines ganzen Systems von technischen Vorrichtungen. Ohne eine bestimmte Festigkeit des Dampfkessels, der Transmissionsanlagen, ohne die Anwendungsmöglichkeit des Eisens u. dgl. würde das Resultat ein ganz anderes sein. Trotzdem wird sich niemand durch diese Überlegungen abhalten lassen, die Dampfkraft dabei als die wichtigste Potenz anzusehen. Und in analoger Weise wird auch der Nationalökonom mit Recht in den wirtschaftlich-technischen Veränderungen immer die prinzipalen Kräfte der Entwicklung erblicken.

---

[1]) a. a. O. S. 286.

[2]) Simmel, Zur Methodik der Sozialwissenschaft. J. f. G. V. XX. S. 229, 230.

Im übrigen hat Engels in späteren Äußerungen selbst zugegeben, daß die ursprünglichen Formulierungen der materialistischen Geschichtsauffassung zu schroff und einseitig ausgefallen seien, daß man den Gedanken der Wechselwirkung zu wenig betont habe. „Wir hatten den Gegnern gegenüber das von diesem geleugnete Hauptprinzip zu betonen, und da war nicht immer Zeit, Ort und Gelegenheit, die übrigen an der Wechselwirkung beteiligten Momente zu ihrem Rechte kommen zu lassen."[1])

Läßt man aber in dem verwickelten Spiele unzähliger einander durchkreuzender und bearbeitender Kräfte die ökonomischen Potenzen nur als die einflußreichsten erscheinen, so fällt damit freilich auch die strenge Bestimmtheit der ganzen sozialen Entwicklung dahin. Die ökonomische Entwicklung mag mit den überlieferten Formen des sozialen Daseins in Widerspruch geraten und mehr oder minder schwere Konflikte erzeugen. Aus diesen Konflikten geht aber nicht gewissermaßen automatisch und mit unausweichlicher Notwendigkeit die rechtliche Einrichtung einer höheren Entwicklungsstufe schon hervor. Es erwachsen zunächst nur Bestrebungen auf Abänderung der unzweckmäßig gewordenen Rechtsverhältnisse. Bei diesen Abänderungen gewinnen die Ideen der Menschen, ihre Vorstellungen über dasjenige, was sozial sein sollte — und diese Ideen sind ja nicht nur durch ökonomische Verhältnisse aus-

---

[1]) Engels in seinem Schreiben an J. Bloch vom 21. Sept 1890. D. S. II. S. 72. In einem Briefe an H. Starkenburg vom 25. Jan. 1894 (D. S. II. S. 74) formulierte Engels die Grundgedanken der materialistischen Geschichtsauffassung in nachstehender Weise: „Die politische, rechtliche, philosophische, religiöse, literarische, künstlerische ꝛc. Entwicklung beruht auf der ökonomischen. Aber sie alle reagieren auf einander und auf die ökonomische Basis. Es ist nicht, daß die ökonomische Lage Ursache, allein aktiv ist und alles andere nur passive Wirkung. Sondern es ist Wechselwirkung auf Grundlage der in letzter Instanz stets sich durchsetzenden ökonomischen Notwendigkeit ... Die Menschen machen ihre Geschichte selbst, aber in einem gegebenen, sie bedingenden Milieu, auf Grundlage vorgefundener tatsächlicher Verhältnisse, unter denen die ökonomischen, so sehr sie auch von den übrigen politischen und ideologischen beeinflußt werden mögen, doch in letzter Instanz die entscheidenden sind und den durchgehenden, allein zum Verständnis führenden roten Faden bilden ... Je weiter das Gebiet, das wir gerade untersuchen, sich vom Ökonomischen entfernt und sich dem rein abstrakt Ideologischen nähert, desto mehr werden wir finden, daß es in seiner Entwicklung Zufälligkeiten aufweist, desto mehr im Zickzack verläuft seine Kurve. Zeichnen Sie aber die Durchschnittsaxe der Kurve, so werden Sie finden, daß, je länger die betrachtete Periode und je größer das behandelte Gebiet ist, daß diese Axe der ökonomischen Entwicklung um so mehr annähernd parallel läuft." Diese Fassung darf, da Engels ca. 1½ Jahre später starb, wohl als die letzte und reifste angesehen werden.

gebildet worden —, eine hervorragende Bedeutung. Neben die Kausalbetrachtung tritt also eine Teleologie, ein Zweckgedanke. Über dieses Wollen und Wünschen in der Zukunft läßt sich aber im Sinne exakter Wissenschaft, mit vollkommener Gewißheit, keine Aussage machen.[1])

62. Die Werttheorie von K. Marx.[2])

Marx beginnt in seinem wissenschaftlichen Hauptwerke (Das Kapital, Hamburg, I. Bd. 1867, II. Bd. 1885, III. Bd. 1894) mit der Analyse der Warenproduktion. Als Waren gelten die nicht für den eigenen Bedarf, sondern für den Markt erzeugten Güter, soweit sie in beliebiger Menge hergestellt werden können. Da bei der Produktion aller stofflichen Güter Schätze und Kräfte des Bodens in Anspruch genommen werden müssen, diese an sich aber nicht unbeschränkt sind, so kann eine sichere Abgrenzung des Warenbegriffes auf diese Weise allerdings nicht erzielt werden. In Wirklichkeit gibt es nur Güter, bei deren Produktion die Naturschranken neben den anderen für sie maßgebenden Produktionsbedingungen eine durchaus sekundäre Bedeutung besitzen.

[1]) Die unaufhörlichen Streitigkeiten, welche selbst innerhalb der an Marx orientierten Arbeiterparteien über die Fragen der Taktik bestehen, zeigen wohl am besten, welch weiten Spielraum die kapitalistische Entwicklung noch dem menschlichen Zweckgedanken übrig läßt. Vgl. im übrigen: Stammler a. a. O. S. 424 ff., 430 ff.; E. Bernstein, Wie ist wissenschaftlicher Sozialismus möglich? Berlin-Bern 1901. Die interessanteste, freilich auf das allgemein erkenntnistheoretische Gebiet weit abschweifende Arbeit von marxistischer Seite über diese Probleme ist diejenige von Dr. M. Adler: „Kausalität und Teleologie im Streite um die Wissenschaft." Die näheren Beziehungen zwischen Recht und Wirtschaft werden in dem gleichen Sinne von Dr. J. Karner in der Abhandlung: „Die soziale Funktion der Rechtsinstitute" erörtert. Beide Untersuchungen sind in den von M. Adler und R. Hilferding herausgegebenen Marx-Studien, Wien 1904, erschienen. Über die Probleme der Geschichtsphilosophie vgl. Lindner, Geschichtsphilosophie. Stuttgart und Berlin 1904; A. Eleutheropulos, Soziologie. Jena 1904; E. Hartmann, Über historische Entwicklung. Gotha 1905.

[2]) In der Literatur, welche der Kritik der Marx'schen Wertlehre gewidmet ist, nimmt den vornehmsten Platz ein die Abhandlung von E. v. Böhm-Bawerk, Zum Abschluß des Marx'schen Systemes, Festgaben für K. Knies, Berlin 1896, S. 85 bis 207; Derselbe, Kapital und Kapitalzins. 2. Aufl. I. Innsbruck 1900. S. 495—558. Eine Antikritik gegen Böhm vom marxistischen Standpunkte aus hat R. Hilferding (Marx-Studien, S. 1—65) versucht, damit aber selbst auf marxistischer Seite keine ungeteilte Zustimmung gefunden. Vgl. C. Schmidt, A. f. s. G. XX. S. 407. Vgl. ferner Platter, Grundlehren der Nationalökonomie. Berlin 1903. S. 188—259.

Auf dem Markte werden, nach Marx, Waren durch den Verkehr einander in Bezug auf den Wert gleichgesetzt; z. B. x Ztr. Eisen = y Ztr. Getreide = z Ztr. Leinwand = einer bestimmten Quantität Geld. Diese Gleichsetzung kann nur die Folge davon sein, daß sie eine gemeinsame Eigenschaft haben. Körperliche Eigenschaften können es nicht sein. Diese sind offenbar ganz verschieden. Auch der Gebrauchswert ist nicht die Ursache. Von ihm wird vielmehr beim Austausche abstrahiert. Innerhalb des Austauschverhältnisses gilt ein Gebrauchswert genau so viel wie der andere, wenn er nur in gehöriger Proportion vorhanden ist. Die eine Warensorte ist so gut wie die andere, wenn nur der Tauschwert gleich groß ist. Als Gebrauchswerte sind die Waren verschiedener Qualität, als Tauschwerte können sie nur verschiedener Quantität sein, enthalten also kein Atom Gebrauchswert. Sieht man aber vom Gebrauchswerte ab, so bleibt den Waren nur die eine gemeinsame Eigenschaft, Arbeitsprodukte zu sein. Der Grund ihrer Kommensurabilität ist also die gleiche Arbeitsmenge, die in ihnen verkörpert ist.

Schon diese Entwicklung ist mit Recht sehr bestritten worden. Die Waren tauschen sich nicht selbst aus, sondern nur durch Vermittlung ihrer Besitzer. Beim Austausche werden auch garnicht Äquivalente gegeben. Im Gegenteil. Der Tausch kommt nur dadurch zu stande, daß jeder das Gut des anderen höher schätzt als das Preisgut, das er selbst dafür zu geben hat. Die Schätzung beruht auf der Bedeutung, welche eine Person der Ware für die Zwecke ihres Verbrauches, ihrer Produktion, ihres Erwerbes beilegt. Nicht deshalb, weil eine Ware Arbeit verursacht hat, wird sie geschätzt. Die Arbeit wird vielmehr nur deshalb aufgewendet, weil die Ware, um die es sich handelt, geschätzt wird. Das gemeinsame Moment in den ausgetauschten Waren ist deshalb der soziale, der objektive Gebrauchswert. Dieser spielt die maßgebende Rolle auch dann, wenn der Käufer die Ware nicht für den eigenen Konsum, sondern für Erwerbszwecke verwendet. Die Ware würde zu solchen Zwecken nicht dienen können, wenn sie nicht selbst, bezw. die Ware, zu deren Herstellung sie verwendet wird, sozialen Gebrauchswert darstellen würde. Diese letzte Verwendungsweise vermag einer Ware auch in ihren Vorstufen erst den Wert zu sichern. Wenn Marx hervorhebt, der Gebrauchswert allein könne noch keinen Tauschwert begründen, so kann man entgegnen, daß auch die Eigenschaft, Arbeitsprodukt zu sein, noch keinen Tauschwert garantiert. Es ist auch keineswegs zutreffend, daß die Waren außer der Eigenschaft, Arbeitsprodukte zu sein, sonst keine gemeinsamen Eigenschaften aufweisen. Sie können im Vergleiche zum Bedarfe selten sein, regelmäßig Gegenstand von Angebot und Nachfrage bilden, die Aneignung zulassen u. a. m. Es liegt eine Art Erschleichung vor, wenn von vornherein nur Waren, die Arbeitsprodukte sind, herangezogen werden und dann gesagt wird, sie hätten nichts Gemeinsames als die Eigenschaft, Arbeitsprodukte zu sein. An und für sich kann man zwischen Häusern, Grundstücken, Geld und einzelnen Warenmengen ebensogut Wertgleichungen aufstellen, wie zwischen letzteren allein. Woher kommt dann die Kommensurabilität, da Grundstücke doch offenbar nicht nur Arbeitsprodukte sind?

Man abstrahiert eben beim Austausche keineswegs, wie Marx annimmt, vom Gebrauchswerte überhaupt. Lediglich die spezielle Modalität des Gebrauchswertes der Ware, d. h. ob sie zur Nahrung, Kleidung, Wohnung, zur Produktion dient, tritt zurück, aber durchaus nicht die Frage, ob sie überhaupt Gebrauchswert darstelle.

Die gleichen Arbeitsmengen, welche, nach Marx, in den Waren gleichen Tauschwertes enthalten sein sollen, werden nach der Arbeitszeit gemessen. Maßgebend ist aber nicht die im einzelnen Falle wirklich stattgefundene Arbeitszeit, sondern die gesellschaftlich notwendige Arbeitszeit; d. h. die unter normalen Bedingungen in Bezug auf Produktionstechnik, Arbeitsgeschick, Arbeitseifer usw. angewendete Arbeitszeit. Überdies bewirkt die Arbeitsmenge nur dann einen Wert, wenn sie in Produkten verkörpert wird, welche dem gesellschaftlichen Bedürfnisse entsprechen.[1]) Damit gibt Marx aber selbst zu, daß die Arbeitsmenge allein nicht für die Bewertung maßgebend ist. Um einen Wert zu erzielen, muß die Arbeit so dirigiert werden, daß sie einem gesellschaftlichen Bedürfnisse dient, also objektiven Gebrauchswert besitzt. Diese Direktion ist aber unter den herrschenden Verhältnissen Sache des Unternehmers, nicht des Arbeiters. Der Wert fließt somit jedenfalls nicht aus der Arbeit des Arbeiters allein, sondern aus dem Zusammenwirken von Arbeiter und Unternehmer. Ebenso ist es ja auch im allgemeinen Sache des Unternehmers, die übrigen für die Wertentstehung maßgebenden Bedingungen (normale Produktionstechnik, Arbeitsintensität) herbeizuführen.

Bilden, nach Marx, die Arbeitszeiten eines hochqualifizierten Arbeiters und eines Tagelöhners, mögen im übrigen alle für die Wertentstehung notwendigen Bedingungen erfüllt sein, gleiche Werte? Durchaus nicht. Die schwierigere, kompliziertere Arbeit gilt als potenzierte oder multiplizierte einfache Arbeit; 10 Stunden gewöhn-

[1]) Kapital. I. 3. Aufl. S. 77.

licher Durchschnittsarbeit erzeugen vielleicht erst ebensoviel Wert, als 2 Stunden höherer Arbeit.

Frägt man nach einem Beweise für die Behauptungen, so erklärt Marx, die faktischen Austauschverhältnisse besorgten diese Reduktion. Hier liegt aber zweifellos ein Zirkelschluß vor. Marx will erst mit seiner Werttheorie die Austauschverhältnisse erklären und nun müssen die Austauschverhältnisse herhalten, um seine Werthypothese zu stützen. Tatsächlich ist indes eine Kommensurabilität der Arbeitsleistungen keineswegs immer vorhanden. Die Multiplikation der Tagelöhnerarbeit ergibt noch lange keine gelernte Arbeit und die Multiplikation selbst hochqualifizierter technischer Arbeit bringt noch keine ausgezeichneten dirigierenden und kaufmännischen Leistungen hervor.[1])

63. Die Entstehung des Mehrwertes.

Wie der Wert aller Waren, so richtet sich innerhalb der kapitalistischen Wirtschaftsordnung auch der Wert der Arbeitskraft, die ja als Ware gilt, nach der zu ihrer Hervorbringung gesellschaftlich notwendigen Arbeitszeit, d. h. nach der Arbeitszeit, welche notwendig ist, um die Mittel zur gewohnheitsmäßigen Lebenshaltung und Fortpflanzung zu produzieren. Im Lohne hat der Kapitalist den Wert der Arbeitskraft zu bezahlen. Er würde keinen Vorteil aus der Beschäftigung von Arbeitern erzielen, wenn der Wert der Arbeitskraft und der Wert der von ihr geleisteten Arbeit übereinstimmten oder letzterer gar hinter ersterem zurückbliebe; wenn also die Arbeitskraft nur so lange tätig wäre, um die zu ihrer Reproduktion notwendigen Werte zu erzeugen. Der Kapitalist strebt danach, die Arbeiter über die zur Reproduktion der Arbeitskraft erforderliche Zeit hinaus arbeiten zu lassen. Wäre der Arbeiter z. B. im stande, innerhalb fünf Stunden den zu seiner Lebensfristung notwendigen Bedarf zu erzeugen, während er zehn Stunden vom Arbeitgeber beschäftigt wird, so würde das Arbeitsergebnis von fünf Stunden letzterem als Mehrwert zufallen. Der Kapitalist braucht eben dem Arbeiter nur den Wert der Arbeitskraft zu bezahlen, während er selbst die Leistungen des Arbeiters nach Maßgabe der gesellschaftlich notwendigen Arbeitszeit, die in ihnen steckt, auf dem Markte bezahlt erhält. „Der Umstand, daß die tägliche Er-

[1]) Eine Vervollständigung der marxistischen Werttheorie in der Richtung einer besseren Berücksichtigung der qualifizierten Arbeit hat H. Deutsch, Qualifizierte Arbeit und Materialismus, Wien 1904, unternommen.

haltung der Arbeitskraft nur einen halben Arbeitstag kostet, obgleich die Arbeitskraft einen ganzen Tag wirken, arbeiten kann, daß daher der Wert, den ihr Gebrauch während eines Tages schafft, doppelt so groß ist als ihr eigener Tageswert, ist ein besonderes Glück für den Käufer, aber durchaus kein Unrecht gegen den Verkäufer."[1])

Damit jedoch der Kapitalist die Arbeitskraft als Ware auf dem Markte vorfinde, müssen verschiedene Bedingungen erfüllt sein.[2]) Der Arbeiter muß über seine Arbeitskraft frei verfügen können, also freier Eigentümer seines Arbeitsvermögens, seiner Person sein. Der Arbeiter darf ferner nicht die Möglichkeit haben, selbst Waren, in denen sich seine Arbeit vergegenständlicht hat, zu verkaufen. Er muß genötigt sein, seine Arbeitskraft selbst, die nur in seiner lebendigen Leiblichkeit existiert, als Ware feilzubieten. Der Kapitalist muß also den freien Arbeiter auf dem Warenmarkte vorfinden, „frei in dem Doppelsinne, daß er als freie Person über seine Arbeitskraft als seine Ware verfügt, daß er andererseits andere Waren nicht zu verkaufen hat, los und ledig, frei ist von allen zur Verwirklichung seiner Arbeitskraft nötigen Sachen". Dieses Verhältnis ist kein naturgeschichtliches, da die Natur nicht auf der einen Seite Geld- oder Warenbesitzer und auf der anderen bloße Besitzer der eigenen Arbeitskräfte produziert. Das Verhältnis ist auch nicht allen Geschichtsperioden gemein. „Es ist offenbar selbst das Resultat einer vorhergegangenen historischen Entwicklung, das Produkt vieler ökonomischer Umwälzungen, des Unterganges einer ganzen Reihe älterer Formationen der gesellschaftlichen Produktion."

Das vom Kapitalisten bei der Produktion vorgeschossene Kapital (C) zerfällt in zwei Teile; in eine Geldsumme (c), die für Produktionsmittel, und in eine andere Geldsumme (v), die für Arbeitskräfte verausgabt wird; c stellt den in konstantes, v den in variables Kapital verwandelten Wertteil dar. Ursprünglich ist $C = c + v$. Am Ende des Produktionsprozesses ergibt sich ein Warenquantum, dessen Wert $= c + v + m = C^1$, wobei m ein Inkrement von v oder den Mehrwert darstellt. Die weitere Analyse des Prozesses erheischt nun, von demjenigen Teile des Produktenwertes, in dem nur der konstante Kapitalwert (c) wiedererscheint, ganz abzusehen, also $c = o$ zu setzen. „Die Gleichsetzung des konstanten Kapitals mit o befremdet auf den ersten Blick. Indes vollzieht man sie beständig im Alltagsleben. Will

[1]) Kapital. I. 3. Aufl. S. 174.

[2]) a. a. O. S. 144.

jemand z. B. Englands Gewinn an der Baumwollindustrie berechnen, so zieht er vor allem den an die Vereinigten Staaten, Indien, Ägypten usw. gezahlten Baumwollenpreis ab; d. h. er setzt den im Produktenwert nur wiedererscheinenden Kapitalwert = o ... Damit das variable Kapital funktioniere, muß konstantes Kapital in entsprechenden Proportionen, je nach dem bestimmten technischen Charakter des Arbeitsprozesses vorgeschossen werden. Der Umstand jedoch, daß man zu einem chemischen Prozeß Retorten und andere Gefäße braucht, verhindert nicht, bei der Analyse von der Retorte selbst zu abstrahieren.[1])

Setzt man das konstante Kapital = o, so reduziert sich das vorgeschossene Kapital von $c + v$ auf v und der Produktwert $c + v + m$ auf den Produktwert $v + m$; m drückt hier die absolute Größe des produzierten Mehrwertes aus. „Seine proportionelle Größe aber, also das Verhältnis, worin das variable Kapital sich verwertet hat, ist offenbar bestimmt durch das Verhältnis des Mehrwertes zum variablen Kapital, oder ist ausgedrückt in $\frac{m}{v}$... Diese verhältnismäßige Verwertung des variablen Kapitales, oder die verhältnismäßige Größe des Mehrwertes, nenne ich Rate des Mehrwertes."[2]) Die Masse (M) des produzierten Mehrwertes aber ist gleich dem Mehrwert, den der Arbeitstag des einzelnen Arbeiters liefert, multipliziert mit der Anzahl der angestellten Arbeiter. „Da aber ferner die Masse Mehrwert, die der einzelne Arbeiter produziert, bei gegebenen Wert der Arbeitskraft, durch die Rate des Mehrwertes bestimmt ist, so folgt dies Gesetz: Die Masse des produzierten Mehrwertes ist gleich der Größe des vorgeschossenen variablen Kapitals multipliziert mit der Rate des Mehrwertes, oder ist bestimmt durch das zusammengesetzte Verhältnis zwischen der Anzahl der von demselben Kapitalisten gleichzeitig exploitierten Arbeitskräfte und dem Exploitationsgrad der einzelnen Arbeitskraft."[3]) Der Exploitationsgrad bestimmt sich nach dem Verhältnis zwischen der Mehrarbeit und der notwendigen (d. h. zur Reproduktion der Arbeitskraft notwendigen) Arbeit. Der aus der Mehrarbeit gewonnene Mehrwert wird „absoluter Mehrwert", der durch Verminderung der notwendigen Arbeit erzielte „relativer" Mehrwert genannt.

---

[1]) S. 196. [2]) S. 197.

[3]) S. 299.

64. Industrielle Reservearmee, Zentralisation, Verelendung und Zusammenbruch.

Der Exploitationsgrad der Arbeit, und somit auch die Masse des Mehrwertes, nimmt zu durch Verlängerung des Arbeitstages und Abkürzung der notwendigen Arbeit. Die Abkürzung der notwendigen Arbeit kann erfolgen durch Verbesserung der Technik, Verstärkung der Arbeitsintensität und Verwendung billigerer jugendlicher und weiblicher Arbeitskräfte. Die Vermehrung des Mehrwertes erfolgt also durch Erhöhung der Produktionskraft der Arbeit und Verminderung ihrer Lebensansprüche. Mit der Erhöhung der Produktivität, der ausgedehnteren Anwendung immer vollkommenerer Produktionsmittel geht eine Veränderung in der technischen Zusammensetzung des Kapitales vor sich: eine verhältnismäßige Abnahme des variablen und eine Zunahme des konstanten Kapitalteiles. „Da die Nachfrage nach Arbeit nicht durch den Umfang des Gesamtkapitales, sondern durch den seines variablen Bestandteiles bestimmt ist, fällt sie also progressiv mit dem Wachstum des Gesamtkapitales ... Diese mit dem Wachstume des Gesamtkapitales beschleunigte und rascher als sein eigenes Wachstum beschleunigte relative Abnahme seines variablen Bestandteiles scheint auf der anderen Seite umgekehrt stets rascheres absolutes Wachstum der Arbeiterbevölkerung als das des variablen Kapitales, oder ihrer Beschäftigungsmittel. Die kapitalistische Akkumulation produziert vielmehr, und zwar im Verhältnis zu ihrer Energie und ihrem Umfang, beständig eine relative, d. h. für die mittleren Verwertungsbedürfnisse des Kapitals überschüssige, daher überflüssige, oder Zuschuß-Arbeiterbevölkerung" (industrielle Reservearmee).[1]) Sie „drückt während der Perioden der Stagnation und mittleren Prosperität auf die aktive Arbeiterarmee und hält ihre Ansprüche während der Perioden der Überproduktion und des Paroxismus im Zaum."[2])

„Je größer der gesellschaftliche Reichtum, das funktionierende Kapital, Umfang und Energie seines Wachstumes, also auch die absolute Größe des Proletariates und die Produktivkraft seiner Arbeit, desto größer die industrielle Reservearmee. Die disponible Arbeitskraft wird durch dieselben Ursachen entwickelt, wie die Expansivkraft des Kapitales. Die verhältnismäßige Größe der industriellen Reservearmee wächst also mit den Potenzen des Reichtumes. Je größer aber eben diese Reserve-

---

[1]) S. 646. [2]) S. 656.

armee im Verhältnis zur aktiven Arbeiterarmee, desto massenhafter die konsolidierte Übervölkerung, deren Elend im umgekehrten Verhältnis zu ihrer Arbeitsqual steht. Je größer endlich die Lazarusschichte der Arbeiterklasse und die industrielle Reservearmee, desto größer der offizielle Pauperismus. Dies ist das absolute allgemeine Gesetz der kapitalistischen Akkumulation ... Das Gesetz, wonach eine immer wachsende Masse von Produktionsmitteln, dank dem Fortschritte in der Produktivität der gesellschaftlichen Arbeit, mit einer progressiv abnehmenden Ausgabe von Menschenkraft in Bewegung gesetzt werden kann — dies Gesetz drückt sich auf kapitalistischer Grundlage, wo nicht die Arbeiter die Arbeitsmittel, sondern die Arbeitsmittel den Arbeiter anwenden, darin aus, daß je höher die Produktivkraft der Arbeit, desto größer der Druck der Arbeiter auf ihre Beschäftigungsmittel, desto prekärer also ihre Existenzbedingung: Verkauf der eigenen Kraft zur Vermehrung des fremden Reichtumes oder zur Selbstverwertung des Kapitales ... Innerhalb des kapitalistischen Systemes vollziehen sich alle Methoden zur Steigerung der gesellschaftlichen Produktivkraft der Arbeit auf Kosten des individuellen Arbeiters; alle Mittel zur Entwicklung der Produktion schlagen um in Beherrschungs- und Exploitationsmittel der Produzenten, verstümmeln den Arbeiter in einen Teilmenschen, entwürdigen ihn zum Anhängsel der Maschine, vernichten mit der Qual seiner Arbeit ihren Inhalt, entfremden ihm die geistigen Potenzen des Arbeitsprozesses, im selben Maße, worin letzterem die Wissenschaft als selbständige Potenz einverleibt wird; sie verunstalten die Bedingungen, innerhalb deren er arbeitet, unterwerfen ihn während des Arbeitsprozesses der kleinlichst gehässigen Despotie, verwandeln seine Lebenszeit in Arbeitszeit, schleudern sein Weib und Kind unter das Juggernautrad des Kapitales. Aber alle Methoden zur Produktion des Mehrwertes sind zugleich Methoden der Akkumulation, und jede Ausdehnung der Akkumulation wird umgekehrt Mittel zur Entwicklung jener Methoden. Es folgt daher, daß im Maße wie Kapital akkumuliert, die Lage des Arbeiters, welches immer seine Zahlung, hoch oder niedrig, sich verschlechtern muß. Das Gesetz endlich, welches die relative Übervölkerung oder industrielle Reservearmee stets mit Umfang und Energie der Akkumulation im Gleichgewichte hält, schmiedet den Arbeiter fester an das Kapital, als den Prometheus die Keile des Hephästos an den Felsen. Es bedingt eine der Akkumulation von Kapital entsprechende Akkumulation von Elend. Die Akkumulation von Reichtum auf dem einen Pol ist also zugleich Akkumulation von Elend, Arbeitsqual, Sklaverei, Unwissenheit, Brutalisierung und moralischer

Degradation auf dem Gegenpol, d. h. der Klasse, die ihr eigenes Produkt als Kapital produziert."[1])

„Das selbst erarbeitete, sozusagen auf Verwachsung des einzelnen unabhängigen Arbeitsindividuums mit seinen Arbeitsbedingungen beruhende Privateigentum (des Bauern und Handwerkers) wird verdrängt durch das kapitalistische Privateigentum, welches auf Exploitation fremder, aber formell freier Arbeit beruht. Sobald dieser Umwandlungsprozeß nach Tiefe und Umfang die alte Gesellschaft hinreichend zersetzt hat, sobald die Arbeiter in Proletarier, ihre Arbeitsbedingungen in Kapital verwandelt sind, sobald die kapitalistische Produktionsweise auf eigenen Füßen steht, gewinnt die weitere Vergesellschaftung der Arbeit und weitere Expropriation der Privateigentümer eine neue Form. Was jetzt zu expropriieren, ist nicht länger der selbstwirtschaftende Arbeiter, sondern der viele Arbeiter exploitierende Kapitalist. Diese Expropriation vollzieht sich durch das Spiel der immanenten Gesetze der kapitalistischen Produktion selbst, durch die Zentralisation der Kapitalien. Je ein Kapitalist schlägt viele tot. Hand in Hand mit dieser Zentralisation, oder der Expropriation vieler Kapitalisten durch wenige, entwickelt sich die kooperative Form des Arbeitsprozesses auf stets wachsender Stufenleiter, die bewußte technische Anwendung der Wissenschaft, die planmäßige Ausbeutung der Erde, die Verwandlung der Arbeitsmittel in nur gemeinsam verwendbare Arbeitsmittel, die Ökonomisierung aller Produktionsmittel durch ihren Gebrauch als Produktionsmittel kombinierter, gesellschaftlicher Arbeit, die Verschlingung aller Völker in das Netz des Weltmarktes und damit der internationale Charakter des kapitalistischen Regimes. Mit der beständig abnehmenden Zahl der Kapitalmagnaten, welche alle Vorteile dieses Umwandlungsprozesses usurpieren und monopolisieren, wächst die Masse des Elendes, des Druckes, der Knechtschaft, der Entartung, der Ausbeutung, aber auch die Empörung der stets anschwellenden und durch den Mechanismus des kapitalistischen Produktionsprozesses selbst geschulten, vereinten und organisierten Arbeiterklasse. Das Kapitalmonopol wird zur Fessel der Produktionsweise, die mit und unter ihm aufgeblüht ist. Die Zentralisation der Produktionsmittel und die Vergesellschaftung der Arbeit erreichen einen Punkt, wo sie unerträglich werden mit ihrer kapitalistischen Hülle. Sie wird gesprengt. Die Stunde des kapitalistischen Privateigentumes schlägt. Die Expropriateurs werden expropriiert."

„Die aus der kapitalistischen Produktionsweise hervorgehende kapitalistische Aneignungsweise, daher das kapitalistische Privateigentum, ist

[1]) S. 662—664.

die erste Negation des individuellen, auf eigene Arbeit gegründeten Privateigentumes. Aber die kapitalistische Produktion erzeugt mit der Notwendigkeit eines Naturprozesses ihre eigene Negation. Es ist die Negation der Negation. Diese stellt nicht das Privateigentum wieder her, wohl aber das individuelle Eigentum auf Grundlage der Errungenschaft der kapitalistischen Ära: der Kooperation und des Gemeinbesitzes der Erde und der durch die Arbeit selbst produzierten Produktionsmittel."[1])

Mit diesem Ausblick schloß der erste und für die sozialdemokratische Bewegung weitaus wichtigste Teil des Marxschen Werkes ab. Die folgenden Bände sind erst nach seinem Tode von Friedrich Engels aus dem Nachlaß herausgegeben worden.

65. Der dritte Band des „Kapital". Das Rätsel der Durchschnittsprofitrate.[2])

In diesem kommt es Marx darauf an, „die konkreten Formen aufzufinden und darzustellen, welche aus dem Bewegungsprozeß des Kapitales, als Ganzes betrachtet, hervorwachsen. In ihrer wirklichen Bewegung treten sich die Kapitale in solchen konkreten Formen gegenüber, für die die Gestalt des Kapitales im unmittelbaren Produktionsprozeß, wie seine Gestalt im Zirkulationsprozeß, nur als besondere Momente erscheinen. Die Gestaltungen des Kapitales, wie wir sie in diesem Buche entwickeln, nähern sich also schrittweis der Form, worin sie auf der Oberfläche der Gesellschaft, in der Aktion der verschiedenen Kapitale auf einander, der Konkurrenz, und im gewöhnlichen Bewußtsein der Produktionsagenten selbst auftreten."[3])

Es wird zunächst auseinandergesetzt, wie sich Mehrwert in Profit und die Rate des Mehrwertes in Profitrate verwandelt. Was die Ware dem Kapitalisten kostet und was die Produktion der Ware selbst kostet, das sind ganz verschiedene Größen. „Der aus Mehrwert bestehende Teil des Warenwertes kostet dem Kapitalisten nichts, eben weil er dem Arbeiter unbezahlte Arbeit kostet. Da jedoch auf Grundlage der kapitalistischen Produktion der Arbeiter selbst, nach seinem Eintritt in die den Produktionsprozeß, ein Ingrediens des in Funktion begriffenen und dem Kapitalisten zugehörigen produktiven Kapitales bildet, der Kapitalist also der wirkliche Warenproduzent ist, so erscheint notwendig der Kostpreis (k) der Ware für ihn als die wirkliche Kost der Ware

---

1) S. 789, 790. 2) Vgl. die S. 297 genannte Literatur.

3) Kapital III. 1. S. 1, 2.

selbst.“[1]) Was der Kapitalist dann als Mehrwert erhält, erscheint ihm als Profit; und er erwartet gleichen Vorteil auf alle Teile des Kapitales, die er vorstreckt. Bezeichnet man den Kostpreis der Ware mit k, den Profit mit p, so wird aus der Formel W (Warenwert) $= c + v + m$ erst $W = k + m$ und schließlich $W = k + p$. Die Rate des Mehrwertes gemessen am Gesamtkapital (C) heißt Profitrate $\left(\frac{m}{C}\right)$.[2]) Würden die Waren stets zu ihren Werten verkauft, so müßten wegen der ungleichen organischen Zusammensetzung des Kapitales in verschiedenen Unternehmungen ungleiche Profitraten entstehen. Der Mehrwert und weiter auch der Profit müßte ja um so größer sein, je mehr der variable Kapitalteil den konstanten übertrifft.

Wäre z. B. in fünf verschiedenen Produktionssphären folgende ungleiche organische Zusammensetzung des Kapitales vorhanden, so würde sich trotz gleicher Mehrwertsrate $\left(\frac{m}{v}\right)$ von 100 Proz. doch eine ungleiche Profitrate ergeben:[3])

	Mehrwert	Profitrate
80 c + 20 v	20	20 Proz.
70 c + 30 v	30	30 „
60 c + 40 v	40	40 „
85 c + 15 v	15	15 „
95 c + 5 v	5	5 „

Infolge der freien Konkurrenz können sich diese ungleichen Profitraten nicht behaupten. Das Kapital zieht sich aus Sphären mit niedriger Profitrate so lange in solche mit hoher Profitrate, bis die Abnahme des Angebotes dort, die Zunahme desselben hier, einen Ausgleich bewirkt haben. Der Gesamtmehrwert wird dann gleichmäßig auf das Gesamtkapital verteilt. Ersterer beträgt 110, letzteres 500, also entsteht eine Durchschnittsprofitrate von 22 Proz. Nimmt man an, in den fünf Produktionssphären sei der Verbrauch an konstantem Kapital 50, 51, 51, 40 und 10, so entstünden folgende Produktionspreise:[4])

$$\begin{array}{rcrcrcr} 50 & + & 20 & + & 22 & = & 92 \\ 51 & + & 30 & + & 22 & = & 103 \\ 51 & + & 40 & + & 22 & = & 113 \\ 40 & + & 15 & + & 22 & = & 77 \\ 10 & + & 5 & + & 22 & = & 37 \\ \hline & & & & & & 422 \end{array}$$

---

[1]) a. a. O. S. 2. [2]) S. 17. [3]) S. 133.
[4]) S. 135.

Würden die Waren nach ihrem Werte verkauft, so müßten die Preise betragen:

	Unterschied zwischen Produktionspreis und Wert
50 + 20 + 20 = 90	+ 2
51 + 30 + 30 = 111	− 8
51 + 40 + 40 = 131	− 18
40 + 15 + 15 = 70	+ 7
10 + 5 + 5 = 20	+ 17
422	0

Es fallen also nur die Gesamtwerte und Preise zusammen. Die Gesamtheit der Abweichungen der Produktionspreise von den Werten nach oben und unten heben sich gegenseitig auf. Das Wertgesetz reguliert nur das Maß der Abweichung. „Die verschiedenen Kapitalisten verhalten sich hier, soweit der Profit in betracht kommt, als bloße Aktionäre einer Aktiengesellschaft, worin die Anteile am Profit gleichmäßig pro 100 verteilt werden, und daher für die verschiedenen Kapitalisten sich unterscheiden nach der Größe des von jedem in das Gesamtunternehmen gesteckten Kapitales, nach seiner verhältnismäßigen Beteiligung am Gesamtunternehmen, nach der Zahl seiner Aktien."[1]) Nur die Summe der Produktionspreise der in der Totalität aller Produktionszweige produzierten Waren kommt der Summe ihrer Werte gleich, und ebenso stimmt der Gesamtprofit mit dem Gesamtmehrwert überein.

Da wegen der fortschreitenden Entwicklung der gesellschaftlichen Produktivkraft der Arbeit der variable Kapitalteil (v) im Verhältnisse zum konstanten Kapitalteile (c) und damit auch zum Gesamtkapital stetig abnimmt, so muß unter sonst gleichbleibenden Umständen (gleicher Rate des Mehrwertes) die allgemeine Profitrate eine Tendenz zum Sinken zeigen. Die gleiche Rate des Mehrwertes z. B. $\frac{m}{v} = 100$ Proz. drückt sich je nach dem verschiedenen Umfang des konstanten Kapitales (c) und damit des Gesamtkapitales C in sehr verschiedenen Profitraten aus:

Wenn c = 50, v = 100 so ist sie $\frac{100}{150} = 66\,{}^1/_3$ Proz.

" c = 100, v = 100 " " " $\frac{100}{200} = 50$ Proz.

" c = 200, v = 100 " " " $\frac{100}{300} = 33\,{}^1/_3$ Proz.

---

[1]) S. 137.

Wenn $c = 300$, $v = 100$ so ist sie $\frac{100}{400} = 25$ Proz.

„ $c = 400$, $v = 100$ „ „ „ $\frac{100}{500} = 20$ Proz. usw [1])

Ungeachtet des Sinkens der Profitrate nimmt aber die Profitmasse absolut zu, da das Wachstum des Gesamtkapitales in rascherer Progression erfolgt als das Sinken der Profitrate.[2]) Da die Profitrate als die treibende Macht in der kapitalistischen Produktion anzusehen ist und nur produziert wird, was und soweit es mit Profit produziert werden kann, so erzeugt die Entwicklung der Produktivkraft der Arbeit im Falle der Profitrate ein Gesetz, das ihrer eigenen Entwicklung auf einem gewissen Punkt feindlichst gegenübertritt, und daher beständig durch Krisen überwunden werden muß.[3]) „Der Widerspruch, ganz allgemein ausgedrückt, besteht darin, daß die kapitalistische Produktionsweise eine Tendenz einschließt nach absoluter Entwicklung der Produktivkräfte ... während sie andererseits die Erhaltung des existierenden Kapitalwertes und seine Verwertung im höchsten Maß zum Ziel hat."[4]) „Die wahre Schranke der kapitalistischen Produktion ist das Kapital selbst, ist dies: daß das Kapital und seine Selbstverwertung als Ausgangspunkt und Endpunkt, als Motiv und Zweck der Produktion erscheint; daß die Produktion nur Produktion für das Kapital ist und nicht umgekehrt die Produktionsmittel bloße Mittel für eine sich stets erweiternde Gestaltung des Lebensprozesses für die Gesellschaft der Produzenten sind. Die Schranken, in denen sich die Erhaltung und Verwertung des Kapitalwertes, die auf der Enteignung und Verarmung der großen Masse der Produzenten beruht, allein bewegen kann, diese Schranken treten daher beständig in Widerspruch mit den Produktionsmethoden, die das Kapital zu seinem Zwecke anwenden muß, und die auf unbeschränkte Vermehrung der Produktion, auf die Produktion als Selbstzweck, auf unbedingte Entwicklung der gesellschaftlichen Produktivkräfte der Arbeit lossteuern. Das Mittel — unbedingte Entwicklung der gesellschaftlichen Produktivkräfte — gerät in fortwährenden Konflikt mit dem beschränkten Zweck, der Verwertung des vorhandenen Kapitales. Wenn daher die kapitalistische Produktionsweise ein historisches Mittel ist, um die materielle Produktivkraft zu entwickeln und den ihr entsprechenden Weltmarkt zu schaffen, ist sie zugleich der beständige Widerspruch zwischen dieser ihrer historischen Aufgabe und den ihr entsprechenden gesellschaftlichen Produktionsverhältnissen." [5])

[1]) S. 191. [2]) S. 204. [3]) S. 241. [4]) S 241.
[5]) S. 232.

Im Falle der Profitrate zeigt sich in rein ökonomischer Weise, selbst innerhalb der Grenzen des kapitalistischen Verstandes, die Schranke, die Relativität der kapitalistischen Produktionsweise, zeigt sich, „daß sie keine absolute, sondern nur eine historische, einer gewissen beschränkten Entwicklungsepoche der materiellen Produktionsbedingungen entsprechende Produktionsweise ist".[1])

Insofern weist auch der dritte Band auf die Unvermeidlichkeit des Zusammenbruches hin, wenn auch nähere Andeutungen über den sozialistischen Charakter der künftigen Ordnung fehlen.

66. Die Versuche von W. Sombart, C. Schmidt und Fr. Engels, die Mehrwerttheorie zu retten.

Die Kapitulation des Wertgesetzes vor den Produktionspreisen im gewöhnlichen Sinne der politischen Ökonomie hat viel Kopfschütteln erregt. Marx ging davon aus, daß die mögliche Gleichsetzung der Waren im Verkehre auf ihrer Wertgleichheit beruhe und endet damit, daß im Verkehre tatsächlich nicht gleiche Werte gegeneinander ausgetauscht werden. Das Wertgesetz bestimmt schließlich nur noch die gesamte Masse des Mehrwertes und insofern die Durchschnittsprofitrate. Der Wert ist also nicht ohne jede Bedeutung für die Gestaltung der wirklichen Preise. Er übt seinen Einfluß aber in sehr mittelbarer, indirekter Weise aus. Und was soll man sich unter den Begriffen Gesamtkapital und Gesamtmehrwert vorstellen? Hätten wir geschlossene nationale Volkswirtschaften von ebenmäßiger kapitalistischer Durchbildung, so käme diesen Begriffen eine gewisse Realität zu. Bei den ausgebreiteten Verkehrsbeziehungen der kapitalistisch entwickelten Länder mit Gebieten prinzipiell verschiedener Wirtschaftsordnungen verlieren diese Begriffe aber jeden konkreten Inhalt.

Es ist somit sehr begreiflich, daß die Frage nach dem Werte des Marxschen Wertbegriffes aufgeworfen worden ist. Er lebt nicht im Bewußtsein der Produktionsagenten, er leitet nicht ihren Kalkul, er ist keine Bewußtseinstatsache der Käufer und Verkäufer, er hat in der Wirklichkeit keine Existenz.

Nichtsdestoweniger glaubt W. Sombart[2]) in dem Marxschen Werte ein Hilfsmittel des ökonomischen Denkens, eine logische Tatsache er-

---

[1]) S. 242.

[2]) Zur Kritik des ökonomischen Systemes von K. Marx, A. f. d. G., VII., S. 555 ff., und Moderner Kapitalismus. I. S. 260—267. Vgl. ferner die Polemik zwischen Brentano und Sombart in der Nation. XXII. Nr. 18, 21, 25.

blicken zu dürfen. Er gestatte uns qualitativ verschiedene Waren quantitativ aufeinander zu beziehen, sie kommensurabel zu machen. Daß Waren Arbeitsprodukte seien, bilde ihre ökonomisch erheblichste Tatsache. Der Wertbegriff im Marxschen Sinne sei nichts anderes als der ökonomische Ausdruck für die Tatsache der gesellschaftlichen Produktivkraft der Arbeit als Grundlage des wirtschaftlichen Daseins. Es komme mit Hilfe dieser Hypothese am klarsten zum Bewußtsein, daß die ganze Kulturentwicklung von der gesellschaftlichen Produktivität der Arbeit abhänge.

Wovon hängt denn aber die gesellschaftliche Produktivität der Arbeit selbst ab? Zum nicht geringen Teile doch von den Leistungen der immateriellen Produzenten, von den Fortschritten der Wissenschaften, von Bildung und Erziehung, von den technischen, kaufmännischen und organisatorischen Talenten des Unternehmers. Aber gerade diese Momente kommen innerhalb der Marxschen Werttheorie durchaus nicht zu ihrem Rechte. Sie erleichtert ihr Verständnis nicht nur nicht, sondern erschwert es in beträchtlichem Maße. Die Leistungen der volkswirtschaftlichen Offiziere, der Dirigenten des wirtschaftlichen Orchesters, um Marx' eigene Worte zu gebrauchen, werden über denjenigen der Soldaten vergessen. Und wie manche Äußerungen aus den Kreisen der im Dienste sozialistischer Arbeiter selbst stehenden Persönlichkeiten schließen lassen, trägt der Marxsche Kultus der „Durchschnittsarbeit" bereits seine bitteren Früchte.[1]) Insofern erscheint mir der Sombartsche Rettungsversuch nicht glücklich zu sein.

Conrad Schmidt[2]) legt noch mehr als Sombart Gewicht darauf, daß die Regulierung der Profitrate durch das Wertgesetz etwas schaffe, was sich über das sinnverwirrende Treiben der Konkurrenz herrschend erhebe. Die Konkurrenz empfange ihren obersten Regulator doch durch das Wertgesetz. So werde allein die Möglichkeit geschaffen, theoretische Einsicht in das Getriebe der kapitalistischen Wirklichkeit zu bekommen. Es sei eine theoretisch notwendige Fiktion.

Friedrich Engels,[3]) wohl der berufenste Interpret, hat diese Auffassungen als nicht unrichtig bezeichnet. Sie gingen aber zu weit. Dem Wertgesetze komme nicht nur eine logische Bedeutung zu. Es erläutere auch historische Prozesse und habe früher eine gewisse empirische Giltig-

---

[1]) S. P. S. C. X. S. 1141.

[2]) Der dritte Band des „Kapital". S. C. IV. S. 256—258; Grenznutzen und Marxsche Wertlehre. Sozialistische Monatshefte. 1897. 1. Heft.

[3]) Ergänzung und Nachtrag zum dritten Buch des „Kapitals". N. Z. XIV. I. S. 4—11, 37—44.

keit besessen. Marx sage ja selbst: „Abgesehen von der Beherrschung der Preisbewegung durch das Wertgesetz, ist es durchaus sachgemäß, die Werte der Waren nicht nur theoretisch, sondern auch historisch als das Prius der Produktionspreise zu betrachten. Es gilt dies für Zustände, wo dem Arbeiter die Produktionsmittel gehören, und dieser Zustand findet sich in der alten, wie in der modernen Welt, beim selbstarbeitenden grundbesitzenden Bauer und Handwerker."[1]) Da der Bauer wegen der hauswirtschaftlichen Organisation eines beträchtlichen Teiles seiner Bedarfsbefriedigung und der Handwerker wegen seiner landwirtschaftlichen Nebenbeschäftigung über die Arbeitsmengen, welche zur Produktion einer Ware erforderlich waren, ziemlich zutreffende Vorstellungen besessen hätten, so hätte sich auch der Tauschverkehr nach der Rücksicht auf die Arbeitsquanta abgespielt. Eine Durchschnittsprofitrate habe sich zuerst im auswärtigen Handel ausgebildet, gestützt auf Monopolstellungen, Privilegien und genossenschaftlichen Zusammenschluß aller am Verkehr beteiligten Kaufleute einer Nation. Indem das Handelskapital Handwerker und Hausindustrielle verlegte, d. h. allmählich in Lohnarbeiter verwandelte, habe es, um sich die gewohnte Profitrate zu sichern, begonnen auf den Lohn zu drücken, während die Waren selbst noch zu ihren Werten verkauft worden seien. Obwohl mit dem Aufkommen des Fabrikwesens der konstante Kapitalteil den variablen immer mehr überragte, so sei auch da die Erzielung der überlieferten Profitrate leicht möglich gewesen, da die Fabriken zunächst mit Produkten in Konkurrenz traten, welche nach älterer Methode mit sehr viel größerer gesellschaftlich notwendigen Arbeitszeit hergestellt waren. Die Durchschnittsprofitrate habe es dann verhindert, daß die Maschinenprodukte auf ihren wirklichen Wert herabgingen.

So interessant und geistreich diese Ausführungen sein mögen, so können sie die Tatsache nicht erschüttern, daß innerhalb der modernen kapitalistischen Produktionsweise das Wertgesetz eben doch keine reale Bedeutung hat.[2])

67. Abschließende Bemerkungen über den Marxismus.

Ebensowenig wie die Wert- und Mehrwertlehre können die Theorien, welche die Zentralisation, die Verelendung und die sozialistische Mission des Proletariates betreffen, als richtig anerkannt werden. In anderem

[1]) Kapital III. 1. S. 156.

[2]) Siehe Bemerkungen zur Kritik der Werttheorie auch bei v. Struve, Rezension von Bernstein's „Voraussetzungen des Sozialismus" und Kautzky's

Zusammenhange ist bereits die Frage erörtert worden, welche Gültigkeit die Zentralisationstendenz in Landwirtschaft und Gewerbe beanspruchen kann. Selbst in letzterem ist sie erst in Bezug auf einzelne Wirtschaftszweige (Kohlenbergbau, Eisen- und Stahlindustrie) soweit fortgedrungen, daß der Übergang der bestehenden Privatbetriebe an die Gesellschaft erfolgen könnte.[1]) Die Behauptung aber, daß mit der Zentralisation des Kapitales auf der einen Seite die Zunahme des Elendes auf der anderen erfolge, widerspricht offenkundigen Tatsachen. Gerade die Industriezweige, in denen der Zentralisationsprozeß relativ weit vorgeschritten ist, gewähren oft die besten Arbeitsbedingungen. Und wenn man, um den Marx'schen Gedanken zu retten, betont, es brauche die zunehmende Ausbeutung keine Verschlechterung der Lage einzuschließen, sondern der Arbeiter erscheine nur mit Rücksicht auf die gestiegene Produktivität seiner Arbeit, mit welcher die Lohnsteigerung nicht gleichen Schritt gehalten habe, in höherem Grade exploitiert, so übersieht man, daß auf den Arbeiter, wie amerikanische und englische Verhältnisse deutlich zeigen, eine derartig theoretisch konstruierte „Verelendung" keinen psychologischen Eindruck macht. Geht es ihm absolut besser, so bedeutet das in der Regel eine Verminderung der sozialen Konflikte und der revolutionären Energie.

Und wenn eine wirkliche Verelendung einträte, so könnte sie zwar die revolutionären Neigungen des Proletariats verstärken, aber ein verelendetes Proletariat würde nimmermehr die hohe Mission, die ihm Marx zuschreibt, die Regeneration der gesamten Gesellschaft zu Stande bringen.

Das sind Gedanken, die heute selbst von einem erheblichen Teile derjenigen Theoretiker anerkannt werden, die sich selbst als Marxisten bezeichnen.[2])

„Bernstein und das sozialdemokratische Programm". A. f. s. G. XIV. S. 726 bis 730.

[1]) H. G. Heymann, Die gemischten Werke im deutschen Großeisengewerbe. Stuttgart und Berlin 1904.

[2]) Vgl. Bernstein, Die Voraussetzungen des Sozialismus und die Aufgabe der Sozialdemokratie. Stuttgart 1899; P. v. Struve, Die Marxsche Theorie der sozialen Entwicklung. A. f. s. G. XIV. 658—705. L. Woltmann, Der historische Materialismus. Düsseldorf 1900. P. Kampffmeyer, Wohin steuert die ökonomische und staatliche Entwicklung? Berlin 1901. Als orthodoxe Marxisten sind dagegen zu nennen: K. Kautzky, Bernstein und das sozialdemokratische Programm. Stuttgart 1899; Dr. Rosa Luxemburg, Sozialreform und Revolution. Leipzig 1899.

Mögen die Lehren von Marx auch Irrtümer sein, so sind es doch grandiose und für die wissenschaftliche Entwicklung äußerst fruchtbare Irrtümer gewesen. In einem titanischen Drang hat er versucht, über den Schein hinweg in das Wesen der ökonomischen Entwicklung einzudringen. Er ist dabei auf Abwege geraten wie die transzendentale Philosophie. Sein ökonomischer Transzendentalismus wird aber in der Geschichte des menschlichen Denkens einen ebenso ehrenvollen Platz behaupten wie der philosophische. Aber Marx war nicht nur ein tiefer ökonomischer Denker und Philosoph. Über dem Gelehrten, über dem Intellekt stand der Wille, eine leidenschaftliche, revolutionäre Energie, ein agitatorisches und organisatorisches Genie, der Mann, dem der wütende Haß gegen den Kapitalismus aus allen Poren drang, der mit brennender Ungeduld den Tag des Umschwunges, des allgemeinen Zusammenbruchs herbeisehnte.[1]) Dann wollte er als unumschränkter Beherrscher des siegreichen Proletariats der ganzen Gesellschaft den Stempel seines Geistes aufdrücken. So unpersönlich und objektiv ursprünglich auch ein Gedanke von ihm konzipiert werden mag, in der Ausführung bricht seine leidenschaftliche, dämonische Natur immer wieder durch und macht sich bald in beißendstem Sarkasmus, bald in gröbsten Injurien Luft. Während nach seiner eigenen Lehre der Sozialismus erst aus einer ökonomischen Entwicklung hervorgehen soll, von der selbst die am weitesten vorgeschrittenen Länder heute noch weit entfernt sind, arbeitet er rastlos an der Vorbereitung der Revolution und erwartet sie für die nächste Zeit. So ist viel Widerspruchvolles, Verwirrendes in sein System gekommen. Diese Mängel waren umso verhängnisvoller, als sie sich unter dem schwer verständlichen philosophischen Jargon der Hegel'schen Schule versteckten.

Mag auch die Hypothese, die Marx über den Mehrwert und die Mehrarbeit aufgestellt hat, der Kritik nicht stand halten, die Tatsache der Mehrarbeit bleibt nichtsdestoweniger bestehen und wird jeden Sozialtheoretiker und -Politiker intensiv beschäftigen.

Jedermann weiß, daß es Leute gibt, welche, ohne selbst wirtschaftliche Güter zu produzieren, doch über solche, zuweilen sogar in sehr beträchtlichem Umfange, verfügen. Es müssen also die Produzenten unter irgend einem Titel veranlaßt worden sein, Teile ihres Arbeitsertrages an andere abzutreten. Die Abtretung kann direkt, gewissermaßen als Tribut oder Zoll, von Personen, die eine Art Monopol-

---

[1]) Vgl. Sombart, Sozialismus und soziale Bewegung. 3. Aufl. Jena 1900. S. 66.

stellung als Grund- oder Kapitalbesitzer genießen, erreicht worden sein. Sie kann aber auch mittelbar als Folge allgemeiner Zusammenhänge auftreten. So fällt beispielsweise demjenigen, welcher seine Ware zu geringeren als den Grenzkosten[1]) herstellen kann, ein Extragewinn, eine Prioritätsrente zu. Diese arbeitslosen Einkommensbildungen möglichst einzuschränken, das ist von jeher eines der vornehmsten und begründetesten Ziele des Sozialismus gewesen.

Die Abtretung materieller Güter erfolgt ferner in zahlreichen Fällen gegen den Genuß immaterieller Leistungen. Mit der Ausbildung der ganzen gesellschaftlichen Arbeitsteilung und der höheren Kultur überhaupt wächst die Zahl der Personen, welche als Kopfarbeiter selbst keine materiellen Güter unmittelbar produzieren, deren Arbeit aber sogar für die Zunahme der materiellen Kultur von der allergrößten Bedeutung ist. Es ist die große Schwäche der sozialistischen Systeme, und ganz besonders des Marxismus, auch diese immateriellen Produzenten ökonomisch als Ausbeuter der Hand-Arbeiter erscheinen zu lassen. Marx erklärt zwar, daß sich mit der Entwicklung der Kooperation der Begriff des produktiven Arbeiters erweitere. Es sei für ihn nicht mehr notwendig, selbst Hand anzulegen, es genüge, Organ des Gesamtarbeiters zu sein[2]). Marx hat dabei zunächst die leitenden Persönlichkeiten eines größeren Betriebes im Auge. Der Gedanke trifft aber für den gesamten arbeitsteilig organisierten Prozeß unserer Volkswirtschaft zu. Ebenso wenig wie der den Betrieb leitende Unternehmer, sind die Lehrer, die Ärzte, die Schriftsteller, die Beamten, Richter, Anwälte usw. als parasitäre Existenzen anzusehen. Die Verfolgung dieser Gedankenreihe hat der Marxismus leider in höchstem Maße vernachlässigt. Gewiß kann die Zahl solcher Existenzen nur in einem bestimmten Verhältnisse zum Entwicklungsgrade der Produktivität der gesellschaftlichen Arbeit stehen. Aber dieser Entwicklungsgrad ist in erster Linie gerade von den Leistungen der immateriellen Produzenten abhängig. Jede wirtschaftliche oder soziale Organisation, welche diese Leistungen beeinträchtigt, würde zum Totengräber des Fortschrittes werden.

Damit soll nicht in Abrede gestellt sein, daß es heute schwierige und deshalb sehr hohe Vergütungen erlangende Funktionen gibt, die

---

[1]) Unter Grenzkosten werden die Kosten verstanden, welche von den am schlechtesten gestellten Unternehmungen aufzuwenden sind, deren Produktion aber zur Deckung des Marktbedarfes noch erforderlich ist und deren Kosten deshalb den Preis bestimmen.

[2]) Kapital. I. 3. Aufl. S. 520.

gewissermaßen nur eine historische, keine absolute Geltung haben. Der ungeordnete Zustand unserer wirtschaftlichen Verhältnisse, die Herrschaft der Marktkonjunkturen macht die Tätigkeit des Unternehmers, die Anpassung der Produktion an das gesellschaftliche Bedürfnis zu einer oft überaus riskanten und verantwortlichen Aufgabe. Solange diese Verhältnisse bestehen, wird auch ein relativ hohes Unternehmereinkommen unvermeidlich sein. Ob es gelingen wird, durch genossenschaftliche Organisation des Konsums und durch Kartellierung der Unternehmungen die Unternehmerfunktion wenigstens auf dem heimischen Markte zu erleichtern und zu vereinfachen, steht dahin. Jedenfalls könnte erst dann die Prämie, die heute der Unternehmer bezieht, ohne Schaden für das Ganze wesentlich herabgesetzt werden.

Anders verhält es sich mit der reinen Rente. Nachdem in anderem Zusammenhange (S. 287) bereits auf die Bedeutung der Grundrente, insbesondere der städtischen, Rücksicht genommen worden ist, braucht hier nur von der Kapitalrente gesprochen zu werden. Auch sie hat ebenso wenig wie die ländliche Grundrente bloß einen ausbeuterischen Charakter. Die Institution des privaten ländlichen Grundeigentumes wird durch das intensive Interesse, das sie für die Bewirtschaftung des Bodens erzeugt, unter Umständen reichlich vergolten. In ähnlicher Weise bildet der Reiz, rentierendes Kapitaleigentum zu erwerben, eine Triebfeder, deren Wirksamkeit auf absehbare Zeit in unserem volkswirtschaftlichen Getriebe nicht ganz wird entbehrt werden können. Außerdem muß erwogen werden, daß heute die Kapitalrente auch in erheblichem Umfange als die Nährmutter wertvoller immaterieller Leistungen funktioniert. Die Persönlichkeiten in Armee und Beamtentum, in den Vertretungskörpern, in der Selbstverwaltung, in Wissenschaft, Kunst und Literatur werden nicht sehr zahlreich sein, welche, ohne auch Kapitalrenten zu beziehen, dasselbe zu leisten vermöchten, was sie heute tatsächlich leisten. Nun könnte man einwenden, daß an Stelle der einschrumpfenden oder wegfallenden Kapitalrente ja höhere Besoldungen ausgeworfen werden könnten. Das ist theoretisch wohl denkbar, politisch aber nicht sehr wahrscheinlich. Immerhin würde auch unter diesen Umständen ein wesentlicher Vorteil preisgegeben werden müssen: die relative Freiheit, welche die Kapitalrente gewährt. Heute bietet die Vermögensrente auch in straff organisierten Staatswesen ein nicht zu unterschätzendes Moment der Unabhängigkeit. Mag heute der Staat in der Verwaltung der geistigen Interessen oder auf anderen Gebieten Fehler begehen, so können sie bis zu einem beträchtlichen Grade durch den unabhängigen Besitz korrigiert werden. Davon wäre aber keine Rede mehr, wenn es nur noch staatlich anerkannte und besoldete immaterielle Produzenten geben würde.

Die an sich berechtigte und notwendige Einschränkung des Renteneinkommens zu Gunsten des Arbeitseinkommens wird daher auf die Grenze wohl zu achten haben, bei deren Überschreitung die gesellschaftlichen Vorteile der Veränderungen von den Nachteilen aufgewogen zu werden beginnen.

Anmerkung: Bei den großen Schwierigkeiten, welche das Studium des Marxismus dem Anfänger bereitet, sind für diesen Zweck vielleicht einige Ratschläge willkommen. Es empfiehlt sich mit den an die weitesten Kreise gerichteten Arbeiten zu beginnen, nämlich mit dem „Kommunistischen Manifest" von 1848 und „Lohnarbeit und Kapital" (1849). Daran können angeschlossen werden Engels, „Die Entwicklung des Sozialismus von der Utopie zur Wissenschaft" und Kautzky's „K. Marx ökonomische Lehren gemeinverständlich dargestellt." Ehe man zum Studium des Hauptwerkes von Marx schreitet, sollte noch dessen Arbeit „Zur Kritik der politischen Ökonomie" 1859 gelesen werden. Auf die Lektüre des I. Bandes des „Kapital" läßt man am besten diejenige des III. folgen. Der II. Band stellt die größten Anforderungen an den Leser und sollte daher erst zum Schlusse vorgenommen werden. Dabei wird vorausgesetzt, daß sich der Studierende über die Grundlehren der Nationalökonomie bereits durch das Studium eines der bekannten Handbücher (Cohn, Conrad, Philippovich, Platter) informiert hat. Noch besser ist es, wenn auch Turgot, Ad. Smith und Ricardo durchgenommen worden sind. Erst nach ausreichender Bekanntschaft mit dem Systeme von Marx sollte an die kritische Literatur (v. Böhm-Bawerk!) geschritten werden.

Das Studium der materialistischen Geschichtsauffassung führt zu allgemeinen philosophischen Problemen und setzt demzufolge eine gute Bekanntschaft mit der Metaphysik, Logik und Geschichte der Philosopie voraus. Man beginnt am besten mit den Anwendungen des ökonomischen Materialismus auf bestimmte geschichtliche Ereignisse und Entwicklungen, also mit der Schrift von Marx über „die Klassenkämpfe in Frankreich 1848/50", über „Revolution und Kontrerevolution", über den „18. Brumaire des Louis Bonaparte", mit Engels „Ursprung der Familie" nach Morgan. Hierauf käme Engels „L. Feuerbach und der Ausgang der klassischen deutschen Philosophie". 1895. Auch hier würden die kritischen und antikritischen Arbeiten von Stammler, Bernstein, Adler, Karner den Schluß bilden. Die Schriften von Marx und Engels werden am einfachsten durch die sozialistischen Buchhandlungen (z. B. Buchhandlung des Vorwärts in Berlin) bezogen.

Drittes Kapitel.

Die sozialdemokratische Bewegung im Deutschen Reiche.

68. Ferdinand Lassalle[1]) und die Gründung einer deutschen Arbeiterpartei.

Obwohl schon während der Revolution von 1848 in Berlin, in Breslau und in Cöln, hier namentlich unter dem Einflusse der von Marx und Engels herausgegebenen „Neuen Rheinischen Zeitung", sozialistische Arbeiterbewegungen[2]) an den Tag getreten waren, kann hier von ihnen abgesehen werden. Der relativ unentwickelte ökonomische Zustand, welchen Deutschland um die Mitte des vorigen Jahrhunderts noch aufwies,[3]) gab für eine tiefer wurzelnde Arbeiterpartei noch keinen Boden ab. Die Gegenrevolution vermochte deshalb diese ersten Keime einer selbständigen deutschen Arbeiterbewegung so gründlich auszurotten, daß von einer Kontinuität zwischen jenen Strömungen und der modernen Sozialdemokratie nicht gesprochen werden kann.

Erst der große wirtschaftliche Aufschwung der 50er Jahre schuf die der Arbeiterbewegung notwendigen Entwicklungsbedingungen. In Preußen, Bayern, Sachsen und Baden wuchs von 1846 bis 1861 die Zahl der Spindeln in der Streichgarnspinnerei von 524 517 auf 975 984; in der Baumwollspinnerei von 850 596 auf 1 924 219; die Zahl der mechanischen Webstühle von 7 750 auf 30 757, diejenige der Pferdekräfte der Dampfmaschinen von 4 605 auf 26 696. Nicht geringer waren die Fortschritte der preußischen Eisenindustrie. Es stieg die

---

[1]) Die Werke Lassalles sind von E. Bernstein in 3 Bänden (Berlin, Verlag des Vorwärts, 1892) kommentiert und herausgegeben worden. Den Briefwechsel zwischen Lassalle und Rodbertus haben Schumacher-Zarchlin und A. Wagner (Berlin 1878), denjenigen zwischen Lassalle, Marx und Engels hat Frz. Mehring (Stuttgart 1902) veröffentlicht. Unter den Schriften über Lassalle verdienen Brandes, F. Lassalle, ein literarisches Charakterbild, 4. Aufl., Leipzig 1900, und H. Oncken, Lassalle, Stuttgart 1904, den ersten Platz. Vgl. im übrigen die Literaturangaben von Diehl, Art. Lassalle.

Eine Darstellung der Lassalleschen Bewegung vom Standpunkte der marxistischen Sozialdemokratie bietet Frz. Mehring, Geschichte der deutschen Sozialdemokratie. I. Stuttgart 1892. S. 468—568. II. S. 1—168.

[2]) Siehe Georg Adler, Die Geschichte der ersten sozialpolitischen Arbeiterbewegung in Deutschland. Breslau 1885: M. Quark, Die Arbeiterverbrüderung 1848/49. Frankfurt a. M. 1900.

[3]) Vgl. Sombart, Moderner Kapitalismus. I. S. 422—486.

Zahl der Hochöfen von 239 auf 326, der Puddlingsöfen von 327 auf 815, der Schweißöfen von 192 auf 596, der Kupolöfen von 168 auf 308.[1])

So blühte die Industrie unter der Einwirkung der maßvollen Schutzzölle, die der Ausgestaltung des Zollvereins zu danken waren, empor, während die Landwirtschaft, der feudalen Fesseln ledig und gefördert durch bedeutsame Entdeckungen auf dem Gebiete der Agrikulturchemie, mit Erfolg zu einem höheren Intensitätsgrade überging. Zahlreiche Bahnen und Banken wurden gegründet. Die Länge der deutschen Eisenbahnen, die 1840 nur 469 km ausmachte, belief sich 1860 bereits auf 11 088 km. Überhaupt strebte mehr als eine reaktionäre Regierung danach, das Bürgertum, dessen politische Forderungen versagt worden waren, durch eifrige Pflege der materiellen Interessen zu entschädigen. Man konnte anfangs der 60er Jahre fast überall zur Gewerbefreiheit übergehen, ohne daß sich eine erhebliche Opposition aus den Handwerkerkreisen erhoben hätte. Das Wachstum der Industrie und der Umschwung in den gesamten Verkehrsverhältnissen erfüllte selbst die Widerstrebenden mit der Überzeugung, daß dieser Schritt unvermeidlich geworden sei. Im übrigen verbesserte der Regierungswechsel in Preußen auch die Aussichten des politischen Liberalismus. Vereine und Presse genossen eine größere Bewegungsfreiheit, ein neues öffentliches Leben erwachte, aus Junglitthauen erwuchs die Fortschrittspartei, und ihre Macht erschien bald groß genug, um es auf einen Verfassungskonflikt ankommen zu lassen.[2])

Diese Verhältnisse bestimmten einen hervorragenden Privatgelehrten, Ferdinand Lassalle (geboren zu Breslau 1824), der bereits in der rheinischen Bewegung des Jahres 1848 eine Rolle gespielt, neuerdings an politischen Bestrebungen teilzunehmen. Einigen Reden über die Verfassungsfrage folgte ein Vortrag „Über den besonderen Zusammenhang der gegenwärtigen Geschichtsperiode mit der Idee des Arbeiterstandes". Er war im Handwerkerverein der Oranienburger Vorstadt, dem Maschinenbauviertel Berlins, gehalten worden. In einer durch Geist und Form gleich ausgezeichneten Weise legte Lassalle dar, wie entsprechend den Änderungen der Produktionsweise die Gesellschaft allmählich aus einer feudalen in eine kapitalistische sich verwandelt habe,

---

[1]) J. S., Über die Entwicklung des Kapitalismus in Deutschland. N. Z. XI. 2. S. 620. XII. 2. S. 20; Sombart, Die deutsche Volkswirtschaft im 19. Jahrh. Berlin 1903. S. 92 ff, 353 ff.

[2]) Über die allgemeinen innerpolitischen Verhältnisse der 50er und 60er Jahre vgl. Baumgarten, Historische und politische Aufsätze. 1894. S. 76—217.

und wie nun nach Grundadel und Bürgertum die Arbeiterklasse berufen sei, eine hervorragende Stellung im Staatsleben zu übernehmen und der weiteren Entwicklung der Dinge ihr Gepräge zu verleihen. In den Ausführungen trat der Einfluß Louis Blancs, Lorenz Steins und der Verfasser des Kommunistischen Manifestes stark hervor.

Ungeachtet der akademischen Fassung glaubte die Berliner Staatsanwaltschaft in der Rede einen revolutionären Geist zu entdecken und erhob gegen Lassalle eine Anklage auf Grund des bekannten Haß- und Verachtungsparagraphen des preußischen Strafgesetzes. Der Angeklagte verteidigte sich mit einer so glänzenden Rede (Die Wissenschaft und die Arbeiter), daß seine Ideen die Aufmerksamkeit weiterer Kreise erregten und namentlich die Blicke der Arbeiter auf ihn lenkten. Auch sie hatte der politische Aufschwung ergriffen. Die Mittel und Wege, die zur Verbesserung ihrer Lage führen könnten, wurden wieder eingehend erörtert. Insbesondere versuchte Schulze-Delitzsch, ein Mitglied der Fortschrittspartei, die Arbeiter für den Grundsatz der Selbsthilfe durch freie Genossenschaften zu begeistern. Obgleich seine Ideen und Ratschläge mehr den Bedürfnissen selbständiger Kleinmeister angepaßt waren, gelang es ihm doch unter den Arbeitern einen bemerkenswerten Anhang zu gewinnen. Der Anschluß an Schulze begegnete aber auch einer Opposition, die namentlich dadurch erstarkte, daß man von seiten des Nationalvereins den Arbeitern, die sich um die Aufnahme beworben hatten, erklärte, sie sollten sich als geborene Ehrenmitglieder des Vereins betrachten. Auch scheinen die Arbeiter, die mit bürgerlich-radikaler Unterstützung die Londoner Industrieausstellung besucht hatten, ketzerische Ansichten heimgebracht zu haben. Es tauchte die Idee auf, einen allgemeinen deutschen Arbeiterkongreß nach Leipzig zur Klärung der Lage einzuberufen. Ein zu diesem Zwecke eingerichtetes Zentralkomitee wandte sich an Lassalle mit dem Ersuchen, in einer ihm „passend erscheinenden Form seine Ansichten über die Arbeiterbewegung und über die Mittel, deren sie sich zu bedienen habe, um die Verbesserung der Lage des Arbeiterstandes in politischer, materieller und geistiger Beziehung zu erreichen, sowie besonders auch über den Wert der Assoziationen für die ganze unbemittelte Volksklasse auszusprechen". Dieses Antwortschreiben ist die Stiftungsurkunde des deutschen Sozialismus, richtiger der sozialistischen Arbeiterpartei Deutschlands genannt worden. Grund genug, um auf seinen Inhalt näher einzugehen.

In Arbeiterkreisen, führte Lassalle aus, ist darüber gestritten worden, ob man sich um die politische Bewegung gar nicht kümmern, oder ob man sich als Anhang zur Fortschrittspartei betrachten solle.

Beides ist verkehrt. Die Arbeiter müssen sich mit Politik befassen und dürfen die Erfüllung ihrer berechtigten Ansprüche nur von der politischen Freiheit erwarten. Zu dieser wird ihnen aber der Anschluß an die Fortschrittspartei nicht verhelfen. Beweis dafür ist deren Energielosigkeit in der Konfliktsfrage und die Abneigung, für das allgemeine und gleiche Wahlrecht einzutreten. Um letzteres zu erringen, muß die Arbeiterklasse in politischer Hinsicht selbständig auftreten. Das allgemeine und gleiche Wahlrecht muß zum Losungswort und Banner der Partei werden.

In sozialer Beziehung kommen die Streitigkeiten über Gewerbefreiheit und Freizügigkeit, die noch immer geführt werden, um mehr als 50 Jahre zu spät. Das sind Dinge, die man jetzt stumm und lautlos dekretiert, über die man aber nicht mehr debattiert. Im übrigen ist zu unterscheiden, ob man nur die Lage einzelner Arbeiter erträglicher machen, oder ob man die normale Lage des gesamten Arbeiterstandes verbessern will. Kranken-, Invaliden-, Spar- und Hilfskassen können nur dem erstgenannten Ziele dienen. Dasselbe gilt von den Organisationen, die Schulze-Delitzsch empfiehlt, von seinen Rohstoff-, Vorschuß- und Konsumvereinen. Als Nationalökonom ist Schulze ganz in den Irrtümern der liberalen Schule befangen. Er verkennt das „eherne Lohngesetz".

„Das eherne ökonomische Gesetz," führt Lassalle aus, „welches unter den heutigen Verhältnissen, unter der Herrschaft von Angebot und Nachfrage nach Arbeit, den Arbeitslohn bestimmt, ist dieses: daß der durchschnittliche Arbeitslohn immer auf den notwendigsten Lebensunterhalt reduziert bleibt, der in einem Volke gewohnheitsmäßig zur Fristung der Existenz und zur Fortpflanzung erforderlich ist. Dies ist der Punkt, um welchen der wirkliche Tagelohn in Pendelschwingungen jederzeit herum gravitiert, ohne sich jemals lange weder über denselben erheben, noch unter denselben hinunterfallen zu können. Er kann sich nicht dauernd über diesen Durchschnitt erheben — denn sonst entstünde durch die leichtere, bessere Lage der Arbeiter eine Vermehrung der Arbeiterehen und der Arbeiterfortpflanzung, eine Vermehrung der Arbeiterbevölkerung und somit des Angebotes von Händen, welche den Arbeitslohn wieder auf und unter seinen früheren Stand herabdrücken würde. Der Arbeitslohn kann auch nicht dauernd tief unter diesen notwendigen Lebensunterhalt fallen, denn dann entstehen — Auswanderungen, Ehelosigkeit, Enthaltung von der Kindererzeugung und endlich eine durch Elend erzeugte Verminderung der Arbeiterzahl, welche somit das Angebot von Arbeitshänden noch verringert und den Arbeitslohn daher wieder auf den früheren Stand zurückbringt." Wenn auch das Niveau der als notwendig betrachteten Lebensbedingungen sich im Laufe der Zeiten gehoben hat, und früher nicht gekannte Befriedigungen gewohnheitsmäßige Bedürfnisse geworden sind, so haben sich auf demselben Wege auch früher nicht gekannte Entbehrungen und Leiden eingefunden. Die menschliche Lage der Arbeiter ist immer dieselbe geblieben, immer diese: auf dem untersten Rande der in jeder Zeit gewohnheitsmäßig erforderlichen Lebensnotdurft herumzutanzen, bald ein wenig über ihm, bald ein wenig unter ihm zu stehen. Die menschliche Lage der Arbeiter hängt eben ab von dem Verhältnis ihrer Lage zu der Lage ihrer Mitmenschen, zu der Lage der anderen Klassen in derselben Zeit.

Dieses Lohngesetz vermögen die Konsumvereine nicht zu durchbrechen. Deshalb braucht aber der Grundsatz der freien individuellen Assoziation noch nicht überhaupt zu fallen, er ist im Gegenteile durch Anwendung und Ausdehnung auf die fabrikmäßige Großproduktion in der Tat imstande, seiner Aufgabe zu genügen.

Es gilt die Arbeiter im Wege der Assoziation zu ihren eigenen Unternehmern zu machen, wenn jenes eherne und grausame Gesetz durchbrochen werden soll. Dann fällt die Scheidung in Arbeitslohn und Unternehmergewinn weg, und der Arbeiter erhält seinen vollen Arbeitsertrag. Die Arbeiter sind indes nur dann in der Lage, erfolgreiche Produktivgenossenschaften zu begründen, wenn der Staat ihnen das nötige Kapital leiht. Diese Unterstützung entspricht durchaus der Aufgabe und Bestimmung des Staates, die großen Kulturfortschritte der Menschheit zu erleichtern. Auch die Bourgeoisie hat für ihre Gründungen und Bahnbauten die Hilfe des Staates durchaus nicht verschmäht. Ohnedies ist der Staat eigentlich nichts anderes als die große Assoziation der ärmeren Klassen, da diese ja 96¼ Proz. der Bevölkerung ausmachen. Warum soll also die große Assoziation der Arbeiter nicht befördernd und befruchtend auf deren kleinere Assoziationskreise einwirken? Der Staat wird sich dieser Intervention nicht entziehen können, sobald das allgemeine und direkte Wahlrecht eingeführt wird, und die Arbeiter daher eine ihrer ziffermäßigen Bedeutung entsprechende Geltung in den Vertretungskörpern erhalten. Um das Wahlrecht aber zu erringen, müssen sich die Arbeiter in einem allgemeinen deutschen Arbeiterverein organisieren und eine große Volksbewegung nach Art der englischen Agitation gegen die Kornzölle in Fluß bringen.

Hiermit sind die Grundgedanken, von welchen die politische Tätigkeit Lassalles im Interesse der Arbeiterklasse beherrscht wurde, gekennzeichnet. Mochte das Antwortschreiben auch nicht sofort denjenigen

Erfolg erzielen, den Lassalle sich versprochen, so griff das Leipziger Komitee, nachdem Rodbertus dem ökonomischen Teile des Lassalleschen Programmes zum großen Teil zugestimmt hatte, doch diese Gedanken auf und berief eine große Arbeiterversammlung, in der Lassalle persönlich seine Ideen entwickeln sollte. Es fehlte indes nicht an Arbeiterversammlungen, die gegen Lassalle Stellung nahmen. Die Arbeiter, Schulze-Delitzsch zum Teil blind ergeben, mißtrauten noch dem Staate, dessen Hilfe Lassalle empfahl. Dabei blieben die heftigen, ja gemeinen und entstellenden Angriffe, mit denen die liberale Presse gegen Lassalle zu Felde zog, nicht ohne Eindruck.

Sollte die Gründung des allgemeinen deutschen Arbeitervereins gelingen, so mußte Lassalle dieser Bewegung mit allem Nachdrucke entgegenarbeiten. Sein ausgezeichnetes Agitationstalent wußte ihm die Arbeiter des Maingaues, vor denen er in Versammlungen zu Mainz und Frankfurt a. M. seine Sache führte, zuzuwenden, und am 23. Mai 1863 konnte der allgemeine deutsche Arbeiterverein in der Tat zu Leipzig in Anwesenheit von Delegierten aus 10 Städten (Hamburg, Harburg, Köln, Düsseldorf, Mainz, Elberfeld, Barmen, Solingen, Leipzig und Frankfurt a. M.) gegründet werden. Die starke Vertretung der rheinischen Städte zeigt, wie gründlich hier durch die industrielle Entwicklung und die Tätigkeit der „Neuen Rheinischen Zeitung" im Jahre 1848 der Boden für eine selbständige Arbeiterbewegung vorbereitet worden war. Bezeichnend ist das Fehlen Berlins, wo die Fortschrittspartei zunächst noch die Oberhand behielt.

Die Organisation des Vereins war streng zentralistisch. Lassalle wurde sofort auf 5 Jahre zum unabsetzbaren Präsidenten erklärt und erhielt eine nahezu diktatorische Gewalt. Unbegreiflich erscheint es, warum Lassalle es unterließ, für ein entsprechendes publizistisches Organ zu sorgen, da doch die Fortschrittspartei über eine zahlreiche, tief in die Volkskreise eindringende Presse gebot. Das Wachstum des Vereins ging nur ziemlich langsam von statten. Drei Monate nach der Gründung des Vereins zählte er 900 Mitglieder.

Im Herbste 1863 hatte Lassalle neuerdings eine gerichtliche Verhandlung zu bestehen. Er hatte gegen das Urteil appelliert, das von der ersten Instanz gegen ihn wegen der Rede über den Zusammenhang der gegenwärtigen Geschichtsperiode mit der Idee des Arbeiterstandes gefällt worden war. Eine für den Zweck der Verteidigung vorbereitete Rede, „Die indirekten Steuern und die Lage der arbeitenden Klassen", wurde noch vor der Verhandlung selbst veröffentlicht. Die Arbeit Lassalles bildet ein Arsenal von Waffen, um die indirekten Steuern zu bekämpfen und bezeichnete den Höhepunkt seiner politischen Tätigkeit. Mit dem größten Nachdrucke betonte er den durchaus friedlichen Charakter der Bewegung, die er ins Leben gerufen hatte.

Die vier Monate Gefängnis der ersten Instanz wurden in 100 Tlr. Geldstrafe verwandelt. Lassalle hatte so gut wie gesiegt.

Die Fortschrittspartei begnügte sich nicht, die von Lassalle einberufenen öffentlichen Versammlungen stören und ihn selbst in ihrer Presse beschimpfen zu lassen, Schulze-Delitzsch zog noch mit einer besonderen Schrift, „Kapitel zu einem deutschen Arbeiterkatechismus", gegen den gefährlichen Feind zu Felde. Schulze besaß unstreitig einen feinen Sinn für kleinbürgerliche Bedürfnisse und Denkungsweise, aber das Verständnis der modernen Arbeiterbewegung blieb ihm versagt. Seine volkswirtschaftlichen Anschauungen wurden von einem engen, durchaus privatwirtschaftlichen Horizonte begrenzt. Bastiat galt ihm als Alpha und Omega ökonomischer Weisheit. So fiel es Lassalle, der den Fehdehandschuh sofort aufhob, nicht sonderlich schwer, Schulze wissenschaftlich zu vernichten. Immerhin würde sein „Herr Bastiat-Schulze von Delitzsch, der ökonomische Julian, oder Kapital und Arbeit" einen noch tieferen Eindruck erzielt haben, wenn Lassalle die Grenzen literarischen Anstandes sorgsamer innegehalten hätte, und wenn er mit etwas mehr Gerechtigkeit und etwas weniger Selbstgefälligkeit und Selbstbewußtsein aufgetreten wäre.

Der langsame Fortgang, den die Bewegung trotz unermüdlicher Agitation nahm und der schwere Kampf, der mit der ganzen Fortschrittspartei zu führen war, mögen Lassalle bestimmt haben, Beziehungen zu Bismarck zu suchen. Es liegt ja nahe, daß Gegner eines und desselben Feindes schließlich gemeinsame Sache machen, wenn ihr Kampf auch von verschiedenen Seiten her und aus verschiedenen Gründen geführt wird. Hätte sich Bismarck zur Oktroyierung des allgemeinen Wahlrechtes bestimmen lassen, würde Lassalle sein nächstes Ziel rasch erreicht haben. Andererseits würde Bismarck durch eine Arbeiterpartei, die der Fortschrittspartei in den Rücken gefallen wäre, einen nicht zu verachtenden Bundesgenossen gewonnen haben. Daß Lassalle mit dieser Entwicklung zu rechnen begann, beweisen seine Reden aus dem Jahre 1864 deutlich genug. Daß Begegnungen zwischen Bismarck und Lassalle stattgefunden haben, hat bekanntlich der erstere selbst offen zugestanden. Auch mit Hermann Wagener, dem Begründer der „Kreuzzeitung", trat Lassalle in Beziehungen, ja Lassalle soll letzterem gegenüber erklärt haben, er (Lassalle) Bismarck und Wagener seien die drei klügsten Leute in Preußen. Mit dem in altpreußischen

Anschauungen lebenden Rodbertus führte Lassalle eine eifrige Korrespondenz, und Lothar Bucher, der bald in die Dienste Bismarcks trat, war einer seiner intimsten Freunde.

Im Sommer 1864 ging Lassalle nach Rigikaltbad, um seine Gesundheit, die durch die unaufhörlichen Prozesse und die Lasten der Agitation stark angegriffen erschien, wieder herzustellen. An dem gedeihlichen Fortgange der ganzen Bewegung, die er innerhalb eines Jahres durchzusetzen gehofft hatte, verzweifelnd, spielte er auch mit dem Gedanken, sich ganz nach der Schweiz zurückzuziehen und dort das Bürgerrecht zu erwerben.

Eine Liebesaffäre mit Helene von Dönniges veranlaßte ihn schließlich, deren Bräutigam, Janko von Rackowitz, zum Zweikampfe herauszufordern. Lassalle wurde so schwer verwundet, daß er drei Tage nach dem Kugelwechsel, am 31. August 1864, verschied. Seine Leiche wurde nach seiner Vaterstadt Breslau überführt und dort auf dem israelitischen Friedhofe beigesetzt. „Hier ruht was sterblich war, von Ferdinand Lassalle, dem Denker und Kämpfer", so lautet die Grabschrift, die sein Freund, der berühmte Philologe August Boeckh, verfaßt hat.

Die Persönlichkeit und Weltanschauung Lassalles wird gut durch ein Bekenntnis charakterisiert, das er in der Rede „Die indirekte Steuer und die Lage der arbeitenden Klassen" ablegte: „Von zwei Dingen eines; entweder lassen Sie uns Cyperwein trinken und schöne Mädchen küssen, also nur dem gewöhnlichen Genußegoismus fröhnen — oder aber, wenn wir von Staat und Sittlichkeit sprechen wollen, so lassen Sie uns alle unsere Kräfte der Verbesserung des dunklen Loses der unendlichen Mehrheit des Menschengeschlechtes weihen, aus deren nachtbedeckten Fluten wir Besitzende nur hervorragen wie einzelne Pfeiler, gleichsam um zu zeigen, wie dunkel jene Flut, wie tief der Abgrund sei!" Lassalle hat bald das eine, bald das andere getan. Interessant sind die Worte, mit denen einst Fürst Bismarck seine Persönlichkeit kennzeichnete: „Er war einer der geistreichsten und liebenswürdigsten Menschen, mit denen ich je verkehrt habe, ein Mann, der ehrgeizig im großen Stil war, durchaus nicht Republikaner; er hatte eine sehr ausgeprägte nationale und monarchische Gesinnung, seine Idee, der er zustrebte, war das deutsche Kaisertum, und darin hatten wir einen Berührungspunkt. Lassalle war ehrgeizig in hohem Stil." Auch Treitschke zählt Lassalle mit List und R. Blum zu den drei größten Agitatoren, welche Deutschland im vorigen Jahrhundert hervorgebracht hat. Es galt von ihm selbst, wie Oncken gut bemerkt, das Wort, das er über Heraklit einst ausgesprochen hatte: „es war Sturm in seiner Natur." „Diese eigentümliche Mischung von sieghaftem Glauben an sich und kalter Dialektik, von rasender Leidenschaft und bis zum äußersten gesteigerter Willenskraft, sucht immer das Unmögliche möglich zu machen, superlativisch in Worten und Mitteln, bald in lächerliche Eitelkeit ausartend, bald in imponierender Konzentration seines Willens und Denkens sich äußernd" (Oncken). Nicht die Gelehrsamkeit, so gern er mit ihr prunkte und so erstaunlich sie sein mochte, sondern die aktive Politik bildete das Zentrum seines Wesens, dasjenige, was ihm weltgeschichtliche Bedeutung verliehen hat.

Man ginge sicher fehl, wenn man behaupten wollte, ohne Lassalle hätte die sozialdemokratische Arbeiterpartei Deutschlands sich nicht entwickelt. Aber diese Partei hat ohne Zweifel bis in die neueste Zeit herein den Stempel seiner gewaltigen Individualität getragen, und die Lassalle'schen Werke gehören noch immer zu den weitaus wirkungsvollsten und glänzendsten Agitationsschriften, über welche die deutsche Sozialdemokratie verfügt.

Leider sind es nicht die besten Ideen Lassalle's gewesen, die sich am längsten in der deutschen Arbeiterbewegung behauptet haben. Während man an seiner geringschätzigen Beurteilung der Konsumgenossenschaften und Gewerkvereine festhielt, ging der große nationale Schwung, der ihn begeisterte, seine Marx und Engels weit überragende Auffassung der internationalen Politik, bald in kraftlosem Internationalismus und blinder Preußenfeindlichkeit unter. Erst in den letzten Jahren haben einige Vertreter der Sozialdemokratie eine gewisse Annäherung an den staatsmännischen Standpunkt Lassalle's in Fragen der nationalen Macht und Größe vollzogen.

Man hat die national-deutsche Gesinnung Lassalle's, seine hohe Meinung von der Aufgabe Preußens, dadurch abschwächen wollen, daß Lassalle 1859, wie aus Briefstellen hervorgeht, sich nur deshalb an die preußische Regierung mit einer Flugschrift über den italienischen Krieg gewandt habe, um sie zu „depopularisieren".[1]) Er glaubte nicht daran, daß die Monarchie noch einer nationalen Tat fähig wäre, und hoffte durch Offenbarung dieser Unfähigkeit der Sache der demokratischen Revolution zu dienen. War Lassalle aber Republikaner, weil er an der Kraft des preußischen Königtumes zur Lösung der deutschen Frage verzweifelte, so mußte er notwendigerweise in dem Maße, als sich seine

[1]) Briefe von Lassalle an Marx und Engels. Aus dem literarischen Nachlaß von Marx, Engels und Lassalle, herausgegeben von Franz Mehring. IV. S. 150.

Befürchtung als grundlos herausstellte, in das monarchische Lager zurückkehren. In der genannten prophetischen Broschüre über den italienischen Krieg und die Aufgabe Preußens rief er nach einem Friedrich d. Gr. Lassalle lebte noch lange genug, um einzusehen, daß die staatsmännische Potenz, welche er 1859 herbeigesehnt hatte, mittlerweile in der Person des Herrn von Bismarck sich zu entwickeln begann. „Und wenn wir Flintenschüsse mit Herrn von Bismarck wechselten, so würde die Gerechtigkeit erfordern, noch während der Salven einzugestehen, er ist ein Mann, jene (die Fortschrittspartei) aber sind alte Weiber." Und: „Das aber, Freunde, versprecht mir, wenn es je zu einem Kampfe kommen sollte zwischen dem Königtume von Gottes Gnaden auf der einen und dieser elenden Bourgeoisie auf der andern Seite, dann schwört mir, daß Ihr auf seiten des Königtums stehen werdet gegen die Bourgeoisie." Übrigens hatte Lassalle schon 1860 (Fichte's politisches Vermächtnis) erklärt: „Neben diesem großen Gegensatz von Föderation und Volkseinheit sinkt sogar der Gegensatz zwischen Monarchie und Republik zu einem relativ unbedeutenden herab, und wir glauben ganz ernsthaft, daß selbst diejenigen, welche ein erbliches, monarchisches, einiges deutsches Kaisertum mit gänzlicher Kassierung der 35 Untersouveränitäten wollen, und sei es auch mit allen Schnörkeln, Quasten und Sentimentalitäten der Burschenschaftszeit, doch immer noch auf einer viel höheren Stufe der Intelligenz und politischen Wahrheit stehen, als unsere Föderativ-Republikaner." [1])

Der größte Triumph, der Lassalle zufiel, den er aber freilich nicht selbst mehr erlebte, bestand jedenfalls darin, daß Bismarck in die Verfassung des Norddeutschen Bundes das allgemeine, gleiche und direkte Wahlrecht aufnahm, zu dessen Erkämpfung der Allgemeine deutsche Arbeiterverein gegründet worden war.

69. Von Lassalle's Tode bis zum Sozialistengesetz.[2])

Die Arbeitervereine, welche trotz Lassalle im Schlepptau der Fortschrittspartei geblieben waren, wurden im Sommer 1863 in Frankfurt a. M. zu einem „Verband deutscher Arbeitervereine" vereinigt, um so der Lassalle'schen Bewegung kräftiger begegnen zu können. In dem ständigen Ausschusse des Verbandes befanden sich der geistvolle Ver-

[1]) Bernstein'sche Ausgabe. I. S. 383.

[2]) Mehring, Geschichte der Deutschen Sozialdemokratie. Stuttgart 1897. II. Bd. S. 119–549.

fasser der „Geschichte des Materialismus“, Fr. A. Lange, ferner Max Hirsch und der Drechslermeister August Bebel. Dieser Verband überschritt indes gar bald die Kreise, die ihm die Fortschrittspartei gezogen hatte. Schon im Jahre 1865 wurde die Forderung des allgemeinen gleichen Stimmrechts angenommen, ein Jahr darauf erklärte man sich gegen Schulze-Delitzsch, und auf einer Landesversammlung sächsischer Arbeiter in Chemnitz entwickelte Bebel ein selbständiges Programm, das die Grundsätze des Partikularismus, der Demokratie und des Sozialismus enthielt. Auf dieses Programm hin wurden Bebel und Liebknecht in den Norddeutschen Reichstag gewählt. Im Jahre 1868 vollzogen sie den Anschluß an die Internationale Arbeiterassoziation.

Es wäre ungerecht, wenn man diesen ungemein raschen Umschwung, der innerhalb fünf Jahren den Verband deutscher Arbeitervereine aus dem Lager der Fortschrittspartei in das der internationalen Sozialdemokratie führte, ausschließlich dem Ungeschicke zuschreiben wollte, das der liberalen Partei in der Behandlung der Arbeiterfrage eigentümlich war. Der überraschende Szenenwechsel war zu einem nicht geringen Teile auch das Verdienst W. Liebknechts.[1])

Als Student an den bewaffneten Erhebungen des Jahres 1848 beteiligt, mußte Liebknecht nach der Besiegung der Revolution fliehen. Er wandte sich nach London und trat dort in enge Beziehungen zu Marx, Engels und anderen Mitgliedern des Kommunistenbundes. Die Krönungsamnestie verschaffte die Möglichkeit, in die Heimat zurückzukehren. Liebknecht machte davon Gebrauch, um hier im Sinne von Marx und der Internationalen Arbeiterassoziation zu wirken. Letztere war im Anschlusse an den Besuch, den die Arbeiter verschiedener Länder der Londoner Industrie-Ausstellung abgestattet hatten, und unter dem Einflusse von Marx im Jahre 1864 begründet worden. Sie sollte die alte Losung des kommunistischen Manifestes: „Proletarier aller Länder vereinigt Euch!“ in umfassendstem Sinne verwirklichen. Die „Norddeutsche Allgemeine Zeitung“, die Liebknecht in Verbindung mit Schweichel und Braß zum Zwecke republikanischer Propaganda herausgab, wurde, da Braß sich von der Regierung gewinnen ließ, bald Organ Bismarcks. Liebknecht verließ das Unternehmen und trat dem Lassalle'schen Arbeiterverein bei. Im Sommer 1865 lernte er Bebel kennen, der in Leipziger Arbeiterkreisen der einflußreichste Mann war

---

[1]) Über die persönlichen Schicksale Liebknechts (1826—1900) vgl. Kurt Eisner, W. Liebknecht und sein Wirken. Berlin (Vorwärts) 1900.

und im Jahre 1867 zum Vorsitzenden des Ausschusses des Verbandes deutscher Arbeitervereine erwählt wurde. Liebknecht mag es um so leichter gefallen sein, Bebel für den Ideenkreis von Marx zu gewinnen, als im Jahre 1867 des letzteren großes Werk „Das Kapital" erschien, die „Bibel des Sozialismus", wie man es genannt hat. Wie rasch sich Bebel in den Gedankenkreis des „Kapital" eingearbeitet hatte, läßt seine Erstlingsschrift (Unsere Ziele) erkennen, die im Jahre 1869 erschien und aus einer gegen die „Demokratische Korrespondenz" geführten Polemik entstanden war.

Bebel verfügte über seine Anhänger unbedingt. Die Gewinnung Bebels bedeutete daher auch die Gewinnung des Verbandes deutscher Arbeitervereine für die Internationale Arbeiterassoziation. So trat neben die nationale Sozialdemokratie der Lassalleaner die internationale Sozialdemokratie der Marxisten. Bald kam es zwischen beiden Parteien zur heftigen Fehde. Das Haupt der Lassalleaner, von Schweitzer, der Bismarck gegenüber sich ähnlich wie Lassalle benahm, wurde von den „Ehrlichen", der Partei Bebel-Liebknecht, als Reaktionär und Verräter an der Arbeitersache bekämpft.

Für die damals von Liebknecht verteidigten Anschauungen ist seine Rede „Über die politische Stellung der Sozialdemokratie" [1]) merkwürdig, in der er ausführte: „Die Sozialdemokratie darf unter keinen Umständen und auf keinem Gebiete mit den Gegnern verhandeln. Verhandeln kann man nur, wo eine gemeinsame Grundlage besteht. Mit prinzipiellen Gegnern verhandeln, heißt ein Prinzip opfern. Prinzipien sind unteilbar, sie werden entweder ganz bewahrt, oder ganz geopfert. Die geringste prinzipielle Konzession ist die Aufgebung des Prinzipes. Wer mit Feinden parlamentelt, parlamentiert; wer parlamentiert, paktiert." Den im Reichstage fast ausschließlich vertretenen herrschenden Klassen gegenüber ist der Sozialismus „keine Frage der Theorie" mehr, sondern einfach „eine Machtfrage, die in keinem Parlament, die nur auf der Straße, auf dem Schlachtfelde zu lösen ist, gleich jeder anderen Machtfrage".

Ein Einigungsversuch zwischen beiden Richtungen, der im Jahre 1869 zu Eisenach unternommen wurde, aber mißlungen war, verschärfte zunächst nur den Gegensatz. Der Verband deutscher Arbeitervereine hatte sich zu Gunsten einer neugegründeten sozialdemokratischen Arbeiterpartei aufgelöst. Das Programm derselben enthielt außer den

[1]) Leipzig 1874. S. 5, S. 7.

Forderungen der radikalen Demokratie: Einführung eines Normalarbeitstages, Einschränkung der Frauen- und Verbot der Kinderarbeit, Abschaffung aller indirekten Steuern zu Gunsten einer einzigen progressiven Einkommens- und Erbschaftssteuer, staatliche Förderung des Genossenschaftswesens und Staatskredit für freie Produktivgenossenschaften unter demokratischen Garantien. Der letztere Punkt sollte den Übertritt der Lassalleaner erleichtern.

Die nationale Begeisterung der Jahre 1870 und 71 wirkte aus naheliegenden Gründen auf die weitere Entwicklung der internationalen Sozialdemokratie lähmend ein. Ein Manifest des Parteiausschusses, das nach Sedan zu Massenkundgebungen für einen ehrenvollen Frieden mit der französischen Republik und gegen die Annexion von Elsaß-Lothringen aufforderte, zog den leitenden Persönlichkeiten eine Anklage wegen Hochverrats zu. In Ketten wurden die Ausschußmitglieder Bracke, von Bonhorst und Spier nach der Veste Boyen in Lötzen abgeführt. Bei den Wahlen von 1871 eroberte allein Bebel für Glauchau-Meerane ein Mandat. Immerhin wurden im ganzen Reiche 120108 Stimmen für die beiden sozialdemokratischen Parteien abgegeben. Im Frühjahr 1872 wurden Bebel und Liebknecht von den Leipziger Geschworenen der Vorbereitung des Hochverrates für schuldig befunden und zu zwei Jahren Gefängnis verurteilt.

Die Einbuße, welche die Bewegung unter dem Eindrucke der deutschen Siege und der deutschen Einigung erlitten hatte, wurde bald durch die fieberhafte Entwicklung des deutschen Wirtschaftslebens nach dem Kriege wieder wett gemacht. Der Milliardensegen, die Ausschreitungen des Gründertums, der darauffolgende Krach und weiter die chronische Krise verschärften die sozialen Gegensätze in gefährlichster Weise. Im Jahre 1874 erzielten die Arbeiterparteien 352000 Stimmen und neun Mandate.

Im übrigen hatten die Wahlen erwiesen, daß beide Arbeiterparteien ungefähr die gleiche Stärke besaßen. Da die Lassalleaner sich in ihren Anschauungen und ihrer Taktik nach dem Rücktritte v. Schweitzers von der Führung ohnehin den Internationalen erheblich genähert hatten, konnte ein neuer Einigungsversuch mit besseren Aussichten auf Erfolg unternommen werden. Die Vereinigung vollzog sich in der Tat zu Gotha im Mai 1875. Da bei der Feststellung des Programms den Lassalleanern nicht unerhebliche Zugeständnisse gemacht worden waren, ergoß Marx in einem Privatbriefe an seine Freunde, unter scharfen Ausfällen gegen Lassalle, die volle Schale seiner ätzenden Kritik über dasselbe aus. Nähme die deutsche Arbeiterpartei dieses Programm an, so zeige sie, daß ihr die sozialistischen Ideale noch nicht einmal hauttief säßen.[1]) Hätten die Anhänger von Marx seinen Ratschlägen Folge gegeben, so würde die Vereinigung beider Parteien, die auf die Ausbreitung der Sozialdemokratie zweifelsohne sehr günstig eingewirkt hat, höchstwahrscheinlich nicht zustande gekommen sein. Ein neuer Beleg, wie wenig Marx die deutschen Verhältnisse richtig zu beurteilen vermochte.

Im Jahre 1877 hatte es die Parteipresse bereits auf 41 politische Organe gebracht. Außerdem erschienen ein Dutzend Gewerkschaftsblätter.

Schon längst begnügte sich die Sozialdemokratie nicht mehr mit der ausschließlich politischen Agitation in der Weise Lassalles. Die Führer waren der Notwendigkeit inne geworden, den Arbeitern auch auf dem Gebiete ihrer Berufsinteressen einige näher liegende Vorteile zu verschaffen. Der Lassalleaner Fritzsche hatte 1865 den deutschen Tabakarbeiterverein gegründet. Im folgenden Jahre trat der Verband deutscher Buchdrucker ins Leben. Nachdem auf der in Hamburg am 22. August 1868 tagenden Versammlung des Allgemeinen Deutschen Arbeitervereins der Plan Schweitzers, Genossenschaften zu organisieren, noch lebhaft mit dem Hinweise auf Lassalles ehernes Lohngesetz bekämpft worden war, wurde schließlich von einem besonderen zu diesem Zwecke nach Berlin einberufenen Arbeiterkongreß der Standpunkt Schweitzers mit stürmischer Begeisterung anerkannt. Dieser hatte auch ein Musterstatut entworfen, nach dem bald zahlreiche gewerkschaftliche Kampfesorganisationen entwickelt wurden. Allerdings bereitete das Streikfieber, das die neugegründeten Vereine alsbald ergriff, vielen von ihnen einen jähen Untergang. Da auch die Marxisten die Gewerkschaften empfahlen, nahm die Bewegung nach dem Vereinigungskongreß doch im ganzen einen guten Fortgang. Die Gewerkschaften begannen für den Fall der Erkrankung oder des Todes, sowie zum Aufsuchen neuer Arbeitsgelegenheiten Unterstützungen zu gewähren; „sie gründeten Herbergen und Fachzeitungen und hoben das Solidaritätsgefühl und die Geselligkeit".

Die großen Erfolge der 1879er Wahlen — die Partei zählte nahezu eine halbe Million Stimmen und 12 Vertreter — steigerten

---

[1]) Zur Kritik des sozialdemokratischen Parteiprogramms. Aus dem Nachlaß von K. Marx. N. Z. IX. 1. S. 561—575.

das Selbstbewußtsein der Führer von Tag zu Tag. Die Sprache der Presse wurde immer aufreizender und frecher, die Verwilderung unter den proletarischen Massen der Fabrik- und Großstädte immer gefahrdrohender. „Hörte man", schrieb Franz Mehring,[1]) „den hundertstimmigen Chorus der sozialdemokratischen Agitatoren, Blätter, Flugschriften, so war die Religion ein leerer Humbug, erfunden von Betrügern, um Narren zu betören, der Patriotismus ein verhüllender Schleier für Raub und Mord, die Ehe eine staatlich konzessionierte Prostitution, die Wissenschaft eine feile Dirne des Volksverrates, die Schule eine Verdummungsanstalt „im Dienste gegen die Freiheit", der Reichstag ein Haufe von Junkern, Apostaten und Nullen, der als Marionette am Drahte eines Recht und Menschen verachtenden Staatsmannes tanzte, die Presse ein einziger Reptiliensumpf der Korruption".

Das verruchte Attentat vom Mai 1878 auf die erhabene Person des Kaisers bewog die Reichsregierung, obwohl Hödel, ein höchst verworrener Mensch, keineswegs nur der Sozialdemokratie angehört hatte, einen Gesetzentwurf zur Abwehr sozialdemokratischer Ausschreitungen dem Reichstage vorzulegen.[2]) Die Vorlage war juristisch so unvollkommen abgefaßt, daß auch diejenigen, die ihrem Zweck durchaus beipflichteten, dennoch vor der Annahme zurückscheuten. Sie fiel daher mit 251 gegen 57 Stimmen. Bald nachher wurde von Nobiling ein zweites Attentat verübt. Trotzdem hier noch weniger als bei Hödel ein Zusammenhang mit der Sozialdemokratie nachgewiesen werden konnte, schritt die Regierung zur Auflösung des Reichstages in der Erwartung, ein neugewähltes Parlament werde sich dem Erlasse eines Ausnahmegesetzes günstiger gestimmt erweisen. In der Tat nahm der neugewählte Reichstag einen Gesetzentwurf gegen die gemeingefährlichen Bestrebungen der Sozialdemokratie an, nachdem einige Änderungen und namentlich eine zeitliche Begrenzung der Geltungsdauer zugestanden worden war.

---

[1]) Die Deutsche Sozialdemokratie. Ihre Geschichte und ihre Lehre. 3. Aufl. Bremen 1879. S. 179. Dieses Buch ist im Gegensatze zu dem neueren sozialdemokratischen Werke Mehrings noch vom sozialliberalen Standpunkte aus geschrieben.

[2]) Hiermit gelangten Pläne zur Ausführung, welche der österreichische Reichskanzler v. Beust bereits 1871 angeregt hatte. Vgl. die Mitteilungen über die „Internationale der Regierungen", welche der internationalen Arbeiterbewegung entgegentreten, aber auch positive Reformen durchführen sollte, bei Schäffle, Aus meinem Leben. 2. Bd. 1905. S. 229 ff.

70. Die Zeit des Sozialistengesetzes.[1])

Das Gesetz und insbesondere seine Handhabung schossen über das berechtigte Ziel der Unterdrückung gemeingefährlicher Ausschreitungen weit hinaus. Es wurden einfach alle selbständigen Arbeiterorganisationen, politische sowohl wie wirtschaftliche, zerstört, die Presse unterdrückt, das Versammlungsrecht aufs äußerste beschränkt. Wo der kleine Belagerungszustand eingeführt wurde, wies man die leitenden Persönlichkeiten der Partei aus; zuweilen mit ausgesuchter Härte. In Frankfurt mußte eine Reihe von Familienvätern gerade vor Weihnachten die Stadt verlassen.[2]) Die periodische und nichtperiodische Literatur der Partei, 42 politische und 14 gewerkschaftliche Blätter, alle Agitationsbroschüren, eine ungeheure Zahl von Vereinen wurden verboten. Im ganzen sind während des Ausnahmezustandes 155 periodische und 1200 nichtperiodische Druckschriften von der Polizei unterdrückt worden. Auf Grund des kleinen Belagerungszustandes, wie er über Berlin, Hamburg, Leipzig, Frankfurt a. M., Stettin usw. verhängt worden war, erfolgten etwa 900 Ausweisungen, während 1500 Personen ebenfalls infolge des Ausnahmegesetzes ins Gefängnis wanderten. Unter diesen Umständen durfte es als ein großer Erfolg der Partei angesehen werden, daß sie bei den Wahlen von 1881 noch immer 312000 Stimmen errang. Konnten doch in einem großen Teile der Wahlkreise unter

---

[1]) Zwölf Jahre Sozialistengesetz. Ein Beitrag zur Geschichte des Sozialistengesetzes und der sozialdemokratischen Bewegung in Deutschland. Berlin 1890.

[2]) Es kann nicht bezweifelt werden, daß gerade diese Verfolgungen in der Brust vieler Führer einen auf lange Zeit hinaus wirkenden Stachel zurückgelassen und deren intransigente Haltung begründet haben. „Das Sozialistengesetz kam", führte Bebel 1903 in Dresden aus, „mit all seinen furchtbaren Wirkungen, die Schläge fielen hageldicht, alles wurde zertrümmert, eine Großstadt nach der anderen mit ihrem umliegenden Gebiete wurde unter Belagerungszustand erklärt, Hunderte und wieder Hunderte von Genossen wurden brotlos, den Führern, allen, mit wenigen Ausnahmen, wurde die Existenz zerstört, wir wurden wie räudige Hunde aus der Heimat hinausgetrieben. Auch heute noch, nachdem alle die Verfolgungen vorüber sind, ohne daß sie mir geschadet haben, wenn dann meine Gedanken auf den kleinen Belagerungszustand zurückkommen und ich mir vergegenwärtige, wie wir aufs Polizeibureau kommandiert, dort wie Verbrecher unters Metermaß gestellt und abgemessen wurden, wie wir photographiert wurden und unser Signalement genommen wurde, und wie es hieß, binnen drei Tagen macht ihr, daß ihr zum Tempel hinauskommt, das vergesse ich in meinem Leben nicht. Und wenn ich es je erleben sollte, daß der Tag käme, daß ich denen, die dann noch leben, sagen könnte: Jetzt will ich euch einmal zeigen, was ihr damals getan — ich täts!" S. 217 des Dresdener Protokolles.

dem herrschenden Drucke keine Wahlflugblätter, ja nicht einmal Stimmzettel ausgegeben werden, da die Partei selbst über eigene Druckereien nicht verfügte, gegnerische aber keinerlei Aufträge annahmen. Die Parteitage fanden unter großen Schwierigkeiten im Auslande statt (1880 Wyden [Schweiz], 1883 Kopenhagen, 1887 St. Gallen). Das Zentralorgan der Partei: „Der Sozialdemokrat" wurde in Zürich, später in London herausgegeben und konnte nur unter Kuvert nach Deutschland gelangen.

Ungleich gefährlicher als das Gesetz selbst war die mittelbare Begünstigung, die es anarchistischen Bestrebungen [1]) bot. Sobald es eben keine gesetzliche Möglichkeit für die politischen und wirtschaftlichen Bestrebungen der deutschen Arbeiterklasse mehr gab, mußten Leute leichtes Spiel haben, die erklärten, man sei jetzt zur Anwendung der Gewalt gezwungen. Man befände sich gegenüber den herrschenden Mächten im offenen Kriegszustande, im Stande der Notwehr, der jedes Mittel erlaubt mache. Durch energische geheime Agitation von kleinen, höchstens fünf Mitglieder zählenden Gruppen, durch Attentate und revolutionäre Akte seien die Massen für die bewaffnete Revolution zu gewinnen. Most lehrte seine sogenannte „revolutionäre Kriegswissenschaft". Er gab in seinen Blättern Anweisungen zur Herstellung der gefährlichsten Sprengmittel, zur Vergiftung von Dolchen usw. Reinsdorf traf seine Vorbereitungen, um bei der Enthüllung des Niederwalddenkmals die deutschen Fürsten in die Luft zu sprengen, und der Polizeirat Rumpf in Frankfurt a. M. wurde in der Tat das unglückliche Opfer eines anarchistischen Verbrechens.

Wenn die anarchistische Bewegung in Deutschland nicht noch größere Verbreitung erlangte, so dürfte das weniger der Polizei als der sozialdemokratischen Partei zuzuschreiben sein. Die sozialdemokratische Partei hat in ihren hervorragendsten Vertretern keinen Augenblick gezögert, den Anarchismus aufs entschiedenste zu bekämpfen. Auf dem ersten Kongreß der sozialdemokratischen Partei nach dem Erlaß des Sozialistengesetzes — ein Kongreß, der unter den damals herrschenden Verhältnissen nur geheim und in sehr romantischer Weise auf Schloß Wyden in der Schweiz stattfinden konnte, — wurden die anarchistischen Führer Most und Hasselmann aus der Partei ausgeschlossen. Man begnügte sich damit, gegen das Sozialistengesetz, das jede gesetzliche Betätigung der Sozialdemokratie unterdrückte, insofern zu demonstrieren, daß man

---

[1]) Vgl. G. Adler, Art. Anarchismus. S. 311 ff.; Zenker, Der Anarchismus. Jena 1895. S. 187 ff.; Langhard, Die anarchistische Bewegung der Schweiz und die internationalen Führer. Berlin 1903. S. 188—328.

in dem Gothaer Programme aus der Erklärung: „Die sozialistische Arbeiterpartei erstrebt mit allen gesetzlichen Mitteln den freien Staat usw." das Wort „gesetzlich" strich.[1]) Auch der Parteitag in St. Gallen 1887, der ebenfalls noch unter die Herrschaft des Sozialistengesetzes fiel, hat den Anarchismus und seine terroristische Taktik, auf ein vortreffliches Referat W. Liebknechts hin, mit allen Stimmen gegen zwei Stimmenenthaltungen verworfen. Die Resolution besagte:

„Der Parteitag erklärt die anarchistische Gesellschaftstheorie, soweit dieselbe die absolute Autonomie des Individuums erstrebt, für antisozialistisch, für nichts anderes als eine einseitige Ausgestaltung der Grundgedanken des bürgerlichen Liberalismus, wenn sie auch in ihrer Kritik der heutigen Gesellschaftsordnung von sozialistischen Gesichtspunkten ausgeht. Sie ist vor allem mit der sozialistischen Forderung der Vergesellschaftung der Produktionsmittel und der gesellschaftlichen Regelung der Produktion unvereinbar und läuft, wenn nicht die Produktion auf den Zwergmaßstab der kleinen Handwerker zurückgeführt werden soll, auf einen unlöslichen Widerspruch hinaus. Der anarchistische Kultus und die ausschließliche Zulassung der Gewaltpolitik beruht auf einem groben Mißverständnisse der Rolle der Gewalt in der Geschichte der Völker."

„Die Gewalt ist ebensogut ein reaktionärer als ein revolutionärer Faktor; ersteres sogar häufiger gewesen als das letztere. Die Taktik der individuellen Verwendung der Gewalt führt nicht zum Ziele und ist, sofern sie das Rechtsgefühl der Massen verletzt, positiv schädlich und verwerflich."

„Für die individuellen Gewaltakte bis aufs äußerste Verfolgter und Geächteter machen wir die Verfolger und Ächter verantwortlich und begreifen die Neigung zu solchen als eine Erscheinung, die sich zu allen Zeiten unter ähnlichen Verhältnissen gezeigt hat, und welche gegenwärtig durch bezahlte Agents-provocateurs für die Zwecke der Reaktion gegen die arbeitende Klasse ausgenutzt wird."[2])

Der Schlußabsatz dieser Resolution deutet die eigentümliche Stellung an, die von der Polizei dem Anarchismus gegenüber eingenommen worden ist.

Selbstverständlich mußte die Polizei der öffentlichen Sicherheit wegen alle Mittel anwenden, um über das gefährliche Treiben der

[1]) Protokoll des Kongresses der Deutschen Sozialdemokratie, abgehalten auf Schloß Wyden. Zürich 1880. S. 14—44.

[2]) Verhandlungen des Kongresses der Deutschen Sozialdemokratie in St. Gallen. Zürich 1888. S. 39—45.

Anarchisten vollkommen unterrichtet zu werden. Niemand wird ihr verargen dürfen, daß sie diese Überwachung zum Teil auch durch außerordentliche Geheimagenten vornehmen ließ. Dieses Geschäft besitzt, so notwendig es sein mag, für anständige Menschen geringe Anziehungskraft. Man wird also der Polizei keinen besonderen Vorwurf daraus machen können, daß sie auch die Dienste von Leuten in Anspruch nahm, welche der preußische Polizeiminister der Epoche des Sozialistengesetzes, Herr von Puttkamer, gelegentlich als „Nicht-Gentlemen" bezeichnete. Die Polizei hätte es aber unter keinen Umständen dahin kommen lassen dürfen, daß ihre Spione zu Lockspitzeln wurden, daß sie, um der vorgesetzten Behörde Material sowie Beweise ihrer Notwendigkeit und ihres Diensteifers verschaffen zu können, zu anarchistischen Verbrechen sogar anstifteten.[1]) Ja, es ist vorgekommen, daß Polizeibeamte selbst eine äußerst zweideutige Haltung eingenommen haben. Es sei hier nur an einen aktenmäßig festgelegten Fall erinnert, der eine gewisse internationale Bedeutung gewonnen hat, an den sogenannten Wohlgemuth-Handel Deutschlands mit der Schweiz. Der Polizeiinspektor A. Wohlgemuth in Mülhausen i. E. glaubte in dem Schneider Lutz in Basel einen Spion gewonnen zu haben und schrieb ihm unter anderem am 5. April 1889: „Halten Sie mich beständig auf dem Laufenden und wühlen Sie nur lustig darauf los."[2]) Es verdient ferner bemerkt zu werden, daß das erste Organ des französischen Anarchismus mit Hilfe des Geldes begründet worden ist, das ein Polizeiagent im Auftrage des Polizeipräfekten Andrieux geliefert hatte. Und dieses Blatt reizte fast in jeder Nummer zu Attentaten auf und gab ausführliche Rezepte zur Bereitung und Verwendung von Sprengmitteln.[3])

Es scheint überhaupt die Vermutung nicht ohne Grund zu sein, daß Gegner der Arbeiterbewegung versucht haben, sie auf die Abwege des Terrorismus zu locken. Dadurch sollte nicht nur die Bewegung selbst bei den großen Volksmassen kompromittiert, sondern auch für den Staat ein Kampfplatz eröffnet werden, auf dem er über unbedingt wirksame Waffen — Säbel, Flinten und Kanonen — verfügt.

Daß all die scharfen Gewaltmaßregeln nicht imstande waren, das, worauf es doch angekommen wäre, nämlich die sozialdemokratische Ge-

[1]) Vgl. über diese Machenschaften insbesondere die von Singer und Bebel in der Reichstagsdebatte über die Verlängerung des Sozialistengesetzes im Januar 1888 gemachten Enthüllungen nach schweizerischen Aktenstücken. Danach wurde der Drucker der Mostschen Freiheit, W. Bührer in Schaffhausen, für seine Leistungen regelmäßig von Schroeder bezahlt, der im Dienste der Berliner Polizei stand.

[2]) C. Hiltys Politisches Jahrbuch der Eidgenossenschaft. IV. S. 481.

[3]) Adler, Art. Anarchismus. S. 311.

sinnung zu vernichten, bewiesen die sich unausgesetzt steigernden Wahlerfolge der Partei deutlich genug. Schon im Jahre 1884 wurde der höchste Stand, den die für sozialdemokratische Kandidaten abgegebenen Stimmen noch vor dem Sozialistengesetze erreicht hatten, erheblich überschritten; und die Wahlen von 1887 ergaben sogar 763000 Stimmen für die Partei. Trotzdem machte 1889 die Reichsregierung den Versuch, das Sozialistengesetz aus einem zeitlich begrenzten Ausnahmegesetz in ein dauerndes Gesetz zu verwandeln. In den Kommissionsberatungen wurde auf Veranlassung nationalliberaler und freikonservativer Abgeordneter die Ausweisungsbefugnis gestrichen. Da die Regierung erklärte, das Gesetz mit dieser Veränderung nicht annehmen zu können, stimmten in der Schlußabstimmung auch die Konservativen dagegen. Dadurch kam die Vorlage zum Falle.

Die Wahlen von 1890 bedeuteten für die Regierung und die mit ihr verbündeten sogenannten Kartellparteien (Konservative, Freikonservative und Nationalliberale) eine unverkennbare Niederlage. Die Konservativen verloren 7, die Freikonservativen 21 und die Nationalliberalen 57 Mandate. Die sozialdemokratischen Kandidaten dagegen ernteten 1 427 300 Stimmen. Diesen Ereignissen gegenüber machte die Reichsregierung, nachdem Fürst Bismarck aus dem Amte geschieden war, keinen weiteren Versuch mehr, die Verlängerung des ablaufenden Sozialistengesetzes oder die Genehmigung eines Gesetzes mit verwandten Tendenzen durchzusetzen. Es gelangten mit dem 1. Oktober 1890 wieder die Normen des gemeinen Rechts für die sozialdemokratische Partei zur Geltung.

Von dem, was in den ersten Jahren des Sozialistengesetzes zerstört worden war, hatte man von seiten der Sozialdemokratie in der zweiten Hälfte der 80er Jahre allerdings manches wieder aufgebaut. Namentlich seitdem Kaiser Friedrich III. Herrfurth mit der Leitung des preußischen Ministeriums des Innern anstelle v. Puttkamers betraut hatte, war für die rein gewerkschaftlichen Bestrebungen der Arbeite eine größere Bewegungsfreiheit zugestanden worden. Schon vor Ablauf des Sozialistengesetzes besaß die Partei 60 politische Blätter (darunter 19 täglich erscheinende) mit 254 000 und 41 Gewerkschaftsblätter mit 201 000 Abonnenten.

71. Die Revision des Programmes.

Unter dem Sozialistengesetze konnte von einer eigentlichen Parteiorganisation natürlich nicht die Rede sein. Man behalf sich mit einem System von Vertrauensmännern. Die Leitung ging von der Reichstagsfraktion aus. Letztere arbeitete nun für den ersten Parteitag nach Ablauf des Ausnahmegesetzes, der in Halle zusammentrat, einen Entwurf zur Neuorganisation der Partei aus. Er räumte, wie es im Hinblicke auf seinen Ursprung nicht verwunderlich erscheinen konnte, der Fraktion auch in Zukunft die maßgebende Stellung ein. Über diesen Punkt, aber auch über die vorgesehene Kontrolle der Parteipresse durch den Vorstand und die zentralisierenden Tendenzen der Vorlage überhaupt, brachen im Schoße der Partei Zwistigkeiten aus. An der Spitze der Opposition stand der Führer der Münchener Parteigenossen v. Vollmar und eine Reihe von Berlinern, die später als die „Jungen“ bezeichnet wurden. Der Parteitag in Halle ließ dann in der Tat die am meisten angefeindeten Bestimmungen des Organisationsentwurfes fallen.[1])

Die Partei bedurfte außerdem eines neuen Programms. Das alte Gothaer Vereinigungsprogramm von 1875, das noch viele dem Lassalleschen Ideenkreise entsprechende Wendungen enthielt, hatte sich, wie Liebknecht in längerer Rede in Halle auseinandersetzte, überlebt. Es war die Zeit gekommen, um den in der Partei vollständig zur Herrschaft gelangten Marxismus auch im Programme ausschließlich zur Geltung zu bringen.[2]) Nach eingehenden Erörterungen in Presse und Versammlungen wurde der Entwurf, welchen der Redakteur des wissenschaftlichen Organs der Partei, der „Neuen Zeit“, K. Kautsky, aufgestellt hatte, von dem Parteitage in Erfurt angenommen.[3])

---

[1]) Die Hauptquelle der folgenden Darstellung bilden die Protokolle der Parteitage, welche seit 1890 in Berlin (Buchhandlung Vorwärts) wenige Wochen nach den Parteitagen selbst zu erscheinen pflegen und reiches Material enthalten.

[2]) Über die Entwicklung der sozialdemokratischen Programme vgl. G. Adler, Die Entwicklung des sozialistischen Programmes in Deutschland. J. f. N. St. 3. F. 1. Bd. 1891. S. 210, 225; W. Simkhowitsch, Die Krisis der Sozialdemokratie J. f. N. St. 3. F. 17. Bd. 1899. S. 721—781

[3]) Dieses sog. Erfurter Programm lautet: Die ökonomische Entwicklung der bürgerlichen Gesellschaft führt mit Naturnotwendigkeit zum Untergang des Kleinbetriebes, dessen Grundlage das Privateigentum des Arbeiters an seinen Produktionsmitteln bildet. Sie trennt den Arbeiter von seinen Produktionsmitteln und verwandelt ihn in einen besitzlosen Proletarier, indes die Produktionsmittel das Monopol einer verhältnismäßig kleinen Zahl von Kapitalisten und Großgrundbesitzern werden.

Hand in Hand mit dieser Monopolisierung der Produktionsmittel geht die Verdrängung der zersplitterten Kleinbetriebe durch kolossale Großbetriebe, geht die Entwicklung des Werkzeugs zur Maschine, geht ein riesenhaftes Wachstum der Produktivität der menschlichen Arbeit. Aber alle Vorteile dieser Umwandlung werden von den Kapitalisten und Großgrundbesitzern monopolisiert. Für das Proletariat und die versinkenden Mittelschichten — Kleinbürger, Bauern — bedeutet sie wachsende

Ohne der Formulierung des Parteiprogramms auf das praktische Verhalten und die tatsächliche Entwicklung eine Einwirkung absprechen zu wollen, muß doch betont werden, daß der lebendigen Taktik der Führer eine ungleich höhere Bedeutung zukommt, als akademisch ge-

---

Zunahme der Unsicherheit ihrer Existenz, des Elends, des Drucks, der Knechtung, der Erniedrigung, der Ausbeutung.

Immer größer wird die Zahl der Proletarier, immer massenhafter die Armee der überschüssigen Arbeiter, immer schroffer der Gegensatz zwischen Ausbeutern und Ausgebeuteten, immer erbitterter der Klassenkampf zwischen Bougeoisie und Proletariat, der die moderne Gesellschaft in zwei feindliche Heerlager trennt und das gemeinsame Merkmal aller Industrieländer ist.

Der Abgrund zwischen Besitzenden und Besitzlosen wird noch erweitert durch die im Wesen der kapitalistischen Produktionsweise begründeten Krisen, die immer umfangreicher und verheerender werden, die allgemeine Unsicherheit zum Normalzustand der Gesellschaft erheben und den Beweis liefern, daß die Produktivkräfte der heutigen Gesellschaft über den Kopf gewachsen sind, daß das Privateigentum an Produktionsmitteln unvereinbar geworden ist mit deren zweckentsprechender Anwendung und voller Entwicklung.

Das Privateigentum an Produktionsmitteln, welches ehedem das Mittel war, dem Produzenten das Eigentum an seinem Produkt zu sichern, ist heute zum Mittel geworden, Bauern, Handwerker und Kleinhändler zu expropriieren und die Nichtarbeiter — Kapitalisten, Großgrundbesitzer — in den Besitz des Produkts der Arbeiter zu setzen. Nur die Verwandlung des kapitalistischen Privateigentums an Produktionsmitteln — Grund und Boden, Gruben und Bergwerke, Rohstoffe, Werkzeuge, Maschinen, Verkehrsmittel — in gesellschaftliches Eigentum, und die Umwandlung der Warenproduktion in sozialistische, für und durch die Gesellschaft betriebene Produktion kann es bewirken, daß der Großbetrieb und die stets wachsende Ertragsfähigkeit der gesellschaftlichen Arbeit für die bisher ausgebeuteten Klassen aus einer Quelle des Elends und der Unterdrückung zu einer Quelle der höchsten Wohlfahrt und allseitiger harmonischer Vervollkommnung werde.

Diese gesellschaftliche Umwandlung bedeutet die Befreiung nicht bloß des Proletariats, sondern des gesamten Menschengeschlechts, das unter den heutigen Zuständen leidet. Aber sie kann nur das Werk der Arbeiterklasse sein, weil alle anderen Klassen, trotz der Interessestreitigkeiten unter sich, auf dem Boden des Privateigentums an Produktionsmitteln stehen und die Erhaltung der Grundlagen der Gesellschaft zum gemeinsamen Ziel haben.

Der Kampf der Arbeiterklasse gegen die kapitalistische Ausbeutung ist notwendigerweise ein politischer Kampf. Die Arbeiterklasse kann ihre ökonomischen Kämpfe nicht führen und ihre ökonomische Organisation nicht entwickeln ohne politische Rechte. Sie kann den Übergang der Produktionsmittel in den Besitz der Gesamtheit nicht bewirken, ohne in den Besitz der politischen Macht gekommen zu sein.

Diesen Kampf der Arbeiterklasse zu einem bewußten und einheitlichen zu gestalten und ihm sein naturnotwendiges Ziel zu weisen — das ist die Aufgabe der sozialdemokratischen Partei.

haltenen Prinzipienerklärungen. Dafür legt schon der Umstand einen vollgiltigen Beweis ab, daß die äußerst unvollkommene Fassung des Gothaer Programms der Partei nicht den mindesten Abbruch getan

---

Die Interessen der Arbeiterklassen sind in allen Ländern mit kapitalistischer Produktionsweise die gleichen. Mit der Ausdehnung des Weltverkehrs und der Produktion für den Weltmarkt wird die Lage der Arbeiter eines jeden Landes immer abhängiger von der Lage der Arbeiter in den andern Ländern. Die Befreiung der Arbeiterklasse ist also ein Werk, an dem die Arbeiter aller Kulturländer gleichmäßig beteiligt sind. In dieser Erkenntnis fühlt und erklärt die sozialdemokratische Partei Deutschlands sich eins mit den klassenbewußten Arbeitern aller übrigen Länder.

Die sozialdemokratische Partei Deutschlands kämpft also nicht für neue Klassenprivilegien und Vorrechte, sondern für die Abschaffung der Klassenherrschaft und der Klassen selbst und für gleiche Rechte und gleiche Pflichten aller ohne Unterschied des Geschlechts und der Abstammung. Von diesen Anschauungen ausgehend, bekämpft sie in der heutigen Gesellschaft nicht bloß die Ausbeutung und Unterdrückung der Lohnarbeiter, sondern jede Art der Ausbeutung und Unterdrückung, richte sie sich gegen eine Klasse, eine Partei, ein Geschlecht oder eine Rasse.

Ausgehend von diesen Grundsätzen fordert die sozialdemokratische Partei Deutschlands zunächst:

1. Allgemeines gleiches direktes Wahl- und Stimmrecht mit geheimer Stimmabgabe aller über 20 Jahre alten Reichsangehörigen ohne Unterschied des Geschlechts für alle Wahlen und Abstimmungen. Proportional-Wahlsystem; und bis zu dessen Einführung gesetzliche Neueinteilung der Wahlkreise nach jeder Volkszählung. Zweijährige Gesetzgebungsperioden. Vornahme der Wahlen und Abstimmungen an einem gesetzlichen Ruhetage. Entschädigung für die gewählten Vertreter. Aufhebung jeder Beschränkung politischer Rechte außer im Falle der Entmündigung.

2. Direkte Gesetzgebung durch das Volk vermittelst des Vorschlags- und Verwerfungsrechts. Selbstbestimmung und Selbstverwaltung des Volks in Reich, Staat, Provinz und Gemeinde. Wahl der Behörden durch das Volk, Verantwortlichkeit und Haftbarkeit derselben. Jährliche Steuerbewilligung.

3. Erziehung zur allgemeinen Wehrhaftigkeit. Volkswehr anstelle der stehenden Heere. Entscheidung über Krieg und Frieden durch die Volksvertretung. Schlichtung aller internationalen Streitigkeiten auf schiedsgerichtlichem Wege.

4. Abschaffung aller Gesetze, welche die freie Meinungsäußerung und das Recht der Vereinigung und Versammlung einschränken oder unterdrücken.

5. Abschaffung aller Gesetze, welche die Frau in öffentlich- und privatrechtlicher Beziehung gegenüber dem Manne benachteiligen.

6. Erklärung der Religion zur Privatsache. Abschaffung aller Aufwendungen aus öffentlichen Mitteln zu kirchlichen und religiösen Zwecken. Die kirchlichen und religiösen Gemeinschaften sind als private Vereinigungen zu betrachten, welche ihre Angelegenheiten vollkommen selbständig ordnen.

hatte. Es haben sich die ernstesten Meinungsverschiedenheiten, die innerhalb der Partei zum Austrage gelangten, auch nicht auf das Programm, sondern auf die Taktik bezogen.

---

7. Weltlichkeit der Schule. Obligatorischer Besuch der öffentlichen Volksschulen. Unentgeltlichkeit des Unterrichts, der Lehrmittel und der Verpflegung in den öffentlichen Volksschulen, sowie in den höheren Bildungsanstalten für diejenigen Schüler und Schülerinnen, die kraft ihrer Fähigkeiten zur weiteren Ausbildung geeignet erachtet werden.

8. Unentgeltlichkeit der Rechtspflege und des Rechtsbeistandes. Rechtsprechung durch vom Volk gewählte Richter. Berufung in Strafsachen. Entschädigung unschuldig Angeklagter, Verhafteter und Verurteilter. Abschaffung der Todesstrafe.

9. Unentgeltlichkeit der ärztlichen Hilfeleistung einschließlich der Geburtshilfe und der Heilmittel. Unentgeltlichkeit der Totenbestattung.

10. Stufenweis steigende Einkommen- und Vermögenssteuer zur Bestreitung aller öffentlichen Ausgaben, soweit diese durch Steuern zu decken sind. Selbsteinschätzungspflicht. Erbschaftssteuer, stufenweise steigend nach Umfang des Erbguts und nach dem Grade der Verwandschaft. Abschaffung aller indirekten Steuern, Zölle und sonstigen wirtschaftspolitischen Maßnahmen, welche die Interessen der Allgemeinheit den Interessen einer bevorzugten Minderheit opfern.

Zum Schutze der Arbeiterklasse fordert die sozialdemokratische Partei Deutschlands zunächst:

1. Eine wirksame nationale und internationale Arbeiterschutzgesetzgebung auf folgender Grundlage:
   a) Festsetzung eines höchstens acht Stunden betragenden Normal-Arbeitstages.
   b) Verbot der Erwerbsarbeit für Kinder unter vierzehn Jahren.
   c) Verbot der Nachtarbeit, außer für solche Industriezweige, die ihrer Natur nach, aus technischen Gründen oder aus Gründen der öffentlichen Wohlfahrt Nachtarbeit erheischen.
   d) Eine ununterbrochene Ruhepause von mindestens 36 Stunden in jeder Woche für jeden Arbeiter.
   e) Verbot des Trucksystems.

2. Überwachung aller gewerblichen Betriebe, Erforschung und Regelung der Arbeitsverhältnisse in Stadt und Land durch ein Reichs-Arbeitsamt, Bezirks-Arbeitsämter und Arbeitskammern. Durchgreifende gewerbliche Hygiene.

3 Rechtliche Gleichstellung der landwirtschaftlichen Arbeiter und Dienstboten mit den gewerblichen Arbeitern; Beseitigung der Gesindeordnungen.

4 Sicherstellung des Koalitionsrechts.

5. Übernahme der gesamten Arbeiterversicherung durch das Reich mit maßgebender Mitwirkung der Arbeiter an der Verwaltung.

72. Streitigkeiten über die Taktik und das Auftreten Georg von Vollmars.

Der hergebrachten, zwischen Revolution und Reform vorsichtig lavierenden Taktik wurde von links und rechts widersprochen. Die Freunde einer schärferen Tonart knüpften an die zurückhaltende Erklärung an, welche die Fraktion im April 1890 in Betreff der Maifeier abgegeben hatte. Diese Angriffe, in denen rein persönliche Angelegenheiten eine große Rolle spielten, spitzten sich allmählich zu einer Verurteilung der ganzen parlamentarischen Tätigkeit der Fraktion zu. Es wurden ihr Mangel an revolutionärer Energie, kleinbürgerlicher Possibilismus, Personenkultus, Korruption, Verrat an der Sache des Proletariats und diktatorische Gelüste vorgeworfen.[1]) Die Heerrufer in diesem Streite gegen die Fraktion waren die Berliner Werner, Wildberger, Baginsky und Wille; aber auch in Magdeburg und in Dresden hatten die Redakteure der in diesen Städten erscheinenden Parteiblätter eine oppositionelle Haltung eingenommen.

In Erfurt kam es neuerdings zu erbitterten Auseinandersetzungen. Ein Teil der Opposition wurde durch Beschluß des Parteitages aus der Partei gewiesen, ein anderer schied freiwillig aus. Die „Jungen" gründeten am 28. Oktober 1891 in Berlin eine neue Partei, den Verein unabhängiger Sozialisten, mit dem „Sozialist" als Parteiorgan. Diese Richtung „verlangt nicht mehr und nicht weniger als eine völlige Regeneration der deutschen Sozialdemokratie, ihre Neu- und Umbildung zu einer rein proletarischen Arbeiterpartei, die Ausscheidung aller opportunistischen, possibilistischen Elemente, die Emanzipation des Proletariats von dem die Partei beherrschenden Kleinbürgertum!" Die sozialdemokratischen Abgeordneten sollen durch eine Tat aussprechen, was ist, d. h. „daß sie durch eine Tat sagen: Wir erreichen im Parlamente für unsere Wähler nichts, die herrschenden Klassen wollen das Los der Armen und Elenden nicht verbessern, das kann nur durch eine völlige Beseitigung der bestehenden Machtverhältnisse, der heutigen Gesellschaftsordnung geschehen. Und die Tat, die diese revolutionäre Wahrheit mit Donnerstimme dem ganzen Lande, der ganzen Welt verkünden würde, wäre: Niederlegung der sozialdemokratischen Mandate. Diese Tat würde zünden, die ganze Welt in Bewegung und Erregung versetzen. Eine revolutionäre Begeisterung würde das ganze Prole-

---

[1]) Vgl. insbesondere H. Müller, Der Klassenkampf in der deutschen Sozialdemokratie. Zürich 1892.

tariat ergreifen und die herrschenden Klassen samt der Regierung würden ins Wanken geraten.“ Die Sozialdemokratie müsse aussprechen, daß das deutsche Proletariat nicht auf dem Wege der abgewirtschafteten, bankrotten, parlamentarischen Mitarbeit an sein Ziel komme, sondern daß es auf ungesetzlichem Wege sich selbst seine Freiheit und sein Brot holen müsse. Insofern bedeutete das Programm der „Jungen“ lediglich die Rückkehr zu der Stellung, die Liebknecht 1869 eingenommen hatte. Von ungleich größerer Tragweite als dieses Treiben war das Auftreten Georg von Vollmar's. In einer von wahrhaft staatsmännischem Geiste erfüllten Programmrede (gehalten im „Eldorado“ zu München am 1. Juni 1891) „Über die nächsten Aufgaben der deutschen Sozialdemokratie“ [1]) stellte er sich klar und offen auf den Standpunkt einer durchaus gesetzlichen, friedlichen, reformatorischen Partei.

Wohl habe die Regierung den Kampf gegen die Sozialdemokratie noch nicht aufgegeben. Aber es sei nicht mehr der barbarische Vernichtungskrieg, sondern man habe die Partei als kriegführende Macht anerkannt und führe einen geregelten Streit mit ihr, in welchem sie durch ihre Tüchtigkeit „wesentliche Erfolge“ zu erringen vermöchte. Es sei angesichts der gemachten Versprechungen (der kaiserlichen Februarerlasse) eine ehrliche Probe zu machen, ob tatsächlich der Wille zu gewissen Verbesserungen vorhanden. Der kritisierende Geist verfalle leicht in den Fehler der grundsätzlichen Verneinung, des leichtbereiten Absprechens über alle Dinge und meine, daß alles, was bestehe, schon darum schlecht und zu bekämpfen sei, weil es bestehe. Dieser Zustand sei ein unvermeidlicher Durchgangspunkt, eine Kinderkrankheit, die bei einer kleinen, beginnenden Bewegung wenig bedeute. Eine große Partei aber, auf welche von jeder Seite das Licht falle, müsse alles vermeiden, was ihr vor der öffentlichen Meinung, welche sie gewinnen solle, mit Recht schaden könne. So werde der Dreibund in einem Teile der Parteipresse abfällig besprochen, wohl hauptsächlich in der Annahme, daß alles von der Regierung kommende notwendig schlecht und zu bekämpfen sein müsse. Man müsse indes für den Dreibund eintreten, weil seine Tendenz unzweifelhaft auf Erhaltung des Friedens gerichtet sei. Die Partei sei international; dessenungeachtet gebe es für sie auch nationale Aufgaben und Pflichten. Die Verneinung der Nation sei ebenso sehr zu vermeiden wie die nationale Überhebung. Wenn die Partei auch in Frankreich sozialistische Freunde besitze, die das chau-

[1]) Erschienen in München 1891.

vinistische Treiben verurteilten, so dürfe doch nicht übersehen werden, daß diese mutigen Männer als „Prussiens“ und Landesverräter beschimpft würden und des ausschlaggebenden Einflusses auf die öffentliche Meinung entbehrten.

Die maßgebenden Kreise jenes Landes lägen in verblendetem Chauvinismus vor der despotischesten Macht des Weltteiles schweifwedelnd auf dem Bauche und trügen dadurch viel Schuld an den unaufhörlichen Rüstungen. Sobald Deutschland von außen her angegriffen würde, würde es nur noch eine Partei geben, und die Sozialdemokraten würden nicht am letzten ihre Pflicht tun. In dem Maße, in welchem die Partei einen unmittelbaren Einfluß auf den Gang der öffentlichen Angelegenheiten gewinne, habe sie — unter voller Aufrechterhaltung ihrer grundsätzlichen Bestrebungen — ihre Kraft auf die jeweils nächsten und dringendsten Dinge zu konzentrieren und zeitweise positive Aktionsprogramme aufzustellen.

Als die nächsten und mit allem Nachdrucke anzustrebenden Forderungen seien anzusehen: 1. die Weiterführung des Arbeiterschutzes; 2. die Erringung eines wirklichen Vereinigungsrechtes; 3. auf dem Gebiete des Lohnkampfes sei jede staatliche Einmengung zu Gunsten des einen Teiles auszuschließen; 4. eine Gesetzgebung über die industriellen Kartelle; 5. die Beseitigung der Lebensmittelzölle. Es sei der Einfluß der Agrarier zurückzudrängen und der Regierung begreiflich zu machen, daß nicht der Vorteil der bevorrechteten Klassen und Kreise, sondern das Wohl der Allgemeinheit das wahre Staatsinteresse sei: „Es wird sehr viel vom Vorgehen der Sozialdemokratie, von ihrer Kraft und Entschiedenheit, wie von ihrer geschickten folgerichtigen Benutzung der tatsächlichen Verhältnisse abhängen, daß dieser Gedanke in erster Reihe in der Arbeiterwelt, aber auch darüber hinaus bei den Einsichtigen in allen Schichten immer mehr Wurzel faßt und sich Geltung verschafft. Je friedlicher, geordneter, organischer diese Entwicklung vor sich geht, desto besser für uns und das Gemeinwesen!“

Auf die oppositionelle Linke in Berlin wirkte diese Rede, wie einer ihrer begabtesten Vertreter, Hans Müller, erklärte, „wie die Posaune des jüngsten Gerichtes“. Der „Vorwärts“ und der Parteivorstand, die anfangs der Vollmar'schen Rede keine Beachtung zollen wollten, waren schwächlich genug, sich durch das Treiben der „Jungen“ einschüchtern und zu einer Verurteilung Vollmar's bestimmen zu lassen. Vollmar entgegnete in einer zweiten Eldorado-Rede (6. Juli 1891) und einer Artikelserie „Vom Optimismus“ (Münchener Post Nr. 173, 174, 175. 1891). Mit feiner Ironie zeigte er, wer mit Recht den Vorwurf des

Optimismus verdiene, er oder Bebel, welch' letzterer eben wieder einmal die sozialistische Gesellschaft für die nächsten Zeiten in Aussicht gestellt habe.

Der Erfurter Parteitag mußte sich mit der Angelegenheit befassen. Bebel[1]) trat gegen Vollmar auf und erklärte, dessen Standpunkt führe zur Versumpfung und mache aus der Partei eine Opportunitätspartei im allerschlimmsten Sinne. Er verschmähte es selbst nicht, in Ermangelung besserer Gründe, die Überzeugungen Vollmar's lediglich als Ausfluß seiner „satten" Position hinzustellen. Vollmar unterstelle der hungrigen Masse die eigenen Gefühle und denke: „es pressiert, es eilt nicht mit der Umgestaltung, seien wir vorsichtig und sorgen wir, daß wir wenigstens allmählich, peu à peu zum Ziele kommen."

In kaum begreiflicher Verblendung erklärte Bebel nochmals: „Die bürgerliche Gesellschaft arbeitet so kräftig auf ihren eigenen Untergang los, daß wir nur den Moment abzuwarten brauchen, in dem wir die ihren Händen entfallende Gewalt aufzunehmen haben. Ja, ich bin überzeugt, die Verwirklichung unserer letzten Ziele ist so nahe, daß wenige in diesem Saale sind, die diesen Tag nicht erleben werden."[2]) Es zeigte sich aber, daß die Zahl der Parteigenossen, die mehr oder weniger zu Vollmar neigten, viel zu bedeutend war, als daß man mit ihm in der Weise hätte umspringen können, welche den „Jungen" gegenüber zur Anwendung gebracht wurde. Eine Kompromiß-Resolution, daß „fest und entschieden im Sinne des Parteiprogramms gewirkt werden solle, ohne auf Konzessionen seitens der herrschenden Klassen zu verzichten", wurde angenommen.[3])

Mit Argusaugen bewachten die Zensoren der Partei fürderhin jede Regung, die als Fortschritt der Vollmar'schen Strömung gedeutet werden konnte. Und richtig, es währte nicht lange, so ließ sich Vollmar neuerdings auf verbotenen Wegen ertappen. In der Pariser „Revue bleue" hatte er einen Aufsatz veröffentlicht und darin erklärt, er sei der Meinung, daß die Sozialdemokratie keinen Grund habe, den Gedanken des Staatssozialismus an sich mit besonderem Eifer zu bekämpfen. „Werden doch im Gegenteil eine Reihe von Maßregeln zur stufenweise fortschreitenden Anbahnung einer besseren Gesellschaftsorganisation von uns angestrebt und schließlich mit beschlossen werden, die man als staatssozialistische bezeichnen kann." Aber wieder wurde man nicht mit Vollmar fertig. Es stellte sich heraus, daß er das, was

---

[1]) Erfurter Protokoll (1891) S. 158 ff.

[2]) a. a. O. S. 172. [3]) S. 287.

ihm in den Mund gelegt worden war, gar nicht gesagt hatte. Der Berliner Parteitag nahm einfach eine auch von Vollmar unterzeichnete Resolution an, welche die Unterschiede zwischen Staatssozialismus und Sozialdemokratie kennzeichnete. Vollmar ließ es sich aber nicht nehmen, die illoyale Art zu schildern, deren sich die Staatsanwälte der Partei gegen ihn schuldig gemacht hatten.[1])

73. Sozialdemokratie und Gewerkschaftsbewegung.

Kein Parteitag ohne Anklage. In Cöln (1893) waren es die Leiter der Gewerkschaftsbewegung, gegen welche Bebel die Wachsamkeit der Konsuln aufrief und denen er mit dem Gericht der Parteigenossen drohte.[2]) Hamburger, Frankfurter und Stuttgarter Gewerkschaftsmänner hatten sich erlaubt, mit Angehörigen der bürgerlichen Parteien einen Kongreß zur Diskussion über die Fragen der Arbeitslosigkeit und der Organisation des Arbeitsnachweises einzuberufen. Trotzdem die bürgerlichen Mitglieder des Organisations-Komitees einer sozialpolitisch sehr fortschrittlichen Richtung huldigten und die Gewerkschaftsbewegung doch als unpolitisch angesehen werden will — wenigstens wird es von der Sozialdemokratie stark gerügt, wenn Polizeibehörden Gewerkschaften als politische Verbindungen bezeichnen —, erklärte Bebel: „Der Kanossagang eines Teils der Gewerkschaftsführer nach Frankfurt muß im Gegenteil notwendig dazu beitragen, auch noch die politische Bewegung zu Grunde zu richten. Wenn man es für ein Bedürfnis hält, mit Herren aus den Reihen unserer wütendsten politischen Gegner sich dort ein paar Tage lang in voller Freundschaft über gleichgültige[3]) Dinge zu unterhalten, so ist das sozialdemokratische Wadelstrümpfelei."

Außerdem glaubten Bebel und Liebknecht vor der Überschätzung der Gewerkschaftsbewegung überhaupt eindringlich warnen zu müssen. „In Deutschland ist durch die sozialpolitische, zumal die Versicherungsgesetzgebung, dieser Zweig der gewerkschaftlichen Tätigkeit entzogen und ihr damit ein Lebensnerv durchschnitten worden, der gerade in England und bei den deutschen Buchdruckern zur Blüte beigetragen hat. Weitere wichtige Gebiete, deren Bearbeitung mit zu den Hauptaufgaben der Gewerkschaften gehörten, sind ihnen durch die Gesetzgebung auf dem Gebiete der Gewerbeordnung entzogen worden, und das wird noch in

---

[1]) Berliner Protokoll (1892) S. 173—215.

[2]) Cölner Protokoll (1893) S. 181—223.

[3]) Auch im Protokolle gesperrt gedruckt! S. 202.

größerem Umfange eintreten, wenn der Berlepsch'sche Entwurf oder auch unser eigener Arbeiterschutz-Gesetzentwurf Gesetz werden sollte. Von diesem Gesichtspunkte aus beleuchte man einmal die Frage! Mit jeder Erweiterung der staatlichen Befugnisse wird das Feld der gewerkschaftlichen Tätigkeit noch mehr eingeengt.... Wir mögen gewerkschaftlich organisiert sein wie wir wollen, wenn das Kapital einmal allgemein eine solche Macht erobert hat, wie bei Krupp und Stumm, in der Dortmunder Union, in den Kohlen- und Eisenbezirken Rheinlands und Westfalens, dann ist es mit der gewerkschaftlichen Bewegung aus, dann hilft nur noch der politische Kampf. Aus ganz natürlichen und selbstverständlichen Ursachen wird den Gewerkschaften ein Lebensfaden nach dem andern abgeschnitten." In verwandtem Sinne sprach sich W. Liebknecht aus: „Wir alle sind für Gewerkschaften, aber dagegen, daß man in ihnen das Hauptziel erblickt, daß man glaubt, durch sie allein könne die Macht des Kapitals gebrochen werden. Das Kapital kann nicht auf seinem eigenen Boden vernichtet werden. Man muß ihm den Boden unter den Füßen wegziehen und ihm die politische Macht aus den Händen reißen. Und das ist nur möglich durch politischen Kampf."

Solche Worte mußten die Führer der Gewerkschaftsbewegung aufs äußerste erbittern. Bedenkt man, welch' hohe Ansprüche die Gewerkschaft an ihre Mitglieder in Bezug auf Beiträge, persönliches Hervortreten und Disziplin stellt, welch' empfindliche Schädigung dem einzelnen Arbeiter aus der Beteiligung an Gewerkschaften durch Entlassung und Proscription im Wege „schwarzer Listen" droht, so waren solche Warnungen in der Tat höchst deplaziert. Der deutsche Durchschnittsarbeiter war und ist schon von vornherein sehr geneigt, den „politischen Kampf" zu bevorzugen, d. h. insgeheim einen sozialdemokratischen Stimmzettel in die Urne zu werfen und vielleicht in der Verschwiegenheit seines Kämmerleins eine sozialdemokratische Zeitung oder Broschüre zu lesen. Selbst der ganze Geist, der in den maßgebenden Organen der sozialdemokratischen Partei herrschte, mußte eine lebhaftere Beteiligung an den gewerkschaftlichen Bestrebungen verhindern. Wenn tagtäglich wiederholt wurde, wie alles an der vorhandenen Wirtschaftsordnung bis ins Mark hinein verfault sei, wie die bürgerliche Gesellschaft ihrem Bankerotte entgegeneile, wenn man in der Regel dasjenige, was vom Boden der gegebenen Verhältnisse aus unternommen wurde, mit Spott und Hohn überschüttete, wenn man, wie Bebel es eben getan, die Organisation des Arbeitsnachweises und die Bekämpfung der Arbeitslosigkeit zu „gleichgültigen Dingen" zählte, wenn man es liebte sich an Stimmzettel- und Rede-Erfolgen zu berauschen, dann war es den Leitern der Gewerkschaften kaum möglich, aus deutschen Arbeitern tüchtige Gewerkvereinler zu machen. Warum sollte man sich ephemärer Vorteile wegen besondere Opfer auferlegen, wenn man bereits an der Schwelle des tausendjährigen Reiches stand. Insofern war es durchaus natürlich, daß die Gewerkschaftsführer zu denjenigen Parteihäuptern in einen schroffen Gegensatz gerieten, welche einseitig die politisch-revolutionäre Taktik verfolgten.

Ungeachtet seiner tiefen Entrüstung über den „Kanossagang" der Gewerkschaftler nach Frankfurt, wagte es Bebel doch nicht, einen direkten Tadel des Parteitages gegen die Frevler zu beantragen.

Im übrigen hat in der zweiten Hälfte der neunziger Jahre die Meinung größere Geltung erlangt, daß Parteipolitik von den Gewerkschaften fern zu halten sei. Bebel selbst hat sich zu dieser Ansicht bekehrt und in einer bemerkenswerten Broschüre[1]) dargetan, daß diese ausschließlich der Vertretung beruflicher Arbeiterinteressen gewidmeten Verbände ebenso Arbeitern jeglichen politischen oder religiösen Glaubens den Beitritt ermöglichen müßten, wie es die Organisationen der Unternehmer längst tun. Die früher an der Tagesordnung gewesenen Klagen der politischen und gewerkschaftlichen Führer über gegenseitige Beeinträchtigung oder ungenügende gegenseitige Unterstützung sind mehr und mehr verstummt. Man hat sich auf Seiten der Sozialdemokratie von der älteren Auffassung, die Gewerkschaften nur als Rekrutenschule für die Partei gelten zu lassen, emanzipiert[2]) und dadurch für die Zukunft den Anschluß liberaler und christlicher Gewerkschaften angebahnt.

74. Budgetbewilligung und Agrarfrage.

In einzelnen Staaten mit liberalerem Wahlrechte (Bayern, Baden, Hessen, Thüringen) war die Sozialdemokratie auch in die Landtage eingedrungen. Die Natur der Gegenstände, die der Kompetenz der einzelstaatlichen Parlamente vorbehalten sind, brachte es mit sich, daß die sozialdemokratischen Vertreter nur durch positive Mitarbeit eine einflußreiche Stellung erzielen konnten. Unter diesen Umständen hatte die sozialdemokratische Fraktion des bayerischen Landtages im Jahre 1894 sogar das Budget bewilligt.

---

[1]) A. Bebel, Gewerkschaftsbewegung und politische Parteien. Stuttgart 1900.

[2]) Vgl. über diesen Umschwung auch L. Legien, Die deutsche Gewerkschaftsbewegung. Berlin 1901.

Sie hatte übrigens noch ein Vergehen begangen, über das aus mir unbekannten Gründen auf dem Frankfurter Parteitage allerdings nicht gesprochen worden ist: Vollmar und sein Fähnlein waren nebst den übrigen Landboten einer Einladung des Ministers ins Hofbräuhaus gefolgt.

Ehe die Bayern zum hochnotpeinlichen Halsgericht nach Frankfurt zogen, waren sie so klug, mit ihren Parteigenossen im Lande Fühlung zu nehmen. Auf dem Parteitage der bayerischen Sozialdemokratie in München[1]) setzte Vollmar in vortrefflicher Weise die Gründe auseinander, aus denen man für das Budget gestimmt hatte. In ihm spielten die Kulturaufgaben aller Art eine große Rolle: Schulen, Wissenschaft, Kunst, Verkehr, Eisenbahnen, Post, Bauten, Straßen, Kanäle, Staatsbetriebe aller Art, Landwirtschaft, Forstwesen, Gewerbeinspektion usw., — kurz lauter Dinge, mit deren jetziger Organisation die Sozialdemokratie wenig einverstanden sei, die aber in ihrem Kerne doch für die Gesellschaft als förderlich und notwendig angesehen werden müßten. „Wir haben schließlich von den 328 Millionen des Budgets höchstens 15 Millionen verwerfen können, das übrige aber bewilligen müssen. Da hätte es offenbar kein Mensch begreifen können, wenn wir schließlich alles dies einzeln Bewilligte wieder verworfen hätten.... Wir wollen das Gemeinwesen nicht verfallen lassen, sondern es unseren Grundsätzen gemäß organisch umgestalten und fortentwickeln; wir wollen das Gemeinwesen nicht zerstören, sondern es uns und dem Volke erobern." Der Münchener Parteitag gab dieser Haltung seine volle Zustimmung.

In Frankfurt[2]) stellte Bebel den Antrag, die Vertreter der Partei in den Landtagen hätten in der Gesamtabstimmung ihre Stimmen gegen das Budget abzugeben. Natürlich erklärten sich die Bayern gegen diesen sie direkt angreifenden Antrag. Vollmar führte ihre Sache in der überzeugenden, eindrucksvollen, geschickten und taktvollen Art, die man an ihm gewohnt ist. Der Gegenantrag, die Gesamtabstimmung lediglich als Zweckmäßigkeitsfrage anzusehen, erlangte 93 Stimmen, also ungefähr die Billigung von drei Achteln der Versammlung. Dieses Ergebnis war für Bebel, wie er später erklärte, „von niederschmetterndem Eindrucke". Aber auch der Antrag Bebel blieb in der Minorität. Somit hat der Parteitag über die angeregte Frage keine positive Entscheidung gefällt. Es bleibt der status quo erhalten, jede Landtagsfraktion kann tun, was sie will. In praktischer Hinsicht hatten

[1]) Protokoll über die Verhandlungen des II. Parteitages der Bayerischen Sozialdemokratie zu München 30. November und 1. Dezember 1894. Nürnberg 1894.

[2]) Frankfurter Protokoll (1894) S. 108—134.

also die Bayern und die mit ihnen übereinstimmenden Genossen gesiegt. Tatsächlich wurde auch später wiederholt von einzelnen Landtagsfraktionen das Budget bewilligt. Und Bebel war es schließlich selbst, der auf dem Parteitage in Lübeck[1]) 1905 folgende Resolution einbrachte: „In Erwägung, daß die Einzelstaaten ebenso wie das Reich den Charakter des Klassenstaates tragen und der Arbeiterklasse die volle Gleichberechtigung nicht einräumen, sondern in ihrem Wesen als Organisation der herrschenden Klassen zur Aufrechterhaltung ihrer Herrschaft anzusehen sind, spricht der Parteitag die Erwartung aus, daß die sozialdemokratischen Vertreter in den gesetzgebenden Körpern der Einzelstaaten sich bei ihren Abstimmungen nicht in Widerspruch setzen mit dem Parteiprogramm und den Grundsätzen des proletarischen Klassenkampfes und insbesondere das Gesamtbudget normalerweise ablehnen.

Eine Zustimmung zu dem Budget kann nur ausnahmsweise aus zwingenden, in besonderen Verhältnissen liegenden Gründen gegeben werden."

Singer hatte allerdings beantragt, den letzten aber wichtigsten Satz der Resolution zu streichen. Der Parteitag nahm die Resolution aber unter voller Zustimmung der führenden Landtagsabgeordneten in der von Bebel vorgeschlagenen Fassung an.

Nicht genug daran: in der Debatte über die Agitation unter der ländlichen Bevölkerung[2]) entwickelte Vollmar in Frankfurt Ansichten, welche die Hohenpriester des dogmatischen Sozialismus allerdings aus der Fassung bringen mußten. „Was die Art der Agitation anlangt, so muß der Städter, der aufs Land gehen will, zunächst all' seine alten Agitationshefte verbrennen und vor allem lernen, sich in die ländlichen Produktionsverhältnisse, in das ganze bäuerliche Denken und Fühlen hinein zu denken. Der städtische Arbeiter betritt eine neue Welt, die er nicht geringschätzen, sondern verstehen soll; sonst ist jedes Wort zu den Bauern so wertlos, wie wenn ein Bauer eine Vorlesung über Industrie hielte. Er lege den städtischen Hochmut ab, daß der Bauer dumm sei, während er nur ungeschult ist. Gewiß sollen wir den Bauern aufklären; aber auch wir können von ihm vieles lernen. Alle hergebrachte Schablone und bloße Analogie, das mechanische Übertragen der industriellen Tatsachen auf die Landwirtschaft ist unzulässig. Nur ein liebevolles Eingehen gibt die notwendige Einsicht in die landwirtschaftliche Betriebs- und Lebensweise."

---

[1]) Lübecker Protokoll. S. 268—284.

[2]) S. 135—159. Über die Stellung der Sozialdemokratie zur Agrarfrage vgl. W. Cohnstädt, Die Agrarfrage in der deutschen Sozialdemokratie. München 1904.

Noch schlimmer als solche Zumutungen erschien aber vielen maßgebenden Führern das Eingeständnis Vollmar's, daß in der Landwirtschaft die unbedingte Überlegenheit des Großbetriebes überhaupt nicht bestehe. „Der Großbetrieb in der heutigen Landwirtschaft erweist sich — wo nicht Ausnahmeverhältnisse vorhanden sind — im Wettbewerb keineswegs als so überlegen, und das trotz aller ihm so reichlich zugeschanzten Vorteile auf Kosten der Allgemeinheit. . . . . . Und wie es eine zweifellose Tatsache ist, daß Klein- und Mittelbetrieb, das selbständige Bauerntum, in vielen Gegenden in einer wachsenden Bedrückung und Bedrängung begriffen ist und auch dem künftigen Untergange verfallen erscheint, wenn ihm der Staat keine Hilfe leistet, — so ist es nicht minder eine Tatsache, daß dieses Bauerntum heute noch vorhanden ist und auf absehbare Zeit wirtschaftlich lebensfähig, d. h. dem Betriebe gewachsen ist." Das Erfurter Programm läßt dagegen die Bauern insgesamt und bedingungslos in die Knechtung, in das Elend und die Ausbeutung versinken. Und auch diese Rede Vollmar's fand großen Beifall. Ja gerade die „bedenklichsten Stellen" wurden, wie Bebel beklagte, „von einem erheblichen Teile der Delegierten am lebhaftesten beklatscht".

So wird es begreiflich, daß Bebel, wie er nachher in der Versammlung des zweiten Berliner Wahlkreises gestand, noch von keinem Parteitage so enttäuscht heimgekehrt war wie von Frankfurt.

Obgleich Vollmar auf dem nächsten Parteitage zu Breslau nicht zugegen war, so bildeten doch auch hier seine Ideen das eigentliche Verhandlungsthema der Versammlung. Vollmar war es gewesen, der 1894 mit kühnem, geschickten Griffe die Agrarfrage auf die Tagesordnung der sozialdemokratischen Diskussionen gesetzt hatte. Es war ihm die Annahme der Agrarresolution gelungen, welche die Einsetzung eines Agrarausschusses und die Ergänzung des Parteiprogramms forderte.

Der größte Triumph, der Vollmar zufiel, bestand aber darin, daß die Männer, die auf früheren Parteitagen seine Richtung auf das lebhafteste und feindseligste bekämpft hatten, daß die alten Kämpen Bebel und Liebknecht in Breslau auf seiner Seite standen, und das Werk der Agrarkommission, ein ausführliches positives Programm zur Förderung der Interessen der kleinen Bauern und Landarbeiter, verteidigten. Wenn trotzdem die Gegner des Agrarprogramms, welche K. Kautsky führte,[1]) die Mehrheit errangen, so lag das auch in der Lage der Stadt des Parteitags begründet. Sie brachte es mit sich, daß viele östliche

[1]) Kautsky hatte folgende Resolution eingebracht: „Der von der Agrarkommission vorgelegte Entwurf eines Agrarprogramms ist zu verwerfen. Denn

Kreise, in denen die Partei nur geringfügigen Anhang besaß, Delegierte entsendet hatten. Dagegen waren die Süd- und Westdeutschen, welche für die Ideen Vollmars größeres Verständnis besaßen, schwächer vertreten.[1])

In der weiteren Folge ist der Kampf um die Frage der agrarischen Entwicklung entsprechend der vom Parteitage angenommenen Resolution Kautsky vorwiegend in der Form wissenschaftlicher Untersuchungen geführt worden. K. Kautsky hat 1899 „Die Agrarfrage. Eine Übersicht über die Tendenzen der modernen Landwirtschaft und die Agrarpolitik der Sozialdemokratie" (Stuttgart, Dietz) erscheinen lassen, ein Werk, in dem er von den durch Marx aufgestellten Theorien so viel wie möglich zu retten sucht. Im Gegensatze dazu haben Ed. David[2]) und der Österreicher Fr. Hertz,[3]) in weitgehender Über-

---

dieses Programm stellt der Bauernschaft die Hebung ihrer Lage, also die Stärkung ihres Privateigentums in Aussicht und trägt dadurch bei zur Neubelebung ihres Eigentums-Fanatismus; es erklärt das Interesse der Landeskultur in der heutigen Gesellschaftsordnung für ein Interesse des Proletariats, und doch ist das Interesse der Landeskultur ebenso wie das Interesse der Industrie unter der Herrschaft des Privateigentums an den Produktionsmitteln ein Interesse der Besitzer der Produktionsmittel, der Ausbeuter des Proletariats. Ferner weist der Entwurf des Agrarprogramms dem Ausbeuterstaat neue Machtmittel zu und erschwert dadurch den Klassenkampf des Proletariats, und endlich stellt dieser Entwurf dem kapitalistischen Staat Aufgaben, die nur ein Staatswesen ersprießlich zur Durchführung bringen kann, in dem das Proletariat die politische Macht erobert hat.

Der Parteitag erkennt an, daß die Landwirtschaft ihre eigentümlichen von denen der Industrie verschiedenen Gesetze hat, die zu studieren und zu beachten sind, wenn die Sozialdemokratie auf dem flachen Lande eine gedeihliche Wirksamkeit entfalten soll. Er beauftragt daher den Parteivorstand, er möge unter Berücksichtigung der bereits von der Agrarkommission gegebenen Anregungen eine Anzahl geeigneter Personen mit der Aufgabe betrauen, das über die deutschen Agrarverhältnisse vorhandene Material einem gründlichen Studium zu unterziehen und die Ergebnisse dieses Studiums in einer Reihe von Abhandlungen veröffentlichen, als „Sammlung agrarpolitischer Schriften der sozialdemokratischen Partei Deutschlands."

Der Parteivorstand erhält Vollmacht, die nötigen Geldaufwendungen zu machen, um den mit den erwähnten Arbeiten betrauten Genossen die Erfüllung ihrer Arbeit zu ermöglichen."

[1]) Diese Auffassung ist von Cohnstädt (a. a. O. S. 231) bekämpft worden. Da aber nach dem gewiß klassischen Zeugnisse von Bebel (Dresdener Parteitag, Protokoll S. 316) der Revisionismus besonders unter den Süddeutschen herrscht, diese aber in Breslau schwach vertreten waren, während die für die Bauernfrage weniger Verständnis besitzenden nordöstlichen Landesteile viele Delegierten entsendet hatten, sehe ich keinen ausreichenden Grund meine Ansicht, daß auch die Lage der Parteitagsstadt einen Einfluß ausgeübt hat, aufzugeben.

[2]) Sozialismus und Landwirtschaft. Berlin 1903. I.

[3]) „Die agrarischen Fragen im Verhältnis zum Sozialismus", Wien 1899 und „Agrarfrage und Sozialismus". Berlin 1901.

einstimmung mit der unabhängigen Wissenschaft, die Lebensfähigkeit der ländlichen Kleinbetriebe dargetan.

Die Parteitage in Gotha (1896) und in Hamburg (1897) boten geringes Interesse. Erst in Stuttgart (1898) und Hannover (1899) kam es wieder zu grundsätzlich wichtigen Debatten. Es wurde der „Fall Bernstein“ erörtert.

75. Der Fall „Bernstein“.

Ed. Bernstein (geb. 1850 in Berlin) hatte während des Sozialistengesetzes den „Sozialdemokrat“ in Zürich, von 1888 an, nachdem er auf Ersuchen der deutschen Regierung aus der Schweiz ausgewiesen worden war, in London redigiert. Die aggressive, heftige Sprache, welche dieses Blatt führte, nötigte die deutschen Behörden zur strafrechtlichen Verfolgung Bernsteins. Er kehrte deshalb auch nach der Aufhebung des Sozialistengesetzes in die Heimat nicht zurück, sondern verblieb als Korrespondent der „Neuen Zeit“ in England. Die Beobachtung der sozial-politischen Zustände dieses Landes, die tieferen wissenschaftlichen Studien, zu denen er nun Gelegenheit fand, die Bekanntschaft mit dem Sozialismus der Fabian Society, das alles rief in seinen Anschauungen allmählich einen bemerkenswerten Umschwung hervor. In besonders auffälliger Weise kam der Wandel in einer Reihe von Artikeln zum Ausdrucke, die Bernstein 1896—1898 unter dem Titel „Probleme des Sozialismus“ in der Neuen Zeit veröffentlicht hatte.[1]) Vor allem anerkannte er die erhebliche Verbesserung, welche die englische Arbeiterklasse durch Arbeiterschutz, Gewerkvereine und Genossenschaften erzielt hatte. Von einer zunehmenden Verelendung könne nicht gesprochen werden. Auch die Industriekrisen würden keineswegs umfangreicher und verheerender. Die kapitalistische Gesellschaftsordnung zeige tatsächlich eine weit größere Anpassungsfähigkeit an die Bedürfnisse der Arbeiterklasse, als ihr der Marxismus im allgemeinen zugestehen wolle. Da auch die Zentralisationstendenzen nicht entfernt die vom Marxismus behauptete Intensität besäßen, so sei es wider-

[1]) Wieder abgedruckt in Bernsteins Buch „Zur Geschichte und Theorie des Sozialismus“. Berlin 1901, S. 167—186 (4. Aufl. 1904 Teil II); vgl. im übrigen auch Maurenbrecher, Warum mußte die Bernstein-Debatte versanden? Patria 1903, S. 160—174, ein Aufsatz, der m. E. aber der revisionistischen Bewegung nicht gerecht wird. Zutreffender erscheint mir die Beurteilung Kampffmeyers, Historisches und Theoretisches zur sozialdemokratischen Revisionsbewegung. S. M. 1902. S. 345—354.

sinnig, alle Hoffnungen auf eine bald eintretende, alle Wünsche der Arbeiter erfüllende Katastrophe zu setzen. Im übrigen wirkten auch schon alle die Lage der Arbeiter in der Gegenwart verbessernden Reformen dahin, die Grundlagen der bestehenden Ordnungen zu befestigen. Es sei aber auch gar nicht wünschenswert, bald in den Alleinbesitz der Macht zu gelangen. Man würde die Funktion der alten kapitalistischen Verfassung nicht gewährleisten können und vermöchte doch eine sozialistische noch nicht einzuführen.[1]) Die Arbeiterklasse besäße in ihrer Gesamtheit noch nicht die erforderliche Reife, um allein die Regierung übernehmen zu können. So könne es nur darauf ankommen, in schlichter, systematischer Gegenwartsarbeit und strenger Gesetzlichkeit vom Boden der gegebenen Ordnung aus Schritt für Schritt alles, was zur wirtschaftlichen, politischen und moralischen Hebung der Arbeiter diene, eifrig zu betreiben. Das Ziel sei ihm nichts, die Bewegung alles.[2]) Hierbei falle der Weiterbildung der Moral und Rechtsanschauungen ein wichtiger Platz zu, während die Partei diese Faktoren mit Unrecht in ihrer großen Bedeutung verkenne.

Über diese Ansichten wurde bereits auf dem Parteitage in Stuttgart von den „Unentwegten" bitter geklagt. Vollmar[3]) dagegen verteidigte Bernstein mit großer Wärme. Auch er sprach es offen aus: „Es könnte der deutschen Sozialdemokratie gar nichts unglückseligeres passieren, als daß wir vorzeitig in die Lage kämen, die politische Macht zu übernehmen, denn wir würden nicht befähigt sein, sie ersprießlich zu gebrauchen und sie festzuhalten." Nach seiner Meinung „haben sich alle die angegriffenen Männer, Heine und Schmidt und Bernstein durch ihre Anregungen jedenfalls vielmehr verdient gemacht um die Partei, als solche, die uns nur die alten Clichees fort und fort aufs Neue präsentieren . . . Die deutsche Sozialdemokratie ist fertig geworden mit den vielen äußeren Gegnern, sie wird sich auch von der Phrase zu emanzipieren wissen." Im übrigen wurde von vielen Seiten der Wunsch geäußert, Bernstein möge seine Anschauungen noch in ausführlicherer, systematischer Weise darlegen.

Das geschah durch sein Buch über „die Voraussetzungen des Sozialismus und die Aufgaben der Sozialdemokratie", das in Stuttgart 1899 erschien. Mit ihm wollte er „durch Bekämpfung der Reste utopistischer Denkweise in der sozialistischen Theorie das realistische wie das idealistische Element in der sozialdemokratischen Bewegung gleich-

[1]) a. a. O. S. 231.

[2]) a. a. O. S. 234.

[3]) Stuttgarter Protokoll (1898) S. 105 f.

mäßig stärken.“ [1]) Gegenüber der materialistischen Geschichtsauffassung betonte er, daß mit der wachsenden Einsicht in die Gesetze der Entwicklung, teils als Ursache, teils als ihre Folge Hand in Hand gehe eine steigende Fähigkeit, die ökonomische Entwicklung selbst zu leiten. Man dürfe sich also keineswegs in dem Maße, als es häufig in der Partei geschehe, darauf verlassen, daß die ökonomische Entwicklung schon alles besorgen werde. Die Einschränkung, welche der „Geschichte ehernes Muß“ erhalte, bedeute für die Praxis der Sozialdemokratie keine Minderung, sondern eine Steigerung und Qualifizierung der sozialpolitischen Aufgaben. Er warnte vor der üblichen Unterschätzung der bürgerlichen Leistungen und Kräfte. „Ich stehe nicht an, zu erklären, daß ich das Bürgertum — das deutsche nicht ausgenommen — im großen und ganzen nicht nur ökonomisch, sondern auch moralisch für noch ziemlich gesund halte.“ [2]) Noch für lange Zeit hinaus werde auch die Arbeiterbewegung auf die Grundgedanken des Liberalismus nicht verzichten können. Nur dem Grade nach werde die wirtschaftliche Selbstverantwortlichkeit der Arbeitsfähigen geändert werden können. Ohne Verantwortlichkeit gebe es keine Freiheit. „Wir mögen theoretisch über die Handlungsfreiheit des Menschen denken wie wir wollen, praktisch müssen wir von ihr als Grundlage des Sittengesetzes ausgehen, denn nur unter dieser Bedingung ist eine soziale Moral möglich.“ [3]) Die Partei solle endlich aufhören, etwas anderes scheinen zu wollen, als sie tatsächlich geworden sei. Schon längst sei sie durch die Macht der Umstände gezwungen worden, eifrig Gegenwartspolitik zu treiben. Sie schäme sich derselben noch und suche sie unter allen möglichen Vorwänden zu beschönigen und zu entschuldigen. Man solle sich offen und ehrlich zu dieser Politik bekennen. Der Einfluß der Partei werde dadurch nur wachsen, wenn sie selbst zugebe zu sein, was sie bereits tatsächlich sei: eine demokratisch-sozialistische Reformpartei. [4]) Mit großer Schärfe geißelt schließlich Bernstein die maßlose Verherrlichung und Umschmeichelung der Arbeiterklasse, welche sich bei manchen sozialdemokratischen Schriftstellern ausgebildet habe. „Wir haben die Arbeiter so zu nehmen wie sie sind. Und sie sind weder so allgemein verpaupert, wie es im kommunistischen Manifest vorausgesehen ward, noch so frei von Vorurteilen und Schwächen, wie es ihre Höflinge uns glauben machen wollen. Sie haben die Tugenden und die Laster der wirtschaftlichen und sozialen Bedingungen, unter denen sie leben. Und weder diese Bedingungen noch ihre Wirkungen lassen sich von einem Tage auf den

[1]) S. X. [2]) S. 129. [3]) S. 130. [4]) S. 165.

andern beseitigen." [1]) Die gesellschaftliche Kontrolle über die ganze Produktion könne nur allmählich mit der zunehmenden Hebung und Reife der Arbeiterklasse ausgedehnt werden. Der Partei tue eine Revision ihrer Lehren not. Diese werde namentlich auch zu einer unbefangeneren Wertschätzung anderer Sozialpolitiker führen, deren Arbeiten für die Sozialdemokratie in ihrer gegenwärtigen Entwicklungsphase vielleicht wichtiger seien als diejenigen von Marx. Bernstein denkt hier mit Recht vor allem an Fr. Albert Lange,[2]) also an einen im Wesen sozialliberalen Denker. Bernstein hat übrigens stets offen bekannt, daß er in seiner Kritik vielfach den Spuren sozialliberaler Schriftsteller gefolgt sei.[3])

Bernsteins Werk bedeutet deshalb mehr eine moralisch tapfere als intellektuell bedeutsame Tat. Ein Schriftsteller, der einst zu den orthodoxesten der orthodoxen Marxisten gehörte, der durch eine Fülle von Beziehungen an die sozialdemokratische Partei geknüpft war, erklärt im vollen Bewußtsein, daß diese Erklärung seine ganze Stellung in der Partei vernichten kann: Wir haben uns geirrt, wir müssen andere Bahnen einschlagen.

Unter den zahlreichen Entgegnungen, welche die Bernsteinsche Schrift hervorrief, bietet allein diejenige von K. Kautsky [4]) wissenschaftliches Interesse. Sie korrigiert in manchen Punkten die Auffassung, welche Bernstein über die Zentralisations- und Konzentrationstendenzen ausgesprochen hatte. Bernstein war in einer leichtverständlichen Reaktion gegen die von ihm früher vertretenen Auffassungen in der Tat etwas zu weit gegangen. Die Ergebnisse der betriebsstatistischen Aufnahmen von 1895 lassen die Lebensfähigkeit der kleineren und mittleren Betriebe günstiger erscheinen, als sie in Wirklichkeit ist. Das hatte Bernstein nicht genügend beachtet. Im übrigen aber bestand die Verteidigung Kautskys zum Teil darin, daß er allerlei Sätze von Marx zusammensuchte, welche sich zur Not im Sinne der Bernsteinschen Lehre interpretieren ließen, d. h. er behauptete also nicht, daß Bernsteins Sätze an sich unrichtig seien. Bernstein irre nur darin, daß er Marx andere Ansichten unterschiebe.

Die Schrift Kautskys bildete die Ouvertüre zu der großen Bernsteindebatte, welche auf dem Parteitage in Hannover in Fluß kam. Die Rolle des Anklägers hatte Bebel übernommen.[5]) Die Länge

[1]) S. 184. [2]) S. 188; vgl. oben S. 205.

[3]) S. 19, 173.

[4]) Bernstein und das sozialdemokratische Programm. Stuttgart 1899.

[5]) Protokoll von Hannover (1899). S. 94—127.

seiner Rede stand in bemerkenswertem Mißverhältnisse zu ihrer geistigen Bedeutung. Zum größten Teile reproduzierte sie den Inhalt der Kautskyschen Antikritik. Die Verteidigung der hergebrachten Taktik, die vor allem die Aufgabe des Politikers Bebel gewesen wäre, fiel recht schwächlich aus. Bernstein habe die Arbeiter beleidigt, als er bezweifelte, ob sie schon das Zeug hätten, zu vollenden, was sie vollenden sollten. Die organisierte und klassenbewußte Arbeiterschaft habe schon bisher überall bewiesen und beweise täglich aufs neue, daß sie an politischer Bildung und Einsicht und Leistungsfähigkeit turmhoch über dem Bürgertum und seinen Leistungen stehe, die dieses in den Revolutionsjahren und seither gezeigt habe.

Die Ratschläge von Bernstein gipfelten darin, „hübsch artig zu sein, kein hartes Wort zu gebrauchen, das Bürgertum nicht zu erschrecken."[1]) Kirche und Patriotismus, das seien alles nur Kappzäume für die Arbeiterklasse, die diese deshalb nicht respektieren dürfe. „Der Bourgeois ist in seinem Herzen genau so atheistisch, wie es einer unter uns sein kann. Wenn er jetzt in die Kirche läuft, so aus Angst vor uns und um die Arbeiter mit dazu zu verleiten, daher die steigende Verdummung in der Schule. Die Vaterlandsliebe? Ach, wir haben eine viel idealere Vaterlandsliebe. Alle diese ideologischen Interessen sollen wir nicht anrühren. Das heißt, wir sollen alles aufgeben, was unser Wesen ausmacht." „Eine Partei, die kämpft, will siegen und dazu braucht sie Begeisterung, braucht sie Opfermut und Kampfesfreudigkeit und dieses nimmt man ihr, wenn man nach allen Richtungen hin künstlich die Schwierigkeiten auftürmt." Auch Kautsky ergriff das Wort und ließ sich in der Hitze des Gefechts dazu fortreißen, die Hoffnung auf eine bald eintretende, alle Wünsche erfüllende Katastrophe geradezu als Idiotismus zu brandmarken, also viel schärfer anzugreifen, als es Bernstein selbst getan hatte.[2]) Hätte Engels wirklich für 1898 den großen Kladderadatsch prophezeit, so wäre er nicht der große Denker gewesen, der er war, er wäre ein solcher Idiot gewesen, daß kein einziger Wahlkreis ihn zu seinem Delegierten auf dem Parteitag gewählt hätte. Engels habe nur gemeint, daß 1898 vielleicht das heutige politische System in Preußen zusammenbrechen könnte.

Es mag dahingestellt bleiben, was Engels angenommen hat. Dagegen gestatten die Worte Bebels auf dem Erfurter Parteitage 1891, daß nur wenige Mitglieder dieses Kongresses die Verwirklichung auch der letzten Ziele nicht erleben würden, keinerlei rettende Interpretation.

[1]) S. 122 f. [2]) S. 168.

Sie waren, um mit den Worten Kautskys von 1899 zu sprechen, idiotisch. In diesem Intermezzo kam die Wandlung, welche selbst in den Köpfen der Verehrer der alten Taktik eingetreten war, mit einer Klarheit zuum Ausdrucke, die nichts zu wünschen übrig ließ.[1])

Die Verteidigung Bernsteins führten namentlich David,[2]) v. Vollmar,[3]) v. Elm,[4]) Auer[5]) und Frohme.[6]) „Es ist gesagt," führt der letztere aus, „daß die Bernsteinsche Schrift unter Umständen geeignet ist, die Arbeiter zaghaft und kopfscheu zu machen. Ich glaube das nicht, aber ich würde das noch lange nicht für so bedenklich halten, als die von gewissen Leuten geübte Praxis, in der Arbeiterklasse trügerische Hoffnungen auf die nächste Zeit zu erwecken. Stellen wir uns doch auf den Boden der Wirklichkeit, seien wir wenigstens ehrlich gegen uns selbst. Die Massen, die uns bei den Wahlen folgen, wollten doch damit nicht für die Marxsche Theorie demonstrieren. Nein, sie folgen uns aus dem innersten Empfinden heraus, daß sie es hier mit einer Partei zu tun haben, die es mit den Volksinteressen ehrlich meint."

Das Resultat der langen und erregten Diskussion war keineswegs der Ausschluß Bernsteins aus der Partei, der von manchen Seiten verlangt worden war,[7]) sondern die Annahme einer Kompromißresolution. Bernstein hatte in Bezug auf diese erklärt, er könne mit dem in solchen Dingen üblichen Körnchen Salz selbst für sie stimmen.[8])

Zum dritten Male beschäftigte die Tätigkeit Bernsteins den Parteitag in Lübeck 1901. Zum ersten Male konnte Bernstein hier seinen Gegnern persönlich gegenübertreten. Nachdem erst der schweizerische Bundesrat die Ausweisung gegen ihn zurückgenommen und Bernstein demzufolge eine Übersiedelung nach Zürich ins Auge gefaßt hatte, erneuerte auch die deutsche Behörde den Steckbrief gegen ihn nicht mehr. Bernstein konnte in die Heimat zurückkehren und nahm in Berlin seinen Wohnsitz.

Am 17. Mai 1901 hatte er im Berliner sozialwissenschaftlichen Studentenverein einen Vortrag über das Thema gehalten: „Wie ist wissenschaftlicher Sozialismus möglich?"[9]) Indem er von der An-

---

[1]) Vgl. die treffenden Bemerkungen Auers S. 210.

[2]) S. 127 f. [3]) S. 212 f. [4]) S. 188.

[5]) S. 206. [6]) S. 192.

[7]) Frau Dr. Rosa Luxemburg hatte sogar die Freiheit der Diskussion in der Partei nur insoweit zulassen wollen, „als sich diese Diskussion auf dem allgemeinen grundsätzlichen Boden der Partei bewegt". Vgl. Protokoll S. 222.

[8]) S. 211.

[9]) Berlin 1901. Verlag der Soz. Monatshefte.

nahme ausging, daß exakte Wissenschaft nur das, was sei, zu erforschen habe, der Sozialismus aber eine allgemeine theoretische Auffassung von der Zukunft der Gesellschaft darstelle und zum großen Teil ein Element des Wollens enthalte, kam er zu dem Ergebnisse, der Sozialismus, auch der von Marx, sei nicht ausschließlich Wissenschaft und könne es auch gar nicht sein. Diese harmlosen Bemerkungen boten das Material zu einer neuen Anklage.[1]) Mit 203 gegen 31 Stimmen wurde schließlich ein allerdings mild gehaltener Tadel votiert: „Der Parteitag erkennt rückhaltlos die Notwendigkeit der Selbstkritik für die geistige Fortentwicklung unserer Partei an. Aber die durchaus einseitige Art, wie Genosse Bernstein diese Kritik in den letzten Jahren betrieb, unter Außerachtlassung der Kritik an der bürgerlichen Gesellschaft und ihren Trägern, hat ihn in eine zweideutige Position gebracht und die Mißstimmung eines großen Teiles der Parteigenossen erregt. In der Erwartung, daß der Genosse Bernstein sich dieser Kenntnis nicht verschließt und danach handelt, geht der Parteitag über die Anträge 52, 91, 92 und 93 zur Tagesordnung über."[2])

Der Antrag Heine, der lediglich die Freiheit wissenschaftlicher Selbstkritik betonte und keinerlei Tadel gegen Bernstein enthielt, war mit 166 Nein gegen 71 Ja verworfen worden.[3])

Bernstein hatte mit Recht darauf hingewiesen, daß er auch die Kritik bürgerlicher Sozialpolitiker keineswegs vernachlässigt habe. Obwohl er die Mißbilligung des Parteitages als ungerechtfertigt ansehen mußte, versprach er doch, dem Votum diejenige Achtung und Beachtung entgegenzubringen, die einem solchen Kongreßbeschlusse gebühre.

Die Resolution stellt in der Geschichte der deutschen Sozialdemokratie kein rühmliches Blatt dar. Nicht darauf kommt es an, ob die Kritik nach innen oder außen geübt wird, sondern ob die Kritik sachlich berechtigt ist oder nicht. Jede zutreffende Kritik der Partei muß diese doch, indem sie schwache, unhaltbare Positionen beseitigt, kräftigen und stärken.

76. Der jüngste Kampf um die Taktik.

Während der Parteitag in München (1902), auf dem über die Stellungnahme zur reichsgesetzlichen Arbeiterversicherung, zur Kommunal-

[1]) Lübecker Protokoll (1901) S. 137—187.

[2]) Es waren das insgesamt Anträge, welche eine noch schärfere Mißbilligung aussprachen.

[3]) Protokoll S. 186.

politik, zum internationalen Arbeiterkongreß von 1903, zur Maifeier und anderen weniger wichtigen Angelegenheiten verhandelt wurde, einen ruhigen Verlauf aufwies, kam es im folgenden Jahre, in Dresden, zu ungewöhnlich heftigen Auseinandersetzungen. Auch hier bildete wieder die Frage, ob man sich in Zukunft offen zu einer opportunistischen Taktik bekennen solle, den Kern des Streites. Auch hier war es wieder Bernstein, der durch einen Artikel über den Eintritt der Sozialdemokratie in das Präsidium des Reichstags den äußeren Anlaß dargeboten hatte.

Bei den Wahlen von 1903 war der Partei ein ungeahnt großer Erfolg beschieden gewesen. Von 2107200, die sie 1898 erzielt hatte, stieg sie auf 3010800 Stimmen. Die Zahl der Abgeordneten wuchs von 56 auf 80. Unter diesen Umständen stand die Sozialdemokratie unmittelbar hinter der stärksten Partei des Reichstags, hinter dem Zentrum, das 100 Abgeordnete zählte. Nach allgemeinem parlamentarischem Brauch durfte sie nun den Anspruch auf das Vizepräsidium des Reichstages erheben. Da kurz vorher bei der Beratung des Zolltarifes nach Ansicht der Minorität eine Verletzung ihrer Rechte unter Mitwirkung des Präsidiums stattgefunden hatte, glaubte Ed. Bernstein, man solle nun, um in Zukunft derartige Vergewaltigungen durch die Majorität besser abschlagen zu können, auch wirklich die Vizepräsidentenstelle beanspruchen und die höfischen Repräsentationspflichten, die mit dieser Stellung herkömmlicherweise verknüpft seien, ruhig erfüllen. „Es ist nicht einzusehen, warum der für das Reichstagspräsidium Regel gewordene Gebrauch, dem Reichsoberhaupte bei gewissen Anlässen einen Besuch abzustatten, für die Sozialdemokratie ein Grund sein soll, den Gegnern einen Vorwand für die Übergehung der Partei bei der Zusammensetzung des Präsidiums zu liefern. Durch solche Formalitäten werden die politischen Grundsätze der Sozialdemokratie in keiner Weise berührt . . . Sicherlich gibt es für das Verhalten des Bekenners demokratischer und republikanischer Grundsätze Grenzen, die er nicht überschreiten darf, will er diese Grundsätze nicht als hohle Deklamation erscheinen lassen. Er wird z. B. an keiner Demonstration teilnehmen, welche auf eine Verherrlichung des monarchischen Prinzips hinausläuft. Eine solche Verherrlichung kann aber im Besuche des Reichstagspräsidiums beim Deutschen Kaiser nicht gefunden werden. Dies um so weniger, als die deutsche Reichsverfassung mit all ihren Mängeln von allen Verfassungen in Deutschland gerade diejenige ist, die in Bezug auf Entstehung und Satzungen den republikanischen Grundsätzen am nächsten kommt. . . . Wie es auch mit dem

Rechte der Dynastie in Preußen beschaffen sein mag, als Deutscher Kaiser ist ihr Vertreter verfassungsgemäß in nicht viel anderer Lage, als der Präsident einer Republik, und auf Grund dieser Eigenschaft werden ihm die Besuche der Reichstagspräsidenten zu teil." [1])

Wenn auch die Versuche, den Deutschen Kaiser zum Präsidenten einer Republik zu machen, keine Zustimmung finden konnten, so wurde doch von anderen einflußreichen Seiten, insbesondere von Vollmar, der Eintritt ins Präsidium unter Erfüllung der höfischen Verpflichtungen als mindestens diskutable Angelegenheit bezeichnet.

Nun beschloß aber Bebel mit den Revisionisten um so mehr fürchterliche Abrechnung zu halten, als die Wahlen den Einfluß dieser Richtung gekräftigt, also die von ihr drohenden Gefahren auch wesentlich gesteigert hatten. Diese Fragen der Taktik kamen teils in der Debatte über die Mitarbeit von Sozialdemokraten an der bürgerlichen Presse, teils in den Verhandlungen, welche direkt der Taktik (Reichstagswahlen, Vizepräsidialfrage und revisionistische Bestrebungen) gewidmet waren, zum Austrage. Die Erörterung über die Mitarbeit an der bürgerlichen Presse artete in würdelose, von persönlicher Gehässigkeit strotzende gegenseitige Beschimpfungen aus, die übrigens auch nach dem Parteitage noch wochenlang in der Tagespresse fortgesetzt wurden. Höher steht dagegen das Rededuell zwischen Bebel und Vollmar, das der Vizepräsidialfrage galt, obwohl auch hier Bebel seiner Neigung zu persönlichen Angriffen die Zügel schießen ließ. Der tiefe Zwiespalt, der die Partei durchzieht, wurde nun von ihm offen zugegeben, vielleicht sogar übertrieben. „Man rede doch nicht von der Einheit und Einigkeit in der Partei! . . Das ist nicht wahr, das bestreite ich auf das allerentschiedenste; nie und zu keiner Zeit waren wir uneiniger als gerade jetzt, nie und zu keiner Zeit waren die Differenzen größer als jetzt! Das zu vertuschen und darüber abermals mit Zuckerwasser hinwegzukommen, das habe ich für meine Person herzlich satt! Ich habe seit 12 Jahren, seit der großen Debatte mit Vollmar in Erfurt, so viel hinunterzuschlucken gehabt und oftmals mich geärgert und bin immer wieder darauf hineingefallen, die Hand zu bieten zur Überbrückung der Gegensätze, bis ich mir endlich sagte: so geht's nicht mehr weiter! Jetzt müssen wir uns endlich einmal klar werden, reinen Tisch machen und uns mal gegenseitig so gründlich aussprechen, wie nur irgend möglich." [2]) Bebel's Verständnis und Erklärung der revisionistischen Bestrebungen

---

[1]) Bernstein, Was folgt aus dem Ergebnis der Reichstagswahlen? S. M. 1903. S. 479.

[2]) S. 309.

blieben auf derselben Höhe wie einst in Erfurt. Die gehobene Lebenslage einzelner Führer,[1]) die rückständigen ökonomischen Verhältnisse Süddeutschlands, der Einfluß von Bier und Wein, Rivalität und persönliche Eitelkeit, das alles sollte das Verlangen nach einer anderen Taktik hervorgerufen haben. „Der Revisionismus ist besonders bei den Süddeutschen zu Hause, das ist wohl nicht allein als Einfluß von München-Capua[2]) oder von Bier und Wein, der die Leute gemütlicher macht, sondern es sind die weniger entwickelten Verhältnisse in Süddeutschland schuld daran. Deshalb sollte man aber gerade von Süddeutschland aus nicht versuchen, dem weiter entwickelten Norddeutschland eine neue Taktik aufzuzwingen.[3])

Schließlich versicherte Bebel: „Ich will der Todfeind dieser bürgerlichen Gesellschaft und dieser Staatsordnung bleiben, um sie in ihren Existenzbedingungen zu untergraben und sie, wenn ich kann, beseitigen.“[4])

Vollmar griff in seiner Erwiderung vor allem den absprechenden, hochmütigen und herrschsüchtigen Ton an, den Bebel anzuschlagen liebt. „Ich frage Sie: in welchem Ton ist von Bebel zur ganzen Partei gesprochen worden? „Ich werde nicht dulden“, „Ich werde den Kopf waschen“, „Ich hoffe meinen F r e u n d e n und meinen Feinden noch manche schwere Stunde zu bereiten“, „Ich habe die Massen hinter mir“, „Ich werde Abrechnung halten“. Ich, ich, ich — ist das die Sprache eines Gleichen zu Gleichen, oder nicht vielmehr die Sprache eines Diktators?“[5]) Er wies es als eine verwerfliche Schmeichelei zurück, wenn man, wie Bebel es getan, den sozialistischen Akademikern die Instinkte und Gefühle der proletarischen Massen als untrüglich und maßgebend hinstelle, umso mehr, als Bebel diesen Kultus der Proletarier-Instinkte nur dort zulasse, wo sie sich in seinem Sinne äußerten. „Wenn sich aber ein Arbeiter untersteht, anderer Meinung zu sein — wie man jetzt sagt: revisionistischer Meinung —, dann hat er auf einmal den untrüglichen Klasseninstinkt verloren. Die gehobene Lebenslage gewisser Arbeiter hat sie verdorben!“[6]) Seinen besten Trumpf

---

[1]) S. 320.

[2]) An anderer Stelle S. 311 heißt es: „München ist das Capua der deutschen Sozialdemokratie. In München wandert keiner auf die Dauer ungestraft unter den Bierkrügen. In München gehen die stolzesten Parteisäulen nach einer Zeit zu Grunde.“ So mancher, der als braver, prinzipientreuer, fester Genosse nach München gezogen, sei nach einigen Jahren an Geist und Seele gebrochen gewesen.

[3]) S. 316. [4]) S. 313.

[5]) S. 335. [6]) S. 334.

spielte Vollmar aber aus, als er darlegte, wie alle Änderungen und Neuerungen in der Sozialdemokratie ursprünglich als Parteiverrat denunziert worden seien, der Partei aber vortrefflich bekommen wären und ihr ungeheures Wachstum in den letzten Jahren herbeigeführt hätten. „Es ist eigentlich schade, daß wir noch keine Geschichte der Taktik haben. Man könnte es vielleicht noch besser die Geschichte der Versumpfung der deutschen Sozialdemokratie nennen. Es würde außerordentlich interessant sein, daran zu sehen, was bei uns im Laufe der Zeit alles als Verwässerung, Verbürgerlichung, Prinzipienverleugnung, Traditionsverletzung, Aufgabe des Klassenkampfstandpunktes usw. verdammt worden ist, und wie dann regelmäßig bald, nachdem ein solches Verdammungsurteil ergangen war, die Sozialdemokratie den vermeintlichen Giftbecher getrunken und sich hinterher sehr gut dabei befunden hat, worauf man dann die alte Giftetikette schleunigst einem neuen Glase umgehängt hat.“[1]) So habe auch Liebknecht die positive Mitarbeit im Reichstage als Verrat bezeichnet, so habe man den Eintritt in den Seniorenkonvent des Reichstages 1884 als eine tiefe Verletzung des revolutionären Prinzips hingestellt, so habe Marx in dem Gothaer Einigungsprogramm einen verwerflichen und demoralisierenden Prinzipienschacher erblickt, so wäre die Beteiligung von Sozialdemokraten an der Arbeitsnachweis-Konferenz noch 1893 Wadenstrümpfelei gewesen, während Bebel einige Jahre später selbst an einem auch von bürgerlicher Seite beschickten sozialpolitischen Kongreß teilgenommen, so wären erst die Tarifvereinbarungen der Gewerkschaften mit den Unternehmerverbänden aufs heftigste angefeindet worden, desgleichen die Teilnahme an den Land- tags- und Gemeindewahlen und die dabei notwendigen Kompromisse mit anderen Parteien. „Sie sehen daraus, daß unsere Bewegung keineswegs etwas Unveränderliches, sondern in fortwährendem Flusse begriffen ist, daß unsere Meinungen sich sowohl über prinzipielle Fragen, als auch über die Taktik in einer fortwährenden Umbildung begriffen haben. Und dieser Prozeß ist noch heute nicht zu Ende, und er wird auch nie zu Ende gehen. Denn zwischen heute und dem Endziel liegt noch so manches, wovon unsere Schulweisheit sich nichts träumen läßt.“ Wenn auch Bebel den rednerischen Kampf für die orthodoxe Richtung in erster Linie führte, so sei doch nicht er, sondern Kautsky die Hauptperson. „Kautsky ist der Fanatiker der Theorie, der Partei gewordene deutsche Professor, der lieber die Welt und womöglich die Partei zu Grunde gehen läßt, als daß er aus seinem schönen Lehrgebäude auch

[1]) S. 326.

nur einen Spahn herausziehen läßt.“ Er sei es, der aus einer großen Kulturbewegung eine Sekte machen wolle. „Gewiß würde eine Bewegung von der Größe der sozialdemokratischen auch dann noch eine zeitlang äußerlich sehr imposant dastehen, ja vielleicht in den Augen der Gegner noch imposanter sein, weil sie von einer völligen, uniformen Einheitlichkeit der Meinung wäre. Aber die notwendige Folge wäre die Verknöcherung der Partei, die Absperrung jeden frischen Luftzuges und dadurch der weiteren Entwicklungsmöglichkeit. Dann müßte man aber auch vor allem aus unserem Namen das Wort „demokratisch“ streichen und darauf verzichten, selbständige, freie, mit warmem Blut begabte Menschen zu gewinnen und zu behalten. Denn das sage ich Ihnen: wenn man mir einen Maulkorb zumutet, dann ist es mir ziemlich gleichgültig, ob es ein polizeilicher, ein kirchlicher oder ein sogenannter demokratischer Maulkorb ist. Das wäre mir wahrlich der Mühe wert, mein Leben einzusetzen.“ Im übrigen ließ Vollmar den Gedanken, eine Vizepräsidentenstelle unter Erfüllung der Repräsentationspflichten anzustreben, fallen, da die große Mehrheit der Partei davon noch nichts wissen wolle. Obwohl in der Folge der Standpunkt der Revisionisten noch von Kolb, Timm, Auer, Bernstein und anderen, derjenige der Orthodoxen besonders von Kautsky in geschickter Weise verteidigt wurde, konnten nach der großen Auseinandersetzung zwischen Bebel und Vollmar wesentlich neue Gesichtspunkte nicht mehr ins Treffen geführt werden. Die Debatte fand mit der Annahme einer Resolution ihren Abschluß.

Diese Resolution enthielt die schärfste Verurteilung des Revisionismus. Es hieß darin: „Der Parteitag verurteilt aufs entschiedenste die revisionistischen Bestrebungen, unsere bisherige bewährte und sieggekrönte, auf dem Klassenkampf beruhende Taktik in dem Sinne zu ändern, daß an Stelle der Eroberung der politischen Macht durch Überwindung unserer Gegner eine Politik des Entgegenkommens an die bestehende Ordnung der Dinge tritt.“ Die Partei müsse daher alle Mittel verweigern, welche geeignet wären, die herrschende Klasse an der Regierung zu erhalten, dürfe keinen Anteil an der Regierungsgewalt innerhalb der bürgerlichen Gesellschaft erstreben, solle den Kampf gegen Militarismus und Marinismus, wider Kolonial- und Weltmachtspolitik usw. noch energischer führen.

Die Revisionisten stimmten trotzdem fast ohne Ausnahme für die Resolution, weil sie erklärten, einen Revisionismus im Sinne dieser Resolution garnicht zu vertreten!

So wurde die Resolution mit 258 gegen 11 Stimmen (darunter Bernstein, G. David, v. Elm, Hué) angenommen, ein drastischer Beweis dafür, welch geringe tatsächliche Bedeutung solchen papiernen Resolutionen beigemessen wird. Jedenfalls war auf diesem Wege der Plan der orthodoxen Richtung, eine reinliche Scheidung oder gar den Ausschluß der maßgebenden Führer der revisionistischen Opposition aus der Partei durchzusetzen, ebenso wie auf früheren Parteitagen vollkommen gescheitert.

Der letzte Parteitag in Bremen (1904) befaßte sich mit Fragen der Kommunalpolitik. Zu wichtigen prinzipiellen Auseinandersetzungen gab nur der Fall Schippel Anlaß. Schippel hatte schon früher revisionistischer Ketzereien in Bezug auf das Milizsystem sich schuldig gemacht und neuerdings in Zeitungsartikeln, vor allem aber in einer größeren wissenschaftlichen Arbeit über Fragen der Handelspolitik (Grundzüge der Handelspolitik, Berlin und Bern 1902) Ansichten geäußert, aus denen eine gewisse Billigung der agrarischen Schutzzölle herausgelesen werden konnte. Er hatte also nicht einmal dasjenige getan, was in der Schweiz der hervorragendste Führer der Sozialdemokratie, H. Greulich,[1]) oder was in Frankreich sozialistische Abgeordnete ganz offen praktizierten.[2]) Diese Stellungnahme sollte nun den Ausschluß aus der Partei begründen. Eine Mißbilligungsresolution Bebel gelangte mit 234 gegen 44 Stimmen zur Annahme, wurde aber noch durch einen Zusatz folgenden Inhalts wesentlich verschärft: „Der Parteitag erklärt weiter, daß das Vertrauen, dessen ein Genosse zur Bekleidung von Vertrauensstellungen in der Partei unbedingt bedarf, gegenüber dem Genossen Schippel aufs Tiefste erschüttert ist und daß, wenn Schippel fortfährt, in der bisherigen Weise zum Schaden der Partei zu wirken, er gezwungen sein wird, die Konsequenzen seines Verhaltens zu ziehen." Für diesen Zusatz ließ sich aber nur eine wesentlich geringere Mehrheit (156 gegen 126 Stimmen) gewinnen,[3]) obwohl auch er noch nicht den Ausschluß, sondern nur den Rücktritt von Parteiämtern in Aussicht nahm.

---

[1]) Herkner, Studien zur schweizerischen Agrarbewegung. J. f. G. V. XXVII. S. 823.

[2]) Bajkic, Die französische Handelspolitik 1892—1902. Stuttgart und Berlin 1904. S. 448, 449, 466.

[3]) S. 264 und 265 des Bremer Protokolls.

77. Abschließende Betrachtungen über die Taktik der deutschen Sozialdemokratie.[1])

Im allgemeinen wird auch im politischen Kampfe der Grundsatz gelten, die für ein bestimmtes, zunächst angestrebtes Ziel mobil zu machenden Kräfte zu konzentrieren, die Gegner zu zersplittern und ihnen eine möglichst geringe Angriffsfläche darzubieten.

Die deutsche Sozialdemokratie hat lange Zeit hindurch jedenfalls genau das Gegenteil dieser Taktik befolgt. Sie hat ihr formelles und noch mehr ihr tatsächliches Programm mit einer Reihe von Forderungen belastet, die in keinem notwendigen Zusammenhange mit der Hebung der Arbeiterklasse stehen. Sie hat dadurch nicht nur viele vom Anschlusse abgehalten, die ihrer wirtschaftlichen Lage nach eigentlich der Arbeiterpartei angehören sollten, sondern auch die zu verteidigenden Werke in ganz überflüssiger Weise ausgedehnt. Sie hat, indem sie, wie die Bauern von 1525, erklärte, aller Welt Feind zu sein, und alle außerhalb der Partei stehenden Elemente als eine reaktionäre Masse hinstellte, es in der Tat zu stande gebracht, daß oft die ärgsten politischen Gegner sich wenigstens gegenüber der Sozialdemokratie zu verständigen suchten.

Die Partei hat neben ihrem grundsätzlichen Bekenntnis zum Sozialismus eine Reihe von sozialpolitischen Forderungen aufgestellt (Arbeiterschutz, Arbeiterversicherung, Koalitionsrecht, Finanzreformen usw.), die von vielen Sozialpolitikern, welche nicht an das sozialistische Endziel glauben können, ebenfalls vertreten werden. Warum wird nicht die Übereinstimmung in bezug auf die nächsten praktischen Ziele, sondern die Anerkennung der sozialistischen Dogmen, als das für die Parteizugehörigkeit wesentliche Moment erklärt?

Zum Teil rührt diese Haltung sicher von der naiven Annahme her, daß das sozialistische Endziel sehr bald zu verwirklichen sein werde. In dem Maße als die Überzeugung wächst, daß man noch längere Zeit mit der kapitalistischen Produktionsweise zu rechnen haben werde, muß die Stellung zu dem Endziele an Bedeutung verlieren und hat bereits erheblich an Bedeutung verloren. Wird doch Bernstein innerhalb der Partei geduldet, trotzdem er offen bekannt hat, daß ihm das Endziel gleichgiltig sei. Zum andern Teile soll die Betonung des Sozialismus die Begeisterung rege erhalten, ohne die man nicht bestehen zu können

[1]) Vgl. Platter, Demokratie und Sozialismus. Leipzig 1897; Sombart, Sozialismus und soziale Bewegung im XIX. Jahrh. 3. Aufl. 1900. S. 80—100; Naumann, Demokratie und Kaisertum. 3. Aufl. 1904. S. 1—16; R. Freund, Sozialdemokratie und Arbeiterschaft. S. P. S. C. XI. 529—524. S. 769—775.

glaubt. Es scheint richtig zu sein, daß eine auf tiefer Entwicklungsstufe befindliche Gesellschaftsklasse zunächst nur durch ein Programm aufgerüttelt und zu großen Opfern erzogen werden kann, welches ganz Außerordentliches, Ungeahntes, nie Dagewesenes verspricht.[1]) Bernhard Shaw[2]) erblickt darin eine der Arbeiterbewegung notwendige Illusion. „Die romantische Fabel des Sozialismus stellt die arbeitende Klasse als aus lauter tugendhaften Helden und Heldinnen bestehend dar, die in das Garn eines Bösewichtes, „Kapitalist“ genannt, geraten sind. Ihre Leiden sind entsetzlich, ihre Kämpfe erhaben, das Ende ist jedoch für sie glücklich, für den Bösewicht dagegen bringt es fürchterliche Vergeltung. Bevor der Vorhang fällt, eröffnet sich der Ausblick auf eine Zukunft ungetrübter Wonne. In diesem Schauspiel findet der Proletarier jemanden, den er lieben, mit dem er sympathisieren muß, den er als Verfechter seiner Sache ansehen, mit dem er sich identifizieren kann; andererseits gibt es darin jemanden, dem er fluchen, dem er sich voll Indignation überlegen fühlen kann, der ihm die Verkörperung der Gewaltherrschaft ist, unter welcher er leidet. So wird also der Sozialismus auf der Rednerbühne genau so dargestellt, wie das Leben auf der Bühne des Adelphi-Theaters, ganz falsch und konventionell, aber in der einzigen Art und Weise, auf welche das Publikum dazu gebracht werden kann, sich dafür zu interessieren.“[3]) „Auf dem Wege der Illusion von der „Vernichtung des Lohnsystemes“ werden wir zu stetigeren Löhnen für jedermann gelangen und schließlich alle anderen Arten des Einkommens als unanständig in Verruf kommen sehen. Durch die Illusion von dem Niedergange des Kapitalismus werden wir ganze Nationen in große fusionierte Aktiengesellschaften verwandeln; und unser Bestreben, die Bourgeoisie zu vernichten, wird damit enden, daß jeder Arbeiter ein Bourgeois-Gentilhomme wird . . . so muß es gemacht werden, oder gar nicht.“[4]) Aber selbst Shaw, der von der Notwendigkeit der sozialistischen Illusion für die Arbeiterbewegung so tief durchdrungen ist, gesteht zu, daß es einen Punkt gibt, über welchen hinaus der Enthusiasmus, die Illusion mehr Schaden als Nutzen stiftet. „Je mehr die Arbeit Geschicklichkeit und Besonnenheit verlangt, desto mehr verlangt sie auch die Freiheit von rohen Illusionen, besonders solchen, welche die Gegner als Elende und Unholde dramatisieren.“[5])

---

[1]) Vgl. auch G. Adler, Art. Sozialdemokratie. S. 809; Derselbe, Der Kampf wider den Zwischenhandel. Berlin 1896. S. 1—10.

[2]) Die Illusionen des Sozialismus. Zeit (Wien) IX. Bd. S. 55—57; 71—73.

[3]) S. 56. [4]) S. 73. [5]) a. a. O.

Es dürfte kaum zu bestreiten sein, daß die deutsche Arbeiterbewegung heute bereits einen Entwicklungsgrad aufweist, bei welchem die Illusion einer bald eintretenden, alle Wünsche erfüllenden Katastrophe nur nachteilig einwirken, nur die dringend nötige Gegenwartsarbeit lähmen kann.[1]) Das deutsche Staatsleben steht, gottlob, viel zu gefestigt da, als daß man zu fürchten brauchte, die blanquistischen Schwärmer der Partei könnten sich in einen offenen, ihnen verhängnisvollen Kampf gegen die bestehende Ordnung stürzen. Dagegen ist es umso wahrscheinlicher, daß diejenigen, welche nur von sozialistischer Begeisterung erfüllt in den Dienst der Arbeiterbewegung getreten sind, jegliches Interesse an ihr verlieren, sobald sich der utopische Charakter ihrer Ideen und Hoffnungen immer deutlicher herausstellt. „Aber immer darüber philosophieren," erklärte Bebel in Hannover, „was alles für Kleinkram uns noch im Wege stehen könnte, dafür danke ich. Wenn das allein unsere Aufgabe wäre, wir nicht auch den Blick in die Zukunft werfen sollten mit der Hoffnung auf endlichen Sieg, dann hätte ich lange die Flinte ins Korn geworfen." [2])

Dieser Gedankengang ist durchaus verständlich. Und die notwendige Rücksichtnahme auf solche Empfindungen und Stimmungen gestattet auch den Revisionisten nicht, rascher vorzudringen. So sehr die Zukunft der deutschen Arbeiterbewegung von dem Siege der Revisionisten abhängt, so kann dieser Sieg ihr doch nur dann zum Vorteile ausschlagen, wenn er sich so allmählich und unmerklich vollzieht, daß er keine Spaltung hervorruft, daß er den Fanatikern der sozialistischen Revolution die notwendige Zeit gönnt, sich in die neuen Gedanken einzuleben und sich mit ihnen zu befreunden. Die sozialistischen Illusionen haben ihre Schuldigkeit getan. Sie können, sie müssen verabschiedet werden, aber sie dürfen keine wertvollen Bestandteile der Partei mit sich fortreißen.

Wenn somit dem sozialistischen Endziel nicht jedes Verdienst um die Hebung der deutschen Arbeiter abgesprochen werden soll, so ist der ökonomische Gedanke des Sozialismus von der deutschen Sozialdemokratie doch noch mit einer Reihe anderer Ziele verknüpft worden, denen eine solche relative Berechtigung und Nützlichkeit in keiner Weise zugestanden werden kann, die vielmehr unendliches Unheil über Unmassen

[1]) Ein sozialdemokratisches Blatt in Baden erklärte bereits, daß das Gros der Arbeiter um einen einzigen „praktischen" Sperling in der Hand ein ganzes Dutzend von Endziel-Tauben auf dem Dache fliegen lasse. S. P. S. C. XI. S. 172.

[2]) Protokoll S. 120.

deutscher Arbeiter gebracht haben, ein Unheil, das nicht diese selbst, sondern vor allem einige ihrer Führer verschuldet haben. Quidquid delirant reges, plectuntur Achivi, heißt es auch hier.

Es handelt sich um die Pose, in welcher sich maßgebende Führer gegenüber dem Nationalismus, gegenüber der Monarchie, der Religion und der Familie[1]) gefallen.

Im offiziellen Programme findet der Internationalismus freilich einen sehr harmlosen Ausdruck: „Die Interessen der Arbeiterklassen sind in allen Ländern mit kapitalistischer Produktionsweise die gleichen. Mit der Ausdehnung des Weltverkehrs und der Produktion für den Weltmarkt wird die Lage der Arbeiter eines jeden Landes immer abhängiger von der Lage der Arbeiter in den anderen Ländern. Die Befreiung der Arbeiterklasse ist also ein Werk, an dem die Arbeiter aller Kulturländer gleichmäßig beteiligt sind. In dieser Erkenntnis fühlt und erklärt die sozialdemokratische Partei Deutschlands sich eins mit den klassenbewußten Arbeitern aller übrigen Länder."

In der Praxis der maßgebenden Presse und der einflußreichsten Parteihäupter ist dieser Internationalismus aber zu einer konsequenten Schmähung und Herabsetzung alles dessen ausgeartet, was einem national empfindenden Deutschen hoch und heilig steht. In der patriotischen Begeisterung von 1870 erblickte Bebel nur „viel Geschrei und wenig Wolle". Die Wiederaufrichtung des deutschen Kaisertumes war für Liebknecht eine „Kaiserposse". Nach seiner Meinung wäre der Gendarmenmarkt der passendste Ort für die Krönung gewesen, da dieses Kaisertum nur durch Gendarmen aufrecht erhalten werden könne. So ist kaum ein für die nationale Geschichte des deutschen Volkes großer Tag dahingegangen, ohne daß von seiten der Sozialdemokratie, zum Teil durch Leute, welche dem deutschen Volkstum in jeder Beziehung fremd gegenüberstehen, versucht worden wäre, eine grelle Dissonanz hervorzurufen. Und ebenso häßlich wie die direkte Beschimpfung der großen nationalen Erinnerungen und Heldengestalten ist der Entrüstungssturm gewesen, der jedesmal tobte, wenn irgend ein Parteigenosse in seinem öffentlichen Auftreten erkennen ließ, daß ihm der Sinn und das Gefühl für nationale Würde noch nicht ganz verloren gegangen war, oder wieder zurückkehrte. In dieser Hinsicht herrschen unter vielen sozialdemokratischen Führern heute noch die üblen Gewohnheiten, in die das deutsche Bürgertum in den Zeiten Heines und Börnes verfallen war. Inwieweit der schwäch-

[1]) Vgl. über diese Seite des Marxismus insbes. Sombart, Sozialismus und soziale Bewegung, 3. Aufl., Jena 1900, S. 91 ff., und Masaryk, Die philosophischen und soziologischen Grundlagen des Marxismus. Wien 1899. S. 313—500.

liche, kurzsichtige Kosmopolitismus, inwieweit die unpatriotische Gesinnung in den breiten Volksmassen unter dem Einflusse der sozialdemokratischen Presse selbst Einzug gehalten hat, ist schwer zu sagen. Viele Anzeichen sprechen dafür, daß die Massen patriotischer fühlen als die Führer. Von Göhre wird diese Tatsache mit großem Nachdruck hervorgehoben.[1]) Andererseits kann aber leider nicht in Abrede gestellt werden, daß die Arbeiter selbst eine unverzeihliche Duldsamkeit gegen antinationale Bestrebungen an den Tag legen. Sie können sich daher auch nicht beklagen, wenn sie selbst für solche Akte verantwortlich gemacht werden. Weder bei den französischen, noch bei den slavischen vlämischen, englischen, norwegischen, dänischen oder finischen Arbeitern ist ein solcher Grad nationaler Passivität anzutreffen wie bei den deutschen Sozialdemokraten. Und wenn anderwärts eine sozialistische Gruppe in dieser Beziehung das deutsche Vorbild befolgen will, so tritt ihr sehr bald eine streng nationale Gruppe gegenüber.

Ebensowenig wie die realen Interessen der Arbeiterklasse eine antinationale Haltung verlangen, sind sie mit einem monarchischen Staatswesen unvereinbar.[2]) Jedenfalls liegt weder in der Idee der sozialen Reform noch in derjenigen des Sozialismus ein antimonarchisches Moment. St. Simon, Owen und Rodbertus neigten sogar zu autori-

[1]) Drei Monate Fabrikarbeiter. 1891. S. 113 ff.

[2]) Es sei hier an den Zwischenfall erinnert, der sich im Jahre 1903 anläßlich der Etatberatung im Reichstage zutrug. Der Reichskanzler erwähnte einen Bericht des deutschen Botschafters in Paris über eine Unterredung mit dem sozialistischen Minister Millerand. Letzterer habe erklärt, „daß seine Bemühungen darauf gerichtet seien, einen ähnlichen Zustand zu schaffen, wie ihn die Hochherzigkeit und Weitsicht des Kaiser Wilhelm in Deutschland gefördert habe. In Deutschland habe der Staat vielmehr getan, als dies in Frankreich bisher der Fall gewesen.“ In dem Bericht des Botschafters war hierzu bemerkt worden, Millerand verfolge energisch die Hebung der unteren Klassen, wozu die Bourgeoisie nicht allzu geneigt sei.“ Es erfolgte darauf ein Zwischenruf Bebels: „Gerade wie bei uns.“ „Dieser Zwischenruf frappiert mich wirklich“, erwiderte der Reichskanzler, „es ist nämlich wörtlich dasselbe, was Seine Majestät der Kaiser seiner Zeit an den Rand dieses Berichts geschrieben hat, nämlich wörtlich: „Richtig und das überall!“ Im weiteren Verlauf der Debatte führte der Kanzler noch aus: „Ich bin weit entfernt, zu bestreiten, daß gerade in Deutschland . . . . daß gerade unser Unternehmertum viel geleistet hat für die Hebung der unteren Klassen, daß es tatkräftig mitgewirkt hat am Aufbau und Ausbau unserer Sozialgesetzgebung. Aber es liegt in der menschlichen Natur und liegt im menschlichen Egoismus, daß jede Gesellschaftsschicht Opfer zu Gunsten einer anderen Gesellschaftsschicht nur ungern bringt, und deshalb ist es die Pflicht des Staates und die Pflicht der Monarchie, hier ausgleichend einzugreifen, indem sie die Arbeiter warnt, Dinge zu verlangen, welche die Konkurrenzfähigkeit der Nation auf dem Weltmarkte beeinträchtigen oder unsere gesellschaftliche Ordnung erschüttern

tären Formen des politischen Lebens. Auch in bezug auf die antimonarchische Propaganda behauptete Göhre, daß sie selbst bei „zielbewußten" Sozialdemokraten wenig populär sei.[1])

Würde die Partei sich darauf beschränken, die Kirche zu bekämpfen, wenn sie sich in den Dienst von Bestrebungen stellt, oder ihrer Abhängigkeit wegen stellen muß, welche den sozialpolitischen Interessen zuwiderlaufen, so wäre gewiß nichts einzuwenden. Daß aber im strikten Gegensatz zu dem Parteiprogramm auch die Religion an sich so oft in den Organen der Partei angegriffen wird, daß man nur den Atheismus und Materialismus als eine eines modernen Menschen würdige Weltanschauung gelten lassen will, das ist ein so grober Fehler, daß in dieser Beziehung aus den Parteikreisen selbst schon seit langer Zeit ziemlich scharfe Reaktionen erfolgt sind. Stellt die christliche Moral doch für die Ziele der Arbeiterbewegung eine weit zuverlässigere Grundlage zur Verfügung als irgend eine andere Weltanschauung.

Endlich hat die deutsche Sozialdemokratie geglaubt, ihren revolutionären Charakter auch in bezug auf Familie und Ehe beweisen zu müssen. Fr. Engels, wie Lassalle ein Junggeselle mit den Gewohnheiten eines vornehmen Lebemannes,[2]) hat die Partei durch eine Schrift kompromittiert, in welcher die Ehe, ganz besonders natürlich diejenige in bürgerlichen Kreisen, in ebenso leichtfertiger als unflätiger Weise angegriffen wird.[3]) Bebel hat ihm mit seinem Buche über die „Frau"

könnten, aber auch die Arbeitgeber und Unternehmer auffordert und ermahnt, kräftig mitzuwirken, damit die Klassendifferenzen immer mehr zusammenschrumpfen, damit die ärmeren Klassen wohlhabender werden, damit mehr Individuen aus den unteren in die reicheren und wohlhabenderen Schichten der Bevölkerung gelangen, mit anderen Worten, für den sozialen Aufschwung. Das ist mein sozialpolitisches Bekenntnis, ist die Ansicht der verbündeten Regierungen und dieser Ansicht hat Seine Majestät der Kaiser in diesem Marginale Ausdruck gegeben, das vorgelesen zu haben ich nicht bedauere." S. P. S. C. XII. S. 498. Darauf antwortete Bebel: „Ein schönes Programm, Herr Kanzler, und wenn der Kanzler seinen Einfluß benutzen will, um dies Programm zu verwirklichen, so wird er an uns Sozialdemokraten seine besten und treuesten Bundesgenossen finden." Dresdner Protokoll S. 338.

[1]) a. a. O. S. 126.

[2]) In dieser Beziehung besteht zwischen Engels und Marx ein vollkommener Gegensatz. Das Verhältnis des letzteren zu seiner Gattin und seinen Kindern gehört sogar zu dem menschlich sympathischesten Zuge seines Wesens. Vgl. die Mitteilungen von Stefan Born, Erinnerungen eines Achtundvierzigers. 2. Aufl. Leipzig 1898. S. 49, 68, 69, 74, 85.

[3]) „Die bürgerliche Eheschließung unserer Tage ist doppelter Art. In katholischen Ländern besorgen nach wie vor die Eltern dem jungen Bürgerssohn eine angemessene Frau, und die Folge davon ist natürlich die vollste Entfaltung des in der Monogamie enthaltenen Widerspruches; üppiger Ehebruch auf Seiten des

sekundiert. Was diesen Ideen gegenüber zu sagen ist, das hat Proudhon gegenüber Fouriers unsauberen Phantasien bereits so deutlich ausgesprochen, daß hier einfach auf die entsprechenden Äußerungen (siehe oben S. 266) verwiesen werden kann. Es darf wohl angenommen werden, daß Proudhons Standpunkt auch heute noch von dem sittlich gesunden Teile der Arbeiterklasse geteilt wird. Ja man kann sogar für die Vergesellschaftung aller Produktionsmittel eintreten, ohne in der Ehe eine überwundene Einrichtung erblicken zu müssen. Der Sozialismus gerät erst dort mit der Ehe in Konflikt, wo er auch die Konsumtion, das private Dasein, kollektivistisch ordnen will. Jeder Fortschritt, den die Arbeiterklasse in bezug auf ihre ökonomische und soziale Lage zu verzeichnen hat, verstärkt aber die Abneigung gegen ein solches Herdendasein.

Wie vieler Anhänger sich die Sozialdemokratie durch die Angriffe auf nationales Empfinden, Patriotismus, Monarchie, Religion und Ehe beraubt hat, kann natürlich nicht festgestellt werden.[1]) Dagegen unterliegt es nicht dem geringsten Zweifel, daß sie sich auf diese Weise mächtige Feinde auch dort geschaffen hat, wo die sozialreformatorischen Ziele der Arbeiterbewegung an sich indifferent oder gar sympathisch aufgenommen werden könnten. Dazu kommt, daß den Gegnern der wirtschaftlichen Bestrebungen der Arbeiter so noch eine außerordentlich vorteilhafte Position eingeräumt wurde. Mit Leichtigkeit konnten sie selbst dann, wenn nichts als ihre materiellen Interessen, und auch diese oft nur in der Einbildung, gefährdet waren, die dankbare Rolle der Verteidigung von Religion, Monarchie, Vaterland und Familie übernehmen. Eine widerwärtige Heuchelei hat damit in die sozialen Kämpfe

Mannes, üppiger Ehebruch auf Seiten der Frau.... In protestantischen Ländern dagegen ist es Regel, daß dem Bürgersohn erlaubt wird, sich aus seiner Klasse eine Frau mit größerer oder geringerer Freiheit auszusuchen, wonach ein gewisser Grad von Liebe zu Grunde liegen kann und auch anstandshalber stets vorausgesetzt wird, was der protestantischen Heuchelei entspricht. Hier wird der Hetärismus des Mannes schläfriger betrieben und der Ehebruch der Frau ist weniger Regel. Da aber in jeder Art Ehe die Menschen bleiben, was sie vor der Ehe waren, und die Bürger protestantischer Länder meist Philister sind, so bringt es diese protestantische Monogamie im Durchschnitt der besten Fälle nur zur ehelichen Gemeinschaft einer bleiernen Langeweile, die man mit dem Namen Familienglück bezeichnet." Engels; Der Ursprung der Familie, des Privateigentums und des Staates. Zürich 1884. S. 41.

[1]) Der Frankfurter Arbeiterkongreß vom 25. Oktober 1903 vertrat 600000 organisierte Arbeiter nichtsozialdemokratischer Richtung. S. P. S. C. XIII. S. 106, ferner hat die Partei ihren größten Stimmenzuwachs 1898—1903 erhalten, also in der Zeit der vordringenden revisionistischen Bewegung.

Eingang gefunden. Die sozialdemokratischen Führer beeilten sich eben ihrerseits wieder, alle Maßnahmen der Staatsgewalt, welche sich nicht gegen die wirtschaftlichen Ziele der Arbeiter, sondern gegen die revolutionäre Propaganda richteten, als Mittel des Klassenstaates zur sozialen Ausbeutung der Arbeiter überhaupt an den Pranger zu stellen. Dadurch ist ein tiefer Riß zwischen den führenden Mächten der deutschen Nation und einem Teile der sozialdemokratischen Arbeiterklasse entstanden, eine Unsumme gegenseitiger Erbitterung, welche nicht nur die Entwicklung der nächstliegenden sozialen Reformen nachteilig beeinflußt, sondern auch die Lösung der großen Probleme, welche des Deutschen Reiches auf dem Gebiete der äußeren Politik harren, wesentlich erschweren. Diese Kluft zu überbrücken ist eine und zwar eine der wichtigsten und schwierigsten Aufgaben des Revisionismus. Galt es bis jetzt vornehmlich die Herrschaft der marxistischen Dogmen zu brechen, so wird in Zukunft die Anbahnung besserer Beziehungen zu den Trägern der Staatsgewalt immer dringender werden. Bedenkt man, daß in einzelnen süd- und mitteldeutschen Staaten[1]) bereits Vorboten eines erfreulichen Wandels auf beiden Seiten beobachtet werden können, so braucht an einer gedeihlichen Entwicklung der Dinge nicht verzweifelt zu werden.[2])

[1]) Schon zu wiederholten Malen haben sozialdemokratische Landtagsabgeordnete trotz der heftigen Angriffe, die dann regelmäßig von seiten der Orthodoxen zu erwarten sind, das Budget bewilligt. „Soweit der Süden Deutschlands in Betracht kommt," schreibt der Sozialdemokrat A. Fendrich (Karlsruhe) in einem Artikel über die Frage der Budgetbewilligung (S. M. 1901, S. 661), werden die sozialdemokratischen Fraktionen der Landtage in jeder Beziehung als gleichberechtigt mit den anderen anerkannt, was allerdings etwas Selbstverständliches sein sollte, aber es früher eben nicht war; von einer ausnahmsweise scharfen Handhabung der Justiz gegen Sozialdemokraten ist in Baden, Württemberg, Bayern und Hessen kaum noch die Rede." Bekanntlich hat der Großherzog von Hessen sich gelegentlich parlamentarischer Abende auch eingehend mit dem sozialdemokratischen Abgeordneten unterhalten.

[2]) Die beste Einsicht in die sozialdemokratische Bewegung gewährt das Studium der Parteitagsprotokolle, die außer den stenographischen Berichten über die Verhandlungen noch andere wertvolle Materialien enthalten (Bericht des Parteivorstandes, Bericht über die Tätigkeit der sozialdemokratischen Reichstagsfraktion, Anträge zum Parteitag). Im übrigen sind als wissenschaftliches Hauptorgan der orthodoxen Richtung die von K. Kautsky geleitete „Neue Zeit", Stuttgart. 23 Jahresbände, als literarische Sammelpunkte der Revisionisten die „Sozialistischen Monatshefte", Berlin. 9 Jahresbände, die Bernsteinschen „Dokumente des Sozialismus", Stuttgart. 5 Jahresbände und die soeben von Dr. H. Braun und Lily Braun begründete Wochenschrift „Die neue Gesellschaft", Berlin, seit April 1905, zu beachten.

Viertes Kapitel.

Die sozialistische Bewegung des Auslandes.

78. Österreich.[1])

Obwohl die industrielle Entwicklung[2]) Österreichs in den letzten Jahrzehnten bemerkenswerte Fortschritte aufzuweisen hatte, so bilden doch nach der Berufsstatistik des Jahres 1900 die in der Landwirtschaft Erwerbstätigen noch 58,2 Proz., während auf Industrie und Bergbau nur 22,3, auf Handel und Verkehr 7,3 Proz. entfallen. Tritt also die gewerbliche Tätigkeit an und für sich schon gegenüber der landwirtschaftlichen Produktion in den Hintergrund, so ist noch zu beachten, daß innerhalb des Gewerbes handwerksmäßige und hausindustrielle Betriebsformen überwiegen. Der fabrikmäßige Betrieb ist, abgesehen von den größeren Städten, der Hauptsache nach auf Nordböhmen, Vorarlberg, einzelne Gebiete Mährens, Niederösterreichs, Schlesiens und der Steiermark beschränkt. Mögen nun auch im Kleingewerbe durchaus nicht so gute Zustände herrschen, daß die Arbeiter auf eine be-

[1]) Die deutsche Literatur über die Entwicklung der Sozialdemokratie in Österreich wird ziemlich vollständig von Grünberg im Wörterbuch der Volkswirtschaft, herausgegeben von L. Elster, II. Bd. S. 525, angegeben. Vgl. außerdem O. Pohl, Der Sozialismus in Österreich. Sozialistische Monatshefte 1898. S. 60—68; Ellenbogen, Der Parteitag der österreichischen Sozialdemokratie, a. a. O. 1901. S. 945 bis 948; Winter, Reichsratswahlen in Österreich. N. Z. XIX I. S. 535; Soukup, Die tschechische Arbeiterbewegung. N. Z. XIX. 2. S. 816—822; Fr. Hertz, Betrachtungen über die österreichische Sozialdemokratie. S. M. 1903. S. 99—108; Ellenbogen, Der Wiener Gesamtparteitag. S. M. 1903. S. 889—893; Die wichtigsten prinzipiellen Beschlüsse des Gesamtparteitages der sozialdemokratischen Arbeiterpartei in Österreich. D. S. IV. S. 89—92. Im übrigen ist das Studium der Verhandlungen der Parteitage zu empfehlen. Von seiten der Gesamtpartei fanden solche statt in Hainfeld 1888/89, in Wien 1891, 1892, 1894, 1897, 1901 und 1903, in Prag 1896, in Brünn 1899; Kongresse der deutschen Sozialdemokratie Österreichs wurden 1898 in Linz, 1900 in Graz, 1902 in Aussig und 1904 in Salzburg abgehalten. Die Berichte sind sämtlich in Wien erschienen und durch die Wiener Volksbuchhandlung Ignaz Brand VI Gumpendorferstr. 18 zu beziehen.

[2]) Es betrug die Produktion von

	Steinkohlen	Braunkohlen	Roheisen
1880 . . .	19 336 000 fl.	15 375 000 fl.	15 253 000 fl.
1890 . . .	30 401 000 „	27 639 000 „	27 311 000 „
1902 . . .	48 451 000 „	54 667 000 „	37 810 000 „

Die Zahl der im Bergbau tätigen Personen betrug 1882: 96 661, 1902: 157 322. In der Industrie nahm die Zahl der Selbständigen innerhalb der Zeit von 1890 bis 1900 um 0,74 % ab, diejenige der Arbeiter um 10,3 % zu. Vgl. Most, Die berufliche und soziale Gliederung der Bevölkerung Österreichs. J. f. G. V. XXIX. S. 714, 716.

sondere Vertretung ihrer Klasseninteressen verzichten könnten, so verhindert doch gerade hier die oft allerdings recht trügerische Hoffnung, noch einmal Meister zu werden, so manchen Arbeiter daran, sich an der Arbeiterbewegung zu beteiligen. In der Hausindustrie läßt wieder das Übermaß des wirtschaftlichen und geistigen Elendes eine zielbewußte und kraftvolle Interessenvertretung nur selten emporkommen.

In rechtlicher Beziehung war erst durch die Staatsgrundgesetze von 1867 ein gewisser Spielraum für die Arbeiterpartei entstanden. In Nordböhmen und in Wien begannen die Ideen Lassalles Anklang zu finden. Sie wurden teils durch Arbeiter, die aus dem Reiche eingewandert waren, teils durch Einheimische, die vorübergehend in Sachsen tätig gewesen, verbreitet. Die soziale Frage hörte nicht mehr, wie behauptet worden war, bei Bodenbach auf. Am 13. Dezember 1869 fand vor dem Reichsrate in Wien eine große Arbeiterdemonstration statt, um gegen die von dem deutschliberalen Minister Giskra verfügte Unterdrückung der sozialdemokratischen Organisationen Protest einzulegen. Außerdem wurden das Wahlrecht und die Koalitionsfreiheit begehrt. Letztere gestand die Regierung tatsächlich zu. Im Laufe der siebziger Jahre entwickelte sich innerhalb der Bewegung ein Gegensatz zwischen „Gemäßigten" und „Radikalen". Die ersteren waren deutsch-zentralistisch gesinnt und standen zu den Deutsch-Liberalen in Beziehungen; die letzteren sympathisierten mit den autonomistisch-slavischen Tendenzen und erfreuten sich einer gewissen Protektion in den slavisch-feudalen Kreisen. Die Zwistigkeiten wurden durch das Auftreten des Anarchismus noch weiter vertieft, der unter den Radikalen viele Anhänger gewann. Es erfolgten die Attentate von Merstallinger, Kammerer und Stellmacher. Am 30. Januar 1884 wurde über Wien und Umgebung der Ausnahmezustand verhängt. Überhaupt trat die Regierung mit drakonischer Strenge gegen die ganze Bewegung auf. Ob es sich um „Gemäßigte", „Radikale", „Anarchisten" oder „Terroristen" handelte, die Beteiligung an der Bewegung überhaupt, der Besitz eines verbotenen Zeitungsblattes u. dergl. konnte genügen, um schwere Verurteilungen wegen Geheimbündelei oder Hochverrat, zum mindesten eine monatelange Untersuchungshaft herbeizuführen.

Erst im Jahre 1887 gelang es Dr. Viktor Adler als Herausgeber der sozialistischen „Gleichheit" eine Reorganisation der Arbeiterpartei zu Stande zu bringen. Ende 1888 konnte in Hainfeld die Gründung der sozialdemokratischen Partei Österreichs erfolgen. Ihr von K. Kautsky entworfenes Programm enthielt die Grundgedanken des Marxismus. Zunächst waren es hauptsächlich Arbeiter deutscher

Nationalität aus Wien, Niederösterreich, Mähren und Nordböhmen, die als Träger der Bewegung gelten konnten. Da in Österreich die Ausübung des Wahlrechts an eine direkte Steuerleistung von 5 fl. geknüpft war, so bildete der Kampf um das Wahlrecht den politisch wichtigsten Teil der Agitation. Daneben wurden die gewerkschaftlichen Aufgaben nicht ganz vernachlässigt.[1]) Im Oktober 1893 brachte das Ministerium Taaffe-Steinbach einen Gesetzentwurf ein, der für die Städte und Landgemeinden das allgemeine Wahlrecht zugestand. Im Reichsrate fand die Novelle auf allen Seiten lebhaften Widerstand. Da die Arbeiter nichts zur Unterstützung der Regierung ins Werk setzten, so trat diese schließlich zurück. Durch diese Haltung bewies die Partei aufs schlagendste, daß ihr und ihren Führern der staatsmännische Sinn noch vollkommen fehlte. In doktrinärer Verbohrtheit wurde eine unvergleichlich günstige Gelegenheit verpaßt.[2]) Erst 1896 wurde durch den Grafen Badeni den bestehenden vier Wahlkörpern noch ein fünfter Wahlkörper des allgemeinen Wahlrechtes angegliedert, der 72 Mandate zu vergeben hat. Bei den Wahlen von 1897 wurden 14 Sozialdemokraten zum Teil mit bürgerlicher Unterstützung gewählt. In Wien und Prag unterlag die Partei. Dagegen erzielte sie in Nordböhmen und Graz, in Krakau und Lemberg Erfolge. Die Wahlen von 1901 haben der Partei keinen Zuwachs gebracht. Sie verlor in Böhmen von den 6 Mandaten, die sie besaß, 5; in Mähren von den zweien eins. Außerdem gingen das Grazer und Lemberger Mandat in andere Hände über. Diesen Niederlagen in den vom Nationalitätenstreite erfüllten Gebieten standen Siege in Wien und Korneuburg gegenüber. Im letztgenannten Falle wurde sogar ein privilegierter Städtewahlkreis

[1]) Vgl. Herkner, Art. Gewerkvereine in Österreich.

[2]) Es hat auf späteren Parteitagen nicht an Angriffen wegen dieser Haltung gefehlt und die nichtssagenden Redensarten, mit welchen sie gerechtfertigt wurde, bewiesen deutlich genug, wie berechtigt diese Kritik war. Dr. Adler wußte nichts anderes zu sagen als: „Sie, Parteigenossen, werden es verstehen, warum wir unmöglich unser Programm einer Augenblicksaktion zu Liebe aufs Spiel setzen konnten; wir konnten einer Regierung zu Liebe, welche den Ausnahmezustand in Wien und in Prag auf dem Gewissen hat, nicht die Kastanien aus dem Feuer holen, und wenn wir auch sehr wohl wissen, daß die Regierung Plener-Windischgrätz nicht um ein Haar besser ist als das Ministerium Taaffe. Es wäre geradezu politischer Selbstmord gewesen, wenn wir dies getan hätten, und die Kosten hätten wir bezahlt. Es wäre doch verdammt naiv gewesen, auf die Gesinnungstüchtigkeit und Festigkeit jener Regierung zu bauen. . . . Wir hätten uns durch ein derartiges Vorgehen kompromittiert, wir wären in Gefahr gekommen, eine zu Regierungszwecken ausgenützte Partei zu sein, wir hätten das Proletariat in Mißverständnisse geleitet.“ Protokoll des Wiener Parteitags von 1894. S. 37. Sehr richtig

erobert. Durch die Einführung der Personaleinkommensteuer hatten eben die besser gestellten Arbeiter das Stimmrecht auch in diesen Wahlkörpern gewonnen.

Der Parteitag in Wien 1901 hat die grobe und handgreiflich falsche Fassung der Verelendungstheorie, welche das Hainfelder Programm enthielt, gestrichen. An ihre Stelle trat folgender Passus: „Es wächst die Masse der Proletarier, es steigt aber auch der Grad ihrer Ausbeutung, und deshalb tritt die Lebenshaltung immer breiterer Schichten des arbeitenden Volkes immer mehr in Gegensatz zu der rasch steigenden Produktivkraft seiner eigenen Arbeit und zu dem Anschwellen des von ihm selbst geschaffenen Reichtumes." Man hat also die relative Zunahme der Ausbeutung im Sinne der Marx'schen Werttheorie eingesetzt.

Große Schwierigkeiten sind der Sozialdemokratie aus der Verschärfung der nationalen Gegensätze in Österreich erwachsen. Gerade hier, wo der „internationale" Charakter der Sozialdemokratie nützliche Wirkungen hätte erzielen können, scheint er mehr und mehr zu versagen, vor allem auf seiten der nichtdeutschen Arbeiter. Schon 1893 hatte sich die czechische Sozialdemokratie als selbständige Partei konstituiert und auf dem Wiener Parteitage von 1897 erfolgte die Föderalisierung der „österreichischen" Sozialdemokratie in sechs nationale, ziemlich selbständige Organisationen (deutsch, czechisch, polnisch, südslavisch, italienisch, ruthenisch). Es finden zwar noch alle zwei Jahre Parteitage der Gesamtpartei statt, auf welchen sich die czechischen Delegierten aber der czechischen Sprache bedienen.

---

wurde Adler von Hueber erwidert: „Hier hat es sich nicht darum gehandelt, als Regierungspartei zu gelten oder sich davor zu fürchten, es stand eine Forderung unseres Programms auf dem Tische des Hauses. Und diese Forderung war bereits von der Krone anerkannt, es war anerkannt, daß wir von den politischen Rechten ausgeschlossen sind. In diesem Momente hatte die österreichische Arbeiterschaft nicht zu fürchten, daß wir Regierungspartei werden, sondern in diesem Momente hatten wir für die Forderung unseres Programms einzutreten, und dies ist das Wahlrecht" a. a. O. S. 56. Auch im Jahre 1896 auf dem Prager Parteitage wurde die Haltung der Parteileitung in jenem historischen Momente kritisiert. Pernerstorfer aber erklärte: „Wenn jemals die Partei beweisen konnte, daß sie eine prinzipielle Partei ist, so mußte sie es damals tun. Die Partei konnte sich unmöglich für einen Mann einsetzen, der — wie Graf Taaffe — durch Jahre hindurch die blutigste Geißel für die Partei war." Prager Protokoll. S. 71. Als ob es sich darum gehandelt hätte, für die Person des Grafen Taaffe und nicht für das den Forderungen der Arbeiter entsprechende Projekt seiner Regierung einzutreten. Anscheinend forderte der „prinzipielle" Charakter der Partei auch dann die Regierung zu bekämpfen, wenn sie dem Programme der Partei entgegenkam!

Der Gesamtparteitag in Brünn (1899) hat ein Nationalitätenprogramm[1]) angenommen, derjenige in Wien (1903) hat die staatsrechtliche Verbindung mit Ungarn verworfen, aber die Aufrechterhaltung der Zollunion befürwortet. Bemerkenswert ist eine scharfe Resolution desselben Parteitages zu Gunsten der Anti-Alkoholbewegung, die unter den österreichischen Sozialisten in ausgezeichneter Weise durch Dr. Fröhlich vertreten wird. Auch dem Ausbau der Konsumgenossenschaften soll von Partei wegen in Zukunft größeres Interesse geschenkt werden. Man erwartet von ihnen Steigerung der Lebenshaltung der Arbeiter durch Beseitigung des Zwischenhandels, Regulierung der lokalen, später der nationalen Preisbildung der Lebensmittel, Eigenproduktion, Bekämpfung der Kartelle und Trusts, materielle Unterstützung der politischen und gewerkschaftlichen Organisation, Sicherung der Existenz der Opfer des Klassenkampfes.

---

[1]) Es hat folgenden Wortlaut:

„Da die nationalen Wirren in Österreich jeden politischen Fortschritt und jede kulturelle Entwicklung der Völker lähmen, da diese Wirren in erster Linie auf die politische Rückständigkeit unserer öffentlichen Einrichtungen zurückzuführen sind und da insbesondere die Fortführung des nationalen Streites eines jener Mittel ist, durch die die herrschenden Klassen sich ihrer Herrschaft sichern und die wirklichen Volksinteressen an jeder kräftigen Äußerung hindern,

erklärt der Parteitag:

Die endliche Regelung der Nationalitäten- und Sprachenfrage in Österreich im Sinne des gleichen Rechtes und der Gleichberechtigung und Vernunft ist vor allem eine kulturelle Forderung, daher im Lebensinteresse des Proletariats gelegen;

sie ist nur möglich in einem wahrhaft demokratischen Gemeinwesen, das auf das allgemeine, gleiche und direkte Wahlrecht gegründet ist, in dem alle feudalen Privilegien im Staate und in den Ländern beseitigt sind, denn erst in einem solchen Gemeindewesen können die arbeitenden Klassen, die in Wahrheit die den Staat und die Gesellschaft erhaltenden Elemente sind, zu Worte kommen;

die Pflege und Entwicklung der nationalen Eigenart aller Völker in Österreich ist nur möglich auf Grundlage des gleichen Rechtes und unter Vermeidung jeder Unterdrückung, daher muß vor allem anderen jeder bureaukratisch-staatliche Zentralismus ebenso wie die feudalen Privilegien der Länder bekämpft werden.

Unter diesen Voraussetzungen, aber auch nur unter diesen, wird es möglich sein, in Österreich an Stelle des nationalen Haders nationale Ordnung zu setzen und zwar unter Anerkennung folgender leitender Grundsätze:

1. Österreich ist umzubilden in einen demokratischen Nationalitätenbundesstaat.

2. An Stelle der historischen Kronländer werden national abgegrenzte Selbstverwaltungskörper gebildet, deren Gesetzgebung und Verwaltung durch Nationalkammern, gewählt auf Grund des allgemeinen, gleichen und direkten Wahlrechtes, besorgt wird.

3. Sämtliche Selbstverwaltungsgebiete einer und derselben Nation bilden zu-

Die Tätigkeit der sozialdemokratischen Vertreter im Reichsrate beschränkt sich im allgemeinen darauf, eine Debatte über irgend einen Korruptionsskandal in Galizien oder im Lager der christlich-sozialen Partei herbeizuführen. Früher bildeten Angriffe auf die Regierung wegen politischer Übergriffe auf dem Gebiete der Koalitions-, der Preß-, Vereins- oder Versammlungsfreiheit den Höhepunkt der parlamentarischen Beredsamkeit. Unter dem Ministerium Körber ist der Arbeiterpartei aber eine so große Bewegungsfreiheit zugestanden worden, daß in dieser Beziehung das Agitationsmaterial immer mehr abhanden kam. Auch für die sonst mit Neigung und Geschick in Wien inszenierten Straßendemonstrationen fehlte es unter diesen Umständen an schicklichen Vorwänden. Auch das Kabinett Gautsch hält an diesen klugen Grundsätzen fest.

V. Adler wurde so durch die Regierung des Herrn v. Körber[1]) gezwungen, auf dem Parteitage in Aussig (1902) diese Taktik fallen

---

sammen einen national einheitlichen Verband, der seine nationalen Angelegenheiten völlig autonom besorgt.

4. Das Recht der nationalen Minderheiten wird durch ein eigenes, vom Reichsparlament zu beschließendes Gesetz gewahrt.

5. Wir erkennen kein nationales Vorrecht an, verwerfen daher die Forderung einer Staatssprache; wie weit eine Vermittlungssprache nötig ist, wird das Reichsparlament bestimmen.

Der Parteitag, als das Organ der internationalen Sozialdemokratie in Österreich, spricht die Überzeugung aus, daß auf Grundlage dieser leitenden Sätze eine Verständigung der Völker möglich ist;

er erklärt feierlich, daß er das Recht jeder Nationalität auf nationale Existenz und nationale Entwicklung anerkennt;

daß aber die Völker jeden Fortschritt ihrer Kultur nur in enger Solidarität miteinander, nicht im kleinlichen Streit gegeneinander erringen können, daß insbesondere die Arbeiterklasse aller Zungen im Interesse jeder einzelnen Nation wie im Interesse der Gesamtheit an der internationalen Kampfgenossenschaft und Verbrüderung festhält und ihren politischen und gewerkschaftlichen Kampf in einheitlicher Geschlossenheit führen muß."

Irgend welche Schritte zur allmählichen Verwirklichung dieser Grundsätze hat die Partei aber noch nicht ausgeführt.

[1]) Es scheint in der österreichischen Sozialdemokratie nicht an Elementen zu fehlen, welche grade die von Herrn v. Körber gewährte Bewegungsfreiheit als sein Hauptverbrechen ansehen. „Man könnte ja sagen: „Weg mit dem Trugbilde dieser Körberschen Regierung! Das ist das Wichtigste und das muß geschehen, selbst wenn wir dann eine klerikale, erzklerikale Regierung bekämen. Dann hätten wir wenigstens ein Kampfobjekt, das wir tüchtig anpacken könnten." Salzburger Protokoll S. 105. Der Leser der Parteitagsprotokolle wird finden, daß nach sozialdemokratischer Parole stets die jeweils am Ruder befindliche Regierung mit allen zu Gebote stehenden Mitteln bekämpft werden soll. Entweder verfolgt die Regierung die Sozialdemokratie, dann ist der Kampf selbstverständlich; oder die Re-

zu lassen. „Man kann auf der Straße sehr viel tun, man kann dem Gegner imponieren, man kann ihm etwas abzwingen, man kann Selbstbewußtsein und Rechtsgefühl in der Arbeiterschaft verbreiten, aber man kann die Arbeiter auf der Straße nicht erziehen, vor allem sie nicht zu wirklichem sozialdemokratischen Bewußtsein und zu sozialdemokratischer Einsicht ausbilden. Ich sage hier offen, daß der Grundgedanke der Taktik heute ist, daß endgiltig auf diese Formen des äußerlichen Kampfes verzichtet werde, die heute zunächst nicht notwendig und, weil sie nicht notwendig, nicht möglich sind, und daß wir mit Bewußtsein sagen: Zurück in das Haus, zurück in die Vereine, zurück zu einer erziehenden Arbeit im einzelnen!" Die zähe Energie in der Kleinarbeit des Tages, das ist es aber gerade, was dem österreichischen Arbeiter, besonders dem Wiener, wenig zusagt. Für alles, was irgendwie eine „Hetz" in Aussicht stellt, läßt er sich gern aufbieten, aber ernstes politisches Interesse liegt den Meisten ferne. „Es ist mir versichert worden", schreibt Fr. Hertz, „daß viele Wiener Arbeiter zuerst das Feuilleton und den lokalen Teil ansehen, dann die Theaterberichte und den Gerichtssaal lesen, den Roman nicht zu vergessen, für die Politik aber nur einige Blicke übrig haben." Und diesen Neigungen trägt auch das führende Organ, die Wiener Arbeiterzeitung, von der Konkurrenz der Sensationspresse bedrückt, so sehr Rechnung, daß sie mehr als ein Drittel ihrer Abonnenten in nicht-sozialistischen Kreisen findet. Man rühmt ihre Theaterkritiken!

Tiefgehendere Auseinandersetzungen über die politischen Lebensfragen des österreichischen Staatswesens treten daher in Presse und Parlament in den Hintergrund. „Es ist begreiflich", schreibt ein sozialdemokratisches Mitglied des Reichsrates, „daß jedem sozialdemokratischen Abgeordneten die Rolle, die er spielen muß, bis in die Seele zuwider ist, aber so oft man ansetzt, die großen Gesichtspunkte der Partei zu entwickeln, man hat immer das Gefühl, daß man tauben Ohren predigt und sich lächerlich macht, man hat die Empfindung des Poseurs."

---

gierung gewährt wie Herr v. Körber Bewegungsfreiheit. Dann entzieht sie der Partei den unentbehrlichen Agitationsstoff, bedroht sie mit „Versumpfung" und enthüllt ihre Armut an politisch fruchtbaren Ideen. Sie verdient also umsomehr beseitigt zu werden. „Herr v. Körber mag sich noch so rühmen mit den kleinen Verbesserungen (diese „kleinen Verbesserungen" bestanden nebst weitgehender Vereins- und Versammlungsfreiheit nach Adlers eigenem Geständnisse darin, daß ein größeres Maß von Preßfreiheit als je gewährt wurde), die er eingeführt hat, er ist nichtsdestoweniger genau so wie seine Vorgänger ein Mann der Rückständigkeit, ein Mann der österreichischen Halbheit, ein Mann der verbrecherischen Schwäche, genau wie die andern." Salzburger Protokoll S. 167.

Das ganze politische Leben entbehrt der strengen Zucht, des sittlichen Ernstes. „Derselbe Abgeordnete, der soeben einen Kollegen als ein noch nie dagewesenes Mordsvieh qualifiziert hat, geht mit ihm im nächsten Augenblick im trauten Gespräch im Couloir spazieren, und derselbe Minister, der eben ein Schuft geheißen wurde, begrüßt gleich darauf diesen liebenswürdigen Gegner mit einem herzlichen Servus!"

Zwischen der Wiener Parteileitung und dem Wiener Zentralorgan, die in erster Linie nach Wiener Gesichtspunkten und Verhältnissen sich richten, und den hochentwickelten Industriegebieten im Norden des Reiches, im „österreichischen Sachsen", scheint die rechte Fühlung immer mehr verloren zu gehen. Nach den für den Salzburger Parteitag (1904) erstatteten Berichten befindet sich die Bewegung in offenbarem Rückgange. Im ganzen VIII. böhmischen Wahlkreis, der eine große Zahl von Industriestädten umfaßt (Reichenberg, Kratzau, Grottau, Friedland, Neustadt a. T., Warnsdorf, Rumburg, Schluckenau, Haida, Stein-Schönau usw.) gehören nur 2955 Personen der politischen Organisation der Partei an. Das Reichenberger Parteiorgan (Der Freigeist) erscheint nur zweimal in der Woche bei einer Auflage von 2600—3000 Exemplaren. Die übrigen nordböhmischen Parteiblätter erscheinen nur einmal in der Woche mit noch geringerer Auflage. „Die Bewegung hat ein langsames Tempo eingeschlagen. Die Versammlungen sind nur mäßig besucht, die Leselust hat abgenommen. . . . Die Bildungsvereine haben zum größten Teil der gewerkschaftlichen Organisation Platz gemacht, ohne daß dieselbe wesentlich vorwärts schreitet. Die Turn- und Gesangvereine, soweit sie nicht aus älteren Parteigenossen zusammengesetzt sind, liefern nur sehr wenige Parteigenossen." [1])

Noch ungünstiger lauteten die Berichte, welche von den Parteigenossen aus Deutschböhmen mündlich erstattet wurden.[2])

---

[1]) Salzburger Protokoll S. 49.

[2]) Seliger (Teplitz): „Ich muß Ihnen sagen, die Parteibewegung befindet sich bei uns — und das wird auch für eine Reihe anderer Wahlkreise Deutschböhmens zutreffen — unter tristen Verhältnissen. Es ist ungemein schwer zu arbeiten. Was wir auf das schwerste empfinden, ist, daß sich der Arbeiterschaft eine Hoffnungslosigkeit bemächtigt hat, die alle Tatkraft lähmt." S. 90. Schäfer (Reichenberg): „Seliger hat auseinandergesetzt, daß die politische Bewegung ganz darniederliege, und er hat nicht unrecht." S. 94. Hillebrand (Teplitz): „Es läßt sich nicht leugnen, daß wir bei jeder Aktion auf eine Gleichgiltigkeit stoßen, die uns geradezu zur Verzweiflung treiben könnte." S. 96. Neßner (Brünn): „Die Reichsparteivertretung kümmert sich zu sehr um Wien und viel zu wenig um die Provinzen." S. 97.

79. Abschließende Betrachtungen über die Taktik der österreichischen Sozialdemokratie.

Gewiß sind die geschilderten Verhältnisse zum Teil aus der allgemeinen österreichischen Staatskrise und der durch sie bedingten Stagnation auf wirtschaftlichem Gebiete heraus entstanden. Aber es geht nicht an, diesen Umständen die ganze Verantwortung zuzuschieben. Andere Parteien, die ja unter den gleichen ungünstigen Bedingungen stehen, wissen doch vorwärts zu kommen. Ich erblicke in den von der Sozialdemokratie beklagten Rückschlägen vielmehr die naturnotwendige Folge ihrer durchaus verfehlten Taktik. Diese Taktik entspricht genau den Idealen, welche Kautsky-Bebel in der deutschen Sozialdemokratie verfechten. Da Kautsky aus Österreich stammt und mit den führenden Persönlichkeiten der österreichischen Sozialdemokratie in enger Fühlung steht, handelt es sich nicht nur um eine zufällige Übereinstimmung. Die österreichische Bewegung bietet insofern eine lehrreiche Aufklärung über die Vorteile, welche den deutschen Arbeitern erwachsen würden, wenn sie ebenso gelehrige Schüler Kautskys wären, als es die österreichischen unter der Führung Adlers gewesen sind.

Wie schon bei der Kritik der österreichischen Parteileitung anläßlich der Taaffeschen Wahlreform gezeigt wurde, gilt es vor allem, die „Prinzipien" zu wahren. Und diese Prinzipien verlangen, daß man unter allen Umständen eine Kooperation mit einer bürgerlichen Regierung oder bürgerlichen Parteien verdammt. Nun liegen aber die wirtschaftlichen Verhältnisse Österreichs so, daß selbst bei allgemeinem gleichen Wahlrechte die Industriearbeiter noch lange keine ins Gewicht fallende Parteigruppe zustande bringen könnten. Will die Sozialdemokratie wirklich mehr als eine Sekte von Doktrinären darstellen, muß sie durch Kompromisse mit irgend welchen politischen Mächten die Arbeiterinteressen zu fördern suchen. Gibt es ja auf politischem Boden nichts, was ohne die Hilfe anderer Mächte allein aus eigener Kraft erreichbar wäre. Hält man unter den politischen Potenzen Österreichs Umschau, so sind es etwa die folgenden, die größere Beachtung verdienen: Monarchie und Beamtentum, Feudalismus, industrieller Kapitalismus, Kleinbürger- und Bauerntum, Nationalismus und ein antisemitisch gefärbter Klerikalismus. Diese Mächte stehen nicht alle isoliert da, sondern sind untereinander mannigfache Verbindungen eingegangen; z. B. Beamtentum, Feudalismus und Klerikalismus, Klerikalismus und Kleinbürgertum, Nationalismus und Kleinbürgertum.

Bei der Taaffeschen Wahlreform hätte die Sozialdemokratie durch die Verbindung mit Monarchie und Beamtentum vielleicht Erfolge erzielen können. Im allgemeinen aber käme für eine Arbeiterpartei wohl eine Kooperation mit den sozial am nächsten stehenden Schichten, den kleinbürgerlichen und kleinbäuerlichen, in Frage. Mag die Sozialdemokratie ihre Zukunftshoffnungen auch auf den Untergang der Mittelschichten setzen und deshalb zünftlerische Bestrebungen bekämpfen müssen, so gibt es doch eine große Zahl anderer politischer und nationaler Interessen, kleine Leute-Interessen, die ihr mit den unteren Schichten der Mittelklassen in Stadt und Land gemeinsam sind. Aber gerade diese Richtungen sind es, welche die Sozialdemokratie ebenso erfolglos wie erbittert bekämpft. Auf dem Parteitag in Linz (1898) wurden gegen die christlich-soziale[1]) wie gegen die deutsch-nationale[2]) Bewegung von superlativischen Schmähungen strotzende Resolutionen gefaßt.

---

[1]) Resolution Pernerstorfer:

„In Erwägung, daß die christlich-soziale Partei in Österreich weder mit dem Christentum der Evangelien, noch mit dem Sozialismus auch nur das Allergeringste zu tun hat, daß diese Partei vielmehr eine erbitterte Widersacherin der Lehren des Evangeliums ist, als solche tagtäglich die sittlich verwerflichsten Mittel im Agitationskampfe anwendet, daß sie, während sie den Massen vorzuspiegeln versucht, deren wirtschaftliche Interessen zu vertreten, in Wahrheit eine Partei der Hausherren, des konfessionslosen, internationalen, privatkapitalistischen Unternehmertums jeder Sorte, die Verbündete der Auswucherer des Volkes auf jedem Gebiete ist, die die von ihr geführten Schichten des Mittelstandes für die Zwecke der Feudalen und Klerikalen mißbraucht, daß sie diese ihre innere Natur, die sie zu Lakaien des Junker- und Pfaffentums prädestiniert, besonders von dem Zeitpunkte an geoffenbart hat, seitdem sie zur Herrschaft in Niederösterreich und Wien gekommen ist, indem sie von da an keine einzige ihrer volksfreundlichen Versprechungen gehalten hat, vielmehr mit den wirtschaftlichen und politischen Bedrückern des Volkes in der schamlosesten Weise sich vereinigt hat;

in Erwägung insbesondere, daß die christlich-soziale Partei nichts anderes ist, als die Vortruppe des reaktionärsten und volksfeindlichsten Klerikalismus, dem weder das materielle, noch das geistige Wohl des Volkes je am Herzen gelegen ist, der vielmehr die Religion jederzeit als Mittel zu Zwecken der weltlichen Parteiherrschaft in einer im Sinne des Christentums der Evangelien geradezu gotteslästerlichen Weise geschändet hat;

in Erwägung, daß diese Partei eine Partei der exzessivsten persönlichen Korruption ist, daß deren Mitglieder ihre politische Parteizugehörigkeit zur persönlichen Bereicherung mißbrauchen und vor schmutzigen Geldgeschäften selbst dann nicht zurückschrecken, wenn sie mit Bordellen im Zusammenhange stehen;

in Erwägung endlich, daß diese Partei das Gift der Lüge und Verleumdung systematisch und unablässig in den Körper des Volkes zu leiten sucht:

erklärt es der Parteitag für die Pflicht der Parteigenossen:

mit Entschiedenheit überall und jederzeit die christlich-soziale Partei in Österreich zu bekämpfen,

Die Erklärungen, mit welchen Adler seine Taktik verteidigt,[1]) bedeuten in der Tat die politische Liquidation der Partei: „Es ist so, daß wir uns einrichten müssen, in unserem ganzen Gedankengang, in unserer Organisation, in unserer Politik, daß wir auf einige Zeit diesen Zustand der permanenten chronischen Krise mit allen Fäulniserscheinungen, die damit zusammenhängen, über uns ergehen lassen müssen, anstatt die vergeblichen Versuche zu machen, verzichten müssen, Österreich, das

---

ihre innere Verlogenheit und Unaufrichtigkeit in ihrem ganzen Gebahren, wie in dem, was sie ihr Programm nennt, was aber im letzten Grunde ihre positive Programmlosigkeit ist, aufzudecken,

ihre wahre Natur als immer gefällige und dienstbereite Dirne des volksaussaugenden Feudalismus und volksverdummenden Klerikalismus zu enthüllen,

das Volk über die Niedrigkeit der Gesinnung ihrer Führer und über die Niedertracht ihrer Agitationsweise unermüdlich aufzuklären, um so die Vorbedingungen zu schaffen, durch welche es ermöglicht wird, daß endlich die Völker Österreichs aus dem ein Vierteljahrtausend währenden Schlafe, in den sie feudaler Junkerhochmut im Bunde mit Klerikalismus und bureaukratisch-unfähigen Regierungen eingelullt haben, aufzuwecken und zur Selbstbesinnung zu bringen."

[2]) Resolution Seliger:

„In Erwägung, daß die deutsch-nationalen Parteien, obgleich sie sich volklich oder völkisch nennen, in keiner Weise die Interessen des gesamten Volkes vertreten, daß sie vielmehr nichts anderes sind, als nur die Vertreter der deutschbürgerlichen Schichten, die sich ehemals in ihrer großen Mehrheit deutschliberal genannt haben, daß sie besonders in den Sudetenländern im wesentlichen die Partei des großen und kleinen Unternehmertums sind;

in Erwägung, daß sie als solche weder die geistigen, noch insbesondere die wirtschaftlichen Interessen des weitaus größten Teiles der deutschen Bevölkerung, ganz gewiß aber nicht die Interessen der arbeitenden Klasse dieses Volksstammes vertreten und vertreten können;

in Erwägung, daß der brutal-nationale Chauvinismus nur dieser Parteien allen Forderungen edler Kulturentwicklung, als auch den besten Traditionen deutschen Geisteslebens direkt widerspricht, und daß die Hervorkehrung nationaler Überhebung nur dazu führen kann, die Aufmerksamkeit der arbeitenden Schichten des Volkes von ihren wirklichen Interessen abzulenken, beschließt der Parteitag:

Die Parteigenossen werden aufgefordert, entsprechend der jeweiligen Situation und der jeweiligen Kampfesweise der deutschnationalen Parteien diesen überall und jederzeit entgegenzutreten, die deutschen Arbeiter unablässig daran zu erinnern, daß ihre geistigen und materiellen Interessen von diesen nur zum Schein vertreten werden, daß in Wahrheit auch diese Parteien entgegen ihrem angeblichen Charakter als Volksparteien weder für die politische Gleichberechtigung, noch für soziale Gerechtigkeit eintreten,

daß wir sie darum, unbeschadet der schärfsten Verurteilung jener Verfolgungen, die von der Regierung gegen die deutschradikalen Parteien gerichtet werden, als Gegner der Arbeiterschaft auf allen Gebieten bekämpfen müssen."

[1]) Salzburger Protokoll S. 102.

von Hirnlosen beherrscht wird,[1]) von Staatsmännern, die noch viel feiger sind als sie borniert sind, dieses Österreich in Ordnung zu bringen, und unsere ganze Arbeit darauf hinlenken müssen, wo wir Macht und Einfluß haben, wo wir etwas leisten können: Das ist das Proletariat selbst. Immer wieder sage ich Ihnen: Österreich gesund machen können wir nicht, aber das Proletariat lebendig erhalten, es aufklären, es weiterbringen, es erziehen, das können wir, das müssen wir." Und in demselben Sinne führt ein anderer Führer Schuhmeier (Wien) aus: „Unser Unglück ist, daß wir untätige Zeugen dieses Fäulnisprozesses sein müssen, die Zeitgenossen des Verfalls; da können wir nichts tun als die Nasen zuhalten und uns auf unser eigenes Haus zurückziehen, es zu einer starken Festung umgestalten, bis die Zeit kommt, wo dieses faule Staatsgebilde zusammenbricht und wir dann aus unserer Festung herausbrechen können, um auf dem neuen Boden Spielraum zur Betätigung zu gewinnen. Wir, die wir der Geschichte voraus sind, müssen leider warten, bis die Verhältnisse die andern vernünftig gemacht haben."[2])

Das ist nicht die Sprache einer politischen Partei, sondern die einer chiliastischen Sekte. Leider ist man aber auch in dieser Hinsicht nicht konsequent. Würde man die politische Organisation auflösen und alle Kraft einer politisch neutralen Gewerkschafts- und Genossenschaftsbewegung zuwenden, so könnte zweifellos eine erhebliche Förderung der Arbeiterinteressen erzielt werden. Anstatt dessen wird die politische

[1]) Adler wird überhaupt nicht müde zu versichern, daß aller Verstand und alle Vernunft nur in der Partei noch zu finden sind, deren Kopf er darstellt. So sagte er 1897: „Heute hängt die Entwicklung Österreichs weit mehr als je von dem Standpunkte ab, den die Arbeiterklasse einnimmt. Wir sind auf einem Schiffe, wo der Wahnsinn epidemisch geworden ist, auf dem sich lauter Tobsüchtige befinden, die einzigen Vernünftigen, und darum sind wir verpflichtet, mit starker Hand die Richtung zu zeigen, in der das Schiff gesteuert werden soll." Protokoll S. 80. Es ist auffallend, daß Adler, der 1897 die Entwicklung Österreichs von dem Standpunkte der Arbeiterklasse „mehr als je" abhängen ließ, 1904 sich nicht auch die Frage vorlegte, ob denn die bestehende trostlose Situation nicht auch mit durch seine Taktik heraufbeschworen worden sei. Auch hier eins von beiden: Entweder man besitzt wirklich die unermeßliche Bedeutung, die man sich immer freigebig zuerkennt, dann ist man für die tatsächliche Entwicklung verantwortlich, dann darf man aber auch nicht, wie es in Salzburg geschah, lediglich andere als Sündenböcke hinstellen, während man reuig an die eigene Brust schlagen sollte: Mea culpa! Oder man ist tatsächlich unschuldig an dem Gange der Ereignisse, dann sollte man wenigstens so viel Geschmack haben, um die üblichen Hyperbeln und Superlative der Selbstverherrlichung zu unterlassen.

[2]) Salzburger Protokoll S. 105.

Partei, deren praktische Betätigung als aussichtslos gilt, nicht nur beibehalten, sondern auch mit den wirtschaftlichen Organisationen verquickt und auf diese Weise der Zusammenschluß aller wirtschaftlich gleichinteressierten Elemente verhindert. So gibt es in Österreich außer den sozialdemokratischen noch deutsch-völkische und christlich-soziale Arbeiterverbände.[1]) Da die deutsch-völkischen Arbeitervereinigungen sich nicht ins Schlepptau einer bestimmten politischen Partei begeben haben, so ist deren Aufkommen und die aus diesem Aufkommen resultierende Zersplitterung in erster Linie eine Folge der Verständnislosigkeit oder Lauheit, welche die Sozialdemokratie in den nationalen Fragen bekundet.

Werden gegenüber Dr. Adler, der sich innerhalb der österreichischen Sozialdemokratie ungefähr jener Diktatorstelle erfreut, die Bebel in Deutschland ersehnt, Andeutungen vorgebracht, daß es zur Erreichung bestimmter Forderungen empfehlenswert wäre, mit anderen Richtungen zusammenzugehen, so muß immer die alberne Phrase von den Kastanien, die angeblich für andere aus dem Feuer geholt werden sollen, herhalten, um eine Änderung der Taktik abzuwehren.

Der politische Mißerfolg ist aber nicht nur die Folge dieser „splendid isolation“, in der sich die Parteileitung gefällt. Dazu kommt auch noch, daß man, wieder getreu nach Kautsky-Bebel'schen Rezepten, zweideutig und unredlich zwischen Revolution und Reform hin- und herlaviert. Wenn Adler in den ersten Jahren der Neugründung, als es darauf ankam, den „Radikalen“ allmählich ihre terroristisch-anarchistischen Allüren abzugewöhnen, ein offenes Bekenntnis zur Evolution und Reform vermied,[2]) so hat er vielleicht

---

[1]) Mumm, Unterströmungen in der österreichischen Gewerkschaftsbewegung. S. P. S. C. XIII. S. 42.

[2]) So erklärte Adler auf dem Wiener Parteitage von 1892 (S. 74): „Über die Entfernung vom Endziele mögen sie denken wie Sie wollen“. Ferner: „Wir haben auch einen Fragebogen vor uns, in welchem eine Frage lautet: „Soll die Taktik der österreichischen Arbeiterpartei sozialrevolutionär oder sozialreformatorisch sein?“ Das ist wohl eine Frage, die so aktuell ist, daß wir gleich darauf eingehen sollen. Ich erkläre Ihnen offen, daß ich, wenn ich diese Frage beantworten sollte, in sehr großer Verlegenheit wäre. Für mich sind es bloß Worte, nichts als Worte, mir ist es vollständig gleichgiltig, ob Sie (zur Opposition gewendet) unsere Partei eine „Reformpartei“ oder eine revolutionäre nennen. Denn Sie müßten mir zuerst eine klare Definition geben, was Revolution und was Reform ist, damit ich Ihnen darauf antworten könnte“. S. 75. Auf demselben Parteitage erklärte Adler gegenüber einem Genossen, welcher glaubte, die Uhr der bürgerlichen Gesellschaft stehe schon auf dreiviertel auf 12, und man der Masse sagen könne, es sei möglich,

richtig gehandelt. Aber man kann sich nicht Jahrzehnte hindurch in solchen Zweideutigkeiten bewegen. Es kommt schließlich der Zeitpunkt, wo sowohl die Leute, welche man mit Revolution und bald eintretender Verwirklichung des Endzieles gewonnen hat — „Begeisterung ist keine Heringsware, die man einpökelt auf lange Jahre" —, als auch diejenigen, welchen praktisch-politische Reformarbeit in Aussicht gestellt worden ist, die ihnen ausgestellten Wechsel nicht mehr prolongieren wollen und insofern den Bankerott der Partei herbeiführen. Allem Anschein nach haben die reformatorisch gesinnten Mitglieder schon vielfach bei anderen Richtungen Anschluß gefunden. Auf dem letzten Parteitage wurde wenigstens die Taktik nur von radikaler Seite scharf angegriffen und wieder der Generalstreik als ultima ratio gefordert. Geist und kaustischer Witz, rednerische und journalistische Talente, rastlose Geschäftigkeit und Opfersinn, Organisations- und Agitationsbegabung, das sind gewiß auch auf politischem Gebiete äußerst schätzenswerte Eigenschaften, aber sie können den zur Parteiführung im Style eines Millerand, Jaurès oder Vollmar notwendigen staatsmännischen Sinn umsoweniger ersetzen, je mehr sie durch doktrinäre Verbohrtheit, persönliche Herrschsucht und Bramarbasieren belastet werden.

---

daß wir noch etwas erleben von dem, was wir erreichen wollen: „Ich begreife sie, ich begreife auch die Anarchisten, die es ehrlich meinen, die glauben, es brauche nur der Funke ins Pulverfaß hineingeworfen zu werden, und es müsse losgehen. Ich selbst habe Momente, wo mich die Entrüstung, der Ekel, der Abscheu vor den Personen, welche die heutigen Zustände vertreten, übermannt, daß ich mir sage Nun los! Es geht nicht weiter!" (S. 111)

Klarere Köpfe ließen sich durch solche Manöver freilich nicht täuschen. Hueber hat diese Inkonsequenzen schon auf dem Wiener Parteitage von 1894 gegeißelt. Er erinnerte daran, daß Adler bei der Agitation für den § 23 des Preßgesetzes in Hernals erklärt hatte, „wenn die Herrn im Parlamente nicht nachgeben wollen, wenn sie die Stimme des Volkes nicht hören wollen, so kann es ihnen passieren, daß man eines schönen Tages so kommt, wie im Jahre 1869." Und dieser selbe Dr. Adler hatte eben auf dem Parteitage Demonstrationen vor dem Parlamente als nutzlos bezeichnet. „Aber Genossen! Ein Aufmarsch, eine Demonstration kostet nur 200 berittene Polizisten und ein Bataillon Soldaten, und unsere Demonstration ist zu Ende." Mit Recht sagte Hueber: „Entweder sagt man das Eine nicht, oder das Andere nicht. Wenn man aber das Eine sagt, dann soll man auch konsequent bleiben, nicht aber, wenn man einmal entflammt hat und die Flamme hoch geht mit der Spritze kommen, die nicht imstande ist, die Flamme zu löschen." Protokoll S. 57.

80. Schweiz.[1])

Dem Verlagssysteme kommt hier, namentlich in der Seiden-, Uhren- und Stickereiindustrie, noch immer eine bemerkenswerte Ausdehnung zu. Sehr oft befassen sich die Hausindustriellen mit einem landwirtschaftlichen Nebenerwerb. Dieser Umstand in Verbindung mit der lokalen Dezentralisation der Bevölkerung ist der Wirksamkeit der Sozialdemokratie nicht förderlich. Bei dem Kohlenmangel des Landes haben auch die Fabriken in erster Linie Wasserkräfte zu verwenden gestrebt und sich deshalb auf dem Lande angesiedelt. Da durch die kleinbürgerliche Demokratie fast alle Forderungen des politischen Programmes schon verwirklicht waren, ehe die sozialdemokratische Partei der Schweiz gegründet wurde, so stand ihr auf politischem Wege wenig Agitationsstoff zur Verfügung. Auch der Umstand, daß in der sozialistischen Bewegung ursprünglich das ausländische Element in den Vordergrund trat, schadete ihr in den Augen der Schweizer. Für die theoretischen Spekulationen des Marxismus besaßen und besitzen die einheimischen Arbeiter überdies gar kein Interesse. Unter diesen Verhältnissen bot sich für die Sozialisten nur ein dankbares Feld der Betätigung, nämlich die eifrige Teilnahme an der politischen Tagesarbeit. Die größten Chancen, hier vorwärts zu kommen, eröffneten die Kantone und Gemeinden mit zahlreichen Industriearbeitern (Zürich, Winterthur, St. Gallen, Basel). Freilich ist gerade unter der Arbeiterbevölkerung der Städte die Zahl der politisch rechtlosen Ausländer sehr groß. Die der Partei zu Gebote stehenden Stimmen sind deshalb nicht so zahlreich, als man nach der ökonomischen Bedeutung der Arbeiterklasse in diesen Gebieten erwarten sollte. Der Erfolg besteht auch weniger in besonders einschneidenden sozialpolitischen Maßregeln, sondern weit mehr darin, daß den hervorragenderen Sozialisten durch ihre Stellung in den Kantonal- und Gemeindebehörden Gelegenheit gegeben wird, die Interessen der Arbeiter in den Einzelheiten der Verwaltungspraxis wahrzunehmen. In der Regel ist der Eintritt in die Behörden aber nur mit Hilfe anderer Parteien, nicht aus eigener Kraft erzielt worden. In den Nationalrat wurden 1902 sieben Sozialdemokraten gewählt, und zwar mit einer Ausnahme Vertreter des rechten Flügels der

---

[1]) Berghoff-Ising, Die sozialistische Arbeiterbewegung in der Schweiz. Leipzig 1895; O. Lang, Endziel und Bewegung in der schweizerischen Sozialdemokratie. Soz. Monatshefte. 1899. S. 425, 434; O. Lang, Der Sozialismus in der Schweiz. Soz. Monatshefte. 1901. S. 786—795; 867—878.

Partei.[1]) Im Ständerate und Bundesrate besitzen sie gar keine Vertretung.[2])

Es ist überhaupt erst 1889 den Sozialisten gelungen, eine bestimmter abgegrenzte „Sozialdemokratische Partei der Schweiz" zu stande zu bringen. Die Masse der schweizerischen Arbeiter erblickte in dem Grütli-Vereine eine ausreichende Organisation, trotzdem hier auch kleinbürgerliche Elemente stark vertreten waren. Im Jahre 1878 stimmten die Grütlianer einem sozialdemokratischen Programme zu; 1893 bekannten sie sich in ihrem Statut zur Sozialdemokratie und 1901 fand eine Verschmelzung mit der Sozialdemokratie statt. Diese Entwicklung konnte sich nicht ohne den Verlust mancher nicht sozialistisch gesinnter Mitglieder vollziehen. Bei diesem Verschmelzungsprozesse hat sich der Grütli-Verein übrigens nicht nur den sozialdemokratischen Tendenzen anbequemt, sondern die schweizerische Sozialdemokratie hat auch einen Teil der schweizerisch-nationalen Traditionen des Grütli-Vereines übernommen. In der Hauptsache läßt sich wohl sagen, daß dasjenige, was die Revisionisten der deutschen Sozialdemokratie zu werden empfehlen, in der Schweiz längst erreicht ist. Die schweizerische

[1]) Von sozialdemokratischer Seite wird angenommen, daß man ohne einen groben taktischen Fehler, der vor den Wahlen begangen worden war, größere Erfolge erzielt haben würde. In Genf hatte sich die Regierung anläßlich eines Streiks veranlaßt gesehen, Militär aufzubieten. Der Arbeitersekretär Sigg und 500—600 weitere der Arbeiterklasse angehörende Milizsoldaten weigerten sich aber, der Einberufungsordre Folge zu leisten. Zwei sozialdemokratische Versammlungen im Kanton Zürich billigten dieses Vorgehen. Die große Mehrheit der schweizerischen Arbeiter war aber anderer Meinung und so haben sich viele gescheut, bei den nächsten Wahlen für die sozialdemokratischen Kandidaten zu stimmen. „Die große Mehrzahl der schweizerischen Arbeiter ist leider noch nicht zu der kritischen Einsicht durchgedrungen, die sie befähigt hätte, die Stellungnahme der sozialdemokratischen Partei als durchaus korrekt zu begreifen und zu würdigen", klagte der schweizerische Sozialdemokrat Zinner in der N. Z. XXI. I. S. 249.

[2]) Die Entwicklung wird gut durch die Worte gekennzeichnet, welche H. Greulich bei der Übernahme des Präsidiums der Zürcher Stadtverordnetenversammlung sprach: „In der Fülle der Ideale waren wir zuerst Weltbürger, umfaßten die ganze Gesellschaft, um sie mit gewaltigem Ringen umzugestalten. Erst später beschränkten wir uns auf die Nation, auf die Eidgenossenschaft, wieder später auf den Kanton und erst zu allerletzt auf die Gemeinde. Dem entsprach auch die Organisation, zuerst international, dann eidgenössisch, dann kantonal und erst zu allerletzt kommunal. Und nun vollzieht sich die Besitzergreifung des Terrains gerade in umgekehrter Reihenfolge. Nun haben wir zuerst Fuß gefaßt auf dem Boden der Gemeinde und besetzen nach und nach den Boden des Kantons und der Eidgenossenschaft, um später auch auf internationalem Gebiet maßgebenden Einfluß zu erlangen." „Volksrecht" (Zürich) 1904. Nr. 256.

Sozialdemokratie ist eine demokratisch-sozialistische Reformpartei. Sie hat es ebensowenig verschmäht, mit Arbeiterorganisationen anderer Richtungen an dem Schweizerischen Arbeiterbunde teilzunehmen, welcher das von der Eidgenossenschaft subventionierte Arbeitersekretariat wählt, als mit bürgerlichen Parteien (Demokraten, Ultramontanen und Konservativen) zusammen zu gehen.

Der reformatorische Charakter ist durch das neue Programm[1]), welches der Züricher Parteitag von 1904 beschloß, auch in dem prinzipiell-theoretischen Teile deutlich zum Ausdrucke gebracht worden. Da heißt es ausdrücklich: „Die schweizerische sozialdemokratische Partei strebt die Sozialisierung der Produktionsmittel zunächst an auf dem Wege der Verstaatlichung und Kommunalisierung derjenigen Gebiete des Verkehres, des Handels und der Industrie, die nach ihrem Monopolcharakter und nach dem Stande der technischen Entwicklung sich zur Verstaatlichung eignen oder deren Verstaatlichung das gesellschaftliche Interesse sonstwie erfordert." Ferner will die Partei nicht bloß das Arbeiter-, sondern auch das Kleinbauerninteresse vertreten. „Für den Kleinbauer ist das Grundeigentum nicht ein Mittel, um sich fremde Arbeit anzueignen, sondern um sich einen oft dürftigen Unterhalt zu verdienen. Er gehört wie der Lohnarbeiter zu den ausgebeuteten Volksklassen. . . . Die sozialdemokratische Partei tritt ein für die staatliche Förderung aller Mittel, durch welche der kleinbäuerlichen Wirtschaft alle Vorteile des Großbetriebes zugewendet werden." Der praktische politische Teil enthält eine Fülle ganz spezialisierter und durchaus diskutabler Forderungen, welche an Bund, Kanton und Gemeinde gerichtet werden.

Charakteristisch für die unbedingte Herrschaft der in anderen Ländern von den „Revisionisten" verteidigten Taktik sind die nachstehenden Äußerungen des Züricher Parteiorganes[2]) um so mehr, als es sich selbst dem radikalen Flügel der Partei zurechnet: „Unangefochten ist ferner der Grundsatz, daß das sozialistische Endziel in der Schweiz auf dem Wege der demokratischen Entwicklung erreicht werden und daß die Politik der sozialdemokratischen Partei eine Politik der demokratischen Reform sein muß. Niemand in unserer schweizerischen sozialdemokratischen Partei denkt daran, die Mitarbeit an den praktischen Aufgaben der Politik grundsätzlich abzulehnen und durch bloße Kritik, durch Agitation und Organisation den großen Kladderadatsch vorzubereiten, der dann mit einem Schlage die bürgerlich-kapitalistische Gesellschaft in

[1]) Abgedruckt D. S. IV. S. 568—572; V. S. 187—189.

[2]) „Volksrecht" vom 24. Nov. 1904.

eine sozialistische Gesellschaft umzaubern wird. Niemand bei uns denkt auch daran, zu behaupten, daß die praktische Mitarbeit der Sozialdemokratie notwendig den Charakter einer Flickarbeit haben müsse, daß aber an die Umgestaltung der Gesellschaft von Grund aus erst dann herangetreten werden könne, wenn die Sozialdemokratie die „politische Macht“ erobert habe. Im Gegenteil: man ist einig darin, daß die sozialdemokratische Partei in der Lage ist, ihren politischen Einfluß im Sinne einer organischen Umgestaltung der Gesellschaft geltend zu machen, noch bevor sie im Besitz der politischen Macht ist und daß es Pflicht der Partei ist, dies zu tun. Wenn sich trotzdem auch bei uns Gegensätze zeigen, so sind es also keine Gegensätze prinzipieller Natur, ja nicht einmal solche, welche die Grundfragen der sozialdemokratischen Taktik betreffen. Diese Taktik ist durch das neue Programm als eine demokratisch-reformistische festgelegt und auch diejenigen, die als „Radikale“ in unserer Partei gelten, haben ihr ihre Zustimmung gegeben.“

Unter diesen Umständen konnten die Beschlüsse der internationalen Sozialistenkongresse von Paris (1900) und Amsterdam (1904), nach welchen die Sozialdemokratie einen Anteil an der Regierungsgewalt innerhalb der bürgerlichen Gesellschaft nicht erstreben kann, nur als eine Kompromittierung der sozialistischen Parteien empfunden werden, um so mehr, als der schweizerische Parteitag von 1903 einstimmig folgende Resolution beschlossen hatte: „Der Parteitag möge beschließen, daß er nicht prinzipiell gegen eine Vertretung der sozialdemokratischen Partei in den vollziehenden Behörden sei, daß er aber den kantonalen und kommunalen Organisationen empfehle, das Hauptgewicht auf eine möglichst starke Vertretung in den gesetzgebenden Behörden zu legen und nicht zu große Opfer für eine Vertretung in der Exekutive zu bringen.“

Ob überhaupt die ganze Trennung von der demokratischen Partei, welche sozialpolitischen Forderungen stets großes Entgegenkommen bewiesen, welche überhaupt alle Einrichtungen geschaffen hat, die heute der Sozialdemokratie die Wahrnehmung der Arbeiterinteressen so sehr erleichtern, der Arbeiterklasse wirklich zum Segen gereichen wird, darf in guten Treuen bezweifelt werden. Vielleicht hätte die Kraft, welche in jahrelangem Ringen auf die Losreißung von der Demokratie verwendet worden ist, für den Ausbau der Gewerkschaften und Genossenschaften nützlicher verwendet werden können. Jedenfalls hat in der Demokratie dadurch, daß sie einen Teil der Industriearbeiter an die Sozialdemokratie verlor, das Kleinbürgertum an Einfluß gewonnen.

Damit ist der Eifer für soziale Reformen vermindert und die Neigung zu engerem Anschlusse an die liberalen Gruppen verstärkt worden. Einer Koalition der demokratisch-liberalen Parteien ist die Sozialdemokratie aber, abgesehen von einigen Industriestädten, auf absehbare Zeiten hinaus durchaus nicht gewachsen.

81. Frankreich.[1])

Frankreich ist die eigentliche Heimat der Sozialdemokratie. Hier ging im Laufe der 40er Jahre namentlich unter der Führung von Louis Blanc der Gedanke des Sozialismus die innigste Verbindung mit der republikanischen Demokratie ein, hier erhielt die Bewegung der Industriearbeiter den ausgeprägten Klassencharakter, den Zug zum Revolutionären; französische Sozialisten und Politiker waren es, unter deren Einflusse Marx und Engels das kommunistische Manifest verfaßten. Die Arbeiterbewegung der Februarrevolution kann als Debut der Sozialdemokratie gelten. Die blutige Niederlage, welche die Pariser Arbeiter in der Junischlacht (23.—26. Juni 1848) gegenüber den Regierungstruppen des General Cavaignac erlitten, hat aber ebenso wie die darauf folgende bonapartistische Periode, die Kontinuität der Entwicklung

[1]) Vgl. für den Sozialismus vor und während der Februar-Revolution insbes. das Werk L. Stein's: Das Königtum, die Republik und die Souveränität der französischen Gesellschaft während der Februarrevolution 1848. Leipzig 1850; über die Bewegung unter Napoleon III. unterrichtet Lexis, Gewerkvereine und Unternehmerverbände in Frankreich. Leipzig 1879; über die neuere Entwicklung: Mermeix, La France socialiste, 1886; L. de Seilhac, Le monde socialiste, 1896. Über den „Fall Millerand" hat in der Neuen Zeit sowohl, wie in den Sozialistischen Monatsheften ein lebhafter Meinungsaustausch stattgefunden: R. Luxemburg, Die sozialistische Krise in Frankreich. N. Z. XIX. 1; Kautzky, Die soz. Kongresse und der sozialistische Minister. N. Z. XIX. 1. Bd S. 36; sodann Artikel von Jaurès, Vaillant und der Redaktion N. Z. XIX. 2. Bd.; Vollmar, Soz. Monatshefte 1900, S. 767 ff., 1901, 159—163. Die neueste Entwicklung behandeln: Bernstein, Zur jüngsten Entwicklung der französischen Sozialdemokratie. S. M. 1902. S. 250—263; Challaye, Die gegenwärtige Lage des franz. Sozialismus. S. M. 1904. S. 299—310; Deville, Revolutionärer und reformistischer Sozialismus in Frankreich. S. M. 1905. S. 17—29; Kritschewsky, Zur Lage des Sozialismus in Frankreich. N. Z. XXI. 1. S. 103—113; H. Lagardelle, Die gegenwärtige Lage des französischen Sozialismus. N. Z. XXII. 1. S. 298—304, 340—346; Derselbe, Das Erwachen des ländlichen Proletariates. N. Z. XXII. 2. S. 324—334, 357—368; K. Kautsky, Republik und Sozialdemokratie in Frankreich. N. Z. XXIII. 1. S. 260, 297, 332, 363, 397, 436; Longuet, Der Kongreß von Rouen und die Entwicklung des französischen Sozialismus zur Einigkeit. N. Z. XXIII. 1. S. 836—846.

zwischen jenem ersten Auftreten der Sozialdemokratie und der modernen Bewegung vollkommen unterbrochen. Letztere steht vielmehr, ähnlich wie die deutsche Bewegung, zu der Gründung der Londoner Internationalen Arbeiter-Assoziation 1864 in engster[1]) Beziehung. Trotzdem kann der Kommune-Aufstand (1871) nicht als ein Werk der „Internationalen" angesehen werden.

Die Anhänger der Kommune setzten sich aus den Parteigängern verschiedener Richtungen zusammen. Die einen strebten nach einer größeren Selbständigkeit des Gemeindelebens im Gegensatze zu der maßlosen Zentralisation, welche die Verwaltung Frankreichs beherrschte. Mit Rücksicht auf diese Tendenzen erklärte selbst Fürst Bismarck, daß in der Kommunebewegung „ein Kern von Vernunft" enthalten gewesen sei. Die anderen hofften, daß die Herrschaft der Stadt Paris das Vaterland wie 1791/92 von der feindlichen Invasion befreien werde. Wieder andere traten für die größere Selbständigkeit der Städte deswegen ein, weil sie nur so auf eine Erfüllung ihrer radikalen Ideale in absehbarer Zeit rechnen konnten. Die Entwicklung der Ereignisse während der Februarrevolution hatte ja aufs deutlichste bewiesen, wie wenig Sympathien das Land mit seinen zahlreichen kleinen Grundbesitzern für das kommunistische Programm der Pariser Arbeiter besaß. Schon Proudhon hatte übrigens für eine Auflösung des Staates in kommunale Republiken geschwärmt. Welche Tatsachen schließlich zur Konstituierung der Pariser Kommune führten, wie sich der Gegensatz zwischen Paris und der Versailler Regierung allmählich zum blutigen Kampfe zuspitzte, wie die Kommunetruppen besiegt und an den unterworfenen Rebellen eine unerhört grausame Rache genommen wurde, diese Vorgänge brauchen nicht erörtert zu werden. Dagegen ist bemerkenswert, daß die auf drei Milliarden Franken sich belaufenden Schätze der Bank von Frankreich von der Kommuneregierung nicht angegriffen wurden. Nicht ohne Interesse sind auch die sozialpolitischen Maßregeln: das Verbot der Lohnabzüge, der Nachtarbeit der Bäckergehilfen, die grundsätzliche Bevorzugung der Arbeitergenossenschaften vor privaten Unternehmern bei allen gewerblichen Lieferungen für die Stadt, die Bestimmung eines Minimallohnes bei Submissionen, der Plan, die von ihren Besitzern verlassenen Etablissements gegen Entschädigung Arbeitergenossenschaften zu überweisen u. a. m. Eine dauernde Bedeutung war indes all diesen Verfügungen nicht beschieden.

---

[1]) G. Adler, Art. Kommune.

Hatten die internationalen Sozialdemokraten den Kommune-Aufstand auch nicht hervorgerufen, so nahmen sie im weiteren Verlaufe doch regen Anteil an der Bewegung und suchten sie in ihrem Sinne zu leiten. Mit Rücksicht darauf hat der Generalrat der Internationalen in seiner Adresse über den Bürgerkrieg in Frankreich auch erklärt: „Das Paris der Arbeiter mit seiner Kommune wird ewig gefeiert werden als der ruhmvolle Vorbote einer neuen Gesellschaft. Seine Märtyrer sind eingeschreint in dem großen Herzen der Arbeiterklasse.“ [1])

Jedenfalls hat die Besiegung der Kommune und die darauf folgende Verbannung ihrer führenden Persönlichkeiten die Folge gehabt, daß die Arbeiterbewegung zunächst wieder ins Stocken geriet. Erst im Jahre 1876 fand unter der dritten Republik der erste Arbeiterkongreß statt, der sich noch durch eine sehr gemäßigte Haltung auszeichnete. Sozialrevolutionäre Strömungen traten erst an das Tageslicht, nachdem infolge der Amnestie viele verbannte Kommunards wieder heimgekehrt waren. An der Spitze standen Männer wie Paul Brousse, Benoit Malon, Jules Guesde und Paul Lafargue. Im Jahre 1880 hatte sich die Gegnerschaft zwischen den Gemäßigten und den Extremen bereits soweit zugespitzt, daß es auf dem Kongreß zu Havre zu einer offenen Scheidung kam.

Die Progressisten (oder auch Reformisten) widmeten ihr Hauptaugenmerk der Pflege des Gewerkschaftswesens und gaben von 1882 an ein besonderes Gewerkschaftsblatt (Le Moniteur des syndicats ouvriers) heraus.

Die radikale Richtung verfiel ihrerseits bald weiteren Spaltungen. Nach der Meinung Guesde's, der auf dem Boden der Lehren von Marx steht, wurde von Joffrin, Malon, Brousse u. a. m., die überdies proudhonistischer Sympathien verdächtig waren, der Grundsatz des Klassenkampfes nicht streng genug beobachtet. So entstanden die Gruppen der Possibilisten und der Marxisten. Die Bezeichnung der ersteren geht darauf zurück, daß sie in ihrem Organe erklärt hatten: „Wir wollen unsere Bestrebungen in kleinen Dosen verabreichen, um derart ihre Annahme einem jeden möglich zu machen (les rendre possibles).“ So nannte sie Guesde Possibilisten, ein Spitzname, der übrigens eher den Urheber, als diejenigen, gegen die er gerichtet wurde, herabsetzen kann.

---

[1]) In Privatbriefen bezeichnete Marx den Aufstand als die „glorreichste Tat unserer Partei seit der Juni-Revolution“ und als „einen Ausgangspunkt von welthistorischer Wichtigkeit“. N. Z. XX. 1. S. 709, 710.

Beide Parteien haben im Laufe der 80er Jahre, um ihren Einfluß zu erweitern, eifrig danach gestrebt, die Gewerkschaften für sich zu gewinnen. Dieses Ziel haben die Possibilisten in erheblichem Umfange erreicht und bei den Wahlen zum Gemeinderate in Paris sind ihnen deshalb viele Mandate zugefallen. So konnten sie mancherlei im Interesse der Arbeiter durchsetzen.

Die Marxisten haben im Norden und Süden des Landes unter den Gewerkschaften Anhänger gefunden und bei den Gemeinde- und Kammerwahlen ebenfalls manchen Erfolg erzielt, namentlich seitdem auch die Possibilisten sich wieder in Broussisten und Allemannisten getrennt hatten.

Seit 1896 hat sich von den letzteren die Gruppe der Failletisten abgezweigt. Endlich sind noch die Blanquisten zu nennen, welche ausschließlich für den Gedanken der politischen Revolution wirken. Sie üben nebst den Allemannisten vorzugsweise in Paris ihren Einfluß aus und haben sich neuerdings den Guesdisten stark genähert.

Diese für Frankreich besonders charakteristische Zersplitterung der Arbeiterbewegung in mehrere Fraktionen braucht nicht allein auf rein persönliche Rivalitäten und die Lebhaftigkeit des französischen Temperamentes, das eine gemeinsame Tätigkeit bei Meinungsdifferenzen kaum zuläßt, zurückgeführt zu werden. Von erheblicher Tragweite ist jedenfalls auch der Umstand, daß die sozialökonomische Struktur, namentlich die Bedeutung des Kleinbürgertums und der Bauernschaft in den einzelnen Teilen des Landes eine sehr verschiedene ist und demzufolge einer einzigen Parteischablone widerspricht. Im Jahre 1891 beschäftigten sich noch 47,3 Proz. der französischen Bevölkerung mit Landwirtschaft. In dieser waren aber von 100 Berufstätigen 54,6 Proz. selbständig. Eine Partei, welche sich nicht auf die Arbeiter der Fabrikstädte beschränken und auf größeren politischen Einfluß verzichten will, muß auf die zahlreichen kleineren Landwirte Rücksicht nehmen. Diese Einsicht drängte sich in Frankreich mit solcher Klarheit auf, daß selbst der doktrinärste Teil der Arbeiterpartei, die Gruppe Guesde, schon 1894 auf dem Kongresse zu Nantes ein Agrarprogramm annahm, das praktisch den Marxismus aufgab.

Abgesehen von der Stellung zu den speziellen Fragen der Wirtschaftspolitik bietet aber auch die allgemeine Politik reichlichen Stoff zu Parteistreitigkeiten aller Art. So sind denn die von Jaurès[1]) geleiteten Versuche, alle sozialistischen Gruppen im Hinblicke auf den 1900

[1]) Vgl. dessen Études socialistes. 2. Aufl. Paris 1902.

in Paris stattfindenden Internationalen Sozialistenkongreß zu vereinigen, bald wieder gescheitert. Der Fall Dreyfus und der damit im Zusammenhange stehende Eintritt des Sozialisten Millerand [1]) in das Ministerium Waldeck-Rousseau-Gallifet trieben die kaum geeinigten feindlichen Brüder von neuem auseinander. Die Anti-Ministeriellen (die von Guesde geleitete Parti Socialiste de France, Blanquisten, Allemanisten) standen den Ministeriellen (Parti Socialiste Français) schroff gegenüber. Erst in der letzten Zeit sind auf Veranlassung des Internationalen Sozialistenkongresses von Amsterdam (1904) die sozialistischen Gruppen einander wieder näher getreten. Ein Einigungsprogramm ist entworfen und von der durch J. Jaurès geleiteten revisionistischen Parti Socialiste Français auf dem Kongresse in Rouen (26.—28. März 1905) bereits angenommen worden. Ende April ist in Paris die Vereinigung aller sozialistischen Richtungen durchgeführt worden. Eine erhebliche Zahl hervorragender sozialistischer Deputierter hat sich aber nachträglich geweigert, der geeinigten sozialistischen Partei beizutreten. So bleiben also immer noch zwei Gruppen bestehen.

82. Belgien.[2])

Schon als Industriestaat ersten Ranges bot Belgien für die sozialistische Arbeiterbewegung einen vortrefflichen Boden. Dazu kam noch der Umstand, daß kaum in einem anderen Lande die herrschenden Klassen der Not des Arbeiterstandes so verständnis- und tatenlos gegenüber standen wie gerade hier. Da das Wahlrecht an eine direkte Steuerleistung von 42 frcs. geknüpft war, besaßen die Arbeiter keinerlei politischen Einfluß. Im seltsamen Gegensatze zu dieser Entrechtung stand eine weitgehende Preß-, Vereins- und Versammlungsfreiheit. Insofern hatte die sozialistische Agitation keine formellen Hindernisse zu

[1]) Zur Orientierung über diesen sozialistischen Staatsmann vgl. dessen: Le Socialisme Réformiste, Paris 1903, eine Sammlung von zwölf Reden programmatischen Charakters.

[2]) Herkner, Die belgische Arbeiterenquete und ihre sozialpolitischen Resultate. A. f. s. G. I. S. 260—292, S. 388—416; Destrée et Vandervelde, Le socialisme en Belgique, Paris 1898; Boujanski, Gewerbliche Genossenschaften Belgiens, 1900; über den verunglückten Generalstreik vgl. N. Z. XX, 2. S. 65, 81, 97, 105, 166, 203, 274; Vandervelde, Die belgischen Wahlrechtskämpfe 1902. S. M. 1903. S. 42—47.

überwinden. Die Abwesenheit jeder sozialpolitischen Gesetzgebung aber sorgte dafür, daß ihr aufreizender Agitationsstoff in Hülle und Fülle zu Gebote stand. Die ersten Versuche, eine sozialistische Organisation in der belgischen Arbeiterschaft zu entwickeln, fanden im Anschlusse an die Gründung der „Internationalen Arbeiter-Assoziation" statt. Als diese infolge der Streitigkeiten zwischen Marx und Bakunin zerfiel, standen die Belgier größtenteils auf der anti-marxistischen Seite. Die 70er und 80er Jahre waren zum guten Teil von Streitigkeiten zwischen einigen mehr oder minder anarchistischen und einer sozialdemokratischen Gruppe erfüllt. Letztere schloß sich in bezug auf Programm und Taktik immer mehr an die deutsche Sozialdemokratie an und hat seit Ende der 80er Jahre das Übergewicht erlangt. Wie in Österreich wurden in politischer Beziehung alle Kräfte für die Erkämpfung des Wahlrechtes eingesetzt. Bis jetzt ist aber erst ein Pluralstimmrecht gewährt worden, d. h. ein System, bei welchem Besitz und Bildung einer größeren Stimmenzahl sich erfreuen.

Im April 1902 wurde der Versuch gemacht, durch Straßendemonstrationen und schließlich durch die Proklamierung des Generalstreiks das allgemeine gleiche Wahlrecht zu erkämpfen. Bei dieser Gelegenheit erlitt die Partei eine empfindliche Niederlage, da Regierung und bewaffnete Macht eine unerwartete Festigkeit zeigten. Wie die Ergebnisse der Gemeindewahlen von 1903 und diejenige der Kammerwahlen (1904) deutlich erkennen ließen, hat der eklatante Mißerfolg der revolutionären Methode das Ansehen der liberal-fortschrittlichen Kreise umsomehr gehoben, als diese sich nun dazu verstanden haben, ein demokratisch-sozialreformatorisches Programm anzunehmen.[1]

Im Gegensatze zu anderen sozialdemokratischen Parteien hat die belgische schon frühzeitig auf die Förderung des Genossenschaftswesens großes Gewicht gelegt. So sollte nicht nur der verteuernde Einfluß des kleinen Zwischenhandels untergraben, sondern auch der Widerstand so mancher klerikal gesinnter Arbeiterfrauen gegen die Bewegung gebrochen werden. Als Leiterinnen der Ausgabewirtschaft besitzen gerade sie für die kleinen pekuniären Vorteile der Konsumvereine eine große Empfänglichkeit. Sodann dienen die Genossenschaftslokale auch für Zusammenkünfte und die Mittel für die Agitation werden ebenfalls teilweise aus den Gewinnen der Genossenschaften bestritten.

---

[1]) Dewinne, Lehren der belg. Gemeindewahlen. S. M. 1903. S. 914—917; Anseele, Belgische Wahlen. S. M. 1904. S. 517—523. Gegen 1900 gewannen die Liberalen 18%, die Klerikalen 9%, die Sozialisten ½% an Stimmen. Die Zahl der sozialdemokratischen Mandate fiel von 34 auf 28.

83. Italien.[1])

Wenn auch schon während der 70er und 80er Jahre hie und da sozialistische Gedankenkreise auf italienischem Boden verbreitet worden waren, so konnte eine besondere Arbeiterpartei mit sozialdemokratischem Programme doch erst nach mancherlei Irrungen und Wirrungen auf den Kongressen in Genua 1892 und Reggio (Emilia) 1893 begründet werden. Die Gründung war die notwendige Folge davon, daß der moderne Industrialismus, gehegt und gepflegt durch die protektionistische Handelspolitik, namentlich in Oberitalien, allmählich zu bemerkenswerter Entwicklung gediehen war. Immerhin hatte die marxistische Richtung noch lange mit den revolutionär-anarchistischen Strömungen zu kämpfen, die selbst in dem fortgeschrittenen Mailand stark genug blieben, um eine erhebliche Revolte (Mai 1898) zu inszenieren. Namentlich die in den meisten größeren Städten Italiens eingerichteten Arbeiterkammern (camere di lavoro)[2]) bildeten sich zu Sammelpunkten für die revolutionär-sozialistische Propaganda und die mehrmals unternommenen Generalstreikversuche aus. Hierbei waren es nicht bestimmte konkrete Ziele, die auf diesem Wege erreicht werden sollten, die Demonstrationen galten vielmehr als Selbstzweck. Unter den Regierungen Zanardelli und Giolitti machte die Arbeiterbewegung dank der großen Bewegungsfreiheit, die ihr nun gewährt wurde, nicht nur stattliche Fortschritte, sondern gewann allmählich auch eine größere Reife. Die

---

[1]) Vgl. besonders die Arbeiten von Sombart: Der gegenwärtige Stand der italienischen Arbeiterbewegung. S. C. I. S. 479—483; Der zweite Kongreß der sozialistischen Arbeiterpartei Italiens. S. C. II. S. 621—623; Italienische Briefe. S. C. III. S. 325—327, 353—355, 365—368; Studien zur Entwicklungsgeschichte des italienischen Proletariates, A. f. s. G. VI. S. 177—258, VIII. S. 521—574; über die neueste Entwicklung: Treves, Der Parteitag in Bologna. S. M. 1904. S. 360—368; Oda Olberg-Lerda, Der Parteitag in Bologna. N. Z. XXII. 2. S. 118—125; Bissolati, Nach Bologna, a. a. O. S. 599—605; Turati, Lehren und Folgen des Generalstreiks in Italien a. a. O. S. 865—872; Bissolati, Das Ergebnis der italienischen Wahlen, a. a. O. S. 954—961.

[2]) Diese Arbeiterkammern sind nach Sombart (A. f. s G. VIII. S. 58) „Arbeitsnachweise und statistische Bureaus, Auskunftsstellen für Interessenten und Behörden, Schiedsgerichte und Aufsichtsbehörden — alles in einem. Sie sind aber vor allem Sammelpunkte der Arbeiterschaft und ihrer Vereine: räumlich in ihren Versammlungshäusern und geistig.“ Die erste Kammer wurde 1891 in Mailand eröffnet; in den nächsten Jahren erfolgte die Gründung analoger Institute in Bologna, Brescia, Cremona, Florenz, Monza, Parma, Pavia, Piacenza, Rom, Turin, Venedig, Neapel, San Pier d'Arena und Padua. Oberitalien behauptet also weitaus die erste Stelle in der Bewegung.

Vertreter einer sozialistischen Reformpolitik im Sinne des deutschen Revisionismus gewannen rasch an Terrain.

Auf dem Parteitage zu Bologna (April 1904) kam es bereits zu einer großen Auseinandersetzung zwischen der von Arturo Labriola geführten revolutionär-anarchistischen Gruppe und den sozialistischen Reformpolitikern.[1]) Die in Bologna geführten Debatten zeichnen sich dadurch aus, daß sie den ja auch für andere Länder immer wichtiger gewordenen Prozeß „Evolution versus Revolution" weit offener und gründlicher betrieben haben, als es etwa auf dem Dresdener Parteitage geschehen ist. In der deutschen Sozialdemokratie treten eben die Revolutionäre weniger revolutionär auf, als es eigentlich ihren Gesinnungen entspricht, und auch die Reformisten halten es noch nicht für opportun, ihre Fahne ganz zu enthüllen. In Bologna dagegen wurde nicht nur von den Reformisten, in deren Reihen so ausgezeichnete Kräfte wie Treves, Bissolati und Turati kämpfen, das Reformprogramm in voller Schärfe entwickelt,[2]) sondern es wurden auch die Abstimmungen

---

[1]) Treffend wird diese psychologische Entwicklung von Bissolati geschildert, wenn er schreibt: „Instinktiv anarchistisch ist das Empfinden der Arbeiter im Moment ihres ersten Erwachens, wenn sie zum ersten Male die Tradition der Unterwerfung brechen und plötzlich zum Bewußtsein der Ausbeutung gelangen, deren Opfer sie sind. Und wie ist ihre psychologische Verfassung, wenn sie nach einer erfolgreichen Widerstandsbewegung gezwungen sind, ihren Eroberungsmarsch vor der Unbeugsamkeit der ökonomischen Gesetze der kapitalistischen Welt zu verlangsamen? Das unvorhergesehene Hindernis, das ihre allzu optimistischen Berechnungen stört, wirft in ihre Herzen die Entmutigung, den Pessimismus, den Wunsch, das Hindernis mit einem gewaltsamen Handstreich zu zerschmettern. Doch auf solche Momente folgen andere, in denen die Arbeiter in sich ihre Kräfte fühlen, der Aufgabe gewachsen zu sein, obgleich sie die ganze Schwierigkeit und den unvermeidlich langsamen Gang ihrer Durchführung, die mühevolle Lösung des komplizierten Problems erkennen, das die Geschichte ihnen anvertraut hat. Das ist die reformistische Psychologie der Massen, die den einfachen Impulsen des primitiven Widerstandes die geduldige und stark gegründete Organisation zufügt, in der sich Widerstand und zähe Arbeit verbinden; die reformistische Psychologie der Massen, die sich anschickt, die Gemeinden zu erobern, um innerhalb derselben das bißchen Sozialismus, das heute möglich ist, zu verwirklichen; die Teilnahme an der politischen Macht als eine der mächtigen Waffen ihrer Verteidigung, als eines der wirksamsten Mittel für die soziale Umgestaltung zu betrachten beginnt."

[2]) „Der Revolutionismus", führte Turati aus, „entspricht einem Zustande der Massen, der noch anarchisch ist, und einer Ästhetik, die große Worte sucht, aber keine Vernunftgründe will. Um es gerade heraus zu sagen: Wir müssen die Bildung einer wahrhaft demokratischen Regierung beschleunigen, aber dieses Ziel erreichen wir nicht, wenn wir wegen jedes einzelnen polizeilichen Zwischenfalles die Massen zur Revolte aufrufen. In solchem Falle werden wir nie eine demokratische Partei

so eingerichtet, daß die Stärke der einzelnen Gruppen klar zu Tage trat. Es entfielen auf die Reformisten 308 Delegierte mit 12010 Stimmen, auf die Revolutionäre 186 Delegierte mit 7254 Stimmen. Die von Ferri und Rigola geführte Mittelpartei verfügte über 310 Delegierte mit 12084 Stimmen. Da bei der Schlußabstimmung die Revolutionäre die Mittelpartei unterstützten, kam eine gegen die Reformisten zugespitzte Resolution zu Stande. Ermutigt durch diesen Erfolg wurde nach dem Parteitage von der Parteileitung der übrigens mißlungene Versuch unternommen, die reformistischen Zirkel enger an die offizielle Parteiorganisation anzugliedern und so durch die revolutionären Elemente majorisieren zu lassen. Auch der im September 1904 aus unzulänglichen Motiven und mit unbestimmten Zielen inszenierte, ohne Erfolge verlaufene Generalstreik dürfte durch den Sieg der revolutionären Gruppen in Bologna angeregt worden sein. Die Neuwahlen für das Parlament im November 1904 bewiesen aber, daß selbst in Mailand, der Hochburg der revolutionären Gruppen, die Begeisterung der Arbeiterklasse für die „revolutionäre Methode" stark zurückgegangen ist. Erfolge wurden bei diesen Wahlen nicht erzielt. Die Zahl der sozialdemokratischen Deputierten ging vielmehr von 33 auf 32 zurück.

84. Großbritannien und seine Kolonien.[1])

Ungeachtet der Agitation von Robert Owen und der Verbreitung sozialistischer Ideen durch die sogenannten christlichen Sozialisten hat der Sozialismus in England niemals feste Wurzeln zu fassen vermocht.

finden, die die Verantwortung der Regierung auf sich nähme. . . Uns liegt mehr daran, ein republikanisches Volk zu erziehen, als eine Krone herunterzureißen. Wir glauben, daß die Republik die beste Regierungsform sei, um den Kampf mit dem Kapitalismus auszufechten, jedoch wir sind in Italien noch auf einem allzu primitiven Stande des proletarischen Kampfes. Ich mißbillige die Gewalt, und obwohl ich glaube, daß gewisse Bluttaten die Meilensteine auf dem Wege zur Kultur sein können, bin ich ganz dagegen, solche Bluttaten hervorzurufen. Die Kommune von Paris, so glorreich sie auch war, hat doch den Triumph der Demokratie um zwanzig Jahre in Frankreich verzögert. Wir brauchen die Loyalität nicht so weit zu treiben, wie die deutsche Partei, die die Wahlentrechtung in einem deutschen Staate ohne eine revolutionäre Bewegung zuließ. Aber wir dürfen dennoch nicht die Verantwortung auf uns nehmen, in unser unwissendes, leidenschaftliches, anarchisches Proletariat die Lehre von einem Recht auf die Gewalt zu tragen." S. M. 1904. S. 365.

[1]) Sidney Webb, Sozialismus in England. London 1890; Der Sozialismus in England geschildert von englischen Sozialisten. Herausgegeben von Sidney Webb. Deutsche Ausgabe von Kurella. Göttingen 1898.

Auch die Chartistenbewegung entsprach ja, wie früher dargetan wurde, mehr anti-industriellen als modern sozialistischen Triebfedern. Am leichtesten konnte noch die weit verbreitete Opposition gegenüber dem Großgrundeigentum, zu dem Gedanken der Verstaatlichung wenigstens eines Produktionsmittels, des Grund und Bodens, führen. So ist die neuere sozialistische Bewegung Englands denn auch mit dem Erscheinen des Buches von Henry George über „Fortschritt und Armut“ in Zusammenhang zu bringen.

Die im Jahre 1881 gegründete demokratische Föderation, deren Programm als sozialistische Forderung nur die Verstaatlichung des Grundeigentums enthielt, wurde im Jahre 1883 in eine „Sozialdemokratische Föderation“ umgewandelt. Diese stellte sich in wirtschaftlicher Hinsicht auf den Boden der von K. Marx vertretenen Anschauungen. Hyndmann, der Übersetzer des „Kapital“ von Marx, Annie Besant und Herbert Burrows nahmen in ihr leitende Stellungen ein. Später wurde auch der Maschinenbauer John Burns ein eifriges Mitglied der Partei. Er war es, der die großen Ausstände der Gas- und Dockarbeiter Londons erfolgreich organisierte und sich um die Entwicklung neuer Gewerkvereine überhaupt die größten Verdienste erwarb. Außer dieser der festländischen Sozialdemokratie am nächsten kommenden Vereinigung wurde unter dem Einflusse von William Morris,[1]) des gefeierten Dichters und Leiters berühmter kunstgewerblicher Anstalten, eine „Sozialistische Liga“ errichtet. Als Anhänger von Ruskin konnte sich Morris auf die Dauer mit dem Marxismus der „Sozialdemokratischen Föderation“ nicht befreunden. Er haßte die Großindustrie und suchte die Befreiung der Arbeiter nicht in einem auf Rechnung der Gesellschaft als solchen betriebenen Großindustrialismus, sondern, wie einst die Chartisten, in der Rettung vor dem Fabriksysteme selbst. Auch die politisch-parlamentarische Taktik war ihm unsympathisch. Die praktische Tagespolitik, um kleine Verbesserungen in Bezug auf Arbeiterschutzgesetze, Steuern, Organisation der öffentlichen Arbeiten u. dgl. zu erreichen, schien ihm reine Zeitverschwendung. Vor allem käme es darauf an, die Köpfe zu revolutionieren, das Volk für die Ideale eines ästhetischen Sozialismus zu erziehen. Tatsächlich haben aber anarchistische Elemente in dieser Liga schließlich die Oberhand gewonnen und Morris selbst zog sich von ihr zurück.

---

[1]) Aymer Vallance, William Morris, his art, his writings and his public life. London 1898. S. 365—366.

Bürgerliche Gelehrte und Schriftsteller haben die Fabian-Society[1]) gebildet, deren Ursprung ebenfalls auf das Jahr 1883 zurückgeht. Das Motto lautete eben: „Auf den richtigen Augenblick muß man warten, geduldig, wie Fabius, als er gegen Hannibal kämpfte, allem Tadel über seine Saumseligkeit zum Trotz tat; aber wenn die Zeit kommt, muß man ordentlich losschlagen, wie auch Fabius tat, oder man wird vergebens und fruchtlos gewartet haben.“ In wirtschaftlicher Hinsicht überzeugte Sozialisten, in politischer eifrige Demokraten, unterscheiden sie sich doch dadurch von der orthodoxen Sozialdemokratie, daß sie eine Besserung der vorhandenen Zustände nur von einer allmählichen, friedlichen, durch unausgesetzte Reformarbeit bewirkten Umgestaltung erwarten. Sie verwerfen die Anwendung der Gewalt und das Prinzip des Klassenkampfes. Ihrer Überzeugung nach wird weder in absehbaren Zeiten, noch überhaupt je, eine vollkommen ideale Gesellschafts- und Wirtschaftsordnung zu erreichen sein. Von den Gedanken der Wirtschaftstheorie beherrscht, treten sie lediglich für eine unausgesetzte organische Vervollkommnung des sozialen Körpers ein. Sie entfalten eine überaus rührige Tätigkeit auf dem Gebiete der praktischen Politik, sie gehen unter das Volk nicht allein, um dessen Lage kennen zu lernen, sondern auch um hier mit voller Hingebung für ihre Ideale zu wirken. Mit Rücksicht auf die höhere Entwicklungsstufe, deren sich die Städte in jeder Beziehung erfreuen, halten sie die Verwirklichung sozialpolitischer Forderungen hier eher für möglich. Deshalb verlegen sie auch den Schwerpunkt ihrer praktisch-politischen Tätigkeit in die Stadtverwaltungen, insbesondere in den Grafschaftsrat von London.

Auf dem internationalen Sozialistenkongresse in London 1896 waren die Fabier durch 20 Delegierte vertreten, welche die Grundsätze ihrer echt englischen Kompromiß- und Possibilitätspolitik darlegten.[2]) So heißt es in dem 4. Punkte des Programms der Fabier:

4. „Die Fabianische Gesellschaft nimmt die Bedingungen an, die für sie festgesetzt sind, von der menschlichen Natur und von dem nationalen Charakter und den politischen Umständen des englischen Volkes. Sie stimmt dem gewöhnlichen Bürger bei, der stufenweise Reform auf friedlichem Wege lieber hat als Umsturz, Kampf mit Armee und Polizei und den Märtyrertod. Sie erkennt es an als Tatsache, daß die Sozial-

[1]) Vgl. Fabian Essays in Socialism, London 1889. (Deutsche Ausgabe unter dem Titel: Englische Sozialreform, Grünwald, Leipzig 1897.)

[2]) Webb, Sozialismus in England. Deutsche Ausgabe von Kurella. Göttingen 1898. S. 59—70.

demokratie nicht das ganze Programm der Arbeiterklasse bildet und daß jeder einzelne Vorschlag für die Sozialisierung der Industrie mit vielen anderen Reformen um den Rang wird streiten müssen. Sie glaubt daher nicht, daß ein Augenblick sich je zeigen wird, wo in einem Kampfe zwischen dem Proletariat auf der einen und den bemittelten Klassen auf der anderen Seite der ganze Sozialismus auf dem Spiele stehen wird bei irgend einer einzigen allgemeinen Wahl oder bei irgend einer einzigen Bill im Parlament. Wie eine terminweise zahlbare Summe wird sich die Sozialdemokratie allmählich und teilweise verwirklichen, und jeder Teil wird bloß ein Vorschlag unter vielen anderen Vorschlägen sein; eine tätige sozialistische Partei wird es sich zur Aufgabe machen, diesen ihren Vorschlag in den Vordergrund zu zwingen und durchzusetzen. Alle diejenigen Sozialisten, die auf eine epochemachende Krisis in der Weltgeschichte ihre Augen richten, werden daher von der Fabianischen Gesellschaft gebeten, sich mit irgend einer anderen Gesellschaft zu verbinden."

Die Punkte 9, 10 und 11 besagen:

9. „Die Fabianische Gesellschaft behauptet resolut ihre Freiheit der Meinung und der Sprache mit Beziehung auf die Irrtümer sozialistischer Schriftsteller, Nationalökonomen, Führer und Parteien ebensowohl wie auf die Irrtümer ihrer Gegner. Sie besteht darauf, daß es notwendig ist, eine kritische Stellung gegenüber Marx und Lassalle zu behaupten, deren Ansichten heutzutage teilweise als irrtümlich und veraltet verworfen werden müssen, gerade so wie diese hervorragenden Sozialisten selbst sich gegen ihre Vorgänger St. Simon und Robert Owen gestellt haben."

10. „In ihren Beziehungen zur Presse macht die Fabianische Gesellschaft nicht den Unterschied, der mit der Phrase „Kapitalistische Presse" ausgedrückt wird. In England werden alle politischen Zeitungen ohne Ausnahme mit Privatkapital geführt und unter der Verwaltung der Eigentümer des Kapitals. Etliche von diesen vertreten sozialistische Gesinnungen, andere sind konservativ, andere wieder liberal und radikal usw. Die sozialistischen Blätter sind keineswegs vom sozialen Druck mehr unabhängig als die anderen, und die Vorzüglichkeit einer sozialistischen Zeitung vom sozialistischen Standpunkt ist gerade derselben Art wie die Vorzüglichkeit einer konservativen Zeitung vom konservativen Standpunkt. Wenn die Fabianische Gesellschaft in den Zeitungen öffentlichen Ausdruck für ihre Ideen zu erlangen sucht, so macht sie keinen Unterschied, außer zu Gunsten der Zeitung, die den größten Leserkreis besitzt."

11. „Da es bisher Mitglieder der mittleren oder bürgerlichen Klasse gewesen sind, welche die sozialistische Bewegung begeistert, unterrichtet und geleitet haben, so protestiert die Fabianische Gesellschaft gegen den Unsinn, daß eben die Klasse, woraus der Sozialismus entsprungen ist, von Sozialisten als der Sache besonders feindlich beschuldigt wird, obgleich sie natürlich gar darüber nicht stutzt, daß diese Anführer aus der mittleren Klasse mit viel Bitterkeit die bornierten gesellschaftlichen Ideale züchtigen, die in ihrer eigenen Klasse gang und gäbe sind. Die Fabianische Gesellschaft hegt keinen romantischen Wahn, daß das Proletariat von denselben bornierten Idealen sich losgemacht hat. Wie jede andere sozialistische Gesellschaft, kann sie das Volk im Sozialismus bloß dadurch erziehen, daß sie es mit den Gedankenschlüssen der aufgeklärtesten Mitglieder aller Klassen bekannt macht. Die Ausdrücke „bürgerlich" oder „mittlere Klasse" können daher von der Fabianischen Gesellschaft nicht mit Recht in einem höhnischen Sinne gebraucht werden, besonders weil sie dabei einen großen Teil ihrer eigenen Mitglieder verdammen würde."

Neuerdings haben die Fabier auch die Fragen der auswärtigen Politik und das Verhältnis des Mutterlandes zu seinen Kolonien im Sinne eines liberalen Imperialismus, wie ihn Lord Roseberry vertritt, eifrig erörtert. Sie stehen insofern auch den Zielen des Chamberlainismus durchaus freundlich gegenüber, nur schlagen sie andere Mittel vor. Der koloniale Absatz in England soll nicht durch Zolldifferenzierung, sondern durch Frachtdifferenzierung gefördert werden, nämlich in der Weise, daß man die Handelsflotte verstaatlicht und so die Frachtkosten auf allgemeine Rechnung übernimmt. Zur Förderung der wirtschaftlichen Interessen des Mutterlandes sollen Produktionsprämien und durch Eisenbahnverstaatlichung ermöglichte sehr billige oder gar kostenlose Landtransporte dienen.[1])

An der Spitze der Fabier stehen Sidney und Beatrice Webb, welche die umfassendste und beste Darstellung der englischen Gewerkvereinsbewegung geliefert haben.[2]) Außerdem sind zu nennen: G. Bernard Shaw, William Clarke, Sidney Olivier, Hubert Blant, Graham Wallas, Rev. Stewart D. Headlam, H. W. Macrosty u. a. m.

---

[1]) Fabianism and the empire. A manifesto by the Fabian Society edited by Bernard Shaw. London 1900; Fabianism and the fiscal question (Fabian Tract Nr. 116). London 1904.

[2]) History of Trade Unionism. London 1884; Industrial Democracy. London 1897.

Der Einfluß der Fabier beschränkt sich nicht auf England, sondern hat zweifellos viel zur Förderung der revisionistischen Bewegungen innerhalb der kontinentalen Sozialdemokratie beigetragen.

Im Gegensatze zu den Fabiern, welche nicht eine besondere politische Partei darstellen, sondern alle bestehenden Parteien durch die Beweiskraft ihrer wissenschaftlichen Arbeiten sozialistischen Anschauungen zugänglich machen wollen, steht die „Unabhängige Arbeiterpartei". Sie wurde 1893 unter dem Einflusse von J. Keir Hardie, Tom Mann und Blatchford ins Leben gerufen und kommt in ihren programmatischen Forderungen der kontinentalen Sozialdemokratie am nächsten.[1]) Sie hat aber nur 15000 Mitglieder und vermochte deshalb bei den Parlamentswahlen von 1900 trotz eifriger Bemühungen nur einen Kandidaten, Keir Hardie, durchzubringen. Der zweite Sozialist des Parlamentes, John Burns, wurde als Kandidat der Liberalen gewählt.

[1]) In taktischer Beziehung nimmt sie freilich eine ganz andere Stellung ein und geht selbst über die Gedankenkreise des Revisionismus weit hinaus. Keir Hardie bekämpft ausdrücklich die marxistische Theorie des Klassenkampfes. Es handele sich zwischen Arbeitern und Arbeitgebern um Interessenkonflikte, wie sie auch zwischen den Angehörigen derselben Klasse oft genug sich ausbildeten. Im übrigen sei die Arbeiterklasse keine Klasse, sondern die Nation selbst. „Im Angesichte dieser Tatsache ist es eine Degradierung der sozialistischen Bewegung, sie auf das Niveau eines bloßen Kampfes zweier Parteien um die Herrschaft herabzuziehen. Wir brauchen keine klassenbewußten Sozialisten. . . Der Sozialismus erklärt einem System, nicht einer Klasse den Krieg. Er leugnet, daß heute in England noch eine herrschende und eine unterdrückte Klasse im Sinne von Marx vorhanden sei. „Wenn heute die besitzenden Klassen herrschen, so deshalb, weil die stimmberechtigten Arbeiter dies so wollen. — Politisch haben die Arbeiter die Macht. . . Was verhindert die Ausbreitung des Sozialismus? Die Unwissenheit der Arbeiter. Diese Unwissenheit haben wir mit allen uns zur Verfügung stehenden Mitteln zu bekämpfen, und weil das Klassenkampfsdogma den Arbeiter dazu verleitet, die Ursachen der Verewigung seines Elends außerhalb seiner selbst und seinesgleichen zu suchen, wende ich mich dagegen, daß es zu einem leitenden Gesichtspunkte in der sozialistischen Propaganda gemacht wird." Keir Hardie glaubt nicht, daß die von den Regierungen vorgeschlagenen Reformen nur darauf berechnet seien, die wahre Natur des Klassenkampfes zu bemänteln und den Fortbestand der Bourgeois-Gesellschaft zu sichern. „Es gibt ein wachsendes soziales Gewissen, das bei diesen Reformen eine große Rolle spielt. . . Ich kann mir vorstellen, wie eine Reform nach der andern erkämpft wird, bis schließlich der Sozialismus keine größere Erregung verursacht als voriges Jahr die Beseitigung der Landlords in Irland." Daß Keir Hardie von den Kannegießereien der internationalen Sozialistenkongresse über taktische Fragen nichts wissen will, versteht sich bei einem Engländer von selbst. „Stramm und radikal in jeder Hinsicht, verlangen wir doch, daß jeder Nation freigestellt bleibe, ihre Taktik der gegebenen Lage und den Verhältnissen anzupassen." Vgl. Bernstein, Nationale Besonderheiten und internationale Sprache. S. M. 1904. S. 888 bis 895.

Um die Arbeitervertretung zu verstärken, wurde 1900 in London ein Arbeiter-Vertretungskomitee (Labour Representation Comittee) gegründet, dem die Unabhängige Arbeiter-Partei, die Fabier (1800 Mitglieder), die sozialdemokratische Föderation (9000 Mitglieder) und zahlreiche Gewerkvereinsorganisationen angehören.[1]) Da aber die Gewerkvereinler der Textilindustrie ebenso der konservativen Partei zuneigen wie die organisierten Bergarbeiter der liberalen, hatte die Wahlpolitik des Komitees mit beträchtlichen Schwierigkeiten zu kämpfen. So einigte man sich denn 1903 dahin, in Zukunft keine liberalen oder konservativen Kandidaten mehr zu unterstützen, sondern ganz selbständig vorzugehen und lediglich Arbeiterkandidaten aufzustellen. Im übrigen geht das Parteiprogramm nur dadurch, daß es die Verstaatlichung der Eisenbahnen und eine Reform der Gewerkvereins-Gesetzgebung verlangt, über die Forderungen der Liberalen hinaus. Man rechnet darauf, daß dieser neuen Arbeiterpartei, deren Mitgliederstand auf 970000 berechnet wird, bei den nächsten Wahlen 20—30 Sitze zufallen werden.

Während die Arbeiter des Mutterlandes erst in allerneuester Zeit größeren Wert auf die Ausbildung einer besonderen politischen Arbeiterpartei legen, hat die selbständige Arbeiterpolitik in den australischen Kolonien, ganz besonders aber in Neuseeland, große Fortschritte zu verzeichnen. In den Unterhäusern dieser Gebiete verfügen die Arbeiterabgeordneten über 15—30 Proz. der Sitze. So hat sich die sozialpolitische Gesetzgebung (Arbeiterschutz, Minimallöhne, Altersrenten) in raschem Tempo ausgebildet. Es ist ein „socialisme sans doctrines“ entstanden, dem auch in den wissenschaftlichen Kreisen der alten Welt immer lebhafteres Interesse entgegengebracht wird.[2])

85. Vereinigte Staaten von Nordamerika.[3])

Obwohl der Kapitalismus der Union in den gigantischen Trust-Organisationen einen Grad der Entwicklung aufzuweisen hat, welcher

---

[1]) Pease, Die neue Arbeiterpartei in England. A. f. s. G. XIX. S. 650—660.

[2]) P. Leroy-Beaulieu, Les nouvelles sociétés anglo-saxonnes. Paris 1897; H. de R. Walker, Australasian Democracy. London 1897; Metin, Le socialisme sans doctrines. Paris 1901; Reeves, State experiments in Australia and New Zealand. 2 vol. London 1902; Hooper, Dreizehn Jahre sozialen Fortschritts in Neuseeland. A. f. s. G. XIX. S. 575—616; E. Pistor, Durch Sibirien nach der Südsee. Wien und Leipzig 1905. S. 335—379.

[3]) Sartorius v. Waltershausen, Der moderne Sozialismus in den Vereinigten Staaten von Amerika. Berlin 1890; M. Hillquit, History of

in vielen Punkten die Theorien des Marxismus bestätigt, kommt dem Sozialismus doch noch immer eine recht untergeordnete Stellung zu. Dabei ist freilich zu unterscheiden zwischen der Ausbreitung sozialistischer Ideen und der Ausbildung politischer Parteien mit sozialistischen Zielen. Sozialistische Ideen sind nicht nur durch H. George (Progress and Poverty) und E. Bellamy (Looking backward), sondern auch durch radikal-demokratisch gesinnte Geistliche der verschiedenen christlichen Bekenntnisse in weite Kreise getragen worden. Und obwohl die Welt der Gewerkvereine sich gegenüber dem politischen Sozialismus im allgemeinen ablehnend verhält, haben doch auch hier wenigstens einzelne ökonomische Gesichtspunkte des Sozialismus Anklang gefunden. So steht z. B. einer der hervorragendsten jüngeren Gewerkschaftsführer, John Mitchell,[1]) der Vorsitzende der Vereinigten Bergarbeiter, stark unter dem Einflusse der Schriften des Ehepaares Webb, also der wissenschaftlich bedeutendsten Sozialisten Englands.

Geringere Erfolge haben dagegen die Versuche aufzuweisen, welche diese sozialistischen Stimmungen für den Aufbau einer besonderen politischen Partei verwerten wollen. Die Träger dieser Bestrebungen waren vorzugsweise aus Deutschland eingewanderte Sozialdemokraten. Der Sozialismus galt daher lange Zeit als „Made in Germany", als eine für Amerika durchaus nicht passende und notwendige Importpflanze. Und als die deutsche Sozialdemokratie die englische Sprache zur offiziellen Parteisprache erhob, begegnete die Propaganda eher noch größeren Schwierigkeiten als zuvor. Man stieß so viele Deutsche ab, und die Amerikaner ließen sich doch nicht gewinnen. Durch die anarchistischen Unruhen der 80er Jahre, an denen ebenfalls in erster Linie Deutsche beteiligt waren (Most, Spieß, Schwab, Engel, Lingg, Fischer), wurden die Sympathien der amerikanischen Arbeiterwelt für die politischen Bestrebungen der Eingewanderten natürlich auch nicht verstärkt. Und als gar die „Sozialistische Arbeiterpartei" Anstalten machte, spezifisch sozialistische Gewerkschaften in Konkurrenz zu den bestehenden politisch neutralen Gewerkvereinen zu begründen, zog sich der

Socialism in the United States, New-York 1903; Sombart, Quellen und Literatur zum Studium der Arbeiterfrage und des Sozialismus in den Vereinigten Staaten von Amerika (1902—1904). A. f. s. G. XX S. 633—704; J. Vahlteich, Die Sozialisten in den Vereinigten Staaten von Nordamerika. N. Z. XIX. 2. S. 292—299; Derselbe, Der Einigungskongreß der amerikanischen Sozialisten in Indianapolis. N. Z. XIX. 2. S. 663—666; E. Untermann, Der Parteitag der amerikanischen Sozialdemokratie. N. Z. XXII. 2. S. 275--281; H. Schlüter, Die amerikanischen Wahlen und die Sozialisten. N. Z. XXIII. 1. S. 310—317.

[1]) Vgl. dessen Werk „Organisierte Arbeit", deutsch von H. Hasse, Dresden 1904.

Sozialismus, wie Vahlteich ausführt, „den grimmigen Haß der großen Masse der organisierten Arbeiter zu". Überdies litt die Bewegung unter zahlreichen Spaltungen und persönlichen Rivalitäten der Führer.

Erst im Jahre 1901 kam es in Indianapolis zur Einigung der verschiedenen sozialistischen Parteigruppen unter der Bezeichnung „Sozialistische Partei" (Socialistic Party). Als bedeutsames Faktum ist der Umstand zu erwähnen, daß auf diesem Kongresse nur etwa 20% der Delegierten Eingewanderte waren, daß also allmählich doch eine gewisse Amerikanisierung des Sozialismus erzielt worden ist. Natürlich sind mit dieser Einigung noch nicht alle Schwierigkeiten aus dem Wege geräumt. Auch in der amerikanischen Sozialdemokratie stehen die Gegensätze zwischen revolutionärer und reformatorischer Taktik auf der Tagesordnung. „Die großen Meinungsverschiedenheiten darüber, ob wir in absehbarer Zeit eine entscheidende Umgestaltung unserer Gesellschaftsverhältnisse zu erwarten haben, und ob sich diese Umgestaltung in revolutionärer Weise, das heißt schnell und gewaltsam, vollziehen werde, oder ob ein organisches Hinauswachsen der neuen Gesellschaft aus der alten stattfinden werde," diese große Streitfrage bildete, nach Vahlteich, den eigentlichen Gegenstand der Debatte in Indianapolis. Das Bekenntnis zum revolutionären Sozialismus wurde indessen mit 65 gegen 23 Stimmen abgelehnt. Weitere Schwierigkeiten erwachsen aus der Notwendigkeit, schließlich auch einmal zu den agrarischen Fragen Stellung zu nehmen. Stellt die Farmerbevölkerung doch eine überaus zahlreiche und politisch einflußreiche Schichte der amerikanischen Gesellschaft dar. Noch größere Gefahren schließt aber die Negerfrage für die Sozialdemokratie ein. Tritt sie, der Parteischablone entsprechend, unumwunden für die Gleichberechtigung der Neger ein, so hat sie in den Südstaaten 99% der Weißen gegen sich, also auch solche Weiße, die ihrer ökonomischen Stellung nach für die sozialistische Propaganda Empfänglichkeit besitzen könnten.

Die Verschmelzung der verschiedenen sozialistischen Richtungen hat sich übrigens nach dem Einigungskongresse rascher, als erwartet wurde vollzogen.

Ein 1904 in Chicago abgehaltener Parteitag beschloß, Eugen V. Debs für die Präsidentschaftswahl als Kandidaten aufzustellen.[1])

---

[1]) Es wurde damit diejenige Persönlichkeit nominiert, die sich um die Amerikanisierung des Sozialismus anscheinend die größten Verdienste erworben hat. Debs' Eltern stammen aus dem Elsaß; er wurde 1855 in Indiana geboren. Im Frühjahr 1875 kam er als Lokomotivheizer in die Gewerkschaftsbewegung. Im Jahre 1880 wurde er bereits Sekretär und Schatzmeister seiner Organisation, der

Während bei der Präsidentschaftswahl von 1900 auf die beiden sozialistischen Kandidaten zusammen nur 132 000 Stimmen entfielen, hat Debs ca. 600 000 Stimmen erreicht, ein Ergebnis, das wohl auch mit der in den letzten Jahren vielfach eingetretenen Zuspitzung der Gegensätze zwischen Kapital und Arbeit zusammenhängt (Stahlarbeiter-Streik 1901, Kohlenarbeiterstreik 1902). So stattlich die relative Zunahme der sozialistischen Stimmen sein mag, gegenüber den ungefähr 14 Millionen Stimmberechtigten entbehren sie doch noch aller politischen Bedeutung. Auch ist es noch nicht gelungen, auch nur einen einzigen Sozialisten in den Kongreß des Bundes zu bringen. Nur in die Staatslegislatur von Wisconsin entsandte Milwaukee, in dem der deutsche Einfluß besonders stark ist, fünf Sozialisten, mit einer Ausnahme Leute deutscher Herkunft. Ferner sind im Staate Illinois, und zwar von Chicago, zwei Sozialisten gewählt worden. Anscheinend kommt es den Sozialdemokraten Amerikas auch noch gar nicht so sehr darauf an, Zutritt in die repräsentativen Körperschaften zu erlangen, sondern sie betrachten es als ihre dringendste Aufgabe, die Arbeiterschaft in allen ihren Schichten von den bürgerlichen Parteien loszulösen und zu selbständiger Politik zu erziehen. Wenn man die negativen Erfolge berücksichtigt, die diese Politik in England und der Schweiz erzielt hat, also in Staaten, deren politischer Charakter demjenigen Amerikas verwandt ist, so wird man der amerikanischen Sozialdemokratie keine günstige Prognose stellen können. Will sie nicht wieder zu einer bloßen Sekte herabsinken, wird ihr nichts anderes übrig bleiben, als mit der demokratischen Partei, in deren linkem Flügel mancherlei der Arbeiterpartei sympathische kleinbürgerliche Stimmungen vorwalten, irgendwie zu paktieren. Unterläßt sie diese Taktik hat sie den Widerstand der beiden großen Parteien des Landes

„Brootherhood of Locomotive Firemen", stellte seine organisatorischen Talente aber auch anderen Arbeitergruppen zur Verfügung. Im Jahre 1894 gründete Debs die „American Railway Union", eine Eisenbahnarbeiterverbindung, die an dem großen „Pullman-Streik" beteiligt war (vgl. N. Z. XIII. 1, S 111—118, 147—153). Da durch die Boykottierung der Pullman-Waggons auch die Beförderung der Post gestört wurde, schritten die Bundesbehörden ein. Debs als Leiter des Streiks wurde verhaftet und zu 6 Monaten Gefängnis verurteilt. — Im Gefängnis machte er sich mit sozialistischer Literatur bekannt und wollte nach seiner Freilassung sogar im Westen der Union ein sozialistisches Staatswesen begründen. Diese utopistischen Neigungen wurden aber bald überwunden. Von einem Ende der Vereinigten Staaten bis zum andern hat er seither zahllose Versammlungen abgehalten, unablässig für die sozialistische Propaganda tätig. Sein großer Ruf als Redner hat ihm stets ein zahlreiches Publikum zugeführt. Vgl. Schlüter, Die amerikanischen Wahlen. N. Z. XXIII. 1. S. 313.

zu überwinden, und dazu dürften ihr auf absehbare Zeiten hinaus wohl die Kräfte fehlen.

86. Die internationalen Organisationen der Sozialdemokratie.[1])

Im Hinblicke auf den internationalen Charakter des Kapitalismus hatte K. Marx schon im Kommunistischen Manifeste des Jahres 1848 die Losung ausgegeben „Proletarier aller Länder vereinigt euch!“ Erst im Jahre 1864 waren die Verhältnisse so weit gediehen, daß er zur Verwirklichung seines Jugendtraumes schreiten konnte. Nachdem gelegentlich der Londoner Weltausstellung von 1864 Annäherungen zwischen Vertretern der englischen und französischen Arbeiter stattgefunden hatten, wurde am 24. September 1864 in St. Martin's Hall in London eine Zusammenkunft veranstaltet, an welcher nebst Engländern und Franzosen auch Deutsche, Schweizer und Belgier teilnahmen. Die Gründung eines internationalen Arbeiterbundes kam zu Stande und K. Marx verstand es, sich der Leitung derselben bald ganz zu bemächtigen. Die lokalen Arbeiterorganisationen der einzelnen Länder bildeten Sektionen, die Abgeordneten der Sektionen den Kongreß, und dieser wieder wählte den Generalrat, das oberste Exekutivorgan der ganzen Vereinigung. Da es zunächst darauf ankam, Angehörige der verschiedensten sozialen Richtungen (Sozialisten, Gewerkvereinler und proudhonistische Gegner der Gewerkvereine, Sozialreformer, Philanthropen) zu gemeinsamer Tätigkeit zusammen zu bringen, wurde die Aufstellung eines klaren Programmes unterlassen. Der erste Kongreß (Genf 1866) sprach sich lediglich für den Achtstundentag, für gesetzlichen Schutz der kindlichen und jugendlichen Arbeitskräfte, für Gewerkschaften und gegen indirekte Steuern und stehende Heere aus. In Lausanne (1867) hatten die Anhänger Proudhon's die Mehrheit und setzten eine gegen die gewerkschaftliche Organisation zugespitzte Resolution durch. In ihrer jetzigen Form habe diese nur die Bildung eines sogenannten vierten Standes mit Zurücklassung eines ganz elenden fünften zur Folge. In Brüssel (1868) wurde die Verstaatlichung der Bergwerke, des landwirtschaftlich benutzten Grund und Bodens, der Forsten und Eisenbahnen,

[1]) Meyer, Emanzipationskampf des vierten Standes. I. 2. Aufl. Berlin 1882. S. 111—194; Hugo u. Stegmann, Handbuch des Sozialismus. Zürich 1894; Art. Internationale Arbeiter-Assoziation, Internationale Kongresse; Grünberg, Art. Internationale in Elster's Wörterbuch der Volkswirtschaft; G. Jaeckh, Die Internationale. Leipzig 1904; über die internationalen Sozialistenkongresse vgl. die deutschen Ausgaben der Protokolle. Das Pariser (1889) erschien 1890 in Nürnberg, das Brüsseler (1891) in Berlin 1893, das Zürcher (1893) in Zürich 1894, das Londoner (1896), Pariser (1900) und Amsterdamer in Berlin.

in Basel (1869) die Abschaffung des privaten Grundeigentumes überhaupt gefordert.

Weiteren Fortschritten der „Internationale", wie man die internationale Arbeiter-Assoziation kurzweg zu nennen pflegte, setzte der deutsch-französische Krieg ein Ziel. Die deutsche Sozialdemokratie hatte, entsprechend den Beschlüssen der Internationale, nach dem Sturze des Kaiserreiches gegen die Fortsetzung des Krieges und die Annexion von Elsaß-Lothringen protestiert, während der Generalrat der Internationale seine Solidarität mit dem Pariser Kommuneaufstande erklärte. Die Folge war, daß die Internationalen nicht nur in beiden Ländern durch die Regierungen, welche die Bedeutung dieser Vereinigung stark überschätzten, auf das heftigste verfolgt wurden, sondern daß auch viele gemäßigtere Elemente, wie z. B. die englischen Gewerkvereine, austraten. Dazu kamen erbitterte Kämpfe im Schoße der Partei selbst. Der russische Anarchist Bakunin, der das Hauptziel in der Zerstörung, nicht in der Eroberung der politischen Macht erblickte, suchte den dominierenden Einfluß von K. Marx mit Hilfe anarchistisch gestimmter Elemente aus der romanischen Schweiz, aus Belgien und Spanien zu brechen. Auf dem Haager Kongreß (1872) führte der Schweizer Guillaume aus, daß gegenwärtig zwei Ideen durch die Internationale liefen: die eine, daß die Internationale die Erfindung eines gescheuten Mannes mit einer unfehlbaren sozialen und politischen Theorie sei, gegen die niemand das Recht der Opposition habe; die andere, daß die internationale Verbindung der Arbeiter das Erzeugnis der sie umgebenden ökonomischen Bedingungen sei. Da diese reale Existenzbedingung vorhanden sei, so brauche man kein Haupt, das, wie es der Generalrat wollte, über die Beobachtung des orthodoxen Glaubens wache. Obwohl Bakunin und sein Anhang ausgeschlossen wurden, führte Marx doch dadurch, daß er die Verlegung des Generalrates nach New York durchsetzte, den Untergang der Internationale herbei. Im Jahre 1876 erfolgte die Auflösung in aller Form, nachdem sie immerhin in vielen Ländern auf die Ausbildung einer an Marx orientierten Arbeiterbewegung einen großen Einfluß ausgeübt hatte.

Nach dem Zusammenbruch der Internationale wurde die Pflege der internationalen Solidarität den internationalen Sozialistenkongressen übertragen. Solche fanden in Gent 1877, in Chur 1881, in Paris 1883 und 1886 statt. Größeres Interesse erregte aber erst der Pariser Kongreß von 1889 durch seinen Beschluß, eine internationale Demonstration zu gunsten des Achtstundentages ins Werk zu setzen. Nachdem auch die Kongresse von Brüssel (1891) und Zürich (1893) diesen Gedanken bestätigt haben, ist regelmäßig der 1. Mai als Weltfeiertag der Arbeit, oft unter erheblichen Kämpfen und nicht immer mit vollem Erfolge, proklamiert worden.[1]) Auf dem Pariser Kongresse von 1900 wurde ein internationales sozialistisches Bureau in Brüssel eingesetzt und ferner der „Fall Millerand", also eine Frage der nationalen Taktik, erörtert. Da indes nur eine Millerand schonende, von Kautsky entworfene Kompromiß-Resolution durchgesetzt wurde, suchten die französischen Marxisten orthodoxer Richtung (Guesdisten), ermutigt durch den Erfolg Bebels in Dresden, ihre revisionistischen Gegner (Jaurèsisten) dadurch zu überwinden, daß sie von dem Amsterdamer Kongreß von 1904 die Bestätigung der Dresdener Resolution verlangten. Nach langen Debatten nahm der Kongreß dieselbe an und empfahl ferner den feindlichen Bruderparteien Frankreichs, eine Wiedervereinigung vorzubereiten.

Auf dem Kongresse wurde nach Nationen abgestimmt. Auf jede Nation, gleichgiltig wieviele Delegierte sie entsendet hatte und wie stark die Sozialdemokratie bei ihr entwickelt sein mochte, entfielen zwei Stimmen. So besaßen England mit 102 und Deutschland mit 68 Delegierten ebenso gut nur zwei Stimmen, wie Böhmen, Ungarn, Serbien, Bulgarien, Spanien, Japan, Argentinien usw.,[2]) die 1, 2 oder 3 Delegierte auf den Kongreß geschickt hatten. Es ist gewiß überflüssig, über solche Abstimmungs-Farcen auch nur ein Wort der Kritik zu verlieren, und es ist nicht erstaunlich, daß selbst innerhalb der Sozialdemokratie die Ansichten über den Wert dieser internationalen Kongresse weit auseinandergehen.[3])

[1]) In letzter Zeit sind von seiten einzelner Gewerkschaftsführer scharfe Angriffe gegen die von der politischen Partei beschlossenen Formen der Maifeier gerichtet worden. Es besteht nämlich die Anomalie, daß die sozialdemokratische Partei die Maifeier zwar proklamiert, die Unterstützung derjenigen, die infolge der Feier gemaßregelt werden, aber den Gewerkschaften überläßt. Vgl. Leipart, Die Gewerkschaften und die Maifeier. S. M. 1905. S. 407—412.

[2]) Vgl. über die Entwicklung des Sozialismus in Bulgarien: Assen Zankow S. M. 1904 S. 624; Dänemark: Gustav Bang S. M. 1899 S. 361; Finnland: N. R. af Ursin S. M. 1900 S. 55; Holland: W. H. Vliegen S. M. 1900 S. 339; Norwegen: O. Kriengen S. M. 1905 S. 295; Polen: R. Luxemburg S. M. 1897 S. 547; Queensland: D. Levey S. M. 1897 S. 360; Rußland: N. Kolossow S. M. 1898 S. 197; Schweden: H. Branting S. M. 1900 S. 724; Spanien: M. de Unamuno S. M. 1897 S. 475; Ungarn: E. Garami S. M. 1897 S. 425; außerdem die Art. Argentinien, Dänemark, Holland, Norwegen, Polen, Portugal, Rumänien, Rußland, Schweden, Spanien, Ungarn in Stegmann und Hugo, Handbuch des Sozialismus. Zürich 1894.

[3]) Vgl. Bernstein, Die Grenzen des Nutzens und Entstehens internationaler Kongresse. N. Z. XI. 2. S. 644; Derselbe, Kritisches zum internationalen Londoner Sozialisten- und Gewerkschaftskongreß. N. Z. XIV. 2. S. 246.

Dritter Teil.

Die soziale Reform.[1]

Erstes Kapitel.

Prolegomena.

87. Die Beteiligung der Arbeiterklasse an innerer und auswärtiger Politik.[2]

Die Darstellung des sozialen Parteiwesens hat zu dem Ergebnisse geführt, daß für den Ausbau sozialer Reformen sozialkonservative, sozialliberale und opportunistisch-sozialistische Richtungen in Aktion treten. In der Regel besitzt keine der genannten Gruppen einen so großen Einfluß im Staatsleben, daß sie allein imstande wäre, ihr Programm zu verwirklichen. Es können also nur diejenigen Reformen durchgeführt werden, für welche, wie z. B. für die Arbeiterschutzgesetzgebung, mehrere Parteien zugleich eintreten.

Frägt man, unter welchen politischen Einrichtungen heute am ehesten eine gedeihliche Wirksamkeit der reformatorisch gerichteten Parteien erwartet werden darf, so nehmen viele Sozialpolitiker an, daß eine starke

---

[1]) Die Fragen der Reform des gewerblichen Arbeitsverhältnisses finden namentlich in den folgenden Handbüchern der Nationalökonomie eingehendere Berücksichtigung: v. d. Borght, Grundzüge der Sozialpolitik, 1904; Conrad, Grundriß zum Studium der politischen Ökonomie. II. Volkswirtschaftspolitik. 4. Aufl. 1904. S. 199—333; v. Philippovich, Grundriß der politischen Ökonomie. II. 1899. S. 138—204; Schmoller, Grundriß der allgemeinen Volkswirtschaftslehre. II. 1904. S. 259—418; v. Schönberg in dem von ihm herausgegebenen Handbuch der politischen Ökonomie. 4. Aufl. 1896/98. Gewerbe, II. Teil. Die gewerbliche Arbeiterfrage; Sombart, Die gewerbliche Arbeiterfrage. 1904 (Sammlung Göschen).

[2]) Vgl. Naumann, Demokratie und Kaisertum. 3. Aufl. Berlin 1904.

Monarchie, wenigstens in größeren Staatswesen, die besten Aussichten eröffne. Mit besonderem Schwunge haben namentlich sozialkonservative Schriftsteller die sozialen Aufgaben des Königtums gepriesen. Aber auch Sozialisten, wie Rodbertus, und Sozialliberale, wie L. Stein,[1]) stehen dieser Auffassung sehr nahe. „Das Königtum hat", wie Stein ausführt, „für die Erhaltung seiner Selbsttätigkeit und seiner hohen Stellung nur einen sicheren Ausweg; es ist der, sich mit all der Besonnenheit, Würde und Kraft, welche der höchsten Gewalt im Staate geziemt, im Namen der Volkswohlfahrt und Freiheit an die Spitze der sozialen Reform zu stellen. Alles Königtum wird fortan entweder ein leerer Schatten, oder eine Despotie werden, oder untergehen in Republik, wenn es nicht den hohen sittlichen Mut hat, ein Königtum der sozialen Reform zu werden." Und diesen Gedanken hat selbst Lassalle[2]) bis zu einem gewissen Grade aufgenommen. Das preußische Königtum könne der liberalen „Clique", der Bourgeoisie, nicht weichen, es könne das Volk auf die Bühne rufen und sich auf dasselbe stützen. Es brauche sich nur seines Ursprunges zu erinnern, denn alles Königtum sei ursprünglich Volkskönigtum gewesen. „Ein Louis Philippesches Königtum, ein Königtum von der Schöpfung der Bourgeoisie könnte dies freilich nicht; aber ein Königtum, das noch aus seinem ursprünglichen Teige geknetet dasteht, auf den Knauf des Schwertes gestützt, könnte das vollkommen wohl, wenn es entschlossen ist, wahrhaft große, nationale und volksgemäße Ziele zu verfolgen." Wenn man der Monarchie eine hohe soziale Mission zuschreibt, so geschieht es vorzugsweise deshalb, weil sie einen über die Klassenkämpfe weit hinausragenden, unparteiischen, stabilen, das Wohl des Ganzen verfolgenden Faktor darstellen kann.

Immerhin vermag die Monarchie einer gewissen Mitwirkung der regierten Massen doch nicht zu entbehren. Im modernen Staate gibt es keinen Monarchen mehr, und kann es keinen mehr geben, der imstande wäre, über die Beziehungen zum Auslande, die Verhältnisse der Armee und Flotte, über die mannigfaltigen und viel verschlungenen Aufgaben der inneren Verwaltung und die rasch wechselnden Phasen der wirtschaftlichen und gesellschaftlichen Entwicklung sich ein eigenes, durchaus selbständiges und tatsächlich zutreffendes Urteil zu bilden. Und ebensowenig wird es jemandem gelingen, den ganzen vielräderigen, komplizierten Beamtenapparat ausschließlich seinen eigenen Absichten entsprechend funktionieren zu lassen. Es besteht immer die Gefahr, daß

[1]) Stein, Das Königtum, die Republik usw. Leipzig 1850. S. 49.

[2]) Bernsteinsche Ausgabe. II. Bd. S. 814, 815, 818, 819.

soziale Ideen des Herrschers durch andere Auffassungen seiner Beamten in der Ausführung beeinträchtigt werden. Das Maß dieser Beeinträchtigung ist natürlich von Land zu Land sehr verschieden. Es hängt wieder von der mehr oder minder innigen Verbindung ab, in welcher die Beamtenkreise selbst mit den einzelnen Gesellschaftsklassen stehen. Es kann nicht geleugnet werden, daß in dieser Beziehung in Deutschland im allgemeinen günstige Verhältnisse obwalten. Jedenfalls ist es hier gelungen, einen relativ großen Bruchteil des Beamtentums über die Klassenvorurteile und -Interessen seiner Herkunft emporzuheben Trotzdem überläßt man doch auch hier, und mit Recht, nicht alles der Regierung. Die soziale Reform will eben nicht nur die materiell schlechte Lage, unter welcher die Arbeiterklasse heute leidet, abstellen und die Bahn für eine fortschreitende wirtschaftliche Hebung eröffnen. Sie will nicht nur besseres Essen, besseres Wohnen, größere Muße und Erholung, sondern auch die Hebung der Arbeiter auf ein höheres sittliches und geistiges Niveau erzielen. Nun kann aber nur das Ringen der Arbeiterklasse selbst um ihre Erhebung, der lange, entbehrungsreiche Kampf um ihre gerechte Sache diejenige Läuterung und sittliche Erhöhung bringen, die zu den wertvollsten Bestandteilen der Reform gehört. Diese notwendige, tatkräftige Erziehungsarbeit kann, der Hauptsache nach, allein vom Volke an dem Volke selbst geleistet werden. Die Monarchie, das Beamtentum können dem Volke schließlich doch nur helfen, sich selbst zu helfen. Diese wertvollste Fähigkeit würde dann nicht entwickelt, wenn man zwar alles fürs Volk, aber nichts durch das Volk tun wollte. Dazu kommt die Tatsache, daß in der modernen Arbeiterwelt ein heißes Sehnen nach Selbstbestimmung lebt. Je weniger diesem Wunsche Rechnung getragen wird, desto phantastischer werden die Vorstellungen der Arbeiter über dasjenige, was sie selbst bei entsprechender Betätigungsfreiheit zur Verbesserung ihrer Zustände leisten könnten. Die Einsicht in die Grenzen, welche allem menschlichen Tun im allgemeinen und der sozialpolitischen Wirksamkeit des Staates im besonderen durch die Natur der Dinge nun einmal gezogen sind, wird den Volksmassen erst dann erschlossen werden, wenn ihnen selbst ein Anteil an der Regierung zugestanden wird.

Damit sollen die Gefahren nicht geleugnet werden, welche die Erteilung politischer Rechte an die Arbeiterklasse einschließt. Die ungenügende ökonomische Lage, die mangelhafte Bildung, die soziale Abhängigkeit, kurz all dasjenige, was eben die soziale Reform selbst notwendig macht, kann die richtige, das Wohl des Ganzen fördernde Benutzung politischer Rechte in Frage stellen. Vielleicht werden die

Rechte weise benutzt, soweit es sich um unmittelbare, leichter zu übersehende Arbeiterinteressen handelt. Allein das Staatsleben, namentlich der großen Reiche, enthält auch eine Fülle von Problemen, deren Verständnis selbst den politisch Gebildeten große Schwierigkeiten bereitet.

In gewisser Hinsicht erscheinen diese Gefahren aber wieder als ebensoviele wirksame Triebfedern der sozialen Reform. Wo die Arbeiterklasse einen wichtigen Faktor des öffentlichen Lebens darstellt, gewinnen alle anderen Klassen und Mächte das lebhafteste Interesse an der kulturellen Hebung und politischen Erziehung der Arbeiter selbst. Wo der Arbeiter eine Stimme abzugeben hat, muß man dafür sorgen, daß er durch gute Volksbildung und eine fortschreitende Entwicklung des Arbeitsverhältnisses in den Stand gesetzt wird, sich für die Fragen des Gemeinschaftslebens Interesse und Verständnis zu erwerben. Deshalb dürfen die Gefahren, welche mit der Ausübung politischer Rechte durch die Arbeiterklasse verknüpft sein können, nicht überschätzt werden. In Monarchien ist zudem durch die monarchische Stellung selbst schon ein Gegengewicht geboten. Und auch dort, wo keine monarchische Gewalt von Bedeutung besteht, stehen der Arbeiterklasse in der Regel doch andere Gesellschaftsklassen im Staatsleben gegenüber, die, sofern sie wirklich der allgemeinen Wohlfahrt dienen, meist auch aus Arbeiterkreisen heraus Unterstützung erhalten. Am ruhigsten schreitet die Entwicklung vor, wenn die gewerbliche Arbeiterklasse bereits politische Rechte in einem Zeitpunkte erhält, in welchem sie noch einen relativ kleinen Bruchteil der Gesellschaft ausmacht. Sie ist dann, wenn sie allmählich infolge ihres Wachstumes zu größerem Einflusse gelangt, bereits im Besitze einer erheblichen politischen Bildung. Der konservative Charakter der schweizerischen Arbeiterschaft ist gewiß zu einem guten Teile auf diesen Umstand zurückzuführen.

Wie im Staatsleben überhaupt, so scheint also auch zur Förderung der sozialen Reform, namentlich in großen Reichen, eine gewisse Mischung monarchischer, aristokratischer und demokratischer Einrichtungen, mögen sie nun auf der geschriebenen oder ungeschriebenen Verfassung eines Landes beruhen, die besten Resultate zu versprechen. Es ist Sache der monarchischen Stellung, eine tatkräftige, schlagfertige, die Prinzipien der Ordnung, der Kontinuität und Unparteilichkeit möglichst wahrende Regierung zu sichern, die richtige Mitte zwischen den konservativen und progressistischen Parteibestrebungen einzuhalten. Aristokratische Institutionen haben den natürlichen Einfluß überlegener Bildung, welches Gebiet des Gemeinschaftslebens sie auch betreffen mag, gebührend zu unterstützen. Namentlich darf der Umstand, daß heute die Inhaber der

Produktionsmittel die Leitung des Wirtschaftslebens zu besorgen haben, auch in den politischen Verhältnissen nicht ignoriert werden. So lange nicht durch andere wirtschaftliche Organisationen die Unternehmerstellung überflüssig geworden ist, muß der Unternehmer als industrieller Offizier auch die Macht behalten, welche zur erfolgreichen Ausübung seiner wichtigen Funktion erforderlich ist. Deshalb wünschen eben Männer wie Bernstein und Vollmar gar nicht, daß schon jetzt alle Gewalt ihrer Partei zufallen soll. Denn es wäre sehr fraglich, ob unter sozialistischer Herrschaft den Unternehmern noch die im Interesse ihrer Funktion notwendige Kommandostellung erhalten werden könnte. Damit aber diese regierenden Faktoren über den eigenen die Interessen der Gesamtheit nicht vergessen, müssen die Volksmassen Rechte besitzen, mit deren Hilfe sie erforderlichenfalls auch ein Regiment, das ihrer Wohlfahrt dient, erzwingen können. Es ist deshalb eine durchaus begründete Politik, daß die Arbeiterklasse überall, wo sie zu politischem Leben erwacht und politische Rechte noch nicht besitzt, solche fordert und zwar für die kommunalen Vertretungen sowohl wie für diejenigen des Einzelstaates und Bundesstaates.

Da heute die auswärtige Politik der Kulturstaaten in erster Linie wirtschaftliche Expansionspolitik ist, so ergeben sich auch in dieser Richtung enge Beziehungen zur sozialen Reform.[1]) Erst wenn die auswärtige Politik eine aufsteigende Entwicklung des ganzen Wirtschaftslebens sichert, sind Reformen großen Stiles möglich.

Dieser Zusammenhang wird von der Arbeiterklasse noch oft verkannt und es kann deshalb wohl die Frage aufgeworfen werden, ob die Erteilung politischer Rechte an die Volksmassen, so nützlich sie zunächst für sozialpolitische Zwecke erscheinen mag, nicht die Interessen der äußeren Politik und damit auch diejenigen der sozialen Reform auf's Schwerste gefährdet.

Wilhelm Liebknecht hat einmal das Wort gesprochen: Die beste auswärtige Politik ist gar keine! Diese Auffassung läßt die Gefahren ermessen, welche für die auswärtigen Beziehungen eines Staates aus

[1]) Vgl. M. Weber, Nationalstaat und Volkswirtschaftspolitik. Freiburg 1895; Sombart, Sozialismus und soziale Bewegung im 19. Jahrh. 3. Aufl. Jena 1900. S. 93 ff.; Handels- und Machtpolitik, Reden und Aufsätze, herausgegeben von G. Schmoller, M. Sering und A. Wagner. Stuttgart 1900. 2 Bde., insbesondere Schmollers Rede über die wirtschaftliche Zukunft Deutschlands im I. Bd. S. 36; E. v. Halle, Volks- und Seewirtschaft. 2 Bde. Berlin 1902. Rohrbach, Deutschland unter den Weltvölkern. Berlin 1903; Lamprecht, Zur jüngsten deutschen Vergangenheit. II. 2. Hälfte. Freiburg i. B. 1904. S. 463—741; O. Canstatt, Die deutsche Auswanderung. Berlin 1904.

dem internationalen Sozialismus einer mit politischen Rechten ausgestatteten Arbeiterklasse hervorgehen können. Sie sind in der Tat von ungleich größerer Tragweite als auf dem Gebiete der inneren Politik. Ganz besonders ungünstig steht in dieser Beziehung das Deutsche Reich da. Einmal hat keine große Arbeiterpartei eines anderen Landes den „Internationalismus" so ernst genommen wie die deutsche Sozialdemokratie, und dann hat unter den modernen Großstaaten kein anderer gerade auf dem Gebiete der äußeren Politik noch so schwere und wichtige Aufgaben zu erfüllen, wie das Reich. Es handelt sich hier nicht nur um die internationale Handelspolitik, nicht nur um die Sorge, den auf die Ausfuhr angewiesenen Gewerben lohnende Märkte zu eröffnen oder offen zu halten. Noch wichtiger ist die Erweiterung der territorialen Basis des deutschen Volkes. Unter den industriellen Großstaaten ist diese nirgends so ungenügend wie beim Deutschen Reiche. England, Nordamerika, Frankreich, Rußland, sie alle verfügen über einen gewaltigen Landbesitz, der auch für die Entwicklung der Landwirtschaft noch weiten Spielraum gewährt. Das Deutsche Reich dagegen könnte sich innerhalb seiner gegenwärtigen Grenzen höchstens durch innere Kolonisation im ostelbischen Gebiete noch einige Millionen landwirtschaftlicher Bevölkerung schaffen. Die bereits erworbenen überseeischen Besitzungen bieten dazu wenig Aussicht. Soll das deutsche Volk also nicht zu einem immer größeren Bruchteile aus Industriearbeitern bestehen — und daß diese Entwicklung nicht im Interesse des deutschen Volkstumes liegen würde, ist an anderer Stelle darzutun versucht worden — so muß das Reich auch Kolonialland erwerben, in welchem deutsche Bauern gedeihen. Das einzige Mittel, um diesen Erwerb ohne Blutvergießen durchzuführen, besteht darin, eine so imposante Macht zu Wasser und zu Lande zu entfalten, daß der Widerstand den Gegnern von vornherein nutzlos und vergeblich erscheint. Daß die deutsche Seemacht zur Zeit und auch nach Vollendung der Flottenvergrößerungspläne, dieser Bedingung noch nicht entspricht, wird kaum bestritten werden. Will das deutsche Volk also eine den Angelsachsen ebenbürtige Stellung auf dem Erdball auch in ferner Zukunft behaupten, so hat es noch gewaltige Opfer für die Erweiterung seiner bewaffneten Macht zu bringen. Es genügt dabei nicht, daß dem Reichstage mit Mühe und Not die finanziellen Maßnahmen abgerungen werden. Wenn nicht die große Masse des deutschen Volkes hinter einer solchen Politik steht, wird sich das Ausland immer durch die Hoffnung, daß innere Zwietracht das Reich im Falle der Aktion lähmen werde, in seinem Widerstande bestärken lassen.

Wird die Frage aufgeworfen, warum die deutsche Arbeiterpartei den Bestrebungen, die deutsche Weltmachtstellung zu befestigen und zu erweitern, so geringes Interesse, oder geradezu offene Feindschaft entgegenbringt, so spielt leider das Argument, die Verbesserungen der militärischen Ausrüstungen zielten lediglich auf die Bekämpfung des „inneren Feindes" ab, immer noch eine gewisse Rolle. Und doch ist es klar, daß heute nur ein verschwindender Bruchteil selbst der sozialdemokratischen Arbeiterschaft sich mit Revolutionsgedanken trägt. Um diese Elemente niederzuwerfen, brauchte das Reich nur einen winzigen Bruchteil der bewaffneten Macht, die es bereits besitzt. Völlig sinnlos ist der Gedanke aber, wenn er auch gegen die Flottenvermehrung ins Treffen geführt wird. Andere wieder erhoffen aus dem Zusammenbruche des Exportindustrialismus die Einführung des sozialistischen Staates. Sie sind demzufolge nicht geneigt, eine Politik zu unterstützen, welche Deutschland einen Ausweg aus diesen Gefahren eröffnen soll. Hierbei wird aber übersehen, daß die wirtschaftliche Entwicklung, wie früher gezeigt wurde, tatsächlich gar nicht die Voraussetzungen für die Verwirklichung des Sozialismus schafft.

Endlich — und das ist der weitaus beachtenswerteste Gesichtspunkt — entspringt die Ablehnung der Weltmachtpolitik einer, wenigstens in den deutschen Arbeitermassen tief wurzelnden ethischen Anschauung.[1]) Indem man die Gewaltpolitik im Innern bekämpft, weil sie dem sozialen Fortschritt der Arbeiterklasse widerspricht, verwirft man sie auch in der auswärtigen Politik. Wie das Erfurter Programm erklärt, will die deutsche Sozialdemokratie nicht bloß die Ausbeutung und Unterdrückung der Lohnarbeiter, sondern jede Art der Ausbeutung und Unterdrückung, richte sie sich gegen eine Klasse, eine Partei, ein Geschlecht oder eine Rasse, bekämpfen. Da es heute nun kein für deutsche Ackerbaukolonien geeignetes Land gibt, das vollkommen unbewohnt und herrenlos wäre, so kann die Expansion allerdings ohne die Unterwerfung und Einschränkung anderer Rassen nicht erfolgen.

Man wird nicht leugnen, daß die Propaganda einer Gewaltpolitik nach außen und die damit in Zusammenhang stehende Verstärkung des kriegerischen Geistes überhaupt die Förderung der sozialen Aufgaben im Innern beeinträchtigen **kann**. Dagegen darf nicht zugegeben werden, daß diese Beeinträchtigung eintreten **muß**. Wenigstens hat in England der Geist der sozialen Versöhnung durch die gleichzeitig praktizierte

[1]) Vgl. die Besprechung, welche L. **Brentano** Naumanns Buche über Demokratie und Kaisertum in der Beilage zur Münchener Allgem. Zeitung 1900 gewidmet hat. Abgedruckt auch in Naumanns Hilfe. 3. Juni 1900. S. 4—6.

Annexionspolitik nicht im mindesten gelitten. Es muß ferner bedacht werden, daß ohne territoriale Erweiterung eine soziale Reform großen Stiles gar nicht möglich ist. Auch Deutschland braucht eine „freie Brücke" über die See. Wenn man nicht weiter, wie es in der Vergangenheit geschehen ist, durch die deutsche Auswanderung fremde Mächte stärken will, so muß diese Brücke von altdeutschem Land zu neudeutschem Land führen. Die Vorteile, welche die Entlastung des deutschen Arbeitsmarktes bei freier Auswanderung in deutsche Ackerbaukolonien den Arbeitern bringen muß, können sich diese auf die Dauer unmöglich entgehen lassen. Um es mit dem bekannten Worte Sombarts[1]) auszudrücken, auch die deutschen Arbeiter werden einsehen müssen, daß über dem Kampfe um den Futteranteil der Kampf um die Futterplätze nicht vergessen werden darf.

Auch in dieser Beziehung ist nichts anderes erforderlich, als an die gesunden Gedanken anzuknüpfen, welche Lassalle[2]) in bezug auf die auswärtige Politik entwickelt hat. „Das Prinzip der Nationalität wurzelt," wie er im „Italienischen Krieg" darlegt, „in dem Rechte des Volksgeistes auf seine eigene geschichtliche Entwicklung und Selbstverwirklichung. Nun gab es und gibt es Völker, die es aus sich heraus zu einem geschichtlichen Dasein überhaupt nicht zu bringen vermögen; andere, die es zu einem solchen gebracht, aber über dasselbe nicht weiter hinaus können und nun als statarische Trümmer hinter der Geschichte liegen bleiben; andere endlich, die, obwohl nicht ohne eigene Entwicklung, doch von dem rascheren und mächtigeren Entwicklungsprozeß ihrer Nachbarn überholt werden und diesen so in Zeiten des eigenen Stillstandes die Möglichkeit gewähren, einzelne ihrer Landesteile an sich zu reißen und — zu deren eigener Zufriedenheit — dem erobernden Volksgeiste und seiner Kulturentwicklung zu assimilieren. Wie nun das Recht der Geschichte und ihrer Gesamtentwicklung das größere ist gegen das ihrer einzelnen Adern — der besonderen Völker — wie das Recht jeder dieser Adern im geschichtlichen Organismus auf eigene Funktion, auf eigene Entwicklung eben an die tatsächliche Bedingung gebunden ist, daß sie funktionieren, daß sie sich entwickeln, so bleibt das Recht des Volksgeistes auf eigene Existenz daran gebunden, daß ein in eigener Weise sich entwickelnder mit dem Kulturprozeß des Ganzen Schritt haltender Volksgeist da sei. Andernfalls wird die Eroberung ein Recht, und zwar entweder von vornherein, oder sie wird hinterher als ein solches erwiesen. Die Probe für dieses Recht ist bei

[1]) a. a. O. S. 2, 94, 95.

[2]) Bernsteinsche Ausgabe I. S. 305.

der Eroberung eines Volkes verschiedener Rasse mehr das Aussterben, bei Eroberung eines Volkes derselben Rasse mehr die Assimilierung desselben, die Hinüberhebung in den eigenen und höheren Kulturgeist. Mit diesem Recht hat die angelsächsische Rasse Amerika, Frankreich Algier, England Indien, haben die Völker deutscher Abkunft von denen slavischer Zunge ihren Boden erobert.... mit dieser genauen Bestimmung muß das Prinzip der freien Nationalitäten begriffen werden, sonst hört es auf ein Prinzip zu sein und treibt sich zum Unsinn."

Dieses Recht des „höheren kulturhistorischen Berufes" ist neuerdings auch von Bernstein[1]) unumwunden anerkannt worden. Die

---

[1]) Bernstein, Zur Geschichte und Theorie des Sozialismus. Berlin und Bern 1901. S. 218—249; Derselbe, Sozialismus und Kolonialfrage. Sozialistische Monatshefte 1900. S. 549—562. In seiner Besprechung der dritten Auflage meiner „Arbeiterfrage" (D. S. 1. S. 473) hat Bernstein seine Äußerungen wieder etwas eingeschränkt. Er schreibt nämlich: „Eine Revision in dem Sinne, daß an die Stelle eines unbestimmten, lediglich gefühlsmäßigen Kosmopolitismus ein von bestimmten wissenschaftlichen Kriterien geleiteter Internationalismus tritt, ist sicher am Platze, wird aber nicht nur von den Revisionisten, sondern auch von Leuten vertreten, die sonst deren heftigste Gegner sind, und ist theoretisch schon in den Schriften von Marx, Engels und Lassalle zum Ausdruck gebracht worden. Aber international muß die Sozialdemokratie bleiben, soll sie nicht ihren inneren Halt verlieren. Fehler in der Wertung ökonomischer Erscheinungen oder Probleme werden, wie die Erfahrung gezeigt hat, schnell wieder gut gemacht. Hier bildet das Klasseninteresse in Verbindung mit der machtvollen Sprache der ökonomischen Bedürfnisse und Möglichkeiten einen fast automatisch arbeitenden Regulator. Für die auswärtige Politik aber gibt es, sobald die Sozialdemokratie den ihr durch ihren Charakter als Partei der arbeitenden Klasse vorgeschriebenen Internationalismus aufgibt, für sie keinen Regulator. Sie würde sich von Modeströmungen, Launen einflußreicher Persönlichkeiten und dergl. abhängig machen und damit aus einer Bürgschaft eine Gefahr für den Frieden in der Kulturwelt werden. Auf der anderen Seite gefährdet der Internationalismus der Sozialdemokratie kein Lebensinteresse Deutschlands, das sich aus seiner wachsenden Volkszahl und der Entwicklung seiner Industrie ergibt. Die Frage der Gebietserweiterung Deutschlands durch Kolonialerwerb, auf die Herkner hinweist, kann in dem Momente, wo sie wirklich zu einem Lebensinteresse für das deutsche Volk werden sollte, — heute ist sie es nicht, — bei dem Zurückbleiben des Volkszuwachses in England und Frankreich seiner Zeit ganz gut auf friedlichem Wege gesichert werden." Wenn Großbritannien und Irland auch einen schwächeren Volkszuwachs aufweisen als das Deutsche Reich, nämlich 0,94 Proz. gegen 1,5 Proz., so lassen sie sich mit Frankreich doch nicht vergleichen, das nur 0,17 Proz. erzielt. Im übrigen hat diese minimale Zuwachsquote Frankreich nicht im mindesten von der kolonialen Expansion abgehalten und wird es voraussichtlich auch nicht in der Zukunft tun.

Erfreulicherweise gibt es andere Sozialdemokraten, welche weniger vertrauensselig als Bernstein sind. So wird von R. Calwer in S. M. 1905, S. 458, die deutsche Marokko-Politik gegen Frankreich in energischer Weise verteidigt.

Sozialdemokratie habe sich nur denjenigen Unternehmungen gegenüber unbedingt feindselig zu verhalten, welche darauf abzielten, einer „Kulturnation" Kolonialbesitz zu entreißen. Er scheint dabei vorzugsweise an England zu denken. Die Befürchtung, daß man im Deutschen Reiche beabsichtige, den Engländern Kanada oder Australien wegzunehmen, entbehrt wohl jeder Begründung. Ein Konflikt zwischen dem Deutschen Reiche und wirklichen Kulturnationen könnte nur dadurch entstehen, daß letztere Deutschland hinderten, sich Gebiete anzueignen, die jene zwar noch nicht besitzen, aber selbst gern in Besitz nehmen möchten. Mit dieser Eventualität muß leider ernsthaft gerechnet werden.

Nachdem innerhalb der Sozialdemokratie in bezug auf andere Fragen wichtige Wandlungen sich vollzogen haben, braucht man die Hoffnung noch nicht aufzugeben, daß im Laufe der Zeit auch die auswärtige Politik und speziell die koloniale Expansion eine realistischere Beurteilung finden werden. Die Frage ist nur die, ob sich dieser Wandel rasch genug anbahnen wird. Bei dem rapiden Tempo, in welchem heute die anderen Kulturnationen sich ausbreiten, wird bei längerem Zuwarten für Deutschland ein der Aneignung wertes Gebiet kaum mehr übrig bleiben, das nicht bereits von Angelsachsen, Franzosen oder Russen in Anspruch genommen worden ist. Deshalb sollte von Seite der Regierung und der für eine Weltpolitik eintretenden Parteien der Gedanke der sozialen Reform so gefördert werden, daß die Aussöhnung zwischen ihnen und der Sozialdemokratie rasche Fortschritte machte. Insbesondere Sache Preußens und Sachsens wäre es, das Wahlrecht der Arbeiter für Landtag und Gemeinde günstiger zu gestalten. Die *Hauptsache bleibt eben immer die Freude eines Volkes an seinem Staatswesen, die großmütige, unbeugsame Entschlossenheit, alles für dessen Erhaltung und Größe jederzeit aufzuopfern. Das ist aber eine Gesinnung, welche heute ohne die Teilnahme der Arbeiter an der politischen Gewalt nur schwer gedeihen kann.*

88. Die ökonomischen Folgen besserer Arbeitsbedingungen.

A. Verkürzung der Arbeitszeit.

Wenn ein blühender Zustand der Volkswirtschaft und eine Politik, welche diesen Zustand sichert und fördert, soeben zu den Voraussetzungen größerer Reformen gerechnet wurden, so sollte damit nicht der weit verbreiteten Meinung Vorschub geleistet werden, als ob soziale

Reformen unter allen Umständen eine Erhöhung der wirtschaftlichen Erzeugungskosten und insofern eine Erschwerung der Konkurrenzfähigkeit auf dem Weltmarke zur Folge haben müßten. Innerhalb gewisser Grenzen — Grenzen, die allein die Erfahrung genauer bestimmen kann — sind Verkürzungen der Arbeitszeit und Erhöhungen des Lohnes sogar im stande, die Leistungsfähigkeit der Arbeiterschaft und die Entwicklung der industriell-technischen Organisation vorteilhaft zu beeinflussen.

Arbeitszeit und Arbeitsleistung verhalten sich durchaus nicht proportional zu einander.[1]) Ebenso wie bei der Verlängerung der Arbeitszeit durch Überstunden nicht immer eine entsprechende Mehrleistung auftritt, so wird auch bei der Einschränkung der Arbeitszeit häufig kein proportionaler Ausfall in den Arbeitsleistungen beobachtet. Findet aber kein entsprechender Ausfall statt, dann kann für die Unternehmer geradezu eine Verbilligung der Arbeit eintreten, da ein Teil der Generalkosten im Verhältnis zur Verkürzung der Arbeitszeit abnimmt.[2])

Bei dem großen Mißtrauen, welches in diesen Fragen theoretischen Erörterungen entgegengebracht wird, empfiehlt es sich, einige Stimmen aus der Praxis anzuführen.

So schreibt der eidg. Fabrikinspektor Dr. Wegmann in seinem Berichte für die Jahre 1902/03 (Aarau 1904) S. 52:

„Die größten Veränderungen in der Arbeitszeit während der Berichtsperiode hat für viele Geschäfte die Krisis gebracht. Nicht alle werden mit dieser verschwinden, denn manche Fabrik hat es jetzt selbst erfahren, daß die Reduktion der

---

[1]) Nach Untersuchungen des Physiologen Mosso (Die Ermüdung, deutsch, 1892, S. 157) bringt der Arbeiter, wenn er noch länger bei der Arbeit verharrt, nachdem er schon ermüdet ist, nicht nur eine minderwertige mechanische Wirkung hervor, sondern erleidet dadurch auch einen größeren Schaden an seinem Organismus. Die Ruhepausen zwischen einer Anstrengung und der nächstfolgenden müssen verlängert werden, sobald wir müde sind, weil sich im Zustande der Ermüdung die Kräfte weniger schnell wieder ersetzen, indem durch die Ermüdung die Erregbarkeit der Nerven und Muskel geringer geworden ist.

[2]) Webb and Cox, The eight hours day. London 1891; Schuler, Der Normalarbeitstag in seinen Wirkungen auf die Produktion. A. f. s. G. IV. S. 82 bis 102; Schulze-Gaevernitz, Der Großbetrieb. Leipzig 1892; Brentano, Über das Verhältnis von Arbeitslohn und Arbeitszeit zur Arbeitsleistung. Leipzig 1893; Rost, Der achtstündige Normalarbeitstag. Leipzig 1896; John Rae, Der Achtstundentag (deutsch von Borchardt) Weimar 1897; Schuler, Zwanzig Jahre Normalarbeitstag in der Schweiz. Wolf's Zeitschrift I. S. 581—607; Über die neuesten Erfahrungen vgl. S. P. S. C. VIII. S. 675, 1075. IX. S. 762, 817; Bad. Fabrikinspektionsbericht für 1901. S. 22; Chapmann, Work and Wages, in continuation of Lord Brassey's Work and Wages. London 1904. Gegen Brentano's und Brassey's Ausführungen polemisiert Hasbach, Zur Charakteristik der englischen Industrie. J. f. G. V. XXVII. S. 388 ff u. S. 417 ff.

Arbeitszeit nicht immer die gefürchtete Verminderung der Produktion zur Folge hat. Am deutlichsten trat dies in der Seidenweberei zu Tage, wo viele Geschäfte jetzt unter dem Druck der Verhältnisse tun mußten, was andere früher schon freiwillig getan hatten. Als der Arbeitsmangel sich geltend machte, ging man vielerorts von 11 auf 10 Stunden herab, aber siehe da, die Reduktion „nützte nichts", d. h. die Produktion nahm nicht ab. Die einen Arbeitgeber gaben dies unumwunden zu, andere machten einen Vorbehalt, zweifelten namentlich daran, daß im Winter ebenfalls gleich viel geleistet würde. Um einen Effekt zu erreichen, mußte man weiter reduzieren, zwei Stunden per Tag, einen halben, ja einen ganzen Tag per Woche. Teils stellte man am Montag, teils am Samstag den halben oder ganzen Tag ein. In einem Geschäft, wo lange Zeit 55 statt 65 Stunden per Woche gearbeitet wurde, wollte man zwar eine „erhebliche", aber doch bedeutend geringere Verminderung der Produktion beobachtet haben, als nach der Verkürzung der Arbeitszeit erwartet wurde. Als Grund, warum man nicht längst bleibend die 10stündige Arbeitszeit eingeführt habe, gab man in einer Fabrik auf dem Lande die Rücksichtnahme auf die Landwirtschaft an, in welcher die Arbeitszeit noch viel länger sei. Auch eine Kokosteppichfabrik hat bei gelegentlicher Reduktion der Betriebszeit ihre Rechnung so gut gefunden, daß sie die Einführung des Zehnstundentags in Erwägung zog. Solange derselbe aber nicht Gesetz ist, wird er in vielen Etablissementen, z. B. in der Stickerei, nur so lange eingehalten, als es konveniert. Viele Geschäfte in St. Gallen, welche gewöhnlich nur 10 Stunden arbeiten, haben sich denn auch die 11stündige Arbeitszeit in Reglement und Stundenplan genehmigen lassen, um nach Konvenienz dazu zurückkehren zu können. Und doch haben aufmerksame Beobachter gefunden, daß dabei „nicht viel herauskomme". Der Leiter einer Schifflistickerei erklärte, bei Überzeit „arbeite man auf Kosten der Produktion in der normalen Arbeitszeit"; er will damit sagen, wenn die Leute gewohnt seien, 10 Stunden zu arbeiten und man setze eine Stunde zu, werde in den 10 Stunden weniger geleistet als vorher. Ein Seidenfärber, der ebenfalls gelegentlich zur elften Stunde greift, findet: „Schon nach zwei Wochen sind Prinzipal, Meister und Arbeiter der Überzeitarbeit so satt, daß in den 11 Stunden kein Deut mehr geleistet wird, als normalerweise in zehn". Eine Baumwollspinnerei arbeitete längere Zeit 70, statt 65 Stunden per Woche. Bei dieser Verlängerung der Arbeitszeit um 7,7 Prozent stieg der Verdienst aller Akkordarbeiter an den Spinnstühlen zusammen genommen während 1372 Arbeitsstunden nur um 1,5 Prozent."

Sehr lehrreich sind ferner die Erfahrungen, die der Direktor der gräflich Erwin von Nostitz'schen Eisenwerke zu Rothau in Böhmen mit der von ihm eingeführten achtstündigen Arbeitszeit gemacht hat. Er berichtete (vgl. S. P. S. C. IV. S. 91) darüber an Professor von Philippovich:

„Die achtstündige Arbeitszeit ist für einzelne Industrien durchaus nicht eine Institution, die nur den einseitigen Vorteil des Arbeiters berücksichtigt, sondern läßt sich ganz wohl auch im Interesse des Fabrikbesitzers einführen. Allerdings darf die achtstündige Schicht nicht als eine für alle Beschäftigungsarten der menschlichen Gesellschaft ohne Unterschied notwendige Einführung betrachtet werden, weil sie dann leicht von großem Schaden begleitet, oder wenigstens als eine große Ungerechtigkeit angesehen werden müßte.

Es kommt ganz auf die Anspannung der physischen und geistigen Kräfte des Arbeiters in der Zeiteinheit oder die körperliche Konstitution der Altersklasse an.

Gewiß aber ist die Eisenindustrie selbst ein Gewerbe, bei welchem die achtstündige Schicht in beiderseitigem Interesse, des Gewerbsinhabers und der Arbeiter, eingeführt werden kann und in nicht ferner Zukunft auch wird allgemein eingeführt werden müssen. Das Eisenhüttengewerbe gehört zu jenen Betriebsgattungen, bei welchen infolge der hohen Temperatur der Öfen, also wegen Brennmaterialersparnis, aber auch dem Gange der Prozesse nach eine kontinuierliche, bei Tag und Nacht ohne Unterbrechung fortgeführte Arbeit der Einrichtungen nötig ist.

Bis in die letzten Jahre wurden zur Erhaltung dieses kontinuierlichen Betriebes zwei Arbeitergruppen (Schichten) gebildet, welche sich alle 12 Stunden in ihrer Arbeit ablösten.

Nun treiben die großartigen Fortschritte der Eisenindustrie in den letzten 20 Jahren zu einer immer intensiveren Ausnützung der Maschinen, Öfen, Walzwerke 2c., um die Konkurrenz bestehen zu können. Die Dampfmaschinen sowie alle sonstigen Einrichtungen werden immer kräftiger gebaut, um die Leistung per Zeiteinheit zu erhöhen; trotzdem nun auch in diesen Verbesserungen und Betriebsänderungen die Tendenz zumeist dahin geht, die Menschenarbeit durch Dampfkraft und mechanische Einrichtungen zu ersetzen, so gelingt dies doch nicht im vollen Maße, so daß dennoch die Arbeitskraft bei vielen einschlägigen Branchen stark beansprucht wird. Ja, es hängt gewissermaßen der Erfolg der neuen Einrichtungen und Verbesserungen von der Geschicklichkeit und Arbeitsleistung der dort beschäftigten Arbeiter ab.

Da nun auch bei der Eisenindustrie noch außer der physisch schweren Arbeit auch die große Hitze der Arbeitsräume die Leistung des Individuums erschwert, so ist es leicht einzusehen, daß der Mann in den ersten 6 Stunden seiner zwölfstündigen Schicht viel mehr und bessere Arbeit leistet, als in den letzten 6 Stunden, und läßt die Leistung merklich in den letzten Arbeitsstunden nach. Dadurch aber werden die Maschinen, Öfen 2c. nicht in der Art ausgenützt, als dies möglich wäre, wenn die Arbeitskräfte stets mit frischem Mute und Arbeitslust an der Maschine und am Walzwerke stünden.

Die achtstündige Schicht ist nun gerade die richtige Einrichtung, um gründliche Abhilfe zu schaffen. Statt zwei Schichten zu 12 Stunden werden drei Schichten zu 8 Stunden zusammengestellt, welche um 4 Uhr früh, 12 Uhr mittags und 8 Uhr abends wechseln. Die Vorteile für den Arbeiter sind nachstehende:

1. Auf achtstündige intensive gleichmäßige Arbeit kommen 16 Stunden Erholung, von welchen ein Teil zum Aufenthalte im Freien und zur geistigen Anregung und der andere für den Schlaf verwendet werden kann.

2. Der Arbeiter kommt stets erst in der dritten Woche zur Nachtarbeit (von 8 Uhr abends bis 4 Uhr früh), was gewiß einen sehr günstigen Einfluß auf die physische und geistige Konstitution haben muß.

3. Da die Arbeiter zumeist oder doch häufig ziemlich entfernt von den Arbeitsstätten wohnen, so wurde ihnen bei dem früheren zwölfstündigen Schichtwechsel das Mittagessen durch Familienangehörige in die Hütte gebracht; das Essen mußte nochmals gewärmt und in der Arbeitsstätte bei oft geringer Ruhe und in kleinen Pausen verzehrt werden. Nun, bei der achtstündigen Arbeitszeit, kann jeder Arbeiter zu Hause in der Mitte seiner Familie essen, da er um 12 Uhr mittags seine Arbeit antreten, resp. die Schicht verlassen muß.

Es handelt sich nun darum, ob der Arbeiter in der achtstündigen Schicht gerade so viel leisten kann wie früher in zwölfstündiger; denn nur dann kann er, ohne daß der Akkordlohn erhöht werden müßte, denselben oder besseren Verdienst erreichen wie früher bei zwölfstündiger Arbeit.

Aus meinen Erfahrungen kann ich nun mitteilen, daß es außer Zweifel steht, daß bei gewissen Verbesserungen an den Fabrikeinrichtungen ganz wohl obige Bedingung erreichbar ist.

Ich habe in Schnidelwald die achtstündige Schicht im Feinblechbetriebe seit Mai 1892 eingeführt und kann nachweisen, daß der Arbeiter heute bereits in achtstündiger Arbeitsschicht ebensoviel, ja sogar mehr verdient, als früher in zwölfstündiger Arbeitszeit, natürlich auch ebensoviel erzeugt, da der Akkordlohn ungeändert blieb. Dabei wurde die Einrichtung getroffen, daß die Öfen im stande sind, so viel zu fördern, als der Arbeiter zu verarbeiten im stande ist, und daß auch Walzwerke, resp. Dampfmaschinen und Kessel sich den vermehrten Ansprüchen gewachsen zeigen.

Es äußerte sich nicht gleich im ersten Monate, daß die Leistung der Arbeiter pro Stunde wesentlich zunahm, was aber in den Gewohnheiten der Arbeiter und unzulänglichen Einrichtungen lag.

Nun kommen die Vorteile für den Fabrikanten:

1. Da der Akkordlohn nicht erhöht wird — allerdings darf er auch nicht reduziert werden, wenn nicht der Erfolg in Frage gestellt werden soll —, so verteuert sich das Produkt aus diesem Titel nicht. Dagegen nimmt der relative Kohlenverbrauch, sowie der Verbrauch an Schmiere, Putz- und Beleuchtungsmaterial wesentlich ab, wodurch eine Verbilligung des Produktes erreicht wird.

2. Eine weitere Verbilligung ergibt sich aus dem Titel „allgemeine spezielle Regie" durch die erhöhte Produktion des Industriales, da die Leistung um mindestens 50 Prozent steigt.

3. Erhöht sich die Qualität des Produktes, weil die Arbeitslust und die Aufmerksamkeit des Arbeiters nicht derart ermüdet wie bei zwölfstündiger Schicht.

Es ist natürlich, daß die Arbeitspausen bei achtstündiger Schicht bedeutend herabschmelzen, während bei zwölfstündiger Schicht selbe naturgemäß große sein mußten. Aber die Pausen, die der Arbeiter in der Arbeitsstätte, namentlich in den warmen und staubigen Räumen der Hüttenwerke (bei noch so guter Ventilation und Säuberung), genießt, nützen ihm ungleich weniger, als jene um vier Stunden verlängerte vollständig freie Zeit, die er zubringen kann im Freien oder in seiner Häuslichkeit, über die er frei verfügen kann."

Nach einer weiteren Mitteilung des Direktors hatte im Monate Mai 1892, welcher für die Produktion in zwölfstündiger Schicht sehr günstig war, eine Arbeitergruppe bei zwölfstündiger Arbeit pro Kopf und Schicht fl. 1,70 verdient. Dieselbe Arbeitergruppe brachte es im Juni 1894 in der Achtstunden-Schicht auf fl. 1,84; per Gewichteinheit einer bestimmten Blechgattung kamen die Gesamtlöhne 1892 auf fl. 1,26, 1894 nur auf fl. 1,06 zu stehen. So war also durch die Einführung der achtstündigen Schicht der Lohn der Arbeiter und der Gewinn des Unternehmers erhöht worden.

Die gleichen Erfahrungen wurden von dem Direktor eines Eisenwerkes in Lothringen erzielt. Er hatte ohne Kürzung des Lohnes die früheren zwölfstündigen Schichten der Tag- und Nachtarbeiter in achtstündige abgeändert, wobei er in der kürzeren Arbeitsschicht eine verhältnismäßig viel größere Leistung als in der längeren erzielte, die Verwertung der Roh- und Betriebsmaterialen eine bessere wurde — insbesondere brauchten die Heizer weniger Feuerungsmaterial — und die Fabrikationserzeugnisse weniger Mängel als früher zeigten. Er glaubte dieses günstige Ergebnis seiner Gesellschaft in Brüssel mitteilen zu müssen und erhielt von dort Befehl, nichtsdestoweniger die früheren Arbeitsschichten wieder einzuführen, und zwar, weil man dortseits dem Streben der Arbeiter nach kürzerer Arbeitszeit keinen Vorschub leisten wollte und man fürchtete, daß auch die Tagarbeiter ähnliche Forderungen geltend machen könnten." (Bosselmann in S. d. V. f. S. CVI. S. 9.)

Ein hervorragender Eisenbahn- und Wasserleitungserbauer in Australien, C. J. Wentworth Cookson, kommt auf Grund seiner mehr als zwanzigjährigen Erfahrungen zu dem Schlusse, daß die denkbar wohlfeilste Arbeitskraft ein gut bezahlter Achtstundenarbeiter sei.

Niemand, der sein Brot mit schwerer, körperlicher Arbeit verdiene, könne länger als acht Stunden täglich seine volle Leistungsfähigkeit entfalten. Die noch viel zu sehr verbreitete Annahme, daß man besser fahre, wenn man für zehnstündige Arbeit z. B. 5 sh. bezahlt, als wenn man den gleichen Betrag für acht Stunden anlegt, sei sehr irrig. Die Hauptsache bleibe, daß während der acht Stunden mit Anspannung aller Kräfte gearbeitet werde. Nicht aus Menschenfreundlichkeit, sondern aus vernünftigem Eigennutz sollte man den Achtstundentag einführen. Ein langer Arbeitstag schädige nicht nur die Gesundheit und das Familienleben des Arbeiters, sondern auch — und in noch höherem Grade — die Interessen der Fabrikanten. Cookson machte einmal, als er sehr gedrängt wurde, einen Versuch mit zehn Stunden bei entsprechender Lohnerhöhung. Nach Vollendung der Arbeit ergaben seine genauen Berechnungen, daß er bloß 15% mehr Arbeitsleistung erzielt hatte, obwohl er um 25% mehr Zeit zur Verfügung und dafür um 25% mehr Lohn gezahlt hatte (S. P. S. C. XI. S. 890).

„Als ein vorzügliches Mittel, gewisse Spesen zu reduzieren, betrachte ich die Beschränkung des Lohntages auf acht Stunden, entsprechend der Forderung der organisierten Arbeiterschaft. Nicht nur werden dadurch die Kosten der Arbeitskraft reduziert, sondern auch diejenigen für Beleuchtung und Heizung. Das sind allgemeine Posten, die ins Gewicht fallen" (Erlacher, Briefe eines Betriebsleiters über Organisation technischer Betriebe, Hannover 1903).

Natürlich ist die Möglichkeit, durch höhere Arbeitsintensität die Verkürzung der Arbeitszeit auszugleichen, nicht überall gegeben. Oft ist die Tätigkeit der Maschinen so automatisch, daß der Arbeiter auf deren Ergebnisse ohne direkten Einfluß bleibt. Je weniger eine Maschine der menschlichen Eingriffe bedarf, um so geringer ist die Möglichkeit, ihre Arbeitsresultate durch intensivere Tätigkeit des Arbeiters zu erhöhen.[1]) Es bestehen da sehr erhebliche Unterschiede. So geht z. B. das Krempelassortiment einer Spinnerei unabhängig von der Individualität des Arbeiters ununterbrochen seinen Gang. Dagegen stehen Selfaktor und Webstuhl während des Arbeitstages $^1/_2$—3 Stunden still. Beim Spinnstuhl handelt es sich darum, die fertigen Cops durch leere Papierhülsen und die abgelaufenen Vorgarnwalzen durch volle zu ersetzen und noch manche andere Verrichtung vorzunehmen. Beim

---

[1]) Vgl. R. Martin, Zur Verkürzung der Arbeitszeit in der mechanischen Textilindustrie. A. f. s. G. VIII. S. 256 ff.

Webstuhl wird der Stillstand veranlaßt durch die Notwendigkeit, in die Maschine und das Material einzugreifen, um die neue Kette anzuschnellen, zerrissene Schuß- und Kettenfäden anzuknüpfen, neue Webspulen einzulegen u. dgl. m. Hier treten dann auch bei verschiedenen Arbeitern sehr verschiedene Längen des Stillstandes auf. Ein Arbeiter läßt den Stuhl $3^1/_2$, ein anderer nur $2^1/_2$ Stunden stillstehen.

Wo der Arbeiter wegen der automatischen, ununterbrochenen Arbeit der Maschinen eine höhere Leistung durch größeren Fleiß nicht erreichen kann, da bietet sich aber doch noch insofern ein Ausweg dar, als ein Arbeiter bei kürzerer Arbeitszeit vielleicht eine größere Zahl von Maschinen zur Besorgung übernimmt. Natürlich werden auch da zuweilen durch die Technik ganz bestimmte Grenzen gezogen.

Die günstigen Erfahrungen, welche mit der Abkürzung der Arbeitszeit so oft erzielt wurden, machen es begreiflich, daß z. B. in der Schweizerischen Fabrikindustrie nur noch ca. zwei Fünftel der Arbeiterschaft die gesetzlich erlaubte Höhe der Arbeitszeit von 11 Stunden zu leisten haben. Für die große Mehrheit besteht bereits eine viel kürzere Arbeitszeit.[1])

---

[1]) Es leisteten die volle gesetzliche Maximalarbeitszeit	1895 % der Arbeiter	1901 % der Arbeiter
von 65 Stunden pro Woche	57	41,7
bis 62 ½ Stunden pro W.	9	12
„ 60 „ „ „	28,3	38,1
„ 57 „ „ „	3,3	4,6
„ 54 „ „ „	1,4	2,7
unter 54 „ „ „	0,6	0,6.

Nach den Angaben der Schweizerischen Fabrikstatistik vom 5. Juni 1895 und 5. Juni 1901. Bern 1896 u. 1902, S. 15, 194, 195, bez. S. XV, 146, 147.

Am längsten ist die Arbeitszeit noch bezeichnenderweise in der Textilindustrie, besonders in der Baumwollspinnerei und Weberei. Immerhin wird auch hier von einsichtsvollen Industriellen für eine Verkürzung der Arbeitszeit plädiert. So führte der Großindustrielle Gugelmann, ein Vertreter der Spinnerei und Weberei, in einer Zuschrift an die Neue Zürcher Zeitung, Juli 1903, aus:

„Meine mehrjährigen Erfahrungen in der Buntweberei zeigten, daß der zehnstündige Arbeitstag für die Weberei im großen ganzen eine Wohltat ist, daß die Leute in zehn Stunden ebensoviel leisten wie in elf Stunden, daß sie zudem gesünder und leistungsfähiger bleiben. Das Beispiel des zehnstündigen Arbeitstages wurde auch von anderer Seite nachgeahmt und zwar mit dem gleichen Erfolg. Ähnlich steht es mit der Tuchfabrikation, wo ebenfalls nur günstiges über den Zehnstundenarbeitstag vorliegt. Die Seidenweberei arbeitet zum Teil $10^1/_2$, zum Teil 11 Stunden. Nach Besprechungen mit bedeutenden Seidenindustriellen ist man auch dort in gewissen Kreisen der Ansicht, daß für die Seidenweberei der zehnstündige Arbeitstag keine Nachteile mit sich bringen würde. Es bleibt die Baum-

Aber auch dann, wenn der Arbeiter nicht imstande ist, eine Erhöhung seiner Leistungen bei kürzerer Arbeitszeit zu bewirken, braucht der industriellen Entwicklung daraus noch kein Nachteil zu erwachsen. Es läßt sich eben nicht verkennen, daß unter diesen Umständen die Verkürzung der Arbeitszeit doch einen außerordentlich segensreichen Druck zur Einführung technischer Verbesserungen ausübt.

So könnte z. B., wie R. Martin nachweist,[1]) die Herabsetzung der täglichen Arbeitszeit um eine Stunde in der deutschen Streichgarnindustrie in vielen Fällen durch Beseitigung der Krempelassortimente älterer Konstruktion wettgemacht werden. Der Unternehmer wird möglichst viele seiner alten Maschinen mit einer Arbeitsbreite von 48 sächs. Zoll, 120 Touren des Tambours in der Minute und einem täglichen Arbeitsresultate von 65 kg bei elfstündiger Arbeitszeit ausrangieren und sie durch neuere Krempelassortimente mit einer Arbeitsbreite von 60 sächs. Zoll, 140 Touren des Tambours in der Minute und einem täglichen Arbeitsresultate von 100 kg bei elfstündiger Arbeitszeit ersetzen. „Vielleicht wählt er, wenn er unternehmungslustig ist, sogar ein Krempelassortiment allerneuester Konstruktion von 76 Zoll und entsprechend größerer Produktion. Indessen ist das Allerneueste immer noch mit kleinen Mängeln behaftet, für deren Abhilfe die Erfahrungen zu sammeln, mancher Unternehmer gern seinem Konkurrenten überläßt.

---

wollspinnerei. Hier liegt nun die Sache allerdings etwas anders. Bei den zuerst genannten Industrien spielt die Leistung des Arbeiters neben der Arbeit, welche die Maschine auszuführen hat, eine größere Rolle als bei der Spinnerei; infolgedessen kann auch in kürzerer Arbeitszeit ebensoviel oder doch annähernd ebensoviel geleistet werden, insofern der Arbeiter körperlich kräftig und frisch ist. Bei der Spinnerei ist dies nun nicht im gleichen Maße der Fall. Allerdings nimmt die Bedienung der verschiedenen Maschinen auch bedeutende Zeit in Anspruch, und je schneller sie betrieben werden kann, desto weniger lang stehen die Maschinen. Die Erfahrung muß nun lehren, ob nicht ein bedeutender Teil des Ausfalles bei einer Arbeitsverkürzung durch schnellere Bedienung der Maschinen wieder eingebracht werden kann. Ich werde diese Probe in der eigenen Spinnerei machen und zwar in einer Zeit, wo stark gearbeitet wird. Es wäre unbedingt unrichtig, diese Probe bei schlechtem Geschäftsgange vorzunehmen, wo man effektiv weniger spinnen will; denn daß man in 10 Stunden weniger spinnen kann, als in 11 Stunden, will ich nicht bezweifeln. Die Engländer arbeiten im übrigen in ihren Spinnereien auch nicht mehr als 56 Stunden in der Woche, also noch 3 Stunden weniger, als wenn der zehnstündige Arbeitstag angenommen und am Samstag nur 9 Stunden gearbeitet wird. Und es wird doch kein Mensch behaupten wollen, daß die Engländer trotz dieser verkürzten Arbeitszeit weniger leistungsfähig seien als wir zum Beispiel."

[1]) Zur Verkürzung der Arbeitszeit in der mechanischen Textilindustrie. A. f. s. G. VIII. S. 258 ff. Ähnliche Nachweise liefert Dr. Schuler, Berichte der eidg. Fabrikinspektoren für 1900/01. Aarau 1902, S. 41, 42.

Aber da er einmal neue Maschinen anschafft, so bestellt er für sich auch sonst die neuesten Vorrichtungen. Und die wertvollste derselben ist ein im Jahre 1893 von einer Werdauer Maschinenfabrik erfundener Apparat, der das Arbeitsresultat der ersten Krempelmaschine automatisch auf die zweite und ebenso von dieser auf die dritte überführt und auch sonst dem Krempelmädchen den wesentlichsten Teil seiner Arbeit abnimmt. Wie gewöhnlich bei Erfindungen haben diese automatischen Übertragungen schon seit Jahrzehnten Eingang gesucht, aber erst die genannte neueste Erfindung hat alle noch bestehenden Schwierigkeiten beseitigt. Nunmehr kann mit einem Male ein Krempelmädchen nicht nur ein Krempelassortiment, sondern bequem zwei, ja sogar drei Assortimente, im ganzen also neun Krempelmaschinen bedienen. Diese Vorkehrung erweitert wiederum den Spielraum, innerhalb dessen eine Arbeiterin von selbst durch intensivere Tätigkeit das Arbeitsresultat zu erhöhen vermag. Eine gewandte, nicht durch lange Arbeitszeit überangestrengte Arbeiterin kann nunmehr 3 Assortimente, eine des Denkens unfähige und auch körperlich zurückgebliebene aber kaum 2 Assortimente bedienen. An Stelle der Muskelkraft wird nunmehr Gewissenhaftigkeit, Berechnung und Schnelligkeit in der Bewegung verlangt. Solche Arbeiterinnen, die für neue Maschinen im Werte von zusammen zirka 22 500 M. samt dem von ihnen verarbeiteten Material die Verantwortung tragen und demselben die sachgemäße Behandlung angedeihen lassen müssen, bedürfen kürzerer Arbeitszeit und gleichzeitig höherer Löhne, kurz einer besseren Lebenshaltung und auch vermehrter Bildung."

Und ähnlich auf anderen Gebieten. In der Weberei schwerer Stoffe kann an Stelle des älteren Stuhles mit 48 Schuß in der Minute ein solcher neuerer Konstruktion mit 70—80 Schuß treten. In der Streichgarnspinnerei wird der ältere Selfaktor, dessen Spindeln 3000 Touren in der Minute machen, durch neuere mit 3500 Touren ersetzt. Nach Martin wären ungefähr 80 Proz. der Fabriken der Streichgarnindustrie in der Lage, durch technische Fortschritte bei kürzerer Arbeitszeit die Arbeitsleistung zu steigern.

Im übrigen bietet auch die Vergrößerung des Betriebes die Gelegenheit Ausfälle zu decken, welche etwa die Verminderung der Arbeitszeit zur Folge hat. Die höhere Stufe, auf der die englische Streichgarnindustrie im Vergleiche zur deutschen steht, wird geradezu auf die kürzere Arbeitszeit in England zurückgeführt, und der bekannte englische Großindustrielle Mundella hat erklärt: „Die lange Arbeitszeit des Kontinentes schützt uns am besten vor seiner Konkurrenz."

B. Lohnerhöhungen.

Da Lohnerhöhungen eine bessere Ernährung und somit eine Steigerung seiner physischen Leistungsfähigkeit herbeiführen können, haben sie zu ähnlichen Resultaten wie die Verkürzungen der Arbeitszeit geführt, namentlich, wenn es sich um Arbeiter handelte, denen durch die Lohnform ein lebhaftes Interesse an der Steigerung der Arbeitsleistung eingeflößt worden war, und die überhaupt eifrig danach trachteten, ihre Lebenshaltung zu verbessern.[1]) Da aber Lohnerhöhungen auch unter anderen als den eben bezeichneten Voraussetzungen auftreten können, so ist es erforderlich, ihre Wirkungen noch für den Fall zu prüfen, daß sie tatsächlich eine Verteuerung der Arbeit nach sich ziehen. Zunächst wird der Unternehmer natürlich versuchen, diese Erhöhung der privatwirtschaftlichen Produktionskosten durch eine entsprechende Preiserhöhung seiner Waren auszugleichen, also auf die Konsumenten abzuwälzen. Diese Abwälzung ist im allgemeinen durchführbar, wenn das betreffende Gewerbe ein lokales oder nationales Monopol besitzt, oder wenn es gleichartigen Gewerben des Auslandes entschieden überlegen ist. Gehört die Ware in die Gruppe unentbehrlicher Güter, bei denen die Konsumenten nicht durch eine verminderte Nachfrage die Preiserhöhung durchkreuzen können, so werden

[1]) Diese Voraussetzungen treffen z. B. bei den amerikanischen Arbeitern zu. Herr Bally, der Besitzer der berühmten Schuhfabrik in Schönenwerth (Kt. Solothurn) berichtet von ihnen: „Die Überlegenheit der amerikanischen Industrie ist namentlich mit dem amerikanischen Arbeiter zuzuschreiben, der der beste ist auf der Welt. Die Verhältnisse haben ihn hierzu erzogen. In früheren Jahren war in der starken Saison in verschiedenen Industrien ein großer Arbeitermangel fühlbar. Die Leute wurden sehr hoch bezahlt, aber nach Fertigstellung der Saisonaufträge zum großen Teil entlassen und dadurch veranlaßt, vorübergehend in andern Industrien sich zu betätigen; dadurch wurden sie vielseitig und trugen ihrer Industrie neue Ideen zu. Das Patentgesetz, das von den Arbeitern viel benutzt wird, hat sie stimuliert und erfinderisch gemacht. Europäische Arbeiter, auch die besten, müssen sich den amerikanischen Verhältnissen und namentlich den Arbeitsmethoden anbequemen. Der amerikanische Arbeiter ist ehrgeizig und gewohnt, seine Arbeit richtig abzuliefern, so daß sie nicht nachkontrolliert zu werden braucht. (Bedeutende Verringerung der Spesen.) Der amerikanische Arbeiter betrachtet sich als ein Glied seiner Industrie und trachtet sie zu fördern und namentlich gleichmäßig zu arbeiten. Dies ist die Grundbedingung für das Ineinandergreifen der Arbeit bei der Arbeitsteilung, welche die Konkurrenz auf dem Weltmarkt erfordert. Der amerikanische Arbeiter, wenn er nur 8 bis 10 Stunden arbeitet, ist ganz bei der Arbeit, auch mit den Gedanken, und verrichtet dabei das Doppelte und Mehrfache in der verkürzten Zeit, gegenüber einem Arbeiter, der 11 Stunden mechanisch an der Arbeit ist." Tages-Anzeiger für Stadt und Kt. Zürich. 19. Juli 1904.

die Konsumenten allerdings, weil sie für die einen Waren oder Leistungen jetzt mehr ausgeben müssen, zum Teil für andere eine geringere Nachfrage entfalten. Trotzdem braucht die effektive Nachfrage als ganzes nicht zurückzugehen. Man darf eben nicht übersehen, daß die Arbeiter, welche z. B. höhere Löhne empfangen, infolgedessen auch eine stärkere Kaufkraft besitzen. Es wird also eine auf die Konsumenten abgewälzte Lohnsteigerung in der Produktion unentbehrlicher Güter nicht notwendig den Umfang der gesamten Produktion und der Nachfrage vermindern, sondern nur Art und Richtung der Produktion verändern. An die Stelle der Produktion von entbehrlichen Gütern tritt die Erzeugung von Waren, die dem Verbrauche der Arbeiterklasse dienen. Dabei kann natürlich nicht geleugnet werden, daß solche Veränderungen Störungen herbeizuführen vermögen, die nicht nur die Unternehmer, sondern auch die Arbeiter der davon betroffenen Gewerbe mehr oder weniger empfindlich berühren.

Häufig wird Lohnerhöhungen, die zur Steigerung der Warenpreise führen, auch der Einwand entgegen gehalten, daß sie den Arbeitern keinen tatsächlichen Vorteil gewährten. Diese erhielten zwar einen nominell höheren Lohn, könnten indes mit ihm keinen größeren Bedarf befriedigen als früher. Der Vorteil der Lohnerhöhung, welchen die Arbeiter als Produzenten bezögen, würde wettgemacht durch den Nachteil, der sie als Konsumenten träfe.

Unter der Voraussetzung, daß wirklich nur eine Erhöhung der Warenpreise erfolgt, welche der tatsächlichen Steigerung des Lohnes entspricht — es kommt auch oft vor, daß Unternehmer Lohnerhöhungen als Vorwand benutzen, um einen Preisaufschlag zu bewerkstelligen, der zu der Lohnerhöhung ganz außer Verhältnis steht — unter der angegebenen Voraussetzung also ist vollkommen klar, daß der erwähnte Einwurf nur dann Gewicht besäße, wenn allein die Arbeiter und nicht auch die übrigen Klassen der Gesellschaft, Grundbesitzer, Kapitalisten und Beamten, die höheren Warenpreise zu entrichten hätten. Überdies bleibt zu beachten, daß die Arbeit und der Arbeitslohn bei verschiedenen Waren eine sehr verschiedene Bedeutung besitzen. Bei der Herstellung der einen mag der Lohn die Hälfte, bei der Herstellung anderer nur $^1/_5$ der Produktionskosten ausmachen. Man wird daher zu dem Schlusse kommen: In je höherem Maße die Arbeiter selbst Konsumenten der Ware sind, deren Preis infolge der Lohnsteigerung sich erhöht hat, und je größer der Bruchteil ist, den die Löhne bei den Produktionskosten ausmachen, desto niedriger muß tatsächlich die Zunahme der arbeitenden Klasse am Volkseinkommen veranschlagt werden. In je geringerem

Umfange die Arbeiter als Konsumenten der durch die Lohnerhöhung verteuerten Waren auftreten, je kleiner ferner der Anteil ist, den die Löhne an den Produktionskosten bilden, desto größer ist für die Arbeiterklasse die tatsächliche Verbesserung. Deshalb wird bei einer allgemeinen Lohnerhöhung die Nachfrage der Arbeiter sich vorzugsweise auf solche Waren erstrecken, welche der Hauptsache nach mit Maschinen hergestellt werden, bei welchen also der Preisaufschlag wegen der Lohnerhöhung relativ am geringfügigsten ausfällt. Also auch mit Rücksicht auf dieses Moment würde sich aus der Lohnerhöhung zwar eine Änderung in der Art und Richtung, nicht aber eine Verminderung des Umfanges der Produktion ergeben.

Aus dem Dargelegten geht ferner hervor, daß Lohnerhöhungen den größten Vorteil dann bringen, wenn die Konsumenten Ausländer sind, oder wenn die betreffenden Waren Luxusartikel darstellen, für welche die Nachfrage wegen der Wohlhabenheit der Konsumenten ungeachtet der höheren Preise nicht abnimmt. Sie kapitalisieren einfach einen geringeren Teil ihres Einkommens. In diesen Fällen liegt eine Erhöhung der nationalen Gesamtnachfrage vor. Die Konsumenten der verteuerten Artikel vermindern ihre Nachfrage nicht, während die Arbeiter nun die ihrige um die erfolgte Lohnerhöhung steigern können. Das verhängnisvolle Mißverhältnis zwischen Konsumtion und Produktion, das aus der ungleichmäßigen Einkommensverteilung erwächst, wird also vermindert, da die genannte Entwicklung eben die Tendenz zu einer gleichmäßigeren Einkommensverteilung in sich birgt.[1]

Nun muß selbstverständlich auch mit der Möglichkeit gerechnet werden, daß die Kosten des sozialpolitischen Fortschrittes nicht auf die Konsumenten abgewälzt werden können. Besitzen auf der einen Seite die Arbeiter, auf der anderen die Konsumenten eine feste Stellung, so wird der Kampf um die Abwälzung namentlich unter den zwischen Arbeitern und Konsumenten stehenden Gliedern entbrennen. Der Produzent wird dem Händler, der Händler dem Produzenten den Ausfall zuzuschieben trachten. Das Ergebnis ist im allgemeinen bei den sehr verschiedenen Beziehungen, in denen Produktion und Handel in den einzelnen Wirtschaftszweigen zu einander stehen, schwer zu bestimmen. Bald tritt der Handel ziemlich geschlossen einer großen Zahl von Gewerbetreibenden gegenüber auf, bald hat ein Industriekartell den Kampf gegenüber einem in viele Betriebe zersplitterten Handel zu führen. Im

---

[1]) Vgl. Herkner, Die soziale Reform als Gebot des wirtschaftlichen Fortschrittes. Leipzig 1891.

ersteren Falle hat natürlich der Handel, im letzteren die Industrie die besseren Aussichten, sich schadlos zu halten. Im übrigen kann auch der Fall eintreten, daß der Handel deshalb gezwungen wird, die Kosten zu tragen, weil die von ihm beabsichtigte Fortwälzung auf die Konsumenten von diesen, etwa durch Gründung von Konsumvereinen, gehindert wird. Die Konsumenten umgehen dann gewissermaßen die Stellung des Handels. Dadurch kann er zum Verzicht auf die beabsichtigte Steigerung der Warenpreise gezwungen werden. Es frägt sich nun, ob der Handel im stande ist, den Gewinnausfall auch wirklich zu tragen, welcher ihm aus dem Umstande erwächst, daß er die Kosten zu übernehmen hat. Die unter vorteilhafteren Bedingungen stehenden Großbetriebe des Detailhandels sind vielleicht dazu fähig, während kleinere Betriebe zu Grunde gehen. Bleibt also die Last auf den Schultern des Handels liegen, so kann die Folge eine raschere Verdrängung des kleinen Detailhandels durch Großbetriebe, Warenmagazine und Konsumvereine sein. Mag eine derartige Entwicklung auch für die unmittelbar von ihr betroffenen Unternehmer zweifelsohne sehr bedauerlich sein, so wird vom allgemeinen Standpunkte doch kein Einwand erhoben werden können. Die Verdrängung der kleineren Detailgeschäfte durch Unternehmungen und Organisationen, die ihre Funktion gegen eine niedrigere Vergütung leisten, stellt unbedingt einen ökonomischen Fortschritt dar. Es wird mit einem geringeren objektiven Aufwande dasselbe Ergebnis erzielt wie früher. Gesamtnachfrage und -angebot werden wenig verändert. An Stelle des eingeschränkten Konsums der Händler tritt ein reichlicherer Konsum derjenigen Arbeiter, die sich eben der höheren Löhne erfreuen.

Ziehen wir den anderen Fall in Betracht: die sozialen Lasten werden vom Handel zurückgewälzt und sind vom Produktionsunternehmer zu tragen. Auch hier wird man zuerst daran denken, daß zwar einige Betriebe die Last übernehmen können, andere, minder gut ausgestattete, aber unter ihr zusammenbrechen. Vermögen die besser gestellten Betriebe, die trotzdem in der Lage sind, erfolgreich weiter zu produzieren, den Bedarf bald allein zu decken, dann führt auch hier der soziale Fortschritt zu einer dauernden Verdrängung schwächerer Unternehmungen.

Sind indes die günstiger gestellten Unternehmungen nicht im stande, den Ausfall, der durch die Vernichtung der schwächeren Betriebe im Angebote entstanden ist, zu decken, so wird der Preis der Ware steigen, d. h. Handel oder Konsumenten müssen schließlich doch die Kosten tragen.

Produktionsbetriebe, die eine Erhöhung der Produktionskosten nicht abwälzen können, werden danach trachten, sie durch Verbesserungen der wirtschaftlichen und technischen Organisation wettzumachen. Steigt z. B. der Lohn, so steigt damit auch das Interesse, den hochbezahlten Arbeiter durch Maschinenarbeit zu ersetzen. Die Lohnerhöhung treibt hier also ebenfalls zum Fortschritte. England und Nordamerika, die Länder der höchsten Löhne, sind bekanntlich die Heimat der vollkommensten Technik. „Das Gesetz der Schwere", schreibt Schoenhof,[1]) „hat keine absolutere Geltung als dies, daß wo, wie in Amerika, der Lohn per Tag ein hoher ist, das erste Streben des Arbeitgebers dahin geht, an Arbeit zu sparen. Die Folge ist, daß in keinem Lande der Welt die Organisation der Produktion eine so vollkommene ist, wie in den Vereinigten Staaten. Hier ist jede Erfindung und Verbesserung des Arbeitsprozesses allezeit willkommen. Fabrikanten, welche eine Änderung in dem Produkt, das sie herstellen, einführen wollen, lassen eine Maschine bauen, um das herbeizuführen, dessen Herstellung in anderen Ländern der Handarbeit überlassen bliebe. Maschinen, die in Europa bis an die Grenze ihrer Dauerbarkeit verwendet werden, werden in Amerika beseitigt, auch wenn sie nur erst teilweise abgenutzt sind, sobald eine neue Verbesserung es möglich macht, die Arbeit schneller und folglich billiger zu leisten. Die Verbesserung, die einer eingeführt hat, wird aufs schnellste von einem Konkurrenten angenommen. Ersparung an Arbeit ist das Ergebnis, und es erfolgt eine Verbilligung der Produktion, die sich als Folge des hohen Arbeitslohnes in den Vereinigten Staaten darstellt."

Was tritt nun ein, wenn die Technik keiner Verbesserung mehr fähig ist, und durch die Lohnerhöhung der Gewinn unter das landesübliche Maß fällt? Gestattet die Natur des Betriebes, das angelegte Kapital leicht zurückzuziehen, so wird das Kapital andere Anlagen aufsuchen. Kann das angelegte Kapital nicht zurückgezogen werden, z. B. in Großindustrien mit einem umfangreichen, wertvollen und erst durch längere Nutzung amortisierbaren Kapitale, dann erleidet das Einkommen des Unternehmers eine Einschränkung und, wenn das Unternehmen zum Verkauf kommt, wird eine der gefallenen Rentabilität entsprechende niedrigere Bewertung, also ein Vermögensverlust, eintreten.

Derartige Verluste sind unbestreitbar unangenehm für diejenigen,

[1]) Vgl. Brentano, Über das Verhältnis von Arbeitslohn und Arbeitszeit. Leipzig 1893. S. 37. Atkinson behauptet sogar, daß die Leistungsfähigkeit der amerikanischen Industrie auf der Höhe ihrer Löhne beruhe und ein Export nur in den Waren stattfinde, die von höher gelohnten Arbeitern hergestellt werden. Vgl. Kestner, Die deutschen Eisenzölle 1879—1900. Leipzig 1902. S. 114.

die sie erleiden. Allein es liegt eben im Wesen der gegenwärtigen Erwerbsordnung, daß sie niemandem eine volle Sicherheit seines Erwerbes gewährt. Jedenfalls ist eine Vermögensverminderung noch lange nicht so schlimm, als die Arbeitslosigkeit, welche die Arbeiter durch Einführung neuer Maschinen trifft, oder der Fall, daß ein Handwerker im Wettbewerbe mit der Fabrik die selbständige Erwerbsgelegenheit ganz verliert.

89. Abschließende Betrachtungen über die ökonomischen Folgen besserer Arbeitsverhältnisse.

Sozialpolitische Fortschritte machen es den Unternehmern unmöglich, den Konkurrenzkampf auf Kosten der Arbeitsbedingungen zu führen, wozu sonst die Versuchung sehr groß ist. Wer dann im Wirtschaftsleben vorwärts kommen will, dem bleiben keine anderen Mittel mehr, als die Ökonomie und Technik des Betriebes möglichst zu vervollkommnen, die Qualität der Waren unausgesetzt zu verbessern und die leistungsfähigsten Arbeitskräfte heranzuziehen. Es ist kein Zufall, daß gerade diejenigen Industrien, an welche, wie z. B. an die englische Baumwollindustrie, durch Gesetzgebung und Arbeiterorganisationen die weitestgehenden Ansprüche gestellt worden sind, die imposanteste Konkurrenzfähigkeit erzielt haben, während in anderen Gewerben ohne Arbeiterorganisation und gesetzlichen Arbeiterschutz eine rückständige Technik, verbunden mit mangelhaften Arbeitsleistungen, sich erhalten und die Stellung des ganzen Wirtschaftszweiges untergraben hat.[1]) Wenn die Anhänger des kapitalistischen Liberalismus den Arbeitern immer die Förderung der Unternehmerinteressen ans Herz legten, weil so auch ihre eigenen Interessen am sichersten wahrgenommen würden, so ist man auf Grund der neueren Erfahrungen berechtigt, zu entgegnen: Eine Harmonie zwischen Arbeiter- und Unternehmerinteressen besteht allerdings, aber im umgekehrten Sinne. Gerade die Wahrnehmung der sozialpolitischen Arbeiterinteressen trägt das meiste zum Gedeihen einer Industrie bei.[2])

---

[1]) S. u. B. Webb, Theorie und Praxis der englischen Gewerkvereine, deutsch von C. Hugo. II. Bd. Stuttgart 1898. S. 237—299.

[2]) Diese Auffassung wird auch in bemerkenswerter Weise von der Gr. bad. Fabrikinspektion vertreten. Im Jahresberichte für 1902 heißt es S. 83 und 84: „Eine konsequente und bedeutsame Entwicklung der Gesetzgebung . . . hat niemals und nirgends die Industrie an Wurzel, Stamm und Zweigen geschädigt, sondern sie gefördert und gekräftigt. Aufgeklärte Arbeitgeber haben Leistungen und Beschränkungen, die ihnen die sozialpolitische Gesetzgebung auferlegte, niemals als

Zu diesem Schlusse drängen auch Erwägungen anderer Art. Je weiter ein Unternehmer dem sozialen Bedürfnisse seiner Arbeiter entgegenkommt, desto größer ist die Anziehungskraft, welche sein Betrieb

---

Opfer — als Gabe ohne Gegengabe — betrachtet, sondern deren werbenden Wert als solchen erkannt. Daß diese Auffassung sich in immer weiteren Kreisen Bahn brechen wird, kann wohl nicht zweifelhaft sein, denn das Fortschreiten des sozialen Gedankens und der in ihm liegenden Erkenntnisse ist ein unaufhaltsames.

Die durch die soziale Gesetzgebung den Fabrikanten auferlegten, die Spannweite zwischen Erzeugungskosten und Verkaufspreisen vermindernden Mehrspesen spielen gegenüber den anderen Faktoren, die zur Preisbildung beitragen, eine recht zurücktretende Rolle, zumal da, wo der drängende Wettbewerb oder die spekulative Ausnutzung der wechselnden Marktlage mitsprechen. Ein einziger mehr oder minder glücklicher Abschluß im Einkauf oder Verkauf kann einem Unternehmer an einem Tage eine Summe als Mehrgewinn zuführen oder als Verlust entziehen, die über die sozialpolitische Jahresanforderung weit hinausgeht.

Es ist nicht zu verkennen und wird auch von fortgeschrittenen Arbeitgebern nicht verkannt, daß die gesetzlichen Anforderungen und die zunächst durch sie erzeugten Schwierigkeiten die Intelligenz und Leistungsfähigkeit der Fabrikanten angespornt, sie zu einer rationelleren Ausgestaltung und Ausnutzung ihrer Betriebe, zur Vervollkommnung ihrer maschinellen Einrichtungen, zu einer eingehenderen Beobachtung und Beachtung ihrer Arbeiter, zu schärferer Kalkulation, zu größerer Ordnung geführt haben. In den mit der Gesetzgebung zusammenhängenden Dingen ist der Fabrikant genötigt, Übersicht und Klarheit zu schaffen, zu organisieren, zu buchen, Rechenschaft zu geben und Verantwortung zu tragen. Aus diesem Zwange entstand erst die Neigung und sodann das Bedürfnis nach übersichtlicher und organischer Gestaltung aller Betriebsverhältnisse, und wo man bisher etwa nicht gewohnt war, die Einzelquellen der erzielten Gewinne oder der erlittenen Verluste mit Sorgfalt auseinanderzuscheiden, da mußten sich neue fruchtbare Erkenntnisse Bahn brechen. So wurde die mannigfache Lasten auferlegende Gesetzgebung zur Lehrmeisterin der Industrie und hat ihr Förderungen gebracht, die nicht bloß kompensierend wirken.

Wer heute einen vorurteilslosen Blick in die innere Organisation der industriellen Betriebe wirft und einen Vergleich zieht mit deren Stand vor fünfzehn und mehr Jahren, der muß erstaunt sein über die Kräfte, die seitdem beinahe überall rege geworden sind, Kräfte, an deren Belebung damals nur besonders hervorragende Fabrikanten gedacht haben. Wenn heute die deutsche Industrie in vielen Dingen, die für eine möglichst geordnete und billige Produktion von Belang sind, der Industrie anderer Länder vorbildlich gegenübersteht, so hat hieran die von der sozialen Gesetzgebung ausgehende Stimulation einen nicht zu unterschätzenden Anteil."

Diese Ausführungen fanden auf seiten der Industriellen vielfach Widerspruch. Oberregierungsrat Dr. Bittmann erklärte sich bereit, neue Untersuchungen über die Wirkungen der sozialen Gesetzgebung auf die Industrie zu veranstalten, und bat die Industriellen-Vertretungen, ihn mit Material zu unterstützen. Nur eine einzige Handelskammer entsprach der Aufforderung. Die übrigen versagten! Vgl. Die Badische Fabrikinspektion im ersten Vierteljahrhundert ihrer Tätigkeit. 1879—1903. Karlsruhe 1905. S. X.

ausübt, desto mehr wird er in die Lage versetzt, für sich die besten, tüchtigsten Arbeitskräfte zu gewinnen,[1]) desto größer wird aber auch auf seiten der Arbeiter die Schaffenslust, das Interesse an der Arbeit sich gestalten. Man hat wohl früher geglaubt, daß die automatischen Prozesse den Unternehmer von den persönlichen Eigenschaften und Neigungen seiner Arbeiter ziemlich unabhängig machen könnten. Heute weiß man, daß auf die Dauer diejenigen Nationen im industriellen Wettbewerbe am erfolgreichsten sein werden, in welchen für die Ordnung des Arbeitsverhältnisses die größte Summe sittlicher Kräfte vorhanden ist.[2]) „Die Maschinen, welche immer komplizierter werden, erfordern", wie Schulze-Gävernitz ausführt,[3]) „eine gewisse liebevolle Behandlung, ein verständnisvolles Eingehen auf die in ihnen niedergelegten Gedanken der Technik seitens des Arbeiters. Ähnlich wie das englische Vollblutpferd mit Verständnis und Liebe geleitet sein will und der rohen Behandlung eines unerfahrenen Stallknechtes den Gehorsam versagt, wie jener hochentwickelte Typus der Fabrikarbeit selbst verständnisvolles Eingehen auf seine Eigentümlichkeiten verlangt und dort die besten Resultate liefert, wo ihm eine gewisse Sympathie für seine Klassenbestrebungen seitens der Arbeitgeber entgegengebracht wird, ... so vertragen auch die immer künstlicheren Maschinen eine unwillige und verständnislose Behandlung nicht. Selbst Wunderwerke des menschlichen Geistes, liefern sie dort das beste Erzeugnis, wo der an ihnen beschäftigte Arbeiter selbst zu der Höhe geistiger Arbeit aufsteigt."

Eine hochstehende Arbeiterschaft und eine verfeinerte Technik stehen somit durchaus im Verhältnisse der Wechselwirkung. Weder das eine, noch das andere ist auf die Dauer allein möglich.

Nun erhebt sich freilich ein ernster Einwand: Wenn durch sozialpolitische Fortschritte die Entwicklung der leistungsfähigsten Unternehmer und Arbeiter gefördert wird, welches Schicksal erfahren die minder gut ausgestatteten mittleren Betriebe, was wird aus den mit geringeren körperlichen und geistigen Fähigkeiten ausgestatteten Arbeitern? Wird der Druck, welchen die durch soziale Forderungen hervorgerufene Beschleunigung in der Anwendung arbeitsparender Maschinen auf die Arbeitsnachfrage ausübt, nicht zum Nachteile vieler Arbeiter ausfallen? Diese Bedenken entbehren nicht der Begründung. Sie können aber nicht

---

[1]) Dr. Schuler, Berichte der eidg. Fabrikinspektion für 1900/01. Aarau 1902. S. 38, 40.

[2]) Vgl. Foerster, Technik und Ethik. Leipzig 1905. S. 10 ff.

[3]) Der Großbetrieb. S. 167.

die Ablehnung sozialer Fortschritte überhaupt, sondern nur ein maßvolles Tempo derselben wünschenswert erscheinen lassen, damit die notwendige Anpassung an die veränderten Produktionsbedingungen ohne empfindliche Störungen allmählich erfolgen kann. Es ist aber wenig Grund zu der Befürchtung vorhanden, der soziale Fortschritt könne zu rasch erfolgen. Es liegt in der Natur der ganzen Verhältnisse, daß es nur langsam, oft viel zu langsam vorwärts geht.

90. Die Organisation der Arbeitsstatistik.

Soll der reformatorische Eingriff in die überlieferten sozialen Zustände seinem Zwecke entsprechen, so ist eine sorgfältige Ermittelung aller in betracht kommenden Verhältnisse unerläßlich. Es gilt Ausdehnung, Ursachen und Folgen der fraglichen Übelstände klarzulegen; es gilt die verschiedenen Meinungen der Sachverständigen und Beteiligten über die geeigneten Maßregeln zur Abhilfe zu sammeln und zu untersuchen, was bereits anderswo in derselben Richtung unternommen und welche Ergebnisse dabei erzielt worden sind. Für diese Zwecke können entweder außerordentliche Untersuchungsorgane ad hoc ins Leben treten, oder es werden ständige Behörden mit diesen Aufgaben betraut. Die Erhebungen selbst werden bald auf rein schriftlichem Wege durch Aussendung von Fragebogen, bald durch mündliche Befragung der Auskunftspersonen durchgeführt.[1]) Die Befragung wieder kann in der Weise erfolgen, daß die Auskunftspersonen entweder zur Einvernehmung vorgeladen oder durch Beauftragte der erhebenden Behörde aufgesucht und ausgeforscht werden. Um zuverlässige Ergebnisse zu gewinnen, kommt es darauf an, daß die Erhebungsorgane von politischen Einflüssen möglichst frei bleiben und die Auskunftspersonen eventuell vereidigt und zur Aussage genötigt werden können.

Die schriftliche Methode der Fragebogen eignet sich für alle rein statistischen, auf die Erlangung von Zahlen gerichteten Erhebungen, wird aber unzulänglich, sobald sich das Interesse auf mehr als eine bloß quantitative Erfassung wirtschaftlicher und sozialer Erscheinungen, die ihrer Natur nach bereits bekannt sind, richtet. Handelt es sich aber in erster Linie darum, festzustellen, welche Erscheinungen überhaupt vorkommen, und in welchem ursächlichen Verhältnisse sie zu

---

[1]) Über die Methode der Enqueten vgl. den Artikel Stiedas im Handwörterbuch und dessen Literaturangaben.

einander stehen, dann läßt es sich schon in Anbetracht der großen Mannigfaltigkeit der Erscheinungen gar nicht vorhersehen, welche Fragen gestellt werden müssen. Das feste, starre Schema eines Fragebogens kann verwickelten Zuständen keineswegs Rechnung tragen. Oft mag sogar durch die bloße Form der Fragestellung schon auf die Antwort ein gewisser Einfluß geübt werden, und da überdies eine entsprechende Prüfung der schriftlich mitgeteilten Antworten meist sehr schwierig, wenn nicht gar unmöglich ist, tritt der Hauptzweck der Erhebung, über die Richtigkeit oder Unrichtigkeit einzelner Tatsachen und Behauptungen ein bedingungslos sicheres Urteil zu erhalten, leicht in den Hintergrund.

Dazu kommt noch der Umstand, daß auch heute Arbeiter im allgemeinen nur selten die Neigung oder die Fähigkeit zu einer angemessenen schriftlichen Berichterstattung besitzen. Besteht kein Beantwortungszwang, so bleiben überhaupt die meisten Fragebogen unerledigt; besteht ein solcher, so fallen die Antworten meist ganz summarisch und unbrauchbar aus. Muß also, sobald Arbeiter selbst zu befragen sind und die Antwort nicht nur durch einige leicht zu beschaffende Ziffern erfolgen kann, die mündliche Einvernahme entschieden bevorzugt werden, so ist bei derartigen, sogenannten Enqueten doch auch noch eine Reihe anderer Grundsätze einzuhalten, wenn das Werk gelingen soll.

1. Um auf seiten der Untersuchungskommission selbst die weitestgehende Unabhängigkeit und Unparteilichkeit zu erreichen, ist es nicht zweckmäßig, diese lediglich aus Staatsbeamten zusammenzusetzen. Es empfiehlt sich, auch Personen zu berufen, welche durch besonderes Sachverständnis, durch Unabhängigkeit der Lebensstellung und Gesinnung hervorragen. Stehen sich verschiedene Interessen gegenüber, so sollte jede Interessengruppe auch in der Kommission selbst entsprechend vertreten sein.

2. Die zu ermittelnden Tatsachen sind möglichst zu spezialisieren und genau zu umschreiben. Nicht darauf kommt es an, eine große Menge subjektiver Meinungen, Stimmungen, unkontrollierbarer und zweifelhafter Tatsachen anzuhäufen, sondern die Sphäre subjektiver Auffassung soll eben dadurch, daß eine möglichst große Zahl von strittigen Tatsachen dem Streite der Parteien durch absolut sichere Erhebung entzogen wird, auf ein möglichst enges Gebiet beschränkt werden.

3. Damit überall ein durchaus einheitlicher Maßstab an die zu unternehmenden Zustände gelegt werde, ist es auch wünschenswert, die

ganze Untersuchung in der Hand einer einzigen Kommission zu zentralisieren.

4. Äußerst verfehlt aber ist es, wenn die Kommission an ein Fragenschema gebunden wird. Es liegt dann nahe, daß Zeugen auch über Dinge befragt werden, in betreff deren sie keine eigene Erfahrung besitzen. Ein Abschweifen der Zeugen über den Kreis ihrer Sachkenntnis hinaus muß überhaupt von dem Präsidenten der Kommission sorgsam hintangehalten werden. Von der Lösung oder Nichtlösung dieser ungemein schwierigen Aufgabe hängt die Brauchbarkeit der Ergebnisse in ganz erheblichem Maße ab.

5. Daß die zur Vernehmung berufenen Personen den mannigfachsten Lebensstellungen, Interessen und Parteien angehören sollen, daß niemand ausgeschlossen werden darf, der zur Aufklärung der fraglichen Tatsachen etwas beitragen kann, daß unter Umständen ein förmliches Kreuzverhör zwischen den sich gegenüberstehenden Interessenten vorgenommen werden muß, das erscheint vom Standpunkt der Theorie aus so selbstverständlich, und man möchte fast vergessen, es ausdrücklich hervorzuheben, wenn die Praxis nicht immer und immer wieder aus sehr naheliegenden Gründen dagegen verstoßen würde.

6. Außer den eben erwähnten Momenten liegt noch in der unbedingten Öffentlichkeit der Erhebung eine unschätzbare Kontrolle der einzelnen Aussagen. Die Vernehmung der Zeugen soll öffentlich vor sich gehen. Jedermann muß der Zutritt gestattet sein. Entweder müssen die Protokolle sofort in Druck gelegt, oder es muß wenigstens der Tagespresse gestattet werden, eingehend über die Zeugenvernehmung zu berichten, damit auch solche Personen, welche aus den verschiedensten Gründen der Untersuchung nicht beiwohnen können, sofort Gelegenheit bekommen, sich über deren Ergebnisse auf dem Laufenden zu erhalten. Finden sie in den Aussagen eine Unrichtigkeit, so steht es ihnen dann frei, durch eigene Aussagen oder Zuschriften an das Sekretariat der Kommission eine Berichtigung ergehen zu lassen.

7. Endlich genügt es nicht, eine Unzahl von Antworten in ungeheuren Folianten zu veröffentlichen; die wichtigsten sicheren Ergebnisse der Enquete müssen auch noch in einem übersichtlichen Berichte zusammengefaßt werden, so daß selbst Personen, die weder Zeit noch Beruf besitzen, sich durch mehrere tausend kleingedruckter Quartseiten durchzuarbeiten, eine klare Vorstellung von dem Werke erhalten können. Für die Zeugenaussagen sind überdies entsprechende Personal- und Sachregister auszuarbeiten.

Bis jetzt ist es vor allem England gewesen, daß seine Enqueten nach Maßgabe der hier vorgetragenen Grundsätze eingerichtet hat. Es gibt keinen Akt von größerer sozialpolitischer Tragweite, der nicht in engstem Zusammenhange mit der Veranstaltung einer Enquete erfolgt wäre. So fanden für die Zwecke der Arbeiterschutzgesetzgebung umfassende Untersuchungen 1840, 1863/67, 1875/76 statt. Die Verhältnisse der Gewerkvereine bildeten 1867/69 den Gegenstand einer großen Enquete, diejenigen der Arbeiterversicherungskassen 1870/74. Ein Untersuchungs-Ausschuß des Oberhauses beschäftigte sich 1888/90 mit dem sog. Sweating-System. Die weitaus umfassendste Untersuchung der Arbeitsverhältnisse wurde aber durch die 1891 eingesetzte Royal Commission on Labour ausgeführt. Sie arbeitete mit allen Mitteln, welche für Erhebungen angewendet werden können. Außer der mündlichen Einvernahme wurden auch schriftliche Befragungen und Sammlungen statistischer Materialien vorgenommen. Die Erhebung dauerte 3 Jahre. Es fanden insgesamt 182 Sitzungen statt; 583 Zeugen (163 Arbeitgeber, 350 Arbeiter, 70 andere) wurden vorgeladen, 97 336 Fragen gestellt; 5350 Fragebogen versendet, von denen 2100 beantwortet zurückkamen. Die Veröffentlichungen umfaßten 68 Bände.[1])

Ähnliche Grundsätze wie in England werden bei der Veranstaltung von Erhebungen auch in den Vereinigten Staaten von Nordamerika befolgt, während im Deutschen Reiche früher die Einsetzung besonderer Untersuchungskommissionen vermieden wurde und die Verwendung von Fragebogen vorherrschte.

Unter den ständigen Organen, welche die Berichterstattung über Arbeiterverhältnisse pflegen, sind in erster Linie die Fabrikinspektionen zu nennen. Ihre Beamten stehen mitten in den sozialen Vorgängen darin. Sie verfügen über Anschauungen, Erfahrungen und persönliche Beziehungen, die einer Verwertung auch für andere Zwecke als die Durchführung der Arbeiterschutzgesetzgebung fähig sind. So kommt es, daß die Berichte der Inspektoren nicht nur die besten Aufschlüsse über die Erfolge der bestehenden Sozialgesetzgebung gewähren, sondern auch oft die weitern Reformen bezeichnen, welche bereits möglich und zur fortschreitenden Verbesserung der Arbeitsverhältnisse geboten erscheinen. Allerdings wird nicht in allen Staaten den Aufsichtsbeamten eine vollkommene Freiheit der Meinungsäußerung gewährt. So sollen z. B.

---

[1]) Final Report of the Royal Commission on Labour. Part I. London 1894. S. 4

die Beamten der preußischen Gewerbeaufsicht lediglich tatsächliche Mitteilungen machen, sich aber der Urteile und Schlußfolgerungen enthalten. Im Großherzogtum Baden dagegen pflegen die Inspektoren sich über alle die Arbeiterzustände berührenden Angelegenheiten sehr freimütig auszusprechen. Das geschieht sowohl in den regelmäßig erstatteten Jahresberichten als auch in den Monographien über bestimmte Arbeiterverhältnisse, welche eine wertvolle Spezialität der badischen Fabrikinspektion bilden. Nachdem der erste Chef der badischen Inspektion, der 1902 verstorbene Geheimrat Dr. Fr. Woerishoffer, in den Jahren 1890 und 1891 eindringende Untersuchungen über die soziale Lage der Zigarrenarbeiter im Großherzogtume und über die soziale Lage der Fabrikarbeiter in Mannheim und dessen nächster Umgebung veröffentlicht hatte, wurden in den Jahren 1901 und 1904 von dem Fabrikinspektor Dr. Fuchs die soziale Lage der Pforzheimer Bijouteriearbeiter und die Verhältnisse der Industriearbeiter in 17 Landgemeinden bei Karlsruhe zur Darstellung gebracht.[1]) Aber auch in den Berichten anderer deutscher Aufsichtsbeamten, insbesondere der bayerischen, ferner der englischen, österreichischen und schweizerischen Inspektoren findet sich eine Menge beachtenswerter sozialpolitischer Mitteilungen. Der 1903 verstorbene Begründer der eidgenössischen Fabrikaufsicht, Dr. Fr. Schuler, hat sich namentlich auch durch zahlreiche private Arbeiten große Verdienste um die Aufklärung der sozialen Verhältnisse in der Schweiz erworben.[2])

Nach den Untersuchungen der Fabrikinspektoren sind die zahlreichen sozialstatistischen und deskriptiven Arbeiten zu nennen, welche aus den Kreisen der gelehrten Nationalökonomen hervorgegangen sind. Im Deutschen Reiche und in Österreich ist namentlich auf Veranlassung des Vereins für Sozialpolitik und im Anschlusse an die volkswirtschaftlichen statistischen Übungen der Universitäts-Seminare Vortreffliches in dieser Hinsicht geleistet worden. Wenn derartige Privat-Enqueten, die ausschließlich auf den nicht immer vorhandenen guten Willen der Beteiligten angewiesen sind, auch in bezug auf Vollständigkeit den offiziellen Erhebungen in der Regel nachstehen, so kann ihnen doch wieder die größere Unabhängigkeit und Bewegungsfreiheit ihrer Verfasser, die persönliche Note, die unter diesen Umständen das ganze

[1]) Die Arbeiten sind in Karlsruhe, die ersten drei bei Ferd. Thiergarten, die letzte bei G. Braun erschienen.

[2]) Eine Auswahl seiner wichtigsten Arbeiten wird noch im Laufe dieses Jahres bei G. Braun in Karlsruhe erscheinen.

Werk durchdringt, manchen Reiz verleihen, auf welchen offizielle Darstellungen notgedrungen verzichten müssen.[1])

So gut die Dienste sein mochten, welche durch die Bemühungen der Aufsichtsbeamten und der „fahrenden Schüler der Nationalökonomie" geleistet worden sind, das täglich wachsende Bedürfnis nach sozialstatistischen Informationen konnte durch sie ebensowenig wie durch die Wirksamkeit der von Zeit zu Zeit eingesetzten besonderen Untersuchungskommissionen vollkommen befriedigt werden. Es brach sich hier früher, dort später, schließlich in allen Kulturstaaten die Einsicht Bahn, daß die Pflege der Arbeitsstatistik zur Aufgabe besonderer ständiger Behörden zu erheben sei.[2]) Massachusetts war es, das in dieser Hinsicht mit der Begründung des Bureau of Labor im Jahre 1869 den Anfang machte. Das Gesetz vom 22. Juni des genannten Jahres, welches dem Bureau die rechtlichen Grundlagen gewährte, bestimmte die Aufgabe des Amtes dahin, daß es genaue statistische Angaben in bezug auf alle Arbeitszweige im Staate, besonders in Hinsicht auf die kommerzielle, industrielle, soziale, erzieherische und gesundheitliche Lage der arbeitenden Klassen und in Hinsicht auf das dauernde Gedeihen der produktiven Industrie im Staate zu sammeln, zu bearbeiten und in zahlreichen Berichten der gesetzgeberischen Körperschaft vorzulegen" habe. Diese Einrichtung wurde nicht nur von anderen Staaten, sondern auch von der Union selbst nachgeahmt. Zur Zeit besitzen 31 Einzelstaaten arbeitsstatistische Ämter, während das 1885 ins Leben getretene Bureau of Labor der Union 1888 zu einem unabhängigen Department of Labor weitergebildet und schließlich dem 1903 gegründeten Department of Commerce and Labor angegliedert wurde. Es bestand 1903 aus 104 Personen mit einem Budget von 192 220 Dollars. In England wurde 1886 ein

---

[1]) Vgl. die S. 17 und 201 genannte Literatur. Gute Ratschläge in bezug auf die Gesichtspunkte, die bei der Vornahme von privaten Enqueten zu beachten sind, erteilen S. u. B. Webb in ihrem Werke Theorie und Praxis der Gewerkvereine (deutsch von Hugo) I. 1898. S. XI—XX.

[2]) Vgl. v. Schönberg, Art. Arbeitsbureaus und arbeitsstatistische Ämter. Sehr genaue Angaben über die Organisation und die Veröffentlichungen der arbeitsstatistischen Ämter enthält das amtliche Werk: Die Fortschritte der amtlichen Arbeitsstatistik in den wichtigsten Staaten. I. Vereinigte Staaten, Großbritannien und Irland, Frankreich, Belgien, Österreich, Deutsches Reich. Bearbeitet im Kaiserl. Statistischen Amt, Abteilung für Arbeiterstatistik. Berlin 1904; B. Leo, Die Organisation der amtlichen Arbeiterstatistik im Deutschen Reich. Berlin 1904; v. d. Borght, Grundzüge der Sozialpolitik, 1904. S. 46—58; Reichsarbeitsblatt, III. S. 200. Die arbeitsstatistischen Ämter im Auslande.

Labour Bureau in der Handelsabteilung des Board of Trade geschaffen und 1893 in ein Labour Department erweitert, das 1903 einen Personalbestand von 43 Personen aufwies. Es erhält nicht nur von einer Reihe von Behörden (Gesandtschaften, Konsulate, Kolonialamt, Home Office, Chief Registrar of Friendly Societies, Local Governement Board u. a.) Berichte, sondern steht auch mit 30 Local Correspondents, die in den wichtigsten Industrieplätzen ansässig sind, in Beziehungen. Außerdem empfängt es von zahlreichen freiwilligen Korrespondenten Nachrichten. So pflegen ungefähr 1250 Arbeitgeber und 1100 Arbeiter im Monat mit dem Labour Department zu korrespondieren. Die Folge ist, daß das englische Amt in der Ausbildung der wirtschaftlichen Situationsberichte noch unerreicht dasteht.[1]) In Frankreich wurde durch Gesetz vom 21. Juli 1891 ein Office du Travail eingesetzt. Es besitzt, ähnlich wie die amerikanischen Ämter, eine Zahl von ständigen Spezialagenten (Enquêteurs), welche statistische Erhebungen an Ort und Stelle ausführen. Im übrigen empfängt es auch von freiwilligen Mitarbeitern zahlreiche Mitteilungen. Das belgische Office du Travail, 1894 eingerichtet, bildet seit 1895 eine Abteilung des in demselben Jahre begründeten Ministeriums für Industrie und Arbeit. Es umfaßt 5 Sektionen, von denen eine die Statistik zu bearbeiten hat. Das k. k. Arbeitsstatistische Amt[2]) in Österreich wurde durch Statut vom 21. Juli 1898 eingesetzt und zwar als eine gesonderte Abteilung des Handelsministeriums. Zur Unterstützung des Amtes ist ein Arbeitsbeirat ins Leben gerufen worden. Es liegt ihm ob: 1. Die Erstattung der vom Amte verlangten Gutachten über die von dem Amte durchzuführenden Maßnahmen, und 2. die Stellung von selbständigen Anträgen, welche sich auf die Tätigkeit des arbeitsstatistischen Amtes beziehen. Der Beirat kann ferner Enqueten einberufen, Auskunftspersonen einvernehmen und für eine einzelne Sache oder Gruppe, mit der er befaßt ist, Ausschüsse einsetzen. Der Beirat besteht aus dem Vorstande des Amtes, einer Reihe höherer Ministerialbeamten und aus 30 vom Handelsminister ernannten Mitgliedern. Diese bestehen zu je einem Drittel aus Unternehmern, Arbeitern und aus Personen, deren fachmännische Mitwirkung wünschenswert ist. Für die Neubesetzung von Mitgliederstellen werden Vorschläge von Unternehmer- und Arbeiter-Organisationen eingeholt.

[1]) Vgl. Leo a. a. O. S. 14.

[2]) Mataja, Das arbeitsstatistische Amt in Soziale Verwaltung in Österreich. I. Bd. Sozialökonomie. Wien 1900. 2. Heft. S. 87 u. 95; Mischler, Art. Arbeitsrecht. L. Arbeitsstatistik und Arbeitsbeirat. Österreich. Staatswörterbuch. (Mischler u. Ulbrich). 2. Aufl.

Das 1901 in Italien eingesetzte Ufficio del Lavoro ist nach dem Muster des französischen Office du Travail organisiert worden.

Im Deutschen Reiche wurde 1894 eine „Kommission für Arbeiterstatistik“ bestellt „zur Mitwirkung bei den statistischen Erhebungen, welche bei der Vorbereitung und Ausführung der die Verhältnisse der gewerblichen Arbeiter (Tit. VII der Gewerbeordnung) betreffenden Gesetzgebung erforderlich werden“. Die Kommission setzte sich zusammen aus einem Vorsitzenden, einem Beamten des Kaiserl. Statistischen Amtes, sechs vom Reichskanzler zu ernennenden und sieben vom Reichstag zu wählenden Mitgliedern. Sie hatte die Befugnis, Arbeitgeber und Arbeiter in gleicher Zahl zu ihren Sitzungen mit beratender Stimme zuzuziehen, und in Fällen, wo eine Ergänzung des statistischen Materiales zur Aufklärung der Verhältnisse erforderlich erschien, Auskunftspersonen zu vernehmen. Dagegen besaß die Kommission kein eigenes Bureau. Die von ihr beschlossenen Arbeiten wurden durch Reichs- und Landesbehörden, sofern sie statistischer Art waren, vom Kaiserl. Statistischen Amte ausgeführt. Dieser Mangel an eignen Organen sowie die Beschränkung auf Untersuchungen für die weitere Ausbildung des Arbeiterschutzes ließen den auch im Reichstage öfters ausgesprochenen Wunsch nach einer anderen Organisation berechtigt erscheinen. So wurde mit dem 1. April 1902 eine besondere Abteilung für Arbeiterstatistik im Kaiserl. Statistischen Amte ins Leben gerufen und derselben ein Beirat von 14 Mitgliedern beigegeben. Die eine Hälfte wird vom Bundesrate, die andere vom Reichstage gewählt. Die Stellung des Beirates entspricht ungefähr derjenigen, die früher die Kommission für Arbeiterstatistik inne hatte.

Die Publikationstätigkeit der arbeitsstatistischen Ämter erstreckt sich in der Regel auf allgemeine Tätigkeitsberichte, Spezialberichte und periodische Zeitschriften.[1])

Trotz der Gründung arbeitsstatistischer Behörden sind weder im Deutschen Reiche noch in anderen Staaten die sozialstatistischen Aufnahmen vollständig an diese Zentralstellen übergegangen. So werden

---

[1]) Den Anfang machte in dieser Hinsicht das englische Amt mit der Labour Gazette seit Mai 1893. Sie erscheint um die Mitte des Monats in der Stärke von 30 Folioseiten und kostet per Nummer einen Penny. Der Inhalt erstreckt sich auf das gesamte Gebiet der Arbeitsstatistik, insbesondere auf die Verhältnisse des Arbeitsmarktes. Frankreich besitzt seit 1894 ein Bulletin de l'Office du Travail, die Vereinigten Staaten seit 1895 ein Bulletin of the Department of Labor, Belgien seit 1896 eine Revue du Travail, Österreich seit 1900 eine Soziale Rundschau, Italien ein Bolletino dell Ufficio del Lavoro und das Deutsche Reich seit April 1903 das Reichs-Arbeitsblatt, Bezugspreis pro Jahr 1 M.

sowohl von den Landes-[1]) und Kommunalstatistischen[2]) Ämtern als auch von einzelnen Behörden des Reiches wie der Einzelstaaten auf Arbeitsverhältnisse bezügliche Mitteilungen teils selbständig gesammelt und herausgegeben, teils in Verbindung mit dem Kaiserl. Statistischen Amte[3]) verarbeitet. Ähnlich liegen die Verhältnisse auch in Österreich.

Überblickt man die Wirksamkeit der amtlichen Arbeitsstatistik, so hat sie bis jetzt hauptsächlich die folgenden Partien der Arbeiterverhältnisse aufzuklären versucht: Lohnhöhe und Lohnsysteme, Arbeitszeit (Nacht- und Sonntagsarbeit), Frauen- und Kinderarbeit, Betriebsgefahren, Arbeiterversicherung, Haushaltungskosten, Wohnungszustände, Wohlfahrtseinrichtungen, Arbeitervereine, Arbeitsstreitigkeiten, deren Erfolg und deren Beilegung, Arbeitsnachweis und Umfang der Arbeitslosigkeit.

Im ganzen liegen allein für Nordamerika, Großbritannien, Frankreich, Belgien, Österreich und das Deutsche Reich weit über 1300 Bände arbeitsstatistischen Inhalts vor.[4])

91. Die Organisation der Arbeiterinteressen-Vertretung.

In vielen Ländern bestehen unter der Bezeichnung der Landwirtschafts-, Handels- und Handwerkerkammern von Staats wegen organisierte Vertretungen der Landwirte, Fabrikanten, Kaufleute und Handwerker. Diese Organe beschränken sich nicht darauf, die Interessen der von ihnen repräsentierten Berufe im allgemeinen wahrzunehmen, sondern bringen auch, soweit es sich um Fragen des Arbeitsverhältnisses handelt, mit besonderem Nachdruck den Standpunkt der Arbeitgeber zur Geltung. Unter diesen Umständen erscheint der Ausbau der staatlich organisierten Interessen-Vertretungen durch Arbeiterkammern nur als ein Gebot der elementarsten Gerechtigkeit. Für das Gebiet des Deutschen Reiches kann auf derartige Einrichtungen umso weniger Verzicht geleistet

[1]) So bringt z. B. das Badische Statistische Jahrbuch schon seit 1893 Mitteilungen über die Arbeiterorganisationen, es enthält ferner Angaben über die Lohnverhältnisse, über die soziale Versicherung und die Tätigkeit der Arbeitsnachweise.

[2]) Hervorragende arbeitsstatistische Arbeiten liefert das Statistische Amt der Stadt Berlin; vgl. dessen jüngste Arbeit auf diesem Gebiete: „Lohnermittelungen und Haushaltsrechnungen der minder bemittelten Bevölkerung im Jahre 1903". Berlin 1904.

[3]) So teilen sich in die Bearbeitung der Arbeiterversicherungsstatistik das Reichsversicherungsamt und das Kaiserl. Statistische Amt.

[4]) Vgl. Die Fortschritte der amtl. Arbeitsstatistik. S. 6.

werden, als in den Regierungskreisen eine tiefwurzelnde Abneigung besteht, mit den vorhandenen freien Arbeiterorganisationen in amtliche Beziehungen zu treten.[1]) Die Folge ist, daß bei der Vorbereitung sozialpolitischer Gesetzentwürfe die Arbeiter im Gegensatze zu den Unternehmerkreisen entweder gar nicht, oder nur in ganz unzulänglicher Weise zur Mitwirkung herangezogen werden. Die einseitigen Einflüsse der Arbeitgeber-Vertretungen vermögen so Maßregeln, die ihnen unerwünscht sind, schon in ihrer Entstehung zu vereiteln oder doch den Regierungsentwürfen ein Gepräge zu verleihen, welches dem Standpunkte der Arbeitgeber in zu weitgehendem Maße Rechnung trägt und auf parlamentarischem Wege nicht immer ausreichend verbessert werden kann. Da weder erwartet werden darf, daß innerhalb der Sozialdemokratie die staatsfeindlichen, destruktiven Tendenzen bald ganz in den Hintergrund treten, noch auch, daß die innigen persönlichen Berührungen zwischen Sozialdemokratie und Gewerkschaften eine nennenswerte Lockerung erfahren werden, dürften die Behörden kaum in die Lage kommen, eine prinzipielle Änderung ihrer Haltung eintreten zu lassen. Im übrigen würde die Befragung der freien Arbeiterorganisationen auch immer dem Einwande begegnen, daß diese ja nur einen Teil der Arbeiter vertreten, also zwingende Schlüsse auf die Wünsche der gesamten Arbeiterschaft nicht gestatten.

Die Mängel der bestehenden Verhältnisse werden in der Regel auch gar nicht bestritten. Schon in den kaiserlichen Erlässen vom 4. Februar 1890 wurde deshalb eine besondere Organisation zur Vertretung der Arbeiterinteressen in Aussicht gestellt. „Durch eine solche Einrichtung", hieß es damals, „ist den Arbeitern der freie und friedliche Ausdruck ihrer Wünsche und Beschwerden zu ermöglichen und den Staatsbehörden Gelegenheit zu geben, sich über die Verhältnisse der Arbeiter fortlaufend zu unterrichten und mit den letzteren Fühlung zu behalten."

Über die Wege, auf denen das vorschwebende Ziel am besten erreicht werden könnte, gehen die Ansichten freilich noch weit auseinander. Es werden hauptsächlich drei Vorschläge gemacht.

1. Die Reichsregierung denkt lediglich an eine Erweiterung der Befugnisse, welche den Gewerbegerichten durch die Novelle vom 31. Juli

---

[1]) Evangelische und katholische Arbeitervereine werden ja gleich den christlichen und Hirsch-Dunckerschen Gewerkschaften eher von den Behörden berücksichtigt, aber diese Vereinigungen sind weder überall vorhanden, noch auch stark genug an Mitgliedern, um die Ignorierung der sozialistischen Gewerkschaften zulässig erscheinen zu lassen.

1901 im § 70 Abs. 2 bereits zugesprochen worden sind.[1]) Dagegen ist einzuwenden, daß als Beisitzer der Gewerbegerichte, wie es ihren richterlichen Funktionen durchaus entspricht, Arbeiter und Arbeitgeber in gleicher Zahl fungieren, daß sie also keine eigentliche Interessenvertretung der Arbeiter darstellen können. Außerdem würde die Interessenvertretung für Organe der Rechtsprechung an sich schon schlecht genug passen und eine gefährliche Überbürdung mit Aufgaben zur Folge haben, die ihrem eigentlichen Wirkungsgebiete vollkommen fremd wären. Die Befürchtung ist nicht abzuweisen, daß die Differenzen, welche bei der Stellungnahme zu Interessenfragen zwischen den Arbeitgeber- und Arbeiterbeisitzern leicht entstehen könnten, schließlich auch die Kooperation beider Gruppen auf dem Gebiete der Rechtsprechung beeinträchtigen würden.

2. Von einigen Sozialpolitikern,[2]) insbesondere solchen der Zentrumspartei (Prof. Hitze), werden Arbeitskammern vorgeschlagen, in welchen ebenfalls Arbeitgeber und Arbeiter in gleicher Weise vertreten sein sollen. Man erwartet von dieser Vereinigung eine Überbrückung der sozialen Gegensätze, also eine Förderung des sozialen Friedens, und glaubt auch, daß derartige Einrichtungen am besten den in den Februar-Erlassen ausgesprochenen Absichten entsprechen würden.[3])

Auch gegenüber diesem Plane ist vor allem der Einwurf geltend zu machen, daß er die Ungerechtigkeit der obwaltenden Verhältnisse nicht aufheben würde. Der Arbeiter bliebe nach wie vor verkürzt. Die Arbeitgeber hätten einmal in den Handelskammern ihre besondere Vertretung und wären außerdem noch in der Lage, ihrem Standpunkte in den paritätischen Arbeitskammern Geltung zu verschaffen. Wenn Harms ausführt, daß die Handelskammern keine Arbeitgeber-, sondern Unter-

[1]) Diese Bestimmung des Gewerbegerichts-Gesetzes lautet: „Das Gewerbegericht ist berechtigt, in gewerblichen Fragen Anträge an Behörden, an Vertretungen von Kommunalbehörden und an die gesetzgebenden Körperschaften der Bundesstaaten oder des Reiches zu richten.“

[2]) In den letzten Jahren hat namentlich der Tübinger Privatdozent Dr. B. Harms, freilich mit mehr Fleiß und Eifer als beweiskräftigen Argumenten, für Arbeitskammern Propaganda gemacht; vgl. dessen Schriften: Die Holländischen Arbeitskammern. Tübingen 1903. Deutsche Arbeitskammern. Tübingen 1904.

[3]) Es handelt sich um folgenden Passus des Erlasses: „Für die Pflege des Friedens zwischen Arbeitgebern und Arbeitnehmern sind gesetzliche Bestimmungen über die Formen in Aussicht zu nehmen, in denen die Arbeiter durch Vertreter, welche ihr Vertrauen besitzen, an der Regelung gemeinsamer Angelegenheiten beteiligt und zur Wahrnehmung ihrer Interessen bei Verhandlung mit den Arbeitgebern und mit den Organen Meiner Regierung befähigt werden.“

nehmerorganisationen seien oder sein sollten, so befinden sich tatsächlich Unternehmer- und Arbeitgeberinteressen in so inniger chemischer Verbindung, daß eine getrennte Warnehmung derselben in der Regel gar nicht ausführbar ist. Und wenn er weiter glaubt, die doppelte Vertretung der Unternehmer mit ihren größeren Pflichten und ihrer weitergehenden Verantwortung rechtfertigen zu können, so gerät er erst recht auf abschüssige Bahnen. Gewiß hat der Unternehmer als volkswirtschaftlicher Offizier heute auch eine größere Bedeutung für das Wirtschaftsleben als der Durchschnittsarbeiter. Aus dieser Tatsache kann aber unmöglich gefolgert werden, daß den Unternehmern eine ganze und eine halbe, den Arbeitern aber nur eine halbe Interessenvertretung gebühre. Den Vertretungen ist ja doch keine entscheidende Stellung zugedacht. Es kommt für diese Behörden lediglich darauf an zu wissen, welche Beurteilung gewisse Maßregeln vom Standpunkte der Unternehmer oder vom Standpunkte der Arbeiter aus finden, und welche Beweisgründe für diese Beurteilung beigebracht werden können. Die hervorragende Stellung der Unternehmer in unserer Volkswirtschaft kann die Regierung vielleicht mit Recht bestimmen, dem Gutachten der Unternehmervertretung ein größeres Gewicht zuzuerkennen, sie kann aber niemals eine Einrichtung begründen, welche den Arbeitern den vollkommen freien Ausdruck ihrer Auffassungen verwehren oder erschweren würde. Mag die Minorität immerhin die Möglichkeit erhalten, Separatvota zu erstatten, so werden dadurch die Schwierigkeiten, welche aus der Vereinigung von sozial unabhängigen Arbeitgebern und sozial abhängigen Arbeitern erwachsen, noch lange nicht aus der Welt geschafft. Bei dem Antagonismus, der heute nun einmal vorhanden ist, muß ferner befürchtet werden, daß bei gemeinsamer Beratung der Einfluß der gemäßigteren Elemente auf beiden Seiten in verhängnisvoller Weise zurückgedrängt wird. Ein Unternehmer entschließt sich in Anwesenheit von Arbeitervertretern nur ungern dazu, gegen die Haltung anderer Unternehmer aufzutreten und die Meinungsäußerungen der Arbeitermitglieder zu unterstützen. Und das gleiche gilt vice versa natürlich auch von den Arbeitern. Sind beide Teile unter sich, so fallen diese Bedenken weg. Was immer man vertreten mag, man kann sich darum doch wenigstens nicht dem Vorwurfe aussetzen, die eigene Sache gewissermaßen im Angesichte des Gegners verraten zu haben.

Auch zur Beförderung der Tarifgemeinschaften könnten Arbeitskammern nichts beitragen. Abgesehen von ihrer lokal begrenzten Wirksamkeit, welche alle an der Gemeinschaft interessierten Kreise oft nicht erfassen könnte, werden derartige, meist sehr komplizierte und nur dem Fachmanne vollkommen verständliche Abmachungen weit besser unmittelbar durch die verantwortlichen Organe der Berufsorganisationen selbst getroffen. Da ferner bei einem Vermittlungs- oder Einigungsverfahren der Erfolg meist auf dem Einflusse neutraler Elemente beruht, welche den Arbeitskammern aber fehlen, so würden sie auch als Einigungsämter nicht die auf sie gesetzten Hoffnungen erfüllen.

Die sozialen Gegensätze zu versöhnen, das Einvernehmen zwischen Arbeitgebern und Arbeitern zu verbessern, das alles kann überhaupt gar nicht die Aufgabe eines einzelnen Organes sein, sondern nur diejenige der gesamten Sozialpolitik. Und diese gesamte Sozialpolitik wird ihr Ziel umso besser erreichen, je mehr es ihr gelingt, dem Arbeiter das Bewußtsein der Gleichberechtigung zu verschaffen. Dieses Bewußtsein aber wird dadurch, daß man die Arbeiter in Bezug auf die von Staats wegen organisierten Interessenvertretungen verkürzt, ganz gewiß nicht befördert werden.

3. Aus dem Gesagten ergibt sich, daß nur der dritte Vorschlag, die reine Arbeiterkammer, im Interesse des sozialen Fortschrittes liegt. Für solche Einrichtungen hat sich bereits der württembergische Minister von Pischeck ausgesprochen. Sie werden auch von vielen Arbeitern und hervorragenden Sozialpolitikern befürwortet.[1])

[1]) Vgl. die Äußerungen von Prof. Bücher in der Z. f. St. W. LX, S. 400, 401 und die überzeugenden Darlegungen des Baurates Dr. Fuchs, früheren badischen Fabrikinspektors, im A. f. s. G. XX. S. 101—113. Anläßlich der Verhandlungen der Gesellschaft für soziale Reform über diese Frage (Mainzer Generalversammlung 1904, 16. Heft der Vereinsschriften) plaidierten Prof. Dr. Wirminghaus, Syndikus der Kölner Handelskammer, der Volksparteiler Rechtsanwalt Kohn (Dortmund), der Schlosser Sauer (Cöln) und der Arbeitersekretär Erkelenz (Düsseldorf) im Namen der Hirsch-Dunckerschen Gewerkvereine für Arbeiterkammern. Prof. Biermer, der selbst zwar die Notwendigkeit einer von Staats wegen zu organisierenden Interessenvertretung der Arbeiter leugnet, anerkennt aber in seiner Besprechung der Mainzer Verhandlungen (Sammlung nationalökonomischer Aufsätze und Vorträge, 1. Bd., 2. Heft, Gießen 1905) die von den Anhängern der Arbeiterkammern vorgebrachten Argumente: „Sie forderten reine Arbeiterkammern und lehnten lebensunfähige Zwitterorgane wie die Arbeitskammern mit Entschiedenheit ab. Man muß zugeben, daß diese Kritik folgerichtig gedacht war. Bei der notorischen Unversöhnlichkeit der Gegensätze beider Parteien verspricht ein zwangsweises Zusammenwirken nichts anderes als fortgesetzte Reibereien, Krakehl, im günstigen Falle Zufallsmajorisierungen und auf der anderen Seite Separatvoten der unterlegenen Minderheit. Mit einer solchen Karikatur von „selbstverwaltender Mitarbeit" der Interessenten ist dem Staate nicht das mindeste genützt." (S. 52). Die Stellungnahme von Wirminghaus und Biermer verdient um so mehr Beachtung, als beide durch ihre praktische Tätigkeit die Verhältnisse der Handelskammern gründlich kennen. Auch auf dem Frankfurter Arbeiter-

Arbeiterkammern müssen schließlich um so mehr als das anzustrebende Ziel gelten, als die Erfahrungen, die das Ausland — Holland,[1]) Belgien und Frankreich — mit paritätischen Arbeitskammern gemacht hat, durchaus unbefriedigend ausgefallen sind, wenn auch der Mißerfolg nicht allein auf der Zusammenkoppelung von Arbeitern und Arbeitgebern, sondern zum Teil auch auf schlechten Finanzen und einer unzweckmäßigen Kombination von sehr verschiedenen Funktionen beruht.

Zweites Kapitel.

Der individuelle Arbeitsvertrag.

92. Die Organisation des Arbeitsnachweises.[2])

Eine der elementarsten Aufgaben der sozialen Reform besteht darin, dem Arbeitsuchenden das Auffinden einer passenden Arbeitsstelle möglichst zu erleichtern. In einer kleineren Gemeinde wird der Arbeiter freilich auch ohne besondere Veranstaltungen sich leicht über die Zahl

kongreß (1903), der sich für Arbeitskammern erklärte, wurde zugegeben, daß viele Arbeiter im Prinzip für Arbeiterkammern seien. In Bremen und in Württemberg wurden von sozialdemokratischer Seite Arbeiterkammern beantragt, während die an den Reichstag gerichteten Anträge der sozialdemokratischen Fraktion außer der Errichtung eines Reichsarbeitsamtes Arbeitsämter, Arbeitskammern und Einigungsämter mit weitgehenden Befugnissen verlangten. Auf dem Kölner Gewerkschaftskongresse (Mai 1905) haben 151 Delegierte mit 771 663 Stimmen gegen 44 Delegierte mit 379 431 sich für Arbeiterkammern erklärt.

[1]) Vgl. außer der bereits genannten Arbeit von Harms, Über die holländischen Arbeitskammern (1903), noch die Referate von Harms, Jay und Varlez über die Arbeitskammern in Holland, die Arbeitsräte in Frankreich und die Organisation der Industrie- und Arbeitsräte in Belgien in den Schriften der Gesellschaft für soziale Reform. Heft 12 u. 13. Jena 1903/04. Die italienischen Camere del lavoro sind reine Arbeitervertretungen, aber nicht von Staats wegen organisierte. Vgl. Pinardi und Schiavi, Die italienischen Arbeitskammern. Schriften der Gesellschaft für soziale Reform, Heft 14, Jena 1904 und das S. 398 Ausgeführte.

[2]) Die Hauptwerke über die Fragen des Arbeitsnachweises sind Jastrow, Sozialpolitik und Verwaltungswissenschaft. Bd. I. Arbeitsmarkt und Arbeitsnachweis. Gewerbegerichte und Einigungsämter. Berlin 1902; Conrad, Die Organisation des Arbeitsnachweises in Deutschland (mit umfassenden Literaturangaben). Leipzig 1904; Lindemann, Arbeiterpolitik und Wirtschaftspflege in der deutschen Städteverwaltung. I. Stuttgart 1904. S. 73—140. Eine gute populäre Darstellung hat Eckert, Der moderne Arbeitsnachweis, Leipzig 1902, geliefert.

der freien Stellen, die für ihn in Betracht kommen, unterrichten können, zumal wenn er in dieser Gemeinde überhaupt wohnt und mit ihren Verhältnissen seit Jahren vertraut ist. Aber der Arbeiter, der eine ihm noch fremde Stadt betritt, oder der Arbeiter der Großstadt überhaupt befindet sich schon in recht schwieriger Lage. Sind keine Arbeitsnachweis-Stellen vorhanden, so bleibt ihm nichts anderes übrig, als aufs Geradewohl durch „Umschau" bei den Arbeitgebern und auf den Arbeitsstellen eine Arbeitsgelegenheit zu suchen. Das geht ohne beträchtlichen Aufwand von Zeit und Mühen in der Regel nicht von statten. Außerdem können diese Wanderungen von Tür zu Tür, die zahlreichen Demütigungen und Enttäuschungen, die damit verknüpft sind, leicht nachteilige Folgen auf Arbeitsfreude, Charakter und Lebensführung ausüben.[1]) Unglückliche Zufälle mögen es verschulden, daß der Arbeitsuchende zunächst gerade an Arbeitgeber gelangt, die keine Arbeiter brauchen. So kann der Arbeitsuchende veranlaßt werden, das Verhältnis zwischen Nachfrage und Angebot allzu ungünstig zu beurteilen und unter dem Drucke der Not, erfüllt von Angst, sonst keine Arbeit zu erhalten, seine Dienste zu Schleuderpreisen anzubieten. Gelingt es ihm auch unter diesen Umständen nicht, eine Stelle zu erhalten, so muß er in einer anderen Stadt sein Glück versuchen. Aber wo? Er hat keine Hilfsmittel an der Hand, um die Gemeinden zu ermitteln, die ihm für die Verwertung seiner Arbeitskraft bessere Aussichten bieten könnten.

Einigermaßen erleichtert wird das Aufsuchen einer Arbeitsgelegenheit durch die Inseratenblätter. Es werden auf diese Weise doch wenigstens einige Geschäfte, die wirklich Arbeiter einstellen wollen, ersichtlich gemacht. Einen vollständigen Überblick über den Stand der Nachfrage nach Arbeitern können natürlich auch sie nicht bieten. So mancher Arbeitgeber scheut die Kosten des Inserierens und verläßt sich darauf, daß sich bei ihm schon Leute infolge der Umschau melden werden.

Wird auf die angegebene Art kein Erfolg erzielt, so stehen dem Arbeitsuchenden nur noch Wege offen, welche größere Kosten verursachen. Er kann selbst durch ein Inserat eine Stellung suchen oder er kann die Dienste gewerbsmäßiger Stellenvermittler in Anspruch nehmen.

Diese Methoden, die immer noch die Regel bilden, lassen nicht nur vom Standpunkte des Arbeiters, sondern auch von demjenigen

[1]) Vgl. Kolb, Als Arbeiter in Amerika. 1904. S. 18 ff.

des Arbeitgebers aus sehr viel zu wünschen übrig. Die Umschau hat für die Arbeitgeber viele überflüssige Störungen und Belästigungen zur Folge. In manchen Gewerben herrscht hie und da ja noch der Brauch, daß der vergeblich um Arbeit anklopfende Arbeiter ein kleines Geschenk erhält.

Das Inserieren, und unter Umständen muß bei ungenügender Zentralisation des Inseratenwesens sogar in mehreren Blättern inseriert werden, verursacht ebenso wie die Inanspruchnahme privater Vermittler zwar erhebliche Kosten, gewährt aber weder sichere Aussichten auf Erfolg, noch einen Überblick über den wirklichen Stand des Arbeitsmarktes. Dabei gibt die Art und Weise, in der oft das private Stellenvermittlungswesen gehandhabt wird, Anlaß zu besonderen Klagen. Hat der Vermittler einen Abschluß zu stande gebracht und von beiden Teilen mehr oder weniger hohe Gebühren bezogen, so versucht er nicht selten, um nochmals Gebühren zu erhalten, selbst unter Vorspiegelung falscher Tatsachen, seine Klienten wieder zur Auflösung des Arbeitsverhältnisses zu bestimmen. Häufig wird das Vermittlungsgeschäft auch in Verbindung mit dem Gastwirtsgewerbe betrieben. Dann muß der Arbeitsuchende seinem Gast- und Logierwirt erst tüchtig zu verdienen geben, ehe er eine passende Stelle zugewiesen erhält.[1])

Diese Mißstände haben das Eingreifen der Gesetzgebung provoziert. Nachdem schon die Novelle zur Gewerbeordnung von 1883 den Behörden die Befugnis gewährt hatte, das Vermittlungsgeschäft solchen Personen zu untersagen, deren Unzuverlässigkeit in bezug auf dieses Gewerbe durch Tatsachen als erwiesen angesehen werden konnte, brachte die Novelle vom 30. Juni 1900 noch weitergehende Vollmachten.[2])

So ist der Betrieb jetzt wieder, wie vor 1869, konzessionspflichtig geworden. Die Konzession darf nicht gewährt werden, wenn Tatsachen vorliegen, welche die Unzuverlässigkeit des Petenten dartun. Die für die Vermittlung beanspruchten Taxen sind der Polizei mitzuteilen und in dem Geschäftslokal ersichtlich zu machen. Durch die Landeszentralbehörden kann die gleichzeitige Ausübung des Gastwirtschaftsbetriebes und der Stellenvermittlung und die Stellenvermittlung im Umherziehen verboten werden. Preußen, Bayern und Baden haben so das Stellenvermittlungsgeschäft einer scharfen Kontrolle unterworfen.

Mochten diese Maßregeln auch alle Anerkennung verdienen, so konnte eine Besserung der Zustände doch nicht allein auf dem Wege

[1]) Conrad, a. a. O. S. 150—165.

[2]) Art. 3 der Novelle.

der Polizeikontrolle und Revision erzielt werden. Es kam vor allem darauf an, eine ausreichende Organisation des Arbeitsnachweises und im Zusammenhange damit eine zuverlässige Berichterstattung über die Verhältnisse des Arbeitsmarktes herzustellen.

Zuerst waren es gemeinnützige Vereine und Anstalten, die Naturalverpflegungsstationen, die „Herbergen zur Heimat", Armenvereine, Schutzvereine für entlassene Strafgefangene usw., die sich um den Ausbau des Arbeitsnachweises bemühten. Naturgemäß konnten diese Institutionen nur für den niedriger stehenden Teil der Arbeiterklasse, für Leute, welche schon Schiffbruch erlitten hatten oder unmittelbar vor demselben sich befanden, volle Bedeutung erhalten.[1])

Für die qualifizierten Berufsarbeiter lag der Gedanke nahe, die Berufsorganisation auch für die Zwecke des Arbeitsnachweises zu verwerten. In der Tat besitzen namentlich diejenigen Vereine, welche ihre Mitglieder im Falle der Arbeitslosigkeit unterstützen, ein lebhaftes Interesse daran, daß diese Ausgaben durch eine gute Handhabung des Arbeitsnachweises möglichst eingeschränkt werden. Aber auch andere Arbeiterorganisationen trachten danach, den Arbeitsnachweis in ihre Hände zu bekommen. Stellt er beim Kampfe um bessere Arbeitsbedingungen doch ein nicht zu unterschätzendes Machtmittel dar. Wenn auch aus diesem Grunde die Unternehmer sich oft nicht an den gewerkschaftlichen Nachweis wenden, so kann der Verein doch durch seine Mitglieder selbst immer Nachrichten über offene Stellen erhalten und seine Arbeitslosen veranlassen, sich um dieselben zu bewerben. Man schätzt die Zahl der Arbeiter, für welche der gewerkschaftliche Arbeiternachweis funktioniert, auf 500 000—600 000.[2])

Da keineswegs für alle Arbeitergruppen leistungsfähige Verbände bestehen und auch dort, wo solche bestehen, ihnen doch nicht alle Arbeiter angehören, so können die gewerkschaftlichen Arbeitsnachweise nicht ausreichen. Im übrigen wird ihre Wirksamkeit aber auch durch die erbitterte Gegnerschaft vieler Arbeitgeber in Frage gestellt. Wie die Arbeiter, so versuchen auch viele Arbeitgeber, den Arbeitsnachweis ausschließlich im eigenen Sonderinteresse auszugestalten. Insbesondere in der deutschen Metallindustrie haben es die Unternehmer verstanden, sich die Arbeitsvermittlung dienstbar zu machen. Die Einstellung von Arbeitern darf nur durch die Vereinsbureaus erfolgen. Diese aber üben durch das Verlangen von Entlassungsscheinen von seiten des

---

[1]) Conrad, a. a. O. S. 165—178.

[2]) a. a. O. S. 26—54; Jastrow, a. a. O. S. 138.

letzten Arbeitgebers und andere Mittel eine scharfe Kontrolle darüber aus, daß Leute, die sich irgendwie an der Arbeiterbewegung beteiligt haben, keine Stellung erhalten.[1]) Welche Bedeutung diesen Arbeitgeber-Nachweisen innewohnt, mag die Tatsache illustrieren, daß in einem Jahre, in dem es alle öffentlichen Arbeitsnachweise in Preußen zusammen noch nicht auf 200 000 Vermittelungen brachten, der Arbeitgeber-Verband Hamburg-Altona allein 128 810 Vermittlungen zu stande brachte.[2])

Im erfreulichen Gegensatze zur Verwertung des Arbeitsnachweises im Dienste einseitiger Interessen stehen die von Arbeitern und Arbeitgebern gemeinsam, d. h. paritätisch verwalteten Veranstaltungen. Wo die Organisationen beider Parteien zu gemeinsamen Abmachungen über das Arbeitsverhältnis gelangen (Tarifgemeinschaften), kann leicht auch die Regelung des Arbeitsnachweises in diese Kollektivverträge einbezogen werden. Das trifft für das deutsche Buchdruckgewerbe und für die Berliner Brauindustrie zu.

Da aber so wohl geordnete Verhältnisse heute noch verschwindende Ausnahmen bilden, haben auch die Stadtgemeinden Veranlassung gefunden, sich um die Organisation des Arbeitsnachweises zu bemühen. Basel und Bern sind in dieser Hinsicht zwar vorangegangen,[3]) doch haben einige süddeutsche Stadtverwaltungen (Frankfurt, Stuttgart, Freiburg i. B., München u. a.) den Gedanken so rasch nachgeahmt und mit so großer Energie verfolgt, daß heute der öffentliche Arbeitsnachweis im Deutschen Reiche weiter ausgebildet ist als in der Schweiz.

---

[1]) Conrad, a. a. O. S. 54—117; vgl. ferner meine Ausführungen auf S. 222.

[2]) Conrad, a. a. O. S. 304.

[3]) Mit diesen kommunalen Instituten dürfen die Arbeitsbörsen (Bourses du travail) in Paris und anderen französischen Städten nicht verwechselt werden. (Vgl. Mataja, Städtische Sozialpolitik, Zeitschrift für Volkswirtschaft, Sozialpolitik und Verwaltung. Wien 1894. S. 525—545.) Dort wurde nicht von den Gemeinden selbst ein Nachweis organisiert, sondern es wurden nur den Fachvereinen zur leichteren Ausführung ihrer arbeitsvermittelnden Tätigkeit Lokalitäten zur Verfügung gestellt. Der Arbeitsnachweis sollte durchaus in den Händen der Vereine bleiben. Da sie hierbei aber aus öffentlichen Mitteln Unterstützung erhielten, wurde ihnen die Verpflichtung auferlegt, auch Nichtmitglieder zu berücksichtigen, eine Bestimmung, deren strenge Einhaltung sich freilich kaum durchsetzen ließ. Im übrigen übertrugen sich all die zahlreichen Parteiungen, unter denen die französische Arbeiterschaft leidet, sofort auf die Verwaltung der Arbeitsbörse. Ihre Organe stellten sich überdies der Regierung feindselig entgegen. Versuche, die Unternehmer in der Freiheit der Wahl zu beschränken und ihnen die Stellenbewerber in der Reihenfolge ihrer Einzeichnungen aufzunötigen, Zurücksetzungen von Arbeitern, die nicht

Bei der politischen Struktur der deutschen Stadtverwaltungen war es von vornherein ausgeschlossen, daß kommunale Anstalten zur Organisation des Arbeitsnachweises zu einem Tummelplatz für parteipolitische Bestrebungen der Arbeiterklasse ausarteten. Der Fehler, der hier gemacht wurde, bestand vielmehr darin, daß man ursprünglich den gewerkschaftlich organisierten Arbeitern, oder den Arbeitern überhaupt, gar keinen Einfluß einräumen wollte. So bildete sich mancherorts ein scharfer Gegensatz zwischen den gewerkschaftlichen und kommunalen Arbeitsvermittelungen aus. Noch 1896 sprach sich der Gewerkschaftskongreß in Berlin grundsätzlich und ausschließlich für den Arbeitsnachweis durch Gewerkschaften aus. Als aber immer mehr Städte nach dem Vorgange von Frankfurt a. M. und Stuttgart damit begannen, Vertrauensmänner der Arbeitgeber und Arbeiter (die Beisitzer der Gewerbegerichte) zur Verwaltung der Arbeitsnachweisanstalten heranzuziehen, diese also einen paritätischen Charakter erhielten, erschien den Arbeitern die Förderung dieser Anstalten schon deswegen geboten zu sein, weil letztere mit mehr Aussicht auf Erfolg als die gewerkschaftlichen Institute den Kampf gegen die Überantwortung des Arbeitsnachweises an die Unternehmerverbände aufnehmen konnten. Der Gewerkschaftskongreß zu Frankfurt a. M. 1899 gestand deshalb zu, „daß es unter den gegebenen Verhältnissen an manchen Orten für eine Reihe von Berufen von Vorteil sein kann, sich an kommunalen Arbeitsnachweisen zu beteiligen. Dieselben sind jedoch nach folgenden Grundsätzen auszugestalten:

---

gerade der eben am Ruder befindlichen Majorität angehörten, und ähnliches mußten die Sympathien für die Entwicklung der ganzen Einrichtung stark beeinträchtigen. Man ließ endlich an der Börse auch Gewerkvereine, die den gesetzlichen Bedingungen nicht entsprachen, teilnehmen. Diese Umstände und die Unterstützung, welche die Arbeitsbörse den Unruhen im Quartier latin gewährt hatte, bewogen die Regierung am 5. Juli 1893, die Schließung zu verfügen.

Durch Dekret vom 7. Dezember 1895 ist die Arbeitsbörse wieder eröffnet worden. Man hat nun Sorge dafür getragen, daß Seinepräfektur und Gemeinderat einen unmittelbaren Einfluß auf Verwaltung und Leitung der Arbeitsbörse nehmen können. Den Gewerkvereinen ist nur innerhalb ihrer Abteilungen in der Börse volle Bewegungsfreiheit gestattet. Dort können sie ihren Nachrichtendienst beliebig organisieren. Auf die Leitung der Börse nehmen die Gewerkvereine nur durch einen beratenden Ausschuß Einfluß, dessen Mitglieder sie bestimmen. Er besteht aus 10 Arbeitervertretern, aus 6 Gemeinderäten und je 2 Vertretern der Seinepräfektur und des staatlichen Arbeitsamtes.

Die Institute, welche nach dem Vorbilde der Pariser Anstalt in anderen Städten Frankreichs gegründet worden sind, haben, zum Teil aus verwandten Gründen, ebenfalls eine besonders ersprießliche Tätigkeit noch nicht zu entfalten vermocht.

a) Verwaltung durch eine aus in gleicher Zahl von den Arbeitgebern und Arbeitnehmern je in freier Wahl gewählten direkten Vertretern zusammengesetzte Kommission unter Leitung eines unparteiischen Vorsitzenden;

b) Führung der Geschäfte durch aus den Reihen der Arbeiter hervorgegangene Beamte; Wahl derselben durch die Verwaltungskommission;

c) Ablehnung der Vermittlung an solche Arbeitgeber und Dienstherren, welche notorisch ihre Pflichten als Arbeitgeber nicht erfüllen, sowie an solche Arbeitgeber, welche bei ausbrechenden Differenzen mit ihren Arbeitern in keine Verhandlungen zur Beilegung derselben mit der zuständigen Arbeiterorganisation eintreten wollen;

d) genaue Feststellungen über die Lohnbedingungen und Veröffentlichung derselben mit den übrigen Ergebnissen der Arbeitsnachweisstatistik;

e) vertragsmäßige Verpflichtung der Arbeitgeber, die von dem Arbeitsamt angegebenen Arbeits- und Lohnbedingungen nach erfolgter Einstellung auch zu erfüllen, um den Arbeiter oder Dienstboten vor Täuschung oder Benachteiligung zu schützen;

f) vollständige Gebührenfreiheit und Übernahme der gesamten Kosten auf die Gemeinde- oder Staatskasse."

Nach einer Übersicht des preußischen Handelsministeriums bestanden in Preußen am 1. Januar 1903 263 kommunale oder mit kommunaler Unterstützung betriebene Arbeitsnachweisstellen, die im Jahre 1902 221 263 Stellen vermittelt hatten. In Bayern gab es Anfang 1903 in 54 Gemeinden, in Württemberg 15, in Baden 12, im Reichslande 15 öffentliche Arbeitsnachweise.

In vielen Fällen ist auch der Versuch einer Zentralisation, die über die Grenzen der Gemeinden hinausgeht, mit Erfolg unternommen worden. Am weitesten sind diese Bestrebungen in Württemberg gediehen, wo dreimal in der Woche eine Übersicht über alle zu besetzenden Stellen im Lande veröffentlicht wird. In Bayern bilden die Regierungsbezirke einheitliche Vermittlungsbezirke. Im übrigen treten auch die bayerischen, württembergischen und badischen Anstalten mit einander in Beziehungen. In diesen Staaten gewähren die Staatseisenbahnen den Arbeitslosen, welche von gemeindlichen Arbeitsämtern in auswärtige Arbeitsstellen geschickt werden, eine Fahrpreisermäßigung von 50 Proz. auf Strecken von mindestens 25 km. Ähnliche Ziele wie die genannten Landesverbände verfolgen der Düsseldorfer, der Rhein-Main-, der märkische Verband u. a. m.

Die anfänglich viel umstrittene Frage, wie sich paritätische Arbeitsnachweise bei Arbeitsstreitigkeiten zu verhalten haben, ist jetzt meist dahin entschieden worden, daß sie die Tätigkeit für die Beteiligten nicht einstellen, aber die am Streite beteiligten Arbeitgeber den Arbeitnehmern durch Namensanschlag an den Tafeln der Warteräume des Amtes bekanntgeben.

Im Jahre 1898 wurde ein Verband deutscher Arbeitsnachweise gegründet, dem Ende 1904 134 Anstalten angehörten. Als Organ des Verbandes erscheint der von Jastrow in Berlin seit 1897 herausgegebene „Arbeitsmarkt". Mit Hilfe der Übersichten, welche die dem Verbande angeschlossenen Anstalten lieferten, machte Dr. Jastrow auch zum ersten Male den Versuch, eine regelmäßige Berichterstattung über die Entwicklung des Arbeitsmarktes auszuführen. Seit April 1903 werden derartige Berichte, und zwar mit vervollkommneter Methode, auch von der arbeitsstatistischen Abteilung des kaiserl. statistischen Amtes ausgearbeitet und im Reichsarbeitsblatt veröffentlicht.

Anträge, welche von den Abgg. Roesicke und Pachnicke mehrmals im Reichstage gestellt worden sind, beabsichtigten die Einrichtung von Arbeitsnachweisen durch die Reichsgesetzgebung zu verallgemeinern. Da diese Anträge nicht genau mit den vom Frankfurter Gewerkschaftskongresse formulierten Bedingungen übereinstimmten, wurden sie durch die sozialdemokratische Partei zu Falle gebracht.

Eine allgemeine staatliche Arbeitsvermittlung wurde in Österreich geplant.[1]) In der Schweiz[2]) ist 1905 unter der Führung des Städtischen Arbeitsamtes Zürich ein engerer Zusammenschluß der bestehenden öffentlichen Arbeitsnachweise ins Leben getreten.[3])

Trotz der unleugbar bedeutenden Fortschritte, welche die Organisation des Arbeitsnachweises gerade in dem letzten Jahrzehnt aufzuweisen hatte, ist man doch noch überall von einer durchaus befriedigenden einheitlichen Zusammenfassung der ganzen Vermittlungstätigkeit

---

[1]) Mischler, Grundzüge einer allgemeinen staatlichen Arbeitsvermittlung für Österreich. A. f. s. G. XV. S. 281—331; Derselbe, Die öffentliche Arbeitsvermittlung in Österreich. Österreichische Rundschau. Bd. II. Heft 15; Derselbe, Art. Arbeitsrecht. D. Arbeitsvermittlung, im Österreichischen. Staatswörterbuch. (Mischler u. Ulbrich). 2. Aufl.

[2]) Über die Frage der Organisation des Arbeitsnachweises in der Schweiz vgl. Bohny, Die Arbeitslosenfürsorge. Schweiz. Blätter für Wirtschafts- und Sozialpolitk. XII. S. 272—280; Bericht des Bundesrats betr. die Mitwirkung des Bundes bei Institutionen für Arbeitsnachweis und für Schutz gegen Arbeitslosigkeit. Schweiz. Bundesblatt. Nr. 46. 1904.

[3]) Schweiz. Blätter für Wirtschafts- u. Sozialpolitik. XIII. S. 120.

weit entfernt, ja selbst die Frage, ob die öffentlichen oder paritätischen Arbeitsnachweise überhaupt in der Lage sein werden, im Laufe der Zeit allen Ansprüchen, insbesondere auch in Bezug auf gelernte Berufsarbeiter, zu genügen und so aus eigener Kraft andere Organisationen aus dem Felde zu schlagen,[1]) läßt sich noch keineswegs mit Sicherheit beantworten. Insofern werden diese Probleme auch die nächste Zukunft noch ausgiebig beschäftigen.

93. Arbeitsvertrag[2]) und Gewerbegericht.

Das Recht des gewerblichen Arbeitsvertrages wird heute der Hauptsache nach durch die Arbeiterschutzgesetzgebung, von deren Bedeutung später noch ausführlicher gesprochen werden soll, geordnet. Wo aber diese Spezialgesetze keine besonderen Vorschriften enthalten, tritt zur Ergänzung das allgemeine bürgerliche Recht ein. Die Stellungnahme des Privatrechtes darf daher für die Gestaltung des gewerblichen Arbeitsverhältnisses keineswegs unterschätzt werden. Wenn auch das neue Bürgerliche Gesetzbuch des Deutschen Reiches noch lange nicht alle Forderungen erfüllt, welche die Sozialpolitiker unter den Juristen stellen,[3]) so hat es doch einige wertvolle Fortschritte aufzuweisen. So erklärt § 138 nicht nur alle gegen die guten Sitten verstoßenden Rechtsgeschäfte für nichtig, sondern erstreckt auch den Begriff des Wuchers auf alle Rechtsgeschäfte, also nicht bloß auf den Darlehns- sondern auch auf den Arbeitsvertrag; § 226 verbietet die chikanöse Ausübung eines Rechtes, § 394 schützt im Verein mit § 850 der Civilprozeßordnung Arbeitslöhne unter 1500 M. gegen Aufrechnung,[4]) § 616 verbietet Lohnabzüge, wenn der Arbeiter für eine verhältnismäßig nicht erhebliche Zeit durch einen in seiner Person liegenden Grund ohne sein Verschulden an der Dienstleistung verhindert wird, § 826 verpflichtet denjenigen zum Ersatze des Schadens,

---

[1]) Von Conrad (a. a. O. S. 305) wird in dem Umstande, daß die zehn größten öffentlichen Arbeitsnachweise des Deutschen Reiches in den Jahren 1900, 1901 und 1902 in bezug auf die Zahl der Vermittlungen (206 845, 195 955, 202 422) keine Fortschritte machten, ein bedenkliches Symptom erblickt.

[2]) Vgl. Loening, Art. Arbeitsvertrag; Stadthagen, Das Arbeiterrecht unter bes. Berücksichtigung des Bürgerlichen Gesetzbuches. Stuttgart 1900.

[3]) A. Menger, Das bürgerl. Recht und die besitzlosen Volksklassen. A. f. s. G. II. S. 448 ff.; Gierke, Der Entwurf eines bürgerl. Gesetzbuches und das deutsche Recht. J. f. G. V. XII. S. 1200. XIII. S. 235 ff.; Flesch, Zur Kritik des Arbeitsvertrages. 1901.

[4]) Vgl. zu dieser Frage Sinzheimer, Lohn und Aufrechnung. Berlin 1902.

der in einer gegen die guten Sitten verstoßenden Weise einem andern vorsätzlich Schaden zufügt. Das alles sind Bestimmungen, die im Vereine mit der sorgfältigeren Ausbildung des Arbeitsvertrages in den §§ 611—651 des B.G.B. überhaupt einem sozialpolitisch gebildeten Richterstande einen weitgehenden Schutz der Arbeiterinteressen gestatten.[1])

Wie das Recht des gewerblichen Arbeitsvertrages vorzugsweise im Wege der Sozialgesetzgebung seine Entwicklung erfahren hat, so ist allmählich auch die Entscheidung der Streitigkeiten aus dem gewerblichen Arbeitsverhältnis an besondere Fachgerichte übergegangen. Die ordentlichen Gerichte besaßen teils zu geringe Sachkenntnis und Vertrautheit mit den Besonderheiten des gewerblichen Lebens, teils ein zu umständliches und kostspieliges Verfahren, um die zahlreichen Streitigkeiten zwischen Arbeitgebern und Arbeitern rasch, zutreffend und wohlfeil erledigen zu können. Da die Berufsrichter in der Regel aus den besitzenden Klassen hervorgehen, lief ihre Rechtsprechung auch Gefahr, durch Klassenvorurteile beeinflußt zu werden. So wurden besondere Gewerbegerichte ins Leben gerufen und mit Männern besetzt, die nicht nur durch ihre berufliche Tätigkeit die Verhältnisse des gewerblichen Lebens aus eigener Erfahrung kannten, sondern auch als Vertrauensleute der beteiligten Arbeitgeber- und Arbeiterkreise angesehen werden durften. Das erste französische Kaiserreich ging 1806 durch die Einsetzung des Conseils de prud'hommes auf diesem Gebiete voran. Die in der französischen Zeit auf deutschem Boden entstandenen Gerichte dieser Art blieben erhalten und breiteten sich später sogar auf andere deutsche Landesteile aus. Nachdem die Reichsgesetzgebung die Schlichtung der Streitigkeiten aus dem gewerblichen Arbeitsverhältnisse erst den Gemeindebehörden und Innungs-Schiedsgerichten überwiesen hatte, wurde, da diese Regelung keine befriedigenden Ergebnisse erzielte, durch das Reichsgesetz vom 29. Juli 1890 eine neue Grundlage für die Organisation der Gewerbegerichte ge-

---

[1]) Ph. Lotmar hat in seinem großen Werke (Der Arbeitsvertrag nach dem Privatrecht des Deutschen Reiches. I. Leipzig 1902), welches das Recht des Arbeitsvertrages zum ersten Male mit allen Mitteln der juristischen Methode in umfassender Systematik und Kasuistik erforscht, in dieser Hinsicht sehr beachtenswerte Perspektiven eröffnet. Viele seiner Ausführungen gehen allerdings zu weit, als daß sie die Wissenschaft oder gar der sozialpolitischem Denken meist noch ziemlich abholde Richterstand annehmen könnte. Vgl. die interessanten Besprechungen des Buches durch Max Weber, A. f. s. G. XVII. S. 723—734, und W. Liebknecht, N. Z. XXI. 2. S. 331—343.

schaffen.[1]) Nach den Änderungen, welche die Novelle vom 30. Juni 1901 gebracht hat, muß jetzt für alle Gemeinden mit mehr als 20000 Einwohnern ein Gewerbegericht bestellt werden. Es besteht aus einem Vorsitzenden und dessen Stellvertreter, welche weder der Klasse der Arbeitgeber noch der Klasse der Arbeiter angehören dürfen und vom Magistrate bezw. der Gemeindeversammlung gewählt werden. Neben dem Vorsitzenden fungieren noch Beisitzer, welche, und zwar in gleicher Zahl, von den Arbeitgebern und Arbeitern in besonderem Wahlkörper gewählt werden. Die sachliche Kompetenz der Gerichte erstreckt sich ohne Rücksicht auf den Wert des Streitgegenstandes auf Streitigkeiten über den Antritt, die Fortsetzung oder die Auflösung des Arbeitsverhältnisses sowie über die Aushändigung oder den Inhalt des Arbeitsbuches, Zeugnisses, Lohnbuches, Arbeitszettels oder Lohnzahlungsbuchs, über die Leistungen aus dem Arbeitsverhältnisse, über die Rückgabe von Zeugnissen, Büchern, Legitimationspapieren, Urkunden, Gerätschaften, Kleidungsstücken, Kautionen u. dgl., welche aus Anlaß des Arbeitsverhältnisses übergeben worden sind; über Ansprüche auf Schadensersatz oder auf Zahlung einer Vertragsstrafe wegen Nichterfüllung der Verpflichtungen sowie wegen gesetzwidriger oder unrichtiger Eintragungen in Arbeitsbücher u. dgl. Weniger deutlich ist die persönliche Zuständigkeit geordnet. Es heißt da nur, daß die Gerichte zuständig sind für die Arbeiterkategorien, auf welche der Titel VII der Gewerbeordnung Anwendung findet. Da aber dieser Titel selbst keine genauen Grenzen zieht, so ist die Kompetenz der Gewerbegerichte oft bestritten worden. Die Frage ist umso wichtiger, als die Kompetenz der Gewerbegerichte diejenige der ordentlichen Gerichte ausschließt. Eine Berufung kann nur erfolgen, wenn der Wert des Streitgegenstandes 100 M. übersteigt.

Rechtsanwälte werden als Prozeßbevollmächtigte oder Beistände vor dem Gerichte nicht zugelassen.

Die Kosten des Gerichts trägt, so weit sie nicht durch die Gebühren gedeckt werden, die Gemeinde. Die Beisitzer erhalten für ihre

---

[1]) Über die Gewerbegerichte im Deutschen Reiche und im Auslande vgl. v. d. Borght, Sozialpolitik, S. 228–245; über die deutschen Gewerbegerichte besonders Jastrow, Sozialpolitik und Verwaltungswissenschaft. Bd. I. Berlin 1902. S. 405–482. Von Jastrow und Flesch wird als Organ des Verbandes Deutscher Gewerbegerichte „Das Gewerbegericht" (monatlich erscheinend) in Berlin herausgegeben; ferner Lindemann, Arbeiterpolitik und Wirtschaftspflege in der deutschen Städteverwaltung. I. Stuttgart 1904. S. 286–318; R. Bahr, Gewerbegericht, Kaufmannsgericht, Einigungsamt. Leipzig 1905.

Zeitversäumnis eine Entschädigung, ja es ist nicht einmal eine Ablehnung dieser Gelder gestattet. Damit soll den Arbeitern die Übernahme dieser ehrenamtlichen Tätigkeit erleichtert werden. Im Jahre 1900 bestanden 316 Gewerbegerichte. Da durch die Novelle von 1901 noch 61 Gemeinden mit mehr als 20 000 Einwohnern, die bis dahin noch keine Gewerbegerichte besaßen, zur Einführung veranlaßt wurden, dürfte ihre Zahl nun auf 377 gestiegen sein. Vor dem Gewerbegerichte Berlin wurden 1900 11 249 Klagen von seiten der Arbeiter, 601 von seiten der Arbeitgeber anhängig gemacht; 45,7% dieser Klagen betrafen einen Wert von weniger als 20 M.; 12,6% der Klagen wurden in weniger als einer Woche, 47,0 in weniger als zwei Wochen erledigt. In Leipzig dagegen konnten 97,3% der Klagen in weniger als einer Woche erledigt werden. In Berlin fand in 52,5% der Fälle die Erledigung durch Vergleich statt, in Elberfeld sogar in 70% der Fälle. Im ganzen wurden über 90 000 Sachen im Jahre durch die Gewerbegerichte entschieden. Obwohl bei den Beisitzerwahlen die politischen Parteien ihren Einfluß geltend machen, haben die Gerichte doch im allgemeinen eine unparteiische Rechtsprechung zu bewahren gewußt und in den weitesten Kreisen volles Vertrauen gewonnen. Auch von seiten der Arbeitgeber werden die Gerichte immer mehr in Anspruch genommen.

Unter diesen Umständen ist öfters der Versuch gemacht worden, die Gerichte als Einigungsämter zur Beilegung von Interessenstreitigkeiten zwischen Arbeitern und Arbeitgebern oder deren Organisationen zu verwenden. Davon Näheres später.

Nach reichsdeutschem Vorbilde sind in Österreich[1]) durch Gesetz vom 27. Nov. 1896 (R.G.Bl. Nr. 218) Gewerbegerichte eingeführt worden. Die Initiative zur Errichtung steht aber nicht den Kommunalbehörden, sondern der Staatsregierung zu. Der Vorsitzende wird vom Justizminister aus dem Kreise der richterlichen Beamten ernannt. Eine einigungsamtliche Tätigkeit wird nicht in Aussicht genommen.

Auch in der Schweiz hat die Institution der Gewerbegerichte[2]) sich zum Teil nach deutschem Vorbilde eingebürgert, und zwar in den

---

[1]) Vgl. Soziale Verwaltung in Österreich. 1900. I. Bd. 2. Heft. S. 74—77; Schauer, Gewerbegerichte in Österreich. Zeitschrift für Volkswirtschaft, Sozialpolitik und Verwaltung. XII. S. 549—581.

[2]) Vgl. Zürcher, Die gewerblichen Schiedsgerichte in der Schweiz. Zeitschrift für schweizerische Statistik. 1904. I. Bd. S. 171—212; Derselbe, Art. Gewerbegerichte und Einigungsämter in Reichersbergs Handwörterbuch der Schweiz. Volkswirtschaft. II. Bd. 1904.

Kantonen Luzern, Bern, St. Gallen, Neuenburg, Zürich, Solothurn. In Neuenburg und Solothurn bestanden ursprünglich Gewerbegerichte nach dem Muster der französischen Prud'hommes, bei welchen der Vorsitz abwechselnd von einem Meisterrichter und einem Arbeiterrichter geführt wurde. Die Wähler der Arbeitgeberklasse in Solothurn weigerten sich aber 1896 an den Wahlen fürderhin teilzunehmen, wenn nicht ein unparteiischer Obmann nach deutschem System bestellt würde. In Basel-Stadt hat das Gesetz den Vorsitzenden aus der Zahl der beamteten Richter bezeichnet. In Genf und Waadt ist das französische System bestehen geblieben.

Im Jahre 1901 gab es 18 Gewerbegerichte, welche 6141 Klagen zu erledigen hatten.

Drittes Kapitel.

Die gewerkschaftliche Organisation[1]) und der kollektive Arbeitsvertrag.

94. Begriff und Wesen der Koalition.

Geht ein Durchschnittsarbeiter zu seinem Arbeitgeber und verlangt eine Veränderung der Arbeitsbedingungen, so wird er entweder darauf aufmerksam gemacht werden, daß man nach den besonderen Bedürfnissen eines einzelnen nicht die allgemeinen Betriebsverhältnisse, wie z. B. die Arbeitszeit, einrichten könne, oder, wenn die Berücksichtigung eines Einzelwunsches an sich möglich wäre, wie z. B. in Bezug auf den Lohn,

---

[1]) Die besten Aufschlüsse über das Gewerkvereinsproblem gewähren in der deutschen Literatur: L. Brentano, Die Arbeitergilden der Gegenwart. 2 Bde. Leipzig 1871/72; Derselbe, Das Arbeitsverhältnis gemäß dem heutigen Rechte. Leipzig 1877; Derselbe, Auerbach und Lotz, Arbeitseinstellungen und Fortbildung des Arbeitsvertrages. Leipzig 1890 (S. d. V. f. S. XLV); Derselbe, Art. Gewerkvereine im allgemeinen und Art. Gewerkvereine in England; W. Kulemann, Die Gewerkschaftsbewegung. Jena 1900; v. Nostiz, Das Aufsteigen des Arbeiterstandes in England. Jena 1900; Schmoele, Die sozialdemokratischen Gewerkschaften in Deutschland. I. Bd. Jena 1896; v. Schulze-Gaevernitz, Zum sozialen Frieden. Leipzig 1890. 2. Bd. S. 224—486; W. Sombart, Dennoch! Jena 1900; Prager, Grenzen der Gewerkschaftsbewegung. A. f. S. G. XX. S. 229—301; ferner sind die Artikel von Kulemann, Herkner, Mahaim

daß es Leute genug gäbe, die mit den vorhandenen Einrichtungen zufrieden seien. Wem diese nicht paßten, der könne ja wo anders hingehen und versuchen, ob er sich dort besser stehen werde. In der Regel wird es dem Unternehmer auch in der Tat keine besonderen Schwierigkeiten bereiten, für einen Durchschnittsarbeiter sofort einen Ersatzmann zu erhalten. Einen wesentlich anderen Charakter gewinnt die Situation erst dann, wenn alle Arbeiter eines Unternehmens oder gar alle Arbeiter eines Industriezweiges sich vereinbaren, eine Forderung zu stellen, und bei Ablehnung der Forderung die Arbeit niederzulegen, d. h. zu streiken.[1]) Dann fällt der Einwand, es sei unmöglich, den Wünschen einzelner Rechnung zu tragen, von vornherein weg, denn es handelt sich nicht mehr um Einzelwünsche. Und wenn der Streik die Arbeiter

---

und Sartorius v. Waltershausen über die Gewerkvereine in den einzelnen Staaten zu berücksichtigen. Daselbst auch zahlreiche Daten aus der Statistik des Gewerkvereinswesens. Über die neueste Entwicklung der amerikanischen Gewerkschaften vgl. v. Philippovich im Aprilheft der Soz. Rundschau, Wien 1905. Über die Verhältnisse in einzelnen Berufen unterrichten: Schmoele Die sozialdemokratischen Gewerkschaften. II. 1898. Der Zimmererverband; Rexhäuser, Zur Geschichte des Verbandes der deutschen Buchdrucker. Berlin 1900; Meier, Der Verband der Glacéhandschuhmacher. Leipzig 1901; Blaustein, Entstehung der gewerkschaftl. Arbeiterbewegung im deutschen Sattlergewerbe. Tübingen 1902; Bringmann, Geschichte der deutschen Zimmererbewegung. 2 Bde. Stuttgart 1903 u. 1905; Habersbrunner, Die Lohn-, Arbeits- und Organisationsverhältnisse im deutschen Baugewerbe. Leipzig 1903; Horn, Geschichte der Glasindustrie und ihrer Arbeiter. Stuttgart 1903; Cohn, Gewerkschaftl. Organisations- und Lohnkampfpolitik der deutschen Metallarbeiter. Berlin 1904; Zinner, Geschichte der deutschen Schuhmacherbewegung. Gotha 1904. Vgl. ferner die Berichte über neuere gewerkschaftliche Literatur von Adolf Braun im A. f. s. G. XVII. S. 248–271; XVIII. S. 204–223.

In der englischen Literatur: Geoffrey Drage, The Labour Problem. London 1896; Howell, The conflicts of Capital and Labour. 2. ed. London 1890 (deutsch: Die englische Gewerkschaftsbewegung von C. Hugo, Stuttgart 1896); Sidney and Beatrice Webb, The History of Trade Unionism. London 1894 (deutsch von Bernstein, Die Geschichte des Britischen Trade Unionismus, Stuttgart 1895); Dieselben, Industrial Democracy. London 1897 (deutsch von C. Hugo, Theorie und Praxis der Englischen Gewerkvereine, 2 Bde., Stuttgart 1898).

In der französischen Literatur: P. de Rousiers, Le Trade Unionisme en Angleterre. Paris 1897.

In der amerikanischen Literatur: John Mitchell, Organisierte Arbeit, deutsch von Hasse. Dresden 1904.

[1]) Der Begriff des Streiks im allgemeinen kann mit A. Kleeberg in folgender Weise umschrieben werden: „Streik (Arbeitseinstellung, Arbeitsausstand oder Ausstand) ist ein Kampf-, Zwang- und Machtmittel, bestehend in der gemeinsamen Niederlegung der Arbeit seitens einer relativ großen Zahl von erwerbs-

einer ganzen Industriegruppe umfaßt, kann auch nicht die Rücksicht auf die Konkurrenz der anderen Unternehmer, welche die Sonderstellung eines Betriebes verbiete, ins Treffen geführt werden. Während so die strategische Position der Arbeitgeber geschwächt wird, erfährt diejenige der Arbeiter eine beträchtliche Verstärkung. Die Arbeiter, welche die Arbeit niedergelegt haben, können in der Regel nicht ohne weiteres durch andere ersetzt werden. Jedenfalls reichen die am Platze vorhandenen Arbeitslosen zu diesem Zwecke nicht aus. Fremde von auswärts heranzuziehen ist immer mißlich. Einmal der Kosten wegen, ferner aber auch deshalb, weil man über ihre Leistungsfähigkeit und ihre sonstigen Eigenschaften nicht leicht in zuverlässiger Weise Auskunft erhalten kann. In der Regel gehören die Leute, welche rasch und billig zu Gebote stehen, nicht zu der Elite der Arbeiterklasse. Freilich kann der Unternehmer auch auf Ersatzkräfte verzichten. Er kann darauf bauen, daß den streikenden Arbeitern bald die Geldmittel ausgehen werden, daß sie der Hunger zur Unterwerfung nötigen wird. Wenn die Streikenden aber von anderen Arbeitern unterstützt, vielleicht sogar vom Publikum überhaupt durch Sammlungen ermutigt werden, wenn die Arbeitsunterbrechung die Ausnutzung vorteilhafter Konjunkturen gefährdet, wenn die Wünsche an sich erfüllbar sind, dann ist doch die Wahrscheinlichkeit ziemlich groß, daß ein Entgegenkommen erfolgt. Auch die Rücksicht auf die Erhaltung freundlicher Beziehungen zu den Arbeitern selbst wird oft davon abhalten, es zum Äußersten kommen zu lassen.

Diese Erwägungen drängen sich den Arbeitern durch die Natur der Dinge auf. Und seit es eine freie Arbeiterklasse gibt, ist noch immer der Versuch gemacht worden, die Arbeitsbedingungen gegebenenfalls durch planmäßige Einstellung der Arbeit zu beeinflussen. Das haben die Gesellen der Zunftzeit ebenso gut verstanden, als die modernen Industriearbeiter. Ebenso haben die Arbeiter meist bald begriffen, daß der Erfolg der Arbeitseinstellung in hohem Grade von einer tüchtigen Organisation abhängt. Es müssen möglichst alle in Betracht kommenden Arbeiter übereinstimmend vorgehen in Bezug auf den Zeitpunkt, in Bezug auf die gestellten Forderungen. Es muß dafür Sorge getragen werden, daß Mittel zur Unterstützung für die Zeit des Lohnentganges vorhanden sind, daß in geordneter parlamentarischer Weise beratschlagt werden kann, daß die Minorität sich der Majorität fügt,

tätigen Personen eines Berufes, eines Standes oder einer Klasse beziehungsweise einer Kategorie derselben, um hierdurch wirtschaftliche und/oder soziale oder politische Forderungen für die direkt Beteiligten und/oder für andere erwerbstätige Personen durchzusetzen." J. f. G. V. XXVII. S. 1067.

daß Führer vorhanden sind, welche in verbindlicher Weise mit den Unternehmern verhandeln dürfen. Und in nicht geringerem Maße als für den Erfolg des Kampfes bedarf es der Organisation auch für die dauernde Behauptung dessen, was beim Angriffe errungen worden ist. Arbeitgeber und Arbeiter müssen die Garantie erhalten, daß die Verpflichtungen, welche beim Friedensschlusse übernommen worden sind, von beiden Seiten wirklich eingehalten werden. Diesen Anforderungen vermag eine bloß vorübergehend ad hoc hergestellte Verbindung in der Regel nicht zu entsprechen. Die Koalition trägt daher den Keim zu einer festen, dauernden Berufsvereinigung in sich, sie strebt danach, in einen Gewerkverein, eine Gewerkschaft (trade union, syndicat professionel) überzugehen. Die Entwicklung kann indes auch in anderer Art sich vollziehen. Es kann zunächst eine bestimmte Organisation für rein humanitäre Unterstützungszwecke (Fürsorge bei Erkrankung, Unfällen, Invalidität, hohem Alter, Arbeitslosigkeit usw.) ins Leben gerufen worden sein. Allmählich faßt diese Hilfskasse auch die Verbesserung der Arbeitsbedingungen ins Auge und dient zum Stützpunkt für eine Koalition, für eine Arbeitseinstellung.

Wie die Arbeiter, so streben auch die Arbeitgeber durch engen Zusammenschluß ihre strategische Stellung zu verstärken. Das dem Arbeiterstreik analoge Machtmittel der Gegenkoalitionen der Arbeitgeber ist die Aussperrung, der Lockout.[1]) Kommt schließlich zwischen den Organisationen beider Teile, sei es mit, sei es ohne Kampf, eine Vereinbarung über die Arbeitsbedingungen zu Stande, so sprechen wir von einem kollektiven Arbeitsvertrag oder einer Tarifgemeinschaft.

95. Koalitions- und Vereinsrecht.

Im Anfange hat die Staatsgewalt sowohl das Kampfmittel, die Arbeitseinstellung, wie die dauernde Organisation, den Verein selbst, verboten. Obwohl in England die Koalitionsverbote schon 1824 aufgehoben worden sind, haben die Vereine die rechtliche Anerkennung doch erst durch Gesetze aus den Jahren 1869, 1871, 1875 und 1876

[1]) Der Lockout wird von Kleeberg (a. a. O. S. 1074) definiert als ein „Kampf-, Zwang- und Machtmittel, bestehend in der Produktionseinstellung oder Produktionseinschränkung durch Entlassung einer oder mehrerer Kategorien von beschäftigten oder angestellten Personen beziehungsweise einer relativ großen Anzahl derselben, um hierdurch wirtschaftliche und/oder soziale oder politische Vorteile für die direkt Beteiligten und/oder andere Unternehmer zu erwirken."

erlangt.[1]) Neuerdings ist aber durch eine Reihe richterlicher Entscheidungen, welche die Vereine in einem bisher ungewöhnlichen Umfange für die Handlungen ihrer Beamten zivilistisch haftbar erklären, wieder eine ungünstige Rechtsstellung herbeigeführt worden.[2]) Die Trade-Unions haben unter diesen Umständen bekannt gemacht, daß bei den nächsten Wahlen nur diejenigen Parlamentsmitglieder wieder Arbeiterstimmen erhalten sollen, die sich für eine Verbesserung der Gesetzgebung einsetzen würden. Am 10. März 1905 hat das Unterhaus in der Tat eine Bill mit einer Mehrheit von 122 Stimmen in zweiter Lesung angenommen, welche die gesetzliche Stellung der Trade-Unions und die Zulässigkeit des Eingreifens derselben in gewerbliche Streitigkeiten besser definiert. Die „friedliche Überredung" wird für gesetzlich zulässig erklärt, Verabredungen oder Verbindungen zur Förderung von Streiks dürfen nicht als Verschwörung (conspiracy) gelten und endlich sollen die Unions nicht für irgend welchen Schaden haftbar gemacht werden, den ihre Mitglieder verursachen.[3]) In dem „Grand Committee" für Gesetzesvorlagen, dem die Bill zur weiteren Bearbeitung zugewiesen worden ist, hat indes ein Zusatz Annahme gefunden, wonach jeder, der irgendwie Ärgernis an einer Gewerkschaftshandlung nimmt, sich bedroht oder beleidigt fühlt, gegen die Gewerkschaft gerichtlich einschreiten kann. Daraufhin haben die Anhänger des ursprünglichen Entwurfs die ganze Vorlage abgelehnt.[4])

Frankreich ließ die 1791 eingeführten Koalitionsverbote 1864 fallen, hat den Vereinen aber erst 1884 die gesetzliche Anerkennung gewährt.

Für das Gebiet des Deutschen Reiches ist die Koalitionsfreiheit erst durch die Gewerbeordnung von 1869 zur allgemeinen Anerkennung gelangt.[5]) Wenn bis dahin fast überall Verabredungen der Arbeiter zu dem Zwecke eines einheitlichen Vorgehens beim Abschlusse des Arbeitsvertrages mit schweren Freiheitsstrafen bedroht waren, so lagen die Ursachen teils in dem herrschenden Polizeigeiste, teils in der Abneigung,

---

[1]) Brentano, Art. Gewerkvereine (England).

[2]) S. u. B. Webb, Die neueste Entwicklung der Gewerkvereine im Vereinigten Königreiche. S. P. S. C. XI. S. 610—614.

[3]) Frankfurter Zeitung. 1905. Nr 75. 4. Morgenblatt.

[4]) S. P. S. C. XIV. S. 856.

[5]) Dagegen ist das preußische Gesetz vom 24. April 1854 in Kraft geblieben. Es bedroht Gesinde und land- und forstwirtschaftliche Tagelöhner, welche ihre Arbeitgeber durch Einstellung von Arbeit oder Verabredung u. s. w. zu Konzessionen nötigen wollen und andere Arbeiter zu gleichem Vorgehen veranlassen, mit Gefängnisstrafe bis zu einem Jahre.

den Arbeiter als einen mit dem Unternehmer gleichberechtigten Kontrahenten bei der Feststellung der Arbeitsbedingungen gelten zu lassen, teils aber auch in der Befürchtung des atomistischen Liberalismus, daß die Koalitionen zu einer Wiedergeburt der korporativen Organisationen des Arbeiterstandes führen und so die eben erst schwer errungene Gewerbefreiheit ernstlich bedrohen könnten. So wollte z. B. J. G. Hoffmann 1841 den Gesellen nicht einmal die Errichtung eigener Hilfskassen gestatten, denn solche Einrichtungen zögen Zusammenkünfte der Gesellen nach sich, die ihnen Gelegenheit gäben, „sich als eine Körperschaft zu betrachten, welche gemeinsame Rechte zu verteidigen und unter sich selbst Polizei zu handhaben habe.“ Schon während der sechziger Jahre hatten sich indes in Preußen hervorragende Mitglieder der Fortschrittspartei, wie Schulze-Delitzsch und Waldeck, um die Abschaffung der strengen Koalitionsverbote vielfach bemüht.

Während nun der § 152 der Reichsgewerbeordnung[1]) erklärte: „Alle Verbote und Strafbestimmungen gegen Gewerbetreibende, gewerbliche Gehilfen, Gesellen oder Fabrikarbeiter wegen Verabredungen und Vereinigungen zum Behufe der Erlangung günstiger Lohn- und Arbeitsbedingungen, insbesondere mittels Einstellung der Arbeit oder Entlassung der Arbeiter werden aufgehoben,“ fügte derselbe Paragraph aber in Absatz 2 noch hinzu: „Jedem Teilnehmer steht der Rücktritt von solchen Vereinigungen und Verabredungen frei, und es findet aus letzteren weder Klage noch Einrede statt.“ Der Gesetzgeber zeigte also, wie L. Brentano treffend bemerkt, „die unliebenswürdige Miene des durch die Tatsachen zwar überwundenen, aber innerlich nicht bekehrten Doktrinärs, indem er Preis- und Lohnverabredungen zwar gestattete, aber gleichzeitig für unverbindlich erklärte.“

Im übrigen bedroht § 153 denjenigen, der andere durch Anwendung körperlichen Zwanges, durch Drohungen, durch Ehrverletzung oder

[1]) Über das Koalitionsrecht im Deutschen Reiche vgl. S. d. V. S. VII, XLV, XLVII, LXXVI; Stieda, Art. Koalition und Koalitionsverbote; v. d. Borght, Sozialpolitik. S. 245—257; Löwenfeld, Kontraktbruch und Koalitionsrecht. A. f. s. G. III. 383—488; v. Schulz, Zur Koalitionsfreiheit. A. f. s. G. XVIII. S. 457—482; Tönnies, Vereins- und Versammlungsrecht wider die Koalitionsfreiheit. (Schriften der Gesellschaft für soziale Reform, Heft 5). Jena 1902; v. Berlepsch, Das Koalitionsrecht der Arbeiter. S. P. S. C. XIII. Nr. 28, 29 und 30 und die S. 204 und 228 genannten Schriften Brentanos.

Vom juristischen Standpunkte werden die einschlägigen Fragen in zwei Züricher Dissertationen behandelt: Liechti, Die Verrufserklärungen im modernen Erwerbsleben, speziell Boykott und Arbeitersperre, Zürich 1897, und ab-Yberg, Die Strikes und ihre Rechtsfolgen. Zürich 1903.

durch Verrufserklärung bestimmt, oder zu bestimmen versucht, an solchen Verabredungen teilzunehmen, oder ihnen Folge zu leisten, oder andere durch gleiche Mittel hindert oder zu hindern versucht, von solchen Verabredungen zurückzutreten, mit Gefängnisstrafe bis zu drei Monaten, sofern nach dem allgemeinen Strafgesetze nicht eine höhere Strafe eintritt. Auch hier tritt die Abneigung gegen das Koalitionswesen deutlich hervor. Die Strafe trifft ja nur denjenigen, der andere bestimmen will, einer Koalition sich anzuschließen, oder der andere hindern will, zurückzutreten. Dagegen ist keine spezielle Strafe vorgesehen für solche, welche andere verhindern, sich an einer Koalition zu beteiligen, oder welche andere nötigen, von einer Koalition zurückzutreten. Also die Nötigung ist hier nur strafbar, wenn sie zur Unterstützung einer Koalition unternommen wird. Sie bleibt, wenigstens soweit die Gewerbeordnung in Betracht kommt, straflos, wenn sie sich gegen das Zustandekommen oder die Aufrechterhaltung einer Koalition richtet. Zum Überflusse sind in Preußen die Polizeibehörden noch durch Ministerialerlaß vom 11. April 1886 (sogenannten Puttkamerschen Streikerlaß) angewiesen worden, sogar diejenigen streikenden Arbeiter zu einer Strafe heranzuziehen, welche andere durch Überredung zu bestimmen suchen, die Arbeit niederzulegen. Ungeachtet dieser zahlreichen Handhaben, welche bereits die Gewerbeordnung zur Lähmung der Arbeiterkoalition darbietet, so ist doch noch der grobe Unfugsparagraph des Allgemeinen Strafrechts angewendet worden, um gegen Äußerungen vorzugehen, mittels deren der Zuzug fremder Arbeiter bei Streiks abgehalten werden sollte.

Durch die 1899 dem Reichstage vorgelegte sogenannte „Zuchthausnovelle" wäre die Rechtsstellung der streikenden Arbeiter noch wesentlich ungünstiger gestaltet worden. Obwohl sie abgelehnt wurde, ist neuerdings doch eine Verschlechterung dadurch eingetreten, daß der § 253 des Strafgesetzbuches durch die Gerichte in einer unglaublich weitgehenden Weise interpretiert und bei Streiks zur Anwendung gebracht wurde.[1]) Dieser Paragraph lautet: „Wer, um sich oder einem Dritten einen rechtswidrigen Vermögensvorteil zu verschaffen, einen anderen durch Gewalt oder Drohung zu einer Handlung, Duldung oder Unterlassung nötigt, ist wegen Erpressung mit Gefängnis nicht unter einem Monate zu bestrafen. Der Versuch ist strafbar." Als Drohung wird bereits die Ankündigung eines Übels, dessen Verwirklichung mindestens

[1]) Vgl. Th. Löwenfeld, Koalitionsrecht und Strafrecht. A. f. s. G. XIV. S. 471—603; W. Heine, Koalitionsrecht und Erpressung. A. f. s. G. XVII. S. 589—619.

mittelbar von dem Ankündigenden abhängig ist, betrachtet. Dabei braucht nicht einmal ein wirkliches Übel vorzuliegen, sondern es genügt, daß das Übel von dem Bedrohten als solches nur empfunden wird. Noch schlimmer ist aber die Fassung, welche dem Begriff „rechtswidrig" gegeben wird. Als rechtswidriger Vermögensvorteil erscheint nicht ein Vorteil, den man sich gegen das Recht zu verschaffen sucht, sondern schon jeder Vorteil, auf den man keinen rechtlich anerkannten oder bereits unzweifelhaft festgestellten Anspruch besitzt. So ist z. B. eine Lohnerhöhung, die nicht etwa schon durch den Arbeitgeber versprochen worden ist, ein rechtswidriger Vermögensvorteil. Sucht man sich durch Androhung eines Streiks diesen rechtswidrigen Vermögensvorteil zu verschaffen, macht man sich der Erpressung schuldig.[1]) Dagegen bleibt man straflos, wenn man „ohne Drohung" einfach die Arbeit niederlegt und erklärt, sie nur dann wieder aufnehmen zu wollen, wenn ein höherer Lohn bezahlt werde! Es ist selbst vorgekommen, daß die Weigerung mit Nichtorganisierten zusammenzuarbeiten, als Erpressung zu Gunsten der Verbandskasse konstruiert wurde.

Die Bestimmungen der Gewerbeordnung beziehen sich nicht auf dauernde geordnete Vereinigungen der Arbeiter zur Beeinflussung der Arbeitsbedingungen. Sobald die Koalition zum Gewerkvereine wird, unterliegt sie den Vorschriften der Vereinsgesetzgebung. Ein eigentliches Reichsvereinsgesetz besteht nicht und die Tatsache, daß die liberale Partei ihren in den siebziger Jahren maßgebenden Einfluß nicht zur Erkämpfung eines liberalen Vereinsgesetzes verwertet hat, bildet zweifelsohne einen der schwersten Vorwürfe, die gegen sie gerichtet werden können.

Reichsrechtlich ist das Vereinswesen[2]) nur durch das sogenannte Notvereinsgesetz vom 11. Dezember 1899 geregelt, dessen einziger

[1]) Die 3. Strafkammer des Landgerichts zu Dresden hat einen noch nicht wegen Vergehens bestraften Maurer Duda, der unter Androhung der Sperre den üblichen Stundenlohn von 45 Pfennigen gefordert hatte, während der Arbeitgeber nur 43 zahlen wollte, wegen eines Objektes im Ganzen von 60 Pfennigen, zu sechs Monaten Gefängnis und 3 Jahren Ehrverlust verurteilt (Urt. vom 28. Nov. 1898). Heine, a. a. O. S. 590. Nachdem Erpressungsklagen der Arbeiter gegen Arbeitgeber wegen des Anklagemonopoles der Staatsanwälte wenig Erfolg versprachen, haben neuerdings Zivilklagen auf Grund des § 826 des BGB. („Wer in einer gegen die guten Sitten verstoßenden Weise einem Anderen vorsätzlich Schaden zufügt, ist dem Andern zum Ersatze des Schadens verpflichtet") von seiten auf die „schwarze Liste" (vgl. oben S. 222) gesetzter Arbeiter mit Erfolg stattgefunden. E. Roth, Koalitionsrecht und Erpressung. S. M. 1904. S. 546—551.

[2]) Vgl. Bassermann und Giesberts, Die Arbeiterberufsvereine. Schriften der Ges. für soz. Reform. Heft 2. 1901.

Artikel besagt: „Inländische Vereine jeder Art dürfen miteinander in Verbindung treten. Entgegenstehende landesgesetzliche Bestimmungen sind aufgehoben". Durch diese Maßregel wurde die schwere Beeinträchtigung, welche Preußen, Bayern und Sachsen durch das Verbindungsverbot ihrer Vereinsgesetze den Gewerkschaften zugefügt hatten, endlich aus der Welt geschafft. Im übrigen befaßt sich das Bürgerliche Gesetzbuch mit der zivilrechtlichen Stellung der Vereine (§§ 21, 55—79). Abgesehen davon, daß die zur Erlangung der Rechtsfähigkeit notwendigen Formalitäten (Eintragung in das Vereinsregister des Amtsgerichtes, Einreichung eines Mitgliederverzeichnisses auf Verlangen des Amtsgerichtes, Möglichkeit der Einsicht für jedermann in das Vereinsregister und in die vom Verein dem Amtsgerichte eingereichten Schriftstücke) gerade Arbeitervereinen Schwierigkeiten bereiten können,[1]) gibt noch der § 61 Abs. 2 der Verwaltungsbehörde das Recht des Einspruches gegen die Eintragung des Vereins, wenn „der Verein nach dem öffentlichen Vereinsrecht unerlaubt ist oder verboten werden kann, oder wenn er einen politischen, sozialpolitischen oder religiösen Zweck verfolgt". Unter diesen Umständen müssen die Berufsvereine der Arbeiter auf die Rechtsfähigkeit verzichten und ihre zivilrechtlichen Verhältnisse nach dem Gesellschaftsrecht des B.G.B. (§§ 705—740) einrichten.

Frägt man nach der Stellung, welche die partikulare Gesetzgebung dem Vereins- und Versammlungswesen gegenüber einnimmt, so kommt das Prinzip der Vereinsfreiheit nur in Baden und Württemberg zum Ausdrucke. In den anderen Staaten weisen die Gesetze, entsprechend ihrem Ursprunge aus den Reaktionszeiten nach 1848, mehr oder minder weitgehende Beschränkungen auf.

Nach der preußischen Verordnung vom 11. März 1850, § 2, sind die Vorsteher von Vereinen, welche eine Einwirkung auf öffentliche Angelegenheiten bezwecken, verpflichtet, Statuten des Vereins und das Verzeichnis der Mitglieder binnen drei Tagen nach Stiftung des Vereins, und jede Änderung der Statuten oder der Vereinsmitglieder binnen drei Tagen, nachdem sie eingetreten ist, der Ortspolizeibehörde zur Kenntnisnahme einzureichen, derselben auch auf Erfordern jede darauf bezügliche Auskunft zu erteilen.

Die Versammlungen, in denen öffentliche Angelegenheiten erörtert oder beraten werden sollen, sind anzumelden, und die Ortspolizei-

---

[1]) Vgl. Legien, Die gesetzliche Regelung der Rechtsverhältnisse der Berufsvereine. S. M. 1904. S. 352.

behörde ist befugt, einen oder zwei Polizeibeamte als Abgeordnete zu senden. Diese können die Versammlung auflösen, wenn Anträge oder Vorschläge erörtert werden, die eine Aufforderung oder Anreizung zu strafbaren Handlungen enthalten (§§ 4, 5).

Vereine, welche bezwecken, politische Gegenstände in Versammlungen zu erörtern, dürfen keine Frauenspersonen, Schüler und Lehrlinge als Mitglieder aufnehmen. Andernfalls ist die Behörde berechtigt, den Verein zu schließen. Frauen, Schüler und Lehrlinge dürfen den Versammlungen und Sitzungen solcher Vereine noch nicht beiwohnen.

Die Praxis der Behörden gibt dem Begriffe „öffentliche Angelegenheiten" eine so weitgehende Interpretation, daß die Berufsvereine der Arbeiter unter die politischen Vereine fallen. Ausdrücklich ist erklärt worden, daß die Bestrebungen eines Vereins auf Hebung der fachlichen und sozialen Stellung von Gewerbsgenossen unter die öffentlichen Angelegenheiten zu rechnen sind. Somit sind die Berufsvereine auch verpflichtet, ihren jeweiligen Mitgliederstand und dessen Änderungen immer der Behörde anzumelden, eine Vorschrift, die bei großen Zentralverbänden von 20—30 000 Personen schon rein technisch betrachtet kaum zu erfüllen ist. Ferner werden Arbeiterinnen von der Teilnahme an gewerkschaftlichen Organisationen vollkommen ausgeschlossen. Neuerdings haben die Behörden selbst eingesehen, daß es heute unmöglich ist, Frauen von Versammlungen sogenannter politischer Vereine ganz fernzuhalten.[1]) Es ist deshalb das „Segment" erfunden worden. Frauen können geduldet werden, wenn sie räumlich von den Männern getrennt werden und sich an den Verhandlungen nicht beteiligen.

Ähnlichen Belästigungen ist das Vereinswesen der Arbeiter im Königreiche Sachsen, in Weimar-Eisenach, Braunschweig und Elsaß-

---

[1]) Zu welch' beschämenden Konsequenzen diese Bestimmungen führen, zeigt folgendes Beispiel. Für die Generalversammlung der Gesellschaft für Soziale Reform in Köln (1902) hatte eine als sozialpolitische Schriftstellerin und hervorragende Kennerin der Arbeiterschutzgesetzgebung bekannte Dame, Frl. Helene Simon, das Referat über den Maximalarbeitstag der Frauen übernommen. Die Polizeibehörde schritt ein, und so mußte das Referat von Prof. Francke verlesen werden, während die Verfasserin nur im „Segment" geduldet wurde und an den Verhandlungen sich nicht beteiligen durfte. Hätte die Behörde an diesem, gesetzlich allerdings begründeten Standpunkte festgehalten, so hätte sie auch am anderen Tage in der Versammlung des Internationalen Vereins für gesetzlichen Arbeiterschutz das Referat einer englischen Fabrikinspektorin verbieten müssen, die im Auftrage ihrer Vorgesetzten an der Tagung teilnahm. Vgl. v. Berlepsch, Das Koalitionsrecht. S. P. S. C. XIII. S. 727.

Lothringen ausgesetzt. Bayern hat durch die Novelle zum Vereinsgesetz von 1898 eine erhebliche Verbesserung eintreten lassen.

Angesichts der unleugbar ungenügenden rechtlichen Grundlagen für die Entwicklung des Gewerkschaftswesens bildet die Forderung nach zeitgemäßen Umgestaltungen nicht nur einen Programmpunkt der Sozialdemokratie, sondern der gesamten Arbeiterschaft, der liberalen politischen Gruppen und der Zentrumspartei. Der Arbeiterkongreß von Frankfurt a. M. Oktober 1903, der über 600 000 nichtsozialistische Arbeiter repräsentierte, beschloß folgende Resolution:[1])

I. Sicherung und Erweiterung des Koalitionsrechtes, und zwar:

a) der § 152 der R.G.O. soll nicht nur auf Erlangung besserer, sondern auch auf die Erhaltung bestehender Lohn- und Arbeitsverhältnisse Anwendung finden;

b) der § 153 der R.G.O. soll dahin erweitert werden, daß nicht allein der Mißbrauch des Koalitionsrechtes unter Strafe gestellt wird, sondern auch die Verhinderung am legitimen Gebrauch;

c) im besonderen aber für die Arbeiter und Angestellten des Staates und der Gemeinden das unumschränkte Organisationsrecht, damit diese loyal ihre öffentlichen Interessen wahrnehmen und die Selbsthilfe pflegen können. Sie sollen unbehindert sein in der Ausübung des Petitions- und Beschwerde-, wie auch des Versammlungsrechtes. Der freie und friedliche Ausdruck seiner Wünsche den Verwaltungen gegenüber durch die Organisation und durch selbstgewählte Vertrauensmänner soll dem Personal gestattet sein.

II. Schaffung eines einheitlichen und freiheitlichen Vereins- und Versammlungsrechtes für das ganze Reich an stelle der einzelstaatlichen Vereinsgesetze, worin alle das Koalitionsrecht und die Tätigkeit der Berufsvereine einengenden Bestimmungen der Vereinsgesetze beseitigt sind.

Im besonderen soll allen Vereinen, die auf Grund des § 152 der G.O. gebildet sind (Arbeiterberufsvereine, Gewerkschaften), sowie allen sonstigen zur Wahrung der Berufsinteressen gegründeten Vereinen gestattet werden, ihre Tätigkeit auf die allgemeine Verbesserung der sozialen und wirtschaftlichen Verhältnisse des Gewerbes, namentlich auch durch Änderung der Gesetzgebung auszudehnen, ohne dadurch den Bestimmungen der einzelstaatlichen Vereinsgesetze unterworfen zu sein. Auch den Frauen ist die Teilnahme und Mitwirkung an sozialpolitischen Vereinigungen und Versammlungen zu ermöglichen.

III. Verleihung der Rechtsfähigkeit an die Berufsvereine zur Sicherstellung ihrer Vermögensrechte ohne Einschränkung ihrer Bewegungsfreiheit.

Der Reichskanzler erwiderte einer Abordnung, welche ihm diese Beschlüsse übermittelte, daß er die Bestrebungen, die Gleichberechtigung der Arbeiter auf dem Boden der Selbsthilfe und in staatlich geordneter Interessenvertretung noch mehr zur Geltung zu bringen, verstehe und

[1]) S. P. S. C. XIII. S. 108.

würdige und für eine erneute und sachliche Prüfung der Resolutionen Sorge tragen werde.

Etwas bestimmter lautete die Antwort, welche Graf Posadowsky am 30. Januar 1904 im Namen der verbündeten Regierungen infolge einer Interpellation des Zentrums abgab:

„Die verbündeten Regierungen sind grundsätzlich nicht abgeneigt, die Rechtsfähigkeit der Berufsvereine der unter die Gewerbeordnung fallenden Arbeiter und Arbeiterinnen anzuerkennen und die Berufsvereine insoweit als juristische Körperschaften umzugestalten mit allen Rechten und Pflichten, welche juristische Personen zu haben pflegen. Die verbündeten Regierungen gehen aber hierbei von der Auffassung aus, daß in ein derartiges Gesetz die Arbeiter in den meisten Staats- und gewissen öffentlichen Betrieben, welche dringende und wichtige Aufgaben der Allgemeinheit zu erfüllen haben, nicht inbegriffen sind. Die verbündeten Regierungen gehen ferner von der Auffassung aus, daß bei einer derartigen gesetzlichen Regelung Vorsorge zu treffen ist, daß auch die Minderheit ausreichend geschützt ist, und sich Berufsvereine, welche die wirtschaftlichen Interessen der Arbeiter vertreten wollen, von diesen gesetzlichen und eventuell statutarisch festzulegenden Grundlagen nicht entfernen dürfen."

Die Erklärung berührt insofern sympathisch, als sie eine positive Regelung der Arbeiterberufsvereine in Aussicht stellt. Es unterliegt keinem Zweifel, daß die Aufstellung zweckmäßiger Normativbedingungen für die Organisation und Tätigkeit der Berufsvereine und die strikte Beobachtung der statutarischen Bestimmungen nicht nur im öffentlichen Interesse, sondern auch im wohlverstandenen Interesse der gewerkschaftlichen Entwicklung selbst liegt. Wie oft kommt es heute vor, daß kleine, aber rabiate und gewalttätige Gruppen gegen die Weisung der Vorstände und die Vorschriften der Statuten ihre Organisationen in aussichtslose Kämpfe verwickeln, daß man versucht, die ungenügenden ökonomischen Machtmittel durch Rechtsverletzungen (Kontraktbruch, Bedrohungen der nicht am Streik teilnehmenden Arbeiter) zu ersetzen.[1])

[1]) So schreibt z. B. der für die schweizerische Arbeiterschaft bestimmte Grütlianer-Kalender 1903, S. 74: „Wir haben auf den schweren Übelstand hingewiesen, daß der große teure Uzwiler Streik (wegen der Ausschreitungen bei diesem Streik waren vom St. Galler Kantonsgericht 16 Arbeiter zu Geld- und Gefängnisstrafen verurteilt worden) vom Bundeskomitee wegen Mißachtung der Statuten nicht genehmigt worden war und daß für ihn gleichwohl vom Bundeskomitee, vom Metallarbeiterverband, vom Streikkomitee und Gießerkartell gesammelt wurde. In diesen Tatsachen liegt die niederschmetterndste Verurteilung entweder der Regelung oder der Handhabung der Ordnung im Streikwesen und im Streikunterstützungswesen. Da muß geholfen, da muß verbessert, da müssen die Kompetenzen zwischen Bund und Zentralverbänden klar umschrieben und ausgeschieden, da muß schwere Verantwortlichkeit der einen oder anderen Behörde (Bundeskomitee oder Zentralvorstand) ernst zugewiesen, da muß strenge Kontrolle geübt, und da muß

Es wäre durchaus zu begrüßen, wenn Vorsorge getroffen würde, daß zum äußersten Mittel erst dann gegriffen werden dürfte, wenn andere Mittel, zu einer Verständigung zu gelangen, erfolglos geblieben wären. Auch sollte dafür gesorgt werden, daß Abstimmungen über Beginn, Fortsetzung oder Beendigung eines Streiks unter allen Umständen, nicht bloß auf Antrag, mit geheimer Stimmabgabe vorzunehmen wären. Wenn sonst im politischen Leben von Seiten der Arbeiter überall mit Recht zur Wahrung voller Freiheit geheimes Stimmrecht gefordert wird, so ist dieses in gewerkschaftlichen Angelegenheiten, wo es gilt, die Unabhängigkeit der Arbeiter gegen einander zu wahren, gewiß ebenso begründet.

Auch die Einwirkung auf nicht-streikende Arbeiter wird verschieden zu beurteilen sein, je nachdem es sich um eine geordnete, von der überwiegenden Mehrheit der Arbeiter des betreffenden Berufes ausgehende Aktion oder den Streik einer turbulenten Minderheit handelt. Mag man im ersteren Falle die Aufstellung von kleinen unbewaffneten Streikposten dulden, sofern sie sich auf bloße Informationen oder friedliche Überredungen beschränken,[1]) so wird im andern Falle selbst dieses Mittel zu versagen sein.

Ferner würde sich die schwierige Frage der Verhütung des Kontraktbruches[2]) wohl auch in befriedigender Weise ordnen lassen, ohne zu der odiösen kriminellen Bestrafung die Zuflucht zu nehmen, sobald eine bessere Ordnung des Berufsvereinswesens die Möglichkeit eröffnete,

vor allem einmal genau festgestellt werden, welche Behörde und unter welchen Umständen sie das Recht hat, sich an die Gesamtarbeiterschaft zu wenden und Liebessteuern von ihr einzuziehen."

Auch der leitende Ausschuß des schweiz. Arbeiterbundes gibt offen zu, daß die aus Beiträgen der Arbeiter bezahlten Gewerkschaftsbeamten von den Strömungen in der Arbeiterschaft zu abhängig seien. Vgl. XVIII. Jahresbericht. Zürich 1905. S. 10.

[1]) Daß die Belagerung der Arbeitsstätte durch zahlreiche Haufen Streikender, die sich mit Knütteln, Steinen oder anderen, schwere Körperverletzungen ermöglichenden Gegenständen ausgerüstet haben, mit der öffentlichen Ordnung und Sicherheit gänzlich unvereinbar ist, brauchte nicht hervorgehoben zu werden, wenn nicht zuweilen in der Arbeiterpresse behauptet würde, daß auch solche „Einwirkungen" zur Koalitionsfreiheit gehörten.

[2]) Nach der amtlichen deutschen Streikstatistik waren

1899	von 99 338	beteiligten	Personen	27 345
1900	„ 122 803	„	„	36 094
1901	„ 55 262	„	„	12 838
1902	„ 53 912	„	„	13 952

kontraktbrüchig.

Vereine, die Streiks unter Kontraktbruch proklamieren, auf zivilrechtlichem Wege zu belangen.

Wie sehr die Stellung der Unternehmer befestigt wird, um wie viel leichter sie Unterhandlungen abweisen können, wenn die streikenden Arbeiter kontraktbrüchig sind, haben erst die Erfahrungen der neuesten Zeit (Bergarbeiterstreik im Ruhrgebiete Januar 1905) wieder dargetan. Es verstoßen deshalb Maßnahmen zur tunlichsten Vermeidung des Kontraktbruches durchaus nicht gegen das wahre Interesse der Arbeiterklasse. Die Toleranz gegen den Kontraktbruch läßt sich nur dort rechtfertigen, wo eben eine ungerechte Gestaltung des Koalitions-, Vereins- und Versammlungsrechtes die Arbeiter in einseitiger Weise verkürzt, so daß ihnen Kontraktbruch und eventuell Streikausschreitungen gewissermaßen als eine Kompensation für die Versagung ihres Rechtes auf anderen Gebieten zugestanden werden. Eine Gesellschaft, welche die Grundlagen ihrer Existenz nicht selbst untergraben will, wird aber niemals das Unrecht gestatten dürfen, um sich selbst die Freiheit, Unrecht zu tun, zu wahren, sondern sie muß davon durchdrungen sein, daß es ihre oberste Aufgabe ist, die Heiligkeit der Rechtsidee als ein unantastbares Gut im Volksbewußtsein zu hegen und zu pflegen.

Während Österreich[1]) Bestimmungen über das Vereins- und Versammlungswesen besitzt, die das ganze Koalitions- und Gewerkschaftswesen in hohem Maße von der Willkür der Behörden abhängig machen, besteht in der Schweiz volle Vereinsfreiheit. Besondere Bestimmungen zum Schutze Arbeitswilliger enthalten das Polizeistrafgesetz von Basel-Stadt § 164 und die Polizeiverordnung der Stadt Zürich vom 5. April 1894. Bei Arbeitseinstellungen größeren Umfanges reichen die normalen Polizeiorgane freilich meist nicht aus, um unerlaubte Nötigungen zu verhindern. In den letzten Jahren mußte deshalb öfters Militäraufgebot erfolgen. Letzteres wird von der Arbeiterpresse als Begünstigung der Unternehmer gebrandmarkt, ja man scheut sogar nicht davor zurück, in diesem Falle Dienstverweigerung zu empfehlen und auszuführen (Genf 1902).[2]) Die Folge ist, daß die kantonalen Re-

---

[1]) Vgl. Verkauf, Art. Arbeitsrecht: C. Arbeitseinstellungen und Aussperrungen und D. Organisation der Arbeiter im Österreichischen. Staatswörterbuch. 2. Aufl.

[2]) Vgl. die Verhandlungen des sozialdemokratischen Parteitages in Zürich November 1904. Volksrecht Nr. 276.

Von Seiten des Zentralvorstandes des schweizerischen Metallarbeiterverbandes wurde auf diesem Parteitage folgende Resolution beantragt: „Gegen die Verwendung von Truppen bei Streiks wird energisch protestiert, weil diese Ver-

gierungen sich nicht leicht entschließen, militärische Hilfe heranzuziehen, und insofern die zum Schutze Arbeitswilliger vorhandenen Bestimmungen bei größeren Arbeitseinstellungen nicht immer streng durchgeführt werden können.[1]) Dadurch werden einerseits die Arbeitgeber außerordentlich erbittert, was irgend welchen Einigungsversuchen nicht förderlich ist, und andererseits die Arbeiter zu der Annahme verführt, der Erfolg lasse sich besser durch Gewaltakte als gediegene Organisation sichern. Insofern besteht auch in der Schweiz ein dringendes Bedürfnis nach einer positiven Ordnung des ganzen Streik- und Gewerkschaftswesens.

Ähnlich wie man gezwungen war, Zettelbank-, Aktien- und Genossenschaftswesen im Hinblicke auf die großen öffentlichen Interessen, die mit einer sachgemäßen Ordnung dieser Angelegenheiten verknüpft sind, bis in die Einzelheiten hinein zu regulieren, so darf man sich auch in Bezug auf die Koalitions- und Gewerkschaftsfragen angesichts der heillosen Rechtsverwirrung, welche durch einseitige Klassenbestrebungen reaktionärer und radikaler Art bereits heraufbeschworen worden ist, nicht mit der bloßen Proklamation allgemeiner, vieldeutiger und dehnbarer Grundsätze begnügen.

96. Verbreitung, Bedingungen der Mitgliedschaft und Verfassung der Gewerkschaften.

Je nach dem Grade der industriellen Entwicklung, der Gestaltung der rechtlichen Verhältnisse, der organisatorischen Fähigkeiten, der politischen, religiösen und nationalen Zustände zeigt die gewerkschaftliche Organisation der Arbeiter von Land zu Land auch sehr verschiedene Stufen der Ausbildung. Es war der Stand der Dinge nach den Mitteilungen des Reichsarbeitsblattes (II. S. 607, 820, III. S. 49, 57, 485 ff., 493 ff.), wie folgt:

---

wendung eine Parteinahme der Regierung zu Gunsten der Unternehmer im wirtschaftlichen Kampfe bedeutet und das Recht der Arbeiterschaft, sich des Streiks als Mittel zur Verbesserung ihrer Lage zu bedienen, illusorisch macht." Hier wird also das Koalitionsrecht in ein Recht auf Ausschreitungen und andere strafbare Handlungen umgedeutet, denn nur solche sollen durch das Militäraufgebot verhütet werden. Wie unentbehrlich unter Umständen die militärische Hilfe auch in der Schweiz werden kann, beweist die Tatsache, daß sie in Basel selbst mit Zustimmung des sozialdemokratischen Regierungsrates Wullschleger gefordert wurde.

[1]) Vgl. die Verhandlungen im Großen Stadtrat der Stadt Zürich anläßlich des Maurerstreiks im Frühjahr 1905. Neue Zürcher Zeitung. Nr. 127. Morgenblatt.

	Mitgliederzahl	Einnahmen	Ausgaben	Kassenbestand
Deutsches Reich (1904).		M.	M.	M.
Freie, bez. sozialistisch gesinnte und an die Generalkommission angeschlossene Gewerkschaften .	1 052 104	20 190 724	17 738 753	16 109 903
Lokalorganisierte und Unabhängige	74 458			
Hirsch-Dunckersche Gewerkvereine mit politisch freisinniger Richtung (1903) .	110 215	929 412	704 023	3 311 746
Christliche Gewerkschaften (der Zentrumspartei nahestehend) dem Verbande angeschlossen (1905)	195 401	894 517	711 699	690 373
Außerhalb des Verbandes .	79 459	451 824	382 943	257 823
	1 511 637			
Österreich (1903).[1]		Kr.	Kr.	Kr.
Sozialistische Berufsgewerkschaften.	154 665	2 942 854	2 647 066	3 838 149
Schweiz (1902).[2]		Fr.	Fr.	
An den Gewerkschaftsbund angeschlossene Gewerkschaften.	27 097	618 638	309 515	
Außerhalb des Gewerkschaftsbundes	24 194	717 697	252 105	
Großbritannien u. Irland (1903).		£	£	£
Trade Unions überhaupt . .	1 902 308			
Die 100 größten Unions . .	1 133 640	2 073 611	1 895 015	4 550 725
Frankreich (1903) . . .	715 576			
Italien (1904).				
Gewerkschaften	175 102			
Unabhängige	6 128			
Katholische	85 410			
	109 040			
Belgien (1903).				
Sozialistische Gewerkschaften	95 000			
Neutrale „	16 000			
Katholische „	14 000			
Christlich-sozialistische und liberale Gewerkschaften . .	10 000			
	135 000.			

Vereinigte Staaten von Amerika (1903).	Mitgliederzahl
An die Federation of Labor angeschlossene Unions . .	1 466 800
(1904 nach Philippovich	2 000 000)
Überhaupt (nach Sombart) inkl. Canada	2 500 000.

[1]) Der Mitgliederbestand der kath. Gewerkschaften betrug (1900) 82 317, der nationalen 23 787, der übrigen 23 764. Vgl. Die Arbeitervereine in Österreich. Wien 1905.

[2]) Art. Gewerkschaftsbewegung von Morf in Reichesbergs Handwörterbuch.

Wie schon aus diesen summarischen Angaben hervorgeht, sind auch die Beitragsleistungen der Mitglieder äußerst verschieden.[1]) Bei den freien Gewerkschaften im Deutschen Reiche kam 1903 auf den Kopf eine durchschnittliche Jahreseinnahme von 18,50 M., bei den Hirsch-Dunckerschen Vereinen 8,40 M., bei dem Verband der christlichen Gewerkschaften 7,40 M. Die 100 größten englischen Vereine dagegen erhielten pro Kopf im Jahre 1 £ 14 sh. Aber auch innerhalb der Gewerkschaften gleicher Richtung traten große Unterschiede auf. So zahlten pro Mitglied die zu den freien Gewerkschaften des Deutschen Reiches gehörenden Berufsvereine

der Notenstecher	65,52	M.
„ Buchdrucker	54,62	„
„ Bildhauer	40,26	„
„ Barbiere	29,02	„
„ Hutmacher	28,62	„
„ Töpfer	27,23	„
„ Formstecher	25,81	„
„ Zigarrensortierer	25,37	„
„ Kupferschmiede	25,04	„ ,

während die Maschinisten und Heizer nur 9,03 M., die Blumen- und Federarbeiter sogar nur 3,10 M. entrichteten. Ähnliche Differenzen traten naturgemäß auch im Kassenstande auf. Die Notenstecher besaßen ein Vermögen von 278,03 M., die Dachdecker ein solches von 0,01 M. pro Mitglied.

Im allgemeinen will die Gewerkschaft diejenigen Arbeiter, deren berufliche Interessen große Übereinstimmung aufweisen, zusammenfassen. Die Übereinstimmung kann entweder durch die Ausübung der gleichen Berufsspezialität oder durch die Zugehörigkeit zu derselben Industriebranche, z. B. zum Maschinenbau, gegeben sein.[2]) Im ersteren Falle steht die Tatsache, daß die Mitglieder persönlich denselben Beruf ausüben, im Vordergrunde, während im letzteren bloß die Zugehörigkeit zu Betrieben der gleichen Art maßgebend ist, ob nun der Einzelne Schlosser, Monteur und Schmied sein mag. Auch eine Kombination beider Gesichtspunkte ist nicht ausgeschlossen. Im allgemeinen besteht bei den entwickelteren Vereinen die Neigung, die persönliche Ausübung des gleichen Berufes in erste Linie zu stellen. Bei den unausgesetzten Fort-

[1]) Reichs-Arbeitsblatt II. S. 316 ff.

[2]) Im Deutschen Reiche besteht auch ein Streit darüber, ob die Berufsarbeiter der Gemeinde- und Staatsbetriebe sich dem Verbande der Gemeinde- und Staatsarbeiter oder den gewerkschaftlichen Verbänden ihrer Berufstätigkeit anzuschließen haben. Vgl. Poersch, Unsere Grenzstreitigkeiten und gewerkschaftliche Taktik. Berlin 1904.

schritten, welche die Arbeitsteilung und Arbeitsvereinigung nach jeder Richtung machte, wird es den Vereinen aber schwer, mit der Entwicklung gleichen Schritt zu halten. Eine Fülle lebhafter Streitigkeiten verdankt ihren Ursprung diesem Umstande.

Während bei den englischen Vereinen die Spezialisierung zuweilen übertrieben wird, fehlen die kontinentalen Gewerkschaften eher durch das Gegenteil. Da werden in Österreich z. B. Metzger, Bäcker, Brauer und Müller zu einer Union der Arbeiter der Lebensmittelbranche, oder Ziegeleiarbeiter, Glasschleifer und Porzellanmaler als keramische Branche zusammengefaßt. Innerhalb einer so bunt zusammengewürfelten Gesellschaft kann sich ein eigentliches Gewerkschaftsleben in keiner Weise entwickeln. Es handelt sich dann um Verbindungen, welche nur die Maske der Gewerkschaft tragen, eigentlich aber politische Ziele verfolgen, oder um Gewerkschaften im primitivsten Entwicklungsstadium.

Bei den englischen Vereinen genügt die Ausübung des Berufes nicht in allen Fällen, um die Aufnahme zu erzielen. Der Bewerber muß auch nachweisen können, daß er seinen Beruf den Gebräuchen des Gewerbes entsprechend erlernt, daß er die übliche Lehrzeit absolviert hat und einen bestimmten Lohnsatz zu verdienen imstande ist. Die Gewerkschaft der nordamerikanischen Elektrizitätsarbeiter macht die Aufnahme sogar von dem Bestehen eines strengen Examens abhängig und bietet so den Unternehmern eine Garantie, daß ihre Mitglieder durch ein hervorragendes technisches Können sich auszeichnen.[1])

Man hat namentlich von sozialistischer Seite die Gewerkvereine deshalb der Exklusivität, des Berufs- und Branchendünkels beschuldigt. Aber mit Unrecht. Da der Verein für seine Mitglieder ein gewisses Minimum von Arbeitsbedingungen fordert, muß er logischerweise den Unternehmern auch dafür garantieren, daß seine Mitglieder ein gewisses Minimum der Leistungen aufweisen. Da ferner der Verein für Arbeitslose sorgt, hat er auch ein lebhaftes Interesse daran, daß er durch Leute, die ihrer Untüchtigkeit wegen oft arbeitslos werden, nicht allzu stark belastet werde.

Auf dem Kontinente kommt es auch vor, daß die Aufnahme ausdrücklich oder faktisch an die Zugehörigkeit zu einer bestimmten politischen oder konfessionellen Richtung geknüpft wird. So mußten früher bei allen Hirsch-Dunckerschen Gewerkvereinen die Beitretenden durch einen Revers erklären, „weder Mitglied noch Anhänger einer anderen, insbesondere sozialdemokratischen Arbeiterpartei zu sein" und erst seit

---

[1]) Münsterberg, Die Amerikaner, I. 1904. S. 475.

1902 ist dieser Revers von einzelnen Vereinen aufgehoben worden.[1]) Andere Verbände verlangen ein Bekenntnis zur christlichen Weltanschauung, wieder andere sogar speziell zum katholischen oder protestantischen Glauben. In der Schweiz haben sich in einzelnen Fällen Angehörige des gleichen Berufes, je nachdem sie Schweizer Bürger waren oder nicht, in besondere Vereine geschieden. In Österreich kommt wieder der Nationalität eine entscheidende Stellung zu. Außerordentlich zahlreich sind ferner die Gewerkschaften, welche tatsächlich von ihren Mitgliedern auf politischem Gebiete eine Betätigung in sozialdemokratischem Sinne voraussetzen.

Alle diese Unterscheidungen, die mit der Wahrnehmung der besonderen Berufsinteressen wenig oder nichts zu tun haben, müssen die gewerkschaftliche Aktion durch Zersplitterung der Kräfte schwer schädigen. Sie liefern den Beweis, daß die gewerkschaftliche Bewegung noch in den Kinderschuhen steckt. Mit zunehmendem Verständnis der Arbeiterschaft werden sie immer eifriger bekämpft. So ist zur Zeit sowohl in Deutschland wie in der Schweiz eine Neutralisierungstendenz zur Geltung gekommen, die freilich noch mit großen Schwierigkeiten kämpft.

Solange ein Verein nur lokalen Charakter und geringe Mitgliederzahl aufweist, bietet die Verfassung keine großen Schwierigkeiten. Alles Wesentliche wird von der Generalversammlung entschieden, die Ämter werden nach dem Lose verteilt oder in einer gewissen Reihenfolge von allen Mitgliedern übernommen. Berufsmäßige Vereinsbeamte sind nicht erforderlich. Die Geschäfte können noch von Arbeitern selbst am Feierabend erledigt werden.

Bei der modernen Entwicklung des Verkehrs hängt die Wirksamkeit eines Vereines davon ab, daß er über die örtlichen Grenzen hinausreicht und alle Arbeiter des Industriezweiges oder der Berufsspezialität, wenn nicht im ganzen Lande, so doch wenigstens im Industriebezirke umfaßt. Andernfalls befindet sich der Verein gegenüber dem Unternehmer oder der Korporation der Unternehmer in einer Lage, die von derjenigen des vereinzelten Arbeiters nicht sehr abweicht. Die Ausbreitung des Vereines kann in der Weise erfolgen, daß Mitglieder, welche nach anderen Gemeinden gezogen sind, dort Vereinsfilialen begründen, oder daß die verwandten Vereine der verschiedenen Plätze eine Verschmelzung anbahnen. Jedenfalls wird mit der lokalen Ausdehnung, der natürlich auch eine wachsende Mitgliederzahl entspricht, die Verfassungsfrage immer schwieriger. Nun treten

[1]) S. P. S. C. XIII. S. 941.

fast all' die Organisationsprobleme, welche uns das staatliche Leben darbietet, auch in der Gewerkvereinswelt auf. Es wird gestritten über das Maß finanzieller und sonstiger Selbständigkeit, welches der Zweigverein gegenüber dem Gesamtverein behaupten soll. Sodann frägt es sich, wie überhaupt der Gesamtverein zu verbindlichen Willensentscheidungen befähigt werden kann. Die Entfernungen, welche die Vereine von einander trennen, und die Größe der Mitgliederzahl gestatten selten, daß etwa Generalversammlungen der Mitglieder des Gesamtvereines stattfinden, namentlich können solche kostspielige Unternehmungen nicht oft versucht werden. So wird zu schriftlichen Urabstimmungen die Zuflucht genommen. Nun kann man zwar jedes Mitglied über bestimmt gestellte Fragen schriftlich abstimmen lassen, aber man kann es nur sehr schwer alle über verwickelte Angelegenheiten pro und contra ausreichend unterrichten. Besitzen doch manche gar nicht die geistige Kraft, um das schriftliche Material, das ihnen zur Information eingehändigt worden ist, mit Erfolg zu studieren. Ebenso mißlich ist es, die Regierung einem Vororte zu überlassen, d. h. einen Zweigverein für eine bestimmte Zeitdauer als leitendes Organ des Gesamtvereines anzusehen. So gelangen die Vereine allmählich zu repräsentativen Einrichtungen. Sind Generalversammlungen aller Mitglieder des Gesamtvereines untunlich, so können doch Delegierte der einzelnen Vereine zusammenkommen, beraten und entscheiden. Ist man zu diesem Systeme übergegangen, so frägt es sich weiter, wie viele Vertreter ein Verein entsenden darf, ob diese nach Köpfen abstimmen oder eine Stimmenzahl führen, die der Größe der von ihnen vertretenen Vereine entspricht, ferner, ob sie befugt sind, ihre Stimme nach freiem Ermessen abzugeben oder lediglich nach den Aufträgen, die ihnen ihre Wähler erteilt haben. Auch die Kompetenzen der Delegiertenversammlung lassen sich verschieden abstecken. Gewisse Wahlen, wie die des Exekutiv-Ausschusses, können unter Umständen den Urwählern erhalten bleiben. Noch verwickelter werden die Organisationsfragen, wenn wegen der Größe des Vereines zwischen die lokalen Filialen und den Gesamtverein Bezirksverbände eingeschoben werden müssen.

Je mehr die Geschäfte anwachsen, desto weniger ist ihre befriedigende Erledigung durch Arbeiter, die noch in ihrem Berufe tätig sind, ausführbar. Es entwickelt sich allmählich eine besondere Gewerkvereinsbureaukratie; ja einzelne englische Vereine haben sogar eine Art Staatsexamen eingeführt, das der Bewerber um eine höhere Gewerkvereinsstellung mit Erfolg bestanden haben muß. In der Regel bildet die tüchtige Verwaltung niederer Ämter die Voraussetzung, ohne welche ein

Aufsteigen in höhere Posten nicht erfolgen kann. Um dieses nicht mehr im Berufe tätige Beamtentum in enger Fühlung mit den Auffassungen der Arbeiter zu erhalten, pflegen die Exekutivausschüsse so zusammengesetzt zu werden, daß in ihnen sich auch Arbeiter befinden. Den leitenden Mann, die Seele des Vereins, stellt allerdings meist der Generalsekretär dar.[1])

Wegen der Interessenverwandtschaft, die zwischen den Berufsvereinen derselben Industrie, also etwa zwischen sämtlichen Gewerkvereinen der Textilindustrie besteht, ist es erforderlich, daß zur erfolgreichen Kooperation Organe entwickelt werden. Es entstehen Föderationen von Gesamtvereinen und die Föderativverfassung stellt neue verwickelte Aufgaben.

Vielerorts empfinden auch die Filialen der verschiedenen Berufsvereine das Bedürfnis, im Interesse gewisser gemeinsamer lokaler Angelegenheiten, eine Vereinigung zu bilden. Es entstehen Gewerkschaftsräte, Gewerkschaftskartelle oder Arbeiterunionen. Sie streben danach, dem Standpunkte der Arbeiter in der Gemeindeverwaltung gebührende Beachtung zu verschaffen. Sie sorgen dafür, daß auch Arbeiter in die lokalen Vertretungskörper gelangen, und bemühen sich, die Annahme der Fair-Wages-Klausel bei der Vergebung der Gemeindearbeiten durchzusetzen, d. h. diese Arbeiten dürfen dann nur an solche Unternehmer vergeben werden, die sich verpflichten, die von dem betreffenden Gewerkvereine anerkannten Arbeitsbedingungen innezuhalten. Einen Einfluß auf die Leitung der einzelnen Organisationen und deren gewerkschaftliche Politik besitzen die englischen Gewerkschaftsräte aber nicht. Die Zweigvereine, aus deren Vertreter sie sich zusammensetzen, können naturgemäß dem Rate keinerlei Macht zuführen, die sie nicht selbst besitzen. Ihre Macht ist aber durch die Zentralexekutive der nationalen Verbände stark beschränkt. Letztere sehen den Anschluß der Zweigvereine an Gewerkschaftsräte übrigens nicht sonderlich gern. Sie betrachten das Dasein von regierenden Körperschaften, in denen sie nicht unmittelbar vertreten sind, mit Mißtrauen und Eifersucht. Es wird den Zweigvereinen der Anschluß an die Räte zwar nicht ausdrücklich untersagt, sie werden aber keinesfalls dazu ermutigt. Im Gegensatze zu den Gewerkvereinen selbst weisen die Gewerkschaftsräte in England seit den letzten Jahrzehnten kein Zeichen des Wachstums oder der Entwicklung auf. Sie stellen einen nützlichen Sammelpunkt für die Gewerkvereinler der be-

[1]) Über die Verfassungskonflikte und Verwaltungsschwierigkeiten im Schoße der deutschen Gewerkschaften vgl. Prager, Grenzen der Gewerkschaftsbewegung. A. f. s. G. XX. S. 250 ff.

treffenden Ortschaft dar, tragen aber wenig zur Solidarität oder politischen Wirksamkeit der Bewegung als Ganzes bei.

Als nationale Föderation der Gewerkvereine sind Gewerkschaftskongresse zu nennen. Solche werden in England seit 1871 alljährlich abgehalten. Von Fernstehenden und namentlich auf dem Kontinente wird ihre Bedeutung allerdings sehr oft überschätzt. „Aus Delegierten sämtlicher großen nationalen und Grafschaftsvereine, sowie solchen der wichtigsten Gewerkschaftsräte und einer großen Anzahl von lokalen Vereinen zusammengesetzt und von vielen besoldeten Beamten besucht, ist der Kongreß, ungleich dem Gewerkschaftsrate, eine wirkliche Vertretung aller Elemente der Gewerkvereinswelt. Daher enthüllen seine Verhandlungen sowohl den höheren Verwaltungsbeamten derselben wie den Politikern der großen Parteien den Ideengang der verschiedenen Kategorien von Gewerkschaftlern und damit der großen Lohnarbeitergemeinschaft überhaupt. Weiter gibt die Kongreßwoche eine unübertreffliche Gelegenheit zum freundschaftlichen Meinungsaustausch zwischen den Repräsentanten der verschiedenen Berufszweige und führt häufig zu gemeinsamem Vorgehen oder der Bildung erweiterter Verbände. Trotzdem bleibt der Kongreß mehr ein Aufmarsch der Gewerkvereinskräfte, als ein echtes Arbeiterparlament."[1]) Die Mitglieder des Kongresses besitzen eben keinerlei gesetzgebende, die vertretene Arbeiterwelt bindende Befugnisse. Von der Gemeindevertretung des Kongreßortes dargebotene Empfangsfeierlichkeiten und Festlichkeiten, Festreden u. dergl. spielen eine große Rolle. Eine ungeheure Masse von Resolutionen wird vorgelegt, deren ernsthafte verantwortliche Beratung ganz unmöglich ist. Dem Redner werden höchstens 5 Minuten, später 3, zum Schluß sogar nur 60 Sekunden Redezeit gewährt. Die maßgebenden Führer nehmen an den Verhandlungen geringen Anteil. Die einzig wichtigere Angelegenheit, die den Kongreß beschäftigt, ist die Wahl des Parlamentarischen Gewerkschaftskomitees, dem die politische Vertretung der Gewerkvereinswelt im folgenden Geschäftsjahr anvertraut wird.

Die Aufgaben des Komitees sind noch nicht ausdrücklich umschrieben worden. Seine Wirksamkeit besitzt wegen unzulänglicher Kräfte (ein besoldeter Sekretär und ein Schreibgehilfe) eine geringe Tragweite. „Die Jahresleistung des Komitees hat sich in den letzten Jahren in der Tat je auf ein paar Deputationen an die Regierung, zwei oder drei Rundschreiben an die Vereine, eine kleine Beratung mit befreundeten Politikern und die Zusammenstellung eines ausführlichen Berichtes

---

[1]) Webb, Geschichte des Britischen Trade-Unionismus. S. 419.

an den Kongreß beschränkt, der nicht ihre eigenen Leistungen, sondern die im Laufe der Session zustande gekommenen Gesetze und andere parlamentarische Vorgänge schildert. Die Folge ist, daß die Exekutivkomitees des Vereinigten Textilarbeiterbundes und der Bergarbeiterföderation einen viel bedeutenderen Einfluß in den Vorzimmern des Parlamentes ausüben, als das Komitee, das die Vertretung der gesamten Gewerkvereinswelt darstellt."[1]) Neuerdings versuchen die Gewerkvereine sich durch Anschluß an die Labour-Party (vgl. oben S. 406) einen größeren politischen Einfluß zu sichern.

Auf dem Kontinente sind auch Versuche gemacht worden, durch Gewerkschaftskommissionen eine alle Gewerkschaften leitende oberste Zentralinstanz zu schaffen. Dieser Bevormundung gegenüber, welche namentlich in Österreich sehr weit getrieben wurde, haben sich aber die entwickelteren Vereine mit Recht und mit Erfolg zur Wehre gesetzt. Die Generalkommission der Gewerkschaften in Deutschland hat jetzt der Hauptsache nach nur propagandistische und statistische Aufgaben zu erfüllen.

Wie die Ausbildung nationaler Märkte nationale Berufsvereine erfordert, so hat die zunehmende Verflechtung der Nationalwirtschaft in die Weltwirtschaft auch internationale Gewerkschaftskongresse, -Bureaus oder -Sekretariate entstehen lassen. Im Vordergrunde dieser Bestrebungen stehen die Buchdrucker und Bergarbeiter.[2])

97. Leistungen der Gewerkschaften.

Ein Berufsverein, der nur die Erkämpfung besserer Arbeitsbedingungen betreiben wollte, würde in Zeiten, in denen solche Kämpfe wegen der fehlenden Aussicht auf Erfolg nicht geführt werden können, seinen Mitgliedern kein großes Interesse einflößen und daher kaum im Stande sein, leistungsfähig zu bleiben. So kommt es, daß auch solche Vereine, die unmittelbar aus Koalitionen hervorgegangen sind, häufig Hilfskassenaufgaben übernommen haben. Ob es zweckmäßig ist, den Kampf um bessere Arbeitsbedingungen und die Aufgaben der Arbeiterversicherung auf eine und dieselbe Organisation zu übertragen, das ist deshalb eine in den gewerkschaftlichen Diskussionen oft und hitzig erörterte Frage. Da die Beträge, welche den Versicherungszwecken dienen,

---

[1]) a. a. O. S. 424.

[2]) Vgl. die sorgfältige Darstellung, welche Kulemann S. 414—516 von der internationalen Gewerkschaftsbewegung gibt.

durch größere Arbeitsstreitigkeiten empfindlich geschmälert werden können, so macht die Vereinigung der Aufgaben die Vereine leicht friedfertig und flößt ihnen eine gewisse Scheu vor Arbeitseinstellungen ein. Daraus ist den parteipolitisch neutralen Gewerkvereinen von den sozialdemokratischen öfters ein Vorwurf gemacht worden und die letzteren haben sich auch meist auf die Sammlung von Streikfonds beschränkt. Mit Recht kann aber gegen diese Kritik eingewendet werden, daß gerade die Pflege gewisser Zweige der Arbeiterversicherung, ganz abgesehen von ihrem hohen Werte als Selbstzweck, erst im stande ist, den Vereinen einen festen Mitgliederbestand zu gewährleisten. Vereine, die sich auf die Unterstützung bei Arbeitsstreitigkeiten beschränken, verlieren ihre Mitglieder nur zu rasch, wenn eben keine Aussichten vorhanden sind, mittels der Vereine eine Besserung der Arbeitsbedingungen zu erreichen. Das haben die Gewerkvereine, welche die Versicherungszwecke gänzlich außer acht ließen, bald genug erfahren müssen.

Eher verdienen die Einwürfe Beachtung, welche gegen die Übernahme von Versicherungsverpflichtungen vom versicherungstechnischen Standpunkte aus erhoben werden. Immerhin ist die Zahlungsfähigkeit durch das Recht, außerordentliche Umlagen auszuschreiben, bisher in der Regel tatsächlich behauptet worden. Es gibt in England Fälle, in denen die Mitglieder außer den regelmäßigen Wochenbeiträgen oft monatelang eine Extrasteuer bis zu 5 sh. entrichtet haben, um die Zahlungsfähigkeit des Vereines aufrecht zu erhalten. Manche Vereine haben versucht, durch eine Kassentrennung die Schwierigkeiten zu beseitigen. Durch bloße rechnungsmäßige Kassentrennung kann wenigstens dann eine Garantie gegen eine Beeinträchtigung des einen Zweckes durch den anderen noch nicht erzielt werden, so lange es möglich ist, daß die eine Kasse bei der anderen Darlehen aufnimmt.

Wenn für den Gewerkverein die Notwendigkeit betont wurde, Versicherungszwecken zu dienen, um seinen Mitgliedern ein dauerndes Interesse einzuflößen, so ist damit doch nicht gesagt, daß er auch alle Zweige der Arbeiterversicherung ausbilden müßte. Die Kranken-, Unfall- und Invaliditätsversicherung kann schließlich auch von anderen Anstalten übernommen werden, ohne daß die Wirksamkeit des Vereines wesentliche Einbußen erfahren würde. Dagegen bildet die Versicherung gegen Arbeitslosigkeit[1]) sogar das eigentliche Rückgrat der Gewerkvereine und darf ihnen deshalb, wenn die Gewerkvereine überhaupt

[1]) Vgl. Board of Trade. Labour Department. Report on agencies and methods for dealing with the unemployed. London 1893. S. 17 ff. G. Schanz, Zur Frage der Arbeitslosen-Versicherung, Bamberg 1895.

Bedeutung gewinnen sollen, nicht ganz entzogen werden. Wie keine andere Organisation ist eben die Berufsvereinigung im stande, die dornenreichen Probleme der Arbeitsvermittlung und der Sicherung gegen Arbeitslosigkeit einer befriedigenden Lösung zuzuführen. Der gut entwickelte Gewerkverein hat überall, wo sein Gewerbe in erheblicherem Umfange betrieben wird, eine Zweigniederlassung. Die Zentralstelle des Vereines erhält fortlaufende Berichte über den Stand des Arbeitsmarktes, verfügt also über die denkbar beste Sachkenntnis. Da die Lasten, welche dem Vereine aus der Unterstützung der Arbeitslosen erwachsen, ganz beträchtliche sind, so besteht auf seiten des Vereines ein lebhaftes Interesse, diese Sachkenntnis in dem Sinne auszunutzen, daß arbeitslose Mitglieder möglichst bald wieder eine Beschäftigung erhalten. Der Verein ist auch besser als andere im stande, eine billige Entscheidung darüber zu fällen, ob der Arbeitslose durch eigene Schuld seine Stellung verloren hat oder nicht, und unter welchen Bedingungen er verpflichtet ist, Arbeit wieder anzunehmen. Gegen Betrügereien besitzt der Verband die empfindliche Strafe des Ausschlusses.

Eine große Zahl von englischen Gewerkvereinen und zwar die meisten der solid entwickelten Verbände unterstützen ihre stellenlosen und deshalb stellensuchenden Mitglieder mit einem Wochenzuschuß, der „unemployed benefit" genannt zu werden pflegt. In Bezug auf die Höhe des Wochenzuschusses besteht keine Übereinstimmung. Im allgemeinen wird er durch eine Skala bestimmt, deren Sätze mit der Dauer der Arbeitslosigkeit herabgehen. So gewährt z. B. die Vereinigte Gesellschaft der Zimmerleute und Tischler während der ersten zwölf Wochen 10 sh., in den nächstfolgenden zwölf Wochen aber nur 6 sh. Andere Vereine beginnen mit höheren Sätzen, wie z. B. der Gewerkverein der Londoner Wagenbauer, der 18 sh. zahlt. In der Textilindustrie kommen aber auch Anfangssätze von nur 3 sh. und 6 d. vor. Die Erfahrung lehrt, daß hohe Sätze, ungeachtet aller Wachsamkeit der Vereinsorgane, zum Müßiggange verleiten. Einige Vereine, wie die Bierbrauer und Eisengießer, bringen vom Wochenzuschusse die Vereinsbeiträge in Abzug; andere, wie die Maschinenbauer, erlassen die Beiträge den Unbeschäftigten ganz, wieder andere wie die Typographen, nur teilweise. In der Regel wird verlangt, daß einer bereits eine gewisse Zeit hindurch Mitglied gewesen sein muß, ehe er zum Empfang der Unterstützung berechtigt ist. Derjenige, der den Zuschuß beansprucht, muß sich in ein Vakanzenbuch eintragen und die Eintragung in bestimmten Zeitintervallen wiederholen. Wer durch eigene Schuld (Trunkenheit, Arbeitsuntüchtigkeit, unordentliche Führung) die Arbeit verloren hat, besitzt kein Recht auf die Unterstützung, eine Regel, die freilich nicht immer ganz streng zur Anwendung kommen soll.

Viele Vereine gewähren außer der Arbeitslosenunterstützung noch einen Zuschuß denjenigen Mitgliedern, die eine Reise antreten, um Arbeit zu suchen. Andere Vereine, und dazu gehören namentlich diejenigen der Baugewerbe, zahlen überhaupt nur Reisegelder, etwa 1 sh. 6 d. pro Tag. Die Reisenden stehen ebenfalls unter Kontrolle. Trotzdem ist es nicht immer möglich gewesen, Mißbräuche auszuschließen. Manches Mitglied hat sich auf diesem Wege die Mittel zu einer kleinen Ferienreise verschafft. Deshalb haben einige Vereine diese Art der Unterstützung ganz aufgehoben.

In einzelnen Gewerben pflegen sich die Arbeitgeber, welche Arbeiter brauchen, unmittelbar an die Vereine zu wenden. Der Verein der Dubliner Bäckergehilfen verbietet seinen Mitgliedern sogar auf anderem Wege als durch das Vereinsbureau Arbeit anzunehmen. Im allgemeinen ist der Arbeitslose darauf angewiesen, sich persönlich um eine Stelle zu bemühen, wobei er allerdings in mannigfacher Weise von seinem Vereine gefördert wird. Einige Vereine zahlen dem Mitgliede, das dem unbeschäftigten Genossen eine Arbeitsgelegenheit verschafft, eine kleine Prämie. Die größten Vereine veröffentlichen periodische Berichte über den Stand des Arbeitsmarktes an den Hauptplätzen ihres Gewerbes. Andere veröffentlichen Listen derjenigen Geschäfte, in denen die Mitglieder vermutlich Stellung finden werden.

Die Kosten, welche den Vereinen aus der Unterstützung ihrer Arbeitslosen erwachsen, sind ganz beträchtlich. Von den 100 bedeutendsten englischen Gewerkvereinen sind innerhalb der Periode 1892 bis 1901 im Jahresdurchschnitt 919 901 £ für Unterstützungszwecke oder 60,8 Prozent der Gesamtausgaben verwendet worden. Obwohl die Mitglieder der Gewerkvereine anerkanntermaßen die Elite der englischen Arbeiterklasse darstellen, so befindet sich doch auch von ihnen, selbst in wirtschaftlich günstigen Zeiten, ein Teil außer Arbeit. Die mittlere Zahl der Arbeitslosen betrug innerhalb der Gewerkvereine, über deren Verhältnisse das arbeitsstatistische Amt des englischen Handelsministeriums zu berichten vermag:

1887	8,2 Proz.	1893	7,5 Proz.	1899	2,4 Proz.
1888	4,9 „	1894	6,9 „	1900	2,9 „
1889	2,1 „	1895	5,8 „	1901	3,8 „
1890	2,1 „	1896	3,4 „	1902	4,4 „
1891	3,5 „	1897	3,5 „	1903	5,1 „
1892	6,3 „	1898	3,0 „ .		

Im Januar ist die Zahl der Arbeitslosen in der Regel am größten, April bis Juni am niedrigsten. Für Streikzwecke wurden von den 100 größten englischen Vereinen im Jahresdurchschnitte (1897—1901) 293 552 £ oder 19,4 Prozent der Gesamtausgaben ausgegeben.

In bescheidenerem Maße ist die Arbeitslosenversicherung von den deutschen Gewerkvereinen gepflegt worden. Immerhin sind in den letzten Jahren sehr große Fortschritte gemacht worden.[1]) Zur Zeit (1905) zahlen von den 63 Verbänden der freien Gewerkschaften etwa 38 Arbeitslosenunterstützung am Ort. Sie wird in der Regel nur bei unverschuldeter Arbeitslosigkeit gewährt. Niederlegen der Arbeit ohne hinreichenden Grund, grobes Selbstverschulden, ehrenrührige Handlungsweise, Rückstand in der Beitragszahlung, unrichtige Angaben über die Gründe der Arbeitslosigkeit, Ablehnung geeigneter Arbeitsgelegenheit, Verschweigung anderer, wenn auch nur tageweiser Beschäftigung gegen Entgelt schließen die Gewährung von Unterstützungen aus. Gründe, welche dagegen zur Niederlegung der Arbeit berechtigen, sind Lohnabzug, Ehr- und Körperverletzung von seiten des Arbeitgebers, Beschränkung der freien Willensäußerung durch den Arbeitgeber u. dergl.

Im übrigen wird die Unterstützung nur denjenigen geleistet, die bereits eine gewisse Zeit hindurch, 26, 52, 75 oder gar 102 Wochen, dem Vereine angehört haben. Auch werden die Arbeitslosengelder nicht immer sofort mit dem Eintritt der Arbeitslosigkeit ausgezahlt, sondern erst nachdem die Arbeitslosigkeit schon 1—7 Tage angedauert hat. Manche Vereine leisten überhaupt nur bei längerer Dauer der Arbeitslosigkeit Beiträge, berechnen diese aber dann rückwirkend vom Tage der Arbeitslosigkeit an. Die Unterstützung dauert im Höchstmaße 3 bis 13 Wochen; in der Regel werden ihre Dauer und Höhe nach der Länge der Mitgliedschaft abgestuft. In den meisten Fällen beziehen die Arbeitslosen zwischen 75 Pf. und 1,50 M. pro Tag. Die Hirsch-Dunckerschen Gewerkvereine gewähren für die regelmäßig eintretende Saison-Arbeitslosigkeit keine Arbeitslosengelder. Zur Kontrolle haben sich die Arbeitslosen jeden oder jeden zweiten Tag beim Vorstande zu bestimmter Stunde zu melden und in Listen einzutragen.

Nach ähnlichen Gesichtspunkten ist die Reise- und die Umzugs-Unterstützung geordnet. Letztere dient für verheiratete Mitglieder, welche wegen schlechten Geschäftsganges nicht mehr den ortsüblichen Lohn am Platze verdienen und sich durch Ortswechsel nachweislich verbessern können.

---

[1]) Vgl. die eingehenden im Reichs-Arbeitsblatt II, S. 109—115, 294—298, 686—705, 798—807, III S. 308—318 veröffentlichten Mitteilungen.

Im Jahre 1904 wurden folgende Unterstützungen verausgabt:[1])

	Arbeitslosen-Unterstützung am Ort	Reise-Unterstützung	Umzugs-Unterstützung
Freie Gewerkschaften	1 599 424 M.	646 821 M.	110 917 M.
Hirsch-Dunckersche Gewerkvereine (1903)	250 205 „ [1])	69 076 „ [2])	—
Christliche Gewerkschaften (1903)	1 072 „	1 029 „	723 „
Selbständige Vereine (1903) . .	29 253 „	2 651 „	1 025 „

[1]) Einschließlich Umzüge, Not und Sterbefälle. [2]) Einschließlich Beihilfen in Not- und Sterbefällen.

Wie ersichtlich, stehen die christlichen Gewerkschaften im Ausbau der Unterstützungseinrichtungen noch auf tiefer Entwicklungsstufe.

Die Streikgelder sind im allgemeinen etwas höher als die Arbeitslosenunterstützungen. Immerhin hat auch nur derjenige Anspruch auf Streikgeld, der bereits eine meist auf 26 Wochen bemessene Karrenzfrist im Vereine zurückgelegt hat. Streiks bedürfen der Zustimmung des Verbandsvorstandes und diesem steht auch das Recht der Oberleitung zu. Deshalb ist bei einem beabsichtigten Streik der Verbandsleitung innerhalb einer Frist von 2 bis 8 Wochen vor Eintritt in den Streik von den Forderungen und den einschlagenden Verhältnissen am Platze überhaupt Mitteilung zu machen. Wird den Anordnungen des Vorstandes nicht Folge geleistet, kann die Unterstützung versagt werden. Verwandt mit der Streikunterstützung ist die Gemaßregelten-Unterstützung. Sie wird solchen Mitgliedern gewährt, welche infolge ihrer Tätigkeit für den Verband oder infolge getroffener Maßnahmen desselben oder in Wahrung von Interessen von Verbandsangehörigen dem Arbeitgeber gegenüber gemaßregelt und deshalb arbeitslos geworden sind.

Die freien Gewerkschaften gaben 1904 für diese beiden Zwecke 6 405 728 M., die christlichen Gewerkschaften 133 362 M.[2]) aus.

In der Schweiz findet sich die Arbeitslosen-Unterstützung erst bei den Organisationen der Typographen, Lithographen, Metallarbeiter, Glaser, Bildhauer, Bierbrauer, Maler und Gypser. Im Jahre 1902 wurden für diesen Zweck 53 418 Fr., für Streiks 25 467 Fr. verausgabt.[3])

Noch weniger ist, abgesehen von den Buchdruckern, das Unterstützungswesen bei den österreichischen Gewerkschaften ausgebildet.[4])

[1]) Reichs-Arbeitsblatt III. S. 303, 487. [2]) a. a. O. S. 487, 491.

[3]) Merk, Art. Gewerkschaftsbewegung in Reichesbergs Handwörterbuch der schweiz. Volkswirtschaft. II. S. 353—355.

[4]) Verkauf, Art. Arbeitsrecht, J. Organisationen der Arbeiter im Österreichischen Staatswörterbuch. 2. Aufl. S. 308 ff.

Durch die Arbeitslosenunterstützung fällt eins der schlimmsten Übel, das den Arbeiter unter der Herrschaft des freien Wettbewerbes trifft, die Vorbehaltlosigkeit des Arbeitsangebotes, das ständige und maßlose gegenseitige Unterbieten weg. Die Arbeiter verständigen sich im Vereine über die Bedingungen, unter denen sie ihre Arbeit anbieten wollen. Wer zu diesen Bedingungen keine Arbeit erhält, wird von der Gesamtheit unterstützt. So wird es ihm erst möglich gemacht, sein Arbeitsangebot vom Markte zurückzuziehen. Er braucht nicht mehr niedrigere Ansprüche zu stellen und dadurch die Lage seiner Genossen zu gefährden. Im übrigen kann erst dann, wenn der Arbeiter gegen Arbeitslosigkeit versichert ist, eine wirksame Versicherung im Falle der Krankheit und der Invalidität eintreten. Nur der gegen Arbeitslosigkeit versicherte Arbeiter ist eben imstande, unter allen Umständen die laufenden Beiträge für die Kranken- und Invalidenkasse zu entrichten und so seine Mitgliedschaft bei diesen Organisationen zu behaupten. Aus diesen Erwägungen ergibt sich die Größe des Fehlers, welchen diejenigen Gewerkvereine begehen, welche glauben, die Arbeitslosenversicherung immer noch vernachlässigen zu dürfen.

In vielen deutschen Städten haben sich die gewerkschaftlich organisierten Arbeiter verschiedener Berufe zur Errichtung von Arbeitersekretariaten[1]) vereinigt. Ein Arbeitersekretariat ist, nach der Definition von Dr. A. Müller, „ein von Arbeiterorganisationen unterhaltenes Rechtshilfebureau, welches ganztägig geöffnet ist und mindestens eine vollständig beschäftigte Person aufweist, deren Hauptaufgabe darin besteht, nicht gewerbsmäßig, sondern als Beamter der das Bureau unterhaltenden Organisationen Rechtsuchenden über die gesamte soziale Gesetzgebung, teilweise auch über Bürgerliches, Straf- und öffentliches Recht Rat zu erteilen und bei Geltendmachung von Rechtsansprüchen Hilfe zu erweisen." Das erste Sekretariat wurde 1894 in Nürnberg gegründet und leistete unter der vortrefflichen Leitung des ehemaligen Metallarbeiters Martin Segitz so gute Dienste, daß die Personenfrequenz, die 1894/95 6839 betrug, 1902 schon 17707 erreichte. Diese Erfolge veranlaßten rasch zur Nachahmung in anderen Städten. Im Jahre 1902 gab es bereits 32 Sekretariate, welche an 195639 Besucher 197927 Auskünfte erteilten. Daneben wurden von Sekretariaten, insbesondere von dem Nürnberger, dessen statistische Abteilung Dr. Ad. Braun leitet, noch wertvolle sozialstatistische Erhebungen und Publikationen über Lohn-,

[1]) R. Sordek, Die deutschen Arbeitersekretariate. Leipzig 1902; Morizet, Les secrétariats ouvriers en allemagne. Paris 1903; August Müller, Arbeitersekretariate und Arbeiterversicherung in Deutschland. München 1904.

Arbeits-, Wohnungs- und Haushaltstungszustände, über Arbeitslosigkeit u. dgl. mehr durchgeführt. Von 22 Sekretariaten wurden Jahresberichte über ihre Wirksamkeit veröffentlicht.[1]) In dem am 1. April 1903 in Berlin eröffneten Zentralarbeitersekretariate haben die Einzelsekretariate eine gemeinsame Spitze erhalten. Die Aufgabe der Zentralstelle besteht darin, die von Mitgliedern der Gewerkschaften beim Reichsversicherungsamt anhängig gemachten Rekurse zu bearbeiten und für die mündliche Vertretung der Rekurse zu sorgen.

„Die Sekretariate verdanken," wie Dr. A. Müller mit Recht (S. 97 a. a. O.) ausführt, „ihr Dasein einer schönen und großen Idee (Unentgeltlichkeit des Rechtsbeistandes) und legen durch ihr Wirken Zeugnis ab von dem Umfange der moralischen und intellektuellen Triebe und Fähigkeiten, die in der Arbeiterbewegung schlummern. Ruhig, ohne große Worte, als handele es sich um etwas selbstverständliches, haben die organisierten Arbeiter einen Gedanken verwirklicht, den man vor gar nicht langer Zeit bloß auszusprechen brauchte, um als Utopist deklariert zu werden."

Dem Beispiele der freien Gewerkschaften haben die christlichen Gewerkschaften Folge geleistet und ebenfalls eine Reihe von Sekretariaten mit Hilfe der ihnen nahestehenden politischen Parteien errichtet (Berlin, München, Cöln, M.-Gladbach, Stuttgart, Mannheim, Essen).

Auch in der Schweiz bestehen Arbeitersekretariate: einmal das vom Bund subventionierte, im übrigen vom Schweizerischen Arbeiterbunde gewählte und unterhaltene Eidgenössische Arbeitersekretariat[2]) (Sitz Zürich) zur Wahrung und Förderung der Arbeiterinteressen auf wirtschaftlichem Gebiete im allgemeinen und dann hauptsächlich von den Gewerkschaften getragene lokale Arbeitersekretariate[3]) in Bern, Basel, Winterthur, St. Gallen, Zürich und Genf. Es sind vorzugsweise Zentralstellen für gewerkschaftliche Propaganda, aber auch für politische und statistische Aufgaben. Außerdem fungieren sie teilweise als Rats- und Auskunftsstellen in rechtlichen und anderen Angelegenheiten.

---

[1]) Dr. A. Müller hat a. a. O. S. 101—184 die Materialien der Jahresberichte zu einer instruktiven Kritik der deutschen Arbeiterversicherung verwertet.

[2]) Siehe Morf, Art. Schweizerisches Arbeitersekretariat in Reichesbergs Handwörterbuch der schweiz. Volkswirtschaft. I. S. 150—155.

[3]) Reichesberg, Art. Die lokalen Arbeitersekretariate. a. a. O. S. 155—159.

98. Ziele der Gewerkvereine.

Vor allem streben die Gewerkvereine danach, den Arbeitsvertrag in einen Kollektivvertrag umzuwandeln, d. h. die Arbeitsbedingungen nicht der Willkür des einzelnen Arbeiters und Unternehmers zu überlassen, sondern sie durch Vertreter der Organisation beider Parteien zu regeln.[1]) Dieses Ziel ist ohne weiteres verständlich, wenn man sich die schwache Position vergegenwärtigt, welche der einzelne Durchschnittsarbeiter beim Abschlusse des Arbeitsvertrages im Vergleiche zum Arbeitgeber innehat. Aber eben deshalb, weil die kollektive Regelung so sehr im Interesse des Arbeiters liegt, leisten die Unternehmer gerade gegen dieses Prinzip auch den hartnäckigsten Widerstand. Sie wollen nicht zugeben, daß zwischen sie und ihre Arbeiter irgend eine dritte Persönlichkeit tritt, eine Persönlichkeit, die nicht in ihren Diensten steht, die sie nichts angeht. Sie erblicken in diesem Vorgange eine schwere Kränkung ihres Hausrechtes u. s. f.[2]) Es hat oft langwieriger, opferreicher Kämpfe bedurft, ehe die Unternehmer sich entschlossen, mit Delegierten der Arbeiter auf dem Fuße der Gleichberechtigung auch nur zu verhandeln. Und in der Tat, sobald der Unternehmer den Boden dieser Verhandlung betritt, geht der Fabrikabsolutismus in eine konstitutionelle Verfassungsform über. Aber gerade diese Analogie beweist auch die Unvermeidlichkeit des Umschwunges. Nachdem im politischen Leben der Absolutismus der Fürsten einem Mitbestimmungsrechte der Regierten gewichen ist, verlangt der Arbeiter, der als Bürger an der Leitung des Staates teilnimmt, auch seinen Anteil an der ökonomischen Regierung des Arbeitgebers. Sache des Unternehmers ist es im allgemeinen, was und mit welcher Technik zu produzieren ist. Aber bei der Feststellung der Arbeitsbedingungen hat der Staat, haben die Arbeiter mitzusprechen. Andernfalls erscheinen die Arbeiter tatsächlich als Sklaven, nicht als Selbstzweck, sondern bloß als Mittel für die wirtschaftlichen Zwecke der Unternehmer.

---

[1]) Eine schätzbare Übersicht über die im Deutschen Reiche bereits bestehenden Tarifverträge bietet Fanny Imle, Gewerbliche Friedensdokumente. Jena 1905; ferner Reichs-Arbeitsblatt, II. Lohntarife und Tariflöhne im Deutschen Reich. S. 121—143; Die Regelung der Arbeitszeit in den Tarifverträgen. S. 706—715.

[2]) Vgl. das früher S. 207 f. Ausgeführte. Über die juristische Seite des Kollektivvertrages vgl. Lotmar, Die Tarifverträge zwischen Arbeitgebern und Arbeitnehmern. A. f. s. G. XV. S. 1—123 und den Antrag des Kassationsgerichts-Präsidenten G. Sulzer zum Schweiz. Civilgesetzentwurf. Monatsblätter des Schweiz. Arbeitersekretariates. II. Juni 1901.

Im übrigen erfordert die Methode des kollektiven Arbeitsvertrages nicht bloß die Organisation der Arbeiter, sondern auch diejenige der Unternehmer.[1]) Besitzt letztere nicht die entsprechende Ausbildung, so entstehen Schwierigkeiten. In Deutschland ist allerdings die Organisation der Unternehmer schon weit vollkommener entwickelt, als diejenige der Arbeiter. Die Hauptschwierigkeit für die letztere besteht gerade darin, daß die Unternehmer ihre durch die Organisation gesteigerte Macht mit Vorliebe zur Vernichtung der Arbeiterorganisation ausnutzen.

Erleidet auch das Übergewicht der Arbeitgeber durch den kollektiven Abschluß des Arbeitsvertrages eine Einbuße, so wäre es doch nicht richtig, wenn man annehmen wollte, daß das Unternehmer-Interesse auf diesem Wege nur benachteiligt werde. Durch den Verkehr mit einem Gewerkverein erhält der Unternehmer eine viel größere Sicherheit, daß die eingegangenen Verpflichtungen streng innegehalten werden, auch wenn die Einhaltung dem momentanen Interesse der Arbeiter nicht entspricht. Es kommt in England öfters vor, daß die Vereine ihre Mitglieder, welche einen Tarifvertrag brechen, empfindlich strafen und dem geschädigten Unternehmer Ersatz leisten.[2])

In materieller Beziehung sind es vor allem die Lohnverhältnisse, welche die Aufmerksamkeit der Gewerkvereine unausgesetzt in Anspruch nehmen. Während heute ein Teil der übrigen Arbeitsbedingungen (Arbeitszeit, Arbeiterhygiene, Betriebssicherheit) im Wege der Gesetzgebung geregelt worden ist, besteht in bezug auf die Löhne, abgesehen von einigen australischen Staaten, noch eine vollkommene Freiheit des Arbeitsvertrages. Hier eröffnet sich den Gewerkvereinen also ein weites Feld der Tätigkeit. Sie trachten danach, dem Arbeiter einen Lohn zu verschaffen, der unter allen Umständen ausreicht, um die von der speziellen Berufstätigkeit erforderte Lebensweise damit bestreiten zu können. Und man wird in der Tat einräumen müssen, daß ein Gewerbszweig, der seinen Arbeitern nicht das zum Lebensunterhalte Erforderliche bieten kann, keine Existenzberechtigung besitzt. Er führt ein parasitäres Dasein. Aus anderen Kreisen müssen teilweise die Mittel aufgebracht werden, um das Leben seiner Arbeiter zu erhalten. Oder wenn solche Zuschüsse nicht erfolgen, so wird ein Raubbau mit der Arbeitskraft getrieben. Die Existenz dieses Gewerbszweiges bedeutet

[1]) Übersichten über die Arbeitgeberorganisationen im Deutschen Reiche und im Auslande im Reichs-Arbeitsblatt, II. S. 309—316, 496—498, 600—607, 815, 820.

[2]) Webb, Theorie und Praxis der englischen Gewerkvereine. I. S. 185.

eine Einbuße an Lebenskraft und Volksgesundheit. Es ist selbst besser, wenn die Arbeiter auswandern und anderswo einen zum Leben ausreichenden Verdienst suchen, als unter solchen Verhältnissen in der Heimat bleiben und geistig und körperlich verkrüppeln. Begreiflicherweise begnügen sich die Gewerkvereine aber nicht damit, ein solches Lohnminimum zu garantieren. Den Arbeitern soll überhaupt so viel Lohn verschafft werden, als der Industriezweig irgend leisten kann. Namentlich sollen die geschäftlich günstigen Jahre auch dem Arbeiter in Gestalt höherer Löhne ihren Segen bringen. Aus diesen Erwägungen heraus sind die sogenannten „gleitenden Lohnskalen" (sliding scales) in England und Amerika eingeführt worden. Sie stellen ein Verfahren dar, demzufolge die Löhne automatisch, entsprechend dem Steigen oder Fallen der Verkaufspreise der Arbeitsprodukte, in bestimmtem Verhältnisse erhöht oder herabgesetzt werden. Die Verkaufspreise werden an verabredeten Zeitpunkten aus den Büchern gewisser Unternehmer durch einen Revisionsausschuß, in dem beide Teile vertreten sind, ermittelt. Es gibt auch Beschränkungen in dem Sinne, daß der Lohn unter keinen Umständen unter ein festgesetztes Minimum sinken darf. Die Unternehmer bedingen sich dagegen wieder aus, daß die Löhne über ein gewisses Niveau der Preissteigerung der Produkte hinaus dieser in langsamerem Verhältnisse folgen (sogenannte graduierte Skalen). Mittels der Lohnskalen werden von vornherein alle Arbeitsstreitigkeiten im Entstehen verhindert, die darin ihren Grund haben, daß die Arbeiter im Hinblicke auf eine Preissteigerung ihrer Arbeitsprodukte eine Lohnerhöhung anstreben, oder daß die Unternehmer zu einer Lohnherabsetzung schreiten wollen, weil die Preise gefallen sind. Die Lohnverhältnisse werden durch rasch vorübergehende Konjunkturen weniger berührt und gewinnen eine größere Stetigkeit. Die Entwicklung der Löhne folgt derjenigen der Preise. Arbeiter und Arbeitgeber sehen also die Lohnentwicklung voraus und haben Gelegenheit, sich diesen Verhältnissen entsprechend einzurichten. Allerdings sind die Skalen nicht überall leicht anzuwenden, namentlich dort nicht, wo die Zahl der verschiedenen Produkte, deren Preise die Bemessungsgrundlage abgeben sollen, sehr groß ist. Auch stimmt die Bewegung der Warenpreise nicht immer mit der Bewegung des Gewinnes überein, und gerade an dieser wollen die Arbeiter doch eigentlich teilnehmen. Durch Lohnskalen ist natürlich der Arbeitsvertrag nicht für immer abgeschlossen. Von Zeit zu Zeit kann sich die Notwendigkeit ergeben, eine Veränderung in den Normallöhnen und Normalpreisen, welche für die Berechnungen den Ausgangspunkt bilden, vorzunehmen. Kann hierüber eine Einigung nicht erzielt werden, so ist auch hier der Ausbruch eines Streikes nicht ausgeschlossen. Immerhin haben die Skalen Großes für die Beförderung des gewerblichen Friedens geleistet, besonders im Bergbau, in der Eisen- und Baumwollindustrie.

Daß Lohnskalen nur bei guter Organisation beider Parteien durchgeführt werden können, ist klar. Nun haben aber gerade die Skalen vereinzelt die verhängnisvolle Wirkung gehabt, die Grundlagen, auf denen sie sich erheben, zu unterhöhlen. Die Arbeiter glaubten, im Besitze der Skalen, hie und da überhaupt des Gewerkvereines nicht mehr zu bedürfen und vernachlässigten seine Entwicklung. So verlor der Verein der Bergarbeiter von Cleveland unter der Herrschaft der Skalen die Hälfte seines Mitgliederbestandes. Trotzdem hat das System für circa 200000 Arbeiter in England seine Geltung behauptet.

In der Frage der Stück- oder Zeitlöhne[1]) nehmen die Gewerkvereine keine übereinstimmende Haltung ein. Wenn die Arbeiterorganisationen oft den Stücklohn bekämpfen, so darf in dieser Haltung nicht ohne weiteres, wie es von Unternehmerseite zuweilen dargestellt wird, ein Beweis dafür gefunden werden, daß die organisierten Arbeiter nur möglichst wenig arbeiten und das Gewerbe schädigen wollen. Die Arbeitsresultate sind eben nicht immer allein von dem Fleiße und der Tüchtigkeit des Arbeiters, sondern auch noch von anderen Umständen abhängig. So kommt nicht nur die Qualität des Materiales (bei Arbeitern der Kohlenbergwerke der Flötze) und der Werkzeuge in Frage, sondern auch die Abhängigkeit des einen Arbeiters von dem Vorgehen anderer Arbeiter. Ein vielbeklagter Übelstand der Stücklöhne besteht ferner in der Neigung der Unternehmerkreise zum Akkordreißen, d. h. zur allmählichen Herabsetzung der Tarife, wenn die Arbeiter, nach der Meinung der Arbeitgeber, zu viel verdienen.

Gegen solche Bestrebungen wird dann allerdings auch von seiten der Arbeiter mancherorts eine nicht zu billigende Taktik eingeschlagen, nämlich die Ca'canny-Politik,[2]) die Losung, möglichst viel Zeit bei der Arbeit zu vertrödeln.

Neuerdings wird in einzelnen Industrien der Versuch gemacht, die Vorteile beider Lohnsysteme durch Zeitprämiensysteme zu verbinden. Für die Arbeitsaufgabe wird eine auf grund längerer Beobachtungen berechnete Grundzeit eingeräumt. Die Arbeiter erhalten dann einen

[1]) Vgl. Bernhard, Die Akkordarbeit in Deutschland. Leipzig 1903; v. Zwiedineck-Südenhorst, Beiträge zur Lehre von den Lohnformen. Tübingen 1904.

[2]) v. Reiswitz, Ca'canny. Berlin 1902.

sicheren Stundenlohn für jede tatsächlich auf die Arbeit verbrauchte Arbeitsstunde als Grundlohn, aber für jede ersparte Stunde (Differenz zwischen der tatsächlich gebrauchten und der Grundzeit) wird dem Arbeiter eine Prämie in der Höhe eines fixen oder veränderlichen Bruchteiles des Stundenlohnsatzes zuerkannt.[1])

In England traten, nach Ermittlungen der Webbs, 1894 49 Vereine mit 573 000 Mitgliedern für Stücklöhne, 38 Vereine mit 290000 Mitgliedern für Zeitlöhne, 24 Vereine mit 140000 für beide Systeme ein. Im allgemeinen wird dort größerer Wert auf Stücklohn gelegt, wo durch technische Fortschritte die Zahl der einzelnen Arbeitsresultate, nach welchen der Lohn berechnet wird, eine Steigerung erfährt, wo also ohne Veränderung des Tarifs die Arbeiter eine Erhöhung ihres Einkommens erwarten dürfen. Da überall dort, wo Stücklöhne gezahlt werden, die Verdiensthöhe auch von der Tüchtigkeit des Arbeiters abhängt, beweist schon die weite Verbreitung dieses Systemes, wie wenig die Gewerkvereine den Vorwurf verdienen, daß sie für alle Arbeiter die gleichen Löhne herbeiführen wollten. Aber auch dort, wo Zeitlöhne bestehen, ist dies nicht einmal der Fall. Ähnlich wie die Forderungen des gesetzlichen Arbeiterschutzes, stellen auch die Gewerkvereinsregeln immer nur Minimalsätze dar. Es bleibt den Unternehmern unbenommen, besonders fähige Arbeiter entsprechend höher zu belohnen.

Da durch die Gesetzgebung die Arbeitszeit jugendlicher und weiblicher Personen in den meisten Staaten geregelt worden ist, so haben auch die männlichen erwachsenen Arbeiter eine Abkürzung der Arbeitszeit überall dort erfahren, wo der Betrieb mit einer so großen Zahl geschützter Personen arbeitet, daß deren Arbeitszeit überhaupt maßgebend wird. Das gilt besonders für die Textilindustrie. Die Fragen der Arbeitszeit geben deshalb vielen Gewerkvereinen weniger zu tun. Großes Interesse bringen sie dagegen den Überschreitungen des normalen Arbeitstages durch Überstunden entgegen.

In manchen Gewerben besteht der Mißbrauch, daß auch normalerweise Überzeit gearbeitet wird. Die Festsetzung einer regelmäßigen Arbeitszeit durch den Verein hat dann nur den Sinn, daß der Preis der Arbeitsleistung über diese Grenze hinaus erheblich steigt. Es tritt auf seiten der Arbeiter deshalb eine förmliche „Gier nach Überzeit" auf, und nur diese Mißstände sind es vor allem, welche einsichtige Vereinsleitungen zu bekämpfen suchen. Gegen gelegentliche, ausnahmsweise erfolgende Überarbeit sind die Vereine durchaus nicht eingenommen, nur wird für sie eine um 50 Prozent, bei Nacht- und Sonntagsarbeit

[1]) v. Zwiedineck a. a. O. S. 47—76.

auch um 100 Prozent höhere Entlohnung gefordert. Sie sagen sich mit Recht, daß dann, wenn sie in Zeiten dringender Aufträge die Überzeit verweigerten, die Unternehmer notwendigerweise neue Arbeitskräfte in den Beruf ziehen müßten, welche bei normalem Geschäftsgange eine Überfüllung des Arbeitsmarktes, also einen Druck auf die Löhne herbeiführen würden.

Um eine Überfüllung des Arbeitsmarktes hintanzuhalten, wird von manchen Vereinen ein Einfluß auf die Zahl der Lehrlinge auszuüben versucht in dem Sinne, daß etwa auf 7 Arbeiter nie mehr als 2 oder 3 Lehrlinge gehalten werden dürfen. Auch der Frauenarbeit stehen die Gewerkvereine nicht freundlich gegenüber. Teils halten sie an der konservativen Auffassung fest, daß der richtige Platz für die Frau das Haus sei, teils erblicken sie, und keineswegs mit Unrecht, in den Arbeiterinnen Lohndrücker. Manche Vereine haben deshalb ihren Mitgliedern verboten, mit Frauen zusammen zu arbeiten; andere wieder lassen Frauen zu und nehmen sie auch in ihre Vereine auf, wenn sie dieselben Lohnsätze verlangen. Das trifft z. B. für die Textilindustrie zu.

In neuerer Zeit haben sich ernste Konflikte zwischen den Vereinen und den Unternehmern namentlich wegen der Einführung neuer Maschinen und technischer Veränderungen ergeben.[1]) Die Unternehmer heben mit Recht hervor, daß sie im Interesse ihrer internationalen Konkurrenzfähigkeit diese Änderungen treffen müßten. Die Vereine wieder erblickten in diesen Maßregeln ein Mittel, um gelernte Arbeiter überflüssig zu machen. Sie machten deshalb ihre Zustimmung davon abhängig, daß an den neuen Maschinen gelernte Arbeiter beschäftigt, oder die Löhne erhöht, oder die Arbeitszeiten gekürzt würden. Wird man es den Arbeitern auch nicht verargen dürfen, wenn sie aus den technischen Fortschritten auch für sich Gewinn ziehen oder zum mindesten durch sie keine Nachteile erleiden wollen, so läßt sich doch nicht verkennen, daß hier durch die weltwirtschaftliche Konkurrenz dem Entgegenkommen der Unternehmer enge Schranken gezogen sind.[2]) Werden diese von den Vereinen überschritten, so ziehen sie sich Niederlagen zu und

[1]) Tille, Aus Englands Flegeljahren. 1901. S. 325 ff.; Sidney und Beatrice Webb, Die neueste Geschichte des Gewerkvereinswesens. S. P. S. E. XI. S. 589 ff. v. Brandt, Die Krisis in der englischen Industrie. Wolf's Zeitschrift für Sozialwissenschaft. V. S. 153—161, S. 334—340.

[2]) Um die englischen Gewerkvereinsführer über die in den Vereinigten Staaten üblichen Arbeitsmethoden durch eigene Anschauung zu unterrichten, wurde von A. Mosely eine gemeinsame Studienreise organisiert. Vgl. Reports of the Mosely Industrial Commission, Manchester 1903.

geben ihren Gegnern gefährliche Waffen in die Hand. In ähnlicher Weise wirken die Abgrenzungsstreitigkeiten, die in England ungefähr bei einem Viertel der Gewerkvereinswelt noch große Bedeutung besitzen. Die Vereine wollen nicht zugeben, daß Arbeiten, welche ihrer Ansicht nach in die Kompetenz ihrer Mitglieder fallen, von anderen Arbeitern, mögen diese Arbeiter organisiert oder nicht organisiert sein, verrichtet werden. Unter diesen aus der Zunftzeit herrührenden Anschauungen haben namentlich der Schiffsbau, ferner das Maschinenbau- und Baugewerbe viel zu leiden gehabt.

99. Erfolge und Grenzen der gewerkschaftlichen Wirksamkeit.

Über Zahl, Umfang und Resultate der Arbeitstreitigkeiten werden jetzt von den arbeitsstatistischen Behörden Mitteilungen gemacht. Nach der amtlichen, freilich noch nicht durchaus exakten deutschen Streik- und Aussperrungsstatistik ergab sich folgendes Resultat:[1])

	Beendete Ausstände	Zahl der gleichzeitig streikenden Arbeiter	Beendete Aussperrungen	Zahl der ausgesperrten Arbeiter
1899 . . .	1 288	99 338	23	5 298
1900 . . .	1 433	122 803	35	9 085
1901 . . .	1 056	55 262	35	5 414
1902 . . .	1 060	53 912	46	10 305
1903 . . .	1 374	85 603	70	25 273
1904 . . .	1 870	113 480	120	23 760

Es erzielten die

	Ausstände			Aussperrungen		
	vollen	teilweisen Erfolg	keinen	vollen	teilweisen Erfolg	keinen
	Prozent			Prozent		
1899 . . .	25,7	33,3	41,0	26,1	39,1	34,8
1900 . . .	19,2	35,2	45,6	37,1	48,6	14,3
1901 . . .	19,0	27,0	54,0	45,7	22,9	31,4
1902 . . .	21,51	22,17	56,32	65,22	15,22	19,56
1903 . . .	21,83	32,32	45,85	51,43	21,43	27,14
1904 . . .	24,0	36,8	39,2	36,7	27,5	35,8

Die Ergebnisse dieser Erhebungen zeigen — und diejenigen Englands und Österreichs führen zu ähnlichen Schlüssen[2]) —, daß die Unternehmer im allgemeinen erfolgreicher operieren als die Arbeiter. Sie greifen zwar nur selten zum Mittel der Aussperrung, erzielen

[1]) Reichs-Arbeitsblatt. III. S. 329—334.

[2]) Reichs-Arbeitsblatt. I. S. 918.

dann aber in 70—80 Prozent der Fälle vollen oder teilweisen Erfolg. Die Arbeiter dagegen lassen sich offenbar noch immer viel zu leicht zur Proklamation des Streiks fortreißen, tragen dann aber auch in ungefähr 40—50 Prozent der Fälle nur Mißerfolge davon.

Im übrigen darf man indessen nicht glauben, daß die Arbeitskämpfe mit der Entwicklung der Gewerkvereine im allgemeinen zunehmen. Während in England die Zahl der organisierten Arbeiter von 1 502 358 im Jahre 1892 auf 1 902 308 im Jahre 1903 gestiegen ist, betrug die Dauer der in nebenstehenden Jahren erfolgten Arbeitseinstellungen und der Aussperrungen durch die Unternehmer in Arbeitstagen:

1892	17 381 936	1898	15 289 478
1893	31 205 062	1899	2 516 416
1894	9 322 096	1900	3 152 694
1895	5 542 652	1901	4 112 287
1896	3 746 368	1902	3 479 235
1897	10 345 523	1903	2 316 392

Ist die Organisation beider Teile soweit fortgeschritten, daß ihre Vertreter in gemeinsamer Sitzung mit einander verhandeln, dann kann auch der Streit leichter und rascher geschlichtet werden; entweder im Wege der bloßen Verhandlung unter den unmittelbar Beteiligten (Negotiation, Conciliation), oder, wenn diese aus eigener Initiative zu einem Kompromiß nicht gelangen können, durch gütliche Vermittlung einer unbeteiligten Persönlichkeit (Mediation) oder endlich dadurch, daß die streitenden Teile sich wenigstens über eine Person einigen, deren Schiedsspruch für sie bindend sein soll (Arbitration).

In Industrien, die für den Weltmarkt arbeiten und deshalb eine Lohnerhöhung nicht ohne weiteres auf die Konkurrenten abwälzen können, in denen ferner zum vollen Verständnisse der schwebenden Streitigkeiten eine genaue Kenntnis der oft recht verwickelten technischen und wirtschaftlichen Einzelheiten gehört, haben Schiedsgerichte von seiten gewerbsfremder Personen weniger befriedigt und sind mehr und mehr durch das Einigungs- oder Vermittelungsverfahren verdrängt worden. Schiedssprüche durch gewerbskundige Personen fällen zu lassen, geht aber selten an, da sie in der Regel nicht für unparteiisch genug erachtet werden. Sobald die Schiedssprüche der Marktlage nicht vollkommen entsprechen, wird der Teil, der sich für geschädigt hält, bald neue Entscheidungen anstreben und dauernder Friede kann nicht erblühen.

Dagegen sind Schiedsgerichte in Gewerben beliebt, in denen der Zahlungsfähigkeit der Unternehmer eine feste Grenze nicht gezogen ist, und die einschlägigen Verhältnisse auch von gewerbsfremden Personen eher erfaßt werden können, z. B. im Verkehrswesen, in der Gasindustrie.

Durch diese Methoden werden nicht nur ausgebrochene Kämpfe beendigt, sondern es können durch sie auch Differenzen beigelegt werden, welche sonst zur Proklamierung eines Kampfes führen würden. So fanden z. B. 1901 in England 75 Prozent aller eingetretenen Lohnverschiebungen auf Grund von Sliding Scales, Entschließungen von Wages Boards und Verhandlungen von Conciliation Boards statt, während bloß 2 Prozent davon die Folge von Streiks oder Lockouts waren.[1])

Im Deutschen Reiche ist die friedliche Beilegung der Arbeitsstreitigkeiten am besten im Buchdruckgewerbe gesichert.[2]) Die Tarifgemeinschaft umfaßte Frühjahr 1904 4552 Firmen mit 41500 Gehilfen an 1382 Orten.[3]) Nach dem Vorbilde der Buchdrucker haben auch die Buchbinder zunächst wenigstens für Berlin, Leipzig und Stuttgart einen Deutschen Buchbindertarif mit örtlichen Schiedsgerichten und einem Tarifamt als oberste Instanz (Sitz Leipzig) zustande gebracht.[4])

---

[1]) S. P. S. C. XV. S. 17.

[2]) Im Januar 1904 richtete anläßlich des Crimmitschauer Streiks das paritätische Tarifamt der Buchdrucker an den Reichstag eine Eingabe, in der ausgeführt wurde: „Das Mitbestimmungsrecht über die Festsetzung der Lohn- und Arbeitsbedingungen ist im Deutschen Buchdruckgewerbe für Prinzipale und Gehilfen das gleiche; beide Parteien haben hierüber innerhalb des dafür bestimmten Parlamentes das Recht einer freien Diskussion und völlig gleiches Stimmrecht. Der beschlossene Tarif hat den Charakter eines freiwillig geschaffenen und darum nicht minder hoch gehaltenen Gesetzes, dem sich Prinzipale und Gehilfen, die den Tarif für sich als verbindlich anerkannt haben, gern und bestimmt unterordnen. Streitfälle über die Auslegung dieses tariflichen Gesetzes unterliegen der Rechtsprechung von Schiedsgerichten, die zu gleichen Teilen aus Prinzipalen und Gehilfen zusammengesetzt sind. Als Berufungsinstanz für diese Schiedsgerichte fungiert das Tarifamt der Deutschen Buchdrucker, das in derselben paritätischen Weise zusammengesetzt ist, wie alle Organe der Tarifgemeinschaft. Paritätische Arbeitsnachweise vermitteln nur zu den Bedingungen des Buchdruckertarifs. Die Stelle eines Arbeitsamts versieht das Tarifamt der Deutschen Buchdrucker. Von hier aus wird die von Prinzipals- und Gehilfenseite geübte Agitation für weitere Ausbildung des Lohngesetzes geleitet, wird die gesamte tarifliche Organisation in ihrer Zusammenarbeit überwacht und gefördert; von hier aus werden bei entstehenden Differenzen, soweit die Schlichtung derselben den Schiedsgerichten nicht obliegt, sofortige Vermittelungen mit den Parteien angebahnt, und zwar erfahrungsgemäß fast stets mit dem erwünschten Erfolge." Vgl. ferner Deutscher Buchdruckertarif nebst Kommentar, herausgegeben vom Tarifamt der Deutschen Buchdrucker. 1902.

[3]) v. d. Borght, a. a. O. S. 275.

[4]) Imle a. a. O. S. 98.

Beträchtliche Fortschritte in der angedeuteten Richtung haben einzelne Zweige des Holzbearbeitungs- und Baugewerbes, ferner die Töpfer, die Metallschläger u. a. m. aufzuweisen.[1])

Nachdem die Frage, welchen Einfluß die Verbesserung der Arbeitsbedingungen auf Leistungs- und Konkurrenzfähigkeit der Industrie ausübt, schon früher (S. 423 ff.) erörtert worden ist, kann sich die Kritik auf die Prüfung zweier Einwände beschränken. Der erste geht dahin, daß die Organisation nicht imstande ist, allen Arbeitern eine Verbesserung der Arbeitsbedingungen zu verschaffen. Der zweite Einwand betont, daß unter gewissen Umständen die Arbeitsstreitigkeiten viel zu schwere Gefahren für die Gesamtheit heraufbeschwören, als daß man deren freien Verlauf dulden könnte.

Es ist richtig, daß heute selbst in den fortgeschrittensten Ländern erst ein kleiner Bruchteil ($^1/_8$—$^1/_5$) der gesamten Arbeiterschaft auch nur einigermaßen leistungsfähige berufliche Organisationen entwickelt hat. Und wenn auch überall ein erfreuliches Wachstum vorhanden ist, so gibt es doch Arbeiterschichten, deren soziales Niveau viel zu tief liegt, als daß eine Erhebung aus eigener Kraft innerhalb absehbarer Zeiten erwartet werden könnte. Im übrigen bieten aber die politischen nationalen und konfessionellen Differenzen auch dort, wo es sich um die leichter organisierbaren gelernten Berufsarbeiter handelt, oft so große Schwierigkeiten dar, daß die Aktion der Arbeitervereinigungen gegenüber den geschlossenen Unternehmerkreisen äußerst geringe Aussichten auf wesentliche Erfolge besitzt.

Ferner scheiden erfahrungsgemäß nicht nur die kindlichen und jugendlichen Personen, sondern im Großen und Ganzen auch die erwachsenen weiblichen Personen aus dem Kreise derjenigen, denen durch Berufsorganisation geholfen werden kann, aus.

Noch enger als für den Kampf um bessere Arbeitsbedingungen muß das Feld, welches der auf Selbsthilfe beruhenden Arbeiterversicherung offensteht, abgesteckt werden. Wie früher gezeigt wurde, ist ja nur eine kleine Minderheit der überhaupt organisierten Arbeiter zu einem genügenden Ausbau der Versicherungseinrichtungen durchgedrungen.

Endlich haben sich einzelne Riesenbetriebe herausgebildet, denen es gelungen ist, teils durch Wohlfahrtseinrichtungen, wie Unterstützungskassen und Arbeiterwohnungen, teils durch andere Maßregeln, eine so weitgehende Abhängigkeit ihrer Arbeiter herbeizuführen, daß bei ihnen

---

[1]) Vgl. Imle a. a. O. und Reichs-Arbeitsblatt. II. S. 121—143, 706 bis 715.

eine selbständige Interessenvertretung der Arbeiter so gut wie ausgeschlossen erscheint. Und wo es sich selbst nicht um einzelne Riesenbetriebe wie die Firmen Krupp oder Stumm handelt, wird doch durch die Kartellbildung die Position der Unternehmer den Arbeitern gegenüber derart befestigt, daß aller Widerstand vergebens zu sein scheint. Überdies sind erfolggekrönte Bestrebungen vorhanden, sogar alle Arbeitgeberverbände noch in einer höheren Organisation zusammenzufassen, „zur Abwehr unberechtigter Ansprüche der Arbeiter und ihrer Organisationen.“ [1])

Ebensowenig wie dem ersten kann dem zweiten Einwande eine große Bedeutung abgesprochen werden.

Eine einfache Beobachtung lehrt, daß Arbeitsstreitigkeiten in verschiedenen Gewerben die öffentliche Wohlfahrt auch in sehr verschiedenem Maße berühren.

Denken wir an eine Arbeitseinstellung in der Zigarrenindustrie, in der Textilindustrie, in der Holzindustrie usw., so wird außer den von dem Streik betroffenen Arbeitgebern wohl niemand, selbst wenn der Konflikt auf ein weites Gebiet sich ausdehnt, ernsthaft von einer Gefährdung öffentlicher Interessen sprechen. Anders ist aber die Lage zu beurteilen, wenn infolge eines Streikes im Kohlenbergbau die Versorgung der Industrie, der Eisenbahnen und Dampfschiffe mit der notwendigen Kohle gestört wird oder durch eine Arbeitseinstellung der Arbeiter in den Nahrungsgewerben eine Stadt ohne Lebensmittel bleibt. Ebenso bedenklich können sich die Verhältnisse infolge einer Arbeitsstockung in den Verkehrsgewerben gestalten.

Einen schüchternen Versuch, dem Unterschiede gerecht zu werden, der zwischen Arbeitsstreitigkeiten in verschiedenen Gewerben besteht, macht die Koalitionsgesetzgebung Englands. Nach dem Conspiracy and Protection of Property-Act von 1875 [2]) unterliegt derjenige, welcher den Arbeitsvertrag vorsätzlich und in böser Absicht bricht, in bestimmten Fällen einer Strafe bis zu 20 Lstr. oder einer Gefängnisstrafe für die Dauer von nicht mehr als drei Monaten, mit oder ohne Zwangsarbeit. Sie tritt ein, wenn jemand, der sich im Dienst einer Person befindet, welche die Verpflichtung übernommen hat, eine Ortschaft mit Gas oder Wasser zu versorgen, den Dienstvertrag in böswilliger Weise bricht, obwohl er annehmen konnte, daß dadurch dieser Gas- oder Wasserbezug wahrscheinlich ganz oder zum Teil unterbrochen würde, ferner, wenn durch den Vertragsbruch Menschenleben, körper-

[1]) Siehe Bueck, Die Organisation der Arbeitgeber, Berlin 1904.

[2]) Deutscher Text des Gesetzes im Reichs-Arbeitsblatt. III. S. 245.

liche Sicherheit oder fremdes Eigentum in die Gefahr der Zerstörung oder ernstlichen Schadens gebracht wird.

Diese besonderen Bestimmungen treffen aber lediglich den Bruch des Arbeitsvertrages, nicht die Arbeitseinstellung als solche. Es bleibt auch in England möglich, daß durch eine Arbeitseinstellung der Gasarbeiter, der Verkehrsbediensteten usw., wenn nur eine ordnungsmäßige Kündigung stattgefunden hat, öffentliche Interessen in legalster Weise schweren Gefahren preisgegeben werden.

Weiter geht die Novelle des niederländischen Strafgesetzes vom 11. April 1903 mit folgenden Bestimmungen[1]): Art. 358bis. Ein Beamter oder ein im öffentlichen Eisenbahnverkehr dauernd oder zeitweise Angestellter, welcher nicht zum Beamtenpersonal gehört, auch ein solcher, der nur auf einer Eisenbahn von beschränkter Schnelligkeit angestellt ist, der die Absicht kundgibt, im öffentlichen Dienst oder öffentlichen Eisenbahnverkehr Hemmungen zu veranlassen oder bestehen zu lassen, auf rechtmäßig gegebene Befehle sich weigert, Arbeiten zu verrichten, zu denen er sich kraft seiner Dienststellung ausdrücklich verpflichtet hat, wird mit Gefängnis bis zu 6 Monaten oder Geldstrafe bis zu 300 Gulden bestraft. Art. 358ter. Wenn zwei oder mehrere Personen sich vorgenannten Vergehens im Komplotte schuldig machen, oder wenn jemand sich als Führer oder Anstifter dieses Komplottes schuldig macht, tritt Gefängnis bis zu zwei Jahren ein. Art. 358quater. Wenn die unter 358bis bezeichnete Absicht erreicht wird, tritt Gefängnis bis zu 1 Jahr, und wenn die unter 358ter bezeichnete Absicht erreicht wird, tritt Gefängnis bis zu vier Jahren ein." Ähnliche Bestimmungen enthält das im April 1905 angenommene Gesetz über die Verstaatlichung der italienischen Bahnen.[2])

Ein in Spanien[3]) dem Senate unterbreiteter Gesetzentwurf will Streiks als ungesetzlich erklären, wenn bei ihrer Durchführung mit Gewalt vorgegangen wird oder wenn irgend ein Zwang ausgeübt wird, zu dem Zwecke, das wirtschaftliche Leben eines oder mehrerer Orte zu unterbinden, ferner auch wenn der Streik eine Unterbrechung eines notwendigen öffentlichen Dienstes zur Folge hat oder wenn dadurch eine schwere Erschütterung der Industrie eines Landesteiles verursacht wird, oder wenn die freiwillige Unterbrechung der Arbeit Gefahren für das menschliche Leben oder den Verlust von Ladungen, Überschwemmungen von Bergwerken oder sonstigen unwiderbringlichen Schaden am Eigentum im Gefolge hat.

---

[1]) Reichs-Arbeitsblatt. I. S. 214.
[2]) S. P. S. C. XIV. S. 758. [3]) S. P. S. C. XIII. S. 194.

Es ist klar, daß hier die öffentlichen Interessen in so ausgedehnter Weise zu wahren versucht werden, daß von einer Koalitionsfreiheit fast nichts mehr übrig bleibt. Im übrigen läßt sich aber nicht in Abrede stellen, daß durch Streiks, auch wenn sie ohne Vertragsbruch und Gewalttätigkeiten erfolgen, schwere Mißstände herbeigeführt werden können, gegen die allein aus dem Prinzip der freien Berufsorganisation heraus keine Abhilfe gefunden werden kann.

Aus all den angeführten Gründen tritt deshalb auch für den Staat die Notwendigkeit auf, von sich aus die Wirksamkeit der beruflichen Verbände nach den verschiedensten Richtungen hin zu ergänzen und, wo sie im öffentlichen Interesse überhaupt nicht zulässig erscheint, vollen Ersatz zu bieten.

Viertes Kapitel.

Das Arbeitsverhältnis unter dem Einflusse des Staates.

A. Der Staat als Arbeitgeber.

100. Der Staat als unmittelbarer Arbeitgeber.[1])

Wie die an der Wirksamkeit der Gewerkschaften geübte Kritik ergeben hat, sind die beruflichen Organisationen tatsächlich weder allen Arbeiterschichten gleich zugänglich, noch können ihre Kampfesmittel ohne schwere Bedrohungen der öffentlichen Wohlfahrt überall zur Anwendung kommen. So tritt an den Staat die Aufgabe heran, über die zivilrechtlichen Normen hinaus, durch öffentlich-rechtliche Vorschriften ordnend und bessernd in die Arbeitsverhältnisse einzugreifen. Bei der Erörterung dieser Staatsaufgaben kann aber nicht übersehen werden, daß der Staat nicht nur kraft seiner obrigkeitlichen Gewalt, sondern auch unmittelbar als Arbeitgeber zu wirken vermag, da er unter Umständen in seinen Bergwerken, Salinen, Druckereien, Monopolfabriken, Arsenalen, Eisenbahnen und Posten Hunderttausende von Arbeitern beschäftigt. Wie in den nun längst überwundenen Zeiten der bäuer-

[1]) Vgl. v. Massow, Die sozialen Aufgaben des Staates als Arbeitgeber. Referat auf dem VI. Evang.-soz. Kongresse (5. u. 6. Juni 1895 zu Erfurt). Verhandlungsbericht, Berlin 1895, S. 45—79.

lichen Hörigkeit die Fürsten als Gutsherren auf ihren eigenen Domänen schon manche Reform zur Verbesserung der bäuerlichen Besitz- und Standesverhältnisse durchgeführt hatten, ehe sie es unternahmen, auch den privaten Gutsherren eine Ablösung oder Regulierung der bäuerlichen Verpflichtungen vorzuschreiben, so hätte auch der moderne Staat — sollte man glauben — erst die Verhältnisse seiner eigenen Arbeiter verbessern müssen, ehe er Schutz und Fürsorge auf die Arbeitsverhältnisse privater Arbeitgeber erstreckte.[1])

In Wirklichkeit ist der Gang der Dinge ein anderer gewesen. Nur zu oft hat der Staat seinen eigenen Arbeitern versagt, was er, wie z. B. die Koalitionsfreiheit oder die Fabrikinspektion, den Arbeitern der privaten Arbeitgeber gewährte. Erst in neuester Zeit ist die Überzeugung durchgedrungen, daß der Staat auch als Arbeitgeber vorbildlich zu wirken haben, daß die staatlichen Betriebe, um mit den Worten Kaiser Wilhelms II. vom 4. Februar 1890 zu sprechen, zu Musteranstalten der Arbeiterfürsorge zu entwickeln seien.

Einmal waren es fiskalische Bedenken, welche dieser Forderung entgegentraten. Es erschien unzulässig, auf Kosten der Gesamtheit der Steuerträger, also auch der ganzen Arbeiterklasse, die Staatsarbeiter günstiger zu stellen, als es der allgemeinen Lage entsprach. Sodann wollten aber namentlich auch die Unternehmerkreise nichts davon hören, daß ihnen der Staat, der sich in der Regel einer konkurrenzlosen Stellung erfreut, auf dem Arbeitsmarkte durch seine günstigeren Arbeitsbedingungen Schwierigkeiten bereite. Während man aus derartigen Erwägungen ökonomische Begünstigungen der Staatsarbeiter bekämpfte, hatte man aber wenig einzuwenden, wenn der Staat glaubte, von seinen Arbeitern, im Interesse seiner Funktionen und seiner Autorität, eine militärischen Verhältnissen entsprechende Subordination und Disziplin fordern zu dürfen.

Mit der Zunahme der sozialpolitischen Einsicht und der höheren Geltung der Arbeiterinteressen im öffentlichen Leben überhaupt haben diese Anschauungen schon mancherlei Veränderungen erfahren.

Mögen auch mit der Besserstellung der Staatsarbeiter höhere Ausgaben verknüpft sein, so erscheinen doch vielen Sozialpolitikern

---

[1]) Einen Nachklang dieser älteren Auffassung findet man in der preuß. Verordnung, betr. die bei dem Bau von Eisenbahnen des Staates beschäftigten Handarbeiter, vom 21. Dez. 1846, welche noch heute mustergiltige Vorschriften über Lohnabrechnungen, Abschlagszahlungen, Bauaufsicht, Arbeitervertretung, Beschwerderecht der Arbeiter bei willkürlicher Ausschließung von der Arbeit usw. enthält. Vgl. Flesch, A. f. s. G. XVIII. S. 446.

diese Opfer als gering im Vergleiche zu den großen Segnungen, welche durch ein vorbildliches Verhalten des Staates nicht nur für die unmittelbar betroffenen Arbeiter, sondern für die fortschreitende Entwicklung der sozialen Verhältnisse überhaupt herbeigeführt werden. Ebensowenig darf die Rücksichtnahme auf Unternehmerinteressen den Staat davon abhalten, ein musterhafter Arbeitgeber zu sein. Sollten dadurch wirklich an einzelnen Plätzen oder in einzelnen Wirtschaftszweigen private Arbeitgeber gezwungen werden, entweder die gleichen Verbesserungen einzuführen oder ihre Betriebe aufzulösen, so würde diese Folge, vom Standpunkte des Ganzen aus beurteilt, kaum zu beklagen sein. Würden dann doch nur Betriebe mit geringer von solchen mit größerer sozialer Leistungsfähigkeit verdrängt werden. Diese Eventualität besitzt aber keinen hohen Grad von Wahrscheinlichkeit. Nach den auf S. 423 ff. dargelegten Erfahrungen ist weit eher anzunehmen, daß die Fortschritte, zu denen die privaten Betriebe infolge des Wettbewerbes der Staatsbetriebe auf dem Arbeitsmarkte vielleicht gedrängt werden, auch in wirtschaftlicher Hinsicht Nutzen stiften. Insofern müssen die privaten Unternehmer dem Staate sogar dankbar sein, wenn er das Risiko übernimmt, in bezug auf Abkürzungen der Arbeitszeit, Lohnmethoden, Arbeitervertretungen usw. kostbare Erfahrungen zu sammeln, die schließlich der ganzen Industrie zu statten kommen.

Immerhin wird der Staat bei der Lösung der Arbeiterfrage in seinen eigenen Betrieben sich nicht allzuweit von den Privatbetrieben entfernen dürfen. Sonst drängen sich weit mehr Arbeiter an die Staatsbetriebe heran, als diese beschäftigen können. Theoretisch wäre es ja denkbar, daß der Staat dann die allerbesten Kräfte für sich auswählte und so zu besonderer Leistungsfähigkeit fortschritte. Es kann aus solchen Zuständen aber auch leicht eine korrumpierende Protektions- und Kliquenwirtschaft erwachsen. Insofern können noch heute sehr wohl Meinungsverschiedenheiten über die praktische Anwendung bestehen, welche das an und für sich nicht bekämpfte Prinzip der vorbildlichen Wirksamkeit des Staates finden soll.

Immerhin steht heute nicht dieses Problem, sondern die Stellungnahme des Staates zum Koalitions- und Organisationsrechte seiner Arbeiter im Mittelpunkte der Kontroverse. Gerade wenn der Staat seinen Arbeitern gegenüber nicht mehr als Fiskus, sondern als oberster Schutzherr des sozialen Fortschrittes auftritt, erscheint ein Streik gegenüber dem Staate, eine im Kampfe möglicherweise herbeigeführte Unterwerfung einer Staatsbehörde unter eine Arbeiterorganisation, mit dem Ansehen und der Würde des Staates unvereinbar. Auch würde der

Staat bei einem Streik gegen den Staat zu einer mißlichen Doppelrolle gedrängt werden. Als Arbeitgeber wäre er Partei, als Obrigkeit müßte er aber auch die Rechtsordnung gegen Ausschreitungen der Streiker schützen. Deshalb erscheint es richtiger, einerseits den Streik gegen den Staat zwar nicht zuzulassen, aber andererseits auch alles aufzubieten, um den Staatsarbeitern mindestens diejenige Lage zu garantieren, die sie sich mittels des Koalitionsrechtes event. aus eigener Kraft erstreiten könnten. Und gerade weil man davon überzeugt ist, daß der Staat dieses Ziel erreichen kann, tritt man auch häufig für die Verstaatlichung derjenigen Wirtschaftszweige ein, an deren unterbrechungslosem Betriebe — man denke an Kohlenbergwerke und Verkehrsanstalten — ein besonders dringendes Interesse der Öffentlichkeit besteht. Insofern wird auch die Sonderstellung, welche der Staat als Arbeitgeber für sich verlangt, nur selten angegriffen, aber die Sozialpolitiker finden, daß der Staat mit dem Koalitionsrecht noch nicht das berufliche Organisationsrecht aufzuheben braucht, und daß er auch noch nicht entfernt alle Konsequenzen gezogen hat, die sich zu Gunsten seiner Arbeiter aus der Versagung der Koalition ergeben.

Selbst wenn in den Staatsbetrieben liberal organisierte Arbeitervertretungen[1]) vorhanden sind, welche den freien und friedlichen Ausdruck der Wünsche und Beschwerden der Arbeiter gegenüber den unmittelbar vorgesetzten Instanzen ermöglichen, so wird unter den Arbeitern der gleichen Dienstzweige doch immer noch ein lebhaftes Bedürfnis nach freien Berufsvereinen übrig bleiben. Gibt es doch wesentliche Interessen, die allen Arbeitern des Dienstzweiges im ganzen Lande gemeinsam sind, Interessen, die eine planmäßige Beeinflussung der öffentlichen Meinung, eine Vertretung bei den obersten Faktoren des Staatslebens zur Notwendigkeit machen können. Deshalb muß es den Arbeitern der Staatsbetriebe auch gestattet sein, Vereine ins Leben zu rufen, in denen sie frei und ungehindert ihre Berufsinteressen erörtern können.

In der Tat machen auch streng autoritär gerichtete Staatsbehörden gar nicht den Versuch, das Vereinsleben ihrer Angestellten und Arbeiter ganz zu unterdrücken. Aber sie suchen auf diese Vereine

[1]) Arbeiterausschüsse bestehen seit 1889 auf den Steinkohlengruben des preuß. Staates, auf dem anhaltischen Salzwerk Leopoldshall, seit 1891 in den militärfiskalischen Werkstätten, auf den Werften des Reichs-Marine-Amtes und in den Kaiserl. Torpedowerken und seit 1892 in den Werkstätten der preußischen Staatseisenbahnen. Vgl. Albrecht, Die soziale Wohlfahrtspflege in Deutschland. Berlin 1902. 2 Teile.

einen maßgebenden Einfluß auszuüben, z. B. dadurch, daß der Vorstand entweder zum Teil aus höheren Beamten oder wenigstens aus besonderen Vertrauensmännern der oberen Behörden gebildet wird. Es kommt aber auch vor, daß die dienstliche Abhängigkeit der Vereinsfunktionäre dazu verwertet wird, um eine den Vorgesetzten genehme Haltung der Vereine zu sichern. Solches Vorgehen, das an stelle einer unabhängigen Vertretung der Berufsinteressen den bloßen Schein einer solchen zu setzen strebt, bringt einen falschen Ton in die Beziehungen zwischen Arbeiter und Vorgesetzten und muß schließlich durch seine Heuchelei mehr erbittern, als wenn offen und ehrlich von den Staatsbehörden nur solche Vereine der Angestellten und Arbeiter geduldet werden, die sich ausschließlich auf rein gesellige und humanitäre Zwecke beschränken.

Während sich nun in der gedachten Richtung die Verhältnisse allmählich bessern,[1]) besteht noch immer geringe Neigung, den Arbeitern als Ersatz für die Verweigerung des Koalitionsrechtes eine beamtenähnliche Stellung einzuräumen, d. h. für diejenigen Arbeiter, welche eine gewisse Probezeit zur Zufriedenheit absolviert haben und für welche die äußere Möglichkeit einer ständigen Beschäftigung besteht, eine Stabilisierung ihres Arbeitsverhältnisses herbeizuführen.[2]) Sie könnten nur dann entlassen werden, wenn sie durch ein unparteiisches Disziplinar-

---

[1]) Daß aber auch heute noch hie und da die Abhängigkeit der Arbeiter der Staatsbetriebe benutzt wird, um nicht nur ihre Organisationsfreiheit, sondern auch die freie Ausübung der politischen Rechte zu unterdrücken, hat der Prozeß Hilger-Krämer im Juni 1904 über die Zustände im Bereiche der Kgl. Bergwerksdirektion in Saarbrücken erkennen lassen. Vgl. die Broschüre „Saarabien vor Gericht“ und S. P. S. C. XIII. S. 1023. Ebenso scharf zu verurteilen ist es, wenn z. B. ein Minister erklärt, es sei im allgemeinen erwünscht, daß der Warenbezug seitens der Bediensteten der Staatseisenbahnverwaltung möglichst überall durch Vermittlung des Klein- und Zwischenhandels vor sich geht“, wenn also die Teilnahme an Konsumvereinen beeinträchtigt wird. Vgl. Schriften der Gesellschaft für soziale Reform. Heft 16. S. 133.

[2]) Vgl. besonders v. Zwiedineck-Südenhorst, Lohnpolitik und Lohntheorie. Leipzig 1900. S. 294—299; Derselbe, Das sogenannte Arbeiterbeamtentum und die nächsten Ziele in der Umgestaltung des staatlichen und kommunalen Arbeitslohnverhältnisses. J. f. G. V. XXVII. S. 1309—1338; Derselbe, Beiträge zur Lehre von den Lohnformen. Tübingen 1904. S. 77—114. Klien, Minimallohn und Arbeiterbeamtentum. Jena 1902. Über die Gründe, aus welchen den im Dienste der schweizerischen Bundesverwaltung befindlichen Arbeitern, insbesondere denjenigen der Militärverwaltung die Stabilisierung der Anstellungsverhältnisse versagt wurde, vgl. Bericht des Bundesrates vom 28. April 1899 und die Kritik desselben in den Monatsblättern des Schweiz. Arbeitersekretariates. I. Nr. S. 17 bis 21, 26—28, 35—38.

verfahren einer groben Dienstverletzung überwiesen würden. Ihr Einkommensbezug müßte ihre Existenz vollkommen sicher stellen und würde bei kleineren unverschuldeten Unterbrechungen des Dienstes, z. B. durch Feiertage, Krankheit oder militärische Übungen, keine Minderung erfahren, er würde auch von der allgemeinen wirtschaftlichen Konjunktur unberührt bleiben und mit der Dauer der Dienstzeit, auch ohne Aufrücken in eine höhere Stellung, auf bestimmte Stufen aufsteigen. Dazu käme noch der Anspruch auf ausreichende Invaliden- und Alterspensionen und die Gewährung bestimmter Urlaubszeiten. Diese Gestaltung der Dinge wäre auch dort möglich, wo, wie z. B. in dem Werkstättenbetriebe, die Bemessung des Einkommens ganz oder teilweise nach den Prinzipien der Stücklöhne erfolgen würde.[1]) Der Staat könnte zu dieser Stabilisierung umso leichter die Hand bieten, als seine Betriebe einen seltenen Grad der Kontinuität aufweisen und eine beamtenähnliche, materiell befriedigende Stellung auf die Entwicklung eines höheren beruflichen Pflichtbewußtseins und auf die Qualität der Dienstleistungen vorteilhaft einwirken müßte.

Interessante Reformen der geschilderten Art sind in Österreich im Bereiche der Staats-Eisenbahn- und Finanzverwaltung (Salzbergwerke, Salinen, Tabakfabriken, Münzamt, Staatsdruckerei) eingeführt worden.[2]) Die Gr. Bad. Staatseisenbahnen haben die Verhältnisse des Bahnhofs- und Zugbegleitungspersonals sowie der Bediensteten des Abfertigungs- und Zugförderungsdienstes stabilisiert. Dagegen bestehen noch Bedenken, diese Reformen auf die Werkstätten- und Maschinenhausarbeiter, auf die Güterbegleiter und Bremser auszudehnen.[3]) Andere Staaten[4]) haben

---

[1]) v. Zwiedineck, Beiträge. S. 109 ff.

[2]) Vgl. außer den genannten Schriften v. Zwiedinecks Rob. Mayer, Arbeitsverhältnisse und Arbeiterfürsorge in den öffentlichen Betrieben Österreichs. (Soziale Verwaltung in Österreich. I. Bd. Heft IV. Wien 1900); Die Lohnarbeiter der k. u. k. Kriegsmarine. Heft 1 der Mitteilungen des arbeitsstatistischen Amtes, 1900; Die Arbeitsverhältnisse im Lloyd-Arsenale und Stabilimento tecnico Triestino. Heft 2 der Mitteilungen, 1902; Die Wohlfahrtseinrichtungen der Arbeitgeber. I. Die Wohlfahrtseinrichtungen der Eisenbahnen. 2. Heft. Die k.k. Staatsbahnen. 1903.

[3]) Über die soziale Lage der Eisenbahner in Preußen unterrichtet W. Zimmermann, S. d. V. f. S. XCIX. S. 1—279; eine vom Verein für Sozialpolitik beabsichtigte eingehende Untersuchung über die Arbeits- und Lohnverhältnisse der Angestellten und Arbeiter der deutschen Staatsbahnen mußte aufgegeben werden, da vom preußischen Eisenbahnministerium eine Unterstützung und Mitwirkung ohne Angabe von Gründen verweigert wurde. Bayern, Sachsen und Baden folgten diesem Beispiele teils mit, teils ohne Begründung. Vgl. v. Berlepsch a. a. O. S. IX. Interessante Vergleiche in Bezug auf die Lage des deutschen und schweizerischen Eisenbahnpersonales zieht V. E. Scherer, Die soziale Lage der deutschen

mehr durch Einführung des Achtstundentages (Nordamerika, England, Frankreich), durch günstigere Gestaltung der Löhne oder Errichtung von Arbeiterwohnungen (Preußen) eine fortschreitende Verbesserung anzubahnen versucht. Im übrigen hält man auch dort, wo den Arbeitern eine rechtlich begründete feste Anstellung versagt wird, doch in der Praxis an dem Grundsatze fest, den Arbeiter bei einwandsfreier dienstlicher Führung soweit als irgend möglich vor Entlassung zu bewahren.

101. Der Staat als mittelbarer Arbeitgeber.[1])

So beträchtlich der Umfang der in eigener Regie vom Staate ausgeführten Arbeiten sein mag, so werden doch überall zahlreiche Lieferungen an private Unternehmer übertragen. Während ursprünglich nur eine möglichst billige Ausführung dieser Aufträge durch Anwendung des Submissionsverfahrens erstrebt wurde, hat man in neuerer Zeit, und zwar aus verschiedenen Parteilagern heraus, die Forderung aufgestellt, daß der Staat auch auf diesem Gebiete in Harmonie mit den allgemeinen Zielen seiner Wirtschafts- und Sozialpolitik vorzugehen habe. So wurde z. B. in manchen Ländern bei der Vergebung von Lieferungen eine Bevorzugung landwirtschaftlicher oder gewerblicher Genossenschaften im Interesse der Agrar- oder Mittelstandspolitik angestrebt und durchgesetzt. Oder es wurden Änderungen im Submissionsverfahren zu Gunsten kleingewerblicher Produzenten vorgenommen. Unter diesen Umständen war es nicht mehr als ein Akt der Gerechtigkeit, wenn sich der Staat schließlich auch zur Rücksichtnahme auf Arbeiterinteressen be-

Eisenbahnbediensteten. Schweiz. Blätter für Wirtschafts- und Sozialpolitik. XIII. S. 137—155, 161—182.

Im Beamtenverhältnis stehen in	Sachsen . . .	36,9	Prozent des Gesamtpersonales
„ „ „ „	Preußen . .	38,4	„ „ „
„ „ „ „	Württemberg	46,4	„ „ „
„ „ „ „	Bayern . . .	55,8	„ „ „
„ „ „ „	Schweiz . . .	59,7	„ „ „

Auch hinsichtlich der Lohnhöhe, Dauer der Arbeitszeit, Erholungsurlaub und Bewegungsfreiheit außerhalb des Dienstes steht das Personal der Schweiz. Bundesbahnen erheblich günstiger da.

[4]) Vgl. Reichs-Arbeitsblatt. I. S. 32, 33; II. S. 143, 146, 424; III. S. 401.

[1]) Vgl. v. Zwiedineck-Südenhorst, Lohnpolitik und Lohntheorie. Leipzig 1900. S. 238—307; Der Arbeiterschutz bei Vergebung öffentlicher Arbeiten und Lieferungen. Bericht des k. k. arbeitsstatistischen Amtes über die auf diesem Gebiete in den europäischen und überseeischen Industriestaaten unternommenen Versuche und bestehenden Vorschriften. Wien 1900.

stimmen ließ. Außerdem wäre es inkonsequent gewesen, wenn sich der Staat nur dort, wo er als unmittelbarer Arbeitgeber auftrat, um die Verbesserung der Arbeitsverhältnisse bemüht hätte. Schon aus der Möglichkeit, die Arbeitsverhältnisse bei der Vergebung öffentlicher Arbeiten zu beeinflussen, ergab sich deshalb auch die Pflicht dazu.

Die mildeste Form besteht darin, daß von den Lieferanten, die sich um öffentliche Aufträge bemühen, Angaben über die Arbeitsverhältnisse (Lohnhöhe, Länge der Arbeitszeit, hygienische Vorkehrungen usw.) verlangt werden. Die Behörde kann dann von Angeboten, deren Niedrigkeit etwa durch ungünstige Arbeitsverhältnisse bedingt wird, keinen Gebrauch machen oder denjenigen Unternehmer bevorzugen, der die besten Löhne überhaupt oder wenigstens im Vergleiche zu seinen Preisforderungen bezahlt.

Weiter geht schon die Vorschrift, bei der Ausführung gewisse Minimalbedingungen einzuhalten oder die ortsüblichen oder gar die von den Arbeiter- und Unternehmerorganisationen vereinbarten Arbeitsbedingungen zu gewähren. Letztere Bedingung setzt entwickelte Tarifgemeinschaften voraus, die bis jetzt erst in England so zahlreich sind, daß sie den praktischen Bedürfnissen der Verwaltung im allgemeinen genügen. Im Deutschen Reiche sind die Verhältnisse nur im Gewerbe der Buchdrucker so wohl geordnet, daß die Behörden bei der Vergebung ihrer Druckerei-Aufträge einfach die Einhaltung des Tarifs verlangen können. Dabei frägt es sich, ob der Staat nur Firmen berücksichtigen soll, die überhaupt Mitglieder der Tarifgemeinschaft sind, oder ob er auch an außerhalb stehende Unternehmer Aufträge erteilen darf, wenn sie nur versprechen, diese staatlichen Arbeiten zum Verbandstarife zu entlohnen. An und für sich erscheint die ausschließliche Berücksichtigung der Verbandsfirmen als das richtigere. Wenn der Staat einmal die Anerkennung des Verbandstarifes fordert, so ist es nur konsequent, wenn er auch die Grundlage des Tarifes, eben den Verband selbst dadurch fördert, daß er nur mit Mitgliedern des Verbandes in Beziehungen tritt. Wenn trotzdem manche Behörden davor zurückschrecken, sich förmlich zur ausschließlichen Berücksichtigung der Verbandsfirmen zu verpflichten, so spielt dabei die Befürchtung eine gewisse Rolle, dann durch Ringbildungen unter den Verbandsfirmen des Platzes geschädigt zu werden. Im übrigen ist natürlich auch vom Standpunkte der Kontrolle aus die Beschränkung auf Verbandsfirmen zu empfehlen. Bei Nicht-Verbandsfirmen kann unter Umständen die Feststellung, ob die Staatsaufträge tarifgemäß entlohnt worden sind, große Schwierigkeiten bereiten.

Da selbst bei voll entwickelter Tarifgemeinschaft die absolute Höhe der Lohnsätze doch nicht im ganzen Lande dieselbe ist, so können auch die Verbandsfirmen in Bezirken mit niedrigeren Löhnen andere Bewerber unterbieten. Wollten sich die Staatsbehörden dabei strikte an die Berücksichtigung der im übrigen billigsten Angebote halten, so müßten die Bestellungen ausschließlich den Gebieten absolut geringerer Löhne zufallen. In England würde dann z. B. der Bau der Kriegsschiffe ganz auf die Werften am Clyde beschränkt bleiben, während diejenigen an der Themse leer ausgingen. Um derartige Folgen zu vermeiden, muß die Bindung an die niedrigsten Angebote fallen gelassen und der Behörde eine billige Berücksichtigung der verschiedenen Produktionsgebiete möglich gemacht werden.

Werden Minimallöhne vorgeschrieben, so besteht auf seiten der Unternehmer das Interesse, für die Staatsaufträge nur vollkommen leistungsfähige Arbeitskräfte zu verwenden, Leute, welche den betreffenden Minimallohn auch wirklich verdienen können. Um diese Zurücksetzung älterer oder schwächerer Arbeiter (in Frankreich und Belgien demi-ouvriers genannt) zu vermeiden, werden häufig Ausnahmen zu ihren Gunsten vorgesehen. Wo die ausländischen Arbeiter einen erheblichen Bruchteil der Arbeiterklasse bilden, wird hie und da die Bedingung gestellt, ausschließlich einheimische Arbeiter zu beschäftigen oder bei der Aufnahme ausländischer Arbeiter einen bestimmten Prozentsatz nicht zu übersteigen. Auch die Gewährung bestimmter Ruhetage und die Versicherung der Arbeiter kommen als Bedingungen vor.

Schließlich müssen auch die Nachteile präzisiert werden, welche den Unternehmer treffen, der sich gegen die sozialpolitischen Bedingungen des Lieferungsvertrages vergeht. Manche Verwaltungen entziehen dann solchen Firmen ihre Aufträge entweder überhaupt oder für eine bestimmte Zeit. Andere erheben Konventionalstrafen und verlangen die Nachzahlung der Beträge, welche den Arbeitern vorenthalten wurden. Haben Unternehmer die Ausführung an Subunternehmer vergeben, so haften sie doch selbst für die Einhaltung der vorgeschriebenen Arbeitsbedingungen.

Die skizzierte Berücksichtigung der Arbeiterinteressen bei der Vergebung von öffentlichen Arbeiten hat sich zuerst in Nord-Amerika und in den westeuropäischen Staaten ausgebildet. In England beginnen die „fair-wages"-Klauseln seit Mitte der 80er Jahre, in Belgien, Genf, Basel-Stadt in der zweiten Hälfte, in Holland Ende der 90er Jahre. In Frankreich, wo ursprünglich eine Verordnung vom 14. November 1837 den Lohnklauseln im Wege stand, wurde durch besondere Dekrete vom Jahre 1899 für die Staatsbehörden der Zwang, für die Selbstverwaltungskörper nur die Befugnis zur Aufnahme von Arbeitsbedingungen ausgesprochen. Einzelne deutsche Staaten haben Ende der 90er Jahre begonnen, Drucksachen nur an Firmen zu vergeben, welche den deutschen Buchdruckertarif schriftlich anerkannt haben. Im übrigen suchten sie schon seit längerer Zeit, den Arbeitern die pünktliche Erfüllung der ihnen vom Unternehmer geschuldeten Leistungen sicherzustellen.

Eine noch unentschiedene und in der Tat schwer zu entscheidende Frage, die in das Bereich der eben besprochenen Angelegenheiten fällt, betrifft die Haltung in Streikfällen. Sollen die Behörden dann eine der Streikdauer entsprechende Verlängerung der Lieferfristen bewilligen? Die absolute Bejahung dieser Frage würde eine einseitige Begünstigung der Unternehmer, die Verneinung eine solche der Arbeiter bedeuten. Man kann die Schuldfrage aufwerfen und dem Unternehmer die Erstreckung der Frist bewilligen, wenn ihn nach dem Zeugnisse einer sachverständigen und unparteiischen Instanz, z. B. der staatlichen Fabrikaufsicht, keine Schuld trifft. Man kann die Entscheidung auch davon abhängig machen, ob von seiten der Streikenden Kontraktbruch begangen worden ist und im zutreffenden Falle etwa eine Erstreckung der Lieferfrist entsprechend der Länge der von den Arbeitern nicht eingehaltenen Kündigungsfrist gestatten. Man kann endlich ein Schiedsgericht vorsehen und sich auf seite derjenigen Partei stellen, welche bereit ist, sich dem Spruche dieser Instanz zu unterwerfen.

B. Die Arbeiterschutzgesetzgebung.

102. Das Wesen der Arbeiterschutzgesetzgebung.

Es gibt heute keinen Kulturstaat mehr, in dem die Ordnung des Arbeitsverhältnisses, wie es dem Geiste der liberalen Wirtschaftsordnung entspräche, durchaus dem Belieben der vertragschließenden Parteien überlassen bleibt. Ein erheblicher Teil des Vertragsinhaltes ist vielmehr, namentlich soweit Kinder und Frauen in Frage kommen, durch zwingende Rechtsnormen ein für allemal festgestellt worden. Da solche Be-

[1]) Zu vergleichen sind insbesondere die vortrefflichen Darstellungen, welche die Artikel des Handwörterbuches der Staatswissenschaften aus der Feder von Elster, Landmann, Steinbach, Földes, Richter, Mataja, Kerdijk, Petersen-Studnitz, Fahlbeck, Tugan-Baranoffsky, Grünberg, Bücher, Woodruff über die Arbeiterschutzgesetzgebungen enthalten; ferner van Zanten,

stimmungen früher zumeist nur für die Fabrikarbeiter erlassen wurden, pflegte man sie Fabrikgesetzgebung zu nennen. Im Laufe der Zeit ist aber auch zum Teil die Arbeiterschaft des Handwerks, der Hausindustrie, des Handels und Verkehrs in das Bereich der Schutzgesetze einbezogen worden. Man kann daher jetzt von einer Arbeiterschutzgesetzgebung überhaupt sprechen. Es wäre aber irrtümlich, wollte man annehmen, daß diese Gesetzgebung den Arbeiter vorzugsweise nur gegenüber dem Unternehmer zu verteidigen habe, daß sie dem Arbeiter nur Vorteile oder „Wohltaten", dem Unternehmer nur Schaden brächte. Nicht weniger als den Arbeiter schützt sie auch den Unternehmer. Beide schützt sie gegen die üblen Folgen des freien Wettbewerbes. Sie verhindert den Arbeiter im Konkurrenzkampf seinen Mitarbeiter zu unterbieten in bezug auf die Regelung der Arbeitszeit, die Entlohnungsweise und die allgemeinen Werkstättenverhältnisse, sie schützt den Arbeiter, der seine Kinder der Schule erhalten und selbst für sie sorgen will, vor

Die Arbeiterschutzgesetzgebung in den europäischen Ländern. Jena 1902. Für Österreich kommen außer dem Österreichischen Staatswörterbuch (Art. Arbeiterrecht. E. Arbeiterschutz) noch v. Mises, Zur Geschichte der Österr. Fabrikgesetzgebung. Zeitschrift für Volkswirtschaft, Sozialpolitik und Verwaltung, XIX. S. 209—272 und Müller, Der gewerbliche Arbeiterschutz (Soziale Verwaltung in Österreich. I. Wien 1900. 2. Heft) in Betracht. Für die Schweiz vgl. die Art. über Arbeiterschutz von Schuler und Lang in Reichesbergs Handwörterbuch. Für eingehendere Studien sind natürlich die Gesetze selbst und ihre Kommentare heranzuziehen. Seit 1897 gibt das belgische Arbeitsamt ein Jahrbuch (Annuaire de la législation du travail) heraus, welches die in dem betreffenden Jahre ergangenen Gesetze und Verordnungen aller Länder enthält. Der Text wird nicht in der Originalsprache, sondern in französischer Übersetzung geboten. Noch umfassendere Ziele, insbesondere auch solche bibliographischer Art, sucht das vom Internationalen Arbeitsamte in Basel herausgegebene Bulletin zu erreichen, das seit 1892 in deutscher und französischer Sprache erscheint (Jena und Bern). Umfassendes und wertvolles Material ist ferner im Anschlusse an die internationalen Arbeiterschutzkongresse 1897 in Zürich und Brüssel, 1900 in Paris veröffentlicht worden: Internationaler Kongreß für Arbeiterschutz in Zürich 23. bis 28. August 1897. Amtlicher Bericht des Organisationskomitees. Zürich 1898; Congrès international de législation du travail tenu à Bruxelles du 27. au 30. septembre 1897. Rapports et compte rendu analitique de séances. Bruxelles 1898; Congrès international pour la protection légale des travailleurs. Tenu à Paris du 25.—28. Juillet 1900. Rapports et compte rendu des séances. Paris 1901. Die im Mai 1905 in Bern abgehaltene offizielle internationale Arbeiterschutzkonferenz wurde vorbereitet durch zwei umfassende Publikationen des Internationalen Arbeitsamtes über die „Gesundheitsgefährlichen Industrien" und die „Gewerbliche Nachtarbeit der Frauen", beide Jena, Bern und Paris 1903. Eine instruktive Übersicht über die in nächster Zukunft zu lösenden Aufgaben der Fabrikgesetzgebung bietet Schulers Abhandlung: Die Revision des schweiz. Fabrikgesetzes A. f. s. G. XVIII. S. 21—66, 282—322.

demjenigen, der bereit wäre, seine Kinder der Fabrik anzubieten und deshalb mit geringerem Lohn sich begnügen würde. Und wie diese Gesetzgebung den unlauteren Wettbewerb unter den Arbeitern selbst, so sucht sie ihn auch auf seiten der Unternehmer zu bekämpfen. Sie gestattet nicht, daß die rücksichtslose, unmenschliche Habgier der Einen, den guten Willen der Andern lahmlegt, wenn sie eine Verschlechterung der Arbeitsverhältnisse vermeiden, oder eine Verbesserung durchführen wollen.[1])

Andrerseits können Einschränkungen der Kinder- und Frauenarbeit in der Übergangszeit nicht allein von dem Unternehmer, sondern auch von manchen Arbeiterfamilien, deren Verhältnisse sich nun einmal auf Grundlage des Kinder- und Frauenverdienstes entwickelt haben, empfindliche Opfer erfordern. Man sollte sich deshalb hüten, den Arbeiterschutz, wie es so häufig geschieht, lediglich aus dem Gesichtswinkel einer Wohltat, welche dem Arbeiter erwiesen wird, zu beurteilen. Er ist vielmehr in wichtigen Beziehungen eine im Interesse der ganzen Nation unternommene Reform, deren Lasten nicht allein auf die Unternehmer, sondern unter Umständen in noch empfindlicherer Weise auf die Arbeiter selbst fallen.

Die Arbeiterschutzgesetzgebung findet ihre Begründung darin, daß erfahrungsgemäß weder die Unternehmer noch die Arbeiter irgendwo imstande gewesen sind, aus eigener Kraft, durch freie private Vereinbarungen, auch nur die schlimmsten Mißbräuche in bezug auf Kinder- und Frauenarbeit, in bezug auf Warenzahlung und Arbeitszeit, in bezug auf Arbeitsordnungen und Gesundheitsschädlichkeit der Arbeitsprozesse in nennenswertem Umfange abzustellen. Dieser Einsicht hat sich kein Land mit industrieller Entwicklung entziehen können. Keine Reform hat deshalb auch ein so weites Geltungsbereich erlangt wie die Arbeiterschutzgesetzgebung. Von England ausgehend hat der Gedanke des gesetzlichen Arbeiterschutzes heute nicht nur in sämtlichen europäischen Ländern (ausgenommen Serbien und Türkei), sondern auch in den englischen Kolonien (Canada, Indien, Australien) und in mehreren nordamerikanischen Staaten Geltung erlangt.

[1]) So betonte der Bericht der nationalrätlichen Kommission über den Entwurf des eidg. Fabrikgesetzes, „daß bei einem namhaften Teil der Industriellen der Schweiz die meisten der im vorliegenden Entwurfe enthaltenen Bestimmungen bereits praktisch beobachtet werden. So wird also ein eidg. Fabrikgesetz namentlich die Wirkung haben, das Gute und Zweckmäßige zu verallgemeinern. Diejenigen Fabrikanten, welche aus freiem Antriebe solche Einrichtungen schon getroffen haben, kann es nur freuen, wenn diese normgebend für die ganze Schweiz werden." Landmann, Die Arbeiterschutzgesetzgebung der Schweiz. Basel 1904. S. XXXIII.

103. Geltungsbereich und allgemeine Bestimmungen.

Wenn die Schädigungen der Arbeiter, welche der Arbeiterschutz bekämpfen will, auch keineswegs auf die Fabrikarbeiter beschränkt sind, so hat die Gesetzgebung doch in der Regel zuerst nur Fabriken und Bergwerke in betracht gezogen. Die Betriebsstätten der Hausindustrie und des Handwerkes den gleichen, oder sinngemäß veränderten Anforderungen zu unterwerfen, scheut man sich, teils wegen des Eindringens in häusliche und familiäre Verhältnisse, das dann notwendig werden würde, teils aber auch im Hinblicke auf die großen Schwierigkeiten, welche die wirksame Kontrolle einer Unzahl kleiner Betriebe einschließt. Und wenn selbst die Kontrolle gelingt, so gestattet die Armut der Hausindustriellen und Handwerker oft nicht, wesentliche Verbesserungen der Werkstättenverhältnisse zu erzwingen. Die Bestimmungen der Fabrikgesetzgebung auf diese Betriebsformen ausdehnen, das bedeutet also in manchen Fällen geradezu ihre Vernichtung. Und das ist ein so radikaler Schritt, daß er heute noch nicht leicht gewagt wird.

Indes auch dann, wenn die Gesetzgebung von vornherein nur Fabrikverhältnisse regulieren soll, kann bei dem schwankenden Charakter des Fabrikbegriffes ihr Geltungsbereich sehr verschieden ausfallen. Nach der reichsdeutschen Gesetzgebung erstreckt sich der Arbeiterschutz auf alle Werkstätten, in welchen regelmäßig Dampfkraft benutzt wird; ferner auf Hüttenwerke, Zimmerplätze und andere Bauhöfe, Werften und solche Ziegeleien, über Tage betriebene Brüche und Gruben, welche nicht bloß vorübergehend oder in geringem Umfange betrieben werden. In wesentlichen Beziehungen werden aber auch Werkstätten, in welchen durch elementare Kraft betriebene Triebwerke nicht nur vorübergehend zur Verwendung kommen, wie Fabriken behandelt. Außerdem besteht die Berechtigung, den Schutz auf Handwerk und Hausindustrie zu erstrecken. Von dieser Befugnis ist gegenüber den Werkstätten der Kleider- und Wäschekonfektion Gebrauch gemacht worden, doch nur insofern, als der Arbeitgeber auch fremde Hilfskräfte beschäftigt.[1])

---

[1]) In der Schweiz gelten als Fabriken alle Betriebe mit mehr als 10 Arbeitern und alle Betriebe mit mehr als 5 Arbeitern, wenn sie mechanische Motoren verwenden, Personen unter 18 Jahren beschäftigen, oder gewisse Gefahren für Gesundheit und Leben der Arbeiter bieten. Am weitesten hat die neuseeländische Gesetzgebung den Begriff Fabrik gestaltet. Sie betrachtet als solche jede Stelle, wo zwei oder mehrere Personen — der Unternehmer wird als eine Person gerechnet — beschäftigt sind, um Waren für den Verkauf herzustellen. Vgl. Mrs. Sidney Webb, The case for the factory acts. London 1901. S. 183.

Im übrigen wird selbst innerhalb der als Fabriken im gesetzlichen Sinne anzusehenden Anlagen nicht für alle Arbeitergruppen dasselbe Ausmaß von Schutz gewährt. Dem sehr verschiedenen Schutzbedürfnisse entsprechend werden die Anforderungen in mannigfacher Weise abgestuft. Auf alle Arbeiterschichten erstrecken sich in der Regel nur die Vorschriften über Arbeitsordnungen, über Sonntagsruhe, Auszahlung des Lohnes in barem Gelde und über die Anforderungen, welche aus gesundheitlichen Gründen an die Beschaffenheit der Werkstätten zu stellen sind.

Die Arbeitsordnungen[1]) sollen dem Arbeiter ein deutliches Bild von den Pflichten und Rechten verschaffen, die aus der Annahme der Arbeit in einem Unternehmen sich für ihn ergeben. Auch hat die neuere Gesetzgebung versucht, mittelst dieser Vorschriften dem Arbeiter gegen gewisse Benachteiligungen einen Rückhalt zu gewähren. So dürfen jetzt in Deutschland z. B. Strafbestimmungen, welche das Ehrgefühl oder die gute Sitte verletzen, ebenso wie Geldstrafen über eine bestimmte Höhe hinaus nicht in die Arbeitsordnung aufgenommen werden. Strafgelder sind zum Besten der Arbeiter zu verwenden. Bevor die Arbeitsordnungen eine rechtliche Giltigkeit erhalten, muß den Arbeitern Gelegenheit gegeben werden, sich über sie auszusprechen. Trotzdem ist es noch nicht überall gelungen, den ursprünglichen Charakter der meisten Arbeitsordnungen, welche einseitig im Interesse des Unternehmers erlassene Polizeiverordnungen darstellten und häufig nur von den Rechten des Arbeitgebers und den Pflichten des Arbeiters handelten, ganz auszutilgen.

Daß dem Arbeiter, der sechs Tage der Woche hindurch rechtschaffen gearbeitet hat, am Sonntage[2]) eine vollständige Arbeitsruhe gebührt, und daß die Entziehung dieser Ruhe sittlich und physisch gleich verderbliche Wirkungen auf die Arbeiterklasse ausübt, wird kaum mehr ernstlich in Abrede gestellt. Allein die Bedürfnisse des modernen Verkehrs und derjenigen Industrien, deren Betrieb aus Gründen der Technik nicht unterbrochen werden kann, stellen sich einer strengen Durchführung der Sonntagsruhe hindernd entgegen. Gerade an Sonntagen, wenn einmal auch die breiten Schichten des Volkes dem Genusse folgen können, werden an die Bahnen und anderen Verkehrs-

---

[1]) Koehne, Die Arbeitsordnung vom Standpunkte der vergleichenden Rechtswissenschaft. Stuttgart 1901.

[2]) Vgl. die schönen Ausführungen von C. Hilty, Über Arbeit und Ruhe mit Rücksicht auf eine künftige Sonntagsgesetzgebung. Politisches Jahrbuch der Eidgenossenschaft. XII. Bd. 1898.

einrichtungen, an die Vergnügungsunternehmungen und Gastwirtschaften die größten Ansprüche gestellt. Auch der Detailhandel will den regen Geschäftsverkehr, die kauflustigere Sonntagslaune, der Sonntagsruhe nicht gern zum Opfer bringen. Es wird der allgemeine Grundsatz der Sonntagsruhe daher überall von zahlreichen Ausnahmen durchbrochen. Muß auch zugegeben werden, daß angesichts der auf dem Kontinente herrschenden Sitten und Lebensgewohnheiten eine vollkommene Sonntagsruhe unerreichbar ist, so sollte doch immer auf sechs Tage Arbeit ein Ruhetag entfallen. Daß ein Ruhetag im Laufe der Woche an Wert einem freien Sonntage nicht gleichsteht, ist richtig. Allein ein derartiger Ruhetag wird immer noch besser sein, als eine nur halbe Sonntagsruhe in jeder zweiten, oder eine volle Sonntagsruhe erst in jeder dritten Woche. Die Beeinträchtigungen der Sonntagsruhe in der Großindustrie erscheinen um so beklagenswerter, als es sich hier meist um Arbeiter handelt, welche auch Nachtschichten leisten, für die also ein noch größeres Ruhebedürfnis besteht, als wie für andere Arbeiter.

Die gesetzliche Vorschrift, daß die Arbeitgeber den abverdienten Lohn in nicht allzulangen Fristen und in barem Gelde auszuzahlen haben, daß sie im allgemeinen keine Waren kreditieren dürfen, daß die Entlohnung nicht in Schankstätten stattfinden darf, ist durch die furchtbaren Mißbräuche, welche in der fraglichen Richtung als sogenanntes Trucksystem vielfach bestanden, notwendig geworden. Die neuere englische Gesetzgebung enthält auch besondere Vorschriften, welche den Stücklohnarbeitern die richtige Ermittelung des für die Lohnbemessung maßgebenden Arbeitsquantums sichern.[1]) Verwandter Art sind die Bestimmungen der englischen Bergwerksgesetze, welche sich auf die Wiegekontrolle der geförderten Kohlenmengen beziehen. Auch das neueste preußische Bergwerksgesetz von 1905 sucht die Arbeiter gegen die Mißbräuche des „Wagen-Nullens"[2]) besser zu schützen.

---

[1]) Bernhard, Die Akkordarbeit. 1903. S. 141.

[2]) Für Förderwagen, welche nicht vorschriftsmäßig voll oder unrein geladen sind, pflegt kein Lohn bezahlt zu werden, sie werden „genullt". Da dieses Nullen oft in leichtfertiger Weise ohne genügende Berücksichtigung der natürlichen Flözverhältnisse vorgenommen worden ist, spielten die Klagen über das Wagennullen in der Bergarbeiterbewegung immer eine wichtige Rolle. Nun wird das Nullen verboten und den Bergleuten die Befugnis erteilt, das Verfahren bei der an stelle des Nullens eingeführten Verhängung von Geldstrafen überwachen zu lassen. Vgl. Pieper, Die Lage der Bergarbeiter im Ruhrrevier. Stuttgart 1903. S. 92 ff. Über die englischen Wiegekontrolleure: Baldwin, Die englischen Bergwerkgesetze. Stuttgart 1894. S. 169 ff., 226.

Da die Beschaffenheit der Werkstätten die gebührende Rücksicht auf Gesundheit, Leben und Sittlichkeit der Arbeiter oft gänzlich vermissen ließ, hat die neuere Arbeiterschutzgesetzgebung immer genauer und strenger abgefaßte Bestimmungen eingeführt.[1])

104. Die Regulierung der Arbeit jugendlicher und weiblicher Personen.

Über wenige Punkte der Arbeiterschutzgesetzgebung besteht eine so große Übereinstimmung der Ansichten, wie über das Verbot der Kinderarbeit. Das ist eine Angelegenheit, über die heute in vorgeschrittenen Staaten nicht mehr debattiert wird. Differenzen bestehen nur über die Altersgrenze, bis zu welcher das absolute Beschäftigungsverbot erstreckt werden soll. Die meisten Staaten (England, Frankreich, Belgien, Bulgarien, Niederlande, Luxemburg, Schweden, Norwegen, Rußland, Italien, Österreich für handwerksmäßige Betriebe) machen die Zulassung von der Vollendung des 12. Jahres abhängig. Im Deutschen Reiche können Kinder vom 13. Jahre an beschäftigt werden, sofern sie nicht mehr schulpflichtig sind. Zum Glück erstreckt sich in allen Staaten, abgesehen von Bayern, die Schulpflicht bis zum 14. Jahre. Österreich und die Schweiz fordern bei der Beschäftigung in Fabriken direkt die Vollendung des 14. Jahres.

Im Deutschen Reiche hat neuerdings der Schutz der Kinder eine überaus wertvolle Ergänzung und Erweiterung erfahren durch das Reichsgesetz vom 30. März 1903, betr. Kinderarbeit in gewerblichen Betrieben.[2]) Es bezieht sich auf alle Kinder, die in einem im Sinne der Gewerbeordnung als „gewerblich" anzusehenden Betriebe mit Einschluß der Hausindustrie arbeiten, und zwar auch dann, wenn die Kinder von den eigenen Eltern beschäftigt werden. Kein fremdes oder eigenes Kind darf zwischen 8 Uhr abends und 8 Uhr morgens und

---

[1]) Vgl. die Übersicht bei Dammer, Handbuch der Arbeiterwohlfahrt, II. Bd., Stuttgart 1903, S. 55—105, und die S. 516 genannte Veröffentlichung des Internat. Arbeitsamtes über „Gesundheitsgefährliche Industrien".

[2]) Vgl. Agahd, Kinderarbeit und Gesetz gegen die Ausnutzung kindlicher Arbeitskraft in Deutschland. Jena 1902; Derselbe, Gesetz, betreffend Kinderarbeit in gewerblichen Betrieben vom 30. März 1903. Ausführliche Erläuterungen zum Gesetz und Vorschläge zu seiner Durchführung. Schriften der Gesellschaft für soz. Reform. Heft 10. Jena 1903; Bauer, St., Die neuere Kinderschutzgesetzgebung in Deutschland und England. A. f. s G. XIX. S. 616—641.

vor dem Vormittagsunterricht gewerblich arbeiten; um Mittag hat eine 2stündige Pause und nach dem Nachmittagsunterrichte 1 Stunde Pause stattzufinden. Eigene Kinder dürfen in der Wohnung bez. Werkstätte für die Eltern vom zurückgelegten 10. Lebensjahre arbeiten, für Dritte erst nach dem 12. Jahre und nur durch 3 Stunden, in den Ferien durch 4 Stunden.

Die Einwände, welche noch gegen die Erhöhung der Altersgrenze bis zu 14 Jahren erhoben werden, gründen sich teils auf die Vorteile, welche ein früher Beginn der technischen Arbeit in bezug auf die Leistungsfähigkeit hervorrufen soll, teils auf die Notlage vieler Arbeiterfamilien, welche den Arbeitslohn der Kinder nicht entbehren könnten, teils auf die Bedürfnisse der Industrie nach billiger Kinderarbeit.

Was den ersten Gesichtspunkt betrifft, so ist es richtig, daß eine die Ausbildung der Hand vernachlässigende Erziehung in jeder Beziehung zu verurteilen ist und daß die heute noch herrschenden Unterrichtsmethoden sich in der Regel dieser Versäumnis schuldig machen. Die pädagogisch richtige Bekämpfung dieser Mängel besteht aber nicht darin, daß man die Kinder neben dem Schulunterrichte möglichst früh noch Erwerbsarbeit in einer Fabrik leisten läßt, sondern in der Verallgemeinerung des Handfertigkeitsunterrichtes.[1])

Das Verbot der Kinderarbeit kann auch hier und da einige besonders arme und kinderreiche Familien hart treffen. Dagegen bleibt zu beachten, daß die Kinder sich infolge des Schutzes kräftiger entwickeln und später mehr leisten können, als wenn sie schon mit 12 Jahren oder früher zur Arbeit gehen müssen. Diese Mehrleistungen werden auch ihren Eltern zu statten kommen. Ist aber eine Familie wirklich so arm, daß sie ohne den Lohn der Kinder unbedingt nicht bestehen kann, dann wird es immer noch besser sein, im Wege der Armenunterstützung das Nötige zuzuschießen, als eine sittlich, physisch und wirtschaftlich gleich verwerfliche Ausbeutung kindlicher Arbeitskräfte zu dulden und so Individuen heranzuziehen, die bald selbst wieder die Armenpflege, wenn nicht gar die Kriminal-Justiz beschäftigen werden.

Und was die Bedürfnisse der Industrie betrifft, so haben die Erfahrungen in der Schweiz, in Österreich und in Deutschland gezeigt, daß sie auch ohne die Kinder auszukommen vermag. In der Spinnerei,

---

[1]) Vgl. Seidel, Der Arbeitsunterricht, eine pädagogische und soziale Notwendigkeit. Tübingen 1885; Derselbe, Die Handarbeit, der Grund- und Eckstein der harmonischen Bildung und Erziehung. Leipzig 1901. — Ähnliche Forderungen stellte auch John Ruskin auf (J. A. Hobson, John Ruskin, Social Reformer; 2. Aufl. London 1899. S. 256, 257).

hieß es früher, müßte das Aufstecken an den Selfaktor und die Bedienung der Throstle unbedingt von Leuten mit kleinerer Statur und einer gewissen Behendigkeit ausgeführt werden. Die Spinner haben indes einsehen gelernt, daß Personen über 14 Jahre mehr taugen. Diese sind kräftiger, haben mehr Arbeitstrieb und denken weniger an eine Änderung des Berufes.

Natürlich wurde auch behauptet, die Industrie könne bei einem Verbote der Kinderarbeit nicht konkurrenzfähig gegenüber denjenigen Ländern bleiben, welche sich dieser Reform entschlügen. Das Gewicht dieses Einwandes wurde von einem deutschen Großindustriellen (R. Roesicke) dadurch klargestellt, daß er nachwies, wie in diesem Falle die deutsche Textilindustrie, die noch am meisten betroffen würde, höchstens ein Drittel Prozent der überhaupt für Löhne ausgegebenen Summe mehr aufzuwenden hätte. Derselbe Industrielle erklärte es ferner einfach für eine Dreistigkeit, wenn die Interessenten behaupten, die Arbeit in den Fabriken wäre nicht nur nicht schädlich, sondern besäße sogar einen erzieherischen und gesundheitlichen Wert.[1])

Wo die Beschäftigung kindlicher Arbeitskräfte noch nicht gänzlich untersagt ist, dort wird für sie doch in der Regel eine erheblich kürzere tägliche Arbeitszeit als für andere Arbeiterkategorien vorgesehen. Nachtarbeit ist verboten und neben der Fabrikarbeit muß noch für Schulbesuch Raum bleiben.

Da die körperliche Entwicklung der jugendlichen Personen von 14 bis 16 oder 18 Jahren noch nicht als abgeschlossen betrachtet werden kann, so sollte ihnen die Arbeit ebenfalls nicht in demselben Umfange wie den Erwachsenen zugemutet werden. Sie müßten von der Nachtarbeit frei bleiben, und die Tagesarbeit sollte selbst in Gewerben, die keine ungewöhnlichen Gefahren für die Gesundheit darbieten, niemals 10 Stunden überschreiten.[2])

Diesen Anforderungen wird auch in fortgeschrittenen Staaten noch nicht durchaus entsprochen. In der Regel werden die jugendlichen Personen beiderlei Geschlechtes mit den erwachsenen weiblichen Personen in den wichtigsten Beziehungen auf eine Stufe gestellt. Der Schutz,

[1]) Diese Ansicht wird noch jetzt vom Geschäftsführer des Zentralverbandes deutscher Industrieller vertreten, der die zunehmende Kriminalität der jugendlichen Personen auf die geringere Beschäftigung derselben in den Fabriken zurückführt. Vgl. Bueck, Soziale Reform. 1903. S. 11.

[2]) Vgl. die Herabsetzung der Arbeitszeit für Frauen und die Erhöhung des Schutzalters für jugendliche Arbeiter in Fabriken. Referate von A. Pieper und Helene Simon. Schriften der Gesellschaft für soziale Reform. Heft 7 und 8. Jena 1903.

der für eine erwachsene Frau vielleicht ausreicht, genügt aber noch lange nicht für ein heranwachsendes, in der Entwicklung begriffenes Mädchen.

Im Deutschen Reiche dürfen 14—16jährige Personen nur 10, erwachsene Arbeiterinnen dagegen 11 Stunden Tagesarbeit leisten.[1]) England hat für jugendliche Personen und Frauen gleichmäßig einen Zehnstundentag, in Textilfabriken eine 56½stündige Wochenarbeit eingeführt. In Frankreich beträgt die tägliche Arbeitszeit ebenfalls für beide Kategorien von 1904 an 10 Stunden (früher 10½),[2]) in der Schweiz[3]) und in Österreich 11, in Belgien sogar 12 Stunden; in Bulgarien für 12—15jährige Personen 8, für Frauen jeden Alters 10 Stunden. Von den obengenannten Staaten unterscheidet sich Belgien auch noch unvorteilhaft dadurch, daß es die Nachtarbeit und die Beschäftigung der erwachsenen Arbeiterinnen in Bergwerken unter Tage noch nicht verboten hat.

Im übrigen pflegen auch bestimmte Betriebe bezeichnet zu werden, in denen wegen ihrer besonderen Gefahren für Gesundheit und Sittlichkeit jugendliche und weibliche Personen nicht verwendet werden dürfen. Nach der Niederkunft muß meist eine Frist von vier Wochen verstrichen sein, ehe es Arbeiterinnen gestattet wird, die Fabrikarbeit wieder aufzunehmen.

Gegen den Schutz der Arbeiterinnen werden nicht nur die allgemeinen Argumente gegen Arbeiterschutz überhaupt, sondern auch noch besondere Einwände erhoben und zwar von seiten mancher Frauenrechtlerinnen.[4]) Diese erblicken in dem Arbeiterinnenschutz eine unzulässige Beschränkung der Erwerbsfähigkeit der Frau. Mittels des

---

[1]) Tatsächlich bleibt die Arbeitszeit schon häufig hinter der gesetzlich erlaubten Dauer zurück. Vgl. die Arbeitszeit der Fabrikarbeiterinnen. Nach Berichten der Gewerbeaufsichtsbeamten bearbeitet im Reichsamte des Innern. Berlin 1905. Auch in der Schweiz gilt nur in der Textil- und Papierindustrie, insbesondere in der Baumwollindustrie, noch die volle Länge der gesetzlich erlaubten Arbeitszeit für 70—100 Prozent der Arbeiter. Vgl. Schweiz. Fabrikstatistik vom 5. Juni 1901. Bern 1902. S. XV u. XVI.

[2]) Über die Etappen der franz. Arbeiterschutzgesetzgebung: Landmann, Die Ausdehnung des Arbeiterschutzes in Frankreich. A. f. s. G. XIX. S. 348—377; St. Bauer, Die Entwicklung zum Zehnstundentage. A. f. s. G. XIX. S. 203—223.

[3]) Außer dem eidgenössischen Fabrikgesetze bestehen noch in vielen Kantonen gesetzliche Bestimmungen zu Gunsten jugendlicher und weiblicher Personen, die in nicht fabrikmäßig betriebenen Unternehmungen tätig sind. Vgl. Landmann, Die Arbeiterschutzgesetzgebung in der Schweiz. Basel 1904. S. 158—464.

[4]) Vgl. Clementine Black, Some current objections to factory legislation for women in Mrs. Sidney Webb's The case for the factory acts. London 1901. S. 192—224; ferner Lily Braun, Die Frauenfrage. Leipzig 1901. S 466.

Arbeiterinnenschutzes suchten die Männer nur sich wieder von den unwillkommenen Konkurrentinnen zu befreien. Die Nachtarbeit würde den Frauen nur entzogen, weil sie bessere Löhne gewähre. Es sei überhaupt ganz ungerecht, daß gesetzgebende Körperschaften, in denen nur von Männern gewählte Männer als Abgeordnete säßen, sich eine Regulierung der Frauenarbeit anmaßten. Der Männerstaat habe sich da nicht einzumischen. Tue er es aber dennoch, so müsse man wenigstens verlangen, daß für Männer und Frauen dieselbe Regulierung der Arbeit einträte, also z. B. wie der Feministen-Kongreß von Paris (1900) forderte, ein allgemeiner Achtstundentag. Von solchen Ideen bestimmt, hat denn auch die Pariser Frauen-Zeitung „La Fronde" lange Zeit mit den Behörden gekämpft, um, entgegen dem gesetzlichen Verbote der Frauennachtarbeit, ihre Setzerinnen doch zur Nachtzeit zu beschäftigen. Dieses Ziel ist schließlich dadurch erreicht worden, daß man diese Setzerinnen als eine selbständige Produktivgenossenschaft hinstellte.

Tatsächlich gibt es aber sehr triftige Gründe, die einen besonderen Frauenschutz rechtfertigen.[1])

1. Nach den Beobachtungen der Gewerbehygieniker, der Fabrikaufsichtsbeamten und Ärzte von Arbeiterkrankenkassen wird der weibliche Körper von den gesundheitsschädlichen Einflüssen der gewerblichen Arbeit (andauerndes Stehen und Sitzen, hohe Temperaturen, Aufenthalt in geschlossenen Räumen, schädliche Gase und Dämpfe, insbesondere Gifte) in höherem Grade angegriffen als der männliche.[2]) Dieser Unterschied mag teilweise darauf zurückzuführen sein, daß Knaben unter Umständen mehr Gelegenheit gewährt wird, sich im Freien zu tummeln und so ihren Körper zu kräftigen, als Mädchen. Ferner wurden die weibliche Kleidung (Korsett) und die oft mangelhafte Ernährung verantwortlich gemacht. Wenn auch nicht bestritten werden kann, daß die Ernährung von den Arbeiterinnen oft infolge unzureichenden Lohnes, zuweilen auch im Interesse des Putzbedürfnisses, vernachlässigt wird, so muß doch bedacht werden, daß jugendliche Arbeiter sich wieder durch übermäßigen Alkohol- und Tabakgenuß und geschlechtliche Exzesse schwächen. Wichtiger erscheint deshalb die größere Inanspruchnahme des weiblichen Orga-

[1]) **Zadek**, Arbeiterinnenschutz, Sozialistische Monatshefte. 1901. S. 163—180.

[2]) Vgl. **Schuler** und **Burckhardt**, Untersuchungen über die Gesundheitsverhältnisse der Fabrikbevölkerung in der Schweiz. Aarau 1889. S. 18 ff. In der Baumwollspinnerei verhielt sich die Erkrankungshäufigkeit der weiblichen Kassenmitglieder zu derjenigen der männlichen wie 128 : 100, in der Baumwollweberei wie 139 : 100.

nismus durch die Geschlechtsorgane und das Geschlechtsleben. Abgesehen von der Schwangerschaft ist auch während der Pubertät, der Menstruation und des Climacterium (Rückbildung der Geschlechtsorgane) eine erhöhte Disposition zu Erkrankungen vorhanden. Soweit Arbeiterinnen in Frage kommen, die eine Haushaltung und Kinder zu besorgen haben, ist der größere Mangel an Schlaf und Erholung als ein wichtiger Faktor in die Bilanz zu stellen. Solche Frauen haben eigentlich zwei Berufe zu erfüllen und das ist eine Last, unter der in der Tat viele zusammenbrechen.[1])

2. Die Frau hat nicht nur einen schutzbedürftigeren Körper, sie ist auch selbst weniger im stande, sich den notwendigen Schutz aus eigener Kraft zu verschaffen als der Mann.[2]) Mittels der gewerkschaftlichen Organisation haben sich die Männer in einzelnen Gewerben und Ländern eine erheblich kürzere Arbeitszeit erkämpft, als sie die Gesetzgebung vorschreibt. Nach den bis jetzt gemachten Erfahrungen sind aber für Arbeiterinnen die Aussichten, leistungsfähige Gewerkvereine zu begründen, außerordentlich gering. Nicht einmal in die von Männern bereits geschaffenen Verbände können sie eintreten, wenn ihnen auch der Eintritt unter den gleichen Bedingungen wie den Männern gestattet wird. Sie sind eben wegen ungenügender beruflicher Ausbildung in der Regel außer stande, denselben Bedingungen Genüge zu leisten. Die Arbeiterinnen scheuen sich eine mehrjährige Lehrzeit zu absolvieren, da sie mit der Möglichkeit rechnen, durch die Verheiratung bald entweder aus der Erwerbsarbeit überhaupt auszuscheiden, oder sich im Erwerbszweige des Gatten zu betätigen, also einen Berufswechsel vorzunehmen.

3. Aus den angegebenen Gründen ist der Frauenschutz auch politisch leichter durchzusetzen, als die Regulierung der Männerarbeit. Es wäre nun gewiß ein seltsamer Doktrinarismus, wenn man Verbesserungen des Frauenschutzes nur deshalb ablehnen sollte, weil es noch nicht möglich ist, für Männer die gleichen Fortschritte zu erzielen.

---

[1]) In Barmen entfielen ohne Berücksichtigung der Wochenbetten auf 100 unverheiratete Arbeiterinnen 500, auf 100 verheiratete Arbeiterinnen 852 Krankheitstage im Jahre. Im Aufsichtsbezirke Unterfranken waren die entsprechenden Zahlen 496 und 745. Das ist ein so erheblicher Unterschied, daß er keineswegs durch das höhere Lebensalter der verheirateten Arbeiterinnen ausreichend erklärt werden kann. Vgl. Die Beschäftigung verheirateter Frauen in Fabriken. Bearbeitet im Reichsamte des Innern. Berlin 1901. S. 95, 91.

[2]) Gertrud Dyhrenfurth, Über die Organisationsfähigkeit der Arbeiterinnen. S. P. S. C. IX. S. 1017—1022; Dieselbe, Noch einmal die Organisationsfähigkeit der Arbeiterinnen. S. P. S. C. S. 1009—1017.

Das trifft insbesondere für die Nachtarbeit zu. Gewiß wäre es an und für sich äußerst wünschenswert, wenn auch die Nachtarbeit der Männer entbehrt werden könnte. Das ganze moderne Erwerbsleben, der Eisenbahnverkehr, die kontinuierlichen Prozesse vieler Fabrikanlagen, das alles läßt leider eine vollkommene Aufhebung der Nachtarbeit nicht zu. Aber das Übel ist gewiß geringer, wenn man die Nachtarbeit wenigstens auf den widerstandsfähigsten Teil der Arbeiterschaft, auf männliche erwachsene Arbeiter beschränkt.

Es beruht wahrscheinlich auch auf einer Illusion, wenn behauptet wird, daß die Nachtarbeit höhere Löhne erziele. Da die Nachtarbeit anstrengender als die Tagesarbeit ist, so muß sie natürlich einen nominell höheren Lohn abwerfen als die Tagesarbeit. Sonst würde sie schlechter als diese vergütet werden. Ob dieser Lohnzuschlag aber ausreicht, um ein genügendes Äquivalent für die bei Nachtarbeit größere Aufopferung von Lebenskraft darzubieten, ist äußerst zweifelhaft. Da nun aber, nach Versicherung der gewerbehygienischen Fachleute,[1]) die gewerbliche Nachtarbeit den Körper der Frau noch unverhältnismäßig stärker beeinträchtigt als den des Mannes, so müßte die Frau bei Nachtarbeit auch noch höhere Zuschlagsprozente erhalten als der Mann.

Die besonders ungünstigen Folgen, welche die Fabrikarbeit der verheirateten Frauen nicht nur für diese selbst, sondern für ihre ganze Familie und somit für die Lage der Arbeiterklasse überhaupt hervorruft, haben dazu geführt, daß die Frage immer eifriger erörtert wird, ob nicht ein Ausschluß der eheweiblichen Fabrikarbeit überhaupt von der Gesetzgebung herbeigeführt werden sollte.[2]) Im Jahre 1899 zählte man im Deutschen Reiche 884 239 Fabrikarbeiterinnen. Von ihnen waren 229 334 verheiratet. In der Schweiz waren 1901 in Fabriken beschäftigt 92 321 Arbeiterinnen, darunter 24 042 Frauen, und zwar 11 786 mit Kindern unter 12 Jahren.[3]) Die Erhebungen, welche das Reichsamt des Innern über die Ursachen der eheweiblichen Fabrikarbeit

[1]) Vgl. das ausgezeichnete Referat Prof. Dr. Fr. Erismanns über „Nachtarbeit und Arbeit in gesundheitsgefährlichen Betrieben.“ Internationaler Kongreß für Arbeiterschutz in Zürich 23.—28. August 1897. (Zirkulare, Referate und Beiträge.) S. 90; ferner die S. 516 zitierte Veröffentlichung des Internationalen Arbeitsamtes über die gewerbl. Nachtarbeit der Frauen.

[2]) R. Martin, Die Ausschließung der verheirateten Frauen aus der Fabrik. Z. f. St. W. 1896; L. Pohle, Frauen-Fabrikarbeit und Frauenfrage. Leipzig 1900; Derselbe, Die Erhebungen der Gewerbe-Aufsichtsbeamten über die Fabrikarbeit verheirateter Frauen. J. f. G. V. XXV. S. 1327—1394; XXVI. S. 147—189; Die Beschäftigung verheirateter Frauen in Fabriken. Bearbeitet im Reichsamte des Innern. Berlin 1901.

[3]) Schweiz. Fabrikstatistik vom 5. Juni 1890. Bern 1902. S. 122.

veranlaßt hat, führten zu dem Resultate, daß diese in der überwiegenden Zahl der Fälle aus bitterer Not hervorgeht. Bald muß die Frau in die Fabrik, weil der Mann krank, invalid, arbeitslos, arbeitsscheu, trunksüchtig oder lüderlich ist; bald handelt es sich um Frauen, die von ihren Männern verlassen worden sind, oder ihre Männer haben Militärübungen abzuleisten, oder eine Gefängnishaft zu verbüßen. Schließlich ist auch der Lohn des Mannes oft so niedrig, daß er zur Erhaltung von Frau und Kind in keiner Weise ausreicht. Das sind Verhältnisse, über die man sich mit einem einfachen Verbote der eheweiblichen Fabrikarbeit nicht hinwegsetzen kann. Abgesehen von der großen Härte der Maßregel käme namentlich auch die Gefahr in Betracht, die Frauen aus den relativ geordneten Fabrikverhältnissen in die unregulierten Erwerbszweige der Hausindustrie und Heimarbeit zu drängen. Auch eine Zunahme illegitimer Verbindungen wäre zu befürchten.

Eher könnte für verheiratete Arbeiterinnen die Einführung eines Halbzeitsystemes in Erwägung gezogen werden. Die meisten Aufsichtsbeamten sprechen sich indeß mehr für die allgemeine Abkürzung der täglichen Arbeitszeit aus. Es wird sich auch in der Tat schwer bestreiten lassen, daß der Übergang zum Zehnstundentage in Deutschland, in der Schweiz und in Österreich bereits ausführbar erscheint, nachdem ihn England schon längst, Frankreich seit 1904 besitzt und Bulgarien ihn soeben eingeführt hat.[1])

Im übrigen darf nur von der Hebung der Arbeiterklasse eine Einschränkung der eheweiblichen Fabrikarbeit erwartet werden. In dem Maße, als sich die Lohnverhältnisse der Männer bessern, als Arbeitslosen-, Invaliden-, Witwen- und Waisenversorgung ausgebaut werden, kommen die Ursachen, welche jetzt zur Fabrikarbeit der Frauen führen, zum guten Teil in Wegfall. In England und Nordamerika kann eine solche Abnahme bereits beobachtet werden.[2])

Nun gibt es freilich auch Frauenrechtlerinnen sozialdemokratischer Richtung,[3]) welche zwar für besonderen Arbeiterinnenschutz eintreten, aber durchaus nicht wünschen, daß die Erwerbsarbeit auch der verheirateten Frau zurückgehe. Der selbständige Frauenerwerb erscheint ihnen, vom Standpunkte der materialistischen Geschichtsauffassung aus betrachtet, mit Recht als die Bedingung ihrer völligen Emanzipation. Außerdem stellt die Rückkehr der Frau in die Hauswirtschaft einen

---

[1]) S. P. S. C. XIV. S. 838.

[2]) Rauchberg, Die Berufs- und Gewerbezählung im Deutschen Reiche vom 14. Juni 1895. A. f. s. S. XV. S. 369 ff.

[3]) Lily Braun, Die Frauenfrage. S. 286, 287, 556, 557.

ökonomischen Rückschritt dar. Der Einzelhaushalt ist bereits unrationell geworden. Es ist viel vernünftiger und technisch zweckmäßiger, wenn eine genossenschaftliche Hauswirtschaft eingerichtet wird. Die Frau kann dann ihrem Berufe nachgehen, Geld verdienen und mit Leichtigkeit durch die Vermittlung der genossenschaftlichen Haushaltungsorgane eine weit vollkommenere Daseinsform erschließen helfen.[1])

Bis jetzt zeigt die Arbeiterklasse aber in Wirklichkeit nur eine sehr mäßige Vorliebe für kollektivistische Lebensführung. Fabrikküchen und Fabrikspeisesäle finden, selbst wenn ihre Leistungen vorzüglich sind und die Arbeiter selbst an ihrer Verwaltung teilnehmen, relativ geringen Anklang. Die Wertschätzung der Produkte des eigenen Herds geht so weit, daß auswärts wohnende Arbeiter es oft vorziehen, die Hauptmahlzeit erst abends nach der Heimkehr einzunehmen, oder daß sie sich das Essen mitbringen, besonders wenn ihnen Gelegenheit gegeben wird, es warm zu stellen. Diese Mißachtung der Anstaltsküchen ist umso merkwürdiger, als jetzt ja doch viele Arbeiterfrauen durchaus nicht imstande sind, in der Hauswirtschaft auch nur bescheidenen Ansprüchen zu genügen.

Im übrigen setzt die genossenschaftliche Form uninteressierte Arbeit an stelle der interessierten. Die Frau geht in die Fabrik und übernimmt Arbeit ohne inneren Drang, vorwiegend von Erwerbsrücksichten geleitet. Und an ihre Stelle tritt wieder in bezug auf Kinderpflege und Hauswirtschaft eine Angestellte der Genossenschaft, für die diese Arbeit dasselbe bedeutet, wie für jene Frau die Fabrikarbeit: ein notwendiges Übel. Es ist deshalb wohl möglich, daß selbst bei achtstündigem Normalarbeitstag diese Erwerbsarbeit schwerer drückt, als die länger dauernde, aber mit größerer innerer Teilnahme ausgeführte Tätigkeit der Arbeiterfrau in ihrem eigenen Heim. Verglichen mit der Fabrikarbeit erscheint die wirtschaftliche Tätigkeit der Frau in ihrer Hauswirtschaft auch deshalb als das Vorzüglichere, weil sie sowohl in gesundheitlicher Beziehung, als in Hinsicht der Mannigfaltigkeit die Fabrikarbeit meist übertrifft. Für die Arbeiterfrau bedeutet der Verzicht auf die Fabrikarbeit und die Beschränkung auf die Hauswirtschaft eine soziale Erhebung. Sie steigt aus einer proletarischen in eine kleinbürgerliche Lebensweise empor. Hier beruht ein großer Unterschied

[1]) Lily Braun, Frauenarbeit und Hauswirtschaft. Berlin (Vorwärts) 1901. Vgl. zu den folgenden Ausführungen meine Kritik der L. Braun'schen Frauenfrage in Hardens Zukunft, 22. November 1902, unter dem Titel: Eine deutsche Beatrice Webb? ferner Schmoller, Grundriß der Allg. Volkswirtschaftslehre. I. Leipzig 1900. S. 250 u. 254.

gegenüber der Berufsarbeit, welche Frauen der gebildeten, aber wenig besitzenden Mittelklasse leisten. Wenn diese Frauen vor der Frage stehen, ob sie selbst die Hauswirtschaft besorgen sollen, oder ob es zweckmäßiger ist, durch die Erwerbsarbeit Mittel zu beschaffen, welche die Übertragung der hauswirtschaftlichen Funktionen auf andere Personen gestatten, so wird die Entscheidung nicht mit Unrecht, namentlich wenn keine Kinder vorhanden oder die vorhandenen schon herangewachsen sind, zu gunsten des letztgenannten Ausweges getroffen werden. Hier gilt die Berufsarbeit als das geistig Anregendere, sozial höher Stehende. Hier kann der Verzicht auf die Ausübung des Berufes, der der erlangten Bildung entsprechen würde, zu gunsten der Hauswirtschaft eine soziale Herabsetzung, die Verstoßung aus einem bürgerlichen in ein kleinbürgerliches Dasein zur Folge haben.

105. Der Schutz erwachsener männlicher Arbeiter.

Eine noch immer umstrittene Frage ist die, ob der Staat für die Arbeitszeit der männlichen erwachsenen Arbeiter eine Grenze ziehen solle. Frankreich hat 1848 einen Zwölfstundentag eingeführt. An dessen Stelle ist erst die $10^1/_2$ stündige, von 1904 die 10 stündige Maximalarbeitszeit getreten, wenn in dem betreffenden Betriebe zugleich auch Arbeiterinnen und jugendliche Arbeiter beschäftigt werden. Die Schweiz und Österreich besitzen den elfstündigen Maximalarbeitstag; letzteres für Arbeiter in Kohlenbergwerken den Neunstundentag.[1]) Das preußische Berggesetz von 1905 schreibt für Gruben mit mehr als 28° C. den Sechsstundentag vor, wobei die Zeit vom Beginne der Seilfahrt bis zu ihrem Wiederbeginn als Arbeitszeit gilt. Die deutsche Gewerbenovelle von 1891 (§ 120e) hat dem Bundesrate nur die Befugnis zuerkannt, für solche Gewerbe, in denen durch übermäßige Dauer der täglichen Arbeitszeit die Gesundheit gefährdet wird, Dauer, Beginn und Ende der täglich zulässigen Arbeitszeit und der zu gewährenden Pausen vorzuschreiben. Immerhin ist hiermit die Befugnis des Staates zum Eingreifen, übereinstimmend mit den Kaiserlichen Februarerlässen von 1890, anerkannt worden.

Leider hat man bis jetzt von dieser Befugnis nur einen sehr bescheidenen Gebrauch gemacht (für Bleifarben- und Bleizuckerfabriken,

---

[1]) v. Webern, Die Einführung der Neunstundenschicht beim österreichischen Kohlenbergbau. Zeitschrift für Volkswirtschaft, Sozialpolitik und Verwaltung. XII. S. 527–534.

Akkumulatorenfabriken aus Blei und Bleiverbindungen, Thomasschlackenmühlen, Bäckereien und Konditoreien, Getreidemühlen, Steinbrüche und Steinhauereien).

In England und sogar in den australischen Kolonien, in welchen sonst auf dem Gebiete des Arbeiterschutzes so radikal vorgegangen wurde, wird im allgemeinen noch an dem Grundsatze festgehalten, die Arbeitszeit der männlichen erwachsenen Personen nicht unmittelbar zu regeln. Immerhin ist in bezug auf die Bediensteten der Eisenbahnen dieser Grundsatz bereits durchbrochen worden. Ferner wird auch ein gesetzlicher Maximalarbeitstag von einigen Gruppen der Arbeiter des Kohlenbergbaues eifrig erstrebt. Manche wieder verlangen, daß diejenige Arbeitszeit, für welche sich die Majorität der Arbeiter des betreffenden Gewerbes erklärt, gesetzliche Giltigkeit erlangen soll.

In englischen Gewerkvereinskreisen steht man diesen Plänen freilich noch sehr skeptisch gegenüber. Man befürchtet, daß auf diesem Wege das Interesse der Arbeiter an ihren Gewerkschaften eine Abschwächung erfahren könnte. Um diesen Preis aber schiene die staatliche Verkürzung der Arbeitszeit zu teuer erkauft zu sein. Man muß auch zugeben, daß es vielen Gewerkvereinen gelungen ist, aus eigener Kraft eine kürzere Arbeitszeit zu erkämpfen, als vermutlich auf politischem Wege zu erreichen wäre.

Dagegen bedeutet die Vertröstung auf die Selbsthilfe für diejenigen Arbeiter, denen es schwerer fällt, tüchtige Berufsorganisationen zu entwickeln, ein Hinausschieben der kürzeren Arbeitszeit in unabsehbare Fernen.

Vielleicht bieten der zehnstündige Maximalarbeitstag,[1]) wie ihn Frankreich besitzt, und eine Beschränkung der Nachtarbeit auf die absolut notwendigen Arbeiten, wie in der Schweiz, den besten Ausweg. Es können dann wenigstens die Arbeiterkategorien, welchen die Organisation größere Schwierigkeiten bereitet, infolge übermäßiger Arbeitszeit nicht so weit herabsinken, daß ihnen die Fähigkeit zur korporativen Selbsthilfe ganz abhanden kommt, während für die Verkürzung der Arbeitszeit im Wege der Selbsthilfe ein genügend großer Spielraum bleibt, um das Interesse am Gewerkvereinsleben nicht zu lähmen.

Im übrigen ist die Abkürzung der Arbeitszeit die wichtigste Vorbedingung für die geistige und sittliche Hebung des Arbeiterstandes. Sie ist in einem Staate des allgemeinen Stimmrechtes, in einem Staate, in dem die Arbeiter zur Selbstverwaltung herangezogen werden

[1]) Vgl. St. Bauer, Die Entwicklung zum Zehnstundentage. A. f. s. G. XIX. S. 203–223.

sollen, sogar eine politische Notwendigkeit. Wie soll der Arbeiter, welcher durch die Verfassung zur Entscheidung über die schwersten Fragen der Zeit berufen wird, von seinen Rechten einen angemessenen Gebrauch machen, wenn man ihm nicht die Muße zugesteht, sich entsprechend zu unterrichten? Wie soll sich der Arbeiter einen ausgeprägten Sinn für Familienleben, für Häuslichkeit, für eine menschenwürdige Wohnung bewahren, wenn er sie beim Morgengrauen verläßt und erst in später Nachtstunde heimkehrt? Erst die Abkürzung der Arbeitszeit, wie sie durch die fortschreitenden technischen Verbesserungen möglich, ja sogar notwendig gemacht wird, gestattet dem Arbeiter eine allmählich wachsende Teilnahme an den Gütern der modernen Kultur, also die Annäherung an das ideale Ziel der menschlichen Entwicklung.

106. Die Durchführung der Arbeiterschutzgesetze.[1])

Selbstverständlich genügt es nicht, Arbeiterschutzgesetze in die Gesetzsammlungen aufzunehmen. Es ist dafür zu sorgen, daß die Vorschriften auch genau befolgt werden, und das ist gerade hier erfahrungsgemäß eine überaus schwierige Sache. Da es sich vielfach um innere Angelegenheiten der Unternehmungen handelt, so kann von Seite des außenstehenden Publikums eine Kontrolle nicht geübt werden. Die Arbeiter selbst aber sind gegenüber dem Unternehmer viel zu abhängig, als daß sie ohne besondere Vorkehrungen in der Lage wären, den Aufsichts-

[1]) Adler, V, Die Fabrikinspektion insbesondere in England und der Schweiz. J. f. N. St. 42. Bd. S. 194—235; Frankenstein, Die Tätigkeit der preußischen Ortspolizeibehörden als Organe der Gewerbeaufsicht. A f. s. G. IV S. 600 f.; Jay, Die Fabrikinspeltion in Frankreich, ebenda. III. S. 115 f.; Mataja, Die österreichische Gewerbeinspektion. J. f. N. St. 52. Bd. S. 257 f.; Quarck, Die Reorganisation der Gewerbeinspektion in Preußen. A. f. s. G. IV. S. 207 f.; Derselbe, Die Gewerbeinspektion in Deutschland, England, Frankreich, der Schweiz usw. Nürnberg 1896; Schuler, Die Fabrikinspektion. A. f. s. G. II. S. 537 f.; Helene Simon, Die Fabrik- und Sanitätsinspektorinnen in England. J. f. G. V. XXI. 1897. S. 899—927; Weyer, Die englische Fabrikinspektion. Tübingen 1888; Wörishoffer, Die Jahresberichte der deutschen Fabrikaufsichtsbeamten. Z. f. St. W. 50. Bd.; Schuler, Fr., Erinnerungen eines Siebenzigjährigen. Frauenfeld 1903; Fuchs, Friedrich Wörishoffer. Karlsruhe 1903; Bittmann, Die badische Fabrikispektion im ersten Vierteljahrhundert ihrer Tätigkeit, 1879—1903. Karlsruhe 1905; Herkner, Fr. Wörishoffer. S. P. S. C. XII. S. 1177—1181; Derselbe, Zur Erinnerung an Dr. Fridolin Schuler. S. P. S. C. XIII. S. 825—832; G. Hardegg, Die Gewerbeinspektion. S. P. S. C. XII. S. 452—457, 478—484; Weidmann, Handbuch der eidg. Fabrikinspektion. Bern 1904.

behörden eine ausreichende Unterstützung zu leisten. Sodann kann nicht scharf genug betont werden, daß bei der Durchführung des Arbeiterschutzes häufig der Widerstand von Personen zu bekämpfen ist, die sich in sozialer, wirtschaftlicher und politischer Beziehung einer ungewöhnlichen Machtfülle erfreuen.

Es unterliegt heute keinem Zweifel mehr, daß für diese Obliegenheiten besondere, wenigstens den örtlichen Interessenkreisen durchaus entrückte Staatsbeamte zu bestellen sind. Angesichts der großen sozialpolitischen Tragweite dieses Dienstes wäre es durchaus gerechtfertigt, wenn die Fabrikinspektoren eine von der jeweiligen Regierung ebenso unabhängige Stellung besitzen würden, wie sie den Richtern und Hochschullehrern zusteht. Es ist ein dringendes Bedürfnis, daß der Vollzug der sozialen Gesetze und die Berichterstattung über ihn in keiner Weise durch die, bald der einen, bald der anderen Seite mehr zuneigende Stimmung eines Ministeriums oder anderer politisch maßgebender Faktoren beeinflußt wird.

Sind die Arbeiter auch nicht im stande, allein die Beachtung der Arbeiterschutzgesetze durchzusetzen, so wird doch danach zu trachten sein, sie soweit als irgend tunlich zur Wahrnehmung dieser Interessen heranzuziehen. Ohne geordnete Beziehungen bleibt aber der Verkehr der Aufsichtsbeamten mit den Arbeitern ein ziemlich beschränkter. Eher kann noch durch Vermittlung der Berufsorganisationen der Arbeiter eine den Anforderungen des Dienstes entsprechende Fühlung gewonnen werden. In der Tat haben die Gewerkschaften hie und da bereits besondere Komitees eingesetzt, welche Verstöße gegen die Gesetzgebung zur Kenntnis der Inspektoren zu bringen haben.[1])

Wenn zur Wahrnehmung des Arbeiterschutzes auch besondere Aufsichtsbeamte notwendig sind, so ist damit noch nicht gesagt, daß nur diese Beamten in der genannten Richtung tätig zu sein hätten. Die Fabrikaufsicht schließt Obliegenheiten von sehr verschiedener Bedeutung ein. Es kann nicht als Ideal gelten, daß eine höhere Beamtenkategorie, wie die Inspektoren, durch die Kontrolle auch über ganz einfache, mehr formelle Angelegenheiten in größerem Umfange in Anspruch genommen wird. Man muß vielmehr wünschen, daß derartige Funktionen von dem normalen Polizeipersonal (Polizeikommissare, Schutzmänner, Gendarmen) gewissenhaft erfüllt werden. Wo dieses zu erreichen ist, dort wird es unzweckmäßig sein, den Inspektoren Aufgaben zuzuweisen, welche die polizei-

[1]) Über die Vertrauenspersonen der württembergischen Gewerbeinspektion. S. P. S. C. XIII. S 558, 887.

mäßige Seite des Amtes einseitig in den Vordergrund stellen müßten. Als ebensowenig wünschenswert gilt es aber auch, daß technische Aufgaben, etwa Kesselrevisionen, ausschließliche Handhabung der Unfallverhütungspolizei usw., die Tätigkeit der Aufsichtsbeamten vorzugsweise auf sich lenken. Der Aufsichtsbeamte kann höhere, wertvollere Dienste leisten. Wie kein anderer Beamte steht er mitten in den sozialen Vorgängen darin. Er verfügt über eine Reihe von Anschauungen, Erfahrungen und persönlichen Beziehungen, die einer Verwertung über die unmittelbaren Aufgaben der Aufsicht hinaus fähig sind.

Es liegt aber nur dann die Möglichkeit vor, die soziale Berichterstattung von den hierfür vortrefflich qualifizierten Aufsichtsbeamten in weiterem Umfange pflegen zu lassen, wenn sie eben von allen kleinlichen Polizeifunktionen entbunden werden.

Über die Frage, ob nicht zur Durchführung der Fabrikgesetzgebung, namentlich sofern es gilt, Gesundheit und Sittlichkeit der Arbeiterinnen sicher zu stellen, auch weibliche Inspektoren bestellt werden sollen, äußerte sich der Vorstand der badischen Fabrikaufsicht, Ober-Regierungsrat Dr. Wörishoffer, ursprünglich einigermaßen skeptisch: [1])

„Der Vollzug der Aufgaben der Fabrikaufsicht ist kein so ganz einfacher, wie man sich denselben manchmal denkt, auch wenn man dabei von allen den Gebieten, die spezielle technische Kenntnisse erfordern, ganz absieht. Der Vollzug der Arbeiterschutzgesetze erfordert nicht nur den Besuch der gewerblichen Anlagen und den damit verbundenen Verkehr mit den Arbeitern und Arbeitgebern, sondern vor allem auch eine Vertretung des Standpunktes der Fabrikaufsicht gegenüber den Behörden und Gerichten. Es kommen ferner die Arbeiten in betracht, die mit der Weiterbildung der Arbeiterschutzgesetzgebung verbunden sind. In allen diesen Verrichtungen ist, wie die Dinge jetzt bei uns liegen, eine Frau im allgemeinen weniger vereigenschaftet als ein Mann . . . Mit diesen Einwendungen soll aber nicht die Anstellung weiblicher Fabrikinspektoren überhaupt und grundsätzlich bekämpft werden. Es ist nicht nur möglich, sondern geradezu wahrscheinlich, daß die weitere Entwicklung zur Anstellung solcher weiblichen Beamten drängt und von selbst dazu führt. Einmal wird das weitere Fortschreiten der Berufsbildung der Frauen zur natürlichen Folge haben, daß sie noch in manche bisher den Männern vorbehaltenen Berufszweige eindringen, und dann wird die Ausdehnung der Gewerbeaufsicht auf die Hausindustrie, ins-

[1]) Ethische Kultur Berlin IV. Nr. 9. S. 65. Weitergehende Bedenken wurden von Dr. Fr. Schuler geltend gemacht, vgl. Weibliche Fabrikinspektoren in der Schweiz. A. f. s. G. XVII. S. 384—393.

besondere auf die Konfektionsindustrie, und ferner die fortschreitende Spezialisierung dieses Dienstzweiges auch darauf hindrängen, daß Frauen auch in der Gewerbeaufsicht angestellt werden."

Wörishoffer glaubt übrigens, daß innerhalb des Rahmens, welcher für den Dienst der Fabrikaufsicht besteht, der Vollzug der zum Schutze der Arbeiterinnen erlassenen Gesetze in ganz geeigneter Weise von männlichen Beamten wahrgenommen werden kann. Ausgenommen einen Punkt: der männliche Beamte ist weniger in der Lage, den Arbeiterinnen auch einen Rückhalt in bezug auf sittliche Gefährdungen zu bieten. Allein solange nicht durch weitere Ausgestaltung der Arbeiterschutzgesetzgebung spezielle Arbeitsgebiete für weibliche Beamte innerhalb der Gewerbeaufsicht geschaffen seien, würden die weiblichen Inspektoren schwerlich den festen Boden gewinnen können, von welchem aus sie allein befähigt wären, den Arbeiterinnen auch wirklich einen persönlichen Rückhalt zu bieten. „Schon der Verkehr der männlichen Beamten mit den Arbeitern hat mit großen Schwierigkeiten zu kämpfen. Diese Schwierigkeiten liegen nicht, wie man oft annimmt, in einem Mißtrauen der Arbeiter gegen die Beamten, sondern ganz einfach in der Furcht, gemaßregelt, oder samt ihren Familien auf die Straße gesetzt zu werden, wenn sie sich bei ihren Arbeitgebern durch den Verkehr mit den Aufsichtsbeamten mißliebig machen. Das alles wird bei den verschüchterten, nicht organisierten und in allen Beziehungen des Lebens abhängigen Arbeiterinnen in noch höherem Grade der Fall sein."

Diese Befürchtungen scheinen doch übertrieben gewesen zu sein. Wenigstens sind in England, Nordamerika und Frankreich, ferner in Baden, Bayern, Hessen, Preußen, Sachsen-Koburg-Gotha und Württemberg Inspektorinnen bereits seit einigen Jahren mit befriedigendem Erfolge tätig. Besondere Beachtung verdient das Vorgehen Badens, das der akademisch gebildeten Inspektorin den gleichen Rang wie den männlichen Aufsichtsbeamten zugesteht.[1])

107. Die Internationalität des Arbeiterschutzes.[2])

Es fehlt nicht an Stimmen, welche eine internationale Gestaltung des Arbeiterschutzes fordern. Ein einzelner Staat könne in diesen Fragen, welche seine Konkurrenzfähigkeit auf dem Weltmarkt in der

---

[1]) Über die Frage der weibl. Fabrikaufsicht überhaupt und in Baden vgl. Bittmann, Die badische Fabrikinspektion. Karlsruhe 1905. S. 120—129; Frl. Dr. v. Richthofen, Vorträge über die weibl. Fabrikinspektion, gehalten in

empfindlichsten Weise berührten, unmöglich allein vorgehen. Erst wenn alle für den Weltmarkt in betracht kommenden Länder den gleichen Schutz für ihre jugendlichen und weiblichen Arbeitskräfte, die gleiche tägliche Arbeitszeit usw. vereinbart hätten, brauche man nicht mehr zu besorgen, daß die Erfüllung dieser dringenden Gebote der Menschlichkeit zum Ruine des heimischen Gewerbfleißes ausschlüge.

Diese Grundanschauungen, von denen die Bewegung für Internationalität des Arbeiterschutzes ausgeht, können indes durchaus nicht als zutreffend anerkannt werden. Die früheren Darlegungen (S. 422 ff.) über die Folgen einer Verkürzung der Arbeitszeit und einer Erhöhung der Löhne haben bereits deutlich erkennen lassen, daß lange Arbeitszeit und niedrige Lohnsätze der volkswirtschaftlichen Entwicklung keineswegs unter allen Umständen zum Segen gereichen. Im Gegenteil. Gerade unter dem Drucke der sozialen Anforderungen, welche die Gesetzgebung und die organisierten Arbeiter erhoben haben, ist die Leistungsfähigkeit der Industrie beträchtlich gesteigert worden. Der englische Großindustrielle Mundella hat sogar erklärt, die lange Arbeitszeit des Kontinentes schütze die englische Industrie am besten vor seiner Konkurrenz. England hat auch gegenüber dem Schlagworte des internationalen Arbeiterschutzes eine äußerst kühle Haltung bewahrt. Man kann fast sagen, das Interesse eines Landes an der Internationalität des Arbeiterschutzes steht im umgekehrten Verhältnis zur Ausbildung seiner eigenen Fabrikgesetzgebung. Deshalb kann im allgemeinen keineswegs zugegeben werden, daß der Arbeiterschutz die internationale Konkurrenzfähigkeit einer Industrie benachteiligt. Der Arbeiterschutz gefährdet lediglich die kleineren Betriebe, welche nicht die Mittel besitzen, um höhere Löhne oder kürzere Arbeitszeiten durch bessere technische

---

den Ortsgruppen der Gesellschaft für soz. Reform in Dresden und Leipzig. S. P. S. C. XII. S. 249—250.

[2]) Bauer, Die geschichtlichen Motive des internationalen Arbeiterschutzes. Vierteljahrsschrift für Sozial- und Wirtschaftsgeschichte. I. Bd. Leipzig 1903; G. Adler, Die Frage des internationalen Arbeiterschutzes. München und Leipzig 1888; K. Bücher, Zur Geschichte der internationalen Fabrikgesetzgebung. Deutsche Worte, herausgegeben von E. Pernerstorfer. Wien 1888. S. 49—71; Gustav Cohn, Internationale Fabrikgesetzgebung. J. f. N. St. 37. Bd. S. 313—426; Derselbe, Die Entwicklung der Bestrebungen für internationalen Arbeiterschutz. A. f. s. G. XIV. S. 53—80; Francke, Der internationale Arbeiterschutz. Dresden 1903; Mahaim, L'association internationale pour la protection légale des travailleurs. Revue économique internationale, Octobre 1904; Reichesberg, Bestrebungen und Erfolge der Internationalen Vereinigung für gesetzlichen Arbeiterschutz und des Internationalen Arbeitsamtes. Schweiz. Blätter f. Wirtschafts- und Sozialpolitik. XIII. S. 81—94, 97—111, 129—137.

Ausrüstung wettzumachen. Von diesen Kreisen geht in der Regel auch der erbittertste Widerstand gegen Verbesserungen des Schutzes aus. Die größten und leistungsfähigsten Unternehmungen haben zuweilen schon im eigenen wohlverstandenen Interesse die Einrichtungen getroffen, welche durch das Gesetz erst verallgemeinert werden sollen. Sie können von solchen Maßregeln, welche sie von einer Fülle kleinerer Konkurrenten entlasten, sogar beträchtliche Vorteile ernten.

Insofern begünstigt die Arbeiterschutzgesetzgebung zweifelsohne den Verdrängungsprozeß, welchem die kleineren Betriebe in manchen Industriezweigen unterliegen. Eine Beschleunigung dieser Entwicklung kann unter Umständen, auch vom Standpunkte der Arbeiter aus betrachtet, soziale Nachteile einschließen. Werden viele kleinere Unternehmungen in kurzer Zeit vernichtet, so werden die so brotlos werdenden Arbeiter leicht erhebliche Schwierigkeiten zu überwinden haben, ehe sie neue Stellungen erhalten. Denn wenn auch durch die Vernichtung der kleineren Betriebe der Geschäftsumfang der größeren wächst, so kann ihr Arbeiterbedarf, eben wegen ihrer überlegenen technischen Ausrüstung, ein relativ kleinerer sein. Abgesehen davon, braucht ja die größere Fabrik sich auch nicht immer gerade an dem Platze zu befinden, an welchem kleinere zugrunde gehen. Aus all diesen Gründen wird in der Entwicklung des nationalen Arbeiterschutzes immer ein maßvolles Tempo innegehalten werden müssen. Aber es sind vor allem nationale Rücksichten, nicht solche auf die internationale Konkurrenzfähigkeit, die zu solcher Mäßigung zwingen. Unter dem Gesichtswinkel der internationalen Konkurrenzfähigkeit kann ein Land ja nur gewinnen, wenn es die minder leistungsfähigen Betriebe möglichst rasch durch Unternehmungen ausschalten läßt, welche in jeder Hinsicht auf der Höhe der Zeit stehen.

Ob nun aber die einzelnen Staaten übereinstimmend vorgehen oder nicht, die Spitze, welche die Arbeiterschutzgesetzgebung z. B. in bestimmten Industrien gegen die kleineren Fabriken kehrt, kann nicht abgestumpft werden. Der Vorteil der Internationaltät würde sich im wesentlichen auf den Trost reduzieren, daß die kleineren Fabrikanten im Lande A nur dasselbe Schicksal erlitten, daß auch ihre Kollegen im Lande B, C. usw. erführen.

Überdies muß auch die Möglichkeit einer internationalen Arbeiterschutzgesetzgebung den schwersten Bedenken begegnen. Handelt es sich hier doch nicht um rein verwaltungstechnische Abmachungen, wie z. B. bei den meisten internationalen Fracht-, Post- und Telegraphenverträgen, sondern geradezu um die wichtigsten Machtfragen der allgemeinen gesellschaftlichen und politischen Entwicklung eines Volkes. Das gilt namentlich von der Länge der täglichen Arbeitszeit. Je mehr Muße der Arbeiterklasse bleibt, desto aufmerksamer wird sie den Gang der öffentlichen Angelegenheiten verfolgen und desto erfolgreicher überall ihre Interessen zur Geltung zu bringen verstehen. Die Abkürzung der Arbeitszeit ist eine wichtige Etappe auf der Bahn der demokratischen Entwicklung überhaupt. Solche Fragen können nicht durch internationale Diplomatenkonferenzen entschieden werden, ebensowenig wie Fragen des Wahlrechtes, der Zusammensetzung und Befugnisse der Vertretungskörper, der Besteuerungspolitik usw.

Wie oben dargetan wurde, ist die Durchführung des Arbeiterschutzes mit ganz besonderen Schwierigkeiten verknüpft. Es würde also eine internationale Vereinbarung über den Schutzinhalt gar nicht ausreichen, um eine internationale Übereinstimmung in bezug auf den wirklich gewährten Schutz herbeizuführen, es müßte auch eine fortgesetzte internationale Kontrolle darüber eingerichtet werden, in welchem Maße die einzelnen Länder ihre Arbeiterschutzgesetze tatsächlich durchführen [1]) und in welchem Umfange sie von den überall vorhandenen Ausnahmebefugnissen Gebrauch machen. Die internationale Arbeiterschutzgesetzgebung hätte also eine unausgesetzte Einmischung des Auslandes in die Verwaltungsverhältnisse des Inlandes zur notwendigen Folge. Welcher unabhängige Staat wird dazu seine Hand bieten?! Eher als in bezug auf allgemeine Maßregeln könnte eine gewisse Internationalität in bezug auf ganz konkrete, spezielle Vorschriften gewerbehygienischer Natur erreicht werden. Die Verwendung von weißem Phosphor, die Herstellung der Bleifarben und des Bleizuckers, die Manipulation mit Quecksilber, Cyan oder Arsenik, das alles kann, wenn ein ausreichender Schutz für die Beteiligten erzielt werden soll, sehr kostspielige Vorkehrungen notwendig machen und zwar solche, welche sich nicht ohne weiteres in eine Erhöhung der privatwirtschaftlichen Rentabilität umsetzen lassen, mag auch der Gewinn für die Arbeiterbevölkerung sehr beträchtlich sein. Hier dürften internationale Vereinbarungen um so leichter einsetzen, als die Regelung dieser Verhältnisse zumeist Sache der Verwaltung, Sache der Vollzugsorgane ist. Die Regierungen könnten also bindende Vereinbarungen eingehen, welche nicht erst die Klippen einer parlamentarischen Aktion, oder gar einer Volksabstimmung zu passieren hätten. Da es sich hier um deutlich

[1]) Die Durchführung hängt nicht nur von dem guten Willen der obersten Staatsbehörden, sondern auch von der Integrität des Inspektionspersonales ab. Von russischen Fabrikanten wird behauptet, daß man sich durch Bestechung der Aufsichtsbeamten die Nichtausführung erkaufen könne. Vgl. G. Gothein, Die innere Entwicklung Rußlands. Frankfurter Zeitung. Nr. 85. 1905.

abgegrenzte Maßregeln handeln würde, wäre auch die gegenseitige Kontrolle leichter und sicherer zu handhaben.

Das Gesagte steht nicht im Widerspruche mit den Fortschritten, welche die Internationalität des Arbeiterschutzes in den letzten Jahren gemacht zu haben scheint. Der Konferenz in Berlin vom Jahre 1890 sind 1897 solche in Zürich und Brüssel, 1900 in Paris gefolgt. Hier fand die Gründung einer internationalen Vereinigung für gesetzlichen Arbeiterschutz statt. Ihr Sitz ist die Schweiz. Sie besteht aus Landessektionen und Einzelmitgliedern. Ihr Zweck besteht darin, 1. ein Bindeglied zu sein für alle, die in den verschiedenen Industrieländern die Arbeiterschutzgesetzgebung als Notwendigkeit betrachten; 2. ein internationales Arbeitsamt zu errichten, mit der Aufgabe, eine periodische Sammlung der Arbeiterschutzgesetze aller Länder in französischer, deutscher und englischer Sprache herauszugeben, oder einer solchen Veröffentlichung seine Mithilfe zu leisten. Das internationale Arbeitsamt ist mit dem Sitze in Basel am 1. Mai 1901 ins Leben gerufen worden und hat außer dem Bulletin des Internationalen Arbeitsamtes (seit 1. Januar 1902) auch die bereits mehrfach erwähnten Berichterstattungen über „Gewerbliche Nachtarbeit der Frauen" und „Gesundheitsgefährliche Industrien" veranstaltet. Die Zahl der Regierungen, welche das Amt durch Jahressubventionen unterstützen, ist auf neun gewachsen (Deutsches Reich, Österreich, Schweiz, Frankreich, Italien, Niederlande, Ungarn, Norwegen, Vereinigte Staaten).

Wie die Konferenzen in Zürich, Brüssel und Paris, so haben auch die Landessektionen, die Vereinigung derselben und ihr Arbeitsamt keinen offiziellen Charakter. Die Obliegenheiten des letzteren sind wissenschaftlich-informativer Art. Von den Landessektionen (Deutsches Reich, Österreich, Belgien, Frankreich, Ungarn, Italien, Niederlande, Schweiz; England fehlt bezeichnender Weise) beabsichtigen die seriöseren, den Schwerpunkt in die nationale Propaganda für soziale Reformen zu verlegen. Im übrigen geht aus den Landessektionen die Delegiertenversammlung hervor, der die oberste Leitung der Angelegenheiten zusteht.[1])

Der erste Erfolg dieser Organisation besteht in der offiziellen internationalen Arbeiterschutzkonferenz, welche Mitte Mai 1905 in Bern stattgefunden[2]) und eine Vereinbarung über das Verbot der Verwendung

---

[1]) Über die Verhandlungen der Delegiertenversammlungen unterrichten die „Schriften der internationalen Vereinigung für gesetzlichen Arbeiterschutz" Nr. 1—3. Jena 1901, 1903, 1905.

[2]) O. Lang, Die Ergebnisse der internat. Arbeiterschutzkonferenz. Neue Gesellschaft. Heft 9. 1905.

von weißem Phosphor und die Beseitigung der industriellen Nachtarbeit der Frauen getroffen hat.[1]) Sollten die Vereinbarungen von den gesetzgebenden Faktoren der Konferenzstaaten angenommen werden, so würde sich in der Phosphorfrage nur für Österreich, Ungarn, Belgien, Italien, Rußland, England, Schweden und Japan ein Fortschritt ergeben. Finnland, Dänemark, Frankreich, Schweiz, Rumänien, Niederlande und Deutsches Reich haben schon vor der Konferenz das Phosphorverbot besessen.

Die Beschlüsse über die Nachtarbeit der Frauen dürften im Deutschen Reiche, Luxemburg, Niederlande, Schweiz, Österreich den Übergang zum zehnstündigen Maximalarbeitstag, den England und Frankreich schon eingeführt haben, befördern und in den übrigen zurückgebliebenen Staaten (Belgien!) wenigstens die elfstündige Arbeitszeit anbahnen. Bedauerlich ist die lange Frist von 5½ Jahren, welche für die Verwirklichung zugestanden wurde. Österreich hatte für die Zuckerfabriken, Belgien für die Wollkämmerei sogar eine Erstreckung bis 1917 verlangt! Zu beachten bleibt, daß der Ausdruck „Nachtruhe" die Dauer der täglichen Arbeitszeit nur dahin bestimmt, daß der Arbeiterin außerhalb der Fabrik 11 Stunden übrig bleiben. Es bleibt den Vertragsstaaten also die Möglichkeit offen, die tägliche Arbeitszeit einschließlich der Mittagspause noch auf 13 Stunden auszudehnen.

Insofern wird der eigentliche Fortschritt auf diesem Gebiete auch in Zukunft nationale Aufgabe bleiben. Die internationalen Bestrebungen können nur verhindern, daß der Abstand zwischen den reformfreundlichen und reformfeindlichen Ländern allzu groß wird.

---

[1]) Die auf das Phosphorverbot bezügliche Vereinbarung hat nachstehenden Wortlaut:

Art 1. Vom 1. Januar 1901 an ist die Herstellung, die Einfuhr und der Verkauf von Zündhölzern, die weißen (gelben) Phosphor enthalten, verboten.

Art. 2. Die Urkunden über die Ratifikationen sollen spätestens am 31. Dezember 1907 hinterlegt werden.

Art. 3. Die Regierung von Japan wird eingeladen werden, bis zum 31. Dezember 1907 den Beitritt zu diesem Übereinkommen zu erklären.

Art. 4. Das Übereinkommen tritt in Kraft, wenn die auf der Konferenz vertretenen Staaten und Japan beigetreten sind.

Die Grundzüge des Übereinkommens über die gewerbliche Nachtarbeit der Frauen lauten:

Art. 1. Die industrielle Nachtarbeit der Frauen soll ohne Unterschied des Alters, unter Vorbehalt der folgenden Ausnahmen, verboten sein. Das Übereinkommen erstreckt sich auf alle industriellen Unternehmungen, in denen mehr als zehn Arbeiter und Arbeiterinnen beschäftigt sind. Es findet keine Anwendung auf Anlagen, in denen nur Familienglieder tätig sind. Jeder der vertragschließenden

C. Die Arbeiterversicherung.[1])

108. Die Krankenversicherung.[2])

Ein vollkommen ausgebildeter Gewerkverein tritt, wie früher gezeigt wurde, für seine Mitglieder ebenso gut im Falle der Arbeits=

Teile hat den Begriff der industriellen Unternehmungen festzustellen. Unter allen Umständen sind aber hierzu zu rechnen die Bergwerke und Steinbrüche, sowie die Bearbeitung und die Verarbeitung von Gegenständen; dabei sind die Grenzen zwischen Industrie einerseits, Handel und Landwirtschaft andererseits durch die Gesetzgebung jedes Staates zu bestimmen.

Art. 2. Die im vorhergehenden Artikel vorgesehene Nachtruhe hat eine Dauer von mindestens elf aufeinanderfolgenden Stunden. In diesen elf Stunden soll in allen Staaten der Zeitraum von zehn Uhr abends bis 5 Uhr morgens inbegriffen sein. In denjenigen Staaten jedoch, in denen die Nachtarbeit der erwachsenen industriellen Arbeiterinnen gegenwärtig geregelt ist, darf die Dauer der ununterbrochenen Nachtruhe während einer Übergangsfrist von höchstens drei Jahren auf zehn Stunden beschränkt werden.

Art. 3. Das Verbot der Nachtarbeit kann außer Kraft treten: 1. Im Falle einer vorherzusehenden, sich nicht periodisch wiederholenden Betriebsunterbrechung, die auf höhere Gewalt zurückzuführen ist; 2. für die Verarbeitung leicht verderblicher Gegenstände zur Verhütung eines sonst vermeidlichen Verlustes an Rohmaterial.

Art. 4. In den dem Einflusse der Jahreszeit unterworfenen Industrien (Saisonindustrien), sowie unter außergewöhnlichen Verhältnissen in allen Betrieben kann die Dauer der ununterbrochenen Nachtruhe an 60 Tagen im Jahre bis auf zehn Stunden beschränkt werden.

Art. 5. Die Urkunden über die Ratifikation des Übereinkommens sollen spätestens am 31. Dezember 1907 hinterlegt werden.

Für das Inkrafttreten des Übereinkommens wird eine Frist von drei Jahren bestimmt, die von der Hinterlegung der Ratifikationsurkunden an zu rechnen ist. Diese Frist soll zehn Jahre betragen: 1. für die Fabriken, die Rohzucker aus Rüben herstellen; 2. für die Schafwollkämmerei und =Spinnerei; 3. für die Arbeiten über Tage von Bergwerken, sofern diese Arbeiten für die Dauer von mindestens vier Monaten im Jahre infolge von klimatischen Verhältnissen eingestellt werden müssen.

[1]) Vgl. v. d. Borght, Die soziale Bedeutung der deutschen Arbeiterversicherung. Jena 1898; Derselbe, Grundzüge der Sozialpolitik. 1904. S. 323—386; Zacher, Die Arbeiterversicherung im Auslande. 20 Hefte. Berlin 1898 bis 1904; Laß und Zahn, Einrichtung und Wirkung der deutschen Arbeiterversicherung. Berlin 1901; Laß, Arbeiterversicherungsrecht in Holtzendorff=Kohler's Encyclopädie der Rechtswissenschaft. 1903. II. S. 761—807. Rosin, Das Recht der Arbeiterversicherung. Berlin. I. 1893, II. 1905; ferner die Artikel: Arbeiterversicherung, Allgemeines von v. d. Borght, die Artikel über die Arbeiterversicherung in den einzelnen Staaten von Honigmann, Verkauf, Mataja, Zacher, Hasbach, Einaudi, Falkenburg, Bücher, Westergaard und Bemis und die in diesen Artikeln gegebenen Literaturnachweise.

[2]) Art. Krankenversicherung von v. d. Borght.

unfähigkeit, bedingt durch Krankheit, Unfall, Invalidität oder hohes Alter, als im Falle der Arbeitslosigkeit ein. Es besteht somit für die Mitglieder solcher Verbände keinerlei Anlaß, noch besonderen Arbeiterversicherungs-Organisationen sich anzuschließen. Allein es gibt auch weniger gut entwickelte Vereine, die nur die Versicherung gegen Arbeitslosigkeit übernehmen. Es gibt ferner große Gebiete, in denen es die Arbeiter zu einer gewerkschaftlichen Organisation nur in vereinzelten Fällen gebracht haben. Das Bedürfnis der Arbeiter, bei Krankheit, Unfall usw. nicht sofort der Armenpflege überantwortet zu werden, ist aber so mächtig, daß dort, wo kräftige Gewerkvereine aus diesem oder jenem Grunde nicht entstanden sind, immerhin Vereinigungen der Arbeiter ins Leben traten, die sich die Aufgabe stellten, in den genannten Fällen für ihre Mitglieder zu sorgen.

Der Weg des individuellen Sparens gewährt dem Arbeiter ja schon deshalb keine ausreichende Sicherheit, weil das Mißgeschick leicht viel früher eintreten kann, als es einem Arbeiter selbst bei gutem Lohne möglich ist, eine zur Deckung seines Bedarfes auf längere Zeit hinaus ausreichende Summe zu ersparen. Im übrigen sind die Lohnverhältnisse für viele Arbeiter derart, daß sie selbst bei einer durch Jahrzehnte fortgesetzten Sparsamkeit es nicht ermöglichen, ein Kapital einzusammeln, welches die Lebensführung eines z. B. im 55. Lebensjahre invalide werdenden Arbeiters bis ans Ende seines Daseins sicher stellen würde. Soll sich also der Arbeiter gegen diese Notfälle aus eigener Kraft irgendwie sichern, so kann dies mit Erfolg nur dadurch geschehen, daß eine größere Zahl von Arbeitern zur gemeinsamen Übernahme der Gefahr zusammentritt. Treffen doch die genannten Wechselfälle nicht alle Arbeiter oder wenigstens mit sehr verschiedener Wucht und in sehr verschiedenem Lebensalter. Schließen sich die Arbeiter zu einer Hilfskasse zusammen, so findet eine Verteilung des Risikos auf alle Arbeiter statt. Die leichter oder gar nicht betroffenen Mitglieder treten für ihre minder glücklichen Genossen ein, und es wird möglich, durch verhältnismäßig kleine Prämienzahlungen eine leidliche Sicherung gegen Störungen im Bezug des Arbeitslohnes zu gewinnen. Das Bedürfnis nach derartigen gegenseitigen Unterstützungsvereinen ist ein so elementares, daß die Arbeiter auch dort schon sehr früh Hilfskassen, namentlich zur Unterstützung im Falle der Krankheit, begründet haben, wo die Hilfsverbände des alten Zunftwesens aufs gründlichste zerstört worden waren, und die Gesetzgebung, wie in Frankreich, jede Vereinigung von Arbeitern mit dem größten Mißtrauen verfolgte. Zur Krankenunterstützung traten in der Regel im

Todesfalle noch Begräbnisgelder. Häufig wurden die Unterstützungen schlechthin in Notlagen gewährt, mochten diese nun durch Krankheit, Unfall oder Invalidität entstanden sein. Von einer strengen versicherungstechnischen Grundlage war keine Rede, da ja auch die hierfür notwendigen statistischen Aufzeichnungen noch fehlten. Erfüllt von dem Gedanken „Alle für einen, einer für alle" sorgte man durch Umlagen dafür, daß die Mittel zur Auszahlung der statutenmäßigen Unterstützungen aufgebracht wurden. Oft versprachen die Kassen mehr als sie halten konnten. Auch ließ die Verwaltung zu wünschen übrig, und gewissenlose Elemente mißbrauchten das Vertrauen der Genossen. Dabei fehlte es nicht an Drangsalierungen durch die Behörden, da sie in den Hilfskassen Organisationen erblickten, welche je nach Bedarf auch anderen als rein humanitären Bestrebungen zu dienen vermöchten. In der Tat sind viele Gewerkvereine aus solchen Unterstützungsverbänden hervorgegangen.

Ungeachtet all' dieser Schwierigkeiten ist das freie Hilfskassenwesen in einzelnen Ländern, besonders in England, aber auch in der Schweiz mächtig emporgeblüht. Die finanziellen Grundlagen haben sich unter dem Einflusse einer vernünftigen Staatsaufsicht erheblich gebessert. Einige dieser Kassen, wie die Odd-Fellows und die Foresters besitzen weit über eine halbe Million Mitglieder. Die Mitgliederzahl der gesamten „friendly societies" in Großbritannien und Irland betrug nach der 1892 veranstalteten Erhebung 8 320 262 mit einem Vermögen von 26 003 061 Lstrl. Die Fürsorge, die sie entwickeln, erstreckt sich in erster Linie auf Unterstützungen bei Krankheiten und auf Begräbnisgelder.

Im Deutschen Reiche dagegen hat das freie Hilfskassenwesen eine sehr viel bescheidenere Rolle gespielt. Im Jahre 1876 gab es nur 5239 Arbeiterkrankenkassen mit 869 204 Mitgliedern. An diesem unzulänglichen Ergebnisse waren verschiedene Faktoren beteiligt. Einmal standen die Behörden und Arbeitgeber dem freien Kassenwesen nicht sehr sympathisch gegenüber. Man nahm an, daß es in vielen Fällen zum Vorwande für politische und gewerkschaftliche Zwecke diene. Sodann entbehrten die Arbeiter selbst vielfach der entsprechenden Initiative, wie ja überhaupt die unterste Schicht der Arbeiterklasse nur selten die Fähigkeit zur Selbsthilfe noch besitzt. Als nun infolge des Sozialistengesetzes der Spielraum, innerhalb dessen sich Arbeitervereinigungen betätigen konnten, noch wesentlich eingeschränkt worden war, hielt es die Reichsregierung für ihre Pflicht, von Reichswegen eine Fürsorge eintreten zu lassen. Eine solche entsprach durchaus dem sozialpolitischen

Ideenkreise des Fürsten Bismarck, welcher sich, der Arbeiterschutzgesetzgebung und den gewerkschaftlichen Bestrebungen abgeneigt, schon im Jahre 1863 in einem Schreiben an dem damaligen Minister des Innern, den Grafen von Eulenburg, für die Förderung der Arbeiterversicherung ausgesprochen hatte. Die erste Reform, welche auf Grund des in der kaiserlichen Botschaft von 1881 entworfenen Programmes zur Ausführung kam, war das Krankenversicherungsgesetz vom 15. Juni 1883. Hier wurde das Vorgehen durch den Umstand erheblich erleichtert, daß Krankenversicherungsorganisationen, teils von Arbeitgebern, teils von Arbeitern, teils von Gemeinden begründet, schon bestanden. Man hatte die bereits bestehenden Einrichtungen eigentlich nur durch Aussprechen des Versicherungszwanges zu verallgemeinern. Nachdem spätere Maßnahmen von 1885, 1886, 1892 und 1903 erhebliche Erweiterungen gebracht haben, betrug der Kreis der versicherten Personen (1901) 10 319 564.[1]) Der Versicherungszwang erstreckt sich auf alle Arbeiter, ohne Rücksicht auf die Höhe ihres Lohnes und diejenigen Betriebsbeamten, deren Arbeitsverdienst 6 ²/₃ M. für den Arbeitstag (2000 M. für das Jahr) nicht übersteigt. Dabei wird aber vorausgesetzt, daß der Arbeiter einem versicherungspflichtigen Betriebe angehört. Die wichtigsten sind Bergwerke, Brüche, Gruben, Fabriken, Hüttenwerke, Eisenbahnen, Werften, Bauten, das Handelsgewerbe, Handwerk und die sonstigen stehenden Gewerbebetriebe, der Geschäftsbetrieb der Anwälte, Notare und Gerichtsvollzieher, Krankenkassen, Berufsgenossenschaften und Versicherungsanstalten, die sog. Motorenbetriebe, der technische Betrieb der Post- und Telegraphenverwaltungen, der Marine- und Heeresverwaltungen und der Betrieb auf gewissen See- und Küstenfahrzeugen. Die Versicherungspflicht kann noch erweitert werden auf die in den genannten Betrieben nur vorübergehend beschäftigten Personen, die im Betriebe oder im Dienst des Reichs, Staats oder der Kommunen beschäftigten und noch nicht durch das Gesetz versicherungspflichtig erklärten Personen, auf die Familienangehörigen eines Unternehmers, deren Beschäftigung im Betriebe nicht auf Grund eines Arbeitsvertrages stattfindet, auf die Hausgewerbetreibenden und die land- und forstwirtschaftlichen Arbeiter und Betriebsbeamten. Die Ausdehnung der Versicherungspflicht auf die Hausgewerbetreibenden ist durch Ortsstatut bis jetzt erst in ungefähr einem Dutzend Städte erfolgt.

Die Träger der Versicherung stellen dar: 1. Die Ortskrankenkassen. Ihre Errichtung geht von den Gemeinden aus. Wenn die

---

[1]) Atlas und Statistik der Arbeiterversicherung des Deutschen Reiches. Beiheft zum Reichsarbeitsblatt Juni 1904. Berlin 1904. S. 13.

Zahl der versicherungspflichtigen Personen eines Gewerbezweiges oder einer Betriebsart mindestens 100 beträgt, so soll für sie eine besondere Kasse eingerichtet werden. Das Prinzip der Berufskasse ist aber im Interesse der rationelleren und billigeren Verwaltung vielfach durchbrochen worden, so daß es viele große allgemeine Ortskrankenkassen gibt. 2. Die Betriebs-, Bau-, Innungs- und Knappschaftskassen. Zur Einführung der Betriebskrankenkassen sind diejenigen Unternehmer berechtigt, in deren Betriebe mehr als 50 Arbeiter beschäftigt werden; es besteht für sie aber auch eine Verpflichtung zur Errichtung dieser Kassen, wenn die Gemeinde oder die Krankenkasse, welcher ihre Arbeiter angehören, es verlangt. Ja bei besonderer Gesundheitsgefährlichkeit des Betriebes können selbst Unternehmer mit weniger als 50 Arbeitern zur Errichtung veranlaßt werden.

3. Die freien Hilfskassen. Versicherungspflichtige Arbeiter können auch einer freien Kasse beitreten, wenn diese mindestens diejenigen Unterstützungen gewährt, welche die Gemeinde-Krankenversicherung am Beschäftigungsort der Versicherten leisten muß.

4. Die Gemeinde. Versicherungspflichtige Personen, welche keiner der 1—3 genannten Kassenarten angehören, werden unmittelbar bei der Gemeinde versichert.

Die gesetzlichen Minimalleistungen bestehen in freier ärztlicher Behandlung, freier Arznei und sog. kleinen Heilmitteln (Brillen, Bruchbänder), ferner in einem Krankengeld, welches im Falle der Erwerbsunfähigkeit vom dritten Tage nach Eintritt der Krankheit ab in Höhe der Hälfte des für die Beitragsbemessung maßgebenden Tagelohnes zu zahlen ist. Anstelle der bezeichneten Leistungen kann Krankenhausbehandlung treten. In diesem Falle erhalten die Angehörigen die Hälfte des Krankengeldes als „Angehörigenunterstützung". Diese Leistungen erstrecken sich erforderlichenfalls bis zur Dauer von 26 Wochen. Außerdem haben die Orts-, Betriebs-, Bau- und Innungskrankenkassen Wöchnerinnenunterstützung in Höhe der Krankengelder für mindestens sechs Wochen und ein Sterbegeld im zwanzigfachen Betrage des für die Beitragsbemessung maßgebenden Tagelohnes zu gewähren.

Von diesen Minimalleistungen sind Abweichungen nach obenhin gestattet, z. B. Gewährung der Unterstützung über 26 Wochen hinaus, Erhöhung des Krankengeldes bis auf drei Viertel des Tagelohnes, Erhöhung der Angehörigenunterstützung, Einbeziehung der Familienangehörigen usw.

Die erforderlichen Mittel werden durch Eintrittsgelder und Beiträge aufgebracht, welche sich, je nach den Kassenarten, zwischen $1\frac{1}{2}$—6% des Lohnes bewegen. Versicherungspflichtige Personen haben $\frac{2}{3}$, ihre Arbeitgeber $\frac{1}{3}$ zu tragen. Diesen Leistungen entspricht auch die Vertretung beider Teile im Kassenvorstande.

Auf die verschiedenen Kassenarten kamen im Jahre 1901 Kassen und Mitglieder:[1])

	Kassen	Mitglieder
Gemeinde-Krankenversicherung	8 112	1 465 124
Ortskrankenkassen	4 663	4 550 235
Betriebskrankenkassen . . .	7 480	2 496 743
Baukrankenkassen	57	15 791
Innungskrankenkassen . . .	613	203 809
Eingeschriebene Hilfskassen .	1 431	864 978
Landesrechtliche Hilfskassen .	228	45 062
Knappschaftskassen	186	677 822
Zusammen . . .	22 770	10 319 564.

Die Einnahmen aller Krankenkassen betrugen 200 350 577 M., 58 624 886 M. von seiten der Arbeitgeber, 130 783 968 M. von seiten der Arbeiter, während auf Zinsen und sonstige Einnahmen 10 941 723 M. entfielen. Verausgabt wurden überhaupt: 194 060 030 Mark, und zwar für Ärzte 37 553 732 M., für Arzneien und Heilmittel 28 554 045 M., für Krankengelder an Mitglieder 81 293 765 Mark, für Angehörige 1 723 955 M., für Wöchnerinnen 2 619 329 M., für Krankenhäuser 23 182 536 M., für Sterbegelder 5 530 856 M., für Verwaltung 10 885 873 M. Das Kassenvermögen belief sich auf 186 645 198 M.

Eine grundsätzlich verwandte Gestaltung hat die Krankenversicherung in Österreich[2]) (30. März 1888), Ungarn (9. April 1891) und in Luxemburg (31. Juli 1901) gefunden; für die Arbeiter der Bergwerke ist die Krankenversicherung obligatorisch gemacht worden im ehemaligen Königreiche Polen (27. Januar 1893) und in Frankreich (29. Juni 1894). In der Schweiz ist das Krankenversicherungsgesetz in der Volksabstimmung vom 20. Mai 1900 mit 330 000 gegen 143 000 Stimmen verworfen worden. In Schweden und Dänemark begnügt man sich, die anerkannten Hilfskassen durch staatliche Zuschüsse zu fördern.

[1]) Atlas und Statistik usw. a. a. O.

[2]) Mayer, Jos., Die obligatorische Krankenversicherung; Derselbe, Bergwerksbruderladen (Soz. Verwaltung in Österreich. I. Wien 1900. 1. Heft); ferner die entsprechenden Art. im österreichischen Staatswörterbuch (Arbeitsrecht F).

109. Die Unfallversicherung.[1])

Ursprünglich konnten die Arbeiter bei Betriebsunfällen in der Regel nur soweit besondere Entschädigungen erhalten, als nach den Grundsätzen des Zivilrechtes der Unternehmer haftbar erschien. Diese Regelung benachteiligte den Arbeiter in mannigfacher Weise. Bei den unausbleiblichen Prozessen lag ihm die schwierige Beweislast ob, daß tatsächlich ein Verschulden des Unternehmers vorlag. Sodann gab es auch zahlreiche Unfälle, in denen ein bestimmtes Verschulden nicht nachgewiesen werden konnte, oder Personen (Mitarbeiter, Vorarbeiter usw.) die Schuld trugen, für welche der Unternehmer nicht zu haften hatte, und die ihrerseits nicht die Mittel besaßen, um den Verletzten eine ausreichende Entschädigung zu gewähren. So beschloß die Reichsregierung den zivilistischen Grundsatz des Schadenersatzes nach Maßgabe des Reichs-Haftpflichtgesetzes von 1871 überhaupt fallen zu lassen und an dessen Stelle eine auf dem Boden des öffentlichen Rechtes sich bewegende Fürsorge für die durch Betriebsunfälle betroffenen Arbeiter und deren Hinterbliebene einzuführen. Der erste Entwurf beabsichtigte für die Zwecke der Versicherung eine Reichsanstalt ins Leben zu rufen. Bei dieser sollten die Unternehmer ihre Arbeiter versichern. In die Aufbringung der Mittel hätten sich Reich, Arbeitgeber und Arbeiter zu teilen gehabt. Der Reichszuschuß wurde indes als eine „sozialistische" Maßregel vom Reichstage verworfen. Erst auf einen dritten Entwurf hin kam eine Einigung unter den gesetzgebenden Faktoren zu stande.

Das Unfallversicherungsgesetz vom 6. Juni 1884 (mit Nachträgen aus den Jahren 1885, 1886 und 1887 und gegenwärtig in der Fassung vom 30. Juni 1900 giltig) erstreckt sich so ziemlich auf alle Lohnarbeiter und einzelne Betriebsbeamte mit weniger als 3000 M. Jahreseinkommen. Ausgenommen sind noch die Arbeiter des Handels und zum Teil auch derjenigen gewerblichen Kleinbetriebe, in denen keine Motoren zur Verwendung gelangen. Sofern die Unfälle nur eine Erkrankung oder Erwerbsstörung von weniger als 13 Wochen begründen, fallen sie den Krankenkassen zur Last. In den übrigen Fällen tritt die Unfallentschädigung ein, und diese umfaßt: 1. bei Verletzungen die Kosten des Heilverfahrens und eine Rente für die Dauer der Erwerbsunfähigkeit bis zu $66^2/_3$ Prozent des durchschnittlichen Jahresarbeitsverdienstes oder an stelle dieser Leistungen freie Anstaltspflege bis zur Beendigung des

[1]) Art. Unfallversicherung und Unfallstatistik von Zacher; ferner Laß und Zahn a. a. O. S. 19—34, 91—114, 161—188.

Heilverfahrens und eine Rente für die Angehörigen des Verletzten wie im Todesfall; 2. bei Tötungen die Beerdigungskosten bis zum 20fachen Betrage des Tagelohnes und eine Rente für die Hinterbliebenen vom Todestage ab (für die Witwe und Kinder bis zu 60 Prozent, für bedürftige Eltern 20 Prozent des Jahresarbeitsverdienstes). Zur Übernahme dieser Lasten sind die Unternehmer nach Maßgabe ihres Berufes in besondere Berufsgenossenschaften vereinigt worden. Die Beiträge werden im Verhältnis zu den von den einzelnen Unternehmern gezahlten Löhnen umgelegt, indem man von der richtigen Annahme ausgeht, daß die Entschädigungen für Unfälle in die normalen Produktionskosten einer Industrie einzurechnen sind.

Im Jahre 1902 betrug die Zahl[1]) der versicherten Arbeiter in den

Gewerbe-, Bau- und See-Berufsgenossenschaften .	7 100 537
Landwirtschaftlichen Berufsgenossenschaften (ungefähr)	11 189 071
bei den staatlichen und kommunalen Ausführungsbehörden	793 150
Zusammen . . .	19 082 758.

Innerhalb der Jahre 1885—1902 haben die deutschen Unfallversicherungs-Organisationen Entschädigungen im Betrage von 812 536 742 M. ausgezahlt, und zwar für Heilverfahren 21 991 507 M., Anstaltsbehandlung 34 682 841 M., Angehörigenrente 9 233 861 M., Verletztenrente 574 005 268 M., Sterbegelder 5 731 791 M., Hinterbliebenenrente 149 755 044 M., Witwenabfindung 6 248 504 M.; die Kosten der Verwaltung beliefen sich auf 158 917 446 M. In dem Zeitraum 1886—1902 wurden überhaupt verletzt 1 151 955 Personen, getödtet 106 534, dauernd und völlig erwerbsunfähig 33 378, dauernd teilweise erwerbsunfähig 587 051, vorübergehend erwerbsunfähig 424 992 Personen. Am größten ist die Gefährdung der Arbeiter in nachstehenden Berufen:

	Auf 1000 Vollarbeiter kommen Unfälle:
Speditions- und Fuhrwerksunternehmungen	16,6
Steinbrüche	15,3
Binnenschiffahrt	13,8
Bergbau	13,5
Holzverarbeitung	13,4.

[1]) Die statistischen Daten nach Atlas und Statistik der Arbeiterversicherung, S. 14, 15, und Statistisches Jahrbuch des Deutschen Reiches. XXV. S 244 ff.

Österreich hat das Beispiel des Reiches mit dem Gesetze vom 28. Dezember 1887 befolgt.[1]) Als Träger der Versicherung funktionieren indes nicht Berufsgenossenschaften, sondern territoriale Versicherungsanstalten. Außerdem haben das Prinzip des Versicherungszwanges angenommen: Norwegen (23. Juli 1894), Finland (5. Dezember 1895), Italien (17. März 1898), Holland (2. Januar 1901), Schweden (5. Juli 1901) und Luxemburg (5. April 1902). Von den genannten Staaten nähern sich Norwegen und Luxemburg den österreichischen Einrichtungen, während in den anderen Ländern die Wahl zwischen den verschiedenen Versicherungsformen den Unternehmern überlassen bleibt.

Im Gegensatze hierzu haben England[2]) (6. August 1897 und 30. Juli 1900), Dänemark (7. Januar 1898), Frankreich (9. April 1898), Spanien (30. Januar 1900) und Ungarn (XVI. Gesetz-Artikel von 1900) und Rußland (1903) sich mit einer wesentlichen Ausdehnung der Haftpflicht des Unternehmers begnügt.

In der Schweiz ist die Unfallversicherung, für die ebenfalls das österreichische Territorialprinzip angenommen worden war, zusammen mit der Krankenversicherung in der Volksabstimmung vom 20. Mai 1900 gescheitert.

Insofern besteht auch heute noch der durch das Bundesgesetz betr. die Haftpflicht aus dem Fabrikbetriebe von 1881 (erweitert durch Gesetz von 1887) gegebene Zustand. Für den Entschädigungsanspruch der Verletzten genügt die Verursachung des Schadens durch den industriellen Betrieb. Doch geht der Anspruch bei höherer Gewalt, Verbrechen oder Vergehen dritter Personen oder eigenes Verschulden des Verletzten verloren. Nach oben hin ist die Entschädigungssumme auf 6000 fr. begrenzt. Arbeiter und Arbeitgeber können sich bei einer Unfallversicherungsgesellschaft versichern. Leistet der Arbeitgeber Beiträge, dann braucht er nur denjenigen Betrag zu zahlen, der zur Ergänzung der vollen Haftpflichtsumme übrig bleibt. Deshalb sind Prozesse mit den Unternehmern und den Versicherungsgesellschaften häufig.[3])

---

[1]) Vgl. über Österreich auch Kaan, Die Arbeiterunfallversicherung in Österreich (Soz. Verwaltung in Österreich. I. Bd. Wien 1900. 1. Heft).

[2]) O. Bielefeld, Eine neue Ära englischer Sozialgesetzgebung. Leipzig 1898.

[3]) Hellmüller, Art. Haftpflicht der Fabrikanten und Gewerbetreibenden in Reicherbergs Handwörterbuch.

110. Die Invaliditäts- und Altersversicherung.[1])

Auch auf dem Gebiete der Invaliditäts- und Altersversicherung der Arbeiter ist das Deutsche Reich bahnbrechend vorangeschritten. Die Schwierigkeiten, die sich hier auftürmten, übertrafen diejenige der Unfallversicherung noch bei weitem.

Da es galt, durch Prämienzahlungen der Arbeitgeber und Arbeiter zu Gunsten der letzteren einen Rentenanspruch für den Fall zu begründen, daß Invalidität oder hohes Alter ihre Erwerbsfähigkeit beschränkt, so hatte man mit den Störungen in den Prämienzahlungen zu kämpfen, welche durch Verdienstlosigkeit, durch den Wechsel des Arbeiters von Ort zu Ort, von Beruf zu Beruf und durch die zeitlich sehr wechselnde Höhe des Einkommens hervorgerufen werden.

Das Gesetz betr. Invaliditäts- und Altersversicherung vom 22. Juni 1889 (in der jetzt giltigen Fassung vom 19. August 1899 einfach als „Invalidenversicherungsgesetz" bezeichnet), das im Reichstage nur mit einer geringen Majorität angenommen wurde, verfolgt, wie schon seine Bezeichnung sagt, einen doppelten Zweck: Wer nicht mehr den dritten Teil desjenigen zu erwerben im stande ist, was körperlich und geistig gesunde Personen derselben Art mit ähnlicher Ausbildung in derselben Gegend durch Arbeit zu verdienen pflegen, empfängt ohne Rücksicht auf sein Alter eine Invalidenrente. Wer aber das 70. Lebensjahr vollendet hat, der hat wiederum, ohne Rücksicht auf die wirkliche Höhe seines Einkommens, einen Anspruch auf Altersrente. Zur Aufbringung der Mittel vereinigen sich Reich, Arbeitgeber und Arbeiter. Ersteres trägt zu jeder Rente, die zur Auszahlung gelangt, pro Jahr 50 M. bei. Letztere steuern zu gleichen Teilen bei und zwar, je nachdem die Arbeiter einen Jahresarbeitsverdienst bis zu 350, 350—550, 550—850, 850—1150 M. oder darüber aufweisen, pro Woche 14, 20, 24, 30 oder 36 Pf. Die Zahlung erfolgt durch Einkleben von Versicherungsmarken in besondere, dem Arbeiter gehörende Quittungskarten.

Die Berechnung der Invalidenrente erfolgt in der Weise, daß zu dem festen Reichszuschuß von 50 M. ein nach den Lohnklassen abgestufter Grundbetrag (60, 70, 80, 90 oder 100 M.) gefügt wird. Für die Berechnung des Grundbetrages werden stets 500 Beitragswochen zu grunde gelegt. Sind weniger als 500 Beitragswochen nachgewiesen worden, so werden für die fehlenden Wochen Beiträge der

---

[1]) Art. Invalidenversicherung von v. Woedtke; Laß und Zahn, a. a. O. S. 34—51, S. 114—125, 188—206.

niedrigsten Lohnklasse in Ansatz gebracht. Sind mehr als 500 Beitagswochen bescheinigt, so sind stets die 500 Beiträge der höchsten Lohnklassen zu berücksichtigen. Kommen für diese 500 Wochen verschiedene Lohnklassen in Betracht, so wird als Grundbetrag der Durchschnitt der diesen Beitragswochen entsprechenden Grundbeträge in Ansatz gebracht.[1]) Zu dem Grundbetrag tritt noch ein Steigerungssatz. Derselbe beträgt für jede Beitragswoche in der Lohnklasse I 3, II 6, III 8, IV 10 und V 12 Pf. Der Mindestbetrag der Rente beträgt nach Maßgabe der Lohnklassen 116,40, 126, 134,40, 142,50 und 150 M. Nach ungefähr 50 Jahren werden Renten von 185,40, 270, 330, 390 und 450 M. erreicht. Die Wartezeit beträgt im allgemeinen 200 Beitragswochen.

Die Altersrente setzt sich nur aus zwei Bestandteilen zusammen. Zu dem festen Reichszuschuß von 50 M. und einer variablen Summe, welche nach Maßgabe der Lohnklassen 60, 90, 120, 150 und 180 M. beträgt. Kommen Beiträge in verschiedenen Lohnklassen in Frage, so wird der Durchschnitt der diesen Beiträgen entsprechenden Altersrente gewährt. Sind mehr als 1200 Beitragswochen nachgewiesen, so sind die 1200 Beiträge der höchsten Lohnklassen der Berechnung zu Grunde zu legen.

Als Träger der Versicherung bestehen 31 nach dem Territorialprinzip organisierte Versicherungsanstalten und neun besondere Kassen (Knappschaftsvereinen und Pensionskassen der Staatsbahnen), durch die 1902 zirka 13 380 600 Personen versichert wurden.[2]) Die Einnahmen durch den Verkauf der Marken betrugen 1902 138 958 780 M., während das Reich 37 849 694 M. entrichtete.[3]) Die Zinsen und sonstigen Einnahmen betrugen 33 841 641 M.

Bis zum Schlusse des Jahres 1903 sind 1 029 872 Invaliden- und 415 284 Altersrenten bewilligt worden. Am 1. Januar 1905 liefen 734 985 Invaliden- und 145 466 Altersrenten. Im Jahre 1903 wurden 94,5 Millionen Mark Invalidenrenten und 22,0 Millionen

---

[1]) Hätte jemand 100 Wochen in der I., 200 in der II. und 150 in der III. Lohnklasse Beiträge entrichtet, so kämen außer den 100 Wochen noch 50 Wochen der ersten Lohnklasse zur Anrechnung, da eben 50 Wochen zu 500 fehlen. Der Grundbetrag beliefe sich auf 70, nämlich $\frac{150 \times 60 + 200 \times 70 + 150 \times 80}{500} = 70.$

[2]) Die Zahlen nach den Angaben des Stat. Jahrb. für d. Deutsche Reich. XXV und Reichsarbeitsblatt III. S. 335 ff.

[3]) Diese und die folgenden Angaben sind dem Statistischen Jahrbuch für das Deutsche Reich XXV und dem Atlas und Statistik der Arbeiterversicherung entnommen.

Mark Altersrenten ausgezahlt. Die Durchschnittshöhe der Invalidenrenten betrug 1903 152,27 M., diejenige der Altersrenten 155,38 M. Außer den Rentenzahlungen verdienen insbesondere die Ausgaben für Heilbehandlung hervorragendes Interesse. Wenn die Erkrankung eines Versicherten den Eintritt der Erwerbsunfähigkeit besorgen läßt, kann die Versicherungsanstalt ein Heilverfahren eintreten lassen. So wurden bis zum Schlusse des Jahres 1902 für Zwecke der Heilbehandlung 32 Millionen Mark aufgewendet. Um letztere möglichst erfolgreich zu gestalten, haben manche Versicherungsanstalten bereits eigene Heilstätten, namentlich solche für Lungenkranke, ins Leben gerufen. Nach den Beobachtungen der Versicherungsanstalten stehen die Lungenerkrankungen unter den Ursachen der Invalidität weitaus im Vordergrunde. Im Jahre 1902 wurden 16 489 Personen wegen Lungentuberkulose, 16 033 wegen anderer Krankheiten einer Heilbehandlung unterzogen. Der Vermögensbestand der Versicherungsanstalten belief sich am 31. Dezember 1902 auf 1 007 477 530 M. Erhebliche Beträge (Ende 1904 417 Millionen) sind zum Baue von Arbeiterwohnungen und zur Förderung von anderen Wohlfahrtseinrichtungen ausgeliehen. So werden also auch durch die Kapitalanlage der Versicherungsanstalten vielfach soziale Bestrebungen unterstützt.

In Bezug auf die staatliche Fürsorge für Invalide können nach dem Deutschen Reiche nur noch zwei Länder genannt werden, deren Einrichtungen Interesse verdienen: die Kolonien Neuseeland[1]) und Neusüdwales. Durch Gesetz von 1898 (Old Age Pensions Act) hat jede Person von mehr als 65 Jahren Anspruch auf eine Staatsrente im Betrage von 18 Lstrl. im Jahre. Um den Anspruch zu erwerben, brauchen keine Beiträge entrichtet zu werden. Dagegen wird gefordert, daß der Bewerber durch 25 Jahre in der Kolonie seinen Wohnsitz gehabt und als Bürger und Familienglied seine Pflichten erfüllt habe. Besitzt er ein Einkommen von mehr als 52 Lstrl. pro Jahr oder ein Vermögen von mehr als 270 Lstrl., so geht der Anspruch verloren. Bei kleineren Einkommen oder Vermögen findet eine entsprechende Reduktion der Staatsrente statt. Die volle Rente wird nur gezahlt bei weniger als 34 Lstrl. Einkommen und 50 Lstrl. Vermögen.

Die Einrichtungen (seit 1. Januar 1901) in Neusüdwales stimmen mit den neuseeländischen überein.[2]) Auch Victoria hat das Beispiel der Schwesterkolonie befolgt.

[1]) **Métin**, Le socialisme sans doctrines. Paris 1901. S. 238—246.

[2]) S. P. S. C. X. S. 391.

Im wesentlichen handelt es sich also doch nur um eine Armenunterstützung, der aber der entehrende Charakter des Almosen genommen worden ist. In England[1]) sind Bestrebungen vorhanden, welche eine verwandte Lösung der Frage bezwecken. Dagegen lehnen sich die in Frankreich und Österreich der Beratung unterliegenden Entwürfe mehr an das deutsche Muster an.

111. Die Bewährung der reichsgesetzlichen Arbeiterversicherung.[2])

Es hat längerer Zeit bedurft, ehe der gewaltige Bau der deutschen Arbeiterversicherung in den Arbeiterkreisen selbst populär geworden ist.

Die Erbitterung, welche durch die Handhabung des Sozialistengesetzes in den sozialdemokratischen Kreisen entstanden war, übte auf die Beurteilung der gouvernementalen Sozialpolitik natürlich keinen günstigen Einfluß aus. Namentlich fand auch der Gedanke, die soziale Reform überhaupt nur als ein Versicherungsproblem aufzufassen, lebhaften Widerstand. So wertvoll die Arbeiterversicherung ist, so bietet sie dem Arbeiter doch nur in bestimmten äußersten Fällen eine Hilfe und zwar eine Hilfe, die keineswegs unter allen Umständen ausreicht. Nur wenn der deutsche Arbeiter erkrankt, wenn ein Betriebsunfall ihn betroffen, wenn er invalid und altersschwach geworden, kommen ihm die Reformen zu statten. Nun will er aber auch in gesunden, normalen Zeiten seine Interessen zur Geltung bringen.

Man strebt nach kürzerer Arbeitszeit, nach höherem Lohne. Je mehr der Arbeiter in dieser Hinsicht erreicht, desto weniger läuft er Gefahr, vorzeitig, durch allzu rasche Erschöpfung seiner Arbeitskraft, der Erwerbsunfähigkeit anheimzufallen. Man begehrt eine höhere, bessere Lebenshaltung, eine gesündere Lebensweise, welche die Wahrscheinlichkeit der Erkrankung und Invalidität vermindert. Die Versicherungsgesetzgebung ist dazu nicht im stande, außer etwa in dem Sinne, daß die materiellen Lasten der Unfallversicherung das Interesse der Unternehmer an der Unfallverhütung verschärft haben. Endlich kommt der Arbeiterversicherung, wie sie bis jetzt durch das Reich entwickelt worden ist, auch nur eine bedingte Wirkung zu. Sie setzt im allgemeinen immer voraus, daß der Arbeiter beschäftigt ist. Sie gewährt

[1]) Über die von Chamberlain in Aussicht gestellten und aus dem Erlöse der Zölle zu bestreitenden Alterspensionen vgl. Braude, Grundlagen und Grenzen des Chamberlainismus. Zürich 1905. S. 111 ff.

[2]) v. d. Borght, Die soziale Bedeutung der deutschen Arbeiterversicherung. Jena 1898; ferner Laß und Zahn, a. a. O. S. 206—243.

nicht nur keinen Schutz gegen die Folgen der Arbeitslosigkeit, sondern sie wird für den arbeitslosen Arbeiter, der nicht im stande ist, weitere Beiträge zu entrichten, schließlich unwirksam. Das hat bei der Unfallversicherung nichts zu bedeuten, weil der arbeitslose Arbeiter auch keinem Betriebsunfalle ausgesetzt ist. Anders liegt die Frage aber im Falle der Kranken-, der Invaliditäts- und Altersversicherung. Von Krankheiten ist gerade der wegen mangelnder Beschäftigung in Not geratene Arbeiter ganz besonders bedroht, hat aber in diesem Falle im allgemeinen an die Krankenkasse, der er angehörte, keinen Anspruch mehr. Sodann wird durch längere Arbeitslosigkeit auch die Höhe der Invaliden- und Altersrente herabgesetzt, ja es kann durch Arbeitslosigkeit schließlich die ganze Anwartschaft verloren gehen.

Schon deshalb kann der deutsche Arbeiter sich nicht mit der Versicherungsgesetzgebung in ihrer heutigen Gestalt begnügen, sondern muß nach weiterem, insbesondere nach einer Versicherung gegen Arbeitslosigkeit trachten.

Ein anderer Nachteil der geltenden Versicherungsgesetzgebung besteht darin, daß sie infolge ihrer verwickelten bureaukratischen Formen den Arbeitern selbst keinen großen Raum gewährt, an der Verwaltung einen wirksamen Anteil zu nehmen.

Am wenigsten trifft der zuletzt geltend gemachte Vorwurf die Krankenversicherung.

Die freien Hilfskassen befanden sich stets vollkommen in den Händen der organisierten Arbeiter. Allmählich hat die Arbeiterpartei aber auch in vielen Ortskrankenkassen eine maßgebende Stellung errungen und die Leistungen derselben stark erhöht. Insofern ist das Interesse an den freien Hilfskassen zurückgetreten, ja in den letzten Jahren sind gerade aus Arbeiterkreisen gegen sie heftige Klagen erhoben worden. Es wird ihnen ein engherziges, unsoziales und fiskalisches Verhalten vorgeworfen. Auf dem Münchener sozialdemokratischen Parteitage erklärte der Abgeordnete Molkenbuhr, man könnte sie aufheben, wenn andererseits auch die Bau-, Betriebs- und Innungskassen verschwänden.[1])

Besondere Konflikte sind zwischen den Krankenkassen und Ärzten ausgebrochen.[2]) Von ärztlicher Seite ist geradezu behauptet worden, die Versicherungsgesetzgebung habe zum Ruin des ärztlichen Standes

[1]) Über die Beurteilung des Krankenkassenwesens vom Standpunkte der Arbeiter vgl. A. Müller, Arbeitersekretariate und Arbeiterversicherung in Deutschland. München. S. 104 ff.

[2]) Vgl. Dr. med. Häberlin, Über das heutige Krankenkassenwesen Zürich 1904.

geführt. Die beklagten Mißstände erwachsen aber nicht so sehr aus der gesetzlichen Versicherung, als aus der Überfüllung des ärztlichen Standes. Hat sich die Zahl der Ärzte doch mancherorts verdreifacht, während die Bevölkerung sich kaum verdoppelt hat. So ist unter den Ärzten ein gegenseitiges Unterbieten eingetreten, das sich die Krankenkassen zu nutze gemacht haben. Der Streit dreht sich um die Frage, ob freie Arztwahl oder Kassenärzte. Bei freier Arztwahl ist es jedem Mitglied der Kasse gestattet, sich an einen beliebigen Arzt zu wenden, der von der Kasse nach den Minimalsätzen der Gebührenordnung für Ärzte zu honorieren ist. Die Folge ist allzu großes Entgegenkommen der Ärzte, welche im Konkurrenzinteresse den Patienten schließlich auch unberechtigte Wünsche erfüllen. So wird nicht nur der Simulation Vorschub geleistet, sondern die Kasse auch finanziell schwer geschädigt. Das andere Extrem bildet die Einrichtung der Kassenärzte. Die Kassen treffen mit einem Arzte ein Übereinkommen, demzufolge dieser gegen fixe Besoldung oder starke Rabatte auf die Minimalsätze der Gebührenordnung die Behandlung aller Kassenmitglieder übernimmt. So kann schließlich das Honorar für eine Visite auf 50 Pf., für eine Konsultation auf 17 Pf. sinken. Unter diesen Umständen hat mancher Patient nicht nur über den mißlichen Zwang zu klagen, daß er sich an einen ganz bestimmten Arzt, der vielleicht sein Vertrauen gar nicht besitzt, oder in großer Entfernung wohnt, wenden muß, sondern auch über eine oberflächliche, fast fahrlässige Behandlungsweise. Einen Ausweg aus dem Dilemma bietet die beschränkte Arztwahl oder noch besser die Vereinbarung mit der ärztlichen Organisation. Diese empfängt einen aus einer fixen Summe und aus einem nach der jeweiligen Mitgliederzahl der Kasse berechneten Zuschusse bestehenden Betrag, welcher unter ihre Mitglieder nach Maßgabe der tatsächlichen Inanspruchnahme durch Kassenmitglieder verteilt wird.

Ungleich größer sind die organisatorischen Mängel, welche der Unfallversicherung anhaften.

Die berufsgenossenschaftliche Organisation hätte sich vielleicht leidlich bewährt, wenn das Gebiet der Großindustrie nicht überschritten worden wäre. Da die Arbeiter aber nicht nur hier, sondern auch im landwirtschaftlichen Berufe und in den Klein- und Mittelbetrieben des Gewerbes Unfällen ausgesetzt sind, so hat man, sachlich ganz zutreffend, die Einschränkung auf die Großindustrie mehr und mehr fallen lassen. Durch diese Erstreckung des Geltungsbereiches der Unfallversicherung ist aber die Kompetenz der einzelnen Berufsgenossenschaften oftmals strittig geworden, und der Unterschied von Arbeiter und Arbeitgeber, auf dem die Organisation der Unfallversicherung beruht, hat seine innere Berechtigung verloren. Außerdem hat sich bei einzelnen Berufsgenossenschaften eine ganz unerträgliche Steigerung der Verwaltungskosten herausgebildet. Die Folge ist, daß man bei der Bemessung der Renten möglichst zu sparen sucht. In diesem Kampfe um die Rente[1]) war aber namentlich vor der Errichtung der territorialen „Schiedsgerichte für Arbeiterversicherung" (1899) die Stellung des Arbeiters ziemlich ungünstig. Wegen der großen Bezirke der berufsgenossenschaftlichen Schiedsgerichte konnte der Verletzte nur mit großen Kosten persönlich erscheinen und seine Interessen vertreten. Auch war das Verfahren viel zu langsam. Endlich hat die Organisation der Unfallberufsgenossenschaften der Unternehmer-Organisation einen gewissen Vorschub geleistet, der vom Standpunkte der Arbeiter umso mehr beklagt werden mußte, je mehr die Behörden den gewerkschaftlichen Bestrebungen feindselig gegenüberstanden.

Die Invaliditäts- und Altersversicherung hat namentlich mit der Gegnerschaft des Mittelstandes zu kämpfen gehabt. Auch diesem Gesetze ist die erhebliche Ausdehnung, welche die Kleinbetriebe in Deutschland aufweisen, verhängnisvoll geworden. Die zahlreichen kleineren Arbeitgeber in Gewerbe, Handel und Landwirtschaft, deren soziale Lage von derjenigen ihrer Arbeiter oft nicht allzu viel abweicht, sind über die Lasten, welche ihnen das Gesetz auferlegt, umso mehr entrüstet, als sie selbst den Gefahren der Invalidität in ähnlicher Weise wie ihre Arbeiter ausgesetzt sind und sich doch nur unter wesentlich härteren Bedingungen die Vorteile der Versicherung verschaffen können.

Da die Arbeiter der Kleinbetriebe sich noch oft der Hoffnung hingeben, allmählich zur Unternehmerstellung emporzuklimmen, so legen auch sie auf die Aussichten, die das Gesetz eröffnet, wenig Wert und murren über Opfer, von denen sie, ihrer Ansicht nach, doch keinen Nutzen ziehen werden. Außerdem werden die Bedingungen, die an den Bezug der Rente geknüpft sind, vielfach für zu hart, die Rente selbst für zu niedrig angesehen. In das volle Verständnis des äußerst verwickelten Gesetzes einzudringen, ist der großen Mehrzahl der von ihm erfaßten Personen ganz unmöglich und so werden infolge von mangelnder Kenntnis oder von Mißverständnissen die Wohltaten des Gesetzes oft noch niedriger angeschlagen, als es gerechtfertigt ist. Der unübersichtliche Charakter der Invaliditäts- und Altersversicherung ist zum Teil auf das kaufmännisch-individualistische Bestreben zurückzuführen, die Höhe der Rente zur Dauer der Beitragszeit und der Summe der Beitragsleistungen in

[1]) Vgl. A. Müller. a. a. O. S. 131—164.

möglichst nahe Beziehungen zu bringen. Immerhin ist durch die Wirksamkeit der Arbeitersekretariate, welche die organisierten Arbeiter in vielen deutschen Städten begründet haben, die Einsicht in die Gesetzgebung sehr verbessert worden.

Bieten schon die einzelnen Versicherungen für sich betrachtet der Kritik manche Angriffsfläche, so ergibt sich eine Reihe von Unzuträglichkeiten noch daraus, daß die verschiedenen Versicherungsorganisationen, welche doch vielfach aufeinander angewiesen sind und teilweise die gleichen Personen betreffen, eine engere Verschmelzung mit einander wegen der Verschiedenheit der Organisationsgrundsätze zur Zeit nicht gestatten.[1])

So wenig also die Notwendigkeit einer Reform der Arbeiterversicherung in Abrede gestellt werden kann und wird,[2]) so darf über dem, was noch getan werden muß, doch die Größe des bereits Erreichten in keiner Weise verkannt werden. Es hieße jeden billigen Maßstab vergessen, wollte man verlangen, daß bereits die ersten Maßregeln auf einem ganz neuen Gebiete tadellos ausgefallen wären.

Wie bereits auseinandergesetzt worden ist, sind heute die Nachteile, mit welchen die Arbeiterversicherung ursprünglich erkauft werden mußte, der Verzicht auf Förderung des Arbeiterschutzes und des Gewerkvereinswesens, neuergings einigermaßen ausgeglichen worden. So hat denn schließlich auch die Sozialdemokratie diesen Reformen gegenüber eine freundlichere Haltung eingenommen und den in den letzten Jahren erfolgten Verbesserungen im Reichstage zugestimmt.

---

[1]) Man vergegenwärtige sich, daß die Krankenversicherung sieben Kassenarten und 23 000 Einzelkassen zählt. Die Unfallversicherung wird durch 65 gewerbliche und 48 landwirtschaftliche Berufsgenossenschaften ausgeführt. Diese Genossenschaften gliedern sich in 930 Sektionen mit 7000 Vorstandsmitgliedern und 26 260 örtlichen Vertrauensmännern. Dazu kommen noch 425 staatliche bez. kommunale „Ausführungsbehörden", die ebenfalls an der Unfallversicherung beteiligt sind. Die 31 Invalidenversicherungsanstalten und 9 besonderen Kasseneinrichtungen beschäftigen nicht nur in erheblicher Ausdehnung die unteren Verwaltungsbehörden, sondern auch gemeinsam mit den Unfallversicherungsorganisationen 7000 Beisitzer in 124 Schiedsgerichten, ferner allein noch 1000 Vorstands- und Ausschußmitglieder, 12 380 Beisitzer, 5000 Markenverkaufsstellen und über 7000 Beitragseinziehungsstellen. Vgl. Zacher, Zur Vereinfachung der Arbeiterversicherung. Die Arbeiterversorgung. XX. Nr. 24.

[2]) Vgl. das vom Grafen v. Posadowsky in bezug auf die Vereinheitlichung bezw. Verschmelzung der Arbeiterversicherung entwickelte Programm, das die „Kraft eines Diktators" erfordern werde. S. P. S. C. XIV. S. 587, 588. In Österreich ist ein Entwurf zur Reform der Arbeiterversicherung bereits dem Reichsrate vorgelegt worden. Vgl. Reichs-Arbeitsblatt. III. S. 148—155, 420—433.

Bei der Beurteilung der deutschen Arbeiterversicherung muß schließlich noch der mächtige Impuls Berücksichtigung finden, welchen die Sache der Arbeiterversicherung durch das deutsche Vorgehen in der ganzen zivilisierten Welt empfangen hat.

112. Der weitere Ausbau der Arbeiterversicherung, insbesondere die Versicherung gegen Arbeitslosigkeit.

So gewaltige Dimensionen die reichsgesetzliche Arbeiterversicherung aufweisen mag, auf Vollständigkeit kann sie keinen Anspruch erheben, solange nicht auch für Witwen und Waisen sowie für unverschuldet Arbeitslose eine Fürsorge eingerichtet worden ist.

Die Notwendigkeit der Witwen- und Waisenversicherung ist durch die gesetzgebenden Faktoren des Reiches insofern bereits ausdrücklich anerkannt worden, als der § 15 des Zolltarifgesetzes vom 25. Dezember 1902 einen Teil der zu erwartenden Mehrerträge dieser Versicherung zuwendet. Es soll derjenige auf den Kopf der Reichsbevölkerung entfallende Nettozollertrag auf Roggen, Weizen, Spelz, Rindvieh, Schafe, Schweine, Fleisch, Schweinespeck und Mehl, welcher den durchschnittlichen Nettozollertrag derselben Waren während der Zeit von 1898—1903 übersteigt, dazu verwendet werden, die Durchführung der Witwen- und Waisenversicherung zu erleichtern. Über die Art der Organisation liegen von seiten der Regierung noch keine verbindlichen Mitteilungen vor. Doch darf angenommen werden, daß der Ausbau im Anschlusse an die Invalidenversicherung erfolgen wird. Die Gesamtlasten würden, nach Erreichung des Beharrungszustandes, immerhin auf ca. 111 Millionen Mark im Jahre steigen.[1])

Während in bezug auf die Witwen- und Waisenversicherung kein Zweifel darüber besteht, daß sie von Reichswegen erfolgen soll, besteht über die anzustrebende Organisation der Arbeitslosenversicherung noch immer ein weitgehender Zwiespalt der Meinungen.[2])

---

[1]) Vgl. die Berechnungen von Prinzing, Grundzüge und Kosten eines Gesetzes über die Fürsorge für die Witwen und Waisen der Arbeiter. Wolfs Zeitschrift für Sozialwissenschaft 1900. S. 262 ff.; ferner v. d. Borght, Grundzüge der Sozialpolitik 1904. S. 376 ff.

[2]) G. Adler, Art. Arbeitslosigkeit; Oldenberg, Arbeitslosenstatistik, Arbeitsvermittlung und Arbeitslosenversicherung. J. f. G. V. XIX. S. 631—655; Schanz, Zur Frage der Arbeitslosenversicherung. Bamberg 1895; Derselbe, Neue Beiträge zur Frage der Arbeitslosenversicherung. Berlin 1897; Derselbe, Dritter Beitrag zur Frage der Arbeitslosenversicherung und der Bekämpfung der Arbeits-

Wie die Statistik der englischen Gewerkvereine (S. 489) und die Aufnahmen des Reiches beweisen, ist die Ziffer der Arbeitslosen selbst in relativ günstigen Zeiten keine unerhebliche. Am 14. Juni 1895 zählte man 179 004, am 2. Dezember 1895 553 640 gesunde Arbeitslose.

Am nächsten liegt der Gedanke, die Angelegenheit einfach den Arbeiter-Berufsvereinen zu überlassen. Allein, wenn auch einzelne deutsche Vereine ebenfalls Anerkennenswertes auf diesem Gebiete geleistet haben, so umfassen sie doch noch einen sehr viel kleineren Bruchteil der gesamten Arbeiterklasse, als in England. Hat man im Deutschen Reiche nun einmal das Prinzip der Zwangsversicherung angenommen, um allen, auch den zur Selbsthilfe nicht befähigten Arbeiterkreisen eine ausreichende Unterstützung im Falle der Erkrankung, des Unfalles und der Invalidität zu verschaffen, so ist es inkonsequent, in bezug auf die Arbeitslosenfrage dieses Prinzip abzulehnen, denn es ist sicher, daß die Selbsthilfe der Beteiligten bei der Arbeitslosenfürsorge ebensowenig genügt, vielleicht sogar noch weniger, als auf den von der Reichsgesetzgebung bereits erfaßten Gebieten. Fürst Bismarck, der den eigentlichen Beschwerdepunkt des Arbeiters in der Unsicherheit seiner Existenz erblickte, hat dem Arbeiter auch die Sicherheit verschaffen wollen, daß er immer Arbeit haben werde. Er hat das Recht auf Arbeit unbedingt anerkannt (9. Mai 1884) und erklärt, er wolle dafür einstehen, solange er sich im Amte befinden würde.

---

losigkeit. Berlin 1901. Die Schanzschen Werke enthalten beinahe das ganze für die Erörterung der Frage in betracht zu ziehende Material; Buschmann, R., Die Arbeitslosigkeit und die Berufsorganisationen. Berlin 1897; Derselbe, Der Kampf um Arbeit. Stuttgart 1901; Kempel, Die zweckmäßigste Form der Arbeitslosenversicherung. Z. f. St W. 56. Jahrgang (1900). S. 385—485; Freund, Materialien zur Frage der Arbeitslosenversicherung. Berlin 1903; Krüger, Bibliographie der Arbeitslosenfürsorge. Berlin 1904. Speziell über den Stand der Frage in der Schweiz unterrichten: Bericht und Gutachten, betr. Arbeitslosigkeit und Arbeitsnachweis, erstattet vom Zentralvorstande des Schweiz. Gewerbevereins. Zürich 1896. Sparzwang, Arbeitslosenstatistik und Arbeitsnachweis. Gutachten, erstattet an das Eidgenössische Handels-, Industrie- und Landwirtschaftsdepartement vom Vorort Zürich des Schweizerischen Handels- und Industrievereins. Zürich 1899. Arbeitslosenunterstützung und Arbeitsnachweis. Bericht an das Schweizerische Industriedepartement vom Schweizerischen Arbeitersekretariat. Zürich 1901. Bericht des Bundesrates, betr. Mitwirkung des Bundes bei Institutionen für Arbeitsnachweis und für Schutz gegen Arbeitslosigkeit. Schweiz. Bundesblatt, 1904, Nr. 46; Herkner, Maßnahmen gegen die Arbeitslosigkeit und zur Unterstützung der Arbeitslosen. Schweiz. Zeitschrift für Gemeinnützigkeit. Zürich 1905. Heft 3.

In der Tat sind es auch in erster Linie nicht grundsätzliche Bedenken gegen das Prinzip der Zwangsversicherung, welche bis jetzt von einer gesetzlichen Regelung der Arbeitslosenfürsorge zurückgehalten haben. Die Gegner werden weit mehr von der Rücksicht, teils auf die Entwicklung der Gewerkvereine, teils auf die unverhältnismäßig größeren technischen Schwierigkeiten bestimmt, welche die Arbeitslosenversicherung im Vergleiche zur übrigen Arbeiterversicherung enthält.

Die Freunde der Gewerkvereine erklären, daß bei der staatlichen Regelung der Frage den deutschen Gewerkvereinen kein friedliches Feld der Wirksamkeit mehr verbliebe. Das ganze Versicherungswesen würde dann Sache besonderer staatlicher Kassen, während doch, wie früher gezeigt wurde, das Gefüge eines Gewerkvereines ziemlich prekärer Art ist, wenn er Hilfskassen-Aufgaben ganz außer Acht läßt. Nimmt man an, daß die Gewerkvereine namentlich für die fortschreitende Entwicklung der Lohnverhältnisse unentbehrlich sind, so muß man ihnen auch vom Unterstützungswesen so viel überlassen, als für den Bestand der Vereine wesentlich erscheint. Von diesem Standpunkte aus wird nicht einmal eine subsidiäre Arbeitslosenversicherung des Staates begrüßt werden. Es ist ja klar, daß für die Entwicklung der Berufsvereine ein wirksames Motiv abgeschwächt wird, wenn die Möglichkeit offen steht, auch außerhalb der Vereine zu einer wirksamen Unterstützung im Falle der Arbeitslosigkeit zu gelangen. Überdies müßte eine subsidäre Versicherung zu einer lästigen staatlichen Einmischung in die Verhältnisse der Vereine führen. Die Mitgliedschaft könnte doch nur dann vom Beitritte zu den staatlichen Einrichtungen befreien, wenn der Verein tatsächlich mindestens ebenso große Vorteile bieten würde.

Unter diesen Umständen wollte z. B. der Stuttgarter Gewerkschaftskongreß von 1902 nur die finanzielle Beihilfe des Reiches, des Staates, der Gemeinde oder der Unfall-Berufsgenossenschaften für die gewerkschaftliche Arbeitslosenversicherung in Anspruch nehmen. Es handelte sich um Versuche, die in Belgien, anscheinend mit befriedigendem Erfolge, durchgeführt worden sind, um das sog. Genter System.[1]) In Gent hatte sich ein sehr großer Bruchteil der Arbeiter, etwa 55 %, bereits beruflich organisiert. Von den 20 000 Organisierten gehörten etwa 11 000 sozialistischen Vereinen an, während der Rest sich auf katholische, liberale und parteilose Gruppen verteilt. Die Gemeinde beschloß, einen Arbeitslosenfonds zu gründen, aus welchen die Gewerk-

[1]) L. Varlez, Rapport au conseil communal de Gand sur la première année de fonctionnement du fonds communal gantois contre le chômage. Gand 1902.

schaften nach Maßgabe der von ihnen gezahlten Arbeitslosengelder Zuschüsse erhalten. Diese Zuschüsse dürfen aber unter keinen Umständen 1 Fr. pro Tag und Empfänger, und 50 Fr. pro Jahr und Empfänger überschreiten. Tatsächlich reichten die von der Stadt gewährten Mittel nicht hin, um diese Grenze zu erreichen. Im allgemeinen wurden nur etwa 50 % desjenigen Arbeitslosengeldes gewährt, das die Gewerkschaften zahlten und dieser Betrag machte meist weniger als 1 Fr. pro Tag aus. Um größere Unterstützungen von der Gemeinde zu erlangen, haben die Gewerkschaften teils ihre eigenen Leistungen beträchtlich erhöht, teils die Arbeitslosenversicherung überhaupt erst organisiert. So sind die von ihnen für Arbeitslosenversicherung verausgabten Summen von 15 000 Fr. im Jahre 1898 auf 25 000 im Jahre 1900 und 50 000 Fr. im Jahre 1901 angeschwollen. Bei einem relativ geringen Aufwande — die Stadt hat 1900 10 000 Fr., 1902 20 000 Fr. gewährt — ist so gewiß ein ganz ansehnlicher Erfolg erzielt worden. Deshalb hat der Grundgedanke des Genter Systems auch anderwärts Anklang gefunden. Nun ist aber noch folgendes zu beachten: Obwohl in Gent die meisten Arbeiter eine ihren politischen oder religiösen Neigungen entsprechende Berufsorganisation finden konnten, wollte die Stadt doch keinen indirekten Zwang der Beteiligung an dem Gewerkschaftsleben dadurch ausüben, daß nur gewerkschaftlich organisierte Arbeiter die kommunale Beihilfe beanspruchen könnten. Es wurde deshalb noch eine kommunale Förderung derjenigen Arbeitslosen eingerichtet, welche ein Sparguthaben erworben hatten. Wenn sie während der Arbeitslosigkeit, die vom Vorstande des Arbeitsnachweises zu bestätigen ist, Abhebungen von ihrem Sparguthaben machen, erhalten sie aus dem kommunalen Arbeitslosenfonds Zuschüsse, welche mit den jeweils an die Arbeitslosen der Gewerkschaften gezahlten korrespondieren. Dieser Teil des Genter Systems hat aber gar keine Erfolge gezeitigt. Man wird also gegen das System doch den Vorwurf erheben müssen, daß es seine Wirksamkeit über den Kreis der bereits organisierten oder leichter organisierbaren Arbeiter nicht erstrecken kann.

Aber nicht nur von seiten der Gewerkschaftsvertreter, auch von andern Männern wird die staatliche Organisation der Arbeitslosenversicherung abgelehnt. Man hält eben in diesem Falle eine befriedigende Lösung der Schuldfrage für unmöglich. Wie von allen Seiten zugestanden wird, soll nur derjenige eine Arbeitslosenunterstützung beziehen, der ohne persönliches Verschulden arbeitslos ist, d. h. der seine Stellung nicht ohne eigenes grobes Verschulden verloren und eine andere ihm angebotene passende Stellung nicht ohne wichtige Gründe ausgeschlagen hat. Soll man nun jede Verschlechterung der Arbeitsbedingungen, eine Verschlechterung, welche vielleicht durch den Rückgang der geschäftlichen Konjunktur notwendig geworden ist, schon als legitimen Grund des Austrittes gelten lassen? Und wie ist die „passende Stelle" als solche zu kennzeichnen? Soll bloß die Beschäftigung selbst, oder auch die Qualität der Arbeitsbedingungen, unter denen sie angeboten wird, berücksichtigt werden? Kommen nur solche am Orte selbst, oder auch solche innerhalb einer gewissen Entfernung in betracht? Das alles sind Fragen, deren befriedigende Lösung viele angesehene Sozialpolitiker (Schanz, Schmoller, Wörishoffer) für absolut unmöglich erklären. Sie verwerfen deshalb eine Versicherung gegen Arbeitslosigkeit und wollen an deren Stelle einen allgemeinen Sparzwang für Arbeiter nach der Idee von Schanz eintreten lassen. Durch Vermittlung der Krankenkassen soll jeder Arbeiter zu wöchentlichen Einzahlungen in eine Sparkasse genötigt werden. Die Sparkasse-Einlagen dürfen von den Inhabern, so lange sie 100 M. nicht übersteigen, nur im Falle der Arbeitslosigkeit angegriffen werden. Bei einem Guthaben unter 70 M. sollen dann wöchentliche Abhebungen im Betrage von 5 M. (bei einem Guthaben von 70—100 M. 7 M., bei mehr als 100 M. 8 M.) gestattet sein. Die wöchentliche Einzahlung soll 30 Pf. betragen, wovon 10 Pf. die Arbeitgeber zu entrichten haben.

Der Schanzsche Vorschlag hat den großen Vorzug, von dem Aufwerfen der Schuldfrage und dem Begriffe der „passenden Stelle" vollkommen absehen zu können. Eine genügende lokale Ausbildung zuverlässiger Sparkassen vorausgesetzt, scheinen der Verwirklichung des Planes zunächst keine erheblichen Schwierigkeiten entgegenzustehen. Vielleicht würde das Projekt noch sympatischer berühren, wenn namentlich gegenüber den jüngeren, unverheirateten und im Vergleiche zu ihrem Lebensbedarfe oft recht gut bezahlten Arbeitern der Grundsatz des Sparzwanges zu ausgiebiger Verwendung gelangen sollte.

Bedenken ruft zunächst nur der Umstand hervor, daß die Arbeitgeber Beiträge zu entrichten haben. Wenn es auch richtig ist, daß die Fürsorge für die Arbeitslosen nicht den Arbeitern allein aufgebürdet werden, sondern in die normalen Produktionskosten einer Industrie eingehen soll, so besteht doch keine Gewähr dafür, daß die von den Unternehmern geleisteten Beiträge nur diesem Zwecke dienen werden. Der Betrag, um welchen das Sparguthaben 100 M. übersteigt, steht ja dem Arbeiter zu beliebiger freier Verwendung. Im Falle eines Streiks, also bei formeller Arbeitslosigkeit, kann das Sparguthaben überhaupt angegriffen werden. Es werden also die Arbeitgeber mittelbar genötigt,

Beiträge zur Bestreitung der gegen sie selbst gerichteten Angriffe zu bezahlen. Man wird auch nicht leugnen können, daß das Sparguthaben an sich schon einen gewissen Anreiz ausübt, mittelst seiner Hilfe einen Streik durchzuführen. Wenn Schanz erwidert, daß Sparkasseneinlagen bis jetzt diese Wirkung keineswegs gehabt hätten, so übersieht er eben den wichtigen Unterschied, der zwischen Spareinlagen überhaupt und denjenigen zum Zwecke der Arbeitslosenfürsorge besteht. Erstere sind frei, bei letzteren dagegen können die gesperrten 100 M. nur durch die formelle Arbeitslosigkeit freigemacht werden.

Immerhin hat sich Schanz durch diese Einwände doch zu gewissen Veränderungen bestimmen lassen. Die von den Arbeitgebern geleisteten Beiträge sollen im Streikfalle gesperrt bleiben. Es soll sogar das ganze Sparguthaben gesperrt bleiben, wenn die Arbeiter einen Streik proklamieren, ohne vorher die Sache einem Einigungsamte unterbreitet zu haben, oder wenn sie sich weigern, an einem Einigungsverfahren teilzunehmen oder sich einem Schiedsgerichte zu unterwerfen. Andererseits hätte vollkommene Freigabe des Sparguthabens zu erfolgen, wenn sich die Arbeitgeber eines ähnlichen Verhaltens schuldig machten. Ferner hat Schanz noch eine Idee Dr. Wassilieffs aufgegriffen, um eine gewisse Kombination von Sparzwang und Versicherung eintreten zu lassen.[1]) Jeder Arbeitslose erhält nach Verbrauch seines Guthabens noch einmal denselben Betrag, aber nur bis zur Höhe von 30 M. Dieser Zuschuß wird von den Unternehmern und der Gemeinde geleistet. Mit der Inanspruchnahme dieser Mittel müßte aber wieder die Schuldfrage aufgeworfen werden. Es ginge also gerade der Hauptvorzug des Schanzschen Planes teilweise verloren.

Könnte auf die Beiträge der Unternehmer nicht verzichtet werden? Die Durchführbarkeit würde in der Tat viel auf diese Weise gewinnen. Aber man muß sich auch sagen, daß namentlich Saisonarbeiter, welche regelmäßig Jahr für Jahr einige Wochen arbeitslos werden, ohne Beiträge der Arbeitgeber kaum je zu ausreichenden Sparguthaben gelangen können. Außerdem wird es als unbillig empfunden, den Arbeitern allein die ganze Last aufzubürden.

Diese Erwägungen machen es verständlich, daß die Freunde der obligatorischen Arbeitslosenversicherung noch nicht gesonnen sind, das Feld der Sparzwangidee ganz preiszugeben. Im Anschlusse an das allerdings nicht zur Verwirklichung gelangte Projekt G. Adlers für Basel-Stadt hat die Forderung eine gewisse Popularität gewonnen, daß

[1]) Dritter Beitrag S. 398.

den größeren Stadtgemeinden[1]) die Befugnis zuerkannt werde, eine Zwangsversicherung einzuführen. Dagegen sprechen m. E. folgende Gesichtspunkte:

1. Da in den deutschen Gemeinden zufolge verschiedenen Wahlrechtes die arbeitenden Klassen einen sehr verschiedenen Einfluß ausüben, läßt sich nicht erwarten, daß alle Gemeinden von der reichsgesetzlichen Befugnis Gebrauch machen würden.

2. Da die Arbeitslosigkeit keineswegs auf die Arbeiter der größeren Stadtgemeinden beschränkt ist, so kann eine lediglich diese Kreise umfassende Versicherung nur wenig befriedigen.

3. Um den Zuzug in Städte mit Versicherung nicht ungesunde Dimensionen annehmen zu lassen, müßte die Versicherung auf Arbeiter beschränkt werden, welche schon längere Zeit ihren Wohnsitz in der betreffenden Gemeinde haben. Sollte es so — was keineswegs sicher ist — gelingen, den Zugang zu beschränken, so würde der bereits erworbene Versicherungsanspruch doch immer ein Hindernis für die Abwanderung darstellen.

4. Eine Gemeindeversicherung würde das innerhalb der einzelnen Wirtschaftszweige sehr ungleichartige Risiko nur unvollkommen berücksichtigen können.

5. Die Heranziehung aller Arbeitgeber und Arbeiter zur Aufbringung der Mittel wird, selbst bei genügender Rücksichtnahme auf das Risiko des einzelnen Gewerbes, immer Widerstand hervorrufen, weil es Arbeiter gibt, die infolge besonderer persönlicher Tüchtigkeit der Gefahr der Arbeitslosigkeit nur in minimaler Weise ausgesetzt sind. Andrerseits gibt es auch Arbeitgeber, welche trotz schlechten Geschäftsganges auf Entlassungen verzichten oder sie nur in äußerst bescheidenem Umfange vornehmen.

6. Nachdem bereits besondere Organisationen für Kranken-, Unfall- und Invalidenversicherung bestehen, erscheint es unzweckmäßig, noch eine neue, vierte besondere Organisation für die Arbeitslosenversicherung aufzubauen.

Geringeren Bedenken würde m. E. eine obligatorische Versicherung ausgesetzt sein, die sich an die Berufsgenossenschaften der Unfallversiche-

[1]) Gegen eine kommunale Regelung der Arbeitslosenversicherung hat sich mit großem Nachdrucke auch der Oberbürgermeister von Frankfurt a. M. Dr. Adickes, ausgesprochen; vgl. dessen Vortrag über die sozialen Aufgaben der deutschen Städte auf dem ersten deutschen Städtetage zu Dresden am 2. Sept. 1903 (Leipzig 1903 bei Duncker und Humblot erschienen. S. 39).

rung anlehnte.[1]) Diese Einrichtung böte zunächst den Vorzug, daß jeder Industriezweig das ihm eigentümliche Risiko allein zu tragen hätte. Unter der Voraussetzung, daß die Unterstützung erst nach 2—3 wöchentlicher Arbeitslosigkeit gewährt würde und die künftige Witwen- und Waisenversicherung der Arbeiter den Arbeitgebern keine Lasten auferlegte, könnte auf besondere Beiträge der Arbeiter, ähnlich wie bei der Unfallversicherung, verzichtet werden. Handelt es sich bei unverschuldeter Arbeitslosigkeit doch in der Tat um eine Art ökonomischen Unfalles, für welchen die Preise der Produkte ebenso gut wie bei den wirklichen Betriebsunfällen Ersatz bieten müßten; anderenfalls käme einer solchen Industrie nur eine parasitäre Existenz zu. Im übrigen könnte es den Berufsgenossenschaften selbst überlassen bleiben, nach welchen Grundsätzen sie ihre Mitglieder zur Deckung der Ausgaben heranziehen wollen. Wahrscheinlich würde es sich empfehlen, die Beiträge der Unternehmer teilweise nach den Ausgaben zu bemessen, welche jeweils ihre Entlassungen der Berufsgenossenschaft verursacht haben. Eine Abstufung der Unterstützungsgelder nach der Lohnhöhe wäre entbehrlich. Unter diesen Umständen würde allerdings das Arbeitslosengeld für die niedriger entlohnten Arbeitergruppen einen größeren Bruchteil des früheren Verdienstes darstellen. Da aber eben diese Arbeiterkreise auch eine geringere Fähigkeit zur Selbsthilfe besitzen, wäre diese Wirkung nicht als unerwünscht anzusehen. Dagegen wären Ort, Geschlecht, Zivilstand und Kinderzahl wenigstens innerhalb gewisser Grenzen zu berücksichtigen. Böten die Unterstützungen nur das zum Lebensunterhalt

---

[1]) Am frühesten hat Sismondi den Gedanken, Berufsorganisationen der Unternehmer für die Arbeitslosigkeit haftbar zu machen, ausgesprochen. Neue Grundsätze der pol. Ökonomie. Deutsch von Prager. Berlin 1902. 2. Bd. S. 279; G. Adler empfiehlt für größere Staaten eine berufsgenossenschaftliche Organisation, es bleibt aber zweifelhaft, ob er dabei die im deutschen Reiche bereits bestehenden Berufsgenossenschaften der Unfallversicherung im Auge hat. Für letztere traten bisher ein: Die öffentliche Fürsorge für die unverschuldet Arbeitslosen. Grundlinien eines Gesetzentwurfes mit Anmerkungen, anonym. München 1890; Zacher, Schutzmittel gegen Arbeitslosigkeit. Deutsches Wochenblatt, 7. April 1892; Derselbe, Die Arbeiterversicherung im Auslande. Heft 1a. Die Arbeiterversicherung in Dänemark. Berlin 1903. S. 30—40; Buschmann, Der Kampf um Arbeit. 1901. — Die im Texte angedeuteten Gedanken werden näher ausgeführt in meinem Referate über Arbeitslosenversicherung und Arbeitsnachweis auf der III. Verbandsversammlung und Arbeitsnachweiskonferenz (9—11. Oktober Berlin 1902). Schriften des Verbandes Deutscher Arbeitsnachweise Nr. 4. Berlin 1903. S. 119—141; vgl. ferner meine Abhandlung über Arbeitslosenversicherung durch die Berufsgenossenschaften. Zeitschrift für die ges. Versicherungswissenschaft. IV. S. 287—301. Ich trete da im Gegensatze zu Zacher für die Versicherung der Saisonarbeiter ein.

unbedingt Notwendige, so würde das Interesse der Arbeiter an der Arbeitslosenunterstützung der Gewerkschaften nicht ganz erlöschen. Auch die zwei- bis dreiwöchentliche Wartezeit würde in diesem Sinne wirken. Schließlich könnte selbst Berufsgenossenschaften, in deren Bereiche eine genügende Arbeitslosenversicherung wie z. B. bei den Buchdruckern schon vorhanden ist, eine Befreiung von der gesetzlichen Versicherung zugestanden werden. Zur Austragung von Streitigkeiten würden sich die bestehenden Schiedsgerichte der Berufsgenossenschaften empfehlen.

Wie jede Fürsorge für Arbeitslose, so müßte auch die berufsgenossenschaftlich organisierte in enge Beziehungen zum Arbeitsnachweis gesetzt werden. Am leichtesten würde natürlich ein beruflich ausgestalteter Arbeitsnachweis die heikle Frage nach der „passenden Arbeitsstelle" beantworten können. Gegen mißbräuchliche Inanspruchnahme der Versicherung dürften auch die Wartezeit und die knappe Bemessung der Arbeitslosengelder einen gewissen Schutz bieten.

Der vornehmste Einwand, der gegen die Heranziehung der Berufsgenossenschaften erhoben worden ist, besteht darin, daß auf diesem Wege nicht alle der Arbeitslosigkeit ausgesetzten Arbeiter versichert werden können. Das ist aber ein Fehler, an dem auch alle anderen Pläne leiden. So sollte das Baseler Projekt sich nur auf die dem Fabrikgesetze unterstellten Arbeiter und die Baugewerbe beziehen. Bei der Versicherung auf kommunaler Basis würden Arbeiter, die noch nicht lange genug in der Gemeinde wohnen, zunächst unversichert bleiben; außerdem natürlich alle Arbeiter, die in Gemeinden ohne Versicherung wohnen. Und selbst beim Sparzwange würden die Saisonarbeiter voraussichtlich so geringe Guthaben ansammeln, daß von einer lückenlosen Fürsorge nicht gesprochen werden könnte. Schließlich wäre auch die Möglichkeit nicht ausgeschlossen, die berufsgenossenschaftliche Arbeitslosenversicherung durch das Eingreifen der Innungen ergänzen zu lassen.

Von anderer Seite[1]) sind die Invalidenversicherungsanstalten als geeignete Träger der Versicherung gegen Arbeitslosigkeit bezeichnet worden. So lange sie indessen keinen besseren lokalen Unterbau besitzen als jetzt dürften sie für diesen Zweck doch geringere Eignung besitzen, als die Berufsgenossenschaften. Außerdem sind sie wohl in erster Linie für die Witwen- und Waisenversicherung in Aussicht zu nehmen.

---

[1]) Molkenbuhr, Zur Frage der Arbeitslosenversicherung. N. Z. XX. I. S. 533—537; 558—565.

D. Die Schlichtung von Interessenstreitigkeiten.

113. Fakultative Einigungsämter und Schiedsgerichte.[1])

Wie früher (S. 503) gezeigt wurde, besteht keine Aussicht, daß alle Arbeitgeber und Arbeiter im Laufe der Zeit leistungsfähige Berufsorganisationen entwickeln werden. Insofern ist auch eine friedliche Beilegung von Interessenstreitigkeiten dadurch, daß Delegierte der Organisationen beider Parteien gemeinsam verhandeln oder die Entscheidung eines frei gewählten unparteiischen Schiedsrichters herbeiführen, nicht überall ausführbar. Da aber Arbeitseinstellungen oder Aussperrungen nur zu oft öffentliche Interessen bedrohen, so hat man in vielen Ländern den Versuch unternommen, durch besondere staatliche Einrichtungen die auf die Beilegung von Streitigkeiten gerichtete Wirksamkeit der Berufsvereine zu unterstützen, oder, wo sie überhaupt fehlt, geradezu zu ersetzen.

Im Deutschen Reiche können die in erster Linie zur Entscheidung von Rechtsstreitigkeiten eingesetzten Gewerbegerichte auch als Einigungsämter fungieren und so Interessenstreitigkeiten schlichten (§ 62 des Gesetzes vom 30. Juni 1901). Wird das Gericht von beiden Parteien angerufen, so besteht das Einigungsamt aus dem Vorsitzenden des Gewerbegerichtes und Vertrauensmännern der Parteien, die von diesen selbst und zwar in gleicher Zahl zu bestimmen sind. Wird das Gericht nur von einer der streitenden Parteien angerufen, so soll der Vorsitzende die andere Partei ebenfalls zur Anrufung veranlassen. Ein Zwang zur Anrufung kann aber nicht ausgeübt werden. Im übrigen hat der Vorsitzende auch die Befugnis, ohne von einer Seite angerufen worden zu sein, den Beteiligten die Benutzung des Einigungsamtes nahe zu legen. Ist es gelungen, ein Einigungsamt zu konstituieren, so können an der Streitigkeit beteiligte Personen vorgeladen, vernommen und im Falle des Nichterscheinens mit einer Geldstrafe bis zu 100 M. bedroht werden. Kommt eine Vereinbarung nicht zu stande, so wird mit einfacher Stimmenmehrheit ein Schiedsspruch gefällt.

Die Parteien haben sich dann darüber auszusprechen, ob sie sich dem Spruche unterwerfen wollen oder nicht. Die Entscheidung wird mit den Erklärungen der Parteien veröffentlicht. Über die Erfolge,

---

[1]) Jastrow, Sozialpolitik und Verwaltungswissenschaft. 1902. S. 492 bis 532; Bahr, Gewerbegericht, Kaufmannsgericht, Einigungsamt. Leipzig 1905. S. 39—58, 83—142. Reichs-Arbeitsblatt, Organe für Einigung und Schiedsspruch in Arbeitsstreitigkeiten im Deutschen Reich und im Auslande. III. S. 212 bis 223.

welche die Gewerbegerichte als Einigungsämter in den Jahren 1902 und 1903 erzielt haben, gewährt folgende Übersicht Aufschluß:

Jahr	Anrufungen überhaupt	Anrufungen nur von einer Seite	Vereinbarungen	Schiedssprüche	Unterwerfungen unter die Schiedssprüche	Ablehnungen der Arbeitgeber	Ablehnungen der Arbeiter	Ablehnungen beider Parteien	Erfolglose Versuche
1902 . .	144	119	35	10	4	12	1	2	40
1903 . .	174	135	54	13	7	10	4	1	36

Ähnliche Einrichtungen bestehen ferner in England (Conciliation Act 1896), Frankreich (Gesetz vom 27. Dezember 1892 sur la conciliation et l'arbitrage), Italien (Gesetz vom 15. Juni 1893 über die Probi viri), Belgien (Gesetz vom 16. August 1887 über die Arbeits- und Industrieräte), Niederlande (Gesetz vom 2. Mai 1897 über die Kamers van arbeid), Schweiz (Basel-Stadt, Verordnung betr. das staatl. Vermittlungsamt vom 6. Januar 1900; St. Gallen, Beschluß des Regierungsrates betr. das Vermittlungsverfahren bei Arbeitseinstellungen vom 25. Februar 1902; Neuenburg, Gesetz vom 23. November 1899; Stadt Zürich, Verordnung betreffend Vermittlung bei Arbeitseinstellungen vom 23. März 1895; Winterthur, Verordnung vom 16. Februar 1896), Canada (Gesetz zur Beilegung von Streitigkeiten in Eisenbahnbetrieben vom 10. Juli 1903), Vereinigte Staaten (Union, Gesetze von 1888 und 1898 zur Beilegung von Streitigkeiten im Eisenbahnbetriebe; Einzelstaaten: 24 Staaten mit dauernden oder von Fall zu Fall zu schaffenden Einrichtungen).

Soweit überhaupt nähere Mitteilungen über die Bewährung dieser Einrichtungen vorliegen, führen sie zu dem Ergebnisse, daß ihre Bedeutung nicht hoch veranschlagt werden kann. In England wurden (1900—1904) 5—6 Prozent der Ausstände auf diesem Wege beigelegt, in Frankreich (1900—1902) 6—8 Prozent, Italien (1901) 1 Prozent. In Belgien hatten die Räte 1901 eine, 1902 zwei, 1903 gar keine erfolgreiche Vermittlung aufzuweisen.

Ein norwegischer Gesetzentwurf vom Jahre 1903 verpflichtet die eingetragenen Berufsvereine, eine Beilegung der Streitigkeiten durch schiedsgerichtliche Vermittlung zu versuchen, ehe sie die Arbeitseinstellung proklamieren.

114. Obligatorische Schiedsgerichte.

Im Gegensatze zu den erwähnten Institutionen steht das Verfahren, welches die Kolonie Neuseeland[1]) eingeführt hat. Hier wird die kühne Neuerung gewagt, nicht nur eine Verhandlung zu erzwingen, auch wenn nur eine der Parteien das Schiedsgericht anruft, sondern auch den gefällten Schiedsspruch mit verbindlicher Kraft auszustatten.

Das Gesetz vom Jahre 1894 (An Act to encourage the formation of Industrial Unions and to facilitate the Settlement of Industrial Disputes by Conciliation and Arbitration) bestimmt, daß alle Gewerkvereine, welche sieben oder mehr Mitglieder zählen, und ebenso alle Unternehmer ihre Streitigkeiten vor ein lokales Einigungsamt bringen können. Wird die Entscheidung von einer oder beiden der streitenden Parteien nicht angenommen, so kann jeder Teil die Angelegenheit dem Zentralen Schiedsgerichtshof vorlegen. Dieser hat die Befugnis, einen durch Verhängung hoher Geldstrafen (bis zu 500 £) erzwingbaren Spruch zu fällen. Eine Novelle von 1901 gibt übrigens jeder Partei das Recht, auch unter Umgehung des zuständigen Einigungsamtes sofort das Schiedsgericht anzurufen. Im übrigen steht es den Unternehmern und Gewerkvereinen, welche einen Tarifvertrag abgeschlossen haben, frei, ihn durch gerichtliche Registrierung mit Rechtskraft für höchstens drei Jahre auszustatten. Die Einigungsämter werden durch Beisitzer, die in gleicher Zahl von den registrierten Gewerkvereinen und Arbeitgeberverbänden gewählt werden, bestellt. Über den Vorsitzenden haben beide Teile sich zu verständigen. Erfolgt eine Verständigung nicht, oder kommen die Wahlen nicht zu stande, weil eine Registrierung der Vereine nicht nachgesucht worden ist oder ein Teil überhaupt nicht organisiert ist, so tritt Ernennung durch die Regierung ein. Der Schiedsgerichtshof besteht aus drei Mitgliedern. Sie werden von der Regierung ernannt, wobei die Arbeitgeber und Arbeiter je eine Person empfehlen können.

Sobald ein Kampf dem Einigungsamte gemeldet ist, wird alles, was einer Arbeitseinstellung oder einer Aussperrung entspricht, bei Strafe von 50 Pfund Sterling verboten. Auch nach Fällung des Urteils sind derartige Kämpfe strafbar.

---

[1]) W. P. Reeves, Die obligatorischen Schiedsgerichte in einigen englischen Kolonien. A. f. s. G. XI. S. 635—657; A. Métin, Le socialisme sans doctrines. Paris 1901. S. 149—182; S. und B. Webb, Neueste Geschichte des Gewerkvereinswesens. S. P. S. C. XI. S. 638, 639; 658—663. Hooper, Dreizehn Jahre sozialen Fortschrittes in Neuseeland. A. f. s. G. XIX. S. 586—591.

Dieses Gesetz hat nicht nur die Arbeitskämpfe tatsächlich mit geringfügigen Ausnahmen verhütet, sondern auch denjenigen Arbeitern, welche selbst nie im stande gewesen wären, leistungsfähige Vereine zu entwickeln, alle Vorteile verschafft, die von solchen gezogen werden können. Neu-Südwales, Südaustralien und Westaustralien haben Gesetze eingeführt, die den neuseeländischen entsprechen.

Über den Erfolg Neuseelands urteilte der Berichterstatter der von Neu-Südwales eingesetzten Untersuchungskommission, als es sich darum handelte, das Beispiel Neuseelands nachzuahmen: „Obwohl ich mich ganz besonders eingehend mit den Seiten des Gesetzes beschäftigt habe, wo dieses Schwächen aufweist, so lege ich doch Wert darauf, klar und unzweifelhaft zum Ausdrucke zu bringen, daß alles in allem meine Beurteilung des Gesetzes dahin geht, daß es trotz mancher Fehler in seinen Wirkungen förderlich gewesen ist. Das Gesetz hat größere Arbeitseinstellungen verhindert und im ganzen ein besseres Verhältnis zwischen Arbeitgebern und Arbeitern geschaffen, als bestehen würde, wenn das Gesetz nicht geschaffen worden wäre. Es hat eine Erhöhung der Löhne und eine Verbesserung der Arbeitsbedingungen für die Arbeiter ermöglicht und zwar ohne Kampf und Verbitterung, wie sie sonst vorhanden zu sein pflegen; es hat den Arbeitgebern, wenigstens für eine gewisse Zeitdauer, bestimmte Produktionsbedingungen, mit denen sie rechnen können, gegeben und es ihnen daher ermöglicht, Kontrakte einzugehen mit der Gewißheit, sie auch halten zu können; schließlich hat es mittelbar dazu beigetragen, ein Gefühl des Friedens unter der Bevölkerung im ganzen zu erwecken, welches dem Volkswohlstand der Kolonie nur förderlich sein kann.[1])

Ähnliche Ergebnisse sind auf anderem Wege in der Kolonie Victoria erreicht worden.[2]) Das Fabrik- und Werkstättengesetz dieses Staates von 1896 setzte für eine Reihe von Gewerben mit besonders üblen Arbeitsbedingungen Lohnämter ein. Diese erhielten das Recht, einen Minimallohn sowohl für Fabrik- als Heimarbeiter festzusetzen für Zeit- und für Stückarbeit. Auch die Maximalzahl der Lehrlinge und Hilfsarbeiter unter 18 Jahren und der ihnen zu zahlende Lohn können festgesetzt werden. Das Gesetz hat sich, abgesehen von den Gewerben, in denen vorzugsweise Chinesen beschäftigt werden, ebenfalls bewährt und ist 1900 in der Weise ausgedehnt worden, daß nun in jedem Gewerbe oder Geschäft ein Lohnamt errichtet werden kann, für das eines

---

[1]) Reichs-Arbeitsblatt. III. S. 222.

[2]) Métin a. a. O. S. 134—149; Webb a. a. O. S. 635—638.

der beiden Häuser des Parlamentes seine Zustimmung erteilt hat. So sind 21 neue Ämter zu stande gekommen, zum Teil auf Wunsch der Arbeitgeber. Den Beschlüssen der Lohnämter wird durch die Fabrikinspektion und entsprechend hohe Geldstrafen Beachtung verschafft. Für Arbeiter von unterdurchschnittlicher Leistungsfähigkeit kann die Fabrikinspektion eine angemessene Verminderung des Minimallohnes gestatten, da diese sonst schwer Arbeit finden würden.

Die Zusammensetzung der Lohnämter ist die übliche: Vertreter der Arbeiter und Arbeitgeber in gleicher Zahl und ein von beiden gemeinsam oder von der Regierung bestimmter Vorsitzender mit Stichentscheid.

Ein gewisse Nachahmung des neuseeländischen Musters ist ferner im Kanton Genf erfolgt, zunächst durch Gesetz vom 10. Februar 1900,[1]) betreffend die gesetzliche Regelung der Arbeitstarife und Schlichtung von Streitigkeiten in bezug auf die Arbeitsbedingungen. Da es indessen seinen Zweck, Arbeitskämpfe auszuschließen, nicht vollkommen erreichte, und der Arbeiterschaft überhaupt zu begründeten Klagen Veranlassung gab, trat das Gesetz vom 26. März 1904 an seine Stelle.[2]) Da aber auch dieses Gesetz den Behörden keine genügenden Machtmittel einräumt, um die Beobachtung der getroffenen Entscheidungen zu erzwingen, so bleibt der Erfolg nach wie vor zweifelhaft.

Ob überhaupt eine Übertragung der australischen Einrichtungen auf die sehr viel verwickelteren und vom Weltmarkte abhängigeren Verhältnisse der europäischen Industriestaaten ausführbar sein wird, steht dahin.

Immerhin beweist aber die Erfahrung dieser Staaten, daß der öffentlichen Gewalt für die Fortbildung des Arbeitsverhältnisses eine weit größere Leistungsfähigkeit zukommt, als die liberale Ökonomie in der Regel zugeben will. Namentlich für das Deutsche Reich ist es wohl denkbar, daß auf dem Wege der autoritären Umgestaltung der Arbeitsbedingungen weiter geschritten wird. Nachdem die Gewerbegerichte durch die Novelle von 1901 bessere Befugnisse erhalten haben, um als Einigungsämter aufzutreten, fehlt eigentlich nur noch der Abschluß durch ein Schiedsgericht, dessen Entscheidungen verbindlich gemacht werden können. Vor allem käme dieses Verfahren für Gewerbe

---

[1]) Vgl. Monatsblätter des Schweiz. Arbeitersekretariates I. S. 88—91; J. Sigg, Ein Gesetz über Arbeitstarife und Kollektivstreitigkeiten. A. f. s. G. XVIII. S. 344—376.

[2]) Vgl. Landmann, Die Arbeiterschutzgesetzgebung der Schweiz. Basel 1904. S. 458—462; in deutscher Übersetzung im Reichs-Arbeitsblatt, II. S. 624—628.

und Betriebe in betracht, in denen die Arbeitsstreitigkeiten mit einer schweren Gefährdung öffentlicher Interessen verknüpft sind,[1]) oder in denen, wie in den modernen Riesenbetrieben, die Macht des einzelnen Unternehmers oder der durch Kartellbildung koalierten Unternehmer so gewaltig ist, daß die Arbeiterorganisationen aus eigener Kraft keinerlei Erfolge zu erreichen vermögen.[2])

Fünftes Kapitel.

Kommunale Sozialpolitik.[3])

115. Der sozialpolitische Beruf der Gemeinde.

Zu wiederholten Malen ist uns die Gemeinde bereits als ein wichtiger Faktor der Sozialpolitik entgegenzutreten: so bei der Darstellung der Bodenreformpläne, der Errichtung der Gewerbegerichte und Einigungsämter, bei der Organisation des Arbeitsnachweises, bei der Erörterung der Kranken- und der Arbeitslosenversicherung. Trotzdem hat die kommunale Sozialpolitik erst seit verhältnismäßig kurzer Zeit größere wissenschaftliche Beachtung gefunden. Und nichts kann

[1]) Für diese Fälle habe ich bereits 1891 in meinen „Studien zur Fortbildung des Arbeitsverhältnisses" (A. f. s. G. IV. S. 596, 597) eine behördliche Regulierung aller Arbeitsbedingungen vertreten

[2]) Beide Gesichtspunkte (Gefährdung öffentlicher Interessen und übermächtige Stellung der Arbeitgeber) haben mit Recht in dem großen Bergarbeiterstreik (Winter 1905) zum Eingreifen der preußischen Regierung geführt. Die Stellung der deutschen Arbeitgeber hat durch die im April 1904 erfolgte Gründung der „Hauptstelle deutscher Arbeitgeberverbände" in Berlin eine erhebliche Verstärkung erfahren. Vgl. Tänzler, Die Hauptstelle deutscher Arbeitgeberverbände. Berlin 1905.

[3]) Mataja, Städtische Sozialpolitik, Zeitschrift für Volkswirtschaft, Sozialpolitik und Verwaltung. Wien 1894. III. Bd. S. 519—598; Münsterberg, Die Aufgaben städtischer Sozialpolitik. Hamburg 1896; C Hugo, Städteverwaltung und Munizipalsozialismus in England. Stuttgart 1897; K. Bücher, Die wirtschaftlichen Aufgaben der modernen Stadtgemeinde. Leipzig 1898; Trimborn und Thissen, Die Tätigkeit der Gemeinden auf sozialem Gebiete. Köln 1900; Sinzheimer, Der Londoner Grafschaftsrat. Ein Beitrag zur städtischen Sozialreform. Stuttgart 1900; C. Hugo, Die deutsche Städteverwaltung. Stuttgart 1901 (dazu

besser beweisen, wie sehr unser ganzes politisches und soziales Denken noch immer vom Staate gewissermaßen hypnotisiert wird, wie sehr man bis in die neuesten Zeiten herein geneigt gewesen ist, die Gemeinde nur als Staatsanstalt zu betrachten. Es ist ja klar: je mehr man die Gemeinde mit dem Staate identifiziert, destoweniger kann der Gedanke einer besonderen kommunalen Sozialpolitik emporkommen.

Belgien, Frankreich und England haben uns erst lehren müssen, uns wieder auf den sozialpolitischen Beruf der Gemeinde zu besinnen. Die geringe Beachtung, die ihm gerade in Deutschland bis vor kurzem zugewendet worden ist, hängt zum Teil gewiß mit der Tatsache zusammen, daß hier die Anhänger der autoritär-sozialkonservativen Richtungen in ganz besonders großer Zahl anzutreffen sind. Nun fehlt aber den kommunalen Körpern die starke monarchische Gewalt, welche als vornehmster Träger der sozialkonservativen Reform erscheint. Es geht ja doch nicht an, etwa den Oberbürgermeistern und Stadträten, die von den Stadtverordneten gewählt und besoldet werden, in der Gemeinde jene über den Parteien erhabene Stellung zuzuschreiben, welche im Staate das Königtum besitzt. Würde man überhaupt eine kommunale Sozialpolitik gefordert haben, so wäre schließlich auch eine volkstümliche Umgestaltung der Gemeindeverfassung zu befürworten gewesen. Vor diesem Schritte schreckten aber die sozialkonservativen Politiker zurück.

Auch die deutsche Sozialdemokratie hat sich herzlich wenig um die Gemeinde gekümmert. Sie begnügte sich damit, in ihrem Programm die sozial bedeutungsvollen Aufgaben der Gemeinde, wie Schul- und Armenwesen, einfach dem Staate zu überweisen. Die kommunale

---

die Besprechung des Werkes durch den Mannheimer Oberbürgermeister Beck in Wolfs Zeitschrift für Sozialwissenschaft IV. S. 553—557); Damaschke, Aufgaben der Gemeindepolitik. 4. Aufl. Jena 1901; P. Mombert, Die deutschen Stadtgemeinden und ihre Arbeiter. Stuttgart 1902 (Eine beachtenswerte Besprechung des Buches aus der Feder von Flesch in A. f. s. G. XVIII. S. 445—456); Klien, Minimallohn und Arbeiterbeamtentum. Jena 1902; Adickes und Beutler, Die sozialen Aufgaben der deutschen Städte. Leipzig 1903; Lindemann, Arbeiterpolitik und Wirtschaftspflege in der deutschen Städteverwaltung. 2 Bde. Stuttgart 1904; v. d. Borght, Sozialpolitik, S. 446—455; Müller, Art. Kommunale Sozialpolitik in Reichesbergs Handwörterbuch der schweiz. Volkswirtschaft. Kommunale Praxis, Zeitschrift für Kommunalpolitik und Gemeindesozialismus von Südekum, zweimal monatlich. Berlin. Vgl. auch die S. 510 genannten Arbeiten von Zwiedineck-Südenhorst. Aus der ausländischen Literatur sind namentlich zu nennen: Goodnow, Municipal Home Rule. New-York 1895; A. Shaw, Municipal Government in Great-Britain 1895; Derselbe, Municipal Government in continental Europe 1895.

Tätigkeit schien ihr die Gefahr einer Versumpfung und Verwässerung der großen Prinzipien einzuschließen, eine Konzession an die von Marx so bitter verspotteten Ideale des „Kleinbürgers" Proudhon zu bedeuten. Öfters hatte man die Beobachtung gemacht, daß sozialdemokratische Stadtväter auf ganz opportunistische, sozialreformerische Abwege geraten waren.

Das Erfurter Programm spricht zwar von der Selbstbestimmung und Selbstverwaltung des Volkes auch in der Gemeinde. Aber erst die Parteitage von München (1902) und Bremen (1904) haben wenigstens einen, freilich noch wenig gelungenen Versuch gemacht, die Stellung der Sozialdemokratie gegenüber den kommunalen Angelegenheiten zu präzisieren.[1]) Früher waren nur für einzelne Städte (Leipzig, Dortmund, Stuttgart), Provinzen (Brandenburg, Schleswig-Holstein, Rheinland, Westfalen) oder Gliedstaaten (Baden, Württemberg) kommunalpolitische Forderungen aufgestellt worden.[2]) Die sozialdemokratische Literatur hatte ebenfalls all diese Probleme lange Zeit vernachlässigt. Nachdem aber die englische und französische Arbeiterbewegung in den Gemeinden Erfolge erzielt hatte, trat allmählich ein Wandel ein, und zwar nicht nur auf seiten der Opportunisten, sondern sogar bei den marxistischen Orthodoxen selbst. Karl Kautsky schrieb: „Der sogenannte Munizipalsozialismus ist in manchen Ländern, so Frankreich und England, von der größten Bedeutung geworden. Es ist einleuchtend, daß unter sonst gleichen Umständen, namentlich gleichem Wahlrechte, das Proletariat in den Kommunalvertretungen der industriellen Zentren eher zu einer ausschlaggebenden Macht werden kann, als in den Reichsvertretungen; denn in jenen Zentren bildet die industrielle Arbeiterbevölkerung die große Majorität, im Lande die Minorität; in den Industriegemeinden herrscht reges geistiges Leben, auf dem flachen Lande geistige Rückständigkeit und Trägheit. Und wo die Arbeiter in Massen zusammenwohnen und arbeiten, sind sie von einer ganz anderen Unabhängigkeit, als wo sie zerstreut leben und leicht überwacht werden können .... Die Gemeinden können die geistige und physische Hebung des Proletariates sehr beeinflussen durch hygienische Maßregeln (namentlich Wohnungs- und Nahrungsmittelhygiene) und durch die Gestaltung des Elementarschulwesens. Sie können aber auch die Arbeitsbedingungen beeinflussen, bis zu einem gewissen Grade durch behördliche Vorschriften, mehr noch aber dadurch, daß sie selbst Unternehmer sind." [3])

---

[1]) Vgl. Münchener Protokoll S. 203—223; Bremer Protokoll S. 290—304.

[2]) Hugo Lindemann (C. Hugo), Zur Kritik der sozialdemokratischen Kommunalprogramme. Sozialistische Monatshefte 1902. S. 277—288.

[3]) N. Z. XIII. II. S. 588.

Endlich haben selbst diejenigen deutschen Anhänger sozialer Reformen, welche von den Vorurteilen der Staatssozialisten und Sozialdemokraten frei waren, lange Zeit Bedenken getragen, besondere Hoffnungen auf die sozialpolitische Tätigkeit der Gemeinden zu setzen. Und es ist ja richtig: noch immer besitzen die Angehörigen der oberen Besitzgruppen, vor allem die Hauseigentümer, in den Gemeindevertretungen eine erdrückende Majorität. Trotzdem macht keine politische Partei, mit Ausnahme der äußersten Linken, ernstlich Miene, auch den minder besitzenden Klassen hier zu einer angemessenen Vertretung zu verhelfen.[1]) So besteht im Deutschen Reiche ein merkwürdiger Zustand. Je allgemeiner und schwieriger die politischen Fragen sind, je mehr sie sich der vollen Einsicht der großen Massen der Bevölkerung entziehen, desto liberaler, weitherziger ist das geltende Wahlrecht. Im Reiche gilt allgemeine, gleiche, geheime und direkte Stimmabgabe, in den meisten Gliedstaaten ein indirektes, in Preußen und Sachsen überdies noch durch das Dreiklassensystem eingeschränktes Wahlrecht. Und selbst dort, wo, wie in Baden, das Landtagswahlrecht einen liberaleren Charakter hat als in Preußen und Sachsen, gilt doch wenigstens für die Gemeinde ein Dreiklassensystem.

Dabei ist die Gemeindeautonomie, wenn überhaupt vorhanden, ungemein beschränkt. Auf Schritt und Tritt wird die kommunale Tätigkeit von der staatlichen Bureaukratie überwacht und bevormundet. Wo in den Gemeinden enge gesellschaftliche Kreise ausschließlich maßgebend sind, wird man übrigens nicht einmal sagen können, daß diese staatliche Fesselung der Gemeinde unter allen Umständen sozialpolitisch ungünstig wirke. Die Interessenpolitik der Hauseigentümer und großen Steuerzahler würde mancherorts sicher noch ganz andere Blüten getrieben haben, wenn die staatliche Überwachung des Gemeindelebens nicht vorhanden wäre.

---

[1]) Es liegt eben ein tiefer Sinn in den Worten, die Ibsen im „Volksfeind" (3. Akt, 3. Auftritt) den Verleger des radikalen „Volksboten", den Buchdruckereibesitzer Thomsen, sprechen läßt: „Fällt einer über die Regierung her, so richtet er nicht den geringsten Schaden an, denn die Männer kümmern sich den Geier um das, was die Zeitungen sagen — sie bleiben, wo sie sind. Aber die Lokalbehörden — die können gestürzt werden, und dann kommen vielleicht unberechenbare Menschen ans Ruder, zum unendlichen Schaden der Hausbesitzer und anderer Leute, darum: in der kleinen Politik hübsch bei der Stange geblieben! — Hanstad: Über die politische Erziehung des kleinen Mannes durch die Selbstverwaltung — wie denken Sie darüber? — Thomsen: Wenn man's zu etwas gebracht hat, das es festzuhalten gilt, so kann man nicht an alles denken, Herr Hanstadt."

Wenn nun ungeachtet all' dieser durchaus nicht günstigen Vorbedingungen schließlich doch auch die deutsche Gemeinde auf sozialpolitischem Gebiete eine Tätigkeit entfaltet hat, die den Vergleich mit dem Auslande durchaus nicht zu scheuen braucht, so kann man in dieser Erscheinung nur ein glänzendes Zeugnis für die sozialpolitische Befähigung erblicken, welche der Gemeinde an sich zukommt. In der Tat, die Natur der Dinge selbst drängt die Gemeinde zur sozialpolitischen Tätigkeit, sie mag wollen oder nicht. Die soziale Not tritt den Gemeinden viel unvermittelter gegenüber als den Behörden des Staates.

Wenn die Arbeitslosigkeit Hunderte und Tausende der gräßlichsten Not, selbst dem Verhungern entgegentreibt, wenn eine Arbeitsstreitigkeit Gewerbe, Handel und Verkehr einer ganzen Stadt lahmlegt, wenn 30—40 Proz. der Neugeborenen vor zurückgelegtem ersten Lebensjahr dem frühen Grabe verfallen, wenn die Kinder des Proletariates bleich, abgehärmt, mit Lumpen bekleidet, von Überarbeitung und Hunger entkräftet zur Schule schleichen und stumpf dem Unterrichte nicht folgen können, wenn tödliche Epidemien als unerbittliche Würgeengel aus den tiefsten Abgründen menschlichen Elendes, aus den übervölkerten Behausungen und Stadtteilen, drohend emporsteigen und auch vor den Vierteln der Reichen nicht Halt machen, wenn in den kommunalen Leihhäusern selbst der notwendigste Hausrat versetzt wird und nicht mehr eingelöst werden kann; dann vermag keine Gemeindeverwaltung, sollte sie auch aus dem „elendesten aller Wahlsysteme" hervorgegangen sein, gleichmütig, mit verschränkten Armen und bureaukratischer Gelassenheit zuzuschauen. Und so sehr auch durch die ungeheure Ausdehnung, welche neuerdings viele Stadtgemeinden gewonnen haben, die persönlichen Beziehungen unter den Gemeindebürgern selbst abgeschwächt und gelockert sein mögen, so sehr der Bruchteil derjenigen gewachsen ist, die nicht in der Wohnungsgemeinde geboren worden sind, und die zu öfterem Wechsel des Wohnsitzes gezwungen werden, noch immer besitzt der Gemeinsinn für Gemeindezwecke eine viel urwüchsigere Lebenskraft als derjenige zu Gunsten des Staates. Wie häufig werden Gemeinden und kommunale Stiftungen in Testamenten bedacht, wie selten der Staat! Sehr richtig erklärt Roscher: „Bei gewöhnlichen Menschen kann der Patriotismus nur dann wahr sein, wenn er von dem kleineren Kreise ausgeht, der sie zunächst umgibt, für dessen Mitglieder sie sich persöniich interessieren."[1]) Denselben Gedanken bekräftigt K. Jentsch, wenn er sagt: „Einwirkungen auf ein ungeheures Ganze, die ihrer

[1]) Roscher, System der Volkswirtschaft. II. Bd. 10. Aufl. 1882. S. 12.

Geringfügigkeit wegen nicht wahrgenommen werden, machen den Einwirkenden keine Freude und können schon aus diesem Grunde nicht segensreich genannt werden, weil sich ihr Erfolg weder berechnen noch nachweisen läßt. Daher denn eine segensreiche Tätigkeit für das gemeine Wohl dem Bürger eines großen Staates fast nur innerhalb jener kleinen Kreise möglich ist, die ein jeder zu überschauen vermag: in der politischen und kirchlichen Gemeinde, im Kreise, in der Korporation."[1])

Und endlich: geistlose bureaukratische Schablone, mangelnde Rücksichtnahme auf besondere tatsächliche Verhältnisse, politischer Mißbrauch, ungesunde Anhäufuug weittragender Machtbefugnisse bei einer Zentralgewalt, Bevormundungssucht und Vernichtung individuellen Tatendranges, all' diese gefährlichen Klippen, an denen die sozialpolitische Tätigkeit des Staates so leicht scheitert, sind in dem kommunalen Wirkungskreise entweder gar nicht vorhanden, oder doch viel leichter zu überwinden. Es versteht sich einfach von selbst, daß die Gemeinde ihre soziale Tätigkeit den lokalen Bedürfnissen anpassen wird. Ihre Organe sind ja aus ihr selbst hervorgegangen oder mit ihr doch meist für längere Zeit verknüpft. Der Einfluß der Stadtverordneten, die den Bürgerkreisen entstammen, und die ehrenamtliche Betätigung des bürgerlichen Elementes innerhalb des Stadtrates bringen die städtischen Exekutivorgane in eine weit innigere Fühlung mit den Regierten, als die staatlichen Behörden zu erzielen imstande sind.

Einige deutsche Stadtgemeinden haben neuerdings besondere „soziale Kommissionen" eingeführt, welche diejenigen Maßnahmen der Gemeinde, die das Arbeiterinteresse berühren, nach sozialpolitischen Gesichtspunkten prüfen.

116. Die Gemeinde als Arbeitgeberin.

Frägt man, welche Wege sich für die sozialpolitische Tätigkeit der Gemeinden im einzelnen eröffnen, so sei zunächst an die Tatsache erinnert, daß die Gemeinden und namentlich die größeren Stadtgemeinden selbst unmittelbar viele Arbeiter beschäftigen und stets größere öffentliche Arbeiten an Unternehmer zu vergeben haben. Die Betriebe der kommunalen Gas-, Elektrizitäts- und Wasserwerke, der Abfuhrunternehmungen und Kanalisation, der Hoch- und Tiefbauämter, der Pferdebahnen, Schlachthäuser, Straßenreinigung und -Besprengung, die Erhaltung der öffentlichen Anlagen, der Feuerlöschdienst, das Gesund-

[1]) Jentsch, Geschichtsphilosophische Gedanken. Leipzig 1892. S. 413.

heits- und Schulwesen, der Finanzdienst, zuweilen die Bewirtschaftung großer Gemeindewälder, das alles erfordert die Anstellung einer beträchtlichen Anzahl von Dienern und Lohnarbeitern, deren Zahl sich in größeren Städten auf Tausende beziffert. Berlin beschäftigt circa 11—12000 Angestellte ohne Beamtenqualität, Köln 3609, Frankfurt a. M. 3317, München 3271, Breslau 1883, Leipzig 1805 usw.[3])

Immer mehr haben sich in den letzten Jahren die Gemeinden bestrebt, als Musterarbeitgeber aufzutreten, namentlich auch diejenigen Wohlfahrtseinrichtungen, welche große private Arbeitgeber oder der Staat bereits ins Leben gerufen hatten, ihren eigenen Arbeitern zu gewähren. Dieser Wandel war umso mehr geboten, als ein beträchtlicher Teil der Gemeindearbeiter nicht unter die Bestimmungen der Reichsgewerbeordnung fällt und insofern auch an ihren Arbeiterschutzbestimmungen keinen Anteil hat. Die sozialpolitischen Errungenschaften bestehen der Hauptsache nach in folgenden Einrichtungen:

Es sind allgemeine Arbeitsstatuten erlassen worden, in welchen die ganze Stellung der Gemeindearbeiter in bezug auf Annahme, Entlassung, Kündigung, Ordnungsstrafen und Beschwerderecht genauer und oft auch in einer den Interessen der Arbeiter besser gerecht werdenden Weise geordnet worden ist. Insbesondere ist auf diesem Gebiete das Vorgehen der Stadt Frankfurt a. M. vorbildlich geworden, welche 1897 „allgemeine Bestimmungen für die Arbeiter der städtischen Verwaltung“ erlassen hat.

Für Arbeiter, welche während einer bestimmten Dienstzeit (1—2, in Karlsruhe 10 Jahre) zur Zufriedenheit gearbeitet und gewisse Altersgrenzen erreicht, bezw. noch nicht überschritten haben, wird eine definitive Anstellung gewährt. Derartige ständige Arbeiter erfreuen sich in der Regel längerer Kündigungsfristen; in einigen Städten kann die Entlassung überhaupt nur durch besonderen Magistratsbeschluß erfolgen. Es gelten für sie ferner größere Lohnperioden, so daß kleinere Arbeitsunterbrechungen, welche nicht durch die Schuld des Arbeiters herbeigeführt worden sind, die Höhe des Lohnbezuges nicht beeinflußen. Je nach der Länge der Dienstzeit wird unter Umständen auch während der militärischen Übungen oder eines Urlaubes ein Teil des Lohnes weiter entrichtet. Mit der Länge der Dienstzeit pflegen auch Erhöhungen des Lohnbezuges zugesichert zu werden. Die Löhne werden also der Herrschaft des Arbeitsmarktes entzogen und dem Bedarfe, der in der Regel mit höherem Lebensalter wegen der An-

---

[3]) v. Zwiedineck-Südenhorst, J. f. G. V. XXVII. S. 1311.

sprüche der Familie zunimmt, besser angepaßt. Außerdem bestehen in den vorgeschritteneren Städten Einrichtungen, welche die Minimalleistungen der reichsgesetzlichen Arbeiterversicherung erheblich steigern. So kann der gesamte Ruhegehalt (Reichsrente und städtische Rente) bei einer Dienstzeit von 30 Jahren schon auf 475—675 M., bei 50 Dienstjahren auf 500—1000 M. sich erheben.[1])

Zur besseren Vertretung der Arbeiterinteressen gegenüber der städtischen Verwaltung bestehen häufig Arbeiterausschüsse, deren Befugnisse freilich große Verschiedenheiten aufweisen. Besonders liberal eingerichtete Arbeitervertretungen hat Mannheim geschaffen.

Weniger günstig erscheinen die absolute Höhe der Löhne und die Dauer der Arbeitszeit. Infolge der Vorteile, welche die geschilderte Stabilisierung der kommunalen Arbeiterverhältnisse einschließt, erfolgt offenbar schon ein qualitativ und quantitativ genügendes Arbeiterangebot, auch wenn Löhne und Arbeitszeiten sich von denjenigen der Privatbetriebe nicht sonderlich glanzvoll abheben. Im übrigen ist es freilich sehr schwer, über die Lohnhöhe ein Urteil zu fällen, da die Gemeinden zur Entlastung der Armenpflege viele Arbeiter mit unterdurchschnittlicher Leistungsfähigkeit beschäftigen. In Stuttgart besaßen von den Arbeitern des Straßenreinigungsamtes 89,28, der Kanalbauinspektion 82,52, der Straßenbauinspektion sogar nur 51,09 % volle Leistungsfähigkeit.[2])

Seit 1899 besteht ein „Verband der in Gemeindebetrieben beschäftigten Arbeiter und Unterangestellten", als dessen Organ „Die Gewerkschaft" alle 14 Tage erscheint. Die Stellung der städtischen Behörden ist je nach der in der Stadtverwaltung herrschenden politischen Strömung verschieden. Im allgemeinen stehen die höheren Kommunalbeamten den Organisationsbestrebungen freundlicher gegenüber als die unteren.[3])

In den schweizerischen Stadtgemeinden erscheint die absolute Höhe der Löhne im allgemeinen günstiger als im Deutschen Reiche. Dagegen stehen sie in bezug auf die Stabilisierung des Verhältnisses, in bezug auf Pensionsansprüche und Arbeiterausschüsse noch zurück.[4])

---

[1]) Mombert, a. a. O. S. 185; Schriften der Zentralstelle für Arbeiterwohlfahrtseinrichtungen XXVII. Das Pensions- und Reliktenwesen der Arbeiter und niederen Angestellten. Berlin 1904. S. 142—201, 235—244.

[2]) Mombert, a. a. O. S. 17.

[3]) Lindemann I. S. 464.

[4]) Vgl. den S. 573 genannten Artikel von Müller. Über die Lage der städtischen Arbeiter in Zürich unterrichtet sehr genau die vom Statistischen Amte

Im übrigen kommen die Gemeinden, ganz wie der Staat, nicht nur als unmittelbare, sondern durch die Vergebung öffentlicher Arbeiten an Privatunternehmer auch als mittelbare Arbeitgeber in Frage. In dieser Beziehung gelten im wesentlichen dieselben Gesichtspunkte, die bereits S. 512 ff. besprochen worden sind. Die Gemeinden der westeuropäischen Staaten (vor allem England, aber auch Belgien, Holland, Frankreich) sind in dieser Hinsicht zum Teil sogar dem Staate vorangegangen, während im Deutschen Reiche und in der Schweiz eher das Gegenteil zutrifft. Da hier, wie früher gezeigt wurde, aber auch die Staatsbehörden noch eine große Zurückhaltung beobachten, so bedeutet dieses Zurückbleiben eigentlich, daß auf diesem Gebiete überhaupt noch keine nennenswerte Aktion vorliegt.[1]) Man beschränkt sich darauf, etwa die Einstellung einheimischer Arbeiter zu fordern oder sich das Recht zu wahren, die Arbeiter direkt auf Rechnung des Unternehmers zu bezahlen, wenn dieser seinen Verpflichtungen gegenüber den Arbeitern nicht pünktlich nachkommt.

Selbst die Forderung, Druckaufträge nur an tariftreue Firmen zu vergeben, ist erst in 16 Städten (darunter viele kleine, wie z. B. Nördlingen, Rudolfstadt, Tilsit, Ansbach) verwirklicht worden. Selbst das sozialpolitisch so leistungsfreudige Frankfurt a. M. hat erst 1903 die Beobachtung dieses Tarifes zur Bedingung gemacht. Und in der Schweiz liegen die Verhältnisse eher noch ungünstiger als im Deutschen Reiche.

117. Gesundheits- und Bildungswesen.

Die Maßnahmen, die bisher den Gegenstand der Erörterung bildeten, beziehen sich insgesamt unmittelbar auf das Arbeitsverhältnis. Nun entfalten die Gemeinden aber noch eine sehr ausgebreitete Tätigkeit, welche sich zum Teil auf die Gesamtheit, zum Teil auf die minder besitzenden Volkskreise überhaupt erstreckt, und die mittelbar jedenfalls einen gar nicht zu unterschätzenden Einfluß auf die Gestaltung der sozialen Verhältnisse ausübt.

So vor allem die Fürsorge für die öffentliche Gesundheitspflege. Wie viel hier zu tun bleibt, läßt schon die Tatsache ahnen, daß der Streit, ob die Städte ihre Bevölkerungen verzehren, noch keineswegs ganz verstummt ist. Die Fürsorge für die gesundheitlichen Verhältnisse

---

der Stadt Zürich herausgegebene Schrift: Die Arbeits- und Lohnverhältnisse der im Dienste der Stadt Zürich stehenden Arbeiter nach dem Stande vom 31. Oktober 1902. Zürich 1904.

[1]) Lindemann I. S. 22—73.

der Stadtbevölkerungen wird umso wichtiger, je größer der Bruchteil der Nation geworden ist, den sie bilden. Nachdem in anderem Zusammenhange (S. 54 ff.) die Frage nach der Lebensfähigkeit der Stadtbevölkerungen in ausgiebiger Weise erörtert worden ist, kommt es hier nur noch darauf an, festzustellen, auf welche Ursachen, abgesehen von der Natur der gewerblichen Arbeit, die größere Sterblichkeit in den Städten zurückzuführen ist. Die Statistik lehrt, daß in der Regel die hohe Kindersterblichkeit die allgemeine Sterbeziffer so stark anschwellen läßt. Die kommunale Gesundheitspflege wird also vor allem hier einzusetzen haben. Es werden die besonderen Ursachen der Kindersterblichkeit überall dort, wo sie den Durchschnitt übertrifft, zu erheben sein. Bald können unzweckmäßige Ernährungsgewohnheiten, bald die berufliche Tätigkeit der Mütter, bald schlechte Wohnungsverhältnisse, bald ungenügende Zufuhr frischer, gesunder Luft, bald ansteckende Krankheiten, deren Entstehung wieder auf mangelhafte Wasserversorgung und Fäkalienabfuhr zurückzuführen ist, den Hauptteil der Schuld tragen. Überall ist die Bekämpfung dieser Mißstände in erster Linie Sache der Gemeinde.

Manche Stadtverwaltungen haben, um die rationelle Pflege und Ernährung der Neugeborenen zu fördern, die Einrichtung getroffen, daß bei der standesamtlichen Meldung eine gedruckte Belehrung über diese Dinge verabfolgt wird. Halle ist weitergegangen und hat bereits einen, allerdings in vorsichtigen Grenzen gehaltenen, Versuch mit städtischer Milchversorgung unternommen.[1])

Andere Gelegenheiten, auf die Gesundheit der Kinder einzuwirken, bietet das Schulwesen. Nicht nur soll im Unterrichte der Sinn für die Haupterfordernisse der Gesundheitspflege geweckt werden, sondern es ist auch bei der Anlage der Schulgebäude selbst für gute Luft und gutes Licht vorzusorgen. Eine größere Zahl von Städten läßt durch besondere Schulärzte eine ständige Kontrolle über die sanitären Zustände der Schule und Schüler ausüben. Schulbäder sind eingerichtet worden, welche die Kinder, etwa alle Wochen einmal, zu benutzen haben. Außerdem wird die Gesundheit der Schuljugend in den Städten noch durch die Ausbreitung der Jugendspiele erheblich gefördert werden.[2])

---

[1]) Adickes a. a. O. S. 30.

[2]) In dieser Hinsicht stehen die schweizerischen Gemeinden ungleich günstiger da als in bezug auf die eigentliche Arbeiterpolitik. Basel besitzt in 50 %, Bern in 22 %, Zürich in 36 % der Schulhäuser Badeeinrichtungen. Vgl. Müller a. a. O. S. 766.

Durch Errichtung von Volksbädern, guten Wasserleitungen, öffentlichen Anlagen und Parks, durch rasche, billige Verkehrseinrichtungen nach dem Freien und durch Wohnungsreformen kann die Gemeinde aber auch auf die körperlichen Zustände der erwachsenen Bevölkerung einen wohltätigen Einfluß geltend machen.

Die Gemeinden sind ferner in der Lage, die Versorgung ihrer Bewohner mit unverfälschten Nahrungsmitteln zu angemessenen Preisen zu erleichtern.[1]) Die Marktpolizei liegt zumeist in ihrer Hand, und es steht ihnen frei, Markthallen und Volksküchen zu errichten. Nicht selten tritt dazu noch die Notwendigkeit, gegen Lieferantenringe und Monopole Stellung zu nehmen. Durch die gesetzliche und behördliche Begünstigung, die das Innungswesen in Deutschland erfährt, ist die Möglichkeit, wirksame Verabredungen über die Festsetzung der Preise zu treffen, für Bäcker und Metzger sehr verstärkt worden. Fehlt nun eine ausreichende Organisation der Konsumenten in Konsum-Genossenschaften, die an und für sich wohl am geeignetsten sind, das Interesse an der Versorgung mit guten Nahrungsmitteln zu befriedigen, so kommt es vor, daß die Gemeinde selbst eingreift. So hat z. B. die Stadt Freiburg i. B., um einer übermäßigen Fleischverteuerung Schach zu bieten, einmal vorübergehend eigene Fleischhallen eröffnet. Obwohl die Preise der kommunalen Verkaufsstellen 11—12 Proz. niedriger als diejenigen der privaten Geschäfte angesetzt worden waren, konnte noch zu Gunsten der Stadtkasse ein Gewinn von 1121,53 M. erzielt werden.

Auch die Unterstützung des hauswirtschaftlichen Unterrichts und die Beförderung alkoholfreier Volkshäuser und Speisewirtschaften kann nur günstig auf die Ernährungs- und Gesundheitsverhältnisse einwirken.

Viele Gemeinden sind über die in Vorstehendem angedeuteten Aufgaben noch hinausgegangen und haben Speisungen der Kinder in den Volksschulen eingeführt. Nur zu oft war die Beobachtung gemacht worden, daß die armen Kleinen hungernd, selbst ohne Frühstück, in die Schule kamen. Unter dieser Not mußte ihre Aufmerksamkeit und Empfänglichkeit für den Schulunterricht ebenso leiden, wie ihre körperliche Entwicklung. So sind denn unmittelbar unter dem zwingenden Eindrucke dieser jammer- und qualvollen Verhältnisse bald auf Kosten

---

[1]) Creuzbauer, Die Versorgung Münchens mit Lebensmitteln München 1903; Grabenstedt, Woher bezieht die Stadt Halle ihre wichtigsten Lebensmittel? Jena 1904; ferner Hugo (Lindemann), Die deutsche Städteverwaltung, S. 111—185, und Mombert, Das Nahrungswesen (Weylsches Handbuch der Hygiene, IV. Soziale Hygiene). Jena 1904.

der Gemeinden, bald mit teilweiser Unterstützung durch private Spenden und Vereinigungen, Speisungen armer Schulkinder eingeführt worden. Diese Fürsorge ist unter den gegebenen Zuständen gewiß nicht zu entbehren. Als sozialpolitisches Ziel wird aber festgehalten werden müssen, es dahin zu bringen, daß die Eltern selbst ihren Pflichten gegen die Kinder überall nachkommen können und wollen. Auch die zur Zeit unvermeidlichen Kinderhorte und Kinderheime, in denen die Kinder außerhalb der Schulzeit Aufnahme finden, um sie vor Verwahrlosung zu bewahren, können insofern gefährlich wirken, als sie geeignet sind, die Tendenz zur völligen Lösung der Familienbande, die ohnehin schon in unserer ganzen wirtschaftlichen Entwicklung liegt, noch weiter zu begünstigen. Diese Einrichtungen dürfen nur als Krücken angesehen werden, deren Gebrauch ein sozialer Gesundungsprozeß möglichst bald entbehrlich machen soll.

Je umsichtiger in all' den genannten Beziehungen für die Beförderung und Erhaltung der Gesundheit gesorgt wird, desto mehr werden die Anstalten, die zu Gunsten der Kranken eingerichtet worden sind (die reichsgesetzlichen oder freien Krankenkassen, die Spitäler, Rekonvaleszentenhäuser, die Invalidenversicherung usw.) entlastet werden, desto leistungsfähiger in jeder Hinsicht werden die Menschen sein, desto günstiger wird sich das Verhältnis der wirtschaftlich produktiven und unproduktiven Elemente der Bevölkerung gestalten. Es handelt sich also in all' den genannten Beziehungen nicht nur um einen sozialen, sondern auch einen bedeutsamen wirtschaftlichen Fortschritt.

Wie sehr der Schulunterricht durch mangelhafte Ernährung und körperliche Pflege der Kinder leiden kann, ist bereits erwähnt worden. Es ist indes auch mehrfach die Beobachtung gemacht worden, daß Schulkinder durch gewerbliche Arbeiten, durch Austragen von Zeitungen oder Backwaren im Morgengrauen, durch Teilnahme an der hausindustriellen Tätigkeit der Eltern bis in die späte Nacht hinein u. dgl. der Empfänglichkeit für das in der Schule Gelehrte vollkommen verlustig gingen. Eine erfolgreiche Abstellung dieser Mißstände kann nur von seiten der lokalen Schul- und Polizeibehörde aus erfolgen. So muß also die Gemeinde schon um des Erfolges ihrer Schuleinrichtungen willen soziale Politik treiben.[1])

Die Organisation des Unterrichts selbst, wie sie der Gemeinde obliegt, ist aber gleichfalls ein Gegenstand von größtem sozialen Inter-

---

[1]) Über die neuere Kinderschutzgesetzgebung vgl. S. 521 Anmerkung 2.

esse.[1]) „Inhalt, Umfang, Allgemeinheit und Freiheit des Elementarunterrichts," führt L. v. Stein aus, „bedeuten in ihrem Kreise die Kraft und die Richtung der ganzen sozialen Bewegung einer Epoche, und zwar in der Weise, daß die Entstehung und Ausdehnung desselben. sowie seine organische Verbindung mit dem allgemeinen Bildungswesen den großen Prozeß der Hebung der niederen Klassen überhaupt, speziell aber den der Hebung derselben zum geistigen Leben der höheren bedeuten. Es ist daher ohne eine wohlorganisierte Elementarbildung gar kein wahrer sozialer Fortschritt möglich; wo derselbe dagegen fehlt, fehlt das große vermittelnde Glied für den Übergang von einer Klasse zur andern, mit ihm das Element der Ausgleichung der Klassengegensätze und der soziale Kampf wird daher ein roher, gewaltsamer, der die Vermehrung der Wohlfahrt zum Inhalt und die Despotie zur Folge hat. Nur der tüchtige und allgemeine Elementarunterricht kann das ändern, fast eher noch durch sein Prinzip, als durch seinen Inhalt. Wo eine gute und fortschreitende Elementarbildung vorhanden ist, da ist einerseits zwar der soziale Fortschritt der niederen Klassen ein unaufhaltsamer, aber da wird bei steigender Bildung auch die gewaltsame Revolution mehr und mehr unmöglich. Der innere und lebendige Zusammenhang des geistigen und wirtschaftlichen Lebens mit dem gesellschaftlichen ist ein so unzweifelhafter, daß diese Sätze keines Beweises bedürfen."

Gerade wer sich im Prinzip für die Aufrechterhaltung der freien Konkurrenz ausspricht, wird zugestehen müssen, daß für diejenigen, die einst ohne jeden Besitz in den Kampf ums Dasein eintreten werden, der beste Unterricht, die beste Erziehung nur gerade gut genug ist. Dieser ganze freie Wettbewerb ist eine nichtswürdige, elende Farce, wenn das Kind besitzloser Eltern schon im Schulunterrichte um die Ausbildung derjenigen Anlagen und Fähigkeiten betrogen werden sollte, welche die Natur ihm verliehen hat. Es kann mit Befriedigung festgestellt werden, daß namentlich viele größere Stadtgemeinden eifrig bemüht sind, ihre Aufgaben auf dem Gebiete des Volksschulwesens gewissenhaft zu erfüllen. Allein die Anerkennung dessen, was bereits geschehen ist, darf gegen die Unsumme dessen, was noch zu geschehen hat, wenn das eben skizzierte Ziel erreicht werden soll, selbstverständlich nicht blind machen.

Sieht man 40 Schüler als das Maximum an, das noch gleichzeitig von einem Lehrer mit einiger Aussicht auf Erfolg unterrichtet

[1]) Vgl. die immer noch sehr lesenswerten Ausführungen von Hirth, G., Freisinnige Ansichten der Volkswirtschaft. 3. Aufl., 1866, S. 103 f. und S. 205 f.; ferner Bücher, K., Die gewerbliche Bildungsfrage. Eisenach 1877. S. 40 f.

und erzogen werden kann, so ergibt sich das betrübende Resultat, daß selbst in den bessere Verhältnisse aufweisenden Städten die Mehrzahl der Klassen dieser Forderung nicht genügt. Wir begnügen uns hier damit, nur die allerelementarsten Voraussetzungen eines guten Volksschulunterrichtes zu untersuchen und widerstehen der Versuchung, die übrigen zahlreichen und feineren Beziehungen zwischen Schul- und Sozialpolitik auch nur andeutungsweise zu erörtern.[1])

An den Volksschulunterricht hat sich die allgemeine oder gewerbliche Fortbildungsschule anzuschließen. In der Hand der Gemeinde liegt es nicht nur, ob sie diesen Unterricht obligatorisch, sondern auch, ob sie ihn fruchtbar machen will oder nicht. Wird der Unterricht, wie es häufig von Arbeitgeberseite gewünscht und von der Behörde allzu bereitwillig zugestanden wird, ausschließlich in die Abendstunden verlegt, so werden die dann bereits durch die Tagesarbeit ermüdeten und abgespannten Lehrlinge und jugendlichen Arbeiter begreiflicherweise nur sehr bescheidene Fortschritte machen können.

Hat auch die Tätigkeit der Gemeinde auf dem Gebiete der Volkserziehung und -Bildung in erster Linie der Jugend zu gelten, so sollte doch dort, wo durch freie Vereinigungen nicht genügend vorgesorgt wird, auch die erwachsene Bevölkerung nicht ganz übergangen werden. Es kämen da in Betracht die Errichtung von Volkslesezimmern[2]) und Volksbibliotheken, die Abhaltung populärer Vortragskurse und die Veranstaltung von Theatervorstellungen zu ermäßigten Preisen und zu Zeiten, über welche die arbeitenden Klassen freie Verfügung besitzen.[3]) Daß auch auf dem Gebiete des Finanzwesens und der Armenpflege von der Gemeinde sozialpolitische Gesichtspunkte zur Geltung gebracht werden können, läßt sich innerhalb der Grenzen dieses Werkes nicht näher ausführen. Der kommunalen Tätigkeit zur Lösung der Wohnungsfrage wird dagegen in anderem Zusammenhange noch gedacht werden.

* * *

[1]) Einige wertvolle Anregungen bei Lange, Fr. Albert, J. St. Mills Ansichten über die soziale Frage. Duisburg 1862. S. 72 ff.

[2]) In Zürich hat die von der Gemeinde subventionierte Pestalozzi-Gesellschaft bereits neun Lesesäle in den verschiedenen Quartieren der Stadt eingerichtet.

[3]) Die Erziehung des Volkes auf den Gebieten der Kunst und Wissenschaft. Berlin 1900. (Schriften der Zentralstelle für Arbeiterwohlfahrts-Einrichtungen. Nr. 18.) Über die ausgezeichneten Erfolge derartiger Veranstaltungen vgl. die Zeugnisse von Adickes und Beutler, a. a. O. S. 43 und 105.

Kaum ein Jahrzehnt ist verflossen, seitdem, wie im Eingange ausgeführt wurde, die sozialen Aufgaben der Gemeinde mit vollem Nachdrucke erörtert werden. Trotzdem ist schon vieles geschaffen worden. Überall grünt, blüht und sproßt es. Zur vollen Entfaltung wird die soziale Kraft der Gemeinde freilich erst dann gelangen, wenn ihre Vertretungen von der Abhängigkeit gegenüber vergleichsweise engen Interessentengruppen allgemein befreit sein werden. Noch fällt der schwerwiegende Einfluß dieser Schichten gar oft, gleich einem Reif in Frühlingsnacht, vernichtend auf die hoffnungsvollen Blüten kommunaler Sozialpolitik.

Die Beteiligung aller Volkskreise am Leben der Gemeinde ist unentbehrlich, wenn die dringenden Aufgaben eine genügende Berücksichtigung in absehbarer Zeit erhalten sollen. Man fürchte nicht, daß ohne die Schutzwehr eines Dreiklassensystemes die besitzenderen Schichten der Gnade der besitzlosen ausgeliefert seien. Das Proportionalwahlsystem, dessen Einführung für Staat und Reich vielleicht noch nicht angezeigt ist, würde für Gemeinden jedenfalls schon jetzt am Platze sein. Es bietet den Minoritäten wertvollen Schutz, der übrigens ja noch dadurch verstärkt werden könnte, daß man für wichtigere kommunalsteuerliche Maßnahmen qualifizierte Majoritäten forderte.

Es läge nahe, auch auf die weitgehenden Aufsichtbefugnisse hinzuweisen, welche die Staatsgewalt gegenüber den Gemeinden heute besitzt. Diese Befugnisse werden nie ganz aufgehoben werden dürfen. Aber zur vollen, segensreichen Entwicklung des sozialen Lebens der Gemeinde gehört auch eine Erweiterung der Gemeindeautonomie, wie sie O. Gierke ebenso tief wie schön vorgezeichnet hat.[1]) Die Freiheiten der Gemeinde dürfen nicht, wie es heute oft der Fall ist, dort aufhören, wo sie anfangen wertvoll zu werden. Beteiligung aller Bürger am Gemeindeleben, Auflösung der administrativen Fesseln, welche die Bewegungsfreiheit des Gemeindekörpers einschränken, stetige Entwicklung der kommunalen Sozialpolitik, in diesen Gedanken liegt ein gut Teil dessen eingeschlossen, was man als die Lösung der sozialen Frage bezeichnen kann.

[1]) O. Gierke, Rechtsgeschichte der deutschen Genossenschaft. Berlin 1898.

Sechstes Kapitel.

Arbeiter-Wohlfahrtseinrichtungen.[1])

118. Wohlfahrtseinrichtungen im Interesse der Arbeitgeber und Arbeiter.

Da die soziale Reform nicht nur die Arbeiter und den Staat, sondern auch die Arbeitgeber nahe berührt, so frägt es sich, ob nicht auch diese Kreise manches unternehmen können, was die Tätigkeit der übrigen Faktoren zu unterstützen, zu ergänzen oder, je nachdem, sogar zu ersetzen vermöchte. Diese Frage darf ohne weiteres bejaht werden und man pflegt solche von den Arbeitgebern aus eigener Initiative

---

[1]) H. Albrecht, Handbuch der sozialen Wohlfahrtspflege in Deutschland. Berlin 1902; Bücher, K, Die belgische Sozialgesetzgebung und das Arbeiterwohnungsgesetz vom 9. August 1889. A. f. s. G. 4. Bd Berlin. S. 249 ff.; Dammer, Handbuch der Arbeiterwohlfahrt II. S. 345–486. Stuttgart 1903; W. Düwell, Wohlfahrtseinrichtungen. Sozialistische Monatshefte. 1902. S. 50 bis 56; v. Erdberg, Wesen und Bedeutung der Wohlfahrtseinrichtungen und die Zentralstelle für Arbeiter-Wohlfahrtseinrichtung in Berlin. J. f. N. St. LXXIX. S. 745—785; Herkner, Die oberelsässische Baumwollindustrie und ihre Arbeiter. Straßburg 1887. S. 203—241, S. 328—349, S. 357—368; Derselbe, Die oberelsässische Baumwollindustrie und die deutsche Gewerbeordnung. Straßburg 1887. Bes. S. 35 f.; Derselbe, Arbeiterwohlfahrtseinrichtungen. S. C. I. S. 247 f.; Derselbe, Anzeige von Post und Albrechts Musterstätten persönlicher Fürsorge usw. A. f. s. G. 6. Bd. Berlin 1893. S. 345—354; Ley, Bei Krupp. Leipzig 1899; Kolleck und Ziegler, Private Wohlfahrtspflege für Fabrikarbeiter. Berlin 1902; Mieck, Die Arbeiter-Wohlfahrtseinrichtungen in Rheinland und Westfalen. Berlin 1904; Mombert, Wohlfahrtseinrichtungen der Arbeitgeber. A. f. S. G. XVIII. S. 519—539; Post, Musterstätten persönlicher Fürsorge von Arbeitgebern für ihre Geschäftsangehörigen. 1. Bd. Berlin 1889, 2. Bd Berlin 1893; Rösicke, R., Das Verhältnis der Arbeitgeber zu ihren Arbeitnehmern. J. f. G. V. XVII. S. 1 f; Schmoller, Zur Sozial- und Gewerbepolitik. Leipzig 1890. S. 418 f.; v. Schulze-Gävernitz, Zum sozialen Frieden. Leipzig 1890. 2. Bd. S. 190—202; Derselbe, Offener Brief an Herrn Kommerzienrat Vorster. Die Nation Berlin. 13. Jahrg. S. 495; Zehnjährige Erhebung über die gemeinnützigen Einrichtungen des Ober-Elsaß. Mülhausen 1890. S. 43 f.; Jahresberichte der Großherzogl. bad. Fabrikaufsicht für 1890: S. 52 f.; für 1891: S. 67 f.; für 1892: S. 122; für 1893: S. 73; für 1894: S. 116; für 1895 S. 110; auch die Berichte anderer Aufsichtsbeamten enthalten regelmäßige Notizen über Wohlfahrtseinrichtungen. Die Bemerkungen der badischen Fabrikaufsicht beanspruchen aber ein besonderes Interesse, weil diese den Wohlfahrtseinrichtungen gegenüber eine freiere kritischere Auffassung vertritt. — Schriften der Zentralstelle für Arbeiterwohlfahrtseinrichtungen. Berlin: I. Verbesserung der Wohnungen. II. Verwendung

hervorgerufene Veranstaltungen in der Regel als Wohlfahrtseinrichtungen zu bezeichnen. Manche Sozialpolitiker, insbesondere solche der sozial-konservativen und kapitalistisch-liberalen Richtung, erblicken in ihrer Ausbreitung sogar eine der wichtigsten Aufgaben der Reform, wenn sie nicht geradezu diese Einrichtungen sogar an die erste Stelle setzen. Unter der Beteiligung der preußischen Regierung ist eine „Zentralstelle für Arbeiterwohlfahrtseinrichtungen" gegründet worden, die auch eine stattliche Zahl wertvoller Publikationen veranlaßt hat. Derartige Unternehmungen lassen sich leicht in drei Gruppen sondern.

Bei der ersten Gruppe handelt es sich um Maßnahmen, welche im wohlverstandenen Interesse beider Teile liegen. Hierher gehören zweckmäßigere Lohnsysteme, durch die das Interesse des Arbeiters an dem Ergebnisse seiner Arbeit erhöht wird. Unter Umständen fällt die Gewinnbeteiligung in diese Gruppe.

Unter Gewinnbeteiligung[1]) pflegt man eine Einrichtung zu verstehen, derzufolge Angestellte (Beamte, Werkführer, Arbeiter) neben

der Sonntags- und Feierzeit. III. Spar- und Bauvereine. IV. Hilfs- und Unterstützungskassen, Fürsorge für Kinder und Jugendliche. V. Geldmittel für Baugenossenschaften. VI. Sparkassenwesen. VII. Krankenkassen, Volksernährung. VIII. Verbreitung guten Lesestoffes. IX. Wohlfahrtspflege auf dem Lande. X. und XI. Arbeitsnachweis. XII. Kommunale Wohlfahrtseinrichtungen. Heilstätten für Lungenkranke XIII. Ländliche Arbeiterwohnungen in Preußen. XIV. Fünf Jahre praktischer sozialer Tätigkeit. XV. Verband deutscher Wohlfahrtsvereine. XVI. Wohlfahrtspflege im Kreise. Individuelle Hygiene des Arbeiters. XVII. Fürsorge für Säuglinge. Geldmittel für gemeinnützige Bautätigkeit. XVIII. Erziehung des Volkes. XIX. Fürsorge für schulentlassene Jugend. XX. Bau und Einrichtung von Kleinwohnungen. XXI. Fürsorge für schulentlassene gewerbliche männliche Jugend. XXII. Unterbringung bedürftiger Kranker in Heilstätten, Heimstätten und Genesungsheimen. Erbbaurecht und Arbeiterwohnungen. XXIII. Jugendklubs. XXIV. Der landwirtschaftliche Arbeitsnachweis. XXV. Die Museen als Volksbildungsstätten. XXVI. Schlafstellen und Ledigenheime. XXVII. Pensions- und Reliktenwesen der Arbeiter. — Zeitschrift der Zentralstelle für Arbeiterwohlfahrtseinrichtungen (herausgegeben von Post, Albrecht und Hartmann). Berlin; seit 1. Januar 1894. — Die Organe des „Zentralvereines für das Wohl der arbeitenden Klassen": Arbeiterfreund, Sozialkorrespondenz, Volkswohl herausgegeben von K. V. Böhmert. — Soziale Kultur. Der Zeitschrift „Arbeiterwohl" und der Christl.-soz. Blätter. Neue Folge. Redigiert von Prof. Dr. Hitze, Generalsekretär des Verbandes Arbeiterwohl, Münster und Dr. Hohn, Direktor des Volksvereins f. d. kath. Deutschland, M. Gladbach.

[1]) Böhmert, Die Gewinnbeteiligung der Arbeitnehmer in Deutschland, Österreich und der Schweiz. Dresden 1902; Frommer, Die Gewinnbeteiligung, ihre praktische Anwendung und theoretische Berechtigung auf Grund der bisher gemachten Erfahrungen. Leipzig 1886; Schmoller a. a. O. S. 441 f.; Wirminghaus, Das Unternehmen, der Unternehmergewinn und die Beteiligung der Arbeiter

ihrem ausbedungenen Lohne einen Anteil am Geschäftsgewinn erhalten. Hierbei muß nicht nur die Größe dieses Anteiles als Quote des jeweiligen Gesamtgewinnes fest bestimmt sein, sondern auch die Verteilung der Gewinnquote nach voraus festgesetzten Regeln erfolgen. Die Erfahrung lehrt, daß dieses System nur dort Erfolge erzielt, wo der Reinertrag sicher ermittelt werden kann, wo die Erträge durch Konjunkturen wenig beeinflußt werden, und wo die Funktion der Betriebsleitung verhältnismäßig geringe Ansprüche stellt, während die Arbeitsleistungen der Angestellten für die Gestaltung des Geschäftsertrages schwer ins Gewicht fallen. Unter diesen Voraussetzungen, die freilich selten genug vorhanden sind, hat die Gewinnbeteiligung zur Steigerung der Arbeitsleistungen in qualitativer oder quantitativer Hinsicht geführt und dem Arbeitgeber die regelmäßige und dauernde Verfügung über willige Arbeitskräfte, welche sonst vielleicht fraglich gewesen wäre, gesichert.

Auch der Arbeiterausschüsse[1]) mag in diesem Zusammenhange gedacht werden. Arbeiterausschüsse sind Vertretungen der Arbeiterschaft eines Unternehmens. Ihre Befugnisse besitzen in verschiedenen Betrieben sehr verschiedene Tragweite. Bald sollen sie den Unternehmer nur in der Handhabung der Fabrikordnung unterstützen, bald bilden sie eine Brücke zwischen Arbeiterschaft und Unternehmer, bald ist die Verwaltung der Wohlfahrtseinrichtungen ihnen ganz oder teilweise überlassen.

Die sozialpolitische Beurteilung dieser Einrichtungen, die eine verhältnismäßig rasche Ausbreitung aufweisen können, ist keine einheitliche. Während ihnen von manchen jede Bedeutung abgesprochen wurde, stellten ihnen andere eine glänzende Zukunft in Aussicht. So schrieb z. B.

---

am Unternehmergewinn. Jena 1886; Derselbe, Art. Gewinnbeteiligung; E. Waxweiler, La participation aux bénéfices. Paris 1898; Wegmann, Art. Gewinnbeteiligung in Reichesbergs Handwörterbuch der schweiz. Volkswirtschaft.

[1]) Faber, R., Eine Enquete über Arbeiterausschüsse; Herkner, Die österreichische Enquete über die Organisation der Großindustrie. S. C. II. S. 317 f.; Derselbe, Der österreichische Gesetzentwurf betr. die Errichtung von Arbeiterausschüssen und Einigungsämtern, ebenda. S. 87; Roesler, M., Über den Arbeiterkrieg. Berlin 1885. (Vgl. auch die Anzeige dieser Schrift von v. Philippovich, Die Zeit. Wien. I. S. 150); Sering, M., Arbeiterausschüsse in der deutschen Industrie. Leipzig 1900. — Ergebnisse der vom Gewerbeausschusse des österreichischen Abgeordnetenhauses veranstalteten mündlichen und schriftlichen Enquete über den Gesetzentwurf betr. die Einführung von Einrichtungen zur Förderung des Einvernehmens zwischen den Gewerbsunternehmern und ihren Arbeitern. Zusammengestellt vom Berichterstatter Dr. Baernreither. Wien 1893.

Gustav Schmoller: „Die Bedeutung der Ausschüsse für die Zukunft kann eine außerordentliche werden. Sie bringen definitiv in die alte patriarchalische Ordnung und Verfassung der großen Geschäfte ein ganz neues, fast überall anwendbares Element; mit ihnen verwandelt sich die alte Despotie der Hauswirtschaft in eine öffentliche Anstalt, die nach dem Vorbilde anderer Korporationen, Gemeinden, Genossenschaften, eine gemischte Verfassung hat.“ Ich vermag weder der einen noch der andern Auffassung beizupflichten. Wenn für den ablehnenden Standpunkt geltend gemacht wird, ein humaner Arbeitgeber könne auch ohne derartige Ausschüsse in nähere Beziehungen zu seinen Arbeitern treten, und ein weniger arbeiterfreundlich gesinnter werde sich um die Ausschüsse einfach nicht kümmern, so muß dem ersten Teile des Schlusses unbedingt widersprochen werden. Sobald es sich um eine größere Zahl von Hilfspersonen handelt, kann ein Arbeitgeber selbst mit dem besten Willen ohne Arbeiterausschüsse unmöglich diejenigen Beziehungen herstellen, welche im Interesse der Beteiligten wünschenswert sind. Hier hat Schmoller sicher Recht, wenn er vom Freiherrn von Stumm, der behauptete, er könne sich mit seinen 3200 Arbeitern besser persönlich verständigen als durch Vertretungen, den Nachweis fordert, daß sein Tag statt 24 Stunden 48 oder 96 habe. Es kann m. E. nach den Mitteilungen über die mit Arbeiterausschüssen erzielten Erfolge gar keinem Zweifel unterliegen, daß sie für arbeiterfreundliche Unternehmer ein brauchbares Hilfsorgan für die Verwirklichung humaner Absichten bilden.

In den Fällen, wo nicht mit einer besonders arbeiterfreundlichen Gesinnung auf Seite des Unternehmers zu rechnen ist, wird ein Arbeiterausschuß freilich nur immer genau so viel Ansehen genießen, als ihm Macht zukommt. Steht die ganze Arbeiterschaft geschlossen hinter ihm, so wird diese Macht in Unternehmungen größeren Umfanges eine ganz beträchtliche sein. In mittleren Betrieben wird aber sein Wirkungskreis, wenn nicht etwa als Rückhalt eine kräftige gewerkschaftliche Organisation vorhanden ist, ein ziemlich bescheidener bleiben. Trotzdem können manche Vorteile schon durch sein bloßes Dasein geschaffen werden. Mag der Arbeiterausschuß auch zur Beilegung bereits ausgebrochener Arbeitsstreitigkeiten durchaus ungeeignet erscheinen, so dürfte er den Ausbruch gewisser Zwiste immerhin zu verhüten im stande sein; den Ausbruch solcher Zwiste nämlich, welche das wirtschaftliche und soziale Interesse des Unternehmers weniger empfindlich berühren und die unter den gegenwärtigen Verhältnissen hauptsächlich deshalb entstehen, weil es an Vorkehrungen mangelt, einzelne Beschwerden und

Wünsche der Arbeiter in entsprechender Form dem Unternehmer mitzuteilen.

Die Frage, ob Arbeiterausschüsse sich zur obligatorischen Einführung eignen, wie es ein österreichischer Gesetzentwurf beabsichtigt hatte, wird zu bejahen sein. Wenngleich die obligatorische Einführung noch nicht eine gedeihliche Wirksamkeit sicher stellt, so kann von der zwangsweisen Einführung doch die Erwartung gehegt werden, daß eine größere Anzahl von Ausschüssen mit erfolgreicher Tätigkeit ins Leben tritt, als es sonst der Fall sein würde. Es werden dann auch diejenigen Unternehmer, welche den sozialreformatorischen Bestrebungen weder entschieden freundlich, noch entschieden feindlich gegenüber stehen, und die aus eigenem Antriebe keine Ausschüsse einrichten würden, zur Schaffung solcher veranlaßt, ohne daß von ihrer Seite eine die Wirksamkeit der Ausschüsse lähmende Haltung befürchtet werden müßte.

Im übrigen darf nicht verschwiegen werden, daß Arbeiterausschüsse von Unternehmern mißbraucht werden können. Es sind Fälle vorgekommen, in denen der Arbeiterausschuß dazu diente, um das Odium einer übermäßig strengen Disziplin vom Unternehmer ab- und dem Ausschusse zuzuwälzen. Selbst arbeiterfreundlichen Anordnungen der Fabrikinspektion ist von Unternehmern mit dem Hinweise auf die ablehnende Haltung des Ausschusses Widerstand geleistet worden.

Nach den Beobachtungen des Vorstandes der badischen Fabrikaufsicht[1]) standen die Arbeiter den Ausschüssen ursprünglich teilnahmslos gegenüber, weil sie das Gefühl hatten, daß diese „Arbeitervertretungen" doch dem sich kundgebenden entscheidenden Willen des Arbeitgebers nachgeben müßten. „Die Arbeitgeber erwärmen sich im ganzen ebenso wenig für die Einrichtung. Einen wirklichen Einfluß auf die Gestaltung und den Vollzug des Arbeitsvertrages wollen sie den Arbeitern nicht einräumen, und für Ausschüsse, die nur den Zweck haben, das patriarchalische Verhältnis dort aufrecht zu halten oder wieder einzuführen, wo es aus dem Bewußtsein beider Teile schon fast verschwunden ist, dafür setzen sie bei den Arbeitern keine Neigung voraus. Auffallend ist es aber immerhin, wenn einzelnen Ausschüssen schon bald nach ihrer Errichtung und wegen kleiner, die entscheidende Stellung der Fabrikleitung gar nicht einmal berührender Dinge ihre Bedeutungslosigkeit klar gemacht

[1]) Bericht für 1894. S. 70. Auch der Nachfolger Woerishoffer's, Ober-Reg.-R. Bittmann, beurteilt in seinem Werke über die Badische Fabrikinspektion 1879—1903, S. 351, die Arbeiterausschüsse in ähnlicher Weise. Die meisten scheinen nur auf dem Papiere zu bestehen.

wird." Ein drastisches Beispiel ist das folgende: „In einer Fabrik, welche das Statut für die Errichtung eines Ausschusses gemeinsam mit den Arbeitern besonders sorgfältig vorbereitet hatte, war die Vornahme der Ersatzwahl für ein Vorstandsmitglied nötig geworden. Die Fabrik schlug einen Aufseher vor, der Arbeiterausschuß beharrte aber auf der Wahl eines Arbeiters und wählte, um ja bezüglich der Person des Arbeiters keinen Anlaß zu Beanstandungen zu geben, den Arbeiter, welchen das Bezirksamt kurz vorher in Vorschlag gebracht hatte, um an den in Berlin stattfindenden Beratungen über die Ausnahmebestimmungen bezüglich der Sonntagsruhe in der Industrie teilzunehmen. Unmittelbar nach diesen über die Wahl entstandenen Differenzen wurde sämtlichen Ausschußmitgliedern, bis auf einen, sowie dem Vorgeschlagenen, am nächsten Zahltage ihre Entlassung aus der Arbeit mitgeteilt."

119. Wohlfahrtseinrichtungen im einseitigen Interesse der Arbeitgeber.

Bei einer zweiten Gruppe von Wohlfahrtseinrichtungen liegt nur eine scheinbare Verbesserung in der Lage des Arbeiters vor. Zwar bieten auch diese Einrichtungen dem Arbeiter manchen Vorteil, allein er wird durch die erhöhte Abhängigkeit, in welche der Arbeiter gegenüber dem Arbeitgeber gerät, mehr als aufgewogen. Es handelt sich da um jene Fabrikantenphilanthropie, die der Oberelsässer K. Grad, einer der sachkundigsten Vertreter dieser Politik, einst als ein „gutes Geschäft" bezeichnet hat.[1]) Der vergleichsweise guten und billigen, vom Arbeitgeber hergestellten Wohnung steht der Nachteil entgegen, daß die Auflösung des Arbeitsverhältnisses für den Arbeiter auch noch gleichzeitig die Aufkündigung seiner Wohnung bedeutet.[2]) „Der Mißstand besteht," wie

[1]) Dieser Sachverhalt wird auch in einem Artikel der „Deutschen Arbeitgeber-Zeitung" Nr. 41 (1904) offen zugegeben: „Im allgemeinen liegen die Verhältnisse so, daß die Errichtung von Arbeiter-Wohlfahrtseinrichtungen geradezu durch das Interesse der Arbeitgeber selbst bedingt wird. Man kann demnach sagen, daß überall da, wo für die Arbeitgeber ein Vorteil aus solchen Wohlfahrtseinrichtungen nicht erwächst, deren Schaffung auch unterbleibt."

[2]) So enthält der Mietvertrag für die Arbeiterwohnungen der großen, der Firma Krupp gehörenden Kohlenzechen „Hannover" die Bestimmung, daß sich der Arbeiter verpflichte, die Wohnung mit dem Tage zu räumen, an welchem er aus der Arbeit oder dem Dienst der Zechen „Hannover" ausscheide. Kley, Bei Krupp. S. 76.

Ähnliche Wirkungen müssen die den Arbeitern zum Bau von Häusern gewährten Darlehen besitzen, die beim Austritte aus dem Dienst der Firma sofort fällig werden. So gilt bei Krupp die Klausel, daß das vorgeschossene Kapital oder der noch rück-

auch die badische Fabrikinspektion[1]) bei der Erwähnung der von Arbeitgebern errichteten Arbeiterwohnungen betont, „in den sehr kurzen, zudem vielfach an die Dauer des Arbeitsverhältnisses geknüpften Kündigungsfristen, so daß in der Regel die Wohnung mit Ablauf des Arbeitsverhältnisses geräumt werden muß. Hierdurch sind die Arbeiter gehindert, sich in diesem Falle anderwärts eine passende Existenz zu gründen, da sie ihre Familie nicht leicht an dem seitherigen Wohnorte zurücklassen können. An diesem Punkte setzt auch, und zwar mit Recht, die Kritik der Arbeiterparteien gegenüber den Arbeiterwohnungen der Fabriken an . . . Jedenfalls würde den allgemeinen Interessen mehr gedient sein, wenn die Arbeitgeber hierin liberaler würden, und wenn sie dagegen in der Bemessung der Mietszinse den Wert ihrer Leistungen mehr in Rechnung zögen."

Wie sehr dadurch die Lage des Arbeiters bei einer Arbeitseinstellung verschlechtert wird, hat sich in England oft genug gezeigt. Tausende von streikenden Arbeitern mit ihren Familien wurden aus ihren, den Arbeitgebern gehörigen Wohnungen in rauher Jahreszeit aufs freie Feld verwiesen. Ähnlich wirken manche von den Arbeitgebern ausgehende Kasseneinrichtungen, Pensionsinstitute usw. Auch auf diesem Wege wird die Abhängigkeit des Arbeiters erhöht, da er im Falle der Auflösung des Arbeitsverhältnisses alle durch Prämienzahlungen erworbenen Ansprüche verliert. Spricht doch selbst der elsässische Großindustrielle Lalance von „Härten" gegenüber den älteren Arbeitern vieler Fabriken, wenn sie bald die Berechtigung zu den ihnen nach gewisser treuer Dienstzeit versprochenen Pensionen hätten. „Es heiße, Meister und Aufseher plagten während der letzten Jahre jene armen Invaliden harter, lebenlänglicher Arbeit so, daß die meisten derselben auf die ihnen in Aussicht gestellte Vergünstigung lieber Verzicht leisteten, als sich noch länger den Chikanen auszusetzen."

Durch solche Maßnahmen wird das unwürdige Abhängigkeitsverhältnis, in welchem der Arbeiter gegenüber dem Arbeitgeber sich befindet, weder beseitigt, noch erhält der Arbeiter durch sie einen größeren Anteil am Reinertrage der nationalen Produktion. Derartige

---

ständige Rest ohne Rücksicht auf die gestatteten Ratenzahlungen sofort und ohne Kündigung fällig wird, wenn der Schuldner wegen Vergehen gegen die Arbeitsordnung oder andere Dienstvorschriften zur Strafe entlassen wird oder aus dem Dienste der Firma innerhalb der ersten zehn Jahre freiwillig ausscheidet; ferner, wenn auch nur eine der bedungenen Ratenzahlungen ohne Genehmigung der Firma Krupp im Rückstande bleibt. Vgl. Post, Musterstätten. II. S. 217—225.

[1]) Bericht für 1892. S. 132.

„Fortbildungen" des Arbeitsverhältnisses sind daher weit mehr als höchst gefährliche, zu einer Versumpfung der sozialen Reform führende Rückbildungen anzusehen. Es wäre sehr an der Zeit, daß die staatliche Arbeiterschutzgesetzgebung diese Zustände[1]) in betracht zöge und durch Aufstellung von Normativbedingungen das Übermaß der Abhängigkeit zu mildern suchte. Die Steigerung der Abhängigkeit fällt freilich dort nicht so schwer in die Wagschale, wo aus anderen Gründen (die Firma stellt z. B. die einzige Arbeitsgelegenheit in der Gegend dar und der Arbeiter wird durch Haus- oder Grundbesitz am Wegzuge verhindert) eine kaum noch steigerungsfähige Abhängigkeit des Arbeiters bereits besteht.

120. Wohlfahrtseinrichtungen im einseitigen Interesse der Arbeiter.

Hier gewährt der Arbeitgeber dem Arbeiter in der Tat wesentliche Vorteile, ohne entsprechende Gegenleistungen zu empfangen. Solche Einrichtungen sind ziemlich selten. Sie stellen sich als Ausfluß einer ungewöhnlich menschenfreundlichen, häufig einer religiösen Sinnesrichtung dar und tragen eigentlich den Charakter der Wohltätigkeit an sich. Sie sind durchaus am Platze und vollen Lobes würdig, wo es sich um Arme, nicht um Arbeiter handelt. Häufig werden allerdings Arbeiter und Arme miteinander verwechselt.

Vielleicht ist aber nichts für die sozialpolitische Entwicklungsstufe eines Landes so bezeichnend, als das Maß, in dem seine leitenden Kreise Arbeiter- und Armenfrage auseinanderhalten. Werden die Arbeiter wie Waisenkinder, wie Kranke, Alters- oder Geistesschwache angesehen, die auf Schritt und Tritt einer mitleidigen Fürsorge und wohlwollenden Bevormundung bedürfen, die aus eigener Kraft nichts vermögen und denen nur durch Akte der Wohltätigkeit zu helfen ist, geht man weiter von der Auffassung aus, daß für die Arbeiter keine wirkliche Ursache zur Unzufriedenheit besteht, solange sie eben noch ihr Leben

---

[1]) Über die Gründe, welche namentlich dem Eisengewerbe eine solche Fesselung der Arbeiter besonders wünschenswert machen, vgl. Prager, Grenzen der Gewerkschaftsbewegung. A. f s. G. XX. S. 237. — „Es entstehen neue Herzogtümer innerhalb des Reiches", schreibt L. Brentano (Frankfurter Zeitung Nr. 359, 1904) „mit hunderttausenden von Arbeitern als unmittelbarer Gefolgschaft und noch weit mehr mittelbar Abhängigen. In ihrem Gebiete ist das Reichsgesetz, soweit es den unteren Klassen Rechte zuerkennt, ausgeschaltet; hier ist der Wille des Betriebsinhabers Gesetz. Daß die neuen Herrscher den Konflikt mit der Staatsgewalt nicht scheuen, hat die Hibernia-Affäre gezeigt. Werden wir uns die tatsächliche Aufhebung des gemeinen, für alle gleichen Staatsbürgerrechtes gefallen lassen?"

zu fristen vermögen, dann kann auch zwischen Armen- und Arbeiterfrage nicht unterschieden werden. Beide fallen zusammen. Erst nachdem sich die Erkenntnis Bahn gebrochen hat, daß es sich bei der sozialen Frage nicht nur darum handelt, der Arbeiterbevölkerung eine zu ihrem Unterhalte ausreichende physische Ernährung zu verschaffen, daß die soziale Reform vielmehr einen gewaltigen welthistorischen Prozeß darstellt, daß sie das Aufsteigen einer neuen, und zwar der zahlreichsten Schicht der Gesellschaft bedeutet: erst dann wird der tiefgehende Unterschied zwischen beiden Problemen allgemein und klar zum Bewußtsein gelangen.

Immerhin gibt es Zustände, welche eine gewisse Vermengung der Armen- und Arbeiterfrage rechtfertigen können. Wenn nämlich die arbeitenden Massen des Volkes unter einem Übermaße von Elend schmachten, wenn ihr Lohn so tief gesunken ist, daß er eine Erhaltung der körperlichen Kräfte nicht mehr gewährleistet, wenn die physische Entartung die wirtschaftliche Leistungsfähigkeit untergraben hat, wenn unter dem Drucke der Not die Familienbande sich lösen, wenn jede wirtschaftliche Voraussicht entschwunden, das Ehrgefühl und der Sinn für höhere geistige und politische Interessen abgestumpft ist, wenn es dem Arbeiter gleich gilt, ob er durch Almosen oder Arbeitslohn sein Leben erhält, wenn er kein höheres Ziel mehr kennt als die Triebe, die dem Menschen mit dem Tiere gemein sind, einmal voll zu befriedigen, sich auszuschlafen und satt zu essen, wenn selbst das Bewußtsein dieser Entwürdigung verloren gegangen und, so es doch einmal wieder aufflackert, im Branntweinrausche erstickt wird, nur wenn diese entsetzlichen Bedingungen ganz oder teilweise zutreffen — und schrecklich genug, sie kommen auch in der Gegenwart noch hie und da vor —, wäre es vermessener Optimismus, noch auf eine Erhebung der Arbeiter aus eigener Kraft rechnen zu wollen. Neben der staatlichen Hilfe wird dann auch eine rein karitative Schutztätigkeit, eine Patronage der besitzenden und gebildeten Klassen nicht entbehrt werden können. Dann müssen dem Arbeiter anstelle roher sinnlicher Genüsse erst wieder die elementarsten Bedürfnisse und Gewohnheiten menschlicher Gesittung auf diesem Wege vermittelt werden. Dann sind die Badeeinrichtungen, die vom Arbeitgeber geführten Speiseanstalten, die von ihm gebauten Arbeiterwohnungen, seine Mädchenheime und Kinderasyle, seine als Almosen gewährten Zuschüsse zum Lohne, wenn dieser zur Erhaltung der Arbeiterfamilie nicht ausreicht, seine Gesang- und Turnvereine am Platze, am Platze aber freilich nur unter der Voraussetzung, daß diese Einrichtungen in einer Weise geleitet werden, welche den Arbeiter zu wachsender Selbständigkeit erzieht und endlich zur Selbstverwaltung seiner Angelegenheiten befähigt. Dann können diese Wohlfahrtseinrichtungen zu einer unentbehrlichen Stufe in der aufsteigenden Klassenbewegung der Arbeiter werden.

Es ist klar, daß Wohlfahrtseinrichtungen derselben Art je nach dem Geiste, in welchem sie verwaltet werden, hier in die erste, dort in die zweite oder dritte Gruppe fallen können. Es ist z. B. eine Einrichtung der Gewinnbeteiligung denkbar, welche sie der ersten Gruppe zuweist; ebenso leicht aber kann sie zu einer Fesselung der Arbeiter ausgebeutet werden und somit der zweiten Gruppe zuzuzählen sein. Endlich kann die Gewinnbeteiligung, oder vielmehr was unter diesem Namen auftritt, im Wesen auch eine verhüllte Beschenkung gewisser Arbeiter darstellen.

Dem Gedanken, allein durch Pflege patriarchalischer Beziehungen und Wohlfahrtseinrichtungen eine Fortbildung des Arbeitsvertrages zu bewirken, liegt in seinen edleren und geläuterten Formen die Annahme zu grunde, daß eine Beseitigung des Abhängigkeitsverhältnisses, in welchem der Arbeiter sich befindet, für absehbare Zeiten unmöglich sei. Kann seine Abhängigkeit nicht aufgehoben werden, dann soll wenigstens eine Veredelung und Humanisierung des Verhältnisses dadurch erfolgen, daß in dem Arbeitgeber das Bewußtsein seiner ungeheuren Verantwortlichkeit gegenüber dem Arbeiter lebendig wird. So gelangten Pusey und Disraeli (vgl. S. 140) zu dem Ideale, die Industrie zu feudalisieren. Das innige Band wechselseitiger Rechte und Pflichten, das in den guten Zeiten Feudalherren und Bauern, bei den Kelten Klanhaupt und Klangenossen umschloß, dieses Band soll auch Arbeiter und Arbeitgeber verknüpfen. Schon die Zeiten, welchen die Vorbilder entnommen sind, beweisen wohl, daß jenes Ideal für unsere Zustände im allgemeinen nicht mehr am Platze ist. Wo indes, wie in manchen, vom Verkehre abseits gelegenen Gebieten, die ganzen Verhältnisse noch dem Mittelalter näher stehen als unserer modernen Zeit, dort wird natürlich ein teilweiser Erfolg der patriarchalischen Sozialpolitik von vornherein nicht in Abrede gestellt werden können. Dort können Wohlfahrtseinrichtungen, sofern sie nicht mit dem Anspruche auftreten, sich als dauernde Einrichtungen zu behaupten, zur Hebung einer wirtschaftlich und geistig niedrig stehenden Bevölkerung von Nutzen sein. Unseren vom modernen Zeitbewußtsein, vom Streben nach Unabhängigkeit und Selbstbestimmung erfüllten Arbeitern der westeuropäischen Industriestaaten vermögen sie im allgemeinen keine Befriedigung zu gewähren. Ihre Losung ist: Wir wollen keine Wohltaten und Almosen, wir wollen unser Recht! Jede Sozialpolitik, welche den als Mann sich fühlenden Arbeiter zum Gängelband bedürftigen Kinde herabwürdigt, muß scheitern.

Mit der Forderung, allein durch Wohlfahrtseinrichtungen das Arbeitsverhältnis fortzubilden, nehmen die Arbeitgeber eine Last auf sich, der sie nicht gewachsen sein können. Ebensowenig wie die Arbeiterfrage durch das Verschulden der Arbeitgeber entstanden ist, sondern als ein Ergebnis unserer ganzen Wirtschaftsordnung sich darstellt, ebensowenig sind die Arbeitgeber auch allein im stande, die Entwicklung des Arbeitsverhältnisses in andere, befriedigende Bahnen zu lenken.

121. Wohlfahrtseinrichtungen gemeinnütziger Anstalten und Vereine.

Vielleicht die merkwürdigste Einrichtung dieser Art, die es überhaupt gibt, ist die Carl Zeiß-Stiftung in Jena.[1]) Hier ist der anscheinend gelungene Versuch unternommen worden, eine industrielle Anlage, welche Weltruf genießt und ca. 2000 Arbeiter beschäftigt, nämlich die optischen Werkstätten C. Zeiß und die Glaswerke Schott, von der Dienstbarkeit für privatkapitalistische Interessen ganz frei zu machen und ausschließlich für die Organisation einer geradezu idealen Arbeiterfürsorge und die Förderung gemeinnütziger Zwecke überhaupt wirksam werden zu lassen. Hier handelte es sich also nicht darum, einer Erwerbsunternehmung schlecht und recht eine Wohlfahrtseinrichtung anzuhängen, sondern die ganze Unternehmung selbst ist in eine Wohlfahrtseinrichtung umgestaltet worden. Den Arbeitern fallen fast alle Vorteile zu, welche einst von der Entwicklung der Arbeiter-Produktivgenossenschaften erwartet wurden, sie bleiben aber vor den Gefahren bewahrt, an welchen die meisten Arbeiter-Produktivgenossenschaften gescheitert sind. Das Verdienst dieser ganz eigenartigen Schöpfung gebührt vor allem Prof. Dr. Abbe, der nicht nur durch seine theoretischen Arbeiten die beispiellose technische Leistungsfähigkeit der Fabrik auf dem Gebiete der Mikroskop-Konstruktionen begründet, sondern mit seinem humanitären Idealismus auch die Befreiung der Fabrik von privatkapitalistischen Interessen durchgesetzt hat.

Institute, die, ohne eigenen wirtschaftlichen Betrieb, sozialpolitische Ziele fördern, sind die unter dem Einflusse von Carlyle, Ruskin und

---

[1]) Vgl. Pierstorff, Die C. Zeiß-Stiftung. J. f. G. V. XXI. S. 619—680; Auerbach, Das Zeiß-Werk und die C. Zeiß-Stiftung. 2. Aufl. Jena 1904; A. Elster, Jenaer Arbeiterwohlfahrt. S. P. S. C. XIII. S. 656—659, 682 bis 685.

Toynbee entstandenen Universitäts-Niederlassungen in London und anderen englischen Städten.[1]) Sie wollen einmal Angehörigen der gebildeten Klassen durch Verlegung ihres Wohnsitzes mitten in die Arbeiterviertel Gelegenheit geben, die Bedürfnisse der Volksmassen aus eigener Anschauung zuverlässig kennen zu lernen und in der Praxis der Wohlfahrtspflege Erfahrungen zu sammeln, sie bilden aber auch Mittelpunkte für die Veranstaltung von Volksbildungsunternehmungen (Volksvorlesungen, Volksbibliotheken, Konzerte, Kunstausstellungen).

In Paris bildet das vom Grafen Chambrun 1894 gestiftete und mit einer Jahresrente von 100 000 fr. ausgestattete Musée Social eine mustergiltige Zentrale für die sozialpolitischen Forschungen und Bestrebungen. Seine Fachbibliothek zählt schon über 21 000 Bände und 1600 Aktenfaszikel. Jeden Winter werden Vortragscyklen veranstaltet und die periodischen Publikationen geben eine fortlaufende Übersicht über die wichtigsten sozialpolitischen Ereignisse in der ganzen Welt. Für das Jahr 1905 wird die Veranstaltung einer großen sozialökonomischen Ausstellung geplant.

Innerhalb des Deutschen Reiches ist vor allem Frankfurt a. M. zu erwähnen, wo die außerordentliche Freigebigkeit und Teilnahme des Herrn W. Merton für sozialpolitische Zwecke eine ganze Reihe segensreicher Einrichtungen hat entstehen lassen. Der Anfang wurde mit dem Institut für Gemeinwohl[2]) gemacht, dessen Entwicklung bis auf das Jahr 1891 zurückgeht. Es sollte zuerst nur die private Wohltätigkeit innerhalb eines kleinen Kreises besser geordnet werden. Bald stellte man sich aber die Aufgabe, die private Fürsorge überhaupt durch Heranziehung und Heranbildung von speziellen Fachmännern besser funktionieren zu lassen. Zur Vertiefung und Erweiterung dieser Pläne wurden die „Blätter für soziale Praxis in Gemeinde, Vereinen und Privatleben“ 1893 von Dr. Brückner[3]) herausgegeben. Sie wurden später mit dem ursprünglich von H. Braun, dann von J. Jastrow redigierten Sozialpolitischen Zentralblatte unter dem Titel „Soziale Praxis“ verschmolzen und stellen ein jedem Sozialpolitiker unentbehrlich gewordenes Hilfsmittel dar. Unter der Führung des Institutes für Gemeinwohl entstanden ferner die Zentrale für private Fürsorge, die Auskunftstelle für Arbeiterangelegenheiten, die Zentrale für Bergwesen, und die Akademie für Sozial- und Handelswissenschaften. Seit 1903

[1]) v. Schulze-Gaevernitz, Zum sozialen Frieden. 1890. I. S. 377–467; vgl. ferner die Angaben auf S. 119 über die Ruskin-Hall-Bewegung.

[2]) Vgl. die Jahresberichte des Institutes für Gemeinwohl. Frankfurt a. M.

[3]) Brückner, Öffentliche und private Fürsorge. Frankfurt a. M. 1892.

besteht das Soziale Museum,[1]) welches aus der „Auskunftsstelle für Arbeiterangelegenheiten“ und dem „Verein für Förderung des Arbeiterwohnungswesens und verwandte Bestrebungen“ hervorgegangen ist. Es hat seine Voraussetzung in folgenden Gedankengängen: „Zu den Hemmnissen des Fortschreitens praktischer sozialer Arbeit gehören weniger der Mangel des sozialen Interesses, mehr aber das Fehlen der erforderlichen Anregung, Anleitung, Begutachtung und sonstiger Unterstützung. Damit eine sozialpolitisch wertvolle Organisation ins Leben trete, bedarf es nicht bloß des guten Willens, sondern auch der Auffindung der entsprechenden rechtlichen und wirtschaftlichen Form für diese Organisation, der Beobachtung einer Reihe größerer und kleinerer praktischer Gesichtspunkte. Dieser Mangel ist ebenso fühlbar für den Unternehmer wie für den Arbeiter, für den Verwaltungsmann wie für den Privatmann.“ Für alle diese Kreise soll das Museum als eine Stelle dienen, bei der das soziale Material zusammenfließt und geordnet zur Verfügung steht, die Rat und Auskunft erteilt und zwar gestützt auf ihr besonders vorgebildetes, berufsmäßiges Beamtentum, das die Tätigkeit der ehrenamtlich oder nebenamtlich tätigen, sozial interessierten Personen festigt und fördert.

Seit dem 1. Januar 1904 ist in Berlin (Nollendorfstr. 29—30 II) ein Bureau für Sozialpolitik eröffnet worden, welches als Bureau der Gesellschaft für soziale Reform, als Berliner Sekretariat des Institutes für Gemeinwohl und als Heim für die Redaktion der „Sozialen Praxis“ dient.[2]) Es will nicht nur soziale Studien erleichtern und Auskünfte erteilen, sondern überhaupt eine Zentralstelle für die sozialreformatorische Zwecke verfolgenden Vereine, für Organisationen der Arbeitgeber und der Arbeiter, darstellen. Auch der Verein für Sozialpolitik ist durch seinen Präsidenten, Prof. G. Schmoller, an dem Unternehmen beteiligt. Die Leitung liegt in den bewährten Händen des Prof. Francke, des Herausgebers der „Sozialen Praxis“.

In Dresden fördert die Gehe-Stiftung durch ihre Vorträge und Vortragskurse sowie durch ihre großartige sozialwissenschaftliche Bibliothek verwandte Ziele.

In Hamburg ist das jüngst begründete „Volksheim“ zu erwähnen. Auch in Wien besteht ein „Volksheim“, das den arbeitenden Klassen Bildung, Erhebung und Erholung bietet.

---

[1]) Das Soziale Museum in Frankfurt a. M., seine Aufgaben und seine Organisation. Denkschrift herausgegeben vom Vorstand. Frankfurt a. M. 1903; ferner die Jahresberichte des Soz. Museum. Frankfurt a. M.

[2]) S. P. S. C. XIII. S. 324—326.

Wie von den gewerkschaftlichen Organisationen der Arbeiter, so sind auch von manchen Gemeinden, ferner von evangelischen und katholischen Vereinigungen Arbeitersekretariate oder Volksbureaus eingerichtet worden, welche jedermann ohne Unterschied der Partei oder Konfession in Rechtsfragen gegen sehr mäßige Gebühren oder ganz unentgeltlich Auskunft erteilen.[1])

Angesichts dieser Gründungen — und die gebotene Übersicht ist durchaus nicht vollständig — kann mit Befriedigung festgestellt werden, daß die Wohlfahrtspflege neuerdings in Bezug auf Geist und Form in einer Weise ausgestaltet wird, welche auch der fortschrittlich gesinnter Sozialpolitiker volle Anerkennung zollen muß.

Siebentes Kapitel.

Der Arbeiter als Konsument.

122. Die Konsumbesteuerung.

Da eine Verbesserung der Arbeiterlage auch dadurch erfolgen kann, daß bei gleichbleibenden Lohnbezügen die Preise der Bedarfsartikel eine Ermäßigung erfahren, so verdienen alle Veranstaltungen, welche eine bessere oder billigere Bedarfsdeckung bezwecken, die volle Aufmerksamkeit der Sozialreformer. Letztere stellen sich deshalb in der Regel der Besteuerung notwendiger Lebensmittel feindlich gegenüber. Und in der Tat, soweit derartige Steuern nicht an Stelle einer fehlenden direkten Besteuerung der kleinen Einkommen getreten sind, oder der Ertrag dieser Steuern lediglich im speziellen Interesse der Arbeiter wieder verwendet wird, widerstreiten sie dem Grundgedanken der sozialen Reform.[2]) Nun hat aber die Entwicklung der überseeischen Konkurrenz in der Landwirtschaft viele Staaten veranlaßt, Zölle auf Agrarprodukte einzuführen, also teilweise eine Belastung notwendiger Lebensmittel wie Getreide, Fleisch, Butter, Eier, Gemüse u. dgl. vorzunehmen. Obwohl diese Zölle nicht als Konsumbesteuerung gedacht sind, haben sie doch die gleiche Folge, nämlich eine Verteuerung des Lebensunterhaltes. In

---

[1]) Reichs-Arbeitsblatt. II. S. 732—735.

[2]) Besonders wertvolle Berechnungen über die Belastung der Arbeiter durch die Konsumbesteuerung bietet Fr. J. v. Neumann, Zur Gemeindesteuerreform in Deutschland. Tübingen 1895. S. 256 ff.

der Regel bekämpfen die Vertreter der Industriearbeiter solche Zölle ohne jede Einschränkung. Diese Haltung ist aber nur dort im wirklichen Interesse der Arbeiter gelegen, wo die Zölle oder deren Erhöhung zur Erhaltung der Landwirtschaft nicht unbedingt erforderlich sind. Daß eine ihrem Ruin entgegengehende Landwirtschaft auch die Lage der Industriearbeiter ungünstig beeinflussen würde, kann nicht bezweifelt werden. Ob Zölle überhaupt (vgl. S. 63), in welcher Höhe und auf welche Artikel sie namentlich im Interesse der Bauernschaft eine Notwendigkeit darstellen, das sind aber so eifrig umstrittene agrarpolitische Fragen, daß eine Erledigung in diesem Zusammenhange nicht stattfinden kann.[1]) Fällt die Entscheidung zu Gunsten der Agrarzölle, so ist es jedenfalls geboten, die eintretende Verteuerung des Lebensunterhaltes der Arbeiter durch Verminderung oder Beseitigung anderer Konsumsteuern, die nicht aus schutzzöllnerischen Motiven aufrecht erhalten werden müssen, möglichst auszugleichen.

123. Die Konsumvereine in England.[2])

So wichtig die Art der Konsumbesteuerung sein mag, so bieten niedrige oder fehlende Konsumsteuern noch keine Garantie für billige Lebensmittelpreise. An Stelle der letzteren können hohe Gewinnaufschläge

[1]) Zur Orientierung über diese Frage dienen insbesondere: Brentano, A. Wagner und die Getreidezölle. Hilfe (Naumann) Nr. 11 u. 12 1901; Derselbe, A. Wagner über Agrarstaat und Industriestaat. Hilfe Nr. 23—28 1901; Derselbe, Die Getreidezölle als Mittel gegen die Not der Landwirte. Deutschland. Februarheft 1903; Conrad, Die Agrarzölle in der Zolltarifvorlage im Deutschen Reiche. J. f. N. St. 78. Bd. S. 145—194; Lotz, Zolltarif, Sozialpolitik, Weltpolitik. Leipzig 1902; Mombert, Die Belastung der Arbeitereinkommen durch die Kornzölle. Jena 1901; Naumann, Neudeutsche Wirtschaftspolitik. Berlin 1902; Schäffle, Ein Votum gegen den neuesten Zolltarifentwurf. Tübingen 1901; Anonym, Der deutsche Bauer und die Getreidezölle. Die genannten Autoren, denen ich in Bezug auf die Getreidezölle beistimme, sprechen sich im allgemeinen gegen Erhöhung der Agrarzölle aus. Für Erhöhung plaidieren: Dade, Die Agrarzölle S. d. V. f. S. LXXXXI. S. 1—102; v. Mayr, Zolltarifentwurf und Wissenschaft. München und Berlin 1901; Oncken, Was sagt die Nationalökonomie über die Bedeutung höherer und niedrigerer Getreidepreise? Berlin 1901; Pohle, Deutschland am Scheidewege. Leipzig 1902; A. Wagner, Agrar- und Industriestaat. 2. Aufl. Jena 1902. In ausgiebiger Weise wurde das Thema ferner in der Münchener Generalversammlung des Vereins für Sozialpolitik erörtert. S. d. V. f. S. XCVIII. S. 121—364. Am wirkungsvollsten gegen Erhöhung des Agrarschutzes, insbesondere gegen Erhöhung der Getreidezölle, sprachen Lotz und Naumann, für Sering.

[2]) Mrs. Sidney Webb (Beatrice Potter), Die britische Genossenschaftsbewegung. Herausgegeben in deutscher Sprache von L. Brentano. Leipzig 1893.

des Handels, insbesondere des Detailhandels treten.[1]) Es ist die Aufgabe der Konsumvereine, dadurch, daß sie selbst die Funktion des Detailhandels übernehmen, ihre Mitglieder von dieser Verteuerung möglichst zu befreien. An sich stellt der Konsumverein eine Organisation dar, die nicht nur im Interesse der Arbeiter, sondern aller Konsumenten liegt. Aber es ist begreiflich, daß das Interesse an der billigeren Beschaffung der Bedarfsartikel in dem Grade wächst, als das Einkommen abnimmt. So erscheinen denn die Arbeiter oft als die eifrigsten Parteigänger der Konsumvereinsbewegung.

Der Ursprung der modernen Konsumgenossenschaften ist in England zu suchen. Obwohl dort bereits gegen Ende des 18. Jahrhunderts und während der napoleonischen Kriege Vereinigungen zur billigeren Beschaffung von Brot und Mehl von den Arbeitern einfach unter dem Drucke der ungewöhnlichen Not begründet worden waren, läßt sich eine eigentliche Genossenschaftsbewegung doch erst mit den zwanziger Jahren des 19. Jahrhunderts feststellen. Da war es Robert Owen, der, wie an anderer Stelle (S. 243 f.) gezeigt worden ist, diesen Bestrebungen eine tiefere theoretische Begründung verlieh. Mit Feuereifer trat er für die Verbreitung seines genossenschaftlichen Evangeliums ein, überall wurden von seinen Anhängern Konsumvereine gegründet. Das Kapital, welches von ihnen bei der Geschäftsführung gewonnen wurde, sollte zur Selbstbeschäftigung der Arbeiter, zur Förderung der genossenschaftlichen Ideen und auf diesem Wege auch zur Begründung kommunistischer Gemeinden verwendet werden.

Um das Jahr 1832 dürfte sich die Zahl dieser Genossenschaften auf etwa 500 belaufen haben. Bald nachher erfuhr die Bewegung einen jähen Rückschlag. Chartisten und Gewerkvereinler versprachen den Arbeitern, auf raschere Weise ihre Lage zu verbessern, als es die Genossenschaften zu tun im stande seien. Dazu trat der geschäftliche Mißerfolg vieler genossenschaftlichen Unternehmungen. Ihr Eigentum entbehrte des gesetzlichen Schutzes. Sodann hatten manche Genossenschaften streikende oder sonst arbeitslose Arbeiter beschäftigt. Einzelne Warengattungen waren daher häufig weit über den tatsächlichen Bedarf des Kundenkreises der Genossenschaft hinaus angesammelt worden

---

[1]) Über die Unterschiede zwischen Groß- und Detailhandelspreisen in England vgl. Report on Wholesale and Retail Prices in the United Kingdom in 1902, with Comparative Statistical Tables for a series of years. Board of Trade. London 1900; über die Verhältnisse in München mancherlei interessante Angaben bei Creuzbauer, Die Versorgung Münchens mit Lebensmitteln. München 1903.

und bildeten unverkäufliche Lagerbestände. Auch der rechte Genossenschaftsgeist ließ vielerorts noch zu wünschen übrig. Es kam vor, daß Mitglieder ihre Geschäftsanteile sich ausbezahlen ließen, um damit eigene individualistische Unternehmungen zu begründen.

Wie die aufsteigende Chartistenbewegung der Ausbreitung der Genossenschaften sich in den Weg gestellt hatte, so ergab sich andrerseits wieder ein Umschwung zu gunsten der Genossenschaften, nachdem durch den Mißerfolg des Chartismus die Arbeiter darüber belehrt worden waren, daß der ausschließlich politische Weg keineswegs schneller zum Ziele führe. Diese zweite Genossenschaftsbewegung nahm ihren Ausgang von dem Konsumvereine, den einige arme Flanellweber zu Rochdale im Jahre 1844 ins Leben gerufen hatten. Oweniten, Chartisten, Anhänger der Zunftbewegung und Gewerkvereinler haben an der Wiege dieser später so berühmt gewordenen Vereinigung gestanden. Auch hier wollte man sich ursprünglich durchaus nicht auf einen bloßen Konsumverein beschränken. Auch hier sollte der Konsumverein nur den ersten Schritt in die vollkommene, jeden Profit ausschließende kommunistische Gemeinde Owens darstellen.

Das Programm der Pioniere gestattet darüber keinen Zweifel: „Die Errichtung eines Ladens zum Verkaufe von Lebensmitteln, Kleidungsstücken usw. Das Erbauen, den Ankauf oder die Einrichtung einer Anzahl von Häusern, in denen diejenigen Mitglieder wohnen können, welche einander in der Verbesserung ihrer häuslichen und sozialen Lage beizustehen wünschen. Die Produktion solcher Waren, deren Herstellung die Genossenschaft beschließen wird, um denjenigen Mitgliedern Arbeit zu schaffen, welche arbeitslos werden, oder unter wiederholten Herabsetzungen der Löhne zu leiden haben. Den Ankauf oder die Pachtung eines oder mehrerer Grundstücke zum Zwecke der Bestellung durch arbeitslose oder schlecht bezahlte Genossenschafter. Und ferner, daß diese Genossenschaft sobald als tunlich dazu schreiten soll, die Produktion und Verteilung der Güter zu der Erziehung des Volkes und die Kräfte zur Erzeugung und Regierung zu ordnen; mit anderen Worten, eine sich selbst erhaltende Inlandskolonie mit Gemeinschaftsinteressen ins Leben zu rufen oder anderen Genossenschaften bei der Einrichtung derartiger Kolonien Hilfe zu leisten.“ Der Rochdaler Verein verkaufte zu den ortsüblichen Preisen; die Kapitaleinlagen erhielten die landesübliche Verzinsung, und der die Verzinsung überschreitende Gewinn wurde an die Kunden nach Maßgabe ihrer Einkäufe verteilt. Dadurch wurde nicht nur der kapitalistischen Entartung der Genossen=

schaft ein fester Riegel vorgeschoben, sondern auch ein Grundsatz aufgestellt, der wirksamer als jeder andere zum raschen Wachstume der Genossenschaften führte. Wo man den Gewinn entsprechend der Kapitaleinlage verteilt hatte, dort stieg der Wert der Geschäftsanteile bei gutem Geschäftsgange bald über pari und verleitete somit die Mitglieder dazu, die Differenz durch Verkauf des Anteiles zu realisieren oder die Ausgabe neuer Anteile zu verhindern, um den Gewinn nicht mit neu hinzutretenden Mitgliedern teilen zu müssen. Die Genossenschaften verwandelten sich dann in gewöhnliche kapitalistische Aktiengesellschaften.

Die Verteilung des Gewinnes nach Maßgabe der Einkäufe bedeutete die Leitung des Geschäftes durch die Gesamtheit der Kunden. Je größer die Zahl der Kunden, desto größer der Geschäftsgewinn, desto größer aber auch der Gewinn, den das Mitglied nach Maßgabe seiner Einkäufe ausbezahlt erhielt. Jedes Mitglied hatte also nicht bloß das Interesse, seinen Bedarf möglichst ausschließlich im Vereinsladen zu decken, sondern auch das, die Zahl der Mitglieder zu vergrößern.

Noch lange Zeit, und zum Teil bis auf den heutigen Tag, ist, namentlich von der bürgerlichen Klasse angehörigen Mitgliedern der Genossenschaftsbewegung, nicht der Konsumverein, sondern die Produktivgenossenschaft als eigentliches Ziel hingestellt worden. Mit Hilfe der christlichen Sozialisten, die durch J. M. Ludlow für die französischen Versuche zur Einführung von Produktivgenossenschaften begeistert worden waren, wurden auch in der Tat mannigfache Produktivgenossenschaften in England begründet, die aber wegen Mangel an Kapital, an Absatz oder Disziplin zusammenbrachen oder kapitalistisch entarteten; d. h. die gedeihenden Genossenschaften traten selbst als Arbeitgeber auf und zogen aus der Beschäftigung von Arbeitern, die nicht in die Genossenschaft aufgenommen wurden, Profit.

Durch ein im Jahre 1852 erlassenes Gesetz (Industrial and Provident Societies Act) erhielten die Genossenschaften auch eine ausreichende rechtliche Grundlage, auf der mit Erfolg weiter gebaut werden konnte.[1]) Die immer zahlreicher werdenden Konsumvereine traten zu einem Konsumverein der Konsumvereine, zu einer Großhandelsgenossenschaft zusammen. Auf diese Weise sollte nicht nur der Gewinn der Detailhändler, sondern auch derjenige der Großhändler der Genossenschaft zugeführt werden. Eine zunächst auf Nordengland beschränkte, im Jahre 1863 begründete Großhandelsgenossen-

[1]) Reformen der Gesetzgebung fanden 1862 und 1867 statt. Eine neue Grundlage bot das Gesetz vom 11. August 1876, das 1893 in einigen, nicht wesentlichen Beziehungen umgestaltet wurde.

schaft wurde 10 Jahre später auf ganz England ausgedehnt. Im Jahre 1868 nahm auch in Schottland eine der englischen Großhandelsgenossenschaft entsprechende Vereinigung ihre Tätigkeit auf. Ursprünglich Einkaufsagenten der Konsumvereine, wurden diese Organisationen schließlich die Lieferanten der gesamten Genossenschaftswelt. Schon früher hatten mehrere größere Konsumvereine Werkstätten zur Herstellung einiger besonders wichtiger Artikel errichtet. Dieser Gedanke wurde von den Großhandelsvereinigungen in noch umfassenderer Weise verwirklicht. Sie begründeten große, ausgezeichnet eingerichtete Fabriken für Biskuits, Cakes, Fruchtsäfte, Zuckerwerk, Schuhwaren, Seife, Kerzen, Konserven, Tabak, Wollengewebe, Flanelle, Konfektionsartikel, Möbel und Buchdruck. In diesen Betrieben werden (1904) ungefähr 15 000 Arbeiter beschäftigt, während auf die produktiven Betriebe der einzelnen Konsumvereine 18 000 Arbeiter entfallen. Außerdem besitzt die englische Großeinkaufsgenossenschaft acht eigene Schiffe mit einer Bemannung von 113 Personen. Die Zentrale in Manchester beschäftigt 1600 Angestellte; das Zweiggeschäft in Newcastle 1359, dasjenige in London 823 Personen. Im Auslande bestehen 10 Einkaufsstellen, und zwar in Newyork, Montreal, Sidney, Denia (Spanien), Kopenhagen, Odense, Herning, Aarhus, Gothenburg, Hamburg. Solche förderalistische Unternehmungen, in denen die Genossenschaften als Arbeitgeber auftreten, dürfen natürlich nicht mit eigentlichen Produktivgenossenschaften verwechselt werden, für die es charakteristisch ist, daß sämtliche in der Unternehmung beschäftigte Arbeiter die Funktionen des Unternehmers ausüben.

Außer den Großhandelsgenossenschaften besteht noch ein Genossenschaftsverband, dessen Aufgabe in der Propaganda für den genossenschaftlichen Gedanken und in der parlamentarischen Vertretung der genossenschaftlichen Interessen besteht.

Die Zahl der Konsumvereine betrug 1904 1637 mit 2 078 178 Mitgliedern; der Umsatz betrug 1 186 240 000 M., der Reingewinn 188 240 000 M.; die beiden Großeinkaufsverbände erzielten einen Umsatz von 532 240 000 M., einen Reingewinn von 128 000 000 M. Die Zahl sämtlicher in genossenschaftlichen Betrieben tätigen Angestellten belief sich am 21. Dez. 1904 auf 100 838.[1])

---

[1]) Vgl. die von Dr. K. Müller zur Eröffnung des 37. britischen Genossenschaftskongresses in Paisley (Juni 1905) gehaltene Rede. Schweiz. Konsumverein. V. S. 209.

124. Die Konsumvereine im Deutschen Reiche,[1]) in Österreich und in der Schweiz.

In das Verdienst, die Saat genossenschaftlicher Gedanken und damit auch des Konsumvereinswesens ausgestreut zu haben, teilen sich in Deutschland der christlich-konservative Victor Aimé Huber und der Fortschrittsmann Schulze-Delitzsch. Der Schwabe Huber (vgl. oben S. 152) hat seine Ideen unter dem Einflusse der englischen und französischen Bewegung entwickelt. Er erinnert namentlich an die christlichen Sozialisten Englands. Nicht nur durch persönliche Liebestätigkeit und Werke christlicher Barmherzigkeit, sondern auch durch eine genossenschaftliche Umgestaltung sollen die wirtschaftlichen Schäden der Zeit geheilt werden. In der Genossenschaft erblickt er den möglichen Weg, „von dem Boden der herrschenden und sich immer mehr verfahrenden wirtschaftlichen Verhältnisse aus, in allmählicher organischer Entwicklung zu gänzlich neuen und beglückenden volkswirtschaftlichen Organisationen zu kommen, die, jederzeit weiter entwicklungsfähig, die endliche Überwindung des Manchestersystemes und seiner zerrüttenden Folgen für das Volksganze, sowie dessen Ersatz bedeuteten.“ Die Genossenschaft dachte er sich „erfüllt vom Geiste der Bruderliebe, der Solidarität, der gegenseitigen Zucht, der gleichlohnenden Gerechtigkeit und des Friedens“. Personen aus den höheren Schichten der Gesellschaft sollten die Genossenschaften patronisieren und einen sittlich und religiös erzieherischen Einfluß auf den Kreis der Genossen ausüben.

In theoretisch sehr viel engerer, man möchte fast sagen spießbürgerlicher, aber praktisch unendlich bedeutsamerer Weise trat Schulze-Delitzsch[2]) für die Genossenschaften ein.

---

[1]) Zeidler, Geschichte des deutschen Genossenschaftswesens. Leipzig 1893; H. Crüger, Art. Erwerbs- und Wirtschaftsgenossenschaften. S. 742—750; Derselbe, Art. Konsumvereine; R. Riehn, Das Konsumvereinswesen in Deutschland. Stuttgart und Berlin 1902; Derselbe, Arbeiterkonsumvereine. Schriften der Gesellschaft für soz. Reform. Heft 9. Jena 1903; Derselbe, Referat über Konsumvereine auf der II. Generalversammlung der Gesellschaft für soz. Reform. Schriften. Heft 16. Jena 1904; Staudinger, Von Schulze-Delitzsch bis Kreuznach. Hamburg 1903; Jahrbuch des Zentralverbandes deutscher Konsumvereine. Herausgegeben von dem Sekretär des Zentralverbandes Heinrich Kaufmann. I. Jahrg. Hamburg 1903; II. Jahrg. Hamburg 1904; Konsumgenossenschaftliche Rundschau. Hamburg seit 1904.

[2]) Schmoller, Zur Sozial- und Gewerbepolitik der Gegenwart. Leipzig 1890. S. 304—327.

„Der breitschultrige Schulze, ein wahrer Volksmann und Tribun mit donnernder Stimme, ein sanges- und lebenslustiger Sachse, ein Mann des Humors und praktischen Lebens, ein unermüdlicher wirtschaftlicher Agitator und Vereinsgründer“, war am 29. August 1808 in Delitzsch, einem kleinen Städtchen der Provinz Sachsen, geboren worden; 1840 wurde er Patrimonialrichter daselbst und verblieb bis zum Jahre 1848 in dieser Stellung. Seine amtliche Tätigkeit, welche Polizei und Richteramt in erster Instanz vereinigte, machte ihn mit den Lebensverhältnissen der kleinen Handwerker vertraut, bot ihm aber keine Gelegenheit, die treibenden Kräfte des modernen Wirtschaftslebens, Großindustrie und Fabrikarbeiterschaft, kennen zu lernen. Als Mitglied der preußischen verfassunggebenden Nationalversammlung schloß er sich dem radikalen Flügel an und gehörte später auch zu den eifrigsten Mitgliedern „Jung Lithauens“, des Kernes der Fortschrittspartei. Zur Strafe für sein politisches Verhalten (er hatte auch an dem Steuerverweigerungsbeschlusse sich beteiligt) wurde er nach der Provinz Posen versetzt. Er nahm aber bald (1858) seine Entlassung, um sich wieder nach der Vaterstadt zurückzuziehen.

Nun beginnt seine Genossenschafts-Propaganda. Die Genossenschaften sollen dem kleinen Manne überhaupt, dem Handwerker so gut wie dem Lohnarbeiter, helfen. Beide leiden unter dem Großbetriebe. Er bereitet mit seiner Kapitalmacht den Handwerkern eine überlegene Konkurrenz. Je mehr der Großbetrieb vordringt, desto geringer wird die Zahl der Unternehmer, die den Arbeitern gegenübersteht, desto ungünstiger wird für diese das Lohnverhältnis. Von Koalitionen und Gewerkschaften versprach sich Schulze wenig. Der Lohn wurde seiner Auffassung nach durch den Lohnfonds bestimmt. Immerhin trat er für die Aufhebung der Koalitionsverbote ein. Die Kranken-, Invaliden- und Altersversorgungskassen der Arbeiter leiteten nach Schulzes Annahme von der Lösung der Arbeiterfrage eigentlich ab. „Indem die von den Arbeitern einzuzahlenden Prämien jeden mühsam ersparten Groschen in Anspruch nehmen, rauben sie den Leuten die Aussicht, durch Ansammlung eines kleinen Kapitals jemals zu geschäftlicher Selbständigkeit zu gelangen, und wird die Garantie, in alten und schwachen Tagen nicht der öffentlichen Mildtätigkeit anheimzufallen, nur durch das Opfer jeder nachhaltigen Verbesserung der Lage, jedes Aufschwunges in der sozialen Stellung erkauft.“ Noch entschiedener machte Schulze gegen die Fabrikgesetzgebung Front. Nur die Association kann dem Arbeiter helfen. Der Kredit- und Vorschußverein, die Rohstoffgenossenschaft sollen ihm die Mittel verschaffen, um einen selbständigen

Gewerbebetrieb zu unternehmen. Wenn aber in einem Industriezweige nur der Großbetrieb bestehen kann, dann bietet die Produktivgenossenschaft, der Gipfelpunkt des ganzen Genossenschaftssystemes, den Arbeitern und Kleinmeistern die Möglichkeit, sich die Vorteile des Großbetriebes zu verschaffen, ohne sich der Selbständigkeit zu begeben. „Sie durchbricht das Monopol der Großunternehmer, erhält und kräftigt den Mittelstand, hebt die ungünstige Folge der Arbeitsteilung auf, erhöht das intellektuelle Niveau der Arbeiter.“ Indem so die Arbeiter den Arbeitgebern selbst Konkurrenz bieten, können sie auch eine Verbesserung der Stellung der Arbeiter im ganzen bewirken. Das war alles, was er den deutschen Arbeitern vorzuschlagen hatte. Gerade die Konsumvereine, die noch am ehesten von allen Schulzeschen Gründungen der Arbeiterklasse Nutzen bringen konnten, wurden von ihm über den Vorschuß- und Kreditvereinen, den „Volksbanken“, ziemlich vernachlässigt.

Da Schulze aber trotzdem unter den arbeitenden Klassen, welche, der ganzen Lage der Dinge in Deutschland entsprechend, ja auch noch von kleinbürgerlichen Vorstellungen stark beherrscht waren, zahlreiche Anhänger gefunden hatte und ihn übereifrige Freunde geradezu als den König im sozialen Reiche feierten, glaubte Ferdinand Lassalle ihm scharf entgegentreten zu müssen. Die in der Form vielfach abstoßenden und sachlich nur zum Teil begründeten Angriffe Lassalles riefen in der deutschen Arbeiterbewegung eine bedauerliche Unterschätzung des freien Genossenschaftswesens hervor. Man hielt sich an das Schlagwort Lassalles von der Staatshilfe für die Produktivgenossenschaften und nahm an, daß die Konsumvereine wegen des „ehernen Lohngesetzes“ nichts zur Verbesserung der Arbeiterverhältnisse beitragen könnten. So waren es hauptsächlich Angehörige der Mittelklassen, welche sich den Konsumvereinen zuwandten und um die Ausbildung der Genossenschaftsgesetzgebung (Reichsgesetze vom 4. Juli 1868 und 1. Mai 1889) bemühten.

Noch im Jahre 1892, also nachdem man die Theorie des „ehernen Lohngesetzes“ bereits im Erfurter Programme aufgegeben hatte, nahm der Berliner Parteitag der deutschen Sozialdemokratie folgende Resolution an:

„In der Frage des Genossenschaftswesens steht die Partei nach wie vor auf dem Standpunkte: Sie kann die Gründung von Genossenschaften nur da gutheißen, wo sie die soziale Existenzermöglichung von im politischen oder im gewerkschaftlichen Kampf gemaßregelten Genossen bezwecken, oder wo sie dazu dienen sollen, die Agitation zu erleichtern, sie von allen äußeren Einflüssen der Gegner zu befreien. Aber in allen diesen Fällen müssen die Parteigenossen die Frage der Unterstützung davon abhängig machen, daß genügend Mittel für eine gesunde finanzielle Grundlage zur Verfügung stehen und Garantien für geschäftskundige Leitung und Verwaltung gegeben sind, ehe Genossenschaften ins Leben gerufen werden."

„Im übrigen haben die Parteigenossen der Gründung von Genossenschaften entgegenzutreten und namentlich den Glauben zu bekämpfen, daß Genossenschaften im stande seien, die kapitalistischen Produktionsverhältnisse zu beeinflussen, die Klassenlage der Arbeiter zu heben, den politischen und gewerkschaftlichen Klassenkampf der Arbeiter zu beseitigen oder auch nur zu mildern."

Man hielt es damals also noch nicht für geboten, diese Äußerungen, die nur soweit, als sie sich auf Produktivgenossenschaften beziehen, einen gewissen Sinn haben, zu Gunsten der Konsumgenossenschaften einzuschränken. Die wesentliche Ursache dieser sonderbaren Haltung dürfte darin zu suchen sein, daß die vorhandenen Konsumvereine und deren Verband größtenteils unter dem Einflusse von Persönlichkeiten standen, welche der freisinnigen Volkspartei angehörten. Man fürchtete, durch Unterstützung der Konsumvereine eine politisch gegnerische Richtung zu fördern.

Nichtsdestoweniger haben die deutschen Arbeiter im Laufe der 90 er Jahre, namentlich im Königreich Sachsen, sich in wachsender Zahl an den Konsumvereinen beteiligt.[1]) Die Mitgliederzahl der Verbandvereine, die 1892 nur 244 000 betrug, stieg 1899 schon auf 469 000. Abgesehen von dem äußeren Wachstum zeichnen sich die 90 er Jahre noch dadurch aus, daß 1893 eine Großeinkaufsgenossenschaft in Hamburg ins Leben trat und rasch erhebliche Fortschritte erzielte.

Der stetig wachsende Umfang, in dem auch die sozialdemokratischen Arbeiterkreise sich an der Konsumvereinsbewegung zu beteiligen begannen, erregte bei der politisch-freisinnigen Leitung des Allgemeinen Genossenschaftsverbandes die Befürchtung, in absehbarer Zeit durch sozialdemokratisch geführte Genossenschaften majorisiert zu werden. Außerdem machten sich die Gegensätze zwischen den Konsumvereinen, die nur den Konsuminteressen der Arbeiterklasse dienen wollten, und den Kreditgenossenschaften mit mittelstandspolitischen Zielen immer schärfer geltend. Bereits hatte der Genossenschaftsanwalt Dr. Crüger die Aufnahme des Mannheimer Konsumvereines abgelehnt, weil nach dessen Statuten

[1]) Heinrich Kaufmann, Die deutsche Konsumgenossenschaftsbewegung. S. P. S. C. X. S. 643—647; Derselbe, Großeinkaufsgesellschaften deutscher Konsumvereine. Sozialistische Monatshefte. 1901. S. 764—771.

in erster Linie diejenigen Lieferanten berücksichtigt werden sollten, die das Koalitionsrecht und die von den Gewerkschaften aufgestellten Arbeitsbedingungen anerkennen würden.[1])

Auf dem 43. Genossenschaftstage in Kreuznach[2]) am 3. September 1902 beantragte Dr. Crüger schließlich den Ausschluß von 99 Konsumvereinen, die, seiner Ansicht nach, den Mittelstand vernichten wollten und insofern zu Unrecht in den Verband aufgenommen worden wären. Auf die Proteste gegen die juristische Zulässigkeit des Ausschlusses erwiderte Rechtsanwalt Schmidtberger mit erfreulicher Offenheit: „Wir können nicht prüfen, ob wir formell im Recht sind, sondern wir müssen erwägen, daß wir heute noch die Mehrheit haben; haben wir diese Mehrheit erst verloren, dann ist es um unsern Verband geschehen, dann werden wir ausgeschlossen."

In einer Sonderversammlung wurde von 70 der ausgeschlossenen Vereine die Gründung eines neuen Verbandes, des Zentralverbandes deutscher Konsumvereine, vorbereitet. Die definitive Gründung fand am 17. und 18. Mai 1903 in Dresden statt. Dem neuen Verband haben sich auch viele Konsumvereine, die vom Allgemeinen Verbande nicht ausgeschlossen worden waren, zugewendet. Er umfaßte 1904 760 Vereine mit 649 558 Mitgliedern. Der Gesamtumsatz betrug 202,64 Mill. M., der Reingewinn 16,76 Mill. M. Im Allgemeinen Verbande befanden sich 1902 noch 332 Konsumvereine mit 300 000 Mitgliedern, 69,3 Mill. Mark Verkaufserlös und 7,04 Mill. M. Reingewinn.[3])

Die gesamte deutsche Konsumvereinsbewegung umfaßte, nach Kaufmann, 1904 1915 Vereine, 1 023 644 Mitglieder, 250 Mill. M. Umsatz und 25 Mill. M. Reingewinn.[4])

An die Großeinkaufsgesellschaft deutscher Konsumvereine in Hamburg hatten sich 1904 349 Vereine mit zirka 530 000 Mitgliedern angeschlossen. Der Umsatz belief sich auf 33,9 Mill. M.[5]) Die Errichtung der geplanten großen Seifenfabrik in Aken a. d. Elbe konnte bis jetzt wegen des Einspruches des Stadtmagistrats noch nicht erfolgen. Durch die Errichtung der Fabrik würden das Staatswohl und das Gemeindeinteresse geschädigt werden, die genossenschaftliche Produktion bedrohe einen großen Teil des sogenannten Mittelstandes mit Untergang, verletze

---

[1]) v. Elm, Neutralität der Genossenschaften. Sozialistische Monatshefte. 1902. S. 167—174.

[2]) S. P. S. C. XI. S. 1310—1312.

[3]) S. P. S. C. XIII. S. 976.

[4]) a. a. O. S. 1035.

[5]) Schweiz. Konsumverein. V. S. 170.

somit das Staatswohl und hindere das Bestreben der Regierung, den Mittelstand, insbesondere den Handwerkerstand, zu schützen.[1])

In Österreich[2]) hat die Sozialdemokratie ebenfalls erst in den letzten Jahren größeres Interesse an der Konsumvereinsbewegung genommen.[3]) Eine Sonderstellung der Arbeitergenossenschaften gegenüber dem Allgemeinen Genossenschaftsverbande wurde aber schon 1901 durchgeführt. Wie die auf dem Wiener Parteitag von 1903 angenommene Resolution erkennen läßt, sollen die Arbeitergenossenschaften der politischen und gewerkschaftlichen Bewegung materielle Unterstützung gewähren. „Wo die Führung von Konsumvereinen derzeit in den Händen indifferenter oder gegnerischer Elemente liegt, werden die organisierten Arbeiter suchen müssen, den ihnen gebührenden Einfluß zu erringen, bevor sie an die Gründung einer neuen Genossenschaft schreiten." Von einer politischen Neutralität der Arbeiterkonsumvereine kann also nicht die Rede sein.

Die Gesamtzahl der österreichischen Konsumvereine wird für 1903 auf 841 veranschlagt.[4]) Dem Allgemeinen Verbande gehören 273 Vereine mit 210 326 Mitgliedern an, wobei freilich auf den Wiener Verein allein 39 728 entfallen. Da die Vorschußvereine des Allgemeinen Verbandes 661 899 Mitglieder aufweisen, so üben diese auf die Verbandsleitung den maßgebenden Einfluß. In dem sozialdemokratischen Verbande befinden sich 170 Vereine mit 53 000 Mitgliedern und einem Umsatze von 17 Mill. Kr. In Bezug auf Produktionsunternehmungen ragt der Wiener Verein (dem Allgemeinen Verbande angehörend) hervor. Er betreibt eine mustergültig eingerichtete Bäckerei, Buchdruckerei, Papierdüten- und Papiersackfabrikation, Kaffeerösterei u. dergl. m. Zur Gründung einer Großeinkaufsgenossenschaft ist es noch nicht gekommen. Die nationalen Gegensätze sind offenbar auch der Konsumvereinsentwicklung in hohem Maße nachteilig. Forderte doch selbst auf dem sozialdemokratischen Parteitage (1903) der Czeche Nousar, daß die Durchführung der Konsumvereinsresolution den nationalen Kongressen der Arbeiter überlassen werde. Da nun innerhalb derselben Nationalität die Organisation auf Betreiben der Sozialdemokratie hin auch noch

---

[1]) a. a. O. S. 171.

[2]) Wrabetz, Genossenschaftl. Grundsätze. Wien. 2. Aufl. 1904; Knarek, Die Entwicklung der Konsumvereine in Österreich. Soz. Verwaltung in Österreich. I. Bd. 3. Heft. S. 69. Wien 1900.

[3]) Vgl. die Verhandlungen des Wiener Parteitages von 1903. S. 179—189.

[4]) Nach Mitteilungen im Schweiz. Konsumverein. IV. Nr. 41, 43, 46; V. Nr. 18, 19.

politische Zwecke erfüllen soll, so wird die Bewegung voraussichtlich noch lange unter dem Fluche der Kraftlosigkeit zu leiden haben, die aus dieser Zersplitterung mit Notwendigkeit hervorgeht.

Ungleich erfreulichere Züge weist die Entwicklung der Konsumvereine in der Schweiz auf.[1]) Zwar ist der 1898 gegründete Schweizerische Genossenschaftsbund, der Konsumvereine und landwirtschaftliche Genossenschaften umschloß, 1902 durch den Austritt der landwirtschaftlichen Genossenschaften, die im Gegensatze zu den Konsumvereinen für agrarische Schutzzollpolitik eingetreten waren, wieder zerfallen, aber innerhalb der Konsumvereinswelt haben weder nationale noch konfessionelle oder politische Parteigegensätze eine Spaltung zu erzeugen vermocht. Das gesunde Wachstum der Bewegung tritt in den nachstehenden Ziffern deutlich entgegen:

	1897	1904
Zahl der im Verbande schweiz. Konsumvereine vertretenen Vereine . . .	71	175
Zahl der Mitglieder	53 365	126 698
Zahl der Gemeinden mit Läden . .	119	281
Zahl der Läden	279	595
Summe der Bezüge	21 798 455 fr.	48 513 942 fr.
Betrag der Rückvergütungen	1 696 049 „	3 214 945 „
Zahl der Angestellten	848	1841

Der größte schweizerische Konsumverein ist der Baseler mit 25 520 Mitgliedern. Er betreibt auch u. a. eine Schlächterei, was bis jetzt noch wenigen Vereinen geglückt ist. Die Zahl der geschlachteten Tiere, die 1900 8783 betrug, stieg 1904 auf 11 657, der Nettoüberschuß auf 145 000 fr. Der Umsatz der 1892 gegründeten Zentraleinkaufsstelle, an der 175 Verbandsvereine beteiligt waren, betrug 1904 7 673 238 fr.

Die Gründung einer Genossenschaftsmühle ist 1904 beschlossen worden.

125. Kritik der Konsumvereine.

Während die Gewerkvereine danach streben, das Einkommen des Arbeiters zu erhöhen, und die Arbeiterversicherung den Bezug seines Einkommens zu sichern trachtet, steigern die Konsumvereine durch Ver-

[1]) Über die einschlägigen Verhältnisse unterrichten: H. Müller, Schweizerische Konsumgenossenschaften. Basel 1896; Schweiz. Konsum-Verein, Organ des Verbandes schweiz. Konsumvereine, Basel seit 1900; Rechenschaftsberichte über die Tätigkeit der Verbandsorgane. Jahrbuch des Verbandes schweiz. Konsumvereine. Herausgegeben vom Verbandssekretariat; seit 1903, Basel.

billigung der Güter, deren der Arbeiter vorzugsweise zur Lebensführung bedarf, die Kaufkraft seines Einkommens. Die Begründung von Konsumvereinen geht insofern leichter von statten, als sie einen augenblicklich eintretenden, unmittelbaren Vorteil gewähren. Hier werden nicht, wie bei Gewerkvereinen und Arbeiterversicherung Beiträge verlangt, die vielleicht erst nach langer Zeit einmal demjenigen, der sie geleistet hat, eine Gegenleistung verschaffen. Der Konsumverein verlangt keine Opfer der Gegenwart für die Zukunft. Es genügt, daß das Mitglied dem Vereine seine Kundschaft zuwendet und die entnommenen Waren sofort bezahlt. Fast alle Konsumvereine haben heute den ihrer Ausdehnung so förderlichen Grundsatz angenommen, die Geschäftsanteile zwar zu dem landesüblichen Zinsfuße zu verzinsen, aber den Gewinn nur nach Maßgabe der bewirkten Einkäufe unter die Kunden zu verteilen. Je eifriger ein Mitglied im Vereinsladen kauft, desto größer sein Gewinn.

Es hieße die Bedeutung der Konsumvereine verkennen, wenn man sie nur als Einrichtungen zur billigeren Beschaffung der Lebensmittel gelten lassen wollte. Der Konsumverein leistet mehr. Er erzieht die Arbeiter zu wirtschaftlicher Lebensführung, da er Barzahlung verlangt. Er befreit von den unwürdigen Abhängigkeitsverhältnissen, in denen die Arbeiter sich dem kreditierenden Krämer gegenüber oft befinden. Er befähigt die Arbeiter zur Verwaltung und bietet auch manche wertvolle Handhabe, um auf die Gestaltung des Arbeitsverhältnisses selbst einzuwirken. Bei der Wahl der Geschäfte, denen die Konsumvereine ihre Aufträge erteilen, kann auf die Stellung der Arbeiter in diesen Geschäften Rücksicht genommen werden. Was einer Staats- oder Kommunalbehörde in dieser Beziehung zugemutet werden kann (vgl. S. 513) trifft auch für Konsumgenossenschaften im allgemeinen zu. Ja, es ist sogar in hohem Maße wünschenswert, daß diese Organisationen den Konsumenten ihre Verantwortlichkeit für die Arbeitsbedingungen zum klaren Bewußtsein bringen. Wesentlich erleichtert wird die Technik des Einkaufes, wenn die unter „anständigen" Arbeitsbedingungen hergestellten Waren durch eine besondere Etikette (Label) der beteiligten Gewerkschaften kenntlich gemacht werden. In den Vereinigten Staaten hat dieses System bereits große Fortschritte aufzuweisen.[1])

Haben die Konsumvereine eine größere Ausbreitung erlangt, so ist es zweckmäßig, wenn die Vereine zu einer Großhandelsgenossenschaft zusammentreten. Wie der einzelne Konsumverein seine Mitglieder von

[1]) Vgl. Mitchell, Organisierte Arbeit, Dresden 1904, S. 140—143 und Abbildungen von Labels, S. 160.

den Diensten und Preisaufschlägen des kleinen Detailhändlers befreit, so macht die Großhandelsgenossenschaft die Vereine von der Vermittlung des Großhandels unabhängig. Unmittelbare Beziehungen zu den Produzenten werden angeknüpft, ja unter Umständen eigene Produktionsbetriebe eröffnet.[1]) Die Erfahrung lehrt, daß Großhandelsvereinigungen dort, wo es sich um qualitativ wenig differenzierte, einem ständigen Bedarfe entsprechende Massengüter handelt, die Produktion mit Erfolg betreiben können.

Wenn man den Konsumvereinen vorwirft, daß sie den Kleinhandel zu Grunde richten, oder mindestens empfindlich schädigen, so läßt sich nicht leugnen, daß große Forschritte der Bewegung diese Wirkung hervorrufen. Trotzdem kann es von einem allgemeinen Standpunkte aus nicht gerechtfertigt werden, wenn der Versuch unternommen wird, die Konsumvereine deshalb durch Sondersteuern oder Boykottierung zu unterdrücken. Namentlich im Deutschen Reiche, wo teils durch hohe Zölle, teils durch die immer mächtiger werdenden Kartelle eine schwere Bedrohung der Konsumenteninteressen besteht, läßt sich viel eher eine Beförderung als eine Erschwerung der Konsumvereine aus allgemeinen Erwägungen befürworten. Die Vereine stellen eine vollkommenere Organisation des Verteilungsgeschäftes dar und müssen ebenso sehr, als wirtschaftlicher, wie als sozialer Fortschritt gewürdigt werden. Je weniger objektiven Aufwand die Verteilung in Anspruch nimmt, desto mehr Kräfte bleiben der Produktion erhalten und desto reichlicher kann die Güterversorgung überhaupt ausfallen. Der Stand der kleinen Krämer hat ebensowenig ein unantastbares Recht auf die Erhaltung seiner Erwerbsgelegenheit, als es Handwerker und Arbeiter besitzen, denen die Einführung von Maschinen die Beschäftigung entzieht. Da überdies die Entfaltung der Konsumvereine sehr allmählich vor sich geht, so besitzt der Kleinhandel ausreichende Zeit, um diesen Veränderungen Rechnung zu tragen.[2])

---

[1]) Äußerst beachtenswerte Pläne für die Förderung der genossenschaftlichen Eigenproduktion sind von dem berühmten Erfinder des Diesel-Motors, Herrn Rudolf Diesel in München, auf dem Genossenschaftstage des Zentralverbandes deutscher Konsumvereine in Hamburg 1904 entwickelt worden. Vgl. Diesel, Genossenschaftliche Eigenproduktion. München 1904.

[2]) Eine gute Zurückweisung der gegen die Konsumvereine vom Standpunkte der Mittelstandspolitik aus erhobenen Einwände enthält die Denkschrift der Königl. sächs. Regierung betr. die Besteuerung der Großbetriebe im Kleinhandel vom 28. Februar 1902. Bezeichnend für die Taktik, die den Konsumvereinen gegenüber in Deutschland eingeschlagen wird, ist die Schrift von Suchsland, Schutz- und Trutzwaffen gegen die Konsumvereine und Warenhäuser. Halle 1904. Die Stadt.

Ein anderer Vorwurf, der namentlich von Ferdinand Lassalle (vgl. oben S. 322 f.) den Konsumvereinen gemacht wurde, ging dahin, daß sie nicht im stande seien, der Arbeiterklasse eine tatsächliche Verbesserung zu verschaffen, weil im Verhältnisse zu der von ihnen bewirkten Verbilligung der Lebenshaltung auch die Löhne herunter gehen würden. Die Beobachtung zeigt aber, daß die Konsumvereine in noch höherem Grade, als sie die Lebensmittel verbilligen, die Lebensansprüche der Arbeiter steigern. Die Arbeiter geben infolge der Konsumvereine in der Regel nicht weniger für Lebensmittel aus, sie konsumieren mehr und vor allem in besserer Qualität. Weit entfernt, den Standard of life herunterzudrücken, tragen sie gerade viel zur Verfeinerung des Geschmackes und Erhöhung der Bedürfnisse bei. Im übrigen würde selbst dann, wenn die Konsumvereine eine absolute Verminderung der Ausgaben für Lebensmittel bewirken sollten, ein Sinken des Lohnes wenigstens nicht für diejenigen Arbeiter eintreten, welche gewerkschaftlichen Vereinigungen angehören. Vermag der Gewerkverein auch nicht, selbst bei aufsteigender Konjunktur, mit absoluter Sicherheit die Löhne zu erhöhen, so kann er doch Lohnherabsetzungen ungemein erschweren. Kein Arbeitgeber wird leichten Herzens wagen die Löhne herabzusetzen, wenn ihm eine wohlorganisierte Arbeiterschaft, insgesamt von dem Bestreben beseelt, in ihrer Lebensführung fortzuschreiten, gegenübersteht. Bereits erreichte Vorteile, an deren Genuß man sich gewöhnt hat, wieder zu verlieren, bedeutet für die meisten Menschen ein weit empfindlicheres Opfer, als etwa auf eine vielleicht mögliche Verbesserung ganz zu verzichten. Mit der Stärke des Opfers wächst der Widerstand. Der Arbeitgeber muß sich darauf gefaßt machen, daß die Arbeiterschaft eine geplante Herabsetzung der Löhne bis aufs äußerste bekämpfen und ihre Lebenshaltung mit größter Zähigkeit zu bewahren trachten wird. Überdies wird ein gegen Lohnherabsetzungen geführter Kampf in der öffentlichen Meinung, auf die heute doch viel ankommt, leicht mehr Sympathien zu Gunsten der Arbeiter als der Arbeitgeber hervorrufen.

Mit Hilfe der Gewerkvereine ist es englischen Arbeitern sogar gelungen, trotz der Preisermäßigungen, welche durch die überseeische Kon-

Dresden hat ihren Arbeitern die Teilnahme an Konsumvereinen untersagt. Auch von seiten des preußischen Eisenbahnministers Budde liegen Äußerungen vor, die sich gegen die Beteiligung der Arbeiter der Staatsbahnen an derartigen Vereinen richten. In der Schweiz wird der Kampf gegen die Konsumvereine namentlich durch den Schweiz. Gewerbeverein geführt. Vgl. Kritische Betrachtungen über die Tätigkeit der Konsumvereine in der Schweiz. Gewerbliche Zeitfragen. Heft XXIII. Bern 1905.

kurrenz und die Freihandelspolitik in den wichtigsten Lebensbedürfnissen eingetreten sind, und die an Bedeutung die Verbilligung durch die Konsumvereine erheblich überragen, die Lohnbewegung in aufsteigender Linie zu erhalten.

Die Kritik der Konsumvereine hat an anderen Punkten einzusetzen. Zuerst ist geltend zu machen, daß die unteren Schichten der Arbeiterklasse, wie an freien Organisationen überhaupt, so auch an den Konsumvereinen garnicht oder nur in geringem Maße beteiligt sind. „Menschen, die unter einer gewissen Lebenshaltung oder isoliert leben," schreibt treffend Frau S. Webb, „Bevölkerungen, welche unausgesetzt ihren Wohnort wechseln und ihre Beschäftigung ändern, sind unfähig zur freiwilligen Assoziation, sei es als Konsumenten, sei es als Produzenten. Dies von der „Hand zum Mund" leben des unregelmäßig beschäftigten Arbeiters, die physische Apathie des Opfers des Schweißtreibers, die Gewohnheit des Vagabundierens, und die ungeregelten Wünsche des Straßenhausierers und der bunt durcheinander gewürfelten Bewohner ges gewöhnlichen Logierhauses — kurz die Rastlosigkeit und tötliche, aus Mangel an Nahrung entstebende, durch Nichtstun gemilderte, oder durch körperliche Erschöpfung noch erhöhte Müdigkeit gestatten in dem einzelnen Individuum ebensowenig, wie in der ganzen Klasse, die Eigenschaften zu entwickeln, die zur demokratischen Genossenschaft und demokratischen Selbstregierung notwendig sind."

Zweitens bleibt zu beachten, daß der Konsumverein nur denjenigen Teil des Arbeiterkonsums zu verbilligen im stande ist, in Bezug auf welchen der Arbeiter ohne Dazwischentreten des Konsumvereines vom Detailhandel abhängig wäre. Der Arbeiter bedarf aber auch einer Wohnung, er bedarf Gas und Wasser, er bedarf Transportleistungen usw.

Immerhin wird selbst derjenige, der den Genossenschaftsidealen kritisch gegenübersteht, zugeben müssen, daß der Gedanke der freien genossenschaftlichen Vereinigung zu den sozialpolitisch fruchtbarsten gehört, die wir besitzen; daß ihm eine Anpassungsfähigkeit und Gestaltungskraft innewohnt, die uns noch weit über die bis jetzt erzielten Ergebnisse hinausführen wird. Und die Genossenschaft ist nicht nur zur Verbesserung materieller Verhältnisse fähig, sie wird, wie bereits manche Erscheinung klar andeutet, sicher auch für die Hebung der künstlerischen, dramatischen und literararischen Produktions- und Konsumtionsverhältnisse eine außerordentliche Bedeutung gewinnen. Auch läßt sich nicht verkennen, daß im Genossenschaftswesen Keime liegen, die in ihrer weiteren Ausbildung charakteristische Glieder und Einrichtungen des gegenwärtigen Wirtschaftslebens bis zur Bedeutungslosigkeit zurückzudrängen im stande sind. Der Detailhandel, ja selbst der Großhandel werden ausgeschaltet, und auch den gewerblichen Unternehmer vermag die Genossenschaft zu ersetzen, wenn sie es unternimmt, selbst Waren für ihre Mitglieder zu produzieren. Somit gerät durch die Genossenschaftsbewegung Unternehmerprinzip, Warenproduktion, freier Wettbewerb, Privateigentum an den Produktionsmitteln, kurz all' dasjenige, wodurch wir die heutige Wirtschaftsordnung kennzeichnen, ins Wanken. Und trotz dieser tiefeingreifenden Umwälzungen tritt das Genossenschaftswesen als solches gegen die geltende Rechtsordnnng, gegen die überlieferten politischen und kirchlichen Einrichtungen in keinerlei Gegensatz!

126. Der Alkoholismus.[1])

Es kommt nicht allein darauf an, daß dem Arbeiter die Möglichkeit erschlossen wird, die Bedarfsartikel billig zu beschaffen, er muß auch über den wahren Wert, welcher den einzelnen Nahrungs- und Genußmitteln beizumessen ist, ausreichend unterrichtet werden. Vor allem sind es die alkoholhaltigen Getränke, über deren Bedeutung irrige Vorstellungen herrschen. Wenn hier die Beziehungen zwischen Alkoholismus und Arbeiterfrage erörtert werden, so geschieht es nicht deshalb, weil angenommen wird, daß die Arbeiterklasse im allgemeinen dem Trunke mehr ergeben sei als andere Gesellschaftsschichten. Der eigentliche Grund besteht vielmehr darin, daß die alkoholischen Ausschreitungen dem Arbeiter unverhältnismäßig größere Gefahren bringen

Es ist eine bekannte Tatsache, daß der schlecht genährte Organismus den berauschenden Wirkungen des Alkohols einen geringeren

---

[1]) Bode, Art. Trunksucht. Besondere Aufmerksamkeit wird den Beziehungen, welche zwischen Arbeiterfrage und Alkoholismus bestehen, in folgenden Schriften gewidmet: A. Grotjahn, Der Alkoholismus nach Wesen, Wirkung und Verbreitung. Leipzig 1898; Wlassak, Alkoholfrage und Sozialpolitik. Deutsche Worte. Wien 1899; Emil Vandervelde, Alkoholismus und Arbeitsbedingungen in Belgien. Deutsche Worte 1899; Derselbe, Die ökonomischen Faktoren des Alkoholismus. N. Z. XXI. 1. S. 740—751; Otto Lang, Die Arbeiterschaft und die Alkoholfrage. Berlin 1901; Matti Helenius, Die Alkoholfrage. Jena 1903; A. H. Stehr, Alkoholgenuß und wirtschaftliche Arbeit. Jena 1904; aus der erheblichen Zahl der alkoholgegnerischen Zeitschriften seien hervorgehoben: Internationale Monatsschrift zur Erforschung des Alkoholismus und Bekämpfung der Trinksitten. Herausgegeben von H. Blocher in Basel; Die Alkoholfrage. Vierteljahrsschrift zur Erforschung der Wirkungen des Alkohols. Herausgegeben von Böhmert und Meinert in Dresden (seit 1904).

Widerstand entgegenstellt. Ein mangelhaft genährter Arbeiter kann deshalb schon der Trunkenheit anheimfallen bei einem Quantum von Alkohol, das einen Angehörigen der materiell besser gestellten Klassen noch nicht aus dem Gleichgewicht bringt. Auch in wirtschaftlich-sozialer Beziehung können an sich geringere Ausschreitungen leicht den unsicher gestellten besitzlosen Arbeiter, der gewissermaßen immer auf einem schmalen Pfade am Rande des Abgrundes hinschreitet, schon in tiefes Elend stoßen, während dieselben Ausschreitungen, begangen von einer in materiell gesicherter Lebenslage befindlichen Persönlichkeit, eine besondere gesellschaftlich oder wirtschaftlich beeinträchtigende Wirkung noch nicht auszuüben im stande sind. Es sei da an jenen Offiziersburschen erinnert, der, wie Fürst Bismarck einst im Reichstage erzählte, sagte: „Ja, wenn es den Herren einmal passiert, dannn heißt es: sie sind heiter gewesen. Und trifft es unsereinen, dann heißt es: das Schwein ist besoffen."

Ferner stehen die Ausgaben der Arbeiter für geistige Getränke oft in einem schädlichen Mißverhältnisse zu ihrem Einkommen. Dank den sorgfältigen Untersuchungen,[1]) die von der Großherzoglich Badischen Fabrikaufsicht angestellt worden sind, befinden wir uns in der glücklichen Lage, uns eine ziffermäßig bestimmte Vorstellung wenigstens über die Höhe der Summen zu bilden, welche von badischen Zigarren- und Mannheimer Fabrikarbeitern für geistige Getränke ausgegeben werden. Es kommt vor, daß Zigarrenarbeiter bei einem Geldaufwand für den Haushalt von 456 M. im Jahre, 104 M. für Bier und nur 45 M. für Fleisch verbrauchen. Fast durchgehend erscheint die Ausgabe für Bier und Branntwein noch einmal so groß, als die für Fleisch. Diese Ausgabe setzt sich, nach der Mitteilung des Berichterstatters, zusammen aus einem relativ hohen Biergelde und Vergnügungsaufwande für den Mann am Sonntage von 50 Pf. bis 1 M. und einigen von Mann und Frau während der Woche zum Nachmittagsbrote getrunkenen Gläsern Bier. Mag in Mannheim[2]) auch der Fleischverbrauch in einem richtigeren und erfreulicheren Verhältnisse zu dem Aufwande für geistige Getränke stehen, so pflegt doch auch hier der letztere 10 Prozent des gesamten Aufwandes zu bilden. Nun ist es vollkommen klar, daß eine Jahresausgabe von 70—100 M. für Bier und Branntwein noch keine

[1]) Die soziale Lage der Zigarrenarbeiter in Baden. Karlsruhe 1890. S. 213, 134, 142, 146, 150, 154, 162, 166, 170, 174, 216, 221, 223.

[2]) Die soziale Lage der Fabrikarbeiter in Mannheim. Karlsruhe 1891. S. 223, 244, 250, 265, 283, 287, 289, 311, 318, 365, 366.

Trunksucht darstellt. Allein es läßt sich nicht leugnen, daß dieser Aufwand, da er auf Kosten anderer und viel wichtigerer Budgetposten erfolgt, dennoch einen üblen Einfluß auf die gesamte Lebenshaltung äußert.

Die relativ hohen Ausgaben für Alkohol sind die Ursache einer ungenügenden Zufuhr wirklicher Nahrungsmittel. Die ungeahnten Fortschritte, welche die Lungenschwindsucht unter einzelnen Arbeitergruppen Badens aufweist, werden von ärztlicher Seite mit dieser mangelhaften Ernährung in Zusammenhang gebracht.[1])

Der übertriebene Wert, welchen die arbeitenden Klassen auf den Genuß geistiger Getränke legen, läßt sich allerdings leicht genug begreifen. Man braucht sich nur die Bewegründe, die zum Genusse des Alkohols treiben, vorzustellen, um sofort einzusehen, daß die arbeitenden Klassen solchen Verlockungen ganz besonders ausgesetzt sind.

Die physiologische Wirkung des Alkohols ist bekannt. Er verleiht, wenigstens zunächst, das angenehme Gefühl erhöhter Wärme, erhöhter geistiger und physischer Spannkraft. Das ist es aber gerade, was der Arbeiter so oft braucht. Da gilt es bei starker, schneidender Kälte im Freien zu schaffen, dort bereits im frühen Morgengrauen die Arbeit aufzunehmen: bald müssen die Arbeitskräfte über die normale Arbeitszeit zu Überstunden angestachelt werden, oder es ist überhaupt Nachtarbeit zu leisten. „Schon längst," bemerkt der eidgenössische Fabrikinspektor Dr. Schuler,[2]) „hatte der Holzer, der Jäger früh morgens sein Gläschen genommen, wenn er vor Tagesanbruch an sein anstrengendes Geschäft ging, er hatte sich mit einem Schlucke Schnaps für das Fehlen eines warmen Mittagessens entschädigt. Selbst in der Heuernte hatte morgens früh vor dem Frühstück ein Schnaps den Tagelöhner munter für sein langes Tagewerk gemacht. Das waren Ausnahmen. Aber als die Sticker, die Uhrmacher ebenfalls lange vor dem Frühstück ihre Arbeit begannen, als einzelne Fabriken auch in anderen Industriezweigen den Arbeiter schon vor dem Frühstück zur Arbeit riefen, als die Frauen in den Fabriken zu arbeiten begannen, und hie und da, besonders bei weiter Entfernung von der Fabrik, keine Zeit mehr fanden, ein Frühstück zu bereiten, da drang auch in weitere Kreise die Unsitte, morgens nüchtern vor dem Frühstück, oder statt des Kaffees oder der Suppe, einen Schnaps zu nehmen. Und das erste Gläschen blieb im Laufe des Tages selten allein, wie der fuselduftende

[1]) Bericht der Bad. Fabrikinspektion für 1895. S. 73.

[2]) Zur Alkoholfrage. Die Ernährungsweise der arbeitenden Klassen in der Schweiz. Bern 1884. S. 28.

Atem vieler Fabrikarbeiter schon in den frühen Vormittagsstunden belehrt." Fabriken, die der Nachtarbeit bedurften, fanden einzig in der Verabreichung eines ordentlichen Essens mitten in der Nacht das Mittel, der überhandnehmenden Trunksucht ihrer Nachtarbeiter zu wehren.

Auch bei Arbeitern, die unter großer Staubentwicklung, oder in sehr heißen Räumen tätig sind, wird sich leicht eine Neigung zur Trunksucht entwickeln. Ebenso kann eine übermäßige Ermüdung nach vollbrachtem Tagewerke, eine Abspannung und Erschöpfung, welche jede geistige Unterhaltung oder Beschäftigung ausschließt, in diesem Sinne wirken. Der Arbeiter hat dann keinen anderen Wunsch, als den Rest des Tages in der Kneipe zu verduseln. In anderen Fällen können wieder elende Wohnungs- und traurige Familienverhältnisse den Arbeiter in das Schanklokal treiben. Und wenn selbst derartige besondere Gründe nicht vorhanden sind, so ist doch schon der Umstand mißlich, daß es zur Zeit bei uns nur sehr wenige öffentliche Lokale gibt, in denen Arbeiter sich vereinigen, unterhalten, aufhalten können, ohne zum Trinken genötigt zu sein. Bei den meist recht beschränkten Wohnungsverhältnissen bietet sich zur Pflege der Geselligkeit eben nur das Wirtshaus dar.

Andere Ursachen der Trunksucht unter den Arbeitern sind in unzureichender oder schlecht zubereiteter Nahrung zu finden. Wo Kartoffeln und ähnliche, namentlich bei sitzender Lebensweise schwerer verdauliche Stoffe in der Ernährung überwiegen, dort stellt sich das Bedürfnis nach einem Reizmittel ein. Die weibliche Bevölkerung sucht es meist in dem Kaffee und seinen Surrogaten, die männliche nur zu oft im Branntwein. Und ganz ähnlich ist die Wirkung schlecht zubereiteter Nahrung. Auch dieser Tatbestand wird von Dr. Schuler [1]) bestätigt, wenn er schreibt: „Nicht wenig tragen zur Förderung des Schnapskonsums die Schwierigkeiten bei, die sich der Bereitung einer gehörigen Kost entgegenstellen. Diese haben sich vornehmlich da gemehrt, wo die Hausfrau jahraus, jahrein der Fabrikarbeit obliegt und nicht genügende Zeit zum Kochen findet, wo durch die Konzentration einer zahlreichen Arbeiterbevölkerung in verhältnismäßig sehr wenigen Wohnräumen die Küchen überfüllt, mehrere Haushaltungen auf einen Herd angewiesen sind, oder statt eines rechten Küchenherdes nur einen allzu kleinen Petroleumkochherd besitzen, der ein regelrechtes Kochen gar nicht ermöglicht. Darüber wird aus verschiedenen hochindustriellen Gegenden Klage geführt mit dem Beifügen, daß dann oft Schnaps und Wurst

---

[1]) a. a. O. S. 28.

und ähnliche Dinge an die Stelle des gewöhnlichen Mittagstisches treten. Ebenso wird allgemein Klage geführt, wie Mädchen, die stets in der Fabrik gearbeitet haben, nie dazu kommen, die Kochkunst zu erlernen und durch ihr Ungeschick den Mann ins Wirtshaus treiben, das ihn allmählich zum Schnapser heranzieht."

Wie gern die Branntweinpest niedrigen Löhnen und schlechter Ernährung folgt, haben auch die sozialstatistischen Untersuchungen dargetan, die der Wiener Universitätsprofessor Singer[1]) in den Industriebezirken des nordöstlichen Böhmen angestellt hat. In der Fabrikstadt Reichenberg mit besseren Löhnen kam auf den Kopf der Bevölkerung ein Jahreskonsum von 7,5 Liter reinen Alkohols; in dem Zentrum der Flachsspinnerei, in Trautenau, mit äußerst ungünstigen Lohn- und geradezu entsetzlichen Wohnungszuständen, entfielen dagegen auf den Kopf 15,2 Liter Alkohol, also mehr als das Doppelte.

Ich habe selbst im Ober-Elsaß die Beobachtung gemacht, daß die besser genährten und gelohnten Arbeiter von Mülhausen dem Alkoholgenusse in viel geringerem Umfange ergeben waren, als die Fabrikarbeiterschaft einzelner Vogesendörfer. Es soll ein Industriedorf gegeben haben, in dem 800 Einwohner im Jahre 300 Hektoliter Branntwein konsumierten. Es handelte sich um Dörfer, in denen die Arbeitszeit sehr lang, der Lohn sehr niedrig war und die Nahrung vorzugsweise aus Kartoffeln und Brot bestand.[2])

Mit diesen Hinweisen sind die Umstände, welche eine besondere Ausbreitung des Alkoholkonsums unter den arbeitenden Klassen erklären würden, noch nicht erledigt. Es gab und gibt außer den allgemeinen Bedingungen auch noch ganz besondere, die in unmittelbarster Weise die Arbeiter der Trunksucht überliefern.

Es sei da einmal an den Truckunfug erinnert. Man versteht darunter bekanntlich Maßnahmen, mittels deren Unternehmer oder deren Stellvertreter, vielfach auch sogenannte Zwischenmeister, den Konsum der Arbeiter zu ihren Gunsten zu beeinflussen suchen. Und bei dieser Beeinflussung des Konsums spielt insbesondere wieder der Konsum geistiger Getränke eine ganz hervorragende Rolle.

Leider zeigt heute die Branntweinpest gerade noch im Osten des deutschen Vaterlandes unter den Landarbeitern eine gemeingefährliche Ausbreitung. Nach Laves rechnet man auf den Gütern Ostdeutsch-

---

[1]) Untersuchungen über die sozialen Zustände in den Fabrikbezirken des nordöstlichen Böhmen. Leipzig 1885. S. 165.

[2]) Die oberelsäßische Baumwollindustrie und ihre Arbeiter. Straßburg 1887. S. 350.

lands, soweit die Arbeiter regelmäßig Branntwein erhalten, pro Kopf 1/3 Liter am Tage.[1]) Das ist das halbe Quantum von dem Betrage Alkohol, dessen regelmäßiger Genuß häufig genügt, um einen Menschen dem Säuferwahnsinn zu überliefern. Man denkt, angesichts solcher Zustände, unwillkürlich an die Tatsache, daß die Arbeitgeber dieser Bevölkerung vielfach Besitzer von Brennereien sind. Aber freilich, durch die ostdeutschen Brennereibesitzer ist auch noch in anderer Hinsicht ein äußerst verhängnisvoller Einfluß auf die Entwicklung des Branntweintrinkens geübt worden. Sie haben bis in die neueste Zeit eine entsprechende Steuerbelastung des Alkoholes zu verhüten gewußt. Mit Recht erklärte der preußische Regierungskommissar Scheele bei der Beratung des Gesetzentwurfes über die Besteuerung des Branntweines im Norddeutschen Reichstage 1869: „Das System unserer indirekten Steuern hat überall unsere Landwirtschaft zu berücksichtigen sich bestrebt, und lediglich diese Rücksicht war leitend bei Beratung der noch mäßigen Steuer auf Branntwein, welche noch nicht den 20. Teil von der Steuer in England beträgt." Durch das Gesetz von 1887 ist ja nunmehr die Steuer erhöht worden, aber noch immer gehört Deutschland zu denjenigen Ländern, welche die niedrigste Belastung des Branntweins aufweisen. Dafür genießt es die zweifelhafte Auszeichnung, in bezug auf den Branntweinkonsum mit 4,4 Litern absoluten Alkoholverbrauches pro Kopf an hervorragender Stelle zu stehen. Nur Rußland, Belgien und Niederlande weisen eine höhere Ziffer, nämlich 4,7 auf.[2]) Man begreift so den bitteren Ausspruch des um die Bekämpfung des Alkoholismus hochverdienten Sanitätsrates Baer, immer sei es den Vertretern des ostdeutschen Großgrundbesitzes gleichgiltig gewesen, ob mit ihren Strömen Spiritus die Trunksucht in der Nähe und Ferne sich zunehmend verbreitete. In ähnlicher Weise ist auch im Transportgewerbe von Bauunternehmern, von Besitzern von Kohlenbergwerken, Eisenwerken und Ziegeleien in England, in Belgien, in Frankreich wie bei uns viel gesündigt worden. Allerdings sind es hier meist nicht die Arbeitgeber selbst, sondern Zwischenpersonen, welche als die eigentlichen Träger des unheilvollen Systemes erscheinen. Allmählich sind in die Reichsgewerbeordnung immer schärfere Bestimmungen zur Verhütung des Trucksystems aufgenommen worden. So dürfen nach § 115 a z. B. Lohn- und Abschlagszahlungen in Gast- und Schankwirtschaften oder Ver-

[1]) Laves, Die Entwicklung der Brennerei und der Branntweinbesteuerung in Deutschland, J. f. G. V. XI. S. 1199; J. G. Hoffmann, Kleine Schriften. Berlin 1843. S. 497 ff.

[2]) Vgl. Wittelshöfer, Art. Branntweinproduktion und Verbrauch.

kaufsstellen nicht ohne Genehmigung der unteren Verwaltungsbehörde erfolgen. Trotzdem kommt, nach den Berichten der Aufsichtsbeamten[1] zu urteilen, auch heute noch manche Ausschreitung namentlich im Baugewerbe wie im Betriebe von Steinbrüchen und Ziegeleien vor.

Nach all' dem Gesagten wird man es verstehen, daß die Behauptung aufgestellt werden konnte, der Alkoholismus sei in erster Linie eine Folge der kapitalistischen Wirtschaftsordnung und werde auch erst mit ihr vollständig verschwinden. Es ist das der Standpunkt, den die deutsche Sozialdemokratie einnimmt. „Wie jeder andere Mißstand der kapitalistischen Produktionsweise," bemerkte Karl Kautsky,[2] „kann auch der Alkoholismus durch den Klassenkampf nur bis zu einem gewissen Grade eingedämmt werden. Völlig verschwinden kann er nur mit ihr, die ihn geschaffen hat und immer wieder neu erzeugt." Man lehnt von dieser Seite eine besondere Mäßigkeitsbewegung ab. Was überhaupt innerhalb der heutigen Gesellschaft zur Einschränkung des Alkoholismus geschehen könne, geschehe schon ohne besondere Bewegung durch den allgemeinen proletarischen Klassenkampf.

„Der verzweifelnde Proletarier oder Kleinbürger, der seine Lage für hoffnungslos ansieht, der weiß," wie Kautsky sagt, „keine andere Zuflucht als den Schnaps, um das Bewußtsein seines Elends zu ertöten. Und die Verzweiflung ist es auch, die ihm die ökonomischen Mittel zum Trunke gibt. Denn die Zukunft ist ihm gleichgültig, er will nur vom Augenblicke noch so viel erhaschen, als er kann. Es liegt ihm nichts daran, wenn er seine Arbeitsfähigkeit vorzeitig einbüßt, und unbedenklich deckt er das Defizit, das der Trunk in seinem Budget verursacht, durch Schulden, durch den Verkauf des Notwendigsten, bis er vor seinem physischen und ökonomischen Bankerotte steht."

„Anders geht es mit dem Arbeiter, dem die Sozialdemokratie eine hellere Zukunft für ihn und seine Kinder zeigt. Für diese Zukunft zu arbeiten, sich und seine Kinder geistig und körperlich kampf- und genußfähig zu erhalten, wird seine Lebensaufgabe. Will er dieser nur einigermaßen gerecht werden, dann muß er seinen ganzen Lohn darauf verwenden: zu unmäßigem Alkoholgenuß bleibt nichts mehr übrig."

Und an anderer Stelle: „Je inniger der Anteil, den der Arbeiter an den Kämpfen unserer Zeit nimmt, desto reicher wird sein Leben an moralischen und geistigen Genüssen, desto geringer die Rolle, die der Alkohol für ihn spielt, desto mehr wird ihm der Alkoholgenuß bloßes

[1] Bad. Bericht für 1889 S. 29, für 1890 S. 26, für 1893 S. 43, für 1895 S. 131.

[2] N. Z. IX. II. S. 112 ff.

Mittel zum Zwecke der Vereinigung mit seinen Genossen, desto mehr hört er auf, Selbstzweck zu sein."

Dieser Standpunkt wird heute selbst von vielen hervorragenden Führern der Arbeiterklasse in Belgien (E. Vandervelde), England (John Burns), Finland,[1]) Österreich (V. Adler) und Schweiz (O. Lang) nicht mehr festgehalten. Und in der Tat, die Trunksucht entspricht keineswegs nur der kapitalistischen Produktionsweise, keineswegs nur dem materiellen und geistigen Elende, der Verzweiflung usw. Es gibt Arbeiter mit sehr bescheidenem Verdienste, die dennoch äußerst mäßig sind, und es gibt Arbeiter mit sehr hohem Einkommen, die sich trotzdem dem Trunke ergeben.[2]) Auch Ludlow und Jones heben in ihrem Buche über die arbeitenden Klassen Englands (Berlin 1868) hervor, die Theorie, daß Trunkenheit in dem Maße zunehme, als man auf der sozialen Stufenleiter herabsteige, könne im allgemeinen durchaus nicht als zutreffend anerkannt werden. Und sehen wir nicht Tag für Tag Bevölkerungsschichten, die sich einer wirtschaftlich durchaus behäbigen Lage und eines geistig angeregten Lebens erfreuten, Alkohol in einem Ausmaße konsumieren, das schon vom Standpunkte der Gesundheitspflege aus durchaus nicht gebilligt werden kann?

Im übrigen hatte die Trunksucht gerade in einigen nordischen, von der kapitalistischen Entwicklung noch weniger berührten Ländern, wie Norwegen und Schweden, eine erschreckende Ausdehnung gewonnen. In neuerer Zeit ist dort aber infolge der Mäßigkeitsbewegung der Branntweinkonsum außerordentlich zurückgegangen, in Norwegen von 5 Liter à 50 Proz. Tralles pro Kopf im Jahre 1870 auf 2,6 Liter im Jahre 1898, und doch hat innerhalb dieser Zeit der Kapitalismus eher eine Steigerung als eine Abschwächung erfahren. Die Trunksucht reicht überall weit in frühere Wirtschaftsperioden zurück. Tacitus berichtet ja schon, daß ganze deutsche Heere, an ihren Tischen vom Rausche eingeschläfert, sich überfallen und besiegen ließen, und es ist zur Genüge

---

[1]) Das Programm der finischen Arbeiterpartei fordert Verbot der Produktion und des Verkaufes alkoholischer Getränke überhaupt; vgl. af Ursin. S. M. 1900. S. 58.

[2]) Blocher und Landmann, Die Belastung des Arbeiterbudgets durch den Alkoholgenuß (Internat. Monatsschrift XIII, S. 72—87) zeigen, wie die Ausgaben für Alkohol mit der Zunahme des Lohneinkommens nicht nur absolut, sondern auch relativ wachsen. Zu denselben Ergebnissen führt Heft 3 der Berliner Statistik (Lohnermittlungen und Haushaltungsberechnungen der minder bemittelten Bevölkerung 1903, Berlin 1904), wie R. Wlassak, Der Alkohol im Arbeiterhaushalte. Der Abstinent. Wien. 5. Nr. 6 zeigt. Die Ausgaben für Alkohol bilden 5,19 bis 6,94 Prozent aller Ausgaben.

bekannt, mit welcher Begierde wilde Völkerschaften die Danaergabe des Branntweins von den Europäern heischen.

Der Alkoholismus ist eben auch tief in Fehlern der menschlichen Natur begründet, Fehlern, die unabhängig von der wirtschaftlichen Lage auftreten und unabhängig von der wirtschaftlichen Lage bekämpft werden können und müssen.

Es wird unter allen Umständen viele Menschen geben, die einen mühelosen Genuß lieben, und wenig Genüsse kosten weniger Mühe als die des Trunkes.

Es wird unter allen Umständen Menschen geben, denen Leid und Kummer widerfährt. Der Mensch kann sich, wenigstens zeitweise, davon befreien, indem er sich über das Einzelgeschick zur Teilnahme an allgemein menschlichen Dingen erhebt. Aber diese Erhebung bedarf der geistlichen und sittlichen Anstrengung. Viel bequemer ist es, Sorgen und Schmerzen dadurch los zu werden, daß man Hirn und Herz betäubt. So wird der Alkohol auch unter der denkbar besten Wirtschaftsordnung ein gefährlicher Versucher bleiben, gegen den nur die sittliche Zucht Sicherheit gewährt. Wir müssen uns von innen heraus, durch bewußtes Wollen, gegen ihn wappnen und stählen.[1])

Ich glaube deshalb nicht, daß der proletarische Klassenkampf der Sozialdemokratie schon allein im stande sein wird, alles, was innerhalb der heutigen Gesellschaftsordnung gegen den Alkoholismus erreicht werden kann, auch wirklich zu erreichen. Die stetige Zunahme im Verbrauche des Bieres, ohne daß der Branntweingenuß zurückginge,[2]) deutet nicht darauf hin, daß schon die Ausbreitung der Sozialdemokratie die Arbeiter veranlasse, immer weniger für Alkohol und immer mehr für die gesellschaftliche Befreiung auszugeben. Es bedarf nicht nur der mittelbaren Bekämpfung des Alkoholismus durch soziale Reformen, sondern auch der unmittelbaren durch die Mäßigkeits- bezw. Abstinenzbewegung.

„Wir glauben," schreiben sehr richtig zwei im Dienste der Arbeitersache ergraute Männer wie Ludlow und Jones,[3]) „daß, wenn ein Verzeichnis aller der Beschäftigungen gegeben werden könnte, in welchen Trunkenheit am meisten vorherrschend ist, man finden würde, daß sie

[1]) Vgl. Gruber, Der österreichische Gesetzentwurf zur Bekämpfung der Trunksucht. A. f. s. G. I. S. 307 ff.

[2]) Im Deutschen Reiche wurden im Durchschnitt der Jahre 1874/78 91, der Jahre 1899/1902 aber 122,5 Liter Bier auf den Kopf verbraucht. Der Branntweinverbrauch betrug 1888/89 5,4, 1902/03 6,2 Liter auf den Kopf.

[3]) a. a. O. S. 179.

alle die umfassen, welche die ungesundesten und erschöpfendsten sind, und daß sie sich in bedeutendstem Maße auf solche beschränken würde . . . . Das Vorherrschen von Trunkenheit in solchen Fällen verlangt also hauptsächlich die Anwendung sanitätlicher Maßregeln und eine Verringerung der Arbeitsstunden — mit anderen Worten eine weitere Entwicklung der Schutz gewährenden Gesetzgebung."

Aber, und nun wird ein Ton angeschlagen, der leider aus der deutschen Arbeiterpresse so selten zu vernehmen ist: „das sei ferne von uns, daß wir durch etwas von dem Gesagten die moralische Verantwortlichkeit des Arbeiters in irgend einer Weise vermindern wollen, daß wir ihn zu dem Glauben verführen wollen, daß, weil viele Ursachen der Unmäßigkeit förderlich sein können, er deshalb nicht verantwortlich sein soll; daß, mit einem Wort, Versuchung die Sünde übertünchen kann. Der Mann ist kein Mann, wenn er nicht weiß zu kämpfen gegen das Laster, mag er außerhalb oder innerhalb desselben stehen. Wenn alles Gewicht äußerlichen Einflüssen zugeschrieben wird, so ist es doch die Schwäche, wenn nicht die Verderbtheit des Willens in dem Manne selbst, welcher der Versuchung nachgibt; der willigste Sklave des Schankwirtes, mit welchem Ausdrucke wir das gewerbsmäßige Trinken bezeichnen, kann seine Fesseln brechen, wenn er entschlossen ist, lieber Hunger zu leiden, als sich selbst herabzuwürdigen."[1])

Die Truppen für die in England so mächtig angeschwollene Mäßigkeitsbewegung sind in der Tat zum größten Teile von der Arbeiterklasse gestellt worden. Die Leiter der politischen wie der wirtschaftlichen Arbeiterbewegung[2]) sind zumeist Abstinenten und versäumen keine Gelegenheit, ihren Genossen Mäßigkeit oder Abstinenz einzuschärfen. Bei Massenstreiks wird durch Anweisungen auf Nahrungsmittel meist dafür gesorgt, daß die Unterstützungen nicht vertrunken werden können.

Wird die Behauptung, die Trunksucht sei lediglich eine Folge der kapitalistischen Wirtschaftsordnung, auch fallen gelassen, so kommen wieder andere und sagen, die Bekämpfung des Alkohols könne innerhalb der bestehenden Zustände doch nicht zur Hebung der Arbeiter beitragen. Würden die Arbeiter allgemein auf geistige Getränke verzichten, so würde der Lohn nur entsprechend fallen. Wenn die Temperenzler unter den Arbeitern noch die alten Löhne behaupteten, so sei

---

[1]) a. a. O. S. 184.

[2]) Fröhlich, Die britischen Gewerkschaften und ihre Stellung zur Alkoholfrage. Internat. Monatsschrift. XV. S. 1—16; 35 Prozent der Ortsgruppen der Gewerkvereine halten ihre Versammlungen nicht mehr in Wirtshäusern ab.

dies nur deshalb möglich, weil sie noch nicht die Mehrheit der Arbeiterklasse darstellten. Jeder weitere Fortschritt der Mäßigkeitsbewegung werde auch die wirtschaftlichen Vorteile für ihre Anhänger vermindern. Der mäßige Arbeiter sei arbeitsamer, liefere also mehr Arbeit und drücke so ebenfalls die Löhne herab. Die mäßigsten Völker, wie Spanier, Italiener, Indier usw. wiesen auch den niedrigsten Stand der Löhne auf.[1])

Aber selbst wenn man zugeben dürfte, daß der Arbeitslohn immer nur mit der Lebenshaltung übereinstimmen könne, so würde sich aus der Verbreitung der Mäßigkeit unter den Arbeitern noch nicht eine Lohnverminderung ergeben. Es ist doch eine handgreifliche Unwahrheit, wenn eine Einschränkung oder vollständige Enthaltsamkeit im Genusse geistiger Getränke als eine Herabdrückung der Lebenshaltung der Arbeiter hingestellt wird. Es handelt sich hier garnicht um eine Verminderung der Ausgaben für den Lebensunterhalt, sondern nur um eine Änderung in der Zweckbestimmung des Aufwandes.[2]) Wer weniger für Bier und Branntwein ausgibt, gibt mehr für Fleisch, für Wohnung, für Kleidung, für Lektüre u. dgl. aus. Der mäßige Arbeiter pflegt nicht weniger, sondern mehr Ansprüche an das Leben zu stellen. Er begnügt sich nicht mit der schmutzigen elenden Wohnung, dem schlechten Essen, der verwahrlosten Kleidung des Trinkers. Und wenn er selbst nicht mehr konsumiert, sondern spart, wenn er Einzahlungen in Unterstützungskassen leistet, so gewinnt er dadurch einen wertvollen Rückhalt in allen Lebenslagen, einen Rückhalt, der ganz gewiß nicht zur Schwächung seiner Stellung gegenüber seinem Arbeitgeber führt. Er wird so nicht nur die errungene Lohnhöhe festhalten, sondern sie vielleicht noch zu steigern wissen. Der mäßige Arbeiter nimmt an dem öffentlichen und geistigen Leben der Zeit einen innigeren Anteil. Das lebhaftere Interesse läßt den Wunsch nach größerer Muße für geistige Betätigung erwachsen, nach Verkürzung der Arbeitszeit. Wenn der mäßige Arbeiter mehr leistet, so wird die höhere Leistung doch zu einer Verminderung der Arbeitsstunden führen. Es ist deshalb sehr zu bedauern, daß die deutsche Sozialdemokratie in dieser Frage noch immer eine recht rückständige Haltung bewahrt.[3])

---

[1]) Smart, Socialism and Drink. Manchester o. J.

[2]) V. Gutsman, Die Alkoholfrage vom Standpunkte des Arbeiters. Bericht über den V. Internationalen Kongreß zur Bekämpfung des Mißbrauches geistiger Getränke zu Basel. Basel 1896. S. 311.

[3]) Zu einer ernsthaften Debatte über die Alkoholfrage ist es auf den Parteitagen überhaupt noch nicht gekommen. Die Anträge, das Problem einmal auf die

Nebst dem Alkohol verdient auch der Tabak das Interesse des Sozialpolitikers. Immerhin ist dieses Genußmittel, da es zu keiner Berauschung führt, von vornherein als harmloser anzusehen. Die Einwirkung auf die gesundheitlichen Verhältnisse ist noch nicht in dem Maße aufgeklärt wie beim Alkohol. Desmegen braucht er hier ebenso

Tagesordnung eines Parteitages zu setzen, wurden abgelehnt. Ebenso wenig Gnade fand der Gedanke, durch eine Parteibroschüre auf die Gefahren des übermäßigen Alkoholgenusses hinweisen zu lassen. In München (1902) wurde folgende Resolution angenommen: „Der Parteitag erkennt rückhaltlos die Gefahren an, die aus einem übermäßigen Genuß alkoholischer Getränke für den Kampf um die politische und wirtschaftliche und damit die physische und geistige Befreiung der Arbeiterklassen entspringen; der Parteitag ist aber nicht in der Lage, die Agitation für völlige Abstinenz von alkoholischen Getränken als eine der Aufgaben der Partei oder die Verpflichtung zur Abstinenz als Voraussetzung für die Parteizugehörigkeit zu erklären; die deutsche Sozialdemokratie ist eine politische Partei, die ihre politischen und wirtschaftlichen Grundsätze in ihrem Programm niedergelegt hat, daher muß es der Parteitag ablehnen, über Fragen ein Urteil zu fällen, die wie die Frage der absoluten oder relativen Schädlichkeit des Alkohols in das Gebiet der Spezialwissenschaften gehören." Etwas energischer lautete die in Bremen (1904) angenommene Erklärung: „In Anbetracht der ungeheuren Schädigungen, welche der Alkohol der Arbeiterschaft verursacht, indem er dadurch insbesondere zu einem großen Hindernis für die Verwirklichung unserer Ziele wird, hält es der Parteitag im Interesse des Fortschreitens unserer Bewegung für unbedingt erforderlich, den Alkoholmißbrauch in der Arbeiterschaft zu bekämpfen. Er fordert daher alle Parteigenossen und insbesondere alle Parteizeitungen auf, noch mehr als bisher die Arbeiter auf die Gefahren des Alkoholgenusses aufmerksam zu machen."

Im erfreulichen Gegensatze zur deutschen Sozialdemokratie hat die österreichische auf dem Parteitage zu Wien (1903) die Alkoholfrage in ausgezeichneter Weise durch ein Referat von Dr. Fröhlich behandeln lassen und einen Antrag angenommen: „Der Parteitag erblickt im Alkoholismus einen schweren Schädiger der physischen und geistigen Kampfesfähigkeit der Arbeiterklasse, einen mächtigen Hemmschuh aller organisatorischen Bestrebungen der Sozialdemokratie — die daraus erwachsenden Schäden zu beseitigen, darf kein Mittel unbenützt bleiben. Das erste Mittel in diesem Kampfe wird stets die ökonomische Hebung des Proletariats sein; eine notwendige Ergänzung hierzu bilden aber die Aufklärung über die Alkoholwirkung und die Erschütterung der Trinkvorurteile. Der Parteitag empfiehlt daher allen Parteiorganisationen und Parteigenossen die Förderung der alkoholgegnerischen Bestrebungen und erklärt als einen ersten wichtigen Schritt in diesem Kampfe die Abschaffung des Trinkzwanges bei allen Zusammenkünften von Parteiorganisationen. Den für die Abstinenz gewonnenen Genossen ist als wirksamstes Mittel der Agitation gegen den Alkohol der Zusammenschluß in Abstinenzvereinen zu empfehlen, die ihrerseits dafür zu sorgen haben, daß ihre Mitglieder ihrer Pflicht gegen die politische und gewerkschaftliche Organisation nachkommen." Im übrigen hatte auch schon der Wiener Parteitag von 1901 sich für die Bekämpfung der Trinksitten einstimmig ausgesprochen. Das Organ der abstinenten Sozialdemokraten in Österreich ist „Der Abstinent", jetzt auch offizielles Organ des Schweiz. sozialdemokratischen Abstinenten-

wie der Zucker, dem neuerdings von dem Physiologen Bunge ebenfalls ungünstige Wirkungen nachgesagt werden,[1]) nicht besonders berücksichtigt zu werden.

127. Die Reform der Arbeiterwohnungsverhältnisse.[2])

Über die recht ungenügende Befriedigung des Wohnungsbedürfnisses sind bereits S. 41 ff. einige Mitteilungen gemacht worden. Mögen auch in neuerer Zeit einige Verbesserungen eingetreten sein, so zeigen

bundes, herausgegeben von Dr. Wlassak in Wien seit 1. Januar 1902; in deutsch-nationalen Arbeiterkreisen wirkt der „Alkoholgegner", herausgegeben von Dr. G Rösler in Reichenberg (Böhmen) seit November 1903; vgl. ferner Rösler, Über die nationale Bedeutung unserer Enthaltsamkeitsbewegung. 1905. Erhebliche Erfolge hat die antialkoholistische Bewegung in Zürich insbesondere auch in Arbeiter- und Studentenkreisen erzielt. Es bestehen bereits 27 alkoholfreie Wirtschaften mit einer täglichen Besucherzahl von 2600 Personen. (Vgl. C. Morburger, Zürcher alkoholfreie Wirtschaften. Frankfurter Zeitung Nr. 77. 1902, und Schmidt und Wild, „Zürich, deine Wohltaten erhalten dich!" Zürich 1900. S. 147—152.) Eine wichtige Unterstützung findet die Propaganda in dem Umstande, daß die Kantone verpflichtet sind, 10 Prozent der ihnen aus den Erträgnissen des eidgenössischen Alkoholmonopoles zufließenden Summen zur Bekämpfung des Alkoholismus zu verwenden. Im Kanton Zürich erhalten die Mäßigkeits- und Abstinenzvereine zirka 8000 Fr. im Jahre. Vgl. Schweiz. Bundesblatt Nr. 40. 1903. S. 136 u. 137.

[1]) Bunge, Der wachsende Zuckerkonsum und seine Gefahren. Internationale Monatsschrift zur Bekämpfung der Trinksitten. Basel. XI. Jahrgang. 1901. S. 1—4, S. 65—71. Eine günstige Beurteilung findet der Zucker dagegen durch A. Stutzer, Zucker und Alkohol. Berlin 1902.

[2]) C. J. Fuchs, Art. Wohnungsfrage; Derselbe, Zur Wohnungsfrage. Leipzig 1904; C. Hugo, Deutsche Städteverwaltung. Stuttgart 1901. S. 335 bis 488; L. Sinzheimer, Die Arbeiterwohnungsfrage. Stuttgart 1902; E. Jäger, Die Wohnungsfrage. Berlin 1902; Neue Untersuchungen über die Wohnungsfrage in Deutschland und im Auslande. 3 Bde. Leipzig 1901. (S. d. V. f. S. XCIV—XCVII); Verhandlungen des Vereins für Sozialpolitik über die Wohnungsfrage. Leipzig 1902. (S. d. V. f. S. XCVIII. S. 15 bis 121); Protokoll über die Verhandlungen des Parteitages der Sozialdemokratischen Partei Deutschlands zu Lübeck. Berlin 1901. Referat von Südekum S. 293—302; Brentano, Wohnungszustände in München. München 1903; Eberstadt, Rheinische Wohnverhältnisse. Jena 1903; v. d. Borght, Sozialpolitik. 1904. S. 386—446; v. Fürth, Wohnungsämter und Wohnungsinspektion. Wien 1905; Bericht über den I. allgem deutschen Wohnungskongreß zu Frankfurt a. M. (16. bis 19. Okt. 1904). Göttingen 1905. Gute Besprechungen der neueren Wohnungsliteratur gibt Rauchberg in der Zeitschrift für Volkswirtschaft, Sozialpolitik und Verwaltung. V. S. 194—199; VIII. S. 431—442; XI. S. 593—617.

Über die österreichischen Verhältnisse unterrichten: v. Schwarzenau, Zur Reform der österreichischen Arbeiterwohnungsgesetzgebung. Zeitschrift für Volkswirtschaft, Sozialpolitik und Verwaltung. X. S. 1—21; Horácek und Schwarz,

doch noch die Ergebnisse der letzten wohnungsstatistischen Aufnahme, daß, um mit den Worten des Grafen Posadowsky zu sprechen, die Wohnungsfrage eine der wichtigsten, vielleicht die wichtigste Aufgabe unserer Sozialpolitik darstellt. Noch immer bilden die Wohnungen ohne ein heizbares Zimmer und mit einem heizbaren Zimmer (mit oder ohne Zubehör) in einer Reihe von Groß- und Fabrikstädten mehr als die Hälfte aller Wohnungen.[1]) Und nicht viel niedriger steht der Prozentsatz der Einwohner, der auf diese Wohnungen entfällt. In Plauen müssen 19 Proz., in Königsberg 14,9 Proz., in Barmen 14,3 Proz., in Chemnitz 13,08 Proz. der Wohnungen als „übervölkert" bezeichnet werden, d. h. es kommen auf eine Wohnung mit keinem heizbaren Zimmer oder mit einem heizbaren Zimmer (mit oder ohne Zubehör) 6 und mehr Bewohner, auf eine Wohnung mit zwei heizbaren Zimmern 11 und mehr Bewohner.[2]) In München beträgt der Durchschnittspreis einer Wohnung mit einem heizbaren Zimmer ohne Zubehör 231 M., in Altona 154 M., in anderen Städten 63—92 M.; eine Wohnung mit einem heizbaren Zimmer und Zubehör kostet im Durchschnitt in München 240 M., in Altona 233 M., in Leipzig 191 Mark, in Mannheim 186 M., in Plauen 179 M.[3]) In Berlin haben 98792 Personen, darunter 26781 weibliche, nur eine Schlafstelle, in München 19680, darunter 5066 weibliche, in Leipzig 22867, darunter 5066 weibliche usw.[4]) So herrscht also eine Ungunst der Lage, welche der Vorstand der Großh. Bad. Fabrikinspektion in folgender Weise sehr richtig charakterisierte: „Man kann sich dies wohl nicht besser klar machen, als wenn man sich vergegenwärtigt, daß zahlreiche Schichten der Mittelklassen sich sehr wohl mit der in den besseren

---

Bd. XCIV, Simony und Pfersche in Bd. XCV der S. d. V. f. S.; v. Philippovich, Wohnungsverhältnisse in den österreichischen Städten und Schwarz, Grundwerte der einzelnen Bezirke Wiens. VII. Heft von Soziale Verwaltung in Österreich. I. Bd. 1900.

Über die Schweiz: Mangold und Schnetzler im XCVII. Bd. der S. d. V. f. S.; Schuler und Wegmann, Die Fabrikwohnhäuser in der Schweiz. Zeitschrift für schweiz. Statistik 1896. S. 223—263.

Ihren literarischen Sammelpunkt finden die Wohnungsreformer in der Zeitschrift für Wohnungswesen, herausgegeben von Prof. Dr. H. Albrecht, Berlin (seit 1902 zwei mal monatlich erscheinend).

[1]) Es bilden die Wohnungen der genannten Art in Plauen 69,02 Proz., in Barmen 61,83 Proz., in Chemnitz 61,34 Proz., in Görlitz 61,34 Proz., in Königsberg 52,95 Proz., in Posen 50,88 Proz., in Magdeburg 50,49 Proz., in Berlin 50,41 Proz. aller Wohnungen. Statistisches Jahrbuch deutscher Städte. Breslau 1903. XI. S. 76.

[2]) a. a. O. S. 80. [3]) a. a. O. S. 89. [4]) a. a. O. S. 97.

Arbeiterfamilien üblichen Ernährung zufrieden geben würden, daß aber wohl kaum ein Angehöriger auch des weniger bemittelten Teiles derselben mit den Wohnungen der Arbeiter und ihrem Gefolge von Unbehagen und Unkultur vorlieb nehmen würde." [1])

Worin ist die Wurzel so trauriger Erscheinungen zu suchen? Zweifellos hat die Zusammendrängung gewaltiger Bevölkerungsmassen in den Städten, welche den Wert der Mietwohnungen ins Ungeheuerliche hinauftreibt, die Folge, daß die Grundstücke ebenfalls unausgesetzt im Preise steigen.[2]) Diese durch die Natur der Dinge eintretende Verteuerung wird noch oft durch das Eingreifen der Terrainspekulation verschärft.[3]) Letztere wieder erfährt durch gewisse Bebauungspläne eine Begünstigung. Gestatten diese auch in den vom Mittelpunkte entfernter gelegenen Stadtteilen große Mietskasernen zu errichten, so treibt die Möglichkeit der weitgehenden Ausnutzung des Bodens dessen Preis in die Höhe. Andrerseits drängt aber auch wieder der hohe Preis dazu, durch viele Etagen, große Tiefe, Hinter- und Quergebäude den Boden möglichst intensiv auszunutzen.[4]) Jedenfalls geht so ein Teil der Ökonomie, der durch die relativ niedrigeren Baukosten erreicht wird, durch die Steigerung der Bodenpreise und die bei Etagenhäusern notwendige große Straßenbreite wieder verloren.

Es wäre aber ein Irrtum, wollte man annehmen, daß nur in den größeren Städten unbefriedigende Arbeiterwohnungsverhältnisse anzutreffen sind. Die Arbeiterwohnungsfrage besteht auch in Fabrikstädtchen und Fabrikdörfern. In letzteren sogar zuweilen in ebenso akuter Form wie in den Großstädten. So haben z. B. die Untersuchungen, welche die eidgenössische Fabrikinspektion über den Zustand der Fabrikwohnhäuser angestellt hat, zu dem Ergebnisse geführt, daß der auf den Kopf entfallende Kubikraum in den ländlichen Fabrikarbeiterwohnungen erheblich niedriger war als in den städtischen Woh-

---

[1]) Bericht für 1892 S. 131.

[2]) v. Philippovich betont, daß der Mietswert den hohen Bodenpreis schaffe (S. d. V. f. S. XCVIII. S. 44), während A. Voigt auch auf die Erhöhung der Baukosten nachdrücklich hinweist (vgl. a. a. O. S. 89).

[3]) Gegen die zu einseitige Betonung des Einflusses der Boden- und Bauspekulation durch Eberstadt (Der deutsche Kapitalmarkt. 1901) u. a. haben sich neuerdings ausgesprochen, namentlich A. Weber, Über Bodenrente und Bodenspekulation, Leipzig 1904, S. 108 ff. und 146 ff. und L. Pohle, Der Wohnungsmarkt unter der Herrschaft der privaten Bauspekulation. Wolfs Zeitschrift. VII. S. 615–638 und Referat über die tatsächliche Entwicklung der Wohnungsverhältnisse für den Ersten allgem. deutschen Wohnungskongreß in Frankfurt a. M. (1904).

[4]) Auf diese Zusammenhänge macht besonders Eberstadt aufmerksam.

nungen.[1]) Es wird eben überall bei der baulichen Entwicklung auf die Bedürfnisse der arbeitenden Klassen zu wenig geachtet. Dieser Mangel an Berücksichtigung entspringt zum Teil der geringen Geltung, die überhaupt den arbeitenden Klassen noch im öffentlichen und gesellschaftlichen Leben zuerkannt wird. Die Bauspekulation will ferner vor allem rasch wieder verkaufen. Diese Absicht wird bei Mietskasernen mit Arbeiterwohnungen weniger leicht erreicht. Die Vermietung an viele kleine Leute von oft unsicherer Zahlungsfähigkeit, zweifelhafter Reinlichkeit und mangelhaftem Ordnungssinn ist überdies kein angenehmes Geschäft. Auch wollen die meisten Menschen die Erträgnisse ihres Eigentumes nicht gern von Leuten eintreiben, die von der Hand in den Mund leben.[2]) Diejenigen, die weniger skrupulös sind, erhalten um so eher eine Art tatsächlichen Monopoles, als ihre Zahl durch das Erfordernis des Kapitalbesitzes noch weiter beschränkt wird. So können sich Wucherpreise herausbilden, die allerdings auch öfters mit der weitgehenden, hochverzinslichen Verschuldung der eigentlich nur nominellen Hauseigentümer zusammenhängen.

---

[1])

	Zahl der Wohnungen mit einem Stubenkubus pro Kopf von m³							
	bis 4	4 bis 6	6 bis 8	8 bis 10	10 bis 15	15 bis 20	über 20	Total
Land	99 *9,3*	242 *22,6*	225 *21,6*	129 *16,7*	181 *16,9*	92 *8,6*	52 *4,9*	1070 *100,0*
Städtische Orte	19 *8,6*	37 *16,8*	48 *21,8*	35 *15,9*	47 *21,5*	19 *8,6*	15 *6,8*	220 *100,0*
Städte	4 *5,0*	11 *13,8*	15 *18,7*	13 *16,3*	18 *22,5*	14 *17,5*	5 *6,2*	80 *100,0*
Total	122 *8,9*	290 *21,2*	288 *21,0*	227 *16,6*	246 *17,9*	125 *9,1*	22 *5,3*	1370 *100,0*

(Zeitschrift für schweiz. Statistik. 1896. S. 242.)

[2]) Vgl. Schmoller, Ein Mahnruf in der Wohnungsfrage J. F. G. V. XI. S. 9 ff. Mit Rücksicht auf diese Verhältnisse haben gemeinnützige Vereine nach dem Vorbilde von Octavia Hill in London Wohnhäuser gemietet und geben die einzelnen Wohnungen in Aftermiete ab. Sie lassen durch ihre Mitglieder die Mieten wöchentlich einziehen, sorgen für gute Instandhaltung der Räume und suchen auch sonst die Bewohner mit Rat und Tat zu fördern. So kommen die fragwürdigen Mittelspersonen, die sich sonst leicht aus den oben angegebenen Gründen zwischen Eigentümer und Mieter einschieben, in Wegfall. Das System hat sich auch in Leipzig bewährt.

Was ist zur Reform der Wohnungsverhältnisse bereits geschehen, was wird vorgeschlagen weiter zu tun?

Es liegt der Gedanke nahe, zunächst in der Weise vorzugehen, in welcher der gesetzliche Arbeiterschutz eine Verbesserung der Werkstättenverhältnisse zustande gebracht hat. Richteten sich dort die Forderungen des Staates an den Unternehmer, so ist es hier der Vermieter, der für die Beschaffenheit der Wohnungen verantwortlich gemacht wird. Der Fabrikgesetzgebung entspricht dann eine genaue gesetzliche Formulierung der Forderungen, welche an die Beschaffenheit der Mietswohnungen zu stellen sind. Und wie der Arbeiterschutz erst durch die Fabrikinspektion lebendig gemacht wird, so sind auch besondere Organe in Aussicht zu nehmen, welche über die Durchführung der Wohnungsgesetze zu wachen haben. Ergibt sich, daß Wohnungen bewohnt werden, deren gesundheitsschädlicher Charakter durch Reparaturen oder Umbauten nicht beseitigt werden kann, so ist Neubau zu fordern. Handelt es sich um ganze Gebäudekomplexe (in England Slums genannt), so tritt ein von der Gemeinde geleiteter Assanierungsprozeß ein. Derselbe besteht in der Regel in einer Expropriation mit darauffolgender Neuanlage. Das Schließen bezw. das Niederreißen von ungeeigneten Mietshäusern hat die Delogierung der bisherigen Bewohner zur Folge. Sofern für sie nicht ein ausreichendes Angebot besserer Wohnungen besteht — und das besteht in der Regel nicht — muß die Gemeinde auch für geeignete Unterbringung Sorge tragen. So führt Wohnungsgesetzgebung und Wohnungsinspektion schließlich mit logischer Konsequenz zur Errichtung städtischer Mietswohnungen oder wenigstens zu kommunalen Maßregeln, welche die Erbauung besserer Wohnungen mittelbar oder unmittelbar befördern.

Die angedeutete Entwicklung hat sich in England schon seit der Mitte des vorigen Jahrhunderts vollzogen und ist mit dem Housing of the Working Classes Act 1890 und dem Public Health (London) Act 1891 zu einem gewissen Abschlusse gelangt.[1])

Frankreich, Belgien und die Vereinigten Staaten sind dem englischen Vorbilde teilweise gefolgt. Im Deutschen Reiche hat neuerdings die Gesetzgebung bezw. die Verwaltung der Einzelstaaten (Baden, Bayern, Elsaß-Lothringen, Hamburg, Hessen, Preußen, Württemberg) diesen Fragen ebenfalls wachsende Aufmerksamkeit zugewendet. Zur Propaganda für eine reichsgesetzliche Regelung, die bereits von Miquel warm

---

[1]) von Oppenheimer, Wohnungsart und Wohnungsreform in England. Leipzig 1900.

befürwortet worden ist, wurde 1898 der Verein „Reichswohnungsgesetz" in Frankfurt a. M. gegründet.[1])

Eine weitere Aufgabe der öffentlichen Gewalt besteht darin, schon durch die Stadterweiterungspläne und die Bauordnungen dahin zu wirken, daß den Arbeitern ein gesundes, zweckmäßiges, billiges Wohnen in höherem Maße erschlossen wird. So sind neuerdings in vielen Städten die Bauordnungen nach Zonen abgestuft worden, damit namentlich in den äußeren Stadtvierteln für offene Bauweise, für reine „Wohnstraßen" mit niedrigeren Häusern und geringerer Straßenbreite neben den Geschäftsstraßen mit großen Etagenbauten und erheblicher Straßenbreite Raum bleibe.

Eine bedeutsame Zusammenfassung der Maßregeln, welche durch das Eingreifen der Verwaltung herbeigeführt werden können, enthält der preußische Entwurf eines Gesetzes zur Verbesserung der Wohnungsverhältnisse.[2])

So wertvoll solche Maßnahmen sein mögen, die Hauptsache bleibt doch immer eine Vermehrung des Angebotes guter, den Bedürfnissen der Arbeiterklasse in jeder Hinsicht dienender Wohnungen.

Mit der Erbauung derartiger Häuser haben sich zuerst größere Arbeitgeber befaßt, namentlich dort, wo die isolierte Lage der Fabriken die Heranziehung von Arbeitern nur unter dieser Bedingung ausführbar machte. Nach der Erhebung der eidgenössischen Fabrikinspektion wohnten in Fabrikwohnhäusern überhaupt 25037 Personen, während die Gesamtzahl der Fabrikarbeiter 1895 178031 betrug. Namentlich in der schweizerischen Baumwollindustrie hat, um Wasserkräfte verwenden zu können, die Anlage oft außerhalb größerer Ortschaften erfolgen müssen. Die Fabrikwohnhäuser dieser Industrie beherbergten 12932 Personen, während ihre Arbeiterschaft 48536 zählte. Wie die S. 475 mitgeteilte statistische Übersicht zeigt, sind diese Fabrikwohnhäuser oft sehr dicht besetzt, weit dichter als mit den gesundheitlichen und sozialen Interessen vereinbar ist. Ihr Hauptvorteil scheint in den niedrigen Mietpreisen zu bestehen, die um 10—50 Proz. hinter denjenigen der Privathäuser zurückstehen. Im übrigen besteht der schon in anderem Zusammen-

---

[1]) Er hat unter dem Titel „Die Wohnungsfrage und das Reich" bei Vandenhoeck & Ruprecht in Göttingen bereits sieben Abhandlungen erscheinen lassen, die eine rasche und zuverlässige Orientierung über die wichtigsten Probleme der Wohnungsreform ermöglichen.

[2]) Veröffentlicht im Deutschen Reichs- und königl. preußischen Staatsanzeiger vom 6. Aug. 1904. Besprochen von C. Eberstadt im A. f. s. G. XIX. S. 173 bis 203.

hange (S. 592) berührte Mangel in voller Schärfe: die Kündigung oder Auflösung des Arbeitsverhältnisses fällt mit der Aufgabe oder dem Entzuge der Wohnung zusammen. „Dieser erfolgt allerdings in sehr ungleicher, zuweilen in recht wenig humaner Weise. Sogar die Pflanzungen und Früchte des Gartens müssen da und dort ohne allen Entgelt im Stiche gelassen werden, während andere Prinzipale es denn doch als selbstverständlich erklären, daß der Mieter sein Eigentum mit sich nehme und sonst verwerte. . . . Manche Geschäfte lassen den Mietvertrag noch vier Wochen dauern, wenn dem Arbeiter wegen Arbeitsmangel gekündigt wird. Strenger wird es mit Leuten gehalten, welche aus gesetzlich anerkannten Gründen plötzlich aus dem Geschäft entlassen werden, oder die wegen schwerer Vergehen gegen die Hausordnung, Streitigkeiten, Unfug, Unsittlichkeiten, Diebstahl rc. ohne Kündigung weggeschickt werden. Es gibt Mietverträge, nach welchen solch' ein Mieter nicht nur sofort an die Luft gesetzt wird, sondern selbst den Mietzins bis zum Ablauf des stipulierten Termins doch bezahlen muß; nach anderen Verträgen wird aber auch dann eine Frist von vier, zwei und einer Woche zum Verlassen des Hauses gewährt." Bedenken erregt auch der Umstand, daß viele Arbeitgeber sich als Vermieter das Recht vorbehalten, „nach Gutdünken, wenn ein Mieter nicht alle Zimmer bedarf, denselben zur Aufnahme von Nebenarbeitern anzuhalten, ja geradezu bestimmte Personen in die nämliche Wohnung zu weisen. Der Arbeiter kommt also nicht dazu, Herr im eigenen Hause zu sein, wie er es dann ist, wenn er eine Privatwohnung mietet".[1]) Günstig dagegen wirkt die Einmischung der Arbeitgeber insofern, als sie schon im Interesse der Erhaltung ihres Eigentumes Vernachlässigung und Unreinlichkeit der Wohnung energisch bekämpfen.

Im Deutschen Reiche betrug nach einer Erhebung von 1898 die Zahl der von industriellen Arbeitgebern erbauten Wohnungen 143049. Großartiges hat die Firma Krupp[2]) geschaffen, deren Wohnungen über 25000 Personen beherbergen. Dabei sind die Mietpreise so niedrig gehalten, daß das Baukapital nur eine Verzinsung von wenig über 2 Proz. abwirft. Auch Staats- und Gemeindeverwaltungen (preußische Bergverwaltung, preußische, bayerische, sächsische und württembergische Staatsbahnverwaltung, preußisches Kriegsministerium, Reichsmarineamt, Reichspostverwaltung, preußisches Landwirtschaftsministe-

[1]) Zeitschrift für schweizerische Statistik 1896. S. 256 ff. Die Verpflichtung zur Aufnahme von Aftermietern oder Schlafburschen kommt im Deutschen Reiche vor. Vgl. Bittmann, Die badische Fabrikinspektion. Karlsruhe 1905. S. 343.

[2]) W. Kley, Bei Krupp. Leipzig 1899. S. 59—103.

rium, unter den städtischen Gemeinden namentlich Frankfurt a. M.) haben für ihre Arbeiter Wohnungen errichtet. Da in diesen Fällen das Arbeitsverhältnis einen stabileren, beamtenähnlichen Charakter aufweist und immer mehr in diesem Sinne ausgebildet wird, so unterliegt diese Fürsorge nicht den Befürchtungen, welche bei privaten Unternehmungen wenigstens solange bestehen, als die Gesetzgebung eine mißbräuchliche Ausnutzung der gesteigerten Abhängigkeit der Arbeiter durch die Arbeitgeber nicht einschränkt.

Außer der Erbauung von Arbeiterwohnungen kommt noch seitens der Arbeitgeber die Gewährung von Baudarlehen an Arbeiter vor. Die Bedingungen, unter denen solche gewährt werden, bedeuten in der Regel ebenfalls eine erhebliche Verschärfung des Abhängigkeitsverhältnisses. Auch ist der Erwerb eines Hauses für einen Arbeiter an sich nicht unbedenklich, namentlich wenn die Zahl der Arbeitsgelegenheiten für ihn an demselben Orte sehr beschränkt ist. Dazu treten noch andere Mißstände, die namentlich in Mülhausen i. E. deutlich beobachtet werden konnten.[1]) Es handelte sich dort um eine Aktiengesellschaft, die unter starker Beteiligung einzelner größerer Arbeitgeber und mit einer Unterstützung Napoleon III. im Betrage von 300 000 Frcs. Arbeiterquartiere erbaut und durch ratenweise Zahlung des Kaufschillings den Arbeitern die Möglichkeit eröffnet hat, die Häuser allmählich als Eigentum zu erwerben. In der Zeit von 1854 bis 1888 wurden von ihr insgesamt 1124 Häuser erbaut und an Arbeiter verkauft. Von vielen Seiten hat man angenommen, daß auf diesem Wege nicht nur die Wohnungs-, sondern die Arbeiterfrage überhaupt gelöst werden könnte. Eine unbefangene Prüfung dessen, was die genannte Gesellschaft tatsächlich erreicht hat, muß diese Illusionen allerdings sofort zerstören. Wir wollen nicht bei dem Umstande verweilen, daß derartige von den übrigen Gesellschaftsklassen scharf getrennte Arbeiterquartiere nicht gerade geeignet sind, die sozialen Klassen einander näher zu bringen. Selbst von einem engeren ökonomisch-technischen Standpunkte aus kann das Werk nicht als Erfolg gerühmt werden.

Der Kardinalfehler lag jedenfalls in dem doktrinären Grundsatze, die Arbeiter unbedingt zu Hauseigentümern zu machen. Für den Eigentumserwerb spricht weder ein allgemein gefühltes Bedürfnis der Arbeiter, noch ihre wirtschaftliche Lage. Das eigene Häuschen mit Garten kann höchstens für eine kleine Elitegruppe als berechtigtes Ideal in Betracht kommen. Die große Mehrheit wird namentlich in

[1]) Herkner, Die oberelsäßische Baumwollindustrie und ihre Arbeiter. Straßburg 1887. S. 331 ff.

größeren Städten auf Mietswohnungen angewiesen bleiben. Das ist ein Schicksal, das die Arbeiterklasse mit anderen Klassen der Gesellschaft teilt, und das bei der Arbeiter- und Wohnungsfrage nicht ins Gewicht fällt. Nicht auf die Befreiung von Mietwohnungen, sondern darauf kommt es an, daß die Mietwohnungen in entsprechender Quantität und Qualität und zu erschwinglichen Preisen angeboten werden.

Wie ist es aber zu erklären, daß die Mülhäuser Baugesellschaft doch alle Arbeiterhäuser verkauft hat? In der Regel haben die Arbeiter, welche Häuser kauften, ein bis zwei Mietsparteien aufgenommen, obwohl die Häuschen ihrer ganzen Anlage nach nur für eine Familie berechnet sind. Da die kleinen Häuser der herrschenden Wohnungsnot nicht abzuhelfen vermochten, blieben die Mietpreise so hoch, daß schon das Vermieten von zwei Zimmerchen hinreichte, um dem Eigentümer die Summe zu schaffen, die zur ratenweisen Tilgung des Kaufschillings erforderlich war. So wohnten tatsächlich Mieter und Eigentümer schlecht. Nun gelang es letzteren aber dadurch, daß sie die Wohnungsnot mit ausbeuten konnten, den Eigentumserwerb durchzusetzen. Indes auch dann, wenn dieses Ziel erreicht worden war, traten in den Wohnungsverhältnissen selbst der Eigentümer noch keine Verbesserungen ein. Die Neigung zum Vermieten blieb bestehen. Da aber die ursprüngliche Bauart der Häuschen diesen Absichten nicht entsprach, so wurden allerlei Zu- und Aufbauten vorgenommen, die, ob man sie nun vom technischen, hygienischen oder ästhetischen Standpunkte betrachten mag, gleich unerfreulich wirken. Es sind Räume entstanden, die man höchstens als Schuppen, nicht aber als menschliche Wohnungen benutzt zu sehen wünscht. Im übrigen sind sogar die ursprünglich guten Zimmer durch die Zubauten häufig geschädigt worden, indem ihnen letztere Luft und Licht entzogen haben. Von der Ausdehnung, welche die Umgestaltung des Citéhauses erfahren hat, dürfte die Tatsache eine Vorstellung geben, daß von den nordwestlich vom Asyldurchgang gelegenen 698 Häuschen 270, also 38 Prozent schon 1886 durch Zu- oder Umbauten entstellt worden sind. Mit dem stetig zunehmenden Werte des Grund und Bodens, der auf eine intensivere Nutzung drängt, und mit der wachsenden Zahl von Hauseigentümern, welche die Kaufgelder ganz abgezahlt und damit volle Verfügungsfreiheit gewonnen haben, fallen immer mehr Häuschen der Umwandlung zum Opfer. Der Mißerfolg wird jetzt von seiten der Baugesellschaft selbst unumwunden eingestanden. Wo man das Beispiel Mülhausens nachgeahmt hat, wie z. B. in Basel, waren die Erfolge ebenso unerfreulich.

Beschränken sich die Baugesellschaften auf die Vermietung, so können bessere Ergebnisse zu stande kommen, besonders dann, wenn in der Verwaltung nicht einseitig die Mitglieder der Gesellschaft, sondern auch Vertreter der Wohnungsmieter zum Worte gelangen.

Schöne Resultate sind in den letzten Jahren in Deutschland von Arbeiter-Wohnungsgenossenschaften, den sogenannten Spar- und Bauvereinen (der erste wurde 1886 in Hannover gegründet) erzielt worden. Die Spareinrichtungen verfolgen den Zweck, Arbeitern die Erwerbung eines Geschäftsanteiles der Genossenschaft zu ermöglichen. Die Genossenschaft baut die Häuser und behält das Eigentumsrecht an ihnen. Die Vermietung erfolgt an die Genossenschaftsmitglieder, und zwar findet, so lange noch nicht alle Wohnungen bekommen können, die Verteilung durch das Los statt. Die Mitglieder, die schon längere Zeit der Genossenschaft angehören, ohne bisher eine Wohnung erlangt zu haben, bekommen eine größere Zahl Losnummern.

Mit Recht hebt Ruprecht[1]) hervor, daß diese Spar- und Bauvereine nicht nur einer Anzahl Arbeiter wesentlich bessere Wohnungen verschaffen, sondern daß sie auch eine sehr bedeutende erziehliche Wirkung ausüben. „Auch das ist ein großes, daß die Genossen aus eigener Kraft und unter eigener Leitung zusammen einem hohen Ziele zustreben, daß sie neben ihrer sonst vielleicht einseitigen Berufsarbeit für ideale Zwecke der Gemeinschaft arbeiten. Sie heben und werden gehoben. Und noch erfreulicher wird das Bild, wenn, wie das in Zukunft hoffentlich immer häufiger der Fall ist, Mitglieder aller Stände sich hier zu gemeinsamer Arbeit vereinigen. Sie alle werden nicht nur reiche Freude am Werke haben, sondern alle persönlich und sozial gefördert werden, sie alle werden Vorurteile fallen lassen und wertvolle persönliche Erfahrungen und Bekanntschaften in Kreisen machen, die ihnen sonst ferne stehen. Das ist wenigstens unsere Göttinger Erfahrung."

Im Herbst 1900 soll es nach Prof. Albrecht bereits 260 derartige Vereine im Deutschen Reiche gegeben haben. Diese Gründungen sind durch die günstigen Bedingungen, unter denen sie von einzelnen Invaliden-Versicherungsanstalten Kapitalien erhielten, sehr gefördert worden. Immerhin wird die Kapitalbeschaffung noch zu erleichtern und zu vervollkommnen sein.[2])

---

[1]) Ruprecht, Gesunde Wohnungen, Göttinger Arbeiterbibliothek. Heft 6.

[2]) Zur Veranschaulichung des Gesagten ein konkretes Beispiel: Der Mieter- und Bauverein Karlsruhe wurde am 18. Februar 1897 gegründet. Noch vor Ablauf des Jahres zählte er 712 Mitglieder (zu Beginn des Jahres 1905 waren es 950).

Muß die Lösung der Wohnungsfrage durch Arbeiter-Baugenossenschaften geradezu als Ideal hingestellt werden, so läßt sich leider doch nicht übersehen, daß das Wohnungselend zu groß, der genossenschaftliche Sinn aber vielerorts noch zu schwach entwickelt ist, als daß es anginge, bei der Reform der Wohnungsverhältnisse allein diesen Weg zu beschreiten.

Von vielen Seiten wird deshalb auch auf die Gemeinde als diejenige Körperschaft hingewiesen, die mit in erster Linie zur Abhilfe der Wohnungsnot berufen sei. In der Tat hat eine nicht unerhebliche Zahl von Gemeinden bereits Arbeiterwohnungen errichtet. Diese Bahn haben nach Fuchs bereits etwa 30 englische Stadtgemeinden beschritten; im Deutschen Reiche sind Barmen, Straßburg i. E., Ulm, Worms, Freiburg im Breisgau, Schweinfurt, Lambrecht in der Pfalz, Emden, Düsseldorf, in der Schweiz Bern zu nennen. Volle Beachtung verdienen ferner die hier und da teils von Gemeinden, teils von gemeinnützigen Gesellschaften errichteten Logierhäuser und Ledigenheime.[1])

Die Initiative der Gemeinden hat mit der Gefahr zu kämpfen, daß durch wesentliche Verbesserung und Verbilligung der Wohnungen der Zuzug von auswärts verstärkt wird. Sodann begegnet dieses Eingreifen, ebenso wie die Förderung des Wohnungsbaues durch kommunale oder staatliche Kreditbeschaffung, dem wachsenden Widerstande des Hausbesitzertumes.[2])

Am 1. April 1899 konnte bereits ein Vereinshaus bezogen werden. In rascher Folge sind 10 Gebäude errichtet worden mit 168 Wohnungen. Die Kosten stellten sich auf 913 558 M. Davon entfielen 8,85 Proz. auf Grunderwerb, 5,95 Proz. auf Straßenkosten und 85,2 Proz. auf Baukosten. Die Gebäude sind mit 710 453 M. Hypotheken belastet, und zwar mit 100 000 M. von der Großherzoglichen Zivilliste zu 3 Proz., 308 100 M. von der Eisenbahnarbeiter-Pensionskasse zu $3^{1}/_{2}$ Proz., 91 200 M. von der Großherzoglichen Amortisationskasse, 23 153 M. zu $4^{1}/_{2}$ Proz. von der Stadtkasse, 120 000 M. Teilschuldverschreibungen zu $4^{1}/_{2}$ Proz. und 68 000 M. von diversen Gläubigern zu 5 Proz. Da von dem Mietertrage, welche 5,534 Proz. der Gesamtkosten beträgt, 17,5 Proz. Unkosten abzurechnen sind, bleibt eine Verzinsung von 4,56 Proz. Vgl. Mieter- und Bauverein Karlsruhe. Geschäftsbericht für das Jahr 1901. Seither sind noch weitere sieben Gebäude errichtet worden. Die letzte Bilanz (1904) zeigt in Aktiven und Passiven die Summe von je 1 656 065 M.

[1]) Vgl. besonders Brentano, Wohnungszustände in München, München 1904 und Fuchs, Zur Wohnungsfrage, 1904. S. 115—191.

[2]) Der Verbandstag der rheinisch-westfälischen Haus- und Grundbesitzervereine in Ruhrort hat z. B. im April 1901 folgende Resolution gefaßt:

„Die Baugenossenschaften sind als eine der schädlichsten Unternehmungsformen auf dem Gebiete des Bauwesens nach wie vor seitens der städtischen Haus- und Grundbesitzervereine nachdrücklichst zu bekämpfen. Es muß mit allen Mitteln dafür

Unter diesen Verhältnissen wird naturgemäß die Tätigkeit derjenigen Gemeinden, in denen die Hausbesitzerkreise den maßgebenden Einfluß besitzen — und die Zahl dieser Gemeinden ist unter den gegenwärtigen Wahlrechtsverhältnissen in Deutschland sehr beträchtlich — eine bescheidene bleiben müssen.[1]) Erst die Demokratisierung des

gesorgt werden, daß der gemeingefährliche Charakter der Baugenossenschaften in der breitesten Öffentlichkeit erkannt und ihnen jedwede Begünstigung oder Unterstützung, deren die private Bautätigkeit nicht teilhaftig zu werden vermag, entzogen und die Gleichstellung der letzteren mit den Baugenossenschaften hinsichtlich der Produktionsbedingungen wieder erreicht werde. Insbesondere ist der Zentralverband der städtischen Haus- und Grundbesitzervereine Deutschlands aufzufordern, weder Mühe noch Kosten zu scheuen und nicht eher Ruhe zu geben, als bis seitens der Reichsregierung Maßnahmen getroffen sind, welche die ungerechte und ungerechtfertigte Unterstützung der Baugenossenschaften mit Hypothekendarlehen aus den Mitteln der Landesversicherungsanstalten zu einem Zinsfuße, zu dem der Privatmann von keiner Seite Realkredit erhalten kann, beseitigen."

Eine andere Resolution kehrte sich direkt gegen den preußischen Ministerialerlaß an die Oberpräsidenten betreffend Verbesserung des Wohnungswesens vom 19. März 1901. Es wird dem unverholenen Bedauern darüber Ausdruck gegeben, „daß mit diesen Erlassen die Sozialpolitik des preußischen Staates auf eine Bahn gedrängt wird, welche unfehlbar im Staatssozialismus endigen muß. Es sollte den Ministern bewußt bleiben, daß unser gegenwärtiges Staatsleben wesentlich mit auf die Anerkennung und den Schutz des privaten Eigentums gegründet ist, und daß es hiernach nicht als vereinbar mit den Grundgesetzen des Staates und den Einrichtungen unserer bürgerlichen Gesellschaft angesehen werden kann, wenn verantwortliche Mitglieder der Regierung Maßregeln empfehlen, welche auf eine Schwächung, Schädigung und schließliche Beseitigung der privaten Bautätigkeit und des privaten Haus- und Grundbesitzes abzielen. Die Wohnungsfrage befindet sich nicht in einem Stadium, welches so tief in die Selbstverwaltung der Städte und in die Rechte des Privateigentums einschneidende Maßnahmen nötig macht, zumal eine Wohnungsnot, wo sie besteht, nie mehr als lokale Bedeutung haben, und deshalb auch nur mit Mitteln beseitigt werden kann und darf, die aus der Kenntnis der lokalen Verhältnisse zu entnehmen sind. Jedes staatliche Eingreifen ist umsomehr zu verurteilen, als es bei dem allgemeinen Charakter der Maßregeln, welche der Staat nur ergreifen kann, lediglich zu Mißgriffen und individuellen Schädigungen führen muß. Der Verbandstag beklagt es sehr, daß durch die mehrerwähnten Erlasse eine hochgradige Erregung in alle Bauunternehmer- und Hausbesitzerkreise getragen worden ist, welche nur dazu dient, die schon stark ins Stocken geratene Baulust und Bautätigkeit noch weiter zu hemmen und damit die Gefahr einer Wohnungsnot, die heute höchstens vereinzelt besteht, für eine größere Zahl von Orten heraufzubeschwören."

[1]) So führt auch die Begründung des preußischen Wohnungsgesetzentwurfes aus: „Bei der Bedeutung, die diese Frage im allgemeinen Staatsinteresse besitzt, wird auf die rechtliche Möglichkeit für die Staatsbehörden, solche Maßnahmen nötigenfalls und gegen den Widerstand der Gemeindevertretungen zu erzwingen, mit Rücksicht auf den den Hausbesitzern in diesen eingeräumten Einfluß nach den

kommunalen Wahlrechtes dürfte dazu führen, daß der Erwerb städtischen Bodens durch die Gemeinden und die Überlassung desselben im Wege des Erbbaurechtes an Baugenossenschaften größere Ausdehnung gewinnt. So leitet eine ernstere Erfassung der Wohnungsfrage notwendig teils auf politische, teils auf bodenreformerische Bahnen.[1])

In engen Beziehungen zur Arbeiterwohnungsfrage stehen die Versuche, den minder bemittelten Volksklassen ein Mobiliar zugänglich zu machen, das geeignet wäre, den Sinn für kunstmäßige Formen zu wecken und zu befriedigen. Das beste auf diesem Gebiete ist bis jetzt durch die Firma Krupp=Essen in Verbindung mit dem Rheinischen Verein für Arbeiterwohnungswesen geleistet und auf der Düsseldorfer Ausstellung 1902 vorgeführt worden.[2])

Rückblick.

Überschaut man die sozialpolitischen Leistungen der letzten Jahrzehnte, so hat die Einordnung der neu entstandenen und unaufhaltsam wachsenden Industrie=Arbeiterklasse in das Gefüge der überlieferten Staats= und Gesellschaftsordnung mächtige Fortschritte aufzuweisen. Ein neues Arbeitsrecht ist in der Ausbildung begriffen. Die Rechtsgleichheit des Arbeiters, sowohl beim Abschlusse des Arbeitsvertrages wie im öffentlichen Leben überhaupt, findet in immer weiteren Kreisen

---

bisherigen Erfahrungen nicht wohl ferner verzichtet werden können." Und an anderer Stelle: „Es kommt in Betracht, daß nach den Beobachtungen in verschiedenen Bezirken die Grundstücksbesitzer durch ihren Einfluß in manchen Gemeindevertretungen mit Erfolg die Ausdehnung der Bebauung hintanzuhalten oder zu vereiteln gewußt haben."

[1]) Eine Verbesserung der Wohnungsverhältnisse durch Verlegung der industriellen Anlagen auf das Land und Ansiedlungen auf Neuland unter Wahrung bodenreformerischer Grundsätze erstrebt die nach englischem Vorbilde gegründete, äußerst rührige Deutsche Gartenstadtgesellschaft in Schlachtensee bei Berlin. Vgl. deren Flugschriften: „Vermählung von Stadt und Land", „Abkehr von der Großstadt", „Genossenschaften und Genossenschaftsstädte", „Der Zug der Industrie aufs Land", „Gartenstadt und ästhetische Kultur", „Thesen zur Wohnungs= und Ansiedelungsfrage". Kritische Bemerkungen gegenüber diesen Plänen enthält der Aufsatz von H. Lindemann, Die Gartenstadt=Bewegung. S. M. 1905. S. 603—608.

[2]) Hagen, Die Kunstpflege im Arbeiterheim. S. P. S. C. XIII. S. 1297 bis 1301.

die praktische Anerkennung. Schwere soziale Mißstände, wie die Kinderarbeit, die Nachtarbeit der Frauen, die übermäßige Dauer der Arbeitszeit, die gesundheitswidrigen Zustände der Werkstätten, die Unsicherheit der Existenz des Arbeiters, sind namentlich in der Großindustrie bereits ganz oder teilweise überwunden worden. Die Arbeiterklasse schreitet in bezug auf ihre intellektuelle und materielle Kultur vorwärts.

Damit soll nicht in Abrede gezogen werden, daß auch das zwanzigste Jahrhundert neue, schwierige Probleme in seinem Schoße birgt. Handelte es sich bis jetzt im wesentlichen darum, für die einmal gegebene Fabrikarbeit bessere Löhne und kürzere Arbeitszeiten zu erringen, so kommt im neuen Jahrhundert vielleicht schon der Moment, in welchem der Hauptstreit nicht mehr um die Arbeitsbedingungen, sondern um die Art der Arbeit selbst entbrennt, in welchem der kulturell fortgeschrittene Arbeiter West-Europas vor allem eine Arbeit begehrt, die ihm höhere seelische Befriedigung, ästhetische Entwicklung und körperliche Wohlfahrt verleiht. Bis jetzt ist der technische Erfindungsgeist vorzugsweise den Impulsen gefolgt, welche von dem kapitalistischen Interesse ausgegangen sind. Mancher sogenannte Fortschritt hat, genauer besehen, zur Voraussetzung und Folge, keine erweiterte Herrschaft über die Natur, sondern nur die Hilflosigkeit der Arbeiterbevölkerung und die Steigerung der Macht des Menschen über den Menschen selbst. Der technische Fortschritt wird andere Bahnen einschlagen, sobald die Arbeiterklasse aufhört, tatsächlich bloß ein Mittel zum Zwecke der Kapitalverwertung darzustellen, sobald sie genügende Geltung erwirbt, um ihn unmittelbar ihren eigenen Interessen dienstbar zu machen.

FSC
www.fsc.org
MIX
Papier | Fördert gute Waldnutzung
FSC® C083411

Kolibri 360 GmbH
Ferdinand-Jühlke-Straße 7
99095 Erfurt, Deutschland
produktsicherheit@kolibri360.de